本书由浙大城市学院资助，
为浙大城市学院科研成果

古希腊罗马哲学原典集成

主编　王晓朝

古代诺斯替主义经典文集

修订版

张新樟　编译

人民出版社

"古希腊罗马哲学原典集成"
丛书要目

"古希腊罗马哲学原典集成"
丛书总序

　　古希腊罗马哲学诞生于世界文明发展史上的"轴心时代"。它历时久远,学者众多,流派纷呈,典籍丰盛,诚为世界古代文明之瑰宝。从人类思想史来看,古希腊罗马哲学是整个西方哲学的源头和初始阶段。"在希腊哲学的多种多样的形式中,差不多可以找到以后各种观点的胚胎和萌芽。"(恩格斯语)20世纪初,古希腊罗马哲学大量传入中国,成为中国现代学术的一个重要研究领域,成为中国现代哲学发展的重要思想资源。改革开放以来,中国的古希腊罗马哲学研究者坚持翻译与研究并重,译介了大量原典,促进了研究的深入,经典诠释和文本解读成为古希腊罗马哲学研究的重要方法。

　　古希腊罗马哲学研究在原杭州大学和四校合并以后的浙江大学有着悠久的历史和光荣的传统。严群先生(1907—1985)是福建侯官人,字孟群,号不党,著名哲学家、哲学史家、翻译家。他是严复先生的侄孙,甚受严复先生钟爱。1935年他负笈西行,赴美国哥伦比亚大学研究院深造,1938年转入耶鲁大学研究院古典语文系,学习梵文、希腊文、拉丁文、希伯来文、意大利文等多种语文。1939年回国以后,他先后在燕京大学、浙江大学、浙江师范学院、杭州大学任教。1983年担任杭州大学古希腊哲学研究室主任。严群先生学贯中西,经常用中西比较的方法研究哲学。他"平生素抱尽译柏氏(柏拉图)全书之志",视翻译为沟通中西哲学文化之要途,为中国哲学界开辟古希腊哲学研究贡献良多。

　　陈村富先生是我国著名的哲学史家、宗教学家。1964 年他于北京大学哲学系西方哲学研究生毕业,1965 年在中国社科院哲学研究所从事外国哲学的翻译和研究工作,1976 年到杭州大学工作,1986 年被破格提拔为教授。历任杭州大学哲学系主任、浙江大学基督教与跨文化研究中心(教育部哲学社会科学创新基地)主任。他主要研究古希腊哲学和基督教的跨文化传播。20 世纪 90 年代初,他在原杭州大学成立了相关研究机构,在中国高校首开宗教文化研究风气之先河。他自始至终参加了哲学界的跨世纪工程《希腊哲学史》多卷本的撰写,为这一重大项目的完工作出重要贡献。他在《希腊哲学史》第四卷中倡导地中海文化圈的研究,有力地推动了中国学术界的跨文化研究。他还出版了《转型期的中国基督教》等重要著作,主编《宗教文化》(1—5 辑)。在他的带领下,一大批青年学者茁壮成长,形成了跨文化研究的浙大特色和浙大学派。2021 年 11 月,陈村富先生受聘为浙大城市学院名誉教授。2022 年 3 月 18 日,浙大城市学院新时代马克思主义宗教学研究院成立。陈村富先生担任研究院名誉院长。

　　薪火相传,学林重光! 一百年前,中国学者吴献书率先翻译古希腊大哲学家柏拉图的原著《理想国》(商务印书馆 1921 年版),是为中国哲学界系统译介古希腊哲学原典之肇始;一百年后,我们研究院隆重推出译丛——"古希腊罗马哲学原典集成",以此纪念先贤,激励后学,秉承初心,砥砺奋进,完成译介全部古希腊罗马哲学原典的任务,努力开创中国哲学界古希腊罗马哲学研究的新局面,为深入开展文化交流、文明互鉴、构建人类命运共同体贡献力量!

　　感谢人民出版社的大力支持! 感谢责任编辑张伟珍女士付出的辛劳!

王晓朝

2022 年 7 月 1 日

于杭州浙大城市学院教师公寓

《真理的福音》

那戈·玛第抄本第 1 书册第 25 页：

……既然"缺陷"与"情感"是通过"无知"而产生的,那么由无知涌现出来的整个体系也会因为知识而解体。

……当光明照耀在人所体验的恐惧上面时,那个人会明白那缠住他的乃是虚无。

《彼得与十二使徒行传》

那戈·玛第抄本第 6 书册第 11—12 页：

……我知道这个世界的医生医治的是属于这个世界的东西,而灵魂的医师医治的是心灵。你们首先要医治身体,你们不用这个世界的药物就治好他们的身体,这样,你们的医治的大能力就能够让他们相信,你们也有能力去医治心灵的疾病。至于那城里的富人,就是那些甚至不肯认我,一味炫耀财富,十分傲慢的人,像这样的人,你们不可以在他们家中用餐,也不可以与他们为友,以免他们的偏颇的心影响你们……你们要正直地判断他们……

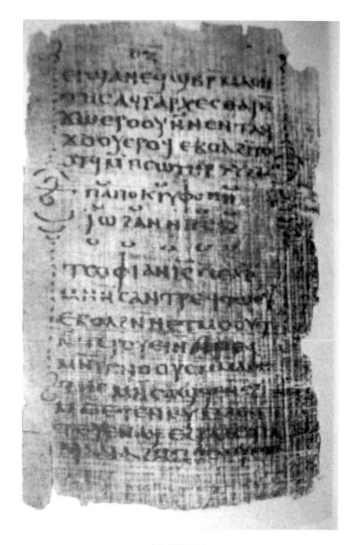

《约翰密传》

那戈·玛第抄本第 2 书册第 32 页：

……凡那些用这些事换礼物或食物、酒、衣或者任何诸如此类的东西的人，将受到诅咒。

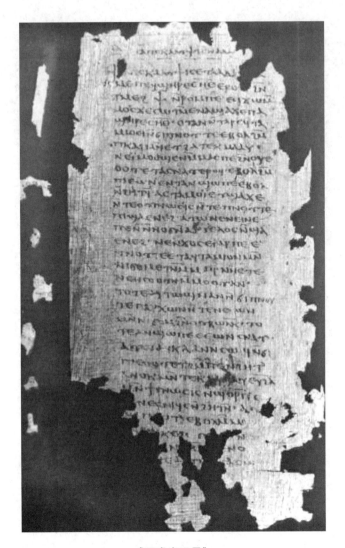

《亚当启示录》

那戈·玛第抄本第 5 书册第 64 页：

……当神把我连同你的母亲从泥土中造出来的时候，我跟她在荣耀中行走……她教给我关于永恒的神的知识的话语。我们就像那伟大的永恒的天使，因为我们高于创造我们的那个神以及跟他在一起的那些我们并不认识的能量。

《战争者多马书》

那戈·玛第抄本第 2 书册第 138 页：

……凡不认识自己的人不认识任何事，而认识自己的人已经同时达到了万有之深邃的知识。因此，你，我的兄弟多马，已经看到了人们看不清楚的东西，看到了他们无知地绊跌的东西……

……如果连那些可见的事物对你来说也是模糊的，那你如何能够听懂那些不可见的事物呢？如果连那些在此世可见的真理的行为对你来说也是难以实行的，那你将如何实行那些极高的、属于普累罗麻的不可见的行为呢？

《战争者多马书》

那戈·玛第抄本第 2 书册第 145 页：

……不要居住在肉体之中，而要逃离属于此生的苦毒的束缚。如果你们恳切地祈祷，你们将会找到宁静：因为你们将把苦难和耻辱抛在身后。当你们离开了肉体的苦难和情感，你们就将获得来自那位善者的安详……

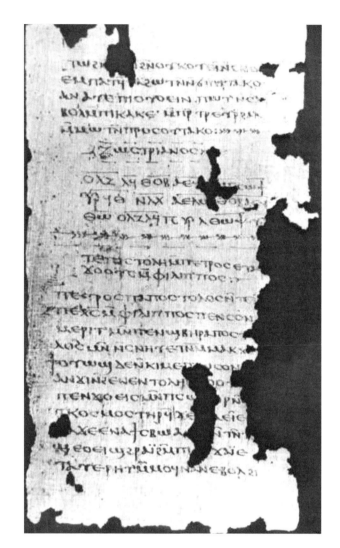

《唆斯特利阿努》

那戈·玛第抄本第 8 书册第 132 页：

……在死亡追上你们之前，你们要快快地逃离，逃离黑暗，奔向光明。不要误入歧途，走向你们的灭亡。

《阿罗基耐》

那戈·玛第抄本第 11 书册第 57 页：

……如果它能［包容］任何事物，则它乃是被那一位所包容，也正是被那被包容者所包容。于是他，就是那包容者与认识者，就变得比那被包容者、被认识者更伟大。但如果他回复到他的本性，则他是微小的，因为无形体的本性与任何量都没关系；有了这种能量，它们就是无处在，但也是无处不在的，因为它们比每一个量都大，也比任何量都小。

《伟大的塞特第二篇》

那戈·玛第抄本第 7 书册第 70 页：

……你们不明白它，乃是因为有属肉体的云笼罩着你们。

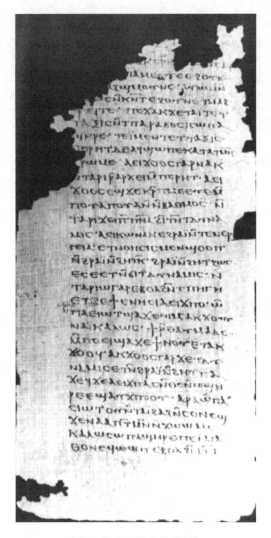

《关于第八和第九的谈话》

那戈·玛第抄本第 6 书册第 52 页:

……在我里面是这样的,就好像怀孕了能量。因为当我通过那流入我里面的泉源怀孕之后,我就生育了。

《关于第八与第九的谈话》

那戈·玛第抄本第 6 书册第 63 页：

……我要让那读这本圣书的人凭天、地、火、水、七个存在的统治者以及他们里面的创造的灵、无生之神、自生者，以及受生者的名义发誓，保守赫耳墨斯说的话。

《感恩祷告》

那戈·玛第抄本第 6 书册第 65 页：

……不要让我们在这样的生命中跌跤！

《马萨娜斯》

那戈·玛第抄本第 10 书册第 5 页：

······

我曾仔细思量，并且已达到那感官可触及的世界的边界，

我一部分一部分地〈认识〉那无形体存在者的全地，

我开始认识那可理知的世界。

当我仔细思量的时候，

我明白了那感官可知觉的世界是否［值得］整个地得蒙拯救。

······

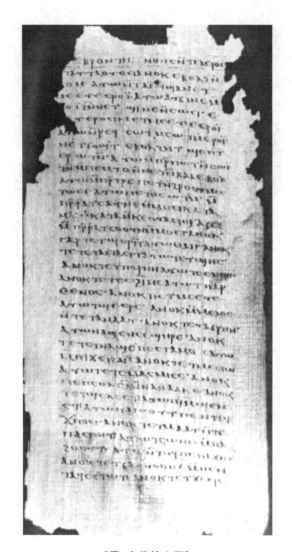

《雷:完美的心灵》

那戈·玛第抄本第 6 书册第 13 页：

……

无论何时何地，都不要不认识我。

你们一定要谨记！

不要不认识我

……

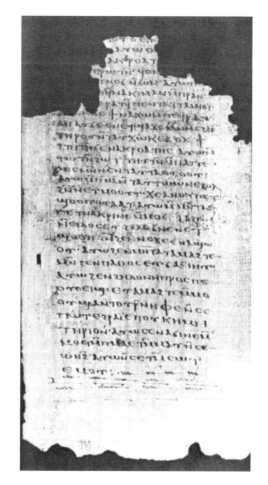

《雷：完美的心灵》

那戈·玛第抄本第 6 书册第 21 页：

……

那些人众多而且愉快，他们生存于

无数的罪当中，

无节制当中，

可耻的情感中，

转瞬即逝的快感中，

人们拥抱这种快感，直到他们变得清醒

并上升到他们的休息的地方。

……

《塞克吐斯语录》

那戈·玛第抄本第 12 书册第 31 页：

……不怀敬意的施舍乃是侮辱……

……我们[宣讲]关乎神的真理，所面临的[危险]是不小的；[在你]从[神]那里得到教导之前，[不要宣讲任何关于]神的事。

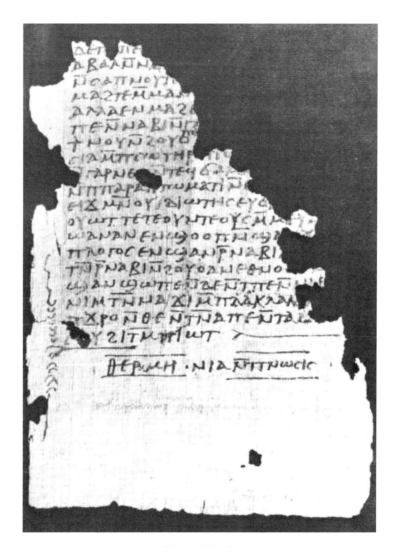

《知识的解释》

那戈·玛第抄本第 11 书册第 15 页：

我们不能嫉妒他人,要知道,嫉妒是放在［自己］的［道路］上的绊脚石,只会毁了自己的天赋,使自己不认识神。

《论世界的起源》

那戈·玛第抄本第 2 书册第 127 页：

……每一个人都必须到他所从来的那个地方去。确实，通过他的行动和他的知识，每一个人都将显明他的本性。

《灵魂的注释》

那戈·玛第抄本第 2 书册第 137 页：

……我想回的不是我的家。阿佛洛狄忒欺骗了我,把我带离了我的村庄。我丢下了我唯一的女儿,还有善良、体贴和英俊的丈夫……

……如果我们忏悔,神真的会照顾我们。他有浩大的宽容和丰盛的慈爱,荣耀归于他,直到永永远远。阿门。

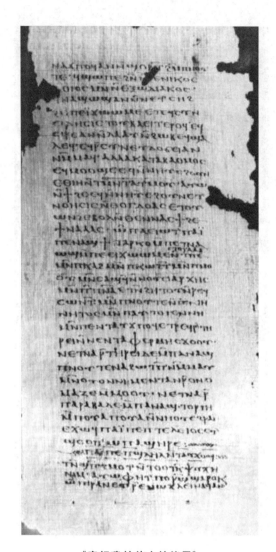

《意想我的伟大的能量》

那戈·玛第抄本第 6 书册第 36 页：

……有谁认识了我们的伟大的能量，他就将会不可见。火也无法将他焚烧。

《权威的教导》

那戈·玛第抄本第 6 书册第 27 页：

[我们]在[诸世界中]被羞辱。我们不在乎这些[恶意诽谤羞辱]我们的人。他们伤害我们的时候，我们也置之不理。他们当面辱骂我们的时候，我们只是看着他们，一言不发。因为那些人是在干他们的事，而我们则是要如饥似渴地去到那个地方去，去那个我们一生的行为和良心所向往的居所。我们不执着于这些已经进入存在的事物，相反，我们要离弃它们，把我们的心安放在那存在者上面。当我们生病、虚弱和悲伤的时候，还是有一个极大的力量隐藏在我们里面。

《权威的教导》

那戈·玛第抄本第 6 书册第 31 页：

……恶魔用以守候我们的就是这些诱饵：他先把一种悲伤投入你的心里，让你会为生活中的一点小事而伤心，然后他就用一种毒药抓住你；然后他又用一种对衣袍的欲望抓住你，让你在其中感到骄傲；然后他又用贪财、傲慢、虚荣、嫉妒其他激情的激情、身体之美以及欺诈掠夺等。其中最坏的就是无知和安逸。

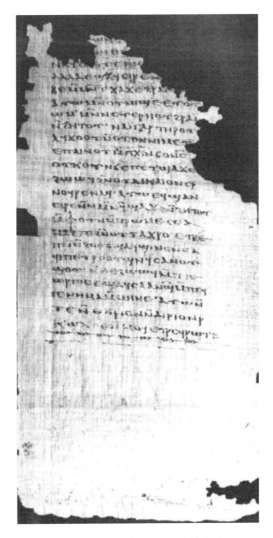

柏拉图《理想国》片段：灵魂的隐喻

那戈·玛第抄本第 6 书册第 51 页：

……在那以后，他更加努力去关照他们，抚养他们，正如一个农夫每天照料他的庄稼那样。而对那些野兽，要阻止它们生长。

目 录 *Contents*

第三部分　祷文、布道文、仪式与法术

修订版序言

　　"诺斯"(灵知)在哲学上是与"信仰"、"道"、"太极"同等量级、似乎人人明白却又极其深奥难言的概念。在实践中,"诺斯"与灵知、灵觉、灵感、真正的宁静与虚无、即时超脱的"天休"和"顿悟"等神秘修行有关,在现实生活中则与意识的本质、精神和神经之间的关系、精神痛苦及其解脱与宁静的机制直接相关,因此"诺斯"是回答诸如生命、疾病、冲突和末日等人类永恒问题所需的超越政治、社会和文化形态差异的重要思想资源,是跨文化、跨宗教对话的最深层面和通道。

　　在从现代向后现代转型的特殊历史时期,人类社会正在经历一场新兴宗教运动的浪潮,形形色色依附于正统宗教的异端、新独立出来的各种组织化的神秘宗教组织,以及非宗教的无组织的哲学和心理学流派、乃至于世俗化的替代性灵修,以各种文化、健康、心理咨询之类的现代化公司和协会提供的文化产品的方式正在风起云涌地出现。古代诺斯替主义是这一场运动的思想源泉和精神土壤,对其经典文献的研究有助于把握新兴宗教运动的发展脉络,运用马克思主义的"溯源法"去理解、研究和引导当今社会的"新纪元运动"、"膜拜现象"、"新兴宗教"、"替代性修行"、"灵性产品"等中性现象,以及"宗教狂热"、"宗教激进主义"、"宗教极端主义"、和"宗教恐怖主义"等消极现象。因此古代诺斯替主义是与中国式现代化进程中宗教治理相关的重要基础理论课题。

　　诺斯替主义经典文本有着与马克思主义哲学相同的核心主题:意识的本质、意识的控制和转变机制、意识的转境能力。诺斯替主义神话中与精神的流溢与复归相关的灵与魂、形与神、此岸与彼岸、有限与无限、聚与散、开与合、出与入、有与无、碎片与整体、亏缺与圆满等意象,是与马克思主义哲学中与异化及其异化的克服相关的心与物、一元论和二元论、统一性与多样性、确定性与不确定性等关系范畴相对应的,对于理解马克思主义的"解放"、"革命"和"共产主义"等政治哲学范畴的实践内涵具有重要意义。诺斯替神话对"德穆革"的否定有着马克思主义深刻无神论的影子,而马克思主义的真理作为意识与社会改造的"知识",也带有"诺斯"的色彩,因此诺斯替主义必然是马克思主义宗教学的重要研究对象。

笔者于 2023 年 5 月 26 日追随导师王晓朝先生正式调到浙大城市学院新时代马克思主义宗教学研究院工作。我的研究工作主要是从马克思主义"人学"的视野开展"精神文明与大健康"研究。"大健康"指的是灵与魂、神与形、我与人、人类与自然的健康关系;精神文明指的是人类文明中解决上述健康问题的深层次精神资源,包括宗教、非宗教、医学和替代性医学等宗教内外、世俗内外、现代医学内外的资源。由于诺斯是人类精神领域永恒性、终极性问题,是精神文明与大健康建设的基础理论问题,因此也是我近期的研究重点之一,换言之,这本古代诺斯替主义经典文集是后续研究的一个出发点。

本书初版发表于 2017 年,这个修订版订正了几个文字错误,并在后记中补记了本人近年来对于诺斯替主义之界定的最新思考。

张新樟

2024 年 1 月 5 日

于京杭大运河畔

浙大城市学院新时代马克思主义宗教学研究院

前　言

　　"诺斯替主义"(Gnosticism)是一个现代术语,来源于希腊词 gnostikos,[①]用于指称寓于希腊化晚期大规模混合主义宗教运动之中的共同精神原则。诺斯替主义普遍地体现在当时的新柏拉图主义、斐洛主义、犹太教、神秘宗教等所有的哲学与宗教派别之中,尤其在基督教中,它找到了自己永久的栖身之所,形成了教父学(Patristics)中称之为基督教异端的诺斯替派。诺斯替主义者也会从这些既存的哲学宗教派别中独立出来,形成自己的宗教派别,有各不相同的名字,我们称之为诺斯替宗教。作为基督教异端的诺斯替派以及独立的诺斯替宗教是诺斯替主义精神原则最集中、最典型的体现。

　　希腊化晚期一场强有力的宗教运动从各种哲学、宗教、科学思潮的大规模交流和融合开始,"一种深沉的、强烈的、解放灵魂的要求越来越为世人所觉察,那是一种超越凡尘的饥渴,那是一种无与伦比的宗教热忱。"[②]诺斯替主义作为这一场宗教运动的精神原则起源于罗马帝国宗教愿望的普遍复兴,是人们"回归精神家园"强烈愿望的结果,它的理想实际上是要摒弃世俗社会的政治经济价值观,转而追求宗教财富:心灵安宁、热爱人类、与神同在等。这意味着价值观的完全转变,而不是期望神圣力量来建立人依靠自己的力量所不能建立的组织。如果设身处地想象当时人们所面对的恐惧和希望、困难和问题,

　　① Gnostikos 译成英文就是 knower,指一个拥有 gnosis(诺斯),或"密传知识"的人。由于诺斯是对最高实在的知识或者认识,因此 Gnostikos 译成中文可以是"知道者"、"得道者";又如果把诺斯译成关于神的知识的"灵知",那么 Gnostikos 也可以译为"灵知人"。

　　② [德]文德尔班著:《哲学史教程》上卷,罗达仁译,商务印书馆 1987 年版,第 281 页。

我们就能理解,对于诺斯替主义者而言,只有诺斯或拯救的知识才是真正有价值的生活方式。无知是安全感的最大障碍,只有依靠诺斯的启示或关于灵魂和肉体的神圣的科学知识才能去除。"神的意志就是对神的深刻的知识,这意味着享受永生。"①诺斯替主义者企图在各种宗教与哲学中找出关于拯救的共同性、本质性的东西,回答宗教神秘主义和哲理性宗教中所提出的一切重大问题,如:世界和物质的起源、人的来源和命运(作为个体和作为宇宙秩序的成员)、恶的起源和消灭的问题、灵魂的上升和下降、人从命运和有限中解脱出来、获得永生的方法等。诺斯替主义者西奥多图(Theodotus)说,一个诺斯替主义者就是一个明白了"我们是谁,我们成了什么,我们在什么地方,我们将要向哪里去,我们将从什么里面解放出来,什么是生,什么是重生"的人。②而认识自身,从最深层面上说,同时也是认识神,这就是秘密的诺斯(gnosis)。另一位诺斯替主义摩诺缪(Monoimus)说:

> 不要去研究神、创世和其他诸如此类的问题。寻求神要从认识你自身开始。要认识你内部的哪一位是谁,是他把任何东西都看作是他自己的,并说:"我的神,我的心,我的思想,我的灵魂,我的身体。"认识忧伤、快乐、爱、恨的发端处……如果你能仔细地考察这些问题,你就会认识你自身中的那个他。③

这种诺斯不只是一种理论上的思辨,而是克服内在之恶的修行。《腓力福音》中说:

> 当邪恶的根隐藏的时候,它是强大的。但是一旦为人所认识,它就消解了;一旦为人所揭露,它就灭亡了。这就是经上这样说的原因了:"斧

---

① Clement of Alexandria, *The Stromata, or Miscellanies* 4. 6. 27.

② Theodotus, *Exerpta ex Theodoto* 78. 2.

③ Hippolytus, *Refutation of All Heresies* 8. 15. 1—2.

头已经放在树根上了"。它不只是要砍——因为砍了之后还会发芽——这斧头要渗透得很深，直到把根挖出来。耶稣挖出了整个地方的根，而其他人只是挖了一部分。对于我们而言，我们每个人都要深挖我们里面的恶的根，连根把恶从我们心里面拔出来。如果我们认得它的话，就能把它挖出来。但是如果我们不认识它的话，它就会在我们身上扎根，在我们的心里面结果。它就会主宰我们，我们会成为它的奴隶。①

因此，这种知识具有真实不虚的精神力量。《真理的福音》中说：

　　既然缺陷进入存在是由于他们不认识父，因此当他们认识父的时候，缺陷也就在一瞬间停止存在了。就好像一个人的无知在他有了认识之后就消失了；就像黑暗在光明出现的时候消失那样；同样，缺陷也因为完美的到来而瓦解。……既然"缺陷"与"情感"是通过"无知"而产生的，那么由无知涌现出来的整个体系也会因为知识而解体。②

诺斯替主义对知识的追求绝不是为了思辨而进行思辨，而是出于对美好生活方式的热切寻求，以及解决人类命运问题的强烈愿望。为了解决这些重大问题和寻求这些问题的答案，诺斯替主义者建立了各种各样形而上学的世界观体系。我们可以说，苏格拉底身上所体现出来的两个因素——辩证法和神秘主义——在他们身上得到了重新统一。尽管他们不轻视理智，并鼓励思辨，但是他们通往诺斯的道路却是爱、想象、由衷的虔诚和禁欲的道德修为，由此看来，诺斯替主义者大都是具有理论修养的修行者，他们实践性的、拯救性的知识的观念及其在准理性的思想体系中的理论实现产生了一种以前不为人所知，而此后从未在宗教思想中消失过的思辨类型。

只要从诺斯替主义者的宗教愿望出发，我们就不难理解诺斯替主义为何

---

① 《腓力福音》104。
② 《真理的福音》24—25。

具有混合主义的外在特征了，她可以吸收各种宗教，但并非就是这些宗教；她可以在某一教派之中，但不属于这一教派。安古斯对诺斯替主义的高度评价是恰如其分的：

> 诺斯替主义是有史以来满足宗教需要的最大努力之一，它力图寻找一种最大限度保存以往宗教，同时又适应当前世界观的宗教。它是混合主义时代中，宗教对当时理性力量的一种回应。它是意在调和宗教与文化，使宗教同时保持理性化、高境界和热情的不懈努力。它是希腊诫命的自然发展，"认识你自己"，然后"你就会认识神和宇宙"，从而获得拯救。①

诺斯替主义是当时的一大社会现象，影响了整个后古典时期。约纳斯甚至认为，早期基督教是诺斯替主义的一个首要代表，诺斯替主义领域可以分为两半，即基督教的一半与异教的一半，而基督教的一半也许是这个领域中最重要的一半。② 原始基督教本身就是一场激进的运动，耶稣呼吁的是一种对现实价值的彻底逆转。但是他的门徒中有些人迫于现实的压力追随了传统的生活方式，这个群体逐渐形成了体制化的组织，他们开始考虑秩序、延续性、权威承序、稳定性等问题，逐步形成了教会正统。这种有形组织鼓励人们安于现状，失去了超越此世的终极目标。基督教诺斯替主义者的出现重新肯定了原初的基督教超越立场，认为这种超越立场是原初基督教的中心内容，他们确信自己是原初基督教立场的忠实继承者。《彼得启示录》记述了耶稣批评主流教会的话：

> 他们将会忠于一个死人的名号，以为那样他们将会变得纯洁。但是

---

① S.Angus，*The Religious Quest of the Graeco—Roman World：A Study in the historical Background of Early Christianity*，Biblo and Tannen，1967，p. 379.

② Hans Jonas，*Gnosis und spätantiker Geist*. Vol. 1，Gottingen，1934，p. 82.

他们却要变得大大的污秽,并且他们要堕落在一个谬误的名里头、落在邪恶、狡猾之人的手中,以及落在繁复的教条中,并且他们也将以异端邪说进行统治。……他们当中有一些人会谤渎真理,并且宣扬邪恶的学说。他们又会以恶事彼此毁谤。……但是还有许多别的人,他们反对真理,是谬误的使者,他们会以他们的谬误和他们的律法对抗我的纯洁的意念。他们只是从一个角度看,认为善与恶乃是来自同一个源头。他们以我的话语行事。……还有一些人,他们不在我们之列,他们称自己为主教和执事,他们好像从神那里领受了权柄。他们俯伏在阿其翁的审判之下,这些人是枯干无味的庸人。①

基督教诺斯替主义者重视终极盼望的超越理想与正统教会中的今世现实意识形成鲜明对比,也从而招致人们的厌恶,他们不仅看起来不忠于教会,并对有形的教会组织构成严重的威胁。教会方面认为它是基督教所遇到的三大危机中最大的危机,直接危及到教会的生存。在晚期罗马帝国正式基督教化之后,神学上对诺斯替教派的攻击获得了法律的支持,绝大多数诺斯替经书被禁止,甚至永远地消失了。但是诺斯替主义从未彻底灭绝,中世纪的时候流传在今天的东南欧一带,并向西移动,引发了一些新的教派运动。近代以来,诺斯替主义开始复兴,一方面表现为诺斯替教会在世界各地涌现;另一方面其精神原则似乎化为诺斯替主义游魂潜入现代思想,黑格尔、谢林、施莱尔马赫、马克思、尼采、巴特、梅列日科夫、海德格尔、施米特、布洛赫、薇依等思想家们都具有诺斯替主义者的气质。

西方学界对诺斯替经典文献的收集、整理、翻译和校注已经取得了很大成就。除了教父著作中保存下来的对于古代诺斯替文献的引用、总结和描述之外,西方学术界通过考古发现了较多的诺斯替文献古抄本,共发表了 20 个抄本和抄本碎片,总称为"科普特文诺斯替文库"(Coptic Gnostic Library),其中

① 《彼得启示录》74—81。

最可观的是 1945 年在埃及那戈·玛第镇(Nag Hammadi)附近的尼罗河东岸发现的那戈·玛第书册(The Nag Hammadi Codices),共 13 卷。埃及阿拉伯共和国文化部和联合国教科文组织(UNESCO)任命的国际委员会于 1977 年监督出版了《那戈·玛第文集摹制版》(*The Facsimile Edition of the Nag Hammadi Codices*)和《那戈·玛第文集英文版》(*The Nag Hammadi Library in English*,E. J.Brill 和 Harper & Row 出版社),以那戈·玛第书册的摹制版为基础,西方学术界出版了许多单篇文献的英译、校注的单行本,往往一篇材料有多种版本的英译。谢扶雅先生高度评价诺斯替派经书,在 20 世纪 70 年代编译的《基督教早期文献选集》中选译了《那戈·玛第文集》中的若干篇目。香港汉语基督教文化研究所邀请杨克勤先生翻译了整部那戈·玛第文集,以《灵知派经书》为题分三册在 2000—2004 年间发表(笔者参与校对了第三册),经修订后于 2008 年以《灵知派经典》为题合成一册发表在刘小枫先生主持的经典与解释丛书中。另外,中文网络上也有一些对诺斯替主义怀有强烈兴趣的人士以网名翻译发表了不少重要经文。

西方学界翻译了所有已经发现的诺斯替文献,但基本上是以某个抄本或某篇文献为单位出版,尚未按照诺斯替主义的类型学、谱系和文体,系统地整理成一部比较完整的、包含了所有重要篇目的诺斯替文献。来登(Bentley Layton)翻译的《诺斯替经书》(*The Gnostic Scripture*)只翻译了以瓦仑廷派为核心的各个教派的文献,未包括那戈·玛第书册中的许多重要文献。《那戈·玛第文集英文版》也只是出版了那戈·玛第抄本中的文献,未包括其他抄本的重要材料以及教父著作中保存下来的文献。诺斯替经典文献中译本拟采纳和综合西方学界已有的材料收集、翻译、诠释成果,按照诺斯替主义教派的历史谱系、思想类型和文体这三个层面进行整理和翻译,选取重要篇目依据科普特文原文和重要英译本、德译本对照翻译,借鉴已有的中译文,对文献的写作背景、风格、精神义理予以详细的说明,力争成为一部比较系统全面的古代诺斯替主义经典文献注释校订版。

我整理这部古代诺斯替主义及其相关派别文献的目的,是试图为读者提供一本可读的、连贯的经书,使之可根据诺斯替主义者自己的表述来了解他们对存在的理解、人生困境的思考以及对社会的态度。这些文献是与基督教和犹太教圣经相对应的异端的经书,具有强烈的非正统色彩,但是它们也有助于我们了解古代基督教和希腊化犹太教的神学、环境及其文学传统。假如不了解诺斯替主义,我们对古代世界正统基督教教义的理解必然是不完整的,必然会影响对现代教会教义的领悟。因此,对想要了解基督教神学和信仰的历史根源的人来说,诺斯替主义的知识是不可缺少的。诺斯替神话是在与希腊语教会的犹太学问家的密切对话——虽然常常是敌对的对话——中成长起来的,因此,诺斯替主义一定会增加我们对古典犹太教基础的了解。由于诺斯替主义作为一种思想类型对后世政治思想的深远影响,诺斯替文献不仅是一个思想史的读本,而且也是一个政治哲学的读本。总之,诺斯替主义文献对那些宗教神秘主义修行和比较宗教学感兴趣的学者,那些研究基督教、犹太教、希腊或罗马哲学宗教思想的学者,以及那些关心思想史和政治哲学的学者而言,都是一部重要的参考文献。

张新樟

于西溪校园

2014 年 4 月 1 日

导　言

一、诺斯替主义、根基性神话与神话体系的类型

对于克服二元论处境的拯救性知识的追求就是诺斯替主义。其中包含两个要素：一是对于二元论处境的极其敏感的体验以及对拯救的强烈向往；二是对于拯救性知识（诺斯）的追求与实践。[1]

二元论处境是希腊化晚期人们的基本生存处境：部分与整体之间的异化、人与宇宙城邦之间的异化。他们感到帝国法律是外在的、不可企及的力量对他们的统治；宇宙的律法、宇宙的命运也同样是外在的、不可企及的力量对他们的统治，国家是这种力量在地上的执行者；人们感到自己孤独地流落在一个异己的、冷漠的世界之中，这使得当时的人们对苦难极度敏感："在那个社会中有对于净化、安慰、赎罪、治疗的真正需要。而这一切无法在别处找到，人们就开始在宗教中寻求。"[2]人们强烈地体验到二元论困境，热切地寻找彼岸，吁求拯救。

流落异乡的体验使得所寻求的"彼岸"显得遥不可及，它比这个宇宙中的任何事物，包括天与星宿都要遥远。由于有了"彼岸"，这个宇宙就成了一个封闭的、有边界的体系了，虽然对于那些迷失在其中的人来说它是广袤无垠的，然而

---

[1]　约纳斯把诺斯替主义精神定义为"反宇宙主义"，即一种极端的否定一切有界限的有秩序的存在物以及一切有限定的道德规范的革命性的态度。这个定义隐含着二元论的生存体验，以及克服二元论处境的追求，这是正确的，但是它指出克服二元论处境的途径在于"反宇宙主义"，这过于狭隘，不如把着重点放在"诺斯"上面，"诺斯"可以把"反宇宙主义"作为其中的一个途径包括在自身之内。

[2]　Adolf von Harnack, *Expansion of Christianity*, vol.I, London：1908, p.140.

放在整个存在的视野中来看,它是有限的、有边界的。诺斯替主义的彼岸观念把宇宙看成了一个更大整体中的一个封闭的部分,是关押那些陷落到这个体系之中的灵的监牢。有了"彼岸",这个宇宙就成了一个可以从中逃脱的地方。

"朝神看"在诺斯替主义里面有着完全不同于它对希腊哲学家而言的含义。在希腊哲学家那里,"朝神看"意味着赋予万物以价值,把它们看作是无所不包的宇宙神性的各种不同层次的表现,在存在物之阶梯中通过智慧与美德而自我提升并不意味着对所逾越之等级的否定。而对于诺斯替派来说,"朝神看"正是意味着这样一种否定:它是跳出一切中介性的实在,把这些实在视为只不过是束缚与障碍,或者是令人分心的诱惑,或者索性是毫无意义的。这些中介实在的总和就是这个世界,它包括社会性的世界在内。①

人的肉体是使之从属于这个世界的物质器官,而人的"魂"是使人归属于这个世界的精神器官,这个世界通过肉体和魂把人紧紧地包裹在自己的最深处。因此,诺斯替主义者不仅蔑视宇宙,而且也蔑视自己的身心。拯救的超凡兴趣,对超验自我的命运的心无旁骛的专注就是把心思从对这些通过身心跟自己血肉相连的实在的难以割舍的执着之中解脱出来。

这种精神内守状态限制人参与这个世界的事务,甚至在卷入到这些事务中去的时候,人们也要从遥远的彼岸注视自己。这个世界以及人对这个世界的归属都不能看得太认真。古希腊的美德就是认真地实现人的这些不同状态的归属,就是认真地让自己满足这个世界(即存在)的要求,即使这个世界不等同于真正的存在,但它起码是达到真正存在的垫脚石。在诺斯替的二元论中则不然,"这个世界"作为存在的一个维度并不

① [德]汉斯·约纳斯著:《诺斯替宗教》,张新樟译,上海三联书店2006年版,第246页。

给人提供达到完美的机会,因此,人对待这个世界内之存在物的态度最起码是"视之如同无物"。①

正是在人与世界之分裂的内在体验的基础上,产生出了诺斯替主义的灵与魂、心与身、人与世界、世界与神之间的系统化的二元论。约纳斯认为,在诺斯替主义的诸多特征之中,"首先要在此加以强调的乃是它的极端二元论的情绪,这种情绪是作为整体的诺斯替态度的根本,它把广泛不同、系统性程度不一的各种表述统一起来了。"②

拯救就是要逃出这种二元论的处境,走向彼岸。那么拯救的途径何在呢?如何才能克服二元论的处境呢?唯有借助于诺斯(gnosis)或拯救的知识。"诺斯"最首要的是指关于神的知识。由于神的极端超越性,"关于神的知识"乃是对于某种自然状态下不可知事物的知识,它的对象涵括了属于神圣存在王国之中的一切,即上方世界中的秩序与历史,以及由此导出的人的拯救问题。由于它的对象是这一类事物,这种知识作为一种精神活动与哲学中的理性认知有着极大的差别。一方面,它与启示的体验紧密地联系在一起,或是通过神圣奥秘的知识,或是通过内在的觉悟,以对真理的接受取代理性的论证与理论(虽然这种超理性的基础也可以为独立的思辨提供空间);另一方面,由于"知识"所关注的是拯救的奥秘,因而它不只是对某些事物的理论性的信息,它作为人的状态调整,本身就负有获得拯救的职能。因此,诺斯替主义的"知识"拥有极其明显的实践性的一面。诺斯的终极"对象"是神:它在灵魂中的活动改变了知道者(knower)自身,使他成为神圣存在中的参与者(这有甚于把自己同化到神圣本质之中)。

正是这种追求克服二元论处境的拯救性知识的诺斯替主义精神造就了希腊化晚期的各种哲学宗教神话思辨体系。当自我认识到自己深陷在这个世界之中,他就希望自己从这个世界中解脱出来。这个时期神话思辨体系的杰出

---

① [德]汉斯·约纳斯著:《诺斯替宗教》,张新樟译,上海三联书店2006年版,第246页。
② [德]汉斯·约纳斯著:《诺斯替宗教》,张新樟译,上海三联书店2006年版,第300页。

贡献就在于把这个维度投射到过去:自我是如何陷落到这个世界之中的?通过回答这个问题,神话思辨体系就把在世界中的异在感、孤独感客观化在一个故事的形式之中,这个关于过去的故事就可以照亮现在并启示未来之解脱的可能性与意义。当这个故事得到讲述的时候,它就实现了它所预示的事件,它是一个召唤,要唤醒陷落昏睡在世界中的人,让他们清醒过来,引导他们走向彼岸。因此神话与思辨体系的讲述本身就是它自己故事中的一个转折点。①

每一个神话思辨体系都必须处理这样一个问题:即存在阶梯的两个端点之间的极度对立化问题。此世与神圣彼岸之间的距离是无限的,这两者之间的鸿沟需要构筑桥梁。问题出来了:我们这个世界以及其中的人类是如此卑微、有问题、不纯洁,它怎么可能是从一个如此纯洁、如此完美、没有混杂与含糊的源头中产生出来呢?绝对的、永恒的、灵性的存在的完美之中如何会产生出短暂的、物质的、地上的存在的不完美呢?是什么造成了神圣与非神圣之间如此巨大的裂痕?思辨的任务就是要解决这些问题。这些问题前提是:开端的这个纯粹状态是至善的、自我满足的,它没有动机在自身之上增加一个世界来中和自己的至善。这个强有力的加以坚持的前提不仅排除了《圣经》的简单答案,即世界的创造是出于神的一个自由决定,这个神想要这个世界乃是出于他的肯定性选择,而且也排除了普洛提诺的答案,即一位善的、不妒嫉的德穆革(世界创造者)尽他所能把善传给了接受者。无论如何,这个德穆革必须被视为是有问题的德穆革,它的活动是从至善的堕落。

约纳斯在众多旨在解释并克服二元论处境的神话思辨体系之中,总结出了七个相继过渡的先验图式:

> 这个世界与神之间的距离(距离的先验图式);这个封闭的世界(洞穴先验图式);人被囚禁在这个世界中(低处或此世的先验图式);迷路的体验(迷宫的先验图式);自我不属于这个世界(否定或孤独的图式);神

① Jonas, *Gnosis und spätantiker Geist*, vol.1, p.258.

是绝对地高于这个世界(高处、外面或彼岸的先验图式);此外还有一些指向性的运动包含在所有这些图式之中,把这些图式构成一个整体:堕落、失去本源以及所有这些的相反运动(向上与向下运动的先验图式)。①

这里所列的七个先验图式构成了一个体系,约纳斯称之为"根基性的诺斯替神话"。任何讲叙这个根基性神话的尝试都必然会超乎这个根基而形成诺斯替神话思辨体系的一个实际版本,这个根基性神话起到了由先验图式向诺斯替神话版本过渡的作用,在这个根基性神话的基础上产生了众多不同的思辨体系。

诺斯替神话思辨体系可以粗略地分为三大类型,一是塞特派类型,二是叙利亚类型,三是伊朗类型。塞特派是三本原的体系,伊朗类型是二本原的体系,叙利亚类型是一本原体系。塞特派认为最初存在着三个根基:光明、灵和黑暗,黑暗(也即混沌)在最下层,它的上面是灵,灵的上面是光明。伊朗类型认为最初存在着光明和黑暗两个对立本原。叙利亚类型则认为最初只存在一个本原。当然还有四本原的体系,如希波利特在《反异端》(*The Refutation of All Heresies*)中描述的那西尼派(Naassenes)的体系有四个本原:先存者、自生者、混沌和德穆革。但是实际上第四个本原是从前面的本原中演绎出来的,并非终极本原,因此这个体系可以归入到前几种类型之中。这三大类型的神话思辨体系旨在解释同一个处境:人如何流落在一个有缺陷的世界之中? 神与世界、世界与人、灵与肉之间的分裂是如何造成的? 就这一层面而言,这三个类型都是"二元论"的,它们的不同之处只是在于对二元处境的成因的解释。伊朗类型假设了原初就存在光明和黑暗两个对立的本原,光明受到黑暗的攻击,一部分光明被黑暗吞没,从而展开了针对这部分光明的混合与分清、束缚与解放的时运多变的战争。在这个体系中,世界不是神主动造成的,是一个不得已的结果。叙利亚类型的思辨则把二元论处境追溯到最初的一个本原上

---

① Jonas,*Gnosis und spätantiker Geist*,vol.1,p.259.

去,世界的形成是由于神的异化造成的,原始光明逐步在罪、谬误与遗忘中变暗,其最终结果是世界的形成。在塞特派的三本原体系中,黑暗原本是围绕着父的水,灵是他在水里面的影子,因此按照约纳斯的观点,也可以归入到叙利亚类型中。因此诺斯替主义的神话类型从实质上划分只有两大类。约纳斯认为:

两种类型的剧本都以高处的一场动乱为开端;在这两者之中,这个世界的存在都标志着神的失败,以及达至最终之恢复的必然的但是艰难的途径;在两者之中,人的拯救都是对神自身的拯救。其间的区别在于,神的悲剧究竟是从外部强加于他的,是由黑暗所肇始的,还是出于自身内部的动机,黑暗是他的情感的产物还是情感的原因。前一类型中神的罪咎与错误与后一个类型中神的失败与牺牲相对应;前一个类型中对于瞎眼的德穆革的灵性轻蔑与后一个类型中对于牺牲的光明的同情相对应;前一个类型中的通过觉悟而得到重新塑造与后一个类型中神的最终解放相对应。

可以这样说,对于诺斯替宗教所最为关注的事物的存在状态以及基于此的拯救而言,采用哪一种前宇宙历史并没有什么值得重视的差别,因为这两种前宇宙的历史本质上都导致相同的结果:无论是“邪恶地统治着这个世界”的德穆革天使,还是原始黑暗的恶魔抓住了这颗受束缚的灵魂,“拯救”都意味着是从他们的能量之中拯救出来,救世主不得不把他们当作敌人加以征服。不过,是把世界视为次等本原的表达,还是认为它的本质就是彻底的邪恶,这在宗教上绝不是无关紧要的。叙利亚—埃及类型更微妙、更引人入胜,与僵硬的伊朗类型的二元论相比,它不只是在思辨上更有雄心,在心理上更丰富,而且在这两者之中它能够更完全系统地、恰当地宣称对于诺斯替宗教而言如此要害的拯救的“诺斯”:这是因为诺斯的对立面“无知”作为一个神明事件被赋予了宇宙之产生和二元性状态之维持的形而上学功能。①

————————————

① Jonas, *Gnostic Religion*, p.130, pp.236—237.见张新樟中译本,第217—218页。

约纳斯称之为叙利亚类型和伊朗类型的这两种类型,其区分根本上是类型学的,没有很强的地理与种族的含义。鲁道夫也有相对应的划分,他按照造成光明陷入黑暗的肇始者的不同把诺斯替主义神话分为两大类型:如果肇始者是阳性的,则属于伊朗类型,如果肇始者是阴性的,则属于叙利亚类型。一般来说,西门·马古(Simon Magus)、塞特派(Sethians)、瓦仑廷派属于叙利亚类型的诺斯替主义思辨,其中瓦仑廷派的体系是这个类型的典范;《珍珠之歌》、马克安派、摩尼教、曼达派属于伊朗类型的诺斯替主义思辨,其中摩尼教的体系是这个类型的典范。从光明堕落到下界、最终又回到上界的这样一种循环运动来看,这两种类型都是终极一元论的,跟印度的轮回思想有一定的相似性。

二、诺斯替主义神话、体验和修行

诺斯替主义神话是对于原始神话的重新解释,其独特性在于把原始神话的黑暗迷信转变成心灵修炼的内在程序,诺斯替神话可以转变成神秘主义。[①]诺斯替神话中关于灵魂通过诸层面上升、相继剥除世上的衣袍、重新恢复非宇宙的性质这样一个外在地志学的教义能够以"内在化"的方式呈现在内心转变的心理学技术之中。心灵状态的上升阶梯取代了神话中的旅程,心灵自我转化的动态进程代替了空间上对天上各层面的突破。由此,超越性本身可以

①　诺斯替主义对于神话的重新解释则是从神秘教走向神秘主义的决定性一步。关于生存状态、神话、体验与修行之间的关系,参:Hans Jonas, *Augustin und das paulinische Freiheitsproblem: Eine philosophische Studie zum pelagianischen Streit*, Gottingen: Vandenhoeck & Ruprecht, 2nd editon, 1965, p.84.Jonas, *Gnosis und spätantiker Geist*, vol.1, pp.82-86.在这几者的关系上,研究现代诺斯替主义的思想家沃格林(Eric Voegelin)也认为,只要在失序的处境造成足够的压力的地方都可以找到象征表达,诺斯替体系是其中"极其壮观"的表达,异化的象征与著名的"二元论"在其中得到了如此有力的发展,以至于人们有理由把它们视为诺斯替思想所特有的特色。但是他认为,异化的状态不一定表达在异化象征之中,也就不一定表达在诺斯替派的体系之中(沃格林:《不朽:体验与象征》,见谢华育、张新樟等译:《信仰与政治哲学:施特劳斯与沃格林通信集》,华东师范大学出版社 2007 年版,第 288—290 页)。有些学者正是基于异化的生存体验表达的广泛性,认为"诺斯替主义"这个概念过于宽泛,不足以涵盖它想涵盖的内容,应当予以抛弃[参:Michael A Williams, *Rethinking "Gnosticism": An Argument for Dismantling a Dubious Category*, Princeton: Princeton University Press, 1996, p. 5; Robert M. Grant, Rethinking "Gnosticism" (Book Review, in *Journal of Religion*, Oct2001, Vol. 81 Issue 4, p.645.)]。笔者认为这只是名字之争,只能印证约纳斯的见解,而没有构成对约纳斯之论述的实质性挑战。

成为内在性,整个过程都灵性化了,并且置于主体的力量与轨迹之内。神话的框架转变成个人的内在性,神话的客观阶梯转变成主体自我完成的体验层次,这种体验层次的高潮是出神或神秘的合一,于是诺斯替的神话就转变成了神秘主义。神话中实在的、外在的实体象征性地指向了一个自我的内在过程,即自我减少与世界的联系,缩减性地走向极致的反宇宙体验的过程。神秘仪式的参与是诺斯替神话中的实践性内容解放出来的一个途径,通过神话与实践在仪式中的联合,超验者成为内在。另一种更为持久,但循序渐进地从神话体系转变成神秘主义的途径是禁欲主义的修行。这种修行使主体净化,日益地从这个世界的羁绊中解脱出来。诺斯替神话讲叙灵性存在通过各个层面下落,最终陷入到物质之中,然后又撕破这些层面上升的故事,在禁欲的修行中,这个故事背后的诺斯替主义精神与生存态度作为主体的可能性,作为诺斯的生活得到了真正的实现。

　　诺斯替思辨性神话体系与心灵修炼的内在程序之间有一种结构上的重合性,两者都有一个共同的根源,就是更基本的生存状态或诺斯替主义精神。但是在诺斯替神话与诺斯替神秘修行之间有时间差:人的生存处境投射在象征性的神话体系之中,这是一个在前的阶段,而神话体系重新转变成主观状态则属于稍后的阶段。有人会问:诺斯替神话体系是神秘体验的理论表达吗? 是修炼体验在前呢,还是神话理论在前呢? 是修炼体验把自己表达在神话理论之中呢,还是神话理论为修炼体验做准备并使之成为可能呢? 有些人认为,关于事物客观性质的理论或信念体系在很重要的意义上促成了主体之体验的类型与结构,产生某种体验也许是持某种见解的直接结果,某些教义主张滋养了人的性情;而且理论的力量甚至可以产生出相应的内心体验,这也是不足为奇的。有些人认为,神话体系也有可能直接源自于与神合一的神秘体验,是内在体验的形而上学投射,从这里出发向后回溯可以找到这个体系所隐藏与表达的秘密体验。

　　在一定程度上,理论是体验的预期,而不是体验的投射,是使体验成为可能,而不是体验的结果,客观性的思想是体验可能性的条件。思辨性神话体系确实也是某种"表达",然而它不是神秘体验的表达,而是诺斯替主义的生存态度的表达,因此,诺斯替神话体系确实是从一种生存立场中产生出来的,它预先地指定了体验,并确定了体验的范围,它激起了对这些体验的追求、培养并使它们合法化。没有在前的思辨性神话体系,就没有合法的神秘主义。而神秘主义希望自己是"有根据的、合法的",即它不只是一个情感上的陶醉或着迷。真正的神秘主义者想要让自己为绝对实在所附体,这个绝对实在是已经存在的,神话体系告诉他的就是这个绝对的实在。诺斯替主义的神秘主义就这样始终与古希腊理智的、本体论的思辨保持着连续性。诺斯替主义者有一个客观的神话体系,但他们超越了这种体系,想体验到对象,并与对象同一,而且他们想能够宣称这样一种同一。为了使某些体验成为可能,思辨就必须建立起一套框架、道路与目标——这远在主观神秘主义学会走路之前。

总之,诺斯替主义精神渐次深入地体现在神话、神秘体验与修行三个层次之中,与这三个层次相对应,付诸实践的诺斯也有三个层次共四种:(1)一种技术工具性的知识,能够让获得诺斯者找到通过诸天的道路,并在合适的时间说出恰当的口令;(2)一种圣事实践,或任何另外形式的知识,能够转动客观原因,从而让诺斯替主义者逃出这个世界;(3)一种神秘的出神体验,自我在这种体验中可以预期从这个世界中解脱出来;(4)一种持久的、循序渐进的禁欲主义的修行,这种修行使主体净化,日益地从这个世界的羁绊中解脱出来。

前两种诺斯属于神话层次,第三种诺斯上升到了神秘体验的层次,第四种诺斯属于修行层次,通过修行回到真正诺斯的生活。在神话这个层次,诺斯替主义者意识到他们灾难性地受束缚于这个世界,然而通过把这种意识客观化在神话之中,他们就可能再次受缚于一个世界,即他们自己的神话世界,他们迷失在这个王国之中,从而陷落到了非真实的生存形态之中,"融入到一个具有逃脱此世之倾向的世界之中,这是一个悖论。"①因此停留于神话层次的前两种形式的诺斯是有缺陷的,必须上升到后两种诺斯,在神秘体验的诺斯中,在禁欲的修行中,把神话故事背后的生存态度实现在真正诺斯的生活之中。

---

① Hans Jonas, *Gnosis und spätantiker Geist*. Vol.2, Gottingen, 1954, p.13.

也许后两种诺斯仍然没有达到诺斯的究竟。神秘体验的诺斯在出神的心理状态中预示了从这个世界解脱，但是这种出神状态作为一种心理状态是这个世界的客观事实，因而缺少极端的解脱。禁欲的灵修则假设了一个按照逻辑秩序的逐步解脱过程，从而假定了一个永恒自我是这个过程的一个不变基础，从而把自我再次客观化，溶化到这个世界之中。可以说，这两种诺斯都没有最终达到从这个世界解脱出来的直接领悟，诺斯的最高境界仍然是不可捉摸的。

三、异教的诺斯替主义、基督教的诺斯替主义和诺斯替宗教

按照上述诺斯替主义精神原则及其表现层次的界定，古代诺斯替主义的外延极其广泛：它包括希腊化晚期的几乎所有宗教现象。诺斯替主义在西方体现在希腊化时期的神秘教，尤其是密特拉教（Mithras）、阿替斯教（Attis）和赫耳墨斯文献，以及在思辨层面上的古代晚期哲学，尤其是新柏拉图主义之中；在东方体现在更强有力、更原创性的启示论与末世论运动，包括犹太教、斐洛主义、庞大的诺斯替体系以及摩尼教之中。最后，跨越东方与西方，它包括了早期基督教以及它的异端，尤其是马克安主义。因此从广义上看，诺斯替主义存在于新柏拉图主义、斐洛主义、犹太教、赫耳墨斯教、神秘宗教等所有非基督教的哲学与宗教派别之中，也体现在早期基督教之中，体现在作为整体的新约以及其他基督教文献之中——包含诺斯替派在内的早期基督教乃是诺斯替主义最重要的活动场所。从狭义上看，诺斯替主义主要表现在作为基督教之异端的诺斯替派和从既存哲学宗教派别中独立出来的、以塞特派、瓦仑廷派和摩尼教为代表的原创诺斯替宗教之中。

中世纪早期，也就是在四五世纪，马克安主义者、基督教诺斯替派、摩尼教都在亚美尼亚躲避教会的迫害，他们与当地坚持嗣子论（adoptionist）①的基督教派于 7 世纪末统一成一个教派，就是保罗教派，其创立者是马南纳里斯的康斯坦丁（Constantine of Mananalis），他们的圣书是 8 世纪的《真理的锁钥》（*Key*

---

① 基督教异端，认为耶稣其人在其人性的一面，不是神的亲生子，只是神的嗣子。

of Truth）。保罗教派在 8 世纪受到基督教和穆斯林的迫害，几乎灭绝，但是后来在奇克科（Sergius Gychikos）领导下又强大起来，拜占庭皇帝把其中不少人驱逐到了巴尔干，特别是保加利亚，形成了鲍格米勒派（Bogomil）的源头。鲍格米勒派的思想于 11 世纪初非常明显地渗入到了意大利与法国，与地方抵抗运动结合起来，反抗官方教会、反抗社会。这种"诺斯替精神的异端"在 11 世纪覆盖了整个意大利北部与法国，形成了卡特里派（Catharists，或称"洁净派"），这个教派于 1150—1300 年左右在法国南部形成了他们自己的教会与主教体系。

在中世纪，诺斯替主义对东方的影响也一直存在。赫耳墨斯诺斯替主义在伊斯兰教的归于"拜星教"（Sabaism）名下的各种异端中继续生存；伊斯兰教神秘主义，特别是什叶派（Shi'ite）中一个极端派别伊斯玛仪派（Ismailism），其开端（850 年）也与诺斯替主义的特征有关，因此被学术界称为"伊斯兰教中的诺斯替主义"。

有一个起源于基督时代的古代诺斯替教派幸存至今，那就是曼达派。这是一个浸洗派，大约有一万五千名成员，主要居住在伊拉克幼发拉底河与底格里斯河南部区域。"曼达派"（Mandeans）是个后起的名字，但这个名字可以追溯到古代的曼达文字"Manda"，也即"知觉、知识、诺斯"的意思，因此曼达派也就是"知者，诺斯替派"的意思。由于 17 世纪的基督教传教士把他们视为"施洗约翰的门徒"，因此在相当长一段时间里以"约翰基督教徒"（John-Christians）的名字为欧洲文献资料所载。

我们可以从三个方面追溯诺斯替主义超乎其具体历史存在之外的历史影响。首先，诺斯替主义的问题被基督教神学所接受，甚至它的立场也保留在基督教神学之中；其次，诺斯替主义观念与传统以某种改头换面的形式出现在变化了的社会与历史场景之中，表现在某些政治思潮之中，也表现在荣格心理学之中；最后，诺斯替主义观念与体系有意无意地被现代混合主义神智学派所接受，甚至出现了自称为诺斯替教的教会。但是所有这些不同途径都很难追溯其延续性的具体情节，因为各种联系的环节通常是一些"潜在"的渠道，或者这些联系是建立在哲学史领域中所进行的观念史重新建构的基础之上。

上述诺斯替主义的历史表现大致界定了广义诺斯替主义的文献范围,我们可以从广义到狭义把它分成三个层次:古代晚期各种现存哲学宗教派别的文献,包括基督教与非基督教的文献;作为基督教之异端的诺斯替派的文献;从基督教与既存宗教中独立出来的诺斯替宗教的文献。我们以第三层次中最经典的塞特派和瓦仑廷派的诺斯替经典文献为核心,依据思想历史渊源以及与基督教关系的密切程度罗列诺斯替主义文献如下:

一、塞特派文献。这是经典的诺斯替派文献,是古代一个自称"诺斯替派"的群体阅读的可靠著作。"诺斯替派"(gnostic),即"认识神的人们"的意思,这个名字最适于用来指这个群体的成员。现代学术界把他们称为"塞特派"(Sethians)、"巴贝洛派"(Barbeloites)、"巴贝洛诺斯替派"(Barbelo gnostics)、"鹅费派"(Ophians)或"鹅费特派"(Ophites 或译意为拜蛇派)。他们的大部分文献都有明显基督教的或基督教化的形式,但是其中的基督教因素对于原文来说只是外在的。

二、瓦仑廷派的诺斯替文献。瓦仑廷(Valentinus, A.D.约100—约175)是最伟大的诺斯替神学家,他在亚历山大里亚接受了希腊的教育,并皈依了诺斯替色彩的基督教,他与马克安大约在相同的时期(约140年)进入罗马,被推举为主教,只是为了让位于一个殉道者,才退出主教职位,但是随即他与教会分裂,并被斥为异端。瓦仑廷的学派是摩尼教之前最大、最有影响力的诺斯替主义学派。瓦仑廷的学生当中有一批杰出的思想家,如托勒密(Ptolemaeus)、赫拉克利昂(Heracleon)、西奥多图(Theodotus)、马库斯(Marcus)。瓦仑廷派后来分为两个学派,东方的"阿拿托利安派"(Anatolian)与西方的"意大利派"。意大利学派主要在罗马,并延伸到高卢(Gaul)南部,他们的主要代表是托勒密与赫拉克利昂;东方支派活动在叙利亚与小亚细亚,马库斯、安提阿的阿克西翁(Axionicus)、西奥多图等属于这个支派。伊里奈乌记载了托勒密的学说体系,他致他的弟子弗洛拉(Flora)的书信被完整地保存下来了。亚历山大利亚的克来门记载了赫拉克利昂的情况,认为他是瓦仑廷学派中最杰出的人物,奥利金的《约翰福音注释》中保留了他的48段引文。他的学说与托勒密的大致对应，关心正统基督教的传统，他不太重视对于移涌世界的思辨，而更关注伦理和拯救问题。亚历山大利亚的克来门在他的《杂记》中保存了一本完整的摘要，主要是东方学派的西奥多图的作品。西奥多图的作品中保留了该学派的古代特征，尤其是对于创造主的弃绝，其中也有秘教的一些因素，包括巫术。名声最差的瓦仑廷主义者马库斯作品中巫术的成分很重，他把瓦仑廷的整个体系转变成了一个数字思辨与字母神秘主义，他所行的仪式部分地与古代神秘教有关，伊里奈乌与希波利特对此有详细的描述。瓦仑廷派在地中海世界各地繁衍，有证据表明，他们一直存在到4世纪末。

瓦仑廷虽然在本质上是一个诺斯替主义者，但是他力图在基督教与诺斯替主义之间的鸿沟之上架起一座桥梁，他与他的追随者一起，有意识地把自己限制在原始正统派基督教的正典之内，谨慎地避免在他们的神学著作中引用经典诺斯替派的经文。由此可以推断，瓦仑廷主义者的正典文献恰当地说其实就是原始正统基督教的正典，《那戈·玛第文集》中保存的大量属于瓦仑廷派或者为瓦仑廷派所用的诺斯替派文献大都只是启发性的经书。

三、马克安派文献。马克安（Marcion）是巴西里德的同时代人，他有意识地建立起一个教会，有信经、制度与布道，在摩尼之前，没有诺斯替派曾经干过这样的事业。他在教会中的对手主要是把他当作一个诺斯替"异端"来对待的，而且他所建立的"教会"比他本人更强烈地转向了诺斯替主义的世界观（尤其是在东方）。在马克安的门徒中，阿培勒（Apelles）最为杰出，在他老年的时候，曾经与神学家罗多（Rhodo）展开过争论，欧西庇伍对此有记载，这件事可能发生在2世纪末。①

马克安派传播极广，他们的教派组织为摩尼教奠定了基础。马克安的文献主要是他编定的新约正典和一本名为《反题》（*Antitheses*）的书，哈纳克的《论马克安:陌生上帝的福音》②第四章和第五章用细致的文献考据的方法恢

---

① Eusebius, *Ecclesiastical History*, K.Lake, tr.The Loeb Classical Library, 1972, V.13.

② 该书已经译成中文，见哈纳克著，朱雁冰译:《论马克安:陌生上学的福音》，三联书店2007年版。

复了马克安圣经的内容和《反题》一书的基本学说。

四、巴西里德文献。巴西里德(Basilides)是基督教诺斯替主义的第一位最重要代表,他自己也自视为基督教的诺斯替主义者。黑格尔在《哲学史讲演录》中把他描写为最杰出的诺斯替主义者。① 教会的教父们认为他是安提阿的米南达(Menander)的门徒,但是这一点也不能确定。其著作除了几个残篇之外只留下了一些题目。巴西里德创立的学派在他去世以后由他的门徒伊西多罗(Isidorus)主持。

五、多马派文献。多马派的祖师爷是圣多马(St. Thmoas, Didymus Jude Thomas),来自北美索不达米亚的传统基督教,他们的文献自公元2世纪开始以多种语言在世界各地流传。多马文献表达了通过自我认识获得拯救的神秘观念,对瓦仑廷派有较大的影响。

六、曼达派文献。从基督教时代流传下来幸存至今的曼达派拥有令人惊异的丰富文献。最重要的曼达文献是《秘藏》(Ginza),它包括《右藏》(Right Ginza)与《左藏》(Left Ginza)。其中《右藏》是18篇神话与神学的道德与记述性文章,《左藏》是一些葬礼上的诗歌,它其实是祭拜文,旨在超度死者灵魂升天。《约翰书》(Book of John)或叫做《诸王书》(Books of Kings),是补充《秘藏》的文集。一本很重要的收集诗歌、颂文、祷文的书是《曼达派礼拜文》(Mandean Liturgies)。另外还有许多书卷,其中有一些被认为是秘传的,只有祭祀才能看,如《一千零一十二个问题》(1012 Questions),是为了引导有志做祭祀者进入曼达秘教智慧的。这些文献都充分地证明了古代曼达派的诺斯替主义特征,它们在许多方面都与古代的诺斯替传统有关联。

七、摩尼教文献。摩尼教可以列为宗教史上的四大世界性宗教之一,也就是说,它与佛教、基督教、伊斯兰教处于同样重要的地位,不过它是属于过去的宗教。巴底山尼是摩尼的直接先驱,他写了一本有150篇诗歌的叙利亚文著作,其中有些残篇被他后来的对手爱德沙的爱弗伦(Ephraem of Edessa, 306—

---

① [德]黑格尔著:《哲学史讲演录》第三卷,贺麟、王太庆译,商务印书馆1983年版,第171页。

373 年)保存下来。他的一个门徒根据老师的学说写了一篇关于命运的对话，题目是《各国律法书》(*Book of the Laws of Countries*)。① 他的另外一些著作只留下了标题，而有些作品，如《所罗门颂歌》与《珍珠之歌》则误归于他的名下。摩尼教的创立者摩尼来自美索不达米亚南部地区，曼达派构成了摩尼少年时代生活环境之一部分，后来试图改革该派的实践与理论，导致了这个团体的分裂，摩尼被逐，建立起了他自己的团体，然后在伊朗内外进行传教活动。摩尼教诺斯替主义的历史几乎有一千余年，在这一千多年里，它的传播西至西班牙，东至中国。批判摩尼教的基督教文献极其广泛，代表性的有《阿克来行传》(*Acta Archelai*)②、波斯特拉的提多(Titus of Bostra)(希腊文)的著作《反摩尼教》(*Adversus Manichaeos*)③、圣奥古斯丁的拉丁文著作、西奥多·包·凯南(Thodore bar Konai)的叙利亚文著作。

1903 年在埃及发现了摩尼教的科普特文蒲草纸书卷，它们的成书年代是4 世纪，这些书册保存情况极差，估计有 3500 页。迄今为止从中整理出了一本摩尼自己的书《诸章》(*Kephalaia*)，其书名在早先就为人所知，但人们以为它与摩尼的其他文献那样不可挽回地遗失了；还整理出了早期摩尼教团体的一本《诗书》(*Psalm—Book*)，以及摩尼之后第一代信徒的《布道文》(*Homilies*)集子的一部分。在宗教历史领域，这是《死海古卷》之外最重大的考古发现。这些科普特文的摩尼教文献中有教义与诗歌。这些文献很可能是从叙利亚文翻译过来的，但不能排除偶尔也有一些是从希腊文译出的。

另一批摩尼教的原始资料年代较晚，是它的东方形态，称为吐鲁番(Turfan)残片，以波斯文与土耳其文(Turkish)写成，是 20 世纪初在中国土库斯坦(Turkestan)吐鲁番的绿洲中发现的；此外还要加上另外两篇也是在土库斯坦发现的中文文献，即一份诗卷和一篇文章，以它的发现者和编辑者彼留特(Pilliot)命名，这些文献表明诺斯替宗教的繁荣甚至远及于亚洲的中部。

---

① 　H.J.W.Drijvers,*The Book of the Laws of the Countries*,Assen,1964.

② 　Hegemonius, *Acta Archelai*,C.H.Beeson,ed.,Griech.Christl.Schrift-steller 16,Leipzig,1906.

③ 　Titus of Bostra, *Adversus Manichaeos*,P.De Lagarde ed.,1859.

八、赫耳墨斯教文献，西方学者很早就拥有一批赫耳墨斯教的希腊文文献，最有名的就是其中的第一篇《波依曼德拉》(*Poimandres*)。现存的赫耳墨斯文献最初印行于16世纪，是埃及的有关启示的希腊化文献，它们之所以被称为"赫耳墨斯的"(Hermetic)，是因为其中有埃及神多德(Thoth)与希腊的赫耳墨斯(Hermes)综合的迹象。古代晚期的异教与基督教作者们的大量引文与参照也提供了一些赫耳墨斯思想的资料。赫耳墨斯教的文献不是在整体上而只是在某些部分上反映了诺斯替主义的精神。与此密切相关的炼金术文献以及某些希腊文与科普特文的巫术书也混合了诺斯替的观念。《波依曼德拉》尽管有一些犹太教影响的迹象，但还是应该把它看作是独立的异教诺斯替主义的原始文献。

九、神秘宗教文献。某些晚古的神秘宗教在本质上也属于诺斯替的圈子，他们以一种类似于诺斯替主义的精神把他们的仪式与原始神话寓意化。代表性的有伊西斯(Isis)、密特拉(Mithras)和阿替斯(Attis)等神秘宗教，巴比伦的占星学和巫术。这些宗教资料主要保存在当时希腊与拉丁作者的文献之中，他们大多属于异教。

十、超越哲学文献：包括亚历山大利亚犹太哲学（斐洛文献）、新毕达哥拉斯派文献、新柏拉图主义文献等。

十一、中世纪诺斯替主义文献，主要是幸存下来的洁净派文献和伊斯兰教什叶派(Shi'ite)中一个极端派别伊斯玛仪派(Ismailism)的文献。

十二、现代诺斯替主义文献，包括三个方面，一是现代诺斯替教会和神知学团体的布道文、祷文和教义问答；二是荣格的若干心理学著作，特别是《七篇布道文》；三是鲍尔和沃格林(Eric Voegelin)等人认为反映了诺斯替主义精神原则的波麦(Jokob Bohme)、黑格尔、谢林、施莱尔马赫、马克思、尼采、巴特、梅列日科夫(Merezhhorsky)、海德格尔、施米特(Carl Schmitt)、布洛赫(Ernst Bloch)、薇依(Simon Weil)等思想家的文献。

本书经典的取材范围局限于狭义的古代诺斯替文献，也就是以独立的、但与基督教关系非常密切的塞特派和瓦仑廷派的文献为核心，在此基础上选取与这两个教派有直接思想渊源的教派文献,包括诺斯替主义色彩浓厚的早期基督教派别多马派的文献,基督教诺斯替主义的巴西里德文献,以及基督教的一些具有强烈的诺斯替主义色彩的伪经,另外收录了对瓦仑廷有直接影响的赫耳墨斯文献中最著名的《波依曼德拉》和一个短篇。这四个部分放在一起可以构成由近至远的一个假想谱系,其取材原则与1954年发现的《那戈·玛第文集》的收录原则之间有一种暗合,可以设想为是一个与基督教关系密切的诺斯替教派所选编的一套经典。我们把早期诺斯替派的其他文献,如马克安文献、曼达派文献、摩尼教文献、赫耳墨斯文献、炼金术和巫术文献、神秘宗教文献、占星术文献都列入独立的翻译计划,各自独立成书;中世纪的洁净派的文献、伊斯兰教伊斯玛仪派的文献也可以独立成书。另外,为了读者使用方便,本书把新柏拉图主义的文献普洛提诺《九章集》中的第九章《反诺斯替派》和现代诺斯替主义文本荣格的《七篇布道文》作为附录列入本书。本书各部分文献相互之间的关系如下图所示:

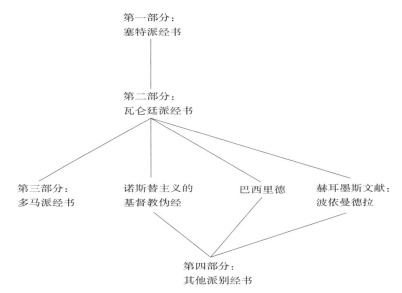

注:多马派的神秘拯救论,即通过认识自我和耶稣而获得神秘拯救的学说,对瓦仑廷有直接影响,他读过该派经书。

四、反异端文献、残篇和诺斯替文库

狭义的诺斯替主义文献按照性质与为学者所知的先后顺序可以分为两大类。第一类是教父们反异端著作中保存下来的描写、残片、短文，以及一些伪经中的资料；第二类是最近几十年来考古发现的诺斯替主义原始著作的科普特译文，主要是"诺斯替文库"。

在早期基督教会文献中有相当大的篇幅是对付诺斯替主义对纯真信仰之威胁的，这些驳论性的著作通过对诺斯替主义的讨论、对诺斯替学说的总结以及对诺斯替文献经常的大段的逐字引用，为我们保存了诺斯替主义的最重要的二手资料。可以这样说，在19世纪之前，它们是（除普洛提诺文献之外的）唯一资料，因为教会一方的获胜自然地导致了诺斯替原始文献的消失。这些著作当中首要的、最为完整地流传到现在的是写于2世纪末的伊里奈乌（Irenaeus）的《反异端》（Adversus Haereses 或 Unmasking and Refutation of the False Gnosis），现存为拉丁文译本。更早一点的诺斯替主义的敌人是海吉西普（Hegesippus），他丰富的游历给予他第一手的诺斯替知识。他的主要著作《回忆录》（Memoirs）已经遗失，但欧西庇伍（Eusebius）的《教会史》（Ecclesiastical History）经常引用这本书。德尔图良（Tertullian）写了五卷本的《反对马克安》（Against Marcion），一卷本的《反对瓦仑廷主义》（Against Valentinus），和一本《治疗诺斯替主义之蝎叮》（Scorspiace）的书。亚历山大的克来门（Clement of Alexandria）在他的《杂记》（Stromata）一书中大量引用了瓦仑廷主义者和其他诺斯替主义者的观点，其中包括巴西里德残篇，此外，在这本书的附录《西奥多图摘要》（Excerpta ex Theodoto）中保存了大量的诺斯替主义的段落。罗马的希波利特（Hippolytus）很有可能是《反对一切异端》（Philosophoumena or Refutatio omnium haeresium）文集的作者，这个文集部分地依据伊里奈乌的书写成。这本书直到1851年才被发现，并在长时期里被认为是奥利金的作品中。在奥利金（Origen）（d.253—254）的作品中，尤其是在他的《约翰福音注释》（Commentary on John）一书中保留了一些与诺斯替主

义有关的引文。

从4世纪开始有赫格谟尼（Hegemonius）的《阿克来行传》（*Acts of Archelaus*），欧西庇伍的《教会史》（*Ecclesiastical History*），爱庇芳纽（Epiphanius of Salamis）（d.403）的《反对异端》（*Panarion Haereses*）。这最后一本书结合了大量一手资料，还全文引用了一个重要的诺斯替文献《致弗洛拉书》（*Letter of Ptolemy to Flora*）。这封信提供了从基督教的意义上解释摩西律法的原则。圣爱弗来姆（Ephrem, d.373）的叙利亚文著作中有许多关于诺斯替异端的资料，8世纪的叙利亚作者西奥多·包·凯南（Thodore bar Konai）有关于幸存的诺斯替主义资料。

异教阵营的独特贡献是新柏拉图主义哲学家普洛提诺（Plotinus）的文章：《驳诺斯替派，或反对那些认为世界的创造主是恶的、宇宙是丑恶的人》①。它是针对某一个基督教诺斯替派别的，不能确定它究竟是教父们所提到过的哪一个派别，但它显然属于其中的主要派别之一。

伪福音书与伪使徒行传中也有一些诺斯替主义性质的资料。这是一些流行于早期教会的新约伪经。很难搞清楚哪些一定是诺斯替主义的，哪些仅仅是早期基督教的思辨。《多马行传》（*Acts of Thomas*）是属于诺斯替主义的文献，其中的《珍珠之歌》（*Hymn of the Pear*）代表了它们在文学上的最高水平。《所罗门颂歌》（*Odes of Solomon*）是2世纪以叙利亚文写的作品。《多马行传》与《所罗门颂歌》都采取诗歌的形式，属于诺斯替情感与信仰的最为精致的表达。②

诺斯替主义的第一手资料大部分只是到19世纪以后才重见天日，此后随着幸运的考古发现不断地有所增加。下面的罗列不以年代或发现的时间为顺序。

这些原始资料是科普特文的基督教诺斯替文献，其中大部分是塞特派和

---

① Plotinus, "Against the Gnostics, or against those who say that the Creator of the World is evil and that the World is bad", in *Ennead*, Ⅱ.9.

② M.R.James, (tr.), *The Apocrypha New Testament*, Oxford, 1924.

瓦伦廷学派的作品,其他作品似乎都是与这两个派别有思想渊源关系的文献,或者是依据这两个派别的思想原则收录的。科普特语(Coptic)是希腊化晚期的埃及日常用语,由古代埃及语与希腊语混合演变而成。这种群众语言上升为书面语言,反映了当时大众宗教兴起,与受希腊化教育的希腊世俗文化相对抗的情形。在最重要的《那戈·玛第文集》发现之前,我们拥有的科普特诺斯替文献《庇思梯斯·所费娅》(*Pistis Sophia*)(见 Askew Codex 抄本),《俅之书》(*Books of Jeu*)(见 Bruce Codex),都代表了相当低级或末流的诺斯替思想,属于所费娅思辨的退化阶段。

科普特文诺斯替译著中最重要的是《那戈·玛第文集》(*Nag Hammadi Library*)。《那戈·玛第文集》是 1945 年 12 月在尼罗河上游那戈·玛第镇(Nag Hammadi)附近发掘出来的一批古代手抄本,共有 13 个蒲草纸手抄本,包括了 52 本科普特文的诺斯替主义文献,是迄今为止诺斯替经典手抄本最为惊人的考古发现。这些写在蒲草纸上的科普特文诺斯替文献都是从希腊文翻译过来的,以科普特译文的形式保存了大量现已丧失的希腊作品。它的发现为古代诺斯替主义的研究提供了最重要的第一手资料,也为研究当时几种主要宗教之间的竞争与发展提供了重要资料。可以说,《那戈·玛第文集》的发现对于基督教诺斯替主义研究的重要意义,可以与《死海古卷》之发现对于犹太教爱色尼派(Essenes)研究的重要性相提并论。正如《死海古卷》的发现使我们认识到犹太教爱色尼派的真实情况一样,《那戈·玛第文集》的发现也是真正认识基督教诺斯替主义的一个开端。

1972 年到 1977 年间,来登出版社(E.J.Brill, Leiden)出版了整套文献,名为《那戈·玛第文集摹制版》(*The Facsimile Edition of the Nag Hammadi Codices*),纸版卷随后于 1979 年问世,1984 年出版了介绍卷,长达 12 卷的复制版最终完成。1977 年,当文集的全部内容被复制出版时,E.J.Brill 与 Harper&Row 出版社首次出版《英文那戈·玛第文集》,到现在已经过多次修订,香港基督教文化研究所于 2000—2004 年间出版了它的中译本《灵知派经书》共三卷,2008 年修订后并为一册以《灵知派经典》为题发表于经典与解释丛书。

《那戈·玛第文集》的重要性在于它以科普特译文的方式保存了许多现今已经散失的希腊作品,也让我们更加了解科普特书籍的制作,以及那些抄写者、阅读者和埋藏者的情况。《那戈·玛第文集》包括 12 卷书,加上古典时期从第 13 卷中撕下并放在第 6 本之前的 8 页纸(这 8 页纸包含一篇完整的、独立的论文)。除了第 10 卷之外,每卷书都由一系列相对较短小的作品组成,全书共有 52 篇论文。

保存《那戈·玛第文集》的开罗博物馆将每卷都编了号,每卷中的文章都按顺序编了号。在全集 52 篇文章中除去 6 个较差的复本,共有 46 篇不相重复的文章。其中有 6 篇是在文集发现时就已存在的,如《柏拉图理想国》(6,5)、《感恩祷告》(6,7)、《塞克吐斯语录》(12,1)已先有希腊文的版本存在;《阿斯庇伍》(6,8)已先有拉丁文版本存在;《约翰密传》(2,1)、《耶稣的智慧》(3,4)已先有科普特文版本存在。除去这些复本和早先已经发现的文本,这个文集共保存了 40 篇以前未被发现的作品。在这 40 篇新发现的作品中,有一些抄本本身已经相当不完整,其中主要是:《唆斯特利阿努》(8,1)、《麦基洗德》(9,1)、《诺利娅之意念》(9,2)、《真理的见证》(9,3)、《知识的解释》(11,1)、《瓦仑廷注释》等 6 篇小文章(11,2)、《阿罗基耐》(11,3)、《依斯弗》(11,4)、《片段》(12,3)。因此,《那戈·玛第文集》至少保存了 30 篇相当完好的作品,以及 10 篇不太完整的作品。

教父的反异端论辩作为第二手资料宜独立成册,不包含在本书之中,本书只收录其中保存下来的残篇或直接引文,以及若干诺斯替主义特征明显的伪经,如表一所示;诺斯替文献原著的科普特文译文,按照本书狭义的诺斯替派的谱系收录,极其残破以至于基本不可读的文献也尽量收录(两个末流经书和几个残篇将作为续集出版),收录情况见表二和表三。

表一：古代文献中保存下来的诺斯替残篇和伪经

	篇名	来源	本书收录情况
1	《西奥多图摘要》	克来门《杂记》	收录
2	《瓦仑廷残篇》	克来门《杂记》	收录
3	《巴西里德残篇》	克来门《杂记》	收录
4	《约翰福音注释残篇》，赫拉克利昂	奥利金《约翰福音注释》	收录
5	《托勒密致弗洛拉书》	爱庇芳纽《反对异端》	收录
6	《所罗门颂歌》	基督教次经	收录
7	《多马行传》	基督教次经	收录
8	《约翰行传》	基督教次经	收录
9	《彼得行传》	基督教次经	收录
10	《巴录书》	希波利特《反对一切异端》	收录
11	《耶稣之歌》	约翰行传	收录
12	《反对诺斯替派，或反对那些认为世界的创造主是恶的、宇宙是丑恶的人》	普洛提诺《九章集》	收录（附录）

表二：已发表的科普特文诺斯替经典手抄本

目前收藏的地点	标题	发现或获得的时间	册数	篇数	主要篇名	复制日期（公元）	本书收录情况
牛津 牛津大学图书馆 （Bodleian Library）	Bruce MS 96（Bruce Codex）	Ca.1769	2	6	*Books of Jeu*	300—500	末流思想，独立成书，未录
伦敦 英国图书馆 （British Library）	MS Add.5114（Askew Codex）	1773	1	3	*Pistis Sophia*	Ca. 350—400	末流思想，独立成书，未录
伦敦 英国图书馆 （British Library）	MS Or.4926（1）（Oeyen Fragments）	1895	1（残片）	1		Ca.350 前	未录
柏林 （Staatsbibliothek）	P.Berol.8502（Berlin Codex）	1896	1	4	见表三	400—500？	收录，见表三
开罗 科普特博物馆 （Coptic Museum）	Nag Hamma-di Codices 1—13	1945.12	13	Ca.51	见表三	350 前不久	见表三

续表

目前收藏的地点	标题	发现或获得的时间	册数	篇数	主要篇名	复制日期（公元）	本书收录情况
康涅狄格州,纽黑文市（New Haven）耶鲁本尼克图书馆（Yale Beinecke Library）	P.Yale inv. 1784	1964	碎片	残片	那戈·玛第第三书册碎片	350 前不久	部分收录,见表三注 4
巴塞尔米西奈斯基金会（Maecenas Foundation）	Codex Tchacos	1970 发现,2003 购得	1	4	*Gospel of Judas*	220—340	收录
总计		1769—1964	19 册	约65篇		350 前至 400/500	

注:1. 这已经发表的18个手抄本和手抄本碎片宽泛地说都是"诺斯替主义的",事实上,在现代学者的讨论中,它们被称为"科普特文诺斯替文库"（Coptic Gnostic Library）。与诺斯替派经典和瓦仑廷的作品复制在一起的是或多或少有关的另外一些作品——多马文献,赫耳墨斯文献等。它们都被制成书册（codices）的形式,即像我们现在印刷的书籍一样收集捆扎起来的书;而没有制成更古老的书卷（scrolls）的形式。

2. Codex Tchacos 中有四篇文章,《犹大福音》之外的三篇《雅各启示录》、《彼得致腓力书信》以及《阿罗基耐》的片段都已在《那戈·玛第文集》中发现。《犹大福音》于 2006 年 4 月 6 日由美国国家地理学会发表,引起社会各界的关注。

表三:那戈·玛第抄本之内容

书册文章编号	中英文文章名称	英文缩写	本书收录情况
1,1	使徒保罗的祈祷 *The Prayer of the Apostle Paul*	Pr.Paul	收录
1,2	雅各密传 *The Apocryphon of James*	Ap.Jas	收录
1,3	真理的福音 *The Gospel of Truth*	Gos.Truth	收录
1,4	论复活 *The Treatise of the Resurrection*	Treat.Res	收录
1,5	三部训言 *The Tripartite Tractate*	Tri.Trac	收录
2,1	约翰密传 *The Apocryphon of John*	Ap.John	收录
2,2	多马福音 *The Gospel of Thomas*	Gos.Thom	收录
2,3	腓力福音 *The Gospel of Philip*	Gos.Phil	收录
2,4	阿其翁的本质 *The Hypostasis of the Archons*	Hyp.Arch.	收录
2,5	论世界的起源 *On the Origin of the World*	Orig.World	收录
2,6	对灵魂的注释 *The Exegesis on the Soul*	Exeg.Soul	收录
2,7	战争者多马书 *The Book of Thomas the Contender*	Thom.Cont	收录
3,1	约翰密传 *The Apocryphon of John*	Ap.John	复本

续表

书册文章编号	中英文文章名称	英文缩写	本书收录情况
3,2	埃及人福音 *The Gospel of the Egyptians*	Gos.Eg	收录
3,3	尤格诺斯托书 *Eugnostos the Blessed*	Eugnostos	收录
3,4	耶稣基督的智慧 *The Sophia of Jesus Christ*	Soph.Jes.Chr	收录
3,5	与救主的对话 *The Dialogue of the Savior*	Dial.Sav	收录
4,1	约翰密传 *The Apocryphon of John*	Ap.John	复本
4,2	埃及人的福音 *The Gospel of the Egyptians*	Gos.Eg.	复本
5,1	尤格诺斯托书与耶稣基督的智慧 *Eugnostos the Blessed*	Eugnostos	复本
5,2	保罗启示录 *The Apocalypse of Paul*	Apoc.Paul	收录
5,3	雅各启示录（一）*The First Apocalypse of James*	1 Apoc.Jas	收录
5,4	雅各启示录（二）*The Second Apocalypse of James*	2 Apoc.Jas	收录
5,5	亚当启示录 *The Apocalypse of Adam*	Apoc.Adam	收录
6,1	彼得与十二使徒行传 *The Acts of Peter and the Twelve Apostles*	Acts Pet.12Apost	收录
6,2	雷：完美的心灵 *The Thunder：Perfect Mind*	Thunder	收录
6,3	权威的教导 *Authoritative Teaching*	Auth.Teach	收录
6,4	意想我们伟大的能量 *The Concept of our Great Power*	Great.Pow	收录
6,5	柏拉图理想国片段 588a—589b *Plato，Republic*	Plato Rep	收录
6,6	关于第八与第九的谈话 *The Discourse on the Eighth and Ninth*	Disc.8—9	收录
6,7	感恩祷告 *The Prayer of Thanksgiving*	Pr.thanks	收录
6,7a	抄写记录 *Scribal Note*	Scribal.Note	收录
6,8	阿斯克勒庇俄斯 *Ascelpius*（21—29）	Asclepius	收录
7,1	闪意解 *The Paraphrase of Shem*	Praph.Sham	收录
7,2	伟大塞特第二篇 *The Second Treaties of the Great Seth*	Treat.Seth	收录
7,3	彼得启示录 *Apocalypse of Peter*	Apoc.Peter	收录
7,4	秀华奴的教导 *The Teachings of Silvanus*	Teach.Silv	收录
7,5	塞特的三块碑 *The Three Steles of Seth*	Steles Seth	收录
8,1	唆斯特利阿努 *Zostrianos*	Zost	收录
8,2	彼得致腓力书信 *The Letter of Peter to Philip*	Ep.Pet.Phil	收录
9,1	麦基洗得 *Melchizedek*	Melch	收录
9,2	诺利娅之意念 *The Thought of Norea*	Norea	收录
9,3	真理的见证 *The Testimony of Truth*	Testi.Truth	收录
10	马萨娜斯 *Marsanes*	Marsanes	收录

续表

书册文章编号	中英文文章名称	英文缩写	本书收录情况
11,1	知识的解释 *The Interpretation of Knowledge*	Interp.Know	收录
11,2	瓦仑廷注释 *A Valentinian Exposition*	Val.Exp	收录
11,2a	论圣膏 *On the Anointing*	On Anoint	收录
11,2b	论洗礼（一）*On Baptism A*	On Bap A	收录
11,2c	论洗礼（二）*On Baptism B*	On Bap.B	收录
11,2d	论圣餐（一）*On Eucharist A*	On Euch.A	收录
11,2e	论圣餐（二）*On Eucharist B*	On Euch.B	收录
11,3	阿罗基耐 *Allogenes*	Allogenes	收录
11,4	依西弗洛妮 *Hypsiphrone*	Hypsiph	收录
12,1	塞克吐斯语录 *The Sentences of Sextus*	Sent.Sextus	收录
12,2	真理的福音 *The Gospel of Truth*	Gos.Truth	复本
12,3	智慧残片 *Wisdom Fragments*	Frm.	收录
13,1	普鲁娜娅的三形态 *Trimorphic Protennoia*	Trim.Prot	收录
13,2	论世界的起源 *On the Origin of the World*	Orig.World	复本
BG,1	马利亚福音 *The Gospel of Mary*	Gos.Mary	收录
BG,2	约翰密传 *The Apocryphon of John*	Ap.John	复本
BG,3	耶稣基督的智慧 *The Sophia of Jesus Christ*	Jes.Chr.	复本
BG,4	彼得行传 *The Act of Peter*	Act.Pet	收录

注：1. 编号"3,1"指第三抄本的第一篇文章，其余类推。

2. "BG,1"指1896年发现的柏林诺斯替抄本 P.Berol.8502（Berlin Gnostic Codex）的第一篇，其余类推。柏林抄本共有四篇文章，如表中所示。

3. 如表所示，抄本中有重复的文章，其中《真理的福音》同时在"1,3"与"12,2"中；《约翰密传》同时在"2,1"、"3,1"、"4,1"、"BG,2"中；《论世界的起源》同时在"2,5"与"13,2"中；《埃及人福音》同时在"3,2"与"4,2"中；《尤格诺斯托书》同时在"3,3"与"5,1"中；《耶稣的智慧》同时在"3,4"与"BG,3"中。除去这些重复的文章，《那戈·玛第文集》共有46篇文章，加上柏林抄本提供的两篇新文章（马利亚福音，彼得行传），上表中共有48篇不相重复的文章。

4. 第三抄本的第五篇《与救主的对话》是依据爱默尔（S.Emmel）在耶鲁大学本尼克图书馆所（Beinecke Library）发现那戈·玛第抄本残片补充的。

5. 第一抄本就是著名的荣格古卷，它包括五篇文章。

编 译 体 例

1. 这本《古代诺斯替主义经典文集》中收集的是经典的诺斯替派塞特派和瓦仑廷派在信仰、行为、言语或实际事务中以之为权威、赖以安身立命、用以理解他们与世界、神以及其他人们之间关系的一套宗教文献。本书各部分经典构成了一个有历史渊源的完整谱系,各部分经典的总和可以设想为是一个与基督教关系密切的诺斯替教派所选编的一套经典文献。其中塞特派经典相当于该派的正典;瓦仑廷派文献相当于该派阐发这些诺斯替正典的启发性经书;多马派文献则可能是该派所认同接受的基督教会传统中的经典(他们所认同的可能还有基督教其他正典,尤其是《约翰福音》,本书中不收录);诺斯替主义的基督教伪经、巴西里德文献和赫耳墨斯文献则是他们所乐于阅读和汲取的思想资源,这几部分按重要程度依次排列。这样的组成结构与《那戈·玛第文集》内在收录原则和文献构成是一致的。本书收录文献的教派构成,请读者看本书附录中的"按教派编目索引",如果想阅读某教派经书,可以按教派编目查找相应的经文阅读。

2. 本书收录的经典也可以按照文体分为福音与行传、密传与启示录、书信、诗歌与语录、仪式与祷文、注释与论文,以及无法归类的残篇等七个部分,构成了一部体裁丰富的文集。应当说明的是,这里的分类不是严格意义上的文体划分,例如,有些福音书其实不是新王国的"好消息"意义上的耶稣生平传记,而是传递救主的消息和应许的对话或语录。

3. 诺斯替教派可能并不像现在的基督教会和犹太会堂那样有一套固定的圣经,这本文献是按照我在导言中狭义的诺斯替主义的界定挑选的,有意识地忽略了许多在模糊的、不严格的意义上被标上"诺斯替派"标签的文本。本书收录了《那戈·玛第文集》中全部篇幅完整、可读的章节和片段,在必要的地方根据古代作者保留下来的残篇加以补充,略去了基本无法阅读的不重要文本和片段;也收录了几个其他的科普特文抄本和古代文献中保留下来的重要残篇和伪经。

4. 每一篇重要文献都依据科普特文原文和重要英译本、德译本和已有的中译本对照翻译,全文力求通顺、明白、贯通。每一篇前均有提要,并参照文本研究成果对文献的写作背景、风格、精神义理予以详细的说明。所有重要术语都有大致类似的翻译,以便让读者可以可靠地比较不同文献的用词方法,凡遇到重要的神学术语、神话人名或希腊术语都列入术语解释中,标出英译,解释其音译或意译。除了一些出于故意的模糊之处外,诺斯替文献在古代的时候是清晰连贯的,没有理由到了现在就变得晦涩难懂。

5. 凡书中引用基督教《圣经》文本,一律直接翻译,不依据串珠本,但凡《圣经》中的人名和地名一律沿用串珠本《圣经》的中译。

6. 书中的注释是帮助读者理解文本的直接意思,它们为细致地研读文本奠定了基础,本书还列出诺斯替文献的少量最常用参考书和网址供读者参考。

7. 古代的抄本没有标题,没有细致的编码,也没有把不同的文本隔开的标记。科普特文的抄本也没有类似于希腊文和英文中的标点符号。

中译文本正文中的小标题是编译者加入的,为方便读者阅读,边码数字在原文为科普特文的文本中(如《那戈·玛第文集》),表示抄本的页码,依据标准的来登摹制版。若在原文为希腊文或拉丁文的文本中,则表示卷、章、节(如1.24.1表示第一卷二十四章第一节)。黑体字表示依赖平行的抄本,只有《约翰密书》和《埃及人福音》中使用。

( ) 中的字是现代译者的解释性补充,为原文所隐含而没有明说的内容。

[ ] 中的文字为现代校订者补入的缺损词。

[…] 表示抄本中损毁的词。

〈 　〉　中的词是古代抄写者漏掉由现代校订者补入的词。

〈…〉　表示古代抄写者漏掉的词。

* * *　表示译者省略掉的段落。

第一部分
福音与行传

真理的福音

　　《真理的福音》(*The Gospel of Truth*,NHC Ⅰ,3 Ⅻ,2),是瓦仑廷派布道文,主题是如何通过知识获得拯救,这是古代基督教文献中最杰出的文献之一,是现存最早的基督教神秘主义布道文。伊里奈乌提到过瓦仑廷派有一个文本题为《真理的福音》①。可惜这个反异端学者几乎没有提及这个文本的内容,只是说它与正典福音相去甚远。由于那戈·玛第第一书册在总体上与瓦仑廷派的关系,很可能这个文本就是伊里奈乌提到的那个文本。如果这一点成立的话,那么这个文本的写作时间应当是2世纪的中叶(公元140—180年之间)。有许多学者认为,这个文本可能就是瓦仑廷自己的著述,这个可能性很大。文本的原文是希腊文,文辞优美,可以肯定是出于文学大家的手笔。

　　整个文本由主题相对独立的三大部分组成。在引言之后,第一大部分开始描写谬误的产生,这谬误来自于父,但是父对此没有责任,也没有因此而有所减少。然后论述耶稣及其作为启示者和教师的事功。第一大部分的最后一节论述耶稣之死,认为这是一个启示行为,这个启示的行为提示了父的本质,人的自我在父里面的起源和归宿。凭借这个洞见,谬误的力量被克服。第二大部分描写《真理的福音》启示的效果。它带来了与父合一;使得一种清醒的、愉悦的生存状态成为可能,与无知者的夜梦般的生活形成鲜明对比;最后这启示开启了最终回归于父的道路。最后一部分集中解释重新融入到那个最初的本原中去的过程。这个回归的过程以一种诱人芳香的温柔吸引开始。这

---

　　① *Adversus Haereses* 3.11.9.

种吸引人的芳香事实上是带来宽恕的不朽的灵。回归所依靠的是子,就是父的名。最后一节用喜庆的语调描写了回归过程的终极目标,就是安息在父里面。

《真理的福音》把文学和概念的精致与一种真正的宗教感结合起来了,比异端学者对诺斯替学说的枯燥描述更好地说明了何以瓦仑廷及其学派的学说对于 2 世纪的许多基督教有如此之大的吸引力。

正　文

引　言

真理的福音对于那些人而言乃是喜乐,他们从真理之父那里获得恩典得以认识父,①凭借的是来自普累罗麻的道的能量,这道就是在父的意念和心灵里面的那一位,也就是被称呼为救主的那一位。救主的名字指的是事业,就是他要去拯救那些不认识父的人,福音的名字指的是宣言一个盼望,就是那些寻找他的人将会寻着。

谬误的产生和作用

当万有四处寻找它所从产生的那一位的时候——万有就在他的里面,在高于一切意念、无法想象、不可思议的这一位里面——对父的无知带来了痛苦和恐惧,这痛苦像一场雾一样凝固起来,以至于没有谁能够看见。由于这个原因,谬误就变得有力量,在没有认识真理的情况下,它徒劳地在它自己的物质上工作。它着手创造,准备用能量和美丽取代真理。

但是这对于他,对于这位不可思议、不可想象者来说并不是意味着降格,因为它们,这些痛苦、遗忘和欺骗的造物乃是虚无的,而那确立的真理则是不

---

① 参:《三部训言》53,3ff。

会改变、不可动摇、完全美丽的。① 由此谬误遭到了蔑视。它是没有根的,② 它坠入到了一场关于父的迷雾之中,它准备着工作、遗忘和恐惧,以便用这些东西它可以引诱那些处于中间者,并捕获他们。

谬误的遗忘并不是显然的。它不是从父而来的一个［⋯］。遗忘并不从父那里进入存在的,尽管它确乎是因为他才进入存在的。在父里面进入存在的乃是知识,它的显现是为了遗忘会消失,而他们会认识父。既然遗忘进入存在是由于他们不认识父,那么如果他们获得了关于父的知识,遗忘就会瞬间变为不存在。③

耶稣和他的拯救事业

这就是他们所寻求的他的福音,就是出于父的仁慈,作为隐藏的奥秘,由耶稣基督启示给完美之人的,为的是照亮那些由于遗忘而处于黑暗之中的人。他照亮了他们,他给他们指出了道路,这道路就是他教给他们的真理。④

由于这个原因,那谬误就生出对他的愤怒,迫害他,折磨他,消灭他。⑤ 他被钉在一棵树上,他变成了父的知识的果实。然而它没有导致毁灭,因为它被吃了,但是那些吃了它的人,它给予他们发现中的喜悦,并且他在他自己里面发现他们,他们也在他们自己里面发现了他。⑥

那不可思议、不可想象的那一位,父,完美者,创造了万有,万有就在他里面,而万有也需要他。尽管他把他们的完美保留在了他自己里面,没有把完美

---

① 参:《腓力福音》11。

② 根,指的是来源。

③ 参:《真理的福音》24,28-32;伊里奈乌《反异端》1.21.4;完美的拯救乃是对于不可言说的伟大的知识本身。既然缺陷和情感是通过无知而产生的,那么由无知而涌现出来的整个体系也会因为知识而解体。

④ 耶稣作为道路,这是诺斯替文本中经常出现的主题。

⑤ 注意迫害、折磨、消灭的递进关系。在罗版和来登版中,受折磨和消灭者是谬误,这里从德译本。

⑥ 施救者与被救者之间总体上的同一,参:《真理的福音》108;《伟大的塞特第二篇》和《彼得启示录》的引言。

赋予万有,但是他并不是嫉妒的。① 在他自己和他的肢体之间能有什么嫉妒
19 呢? 因为,如果这个移涌就已经获得了他们的[完美],那么他们就不会到
[…]父。他把他们的完美保留在自己里面,作为向他的回归和一种完美的合
一的知识给予他们。是他创造了万有,万有也在他里面,万有也需要他。

就像一个人,人们不认识他,他希望让他们认识他,并且爱他——同样,如
果万有需要的不是关于父的知识,那他们需要的还能是什么呢——他宁静地、
悠闲地成了一个指引。他在学校里面出现,他像一个老师那样讲道。一些自
以为聪明的人来了,他们要试探他。② 但是他挫败了他们,因为他们是愚蠢
的。他们憎恨他,因为他们并不是真的聪明。

生命之书,耶稣之死及其追随者

在这些人走了之后,来了一群小孩子,③父的知识属于他们。他们得到了
印证,于是他们就学会了父的印象,他们认识,他们也被认识,他们赞美,他们
也被赞美。在他们的心里面显出了一本生命者的生命之书——就是写在父的
20 意念和心灵里面的,是从万有的创立之先就已经在他的不可思议里面的那本
书——没有人能够取走这本书,因为那取走它的人一定会死。除非那本书出
现,否则没有人会显现在那些相信拯救的人们之中。为了这个原因,那仁慈
的、满有信仰的耶稣,耐心忍受苦难,直至他取到那本书,因为他知道,他的死
就是许多人的生。④

正如一位已故的屋主的财产隐藏在遗嘱里,直至遗嘱被公开为止那样,万
有也是如此,在父尚不可见的时候,万有也是隐藏的,他们是从父而来的,从他
们那里产生了一切的空间。由于这个原因,耶稣出现了,他穿上了那本生命之

---

① 父是不嫉妒的,这也是诺斯替的主题之一。
② 参:《马可福音》8,11;10,2。
③ 小孩子常常是诺斯替主义者的自称。参:《真理的福音》4。
④ 参:《马可福音》10,45。

书,他被钉在一棵树上,他在十字架上颁布了父的旨意。① 啊,这是多么伟大的学说! 尽管永恒的生命包裹着他,但是他却委屈自己,让自己进入死亡。他剥去了会腐朽的破衣,穿上了谁也不可能夺走的不朽。他踏上了那恐惧的空虚的道路,越过了那些被遗忘剥得精光了的人们,②作为知识和完美,他宣讲了那些在心里面的事,[…]教导那些将会接受教训的人们。 |21|

那些将会接受教训的人是那些刻写在生命书里面的有生命的人。③ 这个教训就是关于他们自己的,就是让他们接受教训,从父那里接受教训,再次回到父那里去。因为万有的完美在父里面,因此万有必须上升到他那里去。而一个人如果有了知识,他就会接受他自己的东西,把它们拉向他自己。无知的人是有欠缺的,他欠缺的就是伟大,因为他欠缺那将使他成为完美的那个东西。由于万有的完美在父里面,而万有也必须上升到他那里,每一个都必须接受他自己的东西,因此他预先记录了他们,预备把他们交给那些从他而来者。

那些他预先知道名字的人最后会受到召唤,因此那有知识的人就是父叫过他们的名字的人。凡没有被父叫过名字的人是无知的。事实上,如果没有被叫到名字的话,一个人怎么会听到呢? 一个自始至终无知的人乃是遗忘的造物,他将跟着遗忘一起消失。要不然的话,那些悲惨的人怎么会没有名字呢? 他们怎么会没有得到召唤呢? 因此,一个人如果有知识的话,他一定是从 |22| 上面来的。如果他受到召唤的话,他会听到,他会应答,他回到那呼唤他的他那里,并上升到他那里去。他也知道他是什么方式被召唤的。有了知识,他就按照那位召唤者的意愿行事,他想得到他的悦纳,他得到了安息。每一个人的名字都到他那里去。凡是以这样的方式拥有知识的人,他知道自己是从哪里来的,要到哪里去。他知道,就像一个醉酒的人从沉醉中醒来,恢复了知觉,知道如何正确地走自己的路。

---

① 参:《歌罗西书》2,14。

② 这里指的是耶稣的升天。来登与德译略同,与罗版不同,罗版为:进入到那些被遗忘剥得精光的人们中间。

③ 参:《启示录》13,8;17,8;20,12。

他已经把许多人从谬误中拉回。他已经在他们之前到了他们的地方，也就是他们走上歧路的那个地方，因为正是由于那渊深，也就是那包含一切空间，却无物能包含他的那一位的渊深，他们才接受了谬误。这是一件非常奇怪的事，他们在父里面，却不认识父，他们不能够理解或者认识他们处于其中的那一位，却能够自己涌现。如果他的意愿不这样从他呈现出来的话[…]①因为他在知识中启示了他，在其中，他的一切流溢都是同时发生的。

23 这就是生命书的知识，是他在最后[用他的字母]启示给众移涌的。其中启示了，它们如何不是元音，也不是辅音，以免有人会朗读它们，从而生出一些愚蠢的想法，相反，它们是真理的字母，只有那认识它们的人才能言说。② 每一个字母都是一个完全的意念，就像一本完整的书，因为它是由合一者撰写的，是父为众移涌撰写的，为的是他们会通过他的字母而认识父。

道的赞美诗

> 在他的智慧沉思着道的时候，
> 他的学说就把它宣讲出来了。
> 忍耐是它的冠冕，
> 他的快乐也与它调谐，
> 他的荣耀已经提升了它，
> 他的意象已经启示了它，
> 他的安静已经把它接受到它自己里面，
> 他的爱③已经变成了它的身体，
> 他的忠诚已经拥抱了它。
> 就这样父的道来到了万有之中，

---

① 此处有行文有缺失，少一个结果句。

② 或者："当他们言说的时候，他们就认识了自己。"关于字母思辨，参瓦仑廷派诺斯替主义者马库斯（Markus）；也参：Mars.

③ 参：43，6.23–24。父的爱，也见《西奥多图摘要》7；希波利特《反异端》VI 29，5。

作为他的心灵的果实和他的意愿的意象。　　　　　　　　24

　　但是它支撑着万有，

　　它选择他们，也接受万有的印象，

　　净化他们，把他们带回到父，

　　母，无限甜美的耶稣里面。

合一的启示

　　父启示了他的胸怀——他的胸怀就是圣灵——，他启示了隐藏在他里面的事——那隐藏在他里面的就是圣子，以便凭借父的仁慈，众移涌会认识他，不再劳苦地寻找父，安息在父的里面，知道这就是那安息。在填满了欠缺之后，他就取消了那个形式——那个形式就是他曾经服侍的那个世界。有嫉妒和纷争的地方是有欠缺的，而那有合一的地方则是完美的。① 既然欠缺进入存在是由于他们不认识父，那么当他们认识父的时候，欠缺也就在一瞬间停止存在了。就好像一个人的无知在他有了知识之后就消失了那样，就像黑暗在光明出现的那一刻消失那样，欠缺也因为完美的到来而瓦解。可以确信，从此 25 以后形式将不再显现，而是将消失在合一的融化之中。因为他们的工是四处分散的，在适当的时候，合一将会使空间变得完美。正是在合一中，每一个人都获得了他自己；正是在知识中，他将会把自己的多样性净化为合一，就像火一样焚烧自己里面的物质、用光明焚烧黑暗、用生命焚烧死亡。

　　如果这些事真的已经发生在我们每一个人身上，那么我们必定首先会看到，那屋子将为了合一的缘故成为神圣而宁静。正如有些人把一些破罐子从屋子里移出来那样，他们会把这些破罐子打破，而屋子的主人并不会因此而蒙受损失，相反，他会为此高兴，因为替代这些破罐子的将是完美无损的罐子。这就是来自于上界的判断。它已经判断了每一个人，它是一柄拔出了的两面 26 都可以砍的"双刃剑"。道在那言说者的心里，当道显现的时候——它不只是

————————————

① 关于这个教义，参：《对灵魂的注释》引言。

一个声音,而是变成了一个身体——在罐子们中间引起了大不安,因为有一些被清空了,有一些被装满了,也就是有一些得到了供应,有一些被倒空了,有一些被洗净了,有一些被打破了。一切的空间都被动摇了和扰乱了,因为它们没有秩序,也没有稳定。谬误感到不安,不知道该做什么,它悲苦,哀伤,折磨自己,因为它什么也不知道。当知识靠近它的时候——这是谬误及其一切流溢的崩溃——谬误是空的,里面一无所有。

真理显现了,它的一切流溢都认识它。他们以一种把他们与父联合起来的完美的能量在真理中问候父。对于每一个人爱真理的人——由于真理是父的口,他的舌头就是圣灵——他们与真理联合在一起乃是通过父的舌头与父的口联合在一起,也就是在他领受圣灵的时候,因为圣灵是父的显现,是他对他的移涌的启示。

[27]

启示带来真正的存在

他显现了他所隐藏的,他解释了它。若不是那唯一的父,有谁能包容呢?一切的空间都是他的流溢。他们已经知道他们来自于他,就如同孩子们来自于一个成年人那样。他们知道他们尚未领受形式,也尚未领受一个名字,他们每一个都是父生出来的。

当他们凭借他的知识领受形式的时候,尽管他们实际上在他里面,但他们却并不认识他。但是父是完美的,认识他里面的每一个空间。如果他愿意的话,他可以随自己的意显现随便谁,给他形式,给他名字;他给了他一个名字,让他们进入存在。在他们进入存在之前,他们并不认识那塑造他们的那一位。

[28]

我不是说,那些没有进入存在的根本就是虚无,而是说他们在他里面,当他愿意的时候,他们就可以进入存在,就如同那将要到来的时间。在所有的事物显现以前,他知道他将会造什么。但是那尚未显现的果实并不知道任何事,也不做任何事。因此,每一个其本身在父里面的空间都是从存在的那一位来的,是那一位从不存在之中确立了它。凡没有根的,也不会有果实,尽管他自己想："我已经存在了"，然而他也将自我消失。由于这个原因，凡先前根本不存在者以后也绝不会进入存在。那么他希望他怎样来设想自己呢？是这样："我已经存在了，就像夜的阴影和幽灵。"当光明照耀在人所体验的恐惧上面时，那个人会明白那缠住他的乃是虚无。

就这样，他们不认识父，父是他们看不见的那一位。（由于不认识父，他们）恐惧、惊扰、动荡、怀疑和分裂，因此就有许多的幻觉来萦绕他们，还会有空虚的幻想，就好像他们沉入梦乡，又似乎他们发现自己是噩梦的猎物。他们或似乎奔逃在某个地方，或似乎在徒然地追逐他人，或似乎发现自己卷入到斗殴之中，在挥拳或者挨打，或似乎落入到了万丈深渊。有时候似乎在空中飞，尽管没有翅膀；有时候，又似乎有人在谋杀他们，尽管并没有人要迫害他们；或者他们自己好像正在谋杀邻人，因为他们沾上了他们的鲜血。当那些人经历了所有这一切，醒来之后，他们看到的乃是虚无。同样，那些抛弃了无知的人就如同从睡梦中醒来一样，不会把无知看作是某种实有的东西，也不会认为它能发挥任何实际的作用，而是把它当作一场梦，弃置于黑夜之中。而对父的知识在他们看来就如同黎明。每一个人的行为都是这样，当他们处于无知状态的时候，就如同在睡眠之中；而当他获得知识的时候，就如同从睡眠中醒来了。那些将会回转和醒来的人是幸运的！那些睁开了瞎子的眼睛的人是有福的！

启示使得回归于父成为可能

于是灵在后面追踪他，急切地要唤醒他。他伸手扶起那个躺在地上的人，因为那人还没有起来。他给予他们获知关于父的知识和子的启示的途径。因为当他们看到他和听到他的时候，他让他们尝、闻、触及到了那位爱子。

当他出来给他们传讲关于那位不可思议的父的事的时候，当他按照他的意愿，把意念中的东西吹到他们里面的时候，当许多人接受了光明的时候，他们就转向了他。因为那些属物质的人是陌生人，他们看不到他的形象，也不知道他。因为他是以肉身的形式到来的，却无物可以阻挡他的行程，因为不朽是不可抵挡的,因为他宣讲新事,①宣讲在父的心里的事,并带来了无瑕疵的话语。

当光明通过他的口,通过他那赋予人以生命的声音说话的时候,他从父的无限和甜蜜中赐予了他们意念、悟性、仁慈、拯救以及强大的灵。他终止了惩罚和折磨——正是它们在谬误和束缚中把那些需要仁慈的人们引上了歧路,离他而去——用能量摧毁了它们,用知识挫败了它们。他成了那些走上了歧路之人的道路、无知者的知识、寻求者的答案、动摇者的支柱、污秽者的洁净。

耶稣是牧人

他就是那一位牧人,离开了那 99 只未走失的羊。② 他去寻找走失了的那一只羊。当他找到的时候,他就欢喜。因为 99 之数是由左手掌管的,而当那一只被找到的时候,整个数就转到了右手上面。那一只在寻找 1 的手,也就是右手,在找到 1 之后,就把那个有缺陷的数字从左边拿到右边,于是数就成了 100。③ 这就是那在他们的声音里面的那一位的征兆,他就是父。哪怕是在安息日,他也会为那一只落到深坑里面去的羊而劳作,他救活了那只羊,把它从深坑中解救出来,④他这样做,为的是让你们——你们这些内在知识的儿女——从内心里知道什么是安息日,不要在安息日把拯救的事停下来,为的是让你们根据上界的日子来说话,那上界的日子是没有夜晚的,为的是让你们根据光明来说话,那光明由于其完美是永不沉没的。

---

① 参:《马可福音》1,27。

② 参:《路加福音》15,1-6。

③ 罗马人有一套用于表示数字的手势,从 1 到 99 可以用左手的 99 个不同手势来表示。从 100 开始,都是用右手的手势来表示。99 是一个用左手的手势表示的数字,而 100 是一个用右手表示的数字。另外,"左"在迷信中被认为是不祥的征兆,而"右"则是一个吉祥的征兆。因此从左手的手势变成右手的手势是一个吉祥的改变。也参瓦伦廷派的马库斯(Markus)的数字思辨(伊里奈乌《反异端》16.2:"这就是原因所在了,出于这个原因,他们遵循知识,避开 99 这个用左手表示的有缺陷的数,去追求那个 1,加上 99 成为右手所表示的 100")。

④ 参:《马太福音》12,11。

蒙拣选之人的职责

你们要发自内心地说,你们是完美的日子,在你们的里面寓住着永不失败的光明。给那些寻找真理的人讲真理,给那些在谬误中犯罪的人讲知识。让 |33| 那些颤抖的人立稳脚跟,向那些生了病的人伸出援手。给那些饥饿的人以给养,给那些筋疲力尽的人以休息,扶起那些想站起来的人,唤醒那些睡觉的人。因为你们是出鞘的智慧,像这样强有力地行事,就会变得更强。关注你们自己,不要关注那些你们已经弃绝的别的事。不要回去吃你们已经呕吐出来的东西。不要做蛆虫,不要做蠕虫,因为你们已经抛弃了它。不要成为魔鬼的寓所,因为你们已经摧毁了它。不要给那些阻碍你们的人以力量,他们正要倒下,不要成为他们的支撑。要善待遵守律法的人,胜于善待不守法的人。因为不守法的人做的是不守法之人的事,而遵守律法的人则在他人中间做义人所做的事。因此,你们要按父的意愿行事,因为你们是从他那里来的。

启示是一种吸引

因为父是甜蜜的,美好的事物在他的意愿里面。他认出了你们,你们是安息在他里面的。因为他是凭着你们的果实认出你们的:① 因为父的孩子是芳 |34| 香,因为他们是从他面前的爱里面来的。② 因为这个原因,父爱他的芳香,并到处显扬它,如果它与物质混合起来,他就把他的芳香交给光明,并且在他的安详之中使它超越一切形式和一切声音。因为那闻到芳香的不是耳朵,是呼吸闻到了芳香,并且把它吸引到自己里面,并消融到父的芳香之中,以便他可以收容它,收容那已经变冷了的最初的芳香,把它们带到它们所从来的那个地方。它就像某种属魂形式中的东西,就如同已经结了冰的冷水,它在不坚固的大地上,那些见到的人以为它是大地,但是随后它就再次融化了。如果呼吸吸引它,它就变热了。于是那芳香,就是那冷的芳香,就分裂了。由于这个原因,

---

① 参:《马太福音》7,16-20。
② 参:《所罗门颂歌》11,15;《三部训言》72,1ff.。

信仰来了,①它消解了分裂,带来了爱的温暖的普累罗麻,为的是寒冷不再来,为的是出现完美意念的合一。

35　　这就是福音的话语,这福音就是普累罗麻的发现,是那些等待来自上界的拯救的人们的。他们的盼望,他们所期待的盼望,正在盼望之中——它就是他们的形象,是没有阴影的光明——就在那时,普累罗麻开始到来。物质的〈缺陷〉不是通过父的无限进入存在的,父正在到来,他是要终结缺陷,尽管没有人可以说,不朽者是以这样的方式到来的。但是父的渊深是无限深的,谬误的意念不是与他同在的。这是跌倒了事物,这是容易再次站起来的事物,只要发现了那一位正向他走来、要把他带回去的他。而带回去就叫作悔改。

　　由于这个原因,不朽吹出气息,这气息追踪着那犯了罪的人,为的是让他停下来。因为宽恕是留给缺陷之中的光明,也就是普累罗麻的话语的。因为医生奔向病人所在的地方,因为这是他里面的意愿。一个有缺陷的人并不掩盖这个缺陷,因为一个人拥有他人所欠缺的东西。完满也是这样,它是没有欠缺的,是填补欠缺的,是他从自己那里提供出来,用于填补他自己的欠缺的,为

36　的是他可以获得恩典。因为当他是一个缺陷的时候,他是没有恩典的。这就是何以减少会发生在没有恩典的地方的原因了。当得到了所减少东西的时候,他就暴露了他所缺少的东西了,于是就成了一个完满:那就是从他升起的真理之光的发现,因为它是不变的。

　　这就是何以耶稣在他们中间被传讲的原因了,为的是那些不安的人会得到回转,他可以用膏膏抹他们。② 这膏就是那将会垂怜他们的那位父的仁慈。凡他膏抹过的人,都是已经成为完美的人。因为完好的罐子是那些经常受膏抹的罐子。但是当那所受的膏消散的时候,这罐子就被倒空了,而之所以存在一个欠缺的原因就是因为它没有得到膏抹。就在这种情况下,一个阵风,以及风里面的能量,就使他蒸发了。而那些没有缺陷的罐子,印记就不会消失,也

---

① 参:《加拉太书》3,23。
② 膏抹作为诺斯替派的圣礼,参:《腓力福音》68;75。

没有东西被倒空,凡它所欠缺的,完美的父会再次注满。他是善的。他认识他所种的植物,因为是他把它们种植在乐园之中。现在,他的乐园是一个安息之所。

遵从父的意愿,奉父的名字回转

这就是父的意念里面的完美,这就是他的冥想的话语。他的每一句话语 [37] 都是他的道的启示之中的独一的意志的工作。在它们还在他的意念的深处的时候,那最初出现的道就显示了它们,连同那个言说的心灵,就是那在沉默的恩典之中的独一的道。他被称为意念,因为他们在显现之前在他的里面。他最先出现了,就在那个意愿者的意志想它的时候。这意志就是父休息于其中的所在,是父所喜悦的。离开了他,没有事能够发生,离开了父的意志,没有任何事能够发生,但是他的意志是不可测度的。他的踪迹就是意志,没有人能够知道他,也没有谁有可能察究他,从而把握他。但是当他意愿的时候,他所意愿的乃是父的意愿——尽管那景象无论如何在父的面前都不蒙他们的喜悦。因为他知道他们全部的开端和结局。因为在他们的结局,他将直接地问他们。而这结局就是获得关于那一位隐藏的父的知识,开端就是从他那里出来的,一 [38] 切从他而来的都要回归于他。他们的出现是为了他的名字的荣耀和喜悦。

父的名字就是子。① 正是他第一次给了从他而出现的那一位,也就是他自己,一个名字,并且他把他作为儿子生了出来。他给了他一个属于他的名字,他就是那一位,一切存在于父周围的都属于他。他就是那名字,他就是子。对他来说,他让人看见是可能的。然而,名字是不可见的,因为唯有它是不可见者的奥秘,这奥秘灌进耳朵,这些耳朵被他用奥秘灌满了。事实上,父的名字是不能被言说的,但是它可以通过一个子而得以显现。

正是如此,这名字乃是一件伟大的事。除了这名字所属的他,除了父的名字休息于其中的,而他们也休息在父的名字中的那些名字的儿子们,有谁能够

---

① 耶稣基督是名字,参:伊里奈乌《反异端》1.15.2。

言说他的名字呢？由于父不是被生出来的，因此唯有他是为了他自己而把他作为名字生出来的那一位，就是在他产生众移涌之前，为的是父的名字作为主在他们的头上，这主就是真理中的名字，是通过完美的能量树立在他的诫命之中的。因为这个名字不仅仅是来自于话语，他的名字也只是由称呼组成的，而是不可见的。他只是给他一个名字，因为唯有他见到了他，唯有他有能量给他一个名字。因为那不存在者是没有名字的。因为对于那不存在者能给他什么名字呢？但是那存在者也是与他的名字一起存在的，唯有他知道这一点，唯有他知道如何给他一个名字。这就是父，子是他的名字。因此他没有把他隐藏在事物之中，他是存在的，对于子，唯有他给了他一个名字。因此这名字是父的名字，诚如父的名字是子。除了在父那里之外，怜悯能从哪里找到一个名字呢？

但是无疑人们会对他的邻居说："有谁会给那先于他自己而存在的人起一个名字呢？岂不是子孙从那生他们的人那里得到名字吗？"让我们首先来思考这件事是合适的：那名字是什么？它是真理中的名字，因此它不是从父而来的名字，因为它就是那真正的名字。因此他不是如同其他人那样通过借贷得到的名字，不是如同其他人那样根据各自的被创造的形式得到名字。这是真正的名字。没有别的人把这个名字给予他。他是不可命名的，不可描述的，直到那完美者独自言说他的时候为止。正是他，有能量言说他的名字，并且见到他。

回归，走向在父里面的安息

因此，他感到喜悦，他所爱的名字是他的子，他把那个名字给了他，就是从深渊中出来的那一位，此时，他就言说他的奥秘的事，知道父是没有邪恶的。正是由于那个原因，他生出了他，为的是言说那个地方，那个他所从出生的安息之所，为的是颂扬普累罗麻、他的名字的伟大以及父的甜蜜。他将会言说每一个人所从出的那个地方，他将会赶紧再次回到他所从获得确立的那个地方，并且从他所站立的那个地方领受味道、得到滋养、获得成长。而他自己的安息之所就是他的普累罗麻。

因此,父的一切流溢是普累罗麻,他的一切流溢的根就在让他们全部都在他自己里面成长的那一位里面。他分配给他们各自的命运。每一个都显现,为的是通过他们自己的意念〈…〉。因为他们送他们的意念去的那个地方,那个地方,他们的根,乃是把他们带到父的高度那个地方。他们拥有了他的头,那是他们的安息,他们得到了支持,越来越靠近他,仿佛是在说,他们已经靠着亲吻,接触了他的面。但是他们不是以这样的方式显现出来的,因为他们的抬举的不是他们自己,他们也不缺父的荣耀,他们也不认为他渺小,也不会认为他苛刻,也不认为他是愤怒的,而是认为他是没有邪恶的,安静的、甜蜜的、在一切空间存在之前就认识他们的。

他是无须受到教导的。这就是那些从不可测度的伟大的上界有所收获的人的举止,他们唯独等待那一位,那完美的一位,那为了他们而来的一位。他们不会下到冥府,在他们里面没有嫉妒,也没有呻吟,也没有死亡,他们而是安息在安息着的那一位里面,他们既不争取真理,也不盘绕真理,他们自己就是真理,父就在他们里面,他们也在父里面,①他们是完美的,是不可分地在真正善的一里面的,是绝对没有任何欠缺的,他们是宁静的,在灵里面得到更新。他们会注意他们的根。他们将会关注那些他们将会在其中找到他们的根的东西,从而不会失去他的灵魂。这是蒙福之人的所在,这是他们的地方。

关于其余的事,他们在他们的位置上也许会知道,我已经到达安息之所,就不再适合于讲解任何别的事情了。我就要居住在那地方,在任何时候都关心万有的父和真正的兄弟,父的爱要浇灌在他们身上,父永远在他们中间。有一些人出现在真理之中,因为他们存在于真正的、永恒的生命之中,言说完美的光明,装满了父的种子,这种子在他的心灵和普累罗麻里面,他的灵在它里面欢喜,并且赞美他存在于其中的那一位,因为他是善的。他的孩子们是完美的,是配享他的名字的,因为他是父:他爱的正是这样的孩子们。

① 与父合一,参:《伟大的塞特第二篇》和《彼得启示录》。

42

埃及人福音

《埃及人福音》(*Gospel of the Egyptians*, NHC Ⅲ, 2; NHC Ⅳ, 2)有两个科普特文版本, 是从同一个希腊文原本分别独立地翻译成科普特文的。该文本与教父文献中引用的伪经《埃及人福音》没有关系。这个文本还有一个题目是《伟大的不可见的灵的圣书》(*The Holy Book of the Great Invisible Spirit*), 乃是一部秘传文献, 其中勾勒了一个塞特派诺斯替主义的神话体系, 我们也可视之为一部讲述诺斯替拯救史的著作。由于在神话中, 塞特这个人物被描绘成了诺斯替族类的父亲, 因此自然会把塞特列为这本神圣启示之书的作者。

文本分为四个主要的部分。第一部分讲述天上世界的形成: 从至高神——他作为超越的伟大的不可见的灵独自存在于至高处——流溢演化出一系列光辉的存在, 从强大的父、母、子三位一体, 经由天上诸能量的普累罗麻到亚当玛斯的伟大的儿子塞特, 也即不朽的族类的父亲和拯救者。第二部分讨论塞特的族类的起源、保存和拯救: 由于萨卡拉及其阿其翁的傲慢和敌意, 塞特从天上来, 以耶稣为衣袍, 完成了拯救他的子孙的事业。第三部分是一首颂歌。第四部分描写了塞特的起源和该文本的传播。

以非常类似于新约福音书叙述耶稣生平的方式,《埃及人福音》叙述了塞特的生平, 以剧本和赞美的形式宣讲了他的史前史、他的种子的起源、他的种子被天上的能量保存、塞特进入到这个世界、他的拯救的工作, 特别是通过洗礼的拯救。

下面的译文主要以那戈·玛第抄本卷 3 为基础, 而卷 4 中的抄本则用于补足抄本卷 3 中遗失的 45—48 页和其他破损的部分。来登的译文则是以卷 4 为基础, 以卷 3 为补充的。中译以 Böhlig, A. 和 F. Wisse 的英译为底稿, 参照来登译文。

正　文

引　言

[埃及人的]关于伟大的不见可的灵的[圣]书,(这不可见的灵)就是父,他的名字是不能说的,[他来自]于[完美的]高处,是光明的移涌的光明的光明,是神意(providence)的寂静的光明,是寂静的父的光明,是道与真理的[光明],[是不朽者的]光明,是无限的光明,他的光辉来自于光明的移涌,也就是 [41] 那位不可启示、没有记号、没有年代、不可言喻的父,就是诸移涌的移涌、自生者、自产者、陌生者、真正实在的移涌。

天上世界的起源

有三个能量从他那里来,他们就是父、母、子。他们来自于生命的寂静,来自于不朽的父。他们来自于未知的父的寂静。

从那个地方,多米敦·多克索米敦(Domedon Doxomedon),出现了诸移涌的移涌以及他们的各自的能量的光明。子是第四个出现的,母是[第五个,父是]第六个。他是[…]而是没有先兆的,它是一切能量、荣耀以及不朽当中没有记号的那一位。

从那个地方出现了三个能量,就是父与他的意念从寂静中产生出三个八 [42] (ogdoads),也就是从父的怀抱里产生出了父、母和子。①

从第一个八中产生出了三阳(thrice—male)的孩子,就是意念、道、不朽、永恒的生命、意愿、心灵、先在的知识、阴阳同体的父。

从第二个八中(产生出了)母亲、童贞的巴贝洛、epititioch[…]ai、memeneaimen[…]、阿多奈(Adone)、主宰着天的[…]、不可解释的能量

---

① 一开始是父、意念和寂静,父和意念在寂静中生出了后面的三个能量,依次是子、母、父。

karb［…］、不可言说的母亲。在流溢之后，她（母亲）自己发着光辉，在父的寂静的沉默中喜悦。

从第三个八中（产生出了）寂静的沉默的子，（也就是）寂静沉默的王冠、父的荣耀、母亲的美德。他从他的怀抱里产生出了七个声音的伟大的光明的七个能量，道是它们的完成。

这些就是三重能量，三个八，是父通过他的意念从他的怀抱中产生出来的。他在那个地方产生了他们。

从多米敦·多克索米敦出现了诸移涌的移涌，［王座］在他里面，众能量［环绕着］他，荣耀和不朽。伟大的光明的父，［他来自于］寂静，他是［伟大的］多克索米敦移涌，三阳的孩子休息于其中。他的［荣耀］的王座设立它里面，［…］他的不可启示的名就［刻写］在它上面，在碑上［…］一位是道，万物的［光明的父］，从寂静中出现的那一位，他休息在寂静之中，他的名字在一个［不可见的］符号之中。［一个］隐藏的、［不可见的］奥秘出现了：

IIIIIIIIIIIIIIIIIIIII

EEEEEEEEEEEEEEEEEEEEEE

OOOOOOOOOOOOOOOOOOOOOO

UUUUUUUUUUUUUUUUUUUUU

EEEEEEEEEEEEEEEEEEEEEE

AAAAAAAAAAAAAAAAAAAAAA

OOOOOOOOOOOOOOOOOOOOOO。①

---

① 这个不可言说的名字写在"三阳的孩子"的王座上的一块碑上。这七个希腊元音字母每一个都重复了22次，IEOU可能是某些诺斯替派的真神的名字（见《佅之书》），它最终来源于IAO，是犹太—希腊符咒中用以表示耶和华（Yahweh）的符号。AO是希腊字母表中的第一个字母和最后一个字母，是神的自称。

以这样的方式,三个能量赞颂那个[伟大的]、不可见的、不可名的、童贞的、不可称呼的灵和[他的]处子。他们要求一个能量。于是一个生命的寂静的沉默出现了,就是诸移涌中的[荣耀]和不朽[⋯]无数[移涌]增加[⋯]三个阳性的,[三个阳性的]后裔,[阳性]的族类。[父的荣耀],伟大的[基督和阳性后裔,这个[族类]用[普累罗麻的]道的能量充满了伟大的多克索米敦移涌。

接着,三阳的[孩子]——伟大的不可见的灵膏抹过的伟大的基督,他的能量被称为 Ainon(艾农)——赞美伟大的不可见的灵、他的阳性的处子 Yoel(尤儿)、沉默的寂静的寂静以及[伟大的]那[⋯]不可言说的[⋯]不可言说的[⋯]不可回答的[⋯]以及不可解释的,那第一位出现者,他是不可宣讲的,[⋯]奇妙的[⋯]不可言喻的[⋯],他拥有在那地方的寂静的一切伟大的伟大。三阳的孩子献上了赞美,并向[伟大的不可见的童贞的]灵要一个能量。

于是在那地方就出现了[⋯]他[⋯他]看见了[荣耀⋯]宝藏在一个[⋯不可见的]奥秘中[⋯]寂静的[⋯][他是阳性的]处子[尤儿]。

然后孩子的孩子依色弗(Esephech)[出现了]。

于是他就得到了成全,也就是[父]、母、[子]、[五]印、不可征服的能量,也即一切不朽者的伟大的基督。[⋯]无数的能量,不可胜数,围绕着[他们]荣耀和不朽[⋯]父、母、子的[⋯],以及我前面提到过的整个[普累罗麻],五印,以及奥秘的[奥秘]。他们[出现⋯]他们主宰[⋯]的移涌[⋯]真正永恒的移涌。

然后[神的意念从寂静中出现],从灵的生命的寂静,以及父的道和一个光明中出现。[她⋯五]印,就是父从他的怀抱中产生出来的,她穿越我前面提到过的一切移涌。她在荣耀中建立了宝座,无限不可数的天使围绕着他们,[能量和不朽的]荣耀,他们[歌唱]赞美,他们都用[一个声音]赞颂,一起用[一个]永不沉默[的声音⋯](赞美)父、母和子,[⋯以及整个]普累罗麻,就是我前面提到过的:伟大的基督,他是从寂静中来的,他是[不朽的]孩子 Telmael Telmachael[Eli Eli];Machar Machar 塞特,就是真正真实的生命;还有与

IV55

56

57

58

59

他在一起的阳性处子尤儿;还有依色弗,荣耀的持有者,孩子的孩子;以及他的荣耀的[王冠][…]五印,[我前面提到过的]普累罗麻。

|60| 　在那里,伟大的自生的生命的[道出现了],他是真[神],无生的本质,他的名字后面会说的,他说,[…]aia[…]thaothosth[…],①他是[伟大的]基督的儿子,而基督是不可言喻的寂静的儿子,而这寂静来自于伟大的[不可见的]和不朽的[灵]。寂静的[儿子]和寂静出现了[…不可见…人和]他的荣耀的宝藏。[接着]他出现在启示的[…]。他[设立了]四个[移涌]。用一句话语,[他]设立了他们。

　他[赞美]伟大的、[不可见的]、童贞的灵,在沉默的生命的寂静之中的父的寂静,那寂静就是人休息于其中的那个地方。[…]通过[…]。

|III 49|　然后在那地方出现了伟大的光明的云,生命的能量,神圣的不朽者的母亲,伟大的能量米罗索(Mirothoe)②。她生出了③那一位,他的名字是我取的,

|IV61|他说了三遍:ein ea ea ea。

　因为这一位[亚当玛斯]乃是[光明中]照耀出来的光明,他是[光明]之

|III 49|眼。这是第一个人,通过他,也是为了他,万物得以生成,没有他,没有事物会生成。不可知的、不可思议的父来了。他从上界降临,要消弭亏缺。

　然后伟大的逻各斯(道)、神圣的自生者以及不朽的人亚当玛斯彼此融合在一起。一个人的逻各斯生成了,不过,这个人是通过一句话语自己生成的。

|50|　他赞美:伟大的、不可见的、不可思议的、童贞的灵;处子、三阳的孩子、阳性处子尤儿;荣耀的持有者、孩子的孩子、他的荣耀的王冠依色弗;伟大的多克索米敦移涌和在他里面的王座,以及那些围绕着他的能量;荣耀与不朽者,以及我前面提到过的他们的整个普累罗麻;虚空的大地,神的接受者,伟大的光明的神圣人的接受形状的地方;(那些属于)沉默的、生命的寂静的父的人,

---

①　神秘文字,不是希腊文,原文有缺失。

②　这是生造的希腊词,可能是"神圣的部分"的意思。

③　从伟大者一直到这里为止,都是从自己出生的,而从亚当玛斯开始的人物都是由另一个存在物生出来的。

父,以及我提到过的他们的整个普累罗麻。

伟大的逻各斯、神圣的自生者、和不朽的人亚当玛斯献上了赞颂,他们要一个能量以及自生者为完成四个移涌所需要的永恒的力量,以便通过他们,那里会出现[……]伟大的光明的神圣的人的不可见的父,他的荣耀和能量将要来到世界上,这世界就是夜的形象。不朽的人亚当玛斯向他们要求一个从他自己生出的儿子,以便让这个儿子成为不可动摇的、不朽的族类的父亲,通过这个族类,寂静和声音将出现,通过它,死亡的移涌会自己站起来以至于解体。

于是一个伟大的光明的能量从上界来临,那就是显现(Manifestation)。她生下了四个伟大的光明体:阿摩泽尔、奥列尔、达维泰、伊利勒斯。①

连同伟大的不朽的塞特和他的不朽的儿子亚当玛斯,这就是神圣的自生者的第一个七(hebdomad)。这完美的七个存在于隐藏的奥秘之中,已经完成。当她[接受]到[荣耀]的时候,她就成了十一个八(ogdoads)。

父点头认可了,于是整个光明体的普累罗麻处于喜悦之中。为了完成神圣的自生者的八,配偶们出现了:

    第一个光明体阿摩泽尔的优雅(grace),

    第二个光明体奥列尔的知觉(perception),

    第三个光明体达维泰的悟性(understanding),

    第四个光明体伊利勒斯的精明(prudence)。

这就是神圣的自生者的第一个八。

父点头认可了,于是整个光明体的普累罗麻处于喜悦之中。助手出现了:

    第一个,伟大的光明体阿摩泽尔的助手高玛列尔(Gamaliel),

    第二个,光明体奥列尔的助手加百利(Gabriel),

---

① 四个光明体的名字跟《约翰密传》中是一致的,个别字母有变化。

第三个,光明体达维泰的助手桑罗(Samlo),

[53] 第四个,光明体伊利勒斯的助手阿布拉卡斯(Abrasax)。

而助手的配偶也按照至善的喜悦的父的意愿出现了:

记忆配给第一位伟大的助手高玛列尔,

爱配给第二位伟大的助手加百利,

和平配给第三位伟大的助手桑罗,

永恒的生命配给第四位伟大的助手阿布拉卡斯。

这样,五个八就完成了,总共四十个:不可解释的能量。

接着,伟大的逻各斯、自生者以及四个光明体的普累罗麻世界一齐赞颂:伟大的、不可见的、无法称呼的、童贞的灵;阳性的处子;伟大的多克索米敦移涌;他们的里面的王座;荣耀;当权者;能量;三阳的孩子;阳性的处子尤儿;依
[54] 色弗;荣耀的持有者;孩子的孩子以及他的荣耀的王冠;整个普累罗麻;以及一切在那里的荣耀,无限的普累罗麻以及不可命名的移涌。(他们这样赞颂)为的是他们可以第四次称呼父为不朽的族类,他们可以称父的种子为伟大的塞特的种子。

接着万物都动摇了,不朽者也颤抖起来。接着三阳的孩子从上界出现,降临到了未生者、自生者以及那些从出生者生下来者之中。伟大出现了,伟大的基督的全部的伟大。他在荣耀中设立了王座,数目多得不可用数,在围绕着他
[55] 们的四个移涌中,设立了能量、荣耀和不朽,数量多得不可用数。他们就这样出现了。

这些不朽者和灵性者在伟大的、生命的自生者,也就是真理的神的四个光明体之中增长,他们用一个声音、一个调子,一起不停息地赞美、歌颂:父、母、子以及他们的整个普累罗麻,正如我前面所提到过的;拥有无数(不朽者和灵性者)的五印;统治着诸移涌的存在;承载着荣耀的统治者已经接到命令,要

向那些配得的人显现,阿门。

塞特族类的起源、延续和拯救

接着,伟大的塞特,不朽的人亚当玛斯的儿子赞美:伟大的、不可见的、不可称呼的、不可命名的、童贞的灵;阳性的处子;三阳的孩子;阳性的处子尤儿;荣耀的持有者依色弗;他的荣耀的王冠,孩子的孩子;以及伟大的多克索米敦移涌;以及我前面提到过的普累罗麻。他向(他们)要他的种子。 [56]

于是就从那地方出现了伟大的光明普里斯蒂娅(Plesithea)①的伟大的能量,天使的母亲,光明体的母亲,荣耀的母亲,有四个乳房的处女,从蛾摩拉(Gomorrah)之泉和所多玛(Sodom)带来果实,②就是在她里面的蛾摩拉的果实。她通过伟大的塞特出现。

然后伟大的塞特就为不朽的孩子给予他的礼物而高兴。他从这个有四个乳房的处女那里取了他的种子,把它跟自己安置在第四个移涌里面,在第三个伟大的光明体达维泰里面。

在五千年以后,伟大的光明体伊利勒斯说话了:"让哪一位来统治混沌和幽冥。"于是那里就出现了一朵云[它的名字]叫物质的所费娅[…她]面临 [57]
[混沌]的各部分,她的脸就像[…]在她的形式[…]血。于是[伟大的]天使高玛列尔对[伟大的加百利],也就是[伟大的光明体]奥列尔的助手,说话;[他说,"让一个]天使出现,以便他可以统治混沌[和幽冥]"。于是一朵云,悦目的(云)出现在这两个单子里面,每一个都[有]光明。[…王座],她安置在上界的云[上面。接着]萨卡拉,伟大的[天使,看到了]跟他在一起的魔鬼尼布路尔(Nebruel)。他们一起变成了一个大地的生育的灵。[他们生出了]辅助天使。萨卡拉对伟大的魔鬼尼布路尔说:"让十二个移涌形成在[…]移 [58]
涌、诸世界、[…。"…]伟大的天使萨卡拉出于自生者的意志说:"将有[…]七

①　原意可能是"附近的女神"。
②　所多玛和蛾摩拉都是旧约里面的邪恶和堕落之城,这里成为诺斯替反叛性解经法的对象。

之数[…]。"于是他对伟大的天使们说："去吧,你们每一个统治他的[世界]。"这十二个天使各自都去了。

　　第一个天使是阿束斯,[伟大的]人们的世代称他为[…]。

　　第二个天使是哈马司,他是[火之眼]。

　　第三个天使是高利喇(Galila)。

　　第四个天使是尤贝尔。

　　第五个是阿多奈,他被叫作萨巴多。

　　第六个是[该隐,他]被伟大的人的世代称为太阳。

　　[第七个是亚贝尔];

　　第八个是阿克瑞西纳(Akiressina);

　　第九个是[郁贝尔(Yubell)]。

　　第十个是阿穆比亚(Harmupiael);

　　第十一个是阿其尔—阿多奈(Archir—Adonin);

　　第十二个是贝里阿斯。这些就是统治幽冥和混沌的(天使)。①

　　在世界建立之后,萨卡拉对他的天使们说："我,我就是嫉妒的神,离开了我,没有事物能够存在。"因为他了解它(这个世界)的本质。

　　接着,一个声音从高处传来,说："人存在,人子也存在。"(它的意思是说),上界的形象降临,这形象与它在上界的声音相像,那声音是属于这形象的。这形象向外注视;通过(这个)上界的形象的注视,第一个创造物就形成了。

　　与此同时,米塔娜娅(Metanoia,后悔)形成了。她从父的意愿和认可中获得了完善和能量,(父)以他的认可,认可了伟大的、强有力的人塞特的伟大的、不朽的、不可动摇的族类,以便通过米塔娜娅,亏缺可以补全。由于她是从

_____

　　① 这里的十二天使中好几个是跟《约翰密传》中的十二个天使对应的,其中 Armoupieel 可能是同一个,字母略异。参:《约翰密传》10,28ff.。

上界下到这个作为夜的形象的世界上来的,①[…]为的是发出召唤。在她到来之后,她为这个移涌的阿其翁的种子,以及从这个阿其翁生出来的当权者的种子祈祷忏悔,生出魔鬼的那个神的这些败坏的种子将会毁灭;(她也为)亚当和伟大的塞特的种子(祈祷忏悔),这些种子就像太阳一样。 |60|

接着伟大的天使霍墨斯(Hormos)②出现了,他来是为了通过这个移涌的败坏的种子中的童贞女,在一个逻各斯从中出生的、神圣的器皿中,通过圣灵,准备伟大的塞特的种子。

然后伟大的塞特出现了,他带来了他的种子。(这些种子)种在了已经创造出来的移涌之中,它们的数量是所多玛的数量。有人说,所多玛是伟大的塞特的牧场,就是蛾摩拉。但是另一些人则说,伟大的塞特把他种的从蛾摩拉移出来,种到了第二个地方,他给这个地方取名为所多玛。

这就是来自于伊多克拉(Edokla)的族类。因为她通过话语生出了真理和正义,永生的种子的起源,这种子是与那些依靠对他们的流溢的知识而将永存的人在一起的。这就是伟大的、不朽的族类,是通过三个世界来到这个世界的。 |61|

于是洪水来了,这是移涌圆满完成的一个原型。但是为了这个族类的缘故,它将被派到这个世界中去。一场大火将降临大地。恩典将会跟那些属于这个族类的人在一起,那些人通过先知和守卫这个族类的生命的守卫者,属于这个族类。由于这个族类,将要发生饥荒和瘟疫。但是这些将要发生都是因为这个伟大的、不朽的族类。由于这个族类,诱惑将要来临,那就是假先知的谎言。

接着,伟大的塞特看到了魔鬼的活动,他的许多伪装,他的针对不朽的、不可动摇的族类的诡计,以及他的能量和天使的迫害以及他们的错谬,(这些迫害和错谬)终将反作用到他们自己的身上。

———————————

① 参:本文 51,4f.。
② Hormos 也见《唆斯特利阿努》47,9.。

[62]　　接着,伟大的塞特赞颂:伟大的、不可称呼的童贞的灵;阳性的处子巴贝洛;三阳的孩子 Telmael Heli Heli Machar Machar 塞特;真正真实地活着的能量;阳性处子尤儿;荣耀的持有者以色弗;他的荣耀的王冠;伟大的多克索米敦移涌,以及在他里面的王位,以及围绕着他们的能量,以及整个普累罗麻,如我以前提到过的。他请求看守他的种子。

　　于是从伟大的移涌那里降临了四百个天上的天使,由伟大的厄洛西(Aerosiel)和伟大的塞尔米柯(Selmechel)陪同,来守卫伟大的、不朽的族类,它的果实,以及伟大的塞特的伟大的人,从真理和正义的时刻一直到移涌以及伟大的审判者定其死罪的阿其翁的终结。

[63]　　然后伟大的塞特被四个光明体派来了,这是根据自生者和整个普累罗麻的意愿,得到伟大的不可见的灵、五印和整个普累罗麻的礼物和美好的喜悦。

　　他经历了我前面提到过的三次来临:洪水、大火、对阿其翁、能量和当权者的审判。他要拯救那个迷路的族类,通过与那个世界和解,[①]也通过洗礼——这洗礼是通过伟大的塞特秘密地通过童贞女[②]为自己准备的、由道生出来的身体[③]来施行的——,为的是圣人[④]可以由圣灵出生:

> 通过不可见的、秘密的象征;
>
> 通过世界与世界的和解;
>
> 通过弃绝这个世界及其十三个移涌的神;
>
> 通过召集圣人、不可言说者、和不朽的怀抱;
>
> 通过那位存在于他的意念(普鲁娜娅)之前的父的伟大的光明;
>
[64]
> 通过她(普鲁娜娅)建立的、超越于诸天的神圣的洗礼;
>
> 通过不朽者;通过道生出来的、伟大的塞特穿在身上的生命的耶稣[⑤]。

---

① 来登版译为"摧毁",另两个版本均为和解。
② 童贞女马利亚。
③ 指耶稣。
④ 指塞特的族类。
⑤ 耶稣在这里就像是塞特的衣袍,或者是他最后的肉身。

通过他(耶稣?),他钉住了十三个移涌的能量,使他们不会动,(在他的鼓励下,他们被抓住,他们被取消)①。他用真理的知识,不朽者的不可战胜的能量,装备了他们(即那些圣人)。

于是那些站立在寂静之中的伟大的存在物呈现在他们面前:

伟大的随从耶修斯·马札流斯·耶色德库斯(Yesseus—Mazareus—Yessedekeus),生命的活水,以及伟大的领导者,伟大的雅各(James),蒂奥膨托(Theopemtos)和以扫欧(Isaouel);

负责真理之泉者米修斯(Micheus)、米卡(Michar)和内西诺(Mnesinous);

负责生命的洗礼的,洁净者塞森根法朗(Sesengenpharanges);

负责诸水之门的米修斯(Micheus)、米卡(Michar);

负责山脉的塞尔道(Seldao)和依莱纳(Elainos);

伟大的族类、不朽者、伟大的塞特的强有力的人的接受者,也就是四大光明体的助手高玛列尔、加百利、桑罗和伟大的阿布拉卡斯;

65

负责太阳的升起的奥尔色斯(Olses)、希普诺(Hypneus)和希尔路迈欧(Herrumaious);

负责进入永生之休息的通道的统治者米克安蒂尔(Mixanther)和米卡诺(Michanor);

蒙拣选之灵魂的守卫者阿克拉玛斯(Akramas)和斯特兰苏霍斯(Strempsouchos);

伟大的能量 Heli Heli Machar Machar 塞特;

伟大的不可见的、不可称呼的、不可命名的、童贞的灵和寂静;

伟大的光明体阿摩泽尔,也就是生命的自生者、真理的神以及与他在一起的不朽的人亚当玛斯的居所;

———————————

① 据来登,罗版不通。

第二个光明体奥列尔,也就是塞特、耶稣——就是那拥有生命,到(世界上)来并在律法中被钉十字架的一位——的居所;

第三个光明体达维泰,也就是伟大的塞特的儿子们的居所;

第四个光明体伊利勒斯,也就是儿子们的灵魂休息的地方;

第五个尤儿,负责将要受洗礼者的名字,这是神圣的洗礼,是超越于天的,是不朽的(洗礼)①。

66　从现在起,通过不朽的人波依曼尔(Poimael)②,那些配受五印之水的洗礼和召唤的人将会在得到教导的时候认识他们的接受者,他们也会被他们所认识。这些人将绝不会再尝到死亡。③

赞　美　诗

ie ieus eo ou eo oua,

真实不虚的真理!

啊,Jesseus Mazareus Jessedekeus!

生命的水!

孩子的孩子,荣耀的名字!

真实不虚的真理!

啊,永恒的移涌!

iii eeee eeee oooo uuuu oooo aaa④

真实不虚的真理!

---

①　从语法上看,不朽的也可以用于修饰尤儿。尤儿在《唆斯特利阿努》和《阿罗基耐》也是施洗者。

②　这个名字也许跟波依曼德拉(Poimandres)(CH Ⅰ)有关系。

③　对照《真理的福音》2。

④　参:《埃及人福音》44,4ff.。

Ei aaaa oooo

啊,注视着移涌的存在者!

真实不虚的真理!

Aee eee iiii uuuuuu oooooooo

永远永远的存在者!

真实不虚的真理!

Iea aio 在心中!

那存在者!

U aei eis aei,ei o ei,ei os ei!①

你的这个伟大的名字在我身上,啊,自生的完美者,你不在我的外面!

我看见你了,啊,没有人看得见你,唯有我能看见!

谁能够用不同的声音来领悟你呢?②

既然我已经认识了你,我就已经与你不变地混合在一起!

我已经用光明的盔甲把自己武装起来,我已经成了光明!

因为,由于那优雅的耀眼的美丽,母亲已经在那地方!

因此我伸出了我的合拢的双手!

我在丰盛的光明的轨迹中成形,

这丰盛的光明就在我的胸怀之中,它赋予无数光明中出生者以形状,

这是无可挑剔的光明!

我要真正地宣扬你的荣耀,因为我已经领悟你:sou ies ide aeio

aeie ois!

啊,移涌,移涌! 啊,寂静的神! 我完全地尊敬你!

---

① 最后一句可以译为:永远的儿子,你就是你所是,你就是你所是的那一位。

② 此处有点否定神学的味道,父是未知的。参《尤格诺斯托书》71,14。

你是我的安息的地方！

啊，圣子，es es o e，无形者存在于无形者之中，

你要唤醒那个人，在他里面，你要净化我到你的生命之中，

按照你的永不磨灭的名字！

因为这个原因，生命的芳香在我里面！

我把它跟水混在一起，按照一切阿其翁的模式，①

为了我可以跟你生活在圣人的平和之中，

你是真实不虚地永远存在的！

结　　语

这是伟大的塞特写的书，他把它藏在太阳未曾升起的高山上，太阳也不可能在那里升起。② 自从那时候起，这名字从未升起在先知、使徒、乃至于传道者的心中，这名字也不可能在他们的心中升起。③ 他们耳朵也不会听到它。

伟大的塞特用字母在 130 年的岁月里写下了这本书。他把它放在一座叫作卡拉克修（Charaxio）的山上，为的是，在时间和年代终结的时候，按照神圣的自生者和整个普累罗麻的意愿，通过不可追溯的、不可思想的、父一般的爱的礼物，它可以出现，（把这一切）启示给这个不朽的、神圣的族类：伟大的救主，那些在爱里面与他们住在一起的人，伟大的、不可见的、永恒的灵，以及他的唯一的独生子，永恒的光明，以及他的伟大的、不朽的配偶，不朽的所费娅，巴贝洛，以及永恒中的整个普累罗麻。阿门！

抄本卷三原抄写者版本记录：

《埃及人福音》，神写的、神圣的秘籍。优雅、领悟、知觉、精明与撰写者同

---

① 在卷四中为：它已经跟一切阿其翁的洗礼之水混合起来了。

② 高山作为启示之所，见《马太福音》28,16；《马可福音》9,2；或者诺斯替文献《雅各密传》、《耶稣基督的智慧》、《彼得致腓力书信》。

③ 从来登译法，罗版为："自从先知、使徒、传道者的日子起，它的名字从未在他们心中升起。"

在,在圣灵中蒙爱的尤格诺思托(Eugnostos)——我在肉身中的名字叫贡戈索(Gongessos)——跟我的光明的同伴在不朽中。耶稣基督,神的儿子,救主,Ichthus①,神写的这本伟大的、不可见的灵的圣书。阿门!

---

① Ichthus,希腊文的鱼,早期基督教对希腊文"耶稣基督,神的儿子,救主"(Iesous KHristos THeou Yios Soter)传统首字母缩写词。

马利亚福音

　　《马利亚福音》(*The Gospel of Mary*, BG 8502,1)是一篇诺斯替派的启示对话,其中包括了启示性的对话、异象、宇宙起源论、对彼岸世界及灵魂的上升的描写、最后的嘱咐和一个简短的叙述性的总结。由于抄本的前6页遗失,我们不清楚这个文本究竟如何开头的。现存文本可以明显地分成两部分。第一部分描述了复活的救主与门徒之间的对话。他回答了他们关乎物质世界与罪的本质的问题。救主认为,事实上罪并不是一个道德范畴,而是一个宇宙论的范畴,是由于物质与灵之间的不适当的混合而产生的。万物最终都将归回各自的根本、最初状态和最终归宿上去。罪的本质是与生命在这个混合的世界中的本质联结在一起的。人们犯罪是因为他们不认得他们自己的灵性本质,却贪恋那欺骗他们的低级本质,从而导致疾病与死亡。拯救在于找到自己内在的真正的灵性本质,克服身体的情感和这个世界的欺骗。救主最后警示门徒不要追随某些英雄领袖或者遵循某套规则和律法,而要寻找他们自己内在的真正的人性、获得内在的平安。在吩咐他们出去传福音之后,救主就离去了。但在他离开以后,门徒没有高高兴兴地去传福音,而是在相互之间发生了争论。他们没有平静,心烦意乱,害怕如果听从救主的嘱咐去传福音的话,也会遭受跟他一样的痛苦命运。抹大拉的马利亚(Mary Magdalene)出来安慰他们。

　　文本的第二部分是马利亚在彼得的请求下复述了她在异象中从救主那里得到的不为他们所知的教训。救主曾向她解释预言的本质、最后的安息,讲解了如何在与邪恶能量的战争中取得最后胜利。很不幸,这个部分有四页内容遗失了,所以留存下来的只有马利亚启示的开头与结束部分。在她讲完之后,有两个门徒出其不意地向她挑战。安德烈认为她的教训很陌生,不相信是来自于救主的真传。彼得则更进一步否认救主会将如此高级的教导传授给一个妇女,也不相信耶稣爱她胜于爱其他门徒。他暗示,她谎称获得特殊的教导是为了提高自己在门徒中的地位。利未站出来为马利亚辩护,指出彼得对待马利亚就如同对待敌人。他提醒他们说,我们当为此感到羞耻,不要彼此争论,而要按照救主的吩咐出去传福音。

马利亚与彼得不和的情景也可在《多马福音》《庇思梯斯所费娅》《埃及人福音》中找到,反映出二世纪基督教内部的争端。彼得和安德烈代表着正统的立场,否认秘传启示的有效性,并且不接受妇女教导的权威性。《马利亚福音》不认为耶稣的受苦和死是永生之路,只有耶稣的教训才是进入内在灵性知识的门径,它直截了当地证明了妇女领导地位的合法性,尖锐地批评了不合法的权力和乌托邦式的灵性完美的理想,提醒人们重新思考教会的权威的基础。

《马利亚福音》原文是在二世纪初以希腊文写成的。现存的两个抄本都极为残缺,虽然在科普特文的基础上又找到了一些希腊文的残片,但是只有8页内容留存,约有一半内容也许永远遗失了。

正 文

关于物质与罪的对话

[……抄本1—6页遗失]物质是否会彻底[消灭]?救主说:"每一种本质、一切被造的形体、一切活物都是彼此存在于彼此之中,并且共同存在的,它们都会消解,归回各自的根本。因为物质的本性就是要消解归回各自的[根本]。有耳朵能听的人就应当听。"

彼得对他说:"你已为我们解释每一个问题,可否再告诉我们一件事:这个世界的罪是什么?"救主说:"并不存在罪这种东西,但当你们做出诸如奸淫之类性质的被称为'罪'的行为时,是你们自己制造了罪。正是因为这个原因,至善来到你们中间,进入到一切本质的精华之中,为的是要使它复归其根本。"

他又接着说:"你们之所以[生病]和死亡,是因为[你们爱那欺骗你们的8 东西……][……凡是能]思想的人,都要思考这些事![物质产生出]一个无与伦比的情感,它出自于违背本性的事情,然后,在整个身体中出现了极大的不安。所以我对你们说:'你们要在不满足、不顺从的同时,变得在心里满足,真正在自然的其他形象面前变得满足和令人愉悦。① 有耳朵能听的人就应当听。"

那蒙福的一位说了这话,就向他们问安说:"愿平安与你们同在! 愿你们在内心获得我的平安! 你们要提防有人要引你们走歧路,他们会说:'看啊,在这里!'或是'看啊,在那里!'因为真正的人子就在你们里面。你们要紧紧9 跟随他! 凡寻找他的必能寻见。去吧,去传天国的福音。不要在我所定的规条之外定任何规条,也不要像颁布律法的人那样颁布律法,以及任何会使你们受其主宰的别的东西。"他说完这话就离开了。

马利亚的异象

但是他们感到忧虑,痛哭起来:"我们怎能去到外邦人中传扬人子国度的福音呢? 他们尚且不饶恕他,又怎么会饶恕我们呢?"马利亚就站起来,向他们致意,对她的弟兄姐妹们说:"不要哭,不要忧虑,也不要让你们的心动摇,因为他的恩典将与你们所有人同在,也将庇护你们。让我们赞美他的伟大吧,因为他已经把我们预备好,把我们造就成了真正的人。"马利亚这些话将他们10 的心转向了至善,他们就开始讨论[救主]的话。

彼得对马利亚说:"我们知道救主爱你胜过其余的女人。你就告诉我们

---

① 罗宾逊版译为:"你们要勇敢,如果你们不勇敢的话,就要在自然的不同形态面前变得勇敢起来"。

你所记得的救主说的话吧！这些话必须是你知道、(但)我们未曾听过、也不知道的。"马利亚回答说："好吧，我来告诉你们这些向你们隐藏的事。"于是她就开始向他们讲了这些话：

她说："我在异象中见到主，我就对他说：'主，我今日在异象中见到你。'他回答说：'你是蒙福的，你在看见到我的时候没有动摇。因为心灵在哪里，哪里就有宝藏。'我对他说：'主，那些见异象的人，是〈用〉魂〈还是〉灵看见的？'救主回答说：'不是用魂看，也不是用灵看，而是用这两者中间[的]心灵看的，是心灵看见了异象[…]。'（第11—14页遗失）

"'[…]它。'于是就怀着（对那种境界的）向往之情说：'我并没有见到你 [15]下来，但如今我却见到你上升。你既是属于我的，为何你要说谎？'那魂回答说：'我见到你，你却见不到我，也认不得我。你把我穿的衣袍当作我的真我了。'①它说完这话，就欢欢喜喜地走了。

"然后它来到称为无知的第三个能量那里。[它（那能量）]仔细地盘查那个魂，说：'你要往哪里去？你已经被邪恶捆绑，你确实是一个被捆绑的人！你不要论断人！'魂就说：'我没有论断人，为何你要论断我？我没有捆绑任何人，但是我却被捆绑了。他们不认识我，但是我已经认识到，万有都要消灭，无论是地上的（事物），还是天上的事物，都是如此。' [16]

"当那魂使第三个能量化为乌有之后，它向上行就见到第四个能量，这能量有七种形状。第一种形状是黑暗，第二种是欲望，第三种是无知，第四种是死亡的狂热，第五种是肉体的国度，第六种是属肉体的愚昧智慧，第七种是愤怒者的智慧。这些就是愤怒的七种能量。它们盘问魂说：'你这杀人者，你从何而来？你这空间的征服者，你往哪里去？'魂回答说：'那绑着我的，已经被杀；那包围着我的，已经被毁；我的欲望也已达到终点，我的无知也已死去。我从一个世界得释放，进入另一个世界，[也]从一种形式中解放出来，进入了上 [17]界的形式，也已经[从]转瞬即逝的遗忘的锁链中解脱出来了。从此以后，在

---

① 罗宾逊版译为：我是你的衣袍，但你却不认识我。

永恒中的这个适当季节,我要在寂静中获得安息。'"

门徒的怀疑和服从

马利亚说完这些话,就沉默下来,因为救主就跟她说到这一点为止。但是安德烈(Andrew)当着众弟兄姐妹的面回答说:"对于她所说的,你们想说什么就说什么吧!至少我不会相信救主曾说了这些话。确实,这些教训都是一些陌生的想法。"彼得也回答了,表达了类似的担心。他向他们质疑救主的事:"他真的在我们不知道的情况下,私下跟一个女人说话吗?我们真的都要反过来全听她的吗?他真的偏爱她胜于爱我们吗?"

[18]

马利亚哭了,他对彼得说:"我的弟兄彼得啊,你想些什么呢?难道你认为这些都是我自个心中虚构出来的吗?或者我编造了关于救主的谎言吗?"利未(Levi)说话了,他对彼得说:"彼得啊,你老是这样脾气暴躁!现在我看你攻击这个女人就如攻击仇敌一样。如果救主认为她是配得的,那你又是谁,竟敢拒绝她?救主对她的认识确实完全可靠。那正是他爱她甚于爱我们的原因。我们应该自觉羞愧,穿上那个完全的人,如他所吩咐的那样,要为了我们自己的缘故获得他,我们要去传扬福音,不要在救主所立的之外立下任何其他的规条或者其他的律法。"当[说完这些]话之后,他们就开始出[去]宣讲和布道。

[19]

犹 大 福 音

《犹大福音》(*Gospel of Judas*)是塞特派经书,伊里奈乌在《反异端》中提到过这个文本,称之为"虚构的历史"。伊里奈乌在《反异端》中写道:

> 另外的人宣称,该隐(Cain)的存在源自于上界的能量,他们认为,以扫(Esau),可拉(Korah),所多玛人(Sodomites)彼此都是亲戚。由于这个原因,他们补充说,他们受到了创造主的攻击,但是这些人其实并没有受到伤害。因为所费娅一直在把他们中间属于她的东西运到她自己那里去。他们宣称叛徒犹大是透彻了解这些事的,唯有他知道别人所不知道的真理,成就了这个出卖的奥秘。正是由于他,地上的和天上的事,都进入到了混乱之中。他们制造出了这一类的虚构的历史,称之为《犹大福音》。①

与其他的诺斯替文献一样,《犹大福音》是一个秘密的文本,是耶稣与加略人犹大的对话中所启示的秘密的描写。《犹大福音》对于耶稣和门徒犹大之间的关系提出了与正典福音书不同的描写。根据正典福音书,加略人犹大是耶稣的出卖者,而在《犹大福音》中,犹大其实是耶稣最喜爱的门徒,犹大的行为不是出卖,而是对耶稣教导的服从。耶稣需要一个人来触发他预先安排好的一系列事件的发生,他选中了犹大,犹大那样做是为了人类可以通过耶稣

---

① *Against Heresies* 1.31.1.

的身体的死亡得到拯救。由于这个原因，他们认为犹大值得感激和尊敬。《犹大福音》断定其他门徒并不了解他单独传授给犹大的真正的福音。与其他叙事性的正典福音书不同，《犹大福音》是对话体的福音，没有对生平的叙述，没有描写耶稣被捕后的事。

该文本对犹大的描写似乎是阐发了《约翰福音》所隐含的一种可能性。在《约翰福音》中，当犹大离开最后的晚餐去出卖耶稣时，耶稣对他说，"快去做你要做的事吧。"（《约翰福音》13：27）对这句话有三种可能的解释：一是耶稣直接吩咐犹大去做他要做的事；二是耶稣是对撒旦说话，而不是对犹大说话，于是撒旦就进入到犹大里面；三是耶稣知道犹大正在秘密策划的事情。

这个文本保存于4世纪的科普特文手抄本 Codex Tchacos。这个抄本制作于3至4世纪，于20世纪70年代出土，1983年耶鲁大学博士生 Stephen Emmel 在黑市上发现，巴塞尔的米西奈斯基金会（Maecenas Foundation）于2003年购得这部抄本。抄本的语言与《那戈·玛第文集》所使用的科普特文方言相同，抄本共有四个部分：除了《犹大福音》外，还有《彼得致腓力书信》、《雅各启示录（一）》、《彼得致腓力书信》以及《阿罗基耐》片段，后三个部分也在见于《那戈·玛第文集》。该抄本大约有三分之一的内容无法辨认。从文本内容来看，《犹大福音》可能是更早的一个希腊文原文的译本，其中包括了2世纪下半叶的神学思想，其引言和结语的内容也表明了其作者熟悉正典福音书，原著可能写于公元130—180年间。2006年4月6日，美国国家自然地理协会（Natnoal Geographical Society）在华盛顿召开新闻发布会，宣布恢复和翻译的工作完成。有些学者认为该文本的发表只是印证了伊里奈乌的描写，并没有提供关于耶稣和犹大之历史的新信息，但有助于构建诺斯替主义的历史。

中译文根据《犹大福音》英译本（ The Gospel of Judas. Trans. and Eds. Rodolphe Kasser, Marvin Meyer, and Gregor Wurst. Washington, D.C.: National Geographic Society, 2006.）和科普特文抄本（ The Gospel of Judas. Eds. Rodolphe Kasser, Marvin Meyer, and Gregor Wurst. Washington, D.C.: National Geographic Society, 2006.）借鉴了循道士的中译本，见 http://rjjdt.bokee.com/4986955.html。

正　文

引　言

这是耶稣在逾越节前三天的那个星期里与加略人犹大谈话的秘密记录。

当耶稣显现在地上时，他为拯救世人行了许多神迹奇事。由于有些人[行走在]正义的道路上，其他的人还行走在罪的道路上，耶稣就呼召了十二个门徒。他开始与他们谈论彼岸世界的奥秘和最后将要发生的事情。他常常不以他自己的面目向他的门徒显现，而是常常以一个孩子的形象出现在他们中间。

耶稣与众门徒对话：感恩祷告或圣餐祷告

有一天耶稣与众门徒在犹太（Judea）①，他看到他们聚集在一起，虔诚恭敬地坐着。当他[走到]他的门徒那里时，众门徒聚坐在一起，为饼献上了感 `34` 恩祷告，[他]笑了。

众门徒说："主啊，你为什么笑我们的感恩祷告？我们做了合适的事啊。"

耶稣回答他们说："我并不是笑你们。你们做这些事不是因为你们自己有这样的意愿，而是因为你们的神是借此得到赞美的。"

他们说："主啊，你是[……]我们的神的儿子。"

耶稣对他们说："你们是如何认识我的？我实在地对你们说，你们中间没有哪一代人将会认识我。"

他的众门徒听了就开始生气恼怒，在心里亵渎咒骂他。

耶稣见他们缺乏[悟性，就对他们]说："为什么这句话会让你们发怒呢？ `35` 你们的神在你们里面，而且[……]在你们的灵魂里面激起了你们的怒气。[让]

---

①　Judea，地名，串珠本圣经译为犹太，耶稣出生的那个省份。有些人译为朱迪亚或朱代，是古代巴勒斯坦南部地区，包括今以色列南部及约旦西南部，耶稣在世时，是由希律王室所统治的王国，也是罗马帝国叙利亚省的一部分。

人们当中随便哪一个[足够坚强的人]显示出完美的人的样子,站到我的面前来。"

他们都说:"我们是有力量的。"

但是他们的灵都不敢站到[他]的面前,只有加略人犹大站到了他的面前。犹大能够站在他的面前,但是他不能够正视耶稣的眼睛,把脸转向一边。

犹大对耶稣[说]:"我知道你是谁,也知道你从何而来。你来自巴贝洛(Barbelo)的不朽王国。我不配说出派遣你来的那一位的圣名。"

耶稣对犹大密语

耶稣知道犹大正在思考某种极其崇高的事,就对他说:"离开别的人,我要告诉你天国的奥秘。你是有可能达到它的,但是你将会大大地悲伤。别人将会代替你,为的是他们的神的十二[使徒]重新圆满。"

[36]

犹大对他说:"什么时候你将告诉我这些事? 什么时候大光明日子将会显现在这个世代?"

但是当他说这话的时候,耶稣离开了他。

耶稣又向众门徒显现

在此事发生之后的第二天早上,耶稣又向他的门徒显现。

他们对他说:"主啊,你离开我们的时候,你到哪儿去了呢,做了些什么呢?"

耶稣对他们说:"我到了另一个伟大、圣洁的世代。"

门徒对他说:"主啊,那个伟大的世代比我们高、比我们圣洁、不在这些王国之中,那它是什么呢?"

耶稣听了,笑着对他们说:"你们为什么要在心中思想那个伟大圣洁的世代呢? [我]实实在在地告诉你们,出生在这个移涌(aeon)中的人没有谁见过那个[世代],连众星宿之天使的主宰也不会统治那个世代,没有哪个必死的凡人能够进入那个世代,因为那个世代不是来自[⋯]已经成为[⋯]。[你

[37]

们]这些人的世代来自于人的世代[…]能量,它[…]别的能量[…]你们是依靠它进行统治的。"

他的门徒听了这些话,每个人的灵里面都感到不安。他们说不出一句话来。

又有一天,耶稣向[他们]走来。他们说:"主啊,我们已经在一个[异象]里看见你,因为我们在夜里[…]做了伟大的[梦…]。"

[他说]:"当〈你们〉已经隐藏起来的时候,你们为什么[…]?" 38

门徒在异象中见到的庙

他们[说]:"我们看到一个大[屋子,里面有一个大]祭坛,有十二个人,——我们想他们是祭司——,一群人正在祭坛那里等待,[直到]祭司[…]并且领受了]祭品。[但是]我们还是一直等待着。"

耶稣说:"那些祭司是什么样子呢?"

他们[说:"有些…]两个星期;[有些]用他们的孩子献祭,另一些用妻子献祭,彼此谦恭赞美;有些与男人睡觉;有些卷入到[屠杀]之中;有些行了众多有罪和非法的行径。那些站在祭坛[前面]的人呼唤着你的[名字],在他们的所有这一切亏缺的行径中,献祭完成了[…]。" 39

他们说完这些事,就静下来了,因为他们感到困惑。

耶稣对异象的寓意解释

耶稣对他们说:"你们为什么困惑呢? 我实实在在地告诉你们,站在祭坛前面的所有祭司都呼唤我的名字。我再次对你们说,我的名字已经通过人类的世代被写在众星宿的世代的这个[…]之上了。[他们]已经奉我的名,以无耻的方式,种下了不结果实的树。"

耶稣对他们说:"你们看见有些人在祭坛前领受祭品——那些人就是你们。那就是你们所侍奉的神,你们就是你们看见的那十二个人。你们看见的那头带来献祭的牛就是被你们在祭坛前面引上歧路的众多人民。[…]将会 40

站在那里,以这样的方式利用我的名,那些敬虔的世代将会一直忠诚于他。在他之后,另一个人将会站在那里,他来自于通奸者,然后又有一个人将站在那儿,他来自于谋杀孩子的人,然后又有一个人将会站在那儿,他来自于与男人睡觉者,来自于那些禁欲的人,来自于其他污秽、不守法和谬误的人,来自那些说'我们就像天使'的人。他们是把万物带向终结的众星宿。这一句话已经对人的世代说了:'看吧,通过祭司的手,神已经领受了你们的献祭。'——(这句话里面所说的)是一个谬误的祭司。但是,正是主,宇宙之主,发出了诫命:

[41] '在末日他们将会遭到羞辱。'"

耶稣[对他们]说:"停止[献祭吧…]就是你们已经[…]于祭坛之上的那[…],因为他们在你们的星宿、你们的天使之上,并且已经在那里达到了他们的终结。就让他们在你们面前[陷入罗网吧],让他们去[…遗失 15 行…]诸

[42] 世代[…]。一个面包师不能够喂饱天下所有的创造物。"

耶稣对他们说:"停止跟我争斗吧。你们每一个都有自己的星宿,每一个

[43] 人[…遗失 7 行…]在[…]里面,他来到了树木的[泉…]这个移涌的[…]在一个世代里[…]但是他来是要浇灌神的园子,那个[世代]将永存,因为[他]不会败坏那个世代的[生命之行],而是[…]直到永远。"

犹大问耶稣那个世代和人的世代

犹大对[他]说:"夫子,这个世代究竟会结出什么样的果实呢?"

耶稣说:"每一个人的世代的灵魂都会死亡。然而,有些人在过完了这个王国的时间,他们的灵离开他们之后,他们的肉体就会死亡,但是他们的灵魂还会活着,他们将被接走。"

犹大问:"那么这个人的世代的其余的人将会怎么样呢?"

[44] 耶稣说:"在[岩石]上播种收获是不可能的。[…]这也是那[…]败坏的世代的道路[…]腐败的所费娅[…]那创造了必死之人的手,为的是他们的灵魂就上升到上界永恒的王国中。我[实实在在]对你说,[…]天使[…]能量将能够看到[…]这些对他们来说[…]神圣的世代[…]。"

耶稣说完就离开了。

犹大叙述了一个异象,耶稣回应

犹大说:"主啊,你已经听了他们所说的,现在也听听我说吧。我见到了一个大异象。"

耶稣听了,笑着对他说:"你这第十三个灵,你为什么如此坚执呢? 你说出来吧,我会忍受你的。"

犹大说:"我在异象里看到,十二门徒用石头打我,[严酷地]迫害我。我 [45] 躲到你身后的那个地方[…]。我看见[一个屋子…],我眼睛[看不出]它的大小。许多人围着它,那屋子〈有〉一个青翠的屋顶,在屋子的中间是[一群人…遗失2行…],说:'主啊,让我和这些人在一起吧'。"

耶稣回答说:"犹大,你的星宿已经把你引上歧途了。"他继续说,"没有哪个凡人配进入你看到的那个屋子,因为那地方是为神圣者保留的。太阳和月亮都不能统治那地方,日子也不能(统治那地方),但是神圣者将永远住在那里,与神圣的天使们一起在永恒的王国里。看那,我已经给你解释了天国的奥秘,也教给了你众星宿的谬误,并且[…]派遣它[…]在十二个移涌上。" [46]

犹大问他自己的命运

犹大问:"主啊,我的种子有可能会处在阿其翁(Archon)的统治之下吗?"

耶稣回答他说:"来,我[…遗失2行…],但是当你看到了那个王国和它的所有世代之后,你将大大地悲伤。"

犹大听了,对他说:"我领受它有何益处呢? 你已经让我启程到那个世代那里去了。"

耶稣回答说:"你将成为那第十三个,你将受到其他世代的咒骂,——然后你终统治他们。在最后的日子里,他们将诅咒你上升到神圣的[世代]那 [47] 里去。"

耶稣教导的宇宙论：灵和自生者

耶稣说，"［来吧］，让我告诉你没有人［曾经］见到过的［奥秘］。有一个伟大的、没有边际的王国，没有哪一个世代的天使见到过它的疆域，［在里面］有一［个］伟大的不可见的［灵］，

> 为一切天使的眼睛所未曾见，
>
> 为一切心思意念所未曾领略，
>
> 也未曾为任何名字所命名。

"一片发光的云出现在那儿。他说，'让一个天使进入存在，来做我的随从吧。'

"于是一个伟大的天使，觉悟的、神圣的自生者（autogenes），就从云里面显现。由于他的缘故，四个另外的天使也从另一片云里面进入存在，成为这个
[48] 天使般的自生者的随从。这位自生者说，'让［…］进入存在［…］，'于是它就进入存在［…］。然后他［创造了］第一个光明体（Luminaries）去统治他。他说，'让众天使进入存在去服侍［他］'，于是无法计数的天使就进入了存在。他说，'［让］一个觉悟的移涌进入存在'，于是他就进入了存在。他创造了第二个光明体［去］统治他，连同无法计数的众天使在那里服侍。他就这样创造了其余的觉悟的移涌。他让他们去统治他们，为他们创造了不可计数的众天使，去辅助他们。"

亚当玛斯和光明体

"亚当玛斯（Adamas）原本住在第一片发光的云里面，未曾有天使在一切所谓的'神'那里看到过。他［…］［…］那个意象［…］也按照［这个］天使的形
[49] 象。他让不朽的塞特的［世代］出现［…］十二个［…］二十四个［…］。遵照灵的意愿，他造了七十二个光明体显现在不朽的世代里。遵照灵的意愿，那七十

二个光明体自己也造了三百六十个光明体显现在不朽的世代里,它们的数是
每个造五个。"

"十二个光明体的十二个移涌构成了他们的父,每个移涌有六层天,因此
七十二个光明体总共有七十二层天。每一层天都有[五个]天穹,[总共有]三　[50]
百六十个[天穹…]。它们都被赋予了权力和一[大]群[不计其数]的天使,
为的是荣耀和崇拜,[以后还有]童贞的灵,为的是一切移涌、一切天层和他们
的天穹的荣耀和崇拜。"

宇宙、混沌和下界

"这个不朽者的群体被父以及与自生者和他的七十二个移涌在一起的七
十二个光明体称为宇宙,——也就是永灭——。在他里面,第一个人带着他的
不朽的能量显现了。与他的世代一起显现的那个移涌,那个在它里面有知识
之云和天使的移涌,被称为[…]移涌[…]在那以后[…]说:'让十二个天使　[51]
进入存在,[去]统治混沌和[下界]吧。'看吧,从云里面出现了一个天使,他的
脸上闪耀着火,他的形象带着血污。他的名字叫尼布路(Nebro),就是'反叛'
的意思。另外一些人也称他为亚大巴多(Yaldabaoth)。另外一个天使,萨卡
拉斯(Saklas),也来自于那片云。就这样,尼布路造了六个天使,作为助手,萨
卡拉斯也这样做,这样就在诸天中造出了十二个天使,每一个都获得了诸天的
一个部分。"

阿其翁与天使

"十二个阿其翁对十二个天使说:'让你们每个[…]让他们[…]世代[…　[52]
遗失1行…]天使。'

第一位是塞特(Seth),被称为基督;

第二位是哈马司(Harmathoth),他是[…];

第三位是高里拉(Galila);

第四位是尤贝尔(Yobel);

第五位是阿多奈(Adonaios)。

这就是统治着下界的五位,首先是在混沌之上。"

人 的 创 造

"萨卡拉斯对他的天使说:'让我们模仿肖像和形象来造一个人吧。'他们就造出了亚当和他的妻子夏娃,他们在云里面被称为'生命'(Zoe)。一切的世代都是借这个名字来寻找这个男人的,他们每一个都用这些名字来称呼这个女人。萨卡拉斯没有命令[……]除了[……]那个世代[……]这个[……]。[阿其翁]对亚当说:'你将会长久地活着,跟你的孩子们一起。'"

53

犹大询问亚当和人类的命运

犹大问耶稣:"人类活着能够延续多长的时间?"

耶稣说:"你为何要对此感到惊讶呢? 亚当和他的世代已经在他获得他的王国的地方,如同他的阿其翁那样长寿地度过了他的寿限?"

犹大对耶稣说:"人的灵会死吗?"

耶稣说:"这就是何以神命令米迦勒(Michael)①把灵借贷给人们的原因了,为的是让他们服侍;但是那位伟大者命令加百利(Gabriel)②把灵赐给那个伟大的世代,而不去统治它——也就是灵和魂。因此,[其他的]灵魂[……遗失1 行……]"

54

耶稣与犹大和其他人谈邪恶者的毁灭

"[……]光明[……近 2 行遗失……]周围[……]让[……]灵[……][就是]在你里面的,居住在天使的世代里面的这个[肉身里]。但是上帝让知识被给予亚当和

---

① 基督教圣经中的天使长。

② 基督教圣经中的七大天使之一,传送好消息给人类的使者。

那些跟他在一起的人,为的是混沌和下界之王不再统治他们。"

犹大对耶稣说:"那么那些世代将会怎么做呢?"

耶稣说:"我实实在在地告诉你,众星宿为了他们所有的人的缘故,把事物带向终结。当萨卡拉斯过完了分配给他的寿限的时候,他们的第一颗星将会与诸世代一起出现,他们将会完成他们说过他们要做的事。接着,他们将假借我的名行奸淫、杀儿童,他们也将[⋯]并且[⋯遗失 6 行半⋯]我的名,他将[⋯]你的在十三个移涌之上的星宿。" 〔55〕

然后,耶稣笑了。

[犹大问]:"主啊,你为什么笑我们呢?"

[耶稣]回答[说]:"我不是在笑你们,而是在笑那些星宿的谬误,因为这六颗星宿与这五个战士一起游荡,他们都将与他们的造物一起被毁灭。"

耶稣谈论那些受洗的人,犹大的出卖

犹大对耶稣说:"看那,那些奉你的名接受了洗礼的人将会怎么做呢?"

耶稣说:"我实实在在地告诉[你],这种洗礼[⋯]我的名[⋯遗失 9 行⋯]对我。[我]实实在在地告诉你,犹大,[那些]献祭给萨卡拉斯的人[⋯]神[⋯遗失 3 行⋯]一切邪恶的事物。 〔56〕

"但是你将超越他们所有人。因为你将祭献这个穿在我身上的人。

你的号角已经提起,

你的愤怒已经点燃,

你的星宿已经明亮地照耀,

你的心已经[⋯] 〔57〕

"[我实实在在地告诉]你,最后[⋯]成为[⋯遗失 2 行半⋯],悲伤[⋯遗失 2 行⋯]阿其翁,因为他将被毁灭。然后,亚当的伟大的世代的意象将会被提升,因为那个来自于永恒王国的世代先于天、地和天使而存在。看那,我把一切都告诉你了。举起你的目光,凝视那片云和云里面的光明,还有围绕着它的众星宿吧。那颗引路的星宿就是你的星宿。"

犹大举目看见了那片发光的云,然后他就进到它里面去了。那些站在地上的人听见一个声音从那片云传来,说:"[…]伟大的世代[…]意象[…遗失5行…]。"

犹大出卖耶稣

[…]他们的大祭司们低声地说话,因为[他]进入客房祷告去了。但是有些文士在那里小心地看守,想在他做祷告的时候抓住他,因为他们害怕大众,因为所有人都把耶稣看作是一个先知。

他们走向犹大,对他说:"你在这里做什么? 你是耶稣的门徒。"

犹大如他们所愿地回答了。于是他获得了一些钱,把他交给了他们。

腓 力 福 音

《腓力福音》(*The Gospel of Philip*,NHC Ⅱ.3)是瓦仑廷派从对人的困境和死后生命的见解出发讨论圣礼之意义和价值的语录,其中有格言、类比、寓言、劝勉、论辩、叙述、对话、基督的讲话、经文的解释以及教义命题等。它与新约中的其他福音书不同,没有直接记载耶稣的言行,其中的十七句耶稣语录中有九句是对其他福音书中出现的耶稣讲话的引用和解释,那些其他福音书中所没有的语录则很简短、神秘,只有从诺斯替主义的视野出发才能理解。其中也有几则关于耶稣的故事,有点类似于早期基督教的福音伪经。他有一次在山上向他的门徒显像,形象比生前高大;他有三个女性的随从,都叫作马利亚,其中他特别偏爱抹大拉的马利亚(Mary Magdalene);他曾经把七十二种颜料放进利未人的一个染缸里混合成白色。其中还说,是木匠约瑟造了那个,他儿子后来被钉在上面的十字架,这个故事的来源据说是使徒腓力。

这些耶稣的语录和故事不是放在像其他的正典福音书那样的叙述框架之中的。《腓力福音》没有一个容易勾勒的框架,尽管从一些观念、关键词来看,其叙述还是有一定的连续性的,但是其思路是松散的、不连贯的,主题的大幅度改变是经常的。这个文本之所以给人一种逻辑连贯的感觉,那主要是由于有些主题的一再出现(如耶稣这个名字的意思,在死去之前体验复活的必要性,穿上光明以逃避敌对的能量等),但是这种连贯性更有可能是出于偶然,而不是出于有意的安排。

这个文本的编者有可能把一个完整的思想段落分开,散布到这个文本的各个地方了。如果把70,5-9;76,22-77,1;和66,7-29连起来,就可以清楚地看到是一个完整的段落,许多不定代词由此都可以找到先行词。与此类似,75,13-14 提出来的论题似乎在 61,36-62,5 中得到发挥;63,5-11 的类比是 77,22-29 中的那个观点的引言。该文结构松散,但是其中的总结性陈述可以推断其主要内容。第一个总结性陈述关注的是新婚洞房的奥秘,把参与者分为自由人、童贞女和动物、奴隶、有污点的女人两类。另一个总结性陈述是"主在一个奥秘中施行了一切,洗礼、膏抹礼、圣餐、救赎以及新婚洞房"。这个句子可能是一个完整的入门仪式的五个步骤。由此也许可以推断,《腓力福音》是一部基督教诺斯替主义圣礼教义问题的摘录。它解释了入门仪式的重要性,神圣的名字,特别是耶稣这个名字的意思,并对入门之后的生活进行了勉励。从这个方面来看,它类似于 2 至 4 世纪流行的正统的教义问答。

该文本命名为《腓力福音》,是因为文中提到了腓力,腓力、多马和马太在诺斯替派的思想中地位崇高,是基督启示的领受者和监护者。由于它对几个叙利亚的文字的含义感兴趣,与东部的仪式实践和教义相近,所以有可能出自于叙利亚。《腓力福音》有助于我们了解本来知之甚少的诺斯替派的关于圣礼的神学和实践,其中记载的大部分仪式类似于大教会的基督徒入门仪式,说明当时该文本的使用者还没有完全从正统教会中分离出来。

正　文

一、皈依

一个希伯来人让另一个人成为希伯来人,那么这个人就叫作"皈依者"。但是一个皈依者不会让另一个人成为皈依者。[…]正如他们[…]并且把其他人变成像他们一样,而另外的人本来就是那样的。

[52]

二、奴隶和儿子

奴隶追求的只是解放,他不会期盼获得他的主人的财产。但是儿子却不只是一个儿子,他要求的是父亲的遗产。死人的继承者自己就是死人,他们继承的是死人。那些继承活的东西的人是活的,他们是活人的继承者也是死人的继承者。死人继承不到任何东西。因为,那死去的人怎么能够继承呢？如果一个死的人继承了活的东西,那他就不会死了,那个死的人将会活得更长。

三、异教徒、希伯来人和基督徒

一个异教徒是不会死的,因为他从未活过,又怎么会死呢。那相信真理的人已经找到了生命,这种人是有死亡的危险的,因为他是活的。由于基督的来临,这个世界被创造出来了,城市被装饰起来,死人也得到了安葬。当我们是希伯来人的时候,我们是孤儿,我们只有母亲,但是当我们成为一个基督徒的时候,我们就既有母亲也有父亲了。

四、按季节播种

那些在冬天播种的人在夏天收获。冬天是这个世界,夏天是另外一个永恒的王国。让我们在这个世界里面播种,以便我们可以在夏天收割。正因为如此,我们不适于在冬天祈祷。夏天跟着冬天。但是如果有人在冬天收割的话,那他其实不是在收割,而只是采摘而已,因为这样的一个人是不会有丰收的。不仅[…]它将[…]到来,而且在安息日[…]是荒芜的。

五、基督和灵魂

基督来赎一些人、救一些人、买一些人。他来赎那些异乡人,使他们成为他自己的。他曾经把自己的分开,也就是那些按照他的计划作为抵押给出的。并不是只有在他出现的时候,他才自愿地舍弃自己的生命,而是自从世界形成的那一天起,他就自愿地舍弃了自己的生命。因此他一开始来是为了取回它,因为它曾经被作为抵押给出。它落入了强盗的手中,被囚禁起来,但是他救了它。他来买这个世界中的好人和恶人。

六、光明和黑暗

光明和黑暗,生和死,右和左,它们彼此是兄弟。它们是不可分的。正因为如此,善不是善,恶不是恶,生命不是生命,死亡不是死亡。因为这个原因,每一个人都将消解到它的最早的源头。但是那些提升到这个世界之上的人是不会消解的,是永恒的。

七、名字

世界上事物的名字是很有欺骗性的,因为它们把我们的意念从正确引向错误。因此,当一个人听到"神"这个字语时并没有觉察到正确的东西,而是觉察到不正确的东西。同样,通过"父"、"子"、"圣灵"、"生命"、"光明"、"复活"、"教会"以及其他的一切名字,人们没有觉察到正确的东西,而是觉察到了不正确的东西,除非他们已经认识了正确的东西。那听到的名字是在这个世界之中的[……]欺骗,如果它们在永恒王国之中,它们就绝不会被当作这个世界中的名字来使用,也不会被置于世俗的事物中间。它们的终结在永恒王国之中。

八、不可言说的名字

有一个名字没有在这个世界中被言说,就是父给予他的子的那个名字;这个名字是高于万物的:父的名字。因为,若非穿上父的名字,子就不会成为父。那些拥有这个名字的人知道这个名字,但是他们并不言说这个名字。但是那些没有这个名字的人并不知道这个名字。

九、真理起名

但是真理为了我们的缘故在这个世界上起了名字,因为没有这些名字,我们就不可能学习真理。真理是一个单一的事物,为了我们的缘故,它通过许多事物来教导我们这个单一的事物。

十、阿其翁换名

阿其翁(统治者)想要欺骗人,因为他们看到人与那些真正善者有亲缘关系。他们取走了那些善者的名字,把它们给予那些不善者,从而通过名字他们可以欺骗他,把他跟那些不善者联结起来。仿佛是为了我们的恩惠,他们取走不善者的名字,把它们给予善者,他们知道他们在做什么:他们想要抓住我们当中的那个自由的人,要让他成为他们永远的奴隶。

十一、能量

有一些能量,[…]他们不想他被拯救,以便他们可以[…]。因为,如果人被拯救的话,他们就没有可以享用的祭品了[…]也不会有动物供奉给这些能量。他们的确是活着把它们(动物)供奉给他们的,但是当他们把它们供奉给他们之后,它们就死了。至于人,他们把死的他供奉给神,但是在供奉给神之后,他却活了。

55

十二、从前没有饼

在基督到来之前,这个世界上没有饼,正如亚当住过的那个天堂,里面有许多树养育动物,却没有麦子养育人。人曾经是跟动物吃一样的东西,但是在基督这个完美的人到来的时候,他从天上带来了面包,为的是让人可以得到人的食物的养育。

十三、阿其翁和圣灵

阿其翁们以为他们在做他们所做的事乃是出于他们自己的能量和意志,但是实际上是圣灵在按照自己的意愿秘密地通过阿其翁成就一切事。

十四、真理的播种

从起初就存在的真理被播种到了一切地方。很多人看到了它被播种,但是很少人看到它被收割。

十五、马利亚和圣灵

有人说,"马利亚是通过圣灵怀孕的。"他们错了。他们不知道他们所说的是什么。一个女人可以通过一个女人怀孕吗?① 她是对那些做使徒和信使的希伯来人的大诅咒。这位童贞女未受到哪一个能量的玷污[…]那些能量玷污的是他们自己。

十六、救主的父亲

主不可能说过:"我的在天上的父",②除非他还有另外一个父亲;他曾经说的只是:"我的父。"

十七、财产

56　　主对门徒说:"从每一个屋子[取出财产],拿到父的屋子中去。但是不要从父的屋子中取任何财产,也不要把它们拿走。"

十八、耶稣是隐藏的名字

"耶稣"是一个隐藏的名字,"基督"是一个公开的名字。因为这个原因,"耶稣"在任何语言中都是相同的,都是被叫作"耶稣"。而"基督"这名字,在叙利亚语言中叫作"弥赛亚",在希腊文中叫作"基督",在不同的语言中都各有不同的称呼。"拿撒勒人"就是那个揭示了隐藏的事物的人。

十九、基督

基督在他自己里面拥有万有——无论是人、天使、还是奥秘——还有父。

---

① 在希伯来语中,圣灵是阴性的。
② 参:《马太福音》6,9;16,17。

二十、复活先于死亡

那些说主先死了后来又复活了的人在谬误中,因为主是先复活了然后才死的。如果一个人不先复活,他就不会有死。因为神活着,所以他会[⋯]

二十一、钱与灵魂

没有人会把一个贵重的东西放在另一个贵重的东西里面,在许多时候,人们会把无数千的钱放到一个只值一分钱的袋子里。灵魂也是这样的,它是极其珍贵的,但进入到了一个下贱的身体之中。

二十二、身体复活

有些人害怕复活的时候是赤身裸体的,因此之故他们想复活在肉体之中。他们不懂得,正是那些穿着肉体的人才是赤身裸体的。只有那些脱去了肉体的人才不是赤身裸体的。"肉[和血]将不能继承神的王国"。① 那不予继承的是什么? 就是我们穿的。什么是将要得到继承的? 就是那属于耶稣和他的血的东西。为此他说过:"凡是不吃我的肉,不喝我的血的人,在他的里面没有生命。"②这是什么呢? 他的肉就是话语,他的血就是圣灵。凡是接受了这一切的,就有饮食、有衣服。因此我觉得另外那些认为肉体不会复活的人是不对的。这两种立场都是不对的。

你说,肉体不会复活。但是告诉我什么会复活,我们会尊敬你。

你说,是肉体里面的圣灵,还有肉体里面的光明。但是这也是肉体里面的事物,因为你无论说什么,你说的都不是肉体之外的东西。

在肉体里面复活是必要的,因为任何事物都存在于它里面。在这个世界上,那些穿着衣袍的人要比衣袍更好。在天国里面,衣袍要比那些穿上衣袍的人更好。

---

① 参:《歌林多前书》15,50。
② 参:《约翰福音》6,53。

二十三、水和火

正是通过水和火,全地得到净化——可见者得到可见者的净化,隐藏者得到隐藏者的净化。也有一些事物隐藏在这些可见者之中。在水里面有水,在圣油中有火。

二十四、耶稣的真面目

耶稣骗了所有人,因为他没有显示出他的真面目,而是显示为人们能够看到他的样子,然而他还是向所有人显现了。他向伟大的人显现为伟大,向渺小的人显现为渺小,向天使显现为天使,向人显现为人。由于这个原因,他的话语向所有人隐藏起来了。有些人确实地看到了他,却以为看到的是他们自己,但是当他在山上、在光辉中向门徒显现的时候,他不是渺小的,他变得伟大了,或者:是他把他的门徒变得伟大了,以至于他们能够看到他的伟大。

二十五、与天使的结合

在感恩节那天,他说:"你,已经把完美的光明与圣灵结合起来了,也把天使与我们结合成一个形象吧。"

二十六、羔羊

不要鄙视羔羊,若没有它就不可能见到国王。

二十七、遇见国王

如果你是赤身裸体的,就不能够接近国王。

二十八、因接吻而怀孕

天上的人比地上的人有更多的子孙。如果说亚当的子孙尽管会死却还是很多的话,那么完美的人的子孙就更多了,他们长生不死,而且不断地生育。

父亲生了一个儿子,但是儿子却没有能力生一个儿子。因为那被生出来的,没有能量去生育,他只能获得兄弟,不能获得儿子。凡是生在这个世界里面的人,都是以自然的方式生下来的,而另外的人是从他们所从出生的地方获得滋养的。人是经由天上的期许获得滋养的[…]。如果话语从那个地方来,它就会从嘴得到滋养,并且成为完美。完美的人是通过接吻而怀孕生育的。正因为如此,我们也彼此接吻。我们是因为存于彼此心中的恩典而怀孕的。

二十九、三位马利亚

有三位女性一直与耶稣同行:他的母亲马利亚,他的妹妹,还有抹大拉的马利亚,也就是所说的他的伴侣。他的妹妹,他的母亲,和他的伴侣都叫作马利亚。

三十、圣灵

"父"和"子"都是单名,"圣灵"是双名。因为圣灵是无所不在的,它既在上,也在下,既隐又显。圣灵显现的时候,它在下界;圣灵隐藏的时候,它在上界。

三十一、盲人

圣人得到了邪恶能量的服侍,因为这些能量被圣灵弄瞎了,无论何时他们服侍圣人,他们都以为自己是在服侍一个普通人。

正因为这样,一个门徒有一天向救主求要这个世界上的东西。他对他说:"你问你的母亲,她会给你一些别人的东西。"①

三十二、所费娅和盐

使徒对门徒说:"愿我们的全部供奉都获得盐。"②他们称所费娅为"盐"。

---

① 来登译为:"问你的母亲,她会从另一个王国把它拿来给你。"德文版与罗版同。
② 参:《利未记》2,13。

若没有盐,没有供奉是可以接受的。但是所费娅是不生育的,没有孩子。由于这个原因,她被叫作"盐的踪迹"。但是无论何地他们以自己的方式愿意[⋯]就有圣灵[⋯,而且]她的孩子是众多的。

三十三、父亲和孩子

凡父亲所拥有的都是属于儿子的,然而当儿子尚小时,儿子的东西并不能交付给儿子自己掌管。当儿子长大成人时,他的父亲会把他所拥有的一切全部交付给儿子。

三十四、迷路

那些人迷路了,他们是灵亲生的,他们走上歧路也常常是由于灵的原因。就这样,同一股气息,既吹燃了火,也吹熄了火。

三十五、智慧和死亡的智慧

阿卡麻多(Echamoth)①是一个东西,阿克麻多(Echmoth)②则是另一个东西。阿卡麻多就是智慧,而阿克麻多则是死亡的智慧,就是知道死亡的那一位,被称为"小智慧"。

三十六、家畜和野兽

有一些是家养的动物,像牛啊、驴啊之类的。另一些是野生的、住在荒野里的动物。人用家养的动物耕地,并且由此得到了食物,养活了他自己和动物,无论是家养的还是野生的动物。那个完美的人也是如此,他用顺从他的能量耕耘,使万有进入存在,正因为如此,所有的移涌得以站立,无论是善的还是恶的,左边的还是右边的。圣灵牧养每一位,也统治每一个能量,无论是"顺

---

① Echamoth,希伯来语中的 hokhmoth,智慧的意思,音译为阿卡麻多,在瓦仑廷派的神话体系中,阿卡麻多是低级所费娅的名字。

② Echmoth,希伯来语中的 ekhmoth,是"像死的一样"的意思,音译为阿克麻多。

服的"、"野生的",还是那些脱缰的。因为,确实他［把他们聚集起来,并且］把他们关起来了,为的是［不管他们愿意不］愿意,他们都无法逃脱。

三十七、该隐

那被创造出来的是［美的,但是］你会发现他的后代并不高贵。如果他不 [61] 是被创造出来的,那么你不会发现他的后代是高贵的。但如今,那个人是被创造出来的,他也生育了。这是高贵的吗?先是通奸出现了,随后是谋杀。他是由通奸而生下来的,因为他是蛇的孩子。他成了一个谋杀者,就如同他的父亲那样,他杀死了他的兄弟。事实上,那发生在彼此不同的人之间的①任何性交行为都是通奸。

三十八、神是染工

神是一个染工。正如好的颜料,也即"正真"的颜料,会渗透到浸在它们之中的事物中去那样,神染过的事物也是如此。由于他的颜料是不朽的,这些被染的人也由于他的颜料而成为不朽。神浸的那些人,神是把他们浸在水里面。

三十九、看见什么就成为什么

任何人都不可能看到那真正存在的事物,除非他变得跟它们相像。在这个世界上的人则不是这样的:他没有变成太阳,却看见了太阳;他看到了天、地以及一切别的事物,但是他并非就是这些事物。这是这个世界的真理。但是在那个世界,你看到什么你就成了什么。你看到灵,你就成为灵;你看到基督,你就成为基督;你看见父,你就将成为父。［在这个世界］你看到任何事物,但是没有看见自己;但是在［那个世界］你看到的自己,并且你将成为你所看到的。

---

① 本人原译为"彼此不喜悦的人之间的",来登译为"彼此不相像的人之间的"。

四十、信与爱

信仰是接受,爱是给予。没有信,[没有人有能力接受]。没有爱,没有人有能力给予。因为这个原因,为了我们真的能够接受,我们信,为了我们真的能够爱,我们给予,因为如果一个人不是出于爱的给予,那他的给予是无益的。那没有接受主,而是接受了其他东西的人,仍然是一个希伯来人。

四十一、耶稣的名字

我们从前的使徒用这些名字来称呼他:"耶稣,拿撒勒人,弥赛亚",也就是"耶稣、拿撒勒人、基督"。最后一个名字是"基督",最前面一个名字是"耶稣",中间的名字是"拿撒勒人"。"弥赛亚"有两个意思,既有"基督"的意思,也有"被度量者"的意思。"耶稣"在希伯来文中就是"救赎","拿撒勒人"就是"真理"。[他们已经度量过的是]"基督"。那被度量的乃是"拿撒勒人"和"耶稣"。

四十二、污泥中的珍珠

当一颗珍珠被投入到污泥之中,它就遭到了极度的鄙视;而当它被抹上了香油,它就变得更为珍贵了。但是在它的主人的眼里,它始终是有价值的。神的儿子也一样,无论他们在什么地方,在他们的父亲的眼里,他们都是有价值的。

四十三、犹太人、罗马人、希腊人、基督徒

如果你说,"我是一个犹太人",没有人会动容。如果你说,"我是一个罗马人",没有人会感到不安。如果你说,"我是一个希腊人,一个野蛮人,一个奴隶,一个自由人",没有人会感到困惑。如果你说,"我是一个基督徒",那么[每个人]都会发抖。我希望我拥有那种人的[称号]——他的名字[世界上的人]吃不消[听]。

四十四、神是一个食人者

神是一个食人者。因为这个原因,人成了他的祭品。在人成为祭品之前, 63 动物是祭品,那是因为用动物来供奉的那一些并不是神。

四十五、玻璃瓶和泥罐子

玻璃瓶和泥罐子都是用火烧制出来的。但是如果玻璃瓶破掉的话,它们就会被重做,因为它们是通过气息形成的;而如果泥罐子破掉的话,就会被摧毁,因为它们不是通过气息形成的。

四十六、驴子和石磨

一头驴围着石磨走了上千里的路,当它停下来的时候,发现自己还是待在同一个地方。有一些人旅行了很长的路,但是没有向任何目标前进。当夜晚降临到他们身上的时候,他们既看不到城市,也看不到村庄;既看不到人造物,也看不到自然景观;既没有看到能量,也没有看到天使。这些可怜的人,他们的辛苦都是徒劳。

四十七、圣餐就是耶稣

圣餐就是耶稣。因为他在叙利亚文中被称为"Pharisatha",就是"那个被展开的人",因为耶稣来是要把这个世界钉在十字架上。①

四十八、主来到利未的染坊

主走进了利未的一个染坊。他取了七十二种不同的颜料,扔入到一个染缸里。他把它们取出来,纯是白色。于是他说:"就这样,人子作为一个染工到来了。"

---

① Pharisatha,"碎面包"的意思,圣餐仪式上的面包。参:《加拉太书》6∶14。

四十九、智慧是天使的母亲

那个被称为"不孕者"的智慧,她是天使们的母亲。[是耶稣的]伴侣抹大拉的马利亚。[耶稣爱]她,胜过爱所有的门徒,[并且常常]吻她的[脸],[多于吻他所有的门徒]。他们对他说:"为什么你爱她胜过爱我们所有人呢?"救主回答他们说:"为什么我不像爱她那样爱你们呢? 当一个盲人和一个能看见的人一起行走在黑暗之中的时候,他们之间并没有分别。而当光明到来的时候,那个能看见的人就能看到光明,而那个盲人则还是留在黑暗之中。"

五十、先存者

主说:"那些在他之前进入存在的有福了。因为他过去、现在、未来都存在。"

五十一、人和动物

人的高贵并不是眼睛所能看见的,而是隐藏于眼睛所不能看见的地方。因此,他能够掌管那些比他更有力、或明或暗比他更巨大的动物。他这样掌管它们,使得它们得以存活。但是如果这个人离开它们,它们就会彼此残杀吞食。它们彼此残食,因为它们找不到食物。现在,由于人的耕耘土地,它们都找到了食物。

五十二、水和奥秘

如果一个人沉到水里去又出来,没有获得任何东西,却说:"我是一个基督徒",那他是在借用这个名字。但是如果他获得了圣灵,那他是作为礼物拥有了这个名字。一个获得了礼物的人是无须归还这个礼物的,但是那些借用的人,则是被要求偿还的。这就是当一个人体验奥秘时所经历的。

五十三、婚姻

婚姻的奥秘是伟大的! 没有它,这个世界就[不可能存在]。世界的存在

[依赖于]婚姻的[存在]。想一想[两性关系吧],它拥有[深层的]能量,尽管它的形象是[不洁的]。

五十四、洞房和阴阳同体

恶灵有阳性和阴性两种形态。阳性的恶灵跟那些居住在女性身体里面的灵魂交合,而阴性的恶灵则与那些住在男性身体里面的灵魂交合。而且没有谁能够逃脱他们,他们会抓住他(她),除非他(她)获得男性的能量或者女性的能量,也即新郎或者新娘。——人是从意象的洞房中获得能量的。——当荡妇们看到一个男性独坐在那里的时候,她们就会跳到他的身上,戏弄他,玷污他。而当好色的男人们看到一个女性独坐在那里的时候,他们就会引诱她,强迫她,想要玷污她。但是如果他们看到男人和他的妻子肩并肩坐在那里,那么女人们就不会到那个男人那里去,男人们也不能够到那个女人那里去。同样的道理,如果意象和天使彼此结合起来,那么谁也不敢靠近那个男人或者那个女人。

五十五、离开这个世界

那走出了这个世界的人不会再被羁押在地上,尽管他曾经在这个世界上,但是他是超越于欲望[⋯]和恐惧的。他能够主宰[⋯]。他是高于嫉妒的。如果[有人没有走出这个世界],那它们就会抓住他,扼杀[他]。这样的一个人如何能逃得出这些[强大的羁押人的]能量呢?他如何能够[躲过他们]呢?有人说:"我是信徒",为的是[逃脱这些不洁的灵]和魔鬼。因为,如果他们拥有圣灵的话,任何不洁的灵都不能黏附在他们身上。不要害怕肉体,也不要爱它。如果你害怕它,它就会主宰你。如果你爱它,它就会吞没你,使你瘫痪。

五十六、现在就要复活

一个人要么是在这个世界中,要么是在复活中,要么是在中间的地方。神禁止我留在中间的地方。在这个世界中,有善有恶。它的善的事物并非就是善的,它的恶的事物并非就是恶。但是在这个世界之后,存在的恶就是真正的恶——那就是所谓的中间的地方。这个中间的地方就是死亡。因此我们最好是在还生活在这个世界上的时候就获得复活,这样,当我们剥去肉体的时候,我们就可以直达安息之地,而不必行走在中间的地方。有许多的人误入了那条歧路。

五十七、意愿和罪

在犯罪之前离开这个世界是好的。有些人既没有意愿也没有能力这样做;而另一些人则即便有意愿也没有用:因为他们不行动。因为他们相信,[…]行动的意愿使他们成为罪人。但是如果他们没有行动的意愿,那么无论他们有意愿还是没有意愿,正义在这两种情况下都会躲开他们:这始终是一件意愿的事,而不是行动的事。

五十八、地狱

一位使徒在异象中看到有些人被关在火宅里面,被燃烧的[锁链]捆绑着,躺在沸腾的[油锅里]。他问他们:"[他们]为什么不能得救呢?"[他回答他说]:"他们不想得救。他们领受了[…]惩罚,就是所谓的'[…]黑暗',因为他[…]。"

五十九、彼岸的火

灵和魂是在水和火里面进入存在的。洞房的儿子是从水、火和光明进入存在的。火是圣油,光明是火。我指的不是没有形态的火,而是指另外的火,它的形态是白色的,是明亮而美丽的,它呈现出了美丽。

六十、重生和回归

真理不是赤裸裸地来到这个世界上的,他在形态和意象中到来。这个世界不可能以任何别的方式接受真理。重生是与一个重生的意象一起存在的:

通过这个意象人必须被真正地重生。哪一种意象？复活。意象必须通过意象站立起来。通过这个意象，洞房和意象必定进入真理：这就是回归。不仅那些追求父、子、圣灵的名字的人必须这样做，而且那些已经得到这些名字的人也必须这样做。如果一个人没有获得它们，那么他的"基督徒"这个名号也将被取走。如果一个人从圣油中获得它们，[他就获得了]十字架的力量，也就是使徒称之为的左和右。那么这个人不再是一个基督徒，而是基督了。

六十一、五种圣礼

主在一个奥秘中完成了一切：一个洗礼、一个膏抹礼、一个圣餐礼、一个拯救和一个婚礼。

六十二、最里面、外面和最外面

[……]他说："我来是要把[下界的事物]变得像[上界的事物]，把外面的事物变得像[里面的事物]。我来是要]把它们结合在一个地方。"①[他通过形态和意象]显示了[他是谁]。那些人说："[有一个天上的人，还有]一个在他之上的人"，这些人说错了。——因为这是这两个天上的人当中的第一个，是显现的那一个，他们称之为"下界的那一个"，而把那个隐藏者看成是在他之上的那一个。他们这样说可能更好："里面的那个，外面的那个，以及外面的外面。"②因为这个原因，主称腐败为"最外面的黑暗"：在它外面再没有别的东西了。他说："我的父在秘密之中。"他说："到你的密室里面去，关上门，向那在秘密之中的父祷告。"③（秘密之中的父）就是在他们所有人心中最里面的那一位。所有人心中最里面的那一位就是圆满（普累罗麻）。到此为止就没有更里面的了。这就是他们所说的："最高的地方。"

----

① 参:《多马福音》22。
② 参:《马太福音》8,12;22,13;25,30。
③ 参:《马太福音》6,6。

六十三、出来和进去

在基督之前，有一些（存在）从一个地方出来，这个地方他们再也进不去了，他们进入了一个地方，他们再也不能从这个地方出来了。于是基督来了。他把那些进入的带出来，把那些出来的带进去。

六十四、夏娃和亚当

当夏娃还在亚当里面的时候，死亡并不存在。当她从亚当那里分出来之后，死亡就进入了存在。如果他重新进入，并把她完全地收回到自己里面，①就不会再有死亡。

六十五、上十字架

"我的神，我的神，啊，我的主，为什么要抛弃我？"②他是在十字架上说这些话的，因为他已经离开了那个地方。

六十六、从死里面复活

［…］是从他生出来的，他是来自于神［…］。［主］从死里面［复活］。［他变成了他］原来的样子，但是他现在［的身体是］完美的。［他拥有］肉体，但是这是真正的肉体。［我们的肉体］不是真的。［我们的］只是真肉体的一个意象。

六十七、洞房

洞房不是给动物的，也不是给奴隶的，也不是给污秽的女人的；它是为自由的男人和贞洁的女人的。

---

① 就是重新变成阴阳同体。
② 参：《马可福音》15，34。

六十八、光和水

通过圣灵,我们确确实实地重生了,我们是由基督通过两样事物生下来的。我们受到了灵的膏抹。当我们被生下来的时候,我们被联合了。如果没有光,没有人能够在水或者镜子里面看到他自己。同样,没有水或者镜子,你也不能通过光看到什么。由于这个原因,有必要用两样东西洗礼:光和水。光就是圣油。

六十九、耶路撒冷的三座庙

耶路撒冷有三座专门用于献祭的庙。一座朝西,叫作"神圣的"。一座朝南,叫作"神圣的神圣"。一座朝东,叫作"神圣的神圣的神圣",这个地方只有高级祭祀才能进入。洗礼是"神圣的庙"。拯救是"神圣的神圣"。洞房是"神圣的神圣的神圣"。洗礼包括复活和拯救;拯救发生在洞房之中。但是洞房是高于[洗礼]和[拯救的],[因为]你找不到[像它那样的。那些熟悉它的人]就是那些在灵和真理中祷告的人,[他们不是在]耶路撒冷[祷告],[与那些在耶路撒冷祷告,等待着天上的王国的人不同],称为神圣的神圣的神圣。在恶被分裂之前,[我们没有洞房],只有[上界的洞房的]意象。因此,它的帷幔从上至下裂开。① 因为这对于那些从下界向上升的人是合适的。

七十、光明的衣袍

众能量看不到那些穿着完美的光明的人,因此也不能够羁绊他们。在合一中,你将会穿上这样的光明。

七十一、洞房里的重新合一

如果未曾从男人那里分出来,她就不会跟男人一起死去。他的分裂成了

---

① 参:《马太福音》27,51。

死亡的开端。由于这个原因,基督来修复这个从一开始就有的分裂,重新把两个结合起来,并且赋予那些由于分裂而死亡的人们以生命,把他们结合起来。但是女人是在洞房里与她的丈夫结合的。事实上,那些已经在洞房里结合的人就不再会有分离。夏娃与亚当分开,是因为她与他的结合不是在洞房里。

七十二、亚当的灵和魂

亚当的魂是通过一个气息进入存在的。他的魂的伴侣是灵。那被赋予他的是他的母亲。他的魂被取走了,被代之以[灵]。当他与灵结合的时候,[他讲出了]众能量所不能理解的话语。他们嫉妒他[……]灵的伴侣[……]机会[……]只是为他们自己[……]洞房,以便[……]。

七十三、耶稣显现在约旦河

₇₁ 耶稣显现在约旦河,带着天[国的圆满]。那些在万物之前出生的,被重生了。那些曾经受过膏抹的,得到了新的膏抹。那已经被拯救的反过来去拯救别的人。

七十四、奥秘

讲出这个奥秘是好的。万有之父与降临的处子结合,那一天有火为他照耀。他显现在一个大洞房里,于是他的身体就在那一天进入存在。就在那一天,他离开了洞房,带着发生在新郎和新娘之间的光辉。耶稣在这种能量中创立了万有(普累罗麻)。每一个门徒都应当进入到里面安息。

七十五、从童贞女出生

亚当是从两个童贞女出生的,一个是灵,一个是童贞的大地。因此,耶稣是从一个童贞女出生的,为的是要纠正从最初发生的堕落。

七十六、天堂里的两棵树

天堂里有两棵树。一棵树结出动物,另一棵树结出人。亚当吃了那棵结出动物的树的果实。他成了一个动物,他生出了动物。由于这个原因,亚当的孩子们崇拜[动物]。[亚当采]果实[吃的那棵树是知识树。因此他的罪就]增加了。[如果]他吃的是那棵结人[的树],[神灵就会崇拜男人和女人,因为]一开始是神造了男人和女人。[现在是人]造了神。在这个世界里,人们造出了神灵,并且崇拜他们的这些创造物。其实让这些神灵崇拜人才是最合适的。①

七十七、男人和他的孩子们

一个人的成就取决于他的能力。因为这个原因,我们称一个人的成就为"能力"。孩子们就是他的成就之一。他是在悠闲的时刻把他们生出来的。他的能力决定了他能成就什么,这种悠闲明显地表现在孩子们身上。你会发现,这也直接适用于意象。按照意象造出来的人用他的身体力量成就事物,但是生孩子则是悠闲不费力的。

七十八、奴隶和自由人

在这个世界上,奴隶是服侍自由人的。在天国里面,自由人会服侍奴隶:洞房的孩子们将会服侍婚姻的孩子。洞房的孩子们只有一个名字:安静。他们不需要其他的形态,[因为他们]有沉思,[他们通过洞见领悟]。他们是众多的[,因为他们并不把财富贮藏在下界的、可鄙劣的]事物之中,[而是在未知的]荣耀之中。

七十九、进入水中

[耶稣]降临到水中[是必要的],[这样他就可以]完美并且圣化这水。

---

① 批判埃及古代宗教,里面有许多兽头神灵。

[如此一来,那些]奉他的名义[受洗的人就会成为完美]。他说:"这样我们就
可以成就一切的义。"①

八十、先死后生是不对的

有些人说,他们要先死了,然后才复活,这些人说错了。如果他们不在活
着的时候就先获得复活的话,他们死的时候什么也不会获得。因此说:"洗礼
是一件大事",因为如果人们接受洗礼,他们就会活着。

八十一、约瑟和十字架

使徒腓力说:"木匠约瑟在园子里种树,因为他的生意需要木材。是他用
他种的树造了十字架。他自己的儿子就挂在这根他种的木头上。他的儿子是
耶稣,他种的树就是十字架。"但是生命树在园子的中间,(它是橄榄树),从橄
榄树带来了圣油,从圣油带来了我们的复活。

八十二、这个世界是吃身体的

这个世界是吃身体的,凡是被吃在它里面的都死了。真理是吃生命的,凡
是以真理为食物的人都不会死。耶稣就是从那个地方来的,并且带来了食物。
凡是想要生命的人,他都给他们生命,这样他们就不会死。

八十三、新园子和旧园子

神[种了]一个园子。人[住在]这个园子里面。[他们生活在带着祝福的
树丛中],[生活在]神[的形象中]。这个园子里面的树,[我可以]随意[吃]。
在这个园子里,他们会告诉我:"吃这个,不吃那个,[都随你的]意。"这个我可
以吃一切想吃的东西的地方就是知识树所在的地方。

那棵树杀死了亚当,而这里的知识树却使我们活。那棵树是律法,它拥有

---

① 参:《马太福音》3,15。

给人以善恶知识的能力。它并不让我脱离恶,也不让我走向善。它给那些吃它的人造成了死亡。当他们说"吃这个,不可吃那个"时,死亡就开始了。

八十四、膏抹礼、洗礼和洞房

膏抹礼(chrism)是高于洗礼的,因为它来自于"Chrism"这个词,我们之所以被称为"Christians"(基督徒)当然不是因为"baptism"(洗礼)这个词。而且"Christ"(基督)这个名字也是来自于"chrism"(膏抹礼)。因为父膏抹了子,子膏抹了使徒,使徒膏抹了我们。凡是被膏抹过的人拥有一切。他拥有复活、光明、十字架和圣灵。父是在洞房里面给予他这个的,他只是接受了这个(礼物)。父在子里面,子在父里面。这就是天国。

八十五、基督的笑

主说的好:"有些人笑着进入了天国,他们又笑着出来了。"他们没有留在那里:因为他们不是基督徒。基督浸入水中,他一出来就笑世界上的万物,不是因为他认为它们渺小,而是出于蔑视。[①] 凡是想进入天国的人都会这样。凡是蔑视这个世界上的万物,视之为渺小的人,都将露出笑容。对于那些饼、杯、油,也都如此,因为在上面有一位高于所有这一切。

八十六、创世

这个世界是由于一个错误而产生的。那一位世界的创造者想要把它造得不会朽坏、不会死亡。他没有能够实现自己的愿望,因为这个世界绝不是不会朽坏的,那创造它的那一位也不是不会死的。事物并非不朽的,但是儿子是不朽的。如果不先成为一个儿子,没有什么事物能够获得不朽。因为那没有能力的接受的,就更没有能力给予了。

---

① 基督的笑,参:《伟大的塞特第二篇》。

八十七、祈祷的杯和生命的水

祈祷的杯盛着酒和水,代表那我们要献上的感恩的血。它装满了圣灵,它属于完全完美的人。当我们喝了它,我们就会为我们获得那个完美的人。

生命的水是一个身体。我们穿上这个生命的人是必要的。因此,当他就要下到水中去的时候,他脱去了自己的衣服,为的是要穿上那个生命的人。

八十八、马生马

马生马,人生人,神生神。就如同新郎和新娘,他们[的孩子是在洞房里]出生的。自有世界以来[,希腊人父母不会生下]犹太人。作为基督徒,[我们也不是]犹太人[的后裔]。有一种不同的人,这些有福的人是蒙拣选的人,是[生命之神]所拣选的人;还有真正的人,或者人的儿子;还有人的儿子的子孙。在这个世界上,这一些就是真正的族类,他们是洞房的子孙。

八十九、强和弱

在这个世界上,合一是丈夫和妻子的合一,是强和弱的结合。永恒王国里面的合一与此不同,尽管我们是用同样的名称言说它。但是也存在另外的名字,它们高于一切被言说的名,比一切强者更强。因为在力量显现的地方,有能量卓越者显现。这一些并非分开的事物,它们是同一件事,是肉体的心灵所无法理解的。

九十、自我的知识

那些拥有一切的人不是都有必要认识自己吗?如果他们不认识他们自己就无法享受他们所拥有的。那些已经认识自己的人能够享受他们所拥有的。

九十一、光明的衣袍

他们不仅不能够抓住那个完美的人,而且也不能够看到他,因为如果他们

能够看到他的话，他们就能抓住他了。人没有别的办法获得这样一种本事，除非他穿上完美的光明，并且自己成为完美的光明。凡是穿上完美的光明的人就能够进入[天国]。这就是完美[的光明]，在离开这个[世界之前]，我们必须成为完美。那些在这里获得一切[的人，如果不抛弃财富就不]能够[进入天国]，而是作为不完美的人进入到[中间的地方]。只有耶稣知道这种人的结局。 |77|

九十二、神圣的人

祭司是完全神圣的，包括他的身体。因为，如果他拿了面包，他就会使面包成为神圣，他拿了杯子或者任何别的东西，他都会把它圣化，那么他还会不圣化他的身体么？

九十三、洗礼和死亡

就在圣化洗礼之水的时候，耶稣泼掉了死亡。由于这个原因，我们进入水中，而不是进入死亡之中。我们没有被泼入到这个世界的风中。每当这个世界的风①吹起的时候，冬天就来临；每当圣灵吹来的时候，夏天就来临。

九十四、知识和爱

拥有真理的知识的人是一个自由的人，自由人是不会犯罪的，因为"犯罪的人是罪的奴隶"。② 真理是母亲，知识是父亲。那些认为罪不会触及到他们的人，被这个世界称为"自由的"。真理的"知识"只会"使这样的人骄傲"，这就是"自由"这个字的意思。它给人以一种高于这个世界的优越感。但是"爱能造就人"。③ 事实上，真正通过知识获得自由的人由于爱那些尚未获得知识的自由的人的缘故而成了奴隶。知识使得他们能够变得自由。爱[从不说]

———————

① 或译为"灵"。
② 参：《约翰福音》8，34。
③ 参：《歌林多前书》8，1。

某物是属于自己的,[然而它还是可以]拥有[这个事物]。它从来不[说"这是我的"]或者"那是我的",[而是说"所有这一切]都是你的"。

九十五、灵的芳香

[78] 灵性的爱是酒和芳香。凡是用它膏抹自己的人都能够享受它。那些受过膏抹的人也能让靠近他们的人受益。但是当受过膏抹的人离开之后,那些未受膏抹的人,那些只是站在受过膏抹者身边人的,仍然留在他们的臭气之中。撒玛利亚人不用别的,就用酒和油医治受伤的人。唯有膏抹能治疗创伤。因为"爱能够盖过众多的罪"。①

九十六、孩子与母亲所爱人的相像

一个女人生下来的小孩与爱这个女人的男人相像。如果她的丈夫爱她,那么孩子就像丈夫,如果是奸夫爱她,那么孩子就像那个奸夫。如果一个女人不得已跟丈夫睡觉,而她的心却在常跟她淫乱的那个奸夫那里,那么她怀上的孩子将来就像那个奸夫。现在,你们与神子生活在一起,你们不要爱这个世界,你们要爱主,这样你们将来的子孙就不像这个世界,而是与主相像。

九十七、马与马交配

人与人交配,马与马交配,驴与驴交配,一族类的成员与类似族类的成员交往。因此灵与灵融合,意念与意念配合,光明与光明相陪伴。如果你是人生出来的,人会爱你;如果你成为一个灵,那么灵会跟你联合;如果你成为意念,[79] 那么意念会跟你冥合;如果你成为光明,那么光明会与你相伴;如果你成为属于上界的人,那么那些属于上界的会安息在你的里面。如果你成为马、驴、牛、狗、羊或者别的什么野外的或者下界的动物,那么人、灵、意念、光明都不可能来爱你。那些属于上界的,那些属于里面的,都不能够安息在你里面,你也不

---

① 参:《彼得前书》4,8。

可能在他们里面。

九十八、只有不愿为奴的人才能获得自由

那些不愿意做奴隶而成为奴隶的人,是可以成为自由人的。那些由于主人的恩慈得到自由却又把自己卖身为奴的人,将永远得不到自由。

九十九、种庄稼

在这个世界上种庄稼需要得到四种基本元素的辅助。收入粮仓的谷物只是水、土、风、光的自然作用的结果。神种庄稼也用类似的四种元素:信、望、爱、知识。信是土,是我们的扎根之地;望是水,是我们用以解渴的;爱是风,从中我们得到成长;知识是光,依赖它我们得以[成熟]。恩典以四种方式存在:地上的、天上的、最高天上的、[真理的生命中的]。

一〇〇、从不伤害灵魂的人有福了

从不[伤害]灵魂的人有福了。① 那个人就是耶稣基督。他来到了整个地方,他没有压迫任何人。与他相像的那一位有福了,因为他是一个完美的人。因为道告诉我们,要做到这样是很难的。我们如何能够实现如此伟大的事情呢? 他如何能够给每一个人以安慰呢? 总的来说,无论让哪一个人痛苦,都是不合适的,无论那个人是伟大的还是渺小的,是信的还是不信的;只给予那些在好行为中得到满足的人以安慰也是不合适的。有些人觉得给予那些好运的人以安慰是有益的;但是做好事的人并不给予这样的人以安慰,因为他并不总是做令人愉悦的事。做好事的人不折磨人,因此也不会给他们带来痛苦。诚然,运气好的人有时候会让人痛苦——那不是他有意的,那些人的痛苦是由他们自己的恶造成的。一个拥有完美之人的品质的人给予好人以幸福,有些人对此感到极度的痛苦。

———————————

① 帕格尔的译法:没有造成任何人悲伤的人有福了。(Eleine Pagels, *The Origin of Satan*, Penguin Books, 1997, p.173)

一〇一、适当的食物

有一个家主，凡是想得出来的东西，他都有：儿子、奴隶、牛、狗、猪、谷、麦、谷壳、草、[油]、橡子。他是一个明智的人，他知道每一个各自吃什么食物。他给孩子们面包和[肉]，给奴隶油和米粉。他扔给牛麦、谷壳和草，扔给狗骨头，扔给猪橡子和剩菜剩汤。神的使徒也是这样：如果他是一个明智的人，他就懂得如何做一个使徒。身体的形态并不能骗过他，他会先看每一个人的灵魂状态再跟他说话。在这个世界上有许多人形的动物。当他认出来之后，就会扔给猪剩菜剩汤，扔给牛麦子、谷壳和草，扔给狗骨头。对于奴隶，他只给予基本的教训，对于他的孩子则将给予完全的教导。

一〇二、人子和他的儿子

有一个人子，也有一个人子的儿子。人子就是主，人子的儿子就是通过人子进行创造的那一位。他也有能力生育。获得了创造能力的那一位是一个受造物，获得了生育能力的那一位是一个儿女。创造者不会生育。生育者则也有能力创造。他们说："那位创造者生育了。"其实他的所谓的"儿女"只不过是一个[受造物]。由于这个原因，他的儿女不是儿女，而是[受造物]。创造者的创造是公开的，他自己也是可见的。生育者的生育是[秘密的]，他自己也是隐藏的。

一〇三、纯洁的婚姻

没有人知道[丈夫]和妻子是何时交合的，只有他们两个人知道。确实，对于那些娶了妻的人来说，婚姻乃是这个世界上的奥秘。如果说连有污染的婚姻都有隐藏的性质，那没有污染的婚姻更应当是真正的奥秘了！它不是肉欲的，而是纯洁的。它不是属于欲望的，而是属于意志的。它不是属于黑暗或者夜晚的，而是属于白天或者光明的。如果婚姻向公众开放的话，它就成了卖淫，新娘不仅在接受其他男人的精子的时候是妓女，而且在她走出卧室，被人看到的时候也是妓女了。因此,新娘只能让她的父亲、母亲、新郎的朋友、新郎的儿子看到,这些人每天都可以进入洞房;至于其他的人则只能希望听到她的声音,闻到她的香味,吃一些落在桌子上的面包屑,像狗那样。新郎与新娘是属于洞房的,没有人可以看到新郎和新娘在一起,除非[他成为]新郎或者新娘。

一〇四、亚伯拉罕的割礼

当亚伯拉罕由于看到他所看到的[而喜悦的]时候,[他割掉了]包皮的肉,教导我们,摧毁肉体是适当的。

一〇五、挖掉心中的无知

这个世界上的[大多数事物],只要它们的[内在的部分]是隐藏的,它们就能站立并且活着。[如果这些部分被显露出来]它们就死了。一个可见的人就是这样的:只要他的内脏是隐藏的,这个人就是活的,当他的内脏暴露出来、从身体里面出来的时候,这个人就死了。树也是这样:当它的根隐藏的时候,它就能发芽成长,如果它的根裸露出来,这树就干枯了。这个世界上一切出生的事物都是这样的,不管是看得到的事物还是看不到的事物。当邪恶的根隐藏的时候,它是强大的。但是一旦为人所认识,它就消解了;一旦为人所揭露,它就灭亡了。这就是经上这样说的原因了:"斧头已经放在树根上了"。① 它不只是要砍——因为砍了之后还会发芽——这斧头要渗透得很深,直到把根挖出来。耶稣挖出了整个地方的根,而其他人只是挖了一部分。对于我们而言,我们每个人都要深挖我们里面的恶的根,把恶连根从我们心里面拔出来。如果我们认得它的话,就能把它挖出来。但是如果我们不认识它的话,它就会在我们身上扎根,在我们的心里面结果。它就会主宰我们,我们会成为它的奴隶。它捕获我们,让我们做我们不想做的事,我们想做的事却做不

———————————

① 参:《马太福音》3,10。

成。它是强大的,因为我们尚未认识它。当它存在的时候,它是起作用的。无知是[万恶]之母。无知会导致[死亡,因为]那些来自于[无知]的人从前不存在、现在也不存在、未来也不存在。[但是那些在真理之中的人]将会在一切真理显明的时候变得完美。因为真理也像无知:当它隐藏的时候,它安息在它自己里面,当它被揭示、被认识的时候,它就得到了赞美,因为它比无知和谬误更强大。真理给人以自由。经上说:"如果你们认识了真理,真理就能让你们自由。"①无知是奴隶。知识是自由。如果我们认识真理,我们就可以在我们里面找到真理的果实。如果我们跟真理联合,真理就会给我们带来成全。

一〇六、强与弱、显与隐

现在我们看到创造物中显现的事物。我们说:"强的是那些受到高度尊重的显眼的人,弱的是那些遭到轻视的、模糊的人。"在真理中显现的事物则与此相反:显现的事物是弱的、遭到轻视的,而隐藏的事物是强的、受到高度尊重的。真理的奥秘显露在形态和意象之中;然而洞房仍然是隐藏的,它是神圣中的神圣。帷幔一开始遮蔽了神是如何操纵创造的,但是当帷幔裂开、里面的事物暴露出来之后,这个庙就将被废弃了,或者将被[摧毁了]。全部低级的神灵将会从这里逃出来,但是它不能进入到神圣的神圣之中,因为它不能够与不可混合的[光明]和[无瑕的]完美混合起来,它将在十字架的臂和膀下面。在洪水泛滥的时候,这个方舟将会成为人民的拯救。

一〇七、真理的奥秘

如果有些人属于祭司的阶层,那他们就能够与高级祭司进入到帷幔之中。正因为如此,不会由于它只向那些上面的人开放的原因,帷幔只是从上面裂开;也不会由于它只向那些下面的人开放的原因,帷幔只从下面裂开。相反,它是从上向下裂开的。那些上面的向我们这些下面的开放,以便我们可以进

---

① 参:《约翰福音》8,32。

入到真理的奥秘。真理是受到高度尊重的，是强大的！但是我们将以低的形态和弱的形体进入到那里。它们确实是低的，当它们与完美的荣耀相比的时候。存在着超越于荣耀的荣耀，存在着超于能量的能量。因此，完美的事物已经向我们开放，连同真理的隐藏的事物。神圣的神圣被启示出来，洞房邀请我们进入。

一〇八、完美的光明

邪恶在隐藏的时候，它确实是不起作用的，但是它并没有从圣灵的种子中间消失。人们是邪恶的奴隶。但是当邪恶被揭露出来的时候，完美的光明将会洋溢在每一个人的身上。所有在光明里面的人都会［得到膏抹］。于是奴隶将会得到自由，囚徒将会得到拯救。"凡不是我们天上的父所种的植物都将被拔出来"。① 那些被分裂的将会被联合和充满。将［进入］到洞房之中的每一个人都将点燃［光明］，正如在晚上举行的婚礼中［…］那样。（婚礼中的）火只是在夜里［点燃］，随后被熄灭。但是婚姻的奥秘却是在白天的光明中得到完美的。那白天，或者光明，是永不熄灭的。如果有人成为洞房之子，他将获得光明。但是如果有人在里面的时候没有接受光明的话，那他在别的地方也不能够接受到光明。凡是接受了光明的人，人们将看不到他，也无法抓住他。没有人能够折磨这样的人，哪怕他还住在这个世界上。而当他离开这个世界的时候，他已经在意象中获得真理了。这个世界已经成为永恒的王国，因为永恒的王国就是他的圆满。这就是真正的道路：这是唯独向他显示的，不是隐藏在黑暗和夜晚，而是隐藏在完美的白天和神圣的光明之中的。

---

① 参：《马太福音》15,13。

多 马 福 音

  在古代最迷人的基督教文献中,有一些是与圣迪迪摩斯·犹大·多马(St.Didymus Jude Thomas)这位东方使徒的名字联系在一起的。多马是圣经中记载的耶稣十二门徒之一,在圣经前三卷福音书中①,多马的名字都在十二门徒的名单中出现,《约翰福音》多次提到有关多马的事迹,并且称呼他为"一位叫作迪迪摩斯的多马"。② 按照古代传统,多马担负了使北美索不达米亚和印度归化基督教的使命,他被称为耶稣的孪生兄弟。新约中的《犹大书》也被归于他的名下,在那里他被称为"雅各的兄弟",由于雅各是耶稣的兄弟,因此多马是耶稣兄弟的兄弟。

  尽管古代文献中提到这位使徒时往往只用"多马"这个名字,但是他的全名中最重要的其实是"犹大"(Jude 或 Judas,是同一个希腊词的两种英译)。"迪迪摩斯"和"多马"虽然是作为名字来使用的,但是其原意也有孪生兄弟的意思,前者是希腊文的孪生兄弟,后者是叙利亚文的孪生兄弟。在多马传统中,多马被公开地称为耶稣的"兄弟"和"孪生兄弟"。

  多马传统中孪生兄弟的概念提供了关于个体基督徒和内在光明或者永活的耶稣之间的相互关系的一个深刻的神学模型:认识自己就是认识神圣的孪生兄弟,从而认识神;跟随永活的耶稣就是认识自我、与自我结合。因此耶稣和多马之间的孪生关系隐喻地表达了通过认识神而获得拯救的一般模式,既强调了实际的使徒职责,也强调了自我意识。相信个体自我、内在的神启之源

---

  ① 参:《马太福音》10,2-4;《马可福音》3,16 ;《路加福音》6,14-16。
  ② 参:《约翰福音》20,24。和合本圣经把 Didymus 译为抵土马。

（耶稣）以及最普遍意义上的神（父）这三者之间的同一，把多马的文献与诺斯替派的基督教经书，尤其是瓦仑廷派的经书，联系起来了。《战争者多马书》也强调了神圣的光明或光明的国度不只是基督徒必须与之结合的一个特定的王国或者能量，而且也是处在每一个个人或事物之周围或内部的实在。如果说多马传统早于瓦仑廷派的话，那么可以说，这个学说预示了瓦仑廷派关于"天父包含了一切信徒，并且也在一切信徒之内"的观念。

尽管多马文献与瓦仑廷派或者经典诺斯替派的文献有许多相似之处，但是它只是一个简单的关于自我之神圣起源的神话。它没有讨论所费娅的失误，不重述创世的神话，不谈这个世界的无知的创造者，也不谈邪恶被正义战胜的历史的未来。在它看来，神的国度已经到来，就在当下。其神话结构最完整地表达在《珍珠之歌》中，但在《多马书》和《多马福音》中也清晰可见。

按照这个神话，个体的真正的自我来自于或者被派遣自东方的光明王国，也即，它是属于灵性世界的。它现在处在昏睡、沉醉、黑暗和死亡的状态之中，受到法利赛人、文士、恶灵的统治。遵照王或者父的旨意，救主（耶稣）或者一个信使被派到了这个世界，唤醒、启迪、复活自我，让自我认识自己，区分光明和黑暗。救主的信息让自我回到了它原来的家乡，回复到本来的状态，这个家乡一方面似乎是在另外的地方，另一方面又似乎就在个体的人里面。这个神话在一定程度上可以与诺斯替派其他的更为复杂的体系相容，但是它不一定就预示了这些复杂的神话体系。

多马派的经书也在埃及一带流传，瓦仑廷在创立自己学派的时候就已经知道这些文献，但是学者们通常认为它们是在叙利亚或者美索不达米亚，很有可能是在北美索不达米亚的爱德沙（Edessa）①写成的。美索不达米亚是多马活动的地域，据说直到4世纪为止，爱德沙的教会仍保存着多马的遗骨。多马

---

① 爱德沙现在是土耳其东部一个不知名的小镇，但是在古代是亚美尼亚—叙利亚商路上的一个重要的东方城市，是希腊罗马与伊朗阿拉伯文化的交流中心。公元前331年被亚历山大征服之后受马其顿统治，公元前132年马其顿军队被赶走，爱德沙处在伊朗帕提亚王国的政治影响之下。

派经书中的神与使徒之间的孪生兄弟关系的观念深刻地影响了 3 世纪生活在美索不达米亚的摩尼教的创建者。从外部资料来看,摩尼教徒曾把《多马书》当作他们的经书来阅读。

《多马福音》(*The Gospel of Thomas*,NHC Ⅱ,2) 记载了耶稣的 114 条"隐晦"的语录,根据它的前言,是使徒多马收集和传播的。这些语录没有出现在对耶稣生平的叙述之中,尽管其中有几则语录包含了对话的因素或者简要的场景,这些语录是彼此不连贯的,没有一定的秩序。历史框架对于该福音中的信息是无关紧要的,因为它所宣告的拯救不是由弥赛亚预示的神未来在地球上的统治,而是对自我之真实本性的认识,直接达到宁静和战胜死亡。"天国就在你里面……当你认识你自己的时候,你就会明白,你就会明白你就是生命之父的孩子。"耶稣的受难、死亡和复活在该福音书中没有提及,他的角色纯粹是一位智慧的教师,因此此在这本福音中耶稣钉上十字架并非重要事件。

《多马福音》开篇向读者指出,耶稣的语录需要经过解释才能对他们有效,如果不能认识它们隐藏的含义,耶稣的话语只能是隐晦的。对隐意的解释线索指向了一个灵魂天上的起源、堕落、成为肉身以及回归的神话。这个神话的结构在《珍珠之歌》中更为连贯,在认识和重建了这个神话之后,那些传统的语录就可以得到解释。

耶稣语录,无论是形于文字的还是口传的,对于早期基督徒尤其是在地中海东部基督徒来说是最权威的文献。耶稣语录集是传统性福音书,特别是《马太福音》和《路加福音》的重要资料来源。有些学者认为,《多马福音》的发现间接地证明了 Q 福音的存在①。在更为复杂的福音广为流传之后,有些语录集还是继续得到使用。与别的语录不同的是,《多马福音》根本不包含末世论的语录,而且这语录强调的不是未来,而是着眼于当下。

《多马福音》的希腊文残篇共有三个版本,都是于 1896—1904 年在 Oxy-rhynchus 出土的。在那戈·玛第抄本中发现了科普特文的《多马福音》后,圣

---

① "Q"代表德文 Quelle,意即"来源",指同观语录源(Sypnotic Sayings Source)。

经考古学家意识到其中的文句对应于以前出土的三份希腊文残篇。这部福音的成书日期约在公元 60 年,比现在的四福音书成书最早的《马可福音》还要早。这份文件的内容,是目前所发现的古文献中最接近正典福音书的文献,也最为目前圣经学界所重视。《多马福音》已经有多个中文版本,①这里中译文以来登以科普特文为底本的英译文和 Gerd Lüdemann 的德译为基础,并增补了希腊文残篇中的文字,加了小标题和脚注。

正 文

1. 解释隐晦语录的重要性

这些隐晦的语录是活着的耶稣讲述,由迪迪摩斯·犹大·多马②记录下来的。他说:"无论谁发现了这些语录的解释,将不会品尝死亡。"

2. 寻求一直到找到

耶稣说:"寻求者不应该停止寻求,直到他们找到为止。当他们找到,他们将困惑。当他们困惑时,他们将赞叹,然后将统治万有。[在统治万有之后,他们就将安息。]"③

3. 天国在我们里面

耶稣说:"如果你们的头领对你们说:看,天国在空中,那么空中的鸟就会比你们先到。如果他们对你们说,天国在海里,那么海里的鱼就会比你们先

---

① 除杨克勤版外,还有娄世钟编译《耶稣灵道论语·多玛斯福音》,台北:文史哲出版社 2005 年版;何建志的译文,见 http://spaces.msn.com/gospelofthomas。

② 《战争者多马书》138,5ff.:多马被称为耶稣的灵性的孪生兄弟。关于多马的名字,参:《多马行传》1。

③ 亚历山大利亚的克来门也记载了这则语录:《杂记》Ⅱ 9,45,5。关于"寻求和找到"的诺斯替主题,参:《多马福音》92 和 94。另参:《箴言》2,4f;8,17。

到。其实,父的国在你们的里面,也在你们的外面。① 当你们认识你们自己,你们就会被认识,而且你们将会明白,你们就是永生之父的孩子。然而如果你们不认识你们自己,你们就处在贫困里,而且你们就是贫困。"

4. 最先的将变成最后的

耶稣说:"一个年长的人,毫不犹豫向出生七天的小孩请教生命之地,那他就会活着。② 许多在前的人将要在后,③而且他们将会成为一。④"

5. 隐晦的将要显明

耶稣说:"认识你面前的东西,隐藏的东西将会向你显现。⑤ 没有什么隐藏事物是不显现的。[没有什么埋葬的东西是不被复活的]。"

6. 真正的禁食、祈祷和施舍

他的门徒问他说:"你要我们斋戒禁食吗?我们应当如何祈祷?我们应该施舍吗?我们应该小心哪些食物?"

耶稣说:"不要说谎,不要做你不喜欢的事情,因为在天的面前,万物都昭然若揭的。没有什么隐藏的事物是不被显明的,没有什么被掩盖的事物可以永远不被显明的。"⑥

7. 狮子和人

耶稣说:"要被人吃掉的狮子是幸运的,因为狮子将变成人。狮子要吃的

---

① 参:《申命记》30,11-14:"我今日所吩咐你的诫命,不是你难行的,也不是离你远的。不是在天上,使你说,谁替我们上天取下来,使我们听见可以遵行呢?也不是在海外,使你说,谁替我们过海取了来,使我们听见可以遵行呢?这话却离你甚近,就在你口中,在你心里,使你可以遵行。"也参:《多马福音》:51;113;《路加福音》:17,20f.。

② 关于孩子,参:《多马福音》21;22。

③ 参:《马太福音》19,30;20,16;《马可福音》10,31;《路加福音》13,30。

④ 参:《真理的福音》25,10ff.。

⑤ 参:《战争者多马书》138,9ff.。

⑥ 参:《马太福音》10,26;《马可福音》4,22;《路加福音》8,17。

人有祸了,那狮子将变成人。"

8. 聪明的渔夫的寓言

他说:"人就像是一个聪明的渔夫,撒网到海里,捞出一网的小鱼。聪明的渔夫在小鱼当中发现一条好大的鱼。他把所有的小鱼丢回海里,轻而易举地挑选了那条大鱼。① 长了两只好耳朵的人,要好好听进去。"

9. 播种者的寓言

耶稣说:"看,播种者带了满手的种子出去,把它们撒到各处。有些种子掉到路上,就被过来的鸟捡去了。有些种子掉到岩石上,就不能在地里生根,也不能长出穗子。有些种子掉到荆棘里,卡在荆棘里的种子就被虫吃掉。还有一些种子掉到了好的泥地里,就长出了好果实:每一粒长出六十粒,也有每一粒长出一百二十粒。"②

10. 耶稣投放火种

耶稣说:"我已经在这个世界上投放了火种。看,我会守护它,直到它熊熊燃烧。"③

11. 活着的将不死

耶稣说:"天将消逝,天上的那一位也将消逝。死的不是活着的,活着的不会死。④ 在你们吃死物的日子里,你们让死物变活。⑤ 当你们在光明中的时候,你们将做什么呢? 在你们是一的日子,你们变成了二。当你们变成二的时候,你们将做什么呢?"

---

① 参:《马太福音》13,47-48。
② 参:《马太福音》13,3-8;《马可福音》4,3-8;《路加福音》8,5-8a。
③ 参:《路加福音》12,49;火的积极意义,见《多马福音》:82。
④ 参:《腓力福音》4。
⑤ 参:《腓力福音》93。

12. 门徒们将到雅各那里去

门徒问耶稣:"我们知道你就要离开我们。将来谁是我们的领头人呢?"①

耶稣对他们说:"不论你们在哪里,你们都要到正义的雅各那里去,天与地是为他而生成的。"②

13. 门徒告诉耶稣他像什么

耶稣对他的门徒说:"你们把我与什么事物比一比,告诉我,我像什么。"③

西门彼得对他说:"你像是一位正义的使者。"

马太对他说:"你像一位智慧的哲学家。"

多马对他说:"老师,我的口根本说不清你像什么。"

耶稣说:"我不是你的老师了。你已经醉了,你喝了我守护的喷涌的泉水而陶醉了。"④

然后耶稣就带了多马隐退,对他说了三句话。⑤ 当多马回到同伴那里,他们就问他:"耶稣对你说了些什么呢?"

多马对他们说:"要是我告诉你们他对我说的一句话,你们就会拿石头扔我,而石头将冒出火焰吞掉你们。"

14. 真正的禁食、祈祷和施舍

耶稣对他们说:"如果你们斋戒禁食,就会为你们自己带来罪恶,如果你们祈祷,就会被定罪,如果你们施舍,就会害了你们的灵。当你们进入任何地方,行走在乡间,要是人们接待你们,就吃他们给你们的任何食物,并且治疗他

---

① 参:《马太福音》18,1;《马可福音》9,34。
② 正义的雅各,参:《雅各启示录二》60,10ff.。
③ 参:《马太福音》16,13–20;《马可福音》8,27–30;《路加福音》9,18–21;《约翰福音》1,35–42。
④ 参:《多马福音》108。
⑤ 参:《多马行传》47。

们当中的病人。进入你们口里的东西,不会污染你们;将会污染你们的是出自你们之口的东西。"①

15. 一个不是女人所生的人

耶稣说:"当你们看见一个不是女人所生的人,就要用低头敬拜。那个人就是你们的父亲。"

16. 耶稣带来纷争

耶稣说:"或许人们以为我的到来是要为世界带来和平。他们不知道我的到来是要把纷争带到地上来:火、剑和战争。一间屋子里面会有五个人:三个人对抗两个人,而两个人对抗三个人,父亲对抗儿子,儿子对抗父亲,然后他们将由于孤独而静止地站立。"②

17. 耶稣将赐予未曾知觉过的事物

耶稣说:"我将给你们眼睛没看见过、耳朵没听见过、手没触摸过、未曾在人心中出现过的东西。"③

18. 终点就在开端处

门徒对耶稣说:"告诉我们,我们的终点将如何到来?"

耶稣说:"你们是已经找到开端,现在正要寻找终点吗? 你们知道,终点就在开端处。那站立在开端的人有福了:那人将知道终点,将不会品尝死亡。"④

---

① 参:《马可福音》7,15。
② 参:《马可福音》7,15;10,34f;《路加福音》12,51-53。
③ 参:《哥林多前书》2,9。
④ 参:《多马福音》1;19。也参:《马可福音》9,1;《约翰福音》8,52。对于开端和终点的知识是诺斯替主义的核心思想,参:《西奥多图摘要》78,2;《真理的福音》22,15。

19. 先存者是有福的

耶稣说:"在进入存在之前就已经存在的人有福了。① 要是你们成为我的门徒,并且注意听我说的话,这些石头都会服侍你们。

天堂里的五棵树

你们在天堂里有五棵树;不论夏天或冬天,它们都不会变,叶子也不掉落。认识这些树的人,将不会品尝死亡。"

20. 芥子的寓言

门徒对耶稣说:"告诉我们天国是什么样子。"

他对他们说:"它就像是一粒芥子,是所有种子里面最小的,但是当它落到了耕好的泥土里,就长成一株大植物,成为空中飞鸟的栖身之所。"②

21. 生活在一小块土地上的孩子的寓言

马利亚对耶稣说:"你的门徒像什么呢?"

他说:"他们就像是住在一小块不属于他们的土地上的小孩。当地主来的时候,他们会说:'把地还给我们。'他们就在地主们面前脱掉衣服,把它们还给他们,又把土地还给他们。"

地主和强盗的故事

因此我说,如果屋子的主人知道有贼要来,他们会在贼来之前防备好,不会让贼进到屋里面偷东西。至于你们,要防备这个世界,要花大力气预备自己,不要让强盗找到办法接近你们,因为你们所预料到的麻烦就将到来。

----

① 参:《腓力福音》57。
② 参:《马可福音》4,30-32。

收获的寓言

"要让一位有经验的人住在你们当中。当庄稼成熟的时候,那个人就会在手里拿着镰刀,急忙过来收割。① 有耳朵能听的人,就要听。"

22. 进入天国的人像婴孩

耶稣看见了一些婴孩在吃奶,他对门徒说:"这些吃奶的婴孩,就像是那些进天国的人。"②

他们对他说:"我们要像婴孩那样进天国吗?"

耶稣对他们说:"当你们使二成为一,当你们使内如外,使外如内,使上如下,当你们使男与女成为同一,以至于男不是男,女不是女,当你们以一只眼睛取代一只眼睛,一只手取代一只手,一只脚取代一只脚,一个形象取代一个形象,那时你们将进入天国。"③

23. 蒙拣选之人是少的

耶稣说:"我将挑选你们,千中挑一,万中挑二,他们将作为同一个人静立。"

24. 一个光明的人照亮了整个世界

他的门徒说:"让我们看看你所在的地方,因为我们必须寻找它。"

他对他们说:"在这里有两只耳朵的人,要好好听! 有光明在一个光明的人里面,它将照亮整个世界。如果它不发光,它就是黑暗。"

25. 爱你的兄弟

耶稣说:"要爱你的兄弟,如同爱你的灵魂一样,要保护他们,如同保护你

---

① 参:《马太福音》24,23;《路加福音》12,39。
② 参:《马太福音》18,1-5;19,14par;《马可福音》9,42-47par;《约翰福音》3,1-3。
③ 参:《多马福音》37。

眼睛的瞳孔那样。"①

26. 刺与梁木

耶稣说:"你看见弟兄眼中的刺,却看不见自己眼中的梁木。你只有去掉自己眼中的梁木,才能去掉你弟兄眼中的刺。"②

27. 弃绝这个世界

"如果你们不弃绝这个世界,那么你们就找不到天国。如果你们不把安息日当作安息日来守,那么你们将看不见父。"

28. 这个世界陶醉了

耶稣说:"我站立在世界中,以肉身向他们显现。我发现他们都醉了,没一个饥渴的人。我为人类的子孙感到痛心,因为他们心里盲目,看不见东西,他们空空地来到这个世界,也空空地寻求离开这个世界。但这时候他们是醉的。当他们摆脱了酒,就会改变他们的道路。"

29. 灵和体的独立

耶稣说:"如果肉体是由于灵而进入存的,那么这是一件奇事,但如果灵是由于肉体进入存在的,那么这就是奇事中的奇事。然而,让我惊奇的是,如此伟大的财富如何能寓居于这样的贫困之中。"

30. 耶稣住在有两个人或更多人的地方

耶稣说:"有三个神的地方,他们就是神。有两个或一个人的地方,我就与那个人在一起。"

---

① 爱邻居,参:《利未记》19,18;《马太福音》22,39。
② 参:《马太福音》7,3-5;《路加福音》6,41f.。

[希腊文版]:"凡有三个人的地方,他们是不信神的。凡只有一个人的地方,我说,我就与那人同在。举起一块石头,你会发现我在那儿,劈开一块木头,你会发现我在那儿。"

31. 家乡不接待先知和医生

耶稣说:"没有先知在家乡受欢迎;医生不医治那些认识他们的人。"①

32. 山上的城是隐藏不了的

耶稣说:"一座城建在高山上,得到了加固就不会倒塌,也不会隐没。"②

33. 没有人把灯隐藏起来

耶稣说:"你的耳朵听到的,要在你们的屋顶上,向其他人的耳朵宣布。③没有人会点了灯放在篮子底下,也没有人会把灯放在一个隐蔽的所在。相反,人会把灯放在灯柱上,以便来来往往的人都能看到它的光。"④

34. 盲人不能给盲人带路

耶稣说:"如果一个盲人为另一个盲人带路,他们两个人都会掉进坑洞里。"⑤

35. 无人能抢劫壮汉,除非把他们捆起来

耶稣说:"没有人能闯进壮汉的屋子抢东西,除非先把那壮汉的双手捆起来,在那之后,才能洗劫他的房子。"⑥

----

① 参:《马太福音》13,57;6,4;《路加福音》4,24。
② 参:《马太福音》5,14。
③ 参:《马太福音》10,27;《路加福音》12,3。
④ 参:《马太福音》5,15;《马可福音》4,21;《路加福音》8,6;11,35。
⑤ 参:《马太福音》15,14;《路加福音》6,39。
⑥ 参:《马太福音》12,29;《马可福音》3,27。

36. 不要关心吃和穿

耶稣说："不要从早到晚为吃什么、穿什么而烦恼,[你们比百合花要好,它们既不忧虑也不纺织。至于你们,当你们没有衣服时,你们穿什么呢? 谁来提高你们的境界呢? 那一位将赐予你们衣袍。]"①

37. 门徒必须剥掉自己的衣服

他的门徒说："什么时候你将向我们显像? 什么时候我们将见到你?"

耶稣说："当你们剥光衣服而不害羞,就像小孩子一样,把衣服脱下来放在脚下践踏,那时你们将会见到那位永生者之子,你们将不再害怕。"

38. 耶稣的话语早就在期待之中

耶稣说："你们从前常常渴望听到我现在正在对你们说的这些话,这些话从别人那里听不到。将会有这样的日子,你们想要找我,却找不到我。"

39. 法利赛人和文士

耶稣说："法利赛人与文士已经拿走了知识的钥匙,并且隐藏起来。他们并没有进去,也不允许想进去的人进去。至于你们,则要像蛇一样狡猾,又要像鸽子一样单纯。"②

40. 葡萄树的隐喻

耶稣说："一棵葡萄树种植在离父很远的地方。由于它不强壮,它将被连根拔起然后死去。"

---

① 参:《马太福音》6,25;《路加福音》12,12。
② 参:《马太福音》10,16。

41. 那已经拥有的人还将获得

耶稣说:"拥有的人还要被给予更多,没有拥有的人连他仅有的一点也会被剥夺。"①

42. 我们必须是过客

耶稣说:"要做一个过客。"②

43. 门徒要在耶稣的语录中认识耶稣

他的门徒对他说:"你对我们说这些事,你是什么人呢?"

耶稣说:"你们没有从我对你们说的话里面去了解我是谁。相反,你们变得像犹太人那样,爱树却恨果实,或者爱果实而恨树。"

44. 亵渎

耶稣说:"亵渎圣父的人可以得宽恕,亵渎圣子的人可以得宽恕,但是亵渎圣灵的人,不论在天上或者在地上,都得不到宽恕。"③

45. 荆棘不生葡萄

耶稣说:"荆棘里收获不到葡萄,刺蓟中也采不到无花果,因为它们不结果实。善人从他们的储积中产生出良善,恶人从他们心中的储积中产生出邪恶,并说出邪恶的事情。④ 因为他们从心灵的丰盛的储积中产生出了邪恶。"

46. 小孩子比施洗约翰还要崇高

耶稣说:"从亚当到施洗者约翰,凡是女人生出来的人,没有人比施洗约

---

① 参:《马太福音》13,12;《马可福音》4,25;《路加福音》8,18;《腓力福音》105。
② 参:《多马福音》56;80;111。
③ 参:《马太福音》12,32;《马可福音》3,29;《路加福音》12,10。
④ 参:《马太福音》7,16;12,34—35b;《路加福音》6,44b—45。

翰更崇高,因为他的眼神是不涣散的。但我曾经说过,在你们当中凡是能成为小孩子的人,将会认识父的国,并且比约翰更崇高。"①

47. 相反者不能并存

耶稣说:"一个人不能骑两匹马,也不能拉两张弓。一个仆人不能侍奉两个主人,否则尊敬了一个,就会得罪另一个。② 没有人喝了陈年老酒之后会立刻想喝新酒。③ 新酒不能装进旧皮囊,不然皮囊就破了,而老酒不能装进新皮囊,不然老酒就会变质。一块旧布不能缝在新衣上,否则它会把新衣服弄破。"④

48. 合一的力量

耶稣说:"如果两个人在一间屋子里彼此和好,他们就可以对着山说:'走开!'山就会走开。"⑤

49. 孤独来自于天国

耶稣说:"孤独的蒙拣选者有福了,你们将会找到天国。你们是从哪里来的,也将重新回到哪里去。"⑥

50. 我们来自光明

耶稣说:"如果他们对你们说:'你们是从哪里来的?'你们就这样回答:'我们来自光明,来自于光明独自进入存在、独自静立的那个地方。如果他们对你们说:'你们是谁?'就说:'我们是光明之子,我们是永生之父所拣选的

---

① 参:《马太福音》11,11;《路加福音》7,28。
② 参:《马太福音》6,24;《路加福音》16,13。
③ 参:《路加福音》5,39。
④ 参:《马太福音》9,16-17;《马可福音》2,22;《路加福音》5,37。
⑤ 参:《多马福音》106;《马太福音》17,20;18,19。
⑥ 参:《马太福音》5,3-12;《路加福音》6,20b—23。

人。'如果他们问你们:'你们的父亲在你们里面的标志呢?'你们对他们说:
'那标志就是运动与静止。'"

51. 达到宁静和新世界

他的门徒问他说:"死人的安息什么时候发生? 新世界在什么时候
到来?"

他对他们说:"你们所盼望的已经到来了,只是你们不认识。"①

52. 以色列的二十四位先知

他的门徒对他说:"二十四位先知曾经在以色列说话,他们全都讲到
了你。"②

他对他们说:"你们忽视了在你们面前活生生那一位,却去谈论死人。"

53. 真正的割礼

他的门徒对他说:"割礼是否有益?"

他对他们说:"如果割礼有益的话,人们的父亲就愿意生出在娘胎中已经
受过割礼的小孩了。不过,在灵里面的割礼在任何方面都是有益的。"

54. 穷人

耶稣说:"贫困的人有福了,因为天国是属于你们的。"③

55. 我们要憎恨我们的家庭

耶稣说:"不恨父母的人不能做我的门徒,不恨兄弟姊妹,不能像我那样

---

① 参:《多马福音》3;113;《路加福音》17,20f.。
② 或译成"他们都在你里面讲话。"
③ 参:《马太福音》5,3;《路加福音》6,20。

背负十字架的人,不配做我的门徒。"①

56. 这个世界是一具尸体

耶稣说:"认识这个世界的人,会发现这个世界是一具尸体,凡是发现世界是一具尸体的人,这个世界配不上他。"②

57. 麦子和稗子的寓言

耶稣说:"父的国就像是一个有好种子的人。他的仇敌趁夜间在好种之间播种野草。这个人不会让工人拔掉野草,而是对他们说:'你们不要拔掉野草,不然连麦子也一起拔掉了。'在收获的季节,野草就会显眼,就可以拔出来烧掉。"③

58. 劳苦者

耶稣说:"付出辛劳并找到生命的人有福了。"

59. 我们要冥想永生者

耶稣说:"只要你们活着,你们就要冥想那位永生者,④否则你会死,然后想寻求看到那位永生者,却不能够看见。"

60. 撒玛利亚人和羊的寓言

他看到一个撒玛利亚人带着一只羊到犹大那里去。他对他的门徒说:"那个人会对羔羊做什么?"他们对他说:"他会杀了羔羊,然后吃掉它。"他对他们说:"他不会在羔羊还活着的时候吃掉它,只有在他已经杀了它,而它变

---

① 参:《马太福音》10,37f;《路加福音》14,26f.。
② 参:《腓力福音》93。
③ 参:《马太福音》13,24-30。
④ 参:《真理福音》"序言"。也参:《多马福音》52。

成了一具尸体之后,才会吃了它。"

他们说:"他不这样做就不能吃。"

他对他们说:"你们也一样,你们要找到一个安息的地方,不然就会变成尸体被吃掉。"

61. 耶稣论萨乐美的床

耶稣说:"两个人躺在一张床上,一个会死,另一个会活。"①

萨乐美②说:"你这个人是谁? 你就像一个异乡人,竟然爬到我的床上,在我的桌上吃?"

耶稣对她说:"我来自于那位完全者。我被赐予了我父的某些东西。"③

"我是你的女门徒。"[…]

"因此我说,这样的一个人,一旦达到完全,就将充满光明;如果这样一个人,一旦分裂,就将充满黑暗。"

62. 耶稣把他的秘密告诉给配得的人

耶稣说:"我把我的奥秘,透露给配得这些奥秘的人。④ 不要让你的左手懂得你的右手正在做的事情。"⑤

63. 死去的富人的寓言

耶稣说:"从前有一个富人拥有很多钱财。他说:'我要用这些钱财去播种、收割、种植,让我的库房堆满粮食,这样我就什么也不缺了。'这些就是他

---

① 参:《路加福音》17,34。
② 萨乐美(Salome)是希罗底的女儿,希律的侄女,在希律生日那天,用优美绝伦的舞姿为她母亲换来了施洗约翰的头。见《马可福音》6,17-29。
③ 参:《马太福音》11,27;《路加福音》10,22;《约翰福音》6,37-39;17,2-6-9。
④ 参:《马可福音》4,11par.。
⑤ 参:《马太福音》6,3。

在他的心里想着的事情,但是在那天晚上他就死了。① 有两只耳朵的人,你们要听!"

64. 为街上的客人预备的晚餐

耶稣说:"有一个人正要款待宾客。他准备好了晚餐,就派仆人去邀请客人。

"仆人来到第一个客人那里,对他说:'我的主人邀请你。'那人说:'有几个商人欠我钱,他们今天晚上就要到我这里来,我就要去了,要告诉他们还钱。我不得不推辞晚宴的邀请。'

"仆人到另一个客人那里,对他说:'我的主人邀请你。'那人对仆人说:'我刚买了一栋屋子,我需要时间,我没有空。'

"仆人到另一个客人那里,对他说:'我的主人邀请你。'那人对仆人说:'我的朋友正要结婚,要去晚宴上待客的人是我。我不能来,我不得不推辞晚宴的邀请。'

"仆人到另一个客人那里,对他说:'我的主人邀请你。'那人对仆人说:'我买了一座农庄,正要去收田租,我不能来,我不得不推辞。'

"仆人就回去告诉主人:'你邀请他们来吃晚宴的那些人都推辞了。'主人就对仆人说:'到外面的街上去,你不论遇到什么人,都带来吃晚餐。'

"买卖人进不了我父的地方。"②

65. 葡萄园主之子的谋杀者

他说:"有一个人拥有一个葡萄园,把它租给了一些农夫,让他们在园里做工,而他可以从他们那里收葡萄。他派了一个仆人,让农夫们可以把葡萄交给他。他们掠夺他、打他,几乎把他打死,这个仆人就回去告诉他的主人。他

---

① 参:《路加福音》12,16—20。
② 参:《马太福音》22,2—10;《路加福音》14,16—24。

的主人说:'也许他不认识他们。'他派了另一个仆人去,那些农夫照样殴打他。接着主人就派他的儿子去,并说:'也许他们会对我的儿子尊敬一些。'由于农夫们知道他是葡萄园的继承人,他们就掠夺了他,并且把他杀了。① 任何有耳朵的人都要听!"

66. 被遗弃的基石

耶稣说:"给我看匠人遗弃的那块石头:那是一块基石。"②

67. 亏缺

耶稣说:"认识万有,自身却有亏缺的人乃是全然的亏缺。"

68. 受迫害的人有福了

耶稣说:"当他们憎恨你们、迫害你们的时候,你们有福了;③无论在什么地方他们迫害你们,他们都将找不到立足之地。"

69. 内心受迫害的和同情的人有福了

耶稣说:"在心灵里面受迫害的人有福了,他们是真正认识父的人。④ 饥饿的人有福了,那饥饿之人的肚子将会得到饱足。"⑤

70. 拯救在我们里面

如果你揭示了你里面的那个,那么你所拥有的将会拯救你;如果你不拥有你里面的那个,那么你所没有拥有的那个将会毁掉你。

---

① 参:《马太福音》21,33-41;《马可福音》12,1-8;《路加福音》20,9-16。
② 参:《马太福音》21,42;《马可福音》12,10;《路加福音》20,17。
③ 参:《马太福音》5,11;《路加福音》6,22。
④ 参:《马太福音》5,10。
⑤ 参:《马太福音》5,6;《路加福音》6,21。

71. 摧毁这个屋子

耶稣说:"我将摧毁这栋屋子,没有人能够建起来。[…]"

72. 耶稣不是划分者

有人对耶稣说:"请你叫我的兄弟跟我一起来分父亲的财产。"

他对他说:"你这个人啊,谁让我做一个划分者呢?"

他对门徒说:"我是一个划分者吗?"①

73. 收割的工人

耶稣说:"庄稼很多,但是工人很少,请求主人分派工人来收割。"②

74. 水井是空的

他说:"主啊,水井边人很多,但是井里什么也没有。"③

75. 孤独者将进入婚房

耶稣说:"站在门口的人很多,但只有孤独者将会进入婚房。"

76. 商人和珍珠的寓言

耶稣说:"父的国就像是一个商人,他有一批货物,当他发现了一颗珍珠之后,那个精明的商人就卖掉货物,为自己买了那一颗珍珠。④ 你们也要这样,去寻求他的不朽的宝藏,那是历久长存的,没有蛾能来吃,也没有虫能毁坏。"⑤

---

① 参:《路加福音》12,13-14。
② 参:《马太福音》9,37-38;《路加福音》10,2。
③ 德文版译为:井边人很多,井里面却没有人。
④ 参:《马太福音》13,45f.。
⑤ 参:《马太福音》6,19f.;《路加福音》12,33。

77. 耶稣是万有,无处不在

耶稣说:"我就是万有之上的光。我就是一切:一切从我而来,一切回归于我。劈开一块木头,我就在那里。举起一块石头,你发现我在那里。"

78. 为何要到乡间去

耶稣说:"为什么你们要去乡间? 去看风中摇晃的芦苇? 去看一个穿着精美衣服的人? 他就像你们的王和贵人,穿着柔软的衣服,却不认识真理。"①

79. 信守父的话语的人有福了

人群中有个女人对他说:"孕育你的子宫和哺乳你的乳房是有福的。"

他对她说:"听了父的话而真正信守的人有福了。在将来的日子里你们会说:'未曾怀孕过的子宫和没有哺乳过的乳房是有福的。'"②

80. 世界就像身体

耶稣说:"凡认识这个世界的人就已经发现了这个身体,凡发现了这个身体的人,这个世界就配不上他。"

81. 富人想要统治

耶稣说:"已经变得富有的人想要统治,而拥有了权力的人想要弃绝。"

82. 火和国度与耶稣同在

耶稣说:"凡是靠近我的人,就是靠近了火,凡是远离我的人,就是远离了父的国。"

---

① 参:《马太福音》11,7f.;《路加福音》7,24f.对富人和有权的人的否定性看法,参:《多马福音》63;64;98;《彼得行传》11,26ff.。

② 参:《路加福音》11,27-28;23,29。

83. 光明隐藏在形象中

耶稣说："形象是人们可以看见的,但是形象中的光明却隐藏在父的光明之中。他将会显现,但是他的形象隐藏在他的光明之中。"①

84. 与我们先存的形象相遇

耶稣说："当你们看见你们的肖像时,你们就高兴。但是当你们看见你们的先于你们进入存在、既不会死也不可见的形象时,你们将如何不得不去承受呢?"

85. 亚当配不上我们

耶稣说："亚当来自于伟大的能量和伟大的财富,但是他还配不上你们。如果他配得上你们的话,他就不会品尝死亡了。"

86. 人子没有地方安息

耶稣说："狐狸有洞鸟有巢,但是人子没有倒头休息的地方。"②

87. 灵魂要独立于身体

耶稣说："依赖于身体的身体是多么悲惨! 依赖于这两个身体的灵魂是多么可悲!"

88. 我们要给予信使和先知

耶稣说："天使与先知将会到你们这里来,把属于你们的东西交给你们。反过来,你们也要把你们所拥有的给他们,并且对你们自己说:'他们什么时候来,拿走属于他们的东西呢?'"

---

① 类似于《腓力福音》67。
② 参:《马太福音》8,20;《路加福音》9,58。

89. 我们不应当只是清洗外部

耶稣说:"你们为何清洗杯子的外面？你们难道不知道,那位制造了里面的人也就是那位制造了外面的人？"①

90. 耶稣的轭是轻的

耶稣说:"到我这里来,因为我的轭是舒适的,我的统治是温和的,你们将会为你们自己找到安息。"②

91. 认识面前的这一位

他们对他说:"告诉我们你是谁,这样我们就可以相信你。"③

他对他们说:"你们检验了天地的容貌,却未曾认识在你们面前的这一位,你们也不知道如何检验当下的这一刻。"④

92. 我们不寻求耶稣想要告诉我们的

耶稣说:"寻找,你们就会找到。⑤ 过去,你们问我的那些事,我没有告诉你们。现在我想告诉你们,但是你们却不寻求了。"⑥

93. 不要把圣物交给狗

"不要将圣物交给狗,以免它们把它丢到粪堆里。不要把珍珠丢给猪,以免它们[把它磨碎]。"⑦

---

① 参:《马太福音》23,25f.;《路加福音》11,39f.;关于"内部与外部"参:《雷:完美的心灵》20,19ff.。

② 参:《马太福音》11,28-30。

③ 参:《约翰福音》6,30。

④ 参:《马太福音》16,3;《路加福音》12,56。

⑤ 参:《马太福音》7,7;《路加福音》11,9。

⑥ 参:《约翰福音》16,4。

⑦ 参:《马太福音》7,6。

94. 寻求者将进入

耶稣说："寻找的人将会找到，门将为[敲门者]而开。"①

95. 不要放贷取利

耶稣说："如果你们有钱，不要放贷取利，而要把钱交给某个你不想从他那里拿回来的人。"②

96. 烤面包的女人

耶稣说："父的国就像是一个女人。她拿了一点酵母放在生面团里，就做成了大面包。有两只耳朵的人，你们要听！"③

97. 带着饭罐的女人

耶稣说："父的国就像是一个女人，她带着一个装满食物的罐子。她走在悠长的路上，罐子的把手破了，食物一路撒下来，她没有发现，不知道有问题。等她到家放下罐子，才发现罐子空了。"

98. 谋杀者的寓言

耶稣说："父的国就像是一个人想杀死一个朝廷的人。他在家里抽剑刺墙，看看他的手力是否能够刺进墙去。然后，他就杀了这个朝廷的人。"

99. 耶稣的真家

门徒对他说："你的兄弟与母亲站在外面。"

他对他们说："在这里做我父想做之事的人就是我的兄弟与母亲。他们

---

① 参:《马太福音》7,8;《路加福音》11,10。
② 参:《路加福音》6,34。
③ 参:《马太福音》13,33;《路加福音》13,20—21。

就是那些将要进入我父之国度的人。"①

100. 把属于恺撒的还给恺撒

他们给耶稣看一枚金币,然后对他说:"恺撒的人向我们收税。"

他对他们说:"把恺撒的东西交给恺撒,把神的东西交给神,把我的东西交给我。"②

101. 恨父母,爱父母

"凡是不像我这样恨父亲与母亲的人都不能做我的门徒,凡是不像我这样爱父亲与母亲的人都不能做我的门徒。因为我的母亲[…],但是[我]真正的[母亲]给我生命。"③

102. 法利赛人

耶稣说:"该死的法利赛人! 他们就像是睡在牛槽里的狗,自己不吃也不让牛吃。"④

103. 地主和强盗

耶稣说:"知道强盗从哪里进攻的人有福了。在强盗进来之前,他可以到那里去,聚集他的[领地的资源],把自己武装起来。"

104. 新郎在场的时候不要祈祷或禁食

他们对耶稣说:"来吧,今天我们来祈祷,让我们斋戒禁食。"

耶稣说:"我犯了什么罪呢? 我在何处做得失败了呢? 还是等新郎离开

① 参:《马太福音》12,46-50;《马可福音》3,31-35;《路加福音》8,19-21。
② 参:《马太福音》22,16-21;《马可福音》12,13-17;《路加福音》20,21-25。
③ 参:《马太福音》10,37;《路加福音》14,26。
④ 参:《马太福音》23,13-16;《路加福音》11,42-43。

了结婚礼堂,再让人们去斋戒禁食与祈祷吧。"①

105. 认识父和母

耶稣说:"无论谁认识了父与母,就要被叫作妓女的孩子。"②

106. 合一的力量

耶稣说:"当你们把二变成一,你们就会成为亚当的孩子,当你们说:'山,从这里移走!'它就会移走。"③

107. 丢失的羊的寓言

耶稣说:"父的国度就像是一个牧羊人,他有一百只羊,其中最大的那只羊走失了,他就离开九十九只羊去找那一只羊,直到找到为止。当他历经辛劳之后,对这只羊说:'我爱你胜过那九十九只。'"④

108. 与耶稣同化

耶稣说:"从我口里喝的人,将变成像我一样;我自己也会变成那个人,然后隐藏的事将会向他显现。"⑤

109. 隐藏的财富的寓言

耶稣说:"父的国就像是一个人,他有一个宝藏在他的地里面,但是他不知道。他死的时候把地留给了他的儿子,这个儿子也不知道有宝藏,就在继承土地之后把地卖了。买地的人耕种的时候发现了这个宝藏,就开始放贷给他

---

① 参:《马可福音》2,18-20。
② 也许是指犹太人对耶稣的指责,"耶稣是妓女的儿子"。参:《约翰福音》8,41;《马太福音》1,18。
③ 参:《多马福音》48;《马可福音》11,23。
④ 参:《马太福音》18,12-13;《路加福音》15,4-6;《真理的福音》31,35ff.。
⑤ 参:《腓力福音》67。

所愿意的人收利息。"①

110. 富有的人就当弃绝

耶稣说:"若有人发现了这个世界而变得富有,就要弃绝这个世界。"

111. 有生命的人不会死

耶稣说:"天与地将会在你们面前卷起,②凡是来自于永生者的活人将不会见到死亡。"耶稣不是说了吗,"这个世界配不上找到了自我的人。"

112. 我们要独立于肉体

耶稣说:"依赖于灵魂的肉体有祸了! 依赖于肉体的灵魂有祸了!"

113. 天国已经铺展在地上

他的门徒对他说:"天国哪一天会到来?"

[耶稣说:]"它不会因着守候而来到。我们也不能说:'看,在这儿!'或者说:'看,在那儿!'其实,父的国已经铺展在地上,只是人们没有看见它。"③

[可能是后来增加的语录]

114. 女要变男

西门彼得对他们说:"让马利亚离开我们,因为女人不配得生命。"④

耶稣说:"看吧,我要吸引她,让她把自己变成男的,以便她也会像你们这些男的一样成为生命的灵。凡是把自己变成男人的女人,都将会进天国。"

---

① 参:《马太福音》13,44。
② 参:《启示录》6,14。
③ 参:《路加福音》17,20–21。
④ 彼得与马利亚的冲突也见:《马利亚福音》17,18ff.。

多马行传

《多马行传》是三世纪的文本，是诺斯替主义色彩最强烈的新约伪经，它把基督描写为天上的拯救者，独立并超越于这个世界，能够把灵魂从这个世界的黑暗中拯救出来。著名的诺斯替诗篇《珍珠之歌》就收录在这个行传之中（在本文集中已经抽出单列于本书的诗歌部分）。爱庇芳纽提到过这个文本，说明它在公元四世纪流行。它有两个完整的版本，一个是叙利亚文的，一个是希腊文的，另外还有许多残片。学者们认为希腊文版是从叙利亚文版本中翻译过来，不过现存的叙利亚文版本经过编辑被去掉了具有最明显的诺斯替色彩的段落，因此希腊文版反而反映了较早的传统。

图尔的格列高利（Gregory of Tours）①曾经用拉丁文翻译过《多马行传》，但是主流的基督教传统把它看作是一个伪经，罗马天主教会最后在塔兰托大公会议（Council of Trent）②上判定其为异端经书。

中译文依据 J.K.Elliott, *The Apocryphal New Testament: A Collection of Apocryphal Christian Literature in an English Translation Based on M.R.James*（Oxford Unversity Press, 1993），同时也对照了 M.R.James 编译加注的 *The Apocryphal New Testament*（Oxford: Clarendon Press, 1924）。这两个英译文是以希腊文版为基础的，参考过 Wright 等人的叙利亚文版本。这里的中译文也借鉴了网络上采菊编译的中译本《多马行传》（http://rjjdt.bokee.com/4711195.html）。

---

① 图尔的格列高利（c.538-594）是高卢罗马历史学家，图尔的主教，高卢的高级教士。
② 塔兰托大公会议，天主教第十九次大公会议，1545—1563 年间三次在塔兰托召集。

正　文

第一章　多马与商人阿巴尼到印度去

1. 那个季节我们这些使徒都聚集在耶路撒冷,其中有那个叫作彼得的西门和他的兄弟安德列、西庇太的儿子雅各和他的兄弟约翰、腓力和巴多罗买、多马和税吏马太、亚勒腓的儿子雅各和迦南人西门,还有雅各的兄弟犹大。我们划分了世界的各个地域,然后我们每人随机各自去一个地域,前往救主派他去的国家。

抽签的结果是,印度归犹大·多马,就是那位孪生兄弟。可是多马不愿意,他说他的身体太弱,不宜远行,又说他是个希伯来人,怎么能够到印度人中间宣讲真理呢? 当他提出这样的理由之后,耶稣就在晚上向他显现,对他说:"多马,不要害怕,动身去印度传道吧,我的恩典与你同在。"可是多马不服从,他说:"只要是别的地方,无论你差遣我到哪里去,我都去,只是我不愿意去印度。"

2. 当他这样说这样想的时候,刚巧有一个名叫阿巴尼(Abbanes)①的商人从印度来,他奉功达佛鲁斯王(Gundaphorus)②之命到这里来带一个木匠回去。

耶稣看见阿巴尼中午时分在市集走动,就问他说:"你是不是要买一个木匠?"阿巴尼说:"是。"耶稣指着站在远处的多马对他说:"我有一个做木匠的仆人,我想卖掉他。"他们同意以三个银币成交,还签了一张买卖契约,上面写着:"我,木匠约瑟的儿子耶稣,把我的仆人犹大卖给印度功达佛鲁斯王的商

---

① 　这里面可能有隐喻的意思。阿巴尼(Abbanes),在亚兰语 abba 是父亲的意思,耶稣对天父便是这样称呼的,因此多马便是天父的仆人。因此在《多马行传》(163)中,印度马兹大(Mazdai)王问多马是仆人还是自由人,他回答说:"我是仆人,但你不能向我施予任何权力,我的主人是你的主人,是整个世界、是天地的主。"

② 　贡达佛鲁斯(Gundaphorus)是一个历史人物,公元 1 世纪统治印度之一部分。他发行的硬币上刻着他的希腊文名字:Hyndopheres。

人阿巴尼。"写完契约之后,耶稣就把犹大·多马交给了商人阿巴尼。阿巴尼看见多马就问他:"那位是你的主人吗?"使徒说:"是的,他是我的主。"阿巴尼说:"我已经从他手里把你买来了。"使徒默不作声。

3. 第二天,使徒一早就起床,向主祈祷和求恳之后,他说:"我主耶稣,我会前往你想要我去的无论什么地方,愿你的旨意得到奉行。"①于是他就离开,到商人阿巴尼那里去了,除了他的卖身钱以外什么也没有带。因为主把卖身钱给了他,并说:"无论你去哪里,愿这些卖身钱连同我的恩典与你同在。"

使徒赶上正在搬行李的阿巴尼,跟他一起把行李搬到船上去。他们上了船安坐下来后,阿巴尼就问使徒:"你会什么手艺?"使徒说:"木工我能造出犁、牛轭和牛刺棒,还有木船和船桨、船桅和滑轮,石工我能造石柱、神殿和王宫。"阿巴尼对他说:"我们要的正是这样的工匠。"他们开始航行,一帆风顺,直达王城安德城(Andrapolis)。

4. 他们离船进入王城,听见笛声和风琴声,号角在他们周围响起。使徒问道:"城中是什么节日?"当地人告诉他说:"是诸神带你赶上了此城的节日。国王要嫁独生女,今天的婚礼举国欢欣,就如同节日一样。国王已经派传令官到处宣布,请所有人,无论穷人富人、奴隶自由人、本地人还是异乡人,都去参加婚礼。要是有谁拒绝,不去参加婚礼,他就必须向国王回话。"阿巴尼听了就对使徒说:"我们也去吧,我们是外乡人,不要冒犯了国王。"使徒说:"那我们去吧。"他们入住客栈,休息了一会儿就去参加婚礼。使徒看见大家都在那里闲坐,也在众人中间坐了下来。大家都朝他看,就好像是看一个来自国外的陌生人。商人阿巴尼作为主人找了另一个地方闲坐。

5. 大家都开始吃喝,但是使徒什么也没吃。坐在他身边的人问他:"你从哪里来,不吃也不喝?"使徒回答说:"我来是为了比饮食更大的事,是为了奉行国王的旨意。因为传令官宣布了国王的命令,凡是不听命令的就可能受到国王的审判。"饱食酒酣之后,供奉的是花环和香水,每人都取了一点香水,有

---

① 《马太福音》6,10;《路加福音》22,42。

的抹脸,有的抹胡子,其他的人抹在身体的其他部位。使徒把香水涂在头顶的花冠上,把一点点膏油抹在鼻子上,滴进耳朵里,也用它抹牙齿,还小心地在心脏周围抹了一些。他把用桃金娘花和其他花朵纺织成的花环戴在头上,取了一支芦苇拿在手上。有个吹笛的女子拿着笛子来到众人中间,她来到使徒面前,在他头上吹奏了很长时间。这个吹笛的女子是希伯来人。

6. 使徒朝地上看的时候,有个传酒的人伸手打了他。使徒抬眼看着打他的人说:"我的神会在来世宽恕你的这个错误,但是会在此世显示他的神迹,我不久就会看到,你的这只打我的手会被狗叼走。"说完,他开始唱这首歌:

> 这位少女是光明的女儿,
> 她身上洋溢着国王的荣光。
> 她的容貌令人喜爱,
> 闪耀着美丽与欢乐。
> 她的外衣如春天的花朵,
> 散发着甜美的芳香。
> 她头上的花冠上端坐着国王,
> 用甘露滋润那些找到他的人。
> 真理在她的头上,
> 她的脚流露出喜乐。
> 她美妙地张着嘴,
> 赞美她的有三十二位。
> 她的舌头像一副门帘,
> 为进入的人掀起。
> 她的脖子是创造主所造的阶梯,
> 她的双手指着、做着秘密的暗号,预示着欢乐时代的舞蹈,
> 她的手指指向城门。
> 她的闺房明亮,

散发着凤仙花和各种香料的香气，

弥漫着没药和印度叶的甜香，

点缀着桃金娘树枝和各种各样的香花，

门柱上装饰着芦苇。

新郎的伴郎围绕着她，数目是七个，

都是她自己挑选的。

她的伴娘也有七个，

都在她面前舞蹈。

在她前面侍奉的有十二个，

她们目光灼灼，注视着新郎，

为的是看见他就会得到觉悟，

永远地跟他一起徜徉在永恒的喜乐当中，

参与王子们欢聚的婚宴，

出席永恒者们所珍视的筵席，

穿上高贵的衣袍，披上华丽的衣裳，

在无边的喜乐中赞美万有之父，

领受庄严的光明，

通过看见主而得到开悟，

领受天上的无瑕的食物，

再也不会有缺乏，

啜饮天上的葡萄酒，

再也不会有口渴或者欲望。

他们用活生生的灵荣耀赞美真理之父和智慧之母。

7. 多马唱完这首歌，在场的人都凝望着他。他沉默着，他们看见他的形象变了，但是他们听不懂他的话，因为他是希伯来人，这些话是用希伯来语说出来的。只有那位来自希伯来的吹笛女郎听得懂。她离开他为其他人演奏，但是仍然频频回首顾盼他，因为她爱他是她的同乡，而且在众人当中他的容貌最俊美。吹笛女孩表演完了后，就坐到使徒对面，不眨眼地望着他。但是使徒没有看任何人，没有留意任何人，眼睛看着地面，等待着离开的时间。

8. 那个打过使徒的传酒人到泉边打水，那里有一头狮子把他咬死了，肢体被撕成碎片，一群狗跑来叼走他的残骸，其中一只黑狗叼着他的右手来到了宴会的地方。

9. 众人看见这只手吓坏了，问谁不见了。当人们知道这就是那个打过使徒的传杯人的手时，吹笛女郎折断笛子扔在一边，坐在使徒的脚前说："这个人要么是神，要么是神的使徒，因为我听见他用希伯来语对传杯人说：'我不久就会看见这只打我的手被狗叼走'，你们现在看见了，他所说的事发生了。"有些人相信她，有些人不相信。国王听说此事，就来对使徒说："起来跟我走，为我的女儿祈祷吧。她是我唯一的孩子，今天就要嫁出去了。"使徒不愿跟他去，因为神尚未启示他到那儿去。可是国王不顾他的意愿，把他带到了新房，让他为新娘新郎祈祷。

10. 使徒站在那里，开始这样祷告："我的主和我的神，你与你的仆人同在，你是那些相信你的人的向导和带领者，你是受压迫者的庇护和安息，你是穷苦人的盼望，你是被囚者的拯救者，你是被病痛压倒的人的灵魂的医生，你是一切生物的救主，你给予世界以生命，你给予灵魂以力量，你知道未来，并让我们去成就。主啊，你揭示隐藏的奥秘，宣讲秘密的道。主啊，你是善树的种植者，你亲手造就了一切美好的事物。主啊，你在万有之内，贯注万物，你在你造就的一切事物之中，让你自己在它们的运作中显现出来。耶稣基督，你是仁慈的、完美的救主的儿子。基督啊，生命之神的儿子，你是推翻了敌人的大无畏的能量，统治者听到你的声音，动摇了他们的权力。你是来自上界的使者，深入到了冥间，是你打开了一重重的大门，把许多世代以来关在黑暗之中的人带出来，指给他们走向上界的道路。我主耶稣啊，为这些年轻人献上祈求，为他们做对他们有帮助、有好处、使他们获益的事吧。"使徒按手在他们头上，说："神与你们同在。"然后，他离开他们那里，自己走了。

11. 国王让伴郎们离开新房。当众人离去,大门关上之后,新郎拉开门帘走进洞房,要跟新娘圆房。他看见主耶稣正在跟新娘讲话,他的容貌跟刚刚祝福过他们然后离开的犹大·多马一样。他于是对他说:"你不是在大家离开之前就已经走了吗? 怎么现在还在这里呢?"主对他说:"我不是犹大·多马,我是他的兄弟。"然后耶稣坐在床上,吩咐他们两个坐在椅子上,然后开始对他们说:12."孩子们啊,记住我兄弟对你们说的话。你们要知道,要是你们能够克制污秽的交合,你们就会成为神圣、纯洁的圣殿,脱离一切已知的或未知的痛苦和烦恼,你们就不必为生活和子女操心,那一切的结局只是灭亡。要是你们生出许多孩子,那么为了他们的缘故,你们会变得贪婪,去欺凌孤儿寡妇,使自己遭受最为可怕的惩罚。大部分孩子都是没有用的,或明显或暗中被魔鬼附体,他们有的会发疯,有的会枯萎,有的盲,有的聋,有的哑,有的瘫痪,有的愚蠢。即便他们生来是健康的,那也没有用,他们会做一些无益的、可憎的事情,他们可能会做出通奸、谋杀、偷盗、乱伦的行径,所有这一切都会让你们受到煎熬。但是如果你们听我的劝告,在神面前保持灵魂的纯洁,那么你们就会生出永生的子女,不会遇到这些令人痛苦的事,你们可以无忧无虑,没有烦恼、没有悲伤,过宁静的生活,有望获得不朽的、真正的婚姻,你们将作为新郎进入满是不朽和光明的新房。"

13. 这对年轻人听了这番话后就相信了主,把他们自己托付给主。他们克制了淫秽的欲望,在那里静静地过了一个晚上。主离开他们的时候对他们说:"神的恩典与你们同在。"①黎明的时候,国王来了,把一张装饰好的桌子搬进来,放在新郎和新娘面前。他看见他们面对面坐着,新娘的面纱已经揭去,新郎面带喜悦。母亲进来了,对新娘说:"孩子啊,为什么你这样坐着,没有害羞的样子? 就好像你已经跟你的丈夫一起生活了好长的岁月?"父亲说:"是不是因为你对你的丈夫有伟大的爱,才把面纱揭开了呢?"

14. 新娘回答说:"父亲啊! 我确实在大爱之中,我要向主祷告,愿我在今

---

① 《歌林多前书》16,23。

夜体验到的爱能够长存,愿我能够获得我今天体验到的那个人。我不戴面纱,因为害羞的镜子已经从我这里移开,我不再会感到害羞和脸红,因为那种羞耻与脸红的事已经离我远去。我不会再感到害怕,因为在我里面不再有惊恐。我欢欣喜悦,因为快乐的日子未被打扰。我蔑视这在我眼前逝去的丈夫和婚姻,因为我已经结上了另一桩婚姻。我没有和这位短暂的丈夫夫妻交合——那样只能带来淫荡和灵魂的痛苦——因为我已经跟一位真正的丈夫结合。"

15. 新娘这样说着说着的时候,新郎也应和道:"主啊,我感谢你!你是那位异乡人宣讲、在我们中间找到的主。你使我远离腐败,把生命种在我心灵里面。你把我从一辈子缠身的难治的疾病中解救出来,在我里面建立了真正的健康。你向我显现,向我启示了我自己所处的处境。你拯救我免于堕落,把我引向了更美好的事物,让我从短暂的事物中解脱出来,让我们配得不朽与永恒。你谦卑自己,迁就我的软弱,把我安置在你的伟大的旁边,与你相结合。你没有不怜悯我这个迷失的人,指示我当如何找到我自己、知道我本来是谁、现在又是谁、处于怎样的境地,为的是让我回到本来的我。那个本来的我,我并不认识,是你亲自把我找到;那个本来的我,我并没有意识到,是你亲自把我带到你的面前;那个本来的我,我现在已经感觉到,刻刻留心不会忘怀,因为他的爱在我心灵里面燃烧。我无法恰当地言说这种爱,我所能说的是渺小和不足的,配不上他的荣耀。但是他没有因我说出我所不认识的而责备我,因为正是因为他的爱,我才说这么多。"

16. 听了新郎和新娘说的话,国王撕破了自己的衣服对站在身旁的人说:"快去!找遍整座城市,把那个巫师抓来!他来到这个城市真是噩运!是我亲手带他到这房间祝福我不幸的女儿。有谁能把他抓来,向我求什么我都答应。"那些人就四处去寻找使徒,可是找不到,因为他已经出航了。他们找到他下榻的旅店,看见那个吹笛女郎在忧伤地哭泣,因为使徒没有带上她。听了众人告诉她那对新人发生的事,她极度高兴,抛开了忧伤,她说:"现在我也在此地找到了安宁。"她站起来到他们中间去,与他们同行了很长一段时间,直到他们回去向国王报告。许多弟兄也都聚集在那里,直至他们听到使徒的消息：他到了印度，在各个城市传道。于是众人便离开去跟从他。

第二章　使徒与功达佛鲁斯王

17. 使徒与商人阿巴尼来到了印度的城邦，阿巴尼拜见功达佛鲁斯王，向他述说了买来一个木匠的事。国王听见后很欢喜，命令他带那个木匠进来。国王看见使徒，问他："你懂得什么手艺？"使徒回答说："我懂得木工和建造。"国王说："木工你懂得什么？ 石工你懂得什么？"使徒说："木工我会造犁、牛轭和牛刺棒，还有木船、船桨和船桅。石工我会造神殿、墓碑、王宫。"国王说："你能为我建一座宫殿吗？"使徒说："好的，我会把它造起来，并且把它装饰好，因为这是我到这里来的目的，就是要造房子和做木工。"

18. 国王收下了使徒，带他走出城门，一路上向他讲述王宫的建造和地基，以及宫殿的布置。他们来到了国王想要在那里兴建王宫的那个地方，国王说："我想把宫殿建造在这个地方。"使徒说："是的，这个地方适于建造。"因为那个地方有很多树木和水。国王说："开始造吧。"使徒说："我不能在这个季节动工。"国王说："那你什么时候可以动工？"使徒说："我会在十月动工，十二月完工。"国王感到惊讶，他说："所有建筑都是在夏天兴建的，你能在这个冬天建造完成一座宫殿吗？"使徒说："必须这样子，别无可能。"国王说："如果你已经下定决心，就给我画一张蓝图，给我看这个宫殿将会是什么样，我要过很长一段时间才会到这里来。"于是使徒拿了一支芦管开始画起来，他测量了那个地方，把大门设置在东方，向着太阳升起的地方以可以见到光明，窗户朝西，可以迎接微风，厨房朝南，导水渠朝北。国王看了之后对使徒说："确确实实你是一位工匠，做国王的奴仆实在是委屈了你。"于是国王留下了许多钱，离开了。

19. 按照约定的时间，国王给他和工人送来金钱、给养和食物。但是多马收下之后全部把它们分了，他在周围城乡走动，把它们分配施舍给那些穷人和生病的人，解救他们的苦厄。使徒对他们说："国王知道他将会获得高贵的回报，穷人必须得到给养，这是他们的处境所决定的。"此后，国王派遣使者到使徒那里去,并且写信给他说:"请你告诉我你已经做的事,也告诉我你需要什么,要我送什么东西到你那里。"使徒回信说:"宫殿已经建好,只差一个屋顶了。"国王听了,就又送来了金银,并写道:"如果已经造好,就给宫殿盖上屋顶吧。"使徒向主祈祷说:"主啊!我在万事万物之中感谢你!你确实短暂地死亡,为的是让我在你里面获得永生。你把我卖掉,为的是你的大能可以通过我解放更多的人。"使徒没有停止教导和救济那些受苦的人,他对他们说:"这是主分配给你们的,他给每一个人食粮,因为他是孤儿的抚养者、寡妇的照顾者,他是所有受苦之人的解脱和安息。"

20. 国王来到城里,向友人打听那位被称为多马的犹大所建的宫殿。他们对他说:"多马没有兴建什么宫殿,也没有做他应许的事,他只是城市和乡间行走,把他的所有救济穷人,宣讲一位新的神,医治病人,驱赶魔鬼,并做了许多奇异的事,我们都认为他是个巫师。可是他的仁慈、他的无偿的医治、他的简朴和善良以及他的信心,都显示他是一个正直的人,或者是他宣讲的那位神的使徒:他不断地禁食祷告,他只吃面包和盐,只喝清水,无论冷暖都只穿同一件衣服,对任何人都无所求,他把他所有的都给了别人。"国王听了这些话,用手擦脸,连连摇头。

21. 国王召见了把多马带回来的那位商人,并传召多马,问他:"宫殿造好了么?"使徒说:"造好了。"国王说:"我们什么时候可以去验收?"使徒回答说:"现在你看不见,要等你离开这个世界以后,就会看到。"国王十分震怒,命人把商人和多马捆起来,投入监牢,等查明盖宫殿的钱给了谁就处死他们。使徒开开心心地去了监狱,他对商人说:"不要害怕,只要相信我所宣讲的神,你将从这个世界里面解脱出来,在未来的世界得到生命。"

国王考虑了如何处死他们,决定把他们活剥皮,用火焚烧。当天晚上,国王的兄弟高得(Gad)病倒了,由于国王所受的悲伤和失望,他感到非常抑郁。他派人请来了国王并对他说:"我的兄弟和国王啊,我把我的家室和子女都托付给你。我为你受到侮辱而难过,看吧,我就要死了,如果你不要了那个巫师的命,我的灵魂到了阴间也不会安心。"国王对他的兄弟说:"我整个晚上都在想怎样把他处死,现在决定要活剥皮,用火烧,那个带他来的商人也要这样处死。"[叙利亚文版:国王的兄弟说:"如果还有比这更重的惩罚,都拿来对付他吧。我让你掌管我的房屋和子女。"]

22. 说了这番话,国王的兄弟高得的灵魂就离去了。国王为高得痛哭,因为他十分爱他的兄弟,他下令让他穿上高贵的王袍下葬。与此同时,众天使带着高得的灵魂到了天上,让他看那里建好的宫殿和住处,并问他说:"你要住在哪一处?"当他们走近多马为国王所兴建的宫殿时,高得对众天使说:"主啊,我恳求你让我住在其中最低的那个房间。"众天使回答说:"你不能住在这宫殿里。"高得说:"为什么?"众天使说:"这座宫殿是基督门徒为你兄弟兴建的。"高得说:"主啊!我恳求你,让我回到我兄弟那里去,让我从他那里买下这座宫殿。我兄弟并不知道这是一座什么样的宫殿,他会答应卖给我的。"

23. 众天使让高得的灵魂走了。就在众人为他穿尸衣的时候,他的灵魂回到了身体里面。他对围在他身边的人说:"叫我的兄弟来,我要求他一件事。"众人径直告诉国王:"你的兄弟复活了。"国王起身带着一大班人来到他兄弟那里,站在他的床前,惊异得说不出话来。国王的兄弟说:"兄弟啊,我知道并且深信,如果有人向你要一半的王国,你也愿意为了我的缘故送给他。因此我祈求你给我一个我所求的恩惠:请你把我所求的卖给我。"国王回答说:"你要我卖什么给你?"他说:"请你发誓答应我的要求。"国王就发誓说:"只要是我所拥有的,无论你要什么,我都会给你。"他说:"把你在天上的那座宫殿卖给我。"国王回答说:"我怎么会在天上有一座宫殿?"他说:"是那个基督徒为你兴建的,就是商人从耶稣那里买来,现在被你锁在狱中的那个基督徒。我说的是那个希伯来奴隶,你受了他的骗,想要惩罚他,而我也因为他的缘故伤心死去,又因为他的缘故复生。"

24. 国王听明白了他所说的话,知道了他将获得的切身的永恒的利益。他说:"那座宫殿我不能卖给你,我会祷告,盼望能住在里面,并努力成为配得住在里面的人。如果你确实想买一座这样的宫殿,那么,那人还活着,请他给你盖一座更好的吧。"他立刻命人把使徒和囚禁在一起的商人从监牢里放出来,对他说:"我恳求你,恳求神的使徒,愿你能为我祷告,恳求主宽恕我对你所做和所想的,让我能够成为配得住在那宫殿里的人。我没有付出辛劳,是你在神的恩典的帮助下独自为我兴建那座宫殿。愿我也能成为一个仆人,服侍你所宣讲的那位神。"国王的兄弟也跪在使徒面前,说:"我在你的神面前祈求你,让我有资格侍奉他,让我能够配得上他的天使指给我看的那些事物。"

25. 使徒洋溢着喜乐之情说:"主耶稣啊,我赞颂你! 你把你的真理启示给了这些人! 唯有你是真理之神,除你之外没有别的真理之神,你知道多数人所不知道的万事万物。主啊! 你在一切事上都显现出对人类的慈悲和宽容。人们因为他们里面的谬误而轻视你,但是你并没有轻视他们。现在我祈求恳请你接受国王和他的兄弟进入你的羊圈,求你用你的水洁净他们,用你的油膏抹他们,让他们脱离包围着他们的谬误,使他们远离豺狼,让他们进入你的牧场,让他们喝那既不污浊也不会枯竭的不朽的泉水,因为他们祈求、恳请做你的仆人和使者,他们甘愿为此受你的敌人的迫害,甘愿为了你的缘故受众人的憎恨和嘲笑,甚至为你而死,就如同你为了保护我们的缘故受尽所有这一切苦难那样。主啊! 你是真正的主,确确实实是一个好牧人。求你赐福给他们,让他们唯独信你,获得唯有来自于你的帮助和拯救的盼望,使他们在你的奥秘之中得到印证,得到你的至为完美的恩典和赏赐,在对你的服侍中获得幸福,在你的父里面达到至善。"

26. 国王和他的兄弟完全地信赖多马,跟随着多马寸步不离,他们施舍财物,救济一切穷困的人。他们恳求多马,让他们获得道的印记。他们对使徒说:"看吧,我们的灵魂是多么从容而热切地向往神,请给我们印记吧! 因为我们听你传道说,神是凭借他的印记认识他的羊的。"使徒对他们说:"我也很高兴,恳求你们接受这个印记,跟我一起分享主的圣餐和恩典,并在里面得到成全。我们的主是万有之神,是我所宣讲的那一位耶稣基督,他是真理之父,我已经教导你们要相信的那一位。"他吩咐他们拿来了油,让他们通过油接受印记。他们拿来了油,点了很多灯,因为这是在晚上。[叙利亚文版:国王命令将浴池封闭七日,不准任何人在那里洗澡。七日期满之后,在第八日晚上他们三人到浴池去,让犹大给他们施洗。浴池里点起了很多灯。]

27. 使徒站起来印记他们,主在一个声音中向他们显现说:"兄弟们,愿平安与你们同在。"①他们听见声音,却看不见他的形象,因为他们还未领受这个印记的附加的印记[叙利亚文版:他们还未受洗]。使徒取了油倒在他们头上,膏抹他们。他说:

> 降临吧,高于一切名字的基督的圣名!
>
> 降临吧,至高的能量,完美的慈悲!
>
> 降临吧,至高的赏赐!
>
> 降临吧,仁慈的母亲!
>
> 降临吧,阳性的伴侣!
>
> 降临吧,那位揭示隐藏的奥秘的她!
>
> 降临吧,七间屋子的母亲,
>
> 愿你们安息在第八间屋子里面!
>
> 降临吧,心灵、意念、反省、深思、理性这五种功能的长老,
>
> 与这两位年轻人沟通吧!②
>
> 降临吧,圣灵,清洁他们的情感和心灵,
>
> 奉天父、圣子及圣灵之名,加给他们附加的印记!

当他们受了印记之后,就有一位拿着火炬的年轻人显现在他们面前,随着那火炬之光的来临,他们的灯显得昏暗了。他离去后他们就再也看不见他。使徒对主说:"主啊,你的光明我们无法包容,我们也无法承受,对于我们的眼睛,你的光明太强烈了!"黎明来临,天亮起来之后,使徒分开面包,让他们分享基督的圣餐,他们都高兴喜悦。又有许多人信了,加入他们之中,得到了主的庇护。

---

① 《约翰福音》20,19-21-26。

② F.C.Burliitt 把这五个词译为:清醒、理智、心灵、想象、意图。

28. 使者没有停止向他们传道："男人和女人、男孩和女孩、少男和少女、壮年人和老年人，无论是奴隶或是自由人，你们都要远离奸淫、贪婪和暴食，因为一切的邪恶都归在这三者的名下。奸淫弄瞎了心灵，使灵魂的眼睛变暗，使人不能很好地调养身体，使整个人变得衰弱，把整个身体抛入到疾病之中。贪婪把灵魂带入到恐惧与羞耻当中，使灵魂呆在身体里面，去攫取他人的物品，以为物归原主会让灵魂蒙羞。暴食使灵魂陷入各种担忧、挂虑和烦恼之中，它使人处心积虑，以免有所缺乏，或者追求那些遥不可及的事物。如果你们能够免除这一切，就能免去烦恼、悲伤和恐惧。你们要谨守主对你们的教导：'不要担心明天，因为明天要担心明天的事情。'①要记住他所说的话：'看那野地的乌鸦和天上的雀鸟，它们也不种，也不收割，也不储备粮食，上帝尚且分配给它们，小信的人啊，神分配给你们的不知多了多少呢?'②你们要期待他的来临，把盼望寄托在他身上，相信他的名。因为他是生者和死者的审判者，③他根据每个人所做的事给予赏罚。当他再次降临时，没有人可以在受他审判时说请求原谅的话语，就好像他听不见似的，因为他的使者已经在这个世界上的四面八方宣道。你们悔改吧！相信应许，套上温柔的轭，挑起轻松的担子，④这样你们就会得到生命，永不死亡。你们要接受这些道理，谨守这些道理。走出黑暗，让光明迎接你！到真正至善的他那里去吧，这样你们就能获得他的恩典，把他的印记刻在你的灵魂里。"

29. 使徒说话的时候，旁边有些人说："债主讨债的时候到了。"使徒对他们说："那些放债的人总是希望收到更多，但是让我们只给他该得的部分。"使徒祝福他们，然后拿了面包、油、香草和盐，祝福以后分给了他们，使徒自己则继续斋戒，因为主日就要黎明了。［叙利亚文版：使徒自己也吃了，因为星期日到了。］

---

① 《马太福音》6,34。

② 《马太福音》6,26。

③ 《使徒行传》10,42。

④ 《马太福音》11,29-30。

夜幕降临，使徒睡着了，这时主来了，站在他的头边，说："多马，早点起床，在祝福完所有人、祈祷和礼拜之后，沿东方的道路走二里路，在那个地方我要把荣耀显在你身上。你为之前往的这个神迹将会让许多人在我里面得到庇护，你也将借此谴责敌人的本质和能量。"使者从睡眠中醒来，对和他在一起的弟兄们说："孩子们和兄弟们啊，今天主将会通过我成就一件大事，让我们一起祷告，向他祈求，使我们不会成为他的障碍，一如既往地让他想成就的事按照他的旨意由我们来成就。"说完以后，他就把手按在他们身上，祝福他们，把面包分开，让他们分享圣餐，并说："愿圣餐带给你们慈悲与怜悯，而不是审判和报应。"然后他们说："阿门。"

第三章　关于蛇

30. 使徒前往主吩咐他去的那个地方，走近第二块里程碑的时候，他稍稍地偏离了道路，他看见有个标致的年轻人躺在路上。使徒对主说："主啊，是为了这个你把我带到这里来，让我看见这个试探吗？你的旨意将会如你所愿得到奉行。"使徒开始祈祷说："主啊，你是活人和死人的审判者，是站在这里的活人和躺在这里的死人的审判者。你是万有的主人和父亲。你不仅是身体之内灵魂的父亲，也是离开了身体的灵魂的父亲，对于那些在污染之中的灵魂，你也是主和审判者。请你在我呼唤你的时候降临，把你的荣耀显示在躺在这里的这个人身上。"然后使徒转身对跟从他的人说："这件事发生不是没有原因的，一定是敌人所为，他让这事发生是为了攻击我们。你们要注意，他会不会用其他方法或者服从于他的猛兽袭击我们。"

31. 使徒说完，只见一条大蛇从洞里出来，它的头和尾巴敲打着地面，用很响的声音对使徒说："我会告诉你我杀死这个人的原因，因为你到这里来是为了谴责我做的事。"使徒说："好，说下去吧。"那蛇说："我们对面的村子里住着一个美丽的女子，有一天她路过我住的地方，我看见她以后就一见倾心。我跟随着她，守望着她。我发现这个年轻人吻她，还和她交媾，还跟她做了另外一些可耻的事情。本来我很容易向你宣告他们的罪状，但我知道你是基督的孪生兄弟,总是要消灭我们的族类[叙利亚文版:我说起来容易,但是我不敢对你说,因为我知道弥赛亚的大水会消灭我们的族类]。因为我不想吓惊那个女子,我当时并没有杀死他,等到晚上他经过时,我才将他咬死,尤其是因为他在主日做出这样的事。"使徒问那蛇说:"告诉我,你是属于什么种,什么族类?"

32. 那蛇说:"我是爬虫族类中的爬虫,有毒的父亲的有毒的儿子,我的父亲曾毒害、打击站立的四兄弟。我是那一位的儿子,他坐在天下的宝座上,索回人们向他借的。我是那一位的儿子,他包围着天体。我是那一位的亲人,他在海洋之外,他的尾巴衔在他自己的嘴里。我就是那一个,曾穿越天堂的栅栏,对夏娃说了我父亲要我向她说的那些事情。我就是那一位,点燃该隐的怒火,让他杀死了他自己的兄弟,并且为了我的缘故,地上长出了荆棘与杂草。我就是那一个,把天使从上界扔了下来,使他们陷入对女人的迷恋,为的是让他们在地上生出孩子,为的是让我的意志在他们里面得到实现。我就是那一个,让法老王的心坚硬起来,杀害以色列人的孩子,用沉重的劳役压迫他们。我就是那一个,让大众在旷野中走上谬误,造出了金牛。我就是那一个,燃起了希律王和该亚法的怒火,在彼拉多面前作空虚不实的指控。这些作为是与我的本性相符的。我就是那一个,煽动了犹大,贿赂他出卖了基督。我就是那一个,居住潜伏在地狱的深处,但是神的儿子恶待我,违背我的意志,从我这里带走了那些属于他自己的人。我是那一位的亲人,他从东方来,被赋予能量在地上做他想做的事。"

33. 毒蛇当着众人的面说了这番话,使徒提高了声音,大声地说:"你这个最无耻者啊! 从此以后你要了断,进入混沌并且完全地死去,因为你的毁灭就要到来。不要斗胆讲述你通过那些屈服于你的人所行的劣迹。我以耶稣的名义命令你,——耶稣直到现在还在与你争夺属于他的人——:把你注入到这个人里面的毒液吸出来!"蛇回答说:"你所说的我们的毁灭的时候还没有到来,你为什么要逼我吸回我注入到这人身上的毒液,让我在我的时间之前死去? 因为当我自己的父亲从创造物吸回他放进去的东西的时候,他的终结也会到来。"使徒对毒蛇说："那么你现在就把你父亲的本性显现出来吧！"毒蛇走上前来，用嘴吮吸那个年轻人的伤口，把他的胆汁吸出来。那年轻人的颜色慢慢地由紫色变成白色，而那条蛇则膨胀起来。当毒蛇把毒液吸光的时候，那个年轻人跳起来、站立、奔跑、跪在使徒面前。那条蛇膨胀起来，爆裂而死，毒液和胆汁四溅，在毒液溅到之处裂开了一道鸿沟，那条蛇便被吞没到里面去了。使徒对国王和他的兄弟说："找工人来填满这地方，造好地基，建造一座房子，让它成为异乡人的居所。"

34. 那位年轻人在使徒面前流着泪说："我怎样对你犯了罪呢？你是一位拥有两个形体的人，我明白，你无论想到哪里，你就在哪里显现，不受任何障碍。我看见有一个人站在你身边对你说：'我要通过你显示许多神迹，我要通过你实现伟大的事业，你也将为此得到回报：你将使许多人得到生命，让他们作为神的孩子永远地安息在光明之中。'然后他对你说到了我：'快去，这个年轻人被敌人击中了，你把他扶起来，做他的永远的监护人。'就这样，你到这儿来了。就这样，你离开了他，但他一刻也未曾离开你。我现在已经变得没有忧虑，也没有耻辱，因为在黑夜的忧虑中他已经照亮了我，也在白天的辛劳中得到了安息。我已经摆脱了那个黑夜之子，他煽动我去做那些跟你的教导相反的事，对你做出犯罪的事情。我失去了那一位，他是黑夜的近亲，他迫使我通过他自己的行为犯罪；我已经找到了那一位，他是光明的，是我的近亲。我已经失去了那一位，他把他的臣民置于黑暗之中，把他们弄瞎，使他们不知道他们的所作所为，不会为他们自己的作为感到羞耻而离开他，从而终结他们所做的工作；我已经找到了那一位，他的工作是光明的，他的行为是真理，人若做了他的工作，绝不会为这些行为而感到后悔。我已经离开了那一位，他惯于说谎，在他的前面行走着黑暗，那是他的面纱，他的后面跟着耻辱，在懒惰之中不知羞耻；我已经找到了那一位，他指示给我那些我可以坚持的美好的事物，我甚至找到了真理之子，他是和谐的近亲，他驱散迷雾，照亮他自己的创造物，他医治它的伤口，推翻了他的敌人。啊，属于神的人啊，我恳求你，让我再次见到他，让我再次看到如今已经向我隐去的那一位，让我听见那我不能言说的奇妙的声音,因为那声音绝不是来自于肉体的器官。"①

35. 使徒回答他说:"如果你抛弃了这些事情,那么诚如你所说的那样,你已经获得了知识。如果你认识了是谁在你里面成就了这一切,那么就要学会成为他的倾听者,就是倾听你在热烈的爱慕之中所追求的那一位。你将不仅看见他,而且将永远地与他在一起。你将安息在他的安息里面,你将会在他的喜乐之中。但是如果你松懈对他的追求,回到你从前的行径之中,离弃刚刚向你显现过的美丽和光辉的容貌,忘记你现在所热切向往的他的光明的照耀,那么你将不仅被剥夺此生,也会被剥夺来生,你将回到你刚才说已经失去了的那一位那里去,你将再也见不到你刚才说你已经找到的那一位。"

36. 使徒说完就牵着青年人的手到城里去了,他对青年人说:"你所看见的这些事情,只是神的许多作为中的一小部分,因为他所带给我们的不是关于我们所能见到的事物的好消息,他所应许我们的乃是比这更伟大的事情。只要我们还在身体之内,我们就无法言说和指示他赐予给我们的灵魂的那些事物。如果我们说他赐给了我们光,那么光是可见的,我们已经有了。如果我们把它说成是财富,那么财富是存在并显现在这个世界之中的,我们用财富命名的这些世上的事物,我们其实并不需要,因为经上说:'富人难以进入天国。'②如果我们把它说成是华丽的衣裳,那么这个名字指的是那些奢华之人在此生所穿的,而经上说了:'那些穿着精美的人是皇宫中的人。'③如果我们把它说成是豪华的宴席,那么我们曾经领受过一条要我们对此谨守的诫命:'不要过度狂欢、陶醉,不要为此生过分忧虑'。④ 关于这些东西,经上说了:'不要为你的生命考虑吃什么、喝什么、穿什么,你们的灵魂不只是为了食物,你们的身体也不只是为了穿衣。'⑤如果我们把它说成是休息,那么我们所说的只是短暂的休息,它也是要受到审判的。相反,我们说的是天上的世界,是神和天使,是

① 叙利亚文版在这一段之前插入了一个同等长度的段落,主要讲人的自由意志和堕落的。
② 《马太福音》19,23。
③ 《马太福音》11,8。
④ 《路加福音》21,34。
⑤ 《马太福音》6,25。

看守者和神圣者,是不朽的食物和真正的葡萄酒,是持久的、永远不旧的衣着,是眼睛未曾看见过,耳朵未曾听到过的事物,它们也未曾进入过罪人的心中,这些事物是神为信仰他的人预备的。① 我们交谈的就是这些事情,关于这些事情我们确实带来了好消息。因此,你们相信他,你们就能活着,你们信靠他,你们就不会死。他不会为你们献上的礼物动心,也不需要你们献给他的祭。但是如果你们敬仰他,他就不会轻视你们,你们转向他,他就不会抛弃你们。因为他的美好和美丽会吸引你完全地爱他,而他也不会允许你离开他。"

37. 使徒向青年说完这番话之后,一大群人加入了他们之中。使徒看他们,看到他们正在高高地把他们自己提升起来,为的是能看见使徒,有些人正在往高处走。于是使徒对他们说:"你们这些想要加入基督的群体的人啊,你们这些愿意相信耶稣的人啊! 我们就以此为例吧,你们就会明白,如果你们不提升自己就看不见矮小的我,也不能把与你们相像的我辨认出来。除非你们提升自己,稍稍地高于地面,否则你们连跟你们相像的我都看不到,更不用说看到在极高之处,又在极深之处的那一位了! 因此你们一定要从以往的无益的言和行中提升出来,从不持久的欲望中提升出来,从带不走的财富中提升出来,从会变得陈旧的此世的财产和正在腐朽的衣裳中提升出来,从逐渐随着韶华逝去的美丽中提升出来,更要从储存所有这一切事物的肉体中提升出来:肉体会逐渐衰老、化为尘土,最后归于自然。你们要相信我们所宣讲的我们的耶稣基督,这样你们的盼望就在他里面,你们将会在他里面拥有永不终结的生命的世界,他将成为你们在这个谬误的国土中的同行者,成为你们在这个动乱不安的大海中的港湾,他将成为这个干涸的大地上的喷涌的泉水,②成为这个饥饿的大地上装满了食物的粮仓,成为你们的灵魂的安息和你们的身体的医生。"

38. 那些聚集起来的人们听了这番话,都哭了,他们对使徒说:"啊,属于神的人啊! 你所宣讲的这位神,我们不敢说我们是属于他的,因为我们已经做

---

① 《歌林多前书》2,9。

② 参:《多马福音》13。

过的那些事是与他相异的,是不让他高兴的。但是如果他同情、怜悯我们、拯救我们,宽恕我们以前的行为,让我们从我们以前在谬误中所犯下的罪恶里解脱出来,不把那些罪恶归罪于我们,也不记恨我们从前所犯的罪,那么,我们愿意成为他的仆人,愿意奉行他的意志,直到尽头。"使徒对他们说:"他不会跟你们算账,也没有记下你们在谬误中所犯的那些罪,相反,他宽恕了你们在无知中所犯的那些过失。"

第四章 会说话的小驴子

39. 当使徒还站在大路上跟大众说话的时候,有一头雌性的小驴子来到他的跟前。[叙利亚文版:多马说:"这头小驴子来到这里是受神的指引的。小驴子啊,我对你说,奉神的恩典,你将拥有向站在这里的大众说话的能力,你可以说任何你想说的话,好让他们都相信我们所宣讲的真理之神。"小驴子开口了,它用主所赐予的能量说起话来],他对多马说:"你是基督的孪生兄弟,至高者的使徒,你在基督的秘密话语中得到了传授,接受了他的神秘的喻示,你是和神的儿子一起工作的人,你从自由人变为奴隶,因为你的被出卖许多人得到了自由。你是那伟大的族类的近亲,定敌人的罪,拯救属于自己的人,你已经成为了生活在印度大地上的人们获得生命的机缘。这里的人们陷入到了谬误之中,你的到来,你的出现,你的神圣话语,使他们归向那一位差遣你的真理之神。请你骑在我身上休息,直至你进城。"使徒回答说:"耶稣基督啊,完美的仁慈之子! 你是安息和宁静,连没有理性的牲畜也要言说你! 你是隐藏的安息,你的工作彰显了你是我们的救主和养育者,你维持我们,让我们安息在这个不属于我们自己的身体之中。我们灵魂的救主啊! 你是甘甜的、永不枯竭的泉水,安全、纯净、不受污染;你是你的仆人在战斗中的助战者和保护者,你让我们避开敌人,把我们的敌人赶走,你在许多战斗中为我们而战,使我们在所有战斗中获胜。你是我们的真正的、不可战胜的战士,是我们的神圣的、战无不胜的将军,你是至高荣耀者,你赐给属于你自己的人永不消逝的喜乐、没有苦难的解脱,你是好牧人,把自己奉献给了羊群,打败了豺狼,救回了你的羊,把它们带领到丰美的牧场。我们荣耀赞美你、不可见的圣父、你的圣灵和万有之母。"

40. 使徒说完这些话,众人都看着使徒,看他怎样回答驴子。使徒沉默良久,似乎进入了恍惚的状态之中,他仰望天空,对小驴子说:"你是谁? 你属于谁? 从你口中说出了奇妙的、令人惊异的事情,这些都是许多人所不知道的事情。"小驴子回答说:"我属于曾经侍奉过巴兰(Balaam)①的那一类家畜,你的主和老师曾经骑过的那一个也是跟我同属于一个族类的。我现在被派来,是为了让你骑在我身上休息,这样我将获得信心,也将通过侍奉你而获得我将要获得的那一份。如果我不侍奉你,我将获得的那一份将会从我这里被夺走。"使徒对那驴子说:"赐予你说话的能力的这一位将会把这一份赐给你,也赐给你所属的族类,直到永远。相对于这一个奥秘,我是无能的、软弱的。"使徒不愿意骑在它背上,但是驴子恳求使徒,让他骑在它身上为它祝福。于是使徒就骑上了小驴子,众人都跟着他,有些人在前,有些人在后,他们都跑着,想看看使徒最后会怎样让驴子离去。

41. 来到了城门附近,使徒就下了驴子,说:"去吧,安全地回到你所从来的那个地方去吧。"那驴子就立刻倒在使徒的脚下死了。在场的人都很伤心,他们对使徒说:"让它复活!"使徒回答说:"我确实能够奉耶稣基督的名让它复活,但是这样对它没有好处。赐予它说话能力的那一位也能让它不死。我不会让它起来,不是我不能够,而是因为这样对它而言是最好的。"使徒叫在场的人挖了一个坑,埋葬了小驴的尸体。他们按照他的命令这样做了。

第五章 被邪灵附身的女子

42. 使徒在众人的簇拥下进了城。他想着去那个年轻人的父母那里,因为他复活了那个被蛇咬死的年轻人,他的父母热切地恳求使徒到他们家里去。

① Balaam,《民数记》中,一个美索不达米亚的非以色列人的先知,又是一个负面人物。摩押国王巴勒召巴兰来咒诅以色列人;但巴兰依神的命令祝福以色列人。然而,巴兰因为贪心,计诱以色列人与摩押人联合,跪拜偶像,违背上帝的命令,而自取灭亡。

突然有位十分美貌的女子大声呼喊:"来到了印度的新神的使徒啊!你是神圣的、唯一的至善之神的仆人!因为是你宣布他为那些接近他的灵魂的救主,是你医治了那些受敌人折磨的身体,是你成为了那些皈依他的人获得生命的机缘。请你下命令把我带到面前吧!让我告诉你发生在我身上的事情,也许我将因为你而获得盼望,那些站在你身旁的人也将更加信赖你所宣讲的神。这五年来我受到了魔鬼的不小的折磨。"使徒吩咐她走到他这里来,那女子来到使徒面前,她说:"真神的仆人啊,作为一个女人,我从前一直生活在宁静之中,平安在四面八方围绕着我,我无忧无虑,没有任何担忧。"

43."有一天我从澡堂出来,遇见一个不安的、情绪反常的男人,他讲话的声音非常昏沉微弱,他站在我面前说:'让我们在爱里面结合吧,像丈夫和妻子那样交合。'我对他说:'我拒绝结婚,我跟我的未婚夫都未做过这事,怎么可能会委身于你,跟你私通呢?'说完,我就走了。我对我的侍女说:'你看到那个无耻的年轻人了吧?他对我说的话是多么的不知羞耻和无礼!'但是我的侍女说:'我看到的是一个老人跟你说话。'我回家吃过晚饭后,心里在疑惑,特别是他怎么会以两种形象向我显现。我怀着这样的念头睡着了。就在当天夜里,他来了,我跟他行了污秽的交媾。天亮的时候,我看见他,就逃离他。但是在夜里,他可以随意地来凌辱我。到见到你为止,我已经被他烦扰五年之久了,他到现在还没有离开我。但是我知道并且深信,不管是魔鬼、邪灵还是怪兽都屈服于你,会在你的祷告面前发抖。因此请求你为我祷告,驱赶那个一直困扰着我的魔鬼,让我获得解放,恢复我原初的本性,领受赐予给我的族类的恩典。"

44.使徒说道:"难以克服的邪恶啊!无耻的敌人啊!永不安宁的嫉妒者啊!猎取美色的丑恶者啊!你有许多的形体,但是不管你如何随意显现,但是你无法改变你的本质。你这个诡计多端的无信仰者啊!你这棵结出苦果的苦树啊!你这个征服异己者的诽谤者啊!你这个厚颜无耻的骗子啊!你这个像毒蛇那样爬行的邪恶者啊!毒蛇就是你的族类!"使徒说完,那个敌人就出现在他的面前。只有那个女人和使徒看得见他,他用大家都能听得见的声音高声说：

45."至高者的使徒啊！我们跟你有什么相干呢？① 耶稣基督的仆人啊！我们跟你有什么相干呢？神的儿子的使臣啊！我们跟你有什么相干呢？我们的时间未到，你为什么要毁灭我们呢？为什么你要夺去我们的能量呢？到此刻为止我们还有盼望，还有时间。我们跟你有什么相干呢？你有权统治属于你自己的，我们有权统治属于我们的。你教导别人不要行事暴虐，但是你为何这样暴虐地对待我们呢？为什么你跟那些不知足的人那样垂涎那些不属于你的人呢？为什么你像那个恶待我们的神子呢？你完全跟他相像，就好像就是他所生的那样。我们曾经想过要把他置于我们的驾驭之下，就好像我们驾驭其他人那样，但是他却反过来使我们臣服于他：因为我们不认识他。他用平凡、贫穷、困顿的外表欺骗了我们，使我们以为他只是一个血肉之躯的人，不知道他就是赐予人们生命的那一位。他给予了我们权力，统治属于我们自己的人，我们不应在此刻离开这些归我们统治的人，而要住在他们里面。但是你想得到的比你所应得的更多，你想得到的比给予你的更多，这样做完全是折磨我们。"

46. 说了这些话以后，魔鬼哭泣道："我的最美丽的伴侣啊，我要离开你了！我在很久很久以前就找到了你，跟你一起安息，但是现在我得离开你了！亲爱的、可信赖的妹妹啊，我曾在你里面获得了快乐。我不知道我该怎么办，我不知道向谁呼告，谁会听我、保护我。我知道自己会怎么做：我要离开这个地方，到一个从没有听说过这个人的地方去，或许我可以找到一个不同名字的人。[叙利亚文版：兴许我可以找到另外一个人来代替你，我的爱人。]"接着他提高了声音说道："愿你永远平安！因为你找到了一个比我更强大的人佑护你。我就要离开了，去寻找一个跟你相像的人，如果找不到的话，我还是会回来找你的。因为我知道，你在这人身边的时候，他可以庇护你，但是当他离开以后，你就会回到他到来之前的样子了，你会忘记他，到了那时我就有了机

————————

① 《马可福音》5,7。

会和信心。但是现在我害怕这个拯救了你的人的名字。"说完,魔鬼就消失不见了。他走了之后可以看到火和烟雾,在场的人都大吃一惊。

47. 使徒看到这个景象,对众人说:"这个魔鬼没有显示出什么奇怪的、非常的东西,只不过是显示了他将被焚烧的那些元素而已。因为那火将会把他毁灭,而烟雾也将弥散。"接着使徒说道:"耶稣啊! 你给我们揭示了隐藏的奥秘! 你让我们知道了许多的奥秘! 你曾把我跟我的所有同伴分开,单独对我说了三句话:这些话语让我像火一样燃烧,但是却无法传达给别的人。耶稣啊,你是被杀、死去、然后被埋葬的那个人! 耶稣啊,你是神的神! 你是使死人复活、使疾病得医治的救主! 耶稣啊,你好像很贫困,却又好像没有任何缺乏地救济我们,为我们的早餐和晚餐捕到鱼,用一小片面包就喂饱了所有人。耶稣啊,你会像一个人那样在旅途的疲劳中休息,又会像一个神那样行走在波浪之上。"

48. "耶稣啊,你是那至高者,你是来自于完美的仁慈的声音,你是万有的救主,你是光明的右手,你用你自己的本性推翻了邪恶者,把自己的族类全部聚集在一个地方。你有许多形体,你是至高神的独生子,是众神之中的首生者,①你是至高的神,同时又是人,人们轻视你,直到现在。耶稣基督啊,只要我们呼唤你,你绝不会轻视我们,你是所有人获得生命的机缘! 你为了我们的缘故受审判,被锁在牢房里,但是你却解放了一切受束缚的人! 你被人说成是骗子,但是你却把人们从欺骗中解救出来了。我为这些在场的、相信你的人向你祷告。他们想要得到你的恩典,拥有对你的救助的愉悦的盼望,在你的伟大中得到庇护。他们的耳朵已经开窍,准备倾听说给他们听的话语。愿你的平安降临,寓住在他们里面,更新他们,让他们洗净过去的作为,让他们用行动抛弃旧人,穿上我向他们宣讲的新人。"②

49. 使徒把手按在他们身上,祝福他们说:"愿我主耶稣基督的恩典永远

①　《罗马书》8,29。
②　《歌罗西书》3,9-10。

降临在你们身上。"①然后众人说："阿门。"那个女子乞求使徒说："至高者的使徒啊,把那个印记给我吧,这样那个敌人就再也不会回到我这里来了。"使徒让她走近,手按在她身上,以天父、圣子、圣灵的名义印记了她,还有许多其他的人也跟她一起受了印记。使徒吩咐他的执事摆一张桌子,他们摆了一条在那儿找到的凳子,在上面铺了一块亚麻布,然后在上面摆了祝福的面包,使徒立在凳子旁边,说道:"耶稣啊! 是你认为我们配得上分享你的神圣的身体和血的圣餐,看吧,我们要斗胆享用你的圣餐,呼唤你的圣名:愿你降临,与我们交通。"

50. 使徒接着说道:

> 降临吧,完美的慈悲!
>
> 降临吧,阳性的友情!
>
> 降临吧,认识蒙拣选者之奥秘的那一位!
>
> 降临吧,参与了高贵的战士的所有战斗的那一位!
>
> 降临吧,那启示了全然伟大之中的伟大事物的静默!
>
> 降临吧,宣示隐藏的事物、并使不可言说者变成显白的那一位!
>
> 降临吧,那生下了双生子的神圣鸽子!
>
> 降临吧,隐藏的母亲!
>
> 降临吧,那彰显在她的行为中、给予与她联合的人以喜乐与安息的那一位!
>
> 降临吧,在以你的名义举行的圣餐中与我们交通,
>
> 在你的呼召下聚在一起的这个爱的筵席中与我们交通!

说完,使徒在面包上划了十字,掰开,分给众人。他先分给那个女子,说道:"这一块给你,免除你的一切罪和永恒的罪行。"然后他分给那些一起得印

---

① 《罗马书》16,20。

记的人[叙利亚文版:并对他们说道:"愿这圣餐临到你们,使你们得到生命和安息,免去审判和复仇。"然后他们说:"阿门!"]。

第六章 杀了女子的年轻人

51. 有个年轻人曾经做过一件极凶恶的事。他来领受圣餐,双手就枯萎了,无法把圣餐放进嘴里。在场的人看见了就告诉使徒所发生的事。使徒把他叫来,对他说:"孩子,不要害怕你到来之前所做的事,把它告诉我,主的圣餐已经判明你有罪。分给众人的圣餐给那些怀着信心和爱来到这里的人带来了医治,但是到了你的手上却枯萎,所发生的事要是没有特别的理由是不可能发生的。"那个被圣餐显明有罪的年轻人上前跪在使徒跟前,诉说恳求道:"我做了一件恶事,本以为是做了一件好事。我爱上了一个住在城外客栈里的女子,她也爱我。当我听说了你的事迹之后,就相信了你宣讲的那一位永生的神,我跟着其他人来到你这里获得了印记。你曾说过:'凡是行污秽交合的人,尤其是通奸的人,将不会拥有我宣讲的那位神的生命。'由于我非常爱她,我就恳求她、试图说服她在贞洁、纯粹的行为中跟我一起生活,诚如你所教导的那样。但是她不愿意。由于她不愿意,我就拿剑杀了她,因为我见不得她跟另外的男子行奸淫。"

52. 使徒听了,说道:"愚蠢的交合啊,你如何把人带到无耻之中!不受束缚的欲望啊,你如何煽动这个年轻人作出了这样的事情!毒蛇的工作啊,你如何在你自己里面发狂!"使徒让人取来一盆水,在水取来之后,他说:"降临吧!来自于生命之水的水!你永不枯竭,是从永不止息者那里派到我们这里来的,你是安息,是从赐予人安息的那一位那里派到我们这里来的!你是拯救的能量,来自于那征服一切事物、使它们臣服于自己的意志的能量!降临吧,寓住到这些水里面,愿圣灵的恩典在这些水里面完完全全地得到成就。"然后他对那个年轻人说:"来吧,在这水里面洗手。"年轻人洗了手之后,他的双手就恢复了原状。于是使徒对他说:"你是否相信我们的主耶稣基督能够做成一切事?"那年轻人说:"虽然我是最微不足道的,但是我相信。我做那事时以为自已做的是好事,我已经对你说过,我当时恳求她,可是她不答应持守她的贞操。"

53. 使徒对他说:"去吧,让我们一起到你犯事的那个客栈去。"那年轻人就在使徒前面走。来到了客栈,他们看到那个女子躺在那里。使徒看了很难过,这是一位美丽的女子。使徒命人把她抬到客栈的里面,他们把她放在床上,然后抬到客栈庭院的中间。使徒按手在她身上,说道:"耶稣啊,你无时无刻不向我们显现,因为这是你的旨意,我们应该每时每刻都寻求你,是你自己赐给了我们寻求和领受的力量,你不仅允许我们这样做,还教给我们如何祷告:我们肉眼看不见你,但是你从不向我们的灵魂的眼睛隐藏;你的形体是隐藏的,但是你通过你的工作向我们显现;在你的许多事迹中,我们尽可能地认识了你,你自己也赐予了我们无量的恩典:你说:'你们要求,我就会给予;你们寻找,就能找到;你们敲门,门就会开。'①我们因此恳求你,怀着对我们所犯之罪的恐惧,我们恳求你,我们不求财富,不求金银,不求财物,不求那些出于土又将归于土的东西,我们恳求你,借着你的权能,为了这些站在这里的众人的赞美和信仰,奉你的圣名让这个躺在这里的女子复活。"

54. 使徒印记了那个年轻人,对他说:"去吧,握住她的手,对她说:'我这双手用铁把你杀死,现在我这双手要凭着对耶稣的信仰让你复活。'"于是那年轻人上前站在她的身旁说:"耶稣基督啊,我相信你!"然后他仰望着使徒犹大·多马,对他说道:"请为我祷告吧,让我呼唤的主来帮助我。"然后他双手握着那女子的手说道:"降临吧,我主耶稣基督!请赐给她生命,赐给我对你的热诚的信仰。"他用手拉她,于是她坐了起来,看着站在周围的这么多人。她看见了站在她对面的使徒,就从床上跳起来,拜倒在他的脚下,拉着他的衣服说道:"主啊,我祈祷!你的那位伴侣到哪里去了?他没有把我留在那个可怕的忧伤之地,而是把我交给了你,还说:'接受这个女子吧,使她成为完美,然后把她带回到她自己的地方去。'"

① 《马太福音》7,7。

55. 使徒对她说:"告诉我们你刚才在哪里。"她回答说:"你想听吗?你刚才跟我在一起,我不是被托付给你了吗?"接着她开始叙述①:"有一个丑陋的人,他全身漆黑,衣服污秽,他领了我,把我带到一个有许多深坑的地方,那地方散发着非常强烈的恶臭和极其讨厌的蒸气。那人让我依次看每一个深坑。我看见第一个深坑里面有火在燃烧,有许多火轮在转动,还有许多人的灵魂挂在轮子上面,彼此强烈地碰撞,发出极响的嚎哭声,但是没有人去解救他们。那人对我说:'那些灵魂是跟你类似的,等到算账的日子,他们就会被惩罚或者毁灭。然后又会有其他人被带来替代他们,同样,他们又会被后来的其他人所替代。这些人就是生前夫妻变态交合的人。'我又往下看,看见有许多婴儿彼此挣扎堆放在一起。他对我说:'这些就是他们的孩子,作为指控他们的见证被安置在这个地方。'②

56. "他带我来到了另一个深坑,我俯身向下望,看见了涌动的污泥和蠕虫,有一些灵魂在里面打滚,我听见了他们咬牙切齿的声音。那人对我说:'这些是离弃丈夫跟其他人通奸的女人的灵魂,她们被带来这里受苦了。'那人又指给我看另一个深坑,我朝里面看见了有些灵魂被吊在那里,有的吊着舌头,有的吊着头发,有的吊着双手,有的倒过头来吊着脚,被硫磺和烟火熏烤着。关于这些人,陪伴我的那人告诉我说:'那些被吊着舌头的人是诽谤者,他们曾经不知羞耻地说过谎言和可耻的话语。那些被吊着头发的人是一些厚颜无耻的人,他们根本没有羞耻感,光着头在世界上到处行走。那些双手被吊着的,是曾经偷窃和私取不属于他自己的财物的人,他们从不救济穷人,从不帮助受苦的人,他们之所以这样是因为他们想获得一切,他们根本不在乎律法和公义。那些倒过头来吊着脚的,是那些轻快地、欣然地走向邪恶和混乱的道路的人,他们从不探望生病的人,也从不护送那些行将去世的人。因此之故,每一个灵魂都受到了他自己所做的事的报应。'

57. "随后那个人又带着我去看一个非常黑的、发出极度的恶臭的深坑。

① 下面对于地狱之苦的描写主要源于《彼得启示录》。
② 叙利亚文版没有这个关于婴儿的句子。

有许多灵魂在里面向外张望,想要呼吸一点空气,可是守卫者不让他们向外看。我的陪伴者对我说:'这就是你看见的那些灵魂的监狱。当那些灵魂为他们的罪行受够了折磨之后,别的人将替代他们。有些灵魂被完全消灭,还有一些灵魂则要移交给另外的苦刑。'这个黑暗的深坑的守卫者对带我来的那个人说:'把这个女子交给我们,让我们把她和其他人囚在一起,直到把她带去受惩罚的时候为止。'但是他对他们说:'我不能把她交给你们,因为我害怕把她交给我的那个人。他没有告诉我要把她留在这里,我要把她带回去,直到我获得有关她的新的命令为止。'然后他带我到了另一个地方,那里的人受到更酷烈的折磨。然后那个跟你相像的人带着我,把我交给了你,他对你说:'带着她,因为她是一只迷路的羔羊。'于是你就接受了我,就这样我现在站在了你的面前。因此,我恳求你、哀求你,不要让我到那些我看见过的可怕的惩罚之地。"

58. 使徒说:"你们都已经听见了这女子的叙述,其实地狱之苦不只是这些,还有其他更可怕的。如果你们不皈依我所宣讲的神、戒除你们过去在无知中所造的孽、所做的事,那么你们的结局就在这些折磨之中。因此你们要相信耶稣基督,他会宽恕你们迄今为止所犯的罪,他会洗净你们这个居住在世上的身体的一切欲望,他会医治那些跟在你们后面的、伴随着你们同行的、走在你们前面的过失。因此你们每个人都要脱去旧人,穿上新人,①抛弃你们以前的言和行。那些偷盗的人不要再偷,要靠自己的劳苦和工作生活。② 那些犯奸淫的人不要再通奸,否则将被送往永远的折磨之中:因为在神面前,通奸是超过一切其他罪的极恶。你们要抛弃贪心、说谎、醉酒和诽谤,不要以恶报恶,③因为所有这些事都与我所宣讲的神相异。你们要行走在信仰、温顺、神圣和盼望之中,那是神所喜悦的,这样你们就能成为属于他自己的子民,有望从他那里获得只有极少数人才能获得的恩典。"

---

① 《歌罗西书》3,9。
② 《以弗所书》4,28。
③ 《彼得前书》3,9。

59. 所有的人都因此相信了,顺从地把他们的灵魂交付给永生的神和耶稣基督,在至高者的蒙福的工作中、在他的神圣的侍奉中感到喜悦。他们带了钱用于服侍城中的寡妇。使徒把城中的寡妇聚集起来,让他自己的执事给每一个寡妇提供给养,包括衣服和食物。而使徒自己则不停地向他们传道,向他们说明这就是经书中宣称的那位耶稣基督:他来到世上,被钉十字架,三天后从死里复活。然后他又明明白白地向他们解释有关基督的事,从先知开始说起:基督是必然会到来的,凡是预言过的有关他的事都要在他身上成就。使徒的名声传遍了所有的城市和乡村,有病的人、受不洁的灵压迫的人都来求助,有些人则躺在他必经的路上,使徒都凭借主的能量治好了他们。那些被治好的人都异口同声地说:"荣耀都归我主耶稣,你通过你的仆人、使徒多马,治好了我们这些人的病。我们都健全喜乐,我们恳求你,让我们进入你的羊群,让我们成为你的羊。主啊,请接受我们,不要把我们以往在无知中所犯的罪过算在我们头上。"

60. 于是使徒说:"荣耀归于父的独生子![①] 荣耀归于众兄弟的首生者![②]荣耀归于你,你是那些向你寻求庇护的人们的保护者和帮助者!你从不昏睡,你唤醒了昏睡的人,给予死人以生命。啊!耶稣基督,永生之神的儿子,你是一切在你的工作中劳苦的人们的庇荫和安息,你是一切为了你的名承受日间的重负和汗水的人们的医治者。[③] 我们感谢你赐给我们的和在你的帮助下赐给我们的恩典,感谢从你那里临到我们的宽恕。"

61. "愿你让这些事情成就在我们身上,直到末日,让我们拥有在你里面的信心;愿你看顾我们,因为我们为了你的缘故离开了家庭和父母,为了你的缘故,我们心甘情愿、高高兴兴地成为了异乡人;主啊,请看顾我们,因为我们为了你的缘故抛弃了一切财产,为的是能够拥有你,拥有夺不走的财产;主啊,请看顾我们,因为我们离开了那些通过亲缘关系跟我们联系在一起的人,为的

---

① 《约翰福音》1,14。
② 《罗马书》8,29。
③ 《马太福音》20,12。

是跟你结成亲戚；主啊，请你看顾我们，因为我们离弃了父母和养育者，为的是我们能够看到你的父亲，得到他的神圣的食粮的喂养；主啊，请你看顾我们，因为我们抛弃了肉体的配偶和地上的果实，为的是我们能够成为恒久的、真正的团契的参与者，结出真正的果实，那些果实的本性乃是来自于上界，没有人可以把它们从我们这里夺走，我们住在它们里面，它们也跟我们住在一起。"

第七章　国王的大臣

62. 多马在印度宣讲神的话语。马兹大（Misdaeus, Mazdai）国王的一个大臣来到使徒面前，对他说："我听说你从不收取别人的报酬，反而把你所有的给予有需要人的。如果你愿意接受报酬的话，我就送很多钱来，就不会亲自到这里来了，因为国王离不开我。我的财产很多，非常富有，算得上印度的一个富人。我从没有错待过任何人，可是不幸的事情却发生在我身上。我有一个妻子，我跟她生下一个女儿，我很疼爱她，如本性所要求的那样，从未跟另外的女人交合。有一次城里有一个婚宴，摆下婚宴的是我的朋友们，他们来请我前去，也邀请了我的妻子和女儿。由于他们是我的好友，我无法谢绝。我派我的妻子前往，尽管她不愿意去，我还派了很多仆人跟她们一起去。于是我的妻子和女儿盛装打扮后就去了。"

63. "傍晚，约摸婚礼散席的时间，我带着灯和火炬去迎接她们。我站在街上，张望着妻子和女儿会在那一个时间出现。我站在那里，听见了悲叹的声音。'她不好了！'我的仆人们破烂着衣衫，走到我面前告诉我所发生的事。他们说：'有一个男子，还有一个男孩和他在一起。那男子用手抓住了你妻子，而那男孩用手抓住了你的女儿，她们想逃跑，我们也用剑击刺他们，但是我们的剑掉到了地上，同时你的妻子和女儿也摔倒了，咬牙切齿，以头撞地，我们看见这样的情况就跑回来向你报告。'当我听见仆人这样说时，我撕着衣服，用双手重击自己的脸，就像疯子一样沿街奔跑起来，最后我在集市找到了她们。我带她们回到自己家里，过了很长时间，她们才恢复知觉，最后平静安定下来。"

64. "我开始问妻子：'你们发生了事？'她说道：'你不知道我发生了什么事吗？我恳求过你不要让我去参加婚宴，因为我的身体感觉不太舒服。我走在路上，来到了一条水沟，水在里面奔流。我看见对面一个黝黑的男人望着我，向我点头，旁边还站着一个跟他相像的男孩。我于是对女儿说：看那两个丑陋的人，他们的牙齿像牛奶，嘴唇像黑炭。然后我们离开水沟边的这两个人，继续行路。太阳落山的时候，我们离开婚宴，跟仆人们穿过城市，来到了水沟边，我女儿最先看见了他们，她很害怕，向我跑来，然后我也看见他们向我们走来，然后我们就逃离他们。我们带的仆人也都逃跑了。然后这两个人就殴打我们，把我们摔倒。'她讲完这些事情，那些魔鬼又到了她们的身上，把她们摔倒在地上。从那时起，她们就不能出门了，我把她们锁在这间或者那间房中。为了她们我受了很多苦，感到很伤心，因为那两个魔鬼无论何时何地找到她们，都要把她们摔倒在地上，把她们剥得一丝不挂。我在神的面前恳求、哀求你，请你怜悯我、帮助我，到现在为止，我的屋子没有摆下餐桌，我的妻子和女儿也没有坐在餐桌上，这样已经过了三个年头了。我要特别为我那可怜的女儿求你，她还没有见过这个世界上的任何美好事物呢。"

65. 使徒听了大臣的话，为他感到难过，就对他说："你相信主耶稣会医治她们吗？"那大臣说："我相信。"使徒说："那就把你自己交托给主耶稣吧，他会医治她们，让她们获得救助。"那大臣说："请你把他指我看，让我能够恳求他、信仰他。"使徒说："他不向肉体的眼睛显现，只有心灵的眼睛才能找到他。"那大臣于是高声说道："耶稣啊！我信仰你！我恳求你、哀求你，帮助我这个对你有小小的信仰的人吧！"于是使徒让他的随从色诺芬（Xenophon, Xanthippus）把所有的兄弟都聚集在一个地方。当众人聚在一起的时候，使徒就站在他们中间对他们说：

66. "信仰主的孩子和兄弟们啊！你们要住在信心之中，宣讲我向你们宣讲的这位耶稣，你们要把你们的盼望寄托在他身上，你们不要抛弃他，他也不会抛弃你们。当你们睡在压倒昏睡者的睡眠之中的时候，他没有睡着，他一直看顾着你们。当你们航行在海上遇到危险，无人能够帮助你们的时候，他行走在水面上,支持和帮助你们。我就要离开你们了,现在还不清楚我是否还会以肉身再见到你们。你们不要像以色列人那样,一时看不见他们的牧养者就被绊倒。我留下我的执事色诺芬来代替我,因为他也像我一样宣讲耶稣:我们宣讲的根本不是我,也不是他,我们宣讲的只是耶稣。因为我也是一个人,穿着这个身体,我和你们一样也是人的儿子。我不像有些人那样拥有财富,财富只会宣告那些拥有它们的人的罪,是完全没有用的,最后会回归尘土,回到它们所从来的地方。金钱带着罪恶的过失和污秽,正是通过金钱,这些过失和污秽降临到了人的身上。富人极少布施,只有那些仁慈和心里谦卑的人才能承继神的国度。美貌并不能持久,那些把自己寄托在美貌上面的人,随着年岁的增长,将被突然地置于羞耻的境地。万物各有自己的时间,在一定的季节被爱、被恨。愿你们把盼望寄托在神的儿子耶稣基督身上,他是永远被爱,永远被渴求的。你们要提醒我们,就如同我们提醒你们那样:因为,如果我们不能担负起诫命的重担,我们将不配宣讲他的名,此后将受到惩罚。"

67. 然后使徒和他们一起祷告,祷告和祈求了很长时间,然后把他们交托给主,使徒说:"主啊！你统治着身体之中的每一个灵魂！你是那些把盼望寄托在你身上、期待着你的仁慈的那些人的父！你把那些属于你自己的人从谬误中拯救出来,你把那些在你这里求庇护的子民从束缚和腐败中解放出来。求你住在色诺芬的这个羊群中,用圣油膏抹他们,医治他们的病痛,使他们不受狼群的抢掠。"使徒按手在他们身上,说道:"愿神的平安降临在你们身上,也与我们同行。"

第八章　野驴

68. 于是使徒上路了,他们哭泣着为他送行,恳求他在祷告中记着他们,不要忘记他们。使徒上了车,留下了所有兄弟,那位大臣让车夫站起来,他说:"我祈祷、恳求,愿我配得坐在他的脚下,在这段路上做他的车夫,以便他在那条极少人行走的路上成为我的伴侣。"

69. 走了约两里路之后,使徒吩咐大臣起来,坐在他的身旁,让车夫回归原位。他们继续前行的时候,由于天气太热,驴子疲倦走不动了。大臣十分焦急,非常沮丧,他想自己跑回去带另外的驴子来拉车。可是使徒对他说:"你不要担心和害怕,只要你信仰我宣讲的耶稣基督,你就能看到奇异的事。"使徒向前面瞭望,看见一群野驴在路边吃草。使徒就对大臣说:"如果你真的信仰耶稣基督,就走上前去对那群野驴说,'新神基督的使徒犹大·多马对你们说:你们当中的四个到这里来,我们需要你们。'"

70. 那大臣战战兢兢地向前走去,因为野驴有那么多。当他走上前去的时候,那群野驴也迎着他走来,当它们走近的时候,大臣对野驴说:"新神的使徒犹大·多马命令你们:让你们当中的四个到这里来,我们需要你们。"野驴听了,就整齐地走上前来,向他表示敬意。〔叙利亚文版:于是使徒多马高声颂赞说:"荣耀归于你,真理之神和自然之主,因为你以你的意志实现了你的意志,完成了你的一切工作,造就了一切创造物,让他们接受他们的本性的约束,让他们怀着敬畏之心服从你的命令。你的意志行走在从奥秘到彰显的道路上,你关照你所创造的每一个灵魂,所有先知在一切异象、声音、语言中讲述你,但是以色列由于其邪恶的性情没有服从你。你是万物之神,你关照所有的创造物。你在他里面把你的慈悲普施给我们,他是从你而来的,穿上了这个身体,万物是按照你的意志,按照你的荣耀的智慧造就的。他是你秘密地指派、明显地确立的,你把他叫作神的儿子,他是你的意志,是你的意念的能量,因此你拥有不同的名字:父、子和圣灵,用以管治你的创造物,养育一切族类,你是荣耀、能量和意志中的一,你被分,但是没有被分开,你被分,但是你仍然是一,万有存在于你里面,万有都臣服于你,因为万有是你的。主啊! 我信靠你,凭借你的命令让这些不会说话的野兽臣服,好让你的救助之能在我们和它们身上彰显出来,因为这是需要的,也好让你的名能够在我们和这些不能说话的野兽里面得到赞颂。"〕于是使徒对它们说:"愿你们得到平安。你们当中四个代替这些停下来的牲畜来拉车。"每一头驴子都走上前来,要求拉车。其中有四头比其他的强壮,套上了轭,其他的有些在前面走,有些在后面跟。走了一段路以后,使徒就让这些驴子离开了,他对它们说:"你们这些荒原的居民啊,住在沙漠中的驴子啊，回到你们的草场中去吧。如果我需要你们全部，我就会叫你们全都跟随我走，但是现在你们还是回到你们居住的地方去吧。"于是那些驴子就静静地离开了，直到从视野中消失。

71. 使徒、大臣和车夫继续赶路，那些野驴安静、平稳地拉着车，尽量不打扰神的使徒。到了城门附近的时候，它们转弯停在了大臣家的门前。大臣说："我不可能讲述所发生的事，我要等到最后的结局再说。"全城的人都来看拉车的野驴，使徒将要留在此地的消息也传开了。使徒问大臣："你家在哪儿？你要把我们带到什么地方？"大臣说："你自己知道我们已经到了家门口，这些按照你的命令发生的事，你比我更清楚。"

72. 说完，他们下了车。使徒开始讲话："耶稣基督啊，你的知识在这个国家中受到了轻视！耶稣啊，在这个国家没有人听说过你的名字！耶稣啊，你接纳所有的人，你派遣使徒去每一个国、每一个城，一切属于你的、配得的人，都在你里面得到了荣耀！耶稣啊，你接受了肉身，变得像一个人的样子，让我们所有人都能看见，为的是不让我们离开你的爱！主啊，你为我们舍身，把我们当作珍贵的财产以血的代价赎买我们！主啊，我们能够给你什么，来交换你赐给我们的生命呢？我们可以给你的，都是你赐给我们的：我们恳求你，我们就是借此拥有生命的。"

73. 使徒说话的时候，许多人从各个角落聚集起来，来看这位新神的使徒。使徒继续说道："为什么我们呆站在这里呢？主耶稣啊，时候已经到了，你要我们做什么呢？请命令我们完成应该做的事吧。"这段时间大臣的妻子和女儿受到魔鬼极度的困扰，屋里的人都以为她们再也起不来了，魔鬼不允许她们吃任何东西，只是把她们扔在床上，她们不认识任何人，直到使徒到来为止。使徒对右边拉车的一头野驴说："你从这个门进去，站在那里向那魔鬼说话，你这样说：耶稣基督的门徒犹大·多马对你们说：从这里离开，我是为了你们以及你们的族类而被派遣到这里来的，我来是要毁灭你们，把你们赶回到你们自己的地方，直到时间终结的时候，你们下降到你们自己的黑暗的深渊里去吧！"

74. 野驴在许多人的陪同下走了进去,它说道:"耶稣基督的敌人啊! 我现在向你们说话,你们要闭上眼睛,以免你们看见光明! 我对你们说话,你们这些地狱和毁灭之子! 你们是那一个孩子,他不停地作恶,不断地翻新做着跟他的本性相符的工作和事情! 我对你们说,你们这些最无耻者,你们将用你们自己的双手毁灭你们自己! 关于你们的毁灭和终结,以及我对你们的忠告,我不知道要说些什么,因为有无数的事情要说。你们所犯的罪过甚至比等着你的苦刑还要大[叙利亚文版:你们的身躯尽管很大,但是相对于你们将要受的报应,那是太小了]。但是魔鬼啊! 我对你说,也对跟随着你的儿子说:从现在起我被派来跟你们作对了! 但是为什么还要说许多关于你的本性和根源的话语呢? 这些都是你们自己知道的,而且你们也从不对此感到羞耻。无尽的爱和慈悲把耶稣基督的门徒犹大・多马派到此地来了,他命令你们:在众人面前站出来吧,告诉我你们是什么族类!"

75. 那个女人和她的女儿立刻走上前来,她们像死人一样,面目可憎。使徒看到她们,感到非常难过,尤其为那个女孩子感到难过。他对那魔鬼说:"愿不要有宽恕和忍耐临到你们身上,因为你们根本不懂得忍耐与同情! 我奉耶稣的名,命令你们立即离开这两个女子,站到一边去!"使徒说完,那两个女子就倒在地上,死了。她们没有呼吸,也不会说话。魔鬼用很大的声音回答说:"你又到这里来了吗,你这个嘲弄我们的本性和我们的族类的人? 你又来到这里了吗,你这个破坏我们的诡计的人? 我想,你是根本不容我们在地上存在了。但是这一次你却做不到。"使徒意识到这个魔鬼是他以前从另一个女子身上驱赶出来的魔鬼。

76. 那魔鬼说:"我恳求你,让我离开,到你想让我去的那方,住在那里,听从你的诫命,这样我就不用害怕那个有权管我的统治者了。正如你是来传播福音的那样,我是来搞破坏的;如果你没有完成差遣你的那一位的旨意,你就会受到处罚,同样,如果我不执行那个差遣我来的那一位的旨意,我也会受到惩罚,在约定的时候之前被送到我自己的本性之中;正如你的基督在你的作为中帮助你那样,我的父也在我的作为中帮助我;正如你的主为你准备了配得上你居住的器皿那样，我的主也为我寻找器皿，让我可以借着它实现他的事业；正如你的主养育他的子民那样，我的主也为那些成为我的居所的人提供了惩罚与折磨；正如你的主赐给你永恒的生命，作为你的工作的报酬那样，我的主也赐给我永恒的毁灭，作为我的工作的报酬；正如你通过祷告、善功和灵性的感恩补充力量那样，我是通过杀人、通奸和祭坛上献祭的酒补充我的力量；正如你让那些皈依你的人们走向永恒的生命那样，我使那些服从我的人走向永恒的毁灭和折磨；正如你获得属于你自己的人那样，我也获得属于我自己的人。"

77. 魔鬼说完这些话，还说了很多，使徒说道："耶稣通过我命令你和你的儿子，永远不要进入到人体的居所里面，你们要出来，你们要离开，完完全全地居住在人体的居所之外。"魔鬼们对使徒说："你给我们下了一道苛刻的诫命。但是你会怎样对待那些向你隐藏起来的能量呢？造偶像的人喜欢他们，甚于喜欢你，众人崇拜他们，按照他们的旨意行事，用祭品、葡萄酒、食物和水给他们献祭。"使徒说："他们连同他们的工作将被一起毁灭。"魔鬼突然消失不见了，那两个女子倒在地上，好像死人一样，没有声息。

78. 那几只野驴子站在一起，没有离开。众人都静下来，看它们会怎么做。那只被主赐予说话能力的野驴对使徒说道："至高者基督的门徒啊，你为什么待在那里呢？他正等待着你向他要求最好的知识呢。你为何要迟疑呢？看吧，你的老师要借着你的双手显示他的奇迹。隐藏者的先驱啊，为何你静静地站着呢？你的主将通过你彰显不可言说之事，那些事是保留给那些配得上他的人听的。奉主的名行奇迹的人啊，为何你静止在那里？你的主鼓励你，给了你勇气。不要害怕，他不会抛弃从出生的时候起就属于你的灵魂。呼唤他吧，他会倾听你的呼求。为何你站在那里惊叹他的事迹和作为？这些只不过是他通过你显露的小事而已。关于他的伟大的恩典，你将怎么述说呢？你的宣讲总是不够的。你为什么要惊叹他所施行的对身体的医治？你知道他的医治是可靠而持久的，是凭借他的本性带来的。为何你看重这短暂的生命，却不考虑永恒的生命？"

79. "站在这里期待着这两个倒下的女子站起来的人们啊，我对你们说：你们要相信耶稣基督的门徒，相信真理的教师，相信显示给你真理的那个他，相信耶稣，相信降生的基督，他的降生使一切受生的人都能够借以得到生命，他也是从婴儿养大成人的，他也是在成年之时才达到完美的。① 他确确实实地教导了他的门徒，因为他是真理的教师，他使智慧的人有智慧。他在圣殿上献上了礼物，以便显示一切祭品都已经被神圣化了。这位就是他的门徒，是真理的显示者，他执行派遣他来的那一位的旨意。可是以后会有假的使徒，有不守律法的先知，他们将按照他们的行为到达末日。他们确实在宣讲，确实命令人们逃离一切的不虔敬，但是他们自己无时无刻不在罪恶之中，他们穿上了羊的衣服，但是里面却是贪婪的狼；②他们不满足于自己的妻子，奸淫许多妇女，他们轻视孩子，毁灭许多孩子，他们将会为了这些孩子而受到惩罚；他们不满足于自己的财产，想让一切他们用不着的东西都只为他们服务；他们宣称他们是他的使徒，他们口中说的是一套，心中想的却是另一套；他们叫别人小心邪恶，自己却根本不做好事；他们被人们视为节制的人，而且也会责令别人禁绝奸淫、偷盗和贪欲，他们自己则静悄悄地做尽这一切的坏事，却教导别人不要做这些事。"

80. 野驴子讲话的时候，大家都凝望着它。野驴子说完以后，使徒说道："耶稣啊！我不知道，我该如何想象你的美丽，我该如何言说你，我实在不能够，因为我没有这个能力讲出来。耶稣基督啊！唯有智慧的人才能知道人的内心，才能明了其中的心思意念。荣耀归于你，你的慈悲和宁静！荣耀归于你的智慧的话语！荣耀归于你的降生在我们身上的怜悯！荣耀归于你的覆盖着我们的仁慈！荣耀归于你的为了我们而成为渺小的伟大！荣耀归于为了我们而谦卑自己的至高的王位！荣耀归于你的为了我们而变得软弱的大能！荣耀归于你的为了我们而显现为人的形象的神性！荣耀归于你的为了我们而死、让我们得到生命的人性！荣耀归于你的从死里复活，因为我们的灵魂是凭借

① 关于婴儿，参：《多马福音》6-8，14，15。
② 《马太福音》7，15。

你的复活才得以上升并得到安息的！荣耀和赞美归于升天的你！你给我们指出了上界的道路,应许我们坐在你的右边,和你一起审判以色列的十二个部族！你是父的天上的话语,你是心灵的隐藏的光明,你是真理道路的指路人,你是黑暗的驱除者,你是谬误的改正者！"

81. 说完,使徒站在那两个女子身边,说道："我的主,我的神,我对你没有怀疑,也不是在不信中呼唤你！你始终是我们的帮助者、扶持者、恢复者！你把能量赐给我们,你鼓励我们,在爱里面赐给你的仆人以自由！我恳求你,让这两个灵魂起来得到医治,回复到她们受魔鬼打击之前的模样！"使徒说完,那两个女子就翻身坐了起来。使徒叫大臣和仆人把她们扶到里面去,[叙利亚文版:拿食物给她们吃,因为她们已经有很多日子没有进食了。]等她们进屋以后,使徒就对那几只野驴子说："跟我来。"于是野驴子便跟着他,一直走到城门外。出了城门以后,使徒就对它们说："平安地回到你们的草场去吧！"那些驴子就欣然地离去了,使徒站在那里望着它们,以免有人伤害它们,一直到那些野驴子走得很远,再也看不见为止。然后使徒和大众回到了大臣的家里。

第九章　查利修斯的妻子

82. 碰巧有一个妇人,她叫麦冬利亚(Mygdonia),是国王的近臣查利修斯(Charisius)的妻子,她来观看这个来到他们国家的新的使徒和他所宣讲的新的名字、新的神。她由仆人们抬着,由于人很多,路很窄,他们无法让她靠近使徒。她叫丈夫多派一些人来供她使唤。这些人到了之后,就来到她的身边,他们推开众人,并且殴打他们。使徒看见了,就对他们说："你们为什么要推开那些倾听话语、热心于话语的人呢？你们想靠近我,却离得很远。诚如经上所说的那些想要走向主的庸众:'有眼睛却看不见,有耳朵却听不见。'①主也曾经对这些庸众说:'有耳朵的要听。'②又说,'到我这里来,一切劳苦的、负重

---

① 《马可福音》8,18。
② 《马太福音》11,15。

担的人,我会给你们安息。'"①

83. 使徒望着那些抬着她的仆人,对他们说道:"这些应许给他们的祝福和告诫也是给你们这些此刻负着极重担负的人的。你们担负着重担,按照她的命令,你们担负着这难以承受的重担。你们虽然是人,却像牲畜那样负着重担,因为,不管你们是奴隶还是自由人,你们上面的那些当权者认为你们不是跟他们一样的人。但是财富不会对富人有益,贫穷也不会拯救穷人免于审判。我们未曾领受我们没有能力奉行的诫命,我们的主也未曾让我们担负我们没有能力担负的重担,我们不是要去劈开石头造屋,就如同工匠凭他们的知识才能做的那样,我们从神领受的诫命只不过是:那些别人做了会让我们不高兴的事,我们也不要对任何人做这样的事。"②

84. "首先要禁绝的是通奸,这是一切罪恶的开端;其次要禁绝偷盗,正是偷盗引诱了犹大,给他带来了绞刑;然后要禁绝贪婪,正是由于屈于贪欲,许多人看不到他们自己所做的事;然后要禁绝虚荣以及一切污秽的行径,尤其是肉体的污秽行径,它们会带来永恒的定罪。这就是一切罪恶的主要渊薮,它抓着他们的脖子,把他们带到暴君的地位,又把他们淬入到深渊,它让他们臣服于它的双手,使他们看不见自己所做的事,因此他们自己所做的事他们并不明白。"

85. "你们要在一切善行中蒙神喜悦,你们要温柔平静,这样神便会宽恕你们,并赐给你们永恒的生命,蔑视死亡。你们也要温顺地跟从一切美好的事物,战胜一切敌人,独自获得胜利的冠冕;你们要温柔地向贫穷的人们伸出援手,供给那些贫穷的人,施舍那些有需要的人,特别是那些行走在神圣之中的人。这一切都是神所拣选的,会引导人们走向永生。那些没有在基督的道路上奋斗的人将不能够达到圣洁。圣洁确实是从神显现出来的,她取消通奸、推翻敌人、蒙神喜悦,她是战无不胜的冠军,她有来自于神的荣誉,受到众人的赞

---

① 《马太福音》11,28。
② 也就是"己所不欲,勿施于人。"

美,她是宣扬和平的使者。如果有人得到了她,他就可以无忧无虑地生活,蒙神悦纳,期待拯救的日子。她绝不会做不合适的事,她只会给予那些得到她的人以生命、安息和喜乐。"

86. "温柔可以战胜死亡,把死亡置于自己的统治之下;温柔能够囚禁敌人;温柔是美好的轭;温柔不畏惧众人,也不与众人对抗;温柔是和平、喜乐和幸福的安息。因此你们要住在圣洁之中、免于忧虑、接近于温柔:这三者就是我向你们宣讲的基督的写照。圣洁是弥赛亚的殿,谁生活在圣洁之中,谁就能获得弥赛亚,让他居在他里面。因为他斋戒了四十日、四十夜,没有吃任何东西。谁遵行节制,谁就住在节制里面,如同住在山上。温柔是他的荣耀,因为他曾对我们的伙伴使徒彼得说:'收起你的剑,放回到剑鞘之中。如果我真想这样做,我岂不会从我父那里带来十二个天使军团?'"①

87. 使徒说了这番话,众人听了,就拥挤着向他靠拢。国王的近臣查利修斯的妻子从椅子里跳了出来,趴在使徒面前的地上,她抓住使徒的脚恳求道:"永生之神的门徒啊! 你来到这个荒漠的国度,我们生活在荒漠之中,我们的生活就好像没有理性的野兽,但是现在我们将要得到你的双手的拯救! 因此我恳求你,恳求你关心我,为我祷告,让你所宣讲的那位神的怜悯临到我身上! 让我成为他的居所,在对他的祷告、盼望和信心中得以联合! 让我得到印记,成为圣殿,好让他能住在我的里面。"

88. 使徒说:"我祈求、恳请你们,我的所有兄弟们! 你们要信仰主。我祈求、恳请你们,我的所有姐妹们! 你们要把盼望寄托在基督身上。愿主的话语住在你们每一个人里面,也让你们住在主的话语里面,因为你们被赋予了统治自己灵魂的力量。"接着他对麦冬利亚说道:"从地上起来,安静下来,拿掉你的首饰,留意你自己,因为你的穿戴并不能对你有益,对你的身体的美丽也无益,你的首饰、你的来自于你的地位和名望、你在这个世上的权力都是于你无益的,如果没有真正的交流,你与你丈夫的污秽的交媾也于你无益。因为化妆

---

① 《马太福音》26,52-53。

出来的外貌最后归于无有，身体也会逐渐变老，衣服会变得破旧，权力和地位会失去，跟子女的关系也会消逝，这一切诚然是轻视的对象。唯有耶稣以及那些把盼望寄托在他身上的人是永存的。"使徒这样说了，然后对那个女子说道："平安地离去吧，主会让你配得上他的奥秘。"但是她说："我害怕离去，我怕你抛弃我们到另一个国家去。"可是使徒对她说："即便我走了，我也不会让你孤单，耶稣的慈爱将与你同在。"她伏在地上向使徒致敬，然后回家去了。

89. 马兹大国王的近臣查利修斯洗完澡躺下来准备吃晚饭。他问妻子到哪里去了，因为她没有像往常那样从房间出来见他。女仆告诉他说："她不舒服。"他连忙走进房间，看见妻子睡在床上，戴着面纱。他揭开面纱吻了她，对她说："你为什么这么闷闷不乐？"她说："我不舒服。"他对她说："你为什么不谨守自己作为自由妇女的身份，庄重地留在家里，却去听无用的演说，去看巫师的法术？起来跟我一起进餐吧，没有你，我吃不下。"但是她对他说："今天就原谅我吧，因为我大大地受了惊吓。"

90. 查利修斯听了麦冬利亚的话，就没有出去吃饭，他吩咐仆人把食物拿进来，在她面前吃。仆人把食物拿了进来，他想她跟他一起吃，可是她拒绝了。他只好独自吃，并对她说："为了你，今天我推辞了跟马兹大国王一起用餐，你却不肯和我一起吃饭？"但是她说："这是因为我不舒服的缘故。"查利修斯于是站起来，像往常那样要跟她睡觉。可是她说："我不是告诉你了，我今天不愿意吗？"

91. 查利修斯听了，只好到另一张床上去睡。他从睡眠中醒来，说："麦冬利亚啊，快来听我所见的梦境吧。我看见自己躺在马兹大国王身旁吃饭，我们面前放了一只装满了各种美味的盘子。我看见一只鹰从天上飞下来，在我和国王面前抢走了两只山鹑，它把山鹑放在自己的胸前，然后在我们头上飞来飞去。国王吩咐侍从拿来一张弓，这时那只鹰又从我们面前攫取了两只鸽子，国王用箭射他，箭从这一边经过他的身旁落到了另一边，他没有受伤，飞回到他自己的巢里去了。然后我就醒了，非常害怕，非常恼火，因为我品尝过那只山鹑，但是那只鹰却再也不让我把它吃到嘴里。"麦冬利亚说："这个梦是好的，因为你每天吃山鹑,而这只鹰直到现在还未曾品尝过山鹑呢。"

92. 早上查利修斯穿衣起床,他把右脚穿进了左脚的鞋子里去了,①他停下来,对麦冬利亚说:"这是怎么回事? 你瞧,这样的梦,这样的动作!"但是麦冬利亚对他说:"这也不是坏事,在我看来是十分好,不幸的事会变成更好的事。"于是查利修斯便洗净双手,前去参见马兹大国王。

93. 麦冬利亚也早早地起床了,去问候使徒犹大·多马。她看见使徒正在和大臣以及众人说话,他问他们这位在灵魂里面接受了主的女子是谁的妻子。大臣说:"她是马兹大国王的近臣查利修斯的妻子。她丈夫是个强硬的人,他无论说什么,国王都会听从。他不会容忍他的妻子继续她所应许过的这种心思状态,因为他在国王面前赞美过她许多次,说再没有像她那样爱他的女子了,因此你对她讲的所有这些事情对于她来说都是陌生的。"可是使徒说:"如果神真实地、确实地提升了她的灵魂,如果她确实地接受了撒在她灵魂里面的种子,她就不会顾虑短暂的生活,也不会害怕死亡,查利修斯也不能伤害她分毫,因为她的灵魂所接纳的那一位是更伟大的,如果她真的接纳了他的话。"

94. 麦冬利亚听了,就对使徒说道:"我的主啊! 我真的领受了你的话语的种子,我会让种子结出果实。"使徒说道:"主啊! 我们的灵魂赞美、感谢你! 因为它们是你的。我们的身体感谢你! 因为是你认为这身体配得上成为你的天上的恩典的居所。"使徒又向站在旁边的众人说道:"那些神圣的人有福了,他们的灵魂不会诅咒他们,因为他们已经获得了他们的灵魂,他们不会再怀疑自己。那些纯洁者的灵有福了,那些在地上完整地获得指定给他们的天上的冠冕的人有福了。那些神圣者的身体有福了,它们已经变得配得上成为神的殿,基督可以住在它们里面。你们有福了,你们已经有了宽恕罪恶的能量。你们这些未曾丧失使命,高兴地肩负着使命上路的人有福了。你们这些圣洁的人有福了,因为你们要求就可以获得。你们这些温柔的人有福了,②因为神认

① 参:《多马福音》22。
② 《马太福音》5,5-8。

为你们配得上成为天国的继承人。你们这些温柔的人有福了,因为你们已经战胜了敌人。你们这些温柔的人有福了,因为你们将会见到神的面。你们这些为了主的缘故而挨饿的人有福了,因为你们将躺在安息之中,你们的灵魂自此喜乐。你们这些静默的人有福了,因为你们被认为已经脱离了罪恶。"当使徒对众人说出了这番话之后,麦冬利亚更加印证了对基督的信心、荣耀和伟大。

95. 马兹大国王的近臣和朋友查利修斯去吃早餐,他看到他的妻子不在家,就问在家的所有人:"你们的女主人到哪里去了?"其中一个回答:"她到那个异乡人那里去了。"他听了这个仆人的话,就对其他的仆人发火,因为他们没有及时向他报告所发生的事。他坐下来等候他的妻子。到了晚上,她回家了,他就问她:"你到哪里去了?"她回答:"我和医生在一起。"他说:"那个异乡人是医生?"她说:"是的,他是医治灵魂的医生。大部分医生医治的是会腐朽的身体,但是他医治的是不朽的灵魂。"查利修斯听了,心里由于那个使徒的缘故对麦冬利亚十分怀恨,但是他没有说什么,因为他害怕,因为她的财富和出生都在他之上。接着他就去吃晚饭,而她却返回了卧室。他对仆人说:"叫她出来吃晚餐。"但是她不愿意来。

96. 他听说她不肯从卧室里出来,就走进去对她说:"为什么你不愿意和我共进晚餐,而且恐怕也不愿意像以往那样和我同寝? 是的,我对此感到非常怀疑。我听说,那个巫师和骗子教导人们不要和妻子同房,本性所需和神所命定的,他都要推翻。"查利修斯这样说,麦冬利亚却保持沉默。于是他又说道:"我的夫人,我的妻子麦冬利亚啊! 不要被骗人的、空虚的话语引上歧路,不要被他的巫术所骗,我听说那个人是奉圣父、圣子、圣灵之名行巫术的。在这个世界上未曾有人可以让死人复活,但是我听说,那个人能够让死人复活。我听说他不吃也不喝,你不要以为他不吃不喝是为了什么正义的缘故,他不吃不喝是因为他一无所有,一个人如果连日常的面包都没有,他还能怎么办呢? 他只有一件衣服,那是因为他贫穷,他不接受报酬[叙利亚文版:那是因为他知道他并没有真的医治过什么人]。"

97. 查利修斯这样说,麦冬利亚还是如同石头般沉默。她只是祈祷,祈祷什么时候天亮了,她可以到基督的门徒那里去。他离开她去吃晚饭,心思很沉重,因为他想着要跟以往一样与她同睡。他出去以后,麦冬利亚便双膝跪下祷告:"我的主,我的神,我的仁慈的父,救主基督,请你给我力量战胜查利修斯的无耻,使我能保持你所喜悦的圣洁,使我借此可以找到永生。"祷告后,她便躺在床上,戴上了面纱。

98. 查利修斯吃过晚餐后就爬到了她的身上,她大呼:"我这里再没有你的位置,因为我主耶稣比你更伟大,他与我在一起,他在我灵魂里面休息!"他笑着说:"你太好笑了,居然说出那个巫师的话! 那个人太好笑了,他说:'你若不洁净,自己就不能和神在一起。'"他说着就企图跟她睡觉,她无法忍受,就苦苦哀求起来:"我呼求你,主耶稣,请你不要抛弃我! 因为我已经把你当作我的避难所,就在那时,我知道了你就是那一位,你寻找那些被无知遮盖的人,你把那些陷在谬误之中的人拯救出来。我恳求你,你的消息我听了就信了,请你帮助我,拯救我逃脱查利修斯的无耻行为,使他的纠缠不能在我这里占上风。"她双手乱打,赤身裸体地逃了出来,拉下卧室的门帘把自己包裹起来,她跑到了保姆卧室,和她同睡。

99. 查利修斯整夜抑郁,他用双手打自己的脸,他想到要立时去告诉国王他所受的伤害,但是他心里想:"如果这巨大的抑郁迫使我去见国王的话,有谁能给我引见呢? 我知道我的虐待已经把我从尊严、虚荣和高贵的地位上摔下来了,已经把我置于卑劣的地位,把我与我的女人麦冬利亚分开了。即便国王现在就站在门外,我也不能走出去回答他。我要等到天亮了,我知道我无论向国王要求什么,他都会给我。我要告诉他,这个异乡人的疯狂如何把高贵和杰出者投入到深渊。我不是因为她不陪伴我而感到伤心,我是为她伤心,因为她伟大的灵魂变得下贱了,作为一位家里人从未发现过有瑕疵的高贵的淑女,居然赤身裸体地逃走,奔出自己的卧室,我不知道她跑到哪里去了,可能她是被那个巫师的手段弄得疯癫了,可能她跑到市集去找他了,因为除了他和他所说的话,没有什么东西能够引动她的爱心。"

100. 说完,他就哀哭起来:"我的妻子啊!我有祸了,你也有祸了!我过早地失去了你!我最亲爱的人啊,我有祸了!你比我们的家族更高贵,我还没有从你那里得到一男半女,好让我从他们得享天伦之乐,你跟我还没有过满一年,那只邪恶的眼睛就把你从我这里抓走了。如果是死亡把你带走了,那我还可以把自己视为王族贵人,但是现在我却是受到一个异乡人的摆布,那人也许是一个逃跑的奴隶,这真是我的晦气和灵魂的不幸!但愿我不要遇到障碍,能够铲除他,报了今晚之仇,如果马兹大国王不能取下这个异乡人的头为我报仇,我也将再也不能讨国王的欢心。我也要向国王告发造成了此事的大臣悉发(Siphor),正是由于他,那个异乡人才出现在此地的,他就住在他的家里,他向在那里进进出出的人们宣讲一种新的教义,他说,'如果不抛弃自己的一切财产,成为像他那样的弃绝者,任何人都无法生活',而且他想办法让很多人成了他的追随者。"

101. 查利修斯想着这些事情,天慢慢地亮了。他穿上旧衣服,穿上鞋子,垂头丧气地、忧郁地向国王请了安。国王看了就问:"你为什么这样悲伤,穿着这样的衣服来呢?我看到你的脸色也变了。"查利修斯对国王说:"我向你报告一件事,悉发给印度带来了一个新的灾祸,那是一个希伯来人,是一个巫师,他住在他的家里,未曾离开,很多人到他那里去,他向他们宣讲一位新的神,并且把闻所未闻的新律法加在他们身上,比如他说:'如果丈夫不离开妻子,或者妻子不离开丈夫,没有人能够进入到我所宣讲的永生。'我的不幸的妻子也偶然去了他那里,成为了他的话语的听讲者,并且相信了这些话语,晚上抛弃了我去找那个异乡人了。请求你把悉发和那个躲在他那里的巫师叫来,砍下他们的头,免得我们整个民族的人民都灭亡。"

102. 他的朋友马兹大国王听了,就对他说:"不要悲伤忧郁,我把他叫来,为你报仇,你也将重新得到你的妻子。如果说我要为那些不能为自己报仇的人报仇的话,那么我首先要为你报仇。"国王坐在审判庭上,命人带大臣悉发。这些人到了悉发家中,看到他坐在使徒的右边,麦冬利亚则在他的脚下,跟着大众听他宣讲。国王派来的人对悉发说:"你坐在这里听空虚的话语,马兹大国王正在发火，为了你带到你家里来的这个巫师和骗子，正要杀你的头呢！"悉发听了就跌倒在地，不是因为国王对他的恐吓，而是因为国王针对的是使徒。他对使徒说："我为你感到伤心。我一开始就对你说了，那个女人是国王的朋友和亲戚查利修斯的妻子，他不会容忍她做她所许诺过的事，无论他向国王要求什么，国王都会准许。"但是使徒对悉发说："不要害怕，而要相信为我们所有人做辩护的耶稣，我们是聚集在他的庇护之下。"悉发听了，就穿上衣服去见马兹大国王。

103. 使徒问麦冬利亚："你的丈夫为了什么事如此恨你，并且要算计我们？"她说："因我没有屈从于他的玷污，昨天晚上他强迫我屈服于他沉迷于其中的情欲，而我把我的灵魂托付给他的那一位把我从他的手里拯救出来了，我赤身裸体地逃出来，跟我的保姆同睡。但在他身上发生了什么事情我不知道，也不知他为何要这样算计我们。"使徒说："这些事情不会伤害我们，你只要相信耶稣，他会摧毁查利修斯的愤怒、疯狂和冲动，在可怕的道路上，神会成为你的同行者，他会把你带到他的国度里，他会带给你永生，给你永不消逝、永不改变的信心。"

104. 悉发站在国王面前，国王问他："那个巫师是谁？他从哪里来？他对潜藏在你家的众人宣讲什么？"悉发回答说："国王啊！你不是不知道我的烦恼和悲伤，你是知道的，许多人也都记得，为了我的妻子和我的女儿——她们比我的一切财产都宝贵——我度过了怎样的一段时光，经受了怎样的磨难！我成了整个国家的笑料和不祥之人。我听说了这个人的事迹，就去找他，恳求他，把他带到了这里。一路上我看到了奇妙的、令人惊讶的事情，到了这里之后，确确实实有很多人听到了野驴说话和他驱逐那个魔鬼的声音，他医好了我的妻子和女儿，现在她们都痊愈了。他别无所求，只是要求我们的信心和圣洁，要求我们参与他所做的事。他所教导的就是：人们要崇拜、敬畏唯一的神，万物的主宰，以及耶稣基督，他的儿子，这样他们就能够获得永生。他只吃面包和盐，从早到晚喝的是水，他做很多的祷告，无论他向他的神祈求什么，神都会给他。他教导说，他的神是神圣的、大能的，基督是永生的，能够赐予生命的,他要求在场的人要在圣洁、洁净、爱和信心中到他那里去。"

105. 马兹大国王听了悉发的话,便派大批士兵到大臣悉发的家中,要把使徒多马以及在场的所有人都带来。士兵到达悉发的家中,看到使徒在教导大众,麦冬利亚坐在他的脚下。他们看到使徒周围的人数众多,感到害怕,就回去报告国王说:"我们不敢向他说什么,他的周围人数众多,麦冬利亚正坐在他的脚下,听他讲话。"马兹大国王和查利修斯听了这些话,查利修斯一跃而起,带了大队人马离开国王,他对国王说:"国王啊!我要把他带来,也要把麦冬利亚带回来,他已经把她的神智拿走了。"他十分不安地来到了大臣悉发的家中,他看见多马在讲话,但是麦冬利亚不在,她已经回家了,因为她已经知道,她丈夫知道她在那儿了。

106. 查利修斯对那使徒说:"过来,你这个邪恶的人、我们家的破坏者和敌人!你的巫术不能伤害我,我会让你的巫术施加在你的头上。"他这样说的时候,使徒望着他,对他说道:"你的恐吓将会回到你自己身上,你丝毫也不能伤害我,因为我所信的耶稣基督比你、你的国王,以及你的所有军队都要强大。"查利修斯从他的仆人身上取了一块头巾,套住使徒的脖子,说道:"把他拉走!看他的神如何救他逃离我的手心。"他们把使徒拖到了马兹大国王那里。使徒站在国王面前,国王对他说:"告诉我你是谁,你凭借什么能量做出这些事情。"使徒保持沉默,国王命令他的侍从打他一百二十八棍,把他捆起来投到监牢里去。他们就把他捆起来带走了。国王和查利修斯想着如何把他处死,因为众人已经跪拜在他的脚下,敬他为神了。他们心里想着要给他这样一个罪名:"这个异乡人辱骂国王,是个骗子。"

107. 但是使徒是高高兴兴地去监牢的,他说道:"耶稣基督啊!我赞美你!你不单使我配得上信仰你,而且使我配得上为了你的缘故而忍耐。我感谢你,主!你关心我,并且给了我耐心。我感谢你,主!为了你的缘故我被称为巫师和术士。愿你让我获得穷人的福祉、疲累之人的休息,以及那些被人憎恨、受人迫害、受人辱骂、受人恶言咒诅的那些人的福祉!因为,你看,为了你的缘故我被人憎恨,为了你的缘故众人都避开我,为了你的缘故我被人们称呼为我其实不是的那种人。"

108. 他祷告的时候,囚犯们都望着他,恳求他为他们祷告。祈祷完之后,他坐下来,开始吟诵智慧的诗篇:[以下就是著名的《珍珠之歌》,这里略去,读者可参看本书诗歌部分《珍珠之歌》]。

114. 查利修斯愉快地回家去,想着他的妻子会回到他身边,就如同从前未曾听过神圣的话语、未曾信仰耶稣的时候那样。到了家里,却发现她头发蓬松,衣服破烂,他就对她说:"我的夫人麦冬利亚啊!那残酷的疾病为何缠住你不放?你为何要这样做?在你还是童贞女的时候我就做了你的丈夫,神和律法让我掌管你,你为什么这么疯?你已经成了我们全国的笑柄!抛开来自于那个巫师的烦恼吧,我会让他从我们面前消失,你将再也见不到他。"

115. 麦冬利亚听了,完全地陷入到悲伤的境地,她哀伤痛哭起来。查利修斯继续说道:"我冒犯了众神吗,他们竟然用这样的疾苦来折磨我?我有什么大过错,他们竟然把我置于如此羞辱的境地?我恳求你,麦冬利亚,请你不要用这副可怜难过的样子来折磨我的灵魂,不要让我对你的担忧折磨我的心。我是查利修斯,你的丈夫,受到整个国家的热爱和敬畏。我应该怎么做呢?我真不知道该求靠谁了。我应当怎样想呢?我应当保持沉默并且忍耐吗?有谁能在财富被夺去时保持忍耐呢?有谁能承受甜蜜爱情的失去呢?我还有什么呢?我还能闻到你的芳香,你的美丽的脸庞凝固在我的双眸之中的,这一切都令我销魂,我乐于欣赏的你的美好的身体也让我屈服,你的明亮的眼睛令我目眩,使我失去力量。我的喜乐正在变成悲伤,我的生命正在变成死亡,生命的光辉正在染上黑暗。我的亲属啊,你们从此以后再也不要来看我,我从你们那里没有得到帮助;我再也不会崇拜东方诸神,他们把我置于如此深重的灾难之中,我将再也不向他们祈祷,再也不给他们献祭,因为我被剥夺了我的伴侣。我还能向他们祈求什么呢?我的一切荣耀都已经失去。尽管我是个王子,权力仅次于君王,但是麦冬利亚却把我看成了虚无,把这一切视同无物。"

116. 查利修斯流着眼泪说话,麦冬利亚沉默地坐着,眼睛看着地面。他再次走到她身边,对她说:"我的妻子麦冬利亚啊!你是我最向往的人。你记得,我在印度所有的女子中选择了你,娶了最美丽的你;尽管我也可以跟更多的美丽的女郎成婚,但是我没有这样做,麦冬利亚,凭借众神,我不可能在印度之地找到另一个像你这样的女子! 但是我永远有祸了,因为你甚至不愿意回答我片言只语。若你肯开口,你就骂我吧,只要你能赐给我片言只语。你看一看我吧,我比那个巫师更英俊。我有财富与名誉,所有人都知道没有人能够拥有像我这样的家庭。但是,看吧,那个人把你从我身边抢走了。"

117. 查利修斯说完,麦冬利亚开口说话了:"我所爱的他比你和你的财富更好,你的财富来自于大地,也将回归于尘土,但我所爱的他来自于天国,他也将带我去天国。你的财富会消失,你的美丽也会消逝,甚至你的衣袍,你的许多事业也都如此。你将会孤独、赤身露体,只有你的罪孽与你同在。请你不要让我记得你对我做的事,我向主祈祷,为的是把你忘掉,为的是再也不会回想起以往的欢乐和肉体的交合,这一切都将如影子般消逝,唯有耶稣以及把盼望寄托在他身上的灵魂永远长存。耶稣将会清除我跟你做过的那些羞耻之事。"查利修斯听了,就转身去睡觉了,心中十分恼怒,他对她说道:"你今晚自己好好想想吧,如果你如以往那样和我在一起,不再见那巫师,那么我愿意按照你的心意做任何事;我也可以迎合你的好意,把他放出监狱,让他离开到别的国家去。我也不会恨你,因为我知道你对异乡人都是悉心照顾的。而且也不是只有你一个人发生了这样的事,他也欺骗了许多其他的女人,她们都已经清醒过来了,回到了自己原来的样子。别把我的话不当作一回事,使我在印度人中间受到指责。"

118. 查利修斯说完就去睡觉了。麦冬利亚取了十个银币,想要秘密地送给狱卒,好让她进去见使徒。但是在路上,犹大·多马迎着她走来,她看了很害怕,她以为遇到一位亲王了,因为在他的前面有大光明。她一边逃跑,一边想:"我的不幸的灵魂! 我失去了你! 因为你尚未获得神圣的印记,就将再也见不到永生之神耶稣的使徒犹大了。"她跑到了一个狭小的地方躲藏起来,心里想:"我宁愿被穷人抓住,这样也许还可以收买他,但是如果落在有权势的亲王的手中的话就糟了,他不会稀罕我的贿赂。"

第十章　麦冬利亚接受洗礼

119. 麦冬利亚正在这样寻思着,犹大站在了她的面前。她看见他感到十分害怕,跌倒在地,由于极度恐惧,失去了知觉。他走上来拉住她的手,对她说:"不要害怕! 麦冬利亚,耶稣不会离开你,你把灵魂交托给了主,他不会忽视你,他的慈爱的安息不会抛弃你。他是仁慈者,因为他的仁慈,他不会抛弃你,他是善良者,因为他的善良的缘故,他不会抛弃你。从地上站起来吧,因为你已经完全地超越了它;看那光明,主绝不会让爱他的人行走在黑暗之中;你看,他与他的仆人同行,是他们在危难之中的保护者。"麦冬利亚站起来,望着他,说:"你从哪里来,我的主? 是谁把你从监狱中带出来,让你重见阳光?"犹大·多马对她说:"我主耶稣比一切能量、一切国王、一切统治者都更强大。"

120. 麦冬利亚说:"请你给我耶稣基督的印记,在你去世之前让我从你手中获得恩典。"她带着使徒到了院子里,叫醒了她的保姆。她对保姆说:"娜西娅(Marcia)①啊,我的母亲和保姆,从我孩提起直到现在,你对我的服侍和抚养都是无益的,为了这一切我所欠你的感谢只是暂时的。请你现在为我干一件事,你将为此从他那里获得永恒的回报,他赐予的恩典是极其伟大的。"娜西娅回答说:"我的女儿麦冬利亚啊,你要什么? 为了让你高兴,我要为你做什么事情? 你以前应许给我的荣誉,这个异乡人不让你成全,反而让我受到了整个国家人们的责骂。你现在命令我做的这件新的事情是什么呢?"麦冬利亚说:"让你与我共享永恒的生命,让我从你那里得到完美的养育。把饼拿来给我,把酒和水混合在一起,敬重我的自由的出生。"保姆说道:"我会拿很多饼给你,还有大壶的酒和水,满足你的愿望。"但是她对保姆说:"我不需要大壶的酒,也不需要很多饼:我只要混了水的酒,一个饼,和一些油。"

121. 娜西娅把这些东西拿来了,麦冬利亚光着头站在使徒面前。他拿了油倒在她头上,说道:"你的神圣的油赐给我们,是为了让我们成为神圣,让十

---

① 叙利亚文版为:Narcia Marcia。

字架的奥秘向我们显现。你使瘸子的腿变直,你使坚硬的事物变软。你显示了隐蔽的宝藏,你是一切美善的萌芽。愿你的能量降临,愿你的能量确立在你的仆人麦冬利亚身上,请你用这个机会医治她。"当使徒把水倒在她头上的时候,他吩咐她的保姆为她宽衣,然后用一块布把她裹起来。那个地方有一道喷涌的泉水,使徒走上前去,以圣父、圣子和圣灵之名为她施洗。当麦冬利亚受了洗并穿好衣服后,使徒把饼分开,并拿来一杯水,让她分享基督的身体和神子的杯,他说道:"你已经领受了你的印记,获得了永恒的生命。"当即有一个声音从天上传来:"好!阿门。"娜西娅听见这声音,非常惊奇。她恳求使徒也让她获得印记,使徒便赐予了她,说道:"让主的关怀围绕着你,如同围绕着其他的人。"

122. 做完了这些事情后,使徒就回监狱去了。他发现狱门还是开着,那些狱卒还在睡觉。多马说:"神啊,谁与你相像呢?对于那些与你相像的人,你从不吝啬你的爱情和关怀!你是多么的慈悲,你把你的创造物从罪恶中拯救出来!生命战胜了死亡,安息终止了辛劳。荣耀归于父的独生子,荣耀归于从他的心里面发出来的慈悲!"使徒说完,那些狱卒就醒了。他们看见牢门开着,囚犯们正在睡觉。他们彼此说道:"我们不是把门锁上了吗?为什么现在却开着,而囚犯们还在里面?"

123. 天亮的时候查利修斯去看麦冬利亚。他看到那两个女人正在祷告:"借着那个异乡人来到我们这里的新神啊!印度人民所不认识的神啊!你借着你的使徒多马显示了你的荣耀!我们听说你的消息,我们就信仰你!神啊,我们将从你那里获得拯救!神啊,你出于对人的爱和怜悯,成为了我们这些渺小的人!神啊,当我们还不认识你的时候,你就已经在寻找我们!神啊,你住在高处,但是在深处也没有任何隐藏!请你让我们远离查利修斯的疯狂吧!"查利修斯听了,就对麦冬利亚说:"你说我是邪恶、疯狂、污秽的,你说的真对啊!要不是我忍受你的不驯服,要不是我给你自由,你也就不会召唤这个神来反对我,还在神的面前提到我的名字了。麦冬利亚啊!你要相信我,那个巫师没有什么益处,他所应许的并不能实现,而我将在你的眼前做到我所应许的一切，好让你能够相信，听从我的话，像从前那样对待我。"

124. 他走近麦冬利亚，再次恳求她说："如果你愿意听我说，我从此就再也不会有忧伤。还记得我们初次会面的日子吗？说实话，在你的眼里，那时的我是否比此时的这个耶稣英俊？"麦冬利亚说："那时有那时的事情，现时有现时的事情。那时是开始，现时是终结。那时是短暂的生命，现时是永恒的生命。那时的快乐是会逝去的，现时的快乐却是永恒的。那时有白天和黑夜，现时只有白天，没有黑夜。你看见的婚姻会逝去，但现时的婚姻可以永存。那时的婚姻是腐朽的，此时的婚姻是永生的。那时的新郎和新娘是暂时的，但是此时的新郎新娘则可以持续到终结。在世上的婚姻中，男人的爱如同正要落下的露珠〔…〕。那时的新房会被拆毁，但现时的新房却永在。那时的婚床上是会变旧的被褥和被单，而现时的婚床上则是爱心和信心。你是一个会逝去和改变的新郎，而耶稣却是真正的新郎，是不朽的、永存的。那时的嫁妆不外是钱财和会变旧的衣服，而此时的嫁妆则是永不消逝的永生的道。"

125. 查利修斯听了这番话，就到国王那里去了，把一切都告诉了他。于是国王命人把多马带来，要审判和杀死他。可是查利修斯说："国王啊，耐心一点吧！我们要先说服那个人，让他感到害怕，这样也许他就会说服麦冬利亚像从前一样的对我。"于是马兹大国王派人去把基督的使徒带来。由于使徒的离开，囚犯们都很悲伤，他们怀念他，他们说："他们把我们所曾拥有的安慰带走了。"

126. 马兹大国王对多马说："你为何教导这些令众神和众人都憎恨的、毫无益处的新的教义？"多马说："我教导了什么罪恶？"马兹大国王说："你教导说，〔人若不能够圣洁地生活〕就不能够与你所宣讲的那个神建立好的关系。"多马说："对，我就是这样教导的。你告诉我，如果你的士兵穿着污秽的衣服服侍你，你不会对他们发怒吗？你不过是地上的君王，最终要回归于尘土，尚且要求你的臣民怀着敬畏之情行事，你怎么还能对我发怒，说我教导的是邪恶呢？我不过是说，那些侍奉我王的人应该怀着敬畏之情，必须保持纯洁，摆脱一切悲伤、对子孙和无益的财富的挂念，以及空虚不实的烦恼。你作为国王尚且要求你的臣民跟随你的言行,要是他们藐视你的命令,你就要惩罚他们,那么那些相信神的人岂不是应当以更大的敬畏之情、洁净和安全来服侍神,并且戒除身体的享乐、通奸、挥霍、偷盗、醉酒、口腹之欲和污秽的事情呢?"

127. 马兹大国王听了这番话后说:"好吧,我放你走,但是你要说服查利修斯的妻子麦冬利亚不要离开她的丈夫。"多马对他说:"如果你应当做一件事情,你就不能拖延。对于她来说,如果她已经正确地得到了她所学的,那么铁和火,甚至比这些更厉害的东西,都不能伤害她,或者根除那位居住在她的灵魂里面的他。"马兹大国王对多马说:"一些毒可以解另一些毒,万灵药可以治愈蛇伤。只要你愿意,你肯定可以拿出治愈这些疾病的解药,让这对夫妇和好如初。这样你便可以幸免一死,毕竟你还没有对生命厌烦。你知道吗? 如果你不能说服她,我可以让你失去所有人都向往的生命。"多马说:"这一个生命是借来的,这一生的时间是变化的,但是我所教导的那个生命却是永不朽坏的。可见的年轻、美丽不过是过眼云烟而已。"国王对他说:"我已经给你最好的忠告,但你自己的事情,你自己清楚。"

128. 使徒离开国王后,查利修斯来恳求他说:"我恳求你,我从来没有开罪你或其他人,也没有冒犯神灵,为什么你要给我带来大不幸? 为什么你要给我们的家庭带来如此大的不安? 你这样做得到什么好处呢? 如果你有什么好处的话,你就告诉我是什么好处,我可以不费力地为你得到。你让我发疯,也让你自己走向毁灭,这究竟是出于什么目的? 如果你不能说服她,我会先了结你的生命,然后了结我自己的生命。但是如果如你所说的那样,在我们离开这世界后还有一个生死、定罪、胜利和审判的地方,那么我就要跟着你一起去受审。如果你所教导的那个神是公义的、赏罚分明的神的话,我知道我一定会打赢这场官司,因为我没有错待你,你却伤害了我。就算是在此生,我也可以报复你,让你施之于我的,都施之于你自己。因此你还是听我说,和我一起回去,说服麦冬利亚,让她如从前一样跟我在一起。"多马对他说:"相信我,我的孩子,如果人们像爱彼此一样爱神,那么无论他们向他求什么,他们都可以得到,没有人能够伤害他们。"

129. 多马说完，他们就到了查利修斯的家中，看见麦冬利亚坐在那里，娜西娅站在她的旁边，她用手支着面颊，说："母亲啊，让我的生命中余下来的日子从我这里拿走，让我尽快离开这个生命，尽早地去见美丽的主。我曾经听说过，那永生的神将生命赐予信他的人，在那里没有日与夜，没有光明和黑暗，没有善与恶，没有贫与富，没有男与女、没有自由人和奴隶、没有傲慢和谦卑。"在她说话的时候，使徒站到了她的身边，她连忙站起来向他致敬。查利修斯对他说："你看她多么敬畏你、尊敬你，你叫她做什么，她也一定愿意。"

130. 查利修斯说完，多马就对麦冬利亚说道："我的女儿麦冬利亚啊，遵从你的兄弟查利修斯的话吧。"麦冬利亚说："如果那种行径你连说都不能说，你还可以强迫我做吗？我听你说过，这一生的生命是无益的，这里的解脱是一时的，这里的财物不过是过眼云烟。你还说过，谁若离弃此生的生命，便会得到永恒的生命，谁若憎恶这日与夜的光明，便能得到永不能被夺去的光明，谁若藐视此世的财富，便能找到永恒的财富。现在你这样说，是因为你害怕了。有谁会轻易改变已经做了、并且为此受到了赞美的事情呢？有谁会造了一座塔，又立即从根基处把它推翻呢？有谁会在干渴的土地上掘了一孔泉水，又马上把它填平呢？有谁会发现了宝藏，而不去使用？"查利修斯听了这番话，便说："我不会逼你，也不会马上杀掉你，尽管我可以这样做，但是我不会把你捆起来。不过我不能容忍你跟这个巫师讲话。你要是服从我，那就好，否则，我知道我该怎样做。"

131. 多马离开了查利修斯家，到了悉发的家里去住。悉发说："我要为多马准备一处讲堂，让他在里面传道。"他就这样做了。他说："我、我的妻子和女儿从此要住在神圣、贞洁和慈爱之中。我恳求你，让我们从你那里接受印记，成为真神的敬拜者，被列入他的羊群当中。"多马说："我不敢说出我所想的，但是我真的知道，我所知道的，我说不出来。"接着他谈到了洗礼，他说："洗礼是罪的免除，洗礼带来了照亮我们的光明，洗礼还带来一个新人的诞生，洗礼使我们的灵和肉合一，让一个新人从三个方面成长起来，享受罪的赦免。我们赞美你，隐藏者啊，我们在洗礼中与之交通的那一位！我们赞美你，洗礼之中的不可见的能量！我们赞美你，更新者，你使那些受洗的人得到更新，让他们在爱情中紧紧地抓住你。"

132. 说完以后，他把油倒在他们的头上，说道："荣耀归于你，仁慈的爱！荣耀归于你，基督的名！荣耀归于你，居住在基督里面的能量！"使徒命人拿来一盆水，以圣父、圣子和圣灵之名为他们洗礼。

133. 当他们接受了洗礼并穿好衣服后，使徒在桌子上放了饼，祝福道："生命的饼啊，吃过你的人将永不朽坏！你用你里面的祝福喂饱了饥饿的灵魂！你就是那应许我们获得恩典的那一位，你到了我们里面就变成了罪的赦免，你让那些吃了饼的人永不死亡。我们用母亲的名字呼唤你！我们用不为当权者所知的不可言说的奥秘的名字呼唤你！我们以耶稣的名字呼唤你！"使徒说道："愿祝福的能量降临，降临到这个饼里面，让所有领受它的灵魂都洗净他们的罪。"使徒把饼分开，给了悉发、他的妻子和女儿。

第十一章　马兹大国王的妻子

134. 马兹大国王放走多马后便回家吃晚饭，并告诉妻子发生在他们的亲戚查利修斯身上的事。他说："你看，这个不幸的人遇到了这样的事！我的夫人多提亚（Tertia）啊，你知道，对于一个男人来说，没有什么东西比一个他可以依靠的妻子更美好的了，可是他的妻子碰巧去了你听说过的那个从印度来的巫师那里，受到他的迷惑，离开了她的丈夫。查利修斯不知道怎么办才好。我本来可以杀死那个恶人，但是查利修斯不肯。你可以去劝劝她，让她不要听巫师的空虚的话，回到她丈夫身边吧。"

135. 多提亚一早起来，就往她丈夫的亲戚查利修斯的家里去。她看见麦冬利亚耻辱地躺在地上，她的身下铺着灰和亚麻布。她正在祷告，请求主赦免她过去的罪，让她早一点结束这一生。多提亚对她说："我亲爱的姊妹和伙伴麦冬利亚啊，你为什么这么愚蠢？你染上了什么病？你为什么像疯子般行事？清醒过来吧，回到你从前的样子，回到你的亲人那里去，不要再折磨你的真正的丈夫查利修斯了，不要做与自由女子不相称的事。"麦冬利亚对她说："多提亚啊,你还没有听过那位生命的布道者的话语,他的话也没有接触过你的耳朵,你也没有品尝过生命的灵药,也没有逃脱腐朽的悲哀。你站在短暂的生命中,你不认识永恒的生命和救恩,也没有看穿会腐朽的交情。你穿的是会变旧的衣服,不向往永恒的衣袍。你为正在消逝的美貌而骄傲,却不知道关心你的灵魂的圣洁。你有大群的仆从,你自己的灵魂却成为奴仆。你享有众多的荣耀,却不能免除死亡的诅咒。"

136. 多提亚听了麦冬利亚的这番话后,说道:"姊妹啊,我求你带我到教导这些伟大的事情的那个异乡人那里去,好让我也能听他,崇拜他所宣讲的那个神,分享他的祷告,分享他告诉你的一切事情。"麦冬利亚对她说:"他在大臣悉发的家里,他成了印度所有将要得救之人的生命的机缘。"多提亚听了之后,连忙到悉发家里去见使徒。她进屋时,多马对她说:"你来看谁呢?我是个异乡人,可怜、可鄙、贫穷,没有钱,也没有财。但是我拥有一样东西,是国王和统治者都拿不走的,不会朽坏,也不会死亡,那就是全人类的救主耶稣,永生之神的儿子,他把生命赐给一切信仰他的人、寻求他的庇护的人、成为他的奴仆的人。"多提亚对他说:"我可以成为这生命的分享者吗?你应许过的,凡是聚集到神的群体中的人都将获得这生命。"使徒说:"神圣的王的宝藏是敞开的,那些配得上分享这些美好事物的人,都可以在里面得到安息。① 但是,首先,凡是不洁净的和可耻的人都不能到他那里去。因为他洞悉我们的内心深处、我们意念的深处,没有人能够逃脱。如果你真的相信他,他就会让你变得配得上他的奥秘,他会扩充你、丰富你,使你成为他的王国的继承者。"②

137. 多提亚听了以后,就满心欢喜地回家。她的丈夫正等她,还没有吃饭。马兹大国王看见她,便问:"你从哪里来,为什么你今天进来时特别美丽?为什么你步行回家?这对于生而自由的女子是不得体的。"多提亚对他说:"我要大大的感谢你,因为你叫我到麦冬利亚的家里去。我去了之后,听闻了新的生命,我见到了新神的使徒,那位神把生命赐给那些相信他、奉行他的诫

---

① 参:《多马福音》2。
② 参:《多马福音》2。

命的人。因此我要为了你的这个恩惠而报答你,用忠言告诫你:如果你听从我,敬畏异乡人所宣讲的那个神,在那位永生之神面前保持自己的圣洁,那么你将成为天上的伟大的国王。因为这个王国会消逝,你的安乐也会变成愁苦;但是如果你到那个人那里去,信靠他,那么你就将会得到永生。"马兹大国王听见妻子这样说,就用手打自己的脸,撕破了自己的衣服,说道:"愿查利修斯的灵魂得不到安息,因为他伤害了我的灵魂。愿他没有盼望,因为他夺去了我的盼望。"然后他极度苦恼地走出去了。

138. 他在市集上找到了他的朋友查利修斯,便对他说:"为什么你要将我推向地狱,使我成为你的伙伴?你自己无利可图,为何消耗我、欺骗我?对你自己毫无益处,为何你要伤害我?你自己不活了,为何要杀死我?你自己没有得到公义,你为何要错待我?你为什么不让我在他用他的邪恶败坏我的家庭之前杀死那个巫师?"他紧紧地抓住查利修斯。查利修斯说:"你发生了什么事?"马兹大国王说:"那个巫师蛊惑了多提亚。"于是他们一同来到大臣悉发的家中,看见多马正坐在那里讲道。在场的人都在国王面前起立,可是多马并没有站起来。于是马兹大国王感觉到那个人就是他,他抓住椅子,把它推翻了,双手拿起椅子打伤他的头,然后把他交给了士兵,说道:"把他用力拖走,不要客气,让大家都看见他的羞辱。"那些士兵拖着他,把他带到了马兹大国王审判的地方。多马站在那里,马兹大国王的士兵看守着他。

第十二章　马兹大国王的儿子欧赞尼斯

139. 马兹大国王的儿子欧赞尼斯(Ouazanes)来到士兵那里,对他们说:"把多马交给我,让我在父王到来以前和他谈谈。"于是士兵放了多马,他把他带到了国王审判犯人的地方。欧赞尼斯说:"你知道我是马兹大国王的儿子吗?我有能力对国王说我所意愿的事,叫他让你活命。因此请你告诉我,谁是你的神,你宣扬的这位神有什么权量和荣耀?如果你有什么能量或者法术,你就告诉我,并且教给我,我会放你走。"多马对他说:"你是马兹大国王的儿子,但是他只是一时一地的君王,而我是永恒之王耶稣基督的仆人。你有能力去说服你父亲,救回一时的生命,但是那个生命其实是不能永远延续的。但是如果我恳求我的主,我为人们在他面前说情,那么他便会给他们永恒的新生命。你夸耀你的财产、奴仆、衣服、奢侈和不洁的居室,而我则以我的贫穷、对智慧的热爱、持久、祷告、与圣灵的同在,以及我的那些配得上神的弟兄为荣:我夸耀的是我的永恒的生命。你所依靠的是一个与你自己相像的人,他甚至不能挽救自己的灵魂逃离死亡的审判。但是我所依赖的是活生生的神,他是世上诸国王和王子的救主,他是所有人的审判者。今天你偶然还在,但是明天便不在了,但是我所信靠的是永远长存的神,他知道我们所有的季节和时间。如果你愿意成为这位神的仆人,你不久就可以成为他的仆人。但是你应当就此表示,你愿意成为一个配得上他的仆人:你首先要圣洁,那是众善之源,然后是信靠我所宣讲的神,然后是热爱智慧、朴素以及在他里面的爱心、信心和盼望,以及纯洁整全的生命。"

140. 那年轻人信服了主的话语,正想寻找机会让多马逃走。正在这时,国王来了,于是士兵把多马带走,欧赞尼斯也跟着他,站在他的身旁。国王坐下以后,命人把多马带进来,并把他的双手从后面缚上。多马被带到里面,站在那里。国王说:"告诉我你是谁,你凭什么能量做了这些事情。"多马回答说:"我跟你一样,是一个人,我凭借耶稣基督的能量做了这些事情。"马兹大国王说:"在我杀掉你以前对我讲出真相。"多马说:"你不能像你想象中的那样,有能量来对付我,你根本不能伤害我。"国王听了大怒,命人烧红铁板,让他赤脚站在上面。当士兵脱去他的鞋子时,他说:"神的智慧大于人的智慧。我的主,我的王啊!请你劝告他们,让你的美善抵挡他的怒火。"士兵把火红的铁板拿来,把使徒放在上面,立时就有水从地上喷涌出来,淹没了铁板,那些捉住使徒的人就放了他,退下了。

141. 国王看见浩浩荡荡的水,就对多马说:"请你向你的神请求,救我逃过这一次的死亡,让我不要死在洪水之中。"使徒祷告说:"主啊,求你把这些水约束起来,让它们聚集在一个地方,把它们分派到不同的大地上:为的是在无序中带来秩序,为的是借你的仆人多马的双手成就奇妙的神迹,为的是怜悯我的灵魂,让我始终接受你的光亮,为的是给予那些劳苦的人以报酬。我灵魂的救主啊,请让这水回到它自己的地方去,让它们不要与有害的事物做伴。它始终是生命的机缘,请你约束这水,不要让它上涨,以致造成毁灭,因为这里有一些将会信仰你、得到生命的人。"①使徒祷告完,水就渐渐退去,那个地方也干了。马兹大国王看见这一切,就命人把多马带入监牢,直至他想好了要怎样对待这个人为止。

142. 在多马走向牢房的途中,所有人都跟着他,国王的儿子欧赞尼斯走在他的右边,悉发走在他的左边。使徒进入牢房后,便坐了下来,欧赞尼斯和悉发也坐下了。悉发也叫他的妻子和女儿坐下,因为她们也是来听生命的话语的。他们都知道马兹大国王出于盛怒一定会杀死多马。犹大开始说话了:"我灵魂的解放者啊,你把我的灵魂从众多的束缚之中解放出来! 我舍弃自己,把自己出卖。我欢喜快乐,我知道我进入天国、得到赏赐的时间到了。看吧,我即将解脱这世上的烦恼! 看吧,我即将实现我的盼望,获得真理! 看吧,我即将脱掉悲痛,单单穿上喜乐! 看吧,我即将无牵无挂、无忧无虑地居住在安息之中! 看吧,我即将解开束缚,被召唤到自由之中! 看吧,我已经侍奉了这些时代和岁月,现在我就要超升到时代和岁月之上了! 看吧,我从我的赏赐者那里获得了报酬,他的报酬是无数的,因为他的恩典太丰盛了! 看吧,我的穿上又脱下的衣服,我就要脱掉了,从此将再也不用穿上! 看吧,我睡了又醒,从此将再也不会睡着了! 看吧,我生生死死,从此将再也不会品尝到死亡了! 看吧,他们都欢喜地期待着我,让我跟他们在一起,成为他们花冠上的一朵花! 看吧,甚至从现在起,我就已经统治了我把盼望寄于其中的天国! 看吧,那些反叛者都在我面前倒下了,因为我已经逃脱他们! 看吧,平安已经降临到我的身上,所有的人都被聚集到了平安里面!"

143. 使徒这样说话,那些听见的人都以为他就要在那个时刻离开生命。多马继续说道:"你们要信仰那一位医生,他是一切不论是看得见的还是看不

---

① 参:《马太福音》9,1。

见的疾病的医生。你们要相信救主，他是那些需要从他那里获得救助的灵魂的救主。他是生而自由的王子，他是所有创造物的医师，他是受到他自己的奴隶责备的那一位，他是在高处的父，他是大自然之主和审判者，他来自于最伟大的那一位，他是最深的那一位的独生子，他是童贞女马利亚的儿子，他也被叫作木匠约瑟的儿子。我们用肉体的眼睛只能看见他的渺小，但是凭着信心我们可以获得他的伟大，也可以在他的工作中看见他的伟大，他的身体我们可以用手触摸到，我们的眼睛可以看到他变化的容貌，但是他在山上的天国的形象我们却不能够看见。他挫败君王，征服死亡。他是真理，真实不虚，他最终会付给他自己和他的门徒报酬。阿其翁见到他感到心惊，那些跟阿其翁在一起的众人看见他感到惶恐不安。阿其翁问他是谁，从哪里来，可是他没有告诉他真理，因为他不认识真理，是与真理相异的。他虽然有权主宰这个世界，主宰这个世界里面的享受、财产和安乐，但是他弃绝了所有这一切，劝勉他的臣民不要享用这一切。"①

144. 讲完道，使徒站起来祷告："我们在天上的父，我们愿尊你的名为圣，愿你的国降临，愿你的旨意行在地上，如同行在天上，赦免我们的债，如同我们也赦免别人的债。不要让我们遇见试探，救我们脱离恶者。② 我的主，我的神，你是我的盼望、信心和导师，你曾教我这样祷告，看吧，我就这样祷告，践行你的诫命。愿你与我同在，直至终结。你就是那一位，从我孩提时就将生命播种在我里面，让我不致腐败。你就是那一位，把我带到此世的贫困之中，劝勉我获得真正的财富。你就是那一位，让我认识我自己，向我指出，我是你的。我也纯洁地远离女子，如你所要求的那样，没有在污秽之中。"③

145. "我的口不足以颂扬你，我也无法测度笼罩在我周围的你对我的关怀和天意。我曾渴望得到财富，但是你在异象中向我指明，那是充满失落的，它会伤害那些得到它的人，于是我便相信你所指示的，继续待在这个世界的贫

---

① They should not use them，含义不明。
② 《马太福音》6，9。
③ 原文中从"我的主，我的神"起的这一段重复。中译略去。

困之中，直至你向我指出真正的财富，你确确实实用你自己的财富充满了我和那些配得上你的人，免除了那些属于你自己的人的烦恼和焦虑。主啊，我因此践行了你的诫命、实现了你的旨意、成为了一个贫穷的人、缺乏的人，成为了一个异乡人、奴隶，一无所有，成为囚徒，忍受饥渴，赤身赤足，为了你的缘故而饱受劳苦，为的是我的信心不至于枯萎，为的是我对你的盼望不至于陷入迷惑，为的是我的劳苦不至于没有结果，为的是我的疲倦不至于毫无收获。愿我的祷告、我的持续的斋戒、还有我对你的大热心永不止息，愿我的麦子不要在你的地上变成野草，愿敌人不要把我的麦种拿走，把它们混入他们的野草之中。因为你的田地的确不会接受他的野草，它们也的确不能堆在你的家里。"

146."我已经把你的葡萄藤种在地上，它的根深入泥土深处，它的枝叶也蔓延到了高处，它的果子遍布地上，那些配得上你的人因此而高兴，你也因此而得到了他们。你收取了我放入钱库里的钱，在你需要时连本带高利还给我，正如你应许过的那样。跟你做生意，我能够以一换十，正如你所约定的那样，我已经有了，你还要给我更多。我免去了欠我债的人的债，你也不会向我讨债。我被吩咐去赴晚餐，我来了，我放弃了土地、牛轭和妻子，为的是我不会为了他们的缘故而被拒绝。我被吩咐去婚宴，我穿上白色的衣服，为的是配得上赴婚宴，不要被捆住手脚，抛到外面的黑暗之中。我的灯点得很亮，等待着从婚礼上来的主人，使它可以迎接他，不要让他看到这灯因为油烧光了而变暗。基督啊，我的眼睛仰望着你，我的心灵洋溢着喜乐，因为我已经完成了你的旨意，完美地奉行了你的诫命。我会像那个小心谨慎的仆人，怀着热诚的心，不会忘记守夜，整个夜里，我都守着我的屋子，不让盗贼闯入。"

147."我的腰间紧紧地束着真理，把鞋紧紧地系在脚上，不让它们松脱。我的手放在犁轭上，不曾收手，因为我怕犁沟弯曲了。那片土地已经变白了，收获的季节就要来到，我将得到我的报酬。我的变旧了的衣服都已经穿破了，为我带来安息的工作我也已经完成。我一次、两次、三次地守候，为的是能够看见你的脸，崇拜你的神圣的光明。我拔掉了最差的东西，把它们遗弃在大地上，为的是我可以装满你的财宝。我里面的潮湿的泉水已经干涸，为的是我可以生活和安息在你的永不枯竭的泉水旁。① 你交给我的那些俘虏我已经杀掉了,为的是那些在我里面得到解脱的人不会失去信心。我已经把内在者变成了外在者,把外在者变成了内在者,②你的一切圆满已经在我里面实现。我没有向后走向那些在后面的事物,而只向前走向了那些在前面的事情,使我不至于成为一个耻辱。我使死去的人活过来,又征服了活着的人。那些有欠缺的人,我把他们充满,为的是我能够获得胜利的冠冕,为的是基督的能量可以在我里面成就。在地上,我受到了责备,但是在天上,你将会回报我、补偿我。"

148. "不要让那些能量、官员发现我,不要让他们想起我。不要让那些税吏、讨债的人来找我。不要让那些软弱者、邪恶者、勇敢者、谦卑者大声地反对我。当我上升的时候,不要让他们上升挡在我的前面。耶稣啊,这一切都要凭借你的能量! ——你的能量就像冠冕一样围绕着我。他们逃跑躲藏,因为他们不能够仰望你,但是他们会突然降临在那些屈服于他们的人身上,一部分邪恶者之子也会大声地抱怨他们,定他们的罪,他们看不到它们,也不认识它们的本性,因为邪恶者的子孙是分散的。主啊,请你让我安静、喜乐、平安地通过、越过、站在审判者面前,不要让魔鬼看到我,让你的居住在我里面的光明把他的双眼弄瞎,请你闭住他的嘴,因为他找不到任何东西来反对我。"

149. 使徒对众人说道:"你们要相信我所宣讲的神,相信我所宣讲的耶稣基督,相信我所服侍的那位生命的赐予者。你们要信仰那一位救主,他是那些为了服侍他而劳苦的人的救主。我的灵魂已经鲜花盛开,因为我接受他的时间近了。美丽的救主吸引我始终述说他的美丽,尽管我不能够、也不足以适当地述说他。你是我的贫穷的救济者,你是我的欠缺的补足者,你是我的需要的满足者,愿你能与我同在,直到我到来并永远地得到你。"

第十三章 欧赞尼斯和众人接受洗礼

150. 青年人欧赞尼斯请求使徒说:"神的使徒啊,我向你祈求,请让我出

---

① 参:《多马福音》13。

② 参:《多马福音》22。

去吧,我会劝说狱卒准许你跟我回家,这样我就可以从你那里得到印记,成为你的助手,成为你所宣讲的那位神的诚命的遵守者。其实,我从前曾奉行过你的教导,直至我父亲强迫我与一个叫美沙拉(Mnesara)的女子结婚。我今年二十一岁,结婚已经七年。在我结婚以前,我不认识别的女子,因此我父亲把我看作是一个无用之人,我和这位妻子也没有生过一男半女,我妻子自己也一直贞洁地跟我生活在一起,要是她今天没有生病,也跟我一起听你的话,那么我可以肯定,我会得到安宁,而她也会获得永恒的生命。可是今天她处于危险之中,受到了重病的折磨。因此让我说服狱卒让你跟我走,这样我便可以得到生命,而你也可治疗我那不幸的妻子。"至高者的使徒犹大听了,对欧赞尼斯说:"如果你相信的话,你将看见神的奇迹,看见他如何拯救他的仆人。"

151. 他们正这样彼此交谈的时候,多提亚、麦冬利亚和娜西娅站在监狱门口,她们给了狱卒 365 个银币,进来看望多马。她们看见欧赞尼斯、悉发和他的妻子和女儿,还有所有犯人都坐在那里听使徒讲话。当她们站在使徒面前时,使徒就对她们说:"是谁允许你们到我们这里来的? 是谁打开了那贴了封条的门让你们出来的?"多提亚对他说:"不是你开了门,吩咐我们到监狱去的吗? 是你让我们到那儿去寻找弟兄们的,你告诉我们,主将会在我们中间彰显他的荣耀。我们走近狱门的时候,我们不知道你怎么离开了我们,隐身了,在我们之前来到了这里,你把我们关在门外的时候,我们是听到了关门的声音。我们拿了钱给狱卒,就进来了。看吧,我们现在恳求你,让我们说服你逃走,直到国王消了怒气为止。"多马对他们说:"先告诉我们,你们是如何被锁在那里的。"

152. 多提亚对使徒说:"你一直和我们在一起,没有一刻离开过我们,却要问我们是如何被锁起来的? 但是如果你想听,你就听吧。马兹大国王派人对我说:'那巫师还没有控制住你吧? 我听说,他用油、水和饼给人施魔法,他还没有给你施魔法吧? 你要服从我,否则,我要把你关起来,拷打你,并且把他杀死。因为我知道,要是他还没有给你油、水和饼的话,就说明他还不能够主宰你。'于是我对他说:'你对我的身体有权,你想怎么做就怎么做吧。但是我不会让我的灵魂跟着你毁灭.'他听了这话,就把我监禁在一间斗室里。查利修斯也把麦冬利亚带来,和我关在一起,是你把我们带出来,把我们带到这里来的,请您快些给我们印记,以断绝马兹大国王的念头。"

153. 使徒听了这番话,说道:"拥有众多形体的耶稣啊,我们赞美你!你以我们这些可怜的人的形象出现,我们赞美你!你鼓励我们、让我们强壮、给我们恩典和安慰,在一切危难的时刻跟我们在一起,使我们从软弱变成坚强,我们赞美你!"使徒这样说话的时候,狱卒来了,他说:"把灯灭了,免得有人到国王那里告发我们。"于是他们灭了灯睡觉。但是使徒对主说:"耶稣啊,时候到了,快些吧!看吧,黑暗的孩子们已经让我们坐在他们的黑暗之中了,请你用你的光明来照亮我们吧!"忽然间,整个监狱亮得如同白昼。当众人在狱中进入深深的睡眠的时候,只有那些信神的人继续醒着。

154. 多马对欧赞尼斯说:"你先去吧,把一切所需的事物备好。"欧赞尼斯说:"谁为我打开狱门?那些狱卒已经关了门睡觉去了。"多马说:"相信耶稣,你会发现门是开着的。"欧赞尼斯离开他们走出去之后,其余的人也随后走了。欧赞尼斯在前面走,路上遇到了前往监狱的妻子美沙拉。她认出了他,就对他说:"我的丈夫欧赞尼斯,是你吗?"他回答说:"是的,你是美沙拉吗?"她说,"是。"欧赞尼斯对她说:"在这样一个时候你到哪里去?你怎么起得来?"她说:"这位青年把手放在我身上,把我扶起来了,在梦里面,我说,我要到那个异乡人那里去,要变得完全健康。"欧赞尼斯对她说:"哪一位青年跟你在一起?"她说:"你没有看见吗?就是在我右手边牵着我的手走路的这一个。"

155. 欧赞尼斯和妻子说话的时候,多马、悉发和他的妻女,多提亚、麦冬利亚和娜西娅也都往欧赞尼斯家中去。欧赞尼斯的妻子美沙拉看见多马,就跪了下来,对他说:"你就是来拯救我脱离重病的那一位吗?你就是在夜里把这个青年交给我,让他带我去监狱的那一位吗?你出于慈悲,为了不让我疲劳,亲自到我这里来了。"她说了这些话,转身去看的时候,那个青年却不见了。由于她找不到他,就对使徒说道:"我不能独自行走,你给我的那个青年不在这里。"多马说:"耶稣会带领你。"然后她就走在他们前面。当他们到达马兹大国王的儿子欧赞尼斯的家中时,尽管还是在夜里,但是有一道极亮的光明照耀在他们周围。

156. 犹大开始祈祷,他这样说道:"啊,同行者和保护者!你是软弱者的希望,贫苦者的信心,你是疲倦者的庇荫和居所,你是来自于上界的声音。你是住在我们中间的安慰者,你是那些旅行穿越过黑暗国家的人们可以停靠的港湾。你是无须付钱就给予医治的医师,你在人们中间,为了众人而被钉上十字架,你确实是带着大能进入了地狱,死亡的君王不敢看着你,你带着伟大的荣耀上升,你聚集了所有逃向你的人,为他们预备了道路,你救出来的那些人都沿着你的脚步行走,你把他们带到你自己的羊群之中,让他们与你的羊在一起。你是慈悲的圣子,出于对人类的爱,你从上界你的完美的祖国来到了我们中间。你是一切财富的主人,你服侍你的仆人,让他们得着生命。你以你自己的财富充满了创造物。你是贫穷的、缺乏的,确确实实饿了四十天。你用你的美好事物满足了那些饥渴的灵魂。愿你与马兹大国王之子欧赞尼斯、还有多提亚、美沙拉同在,把他们聚集到你的羊群中间,让他们与你的羊融合在一起!愿你成为他们在谬误之地的向导,成为他们在疾病之地的医师,成为他们在这疲倦之地的安息,成为他们在这污染之地的洁净!愿你成为他们的身体和灵魂的医师,让他们成为你的圣殿,让你的圣灵住在他们里面。"

157. 这样为他们祷告以后,使徒对麦冬利亚说:"为你的姊妹们宽衣吧。"她给她们脱掉了衣服,用围裙包裹起来,然后把她们带来了。欧赞尼斯走在前面,她们跟在后面。使徒用银杯盛了油,对着它说道:"你是美丽的果实,没有任何其他果实能够与你媲美!你全然慈爱,你洋溢着话语的力量,你是树的能量,人们只要穿在身上就能克服一切逆境!你为胜利者戴上冠冕,你是疲倦者的帮助和快乐。你确实向人们宣布了他们的拯救,你确实在黑暗里向他们指出了光明。你的叶子是苦的,但是你的最甜美的果实是美好的。你看起来粗糙,但是用起来温柔。你看起来好像软弱,但却拥有非凡的能量,能够看穿一切。"接着使徒又说道:"耶稣啊,让你的胜利的力量降临,居住在这些油里面,就如同居住在与它同族的树里面。即便在那时候,你的力量,那些把你钉上十字架的人也不能承受。让你的恩典降临，让那使你的敌人后退、栽跟头的力量降临到这油里，我们为此呼唤你的圣名。"说完，他把油倒在欧赞尼斯头上，然后倒在其他女子头上，说道："耶稣基督啊，奉你的名，让这些灵魂的罪都得到赦免，让他们克服所有危难，让他们的灵魂得拯救！"使徒又命麦冬利亚为她们抹膏油，他自己为欧赞尼斯抹膏油。膏抹完以后，他奉圣父、圣子、圣灵的名，让他们浸入到水里去。

158. 他们上来后，使徒拿出饼和水，祝福道："让我们吃你的为了我们而钉上了十字架的身体，让我们喝你的为了我们的拯救而流的血，愿你的身体为我们带来拯救，愿你的血洗净我们的罪。你为我们的缘故喝了苦汁，让我们得以远离魔鬼的苦汁；你为了我们的缘故喝了醋，让我们的软弱变成坚强；你为我们的缘故被吐口沫，让我们得到美善的甘露；你为了我们的缘故被树枝抽打，让我们接受完美的殿；你为我们的缘故戴上了荆棘的冠冕，让那些爱你的人戴上永不逝去的冠冕；你为了我们的缘故被包裹，让我们束上你的攻无不克的能量；你被葬在新挖的坟墓中，好让我们的身体和灵魂得到更新；你确实从死里复活了，让我们也能复活，好让我们站在你的面前接受正义的审判。"使徒把饼分了，将圣餐分给欧赞尼斯、多提亚、美沙拉和悉发的妻子和女儿，并说道："愿这圣餐让你们的灵魂得到拯救、喜乐和健康！"他们都齐声说："阿门！"这时听见有一个声音说："阿门！不要怕，只要信。"

第十四章　殉道

159. 这些事情完了以后，多马便离开，回监狱去。多提亚、麦冬利亚和娜西娅也到监狱里面被囚禁起来。使徒多马对聚集在一起的信众说："我的女儿和姐妹们、跟我一同侍奉的仆人们啊，你们已经相信我的主、我的神，你们是我的耶稣的助手，你们今天听我说：我要把我的话语（道）交给你们，我将不再以肉体在此世给你们讲话，我要到我的主、我的神耶稣基督那里去了，回到把我卖到这里来的他那里去，回到甚至在渺小的我面前谦卑自己的我的主那里去，回到把我带入到永恒的伟大、允许我成为他的真正的、坚定的仆人的我的主那里去,回到我从前离开的他那里去,因为我知道时间已经满了,那指定的日子已经近了,我将接受我的主、我的神给我的报酬。给我报酬者是正义的,他认识我,知道我应该如何获得我的报酬。他不吝啬、不嫉妒,他有丰盛的恩典,他不会不舍得他赐予的能量,因为他对自己的无尽的财富有信心。"

160. "我不是耶稣,我只是他的仆人。我不是耶稣,我只是他的助手。我不是神的儿子,我只是祈祷自己变得配得上神。你们要继续信仰基督,继续盼望神的儿子。不要因为受苦而虚弱,不要因为我受到嘲弄或者被关进监狱而分心,因为我确实是在完成他的旨意。要是我不愿意死去,我知道基督也会让我这样做,但是所谓的死亡其实不是真的死亡,而是从身体里面解脱出来,我乐于从身体里面解脱出来,这样我就可以去见那位美丽的、慈悲的主,他是我所爱的。因为我已经为侍奉他而承受了许多的辛劳,已经为他的降临到我身上的恩典付出了许多劳动,那恩典并未离开我。不要让撒旦偷偷地进入你们里面,控制你们的意念;不要在你们心里给撒旦留下一席之地,因为你们已经接受的那一位是大能的。你们要等待基督的来临,因为他将会到来,他要来接纳你们;他来临的时候,你们将会见到的就是他。"

161. 使徒说完这番话,他们就进屋里去了。使徒多马说:"为了我们受了许多苦的救主啊!让狱门回复原来的样子,让封条贴在上面。"然后他就离开他们,关到牢房里面去了。他们都哭了,心里很沉重,因为他们知道马兹大国王不会放了使徒。

162. 使徒听见狱卒在争吵:"我们也许什么地方得罪了这个巫师?他用魔法把牢门打开了,这样所有的囚犯都会跑掉的。我们要去报告国王,也要告诉国王关于他儿子和媳妇的事。"当狱卒们这样争论的时候,多马保持着他的安静。那些狱卒很早便起来,去向国王报告说:"我们的主,我们的国王啊!你可以带走那个巫师,把他囚禁在别处吗?因为我们没有办法关押他。若不是你的好运气守住这个监狱的话,所有被定罪的人都已经逃跑了:我们已经是第二次看到牢狱的门开着了。国王啊,你的妻子、你的儿子和其他人都未曾离开过他。"国王听了,便去了监牢,看见门上的封条好好地贴着,他还仔细地察看了门，对守门人说："为什么你们要说谎呢？封条完好无损，你们怎么能说多提亚和麦冬利亚进入牢房去见他了呢？"狱卒说："我们告诉你的是实话。"

163. 马兹大国王进了监狱，就座了，然后命人把多马带来，剥掉了他的衣服，让他站在跟前，对他说："你是自由人还是奴隶？"多马说："我只是那个人的奴隶，你对那个人没有权力。"马兹大国王对他说："你是如何逃跑，来到这个国家的？"多马说："是我的主人把我卖到这里来的，好让我能够拯救众多的人，并且借你的手离开这个世界。"马兹大国王问："你的主人是谁？叫什么名字？他是哪个国家的？"多马说："我的主是你的主人，他是天地之主。"马兹大国王说："他叫什么名字？"多马说："你现在不能听到他的真名，但是他被人们称呼为耶稣基督。"马兹大国王说："我没有急着将你杀死，忍耐了你很长时间，可是你却更多地行恶，让你的巫术更广地传播，让全国人都听说了。所以我现在要让这些巫术与你一同消失，使我们的土地洁净。"多马对他说："我离开此地后，这些巫术不会随我离去，你知道，我也不会抛弃这里的人。"

164. 使徒说完，马兹大国王已经想好了怎样将他处死，因为他很害怕，有太多的人跟随了他，其中有许多贵族和当权者。国王带着多马出了城，后面跟着许多全副武装的士兵。人们以为国王要向多马学些什么，于是都站在那里留心听着。走了一里路以后，国王把多马交给四个士兵和一个军官，命令他们把多马带入山中，用矛把他刺死，然后回到城里来。吩咐了以后，国王自己回到城里去了。

165. 人们跑在多马后面，希望救他脱离死亡。两个士兵守在多马的右边，两个守在左边，都拿着长矛，那个军官则抓住他的手，扶着他。使徒说："啊，隐藏的奥秘啊！直到我们启程才在我们身上成就。啊！他的丰盛的荣耀，他不会让我们淹没在身体的情感之中！四个人把我摔倒，因为我是由四个组成的；一个人拉着我，因为我是属于一个的，我到他那里去。现在我明白了：主耶稣基督是一，被一个士兵刺，我是四，被四个士兵刺。"

166. 他们来到了要杀他的那座山上，使徒对那些押他的人和其他人说："兄弟们，现在最后一次听我讲话，因为我就要离开这个身体了。不要让你们心灵的眼睛被弄瞎，不要让你们的耳朵被弄聋。你们要相信我所宣讲的神。你们不要让你们自己被引向心灵的坚硬，而要行走在全然的自由之中，行走在面向人的荣耀之中，行走在面向神的生命之中。"

167. 使徒对欧赞尼斯说："你，马兹大国王的儿子，我主耶稣基督的助手，你拿些钱交给马兹大国王的士兵，叫他们容许我去祷告。"于是欧赞尼斯就说服士兵让多马祷告。蒙福的多马就去祷告，他跪下来，然后站起来，双手伸向天上说道：

"我的主，我的神，你是在一切国家里面的盼望、救赎者、领导者、带领者，愿你与所有侍奉你的人同在！今天我到你那里来，请你引导我！不要让任何人取走我已经交托给你的灵魂！不要让税吏看见我，不要让勒索者诬告我，不要让毒蛇看见我，不要让毒蛇之子对我发出嘶声！主啊！我已经完成你的工作，成全了你的诫命。我已经变成了奴隶，因此今天我可以得到自由，请你赐予我自由，让我变得完美。我说这些，不是因为我怀疑，而是为了让他们听见，是讲给那些需要听的人的。"

168. 多马祷告完了以后对那些士兵说："过来，执行派你们来的那个人的命令吧！"那四个人走过来用长矛刺他，于是多马倒下死了。所有的兄弟都哭了，他们带来美丽的衣服和许多漂亮的亚麻布，把多马葬在先王的一个墓穴里面。

169. 悉发和欧赞尼斯不肯回到城里去，他们继续整天坐在他旁边。使徒多马向他们显现说："为什么你们要坐在这里看守我？我不是在这里，我已经上去了，获得了那一位曾应许给我的一切。起来下山去吧，过不了多久，你们还将与我相聚。"

马兹大国王和查利修斯把麦冬利亚和多提亚带走了，苦苦地折磨她们，可是她们并没有屈服于他们的意志。使徒向她们显现说："不要受欺骗。那位神圣的、永生的耶稣很快就要来帮助你们了。"马兹大国王和查利修斯知道麦冬利亚和多提亚不肯就范，也只好随她们按自己的想法生活了。

那些弟兄们聚集在一起，在圣灵的恩典中喜乐：因为使徒多马离开这个世界、到山上去就死的时候,已经指定悉发为长老,欧赞尼斯为执事。主与他们一起做工,又有很多人都信了主。

170. 过了许久以后,马兹大国王的一个儿子遭到了一个魔鬼的打击,没有人能治好他,因为那魔鬼极其凶恶。马兹大国王心里寻思:"我要打开墓穴,取一块神的使徒的骨头挂在我儿子身上,这样他就会好了。"马兹大国王想到这里,多马就向他显现了,他说:"你不相信活人,①难道要相信死人? 不过,你不要害怕,我的主耶稣基督已经在他的美善中同情你、怜悯你。"

国王打开了墓穴,发现使徒已经不在那里,因为有一个弟兄把他偷走,带到美索不达米亚去了。马兹大国王在放过使徒骸骨的地方取了一点尘土,挂在他儿子的脖子上,说道:"耶稣基督啊,我相信你! 尽管你已经离开了我这个人,我这个曾经折磨、反对人们看到你的人。"就在国王把尘土挂在他儿子身上的那一刻,小家伙就好了。于是,马兹大国王也列入了弟兄们的行列,他在长老悉发的双手下面低下了头。悉发对众弟兄们说:"你们要为马兹大国王祷告,好让他能获得耶稣基督的宽恕,让他忘记他对他所犯的罪。"于是众人一同欢喜地为他祷告,于是那位热爱人类的救主、众王之王、众主之主,让马兹大国王也在他里面得到盼望。于是马兹大国王成了相信基督的众人中的一员。赞美圣父、圣子和圣灵,能量与荣耀归于他,从今天直到永远。阿门!

[叙利亚文版结尾:使徒犹大·多马在印度的事迹记载到这里。他践行了派他去印度的那一位的诫命。荣耀归于他,直到永远。阿门!]

---

① 参:《多马福音》52。

约 翰 行 传

　　耶稣的使徒约翰在诺斯替派的心目中享有崇高地位,塞特派的重要经典《约翰密传》是托名约翰写作的,瓦仑廷派的重要思想家赫拉克利昂还专门写作了《约翰福音注释》,卡特里派的《秘密晚餐福音》(*Gospel of the Secret Supper*)也是以约翰的口吻讲述的。有些学者认为《约翰福音》是诺斯替派的福音书,或者说是他们推崇的正典福音书,该福音书中所描写的耶稣是智慧与知识的宣扬者,他的神秘讲话透露了洞见与知识。在《约翰福音》中,耶稣是神的话语,是道,是逻各斯,他就像一颗流星从天上降落,成为肉身,住在下界这个有死的王国中。道成肉身的耶稣施行了许多神迹,这些神迹以一种更为灵性的方式得到了解释,这在尼哥底母的故事(约 3∶1-20)中就很明显。这些神迹的施行也成为耶稣长篇讲道的场合,在这些讲话中,他宣布自己提供了这些神迹的真实意义,因此经常使用"我是"的宣称。耶稣最后在死亡中得到荣耀,回到上界的王国去为那些跟从他的人准备居所。这些主题跟其他诺斯替文献中对耶稣的描写是类似的,可以说,《约翰福音》是在诺斯替派的主题框架内写作的福音书。诺斯替经典文献的阅读者可以阅读串珠本圣经的中译,本书不收录。

　　《约翰行传》是记录使徒约翰的故事与教训的文集,写于公元二世纪早期,长期以来以残篇的形式保存下来。作者据说是约翰的伙伴和门徒琉秀斯·卡里努斯(Leucius Charinus)。《约翰行传》被视为次经使徒行传中最重要的一篇,它保存了这位"受喜爱的门徒"和正典福音书唯一的使徒作者的早期口传经外教义。约翰行传描写了约翰的几次旅行,其中有充满戏剧性的、神奇事件的故事,趣闻轶事,以及精心构造的使徒讲话。其中许多故事和讲话都有很强的幻影论(docetistic)的倾向,有些插曲非常有趣,如第 60 节"约翰与跳蚤的故事"。

这个文本还包含了两个非常神秘的段落。第一个段落讲述了主在受死之前一个晚上的圣言和圣行,紧接着的第二个段落记述了约翰在主上十字架的那一刻得到的一个异象。第一个段落(94—96)在现代被标上了《耶稣之歌》(Hymn of Jesus)的标题,很可能是某些约翰派群体在宗教仪式中所使用的文本(在本书中作为一个独立文本,列于诗歌部分)。随后的那个关于异象的文本有时候被称为"十字架的奥秘"(97—102 节),极其优美地阐发了约翰派基督论所参透的渊深的神秘体验。这两个部分使得《约翰行传》成为理解约翰传统中的诺斯替主义的根基。

行传的开头已经遗失,可能讲了约翰被审判并放逐到拔摩岛的事。这件事的背景是图密善(Domitian)继位时期对犹太人的迫害。犹太人在一封信中向他控告基督徒,因此他也开始迫害基督徒。他听说了约翰在以弗所(Ephesus)的讲道,派人去抓他,他在旅途中的苦行生活感动了追捕他的人。他被带到了图密善跟前,喝下毒药,但是丝毫无损,一个罪犯吃了他剩下的药渣即刻就死了,约翰把他复活过来。他还复活了一个被不洁的灵杀死的女孩子。图密善被深深打动,把他放逐到了拔摩岛。后来,他在离开拔摩岛的时候,从海难中逃生,凭借一块木头游到了米利都(Miletus),在那里建立了教会,后来又到了以弗所。德尔图良(Tertullian)和其他的拉丁语作者提到过一个有关约翰的故事,说罗马的图密善或者以弗所的总督曾经把约翰扔入到烧沸的油锅中而没有受伤。

虽然《约翰行传》被正统基督教定为异端文献,但是它在许多修道院图书馆中获得了永久的位置,有相当多的残篇保存在不同时期的希腊文手稿中。与现存的拉丁文版本的残篇相比之下似乎在编辑的时候被清除了全部"非正统"的内容。谢扶雅编译的《基督教早期文献选集》第十部收录的诺斯替派文献残篇中关于诺斯替派的崇拜仪式的残篇就取自《约翰行传》的第 48、85 和

86 节。中译文主要依据 M.R.James 翻译和注释的《新约次经》(*The Apocryphal New Testament*, Oxford：Clarendon Press, 1924)英译文，同时依据 J.K.Elliott 的《新约次经》做了校对。网络版见：http://www.gnosis.org/library/actjohn.html.

正　文

从米利都前往以弗所

18. 约翰赶紧要去以弗所(Ephesus)，一个异象催促他到那里去。达蒙尼库斯(Damonicus)和他的亲戚阿里斯托德摩斯(Aristodemus)、一个非常富有的人克利欧庇伍(Cleobius)和马塞勒斯(Marcellus)的妻子好不容易留他在米利都待了一天，跟他一起安息。第二天一大早他们就出发了，走了四里路的样子，有一个声音从天上传来，我们大家都听到的：约翰，你将要在以弗所荣耀你的主，你们将会知道的，你和跟你在一起的所有兄弟，那里的有些人将会因你而信仰。约翰心中喜乐，默想着他在以弗所会遇到什么事，说：主啊，你看，我按照你的旨意去了，愿你想要的事得到成就。

约翰复活里科米德斯与克利奥帕特拉

19. 当我们走近那个城市的时候，以弗所的执政官里科米德斯(Lycomedes)——一个拥有广大财产的人迎了上来，拜伏在约翰的脚下，恳求他说：你的名字叫约翰吗？你宣讲的那位神派你来给我的妻子行善，她突患瘫痪已经七天了，躺在那里无法可治。请你治好她，以荣耀你的神，也请你怜悯我们。因为，正在我考虑怎样了结这件事的时候，有一个人站到我身边说：里科米德斯，停止这个跟你交战的念头吧，它是罪恶的，你不要屈从于它。因为我怜悯我的女仆克利奥帕特拉(Cleopatra)，已经从米利都派来一个名叫约翰的人，他将会把她救活，把她完好地交还给你。因此，请不要停留，你是那位亲自向我显现的神的仆人，请你赶快到我妻子那里去，她只剩一口气了。约翰立刻进城门,带着那些跟他一起的兄弟们和里科米德斯一起到他家里去。克利欧庞伍对他的年轻人说:到我的亲戚卡里普斯(Callippus)那里去,让他准备好好地招待——因为我是跟他的儿子一起来的——把一切安排得像样一点。

20. 当里科米德斯跟约翰来到了躺着他妻子的房间时,他又握住他的脚说:主啊,看,多么年轻的名花枯萎了,她曾经拥有令所有以弗所人惊叹的美丽! 可怜我吧,我曾经遭人嫉妒,现在受了重挫,我的敌人用眼睛打击我。虽然我可能伤害过许多人,但是我从未错待人,因为我以前当心这样的事,小心谨慎,以免见到什么罪恶或者任何像这样子的噩运降临。我的忧虑对克利奥帕特拉有什么益处呢? 我一直到今天都以虔诚闻名,这又有什么用呢? 不,我看到你,克利奥帕特拉,处在这样的困境之中,我感受到的苦比那些不虔诚的人更甚。太阳在它的轨道上将再也看不到我跟你讲话,我要走在你前面,克利奥帕特拉啊,我要结束我自己的生命。虽然我还年轻,但是我不会舍不得我自己的平安,我将在正义面前为自己辩护,我是正当地遗弃生命的,因为我可以控告她(正义)没有施行公正的审判。当我作为一个失去了生命的幽灵来到她面前的时候,我要向她复仇。我将对她说:是你逼迫我离开光明的,因为你把克利奥帕特拉从我这里夺走了,是你让我成为一具尸体的,因为你让这样的噩运降临到我身上,是你强迫我侮辱天意的,因为你夺走了我人生的快乐。

21. 里科米德斯对克利奥帕特拉说着这些话,走近她的床,大声哭号哀憾。约翰把他拉开,说:不要这样痛哭,不要讲这些不适当的话了。你不能不服从向你显现的那一位。你要知道,你将重新获得你的妻子。跟我们这些为了她而来到这里的人一起,向在梦中向你显现的那一位神祷告吧。里科米德斯,怎么了? 你也醒来吧,敞开你的灵魂,抛开沉重的睡眠! 恳求主,为了你的妻子向他祈求,他会把她复活的。但是他跌倒在地上,哭着,昏了过去。①

约翰流着眼泪说:唉,我的异象刚刚出卖了我! 唉,为我准备的这新的诱惑! 唉,这用来算计我的新的诡计! 在路上的时候从天上传来的声音,是它为

---

① 很显然,接下来里科米德斯就死了,但是文本没有这样说,也许有几个词语遗失了。

我安排了此事吗？是它预示我到这里来,让我因为里科米德斯的原因在这个城市的众人面前出丑吗？这个人躺在这里没有了呼吸,我很清楚他们不会容许我活着走出这个屋子的。主啊,你为何要迟延呢？你为何让你的美好的应许跟我们断开呢？不要！我恳求你,主,不要让那些幸灾乐祸的人欢喜,不要让那些总是嘲笑我们的人雀跃！让你的圣名和你的怜悯快快到来！复活这两个死人,他们的死是对我不利的。

22. 约翰正这样哭喊的时候,以弗所人听说里科米德斯死了,都聚到他家里来。约翰看到这么多人来,就对主说:基督啊,更新对你的信仰的时候到了！自由地施行医治的医生啊,我们这些病了的人得到你的救助的时候到了！请你保佑来到了这里的我免受嘲笑吧！耶稣啊,我恳求你,救助这些众人吧,让他们归于你,万物之主。看,他们所受的痛苦！看,这两个人躺在这里！请让这些为了那个目的聚集在这里的人也成为服侍你的圣洁的器皿,让他们看到你的恩典。因为你自己说过,基督啊,"只要你求,你所求的就会得到。"因此,王啊,我们不求金银,不求财产,不求任何世上的会腐朽的事物,只求两个灵魂,通过他们,你将会让聚在这里的人们转向你的道路,听取你的教训,得到你的自由,获得你的最美妙的应许！因为当他们从死人被复活中看到了你的能量,其中的有些人就将得救。求你亲自赐给他们对你的盼望吧！我就要走向克利奥帕特拉,对她说:奉耶稣基督的名,起来吧！

23. 他走到她那里,摸她的脸说:克利奥帕特拉啊！你是令一切统治者、一切生物和一切能量畏惧的:深渊和一切黑暗、冷峻的死亡、天之高、地狱之范围[死人的复活、瞎子的视觉]、此世君王的一切权力以及统治者的骄傲。起来吧！不要给予许多不想信仰的人以不信仰的机会,不要成为那些能够盼望、能够得到拯救的人的痛苦。于是克利奥帕特拉立刻大声哭了出来:老师啊,我起来！拯救你的女仆吧！

她复活七日之后,以弗所人都被这个出乎意料的景象感动了。克利奥帕特拉请求关照她的丈夫里科米德斯,但是约翰对他说:克利奥帕特拉,如果你让你的灵魂保持不动摇和坚定,那么就将立刻让你的丈夫里科米德斯站在你身边,如果你至少不为已经降临在你身上的事感到不安或者动摇,相信我的神,那么我的神将通过我把活着的他给予你。跟我来到你的另一个卧室吧,你会看到他,一具真正的死尸,将会被我神的能量再次复活。

24. 克利奥帕特拉跟约翰进了她的卧室,看到里科米德斯为她而死,就讲不出话来,牙关紧闭,舌头发硬,闭上眼睛,泪如雨下,她平静地看着使徒。约翰看到她没有激动发狂,就怜悯她,呼唤从上降临的完美的仁慈,说:主耶稣基督啊!你看到了忧伤的困苦,你看到了危急,你看到了克利奥帕特拉的灵魂在寂静中的呼喊,她抑制着她内心无法承受的疯狂!我知道,为了里科米德斯的缘故,她也将死在他的身上。她静静地对约翰说:老师啊,我心里是这样想的,没有别的念头。

使徒走到里科米德斯躺着的床前,握住克利奥帕特拉的手说:克利奥帕特拉,这么多人在这里,你的亲戚也进来了,大声地哭着,你对你的丈夫说:起来荣耀神的名吧!因为他把死人还给了死人。于是她走到丈夫身边,照这样子说了,于是立刻就把他复活了。他活过来后,伏在地上吻约翰的脚,但是他让他起来,说:人啊,不要吻我的脚,而要吻神的脚,正是凭借他的能量,你们俩都复活了。

25. 里科米德斯对约翰说:以那一位神的名义——你奉他的名复活了我们——我恳求你连同跟你一起的所有人跟我们住一起吧。克利奥帕特拉也握着他的脚,说了同样的话。约翰对他们说:明天我将与你们在一起。他们再次对他说:如果你不跟我们在一起,我们将无法拥有对你的神的盼望,我们被复活过来也没有意义。克利欧庇伍、阿里斯托德摩斯和达蒙尼库斯的灵魂被触动了,对约翰说:让我们与他们住一起吧,使他们继续无违于主。于是他跟兄弟们留在那儿。

约 翰 画 像

26. 因为约翰的缘故,有很多人聚集起来。当他对在那儿的人讲话的时候,里科米德斯急匆匆地跑到他的朋友那里去,他的朋友是一个高明的画师,他对他说:你看,我这么急跑来找你,请你快到我家里去,把我悄悄指给你看的那个人画下来,不要让他发觉。于是画师带上必要的行头和颜料,对里科米德斯说:把他指给我看吧,别的不用担心。里科米德斯把约翰指给画师看,把他带到靠近他的地方,关在一个房间里,从那里可以望见这位基督的使徒。然后里科米德斯跟那位蒙福的人待在一起,享受信仰与神的知识的盛宴,想到可以拥有他的肖像而倍感欢喜。

27. 第一天,画师勾勒了他的轮廓,然后离开了。第二天,他填了色彩,把肖像交给了里科米德斯,让他非常欣喜。他取来挂在卧室里,给它戴上花环。约翰对他说——他是后来才看到这个肖像的——:我亲爱的孩子啊,你离开浴室独自进入卧室时一般干些什么呢? 我不是要跟你和其他的兄弟一起祈祷吗? 你不会向我们隐瞒某些事情吧? 他说着,开玩笑地跟他谈着话,走进了那个卧室,看到了一个围着花环的老人的肖像,前面摆着灯和祭坛。他叫他,对他说:里科米德斯啊,这个肖像对你有什么意义呢? 是你的某一个诸神的肖像吗? 我看你还是以异教徒的生活方式生活着。里科米德斯回答说:我的唯一的神是那一位把我和我妻子一起复活的神。如果说可以把施惠于人的人称为诸神的话,那么接近于那个神的就是你,我们的父了,我把你画在那幅肖像中,我给它戴上了花环,我爱你,敬畏你,因为你已经成了我的好向导。

28. 约翰从未看到过自己的容貌,他对他说:我是这个模样的吗? 你怎么才能让我相信这个肖像与我相像呢? 于是里科米德斯拿来了一面镜子。当他在镜子里面看到自己,又认真地看了那幅肖像之后,说:孩子啊,主耶稣基督活着,我就是他的肖像,然而这个肖像虽然像我,却又不像我,只是像我的身体。如果这个描摹我的容貌的画师想要把我画在一幅肖像中,那么他就不知怎么办了,[他不只是需要]颜料、木板、石膏和胶水、我的身体的姿势、老少以及肉眼看到的一切。

29. 里科米德斯啊,你要成为一个我的好画师。你拥有他通过我给予你的颜料,他为了他自己描绘我们所有人,甚至耶稣,他知道我们的灵魂的形状、容貌、姿势、性情和类型。而我给予你绘画的颜料是这些东西:对神的信仰、知识、虔诚的敬畏、友谊、交流、温柔、友善、兄弟之爱、纯洁、朴素、宁静、无畏、无忧、清醒,以及描绘你的灵魂的肖像的整个系列的颜色:扶起跌倒的人,坚定那些站起来的人,抚平你的伤痕,医治你的伤痛,梳理好散乱的头发,洗净你的脸,磨炼你的眼睛,清洗你的内脏,清空你的肚腹,一句话,当所有这一切颜色在你的灵魂中融合在一起的时候,你的灵魂就能无畏地出现在我们的主耶稣基督面前,完美而且稳固。但是你现在做的肖像则是孩子气的,不完美的,你画了一个死人的死的肖像。

剧 院 治 病

30.① 他吩咐服侍他的兄弟维鲁斯(Verus)把以弗所的所有年老的妇人聚集起来,而他自己则和克利奥帕特拉、里科米德斯一起准备好了照料她们的一切。维鲁斯告诉约翰说:我找到的六十岁以上的老妇人中,只有四个人身体健康,所有其他人[…]有些是瘫痪的,其余的都是有病的。约翰听了,沉默了许久,然后摩着自己的脸说:居住在以弗所的人是多么懒散啊!对于神是多么涣散和软弱啊!魔鬼啊,你已经嘲弄了以弗所的信实之人多长时间!刚柔我恩典和恩赐、让我对他有信心的耶稣,在寂静中对我说:把那些生病的老妇人带来,跟她们一起到剧院里去,通过我医治好她们。通过这些医治,我将皈化看到这个奇观的人当中的一些人,让他们有些用处。

31. 众人聚在里科米德斯的家里,他代表约翰把他们解散了,说:凡是想要看到神的大能的人,你们明天到剧院里去。第二天,天没有亮,众人就来到了剧院。总督听说此事,也匆忙赶来,坐在人们中间。一个长官,名叫安德罗尼库斯(Andronicus),是当时以弗所最显贵的人,听说约翰应许了不可能的、难以置信的事,说:如果他能够做到我听说的这些事,那就让他到公共剧院去,手上不要拿任何东西,也不准念我们听到他念诵的那个巫术的名号。

32. 约翰听了这些话,心中感动,他吩咐把老妇人带到剧院。她们都被带

① 这里应当没有文本遗失,但是也许省略了几个句子。这里的过渡是突然的,这个新的插曲也没有像别的地方那样有自己的标题。

到了里面,有些在担架上,有些在深深的睡眠中,全城的人都聚到这里来了,接着是极大的寂静。约翰开口说道:

33. 以弗所人啊,你们先要知道我为何来到你们这个城市,我对你们的信心是多么大,聚集在这里的人,你们所有人,都能看到。我被派到这里来,我的使命不是出于人的命令,也不是为了徒然无益的旅行,我也不是做买卖的商人,而是我所宣讲的耶稣基督,是慈悲良善的他,想要通过我来转化你们这些不信的、被卖给了罪恶的欲望的人,把你们从谬误中解救出来。凭借他的能量,我甚至将会让你们不信的长官相信,让这些躺在你们面前的人站起来,她们的困境,她们的病有多重,你们是亲眼看到的。要是她们死掉的话,我就不可能让你们的长官相信。因此她们都将被治愈。

34. 但是我想播种在你们耳朵里的第一件事就是,你们要关照你们的灵魂——我就是为了你们的灵魂来到你们这里的——不要以为这个时间是永恒的,它只不过是一个瞬间,不要在万物必会消逝的地上积累财富。如果你们有孩子,也不要想着你们可以依靠他们,不要为了他们的缘故行欺骗和诈取。你们穷人如果没有什么东西可以资以享乐,那也不用难过,因为富有财产的人在生病的时候会称你们是幸福的人。你们富人也不要因为你们拥有许多钱财而高兴,因为拥有这些财物只能给你们带来忧虑,当你们失去它们的时候,这种忧虑是无法排解的,而当它还属于你们的时候,你们总是会害怕有人为了谋财害你们的命。

35. 你们这些为你们的形体的俊美和容貌的姣好而自负的人,你们将在坟墓之中明白这些东西带给你们的应许。你们这些在通奸中取乐的人也会知道,律法和自然都会为此向你们复仇,而在此之前还会受到良心的谴责。你们这些奸妇们,你们是律法的忤逆者,你们不知道你们的最后的归宿在哪里。你们这些不救济穷人,积累钱财的人,当你们离开这个身体,在烈焰中祈求怜悯的时候,没有人会可怜你们。你们这些易怒和暴躁的人,你们要知道,你们的交谈就如同野兽。你们这些醉酒和争吵的人,你们要知道,你们因为受缚于可耻和肮脏的欲望而失去了理智。

36. 你们这些喜欢金子、象牙和珍珠的人啊，当夜色降临的时候，你们还能看到你们所爱的东西吗？你们这些沉溺于柔软衣服的人啊，当你们离开此生的时候，这些东西在你们前往的那个地方还会有用吗？让杀人的人知道，在他离开这里的时候，双倍的惩罚正在等待着他。同样，你们这些毒害人的人、巫师、强盗、骗子、兽奸者、贼，以及这一类的人，你们作的孽最后将把你们带到永不熄灭的火、无边的黑暗、惩罚的深渊和永恒的危险之中。因此，以弗所人啊，你们要回头，你们也要知道，君王、统治者、暴君、自夸的人以及在战争中获胜的人，当他们离开这里的时候也将被夺去一切，将在痛苦中煎熬，居住在永远的悲惨之中。说了这些话，约翰就用神的能量治好了所有的病。①

毁灭阿耳特弥斯神庙

37. 从米利都来的兄弟对约翰说：我们已经在以弗所待了很长的一段时间。如果你觉得好，就让我们也去士麦那（Smyrna），因为我们已经听说，神的奇迹已经传到了那里。安德罗尼库斯对他们说：老师想要什么时候去，我们就去。约翰说：让我们先去阿耳特弥斯（Artemis）②神殿吧，恐怕我们到了那里，也能找到神的仆人。

38. 两天以后，正是那个供奉偶像的神殿的诞日。就在大家都穿上白衣的时候，约翰独自穿上黑衣来到了神殿。他们抓住他，想要杀掉他。约翰说：你们胆敢加手于我，你们是疯了，我是独一之神的仆人。他攀上高台，对他们说：

39. 以弗所人啊！你们危险了，你们的行为就像大海。每一条河流、每一道泉水、还有雨水、彼此推挤的波浪、夹着巨石的洪流，流到了它里面都被渗透了苦涩的盐。你们也一样，到了今天还是不变，你们的古老的敬拜败坏了真正的虔诚。你们看到我施行了多少的神迹和疾病的医治？然而你们的心还是瞎的，没有能够复明。以弗所人啊，这究竟是什么原因呢？现在我冒险来到了你

---

① 这句话可能是一个更长的叙述的缩写。
② 希腊月神和狩猎女神。

们的这个供奉偶像的神殿,我要证明你们是最不敬神的,你们的悟性已经死了。看吧,我站在这儿。你们都说你们有一个女神,就是阿耳特弥斯,那你们就向她祈祷吧,祈祷她让我死。如果你们做不到,那我就要呼唤我自己的神,因为你们的不信,我要让你们每一个人都死去。

40. 但是那些从前试探过他、看见过死人复活的人大声喊道:不要杀我们,我们恳求你,约翰! 我们知道你做得到。约翰对他们说:如果你们不想死,你们就让我毁灭你们的偶像,这样做,你们就能离开你们的古老的谬误了。现在已经到时候了,要么你们皈依我的神,要么我自己死于你们的女神。因为我要当着你们的面祈祷,恳求我的神怜悯你们。

41. 说完,他就这样祈祷:神啊! 你是高于那些所谓的诸神的神,到了今天,以弗所人还是轻视你,是你让我想到要来到这个我从未想到过的地方,你通过让人们皈依你,废除了一切形式的崇拜,奉你的名,所有偶像、一切恶灵和一切不洁的能量都逃走了。请你让这个地方的神,欺骗了这许多人的恶灵,离开这个地方,请你把你的仁慈显现在这个地方,因为他们行走在谬误之中。

42. 约翰刚说完,阿耳特弥斯的祭坛就解体成许多碎片,殿里所有的供奉都落在地上,她的神像被撕得粉碎,还有七个以上的诸神的像也粉碎了,神殿一半倒塌了,落下来的横梁砸死了祭司。以弗所的众人大声呼喊:约翰的神是唯一的,怜悯我们的神是唯一的,唯有你是神! 现在我们都皈依你,看到了你的神奇的作为! 神啊,请怜悯我们,按照你的意愿,把我们从大谬误中解救出来! 有些人掩脸哀告,有些人跪下来恳求,有些人撕破衣服在那里哭泣,还有些人想要逃跑。

43. 约翰伸开双手,灵魂振奋,对主说:荣耀归于你,我的耶稣,唯一的真理之神,你确实用不同的策略赢得了仆人。说完,他对人们说:以弗所人啊,从地上起来吧,向我的神祈祷,认识向你们彰显出来的不可见能量和施行在你们眼前的奇妙作为。阿耳特弥斯应当亲自来救助,她的仆人应当得到她的救助,不至于死亡。这个恶灵的能量在哪里呢? 她的祭品在哪里呢? 她的诞日在哪里呢? 她的节日在哪里呢? 花环在哪里呢? 巫术和与之相连的毒害在哪里呢？

44. 人们从地上爬起来，赶快推翻了余下的偶像神殿，他们哭道：我们只认识约翰的神，从此以后我们只崇拜他，因为他已经施予我们怜悯！约翰从上面下来，许多人来拉他，说：约翰啊，帮助我们吧！帮助我们这些在空虚中消亡的人！你看到了我们的诚心，你看到这么多人都在追随你，在对你的神的盼望中依附着你！我们已经看清了那条路，当我们失去他时就偏离了那条路。我们已经看到了我们的诸神是在空虚中树立起来的。我们已经看到了它们所受的极大的耻辱的嘲笑。请你宽容我们，我们祈求你，让我们进入到你的家，毫无障碍地得到你的救助！请你接纳我们这些迷惑的人吧！

45. 约翰对他们说：以弗所人啊！你们要相信，我是为了你们的缘故继续留在以弗所的，我本来急着想去士麦那和其他城市，让那里的人民也皈依基督，成为基督的仆人。但是当我刚要离开的时候，我的心里对你们不能完全放心，因此我一直向我的神祷告，恳求他让我坚定了你们的信仰之后才离开。现在我看到你们的信心已经坚定，实现了更大的成就。我只有在断了你们的奶，把你们置于稳固的岩石上之后，才会离开你们。

复活阿耳特弥斯的祭司

46. 约翰继续跟他们在一起，在安德罗尼库斯家里接见他们。聚集的人群中有一个人把阿耳特弥斯神殿的祭司的尸体放在门前，因为他是他的亲戚，然后跟其他人一起很快地进来了，没有对任何人提起此事。约翰在对兄弟们讲了话、祈祷、圣餐和给会众的每一个人按手之后，受圣灵的感动说：这里有一个人，在对神的信仰中来到这里，他把阿耳特弥斯的祭司放在门前，自己进来了，因为在他的灵魂的渴望中，他把对自己的灵魂的关照放在了第一位，他心里这样想：对我来说最要紧的是关心活着的人，而不是关心我的已经死去的这个亲戚。因为我知道，如果我皈依了主，拯救了我自己的灵魂，那么约翰不会拒绝复活这个死人的。约翰从座位上站起来，走到了那个脑子里转着这些念头的祭司的亲戚身边，握住他的手说：我的孩子啊，你进来的时候，脑子里是不是这样想的啊? 那个人惊恐颤抖地回答说:是的,主! 然后拜伏在他的脚下。约翰说:我们的主是耶稣基督,他会在你的这位死去的亲戚身上显出他的能量,让他复活。

47. 他让这个年轻人起来,握着他的手说:对于掌握着大奥秘的人来说,对付这些小事并不难。消除人的身体的疾病有什么大不了的呢? 他仍然握着这个年轻人的手说:孩子,我对你说,去,你自己把那个死人复活,你只要这样说:神的仆人约翰对你说,起来! 然后这个年轻人走到他的那个亲戚身边,当着很多人的面,只说了这样一句话,然后他带着复活了的他进去见约翰。约翰看到那个复活的人,说:你已经复活了,但是你还没有真正的活,也没有分有或者继承真正的生命。你愿意皈依奉他的名和能量把你复活的那一位吗? 你现在相信,你就将活到永远。他立刻就信了主耶稣,从此跟随约翰。

弑父者的故事

48. 第二天,约翰由于在梦中看到他必须走到城门外三里,于是没有迟疑,很早就起来上路,兄弟们跟着他。

有个乡下人,他的父亲警告他不要贪恋跟他一起干活的那个伙伴的妻子,那个人威胁过要杀他的。这个人无法忍受他父亲的警告,踢了他父亲,留下他不言不语走了(死了)。约翰看到发生的事,就对主说:主啊,是为了这件事你让我今天出门来到这里吗?

49. 那个年轻人看到(父亲)突然死了,害怕被抓,就从腰带里抽出镰刀,开始朝自己住的地方跑,约翰在路上遇到他,对他说:站住! 你这个最无耻的魔鬼! 告诉我,你拿着噬血的镰刀要跑到哪里去? 年轻人感到慌乱,凶器掉在地上,回答他说:我知道,我做了一件可怕的野蛮的事,现在我决心犯更恶、更残酷的罪,让自己一死了之。我的父亲一再地约束我,要我清醒,要贞洁,不要通奸,我无法忍受他的责备,我踢了他,把他杀了。当我看到我所做的事,我要赶快跑到那个女人那里去,是因为她的缘故,我成了我父亲的谋杀者,我想杀了她和她的丈夫,最后自尽。因为我无法忍受这个女人的丈夫看到我被处死。

50. 约翰对他说:我不会走开,让你留在危险之中,也不会让那个人有机会嘲笑你。跟我一起走吧,带我们到你父亲倒下的地方。如果我把他复活了,你愿意从此以后戒绝那个已经成为你的陷阱的女人吗? 那个年轻人回答说:如果你复活我的父亲,让我看够看到他,听到他,那我就从此弃绝她。

51. 他说着,他们来到了老人的尸体躺着的地方,许多路过的人站在那里。约翰对年轻人说:你这个恶劣的人! 你父亲已经年老,你居然不放过他! 他哭着,撕扯着他的头发,说他为此忏悔,于是主的仆人约翰祈祷说:确乎是你指引我来到这个地方,你知道这事会发生,人生中没有什么事能够向你隐瞒,是你给了我医治的能量,按照你的意愿施行医治。现在请你把这个老人活着交给我吧,因为你看到,这个谋杀者现在已经成了他自己的审判者。唯一的神啊,请你宽恕这个容不下他的父亲的规劝的人吧。

52. 说着,他走近老人,说道:我的主展布他的良善的慈悲不是无力的,他的怜悯降临到了你的身上。起来吧! 为此刻发生的作为荣耀神吧! 老人说:我起来,主。他起来,坐下,说:我本已经从可怕的生活中解脱出来了,我曾不得不忍受我儿子的可怕的虐待和凌辱,他缺乏亲情。永生之神的人啊,现在你为什么让我活过来呢? 约翰回答说:如果你活过来过的是相同的生活,那么你还不如死去。你活过来,是为了更美好的事情。他带着他,把他领到城里去,向他宣讲神的恩典,就这样,在进城之前,老人就已经信了。

53. 那个年轻人看到了他父亲出乎意料的复活和自己的获救,就拿了镰刀,阉割了自己,他跑到了养着他的奸妇的那个屋里,把割下来的生殖器扔给她,责备她说:为了你的缘故,我变成了谋杀我父亲、你们两个和我自己的人。这是这一切事的罪根,给你吧! 现在神怜悯我,让我认识了他的能量。

54. 他回到约翰这里,在兄弟们面前告诉约翰他所做的事。但是约翰对他说:年轻人啊,让你起心杀死你父亲,让你成为别人妻子的奸夫的那一个,正是现在让你以为割掉不受管束的器官乃是义举的那一个。你要除去的不是那个罪的部位,而是你的念头,是那个通过器官表现出其罪恶的念头。罪恶的不是你的器官,而是不可见的源头,一切可耻的情绪都是从那个源头激起,并且显露出来的。因此，我的孩子啊，为你的这个过失忏悔吧，你识破了撒旦的诡计，就会在灵魂有任何需要的时候得到神的帮助。从此这个年轻人过着寂静的生活，忏悔他以前犯的罪，以求得神的良善的宽恕，他后来从未离开约翰。

前往士麦那的呼召

55. 他在以弗所做了这些事之后，士麦那人派人来对他说：我们听说你宣讲的神是不嫉妒的，吩咐你不要偏心，不要一直住在一个地方。你既然是这样一位神的传扬者，那就到士麦那和别的城市去吧，这样我们就能认识你的神，认识了他，我们就能盼望他。

约翰和山鹑

56. 有一天，约翰坐在那里，一只山鹑飞来，在他面前的灰土里嬉戏，他看着它，感到奇妙。一个祭司来了，他是他的一个听众，他看到山鹑在约翰面前的灰土中嬉戏，就感到不高兴，他说：这么伟大的一个人物也会为山鹑在灰土里嬉戏而高兴吗？约翰在灵里面觉察到了他的念头，对他说：我的孩子啊，对你来说，看山鹑在灰土里玩耍，要比你在可耻和污秽的行为中玷污你自己要好。那期待着所有人都皈依和忏悔的那一位正是为了这个原因把你带到了这儿。因为我不需要一只山鹑在灰土里嬉戏，这个山鹑其实是你的灵魂。

57. 老人听了，意识到他并非不知道，基督的使徒把他心里面的一切都讲出来了，于是拜伏在地下，大声说道：我现在知道了，神在你里面，哦，蒙福的约翰！凡是诱惑你的，就是诱惑那不可诱惑的那一位。然后他恳求他为他祈祷。于是他教导他，把规条交给他，让他回家去了。荣耀归于神，直到永远。

回到以弗所

58. 过了很长一段时间，兄弟们任何时候都安心地跟约翰在一起，然后有一天，约翰的话让他们感到难过，他说：兄弟们，现在是我到以弗所去的时候了，因为我答应过他们，我要在那儿住一段时间，免得他们松懈了，已经很长时间没有人去坚定他们了。你们的心思一定都要坚定地向着神,他永远不会抛弃我们的。

兄弟们听了,都很伤心,因为他们就要跟他分开了。约翰说:哪怕我离开了你们,基督一直与你们同在。如果你们纯洁地爱他,你们就能继续享受与他的同在,因为如果你们爱他,他会先爱你们。

59. 说完,他就跟他们告别,留下了许多钱散发给他们,动身去以弗所,所有的兄弟都伤心哭泣。陪着他的以弗所人有安德罗尼库斯、德鲁西阿娜(Drusiana)、里科米德斯、克利欧庇伍和他们的家人。跟着他的还有阿里斯托布拉(Aristobula),她听说她的丈夫已经死在路上,还有阿里斯底普(Aristippus)和色诺芬(Xenophon),那位贞洁的妓女,还有许多其他的人,就是那些他一直劝勉他们忠于主的人,他们永远不愿离开约翰。

约翰与跳蚤

60. 第一天,我们来到了一个废弃的客栈,在我们为约翰找床的时候,经历了一件好笑的事。我们找到了一个没有被褥的床架,我们把披在身上的斗篷铺在上面,请求约翰躺在上面休息,我们其余人都睡在地上。他刚刚躺下,就有跳蚤来烦他,它们越来越烦,到了半夜的时候,我们都听到他对它们说:跳蚤们啊,我对你们说,你们行事要体谅人,今天晚上离开你们居住的地方,安静地待在一个地方,离神的仆人们远一点。我们还在笑和讲话的时候,约翰就睡着了。我们低声讲话,以免吵他(我们也没有受到跳蚤的骚扰)。

61. 天拂晓的时候,我先起来了,跟我一起的还有维鲁斯和安德罗尼库斯,我们看到我们住的那个屋子的门外有许多跳蚤站在那里,当我们惊叹这个奇观,叫所有的兄弟们都起来看的时候,约翰还在睡觉。他醒来后,我们对他讲了我们的所见。他坐在床上,看着它们说:因为你们明智地倾听我的警告,现在可以回到你们自己的地方去了。他说完,就从床上起来,跳蚤们赶快从门外跑到床上去,攀上床脚,消失在缝隙中。约翰又说:动物尚且倾听人的声音,安静、顺从,我们却不倾听神的声音和诫命,不顺从而且轻率,我们这样子要持续到何时呢?

62. 经历这些事之后,我们到了以弗所。那里的兄弟们老早就听说约翰要来,都聚集在安德罗尼库斯的家里,他们握住他的脚,把他的手按在他们自己的脸上亲吻,许多人哪怕摸一下他的衣服也高兴。

德鲁西阿娜与卡利马库斯的故事

63. 就在兄弟们中间洋溢着无比的热爱与快乐的时候,有一个人,他是撒旦的信使,迷恋上了德鲁西阿娜,虽然他看到、也知道她是安德罗尼库斯的妻子。很多人对他说:你要得到那个女人是不可能的,你知道,她出于虔诚甚至跟她自己的丈夫也已经分开很长时间了。你难道不知道那个安德罗尼库斯,现在是一个敬畏神的人,以前曾经把她关在坟墓里,对她说:要么你还像以前那样跟我做夫妻,要么你去死。结果她选择了死,也不要跟他做那肮脏的事。如果说她出于虔诚甚至不肯跟她的主人兼丈夫同房,反而劝他跟她自己一样想,那她会愿意答应你这个想跟她通奸的人吗? 止住这种让你不安宁的疯狂吧! 放弃这种无法实现的欲望吧。

64. 虽然他亲近的朋友们跟他说了这些话,但是并没有说服他,他甚至无耻地传话给她,去追求她。当德鲁西阿娜得知可耻的欲望和无耻的要求之后,闷闷不乐,两天后就发烧了,躺在床上,她说:要是我不回到我的故乡,那该多好啊! 我就不至于成为一个不知敬畏神的人的绊脚石。要是他是一个被神的话语充满的人的话,就不会陷入到如此之深的疯狂之中。现在,主啊,是我造成了对那个缺乏神的知识的灵魂的打击,请你把我从这个锁链中解脱出来,快快把我取回到你那里去吧! 就这样,在约翰不知道这件事的情况下,德鲁西阿娜不是高兴地、而是因为那个人对她的精神伤害,忧伤地离开了此生。

65. 安德罗尼库斯暗自伤心,在灵魂中哀痛,悲哭失声。约翰只能这样安慰他:是为了更好的盼望,德鲁西阿娜离开了这个不义的人生。安德罗尼库斯这样回答他:是的,我深信这一点,约翰啊,我也根本不怀疑对我的神的信靠。而且我也坚信这一点,她是纯洁地离开此生的。

66. 当她被埋葬以后,约翰握着安德罗尼库斯的手,他得知了此事的因果,比安德罗尼库斯更加悲伤。他静默在那里,思虑着敌人的威胁,静坐了好一会时间。兄弟们聚集在那里,想听听他关于死去的这一位会说一些什么。他开始说道:

67. 一个舵手跨越海洋,把航船和旅客带到风平浪静的海港的时候,才感觉到他的安全。一个农夫把种子播种在地里,辛勤劳作,细心照料,当他把丰收的果实收入到粮仓中的时候,才可以享受休息。参加赛跑的人在把奖赏领回家的时候才会感到欣喜。参加格斗的人只有在戴上花冠时才算胜利。一切的竞赛和技艺,只有在最终没有失败,而是实现了目的的时候,才算取得成功。

68. 我想,我们每个人践行的信仰也是如此,只有到了生命终止的时候还始终不变的才是真正的信仰。因为一路上会有许许多多的障碍来动摇我们的心神:操心、孩子、父母、荣誉、贫穷、奉承、青春、美貌、自负、性欲、财富、愤怒、上进、松懈、羡慕、嫉妒、疏忽、恐惧、傲慢、爱、欺骗、金钱、虚伪,以及其他诸如此类的障碍存在于这一生中。正如舵手航行在平静的海面上,会突然遇到急风暴雨和巨浪,农夫会遇到从地里出来的爬虫、不合时令的天气和枯萎病,竞赛者在运动中"功败垂成",艺人在技术上遇到困难那样。

69. 一个信徒先于其他一切要做的,就是预见自己的死亡,要仔细检查死亡以何种方式来临,是强有力的、清醒的、没有任何障碍的呢,还是不安心的、执着于此世的事物、被欲望所束缚的呢? 一个身体只有完全赤裸的时候,才能称赞其美丽,一个将军只有完成了预期的整个战役才能称之为伟大,一个医生只有每一次治好了病才能称之为高明,同样,一个灵魂只有圆满地成就了应许才能称为满有信心、与神相配。一个有信心的灵魂不会一开始有良好的开端、后来却因为分神于此生的事物而变得虚弱,不会是麻木的、一开始追求高尚的事物,随后又被世俗的事物压垮,不会不追求永恒却追求时间中的事物,不会拿不变者来交换变化者,不会以可耻之事为荣,不会效忠于撒旦,不会把蛇接纳到自己家里,不会一开始为了神的缘故受辱骂,而后却感到羞愧,不会在嘴上答应,但是行动上不实行,我们赞美那一种灵魂,他不会被污秽的快感所削弱,他是不轻浮的,他是不会被钱财的欲望所俘获的,他是不会被身体的力量和愤怒出卖的。

70. 正在约翰劝勉兄弟们要为了永恒而看轻短暂的事物的时候,那个迷恋德鲁西阿娜的人被可怕的欲望焚烧着,被多形的撒旦所附体,他用一大笔钱贿赂了安德罗尼库斯的贪钱的管家。他为他打开了坟墓,给他机会在那个死尸身上发泄曾被拒绝的那件事。他没有在她活着的时候得到她,在她死后他还要纠缠她的尸体,他说:你在活着的时候拒绝在爱里面与我结合,现在你死了,我要侮辱你的尸体。怀着这样的图谋,他通过那个可恶的管家找到了实施这个行动的机会,他们两人进入了坟墓。他们打开门,开始剥去尸体上的尸衣,说:可怜的德鲁西阿娜啊,这对你有什么好处呢? 你不能活着的时候做这事吗? 要是你活着的时候心甘情愿做这事的话,也许就不会伤心了。

71. 就在他们这样说着,她的身上只剩一件汗衫的时候,一个奇怪的景象出现了,正是做这一类事情的人必定会遭遇的事:一条蛇不知从什么地方出来,咬了管家一口,把他咬死了,但是它没有咬那个年轻人,而是盘住了他的脚,朝着他可怕地发出嘶嘶声,他倒在地上之后,蛇又爬上了他的身体,坐在他身上。

72. 第二天拂晓,约翰在安德罗尼库斯和兄弟们的陪同下,要到坟墓那里去,这是德鲁西阿娜死去的第三天,为的是在那里分饼。一开始,他们出门的时候,找钥匙,但是没有找到,约翰对安德罗尼库斯说:钥匙自然是应当遗失了,因为德鲁西阿娜不在坟墓里,不过,我们走吧,以免你们显得疏忽,门会自己打开的,主已经为我们做过许多这样的事。

73. 我们来到了那个地方,在老师的命令下,门打开了,我们看到德鲁西阿娜的坟墓旁边有一位美丽的年轻人在微笑。约翰看到他,大声说:高贵的人啊,你在我们之前来到这里吗? 为什么来到这里? 我们听到一个声音对他说:为了德鲁西阿娜,就是你要复活的这个人,我发现,因为死在她旁边的那个人的缘故,她差点被玷污了。那个高贵者说完,就在我们大家的眼前升上了天空。约翰转到坟墓的另一边,看到一个年轻人,就是那个十分显赫的以弗所人卡利马库斯(Callimachus)，一条巨蛇睡在他身上，还有安德罗尼库斯的管家，名叫弗图纳图斯(Fortunatus)，躺在那里死了。看到这两个人，他站在那里困惑不解，对兄弟们说：这景象意味着什么呢？为何主没有告诉我发生在这里的事呢？他是从未忽视过我的。

74. 安德罗尼库斯看到这两个尸体，就跳起来，来到了德鲁西阿娜的坟墓，看到她只穿着汗衫躺在那儿，他对约翰说：神的蒙福的仆人约翰啊，我明白发生什么事了。这个卡利马库斯迷恋我的妹妹，由于他尝试了多次都没有得到她，就用一大笔钱贿赂了我可恶的管家，如我们现在所看到的，想要通过他实施他的阴谋，因为卡利马库斯确实向许多人发誓说：如果她活着的时候不答应我，那她死后我就要凌辱她。老师啊，也许正是这个美丽的人知道了此事，不让她的身体受侮辱，让这两个图谋不轨的人死在这里。那个对你说"把德鲁西阿娜复活"的声音也许预示的就是这件事？因为她是在忧虑中离开此世的。但是我相信他说的，他是一个走上了歧路的人，因为他吩咐你复活他。至于另一个，我知道他是不配得拯救的。我求你一件事：先复活卡利马库斯，他会向我们承认所发生的事。

75. 约翰看着那个尸体，对那条毒蛇说：离开他吧，他将成为耶稣基督的仆人。他站着祈祷：神啊，你的名当受我们的赞颂！神啊，你征服了一切有害的能量！神啊，你的意愿得到成就，你总是倾听我们！如果有神意要通过他来实现，那就把他复活吧，让神意在他的复活中显现吧！那年轻人立刻就起来了，有整一个时辰默默不语。

76. 当他恢复知觉时，约翰问他为何闯入坟墓。他讲了他如何迷恋德鲁西阿娜，正如安德罗尼库斯告诉他的一样，约翰又问他是否达到了他的肮脏的意图，凌辱了那个完全圣洁的身体。他回答说：我怎么可能做得成呢？我亲眼看到这条可怕的毒蛇一口咬死了弗图纳图斯。这是罪有应得的，因为在我已经平息了不可理喻的、可怕的疯狂时，是他怂恿我做这疯狂的事。这条蛇把我吓住了，把我困在你们看到的我复活之前的窘境之中。我再告诉你们另一件奇事，它几乎杀了我。当时我的灵魂激荡着愚昧的情欲，不可救药的疾病折磨着我,我剥下了她穿着的尸衣,走出坟墓,如你们看到的那样把它们放在那里,然后又进去做坏事。我看到一个美丽的年轻人给她盖上了他的披风,他的眼中有光明的火花进入到她的眼中,他对我说:卡利马库斯啊,死去吧,为了你能活。神的仆人啊,他是谁,我不知道。但是现在你们出现在这里,我知道了,他是神的天使,我很清楚地知道。我也知道你所宣讲的是真神,这一点我已经确信。我祈求你,快快把我从这场灾难和可怕的罪恶中解救出来,把我这个误入可耻的、污秽的欺骗之中的人带到你的神的面前。我握着你的脚,恳求你的帮助。我会成为一个盼望基督的人,那个声音也将得到验证:死去吧,为了你能活。那个声音已经得到了验证,因为那个不信的、无法无天的、不虔诚的人已经死了,现在我被你复活了,我将成为一个信实的、敬畏神的、认识真理的人,我求你把真理启示给我。

77. 约翰充满了喜悦之情,沉思着这个人得到拯救的整个奇观,说:主耶稣基督啊!你有多么宏大的能量,我不知道。我惊叹你的浩瀚的慈悲和无边的忍耐。何等的伟大进入到了束缚之中!何等的自由带给了我们这些受奴役的人!何等不可思议的荣耀降临到我们身上!你保护死的住棚免于受辱,你拯救了那个沾染了血腥的人,净化了那个想要玷污那个不朽的身体的人的灵魂。父啊,你对不在乎你的人满有仁慈和怜悯,我们赞美你,赞美、尊敬、感谢你的仁慈与忍耐!神圣的耶稣啊,没有别的神,你是唯一的神!任何对付你的诡计都不会得逞,从现在直到永远,阿门。

78. 说完,约翰握着卡利马库斯的手,吻他,说:我的孩子啊,荣耀归于我们的主,是他怜悯你,让我得以荣耀他的能量,用巧妙的手段把你从令人厌恶的疯狂和沉醉中解救出来,召唤你进入到了他的安息和新的生命之中。

79. 安德罗尼库斯看到死了的卡利马库斯复活,就跟兄弟们一起恳求约翰复活德鲁西阿娜,说:约翰啊,让德鲁西阿娜复活吧,让她快乐地度过她短暂的人生,她是为卡利马库斯悲伤而放弃生命的,因为她以为自己成了他的绊脚石。只要主愿意,他随时可以把她取回的。约翰没有迟延,进入到坟墓之中,握住她的手说:我向唯一的神呼喊,你是伟大的、不可言说的、不可思议的!一切君国的权力都向你臣服,一切当权者都向你低头,在你面前一切的骄傲都跌倒沉默,听到你的声音魔鬼都会颤抖,万有都在对你的沉思中陷入寂静的冥想。让你的名受我们的赞美,请你复活德鲁西阿娜,让卡利马库斯在你里面更加坚定,唯有你能做到人无法做到的事,能施行拯救和复活,让德鲁西阿娜安安心心地出来,因为那个年轻人已经皈依你,她走在神的道路上再也不会有障碍。

80. 说完,约翰对德鲁西阿娜说:德鲁西阿娜,起来! 然后她就起来了,走出了坟墓。她看到自己只穿了汗衫,就感到困惑。安德罗尼库斯把一切告诉了她,约翰按手在他脸上,卡利马库斯含着眼泪大声赞美神,于是她也感到喜悦,赞美神。

81. 她穿上衣服,转身看到弗图纳图斯躺在那里,就对约翰说:父啊,让这个人也复活吧,尽管他是背叛我的人。但是卡利马库斯听了,就说:德鲁西阿娜啊,不要,我恳求你,因为我听到的那个声音没有提到他,他关心的只是你,我看见了,我就信了。如果他是好人,神也会怜悯他,就会让蒙福的约翰把他复活了。他知道这个人是不得善终的。约翰对他说:我的孩子啊,我们不是知道不能以恶报恶吗? 我们恶待神,但是神没有恶待我们,而是让我们忏悔;我们不认识他的名,但是他没有抛弃我们,而是怜悯我们;我们亵渎他,但是他不惩罚我们,反而宽恕我们;我们不信他,但是他也不记恨;我们迫害他的兄弟,但是他没有向我们报复,而是让我们忏悔,让我们远离罪恶,召唤我们到他那里去。我的孩子卡利马库斯啊,他也这样召唤你,没有记你以前的罪恶,而是宽容你,让你成为他的仆人。如果你不愿意让我复活弗图纳图斯的话,就让德鲁西阿娜来复活他吧。

82. 她没有迟延,在灵和魂里面喜悦,来到了弗图纳图斯的尸体边,说:耶稣基督,永恒的神,真理的神! 是你让我看到了神迹和奇事,是你让我分享你的名! 是你以多形的面貌把灵呼到我里面,给了我许多的恩惠! 在我受我以前的丈夫安德罗尼库斯强迫的时候,是你以丰盛的慈爱保护了我,是你把你的仆人安德罗尼库斯变成了我的兄弟,是你保护了你的侍女保持纯洁直到今天,是你让你的仆人约翰把我复活,是你在我复活后让我看到了曾经绊倒的人不再跌倒,你给了我在你里面的完美的安息,把我从隐秘的疯狂中解救出来。我用我的整个心热爱你!基督啊,我向你祈祷,请你不要拒绝德鲁西阿娜的请求,把弗图纳图斯复活,虽然他曾试图背叛我。

83. 她握住那个死人的手,说:奉我们的主耶稣基督的名,起来,弗图纳图斯!弗图纳图斯起来了,他看到约翰在坟墓中,还有安德罗尼库斯和从死里复活的德鲁西阿娜、成为信徒的卡利马库斯和众兄弟在赞美神,他说:这些可怕的人究竟获得了什么样的能量!我不愿意复活,宁可死去,也不要见到他们。说了这些话,他就出了坟墓,逃走了。

84. 约翰看到弗图纳图斯灵魂没有改变,说:不会变好的本性啊!寓居在污秽之中的灵魂之泉啊!充满黑暗的腐败的本质啊!在属于你的人当中舞蹈的死亡啊!充满火的不结果实的树啊!用于烧炭却不结果实的树啊!与疯狂的事物住在一起的物质和无信仰者的邻居啊!你已经显露出你是谁,你将始终被定罪,跟你的子孙们一起。你不知道如何赞美美好的事物,因为你不拥有它们。因此,这就是你的果实、你的根本和你的本质。愿你在那些信靠神的人们当中被消灭、离开他们的意念、离开他们的心思、离开他们的灵魂、离开他们的身体、离开他们的行为、离开他们的举止、离开他们的言谈、离开他们的职业、离开他们的谋划、离开他们在神里面的安息、离开你想分享的他们的芳香、离开他们的信仰、他们的祈祷、他们的洗礼、他们的圣餐、他们的吃、他们的喝、他们的穿、他们的爱、他们的担忧、他们的节制和他们的正义。最不圣洁的撒旦、神的敌人啊,愿你从这一切当中消失吧,我们的神耶稣基督将审判你和一切跟你相像、具有你的性质的人,让你们灭亡。

85. 说完,约翰祷告了,拿了饼到坟墓里面掰开,说:我们荣耀你的名,是你把我们从谬误和无情的欺骗中转化过来了!我们荣耀你,是你在我们眼前显现了我们看到的事物!我们见证了在不同的方式中表现出来的你的仁爱。我们赞美你的仁慈的名,主啊,我们感谢你,你审判了那些给你定罪的人!我们感谢你,主耶稣基督,我们深信你的恩典永远不变!我们感谢你,你需要的是我们已经得救了的本性！我们感谢你，你给了我们可靠的信仰，因为唯有你是神，从现在直到永远。我们是你的仆人，我们感谢你，神圣者啊，我们怀着美好的意愿，从死亡中复活，从世界各地，聚集在这里。

86. 在祷告和赞美之后，他分圣餐给所有的兄弟，然后走出了坟墓。到了安德罗尼库斯的家里，他对兄弟们说：兄弟们，在我里面的灵预言，弗图纳图斯由于蛇咬就要黑死。我们派一个人赶快去看，是否真的如此。一个年轻人跑去，看到他死了，黑色布满了他的全身，直至心脏。他回来告诉约翰，他已经死了三个时辰了。约翰说：魔鬼啊，你得到了你的孩子！

从此，约翰跟他兄弟们一起在主里面欢喜。

基督的多形态

87.① 那些在场的人询问原因，感到特别困惑，因为德鲁西阿娜曾经说过：主在坟墓里面以约翰的形象向我显现，也以一个年轻人的形象向我显现。就在他们困惑，有些不坚信的时候，约翰耐心地说：

88. 人们和兄弟们啊，你们对主的感知并没有什么奇怪和难以置信之处，我们这些蒙他拣选为使徒的人也以许多方式受到考验。我不可能把看到和听到的直接告诉你们或者写下来。我要让我所讲的适合于你们听，要按照你们每一个人的能力所能领受的、所能听的传授给你们，让你们能够看到笼罩着那一位从过去、现在、直到永远存在者的光辉。

当他拣选彼得和安德烈（Andrew）的时候，他们是兄弟俩，他来到我和我的兄弟雅各（James）面前，说：我需要你们，到我这里来吧！我的兄弟听到，就说：约翰，这个孩子是谁？他在海岸边呼唤我们，要我们干什么？我说：哪个小孩？他又对我说：就是向我们招手的那一个。我回答说：兄弟雅各啊，因为隔海远眺，你没有看清楚，你看到的不是那个站在那儿的男人吗？他清秀、俊美，

① 接下来是《约翰行传》中最精彩的部分。其中有两个段落93—95和97—98在第二次尼西亚会议上宣读过的，从此就包含在这个行传中，奥古斯丁引用过其中的几行[Ep.237（253）to Ceretius]。整个谈话是对基督幻影论的最流行的注释。

脸上流溢着喜悦。但是他对我说:兄弟啊,我没有看到,让我们到那边去,看看是怎么回事。

89. 当我们的船靠岸的时候,我们看见他帮我们泊船,我们离开那个地方想要跟随他的时候,我看到他是一个秃头的人,周边蓄着浓密飘逸的头发,但是雅各看到的是一个胡子刚长出来的年轻人。我们两人都很困惑,我们看到的究竟意味着什么。此后,我们跟着他,我们俩人在思考这件事的时候逐渐更加疑惑起来。然而,在我面前呈现了一个更为奇异的景象:我想真切地看清他,我从未看到他的眼睛闭上,总是睁着的。他常常向我显现为一个小个子男人,一点也不英俊,但是随后又成为一个顶天的人。在他里面还有另一个奇观:在我吃饭的时候,他会把我抱在他自己的怀里,有时候他的胸怀是光滑温柔的,有时候又像石头一样坚硬,于是我在心里疑惑,说:这是什么道理呢? 正在我思想这事的时候,他[…]。

90. 另一次,他带我、雅各和彼得到山上去,那是他常常去祷告的地方,我看到他在光明里面,这光是我们凡人的语言无法描绘的。然后他以类似的方式把我们三人带到山里去,说:跟我一起去。然后我们继续走,我们看到他在远处祷告。因为他爱我,所以我悄悄地走近他,不让他发现,然后站在那里看他的后背。我看见他没有穿什么衣服,在我看来是赤裸的,也根本不像一个男人,他的脚是雪白的,地面被他的脚照亮,他的头伸到了天上。我被吓坏了,哭了出来。他转过身,显现为一个小个子男人,抓住我的胡子用力拉,并对我说:约翰,不要不信,而要相信,不要好奇。我对他说:主啊,我做了什么? 我对你们说,兄弟们,我在那地方受苦,他抓着我的胡子有三十天,以至于我对主说:你开玩笑地扯一扯,就给了我如此巨大的疼痛,要是你给我一顿痛打的话会怎么样呢? 他对我说:让你从此以后不要试探那一位不可受试探者。

91. 彼得和雅各生气了,因为我跟主讲话,他们向我招手,让我到他们那里去,让主一个人留在那里。我走过去,他们俩对我说:谁在山顶上跟主说话?因为我们听到他们两人在讲话。我心里想着他的浩大的恩典、他的许多面貌的合一,以及他不停地注视着我们的智慧,说:如果你们问他的话,你们就会知道。

92. 还有一次，我们所有门徒在革尼撒勒（Gennesaret）①，睡在一间屋子里。我独自裹在大衣里，在我的大衣下面偷看他在干什么。一开始我听到他说：约翰，睡吧。我就装睡了，看到另一个跟他相像的人对主说：耶稣啊，你拣选的人还没有相信你。我的主对他说：你是对的，因为他们是人。

93. 我还要告诉你们另一个光辉的景象。有时候，我想触摸他，碰到的却是物质的、坚硬的身体，而有时候摸他的时候，感觉到是非物质的实体，就好像根本不存在似的。如果有法利赛人请他吃饭，他前往赴宴的时候，总是带着我们，邀请我们的人在我们每人面前放一个面包，他面前也有一个，他总是祝圣他的面包，把它分给我们。我们每个人只要吃那一点就饱了，我们自己的面包就可以整个地省下来，这使那些请客的人感到惊讶。我跟他一起走的时候，我常常想看他的脚印是否留在地面上，因为我看到他就好像是浮在地面上的，结果我从未看到有脚印。兄弟们，我对你们说这些事，为的是鼓励你们对他的信仰，因为我们眼下要对他的非常的、奇妙的作为保守沉默，因为它们是不可言说的，根本上既不能说，也不能听。

耶 稣 之 歌

94. 在他被不守律法的犹太人逮捕之前——那些犹太人是受不守律法的蛇的统治的——他把我们聚集在一起，说：在我被交给他们之前，让我们给父唱一首颂歌吧，然后去面对在前面等着我们的事。他让我们围成一个圈，手拉着手，他自己站在中间，说：唱阿门回应我。然后他开始唱一首颂歌：

> 父啊，荣耀归于你！
> 我们转成一个圈走，回应他：阿门！
> 荣耀归于道，荣耀归于恩典！阿门！

---

① 位于加利利海西北岸，被称为加利利的乐园。彼得、雅各和约翰是在这里抛下一切，跟随耶稣的。

荣耀归于圣灵,荣耀归于你,神圣者!

荣耀归于你的荣耀! 阿门!

父啊,我们赞美你! 光明啊,我们感谢你!

你里面没有居住着黑暗! 阿门!

95. 现在我们来感谢,我说:

我愿被拯救,我也愿施行拯救! 阿门!

我愿被解脱,我也愿施行解脱! 阿门!

我愿受伤害,我也愿施行伤害! 阿门!

我愿被生育,我也愿生育! 阿门!

我愿吃,我也愿被吃! 阿门!

我愿听,我也愿被听! 阿门!

我愿被关怀,我也是全然的关怀! 阿门!

我愿被施洗,我也愿施行洗礼! 阿门!

恩典在舞蹈! 我来吹笛,你们一起跳舞! 阿门!

我要哀伤,你们一起叹息! 阿门!

八(ogdoad)与我们一跟唱颂歌! 阿门!

十二在上界舞蹈! 阿门!

整个上界都参与在我们的舞蹈之中! 阿门!

凡是不跳舞的人,都不知道将要发生的事! 阿门!

我愿逃离,我愿留下! 阿门!

我愿打扮,我愿被打扮! 阿门!

我愿被结合,我也愿结合! 阿门!

我没有一个家,我有一些家! 阿门!

我没有一个地方,我有一些地方! 阿门!

我没有一个殿,我有一些殿! 阿门!

> 我是你们这些看见我的人的一盏灯！阿门！
>
> 我是你们这些注视着我的人的一面镜子！阿门！
>
> 我是你们这些敲门的人的一扇门！阿门！
>
> 我是你们这些旅行者的道路！阿门！

96. 如果你们回应我的舞蹈，就会在我讲话的时候，在我里面看到你们自己，如果你们看到了我所做的，你们要对我的奥秘保持沉默。

你们这些舞蹈的人，你们要明白我所做的，因为我将要承受人类的苦难乃是为了你们。要是我没有作为父的话语被派到你们这里来，你们就绝不可能明白你们所受的苦。你们这些看到我所受的苦的人，看到我是在受苦，看到我的受苦，你们不再坚守，而将完全地动摇，动摇以至于成为聪明，然后你们得到了我的依靠。我是你们的床，在我身上休息吧！我是谁，当我离开的时候，你们将会知道。现在看起来的我，其实不是我，你们到来的时候将会明白。要是你们已经知道了如何受苦，你们就有能力不受苦。你们学会了受苦，你们就有能力不受苦。凡是你们不明白的，我自己会教导你们。我是你们的神，我不是那些背叛者的神。我愿与圣洁的灵魂保持一致的曲调。在我里面你们知道了智慧的话语。你们再次跟我一起说：父啊，荣耀归于你！道啊，荣耀归于你！圣灵啊，荣耀归于你！之于我，如果你们想知道我曾是谁，你们就要知道我用一句话语骗过了万物，而我根本没有受辱。我跳跃了。你们要明白这一切，当你们明白了，就说：

> 父啊，荣耀归于你！阿门！

十字架的奥秘

97. 我的亲爱的人啊，就这样，主跟我们一起舞蹈，然后离开了。我们作为凡人，迷了路，或者在睡眠中恍惚迷茫，四散逃走了。当我看到他受难的时候，甚至没有在他受难的地方逗留，而是逃到了橄榄山上，为所降临的事哭泣。

在他被钉十字架的时候,就是那一天的六点钟,黑暗降临到整个大地。我们的主站在洞穴之中,照亮了它,说:约翰,在下面的耶路撒冷的众人眼里,我正被钉十字架,正在被矛和箭刺穿,有人正在送给我胆汁和醋喝。但是我正在跟你说话,我所说的你要听。是我让你存心来到这座山上的,让你听到门徒应当从老师那里学到的事和人应当从他的神那里了解的事。

98. 说完,他指给我看一个光明的十字架,那个十字架树立在那里,周围站着众人,是没有形体的,在十字架里面是一个形体和一个形象。我看到主自己在十字架上,没有任何形状,只是一个声音。那声音也不是我们以前熟悉的声音,而是甜美、和蔼、真正神的声音,对我说:约翰啊,需要有一个人从我这里听这些事,因为我需要一个愿意听的人。为了你们的缘故,我有时候称这个光明的十字架为道,有时候称之为心灵,有时候称之为耶稣,有时候称之为基督,有时候称之为门,有时候称之为道路,有时候称之为面包,有时候称之为种子,有时候称之为复活,有时候称之为子,有时候称之为父,有时候称之为灵,有时候称之为生命,有时候称之为真理,有时候称之为信仰,有时候称之为恩典。这些名字是为了人的缘故这样称呼的。事实上,就它本身而言,以及对你们来说,它是万物的划分,以及那些固定但是不稳定的事物的提升和根基,是智慧的和谐,或者确切地说是和谐中的智慧。在右边和左边,有诸能量、诸君王、诸领主、诸魔鬼、各种业、各种威胁、各种愤怒、各种恶魔、撒旦、低级的根,从低级的根产生出短暂事物的本质。

99. 这就是十字架,它用话语把万物联合起来,把短暂的和低级的事物分开(然后把万有整合为一),作为一,流入万物。这不是你下到那里去的时候看到的木头的十字架,我也不是十字架上的那个他,你看不见,但是听到他的声音的那一个。我被以为是一个我其实不是的人,我不是许多其他人看到过的那个我。但是他们将称呼我为别的什么东西,是卑微的、与我不相配的。正如那安息之地是不可见也不可说的那样,作为安息之地的主人,我更是不可见也不可说的。

100. 十字架周围的众人是一个形体的,是低级本质的,那些你看到的在十字架里面的人，他们没有一个形体，那是因为他们到下面去的每一个成员尚未聚集在一起。但是当高级的人性得到恢复，那个靠近我的族类听从我的声音的时候，那个现在听我的人就将与它联合，他将不再是现在的他，而将处在他们之上，如同我现在这样。只要他们不称他们自己是我的，我就不是我（或不是我过去的我），但是如果你们听我，你们这些听我的人，将成为跟我现在一样，如果我拥有跟现在的我一样的你们，那么我也将成为过去的我。正是出于我，你们才成为我。你们要忽视众人，看轻那些在这个奥秘之外的人！因为你们知道，我是完全与父同在，而父也与我同在的。

101. 因此，我根本没有受过他们将会说我受过的那些苦。我在舞蹈中指给你和其他人看的那苦，我愿称之为一个奥秘。你们是谁，你们是看见的，因为我指给你们看了，但是我是谁，只我自己知道，没有别人知道。因此让我保守属于我自己的，那属于你们的，你们必须通过我才能看到。想要看到我的真实的本来面目，我告诉过你们，这是不可能的，除非你们能够成为跟我相似的人。你们听说我受难了，然而我并未受难；你们听说我未受难，然而我确实受难了；我被刺了，但是我并未受伤；我被悬挂了，但是我并未被悬挂；血从我身上流出来，但是它其实没有流。一句话，他们说我的那些事其实没有降临在我身上，他们没有说的那些事，我倒确实经受了。那些事究竟是什么，我会启示给你，因为我知道你想要知道。因此，在我里面看道的杀害、道的刺穿、道的血、道的伤、道的悬挂、道的受难、道的钉、道的死。我这样说，要抛开人性。因此，首先你们要思想神，然后你们将看到主，最后你们将会看到那个人，以及他所受的苦。

102. 他对我说了这些事以及一些我不知道他愿意我如何对你们说的事，然后他就被提升了，众人当中没有人看见他。我下山之后，轻蔑地笑那些人，因为他告诉过我，他们关于他会说些什么，我心里坚信一件事，那就是，是主象征性地谋划了这一切，这一切乃是对于人类的神意，乃是为了他们的皈依和拯救。

103. 因此，兄弟们，你们看到了神的恩典和神对我们的爱，让我们敬拜他,就像那些他曾宽恕过的人那样,不是用我们的手指,也不是用我们的嘴,也不是用我们的舌头,也不是用我们身体上的任何一个部位,而是用我们灵魂的整个性情。让我们敬拜他,这个离开了身体的人。兄弟们,让我们小心,因为他为了我们的缘故在监狱、坟墓、束缚与地狱、责备和侮辱、大海与干燥的大地、鞭笞、定罪、阴谋、诡计、惩罚中守候着我们,一句话,他与我们所有人同在,当我们受苦的时候,他与我们一起受苦。当我们中的无论哪一个人呼唤他的时候,他都不会闭上耳朵,而是在任何地方倾听我们每一个人,就如刚才他就同时倾听了我和德鲁西阿娜那样,因为他是那些被囚禁之人的神,以他自己的慈悲给我们带来救助。

104. 亲爱的人啊,你们要深信,我向你们宣讲、让你们敬拜的这一位不是人,而是不变的神、不可见的神、高于一切权威和一切能量的神,比一切讲到过的天使和受造物、一切移涌,都要古老和强有力。如果你们住在他里面,在他里面得到建造,你们就将拥有不可毁灭的灵魂。

105. 约翰对兄弟们讲了这些事之后,就离开了,和安德罗尼库斯一起走了。德鲁西阿娜和所有兄弟们远远地跟在后面,为的是要看到他所行的事,永远听到他在主里面的话语。

哲学家克拉通

第十四章① 第二天,有一个人叫克拉通(Craton),他是一位哲学家,他曾经在市场里宣称他将提供一个轻视财富的榜样,这件奇事就这样发生了。他劝两个年轻人,他们是两兄弟,用尽他们的全部遗产,每人各买了一颗宝石,然后当着众人的面把宝石弄毁成碎片。就在他们这样做的时候,使徒碰巧路过。他把哲学家克拉通叫过来,对他说:这种对世界的轻视是愚蠢的,只能受到人的赞扬,但是在很早以前就已经在神的审判中被定罪。因为这是无益的药物,并不能根治疾病,这是无益的教训,灵魂与行为的过失并不能被治愈。

---

① 接下来的以希腊文保存下来的几个插曲由 James 取自 Pseudo-Abdias, *Virtutes Iohannis* 和 Pseudo-Melito, *Passio Iohannis*, 依据 James 以章编号。

我的老师用这些话语教导一个想要获得永恒生命的年轻人,他说,如果他想要变得完美,他就应当卖掉他的所有财产,把它们分给穷人,只要他这样做,他就能获得天上的财富,找到无尽的生命。① 克拉通对他说:在这里,贪婪的果实已经置于众人之间,被毁成了碎片。如果你的老师真的是神,想要把这些宝石的总价分给穷人,那么请你复原这些宝石,我为了得到人们的赞扬所做的事,请你为了你称之老师的那一位的荣耀做出来。蒙福的约翰把宝石的碎片收集起来,把它们握在手里,举目向天,说:主耶稣基督啊,对你来说没有什么事是不可能的。当这个世界被欲念之树摧毁的时候,是你在你的信心中用十字架之树把它复原;是你给予一个生来瞎眼的人一双自然不肯给予他的眼睛;是你把死了、埋葬了四天的人召唤到光明之中;是你让一切疾病和不舒服臣服于你的充满能量的话语;这是一些宝贵的石头,这些人不知道施舍的果实,却为了获得人的赞扬把它们毁成了碎片,主啊,请借你的天使之手,把它们复原,以它们的价值来成就慈悲的事业,并让这些人通过你的独生子耶稣基督——我们的父信仰无生的父,连同整个教会、无尽的世界的照亮者和净化者的圣灵。当跟使徒在一起的信徒们回应阿门时,宝石的碎片聚合起来,连被毁过的痕迹都没有留下来。哲学家克拉通和他的门徒看到这个景象,都拜伏在约翰脚下,从此相信并且受洗,他跟他们一起,开始公开宣讲我们的主耶稣基督的信仰。

木棒变金条,石头变宝石

第十五章 我们提到的那两兄弟把他们用全部遗产买来的宝石卖了,把所得钱财分给了穷人。从此以后,有众多的信徒开始跟从使徒。

在这一件事情以后,以弗所城里有两个贵人也学习了这个榜样,把他们的所有财物都卖掉,分给了贫苦的人,并且跟随使徒到各个城市去宣讲神的道。有一次他们来到了帕加马城(Pergamum),碰巧看到了他们的仆人在国外行走,穿着丝绸衣服,闪耀着此世的光芒。就在这时,他们被魔鬼之箭射穿,变得

_____

① 《马可福音》10,17—22。

忧愁起来,看到他们自己这么穷,穿着简陋的衣服,而他们的仆人却强大而且富足。基督的使徒注意到了魔鬼的这些诡计,说:我看到你们为此变了心思和脸色,因为你们遵从我主耶稣基督的教导,把你们所有的都分给了穷人。如果你们想恢复你们从前拥有的金、银和宝石,就给我一些木棒,每人一捆。他们这样做了,他就呼唤主耶稣基督的名,把它们变成了金子。使徒对他们说:从海边给我拿一些小石头来。他们这样做了,于是他呼唤主的威严,把所有的小石头变成了宝石。然后蒙福的约翰转身对那两个人说:到金匠和宝石商那里去,给你们七日时间,当你们证实了这些是真正的金子和宝石之后,就来告诉我。他们俩人走了,七天以后回来对使徒说:主啊,我们走遍了所有金店,他们都说从未见到过如此纯的金子。同样,所有的宝石商人都说,他们从未见到过如此好的、珍贵的宝石。

讲解财主和拉撒路的故事

第十六章　然后神圣的约翰对他们说:去吧,把你们卖掉的土地买回来,因为你们已经失去了天上的财产。给你们自己买来丝绸衣服,让你们在一段时间里像玫瑰一样亮丽,散发出芳香和红艳,然后突然枯萎。你们为看到你们的仆人而叹息,为你们变穷而抱怨。那你们就繁荣开花吧,这样你们将会枯萎,你们在一段时间里面富有吧,这样你们将永远成为乞丐。神的手岂不能让财富充沛和无比光耀吗?但是他在灵魂中设置了冲突,让他们相信,他们将会获得永恒的财富,因为他们为了他的名的缘故拒绝了世间的财富。确实,我们的老师给我们讲过,有一个富人每天宴饮,[①]闪耀着金子和紫色的光,他的门前躺着一个乞丐拉撒路(Lazarus),他想要一点从桌子上掉下来的面包屑,但是没有人给他。有一天,他们都死了,那个乞丐安息在亚伯拉罕的怀里,但是那个富人却被投入到了燃烧的火焰里,他在火焰里头举目看到了拉撒路,祈求他沾一滴水凉他的嘴,因为他在火焰中受折磨。亚伯拉罕回答他说:记住,孩

---

① 《路加福音》16,19-31。

子,你在生前得到了好东西,而这个拉撒路得到了坏东西。因此现在合当他安乐而你受苦,另外,在你和我们之间隔着一个深渊,这边的不能过去,那边的也过不来。他回答说:我有五个兄弟,我请求你派人去警告他们,让他们不要落到火焰里面。亚伯拉罕对他说:他们有摩西和先知,让他们听他们的吧。他回答说:主啊,除非有人复活,他们才会相信。亚伯拉罕对他说:如果他们不相信摩西和先知,那么哪怕有人复活,他们也不会相信的。然后我们的主和老师用神迹印证了他所说的这些话,他们问他:谁从那边到这边来,让我们相信他?他回答说:把你们的死人抬到这里来。他把这个死人复活了,就如同把他从睡眠中唤醒,从而印证了他的话。

关于我们的主,我还用说什么呢?就在现在,我当着你们的面,在你们的眼前,奉他的名把死人复活,奉他的名,你们看到瘫痪的人被治好、麻风被洁净、瞎子得到光明、许多人从恶灵的束缚中解脱出来。凡是渴求地上的财富的人,就不可能拥有这些神迹的财富。最后,当你们自己到病人那里去的时候,呼唤耶稣基督的名就能把他们治好,你们确实能够赶走魔鬼,让瞎子复明。小心,你们将失去这种恩典,本来强有力而且伟大的你们,将会变得可怜。本来魔鬼是怕你们的,凡是你们居住的地方,魔鬼逃离他们附体的人,但是现在你们会害怕魔鬼。因为爱财的人是玛门(Mammon)的仆人,玛门乃是一个魔鬼的名字,这个魔鬼主管肉体的利益,是那些贪恋此世的人的主人。但是爱这个世界的人不是他们拥有财富,而是他们被财富拥有。因为在一个人的肚子里贮存足够千人食用的食物是不合理的,一个身体穿上足够千人穿用的衣服也是不合理的。那些聚积起来不用的财富是无益的,它们是为谁而聚积的,没有人知道,正如先圣灵通过先知所说的:那些聚积财富却不知为谁聚积的人,他们是在徒然地劳烦。我们从女人出生来到世间本来就是赤裸,没有水也没有食物,当我们回归养育我们的大地时,也将是赤裸的。我们共同拥有天上的财富,太阳的光辉对于穷人和富人都是一样的,月亮和星辰的光、柔和的风雨、教堂的门、圣洁的泉和罪的宽恕、共用的祭坛、吃基督的身体、喝基督的血、膏抹香油、布施者的恩惠、主的探望和罪的赦免,也都如此。在所有这些方面,创造主的分配不是因人而异,而是一律平等的。不可能富人这样享受恩惠,而穷人那样享受恩惠。

那种拥有比自己所需的更多的财物的人是可怜的、不幸的,因为超出自己所需的东西会引起高热、严重的伤寒,以及身体所有器官的各种疼痛,那是吃和喝都无法排解的。对于贪婪的人来说,钱财对他们也是没有益处的,聚积起来的钱财只能让看守的人日夜担心,没有一刻安心。他们看守房屋、提防盗贼、耕耘田地、交纳赋税、建造仓库、争夺利益、抵挡强人的攻击、欺侮弱小,他们把怒火发泄在可以发泄的人身上,自己却压根不能承受别人的怒气,他们根本不害怕败坏或者被败坏,然后他们突然离开了这个世界,赤条条的,只带着他们自己的罪,为了这种罪,他们将遭受永恒的惩罚。

复活斯塔克特

第十七章　就在使徒讲话的时候,看到一位寡妇母亲带来了一个年轻人,这个年轻人在三十天前娶了一个妻子。那些等候葬礼的人都跟着这个寡妇来了,拜倒在使徒的脚下,他们哀哭、悲恸,恳求他奉他的神的名,像复活德鲁西阿娜那样,把这个年轻人复活。他们哭得那么伤心,以至于使徒自己也几乎忍不住流下泪来。他跪在地上祈祷,哭了很长时间,然后起来,伸手向天,久久地在内心祷告。这样做了三次,他命人把那个裹起来的尸体解开,说:年轻人斯塔克特(Stacteus)啊,你因为爱你的肉体而很快失去了你的灵魂,你不知道你的创造者,也不认识人类的救主,对真正的朋友无知,因此之故你落入到了最恶的敌人的罗网之中。看吧,我为了你的无知流了泪,向我的主祈祷,为的是你从死里复活,让死亡的绳索松开,让你向这两个人,阿提库斯(Atticus)和尤格纽斯(Eugenius)宣布,他们失去了何等伟大的荣耀,招致了何等严重的惩罚。然后斯塔克特起来了,敬拜使徒,开始指责他的两个门徒,说:由于你们的倾覆,我看到你们的天使在哭泣,看到撒旦的天使在欢喜。就在这么短的时间里,你们失去了已经为你们准备好了的王国和居所,那居所是用闪光的石头建造的,充满了欢乐、盛宴和喜悦,充满了永远的生命和永恒的光明。现在你们得到的是一个黑暗的地方,里面充满了蛇、熊熊的烈火、各种折磨、种种无与伦比的惩罚、各种疼痛和痛苦、恐惧和可怕的颤抖。你们已经失去了那个种满了永不凋谢的鲜花的地方,那里明亮,飘荡着音乐。你们得到的将是一个充斥着日夜不息的咆哮、嚎叫和悲恸的声音的地方。你们再没有别的选择,只能请求主的使徒,就像他把我复活到生命之中那样,他也愿意让你们从死亡里面被拯救出来,恢复你们已经从生命之书中抹去的灵魂。

第十八章　然后那个复活的人和所有的人,连同阿提库斯和尤格纽斯,都拜倒在使徒的脚下,恳求他为他们在主面前求情。圣使徒回答他们说,他们要在三十天里面向神忏悔,在这段时间里要特别祈祷,这些金棒复原本性,让那些宝石重新变成无用的石头。三十天到了,金棒没有变成木头,宝石也没有变成小石头,阿提库斯和尤格纽斯来对使徒说:你总是教导慈悲,宣讲宽恕,嘱咐人们彼此原谅。如果说神希望人宽恕人,那么他自己作为神,岂不是更愿意宽恕和原谅人吗?我们被我们的罪所困,但是我们贪恋这个世界的眼睛已经哭泣,我们现在流着眼泪忏悔。我们祈求你,主,我们祈求你,神的使徒,请你真正显示你一直应许的慈悲!所有人也都同样为他们求情,圣约翰在他们哭泣忏悔的时候对他们说,我们的主神在讲到罪人的时候说过这些话:我不愿意罪人死,宁愿他能够活着皈依。① 耶稣基督在讲到悔改的时候教导我们说:我实实在在地告诉你们,对于一个罪人的悔改并离弃他的罪恶,天上有大喜悦,对于他的喜悦要胜过对未犯过罪的九十九个人。② 因此,我愿你们知道,主接纳了这两个人的忏悔。他转身对阿提库斯和尤格纽斯说:去,把木棒拿回到树林里去,它们现在已经恢复本来的性质,把那些石头拿回到海边去,它们已经变成了原来的普通的石头。这样做了之后,他们重新获得了他们失去的恩典,他们又像以前那样能够赶鬼、治病、让瞎子复明,主日日通过他们施行许多神迹。

---

① 《以西结书》33,11。
② 《路加福音》15,7。

阿里斯托德摩斯和毒杯

第二十章① 阿里斯托德摩斯是所有这些偶像的主祭司,他看到这个景象,就被邪灵充满,他在人们中间煽动,让他们准备彼此争斗。约翰对他说:告诉我,阿里斯托德摩斯,我怎么做才能消除你灵魂中的怒气? 阿里斯托德摩斯说:如果你要让我相信你的神,我就拿毒药给你喝,要是你喝了不死,就表明你的神是真的。使徒回答说:如果你给我喝毒药,我只要呼唤我主的名,它就无法毒害我。阿里斯托德摩斯:我要让你先看别人喝毒药立刻死,这样你的心就会畏惧那个杯。蒙福的约翰说:我已经告诉你,我已经准备好喝毒药,为的是让你相信主耶稣基督,你会看到我在喝了那杯毒药之后完好无损。阿里斯托德摩斯向总督要了两名判了死罪的囚徒,把他们带到市场中间众人面前,当着使徒的面,让他们喝了毒药,他们刚喝完,就灵魂出窍了。阿里斯托德摩斯转身对约翰说:听我的话,放弃你那让人们抛弃对诸神的崇拜的教训,要么你就喝下它,要是你喝了之后完好无损的话,你就能证明你的神是全能的。蒙福的约翰看着那两个喝了毒药死掉的人,无所畏惧地、勇敢地拿起了杯子,划着十字架的符号,说:我的神,我们的主耶稣基督的父啊,诸天是你的话语建立的,万物都服从你,整个造物都服侍你,当我们呼唤你的救助时候,一切能量都服从、敬畏、在你面前发抖。你的名,蛇听了不敢动,龙听了逃亡,毒蛇听了静默,蟾蜍听了软弱不会动弹,蝎子听了消失,蜥蜴听了灭亡,蜘蛛听了不会伤人……一句话,所有毒物,毒虫毒兽,都被罩上黑暗,一切于人的健康有害的根都干枯。请你消去这毒药中的毒汁,排除它的毒性,放空其中蕴含的力量,请你在你的眼前赏赐所有你创造的这些人,赐给他们眼睛,让他们能够看见,赐给他们耳朵,让他们能够听见,赐给他们心灵,让他们能够领悟你的伟大。他说完,用十字架的符号武装了自己的嘴和整个身体,把杯里的毒药都喝了下去。喝完,他说:主啊,我请求你,让那些人皈依你,我为了他们的缘故喝了这

---

① 这里省掉了一个短的段落,简要提到以弗所神殿的毁灭和许多人的皈依。

毒药,让他们通过你的启发在你里面获得拯救。在三个时辰里,人们看到使徒面容愉悦,完全没有苍白或者恐惧的迹象,于是他们都大声喊:约翰敬拜的是唯一的真神!

第二十一章 但是阿里斯托德摩斯即便如此还是不相信,虽然人们都指责他,但是他还是转身对约翰说:我还有一件事,如果你奉你的神的名把这两个毒死的人复活,我的心灵就能排除一切怀疑。他这样说的时候,人们都起来反对他,说:如果你继续用你的话语麻烦使徒,我们就要烧掉你和你的房子!约翰看到强烈的不满,就请他们安静下来,用大家都能听到的声音说:我们所要仿效的神的第一美德就是忍耐,凭此我们能够容忍愚昧和不信。因此,如果阿里斯托德摩斯还是不信,那就让我们解开他的不信的结。或迟或早,他会不得不承认他的创造主,因为我不会停止工作,直到取到药物能够治好他的伤,就如同医生医治病人需要药物那样,如果我已经做的还不能治好阿里斯托德摩斯,那么我现在要做的将会治好他。他把阿里斯托德摩斯叫到跟前,把他的大衣给他,他自己只穿一件披风。阿里斯托德摩斯对他说:你为什么给我大衣?约翰对他说:为了让你感到羞耻,抛弃你的不信。阿里斯托德摩斯说:你的大衣如何能够让我抛弃不信呢?使徒回答说:去,把它投向那两个尸体,然后这样说:我们的主耶稣基督的使徒派我奉他的名把你们复活,为的是让所有人都知道,生与死都是我们的主耶稣基督的仆人。阿里斯托德摩斯照着做了,看到他们复活,就敬拜了约翰,然后很快跑到总督那里去,大声说:总督啊,听我说,听我说,我想你还记得吧,我常常挑起你对约翰的怒气,每天谋划许多事情来对付他,因此我害怕我会感受到他的怒气。因为他是一个隐藏在人的形体之中的一个神,他喝了毒药,不仅完好无损,还借我之手,碰了一下他的大衣,就把那两个毒死的人复活了,身上根本没有留下死亡的痕迹。总督听了,说:你想让我做什么?阿里斯托德摩斯说:让我们去拜倒在他的脚下请求宽恕,无论他吩咐我们什么,我们都要实行。然后他们一起去拜倒在约翰跟前请求宽恕,他接纳了他们,向神祷告和感恩,他命他们斋戒了一个星期,期满之后奉主耶稣基督、万能的父和启示者圣灵的名给他们施了洗。

约翰最后的崇拜

106.① 约翰从此继续跟兄弟们在一起,在主里面喜悦。第二天是主日,所有的兄弟都聚集起来,他开始对他说话:兄弟们,跟我一起服侍、继承和分享主的国度的人们啊,你们知道主,有多少神奇的作为通过我给予了你们,你们亲眼看到他给予了你们多少的神迹、医治、灵性的恩赐、教训、指点、休息、牧养、知识、荣耀、恩惠、天赋、信念和交流,虽然你们此世的眼睛看不见他,此世的耳朵也听不见他。因此,你们要坚定在他里面,在你们的一言一行中都记着他,知道实现在人身上的神意的奥秘,知道为何我们的主要这样做。他让我劝勉你们,兄弟们,让你们没有悲伤、没有侮辱、没有背叛、没有折磨。他知道来自于你们的侮辱,他甚至知道来自于那些不听他的诫命的人的不敬、阴谋、和折磨。

107. 愿我们不要让主悲伤,他是慈悲、宽容、神圣、纯洁、无污的,是非物质、唯一、不变、朴素、没有狡诈、没有愤怒的,他是比我们所能讲到和所能想到的一切名都要崇高的,是我们的神耶稣基督。愿他为我们的行正道而喜悦,愿他为我们生活纯洁而高兴,愿他为我们的言谈清醒而振奋,愿他因为我们生活节制而无所挂虑,愿他因为我们彼此交通而愉快,愿他因为我们的贞洁而微笑,愿他因为我们爱他而欢乐。兄弟们,我现在对你们说这些事,因为我要忙于着手摆在我前面的工作,这工作我们的主已经使之圆满了。我还能对你们说些别的什么呢? 你们已经拥有对我们的神的确信,你们已经拥有对他的良善的热心,你们已经拥有他的避不开的临在。如果你们不再犯罪,那他就会宽恕你们在无知中所犯的罪,如果在你们已经认识了他,他也已经宽恕了你们之后,你们重新走上以前的行径,那么以前的罪将重新加在你们身上,你们将无份走到他面前,也将得不到他的宽恕。

---

① 略去两个几乎不能读的残篇,见 J.K.Elliott,《新约次经》第 345—346 页。行传的最后一个插曲在圣徒节作为独立的段落在教会中阅读。这个段落至少保存下了九个希腊文抄本和许多其他译本。

108. 他讲完这番话之后,这样祈祷:耶稣啊,你已经编织了这个花环,把许多的花朵编成了你的面容的不谢的花,你把这些话语播种到了我的灵魂之中,你是你的仆人的唯一的保护者和医治者,你能够自由地医治,你只行善,你不轻视任何人,你是全然仁慈、全然爱人,你是全然的救主和全然的正义,你能看见万有,你在万有之中,你无处不在,你包含万物,贯注在万物之中。基督耶稣,神,主啊!请你用你的恩典和仁慈庇护信靠你的人,你能看穿仇敌到处设计出来对付我们的一切诡计和攻击。主啊,请你用无微不至的关怀救助你的仆人们吧!

109. 他要了面包,感恩说:主耶稣啊,我们分开这个面包,除了呼唤你的名,我们还能怎样赞美、奉献和感谢你呢?我们荣耀父说出来的你的名,我们荣耀通过圣子说出的你的名。我们赞美你让我们入门,我们赞美你给我们看复活。我们赞美你的道路,我们赞美你的种子,我们赞美你的话语,我们赞美你的恩典,我们赞美你的信仰,我们赞美你的盐,我们赞美你的不可言喻的珍珠,我们赞美你的宝库,我们赞美你的犁,我们赞美你的网,我们赞美你的伟大,我们赞美你的王冠,我们赞美被叫作人子的他,他给予我们真理、安息、知识、能量、诫命、信息、盼望、爱、自由和在你里面的庇护。主啊,因为你是唯一的不朽的根,是不朽的泉,是世代的支座,我们用这些名字呼唤你,这是为了我们现在就能知道你的伟大,你的伟大眼下我们还不能看见,只有纯洁的人看得见,只有按照你的形象描绘出来的人才能看得见。

110. 他分开面包,分给我们所有人,祈祷每一个兄弟都能配得神的恩典和最神圣的圣餐。他自己也分享了,说:让我也有份跟你在一起!又说:平安与你们同在,我的亲爱的人!

约 翰 之 死

111. 然后,他对维鲁斯说:你带两个人,带上篮子和铁铲,跟我来。维鲁斯即刻按照神的仆人约翰所吩咐的做了。蒙福的约翰让众人离开他,他走出屋子,走出大门。他来到了我们的一位兄弟的坟墓,对年轻人说:我的孩子,挖。他们挖,他对他们说:把坑挖得更深一些。他们在挖的时候,他对他们说神的话语,劝勉跟他一起出门的几个人,教育和完善他们,为伟大的神预备他们,又为每一个祷告。两个年轻人按照他的愿望挖好了坑,在我们还一无所知的情况下,他脱去了他穿着的外袍,把它铺在坑底。他只穿着内衣站在那里,伸手向上,这样祷告:

112. 是你把我们从异教徒中选出来做你的使徒,神啊,是你把我们派到这个世界上来,是你通过律法和先知把你自己启示出来,是你从不休息,总是从世界的底部把那些能够得到拯救的人拯救出来,是你通过万有为人们所认识,你甚至也在野兽中宣扬你自己,让荒凉的、野蛮的灵魂柔顺安静,当它渴求你的话语的时候,你就把你自己给它,当它正要死亡的时候,你定然会出现在它面前,当它堕落到不守律法的状态中去的时候,你定然作为律法向他显现,当它被撒旦征服的时候,你定然会向它显现,当它逃到你这里来的时候,你定然会征服它的敌人,你伸出手,把它从冥间的事物中提升出来,你不会让它留在身体中行走,你会向它指出它自己的敌人,你让它对你有清楚的知识。神啊,耶稣,诸天的父,诸天的主,彼岸的律法,太空中万物的轨道,地上的人的守卫者,那些地下的人的恐惧,那些属于你自己的人的恩典! 请接受你的约翰的灵魂吧,愿你认为它与你相称。

113. 你保持我的纯洁直到此刻,从未尝试与女人结合。在我年轻的时候想要结婚,是你出现在我的面前,对我说:约翰,我需要你。你还为我预备了多病的身体,在我第三次想要结婚的时候,你立刻就阻止了我,然后在那一天的第三个时辰在海上对我说:约翰,要是你不是我的,我就让你结婚了。在两年时间里,你让我失明,给了我悲伤,让我恳求你。在第三年,是你开启了我的心灵的眼睛,也复原了我的可见的眼睛。在我能够清楚地看见的时候,是你让我厌于注视女人。是你把我从短暂的幻觉中拯救出来,带领我进入永存者。是你去掉了肉体里面的污秽的疯狂,把我带离痛苦的死亡,把我单单地确立在你里面。你平息了我的灵魂中的暗疾,切除了其外在的行为,你折磨并驱逐了在我里面引起了骚动的人,你让我对你的爱纯洁无瑕,你让我与你的结合圆满无缺,是你给了我对你的毫无怀疑的信仰,是你整理并清晰了我对你的意念,你给予每个人与其所做的业相应的回报,是你让我的灵魂除了你不想拥有别的财物——还有什么东西比你更珍贵呢? 主啊,我已经成就了你托付给我的神意,愿你认为我配得你的安息,让我达到在你里面的终点,那就是不可言说、无法表达的拯救。

114. 当我来到你那里的时候,愿火退却,愿黑暗被克服,愿深渊失去力量,愿炉火止息,愿炼狱被熄灭。愿天使跟随我,愿魔鬼恐惧,愿统治者被粉碎,愿诸能量失败,愿右边的事物稳固站立,愿左边的事物不再存在。愿魔鬼缄口无言,愿撒旦受嘲笑,愿他的愤怒被烧毁,愿他的疯狂回复于寂静,愿他的复仇受羞辱,愿他的攻击遭受忧伤,愿他的子孙被踩在脚下,愿他的根被拔出。请您让我完成到你那里去的旅行,不受侮辱和虐待,获得你对那些纯洁生活、专心爱你的人的应许。

115. 在给自己的身体的每个部位封了印之后,他站在那里说:主耶稣基督啊,你与我同在! 然后他自己躺在铺上了外袍的坑里,对我们说:兄弟们,平安与你们同在! 然后他愉悦地放弃了他的灵。①

_____

① 几个希腊文版本提供了不同的结尾。有一个是这样的:我们把亚麻布盖在他身上,进了城。第二天,我们去的时候,却不见他的身体,因为它已经被我们的主耶稣基督的能量转化了,荣耀归于他。还有一个是这样的:第二天,我们挖那个地方,却找不到他的身体,只看到他的鞋子,泥土在动,就好像泉水在喷涌,然后我们想起了主对彼得所说的话。奥古斯丁记载了当时的一种信仰,说坟墓上的泥土在动,好像是约翰的呼吸引起的。

彼 得 行 传

　　使徒彼得在诺斯替文献中常常被视为早期正统教会的代表,教父们也是这样看待彼得的。罗马的正统教会就是建立在彼得的基础之上的,经过使徒承绪,教会的权威得以进一步建立起来。彼得作为正统教会的代表反对异端,他反对秘传的教训,他也是西门·马古(Simon Magus)的反对者。诺斯替派的文献中常常认为彼得是不完美的,是悟性比较低的使徒,有时候甚至是诺斯替派的敌人。但是彼得也作为诺斯替派出现在诺斯替文献和教会文献之中,把彼得描写成一个诺斯替派的使徒也许是暗示,正统教会并不认识他们自己的主要代表,他们误解了他。

　　《彼得行传》的作者是小亚细亚人,他不太了解罗马,该文本以希腊文写成,写作时间不迟于公元 200 年。从行文措辞可以看出作者曾熟读《约翰行传》,对于救主的人格的描写也类似于《约翰行传》。这个行传现存共 2750 行,遗失的约有 1000 行。一般认为,这个行传的开头就是柏林抄本中的那个简短的《彼得行传》(*The Act of Peter*, BG 8502, 4),它在观念和文学上都与该行传的主体部分相一致,估计构成了整个行传的前三分之一。该行传的主体部分保存在维切利(Vercelli)一个七世纪的拉丁文手稿中;有关彼得殉道的情节则分开保存于希腊文、拉丁文、多个版本的科普特文的抄本中。《彼得行传》和那戈·玛第抄本中的《彼得与十二使徒行传》(NHC VI, 1)之间是否有足够紧密的关系,后者是否也有可能是《彼得行传》中的一部分,这仍有待研究。

　　《彼得行传》的开头部分诺斯替主义色彩特别浓厚。这个部分叙述了神怎样借着彼得保护了彼得女儿的童贞，并拯救了一个叫作托勒密（Ptolemy）的人的灵魂。这个部分可分为三个阶段，第一阶段叙述了在一个主日，彼得在行医时受旁观者的激将法，用神的能力医好了自己瘫痪的女儿，但他随即又逆转他的医治，把女儿变回瘫痪。第二阶段彼得解释了他的女儿是如何变成瘫痪的。最后彼得分饼给众人，退隐家园。在观念上，这个部分所强调的重点是适度的禁欲。文中谴责的并不是婚姻本身（彼得也是已婚的，而且尚与妻子同住），而是托勒密的情欲。因此，这篇短文中所包含的禁欲主义在于提倡性欲方面的严格自制，这也是二世纪基督徒当中的普遍观点。这个插曲为诺斯主义者提供了大量的寓意解经的可能性。托勒密可以代表灵魂，他受此世事物（彼得女儿的美貌）的吸引，陷入到无知的境地之中（指悲伤和瞎眼），几乎濒临死亡，幸而有真理知识的光明降临（光明的异象和基督的声音）恢复了视力。女儿的瘫痪可能是指神圣知识的能量胜过了这个世界的各种能量；当然，这个女儿也可以代表堕落的所费娅。彼得与西门较量的详细情形以及彼得被钉十字架的叙述具有重要的史料价值。

中译文主要依据 M. R. James 翻译和注释的《新约次经》（*The Apocryphal New Testament*, Oxford：Clarendon Press, 1924）英译文。网络版见：http://www.gnosis.org/library/actpete.html.

正　文

一、彼得的女儿[柏林抄本 BG 8502, 4]

[128]　　就在那星期的第一天，即主日，一群人聚集起来，把许多病人带到彼得这里来，要他治好他们。众人当中有一个人大着胆子对彼得说："你瞧！彼得，你在我们中间已经让很多瞎眼的得以看见，耳聋的得以听见，瘸腿的得以行走。你也帮助了那些软弱的，给他们力量。但你为什么不帮助你的童贞女儿呢？她长得如此漂亮，又信神的名。你看，她的一边身体已经完全瘫痪，伸直

着身子无助地躺在角落里。我们已经看见那些被你医好的人,但你却不理会你的女儿。"

彼得微笑地对他说:"我儿,只有神明白她的身体为何不健全。要知道神并不是软弱的,也不是没有能力将他的恩赐给我的女儿。但为了让你信服,也让在场的人有更大的信心——"他望着他的女儿,并对她说:"从你所在之处站起来,除了靠耶稣不要任何帮忙,好好地行走在这里的众人面前,来到我跟前!"于是她站了起来,走到他那里。众人看见所发生的一切就欢乐起来。彼得对他们说:"看吧,你们心里已经深信,对于我们所求于他的,神不是没有能力的。"于是他们更加欢乐并且赞美神。 |130|

彼得对他的女儿说:"回到你的原处,躺下来重新成为残废。因为这对你和我都有好处。"那女孩就回到她原先的地方躺下,变得和原先一样。所有的人都哭了,哀求彼得医好她。但是彼得对他们说:"主知道这是对我和她都有好处的。因为在她出生的那一天,我见到一个异象,主对我说:'今天你生下了一个极大的诱惑。因为如果这女儿的身体完好地发育的话,将会给许多灵魂带来伤害。'但我以为这异象只是在戏弄我。 |131| |132|

"当这女孩长到十岁的时候,很多人因为她的原因而失足绊倒。有一个极其富有的人,名字叫托勒密,见过她与母亲一起游泳之后,就来求亲,要娶她为妻。她的母亲不同意。他多次来求亲,急不可耐[…第133—134页已遗失①…] |134|

"托勒密的[仆人们]将她[抬回来],把她放在屋前,就走了。当我和她母亲发觉后,就出去,看见女儿的一边身体,由头至脚趾都瘫痪和枯萎了。我们抱走她,感谢主拯救他的婢女免受玷污、羞辱和[堕落]。这就是女孩一直到今日都是这个样子的原因了。 |135| |136|

"我也应该让你们知道托勒密的结局。他回到家里,昼夜为发生在他身

---

① 这个遗失部分不难弥补。奥古斯丁(Augustine)《反阿提曼都》(Against Adimantus)的文章中提到一篇伪经中的一个关于彼得通过祷告使自己的女儿瘫痪的故事。托勒密似乎是在欲火焚身的情况下,抢走了这女孩,而正当他想强迫她与他发生肉体关系时,她突然因着彼得祷告而来的神的作为,变成瘫痪。

上的这件事悲伤,由于流泪过多,就瞎了。当他决心起来上吊的时候,也就是当天晚上第九个时辰的样子吧,[他]看见一道强光,照亮整个房子,并且听到

137 一个声音对他说:'托勒密啊,神赐予你器皿,不是用来败坏和蒙羞的,你已经信了我,你不是没有玷污那位本应当作你妹妹的童女吗?而且我也已经成为你们二人的一个灵。起来吧,快到使徒彼得的家里去,你将看见我的荣耀。他会让你明白你应当怎么做。'

138 "托勒密没有含糊,立刻吩咐他的仆人们领他到我跟前。到了我这里,他就把我们的主耶稣基督凭他的大能降临在他身上的事叙述出来。然后,他的肉眼和灵魂的眼睛都看见了。很多人信了基督。他向他们行善,并将神的恩典赐给他们。

139 "后来,托勒密死了,他离开了此生,回到他的主那里。在立遗嘱时,他把一块地写在我女儿的名下,因为是她使他信了神,并且使他得以康复。我非常小心地处理了这笔遗产:我卖了那块地,只有神知道,我和我的女儿都没有(拿这笔卖地的钱)。我卖了地,把钱全部分给了穷人。"

140 "你们这些基督耶稣的仆人啊!你们应当知道[神引导]那些属他的人,并且为他们每一个人都预备了最好的,尽管我们以为神忘记了我们。因此,弟兄们,让我们一起悔改、警醒和祷告吧!神的恩慈将看顾我们,让我们等待吧。"彼得还在他们面前说了更多的话,赞美主基督的名之后,分饼给他们每一个人。分完之后,就起来进屋去了。

二、园丁女儿之死的故事①

一位园丁有个独生女儿。这个园丁恳求彼得为她祷告。彼得回答说,主

---

① 奥古斯丁在《反阿提曼都》(*Against Adimantus*, xvii.5)中对摩尼教的对手们说:彼得用一句话就让亚拿尼亚(Ananias)和撒非喇(Sapphira)断气的故事(见《使徒行传》第五章1—10节)受到他们愚蠢的攻击,但是他们自己却阅读伪行传,推崇我提到过的使徒多马(多马行传第一章6—9节)的诅咒致传酒人死亡、彼得自己的祷告致女儿瘫痪,以及彼得的祷告致园丁之女死亡的故事。他们的回答是,这些故事中的致人死亡和瘫痪乃是权宜之计,但是他们并不否认这些事的发生乃是由于使徒的祷告。M.R.James根据相关资料认为,这个故事显然与彼得的女儿的故事可以相对照,而且极有可能就是紧跟这个故事之后的故事。

将会给予她对她的灵魂有益的事。说完,这个女孩立刻倒下死了。

逃脱肉的傲慢,克制血的自负,这是多么得好、多么得与神相合啊!

但是这个老人不信,不知道这个天上的恩惠有多么的浩大,不认识神的善行。他恳求彼得让他的这个唯一的女儿重新活过来。当她活过来之后不久,寄宿在家里的一个信徒的仆人遇上了她,把她糟蹋了,然后两人都不见了。

彼得对那个为失去女儿而失声悲哭的老人说,我们不必过度地为死去的人感到悲痛,魔鬼的那么多攻击、身体的那么多战斗,这个世界的那么多灾难,她都已经逃脱,而你却眼泪汪汪,浑然不知道你自己活着所受的苦,不知道这是降临到你身上的好事。①

三、维切利行传

保罗离开罗马去西班牙

1. 那个时候保罗逗留在罗马,坚定了许多人的信仰。碰巧有一个名叫坎地达(Candida,原义"白",取名未知是否有寓意)的人,她是掌管监狱的夸图斯(Quartus,原义"第四",取名未知是否有寓意)的妻子,她留心听了保罗的话,就信了,又把听到的讲给丈夫听,丈夫也信了。无论保罗离开罗马到哪里去,夸图斯都感到不舍得。保罗对他说:如果这是神的意志,他将会启示给我。保罗斋戒了三天,问主怎样对他有益。他见到一个异象,主对他说:起来吧,保罗,亲自到西班牙去做一个医生。

于是他把神的命令讲给兄弟们听,心中没有疑虑,准备到那个城市去。但是当保罗准备动身的时候,所有的兄弟都失声痛哭起来,以至于撕碎了他们的衣服,因为他们以为再也见不到保罗了。他们知道保罗多次跟犹太人的博士争论,驳斥他们,说:你们的父辈按手过基督已经取消了你们的安息日、禁食、节日和割礼,他已经取消了人的教义和其余的传统。兄弟们痛哭,以主耶稣基督的到来恳求保罗不要离开一年以上,他们说:我们知道你对兄弟们的爱,你

---

① 取自13世纪一个记录箴言的手稿(Cambrai MS.),M.R.James认为这句话刚好跟这个场景相配。

到那里去不要忘记我们,也不要抛弃我们,就好像没有母亲的小孩。就在他们久久地用眼泪恳求他的时候,从天上传来一个响声,一个很大的声音说:神的仆人保罗已经蒙选终身传道,他将你们的眼前、在不敬神的恶人尼禄手里得到成全。由于这个天上的声音,众兄弟们感到恐惧,也更加坚定了信仰。

2. 他们给保罗拿来了献祭用的饼和水,让他祷告分给每一个人。人们当中碰巧有一个叫作卢菲娜(Rufina)的女人也想从保罗手里领取圣餐。当她靠近的时候,保罗充满了神的灵,对她说:卢菲娜,你不配走上神的祭坛,你旁边的那个不是你的丈夫,而是一个奸夫,你从他那里来,却想领取神的圣餐。小心撒旦扰乱你的心灵,把你摔倒在信主的众人面前,让那些看到和相信的人知道,他们已经信了一个探究心灵的活的神。但是如果你忏悔你的行为,那他也是可依靠的,能够消去你的罪,把你从罪里面解救出来。如果你不忏悔,那么就在你还在这个身体中的时候,吞噬的火和外界的黑暗将永远地收留你。卢菲娜即刻倒下,从头到脚趾都痉挛,说不出话来,因为她的舌头也僵硬了。那些已经信的人和那些新信徒看到这个情景就回想起了他们以前犯的罪,捶起胸脯来,悲伤地说:我们不知道神会不会原谅我们以前犯过的罪。保罗让大家安静下来,他说:凡是从现在开始信基督的人们和兄弟们,如果你们不再继续你们以前从父辈传下来的业,远离一切诡计、愤怒、残忍、通奸、污秽,也远离骄傲、妒嫉、轻视和敌意,那么耶稣这位活神将赦免你们过去在无知中犯下的罪。为此,你们这些神的仆人啊,你们每个人自己都要把你们的内在的人(inner man)用和平、忍耐、温柔、信仰、慈悲、知识、智慧、兄弟之爱、慷慨、怜悯、节制、纯洁、友善和正义装备起来。这样你们将永远得到这位一切创造物的首生者的带领,在我们的主的平安中获得力量。他们听了保罗的这些话,恳求他为他们祷告。于是保罗提高声音说:永恒之神,诸天之神,不可言喻的伟大的神啊,你用你的话语确立了万物,你用你的恩典之链缚住了整个世界,你是你的圣独生子耶稣基督之父,我们一起通过你的儿子耶稣基督向你祈祷,给那些从前不信但是现在忠诚的灵魂以力量吧。我从前是一个辱骂者,现在我是一个被辱骂者;我以前是一个迫害者,现在我是一个被迫害者;我从前是基督的敌人,现在我祈祷自己成为他的朋友:因为我相信他的应许和仁慈,我相信我是信实的,我相信我以前犯的罪已经得到了赦免。因此,兄弟们啊,我也劝勉你们,相信主万能的父,把你们的一切信任都交付给他的儿子主耶稣基督,相信他,没有人能够从你们这里夺走他的应许。一起跪下来吧,把就要被派往另一个国土的我交给主,让他的恩典行在我前面,安排好我的旅程,让他能够获得他的圣洁的和信仰的器皿,那些感谢我传布神的道的人,让他们能够在信仰中扎根。兄弟们长久地哭泣,与保罗一起向神祈祷:主耶稣基督啊! 你一定要与保罗同在,完完整整地把他还给我们。因为我们知道我们的软弱一直在我们里面直至今天。

3. 一大群妇女跪在地上祈祷、祈求保罗,她们吻他的脚,陪同他到港口。但是亚洲人狄欧尼修斯(Dionysius)和巴尔布斯(Balbus),罗马的许多武士,以及许多杰出人物,还有一个名叫德米特留斯(Demetrius)的元老院议员站在保罗的右手边,说:保罗,要不是我职务在身的话,我宁愿离开这个城市,也不要跟你离别。还有来自恺撒宫廷的克利欧庇伍(Cleobius)、伊弗图斯(Iphitus)、里西马库斯(Lysimachus)和阿里泰欧斯(Aristaeus)和两位保姆布瑞尼斯(Berenice)和斐洛斯特瑞(Philostrate),连同长老纳西修(Narcissus),都陪同保罗到港口。这时候海上起了风暴,纳西修派了弟兄回到罗马去,让愿意来的兄弟都来听保罗讲道,直到他启航。那个兄弟听了,就回城去。当他告诉留在城里的弟兄们这个消息后,有些人骑了牲畜,有些人徒步,还有些人沿着台伯河来到了港口,在三天时间里,他们的信仰得到了坚定,第四天五点钟的时候,他们与保罗一起祈祷,献了祭,把一切所需物品都放在船上,派两个年轻信徒跟他一起航行,嘱咐他再回罗马。①

西门来到罗马

4. 几天以后,教会中间出了大混乱,有许多人说,他们看见了一个叫作西

---

① 关于这三章是否摘自保罗行传,或者是否《维切利行传》的希腊文原作者所附加,有许多争议。如果它们取自保罗行传,那么就意味着保罗曾二次拜访罗马,在这两次期间去过西班牙。

门的人所行的奇事,他们说他在阿里恰(Aricia),又进一步说,他说了,他是神的大能,若没有神,他做不成任何事。这不会是基督吧？但是我们相信保罗向我们传言的那一位,因为我们看到他使死者复活,使患各种病的人康复,而这个人好争斗,这我们是知道的,因为在我们中间引起了不小的骚动。也许他将来到罗马,因为昨天他们向他大声欢呼:你是意大利的神,你是罗马的救主！快到罗马去吧！他尖叫道:明天七点钟左右,你们将看到我以你们现在看到的我讲话的这个形体飞越城门。所以,兄弟们,如果可以的话,让我们去小心等候这件事吧。他们都聚在一起,来到了城门。七点钟的时候,突然看到天上远远的有一股灰尘,像烟雾,里面有光线照射出来,射得很远。当他靠近城门的时候,突然就不见了,不久他又出现了,站在人们中间。大家都敬拜他,认出他就是他们前一天看到的那一位。

弟兄们生了不小的闷气,而且这时候保罗不在罗马,提摩太(Timotheus)和巴拿巴(Barnabas)也都不在,他们被保罗派到马其顿去了,没有人来安慰我们,没有人可以对刚刚入教的新信徒们谈这件事。西门通过他所做的这件事提升了自己的地位,他们中许多人骂保罗为巫师,骂其他人是骗子,大量已经信教的人都跌倒了,只剩下长老纳西修和两个住在卑斯尼亚(Bithynians)的女人,还有四个闭门不出的人,他们日夜祈祷,祈求主让保罗赶快回来,或者派另外的人到他的仆人们这里来,因为魔鬼用他的邪恶让他们跌倒了。

彼得离开朱迪亚来到罗马

5. 就在他们祈祷和禁食的时候,神就已经把所发生的事告诉了在耶路撒冷的彼得。此时主基督吩咐他的十二年之数已经成全了,他以这样的方式向他显示了一个异象,对他说:彼得,被你赶出朱迪亚、定了他的罪的那个巫师西门,已经先于你到了罗马。你先简略地知道一下:所有本来信我的人,撒旦用他的诡计和作为使他们跌倒了,西门拥有的就是撒旦的能量。不要迟延,明天就动身,你会看到有一艘船已经准备好,正要去意大利。在几天里面,我将毫不吝啬把我的恩典显示给你。彼得在这个异象的敦促下,没有迟延,立刻跟兄弟们说了这件事,他说:我有必要去罗马,去跟我们的主和我们的兄弟们的这个敌人和对手作斗争。他来到该撒利亚(Caesarea),快速登上了那艘船。那船的梯子已经收起,他没有带一点干粮。但是船长忒恩(Theon)对彼得说:凡是我们所有的,都是你的。我们接纳了一位像我们自己一样处于无常之中的人,除了跟他分享我们所有的一切之外,还能怎样表达我们的感谢之情呢? 就让我们一起顺利航行吧。彼得感谢了船长的好意,但是他自己在船上一直禁食,心中忧虑,又为神以自己够格做他的助手而感到安慰。

几天以后,船长在晚餐的时候站起来请彼得跟他一起吃,对他说:我不知道你是谁,但是我猜想,你是神的仆人。因为午夜时分我在掌舵的时候,我听到一个人的声音从天上传来:忒恩! 忒恩! 两次呼叫我的名字,对我说:在跟你一起航行的人当中,你要特别尊敬彼得,因为正是依靠他,你和其余的人才得以在你不希望发生的行程中安然无损。

彼得知道神允许他在大海上把他的旨意传达给船上的人,于是他开始向忒恩讲述神的奇迹,以及主如何在众使徒中挑选了他、此行到意大利去的目的。他每天把神的话讲给他听。他留心察看他的言行,知道他在信心上衡一,配做神的执事。

船航行到亚里亚海(Hadria, Adriatic)的时候,风平浪静,忒恩对他说:如果你认为我够格的话,请你用主的印给我洗礼,这是我的一个机会,因为船上的人都喝醉睡着了。于是彼得就沿着绳索下去,以圣父、圣子和圣灵的名义给忒恩施了洗。他从水里出来,心中有极大的喜悦,彼得也很高兴,因为神认为忒恩配得他的名。就在忒恩受洗的那一刻,就在那同一个地方有一个光芒四射的英俊的年轻人出现,对他们说:愿平安临到你们! 彼得和忒恩立刻上去,进入到船舱里。彼得拿了饼,感谢主认为他配做他的神圣的助手。此时,那个年轻人又向他们显现,对他们说:愿平安临到你们! 彼得说:你是至高无上的唯一的圣者,是你向我们显现,啊,神,耶稣基督! 以你的名,这个人现在受了洗,受了你的圣印的封。以你的名,我给予他你的圣餐,让他永远做你的完美的、无可指责的仆人。

就在他们享受圣餐,在主里面喜悦的时候,忽然在船首起了一阵不猛烈的温和的风,边吹了六日六夜,一直到他们达到颇提约里(Puteoli)。

6. 一到颇提约里,忒恩就一跃上岸到他惯常居住的旅舍,准备接待彼得。跟他一起住的是一个名叫阿里斯通(Ariston)的人,是一个平素就敬畏主的人,也因为神的名,忒恩把自己托付给他。当他进入旅舍看到阿里斯通的时候,就对他说:那位认为你配服侍他的神已经通过他的神圣的仆人把他的恩典也传给我了,彼得跟我一起从朱迪亚航行到这里,受我们的主的派遣要到意大利去。阿里斯通听了,就搂着忒恩的脖子拥抱他,求他带他到船上去看彼得。阿里斯通说,自从保罗去了西班牙,他在兄弟中找不到可以更新自己的人,而且,有一个犹太人闯入到城里来,名字叫西门,用他的巫术的魅力和邪恶让所有的兄弟以这样那样的方式放弃了信仰,我也因此从罗马逃出来,期待彼得的到来,因为保罗曾经跟我们讲到过他,而且我也在一个异象中看到了许多事。因此,我相信我们的主将会重建他的事工,所有的谎言将从他的仆人中间连根拔除。因为我们的主耶稣基督是可信靠的,他能够恢复我们的心灵。忒恩听了阿里斯通的这番话,哭了,他的灵提升得更高了,内心更有力量,因为他明白,他已经深信这位永生的神。

他们一起来到船上,彼得充满了圣灵望着他们微笑。于是阿里斯通把脸伏在彼得的脚上,这样说道:我们的兄弟我们的主,你参与在神圣的奥秘中,并且向我们指出我们的神主耶稣基督里面的正道,主通过你向我们显示了他的到来。由于撒旦的工作,我们失去了保罗交给我们的所有人。但是我现在相信我们的主,他派你到我们这里来,派你作他的信使,我们相信他认为我们配得通过你看到他的伟大的、奇妙的作为。我祈求你,快到城里去。因为我把那些兄弟们留在那里,他们跌倒了,我看到他们落入到了魔鬼的诱惑之中,我逃到这里来,我对他们说:兄弟们,牢牢地站立在信仰中,在这二个月里面,我们的仁慈的主必将把他的仆人带到你们这里来。因为我曾见到一个异象,保罗在异象中对我说:阿里斯通,逃出这个城市吧。我听见了,虽然我的肉体里面有软弱,我还是毫不迟疑地在主里面出发了,来到了这里。每天我都站在海边问水手:彼得跟你们一起航行了吗? 现在,我通过神的充沛的恩慈恳求你,让我们立刻去罗马,免得那个邪恶之人的学说进一步地传播。阿里斯通流泪讲了这些话,彼得伸手把他从地上扶起来,也叹息流泪,他说:这个人用他的天使引诱整个世界,给我们设置障碍,但是那有能力把他的仆人从一切诱惑中拯救出来的神将会粉碎他的欺骗,把他踩在那些信仰我们所宣讲的基督的人们的脚下。

　　他们进门的时候,忒恩恳求彼得说:你在如此辛苦的远航之后一日也没有休息,又要立刻出发吗? 停留一下,恢复一下体力再启程吧。我怕从这里到罗马的碎石路会让你颠簸劳顿的。但是彼得回答说:要是碰巧一块磨石挂在我身上的话又如何呢? 或者更糟的事发生,我作为那些迫害主的奴仆的人的敌人在离那些信耶稣基督的人还很远的地方就已经死了该怎么办呢? 或者有人会说,我早已经在海上被淹死了。① 无论忒恩如何劝告,都不能说服他哪怕逗留一天。

　　忒恩把船上的货都以他认为好的价格卖掉,跟随彼得去罗马。阿里斯通带保罗到了长老纳西修的住处。

　　7. 消息传遍了整个城市,传到了那些因为西门的缘故分散了的兄弟们的耳中,说彼得将要揭露西门是一个骗子,是一个迫害好人的人。众人聚集起来,来看这位基督里面的主的使徒。那个星期的第一天,众人聚集来看彼得的时候,彼得大声说道:在场的信基督的人们啊,你们只是暂时地受到诱惑,你们知道神为什么派他的儿子来到这个世界,为什么让他从童贞女马利亚出生。他这样做不就是为了让我们获得恩典或者赦免吗? 不就是因为他想消灭一切罪过、一切无知和一切魔鬼的诡计吗? 他的努力,他的能量,在以前就已经盛行,在我们的主照耀在这个世界上之前。人们由于各种各样的弱点,出于无知落入到死亡之中,万能的神,出于怜悯,派他的儿子来到这个世界。我曾跟他在一起,他曾行在水面上,我自己就是见证,证实他确实在这个世界上行了许多神迹和奇事。

―――――――――

　　① 　这个句子残缺,难以理解,M.R.James 认为其基本意思是:彼得必须不惜一切代价和他的基督徒们在一道,否则的话会招致比主的话语所预示的更大的惩罚。

亲爱的兄弟们啊,我确实承认我曾与他在一起,也曾拒绝我们的主耶稣基督,不只是一次,而是三次。因为有一些恶狗在我身边走动,它们就是这样对待主的传扬者的。主没有归罪于我,而是器重我,同情我的肉体的弱点。后来我自己痛哭了一场,为自己在信仰上的软弱而悔恨,因为我受了魔鬼的愚弄,没有把我主的话语记在心里。现在我对你们说,你们这些奉耶稣的名聚集在这里的人们啊,兄弟们啊!撒旦这个骗子的箭也已经瞄准了你们,想让你们离开正道。兄弟们,不要胆怯,也不要精神低落,而要坚强、坚忍、无疑。如果说撒旦能让受主器重的我也跌倒、让我拒绝承认我的希望之光的话,如果说他能够推翻我、劝我逃走,就好像我所信的只是一个普通的人的话,那么,你们想,他又会怎么对付你们这些在信仰上尚年轻的人呢?你们会以为他不会把你们变成神的国的敌人,用新的诡计把你们扔入到永灭之中吗?无论谁被赶出我们的主耶稣基督的盼望,他就永远成为一个永灭之子。因此,兄弟们啊,蒙神拣选的人们啊,你们回心转意吧,在我们的主耶稣基督的父、万能的神里面坚强起来,除了那些信他的人,没有人曾经在何时见到过他,也不能够见到他。在诱惑临到你们的时候,你们要清醒。我不只是用言语说服你们,这位就是我所宣讲的基督,我也用行动和能量的非凡事功,凭借对耶稣基督的信仰,劝勉你们不要寻求他人,只寻求这位受犹太人轻视和嘲笑、被钉在十字架死去、三天后复活的拿撒勒人。

马塞勒斯重新皈依

8. 兄弟们忏悔,恳求彼得去对付西门(西门称自己就是神的能量,他住被西门收服的元老马塞勒斯的家里),他们说:彼得兄弟,相信我们吧,在人们中间没有人像马塞勒斯这么智慧了。所有信基督的寡妇都求助于他,所有没有父亲的孤儿都得到他的喂养,还有呢,兄弟,所有的穷人都称马塞勒斯为他们的恩人。皇帝曾对他说:我要剥夺你的一切职务,免得你掠夺各省,送资材给基督徒。马塞勒斯回答说:我的一切财产都是你的。恺撒对他说:如果你为我保管好它们,那它们就是我的。但是现在它们不是我的,因为你把它们送给了你想送的人,而且我不知道你把他们送给了什么样卑鄙的人。我们讲给你听的这些事就发生在我们眼前,但是这个人的大慈悲却转变成了渎神,要是他没有转变信仰的话,我们本不会背弃对我们的主的神圣的信仰的。现在这个马塞勒斯正为他从前的善行深深后悔,他说:这么多时间来,我化掉了这么多财物,徒然相信我的施舍是为了神的知识!因此,要是有陌生人到他的门前,他就会用一根拐杖打他,吩咐仆人们殴打他,说:我要是没有花这么多钱在这些冒牌者身上该多好呢?还说了更多亵渎神明的话。要是在你里面有我们主的仁慈和他的诫命的善良,那么就请你去帮助这个从前为神的仆人做了那么多善事的人纠正他所犯的错误吧。

彼得听了,心中感受到尖锐的痛苦的折磨,他说:魔鬼的花招和诱惑啊!邪恶者的阴谋和诡计啊!是你为自己畜养了愤怒之日的烈火、纯朴之人的毁灭、吞食驱散永生的贪婪的恶狼!是你让第一个人陷入了情欲的罗网,用你的古老的不正义和肉体的锁链捆绑他!你完完全全是苦毒之树的极苦的果实,给人们送来了各种各样的欲望。是你逼迫犹大,我同门的门徒和同门的使徒,让他邪恶地交出了我们的主耶稣基督,我们的主也因此将惩罚你。是你坚硬了希律的心,激起了法老王的怒火,逼迫他打击神的神圣的仆人魔西,是你给予了该亚法(Caiaphas)①胆量,使他把耶稣基督交给了不正义的群众。就是到了现在,你还在用你的毒箭射击那些无辜的灵魂。你这个邪恶者,所有人的敌人!愿你受到万能之神的圣子的教会的诅咒,愿你如同从火里扔出来的炭火被我们的主耶稣基督的仆人们熄灭。让你的黑暗转向你自己和你的子孙,那些邪恶的种子!愿你的邪恶和恐吓转向你自己!愿你的诱惑转向你和你的天使!愿你的怨恨的源头和无底的黑暗深渊转向你自己!愿你拥有的黑暗与你以及属于你的器皿同在!离开那些将会信神的人,离开基督的仆人,离开那些想成为他的战士的人!把你的黑暗的衣袍留给你自己吧!不要去敲别人的门,那不是属于你的,而是属于保守他们的基督耶稣的。你这头凶残的狼,你想夺走不属于你的而是属于基督耶稣的羊,基督耶稣辛勤用心照料的那些羊。

---

① 主审耶稣的大祭司。

会 说 话 的 狗

9. 就在彼得怀着极大的忧伤讲这些话的时候,又有很多信主的人加入他们。但是兄弟们恳求彼得去跟西门较量,不要让他继续折磨人们。彼得没有迟延,快速走出人群,到收留西门的马塞勒斯的家里去,很多人跟着他。来到门前,彼得对守门人说:去告诉西门,彼得专门为了你从朱迪亚赶来,他就在门口等你。守门人回答彼得说:你是不是彼得,我不知道。但是我已经得到命令,因为他昨天知道你进城了,就对我说:不管是白天还是夜里,无论什么时候他来,都说我不在里面。彼得对这个年轻人说:你已经把他逼迫你说的话说得很清楚了。彼得转身对跟着他的人们说:你们现在将会看到一件极大的奇事。彼得看见一只捆着很牢固的锁链的大狗到他这里来,他给它松开锁链之后,这只狗就用人的声音对彼得说话:不可言说的永生之神的仆人啊,你吩咐我去做什么呢? 彼得对它说:进去,在它的那一班人中对它说:彼得对你说,离开这个国家,因为,为了你的缘故我来到了罗马,你这个邪恶者和纯朴灵魂的欺骗者!这只狗立刻跑了进去,冲到那些跟西门在一起的人们中间,提起他的前脚大声说:西门! 那位站在门外的基督的仆人彼得对你说:离开这个国家,因为,为了你的缘故我来到了罗马,你这个邪恶者和纯朴灵魂的欺骗者! 西门听到声音,看到这个难以置信的景象,他一下子说不出那些用来欺骗站在身边的人们的话来,他们也都惊呆了。

10. 马塞勒斯看到这个情景就出了门,伏在彼得的脚下说:彼得,我抱住你的脚,你这位神圣之神的神圣的仆人! 我大大地犯了罪,但是,如果在你里面有对你所宣讲的基督的真信仰,如果你记得他的诫命,不要憎恨人,不要对任何人不好,如同我在你的同门使徒保罗那里得知的那样,那么请你不要追究我的罪,不要记住我的过失,而要为我向主,神的圣子祈祷——我已经由于迫害他的仆人而引致了他的愤怒——不要让我连同西门的罪一起被投入到永不熄灭的火中。这个西门教唆我为他立了一个雕像,上面刻着:"给新神西门。"彼得啊,如果我知道你可以用金钱收买,我愿意把我的一切财产都献给你,我一定轻看财产,把它献出来,以换取我的灵魂。如果我有儿子,也会视之如此无物,只要我能够相信永生的神。但是我承认,要是西门不曾说他就是神的能量的话,我也不会受他的骗。最温柔的彼得啊,我想告诉你,我以前不配听你,神的仆人的话,我以前也没有坚固在基督里面的神的信仰,因此我被绊倒了。因此,我恳求你,不要因为我接下来所说的话而感到不适。你在真理中宣讲的我们的主基督曾经在你在场的时候对你的同门使徒说:如果你们有一粒芥菜籽那样的信心,那么你们就可以对山说:移开! 这山就会立刻自动移开。但是西门说,你,彼得,曾经在水里的时候确实怀疑过,是没有信心的。我也听说基督也这样说过:那些跟我在一起的人不理解我。如果说,你,蒙耶稣拣选并按手过的人,尚且怀疑,那么,我做了这见证,让自己忏悔,在你的祈祷中求得庇护吧。请接受我这个从我们的主和他的应许中失落的灵魂吧! 我相信他会怜悯我的忏悔。因为万能者一定会宽恕我的罪。

彼得大声说:我们的主,万能的神,我们的主耶稣基督之父啊! 愿荣耀与辉煌归于你! 愿你永远受赞美、荣耀与尊敬,阿门! 因为你现在已经在众人眼前完完全全地把我们坚固和确立在你里面,神圣的主啊! 你今天坚固了马塞勒斯的信心,让你的平安降临到了他和他的家里。凡是迷失的或者离开了正道的人,唯有你能够让他们重新归回正道。主,我们恳求你,你是羊的牧人,那些曾经四散的羊,现在将重新由你合为一群。请你接受马塞勒斯做你的羊里面的一只吧,不要让他再迷失在错谬或无知之中。

11. 彼得说完,拥抱了马塞勒斯之后,转身看站在他边上的众人。他看到其中有一个人在微笑,在他里面有一个非常恶的灵。彼得对他说:不管你是谁,你这个微笑的人,向在场的所有人公开显现你自己吧! 这个年轻人听了,跑到屋子的庭院里,用极大的声音呼喊,用自己的身体冲撞墙壁,说:彼得,在西门和你派去的那只狗之间有一场大争论。西门对那只狗说:说我不在这里。那只狗对西门说了比你让他说的更多的话。当他完成了你命令他施行的奥秘后,将会死在你的脚下。彼得说:你,魔鬼,无论你是谁,奉耶稣基督的名,从这个年轻人身上出来吧,不要伤害他一丝一毫,把你自己显现在所有站在这里的人们面前。那年轻人听了,就向前狂奔,他抓住了庭院里的一座大理石雕像,尽力止住脚步的时候,这个雕像被踢得粉碎。这是一座恺撒的雕像。马塞勒斯看了,就打自己的脑袋,对彼得说:犯了大罪了,要是好管闲事的人把此事告诉恺撒,他将会用痛苦的惩罚折磨我们。彼得对他说:我看你跟一会儿之前不一样,你刚刚说过,你愿意用你的所有财产来拯救你的灵魂。但是你如果真的忏悔,全心全意地信基督,就用你的手取一些流下来的水,向主祷告,奉他的名把水撒在那些碎片上,雕像将会复原。于是马塞勒斯心中没有疑虑,全心相信,在他取水举手之前说道:主耶稣基督啊,我相信你! 你的使徒彼得正在检验我是否正确地信你的名,因此我取水在手中,奉你的名撒向这些碎石,让这雕像重新恢复原样。主啊,如果你愿意我继续活在这个身体中,不在恺撒的手中受罚,那就让这个石头复原吧! 他把水撒在石头上,于是那个雕像就复原了。彼得为马塞勒斯毫无怀疑地请求主而十分欣喜,马塞勒斯也为第一次用自己的手施行奇迹而在灵里面得到提升,因此他用整个心信仰这位能够使一切不可能的事都能变成可能的神的儿子耶稣基督的名。

12. 西门在屋子里是这样对狗说的:告诉彼得,我不在里面。那时马塞勒斯在场,那狗回答说:你这个极其邪恶无耻的人、所有活着信仰基督耶稣的人的敌人! 我是不会说话的动物,派到你这里来口说人言,是为了挫败你,揭露你本是一个骗子和说谎者。难道在你说"告诉他我不在里面"之前没有动脑子想一想吗?你说出这样软弱无用的话来对付基督的助手和使徒,难道不觉得羞耻吗? 以为能够瞒过这位彼得吗? 他命令我来当面跟你说话,不是为了你的缘故,而是为了那些你正在欺骗、要把他们送上毁灭的人们。因此你是要受诅咒的,你是真理道路的敌人和败坏者,基督将用外界黑暗中的不灭之火来审判你所行的不义。说完,那只狗就走了,人们都跟着他,只留下了西门。那只狗来到彼得这里,向他讲述了他对西门所做的事,彼得正跟那些来看他的众人坐在那里,讲完之后,狗对真神的天使和使徒彼得说:彼得,你将与基督及其仆人的敌人大战,你将让许多受他欺骗的人转向信仰,为此你也将从神那里领受你所做的工作的酬劳。说完,他倒在了使徒彼得的脚下,他的灵魂走了。当大众惊异地看到狗讲人话,有些人就扑倒在彼得脚下,有些人则说:再显一个神迹给我们看吧,让我们相信你就是永生之神的使者,因为西门也在我们面前行了许多神迹,我们才会跟随他。

青　鱼

13. 彼得转身看见一条青鱼挂在窗上,就把它取下来对人们说:如果你们看见它像活鱼一样在水里游,你们能够相信我宣讲的那一位吗? 他们同声说:我们确乎会相信你。旁边就有一个游泳池,彼得说:耶稣基督啊,奉你的名,既然迄今为止无人相信,让它在众人眼前活过来,像鱼一样游起来吧。他把青鱼扔入池中,它就活了,开始游起来。所有人都看到那鱼在游,它不只是当时游一会儿,免得人们说这是一个幻觉,而是游了很长时间,以至于人们把各个地方的人都带来,指给他们看那条变成了活鱼的青鱼,有些人甚至喂面包给它吃,他们看到它是完好的。看到这个奇迹,许多人都跟从彼得,相信了主。

他们日夜聚焦在长老纳西修的家里。彼得把先知的经书和我们的主耶稣基督用言语和行动成就的那些事讲给他们听。

14. 马塞勒斯看到彼得借着耶稣基督赐予他的恩典所施行的神迹,信心日益坚定。当西门坐在他家的餐厅里的时候,马塞勒斯跑过去诅咒他,对他说:你这个最有害的不祥之人,你是我的灵魂与我们家的败坏者,你让我们背离了我的主和拯救者基督! 他对他动手,命人把他推去家门。得到主人的许可,仆人们劈头盖脸地责备他,有的人扇他的脸,有的人用棍子打他,有的人向他扔石头,还有人把满盆的污秽倒在他头上,甚至那些为了他的缘故从他们主人那里逃走,被长期捆绑的人,还有他说过他们的主人坏话的别人家的仆人,都来责骂他。他们对他说:按照那位怜悯我们和我们的主人的神的意志,我们以合适的报酬报答了你。西门被狠狠地打了一顿,跑出了家门,他跑到了彼得住的地方,就是纳西修的家,站在门口大声喊:看吧,我,西门,就在这里。彼得,你出来吧! 我要向你证明,你信的是一个人,他是一个犹太人,一个木匠的儿子。

会说话的婴儿

15. 人们把西门的话讲给彼得听了之后,彼得就派了一位正在喂奶的女人去见西门,他吩咐她说:快去吧,你会看到那个正在找我的人。你自己不用回答他什么,只要不做声,听你抱着的孩子对他说什么吧。那的小孩子才七个月大,但是他忽然以一个成人的声音对西门说:你这个憎恨神和也憎恨人的人啊,你是真理的毁灭,一切腐败的罪恶种子,本质上无益的果实!你只在短暂的季节出现,然后永远的惩罚就要落在你的头上。你是无耻之父的儿子,绝不会发出善根,而只会发出毒根,是没有任何盼望的没有信仰的一代人。当那只狗来责备你的时候,你没有感到惊慌,现在让我这样一个婴孩来对你讲话,即便到了此时你也没有感到羞耻。但是哪怕你不愿意,在即将到来的安息日另有一个人将会把你带上尤里乌斯(Julius)的法庭,人们将会明白你是一个什么样的人。离开这个大门,这是圣人行走的地方。你将再也不能够败坏那些你把他们引上歧途并且给他们带来悲伤的无辜的灵魂了。你将在基督里面显露出邪恶的本质,你的诡计将被粉碎。现在我对你说最后一句话:耶稣基督对你说:奉我的名,你要暂时不会说话,离开罗马直到安息日到来。他即刻变成了哑巴,讲不出话来,他离开了罗马,住在一个畜棚里,直到安息日那一天。女人抱着孩子回到彼得这里,告诉他和其他的兄弟刚才所发生的事。于是他们一起赞美这位把这些事显示给人们看的主。

彼得在异象中见到耶稣

16. 黑夜降临,彼得正在走路的时候,看到耶稣披着光明的衣袍向他微笑,对他说:兄弟中已经有许多人通过我,通过你奉我的名施行的神迹,回归了正道。但是在接下来的这个安息日,你将面临一场信仰的斗争,更多的外邦人和犹太人将奉我的名皈依曾受责骂、嘲笑和唾弃的我。当你要求神迹和奇事的时候,我将跟你在一起,你将让许多人皈依。但是西门将以他的父的作为反对你,但是他的一切作为都将显露为只是巫术的法术和把戏。现在你不要懈怠,无论我派谁到你那里来,你都要奉我的名确立(他的信仰)。天亮了以后,他就把主向他显现和命令他的话告诉了兄弟们。

彼得把西门赶出朱迪亚的故事

17. [这个插曲很突兀,可能是维切利行传的希腊文编辑者插进来的,但

不是这个编者所写,是更高的已经失传的行传中的一部分,这里的场景是朱迪亚〕

兄弟们,人们啊,你们要相信我,我以前曾把这个西门从朱迪亚驱逐出来。他在那里用巫术的法术做了许多恶事,住在一个叫尤布拉的女人家里,这个女人在此世属于一个令人尊敬的阶层,蓄积了价值不菲的黄金和珠宝。西门带了两个人偷偷地进入她家,门人都没有看到那两个人,只看到西门,然后他们用一个符咒取走了那女人的所有金子,然后消失了。尤布拉看到金子丢了,就拷打她的管家,说:你趁这个神人进来给我行礼的机会偷了我的东西! 他的名字可就是主的名字!

我斋戒了三天,祈祷这件事真相大白。我在一个异象中看到我曾经奉主的名教导过的伊塔利库斯(Italicus)和安图卢斯(Antulus)还有一个没穿衣服、挂着项链的男孩给了我一个麦饼,对我说:彼得,再忍耐两天,你将会看到神的大作为。尤布拉家丢失的东西都是西门用魔术引起幻觉,让两个另外的人偷走的。第三天的九点钟,你会看到这两个人,他们在通往那不勒斯(Neapolis)的那个城门卖给一个名叫阿格里庇诺(Agrippinus)的金匠一尊年轻萨梯(satyr,森林之神),黄金制成的,有两磅重,其中还嵌着一块宝石。但是你不能动它,以免被污染。带上那个女人的两个仆人,你可以指给他们看那个金匠的店铺,然后离开他们。由于这件事的原因,许多人将会信主的名,这些人用他们的邪恶的诡计多次窃取的东西都将被暴露无遗。我听了,就去尤布拉那儿去,看到她坐在那儿哭,衣裳破碎,头发凌乱。我对她说:尤布拉,不要哭,梳妆打扮一下,穿上整洁的衣服,向审判一切灵魂的主耶稣基督祈祷。他是神的不可见的儿子,只要你用你的整颗心忏悔你以前的罪,并从他那里获得力量,你就一定得他的拯救。看吧,主让我对你说:你将找到你失去的一切。你在重新获得它们之后,你要留心让他找到你,以便你能够弃绝这个世界,寻求永远的安宁。听吧,后天九点钟的样子,让你的人小心看守那个通往那不勒斯的城门,他们将会看到两个年轻人带着一尊黄金制的年轻萨梯,有两磅重,其中嵌着宝石,这是我在异象中看到的。他们会把这些东西卖给阿格里庇诺,他是主耶稣基督里面的一个虔诚的、有信仰的人。通过他，你会明白，你应当相信永生的神，不应当相信巫师西门，他是一个反复无常的魔鬼，他想让你一直生活在悲伤之中，让你的无辜的管家受到拷打，他用漂亮的言语欺骗了你，他口上说得神圣，但其实他完完全全是一个罪恶的人。当你想到圣日，树起你的偶像，给它蒙上面纱，把你的所有饰品都供在三脚圆桌上的时候，他带了两个年轻人来，由于施了法术，没有人能够看到这两个人，他们偷走了你的饰品就消失不见了。但是他的诡计不会成功，因为我的神已经把它显示给我看了，最后你不会被骗，也不会因为你背着那位神不虔敬地犯下的那些罪而在地狱中死亡。那位神是满有一切真理的神，他是活人与死人的正义的审判者，除了通过他，人们没有任何别的生的盼望，通过他，你失去的那些东西重新归自己所有。现在你确实已经获得了你自己的灵魂。

于是她拜倒在我的脚下，说：你这个人啊，你是谁我不知道，但是这个人我是当作神的仆人来接待的，无论他从我这里要求什么送给穷人，我都加倍地交到他手里，此外还给他自己更多的东西。我做了什么伤害他的事，以至于设这样的诡计来对付我的家？彼得对她说：不要相信口头说的话，而要相信行动与事实，我们必须继续我们已经开始的事情。于是我离开她，带着尤布拉的两个仆人到阿格里庇诺那里去，对他说：你看一下这两个人。明天两个年轻人会到你这里来，想把一个金制的嵌宝石的年轻萨提卖给你，那东西是属于这两个人的女主人的。你在看那件东西的时候，要拿着它，赞美工匠的手艺，当这两个人进来的时候，神将会证明其余的一切。接下来的那天，这个女人的管家九点钟左右来了，那两个年轻人也来了，想要把那个金制的年轻萨提卖给阿格里庇诺，他们立刻就被抓住了。于是那女人心里悲痛地来到了判官这里，大声地诉说了她的遭遇。判官庞培(Pompeius)立刻从审判席上站起来，命人把那两个人带来拷问。那两人在拷打之下承认了他们是为西门干这件事的，他们说，他用金钱诱使他们到那儿去的。又拷打了长时间之后，他们供认了尤布拉失去的一切财物都堆放在城门另一侧的一个地洞里面，边上还放了许多别的东西。庞培听了，就起身去那个城门，带着那两个人，每人都捆上两条锁链。看，西门也来到了那个城门去找那两个人,因为他们迟延了太长时间。他远远看到一群人走来,那两个人捆着锁链,就明白过来逃走了,至今再也没有在朱迪亚出现过。尤布拉重新获得了她的所有财物,把它们用于救济穷人。她信了主耶稣基督,得到了安慰,弃绝了这个世界,施舍寡妇孤儿,供给穷人衣物。过了很长时间以后,她获得了安息。亲爱的兄弟们啊,这些事就发生在朱迪亚,那个被叫作撒旦的天使的人从此被赶走了。

18. 最亲爱的兄弟们啊,让我们一起斋戒,向主祷告。因为他能够把他从那个地方赶走,也就能够把他从这个地方赶走,请求他赐给我们力量来抵挡他和他的法术,揭露他是撒旦的天使吧。安息日那天,我们的主将把他带上尤里乌斯的法庭,尽管他不愿意。让我们向基督跪下来,虽然我们没有呼喊,但是他在倾听我们。是他在看着我们,虽然我们不能用眼睛看见他,然而他就在我们里面。如果我们愿意,他就不会抛弃我们。让我们把我们灵魂中的一切罪恶的诱惑都清除掉吧,神将不会离开我们。是的,只要我们眨一眨眼睛,他就会与我们同在。

19. 彼得说了这些话,马塞勒斯走了进来,说:彼得,我已经为你洁净了我的整个家,清除了西门的脚印甚至他的邪恶的灰尘。我取了水,念着耶稣基督的圣名,跟我们属主的仆人们一起洒了整个屋子、餐厅、柱廊和大门,说:我知道你,主耶稣基督,是纯洁的、不沾染任何不洁的。请让我的敌人和对手从你的面前被赶走吧!现在,你这位蒙福者啊,我邀请了寡妇和老妇人,她们在我的已经洁净了的家里为你聚集起来了,让她们可以跟我们一起祷告。她们每人都将以服侍的名义领取一块金子,使她们可以被称为基督的真正的仆人。现在所有人都已经准备好了。我恳求你,蒙福的彼得,请你同意他们的请求,替我为他们的祷告增光。我们走吧,也带上纳西修,以及所有在这里的兄弟们。彼得看到他的真诚,同意满足他的愿望,跟着他和所有其余的兄弟一起去了。

彼 得 治 病

20. 彼得进了门,看到一个瞎眼的老妇人,她是个寡妇,她的女儿牵着她的手带领她来到了马塞勒斯的家。彼得对她说：大娘，到这儿来，从今天起，耶稣把他的右手伸给了你，我们正是借着耶稣拥有了不可企及的、不隐藏任何黑暗的光明。他通过我对你说：睁开眼睛看，自己走路吧！那个寡妇立刻看到了彼得按手在她头上。

彼得进入餐厅，看到人们正在读的一本福音，他卷起那本书说：信仰并且盼望基督的人们啊！你们要知道应当怎样宣讲我们主的圣经。我们借着他的恩典用这本书记录了按照我们的能力所能领受的，尽管它显出了我们的软弱，甚至记录了要让我们的肉体来承受的能够承受的东西。因此我们首先要知道神的意愿和善，在谬误到处传播，成千上万的人被投入到毁灭之中的时候，神出于仁慈以另外的形体和人的形象显现，对于这种形体与形象，无论是犹太人还是我们都不配领悟的。因为每个人都只能看到他能够看到的东西。现在我来给你们解释刚刚给你们读过的这段话。我们的主想要让我在圣山上看到他的伟大。当我跟西庇太（Zebedee）的儿子们在一起的时候，看见了他的明亮的光，我倒在地上，闭上眼睛，就好像死了一样，听到了他的无法描述的声音，以为自己要被他的强光致瞎了。当我稍稍缓过气息时，我对自己说：也许我的主带我到这里来是要把我的眼睛弄瞎。我说：主啊，如果这是你的意愿，我不会抵抗。他伸手把我扶了起来，当我起来的时候，我再次在我能够注视的那个形体之中看到了他。因此，最亲爱的兄弟们啊！仁慈的主承担了我们的软弱，背负了我们的罪（如先知所说：他背负了我们的罪，为我们受苦），因为他在父里面，父也在他里面，他自己就是一切圆满的伟大，他向我们显现了他的一切美好。他确实为了我们的缘故吃过、喝过，但是他自己是既不会饿也不会渴的。他为了我们的缘故承受了耻辱，他为了我们死去并且复活。他在我犯罪的时候为我辩护，又用他的伟大来安慰我，他也会安慰你们的，为的是让你们爱他。这位神是伟大的，又是微小的，是美丽的，又是污秽的，是年轻的，又是年老的，是在时间中可见的，又是在永恒中不可见的。他是人的手从未捉摸过的，然而他被他的仆人捉摸到了。他是凡人从未见过的，然而他确在看着我们。他是先知所宣扬的道，而现在显现出来了。他是不会受苦的，但是现在却为了我们的缘故像我们一样受痛苦的试炼。他是从不受罚的,而现在却受到惩罚。他是存在于这个世界之前的,而现在却被包含在时间之中。他是一切君王的开端,而现在却被交给了君王。他是美丽的,但是在我们中间显得卑微。他被所有人看见,然而他却能预见一切。兄弟们啊,这位耶稣拥有门、光明、道路、面包、水、生命、复活、休息、珍珠、宝藏、种子、丰收、芥菜籽、葡萄树、梨、恩典、信仰、话语:他就是万有,没有谁比他更伟大。赞美归于他,直到永远。

21. 九点整到的时候,他们站起来祈祷。有一个年老的寡妇,彼得不认识的,她坐在那儿,眼睛是瞎的,心里没有信仰,她大声对彼得说:彼得啊! 我们一起坐在这儿,盼望并信仰基督耶稣。既然你已经让我们中的一个能够看见,那么我恳求你,主彼得,请你把他的仁慈和怜悯也赐给我们。但是彼得对他们说:如果你们里面有对基督的信仰,如果你们的信仰是坚固的,那么就用你们的心看你们的眼睛看不见的东西吧,虽然你们的耳朵已经被闭上,就让它们在你的心灵里面被打开吧。这些眼睛都将再次闭上,只能看见人、牛、不会说话的野兽、石头和木头。但是并不是每一只眼睛都能看见耶稣基督的。然而,主啊,请让你的甘美和圣名来帮助这些人吧! 请你触摸他们的眼睛,因为你能让这些人用他们的眼睛看见。

当大家一起祷告了之后,他们所在的大厅就好像闪电划过一样被照亮,那光明就好像照亮了云层的闪电,但不像白天的光明,而是不可言喻的、不可见的,没有人能够描述,我们精神恍惚,就好像已经离开了我们自己,我们向主呼喊道:主啊,怜悯我们这些你的仆人吧! 请你把我们能够承受的给予我们吧,这光明我们既看不到也无法承受。我们都躺在那儿,只有那些瞎眼的寡妇们站起来了,那向我们显现的明亮的光进入了他她们的眼睛,使她们重新能看见。彼得对她们说:告诉我们,你们看到了什么。她们说:我们看见了一个老人,他是如此清秀,以至于我们无法向你描述。另外有人说:我们看见了一个年轻人。还有人说:我们看见了一个男孩轻轻地抚摸我们的眼睛,于是我们的眼睛睁开了。彼得赞美主,说:你是唯一的主,神,我们要有怎样的唇才能给你赞美呢? 我们怎么能给得出与你的仁慈相应的感恩呢? 兄弟们啊,我刚刚就告诉过你们,神是永恒的,比我们所能想到的更伟大,我们从这些年老的寡妇们这里就得知了,她们如何看到了主的不同形态。

22. 在劝勉她们全心去领悟主之后,他开始跟马塞勒斯和其他的兄弟向主的童贞女们和其他人讲道,直至第二天早晨。

马塞勒斯对她们说:主的圣洁的、无瑕的童贞女们啊,你们听着:你们有了一个住的地方,这些所谓的我的东西,除了属于你们,还能属于谁呢? 不要离开这里,就在这里安息。接下来的安息日,就是明天,西门将与神的圣徒彼得有一场较量。由于主一直与他同在,看吧,主基督现在也将支持他的这个使徒。彼得持续禁食,再斋戒一日,他将战胜这个邪恶的对手和主的真理的迫害者。看吧,我的年轻人来报告了,他们已经看到广场上架起了绞刑台,很多人在说:明天黎明,两个犹太人要在这里较量神的学说。因此让我们警醒直到天亮,为彼得祈祷和恳求我们的主耶稣基督倾听我们。

马塞勒斯入睡了一会儿,醒来对彼得说:彼得啊,你是基督的使徒,让我们大胆地走向在前头等待着我们的事情吧。我刚刚入睡的时候,看到你坐在一个很高的地方,在你面前有一大群人,一个极污秽的女人,像埃塞俄比亚人,不是埃及人,但是完全黑而且丑恶,穿着破烂的衣服,脖子上带着铁圈,脚上和手上套着锁链,在那儿跳舞。你看到我,就大声对我说:马塞勒斯,这个女人就是西门和他的神的全部能量,你砍掉她的头。我对你说:彼得兄弟啊,我是高贵的元老,我从未弄脏过我的手,甚至从未杀死过一只麻雀。你听了,就更大声地喊道:来吧,我们的真正的剑,耶稣基督! 当着所有这些我已经准许服侍你的人的面,不仅砍掉这个魔鬼的头,还要把她的四肢全砍成碎片! 随即,就有一个像你彼得的人,挥剑把她砍成了碎片。于是我热切地注视着你和把魔鬼砍成碎片的他,惊异地看到你们俩长得多么的相像。我醒了,就把基督的这些预兆讲给你听。彼得听了,就更充满了勇气,因为马塞勒斯看到这些事,就知道主一直在关怀着他。这些话语给了他喜乐和振奋,他就动身前往广场。

彼得与西门在广场较量

23. 所有在罗马的兄弟们都聚集起来了,元老院议员们、高级文武官员和那些有地位的人都来了。彼得来了，站在人群之中，大家都喊：彼得啊，告诉我们谁是你的神，他有什么伟大给了你信心。不要因为罗马人热爱诸神而不满。我们已经有了西门的证据，现在就看你的了。请你们两个说服我们，我们真正应当信谁。他们说了这些话，西门走了进来，他心神不宁地站在彼得边上，开始拿眼睛看着他。

长久的沉默之后，彼得说：罗马人啊，给我们做真实的评判者吧！我说，我信仰那位永生的真神，我应许给你们他的证据，那是我知道的，你们当中的许多人也能做见证。你们看这个人，他受到了指责，现在沉默不语，知道我把他从朱迪亚赶出来是因为他用巫术欺骗尤布拉，一个可敬的、朴实的女人。从那里被赶出来之后，他就来到了这里，想让自己不被你们识破，看吧，现在他就跟我面对面站在一起。西门，你说吧，你当年是否在看到用我们的手施行的医治之后，伏在我和保罗的脚下说过：我祈求你们，你们想要多少报酬都从我这里拿走，只要让我也能够按手在人身上，施行如此神奇的作为？而当我们听了你的话，就诅咒你说：你以为你诱惑我们，以为我们想获取钱财吗？现在，你难道一点不害怕吗？我的名字叫彼得，因为主基督恩准叫我"为一切事做准备"，因为我信靠活神，我将借着他破除你的巫术。现在就让他在你们面前施行他以前施行过的神迹吧，我现在关于他所说的话，你们难道还不相信吗？

但是西门说：你说的就是那个拿撒勒人耶稣，是一个木匠的儿子，他自己也是一个木匠，他就出生在朱迪亚。彼得，你听着！罗马人不是傻子，他们是有判断能力的。然后他转向人群说：罗马人啊！神是生出来的吗？他被钉上十字架了吗？凡是有主人的人就不是神。他说完，许多人说：你说得很好，西门。

24. 但是彼得说：诅咒你这些反对基督的话语！你竟敢这样胡说！先知曾这样说他：谁将宣告他的诞生？还有另一个先知说：我们看见过他，他既不美丽也不秀气。还有的说：在最末的时代将有一个孩子从圣灵诞生。他的母亲不认识男人，也没有任何男人说他是他的父亲。他又说：她生育了，同时又没有生育。[取自已经遗失的以西结（Ezekiel）次经]又说：你们令人疲倦，这难道是一件小事吗？① 看吧，一个童贞女将会怀孕。另一位先知敬重那位父亲说：我们既没有听到她的声音，也没有产婆进来。[取自《以塞亚升天记》（Ascension of Isaiah）xi.14]他不是从女人的子宫出生，而是自天而降。又说：一块石头不用手被切开，并且重击了整个王国。又说：一块被匠人丢弃的石头成了墙角的头块石头。他称他为挑选出来的石头，是宝贵的。还有一个先知说他：看吧，我看到了一个人好像是人子，登上了一朵云。还有很多吧？罗马人啊，如果你们知道先知的经书，我就可以把一切都解释给你们听。根据这些经文，这件事必定应当在一个奥秘中述说，神的国也必定应当得到圆满。但是这些事以后将会让你们知道。现在，我对你说，西门，你做一件你以前做过的用于欺骗他们的事，我会借着我主耶稣基督让它落空。

25. 那个长官想要表现得对两人一视同仁，没有任何不公正。于是他推出他的一个仆人，对西门说：把这个人带去，把他弄死。又对彼得说：你让他复活过来。然后又对众人说：现在由你们来判定，这两个人里面哪个是合神的意的，是那个杀人的人，还是那个让死人复活的人。西门立刻对那个人的耳朵里面讲了一句话，使他说不出话来，然后死了。

人群中开始有人低声说话，一个在马塞勒斯家里得到供养的寡妇站在人群后面，哭道：彼得，神的仆人啊，我的儿子死了，他是我唯一的儿子啊。人们给她让路，领她来到彼得跟前。她拜倒在他的脚下，说：我只有一个儿子，是他用他的手供给我食物，是他扶起我，背着我。现在他死了，还有谁会伸手帮助我？彼得对她说：去吧，让这些人做见证，把你的儿子背到这里来，让这些人看到并且相信，他是依靠神的能量复活的，也让这个西门看到，他就输了。彼得对那些年轻人说：我们需要一些年轻人，而且是这样一些将会信的年轻人。有三十个年轻人随即站了出来，他们把那个女人背到那个死了的儿子那里去。那个寡妇几乎还不过神来，那些年轻人扶住她，于是她哭出来了，她抓自己的

---

① 参:《以塞亚书》7,13-14。

头发和脸,说:看啊,我的儿子啊,基督的仆人已经派到你这里来了! 这些年轻人过来探那个年轻人的鼻息,看看他是否真的死了。他们看到他是真的死了,于是同情那个老妇人,说:大娘啊,你如果愿意,也相信彼得的神,我们就把他抬到他那里去,让他把他复活,让他把他还给你。

26. 他们在说这些话的时候,长官热切地看着彼得(说:)彼得,你看,我的这个年轻人死了,他也是皇帝喜欢的人,虽然我还有其他的年轻人,但是我也舍不得他,为了试验你和你宣讲的神,看你说的是否真实,我还是愿意让他死去。彼得说:阿格里帕(Agrippa)啊! 神是不能试验也不能证实的,但是如果那些够格的人爱他、恳求他的话,他会倾听他们的。但是,既然我的神和主耶稣基督在你们中间受试验——他为了让你们离开罪恶,借我的手施行了如此伟大的神迹和奇事——,现在在众人面前,主啊,一听见我说话,就用你的能量把西门动手杀死的这个年轻人复活吧! 彼得对这个年轻人的主人说:去,握住他的右手,你就能让他活过来,跟你一起行走。长官阿格里帕跑到年轻人那里,握住他的手,把他拉了起来。大众看到这一幕,大声呼喊:这一位是神,这一位是彼得的神!

27. 这时候,那个寡妇的儿子也被年轻人放在床板上抬过来了,人们给他们让路,让他们抬到彼得跟前来。彼得举目望天,伸出双手说:你的儿子耶稣基督的神圣的父啊! 你赋予了我们能量,使我们能够通过你索要并且获得,看轻这个世界上的一切,唯独追求你。你只能被极少数人看到,但是许多人将会知道你。主啊,请你照耀我们,启发我们,向我们显现,复活这个老寡妇的儿子吧,她除了儿子无人可以依靠。我重复我主基督的话,对你说:年轻人,起来! 跟你的母亲一起行走吧! 只要你对她好。从此以后,你将以更高级的形式服侍我,做一个主教的执事侍奉神。那死人立刻就站了起来,众人看见大为惊奇,人们呼喊:彼得的神! 你是救主神,你是不可见的神,你就是救主! 他们相互议论,真正惊叹那个人的能量,他用一句话就招来了他的神。于是他们就接受彼得的神为神。

28. 此事的名声传遍了整个城市,一位元老的母亲来了,她在众人面前拜倒在彼得脚下,说:我从人们那里知道,你是仁慈的神的仆人,把他的恩典分给一切渴望光明的人。请你把光明给予我的儿子吧,因为我知道你不会吝啬的,请你不要拒绝恳求你的这个老妇人吧。彼得对她说:你愿意相信我的神,相信他能复活你的儿子吗?这位母亲哭着大声说:彼得啊,我相信!我相信!所有的人都喊道:给这个母亲她的儿子吧!彼得说:把他抬到这里的众人面前。彼得转向人们说:罗马人啊,我也是你们当中的一个,也背负着肉身,也是一个罪人,但是我已经获得了宽恕。因此请你们不要这样看我,以为我是凭我自己的能量做了我做的这些事,我是凭我主耶稣基督的能量做成了这些事,他是生与死的判决者。我相信的就是他,我也是他派来的,当我呼唤他复活死者的时候,我是有信心的。所以,大娘啊,你也去让人把你的儿子抬到这里来,让他复活。老妇人穿过人群跑到街上,怀着极大的喜悦和信心,她到了自己的家里,让仆人们把他儿子抬到广场上去。她吩咐仆人们头上戴上帽子〔pilei,罗马人戴的无檐便帽,是被释放变成自由人的标记〕,走在棺材前面,所有她本来决定要在她儿子尸体身上焚化的东西,都在他的棺材前面焚化。彼得看到,就同情她和这个死人。她来到了人群中间,大家都为她感到悲痛,一大群元老和夫人跟在后面,要看神的奇妙的作为,因为这个死去的尼可斯特拉图(Nicostratus)是元老院中极其高贵、深受爱戴的一位。他们把他放在彼得面前。彼得要求安静,然后用很响的声音说:罗马人啊!现在请你们做我和西门之间的公正的裁判者,判定我们两个当中谁信仰永生的神,是他还是我。如果他复活了躺在这儿的这个死人,那就相信他是神的天使。如果他做不到,那么让我来呼唤我的神,把这个儿子复活还给他母亲,然后你们就要相信你们所款待的这个人乃是一个巫师和骗子。所有人听了这些话,都觉得彼得说得对,他们就怂恿西门,说:如果你肚子里有货色,就公开地展示出来吧!要么让我们信服,要么你将被定罪!为什么站在那里不动?来,开始吧!但是西门看到众人激他,就站在那儿不做声,当他看到人们安静下来注视着他的时候,他大声呼喊说:罗马人啊!如果你们看到这个死人站起来,你们会把彼得逐出这个城市吗?所有人都说:我们不仅会把他赶走,还会即刻用火烧死他。

西门走到死人的脑袋那里,弯下腰,三次把他抬起来(或,说了三声:你起来吧!),然后给人们看,他(死人)举起了头,动了动,睁开眼睛,微微地向西门鞠了躬。人们立刻开始寻找木头和火炬,要烧彼得。但是彼得从基督那里获得力量,提高声音对那些向他吼叫的人说:罗马人啊,现在我看到了,我只好说,你们是愚蠢的人,是白痴,因为你们的眼睛、耳朵和心都已经瞎了。你们的悟性要变得黑暗到什么时候呢?你们难道看不到你们自己被迷惑了,以为一个没有自己站起来的死人复活了?罗马人啊,保持我自己的平安,无言地死去,让你们留在这个世界的骗局之中,这于我本来已经满足了。但是惩罚之火在我眼前无法熄灭。如果你们认为可以的话,就让那个死人讲话,让他站起来,让他用他的手松开被捆住的下巴,让他喊他的母亲,让他对你们这些呼喊的人说话:你们在喊什么?让他用他的手向你们招手。如果你们现在能够看到,他是一个死人,你们自己是被迷惑了,那么就让这个劝你们离开基督的人离开这个棺材吧。

长官阿格里帕已经没有耐心,他亲手把西门推开,于是死人重新像以前一样躺在那儿。人们被激怒了,他们厌恶巫师西门,开始呼喊:恺撒啊,你听,如果这个死人不能复活,就让西门代替彼得被烧死吧,他确确实实让我们瞎眼了。但是彼得摇摇手说:罗马人啊,请忍耐!我没有对你们说,如果这个年轻人被复活,就要把西门烧死,如果我这样说了,你们就会这样做。人们喊道:彼得啊,哪怕你不愿意,我们也要这样做。彼得对他们说:如果你们还是这样想,那么这个年轻人就不会复活。因为我们不懂得以恶报恶,我们只学会了爱我们的敌人和为迫害我们的人祈祷。要是连这个人也能忏悔,那就更好了。因为神不会记住罪恶。让他过来,进入到基督的光明之中。要是他不能忏悔,就让他拥有他的魔鬼父亲的份,不要玷污了你们的手。他这样对人们说了话,就走到那个年轻人那里,在复活他之前,他对他的母亲说:你的儿子活过来之后,你为了纪念你的儿子而释放的这些年轻人还要给他们自由,让他们侍奉他们的神,因为我知道,如果他们看到你的儿子复活,他们中有些人的灵魂就会感到不安,他们知道他们会重新受束缚。请你继续给他们所有人自由,让他们就像以前一样维持生计,因为你的儿子就要复活了,让他们跟他在一起。彼得长久地注视着他,看她的意念。这个年轻人的母亲说道:我还能做别的吗?因此,我在长官面前说:我本来决意在我儿子尸体上焚烧的任何东西,都让他们拥有。彼得说:把余下来的东西分给寡妇们。然后彼得在灵魂中喜悦,在灵里面说:仁慈的主,耶稣基督啊!向呼唤你的彼得显现吧,就如同一直以来你对他显示仁慈与爱护那样。在所有刚才获得自由的、将会成为你的仆人的年轻人面前,让尼可斯特拉图复活吧。彼得触摸那年轻人的胁,说:起来!这个年轻人起来了,他脱去了死人穿的衣服,坐了起来,松开了下巴,要了另外的衣服。他从棺材上下来,对彼得说:我祈求你,神的人啊!让我们到我们的主基督那里去,我刚才看到他跟我说话,他还把我指给你看,并对你说:把他带到我这里来,因为他是我的。彼得听了年轻人的话,灵魂更加由于主的帮助而强大,他对人们说:罗马人啊,死人是这样复活的,是这样谈话,这样站起来行走,并且活得如神所愿意的那样长久的。现在你们一起见到了,如果你们远离你们的恶行、你们的一切人手所造的诸神、一切不洁和淫欲,接受基督,信仰基督,那你们将会获得永生。

29. 他们当下就崇拜他为神,拜伏在他的脚下,家里有病人的人,都来请他医治。

长官看到这么多人侍候彼得,就示意他离开。彼得告诉人们,他要到马塞勒斯的家里去。但是那个年轻人的母亲恳求彼得在她家落脚。但是彼得已经约定主日跟马塞勒斯在一起,如马塞勒斯已经应许的,去看望那些寡妇,亲自照料她们。那个被复活的年轻人说:我不离开彼得。于是他的母亲高兴欢喜地回到她自己的家里去了。安息日之后的那一天,她来到了马塞勒斯的家里,带给彼得二千块金子,对彼得说:把它们分给服侍基督的童贞女们吧。那个复活的年轻人看到自己没有分任何东西给任何人,就回到家里,打开柜子,奉献了四千块金子,对彼得说:看吧,我这个被复活的人也奉献双倍的奉献,从今天起把我自己当作会说话的祭品奉献给神。

西 门 之 死

30.① 彼得在一个主日对兄弟们讲道,勉励他们信仰基督的时候,有许多
元老、骑士和富裕的妇女和贵夫人在场,他们的信仰得到了坚定。一个极其富
有的女人也在那里,她姓克里瑟(Chryse,金制的),因为她的所有器皿都是金
制的,从她出生起,从未用过银的或者玻璃的器皿,只用金制的东西,她对彼得
说:神的仆人彼得啊,你称之为神的那一位在一个梦里对我说:克里瑟,给我的
仆人彼得一万块金子,因为那是你欠他的。因此我把这些金子带来了,害怕向
我显现的他会加害于我,(让我)离开此世到天上去。说完,她放下金钱走了。
彼得看到就赞美神,因为他们正缺钱需要补给。在那儿的有个人对彼得说:彼
得,你接受她的钱不会有什么不好吧? 整个罗马都在说她坏话,说她跟人私
通,不忠于一个丈夫,她甚至跟她自家的年轻人有染。不要跟克里瑟同桌吃
饭,把她拿来的东西还给她吧。彼得听了,笑着对兄弟们说:这个女人在其他
方面怎么生活,我不知道,但是我并不是愚昧地接受这笔钱,因为她是作为基
督的欠债人支付这笔钱的,是支付给基督的仆人的,是基督自己提供给他的仆
人们的。

31. 在安息日,他们把病人带到彼得那里去,恳求他治好他们的病。许多
患了瘫痪、痛风、隔日热、四日疟,以及身体的各种疾病的人都被治好了,他们
都信了耶稣的名,每天都有许多的人进入到神的恩典之中。

过了几天以后,巫师西门应许众人判定彼得信的不是真神,而是受了欺
骗。在他施行了许多骗人的神迹之后,那些信仰坚定的人嘲笑了他。他让一
些精灵进入到餐厅里,但是这些精灵只是假象,并不是真的存在的。虽然他常
常被判定为是一个巫师,但是的确曾让瘸腿的人暂时显得健全,让瞎子暂时看
得见,有一次显得好像让许多死人复活并且会动,就好像他上次摆弄尼可斯特
拉图那样。但是彼得到处跟着他,总是在旁观者面前戳穿他,他成了一个可怜
人,受罗马人的嘲笑,由于他应许过的事总是做不成功,人们再也不相信他,他

---

① 接下来是保存在两个希腊文残篇中文本,英译文是依据希腊文翻译的。

陷入了如此窘境,以至于最后对他们说:罗马人啊,你们现在以为彼得胜过了我,他更有力量,更重视他,然而,你们是被他骗了。明天我就要抛弃你们这些不虔诚的不信神的人,飞到神那里去了。虽然我变得虚弱了,但是我就是神的能量。你们已经倒下了,但是我还站立着,我要到我的父那里去,对他说:我是你的儿子,是站立着的,他们甚至想把我也拉倒,但是我没有准许他们这样做,我回归到我自身了。

32. 到了第二天就有许多人聚集在神路上看他起飞。彼得也来到了这个地方,来看这个情景,以便在这件事上也戳穿他。因为西门进入罗马的时候,就是凭借飞行令众人叹服的。但是那时候彼得还没有来到罗马,因此他用幻觉欺骗了这个城市,让有些人为他神魂颠倒。

这个站在高处的人看到彼得,就开始说话:彼得,在我就要在众人的注视之下飞升的这个时刻,我对你说:你的神是被犹太人处死的神,他们还用石头扔你们这些受他拣选的人,如果你的这位神真的有能力,就让他证明信仰他就是信仰神吧!如果他配得上被尊为神的话,就让他在此刻显现吧!至于我,我就要升天了,将向这里的所有人显示我是谁。人们看到他被提升至高处,飞升到罗马上空,飞越了罗马的庙宇和山峰。信徒们望着彼得。彼得看到这个奇异的景象,就向主耶稣基督呼喊:如果你让这个人做成他开始做的这件事,那么所有已经信你的人都将受到伤害,他们将不再相信你通过我向他们显示的神迹和奇事。主啊,让你的恩典快快到来!让他从高处掉下来,成为残废,让他不要死去,而是使他落空,让他的腿摔断三处。于是他就从高处摔了下来,他的腿摔断了三处。于是每个人都用石头扔他,回家去了,从此以后相信了彼得。

西门的一个朋友从路上跑来,他的名字叫格穆路(Gemellus),娶了一个希腊人做妻子,西门从他那里接受过许多钱。他看到西门摔断了腿,就说:西门啊,如果神的能量被摔成碎片,而你就是那个神的能量,那么那个神自己岂不是瞎眼了吗?格穆路也跑开了,追随了彼得,对彼得说:我也愿意成为一个信仰基督的人。彼得说:我的兄弟,难道还会有人不同意吗?来吧,跟我们坐在一起。

西门在痛苦中发现有人趁夜用床把他从罗马抬到了阿里恰（Aricia），他在那里住了一段时间，又从那里被带到了特拉西那（Terracina）的一个叫作卡斯托尔的人那里，这个人是被控行巫术而从罗马驱逐出来的。他在那里被两个医生痛苦地砍了，于是撒旦的天使西门到了他的末日。

彼 得 殉 道

33. 彼得在罗马与兄弟们一起在主里面喜悦，日日夜夜为那些通过神的恩典归主的众人感谢神。长官阿格里帕的四个妃子也聚集到了彼得跟前，她们是阿格里庇娜（Agrippina）、倪卡里娅（Nicaria）、尤弗米娅（Euphemia）和多丽斯（Doris），她们听了关于贞洁的话以及主的所有谕示，灵魂受到震动，她们一致要在阿格里帕折腾她们的床上保持贞洁。

阿格里帕为此感到困惑和悲伤，他深爱她们。他们暗中派人看她们到哪里去，发现他们去了彼得那里。于是，在她们回来的时候，他对她们说：那个基督徒教导你们不要跟我相交。你们要知道，我不仅要杀死你们，还要活活地烧死他。后来，她们甘愿在阿格里帕的手里忍受一切伤害，只要在耶稣的力量的支持下不受爱的激情之苦。

34. 有一女子有过人的美丽，她是恺撒的朋友阿比诺（Albinus）的妻子，名叫赞西佩（Xanthippe，与苏格拉底之妻同名），她也跟其他的夫人来到了彼得这里，她也开始回避阿比诺。他为此疯狂，他爱赞西佩，对于她不肯跟他同床感到困惑，他像野兽一样发怒起来，要杀死彼得，因为他知道，正是他使她跟他分开的原因。许多其他的女人也爱贞洁的话语，跟她们的丈夫分开，因为她渴望在清醒与洁净中崇拜神。罗马陷入了大麻烦，阿诺比把他的处境告诉了阿格里帕，对他说：要么你为我向这个夺走了我的妻子的彼得报仇，要么我自己向他复仇。阿格里帕说：我也在他手里受害，因为他把我的妃子们夺走了。阿诺比对他说：阿格里帕，那你为何还要迟疑呢？让我们找到他，把他当作一个贩卖奇术的人处死，这样我们就能重新得到我们的妻子，也为那些被他夺走了妻子又无法处死他的人报仇。

35. 他们正在考虑这些事的时候,赞西佩知道了她丈夫和阿格里帕的谋划,派人告诉彼得,让他离开罗马。其他的兄弟们连同马塞勒斯都恳求他离开。但是彼得对他们说:兄弟们,难道我们要做逃跑者吗?他们对他说:不,我们只是为了你能够继续服侍主。他听从了兄弟们的话,独自动身,说:我不要你们任何人跟我一起走,我要独自动身,改换装束。当他离开城市的时候,看到主进了罗马城。他看到他,就说:主啊,你为何要到这里来?主对他说:我到罗马来是要让人钉上十字架。彼得对他说:主啊,是要再次被钉十字架吗?他对他说:是的,彼得,我要再次被钉十字架。彼得醒过来,看到主升上了天空,他就回到了罗马,心里喜悦,赞美主,因为他说:我要被钉十字架,这件事要降临在彼得身上。

36. 他再次回到了兄弟们中间,把他所见的告诉了他们。他们心里哀伤,哭着说:我们恳求你,彼得,为我们这些还未成熟的人着想吧。彼得对他们说:如果这件事是主的意愿,它就一定会发生,哪怕我们不愿意。至于你们,主能够坚定你们的信仰,在信仰里面建立你们,让你们传得广远,你们是他亲自栽培的,你们也会通过他栽培其他的人。至于我,只要主愿意让我待在身体里面,我不会抗拒,但是如果他要把我取回到他那里去,我也会喜悦、快乐。

彼得说完,所有兄弟都哭了。他们看到四个士兵带走了他,把他领到阿格里帕那里。他在疯狂之中命人以不敬神的指控把他钉上十字架。

所有的兄弟们,富人和穷人,孤儿和寡妇,虚弱的和强壮的,都跑来聚在一起,想要看望并解救彼得,人们不愿意保持沉默,异口同声地呼喊:阿格里帕,彼得犯了什么错?他什么地方伤害了你?告诉罗马人!另外的人说:我们害怕,要是这个人死了,他的主会把我们所有人一起毁灭。

彼得来到这个地方,让人们安静下来,说:你们是基督的战士!你们是盼望基督的人!记住那些通过我施行的神迹和奇事,记住神的怜悯,他给你们施行了多少医治!等待他的到来,他将会按照各人所做的给每个人回报。现在请你们不要激烈反对阿格里帕,因为他是他的父亲的工作的助手。这件事无论如何是要发生的,因为主已经向我显示了将要发生的事。我为何要迟延,不靠近十字架呢？

37. 他走向十字架，站在十字架旁边，说：十字架的名啊！你是隐藏的奥秘！以十字架之名宣告出来的不可言喻的恩典啊！人的本性啊，是不能与神分开的！说不出、分不开的爱啊，是不洁的唇所不能讲说的！现在我把握住你了，当我在此世的使命终结的时候。我要宣讲，你是什么，我不会沉默地保守十字架的奥秘，这奥秘在以前是向我的灵魂关闭和隐藏的。愿十字架在你们这些盼望基督的人面前不是这个显现出来的十字架，因为它是另一样事物，不同于显现出来的事物，甚至这与基督的受难相同的受难（也是如此）。你们这些能够听的人是能够听我的话的，因此，现在，你们听吧，听我这个已经到了生命的最后时刻的人：把你们的灵魂从一切感官事物中、从一切显现出来的、其实不存在的事物中解脱出来吧！闭上你们看这些事物的眼睛，闭上你们听这些事物的耳朵，放弃你们的可见的行为，你们将会明白关乎基督的事，以及关乎你们的拯救的整个奥秘。让这些话多多地对你们这些听的人讲说，就好像以前未曾讲过一样。彼得，现在是你把你的身体交给那些要取走它的人的时候了。你们接受它吧，你们是我的身体的所有者！我恳求你们，行刑者们啊，把我这样子钉在十字架上，头朝下，而不是头朝上。这样做的理由，我会告诉听讲的人。

38. 当他们按照他想要的方式把他挂在十字架上的时候，他再次开始说话：你们这些我的身体的所有者啊，你们听，听我在被钉在这儿的这个特别的时间对你们宣讲的话。你们要知道一切本性的奥秘，以及万物的源头，知道它是什么。第一个人——我就带着他那个族类的外貌——是头朝下落（生）下来的，显示了这样一种以前从未有过的出生方式：它是死的，不动的。他被拉了下来，他也把他的最初的状态投射到了地上，建立了万物的这样一个整体的性情。被钉十字架乃是一个创世的意象，他在创世中把右手边的事物变成了左手边的事物，把左手边的事物变成了右手边的事物，并且改变了它们的本性的一切标志，以至于他以那些不美的事物为美，以那些事实恶的事物为善。关于这一点，主在奥秘中说过：除非你们把右手边的事物变成左手边的事物，把左手边的事物变成右手边的事物，把那些上面的事物变成下面的事物，把那些后面的事物变成前面的事物，否则你们就没有王国的知识。

因此我把这个想法宣布给你们了，你们看到我被钉十字架的这个姿势就代表了那第一个诞生的人。因此，我所爱的人们啊，你们这些听到我说话的人以及将会听到的人，应当停止你们从前的谬误，再次复归。登上基督的十字架是合适的，基督是伸展开来的道（话语），是唯一，关于他，圣灵说：除了道，神的声音，基督还能是别的什么吗？因此道就是我被钉于其上的这根正直的梁，声音就是那根横在梁上的木头，是人的本性，那颗在那中间保持这个十字架正直的钉子就是人的皈依和悔改。

39. 生命之道啊！既然你已经让我知道、向我启示了这些事情，那就把我叫作木头吧（或：让我把道叫作生命之树吧）！我感谢你，不是用被钉在十字架上的嘴唇，不是用言说真理与谎言的舌头，也不是用属物质的技巧讲出来的话语，而是用这样一种声音感谢你，王啊，这种声音是在寂静中觉察到的，不是可以公然听到的，不是从身体的器官中发出来的，它不进入到肉体的耳朵之中，会腐朽的本性是听不到它的，它不存在于这个世界之中，它也没有传到地上，也没有写在这个人拥有而另一个人不拥有的书上。耶稣基督啊，我是用这样一种声音感谢你，这是声音的寂静，是在我里面的圣灵用以爱你、对你讲话、看你、恳求你的。你只能被圣灵觉察到，你是我的父亲，你是我的母亲，你是我的兄弟，你是我的朋友，你是我的奴隶，你是我的管家，你是万有，万有就在你里面。你是存在的，除了你自己，没有别的事物存在。

兄弟们啊，你们也是逃归于他的，如果你们知道你们唯独存在于他里面，那你们就将获得他曾经对你们说过的那些事物：那眼睛不曾看见、耳朵不曾听见，也不曾进入到人心里面的事物。因此，无污染的耶稣啊，我们向你请求那你已经应许给我们的东西。我们赞美你，我们感谢你，向你忏悔，荣耀你，我们是尚没有力量的人，因为唯有你是神，没有别的谁是神：荣耀从现在直到一切时代都归于你，阿门！

40. 当站在旁边的众人大声念诵阿门时，彼得随着这声阿门把他的灵交给了主。

马塞勒斯没有叫任何人离开,因为这是不可能的。当他见彼得交出了灵魂,就亲手把他从十字架上放下来,用牛奶和葡萄酒洗他,又砍了差不多七迈纳(minae,古希腊重量单位)乳香,五十迈纳没药、芦荟、和印度叶熏香他的身体,把他放在盛有雅典蜂蜜的极其珍贵的大理石灵柩里,然后安放在他自己的坟墓中。

夜里彼得向马塞勒斯显现,说:马塞勒斯,你听到过主说:让死人自己埋葬死人吗?马塞勒斯说:是的。彼得对他说:你花在死人身上的东西,你已经失去它们了。因为你是活着的人,却像一个死人一样照顾死人。马塞勒斯醒来了,告诉兄弟们彼得向他显现,他跟那些已经由彼得建立在基督信仰里面的人在一起,他自己也更加坚定,直到保罗来到罗马。

41.[这最后一章以及前一章的最后一句可能是维切利行传的希腊文原作者也即编者所加。]但是尼禄(Nero)后来得知彼得离开此生,就责备长官阿格里帕,因为他是在他不知道的情况下被处死的,他本想更残酷地折磨、更厉害地惩罚他,因为彼得让几个侍从成为他的门徒,使他们离开了他。他非常恼火,很长时间不跟阿格里帕说话。他想把那几个成为彼得门徒的人全部处死。一天夜里,他看到有一个人鞭笞他,对他说:尼禄,你现在不能迫害也不能消灭基督的仆人,你就此收手吧。这个异象让尼禄感到极度恐惧,他在彼得去世的那个时期停止了对门徒的伤害。

自此,兄弟们在主里面同心喜乐、欢欣,赞美我们的神,主耶稣基督的父和圣灵,荣耀归于他,直到永远。阿门。

彼得与十二使徒行传

《彼得与十二使徒行传》(*The Acts of Peter and the Twelve Apostles*, NHC VI.1)
在那戈·玛第抄本中首次发现,该文本是否就是已知伪经《彼得行传》的遗失
部分尚有争议。这个题目初看起来似乎是指十三个使徒,彼得加上其他十二
个使徒,但是行文中可以看出该题目指的是彼得的行传和使徒群体的行传共
两部行传。但是这个题目还是不太确切,十二之数与文中明确提到的十一位
使徒之数是矛盾的。

　　该文本给人以组织结构不严密的感觉,其中有不连贯和自相矛盾之处。
从内容看,其中有使徒行传、异象和对话体福音。从行文结构上看,该文本分
为三个主要部分:一、引文部分:叙述者彼得,时间大约是在耶稣上十字架之
后、升天之前,因为里面提到只有十一个使徒。使徒们决定一起去传道之后,
就找到一条船去航行,最后到了一个岛城,彼得上去打听这个城市的名字。
二、彼得遇到珠宝商利塔勾(Lithargoel),看到了富人和穷人对这个珠宝商的
态度。三、使徒们按照利塔勾的指示去他的城,利塔勾以医生的形象显现,他
向他们显示,他就是耶稣基督,并且跟他们谈了话。

　　本文的独特之处在于把耶稣描写成一个医生,对贫穷的赞美和禁食肉类
的教训显示出温和的禁欲主义倾向。

正　文

引　言

[…]那[…]目的[…：以后…]我们[…]各位使徒[…]。我们航行[…]属于身体的。[其他人]在[他们的心里]并不焦虑。在我们的心里,我们是合在一起的。我们一致要完成主委派给我们的使命。我们彼此之间也立了一个约。

在一个来自于我们的主的合适的时机,我们到海里去。我们找到了一艘停泊在岸边正要装载的船。我们就与水手商量,让我们搭船与他们一起出海。他们对我们非常友善,正如主所命定的那样。我们上了船,航行了一天一夜。然后,一阵风从船后面吹来,把我们带到海里面的一个小城。

彼得遇见珠宝商

我,彼得,向站在码头上的居民打听城市的名字。[他们]中间[有一个人]回答说:"[这座城市]的[名字叫作居所(Habitation),也就是]根基[…]永存。"[他们]当中的首领[手持]棕榈枝,站在码头边上。我就拿了行李下船,去城里问询住处。 ②

有一个人走了过来,他的腰上围着一块布,并用一条金腰带系住。他的胸前系着一条围巾,那围巾一直伸展到他的肩部,盖住了他的头和手。①

我注视着这个人,因为他的容貌和身材都很美。我可以看见他的身体的四个部位:他的脚底;一部分胸膛;他的手掌和他的面容;这就是我所能看到的。他左手捧着一本书,封面很像我的书;右手拿着一根香脂树枝做成的杖。他在城里喊:"珍珠! 珍珠!"他的声音舒缓,在城里回响。 ③

我以为他就是这个城内的人。我对他说:"我的兄弟和朋友!"[他回答]

---

①　参:《丹以理书》10,5;《启示录》1,13。

我说:"[正如]你所说的'我的兄弟和朋友!'你想从我这里[找到]什么?"我对他说:"[我]想为我和我的兄弟们[向你打听]住宿的地方,我们是异乡人。"他对我说:"正是为这个缘故,我刚才也叫你'我的兄弟和朋友',因为我自己和你们一样,也是异乡人。"①

他说完以后,又大声叫:"珍珠! 珍珠!"城内的富人听了他的声音,都纷纷从隐藏的库房里出来。有些人从他们的库房向外探头张望,另外一些人从他们家里高处的窗口向外望。他们不觉得能从他那里得到什么,因为他背上没有背包,束腰布和他的围巾里也没有包裹。由于他们看轻他,因此他们甚至不承认他。至于他,也没有向他们展示自己。他们回到自己的库房里,说:"这个人在哄骗我们。"

4 [城里]的穷人听见[他的声音,就到]那个[卖珍珠的]人那里,说:"劳烦你把珍珠拿[给我们看看],[这样我们就能]亲眼[见到]。因为我们[穷],没有[⋯]钱来买。但是请你把那珍珠[给我们看],这样我们就可以对朋友说[我们亲眼看见过]珍珠了。"他回答他们说:"如果可能的话,你们就到我的城市去,我不仅可以让你们亲眼看到珍珠,还要将它白白地送给你们。"

那些穷人确实地听到了,就说:"因为我们是乞丐,我们当然知道不会有人把珍珠送给乞丐,我们通常得到的是面包和钱。现在,我们所希望从你那里得到的好意是,把那颗珍珠展示在我们的眼前。这样我们就可以自豪地对我们的朋友说,我们亲眼见过珍珠了。"——因为穷人中间是看不到这样的珍珠的,尤其是在这样的一群乞丐中间。他回答他们说:"如果可能的话,你们自己到我的那个城市去,这样我不仅可以把它拿给你们看,而且还要白白地把它

5 送给你们。"穷人和乞丐都很高兴,因为这个人白白[地给予]。

[那些人向彼得打听]那路途的艰难。彼得回答了,把他所听闻的那条路途上的艰辛告诉他们。因为他们乃是他们的使命之中的那些艰辛的诠释者。

他对那个卖珍珠的人说:"我想知道你的名字和到你的那个城市去的道

① 参:《彼得启示录》83,17;《阿罗基耐》"引言"。

路的艰辛,因为我们是异乡人,是神的仆人。我们必须把神的道和谐地传到每一个城。"他回答说:"如果你想知道我的名字的话,利塔勾(Lithargoel)就是我的名字,它的意思是——明亮的、瞪羚般的石头。"

"至于你所问的、通往那座城的道路,让我来告诉你们。这路没有人可以走,只有那些能够抛弃自己一切所有,并且一步一步地每日禁食的人才可以走。因为那条路上有很多强盗和野兽。如果有人带着面包上路,黑狗就会为了面包杀害他。如果有人带着这个世界上的贵重衣服上路,强盗就会为了他 |6|的衣服杀害他。[如果有人带着]水[上路,狼就会为了水杀害他],因为它们渴了想喝水。[那些为了][肉食]和绿色的蔬菜而忧虑的人,他们要为了肉的缘故被狮子吞吃,就算他躲开了狮子,也要为了绿色的蔬菜的缘故被公牛吞吃。"

听他说到这里,我不由暗自叹息:"这路途上有多么[大的]艰辛!但愿耶稣能赐给我们力量去走这条路!"他看着我,因为我的愁容和叹息。他对我说:"要是你真的知道'耶稣'这个名字,并且相信他的话,你为何要叹息呢?他是大能,给人以力量。因为我也相信那位派他来的父。"①

我回答他说:"你要去的那个地方,也就是你的那个城,叫什么名字?"他对我说:"我的城就叫作'九道门'。让我们赞美神,让我们记得,第十道门是头。"然后,我就平安地离开了他。

在利塔勾的城见到耶稣

我正要去叫我的朋友,就看见巨浪和高大的城墙围绕着这座城的四周。我对我看到的雄伟景象感到十分惊异。我看见一位老人正坐着,就去问他,这座城的名字是否真的叫作[居所]。他[说]:"居所[…]。"他对我说:"[你 |7|说]得对,正因为我们忍耐,我们居住在这里。"

我[回答]说:"人们恰当地[…]称它为[…],因为每一个忍耐了他的考

---

① 参:《使徒行传》8,10。

验的人居住在这个城里,一个珍贵的国度从他们而来,因为他们在背叛和风暴的艰难中忍耐。就这样,每一个忍受、背负他的信仰之轭的人,都居住在这个城里,他也将被接纳到天上的国度之中。"

我急急地去呼唤我的朋友,这样我们就可以出发去找那个地方,也就是利塔勾指给我们的那个城。在信仰的约束下,我们舍弃了他叫我们抛弃的一切。我们避开了强盗,因为他们从我们这里找不到衣袍。我们避开了豺狼,因为它们从我们这里找不到解渴的水。我们避开了狮子,因为它们不能从我们这里[8] 找到可欲的肉食。[我们避开了公牛,因为它们不能从我们这里]找到绿色的蔬菜。

有极大的欢乐[临到]我们身上,还有一种[如同]我们的主那样的平安的无忧无虑。我们在城门前[休息],我们彼此谈论的不是此世令人分心的事,而是继续冥思信仰。

正当我们谈论一路上避开的强盗时,看那,利塔勾出了城门向我们走来。他改变了样子,就像一个医师,腋下夹着一个油膏的箱子,一个年轻的徒弟跟在他身后,手上拿着满满一包药。我们没有认出他。

彼得对他说:"我们是异乡人,我们想请你帮一个忙。在天黑之前把我们带到利塔勾的家里去。"他说:"我正诚心诚意地愿意给你们指路。但是我感到稀奇,你们是如何认识这位善士的。因为他并不向每一个人展现自己,因为他本人就是大君王的儿子。你们稍稍休息一下,我去医好那个人就回[来]。"[9] 他急急地去了,又很快就回来了。

他对彼得说:"彼得!"彼得就害怕,这人如何知道他的名字叫彼得呢?彼得回答救主说:"你怎么认得我?你叫了我的名字。"利塔勾回答说:"我想问你,是谁给你取了'彼得'这个名字?"他对他说:"是耶稣基督,永生上帝的儿子。"①他就回答说:"那就是我!认我吧,彼得。"他就脱掉了那个裹着他的衣袍,也就是那件为了我们的缘故换上的衣袍,向我们显示那确确实实就是他。

---

① 参:《马太福音》16,18。

我们俯伏在地上敬拜他。我们总共十一个门徒。他伸出手把我们扶起来。我们谦恭地与他说话。我们卑微地低着头,对他说:"你希望我们做的,我们都愿意去做。但请随时赐予我们力量去做你希望我们去做的事。"

他给了他们油膏的盒子和年轻门徒手里的那药包,吩咐他们说:"回到你 [10] 们所从来的那个城,就是那个叫作居所的城。你们要继续忍耐,教导那些信了我的名的人,因为我已经忍耐了信仰的艰辛。我会给你们报偿。对于城里的穷人,给他们生存所需的东西,直到我给他们更好的,就是我告诉过你们,要白白给你们的东西。"

彼得回答他说:"主,你教导我们要舍弃这个世界和其中的一切。为了你的缘故,我已经舍弃它们了。我们如今所挂虑的是日用的饮食。从哪里我们可以找到你叫我们给予穷人的东西呢?"

主回答说:"啊,彼得,你必须明白我讲给你听的隐喻!难道你不明白,我的名,也就是你所传讲的名,要胜过一切财富,神的智慧要胜过金、银和宝石吗?"

他给了他们那包药,说:"你们要医治那城里所有信我的名字的病人。"彼 [11] 得不敢再次回话。他向他旁边的那位,也就是约翰,示意说:"这一次你说话。"约翰回答说:"主啊,在你面前我不敢多言。但是,是你让我们去践行这种技艺。可是我们未曾学过行医。我们怎么知道如何按照你的吩咐去医治身体呢?"

他回答他们说:"约翰,你说得对。我知道这个世界的医生医治的是属于这个世界的东西,而灵魂的医师医治的是心灵。你们首先要医治身体,你们不用这个世界的药物就治好他们的身体,这样,你们医治的大能力就能够让他们相信,你们也有能力去医治心灵的疾病。"

"至于那城里的富人,就是那些甚至不肯认我,一味炫耀财富,十分傲慢的人,像这样的人,你们不可在[他们]家中用餐,也不可以与他们为友,以免 [12] 他们的偏颇的心影响你们。教会里很多人都偏心于富人,因为他们也是有罪的,并且给了别的人犯罪的机会。你们要正直地判断他们,你们的使命就会得到荣耀，我的名也将在教会里面得到荣耀。"使徒们回答说："是的，这确确实实是应当行的。"

　　他们俯伏在地上敬拜他。他让他们起来，然后在平安中离去。阿门！

第 二 部 分

密传、启示录与对话

约 翰 密 传

《约翰密传》(*The Secret Book According to John*, *Apocryphon of John*, NHC Ⅱ.1, Ⅲ.1, Ⅳ.1, BG.2)包含了对诺斯替神话最经典的叙述。作者首先对神作为一切存在的本原作了哲学描述,然后描写了神明世界的结构,极其细致地讲解了发生在《创世记》一章1节之前的事。在这个冗长的序曲之后,是从诺斯替的视野出发复述了创世记故事中的事件。文本的最后是诺斯替救主对人类"苏醒"和得救的劝勉。

任何读者乍一接触这个文本都一定会对它的许多模糊之处感到困惑。围绕在神的周围的一张结构极度精致的流溢之网构成了人的世界与神之间的极其浓重的、几乎不可穿越的屏障,把人与神隔离开来,使得人无法获得对神的知识。物质世界的创造者虽然明显等同于《创世记》一章1节中的那个神,但最后却显得并非真神,只不过是一个撒旦。而且,亚当的创造也比《创世记》的叙述更为复杂,遵循亚历山大利亚学派的犹太教学说,作者讲到了亚当的双重创造,一开始是一个"有生命的"(animate)的亚当,他只是一个灵魂,尽管也有一切解剖学上的那些部分,然后是造出一个物质躯壳把他包裹起来。

对《创世记》的详细重述一直到塞特的出生为止;后面对于人类历史的叙述是很笼统的,而且是在对圣灵活动的神学讨论的背景中进行的。没有提到以色列的历史,也没有提到作为先在的基督的道成肉身的耶稣(除了这个文本的最后一句话,以及一开始的暗示)。不过,基督(受膏抹者)却是这个神话中的一个重要角色,这就使得《约翰密传》成为一个只谈先在的基督,不谈道成肉身的基督教文献的典型。

《约翰密传》的创作者和地点都不可知。写作时间大约是公元后180年，就是伊里奈乌总结这个文本的时候，希腊文的原本没有留传下来，只能找到它的科普特文的译文，见 NHC Ⅱ（1—32），NHC Ⅲ（1—40），NHC Ⅳ（1—49），复制于公元350年前，现在保存在开罗科普特博物馆，也见 BG8502（19-77），复制于公元5世纪前，现保存在原东柏林博物馆。另外，伊里奈乌对该文本第一部分的总结也被保存下来了。

这些抄本和总结证明了这个文本至少有四个希腊文版本在古代流传。这么多的版本肯定是源于诺斯替教师对《约翰密传》的不断研究和修订，也标志着这个文本对于当时的诺斯替派的基督教徒的重要性和及时性。

这里的译文选译了长版本，原因是它比较连贯。在三个版本中都相似的那些段落其区别主要是措辞和文风，如果细致地予以对比，就有可能全面地把握这三个古代译者翻译工作的不同，因此在长版本的有些地方缺失或者错误时，可以通过另外的抄本复原，凡是这些依靠平行版本所作的修补，我们都标为黑体。通过版本对比也能弄明白长版中的某些表述，因此也有助于翻译。

正　文

引　言

[1]　救主的教导和奥秘的启示隐藏在寂静之中，[救主]把它们传授给了门徒约翰。

基 督 显 现

有一次，当雅各的兄弟，西庇太的儿子约翰去神庙的时候，一个名叫阿里麻尼欧（Arimanios）的法利赛人（Pharisee）迎上来对他说，你的老师，你以前一直跟随的那个人,现在哪里?①

约翰回答说,他已经回到了那个他从那里来的地方。

这个法利赛人对他说,那个拿撒勒人大大地误导你了,用谎言装满了你的耳朵,封闭了你的心,让你偏离了你的[祖先的]传统的道路。

我听了这些话,②就避开神庙,走向那片荒山,③心中充满忧伤。我说,救主究竟是怎样受拣选的?[派他来的]父母为什么要派他到这个世界上来?我们将要去的那个王国会是怎么样的呢? 为了什么[…]他告诉我们说,这个王国[…]已经印上了那个不朽王国的模子,却不告诉我们那另一个王国是什么样子的呢。

就在我[约翰]想着这些念头的时候,瞧,天开了,受造万物都笼罩在[…]从天上照耀下来的光明里。而且[…]世界也动了起来。我感受到了自己的 ②害怕,[…]看到在这片光明里面有一个小孩子站在我面前。当我看到[…]就像一个上了年纪的人。但是他变换着他的形象,又像一个年轻的人。[…]就在我面前。而在那一片光明中,有重重叠叠的形象。[这些形象]一个接一个地显现出来。这些形象有三种形态。

[他]对我说,约翰,约翰,你为什么有怀疑,你为什么要害怕? 你难道不熟悉这类事? 不要胆怯,我始终跟你们在一起。我就是[父],我就是[母],我就是[子]。我就是那一位纯洁无瑕者。[现在我来]传授给你那现在存在的,以及那曾经存在的,以及必将存在的,让你[知道]不可见的王国和可见的王国,[告诉你]什么是完美的[人]。现在,仰起你的[脸]倾听我今天要对你说的话,让你也可以把它传给[那些]像你一样在灵里面的人,以及那些从完美的人那里来的不可动摇的族类,[…]让他们也能懂得[…]。

————————————

①　这里的神庙是指耶路撒冷的犹太神庙。按照古代基督教传统(参:《使徒行传》2,46),耶路撒冷最早的基督徒仍然在这个神庙里参加犹太教的宗教仪式。

②　从这里起,一直到31,31f.都是约翰的叙述,但是从2,9f.起,约翰的叙述中引用了救主的长篇讲话。

③　或"走向那片荒漠"。耶路撒冷的荒漠起自橄榄山的山背,站在山上俯瞰另一面就是神庙。

基督的启示:关于万有之父

它对我说:

太一(monad),这个单一的统治原则,是至高无上的。

[他是]神,万有之父[……],是不可见的灵,君临不朽的[万物]。他在那不可凝视的纯净的光明里。

把他想成是一个神或者诸如此类的东西是不合适的,

因为他是高于神的,他是无上的,没有什么东西主宰着他;

他不存在于低[于他]的事物之中,因为任何事物都存在于他里面。

他是独立自存的。

他是永恒的,[……]因为他没有任何欠缺。

他是完满至极,他没有需要补足的亏缺。他是自始至终绝对完美的[……]。

他是[无限的],因为没有任何事物[在他之先]给他设定边界;

他是深不可测的,因为没有事物存在于他之前,可以测度他;

他是不可度量的,因为没有任何别的事物可以用来度量他;

他是不可见的,因为没有任何别的事物见到了他;

他是永恒的,因为他存在直到永远;

他是不可言说的,因为没有事物可以达到他以至于可以言说他;

他是无法命名的,因为没有任何事物存在于他之前,可以给他名字。

他是不可测度的光明,是不会玷污的、神圣的、纯净的;

他不可言说地、完美地在不朽之中:

他不是在完美里面,也不是在福祉里面,也不是在神里面,他的存在远远地高于所有这一切。

他不是躯体的,也不是非躯体的,

他不是大,也不是小,

他是不可数的,也不是一个受造物。事实上,没有人可以思想他。

他不是存在物之中的某物,他是远高于这一切的:

他不只是高,而是他的本质根本不参与在移涌(永恒王国)和时间之中。

因为任何参与在永恒王国中的事物都是预先准备好的。

而且时间[也没有]分配给他,因为他不从其他事物那里接受任何东西。

因为[…]因为[…]他,以便他可以接受[…]。

他凝视着自己,在完美的光明里。　　　　　　　　　　　　　　　　4

他是至高无上(广大无边的),是不可测度的[…]。

他是给予永恒的永恒,

他是给予生命的生命,

他是给予幸福的幸福,

他是给予知识的知识,

[他是]给予善的善,

[他是]给予仁慈和救赎的仁慈,

他是给予恩典的恩典。

(这一切)[不是]他所拥有的属性,而是他给予这一切。

[他是]不可测度的、不朽的光明。关于他,[我怎么]跟你说呢? 他的[移涌]是不朽的、宁静的、存在于[寂静、不动]之中,而且先于万有。因为他是一切移涌的头,是他在他的善里面给予众移涌以力量。因为[我们不知道不可言说的事物,而且我们]不理解[不可测度]的东西,除了那从他那里来的那一位,也就是父。正是只有他在告诉了我们这一切。正是他在那笼罩着他的光明里面,也就是在生命之水的泉源里,注视着他自己。正是他生出了一切的移涌,以一切方式凝视着他的他在[灵的]源泉里看到的形象。正是他把他的欲望放到了那水光里,那水光就在笼罩在他周围的水的纯光的源泉里。

关于移涌的流溢：五组移涌

[他的意念(thought)产生了]一个效果，于是她出现了，[也就是]在他的光明的照耀中，她[出现在了]他的面前。这是第一个能量(power)，先于一切其他的能量，是从他的心灵(mind)中产生出来的。她是[万有(the All)的前念(forethought)]，她的光明照耀着，[就像他的]光明，这个[完美的]能量是那不可见的完美的童贞的灵的形象。[这第一个能量]，这个光辉的巴贝洛(Barbelo)，这个完美的众移涌中的荣耀，启示的荣耀，她荣耀了那童贞的灵，那赞美他的就是她，因为她为了自己的出生感谢他。这就是第一个意象，他的形象，她成了万物的子宫，因为她先于万有，是母—父(mother-father)，第一个人(the first man)，圣灵(holy spirit)，三阳(thrice-powerful)，三重能量(thrice-powerful)，三名的阴阳同体者(thrice-named androgynous)，是不可见当中的永恒的移涌，是最先出现的。

她，也就是巴贝洛，请求不可见的、童贞的灵，给予她先在的知识(fore-knowledge)。灵同意了，而就在他[同意的]时候，在先的知识就出现了，它站在前念的旁边，它是从不可见者、童贞的灵的意念中产生出来的。它赞美他和他的完美的能量，巴贝洛，因为正是为了她它才得以出现。

她又请求给予她[不朽]，他同意了。就在他[同意]的那一刻，不朽(indestructibility)出现了，它站在意念和在先的知识旁边。它们(一起)赞美不可见者和巴贝洛，因为正是为了她，它们才得出现。

巴贝洛请求给予她永恒的生命(eternal life)。不可见的灵同意了，就在他同意的那一刻，永恒的生命出现了，它们[侍候]并赞美不可见的灵和巴贝洛，因为他们的缘故，它们才得以出现。

然后她又请求给予她真理(truth)。不朽的灵同意了，就在他同意的那一刻，真理出现了，于是它们侍候并赞美那不可见的、高妙的灵和他的巴贝洛，为了她的原因它们才得出现的那一位。

这就是五个移涌，是父，这第一个人，不可见的灵的形象：

前念,就是巴贝洛,意念;

在先的知识;

不朽;

永恒的生命;

真理。

这是阴阳合体的五组移涌,共十个移涌,这就是父的构成。

独生子和万有的构造

他用笼罩着他的不可见的灵的纯光和他的火花凝视着巴贝洛,于是她就从他怀了孕。他生出了一个光明的火花(spark of light),这光明有着相似的福祉,但是没有同样的伟大。这是母—父的独生子,是父,纯粹光明的唯一的孩子。

不可见的、童贞的灵为出生的这个光明,这个从他的前念,也就是巴贝洛,第一个能量中生出来的光明,感到高兴。他用他的善膏抹它,直到它变得完美,不缺任何的善,因为他用不可见的灵的善膏抹它。他在浇灌它的时候,它也侍候他。而就在它接受到灵的那一刻,它赞美圣灵和完美的前念,正是因为他们,它才得以出生。

它请求给予它一个助手,也就是心灵(Mind),他同意了。就在不可见的灵同意的那一刻,心灵出现了。它侍奉基督,赞美他和巴贝洛。所有这一切都在寂静中产生。

心灵想通过不可见的灵的话语(word)行一件事迹。他的意愿(will)就成了事迹,跟心灵站在一起,光明就赞美它。话语跟随着意愿,因为借着话语,基督这位神圣的自生者(autogenes)创造了万物。永恒的生命和他的意愿,心灵和在先的知识侍奉并赞美不可见的灵和巴贝洛,因为他们的缘故,它们得以生成。

圣灵完善这个神圣的自生者,它自己和巴贝洛的孩子,让这个孩子安静地站在伟大的、不可见的、童贞的灵的前面。这个神圣的自生者,这位受膏抹者,大声地赞美圣灵,通过前念显现出来。不可见的童贞的灵立自生者为真神,让它拥有一切权威和他里面的真理,让它知道万有(the All):这万有被称呼为一个高于一切名的名。那个名将用来称呼那些配得上这称呼的人。

通过光明(也就是基督)和不朽,通过圣灵的礼物,四个光明体(lights)从
⑧ 神圣的自生中显现出来。他希望它们会侍奉他。

这三个是意愿(will)、意念(thought)和生命(life)。

那四个能量是领悟(understanding)、优美(grace,loveliness)、知觉(perception)、谨慎(prudence)。

优美属于光明体移涌阿摩泽尔(Armozel),也即第一位天使。
还有三个另外的移涌与这个移涌在一起:优美、真理和形式(form)。

第二个光明体是奥列尔(Oriel),它被置于第二个移涌。
还有另外三个移涌跟它在一起:概念(conception)、知觉(perception)和记忆(memory)。

第三个光明体是达维泰(Daveithai),它被置于第三个移涌。
有三个另外的移涌跟它在一起:悟性(understanding)、爱(love)、观念(idea)。

第四个光明体被置于第四个移涌,那就是伊利勒斯(Eleleth)。
有三个另外的移涌跟它在一起:完美(perfection)、和平(peace)、智慧(wisdom,sophia,所费娅)。

这就是通过意愿和不可见的灵的礼物侍奉神圣的自生者的四个光明体，这就是侍奉伟大者的儿子、自生者、基督的十二个移涌。这十二个移涌属于自生者的儿子。所有的事都是由圣灵的意愿通过自生者得以确立。

从完美的心灵的在先的知识中，通过不可见的灵的意愿和自生者的意愿的启示，完美的人（perfect Man）出现了，这是最初的彰显，真（人）。童贞的灵称他为亚当玛斯（Adamas），把他安置于第一个移涌，也就是第一个光明体阿摩泽尔那里，与强有力的自生者，基督，在一起，跟他在一起的还有他的能量。不可见者给予他灵性的、不可克服的能量。他发声、赞美、颂扬不可见的灵，说："正是因为你，万物才得能生成，万物也将回归于你。我要赞美、颂扬你和自生者和众移涌，（我要赞美、颂扬）这三位：父、母、和子，（这些）完美的能量。"

然后他把他的儿子塞特（Seth）安置在第二个光明体奥列尔所在的第二个移涌里面。塞特的种子被安置在第三个光明体达维泰那里。圣人的灵魂都安置在（那儿）。第四个移涌安置的是那些不知道普累罗麻，并且没有马上悔改，固执了一段时间之后才悔改的人的灵魂；他们跟第四个光明体伊利勒斯在一起。这些就是赞美不可见的灵的受造物。

所费娅的有缺陷的创造：亚大巴多

所费娅（智慧）属于后念（Epinoia, afterthought），是一个移涌，她从她自己、对不可见的灵的概念、和在先的知识，怀了一个意念。她想从她自己生产出一个肖像（likeness），不经灵的同意——他没有同意——也不经过她的配偶，不经过他的思虑。虽然她的阳性配偶没有同意，她也没有发现他的同意，她的意念也没有灵的同意，也不知道他同意，（然而）她还是生产了。由于她里面的不可战胜的能量，她的意念得到了实现，于是从她那里生出了一个不完美的、与她自己的面貌不同的东西，因为她是在没有配偶的情况下生产的。这东西不像它的母亲的肖像，因为它有着另外的形式。

当她看到她的欲望（的后果之后），它就变换成了一种狮脸蛇的形象。它的眼睛像闪烁的闪电火。她把它扔掉了,扔到了一个地方,以免有哪一个不朽者看到它,因为她是在无知中创造了它。然后她用光辉的云彩把它围绕起来,她在云彩的中间安置了一个宝座,除了被称为"生命之母"的圣灵之外,没有谁能看到它。她叫它的名字为亚大巴多(Yaltabaoth)。

这就是第一个阿其翁(archon,统治者),他从他的母亲那里窃取了大量的能量。然后他离开了她,离开了他出生的地方。他变得强大,他用发光之火的火焰为自己生出了另外的移涌,这火焰迄今尚存。然后他跟在他里面的傲慢(arrogance)一起为自己生下了诸当权者(authorities)。

第一个当权者的名字叫作阿束斯(Athoth),后来的世代称他为[死神(reaper,收割者)]。

第二个就是哈马司(Harmas),他是嫉妒[之眼]。

第三个是卡里阿—翁布里(Kalia—Oumbri)。

第四个叫亚贝尔(Yabel)。

第五个是阿多奈(Adonaiou),被叫作萨巴多(Sabaoth)。

第六个是该隐(Cain),人的世代称他为太阳。

第七个是亚伯(Abel)。

第八个叫阿布里色尼(Abrisene)。

|11| 第九个是尤贝尔(Yobel)。

第十个是阿穆比亚(Armoupieel)。

第十一个是梅尔塞尔—阿多奈(Melceir—Adonein)。

第十二个是贝里阿斯(Belias),它掌管着幽冥的深处。

他设置了七个王,主宰相应的七重天,又设置了五个王,主宰幽冥。他分了火给他们,但是他没有分给他们从母亲那里窃取来的光明的能量,因为他是无知的黑暗。

当光明与黑暗混合的时候,黑暗就发出了亮光。当黑暗与光明混合的时候,它弄暗了光明,光明变得既不光明也不黑暗,而是变得暗淡了。

这个暗淡的阿其翁有三个名字。第一个名字是亚大巴多;第二个名字是萨卡拉斯(Saklas);第三个名字是撒姆尔(Samael)。出于他内在的傲慢,他是不虔敬的。因为他说,"我是神,除了我之外,没有别的神。"因为他不知道他的力量是从哪里来的。

这些阿其翁为他们自己创造了七个能量,而这些能量又各为自己创造了六个天使,直至成为 365 个天使。这些天使是属于这七个能量的:

第一个是阿束斯(Athoth),是羊脸的;

第二个是伊洛埃欧(Eloaiou),是驴脸的;

第三个是阿斯塔法欧(Astaphaios),是[鬣狗]脸的;

第四个是亚欧(Yao),是蛇脸的,有七个头;

第五个是萨巴多(Sabaoth),是龙脸的;

第六个是阿多奈(Adonin,Adonein),是猴脸的;

第七个是萨比德(Sabbede,Sabbateon),有一张发光的火脸。

这是一个星期的七天。

亚大巴多有许多的脸,比他们所有的还要多,这样他就可以随自己的意显 [12] 示一张脸在他们面前,他躲在众多的六翼天使(seraphs)们中间。他分了一些火给他们;这样他就可以成为他们的主人。由于他拥有从他母亲而来的光明的能量,他称他自己为神。他并不服从他出生的那个地方。他把他意念中的七种能量与那些与他在一起的当权者结合起来。当他这样说的时候,就这样发生了:

第一个意念是善,与第一个当权者阿束斯;

第二个(意念)是在先的知识,与第二个当权者伊洛埃欧;

第三个意念是神圣,与第三个当权者阿斯塔法欧;

第四个意念是所有权（lordship），与第四个当权者亚欧；

第五个意念是王国，与第五个，萨巴多；

第六个是嫉妒，与第六个，阿多奈；

第七个是领悟，与第七个萨比德。

而这些都在他们各自的移涌天中有一个苍穹。他们是按照属于天层的荣耀来命名的，为的是能量的［摧毁］。在他们的生产者赋予［他们］的名字中有能量。然而这些按照天层的荣耀赋予他们的名字对他们来说意味毁灭和无能。因此他们有两个名字。

[13]　在创造了［……］，他按照第一个存在的移涌模型组织万物，以便他可以把它们造得像不朽者。不是因为他看到过不朽者，而是他里面的能量，就是他从母亲那里窃取来的能量，在他里面造出了宇宙的形象。他看着围绕在他周围的受造物，以及众多围绕着他的，从他那里产生出来的天使，他对他们说："我是一个嫉妒的神，在我之外没有别的神。"由此他暗示那些侍奉他的天使，（其实）还存在着另外的神。因为，如果没有另外的神，他还能嫉妒谁呢？

所费娅的忏悔

这时候母亲开始走来走去。她意识到了欠缺（deficiency），当她的光明的亮度减弱的时候。而且由于她的配偶没有赞同她，于是她也变暗了。

然后我说，"主，她走来走去是什么意思呢？"

他笑着说，"不要以为是像摩西所说的那样'行走在水面上'。不是的，而是当她看到了已经发生的恶，以及他儿子的行窃时，她忏悔了。在无知的黑暗中，遗忘（forgetfulness）压倒了她，于是她开始羞愧。她不敢回去，而是运行。而运行就是走来走去。

"那个傲慢者从他母亲那里窃取了能量。他是无知的，以为除了他的母亲外并不存在别人。当他看到他创造的众多天使时，就让自己凌驾在他们之上。

"而当母亲看到那黑暗的衣袍是不完美的时候,她知道了,她的配偶并不曾赞同她。她忏悔,不停地哭泣。整个普累罗麻看到了她的忏悔的祈祷,于是他们一起为她向不可见的、童贞的灵崇拜。他同意了,而就在他同意的那一刻,圣灵从整个普累罗麻浇灌在她身上。不是她的配偶到了她这里,而是他通过普累罗麻来到了她这里,以便他可以纠正她的欠缺。她不是被带到了她自己的移涌,而是(被带到了)高于她的儿子(的地方),她要待在第九层(天),一直到她纠正她的欠缺(为止)。 [14]

"然后有一个声音从高处的移涌天传来:'人存在还有人的儿子。'于是为首的阿其翁,亚大巴多,听到了这(声音),以为这声音是从他的母亲那里传来的。他并不知道这声音从哪里来。接着他(不可见的灵)在阿其翁(面前)显现了神圣的、完美的母—父、完全的在先的知识、人——不可见者的,也即万有通过他而存在的那一位父的形象①。这人就像雕塑一样,在人的形象中彰显了不可见者的形象。"

创 造 亚 当

"为首的阿其翁的整个移涌颤抖了,深渊的根基也震动了。在物质之上的水面的上方,耀眼地映照着所显现的这些形象。所有的当权者和为首的阿其翁(举目)观看,他们看到了水面下方的整个区域都被照亮了。通过这光亮,他们看到了映在水中的形象的倒影。 [15]

"他对侍奉着他的那些当权者们说,'来吧,让我们按照神的形象,也按照我们的形象,创造一个人,让他的形象成为我们的光明。'然后,他们开始创造,用他们各自的、与所赋予的特性相对应的能量。每一个当权者都为他们在自然(形式)中看到的这个形象的形式提供一个特性。他创造了一个存在物,按照第一个、完美的人的形象。然后他们说,'让我们称他为亚当(Adam),让他的名成为我们的光明的能量。'

---

① 也就是亚当玛斯和他的儿子塞特。

"然后众能量就开始（工作）了：

"第一个，善，创造了一个骨头的灵魂；

第二个，在先的知识，创造了一个肌腱的灵魂；

第三个，神圣，创造了肉的灵魂；

第四个，所有权，创造了一个骨髓的灵魂；

第五个，王国，创造了一个血的灵魂；

第六个，嫉妒，创造了一个皮肤的灵魂；

第七个，领悟，创造了一个毛发的灵魂。

"然后众天使侍奉他，从这些能量那里领受了自然（形式）的七种质料，用来创造四肢和躯体的各个部分，并且让每一个部分适当地拼凑起来。

"第一个开始造头。伊特拉法坡—阿布隆（Eteraphaope-Abron）造了他的头；

美尼格斯特罗斯（Meniggesstroeth）造了脑；

阿斯特里西米（Asterechme）（造了）右眼；

萨斯坡马沙（Thaspomocha）造了左眼；

耶路努摩（Yeronumos）造了右耳；

比松（Bissoum）造了左耳；

阿克欧来（Akioreim）造了鼻子；

巴嫩—伊弗罗（Banen-Ephroum）造了嘴唇；

阿门（Amen）造了前牙；

伊比康（Ibikan）造了后齿；

巴西利亚德姆（Basiliademe）创造了扁桃体；

阿克查（Achcha）创造了小舌；

阿答班（Adaban）创造了脖子；

沙芒(Chaaman)创造了椎骨；

蒂阿柯(Dearcho)创造了喉咙；

特巴(Tebar)创造了右肩；

[…]创造了左肩；

尼阿康(Mniarcon)创造了右肘；

[…]创造了左肘；

阿比特里翁(Abitrion)创造了右掌；

伊凡仙(Evanthen)创造了左掌；

克利斯(Krys)创造了右手背；

贝鲁埃(Beluai)创造了左手背；

特雷纽(Treneu)创造了右手手指；

巴尔贝尔(Balbel)创造了左手手指；

克里曼(Kriman)创造了手指甲；

阿思特罗普(Astrops)创造了右胸；

巴罗夫(Barroph)创造了左胸；

巴翁(Baoum)创造了右腋窝；

阿拉林(Ararim)创造了左腋窝；

阿瑞西(Areche)创造了肚子；

夫塔浮(Phthave)创造了肚脐眼；

色纳芬(Senaphim)创造了腹；

阿拉齐多皮(Arachethopi)创造了右肋；

札比多(Zabedo)创造了左肋；

巴里阿斯(Barias)创造了右臀；

夫挪斯(Phnouth)左臀；

阿奔伦那凯(Abenlenarchei)创造了髓；

克娜门宁(Chnoumeninorin)创造了骨；

格索勒(Gesole)创造了胃；

阿格罗马纳(Agromauna)创造了心；

巴诺(Bano)创造了肺；

索斯特拉法(Sostrapal)创造了肝；

阿尼斯马拉(Anesimalar)创造了脾；

托庇特罗(Thopithro)创造了肠；

皮波罗(Biblo)创造了肾；

罗尔鲁(Roeror)创造了神经系统；

沓夫里欧(Taphreo)创造了脊骨；

伊仆斯仆波巴(Ipouspoboba)创造了血管；

比尼波林(Bineborin)创造了动脉；

阿托伊门思飞(Atoimenpsephei)，他们创造的是一切肢体中的气息；

恩托来阿(Entholleia)创造了所有的肉；

贝多克(Bedouk)创造了右屁股(？)

埃伊洛(Eilo)创造了阴茎；

苏玛(Sorma)创造了生殖器；

谷马-凯尔克拉巴(Gorma-Kaiochlabar)创造了右大腿；

尼布里斯(Nebrith)创造了左大腿；

普色伦(Pserem)创造了右腿肌肉；

阿萨克拉(Asaklas)创造了左腿肌肉；

奥玛多(Ormaoth)创造了右膝盖；

伊门纽(Emenun)创造了左膝盖；

尼克斯(Knyx)创造了右胫骨；

图皮龙(Tupelon)创造了左胫骨；

阿其尔(Achiel)创造了右踝；

夫尼尼(Phnene)创造了左踝；

腓尔色龙(Phiouthrom)创造了右脚；

波阿贝尔(Boabel)创造了右脚趾；

特拉孔(Trachoun)创造了左脚；

腓克娜(Phikna)创造了左脚趾；

米阿麦(Miamai)创造了脚指甲；

拉贝尔尼欧(Labernioum)［…］

"被指派负责这一切的是七个：阿束斯、哈马司、卡里拉、亚贝尔、萨巴多、该隐、亚伯。

"那些赋予肢体以特别的活力的，按照肢体分别是：

头部狄奥里摩德拉札(Diolimodraza)，

胫部亚米阿克斯(Yammeax)，

右肩亚可比(Yakouib)，

左肩维尔通(Verton)，

右手欧第第(Oudidi)，

左手阿尔宝(Arbao)，

右手指朗普诺(Lampno)，

左手指吕卡法(Leekaphar)，

右胸巴尔巴(Barbar)，

左胸伊玛(Imae)，

胸膛庇思安德利亚普特(Pisandriaptes)，

右腋柯阿德(Koade)，

左腋奥德欧(Odeor)，

右肋阿斯匪克司(Asphixix)，

左肋司诺秀塔(Synogchouta)，

腹部阿若夫(Arouph)，

子宫撒巴罗(Sabalo)，

右大腿查查布(Charbcharb)，

左大腿乞塔翁(Chthaon)，

所有生殖器巴蒂若斯(Bathinoth)，

右腿昼克司(Choux)，

左腿查尔查(Charcha)，

右胫骨阿若尔(Aroer)，

左胫骨托乞塔(Toechtha)，

右膝奥尔(Aol)，

左膝克拉纳(Charaner)，

右足巴斯坦(Bastan)，它的脚趾阿肯特希塔(Archentechtha)，

左足玛利夫农斯(Marephnounth)，它的脚趾阿布拉纳(Abrana)。

"对所有这些(部位)都赋予力量的七个是：米歇尔(Michael)，欧列尔(Ouriel)，阿斯门尼达(Asmenedas)，萨法沙托(Saphasatoel)，阿莫里安(Aarmouriam)，里西朗(Richram)，阿米欧普(Amiorps)。

"负责感觉的是阿肯得克塔(Archendekta，复数)；

掌管知觉的是狄沙巴沙(Deitharbathas)；

负责想象的是欧玛(Oummaa)；

负责组合的是阿奇阿兰(Aachiaram)；

负责整个冲动的是里阿兰纳柯(Riaramnacho)。

18

"整个身体里面魔鬼的起源有四个：热、冷、湿、干。所有这一切的母亲是物质。

主宰热的是夫罗柯法(Phloxopha)；

主宰冷的是奥罗尔罗苏斯(Oroorrothos)；

主宰干的是爱里玛柯(Erimacho)；

主宰湿的是阿苏罗(Athuro)。

"所有这一切的母亲是奥诺苏克劳撒(Onorthochrasaei),她弥散在它们中间,因为她是无限的,她混合在所有这一切之中。她是真正的物质,它们都从她这里得到营养。

"四个主要的魔鬼是:

爱菲门非(Ephememphi),属于快乐;

悠柯(Yoko),属于欲望;

内嫩托夫尼(Nenentophni),属于悲伤;

布劳门(Blaomen),属于恐惧。

"他们的母亲是 Aesthesis-Ouch-Epi-Ptoe(不在激动的状态中的知觉)。情感是从这四个魔鬼中产生出来的。从悲伤产生出羡慕、嫉妒、忧伤、困惑、痛苦、无情、焦虑、悲哀,等等。从快乐产生出许多邪恶、空虚的骄傲以及诸如此类的东西。从欲望产生出恼火、愤怒、悲苦以及苦的情感、不满足感,以及诸如此类的东西。从恐惧中产生出畏惧、奉承、苦恼、羞耻。所有这一切既是美德也是邪恶。对它们的真正的(本性)的洞见是阿纳罗(Anaro),它是物质灵魂的头,因为它属于七种感官,Ouch-Epi-Ptoe(不处在激动状态的七种知觉功能)。

"这是天使的数目:总共有 365 个。他们都一直在造(这个人),直到一节一节的肢体、生命的和物质的身体都被他们完成为止。接下来又有另外的天使负责剩下来的那些我没有向你们讲到过的情感。但是如果你想知道它们的话,它们就写在《琐罗亚斯德之书》(*Book of Zoroaster*)中。所有的天使和魔鬼都在工作,直到他们构造好这个生命的身体。他们的作品在很长的时间里不会动,一动不动。 [19]

"当母亲想收回她给为首的阿其翁的能量时,她就向最仁慈的万有的母—父恳求。他同意了,用一道圣谕,派五个光明体下降到了为首的阿其翁的天使的地方。他们向他谏议,他们应当展示母亲的能量。他们是这样对亚大巴多说的,'往他的脸上吹一些你们的灵,这个身体就会站起来。'他就向他的脸上吹灵,也就是他母亲的能量;他不知道(这是他母亲的灵),因为他是存在于无知之中的。于是母亲的灵就从亚大巴多身上出来,进入到了那个生命体之中,也就是那个他们按照自始以来就存在者的形象造出来的那个生命体。那个身体动了起来,获得了力量,而且发着光。

[20]　　"就在那一刻,其他的众能量(众天使)就嫉妒起来,因为他是通过他们一起劳作才得以产生出来的,而且他们把他们的能量给予了这个人,而这人的智力要高于所有那些造他的天使,而且也要高于为首的阿其翁。当他们看到了他是光辉的,而且比他们更会思想,是没有沾染上恶的,于是他们就提起他,把他扔到了万物的最深处。

　　"但是那蒙福者,母—父,那仁爱和恩慈的一位,怜悯那从为首的阿其翁那里吹出来的能量,也就是母亲的能量,因为他们(那些阿其翁)会奴役那个生命的和可感知的身体。于是他就出于他的仁爱的灵和伟大的恩慈,给亚当派出了一个助手,就是从他那里出来的光辉的爱萍娜娅(Epinoia,后念),她的名字叫生命(Zoe)。她支持这整个受造物,与他一起劳作,恢复他的完满,告诉他,他的种子的下降,也教给他上升的路,也就是那条他下来的路。这个光辉的爱萍娜娅就隐藏在亚当里面,那些阿其翁们不会知道她,这样她就可以纠正母亲的欠缺。"

阿其翁的反动

　　"这个人变得可见了,这是因为他里面的光的影子。他的思想远胜于所有造他的天使。当他们观看的时候,就看到他的思想是高超的。于是他们与
[21]　全部的阿其翁和众天使一起商议。他们取来了火、土和水,把它们与四种炽热的风混合起来。他们把它们熔炼在一起,并且造成了巨大的动乱。他们把他(亚当)带到死亡的阴影中,用土、水、火以及从物质中,也就是从黑暗和欲望的无知中产生出来的灵、还有他们的伪灵,重铸了(他的)形式。这个新造的躯体就是这些强盗穿在他身上的坟墓,乃是遗忘的束缚;于是他成了一个会死

的人。这就是第一个下降者,第一个分离者。但是光明的爱萍娜娅在他里面,她就是那个唤醒他的思想的那一位。

"那些阿其翁抓住他,把他安置在天堂里。他们对他说,'吃吧,你可以随意地吃。'因为他们的奢侈是苦的,他们的美丽是颓废的。他们的奢侈是欺骗,他们的树是不虔敬,他们的果实是致命的毒药,他的应许是死亡。他们把他们的生命树安置在天堂的中间。

"我要告诉你们,他们的生命的奥秘是什么,那是他们一起设计出来的,是他们的灵的肖像。它的根是痛苦,它的枝条是死亡,它的阴影是仇恨,它的叶子是欺骗,它的花是罪恶的膏,它的果实是死亡,它的种子是欲望,它是在黑暗中萌芽的。那些品尝它的人的居所是幽冥,黑暗就是他们的休息之所。

"但是他们称之为善恶知识的树,也就是光明的爱萍娜娅,他们守护着它,免得亚当看到他的完满,并且认识到他是没有耻辱的。但是是我想办法让他们吃了。"

耶稣和约翰的对话:关于知识树

然后我就对主说:"主,不是那条蛇教亚当去吃的吗?"

主微笑着说:"蛇教他们去吃那产生邪恶、欲望和毁灭的(生命树),以便亚当可以为他所用。而亚当知道他是不服务他(为首的阿其翁)的,这是由于在他里面的爱萍娜娅的光明,使得他的思想比为首的阿其翁更正确。后者想把他传给他的能量取出来。于是就让遗忘降临在亚当身上。"

我问主:"什么是遗忘?"

他说:"那不是像摩西写的和你们听的那样。他在他的第一本书中说,'他让他睡着了'①,但是(其实)是在他有知觉的时候。因为他还在先知书中说,'我要让他们的心沉重,他们就不会注意也不会看。'②

"当时光明的爱萍娜娅把她自己隐藏在他(亚当)里面。为首的阿其翁想

---

① 参:《创世记》2,21。
② 参:《以赛亚书》6,10。

把她从他的肋骨中取出来。但是光明的爱萍娜娅是抓不住的。尽管黑暗追逐她,但是却抓不住她。于是他就从他里面取出了一部分他的能量。他按照女人的形象,也就是在他面前显现过的爱萍娜娅的形象,造了另外一个创造物。

[23] 然后把他从那个人里面取出来的那部分能量放进了这个女性的创造物里面,不是像摩西所说的,'他的肋骨'。

"亚当看到了他身边的女人。就在那一刻,光辉的爱萍娜娅出现了,她掀掉了蒙在他的心灵上的纱。他从黑暗的沉醉中清醒过来了。他认出了他的反面的形象(count-image),他说,'这的确是我的骨头的骨头,我的肉的肉。'因此人要离开他的父亲和他的母亲,他要跟他的妻子在一起,并且两人将成为一体。因为他们要送给他的配偶,而且他要离开他的父亲和他的母亲。

"我们的妹妹所费娅,她无辜地降到下面来,为了纠正她的欠缺。因此她被天上的绝对权能的在先的知识叫作生命,也就是生命之母。[…]通过她,他们品尝到了完美的知识。我以知识树上的鹰的形象出现,也就是来自于纯粹的光明的在先的知识的爱萍娜娅,这样我就可以教导他们,把他们从深深的睡眠中唤醒。他们俩都在堕落的状态之中,而且都知道他们是赤身裸体的。爱萍娜娅以一道光明的(形象)出现在他们面前,她唤醒了他们的思想。

[24] "当亚大巴多注意到他们避开他时,他就诅咒他的大地。他发现了女人,就在她把她自己准备给丈夫的时候。他是她的主人,虽然他并不知道经由圣谕将要发生的奥秘。他们不敢谴责他(亚大巴多)。他(亚当)就向他的天使们显示了那在他(亚当)里面的无知。他把他们扔出了天堂,并用阴沉的黑暗把他们包裹起来。为首的阿其翁看到站在亚当身边的处女,从她的里面显现出生命的爱萍娜娅的光辉。于是亚大巴多被无知充满了。当万有的在先的知识注意到(此事时),她就派了一些存在物,他们把生命从夏娃(Eve)里面攫取出来。"

关于夏娃被诱奸以及亚当生出塞特

"然后为首的阿其翁诱奸了她,通过她生下了两个儿子:第一个是爱洛英

（Eloim），是熊脸的，第二个是杰夫（Jave），是猫脸的。杰夫是正义的，而爱洛英是不正义的。他把杰夫安置在火和风上面，把爱洛英安置在水和土上面。他把他们取名为该隐（Cain）和亚伯（Abel），心里怀着欺骗的诡计。

"那源自于为首的阿其翁的性交，直到现在还在延续。他在属于亚当的这个女人里面植入了性的欲望。于是他通过性交生产了身体的复制品，并且在这些身体里面注入他的伪灵。

"他把那两个阿其翁安置在诸王国之上，让他们统治这坟墓。当亚当认识到他自己的在先的知识的形象时，他就生下了人的儿子的形象。按照移涌 [25] 族类中的方式，他叫他做塞特（Seth）。同样，母亲也派下了她的灵，也就是与她相像的女性的形象，以及那些普累罗麻之中的存在物的副本，因为她要为那将要下来的移涌准备居所。他（亚大巴多）让他们喝了遗忘水，让他们不知道他们是从哪里来的。因此那种子留在那里支持他，当将来从神圣的移涌那里来的灵到来的时候，他可以醒过来，医治他的欠缺，让整个普累罗麻恢复神圣和无瑕。"

关于灵魂的命运

我对主说："主，在那之后是不是所有的灵魂都可以安全地被带到纯洁的光明之中？"

他回答我说："你心灵中产生的是伟大的事，很难把它们解释给不可动摇的族类之外的人听。生命的灵将要降临于他们，并且能量将与他们同在的那些人，那些人将要得到拯救，并且成为完美，成为伟大，在那地方洗净一切的邪恶和罪孽。然后他们就别无挂碍，只需从此注意不受败坏，他们将没有愤怒或嫉恨或妒忌，没有对任何事物的欲望或贪婪。除了肉体本身的存在状态之外，他们不受任何事物的影响。至于这身体，他们还将承负一段时间，直到在那个期盼的时刻，他们遇到（身体的）接受者为止。这些人是配受不朽、永生和召 [26] 唤的，因为他们忍受了一切，承负了一切，他们将结束善的战争，继承永恒的生命。"

我对他说："主，那些不做这些工，但是能量和灵降到他们身上的人，他们会被抛弃吗？"

他回答我说："如果圣灵降临到他们的身上，他们也会被拯救，他们会变得更好。因为能量将会降临在每一个的身上，因为没有它，没有人能够站立。在他们出生以后，当生命的灵增加，能量到来并加强他的灵魂时，没有谁可以用罪恶的功把他们引上歧路。但是那些伪灵降临在他身上的人，受到他的拉拢，就会走上歧路。"

我说："主，人的灵魂在出了他们的身体之后，会到哪里去呢？"

他微笑着回答说："那些灵魂，如果里面的能量变得比伪灵强大，那么就会变得强大，就能逃离罪恶，在不朽者的接引下得到拯救，被带到其他的移涌那里。"

我说："主，那些不知道自己属于谁的人，他们的灵魂将到哪里去呢？"

27 他对我说："那些人在走上歧路的时候鄙劣的灵会获得力量，然后这灵会压迫这灵魂，把它引向恶业，并把它扔入到遗忘之中。在它从（身体）中出来以后，它就被交给了当权者，就是那些从阿其翁生出来的当权者，他们用锁链捆绑起来，把它投入监狱，跟它交配，直到它从遗忘中解脱出来并且获得知识为止。到那时，他就变得完美，得到拯救。"

我说："主，灵魂怎么能变小，并且回到它的母亲的本质或者人里面去呢？"

我问这个问题，他感到高兴，他对我说："确乎你是有福的，因为你已经领悟！灵魂造出来是为了跟随另一个（阴性），因为生命的灵在它里面。它是通过他得救的。它不会再被扔入到另一个肉体之中。"

我说："主，那些已经获得知识，却背道而行的人，他们的灵魂将会到哪里去？"

他对我说："到那个地方，就是贫穷的天使去的那个地方，他们会被带到那个不事悔改的地方。他们会被羁留在那个地方，直到那些亵渎灵的人受到拷打为止，他们将受到永远的惩罚。"

关于阿其翁的创造

我说:"主,那伪灵是从哪里来的呢?"

他对我说:"满有仁慈的母—父、无处不在的圣灵、仁爱的和同情你们的 [28] 那一位、也就是光明的在先的知识的爱萍娜娅,他提升了完美的族类的后裔和 它们的思想以及人的永恒的光明。当为首的阿其翁认识到他们被提升到他之 上时——而且他们在思想上也超过他时——他就想抓住他们的意念,却不知 道他们在思想上已经超过他,他是没有能力抓住他们的。

"于是他就跟当权者,也就是他的能量,一起做了一个计划,他们一起与 所费娅通奸,于是痛苦的命运就从中产生出来了,这是最后的、多变的束缚。 它的种类是变化万端的,因为当权者也是各不相同的。诸神、天使、魔鬼以及 一切的世代,都与它牢固地、强有力地结合在一起,直到今天。从命运中产生 出了各种罪、不正义、亵渎、遗忘的锁链、无知,以及各种严酷的诫命、严重的罪 孽和极大的恐惧。就这样,整个创造物都被弄瞎了,免得它们认识那高于他们 一切的神。由于遗忘的锁链的缘故,他们的罪被隐藏起来。他们被尺度、时间 和时刻捆绑起来,因为(命运)成了君临万物的主人。

"(为首的阿其翁)对通过他产生的一切感到后悔。这一次他计划给人类 带来一场洪水。但是伟大的在先的知识的光明告诉了诺亚(Noah),而诺亚又 [29] 把这个消息传布给一切人子的后裔。但是那些跟他陌生的人没有在意他说的 话。并不是如摩西所说的,'他们躲在一个方舟里'①,而是躲到了一个地方, 不只是诺亚,还有许多另外的来自于不可动摇的族类的人民。他们到了一个 地方,隐藏在一片光辉的云里面。诺亚认识到了自己的权威,那属于光明的她 也与他在一起,用光明照耀他们,因为为首的阿其翁带来的黑暗笼罩了整个 大地。

"他跟他的众能量做了一个计划。他派出了他的天使到人的女儿那里,

---

① 参:《创世记》7,7。

娶其中的一些给他们自己,养育后代给自己享乐。一开始他们没有成功。见
到没有成功,他们就又聚到一起做了一个计划。他们创造出伪灵,类似于那降
临的灵,通过它可以污染灵魂。天使们变成他们(人的女儿)的配偶的模样,
把黑暗的灵和罪恶灌注到她们里面。他们带来了金、银、礼物、铜、铁以及各种
各样的东西。他们把那些跟随他们的人引向了巨大的困惑之中,用许多欺骗
[30] 把他们领上歧途。他们(人们)到老也没有享受。他们至死也没有发现真理,
不知道神的真理。于是整个创造物就永远地受到了奴役,从世界的创立直到
现在。”

普鲁娜娅之歌

"为此,我,万有的完美的前念,把我自己变成了我的种子,

因为我最先存在,行走在每一条路上。因为我是光明的丰盛,我是普
累罗麻的回忆。

"我来到这个黑暗的王国,我忍受着直至进入到监牢的中央。混沌
(Chaos)的根基震动了。由于他们的邪恶,我把自己隐藏起来,他们并没
有认出我。

"我又第二次回来,我四处行走。我来到了那些属于光明的人们面
前;我是前念的记忆。我进入了黑暗的迷蒙之中和幽冥的深处,因为我要
追求(实现)我的使命。于是混沌的根基动摇了,它们将会崩塌在那些在
混沌之中的人们的身上,会把他们摧毁。于是我再次跑回我的光明的根
源,以免他们在时候到来之前被毁灭。

"还有第三次,我来了——我是存在于光明之中的光明,我是前念的
[31] 记忆——我要来到那黑暗的迷蒙之中和幽冥的深处。

"我的脸上充满了他们的移涌的光。我进入到了他们的监牢的中
央,也就是身体的监牢。我说,'那个听见的,赶快从深深的睡眠中醒
来吧。'

"于是他哭了,流下了眼泪。他擦去了痛苦的泪水,说,'是谁在呼唤

我的名字？我还被捆绑在监牢的锁链之中，这盼望是从哪里降临到我身上？'

"我说，'我是纯粹的光明的前念，我就是童贞的灵的思想，是我带领着你升到那个受崇敬的地方。起来吧，记住，正是你，倾听并追随你的根，也就是我，那一位仁慈者，是我保护着你，逃离贫穷的天使和混沌的魔鬼，以及一切诱陷你的人，让你从沉睡中醒来，脱离幽冥深深的包裹。'

"然后我就把他扶起来，把他印在五印之水的光明之中，从此以后，死亡永远地失去了对这个人的权力。

"看吧，我就要到完美的移涌那里去了。在你倾听的时候，我已经完成了一切。我也已经把一切都讲给你听了，你可以记下来，密传给你的灵性相通的人，因为这是不可动摇的族类的奥秘。"

对约翰的最后的指示

救主就这样把这些事讲给他听，让他写下来，秘密地保存。他对他说："凡那些用这些事换礼物、或食物、酒、衣、或者任何诸如此类的东西的人，将受到诅咒。"于是这些事就在奥秘中传授给了他，随即他就在他的面前消失了。他来到了跟他在一起的门徒那里，把救主对他所说的讲给他们听。耶稣（是）受膏抹者（基督）！阿门！

雅各密传

　　《雅各密传》(*The Apocryphon of James*, NHC I, 2) 的框架是一封书信, 秘密地记载了门徒记得的耶稣语录。从行文来看, 这是雅各寄出的第二封类似的书信。雅各给他写信的那个人, 他的名字在蒲草纸上保存得不完整, 只剩下了最后三个字母, 有些学者认为收信人的名字可以恢复为 Cerinthos (克林图)。这个人的学说兴盛于 2 世纪早期, 他主张的基督论类似于雅各密传中耶稣的观点。

　　《雅各密传》主体部分是耶稣的学生 (主要是雅各和彼得) 对耶稣语录的表述、扩充、诠释和评论。这些语录包括了关于好运和祸患的句子、寓言和故事, 以及关于 "充满"、"亏缺" 和 "苦难" 的对话。其中有许多语录没有在别的地方出现过, 有些语录中包含的信息可以让人想起历史上的耶稣; 有些语录反映了类似于诺斯替主义的主题: 圆满、亏缺、灵的生命、自我知识。在有一个地方, 耶稣说: "这就是你们为你们自己获得天国的途径。除非你们通过知识获得天国, 否则你们将永远找不到它。" 有些语录在涉及人类处境中的矛盾和悖论时, 似乎故意表述得模糊难解。

　　《雅各密传》保存在《那戈·玛第文集》第一书册之中, 这个书册包括了几篇瓦仑廷派的文本, 有些学者据此认为《雅各密传》可能是瓦仑廷派的文献。它包含了典型的诺斯替派主题: 知识、自我知识、圆满、亏缺等。而且关于人的灵、魂、体三分法也是与瓦仑廷派思想中的质料的三分法和人的三分法相一致。

　　这个文本可能写于 2 世纪前半叶, 其中有些段落可能更古老。虽然这个书信声称是用希伯来文写成的,但它的原文极有可能是希腊文,写作地点未知。

正　文

引　言

雅各写信给[克林]图:来自于平安的平安与你同在,来自爱的爱,来自恩典的恩典,来自信仰的信仰,来自神圣生命的生命！ 1

你请求我寄给你一本密书,就是主启示给我和彼得的那一本,我不能拒绝你,但是又不能当面跟你说,因此我用希伯来文把它写下来寄给你,① 只寄给你一个人。由于你是圣人拯救的助手,你要真诚地努力,小心不要把这个文本传给许多人——救主不想把它告诉给我们所有人,也就是他的十二门徒。但是那些由于相信这个文本而得救的人有福了。我在十个月前寄给你救主启示给我的另一本密书。由于某种原因,你要把那一本看作是启示给我的,而这一本则是[第二页1—7行无法翻译] 2

耶稣对彼得和雅各说话

十二位门徒都坐在一起,回忆救主曾经对他们各个人说过的话,无论是秘密的还是公开的,把它写在书里面——我正在写我的书里面的话,瞧,在我们目送他离开我们之后,救主出现了。他从死里复活已经五百五十天了,我们对他说:“你已经离开,离我们远去了吗?”但是耶稣对我们说:“不,但是我要到我所从来的那个地方去。② 如果你们想跟我来,就来吧！”

他们都回答说:“如果你吩咐我们,我们就来。”

他说:“我实实在在地告诉你们,没有人在我的吩咐下进入天国,只有在

---

① 用希伯来文写信,以强调文本的机密和可靠。

② 参:《约翰福音》7,33。

你们自己圆满的时候(才能进入天国)。把雅各和彼得留下来,我要充满他们。"

[3] 在召了这两个人之后,他就把他们两个拉到一边,吩咐其余的人忙他们正要干的事。① 救主说:"你们已经获得了宽恕[有七行无法翻译]你们不想被充满吗?你们的心醉了,你们不想清醒过来吗?因此,你们感到羞耻吧!从此以后,无论是醒还是睡,都要记得你们已经见到过人子,与他本人讲过话,听过他亲口说的话。那些已经见到过人子的人有祸了,那些没有见到过那个人的人有福了,还有那些没有跟他结交的人,那些没有跟他讲过话的人,那些没有从他那里听过任何话的人,②生命是你们的!你们要知道,当你们生病的时候,他医治你们,以便你们获得统治权。那些从疾病中解脱出来的人有祸了,因为他们将陷入到疾病之中。那些未曾生病,在陷入疾病之前就解脱的人有福了;神的国是你们的。因此,我对你们说:'要成为圆满,不要在你们里面留下空虚,因为正在到来的那一位会嘲笑你们。'"

充满和减损

[4] 彼得回答说:"瞧,你已经告诉我三次了:'要成为圆满',但是我们是圆满的。"救主回答说:"因为这个原因,我已经告诉你:'要成为圆满',为的是你们不会亏缺。那些亏缺的人将得不到拯救。因为圆满是好的,亏缺是不好的。因此,正如你在(自我)减损中是好的,反过来,你在(自我)充满中是坏的那样,那圆满的人是自我减损的,亏缺的人不会像(自我)减损的人那样成为圆满,那被充满的人将会获得真正的完美。③ 因此,你们要尽可能地减损自己,使自己有可能被充满,你们越是减损自己,你们就越是能充满自己。因此要你们要装满灵,减损理性,因为理性是属于魂的,它是属魂的东西。"

---

① 耶稣复活之后拣选彼得和雅各接受特别的启示,也见欧西庇伍《教会史》2.1.3ff。

② 参:《约翰一书》1,1-3。

③ 这一段英文版各版本都不通,这里据德文版翻译。关于损益的论断,参:《道德经》:为学日益,为道日损,损之又损,以至于无为。

相信我的十字架

我回答他说："主,如果你愿意的话,我会服从你,因为我们已经抛弃了我们的父亲,我们的母亲,和我们的村庄,来追随你。请让我们不要受魔鬼,受恶人的引诱。"①

主回答说:"如果你们按照父的旨志行事,而没有从他那里得到礼物——这礼物就是受撒旦的诱惑——,那么你们的功德何在呢？ 如果你们在受撒旦的压迫和迫害的情况下,按照父的意志行事,那么我说,他会爱你们,让你们与我平等,认为你已经按照你们自己的选择通过父的天意成为得到爱护的人。这样你们不就不会爱肉体、害怕受难了吗？ 你们不是知道你们要像我自己一样,受恶者的虐待、不公正的指控、被关在监狱里、受非法的审判、毫无理由地被钉上十字架,并且被埋葬吗？ 你们不要关心肉体,灵不是像城墙那样围绕着你们吗？ 如果你想到这个世界在你之前存在了多长时间,在你之后还要存在多长时间,那么你就会发现,你的一生就好像只是一天,你的受苦好像只是一个小时。善不会进入到这个世界之中,因此,蔑视死亡,为生命担忧吧！ 记住我的十字架和我的死,你们就会生。"但是我回答他说:"主,不要向我们提起十字架和死亡,因为它们离你很远。"

主回答说:"我实在地对你们说,除非信我的十字架,否则没有人可以得救。但是那些已经信了我的十字架的人,他们的是神的国。因此,成为死亡的追求者吧,就如同那些死人追求生命那样！ 因为他们所追求已经向他们启示。什么东西能令他们烦恼呢？ 对你们来说,当你们检验死亡的时候,它将会把拣选教给你们。我实在地告诉你们,凡是惧怕死亡的都不能得救,因为国度属于那些把自己置于死地的人们的。变得比我还好吧,让你们自己变得像圣灵的儿子。"②

—————————

① 这几段经文的结合:《马太福音》6,10;《马太福音》19,27;《马太福音》6,13;《路加福音》11,4。

② 达到与基督同等的地位,甚至超过他,这是诺斯替主义常见的主题。参:《腓力福音》67;《真理的福音》13。

要热心向道

然后我问他："主,我们如何能够为那些请求我们预言的人做预言?许多人请求我们,期望从我们这里听到神谕。"

主回答说:"你们不知道预言的头已经跟约翰的头一起被砍掉了吗?"

但是我说:"主,移去预言的头是可能的吗?"

⑦ 主对我说:"当你知道'头'的含义,知道预言是从头那里来的之后,你就会懂得'它的头被移去'的意思了。一开始我是用寓言对你们说话,①你们不理解,现在我明白地对你们说话,②你们还是不明白。然而,你们服侍我,是寓言中的寓言,是明白的话语中的明白的东西。

"你们要快快地得救!不必受人催促,你们自己要有热心,如果可能的话,要比我先到达,这样父就会爱你们。

"你们要憎恶伪善和邪恶的意念,因为正是恶念产生了伪善,而伪善离真理很远。"

天国的比喻

"不要让天国枯萎,它就像一棵棕榈枝,它的果实已经撒落在它的周围。这些撒落的果实在发芽后长出了叶子,这些叶子使果实的子宫干枯。从这一条根里面长出来的果实也是如此,当它被种植之后,经过许多的辛苦结出了果实。这条根当然是好的,如果你们现在有可能养育这棵新的植物的话,你们会发现这条根。"

⑧ 进一步劝勉

"既然我已经以这样的方式得到了荣耀,你们为何在我急切想走的时候把我拉回来呢?在经过努力之后,你们已经迫使我为了寓言的缘故又跟你们

---

① 参:《马可福音》4,33;《马太福音》13,34。
② 参:《约翰福音》16,25-29。

一起住了十八天。① 这对于让有些人听到教训,明白'牧羊人'、'种子'、'屋子'、'童女的灯'、'工人的工钱'、'一块银币'和'妇人'的意思已经足够了。②

"你们要热心于道! 说到道的含义,它的第一个部分是信仰,第二个部分是爱,第三个部分是工作,生命从三者中来。道就像一颗麦粒,当有人把它播种了之后,他就对它有信心,当它发芽了以后,他就爱它,因为他看到的是许多的麦粒,而不只是一粒。当他工作之后,他就得救了,因为他把它备作粮食,然后他又留下了一些去播种。你们自己也可以这样领受天国,除非你通过知识获得天国,否则你没有办法找到它。"

领 悟 光 明

"因此,我对你们说,你们要清醒,不要糊涂! 我多次对你们一起说过,也对你一个人说过,我说:'要得救。'我也吩咐你们跟着我,我教给你们在阿其翁面前要说什么。看吧,我已经降临了,我已经说过话了,并且经历了磨难,获得了冠冕,为的是拯救你们。我降临,跟你们住在一起,为的是你们也可以跟我住在一起。我发现你们的屋子没有屋顶,我就住在我降临时可以收留我的屋子里。"③

"因此,我的兄弟们,相信我,领悟什么是伟大的光明。虽然我到父那里去,但是父不需要我,因为不是父亲需要儿子,而是儿子需要父亲。因为儿子的父亲不需要你们。"④"你们要谛听道,领悟知识,热爱生命,除了你们自己,没有人会压迫你们。"

---

① 也许是十八个月,550 天。在复活到升天之间的这段时间里,耶稣作了一些公开的宣告,也即耶稣不用比喻说话。

② 这一些是耶稣用过的比喻:《路加福音》15,1-6(牧羊人);《马可福音》4,3-9(种子);《马太福音》25,1-3(灯和童女);《马太福音》20,1-16(雇工);《路加福音》15,8-10(妇人)。

③ 参:《约翰福音》1,11。

④ 参:《秀华努的教导》115,10ff.。

你们的耻辱,你们的福祉

"啊,你们这些可怜的人! 啊,你们这些不幸的人! 啊,你们这些妄求真理者! 啊,你们这些知识的弄虚作假者! 啊,你们这些反对圣灵的罪人! 当你们从一开始就应当讲话时候,你们还能倾听吗? 当你们从一开始就应当清醒以便天国会接受你的时候,你还能睡觉吗? 我实实在在地告诉你们,一个圣洁人陷入污秽,一个光明的人沉入到昏暗,比你们获得还是不获得权力要容易得多。"

[10]

"我已经记住了你们的眼泪,你们的悲伤,你们的痛苦,(就在你们说)'它们已经远远地在我们后面了'的时候。但是现在,你们这些落在父的遗产之外的人,你们在合适的地方哭泣哀伤,宣讲善事吧,圣子升天了,如他应当作的那样。我实实在在告诉你们,假如我曾被派到那些倾听我的人那里去,假如我曾与他们说话,那我绝不会到地上来。因此,你们要为这些事感到羞耻。"

"注意,我要与你们分别,我要走了,我不想再跟你们在一起了,正如你们自己也不曾这样想那样。因此,你们要快快地跟随我。这就是何以我对你们说,'为了你们的缘故降临。'你们是得蒙爱护的,你们将成为许多人的生命之因。祈求父,常常地恳求神,他就会给你。当他在天使中被宣扬,在圣人中被赞美的时候,那些看到你跟他在一起的人有福了。像神的儿子那样高兴快乐。谨守他的意志,你们就会得救;接受我的训斥,拯救你们自己。我为你们与父调解,他会宽恕你们的许多事情。"

[11]

很少人找到天国

我们听了这些话,就高兴起来,因为我们曾经为我们前面提到过的那些话语感到悲伤。他看到我们喜乐,就说:"你们这些缺乏辩护者的人有祸了! 你们这些缺乏恩典的人有祸了! 那些说话,为他们自己获得恩典的人有福了! 把你们自己比作外乡人吧,他们在你们的城邦的眼里是什么呢? 当你们抛弃你们自己的家乡,离开自己的城邦的时候,你们为何不安呢? 你们为何要抛弃你们自己的居住地,把它让给那些想到里面来住的人呢? 啊,你们这些流浪者,你们这些逃亡者,你们有祸了,因为你们将会被捉拿! 或者你们会想,父是爱人类的,或者你们无需祷告就能赢得他,或者他会为了另一个人的缘故给予一个人赦免,或者他会忍受求他的人? ——因为他知道欲望,也知道肉体需要的是什么! ——(或者你们以为)想要魂的不是这个(肉体)? 因为没有魂,身体不会犯罪,正如魂没有灵就不能得救一样。但是如果魂在没有邪恶的时候得救,灵也得救,那么身体就脱离了罪。灵给予魂以生气,但是肉体却杀死了魂,也就是说,魂杀死了它自己。① 我实实在在地对你们说,他不会宽恕魂的任何罪孽,也不会宽恕肉体的罪行,那些穿着肉体的人没有人会得救。你们以为许多人已经找到天国了吗? 那把自己看作天国中的第四位的人有福了!"②

[12]

认识你自己

我们听了这些话感到忧虑。他看到我们忧虑就对我们说:"为了这个原因我告诉你们这些,为的是你们会认识你们自己。③ 因为天国就像麦子在田野里发芽之后长出来的穗。当它成熟之后,就把果实撒遍开来,让田野在来年重新长满麦穗。你们也是一样,快快地为你们自己收获生命的麦穗,这样你们就可以被天国充满!"

"只要我跟你们在一起,你们就要注意我,服从我。但是在我离开你们之后,你们要记得我。你们要记住我,因为在我跟你们在一起的时候,你们未曾认识我。那些已经认识我的人有福了,那些听说但未信的人有祸了! 那些未曾见到我但已经信了的人有福了!"④

[13]

"我要再一次说服你们,因为我向你们显现,建造了一座房屋,它对你们是大有用处的,你们可以在它里面找到避难所,也可以支撑面临倒塌危险的邻

---

① 类似的表述见《马利亚福音》16,13-18。
② 这也许是表示得救的人少,也许是指一个人独自与父、母和子在一起。
③ 参:《多马福音》3。
④ 参:《约翰福音》20,29。

居的房屋。我实实在在地告诉你们,那些为了他们的缘故我被派到这个地方来的人有祸了,那些上升到父那里去的人有福了! 我再次责备你们,你们这些存在的人,你们要成为那些不存在的人,以便你们可以与那些不存在的人在一起。"①

"不要让天国在你们里面成为一片荒漠。不要为照耀的光明而骄傲,而要像我对你们那样对你们自己。为了你们的缘故,我让自己置身于诅咒,以便你们能得救。"②

最后的话语

但是彼得回应这些话语说:"主,有时候你催促我们去天国,接着你又让我们往回走;有时候你劝我们,把我们引向信仰,许诺给我们生命,接着你又把我们从天国赶出来。"主回答,对我们说:"我已经许多次赐给你们信仰,而且我还把自己启示给你,雅各,你们也都已经认识了我。现在,我又看到你们多次喜乐。当你们为了生命的应许而喜乐时,你们还忧愁吗? 当你们得到国度的教训时,你们还悲伤吗? 但是,你们已经通过信仰和知识获得了生命。因此,当你们听到弃绝的时候,你们要蔑视它;当你们听到应许的时候,你们要更加欢喜。我实实在在地告诉你们,那将会获得生命和对国度的信仰的人将永远也不会失去生命和信仰,哪怕父要把他赶走也不能够。"

[14]

"这些就是到目前为止我要告诉你们的事,现在我要上升到我从那里来的那个地方去了。但是,在我热切想去的时候,你们曾驱逐我,不是陪伴我,而是追赶我。但是你们要留意那等待我的荣耀,打开你们的心灵,倾听那在天上等待我的赞歌,因为今天我必须坐到我父右手的那个位置上去了。③ 我已经对你们说了最后的话,我就要离开你们了,灵的战车已经载着我升到高处,从

---

① 关于存在与不存在,参见《约翰密传》、《塞特的三块碑》和《阿罗基耐》的开头部分。
② 参:《加拉太书》3,13;《哥林多后书》5,20-21。
③ 参:《诗篇》110,1;早期基督论采用了这首诗,见《使徒行传》2,34。

此刻开始,我要脱去我自己,以便我能穿上。① 但是你们要注意,那些在圣子降临之前就已经宣告圣子的有福了,这样,在我到来之后我将会再次上升。那些人有三倍的福祉,他们在进入存在之前就已经被圣子宣告过了,这样,你们将会在他们里面获得一个部分。"② |15|

彼得和雅各升天:其他门徒的反应

在说了这些话之后,他就离开了。我和彼得跪下来,献上感谢,把我们的心灵送到天上去。我们用耳朵听、用眼睛看到战斗的声音,一个号角吹响,还有一个极大的混乱。③

在我们穿越那个地方之后,我们把我们的心灵送到更高的地方,用眼睛看用耳朵听赞歌、天使的祝福和天使的喜乐。天上的君王们唱着赞美,我们也喜乐。

在此之后,我们想把我们的灵送到至高的君王那里,在我们上升之后,我们没有被允许看到或者听到任何东西,因为其他的门徒呼唤我们,问我们:"你们从主那里听到了什么?他对你们说了什么?他到哪儿去了?"

我们回答他们说:"他已经上升了,给了我们一个誓约,应许我们所有人生命,启示给我们将在我们之后到来的那些孩子们,嘱咐我们爱他们,我们将会为了他们的缘故得到拯救。" |16|

听了这些话之后,他们确确实实地相信了启示,但是对于那些将要出生的人感到不悦。为了不给他们冒犯的理由,我派每一个人到不同的地方去。但是我自己到耶路撒冷去,祈祷我会获得那些即将彰显的蒙爱者中间的一部分。④

---

① 这里指脱去肉体,穿上荣耀的天上的衣袍。
② 也可译为"与他们共享",或者"成为为他们当中的一分子。"
③ 与灵性上升相伴随的末世论景象。
④ 这一段描写了门徒四散到世界各地去传播福音。雅各到了耶路撒冷,成为那里的教会领袖。"即将到来的蒙爱者"指未来的信徒,可能就是《雅各密传》的读者。

书信的结尾

我祈祷,开端将从你那里来,①这样我就能够被拯救。因为他们将通过我而开悟,凭借我的信仰,通过另一位的比我的信仰更好的信仰,我宁愿我的信仰不如他的。要真诚地努力,使你自己与他们相像,祈祷你获得他们中的一份。在我所说的那些事之外,为了他们的缘故,救主没有给予我们其他的启示。我们实在只是宣告了其中的一部分,那宣言是为那些人而作的,就是主使他们成为他的儿子的那些人。

---

① 参:《波依曼德拉》26;《彼得启示录》71,18f.这里的你是指收信人。

亚当启示录

　　《亚当启示录》(*The Apocalypse of Adam*,NHC V.5)记录了亚当从三位上界来访者得到、并传授给他儿子塞特的启示。他解释了拯救的知识如何从他自己和夏娃手上丢失,又如何传给塞特和他的子孙,以及如何经受住创造主神洪水和火的考验得到了保存,一直到救世主"启示者"的第三次到来,这位最后的启示者受到这个世界能量的迫害,但是最终将战胜他们。在讲述他到来之前,有一段很长的颂诗,对照了关于救主之来历的十三种错误的解释和正确的诺斯替派的解释。这个段落是诺斯替宗教混合主义的典型例子。

　　从文学形式上来看,这个文本继续了传统的启示录的结构。第一,这个启示录是亚当在梦幻中得到的,其中没有清楚地说明他只是在讲述呢,还是真的见到了未来的事件。第二,亚当对塞特的讲话采用了父传子的密传形式。第三,这些话虽然没有写成书,但是却隐藏在一座高山上。第四,由于亚当的启示发生在他去世之前,因此采用了遗嘱的形式。尽管它明显地依赖于《创世记》故事中的某些情节,但是并不接近于《阿其翁的本质》和《约翰密传》中所引用的《创世记》文本。

　　这个文本最值得注意的特征是没有明显地借用基督教传统。这使得有些解经者把它看作是包含了完整的拯救神话的非基督教诺斯替主义的一个证据。另外,它与犹太教启示论传统之间的密切关系显示出,它有可能代表了从犹太教向诺斯替启示录演变的一个过渡阶段。这样看来,这个文本可能很早,也许是第一或者第二世纪的文献。从塞特及其子孙是拯救知识的继承者而

言,这个文本是塞特派的,但是它与希波利特①和爱庇芳妞②所描写的塞特派
并没有特别紧密的关系。这个文本很接近于《那戈·玛第文集》中的《埃及人
福音》,那个文本似乎是同一个故事的基督教化版本。从该文本使用了诺斯
替文献中不太常见的三套天使的名字来看(Abrasax,Sablo,Gamaliel;Micheu,
Michar,Mnesinous;Iesseus Mazareus Iessedekeus),《亚当启示录》与《埃及人福
音》、《唆斯特利阿努》、《三形的普鲁娜娅》以及布鲁斯抄本中的《无标题文
本》是有关系的。另外,这些著作都关注塞特这个人物,注重对洗礼的解释,
因此至少反映了与犹太教的洗礼派有遥远的关系。在异端学学者爱庇芳纽和
摩尼教的文献中都提到了《亚当启示录》,但是都与这个文本没有直接的
关系。

<h2 style="text-align:center">正　文</h2>

引　言

亚当七百岁时把启示传授给他的儿子塞特。

关于亚当和夏娃

他说:"我的儿子塞特,你听我说。当神把我连同你的母亲从泥土中造出
来的时候,我跟她在荣耀(glory)中行走,这荣耀是她在我们所从来的那个移
涌(王国)中看到过的。她教给我关于永恒的神的知识的话语。我们就像那
伟大的永恒的天使,因为我们高于创造我们的那个神以及跟他在一起的那些
我们并不认识的能量。

"随后,神,诸移涌的统治者和众能量,在愤怒中把我们分开了。然后我
们就成了两个移涌。于是我们心中的荣耀就逃离了我们,逃离了我和你的母

---

① Hippolytus,*Refutatio omnium haeresium*. V.19–21.
② Epiphanius,*Panarion Haereses* 39.

亲夏娃,一起逃离的还有那在我们里面呼吸的先在的知识(first knowledge)。荣耀离开了我们,它进入到了[…]伟大的[…],她不是从我们,就是我和夏 |65| 娃,所从来的那个移涌那里来的。而知识则进入了伟大的移涌的种子。由于这个原因我用那个人的名字来称呼你,那个人是伟大的世代的种子,或者伟大的世代是从他那里来的。在那以后,真理之神的永恒知识就离我和你母亲夏娃远去了。自从那时候起,我们学会了人类的死亡的事,也认识了那一位创造了我们的神。因为我们对他的能量并不陌生。我们在恐惧和奴役中侍奉他。在经历了这些事之后,我们的心变黑暗了。现在我睡在我心的意念之中。"

三个人的出现

"我看到三个人在我面前,他们的形象我不认识,他们不是那个[创造了我们的]神的能量。他们超越[…]荣耀[…],[…]那几个人[…]对我说:'起 |66| 来,亚当,从死亡的沉睡中,倾听那个移涌和那个生命到他那里去的那个人的种子,也就是从你和你的妻子夏娃那里来的那个人。'"

亚当和德穆革的反应

"在我听到这几个站在我面前的伟大的人的话语之后,我们就叹息,我和夏娃,在我们的心里面。主,那个创造了我们的神,站在我们面前。他对我们说:'亚当,你为何要在你的心里面叹息? 你难道不知道我是创造了你的神吗? 是我把生命的灵吹到你里面,成为你的生命的灵魂。'于是黑暗就降临到了我们的眼睛。"

知识的消失

"然后,这个创造了我们的神,从他自己[和]夏娃[你的母亲]创造了一个 |67| 儿子,[…]在我的意念中[…]我感觉到了对你的母亲的一种甜蜜的欲望。接着,我们的永恒的知识的力量就在我们里面熄灭了,软弱追随着我们。因此我们的生命的日子变少了。我知道我已经屈服于死亡的权威。"

传授那三个人的启示

[…68 页
空白]

69

"现在,我的儿子塞特,我就要启示给你,我以前看到的那三个人一开始启示给我的话:在我结束了这一世的时间以及[这一世的]岁月之后,[…]奴隶。"

大　洪　水

"万能的[神]的大雨将要倾泻下来,他[要]从地上消灭[一切]有血肉的生物,连同[那些]从人的种子传下来的人,就是从我和你的母亲夏娃那里来的,得传知识的生命的人。因为他们是跟他不同的。后来,伟大的天使将会来到高处的云头上,把那些人带到生命的灵居住的地方[…]荣耀[…]那里,[…]从天来到地。[随后]一切有血肉的生物都被留在[洪水]之中。

"然后神就平息了他的怒气。他会把他的能量投入到洪水之中,[他会]给他的儿子和他们的妻子能量,给他们一只方舟,里面装着一些他喜欢的动物和天上的飞鸟,就是他命名和放养在大地上的。神将会对诺亚——后来的世代称他为杜卡里恩(Deucalion)①——说,'看吧,我已经保护你在方舟里,连同你的妻子,你的儿子和他们的妻子,还有他们的动物和天上的飞鸟,就是你命名[和放养在大地上的]。因此我要把[大地]交给你——你和你的儿子们。你要像王一样治理它——你和你的儿子们。你们切不可生出那些不在我的监管之下,却站在另外的荣耀中的人的种子。'"

71

诺斯替派的作为

"于是他们就变得像极亮的光明的云。那些人将会到来,也就是那些从伟大的移涌和天使的知识中被抛弃出来的人。他们将会站在诺亚和移涌们的面前。然后那个神会对诺亚说:'你为什么背弃我告诉你的话? 你已经造出

① 杜卡里恩:普罗米修斯的一个儿子,他与妻子芭拉制造了方舟,并乘着它在宙斯引发的大洪水中逃生。这对夫妇成为现在(更新后的)人类的祖先。

了另一个世代,以此你将会蔑视我的能量。'诺亚将会回答说:'我会在你面前发誓,那些人的世代不是从[我]也不是[从我的儿子生出来的…]知识。' $\boxed{72}$

"然后[他]会[…]那些人,把他们带到他们的合适的国土,给他们建立一座神圣的居所。人们将会用那个名字称呼他们,他们将在不朽的知识中,在那个地方住六百年。天使和伟大的光明也与他们同住。他们的心中不会有腐败的行为,唯有神的知识。"

诺亚把大地分给儿子们

"然后诺亚就把整个大地分配给他的儿子们,也就是含(Ham)、雅弗(Japheth)和闪(Shem)。他会对他们说:'我的儿子们,听我的话。看吧,我已经把大地分给你们。你们要在你们的有生之日用敬畏和苦役侍奉他。不要让你们的后代离开全能的神的面前。'[…]我和你们[…]诺亚的儿子,'[我的]种 $\boxed{73}$ 子[将在]你的面前和你的能量的面前蒙喜悦。用你的伟大的手,用畏惧和诫命印它,以便从我生出来的全部种子都不会离开你,全能的神,它将会在知识的谦卑和敬畏中侍奉(你)。'

"然后来自于含和雅弗的种子的另外的人将会到来,有四十万人,他们进入到了另一个国土,与那些从伟大的永恒的知识那里出来的人住在一起。因为他们的能量的影子将会保护那些跟他们住在一起的人们远离一切的恶事和一切不干净的欲望。然后含和雅弗的种子将会形成十二个王国,他们的种子[也]将进入到那个另外的人民的王国。

"[然后…]将会商议[…]移涌们[…]那些死人,是不朽的伟大的移涌 $\boxed{74}$ 的。然后他们就到他们的神萨卡拉斯(Saklas)①那里。他们会到众能量那里去,控告那些在荣耀之中的伟大的人。

"他们将会对萨卡拉说:'那些站在你面前的人,他们的能量是什么呢?他们来自于含和雅弗的种子,他们的人数有四十万。他们已经被接引到了他

---

① 亚大巴多的另一个名字,对照《阿其翁的本质》95,7;《埃及人福音》57-58。

们所从来的那个移涌,他们推翻了你手上的所有的权力的荣耀和统治。诺亚的种子通过他的儿子们都已经遵守了你的一切意愿,还有那些在你统治之下的移涌中的一切能量[也这样做了],但是这些人以及那些居住在荣耀之中的人却并没有按照你的意愿行事。他们推翻了你的整个的王座。'

"然后移涌的神将会给他们(一些)那些服侍[他…]。他们将会到那个国土,就是伟大的人将去的那个地方,就是那些没有被败坏,将来也不会被任何欲望败坏的人(将要去的地方)。因为他们的灵魂不是来自于腐败的手,而是来自于一个永恒的天使的伟大的诫命。然后火和硫磺和柏油将会投向那些人,火和迷眼的浓烟将会降临到那些移涌,启示者的能量的眼睛被弄暗了,在那些日子里,众移涌将看不到他们。接着,大朵的伟大的光明的云将会降临,另外的光明的云将会从伟大的移涌那里降临到他们身上。

"阿布拉卡斯(Abrasax)、萨巴洛(Sablo)和高马利尔(Gamaliel)①将会降临,把那些人从火和愤怒中救出,带到移涌和能量的统治者之上,[带]他们离开[…]生命[…]并带他们离开[…]移涌[…][伟大的…]居住的地方,与神圣的天使和移涌在一起。这些人将会跟那些天使一样,因为他们对他们并不是陌生人。他们在不朽的种子上做工。

"再一次,也是第三次,知识的启示者将在伟大的荣耀中经过,为的是要留下一些诺亚的种子以及含和雅弗的儿子——为他自己留下果子的树。他将会把他们的灵魂从死亡的日子中拯救出来。那从死亡的大地上出来的整个受造物都将处在死亡的权力之下。但是那些在心里面思想着永恒之神的知识的人将不会灭亡。因为他们不只是从这个王国接受灵,他们的灵接受于一个[…]永恒的天使。[…]启示者(illuminator)[…将]突然来临[…那就是]死亡[…]是塞特的。他将显出征兆和奇迹,羞辱众能量和他们的统治者。"

关于启示者的来源

"然后那众能量的神就会陷入困惑之中,说,'这个比我高的人,他的能量

---

① 参:《唆斯特利阿努》47;《埃及人福音》52,19ff.;《普鲁娜娅的三形态》48,27-29。

是什么呢?'接着他就会引起对那个人的极大的愤怒。于是那荣耀就会消退,住进它为自己选择好的神圣的屋子。众能量的眼睛将看不到它,他们也将看不到那个启示者。接着他们就会惩罚那些圣临降临到他们的身上的那些人的身体。

"接着天使们和能量的一切世代就会误用谬误这个名字,问,'这谬误是从哪里来的呢?'或者'这些欺骗的话语,一切能量都无法发现的话语,是从什么地方来的呢?'

"[于是]第一王国[讲了他的来历]

他[来自于…]。一个灵[…]到天上。

他是诸天中得到养育的。

他接受了那一位和能量的荣耀。他进入了他母亲的怀里。

然后他到了水中。

"第二个王国讲了他的来历

他是来自于伟大的先知。一个鸟来了,带着这个出生的孩子,把他带到了一座高山上。

他得到了天鸟的养育。一个天使到来。他对他说:'起来吧,神已经把荣耀给了你。'

他接受了荣耀和力量。

于是他到了水中。

"第三个王国这样说他

他是来自于处女的子宫。

他被扔出了他的城,他连同她的母亲;他被带到了一个荒芜的地方。

他在那里得到了养育。

他到来,并且接受了荣耀和权力。

78

于是他来到了水中。

"[第四个]王国这样[说他]

他是[来自于一个处女。…所罗门(Solomon)寻找]她,他,弗尔扫罗(Phersalo)、扫尔(Sauel),还有他的军队,都被派出。

所罗门自己派出了他的魔鬼的军队去追寻这个处女。他们没有找到他们要找的那个人,却把那个处女送到了他的面前。

他们抓住的是她。所罗门娶了她,这个处女怀孕,在那儿生下了一个孩子。

她在那荒漠的边上养育他。当他得到了养育之后,

他就从他所从出生的种子中接受了荣耀和能量。

于是他来到了水中。

"第五个王国这样说他

他来自于天上的一个水滴。他被投入到了海里。深渊接受了他,把他生下来,又把他带到了天上。

他接受了荣耀和能量。

于是他来到了[水中]。

"第六个王国说

80　一个[…下到]了一个移涌之中,那是下面的一个(移涌),为的是[采集]鲜花。她从鲜花的欲望中怀了孕。她就在那个地方生下了他。

花园的天使养育他。

他在那里接受了荣耀和能量。

于是他来到了水中。

"第七个王国这样说他

他是一颗水滴。它从天上来到了地上。龙把他带到了洞中。他成了一个小孩。一个灵来到了他身上,把他带到了高处水滴落下来的地方。

他在那里接受了荣耀和能量。

于是他来到了水中。

"第八个王国这样说他

一片云来到了大地上,包裹着一块岩石。他就是从它而来的。

云上的天使养育了他。

他[在那儿]接受了荣耀和能量。

于是[他就这样]来到了水中。

"第[九]个王国这样说他

从九个缪斯女神(Muses)中分出了一个。

她来到了一座高山上,在那里坐了一会儿,她想要她自己一个人,为的是成为阴阳同体(androgynous)。

于是她实现了她的欲望,从她的欲望怀了孕。于是他出生了。

欲望之上的天使们养育了他。

他在那儿接受了荣耀和权力。

于是他来到了水中。

"第十个王国这样说他

他的神爱上了一片欲望的云。他从他的手上生出了他,洒了几滴水滴在他之上的云,于是他出生了。

他在那儿接受了荣耀和权力。

于是他来到了水中。

"第十一个王国这样说

父欲望他[自己的]女儿。她自己就[从]她的父那里怀了孕。她扔[…]坟墓的外面,在荒漠之中。

天使在那里养育了他。

于是他来到了水中。

"第十二个王国这样说他

他来自于两个启示者。

他在那里得到了养育。

他接受了荣耀和权力,

于是他来到了水中。

"第十三个王国这样说他

他们的统治者的每一个出生都是一句话语。

他的话语在那里得到了一个命令。

他接受了荣耀和权力。

于是他来到了水中,为的是那些能量的欲望可以得到满足。

"但是那个没有王的世代说,是神从一切移涌中选了他。

他让无瑕的真理的知识通过他得到彰显。

他说,'[来自于]一个陌生的天空,[来自于一个]伟大的移涌,[伟大的]启示者到来了。'

[83] [他照亮了]他为自己所选的那些人的世代,为的是让他们也能照耀整个移涌。"

末　日

"然后那些种子,也就是那些将在水上接受他的名的人,以及一切从他们而来的人,将与能量开战。然后一片黑暗的云降临到了他们的身上。

"于是人们就用很大的声音呼喊，说：'那些人的灵魂有福了，因为他们通过真理的知识认识了神！他们将永远地活着，因为他们没有被他们的欲望及其天使败坏，也没有做这些能量的工，而是在神的知识中宁静地站在他面前，就像那来自于火与血的光明。'

"'而我们自己，却在不知不觉中做了众能量的每一种行径。

我们吹嘘我们做的一切罪行。

我们[大声反对][真理]的[神]，因他为他的一切工[……]是永恒的。　84

这一切都是在反对我们的灵。

我们现在已经知道，我们的灵魂将会跟死亡一起死去。'①

"然后一个声音传到他们那里，说：'米柯(Micheu)、米卡(Michar)和内西诺(Mnesinous)，②你们是掌管神圣的洗礼和生命的活水的，为何用不合法的声音和不合法的语调还有充满血污的灵魂来反对生命的神呢？你们做了太多不属于真理的事，但是你们的道路是充满了快乐和喜悦。你们污染了生命的水，你们把它引向了你们屈身服侍的那些能量的意愿。'

"'你们的意念不同于你们所迫害的那些人[……]欲望[……]。他们的果实　85

不会枯萎，相反，人们会通过它一直认识到伟大的移涌。他们所持守的道，就是移涌的神的道，没有著成书，也没有写下来，但是天使的（存在）——人的一切世代都不认识他——将会来传授这道。它们将会在一座高山上，在一座真理的岩石上。因此它们将被称为"不朽[和]真理的道"，是（传授）给那些人的，他们在知识的智慧中，（依靠）天使的教训，认识那一位永恒的神：因为他认识万物。'"

---

① 这里显示出有一种认罪的心态。

② 这些塞特派的名字，参：《唆斯特利阿努》6，8-17；《埃及人福音》64，14-20；《普鲁娜娅的三形态》48，18-21。

结　尾

　　这就是亚当传给他儿子塞特的启示。他的儿子又传给了他的后代。这就是亚当的隐秘的知识，就是那些人的神圣的洗礼——他们来自于神圣的种子，通过那些从道而生的人和不朽的启示者，获得了永恒的知识：Jesseus，［Maz］areus，［Jesse］dekus①，［生命的］水。

————————

　　① 这些塞特派的名字，参：《唆斯特利阿努》47,5-6;《埃及人福音》65,10-11。

保罗启示录

　　《保罗启示录》(*The Apoclypse of Paul*, NHC V.2)从诺斯替主义的角度描写了保罗升天的经历,是一篇典型的启示文献,其中有异象、与神灵的对话、升天历程。此文与另一篇同名的希腊文文献没有渊源关系,与现在遗失的诺斯替文献《保罗升天记》(*Ascension of Paul*)有没有关系也不清楚。按照爱庇芳纽的说法,《保罗升天记》记述了保罗在第三重天的经历,而这一篇《保罗启示录》则是记述以第三重天为起点,上升到第十重天的经历。

　　该文本可以分为三个部分:1)显现的场景,一个小孩向保罗显现,他让保罗停下来讲话,然后带着他游历诸天;2)审判的场景,就是灵魂在其中受到惩罚的景象;3)保罗的升天历程,从第三重天一直升到第十重天,但是没有详细提及在各重天的所遇。

　　保罗被视为 *Haereticorum apostolus*(异端的使徒)①,但是很奇怪,在《那戈·玛第文集》中除了《使徒保罗的祈祷》外,这是唯一以保罗为启示之接受者的文献,而托名雅各和彼得的启示文献则占据了抄本中更大的篇幅。关于复活后的耶稣与门徒谈话的文献也极少提到保罗。这也许是由于保罗不是耶稣生前门徒的缘故。

　　该文本的写作时间和地点难以确定。从它对第七重天中神祇的否定性看法来看,它可能是一个典型反犹太的诺斯替派的作品。在该文本中,保罗的地位比另外的使徒要高,这在2世纪的诺斯替派中,尤其是瓦仑廷派中,也是相

---

　　① Tertullian, *Five Books Against Marcion*, 3.5.4.

当普遍的观点,当时的诺斯替派有诠释《哥林多后书》12章2—4节中保罗的神秘体验的传统。

正　文

小男孩显现

[18] 　　[…]在路上。[保罗问小孩]:"[我去耶路撒冷]该走[哪一条]路?"小男孩回答:"说出你的名字,我就给你指路。"[那小男孩]知道[此人就是保罗],他问他名字只是想找个借口与保罗谈话。

　　小孩说道:"保罗,我知道你是谁。你就是自出母胎就蒙福的那一位。我[来到]这里,是为了把你带到[耶路撒冷],让你与其他使徒相会。为此你[得[19] 蒙呼召]。我是[那陪伴着你的圣灵]。保罗,[清醒你的头脑],以[…]因为[…]整个[…]在诸国和当权者和众大天使和能量以及整个魔鬼的族类中,[…]把身体展示给灵魂的种子的那一位。"

　　讲完这一番话之后,那个小孩又说道:"保罗,清醒你的头脑。看,你站在上面的这座山就是耶里哥(Jericho)山,这样你就可以看见可见事物之中的隐藏的事物。你现在就要去十二使徒那里,因为他们是蒙拣选的灵,他们会欢迎你的。"保罗举目看到了他们正在向他致意。

保 罗 上 升

　　然后跟[他]说话的圣[灵]把他提升到第三重天,他越过它进入到了第四重[天]。[圣]灵对他说:"观看你在地上的[形象]。"他向下[看],看到了那[20] 些在地上[的人]。他凝视[并且看到了]那些在[…]上面的人[…接着他][向下]凝视并且[看到了]在创造物中[十二]使徒[在]他的右边和左边,圣灵在他们前面走。

灵魂的法庭

但是我在第四重天里面按照类别观看——我看到了神灵般的天使,这些天使从死亡之地带来了一个灵魂。他们把他放在第四重天的门口。天使们鞭打他。那个灵魂说:"我在地上犯了什么罪?"住在第四重天的收税者回答:"在死人的世界里做下所有那些不法的行径乃是不应当的。"那个灵魂回答说:"带见证人来! 让他们[指给]你们看,在什么样的身体里面我做下了不法的行径。[你们难道想]带一本书来[读]吗?"

三个见证者来了。第一个说:"我[不是在]在两点钟的时候还在身体里面[…]? 我起来反对你,直至[你陷入到]恼火、[愤怒]和妒嫉当中。"第二个说:"我不是刚才还在世上的吗? 我是在五点钟进去的,我看到你,想要你。看吧,现在我指控你所犯的杀人罪行。"第三个说:"我不是在那天的十二点钟太阳下山的时候来到你那里的吗? 我给了你黑暗,直到你完成了你的罪行为止。"灵魂听了这些话,就悲伤地向下凝望。然后它又向上凝望。他被扔到下面去了。被扔下去的灵魂[进入]到了[一个]已经[为他]准备好的身体里面[。然后]看到[它的见证]已经完成了。

[然后我注视]上方,[看到了]圣灵[对我]说:"保罗,来,[朝我这里走]来!"于是我就[走],门开了,我进入了第五重[天]。我看到众使徒[与我同行],圣灵也陪着我们。我看见第五重天有一位大天使,手里拿着一根铁杖,跟他在一起的还有另外三位天使。我凝视他们的脸。但是他们手里拿着鞭竞先鞭策着灵魂前去受审判。但是我与圣灵同行,门为我开了。 22

保罗上升

我们于是进入了第六重天。我看见众使徒与我同行,圣灵在他们前面引领我。我往高处凝望,看到一道大光从第六重天照耀下来。我向第六重天的通行官说:"为我和那引领我的[圣]灵[开门]。"他[为我]开了门。

遇 见 老 人

[23] [接着我们就进入了]第七重[天。我看见]一个老人[…]光明[他的衣服]是白的。他在第七重天[的宝座]比太阳还要亮七倍。那个老人对[我]说:"保罗,你去哪里?你这个蒙福的人,从娘胎分离出来的人。"但是我看着圣灵,他向我点头,对我说:"跟他说话!"于是我就回答那个老人说:"我正要去我所从来的那个地方。"那位老人回应说:"你从哪里来呢?"但是我回答说:"我正要下到死人的世界里去,为的是要引领被囚禁的囚徒,也就是引领囚禁在巴比伦的囚徒。"那个老人回答说:"你如何能够逃脱我呢?看看这些王国和当权者吧!"圣灵对我说:"把你的印记给他,他会为你开门。"我就把印记给[他],他转过脸向下望着他的创造物,以及那些属于他自己的当权者。

保罗继续上升

[24] 接着[第七重天]开了,我们进入到了第八重天(Ogdoad)。我看见了十二使徒。他们在那里向我致意,然后我就上到了第九重天。我向所有在第九重天的人致意,然后我们就进入到了第十重天。我向我的同行圣灵致意。

雅各启示录(一)

《雅各启示录(一)》(*The First Apocalyse of James*)(NHC V.3)是那戈·玛第抄本中两篇雅各启示录中的第一篇。"正义的"雅各在诺斯替传统中是一位重要的使徒,被视为"完美的门徒"。雅各这个人物不在十二使徒之列,与耶稣有特殊的关系,可以视为比十二使徒所传的更为纯粹的基督教训的传授者,因此雅各在犹太基督教界拥有特殊的崇高地位。可以说,雅各在诺斯替派当中的地位可以与彼得在正统教会中的地位相比,甚至超过彼得。

在那戈·玛第抄本第5书册中出现两部雅各启示录,并且采取这样的次序可能是出于抄录者的精心安排。这两部启示录侧重于雅各传说的两个不同层面,是相互补充的。第一篇启示录叙述雅各受难前的一段时间,而第二篇启示录则顺着第一篇的预言,叙述了雅各的受难和殉道。

第一篇雅各启示录是一个典型的启示对话文本,对话者是主和他的兄弟雅各,在其他文献中,对话者是复活后的耶稣和门徒,而在这个文本中的对话是发生在受难之前。第一部分描述了耶稣对雅各的教诲以及用以对付那些敌对能量的咒语。第二部分包括一些秘教的教训、对女门徒之益处的评论、雅各对十二使徒的责备以及雅各殉道。对"七十二"这个数字的重视可以看出本文受犹太神秘主义的直接影响。

文本残缺严重,中译者略去了完全不可读的段落。

正　文

耶稣和雅各的对话

24　　主对我说："看吧，如今我的救赎已经完成了。我的兄弟啊，我已经把这些事的记号给了你。我称呼你为我的兄弟不是没有原因的，尽管在身体的意义上你并非我的兄弟。我不是不认识你的，因此当我给你记号的时候，你要知道并且倾听。"

"除了那存在者（He-who-is）之外，无物存在。他是无法命名，无法言传的。我自己也是无法命名的，我出自于那位存在，我被［给予了］众多的名字，其中两个来自于那位存在者。我在你之前。你曾问过有关阴性的事。阴性是存在的，但是它不是［最初］存在的。它为自己准备了众能量和神灵。但是它25　在我出生的［时候］并不存在，因为我是那位存在者的形象。我彰显了他的形象，这是为了那位存在者的子孙可以明白，什么是属于他们的，什么是与他们相异的。你要留神听，我就要向你启示关于这奥秘的一切。因为后天他们就要抓住我，而我的救赎也近了。"

雅各说："夫子，你说'他们就要抓住我'，我能做什么呢？"他对我说："不要怕，雅各。他们也要抓住你，但是你要离开耶路撒冷，因为她常把苦杯给光明的儿子们喝。耶路撒冷是众多阿其翁的居所，但是你的救赎将得蒙保存。这样，你就会明白，他们究竟是谁，他们是什么族类，你将［……］。听吧。他们26　不是［……］而是［阿其翁……］。这十二个［……］下面［……］阿其翁［……］在他自己的七（hebdomad）上面。"

雅各说："夫子，那么是否有十二个七，而不是如经上所说的，七个七？"主说："雅各啊，那个讲解这段经文的人悟性有限。我要启示给你，从那位没有数字者那里出来的是什么。我要给你一个关于它们的数字的记号。"

雅各说："夫子，看吧！我已经得到了它们的数字。共有七十二个数。"主说："这就是七十二层天，是它们的下级。这些就是它们的所有权力的能量，它们是由它们确立的;这些是被它们分布在一切地方的,存在于十二个阿其翁的[权势]之下。它们当中次等的能量为了它们自己生出了许多天使[还有]无数的天军。然而那位存在者被给予了[…]由于[…]它们是不可胜数的。如果你想给它们一个数目,你[将]没有能力这样[做],直到你抛弃了你自己的盲目的意念,以及这缠绕着你的肉体的束缚。然后你将到达那位存在者那里。你将不再是雅各,你就是那位存在者。而一切不可胜数者都将得到命名。"

〈雅各说:"那么〉,夫子,我如何能到达那位存在者那里呢? 因为所有这些能量和天军都武装起来对付我。"他对我说:"这些能量不是专门要对付你,而是对付另一位。它们武装起来是要对付我。它们也用其他的[能量]武装它们自己。它们武装起来在审判[中]对付我。它们没有给我[…]通过它们[…]。在这里受苦[…],我要[…]。他将[…],而我也不会指责他们。但是在我的里面将会有一个静默,一个隐藏的奥秘。但是我在它们的愤怒面前感到了心虚。"

雅各说:"夫子,如果它们武装起来对付你,难道不能指责它们吗?

> 你带着知识而来,
> 因此你可以指责它们的遗忘。
> 你带着记忆而来,
> 因此你可以指责它们的无知。"

"但是我的忧虑是为了你。

> 因为你堕落到了极大的无知之中,
> 但是你尚未被任何事物玷污。
> 你堕落到了极大的愚钝之中,
> 但是你的记忆尚存。

> 你行走在污泥之中，
>
> 但是你的衣袍没有沾染污泥。
>
> 你没有被埋入到它们的污秽之中，
>
> 你也没有被捕获。

我与他们不同，但是我却穿上了它们的一切。

> 在我里面有遗忘，
>
> 然而我记得那些不属于它们的事物。
>
> 在我里面有[…]
>
> 我也在它们的[…]里面。"

"[…]知识[…]不在他们的苦难之中[…]。但是我[在他们面前]感到

[29] 害怕，因为它们是统治者。他们会怎么呢？我能够对他们说什么呢？我能够说什么才能逃脱它们呢？"

主说："雅各，我赞扬你的知识和担忧。如果你还是感到忧虑的话，你就不要再关心任何别的事，而要一心只关注你的救赎。看吧，我就要完成我从诸天说过的在这个大地上的命运，我也要把你的救赎启示给你。"

雅各说："夫子，在这些事情之后，你将如何向我们显现呢？当他们抓住你，而你也完成了这命运之后，你将回到那位存在者那里去。"主说："在这些事之后，我将把一切都启示给你，这并不只是为了你的缘故，也是为了那些不信的人们，以便[信仰]可以存在于他们里面。因为有众多的人将[获得]信仰

[30] [并且]他们也将在[…]上增长。此后，我要作为指控向众阿其翁显现。我也将向他们显示，他是不能够被抓住的。如果它们抓住他，那么他将制服它们中的每一个。但是现在我就要走了，记住我对你说过的话，让它们走在你们的前面。"雅各说："主要，我会如你所说的那样赶紧。"

主复活后显现，关于灵魂上升的启示

主向他告别，完成了所当作的事。后来，雅各听说了主的受难，就感到极其忧伤，他们在等待他来临的记号。过了几天，他来了。当时雅各正在登一座名叫"高革兰"（Gaugelan）的山，与他的门徒在一起，他们都听他的，[因为他们都非常忧伤]，而他是[…]一位安慰者，[说]："这是[…]。"然后群众就散开了，只有雅各留在那里[…]祷告[…]，这是他的习惯。　|31|

主向他显现。雅各停止祷告，上去拥抱他。他亲吻他，对他说："夫子，我总算找到你了。我听说了你所承受的苦难，我非常忧伤。我感同身受，你是知道的。因此，在我思考的时候，我想我最好不要见到众人。他们必须为他们所做的这些事受到审判。因为他们所做的这些事是与应当作的相反的。"

主说："雅各，不要挂虑我，也不要挂虑众人。我就是那在我里面的他。我未曾以任何形式受苦，也未曾忧伤。这些人也根本没有伤害到我。但是这些[众人]是作为一种类型的阿其翁而存在的，它理当通过它们[被毁灭]。但是[…]阿其翁们[…]已经[…]但是既然她对[…]发怒[…这个]正义的[…]是一个仆人。因此你的名字就叫'正义的雅各'。你明白了，当你见到我　|32|的时候，你将如何变得清醒。你停止了祷告，由于你是神的一个正义的人，你拥抱了我，亲吻了我。我实实在在地告诉你，你已经激起了针对你的极大的愤怒。但是（事情这样发生）是为了其他的事也得以成就。"

但是雅各感到胆怯，哭了起来。他非常忧伤。于是他们两人在一块岩石上坐了下来。主对他说："雅各，你将经历这一切的苦难。但不要忧伤，因为肉体是软弱的，它所要受的，早已定下。至于你，不要胆怯害怕。"主[说到这里就停住了。]

雅各听了这些话，就擦去[眼中的]泪水，非常苦[…]也就是[…]。主[对他说："雅各，]注意听，我要把你的拯救启示给你。当你被抓住的时候，你要承受这些苦难，众人将武装起来对付你，他们要把你抓起来——他们将坐在那里如同税吏。他们不仅收税，还要偷取灵魂。当你落入他们的权力，其中的

一个,也就是他们的卫士,将会问你:'你是谁,你从哪里来?'你就对他们说:'我是一个儿子,我从我的父亲那里来。'他会对你说:'你是什么儿子,属于什么父亲?'你就对他说:'我来自于先存的父,是先存者的儿子。'"[当他对你说],[……],你就[对他说,……]在[……]我可以[……]。

34 "[……]异在的事物?"你就对他说:"它们并非完全是异在的,它们来自于阿卡麻多(Achamoth),她是阴性的。当她从先存者那里带下来这个族类的时候,她造出了它们。因此它们并非异在的,而是属于我们的。它们确确实实是我们的,因为它们的主妇来自于先存的那一位。同时,它们也是异在的,因为当她造出它们的时候,先存的那一位并没有与她交媾。"当他又问你:"你要到哪里去?"时,你就对他说:"那我所从来的那个地方去,我要回到那地方去。"如果你说了这些话,你就将逃脱它们的攻击。

"但是当你到了那三个羁留者那里时,它们会在它们的地方窃取灵魂
35 [……]这些。你[……]一个器皿[……]远比[……]她们当中的一个,你们[……]为了[……]她的根。你也将清醒[……]。但是我将召唤不朽的知识,那就是在父里面的所费娅,她也是阿卡麻多的母亲。阿卡麻多没有父亲,也没有阳性的配偶,她是一个来自于阴性的阴性。她是在没有阳性配偶的情况下造出你们的,因为她是独自存在的,她也不知道通过她的母亲而活着的存在物,因为她以为唯有她存在。但是[我]要向她的母亲呼喊。然后它们就将陷入到了混乱之中,
36 并将指责它们的根和它们的母亲的族类。[但是]你将向上走到属于[你的那里],你将[……][先存的那一位]。

"[它们是]十二使徒的[一类],那十二对,[……]阿卡麻多,可以译为'所费娅'。我自己,那位不朽的所费娅,也就是你们将通过她得救的那一位,以及存在者的那一位的所有儿子,——所有这些事物,它们都已经认识,并且已经隐藏在这些它们里面。你要把这些事情隐藏在你里面,你也要保持沉默。但是你要把它们显示给阿戴(Addai)。当你[离开的时候],对这个大地的战争将立即开始。[哭吧],为了那居住在耶路撒冷的那一位。但是要让阿戴把这些事情记在心里。在第十年,让阿戴坐下来,把它们写下来。当他把它们写

下来[…]他们就要给他们[…]他有[…]他被叫作利未(Levi)。" 37

* * *

雅各说:"[我已经]满足了[…]他们是[…]我的灵魂。然而我[还有另一件事]要问你:那曾经是你的门徒的七个女人是谁? 看吧,所有的女人都祝福你。我也感到惊讶,[没有能量的]器皿如何由于其中的一个领悟而变得坚强。"主说:"你[…]很好[…]一个[…]的灵,一个意念的[灵],一个谋划的[灵],一个[…]的灵,一个知识的[灵],她们的害怕的[…]。[…]当我们穿越了这个名叫阿多奈的阿其翁的[气息][…]他是无知的[…]当我从他那里出现的时候,[他]记得我就是他的儿子。" 39

* * *

然后他立即走了,并且指责那十二个,把知识的满足从他们那里扔掉了。

* * *

[…][…]当他们看见到信使带进来[…]另外的人[…]说:"让他离开大地。因为他不配活。"这些人就害怕。他们站起来,说:"这事与我们无关,因为一个正义的人要死于不正义。"雅各离开,这样[…][…]。 43

44

…

雅各启示录(二)

《雅各启示录二》(*The Second Apocalypse of James*, NHC V.4)是那戈·玛第抄本中第二篇题为雅各启示录的文献。这是一篇启示对话,其中叙述了雅各从复活的主那里领受的启示。整个文献构成了一篇优美的散文,其中有四个诗篇:第一篇是复活的主对自己的陈述,以"我是"的论断出现;第二篇是雅各关于耶稣的论述,以"他是"的论断出现;第三篇是耶稣对雅各之身份的谈论,以"你是"的论断出现,表达了对雅各作为一个拥有诺斯的拯救者的期望;第四篇是雅各即将殉道之前的祷文。

正　文

引　言

这是正义的雅各在耶路撒冷说的话,由祭司马来恩(Mareim)写下来的。马来恩把这些话告诉给雅各的父亲提欧达(Theuda),因为他是提欧达的亲戚。他说:"[赶快!]跟你的妻子[…]和你的亲戚一起来[…]因此[…]这个的[…]给[他,他将]明白。看吧,大众为他的[…]而骚动了,他们对[他]大大地动怒了[…]他们祈祷[…]。因为[他]常常说这样和那样的一些话语。

|45|

"他常常在大众安坐的时候讲这些话。但是这一回他进来,没有坐在他常坐的那个位置。他坐在第五阶楼梯,[那]是受到很高的尊敬的,而所有我们的人[…]这些话语[…][…][…][…][…][…][…]。"

|46|

雅各的话

我是从不朽的普累罗麻领受启示的那一位。我是第一位受伟大者召唤的那一位,服从主的那一位,——他穿越[诸世界…],他[…]剥光了他自己,赤裸着行走,他处在一个有朽的境地,尽管他就要被带入到不朽之中。——这位主就在这里,他作为一个察看的儿子到来,他作为他[寻找]的一个兄弟到来。他将到[…]生出他,因为[…]结合了[…]让他自由[…]在[…]到[…]去的他。

⎡47⎤

我也富有知识,我有超凡的[悟性],那只能来自于上界[…]我是我认识的[…]。凡是向我启示的,都向所有其他人隐藏,而且只以通过他得到启示。这两位察看者,我⟨…⟩他们已经用这些话语宣布:

耶稣的话

他将受[不正义的人]的审判。

那没有亵渎地活着的人将死于[别人的亵渎]。

[…]肉体[…]我将借着知识从[肉体]中显现。

⎡48⎤

我确实正在死去,但是我将处在生命之中。

我进入,为的是他们可以行审判。

[我将]进入到[…]审判之中,

我没有责备他的那些仆人[…]

我赶快去解放他们,让他们超升到他们的那个统治者之上。

如果他们得到了救助,我就是秘密的兄弟,向父祷告[直到他…]

[…]统治:[…不朽…]首先在[…]

⎡49⎤

我是生下来的第一个[子]。

——他将摧毁［他们］一切的统治。

我是蒙爱的那一位。

我是正义的那一位。

我是父的儿子。

我讲的正是我所听到的。

我命令的正是我所接受的命令。

我所指给你们看的正是我所发现的。

看吧,我讲话是为了我的显现。

你们要注意我,以便能够看见我。

如果我已经进入存在,那么我是谁呢?

我并不作为我本来的面目到来,我也不会显现出我本来的样子。

[50] 因为我常常只存在很短的一段时间［…］

雅各的叙述

我曾经坐在那里沉思,他把门打开了。你们憎恨、迫害的那一位进到我这里来。他对我说:"欢迎你,我的兄弟,欢迎你,我的兄弟。"当我举目凝视他,我的母亲对我说:"不要害怕,我的儿子,因为他称呼你为他的兄弟。因为你们是吃同样的奶长大的。正因如此,他称呼你为他的兄弟。他不是我们的外[51] 人。他是你的［兄弟］。［…］这些话语［…］伟大的［…］"

耶稣谈论异乡人、至善的父和德穆革

我将［寻找］他们,［他们也将］显现。然而我是异乡人,他们在［他们的］意念里面不认识我,因为他们是在［这个地方］认识我的。但是其他人应当通过你认识。你就是那一位,我对你说:"你要听,你要领悟。对于大众来说,他

们听了,就会慢慢地变得智慧起来。但是你,凡是我所能够告诉你的,你都要领悟。你的父亲不是我的父亲,但是我的父亲已经成为你的父亲。你所听到的这位童贞者——这就是[……]如何[……]"　|52|

* * *

你的那位父亲,你知道他极其富有的那一位,将会让你继承你所看到的一切。我向你宣告、我告诉你我所要说的这些话语。你听的时候,你要打开你的耳朵,你要领悟,你要依此而行! 正是因为你,他们才得以通过,受到那位荣耀者的激励。如果他们想要造成动乱,攫取财物[……]。他开始[……]那些他派来　|53|
造现在这个创造物的那些,也不[……]。在这些事情之后,他感到羞耻,他要感到不安,因为他的一切劳作,那些远离移涌的劳作,乃是虚无。他的遗产,他吹嘘极大的财产,将显得渺小。他的礼物并非福祉。他的许诺乃是邪恶的诡计。因为你们不是他的同情的工具,他正是通过你们施行暴力。我想对我们行不正义,而且将在分配给他的时间里施行统治。

你们要领悟、认识那位同情的父亲。他的无限的遗产不是被给予的,他的遗产也没有时间的限制,它是永远的[……]这是[……][……]觉察[……]。他常常　|54|
[……]因为事实上,他不是来自于他们的一位,他也因此遭到了[藐视]。因为这样,他[夸口],为的是他不被指责。因为这样,他高于那些下界的人,也就是那些看轻你的人。在他因禁了那些从父那里来的人之后,他抓住他们,把他们塑造得跟他自己相像。他们正是与他一起存在。

雅各的使命

我从高处看那些发生的事情,我也已经解释了它们如何发生。他们在处于另一种形态之中的时候,我就造访过他们,在我观察他们的时候,他们通过那些我认识的人认识了我的本来面目。在这些事发生以前,他们将造一个[……]。我知道他们[如何]设法下到这个地方来,以便他可以靠近[……]小孩　|55|
子们,但是我想通过你和[能量的灵]启示,为的是他可以向那些属于你们的人显现。那些想要进来的人,那些追求行在门前的道路上的人,通过你打开了门。他们跟随着你,他们进来,你在里面陪同他们,给予每一位已经准备好的人以回报。因为你并不是那个拯救者,也不是异乡人的救助者。你是那些属于我的人的启示者和拯救者,也是那些属于你的人的启示者和拯救者。你将向他们显现,你要把善带到他们中间。他们要崇敬你,为的是你的强有力的行为。你就是诸天都祝福的那一位。你是他所嫉妒的那一位,他称他自己为你的[主]。我就是[…]那些跟你一起领教这些事情的人。为了你的缘故,他们将被告知这些事,并将进入安息。为了你的缘故,他们将统治,并将成为君王。为了你的缘故,他们将怜悯那些他们所怜悯的人。正如你是第一位穿上衣服的人那样,你也是第一位剥去你自己的人,而你也将成为在被剥去衣服之前的那个样子。

雅各:蒙爱的门徒

于是他就亲吻我的嘴。他拉住我,说:"我所爱的人! 看吧,我将向你启示那些事情,就是诸天和它们的阿其翁都未曾知道的那些事。看吧,我将向你启示他所不知道的那些事,那是那一个,他[吹嘘:'…]在我之外并没有别的神,我不是活着的吗? 我是父,我难道没有对于万物的权力吗?'看吧,我要把隐藏的那一位启示给你。但是现在,伸出你的手。现在,抓住我的手。"[然后]我就伸出了我的双手,我以为他在那里,但是我没有找到他。但是随后我就听到他说:"觉悟吧,拉住我。"然后我就觉悟了,我感到害怕。然后我感到极度的喜悦。

雅各论述复活的耶稣

因此,我告诉你们,你们审判,你们就被审判了。你们没有宽恕,但是你们却被宽恕了。清醒过来吧,[…]你们并不知道。

他就是那一位,创造天地,并居住于其中的那一位,也看不见他。
他就是那一位,他就是生命。

他就是光明。

他就是那将要到来的那一位。

他也将给一切有开端者提供一个结束，

为那些将要结束者提供一个开端。

他就是那圣灵和那不可见者，就是未曾降临到地上的那一位。

他就是童贞者，就是他想要临到他的那一位。

我看见他是赤裸的，没有衣袍包裹着他。

就是那他想要临到他身上的[…]。

苏醒的召唤

　　避开困难的道路，它是如此的多变，与他同行，他希望你们在穿越了每一 [59]
层的统治之后成为自由的人。因为他不会为了你们做过的那些事审判你们，
反而将会怜悯你们。因为做那些事的不是你们，而是你们的主。[他不是]一
个愤怒者，而是一个仁慈的父。

但是你们已经审判了[你们自己]，也因为这个原因，

你们将留在他们的羁绊之中。

你们已经压迫了你们自己，你们也将忏悔，但是你们将根本不会
获益。

注意说话的那一位，寻找沉默的那一位。

认识到这里来的那一位，领悟从中而出现的那一位。

我是正义者，我施行审判。

我不是一个主人，而是一个施助者。

　　在他伸出他的手之前，他就被驱逐了。我[…][…]他允许我听。演奏你
们[在这个屋子里的]的喇叭、笛子和竖琴，这个主已经从你们的主那里把你 [60]

们捕获,塞住了你们的耳朵,使它们不再能够听到我的话语。然而你们将在你们的心中留神,你们将称呼我为"正义者"。因此,我告诉你们:注意,我把你们的屋子给你们,就是你们说是神造的那个屋子——就是他在其中答应你们通过它给你们遗产的那个屋子。这个屋子我必定要毁灭,嘲笑那些在无知之

[61] 中的人。因为,看吧,那些审判者想[…]每一天,所有的人和群众都骚动不安,他们显示出,他们并未被说服。

雅各殉道

于是他就站起来,以这样的[方式]出来说话。在同一天,他再次进入,讲了几个小时。而我当时跟祭司们在一起,一点也没有显示出其中的关系,因为他们所有人都同声地说:"来吧,让我们用石头把这个正义者打死。"于是他们站起来,说:"是的,让我们杀死这个人,让他从我们中间消失。因为他对于我们是无用的。"

他们就在那儿,看到他站在庙柱子边上的那个基石旁边。于是他们决定

[62] 把他从高处扔下去,他们就把他扔下去了。他们[…]他们[…]。他们抓住他,[殴打]他,把他拖倒在地上。他们让他躺在地上,把一个石头压在他的肚子上。他们都把脚踩在他身上,说:"你错了!"

然后他们把他拉起来,因为他还活着,让他挖了一个洞。他们让他站在里面。在埋到腹部的时候,他们就这样用石头扔他。

他伸出他的双手,做了这样的祷告——不同于他惯常所做的祷告:

雅各的临死祷告

我的神,我的父,

你在这个死亡的盼望中拯救了我,

你借着他所想要的奥秘把我救活,

不要拖延我在这个世界的这些时日,

[63] 而要延长你们的时日[光明…]留在拯救[…]之中。

把我救出这个逗留之地！

不要把你的恩典留在我里面，

而要让你的恩典变得纯粹！

救我离开邪恶的死亡！

把我活着从坟墓救出，

因为你的恩典——爱——在我里面活着，

去成就圆满的工作！

救我离开罪恶的肉体，

因为我以我的一切力量信靠你！

因为你是生命的生命，

救我离开一个羞辱人的敌人！

不要把我交给审判者之手，

他的罪极其严重！

宽恕我有生之日的所有债务！

因为我活在你的里面，你的恩典活在我里面。

我已经弃绝了每一个人，

但是我已经忏悔。

救我离开恶的折磨！

但是现在时候已经到了。

啊,圣[灵],给我拯救[…]

光明[…]在一个能量之中[…]。

在他祷告完毕之后,他就静默下来[…]话语[…然后…]这篇对话[…]。

彼得启示录

《彼得启示录》(*Apocalyps of Peter*, NHC. Ⅶ.3) 是诺斯替主义的基督教伪经, 它叙述了使徒彼得所见的异象以及耶稣对异象的解释, 阐述了基督再来的学说, 提供了一个对高天上界的描写, 其核心是对耶稣受难的诺斯替解释, 以耶稣受迫害为模本来理解诺斯替派受那些"自称主教和执事之人"的迫害的早期基督教历史。彼得在这个文本中是作为一个基督教的诺斯替派的奠基者出现的, 是诺斯替派的典范人物, 他追求知识, 只有他看到了并且理解了真正意义上的耶稣的受难。本文用该文献仅出现于那戈·玛第抄本, 与已知的同名伪经没有直接关系。该文本的诺斯替主义特征是非常明显的, 除了基督幻影论之外, 其中还有诺斯替派的天上起源、救主带来回忆、天父与受造世界无关、阿其翁是无知的等主题。在内容上, 本文最接近于《伟大的塞特第二篇》。

这个文本的体裁是启示录, 围绕彼得所见的三个异象, 以及救主对异象的解释写成的。第一个灵视的场景, 描绘一群满怀敌意的祭司和群众将要杀死耶稣, 这些人至少来自六个群体, 他们被形容为"无人引路的瞎子。"这些群体中很多似乎是来自正统教会的, 但其中有一些则可能是其他的诺斯替派。第二个灵视的场景形容彼得在异象中见到耶稣钉十架。与之相伴随的耶稣的解释区分了外在的肉身的耶稣和永生的耶稣, 那个永生的耶稣就站在附近讥笑那些无知的逼迫他的人。第三个灵视的景象是关于正统传统中耶稣复活的, 但是却从诺斯替派的角度解释了耶稣的灵与天上普累罗麻的理智之光的重新会合。

在这个文本中, 早期的基督教会被描绘为一些四分五裂的教派, 他们迫害诺斯替群体。在诺斯替派看来,世界是一个充满敌意的地方,他们的外表虽然像那些会朽坏的灵魂,但他们的内心却拥有不朽的本质。由于他们知道他们自己来自于上界,所以他们渴望那上界的人子再来,作末世的审判者,定欺压者的罪,为诺斯替派辩护。

这个文本在几个方面具有重大的意义。首先,它包含了诺斯替派基督幻影论的重要资料来源;其次,本文解释了彼得作为创立者与这一个诺斯替派之间的关系;其三,本文描写了正在出现的正统与异端之间的争端。该文本似乎写于三世纪,是正统信仰与异端之间的区分已经相当分明的时期。

正　文

引　言

在第十根顶梁柱的树立及其快乐的第三百〈年〉,救世主坐在圣殿中,安息在永生的、无瑕的伟大者的数目之中。① 他对我说:"彼得,那些属于父的人有福了——因为他们在诸天之上——他们通过我把生命启示给了那些源于生命的人。我曾经提醒那些建造在坚固根基之上的人,让他们倾听我的话语,把不正义和违反律法的话语与正义的话语区分开来,——因为这些话语是源于上界的——也能区分真理的普累罗麻的每一句话语。这些话语是那一位——就是众能量寻找、但是找不到的那一位——在极大的喜悦中授予的。没有任何先知曾经提到他的名号,而今他在这一位里面显现出来了:在被启示者,也就是在人子身上显现出来了——这位人子就座在诸天之上,他的本质跟〈许多人〉一样。彼得,你也将跟我一样达到圆满,跟你的名字相应——你是我挑选的;因为跟你一起,我已经为那些余下来的人,也就是我已经指定获得知识的人,建立了一个开端。你要坚强,直到正义的模仿者——那正义在早先就曾

[71]

---

① 这个场景可以解释为发生在耶稣上十字架之前,也可以解释为是彼得在天上回望以前发生的事。

呼唤过你〈…〉——他曾呼召你,让你以正确的方式认识他,就是通过跟他之间的遥远的距离、那些已经达到他的人、他的手和足上的刺、中间的那一位给他戴上的冠冕以及他的发光的身体。在对侍奉的盼望中他将会带来荣耀的奖赏。因此他会在这晚上责备你三次。"

[72]

彼得的异象:祭司和众人

他正说着这些话的时候,我看见祭司和众人拿着石头向我们奔来,要杀死我们。我怕我们就要死了。

他对我说:"彼得,我已多次告诉你,他们是瞎子,没有人带路。如果你想明白他们的瞎眼,那就把手放在(你的)衣袍(肉体)的眼睛上面,把看见的说出来。"

我这样做了,但是什么也没有看见。

我说:"没有人是(这样)看的。"

他再一次对我说:"再做一次!"

然后有一种快乐的恐惧压倒了我,因为我看见了一道比日光更强的新的光。那光随后落在救主身上。然后我就把所看见的告诉了他。

[73]

他又对我说:"高举你的手,听听祭司和众人在说什么。"

我倾听祭司的声音,他跟文士坐在一起,教众正在大声呼喊。

他听了我说的这些景象之后对我说:"削尖你的身体的耳朵,倾听他们在说什么。"

然后我就听:"你坐在那里,他们在赞美你。"

对彼得的启示:关于其他人的谬误

我讲完这些话,救主说:"我已经告诉过你,这些人是瞎眼和耳聋的。再听一听在一个奥秘中对你说的事,并且保守它。不要把这些话告诉这个世代的孩子们。因为你将在这个世代中受到诅咒——因为他们不认识你,但是在知识中,你将会受到赞美。很多人在一开始会分享我们的话语,但是后来他们又会按照他们的谬误之父的意志偏离这些话语，因为他们要按照他的意志行事。因为他想把他们置于他的审判之中，成为话语的仆役。那些跟他们混在一起的人将受到他们的囚禁，因为他们是没有知觉的。他们会把那些纯洁、美好的洁净的人推向死亡的使者。一直到他们的统治，基督将在恢复中受到赞美，但是那些宣扬假道的人，也就是那些迫害你们的人，也将受到赞美。他们将会执着于一个死人的名号，以为那样他们将会变得纯洁，但是他们将会更加受到污染，他们将会堕落到一个谬误的名下，落在邪恶、狡猾之人的手中，落在繁复的教条中，以异端邪说进行统治。他们当中有一些人会亵渎真理，宣扬邪恶的学说，他们又会彼此恶言恶语。其中有些人会自称为是经受许多磨难的男人和赤裸的多形态的女人，因为他们处在阿其翁者的能量之下。而那些宣讲这些事的人将会询问梦境。如果他们说，一个梦来自于一个与他们的谬误相应的魔鬼，那么他们将被赐予永灭，而不是被赐予不朽。"

[74]

[75]

附论会死的与不死的灵魂

"因为要让邪恶结出善果乃是不可能的①。每一个地方只能结出跟那个地方一样的果实。并非不是每个灵魂都出自于真理或者不朽，因为在我们看来，这个世代的每一个灵魂都是命定要死的。因为他们始终都是奴隶，是为了他们的欲望和永灭而创造出来的，他们就在欲望和永灭之中，也是来自于欲望和永灭，因为他们爱那些跟他们一起出现的物质的造物。

"彼得啊！那些不朽的灵魂则不是如此。只要时候还没有到，他们跟死人没有什么两样，他们不会显露自己的本性，也即唯有他们才是不朽者，唯有他们才会思想不朽，唯有他们才拥有信仰，渴望拒斥邪恶的事。

[76]

"智慧的人不会从荆棘和荆棘树上摘无花果，也不会从蒺藜里摘葡萄②。因为一方面事物始终都是保持着他所从来的那个状态的。如果一个事物的来源不好，那么这个源头就会成为它的毁灭和死亡。另一方面，那些处在永恒里

---

① 参:《路加福音》6,43。
② 参:《路加福音》6,44。

面的灵魂是处在生命之中的,处在跟他们相似的不朽之中的。因此,一切不存在者最终都将在不存在之中消融,诚如聋子和瞎子只会与他们的同类在一起那样。"

继续对彼得的启示

"有些人则会离开引人入歧途的邪恶的话语和奥秘。有些人根本不明白奥秘,谈论的是他们不明白的一些事情,但是却吹嘘真理的奥秘是唯独属于他们的。他们将在傲慢之中领悟〈…〉嫉妒那已经成为人质的不死的灵魂。因为这个世代的一切掌权者、暴力者和能量都想跟世界创造物中的这些灵魂在一起,为的是那些不存在者获得不存者的荣耀的证实,尽管他们已经忘记了自己。尽管他们没有被拯救,也没有被他们带到那条道路上,但是他们总是渴望,他们会成为不朽者。因为当一个不朽的灵魂在一个理智的灵里面接受了能量的时候[…],她就立即朝着那个把她引入到谬误之中的那个人的方向运动了。

[78] "还有一些人,他们数目众多,对抗真理,这些人是谬误的使者,他们会用他们的谬误和他们的律法对抗我的纯洁的意念。他们只是从一个角度看,认为善与恶乃是来自于同一个源头。他们跟我的话语做交易,他们被囚禁在残酷的命运之中,一直到我再来的日子,那不朽灵魂的族类徒然地试图逃脱,因为他们将从他们中间出来,我会宽恕他们在逆境中堕入其中的那些罪行,我要把他们从奴役中解救出来,赐给他们自由。因为他们将以一个死人的名义创造一个仿造物,也就是赫马(Hermas),不义的首生子,为的是那些小人不会信仰真正的光明。这一类的小人就是那些工人,他们将被抛入到外面的黑暗之中,离开光明的儿子。因为他们自己不进入,也不让那些向上走的人经过他们的同意向上走,获得解放。

[79] "他们当中还有一些人,因为他们受过苦难,以为他们能够实现真正存在的兄弟情谊的智慧——那兄弟情谊就是同根之人的属灵的团契,不朽者的婚姻就是在这种团契中显现的。一种相类似的姐妹之情谊也会作为一种模仿而

出现。这就是迫害他们的弟兄的人，他们对弟兄说：'我们的神会借此怜悯我们，因为拯救是借此降临到我们身上的。'他们不知道那些自我取悦的人、连同那些小人行径的人、那些嫉妒的人、那些他们抓住的人所面临的惩罚。

"还有一些人，他们不在我们之列，他们自称为主教和执事，他们好像从神那里领受了权威。他们俯伏在阿其翁的审判之下，这些人是枯干无味的庸人①。"

我说："你告诉我的这些事让我感到十分惧怕，因为在我们看来确实只有 |80|
很少的人能够满足要求，而许多人正误导着有生命的人，让他们跟他们一起走向毁灭。而只要他们奉你的名，他们就会被人相信。"

救主说："一个（确定的）时候已经为他们定下来了。按照一个与他们的谬误相应的定数，他们将统治那些小人。到了谬误终结的时候，那个不朽悟性的不老的族类将会变得年轻，他们将统治那些统治他们的人。他将会拔出他们的谬误之根，他将会毁灭它，这样他就将显现在他已经习得的一切自由之中。彼得，这类人将不会偏离正道。来吧，让我们成就无瑕之父的旨意的完成！看吧，那些把这个审判施加在他们自己身上的人到来了！他们将毁灭他们自己。他们是碰不到我的。至于你，彼得啊！你要站在他们中间。不要因为胆怯而害怕。他们的洞察力将会被封闭，因为那不可见者已经站在他们 |81|
对面。"

彼得的异象：耶稣受难

他说了这些话之后，我看见他好像被他们抓住了。我就说："主啊，我见到的是什么呢？他们抓住的是你本人吗？而你也抓住了我？那在十字架旁高兴微笑的那一位是谁呢？那被他钉住了手和脚的是另一个人吗？"

救主对我说："你看见的站在十字架高兴微笑的那一位是永生的耶稣。那个被他们钉住了手和脚的，乃是他的肉身，是他的替身。他们毁灭的是这个

① 希恩克版译为"干涸的水渠"。

按照他的形象进入存在的替身。但是你看一看他和我吧。"

　　但是我看了以后对他说："主啊,没有人看到你,让我们逃离这个地方吧!"

　　但是他对我说："我已告诉你,'不要惊动那些瞎眼的人!'你且看,他们根本不知道他们自己在说什么。因为他们毁灭的是他们的荣耀之子,而不是我的仆人。"

　　我看见有个人在那里靠近我们,那人跟在十字架上微笑的那一位是一样的。他被编织在圣灵之中,他就是救主。有一片伟大的、不可言说的光明笼罩着他们,众多不可言喻的、不可见的天使在赞颂他们。我看见那位赞美者被显现出来了。

结　语

　　他对我说："你要坚强,因为你是得到了奥秘的一位,你明明白白地知道了这些奥秘,你知道被钉的那一位是首生者,是魔鬼的屋子,是他们居住的石头器皿,是律法之下的艾洛英(Elohim)〔神〕的、十字架的〈…〉。而站在他旁边的那一位乃是永生的救主,他一开始是在他里面的,在他们抓住的那一个里面的,然后他被释放出来了,他站在那里微笑,因为他看到,那些对他施暴的人彼此分裂。因此之故:他嘲笑他们没有看的能力。因为他知道,他们生来就是瞎眼的。受苦的是我的替身,而那个被释放出来的是我的无形的身体。我是有智慧的灵,充满了耀眼的光明。你看见的降临到我身上的那一位,乃是我们的智慧的普累罗麻,他把完美的光明与我的圣灵联合起来了。

　　"你要把你看见的事情传授给异乡人,传授给那些不是出生于此地的人。凡是没有达到不朽的人都不可能侥幸明白,唯有那些从不朽的质料中拣选出来的人,那些已经表明能够包容赐予他丰盛的那一位的人,才能明白。所以我说:'凡是有的,还要给他,他将拥有丰盛。'①但是那些没有的人——也就是那

---

　　①　参:《马太福音》25,29。

些在这个地方的人,他们是完全地死了,他们来源于自然的繁殖倾向,每当有 $\boxed{84}$
一位不朽者显现出来的时候,他们都会以为他们拥有他了——这些人,连他们
所有的也要被夺去,加在那些存在者身上。因此,你要坚强,不要害怕,因为我
会与你同在,没有敌人能够伤害你。愿平安与你同在,你要坚强!"

　　耶稣说完这些话,彼得就(从出神状态中)回到了自身。

战争者多马书

《战争者多马书》(*The Book of Thomas the Contender*, NHC Ⅱ.7),简称《多马书》,记载了耶稣和犹大多马之间的启示对话,这次对话发生在耶稣升天之前,记述者为马提阿(Mathaias)。在这次对话中,基督是真正的神的形象在地上显现,蒙拣选的使徒可以真正地看见他,不受物质干扰地接受他的权威的教训。耶稣在世时的教训是比喻性的,意义往往含糊不清,而耶稣复活升天之前的教训则包含了对他先前在世时的启示的开导性注解和给予特定使徒的新启示。多马作为耶稣的灵性的孪生兄弟,凭借"认识自己"能够领悟"万有的深邃",知道救主从哪里来,到哪里去,成为拥有耶稣真教训的传道者。

该文本没有提到耶稣的名字,他一直被称为"救主",《珍珠之歌》中灵魂的神话提供了救主之教训的一个框架,但并不构成他的信仰的主要部分,特别值得注意的是对于救主和犹大多马之间孪生关系的清晰阐述(138∶4)。本文第一部分关注的是自我知识(诺斯)和肉体的无价值;第二部分则类似于禁欲主义的布道文,描写了等待着受肉体控制的愚昧之人的惩罚。总的来说,前半部分强调被拯救者的本质,后半部分则描写了被定罪者的本质。光明(诺斯)和火(欲望)这对主题把这两个部分贯穿在一起。

在这个文本中,多马与耶稣之间的对话只占五分之三的篇幅,五分之二是救主的长篇独白,在这两个部分之间有编辑衔接的痕迹,暗示作品可能是某位编辑者将两部作品编在一起的。本文的希腊原文已经佚失,只有科普特文译文保存在《那戈·玛第文集》第2书册中。

正　文

引　言

这些秘密的话语是救主对犹大多马说的，我，马提阿(Mathaias)，在行走 138 的时候听他们彼此讲话，把它们记录下来了。

认识救主就是认识自我，认识自我就是认识万有

救主说："多马兄弟，你在这个世界上还有时间，你听我说，我将要向你启示你在心里沉思的那些事。

"既然如所说过的那样，你是我的孪生兄弟①和真正的伙伴，你要检验你自己，知道你是谁，你是以何种方式存在，以及你将来如何存在。② 既然你将被称为我的兄弟，你就不应该对自己无知。我知道，你已经领悟，因为你已经领悟我是真理的知识。因此，在你陪伴我的时候，尽管你并不了解，事实上你已经知道，你也将被称为认识自己的人。凡不认识自己的人不认识任何事，而认识自己的人已经同时达到了万有之深邃的知识。因此，你，我的兄弟多马，已经看到了人们看不清楚的东西，看到了他们无知地绊跌的东西。"

对救主语录的解释

多马对主说："因此我请求你告诉我在你升天以前问过你的那些事，我从你这里听了那些隐秘的事之后，就能谈论它们了。我很清楚，在人们面前实行真理是很难的。"

救主回答说："如果连那些可见的事物对你来说也是模糊的，那你如何能够听懂那些不可见的事物呢？ 如果连那些在此世可见的真理的行为对你来说也是难以实行的，那你将如何实行那些极高的、属于普累罗麻的不可见的行为

---

① 指"灵性的兄弟"，参:《雅各启示录(一)》24,14ff.。
② 参:《西奥多图摘要》78,2。

呢？你如何可以被称为'劳动者'呢？在这个方面你还是学生,还没有达到完美的境界。"①

多马回答救主说:"请你告诉我你所说的这些事,对我来说它们不是可见的,而是隐藏的。"

肉体将会毁灭

救主说:"一切的身体[…]牲畜是被生出来的[…]明显是像[…],那些上界的事物也是[…]那些可见的事物,但是它们是在他们自己的根本上可见的,是它们的果实滋养了它们。但是这些可见的身体是依靠吞食与它们相似的动物而生存的,其结果是这些身体的变化。变化的事物是会腐朽和毁灭的,而腐朽和毁灭之后是不可能有生命的,因为身体是兽性的。正如牲畜的身体会毁灭那样,人的身体也会毁灭。人的身体不也是像牲畜的身体那样从性交而来的吗？如果它也是从性交而来的,那么它还能生出有别于牲畜的东西吗？因此,你们在成为完美之前乃是孩子。"②

不可见者难以解释

多马回答说:"因此我对你说,主,那些谈论不可见的和难以解释的事物的人就像是在夜里朝箭靶射箭。诚然,他们是像射箭的人那样在射箭,因为他们是在朝一个靶子射箭,只是这个靶子是不可见的。然而,当光明来到,盖住了黑暗的时候,每一个人所做的工作就显现出来了。③ 主啊！你,就是我们的光明,你正在照耀着我们!"

光明只是短暂地在这里

耶稣说:"光明存在于光明之中。"

---

① 参:《雅各密传》7,2ff.。
② 诺斯替主义者自称为"孩子",参:《多马福音》4。
③ 参:《哥林多前书》3,13;《约翰福音》3,21。

多马说："主，为什么为了人类而照耀的可见的光明有升有落呢？"

救主说："蒙福的多马啊，这可见的光明当然是为你们而照耀的——不是为了让你们留在这里，而是为了你们可以离开这里——一旦所有蒙拣选的人都抛弃了兽性，这个光明就将退回到它的本质，而它的本质将欢迎它，因为它是一个好助手。"

智慧的人逃离欲望

救主继续说道："啊，光明的不可测度的爱！啊，苦烈的火！燃烧在人们的身体和骨髓之中，日日夜夜地燃烧着，焚烧着人们的肢体，使他们的心灵陶醉，使他们的灵魂疯狂［…］夜里他们在男人和女人中间［…］并且明或暗地［…］推动着他们。男人运动在［…］女人之上，而女人在男人之上。因此说：'凡是出于真智慧追求真理的人都要插翅飞翔，逃离那烧烤人灵的欲望。'他也要插翅逃离每一个可见的灵。"

多马回答说："主，这正是我问你的事，我已经明白，正如你所说，你就是那对我们有益的那一位。"

救主回答说："因此我们有必要对你们讲说，因为这是完美者的教义。如果你们想变得完美，你们就应当遵守我所说的话，如果不这样做，你的名字就是'无知'，因为智慧的人不可能与一个愚昧的人同住。智慧的人在一切事情上都是智慧的。"

愚昧者受可见世界的欺骗

"对于愚昧的人来说，善恶是相同的——智慧的人的确会得到真理的滋养，'就像一棵树生长在蜿蜒的小溪边'①——看吧，有些人虽然插上了翅膀，却飞向了远离真理的可见事物。因为那引导着他们的火将会给他们一个真理的幻觉，以有朽的美丽照耀着他们，将会把他们囚禁在黑暗的甜蜜之中，用芳

_____

① 《诗篇》1,3。

香的快乐迷惑他们。它将用永不饱足的欲望弄瞎他们的眼睛,燃烧他们的灵魂,它就像一根树桩那样牢牢地钉在他们的心中,永远也无法拔出来。它就像嘴里面的嚼子,按照它自己的欲望牵着他们走。它也已经用它的锁链束缚住了他们,用苦烈的欲望——就是对于那些会由于冲动而腐朽、变化和转向的可见事物的渴望——束缚住了他们的四肢。他们始终受到向下的吸引,当他们被杀的时候,他们等同于有朽王国中的一切野兽。"

多马回答说:"这是很明白的,已经有人说过:'许多人是[⋯]不认识[⋯]灵魂的。'"

智慧者仰赖真理

救主回答说:"追求真理的智慧者有福了,当他找到真理之后就永远地在真理中安息,不再害怕那些想要扰乱他的人。"①

我们必须与同类相聚

141　多马回答说:"主,安息在我们自己人中间对于我们是有益的吗?"

救主说:"是的,这是有益的,也是好的。"

其他人的命运:肉体

人的可见部分都会腐朽,因为肉身的躯壳是要解体的,而当它消散的时候,它就进入到了可见的事物中间。接着,出于对他们从前所持守的信仰的爱,那种他们看得见的火给他们带来了剧痛。他们将会重新在可见世界中聚合起来。

其他人的命运:魂

"另一方面,那些不可见的部分,就是那些拥有视觉功能的部分,由于缺

---

① 参:《致里吉诺书:论复活》;《多马福音》2。

乏先前的爱,将会在对当下生活的挂虑和火的烧烤中腐朽。在可见部分解体之后不久,无形的幽灵将会出现在坟墓中间,它们将永远地居住在尸体上,陷于灵魂的痛苦和腐朽之中。"

我们要忽视愚昧的人

多马回答说:"面对这些事情我们应当说什么呢? 对于那些瞎眼的人我们应当说什么呢? 有些可怜的凡人说,'我们来是要做好事,不是要诅咒',他们又宣称,'要是我们不是生在肉体之中的话,我们就不会知道不正义了'。对于这些人我们应当向他们宣讲什么教义呢?"

救主回答说:"确实,对于那些人,你们不要把他们当作人来尊敬,而是要把他们看作野兽,正如野兽彼此吞食那样,这一类的人也会彼此吞食。"

对愚昧者的惩罚

"相反,他们已经被剥夺了天国,因为他们爱火的甜蜜,成为死亡的奴隶,奔向腐败的工。他们成就了他们的父亲的欲望。他们将被扔到深渊里去,遭受他们的邪恶本性的苦毒的折磨。他们将会遭受鞭笞,倒退到他们所不认识的所在,他们退出身体,不是出于毅力,而是出于绝望。他们为[……]而欣喜,疯狂而木讷(dumbfoundedness)。[……]他们追求这种木讷,没有认识到它们的疯狂,以为他们是智慧的人。他们[……]他们的身体[……]他们的心灵是安置在他们自己身上的,他们的意念是放置在他们的行为上面的。但是火焰将焚烧他们。"

他们。"

多马回答说:"主,那个被扔入到他们中间的人该做什么? 我对他们十分担忧,因为有许多人反对他们。"

救主回答说:"你自己的看法是什么呢?"

这位被称为多马的犹大说:"主,应该说话的是你,而我则应该听。"

救主回答说:"倾听我正要对你说的话,你要相信真理。播种者和被播种者将要在火里面毁灭——在火和水里面——它们将隐藏在黑暗的坟墓中。过了很长时间之后,它们将在雨、风、气以及照耀于其上的光明中长出邪恶之树的果实,在野兽和人们的口里面被惩罚、被杀戮。"

嘲笑者将受到的惩罚

多马回答说:"主,你确实已经说服了我们。我们在心里面认识到了,事情显然就是这样子的,你的话语已经足够。但是你对我们说的这些话语对于这个世界上的人来说是荒谬可笑的,因为这些人并不明白。我们在这个世界中并不受尊重,那么我们如何才能向他们宣讲呢?"

救主回答说:"我实在告诉你们,如果有人听了你的话语却背过脸去,或者嘲笑、不屑于这些事,那么我告诉你,他将被交给上界作为王统治着一切能量的统治者,他将把那个人翻转过来从天上向下扔到深渊里,他将被囚禁在一个黑暗狭窄的所在。而且,由于冥府的极度的幽深和地狱的深重牢固的苦难,他既无法转身也无法挪动[……]他们对它[……]他们将不宽恕[……]追踪你。他们将把[……]交给[……]冥府的天使[……]火焰追逐他们[……]狠狠地鞭笞,把雨露撒到被追逐者的脸上。如果他向西逃,他会遇见火焰。如果他转向南方,他也会遇见火焰。如果他转向北方,那炽热的火焰的威胁再次等待着他。他在东方也找不到逃脱和被拯救的出路,因为他没有在他尚在肉身之中的时候找到审判之日寻找的这条道路。"

[143]

劝勉:为肉体而活的人有祸了

救主接着说道:"那些不信神的人有祸了! 他们没有盼望,他们仰赖那些不会发生的事情!"①

"你们这些把盼望寄托在行将毁灭的肉体和监狱之上的人有祸了! 你们的遗忘还要持续多久呢? 你们还要长久地以为不灭者也将毁灭吗? 你们的盼望是寄托在这个世界之上的,你们的神就是此生! 你们正在腐蚀你们的灵魂!"

---

① 参:《路加福音》6,20-26。

"你们这些置身于在你们里面燃烧的火焰之中的人有祸了！因为这火是永不餍足的。"

"你们这些在你们的心灵中有车轮旋转的人有祸了！"

"你们这些被燃烧在你们里面的火焰束缚住的人有祸了,因为它将公然地吞噬你们的肉体,暗暗地撕碎你们的灵魂,为你们准备彼此[…]。"

"你们这些俘虏有祸了！因为你们被束缚在洞穴之中！你们大笑,你们在疯狂地笑声中欢喜！你们既没有认识到你们的毁灭,也没有反省你们的处境,也不知道你们居住在黑暗和死亡之中！相反,你们陶醉在火焰之中,充满了苦毒。你们的心灵由于你们心中燃烧的火而疯狂了,你们的敌人的毒药和殴打对于你们是甜蜜的！黑暗就像光明那样为你们升起,因为你们放弃了你们的自由甘愿受奴役！你们变暗了你们的心灵,使你们的意念屈服于愚昧,你们在你们的意念中充满了你们内在之火的烟雾！你们的光明隐藏在[…]的阴云之中以及穿在你们身上的衣袍中,你们[…]。你们被并不存在的盼望抓住了。你们所信的是谁呢？你们不知道你们都居住在那些人中间,他们[…]你们,就好像[…]？你们在黑暗中洗了你们的灵魂！你们在你们自己的欲念中行事！"

144

"你们这些居住在谬误之中的人有祸了！你们并不在意,那审判和俯瞰着万物的阳光将会笼罩万物,囚禁敌人！你们没有注意到那月亮如何日日夜夜俯瞰注视着你们屠杀的尸体！""你们这些喜爱与女人亲近,与她们行污秽的性交的人有祸了！你们这些被肉体的力量抓住的人有祸了！因为它们会折磨你们！你们这些被恶魔的能力抓住的人有祸了！你们这些用火取悦躯体的人有祸了！谁会把清凉的露水撒在你们身上,浇灭那跟着你们一起燃烧的大火呢？谁会让太阳照耀在你们身上,驱散你们里面的黑暗,掩盖黑暗和污水呢？"

葡萄树和野草的寓言

"太阳和月亮将给予你们芳香,连同空气、灵、泥土和水。如果太阳没有照耀在这些身体之上,他们将会枯萎死亡,正如野草那样。如果太阳照耀在它们身上,它们就会比葡萄树茂盛,使葡萄树窒息而死;但是如果葡萄树比那些跟它一起生长的野草和小树丛茂盛,铺展蔓延开来,把它们遮盖住了,那么它就将单独继承它所生长的那块土地,主宰它的阴影所遮盖的每一个地方。随着它的不断生长,它主宰了整块地,为主人生产出丰盛的果实。主人也大大地感到了喜悦,因为他本来得花费极大的辛苦去拔除这些野草和小树丛的,现在这葡萄树自己就除去了、窒息了这些杂草,把它们变成了泥土。"

不信的人有祸了

耶稣接着对他们说:"你们这些人有祸了,因为你们没有接受这个教义。那些[……]人将会致力于宣讲[……]。你们正在逃向[……]将会抓住他们[……]你们每天杀戮他们,以便他们从死里复活。"

那些坚持的人有福了

115　"你们这些预先知道绊脚石、逃离异己事物的人有福了。"

"你们这些由于蒙受救主的爱而遭受辱骂、不受尊敬的人有福了。"

"你们这些哭泣的人、受没有盼望者的压迫的人有福了,因为你们将从一切束缚中解脱出来。"

"你们要警醒、恳切地祈祷,不要居住在肉体之中,而要逃离属于此生的苦毒的束缚。如果你们恳切地祈祷,你们将会找到宁静:因为你们将把苦难和耻辱抛在身后。当你们离开了肉体的苦难和情感,你们就将获得来自于那位善者的安详。你们将与王一起治理,你们与他和谐,诚如他与你们和谐那样,从现在直到永远的永远,阿门!"

战争者多马书,写给那些完美者

我的兄弟们,在你们的祈祷中记住我:

愿圣徒和那些属灵的人平安。

耶稣基督的智慧

　　《耶稣基督的智慧》(*The Sophia of Jesus Christ*, NHC Ⅲ.4; BG 8502.3)是复活后的耶稣与门徒的一篇对话。《耶稣基督的智慧》与《尤格诺斯托书》在文字上的联系是非常明显的。究竟谁是谁的原版还是有争议的,有学者认为《耶稣基督的智慧》是《尤格诺斯托书》基督教化了版本,有学者反过来认为《尤格诺斯托书》是《耶稣基督的智慧》非基督教化的版本。《耶稣基督的智慧》两个版本相互之间差别不大,而《尤格诺斯托书》两个版本则差异很大,也许可以推测,原始版的《尤格诺斯托书》后来有两个发展方向,一是演变成第5书册中的那个版本;二是演变成第3书册中的那个版本,而第3书册中的版本与《耶稣基督的智慧》十分接近,可能是它的前身。从版本众多这一事实来看,《耶稣基督的智慧》与《尤格诺斯托书》的流传很广,它们可能是分开流传的,也可能是一起流传的。

　　《耶稣基督的智慧》作为对《尤格诺斯托书》的加工,除增加了一个对话的框架之外,还附加了一些别的资料,如对德穆革的描写,以及所费娅的过错。复活耶稣的讲话是由一个典型的基督显灵的场景开始,在《尤格诺斯托书》基础上加了问、答、请求、提醒、启示等。《耶稣基督的智慧》特有的资料主要是关于救主的工作论断,以"我是"的句式出现。这一类段落具有赞美诗的结构。可以设想这位编辑者除了《尤格诺斯托书》之外手头还有更多的资料。本文有一个典型的宇宙起源论,与《约翰密传》有共同的来源:首先是一个阴阳同体的、未知的、不可命名的、不可捉摸的神,先父。然后一切生成者从他那里出来,就如同从源泉里流溢出来一样。从先父那里出来了父、人、六个阴阳同体的实体、诸神的诸神以及他们的影响范围。

中译文以第 3 书册版本为底本,以柏林书册版本为补充,并把该文本编辑者对《尤格诺斯斯托书》所做的改编用黑体字标出来。

正　文

标　题

<u>90</u>　　**耶稣基督的智慧。**

基督显灵

他从死里复活以后,跟从他的有十二门徒和七个女子,他们来到了加利利
<u>91</u>　的那座山上,那座山叫作"成熟与喜乐之时的地方"。他们在那里聚集,他们不明白①万有的真正的本质和计划,神圣的天意和众能量的特点,以及救主跟他们一起在神圣计划的奥秘中所做的一切,然后救主出现了,不是以原来的形象出现,而是在不可见的灵里面显现。他看起来就好像一个伟大的光明天使。② 他的形象我无法描述,没有会死的肉身能够承受,③只有纯洁、完美的肉身才能承受,就是他在加利利的那座人们称为"橄榄山"④的山上显示给我们看的那种肉身。他对我们说:"愿平安与你们同在! 我把我的平安赐给你
<u>92</u>　们。"⑤他们都很吃惊,害怕得发抖。救主笑着说:"你们在思考什么呢? 你们有什么不明白的呢? 你们在寻求什么呢?"腓力说:"关于万有的本质与计划。"

---

　　① 　在这种不清楚中,门徒提到了老师在世时未曾回答的那些问题。参:《约翰密传》1,2ff.;《战争者多马书》138,5ff.。

　　② 　与正典福音对复活耶稣的描写不同,诺斯替派不会把复活耶稣描写成肉身的存在,而是总是通过光和灵辨识出来的。例如:《彼得致腓力书信》134,9-8;《约翰密传》2,1ff.。

　　③ 　关于救主的显现无法描述和无法承受,也见《阿其翁的本质》92,13ff.。

　　④ 　参:《路加福音》19,29。

　　⑤ 　这种平安祝通常出现于复活耶稣的启示对话结束的地方。如:《彼得启示录》84,11;《马利亚福音》8,14。也参:《路加福音》24,36;《约翰福音》20,19-21-26。

驳斥各种哲学观点

救主对他们说:"我想要你们明白下面的这些道理:迄今为止,自从这个世界典立以来,**从地上生出来的人都是尘土**。纵然他们致力于研究神,研究神是谁,他有什么本性,却并没有找到他。他们当中最智慧的人对于真理的探究是基于这个世界的秩序及其运动的推测。但是他们的推测与真理并不相合。因为,关于这个秩序,所有的哲学家们谈了三种不同的看法,这些看法并不统一。

他们当中有些人说这个世界是由它自己引导的。另有人说,它是由天意(Vorhersehung)引导的,还有人说,它是由命运主导的。然而它不是这里面的任何一种情况。我列举的这三种声音没有一个可以视为真理,**它们都源自于人**。 [93]

而我来自于那无尽的光明,现在来到了这儿,可以把真理的本质真实地讲给你们听。凡是从自身而存在的事物,它所拥有的是一个**不洁净的**生命。它是由自己造成的。而天意是没有智慧的,命运则并不能决断。

你们已经被赐予知识了,那些配得知识的人也将被赐予知识,就是那些不是从污秽的行为中生出来的人,而是来自于第一个被派来的人的人,因为他乃是会死的人们中间的不死的人。"

关于善的、未知的神

马太对他说:"**主啊,没有人能够找到真理,除非是通过你。因此请你把真理传授给我们吧!**" [94]

救主说:

"那位存在者是不可言传的。能量不认识它,无论是当权者还是下级,还是自这个世界存在以来的任何一个创造物,都不认识他。唯有他已经认识他,**以及通过这位来自于最初的光的他愿意予以启示的人才能认识他。而从现在起,我就是那位伟大的救主!**"

那一位是不死的、永恒的。

他是永恒的,他没有出生。

因为每一个生出来的人都是要死的。

他不是被造出来的,他没有开端。

因为每一个有开端的人,都有结束。

没有谁统治着他;他没有名字。

因为每一个有名字的人都是由另一个事物创造出来的。

[BG 84] 他是不可命名的。

他没有人的形象。

因为每一个具有人的形象的人,都是由另一个人创造出来的。

95 他有他独有的形象不是我们已经拥有的、已经看到过的这种外貌,而是一种陌生的外貌,它胜过任何事物,比万有更加美好。他朝一切的方向看,唯独通过他自己看到了他自己。

他是无尽的,因此他总是不可捉摸的。

他是永恒存在的。

他是无与伦比的。

他是永恒不变的善。

他是没有缺乏的。

他是永久的。

他是蒙福的。

他是不可认识的,而他认识他自己。

他是不可度量的。

他是没有踪迹可寻的。

他是完美的,因为他没有欠缺。

他是不朽的福祉。

　　人们称他为万有之父。

出自于父的创造

　　腓力问道:"主啊,那他是如何把万有显现出来的呢?"救主对他说:"在某些事物显现在已经显现的事物之中之前,伟大和能量就已经在他里面了。他包容了万有的万有,但是没有事物可以包容他。因为他是完全的心灵、意念、聪明、思想、理智和能量。它们都是同等的能量。它们是万有的源泉。它们的整个族类自始至终都在这个先在的知识之中,**在这个无尽的无生的父的知识之中。**" [96]

　　多马问道:"救主啊,这一切为何要产生,这一切为何要显现呢?"这位完全的救主说:"我从无尽那里来的,为是把这一切都讲给你们听。那位存在着的灵是一个生育者,他具有一种能力,这种能力具有生育和赋予形式的本质,以至于能够显现隐藏在他里面的巨大的财富。出于他的善与爱,他想通过他自己生出果实,为的是他不单独享受他的善,而是让其他的不动摇的族类的灵也在不朽和他的无尽的恩典之中生出身体与果实,荣耀与尊敬,为的是他的善通过自生的神、通过一切不朽者的父、通过此后产生的一切显现出来。因为它们都还没有显现出来。" [97]

　　在这些不朽的移涌中间存在着一个巨大的区别。他发出了召唤,说:"凡是有耳朵的都要听,关于这些无限者,你们要听!"然后又说:"我说给那些醒着的人听。"他继续说:"任何来自于有朽者的事物都会消逝,因为它来自于有朽者。凡是来自于不朽者的事物,将不会消逝,而将永存,因为它来自于不朽者。因此有许多人走进了谬误,因为他们不认识这种区别,因此他们将会死亡。" [98]

　　马利亚问道:"主啊,我们怎样才能认识这些事呢?"完美的救主说:"应当从隐藏者开始探究,直到显现者的尽头。而这个意念也将教导你们,如何从显现的事物中找到对不可见事物的信仰,**找到对属于无生的父的不可见事物的信仰。凡是有耳朵能听的,都要听!**"万有之主实际上并不是叫作父,而是叫

99 作先父。父是可见者的开端。因为那一位（主）是没有开端的先父。他在他自己里面看他自己，在一面镜子里面，他进入了显现，**只是跟他自己相像**，但是他的肖像是作为神性的自己的父进入显现，这个自己的父就是自生者，是一个对立者，与那个无生的最初存在相对立，他尽管与**那光**年纪相等，但是并没拥有与他相等的能量。

然后，他显现了许多对立的、自生的、同龄的、能力相等的能量，由于这些能量极其宏伟，不可胜数，人们称之为"没有王国立于其上的族类"，"**你们就是从这个族类，这些人里面，显现出来的。**"而那没有王国立于其上的所有众

100 多的地方，人们称之为"**无生之父的儿子**"，"**神的儿子，救主的儿子，其肖像与你们同在**"。

然而，那位不可知的他［完全地］在一切时候都怀着不朽的与不可言喻的愉悦。他们全都安息在他里面，由于他们经久地处在无法言喻的愉悦之中，他们享受着不朽的荣耀与不可测度的喜乐，是一切时代和一切世界中都未曾有人听闻或知觉过的。

马太问道："主，救主啊！人是如何显现出来的呢？"这位完美的救主回答说："我想让你们知道：第一个在无限之中显现在万有之前的是一个自我成长

101 的、自我创造的父，他充满了光芒和不可言喻的光明。一开始他就认识到，他的肖像成为一个伟大的能量。随即那个光明的开端就显现为一个不朽的、阴阳同体的人，**以便通过这个不朽的人**，他们可以获得他们的拯救，**通过那位被派来的解释者**①**从遗忘中苏醒过来**，那位解释者与你们同在，一直到强盗的贫穷终结为止。**他的配偶是伟大的所费娅，她从一开始就注定在他里面与他配合的，通过自生的父**，通过他，不朽的人作为第一个命名和神性和治权进入了

102 显现。由于那个父，被叫作'自我之父—人'，把这一切显现出来了。他造了一个伟大的移涌，**他的名字叫作'八'**，这是为了他自己的伟大。他统治着**贫穷的创造物**。他创造了神、天使长与天使——多得不可胜数——让他们做他

---

① 就是指救主。

的随从,**这一切都是从那个光和三阳的灵那里造出来的,那光和三阳的灵是他的配偶所费娅的。就这样,通过这个神,神圣与王国就开始了。因此人们称他为众神之神,众王之王。这第一个人有一个独特的心灵——诚如他自己就是心灵那样——思虑和聪明,理智与能量。就不朽而言,它们都是相同的;就能量而言,它们之间存在着差异,可以与父与子之间的区别、子与意念之间的区别以及意念与别的事物之间的区别相比。"**

　　正如我前面说过的那样,就这些被创造出来的事物而言,一(Einheit, Monad)是第一个。在所有这些之后,一切被显现者都从他的能量中显现出来。

　　　　从被创造者那里出现了被建造者,

　　　　从被建造者那里出现了被构造者,

　　　　从被构造者那里出现了被命名者,

　　　　于是在非受生者中间自始至终产生了不同。

　　巴多罗买问道:"他为什么在福音书里面被叫作'人'和'人子'呢? 这个儿子是他们当中的谁的儿子呢?"这位神圣者回答道:"我愿你们知道下面的道理:第一个人被叫作'生育者,自我完善的意念'。他与他的配偶伟大的所费娅一起思虑,于是显现出了他的首生的阴阳同体的儿子。他的阳性的名字叫'第一个生育者,神子',他的阴性的名字叫'所费娅,第一个阴性生育者,万有之母',有些人称她为'爱'。然而,他,这位首生者,**被叫作'基督'**。由于他拥有他的父的权力,他从灵和光中创造了无数的天使做他的随从。"

　　他的门徒问道:"主啊,请你把通常被称为'人'的那一位启示给我们吧,让我们也能更准确地认识他的荣耀。"这位完美的救主回答道:"**凡是有耳朵能听的人,你们要听。人们称第一个生育者父为'亚当,光明的眼'。因为他是从光辉的光明中来的。他的神圣的天使是没有阴影的,不可言喻的,在他的沉思中享受着持久的愉悦,那是他从他的父那里领受的。人子的整个王国,就是被叫作'诸神之子'的**,充满了不可言喻的和没有阴影的愉悦和不变的喜乐,这样他们就享受着不朽的荣耀,那是在一切此后产生的移涌及其世界中迄今为止从未听说过,也从未显示过的荣耀。

我就是通过这个自生者和那个无边的光明到来的,这样我可以把一切的事都告诉你们。"

他的门徒又问道:"请你明白地教给我们,他们如何会从从不可见的、不朽的称涌来到这个会死的世界的呢?"这位守完美的救主回答道:"那个人子与他的配偶所费娅同心合意。他创造了一个伟大的、阴阳同体的光明。他的阳性的名字叫'救主,万物的创造者'。他的阴性的名字叫'信仰'(庇思梯斯)"。

关于救主的工作之一

[107] 万有来到这个世界,就如同光明的一个水滴,通过它,万有得以被派到万能者的这个世界之中,使它们得到他的守护。按照所费娅的意志,鉴于人们称之为的他的高傲、盲目和无知,他的遗忘的锁链束缚着他,以便这个事件通过他得以显现在整个贫穷的世界之中。但是我是按照那个伟大的光明的意志从上方来的,我已经从那个束缚中逃脱出来了。我揭露了强盗的工。我唤醒了那个水滴,让他通过我生出丰盛的果实。

(那个水滴)通过所费娅形成,以便他得到完美,不再有欠缺,通过我,与[108] 伟大的救主联合,以便他的荣耀得到显现,以便洗脱所费娅的过失,以便她的儿子不再有欠缺,而是得到尊敬和荣耀,并且上升到他们的父那里去,认识阳性光明的话语。

但是你们是通过子派来的,他也是被派来的,以便你们得到觉悟,让你们从能量的遗忘中解脱出来,以便为了你们的缘故那个东西不再显现,也就是那个污秽的行为,那行为来自于可怕的火,来自于他们的肉欲。把他们的意念踩在脚下吧!

多马问道:"主啊,那些超越于诸天者,他们的移涌有多少呢?"这位完美的救主回答道:"我赞扬你们,你们提出了关于伟大的移涌的问题,因为你们的根在无边之中。当那一些,那些我说过的,显现之后,他就准备了这位自己生育者父立即创造了十二个移涌做他的随从。所有这一些都是完美的和善的。于是阴性的欠缺就进入显现了。"

　　然后他问他:"那些来自于无穷的不朽的移涌有多少呢?"这位完美的救主回答道:"凡是有耳朵的人,你们都要听!第一个移涌是那个人子的,他被叫作'第一位生育者',被叫作'救主',是已经被显现的。**第二个移涌是人的,他被叫作'亚当,光明的眼睛'。**那统治于这一切之上者是那个移涌,在他之上没有王国,是一个永恒的、无尽的、神性的移涌,**是一个自生的众移涌的移涌,是在他里面的,是不朽者的移涌,是我上面提到过的**,是一个在七之上的移涌,是从所费娅进入显现的,就是那第一个移涌。"

　　然后不朽的人显现了众移涌、众能量和众王国,并且赋予在他里面显现出来的这一切以权力,让他们去造他们想造的事物,直至那些在混沌之上的事物为止。由于这一切都彼此同心一意,于是他们就显现出了一切的壮丽,并且从灵那里显现出了大量的光明,明亮而且不可胜数。这一切在一开始获得了名字叫作:第一个移涌,第二个移涌和第三个移涌。第一个移涌被叫作"一与宁静"。每一个都有各自的名字:第三个移涌叫作"显现在一里面的众多者构成的教会,**这些众多者是自我显现的**"。由于这些众多者聚集在一起成为一,因此他们就被叫作"超越于天的教会的教会",八的教会显现为阳性,他们部分地被称为阳性的,部分地被称为是阴性的。阳性的部分被叫作"教会",而阴性的部分被叫作"生命",这样就可以显明,一切移涌的生命是源自于一个女性。

　　　　出于他与他的意念的同心合意,能量立即显现出来了,这些能量被叫作"诸神"。

　　　　这些诸神又从他们的聪明中显现出了诸神的诸神。

　　　　而这些诸神又从他们的聪明中显现出了君主。

　　　　君主的君主又从他们的意念的君主中显现出来。

［109、110页缺失,以 BG 107相应部分补全］

BG 108

BG 109

BG 110

BG 111

这些君主又从他们的能量中显现出了天使长。

天使长显现出了天使。

112 从这一切又为所有的移涌和他们的世界显现了观念形象与[形式]和名字。

所有我已经描写过的不朽者都拥有权力,这权力来自于不朽的人,这个不朽的人称为"寂静",因为他在无言的思虑中成就了他的伟大。

由于这些不朽者拥有权力,他们每一个都在八里面为自己准备了伟大的王国,根据他们各自的大小建造了王座、殿堂和天穹。**因为这一切都是按照万有之母的意愿产生的。**

对此,神圣的使徒问道:"救主,请你告诉我们那些在移涌里面的事,因为 113 对于我们来说,问你是有必要的。"这位完美的救主回答说:"你们无论提什么问题,我都会告诉你们的。他们为自己创造了大群天使,他们为自己创造了童贞的灵,不可言喻的、不可改变的光明。他们没有负担,也不会虚弱,而是全然的意志。就这样,这些移涌**匆忙地**用天和天穹在不朽的人及其配偶所费娅里面完美了那个地方,从那个地方,一切移涌及其世界,还有那些在他们之后来的,都获得了形式,以便在混沌的天及其世界中创造他们的肖像。然而,自从混沌的显现之后的一切实体都处在没有阴影的光明、无法描述的愉悦以及无 114 法描述的喜乐之中。他们一直在享受着他们的不变的荣耀和无法测度的宁静,这荣耀与宁静乃是此后产生的一切移涌及其能量中的人们所不能描述的。现在,我已经说过的这些我都已经说了,**为的是你们比这一切发出更明亮的光。**"

关于救主的工作之二

马利亚①问道:"神圣的救主啊!你的门徒是从哪里来的? 他们将往哪里

---

① 这里指抹大拉的马利亚。

去？或者他们在这地方将干些什么？"①这位完美的救主回答她道："我想让你们知道，这个所费娅，万有之母，这位阴性配偶，想要在没有阳性配偶的情况下，通过她自己让这一切进入存在。而万有之父想要让他的无法想象的善得到显现，于是他在不朽者与后来者之前是造了一幅幕，以便后来者能够跟上来……一切的移涌和混沌，这样阴性的欠缺可以得到显现，谬误也会与她相争。这一切就成了一个灵的幕。从这些高于光明的生育之上的移涌那里，如我已经说过的那样，一个光明与灵的水滴落到了混沌的万能者的下界的领域，以便让他们的肖像从那个水滴里面显现出来，使这肖像成为对这个第一个生育者——也就是亚大巴多——的一个审判。那个水滴让他们的肖像通过气息显现出来，成为一个有生命的魂。她熄灭、昏睡在灵魂的遗忘之中。当她在阳性的大光的气息中变得温暖之后，她就想起了念头，那在混沌世界中的人以及其中的一切事物，都通过那不朽者——当那气息吹入到他里面的时候——得到了名字。但是，在这些事按照母亲所费娅的意愿发生的时候——为的是这个不朽的人把在那里的面纱整理好，使强盗得到审判——他接纳了这个吹来的气息。由于他是灵魂性的存在，他不能够吸引这个能量，直到混沌之数满的时候为止，也是当大天使定好的时间圆满为止。

（115—116 页 缺，以 BG 118 弥补）

BG 119

BG 120

BG 121

我已经把关于不朽的人的事传授给你们了。

我也已经解开了来自于他的强盗的锁链。

我已经当着他们的面打碎了冷酷之门。

BG 122

我已经压制了他们的最初的意念。他们都被羞辱了，于是他们都从他们的遗忘中起来。

NHC Ⅲ 117

正是为了这个原因，我来到了这里，

为的是他们与这个灵与这个气息合在一起，并且让他们二成为一，如

---

① 参:《西奥多图摘要》78,2。

同起初时那样，

为的是你们结出丰盛的果实，并且走向那一位，也就是从起初就在万有之父的不可言说的喜乐、荣耀、尊敬与恩典之中的那一位。

凡是在纯净的知识中认识父的，都将回到父那里去，并将安息在无生之［父］里面。

凡是在欠缺的知识中认识父的，都将回到欠缺之中，并将安息在八里面。

凡是通过沉思与愉悦，在寂静中真正地认识那位在光明之中的不朽者的人，让他把印记交给我，他将成为寂静之灵中的光明。

凡是在知识与爱里面认识人子的人，让他把人子的印记给我，他将到八那里去，与那里的人在一起。①

看吧，我已经把完美的名字启示给你们了，把神圣天使之母的整个意志启示给你们了，

为的是让［阳性的众多者］在这里得到成全；

为的是［无尽者在移涌中得到显现，那些］源自于伟大的不可见之灵的不可测度的财富的人在移涌中显现；

为的是他们都领受到他的善以及他们的没有王国立于其上的宁静的财富。

我来自于第一位被派来者，为的是启示给你们一开始就存在的那一位，为的是第一个生育者及其天使的傲慢——他们说他们是诸神——

我已经到来，要把他们从他们的盲中领出来，为的是把高于万有的神教导给每一个人。

_____

① 这里罗列了不同的知识层次。

　　因此践踏他们的坟墓,压制他们的原初的意念,粉碎他们的轭,建立 119
起我自己的!

　　我已经把你们当作光明的儿子,把高于万物的能量赐给你们了,为的
是你们可以把他们的能量踩在你们的脚下。"

结　　语

　　这是神圣的救主所说的话,说完他就在他们面前不见了。所有门徒沉浸
在巨大的、无法言喻的灵的快乐之中。从那一天起,他的门徒就开始传布神的
福音,传布永恒的、不朽的灵的福音。阿门!

与救主的对话

《与救主的对话》(*The Dialogue of the Savior*, NHC Ⅲ.5)这是耶稣与他的门徒之间的对话,内容有耶稣的独白、关于灵魂游荡的对话、犹大的异象以及创世神话。该文本禁欲色彩较浓,其中一个核心的观念是"摧毁阴性的工作"。唯有当女人停止生育,男女合而为一的时候,才有可能获得知识和生命。该文献非常明确地讨论了女人在救赎过程中的角色,给马利亚以很高的评价,称她为完全明白真理的女子。该文的引言把整个对话置于洗礼的入门仪式的场景之中。洗礼神学解决了已经实现了的末世论的"已经"与未来末世论的"尚未"之间的冲突。受洗场合中所见的异象并非拯救的最高峰,作者对门徒复杂的末世处境进行了探讨:尽管门徒已经寻找,并且找到了,在所见的异象中经历了永生上帝的同在,也在洗礼的体验中穿越了众能量,但是他们最终进入安息的境地却是将来的事。他们目前的任务是为启示做工,他们是在披戴肉体,身负重担在这里做工。文本强调了基督徒此世生活的责任。

该文本残缺严重,由于该文献在那戈·玛第抄本之外并没有其他的版本存在,这些残缺无法弥补。文本的标题可能是一个副标题,在文前和文后都出现。这个救主就是耶稣,这一点文本并没有明说,是从他的门徒身份(犹大、马太与马利亚)推断出来的。文献的形式与标题是对应的:这是耶稣与他的门徒之间的对话。但是这个对话缺少一个场景,也许是由于文献残缺的缘故,文中没有暗示这是耶稣复活之后的对话。但是并不缺乏叙事的因素,其中也有对话因某个情节而中断的情况。该文本对话形式是真实的,其对话的结构旨在解释耶稣所说的话,不是如《耶稣基督的智慧》那样,只是旨在把某文本基督教化的一个外在的框架。

这个对话形式有点像《多马福音》、《雅各密传》和《埃及人福音》,在内容上也有平行之处。潘格尔认为该文本是对于传统的耶稣话语的精心探究与解释,它可能是一部经过几代基督徒编辑,最后在公元 2 世纪中的某个时期用希腊文写成的作品。

正　　文

标　　题

救主的对话　　　　　　　　　　　　　　　　　　　　　　120

救主的独白

救主对他的门徒说:时候已经到了,兄弟们,我们可以把我们的辛苦返抛在身后,进入到安息之中去了。① 因为凡是在安息之中的人都将永远安息。我对你们说:[你们要]一直[…之上]时间[…]你们[…]害怕[…]你们[…]怒气[是]可怕的[…]怒气会激起[…]但是由于你们已经[…][…]他们已经接受了这些话语,要怀着[恐惧]和颤抖[对待怒气]他用阿其翁安置他们,因为(仅仅)从他,没有什么事物到来。但是当我到来的时候,我就开启了道路,传授给他们通路,那通路是他们将要穿越的,就是那些蒙拣选者和独一者,　　121
[就是已经认识父的人,他们相信]真理,相信他们献上赞美时的一切颂词。

当你们献上赞美的时候,你们要这样说:

倾听我们吧,父!

就如同你倾听你的独生子,接纳你的独生子[…]从众多[…]给他安

① 参:《多马福音》60;90。安息是诺斯替派的一个很高的福祉。

息……

[…你就是那一位]，他的能量[…你的]盔甲[…]光[…]生命的[…]接触[…]这话语生命的饶恕[…]你。

你就是那思想，你就是那独一者的整个的宁静。

再说：

[倾听]我们吧，就如同倾听你所拣选的人。

通过你的[牺牲…]通过他们的善功将会进入。

122　　这把他们的灵魂从这些盲目的[肢体]中拯救出来了，以便他们可以永存。

阿门。

我愿意教导你们。当消亡的时刻到来的时候，第一个黑暗的能量将会临到你们。你们不用怕，你们这样说：看吧，时候已经到了！但是当你们在里面看到一个唯一的标尺的时候[…]这个[…][…][…][…]要明白，[…]这个工作[…]和这些阿其翁[…]来到你们之上[…]。也许，这恐惧[…]…当你们被抓住的时候，当你们对将要临到你们的感到惧怕的时候，它就会把你们吞没。因为他们当中没有谁会赦免你们，或者怜悯你们。但是你们看吧[…]在123　他里面，因为你们已经变得比地上的每一句话语都要强大。这是[…接纳]你们到[…地方]，那地方没有开端[…暴君]。当你们[…]你们将看到那几个，他们[…]并且同样[…讲叙给]你们[…]有理性的能量[…]有理性的能量[…]真理[…]而是[…]。但是你们[…]这真理，这个[…]有生命的[…]你们的快乐[…]。这样[…]为的是[…]你们的灵魂[…]为的是不要[…]这话124　语[…]赞美[…][…][…][…]你们的[…][…][…]因为这些地方的交叉是可怕的[…之前]。但是你们，[以一个]专一的意念，走过了它！因为他的深是巨大的，[你们的]高[也是]巨大的[…]一个专一的意念[…]还有那火

［…］［…］能量［…］你们,他们［…］和［…］他们［…］［…］这些灵魂［…］［…］在那个［…］是［…］和［…］遗忘［…］儿子［…］并且你们［…］［…］你们［…］［…］。

救主与门徒的对话

［马太］问:［…］［…］［…］?

救主回答道:［…］你们里面的事物［…］成为,你［…］。　　　125

犹大［问］:救主啊!［…］工［…］灵魂,这些［…］这些渺小的,当［…］他们将在哪里呢①?［…］［…］灵［…］。

救主［回答道］:［…］［…接纳］他们。这些人不会死,［…］他们不会被毁灭,因为他们拥有知识［…］配偶和[接纳他们的]那一位。因为真理在寻找那些智慧的人和正义的人。

救主[问道]:身体的灯是心灵。只要你们里面的[事物]保持着秩序,这就叫作［…］,你们的身体就发出光辉。② 只要你们的心[昏暗]了——你们所寻求的那光辉［…］。我已经［…］我将会去［…］我的话语［…］我派［…］。　　　126

他的[门徒问道:救主],那一位是谁呢,就是那寻救,并且［…］启示的那一位?

[救主回答道:…]那一位,他寻找［…］启示［…］。

[马太问道:救主,当]我［…］和[当]我说话的时候,那一位是谁呢,他［…］倾听的那一位?

[救主]回答道:说话的那一位就是[倾听的]那一位。看见的那一位也就是启示的那一位。

[马利亚]问道:救主啊,看吧!我背负着这个身体［…］到哪里去呢?[当我]哭泣的时候?哪里去呢,当我［…］的时候?

救主回答道:［…］由于它的行为而哭泣［…］,逗留,然后心灵微笑［…］

---

① 渺小的可能指诺斯替派,犹大问的是诺斯替派的命运。
② 参:《马太福音》6,22;《多马福音》24。

|127| [···][···]灵。当一个人不[···]黑暗,他将能够看到[···]。我这样告诉你们
[···]光就是那黑暗[···]处于[···]不是这光明看着[···]谎言[···]他们从
[···]把他们带来[···]你们将给予[···]和[···存在]直到永远。[···][···]一
直[···]。然后那能量[···]那在上面的以及那在下面的将会[···]你们。在那
个地方[将会有]为这一切事物的终结而哭泣和切齿。

犹大[问道]:告诉我们,救主,在[天与]地存在之前的是什么?

|128| 救主回答道:那时有黑暗、水以及[水面上]的灵。① 我对告诉[你们···]
你们寻求[···]探究[···]在你们里面[···]能量和[秘密···]灵,因为从[···]邪
恶到来了[···]心灵[···]看吧[···][···]。

[···]问道:[救主啊],告诉我们,[那···固定的在]哪里,[那真正的心灵]
存在于哪里。

救主[回答道]:灵的火进入存在[···]两者。因此,那一位[···]进入存
在,并且那[真正的]心灵进入存在[在]他们中间[···]。如果一个人提高[自
己的灵魂的话],[他自己也会]被提升。

|129| 马太[问道]:[···]拿[···]就是那一位,他[···]。

救主[回答道]:比[···更强][···]你们[···][···][你们]跟随并且一切的
工[···]你们的心。正如你们的心[···],也是这样[···]为的是克服[上面]的
能量和下面的[能量]。我告诉你们,让[拥有]能量的那一位抛弃它[···并且
忏悔]。还有[让]那些[···]的人寻找、找到并且[欢喜]。②

犹大[问道]:看吧![我]看见万物存在[···]就好像[···]之上的标志。
因此它们就这样发生了。

救主回答道:当[父][确立了]世界的时候,他[···]水从它[···]话语从它
|130| 那里出来它住在许多[···]。它高于[道路···]整个大地[···][聚集起来的]水
[···]存在于它们之外。[···]水,一个大火,[包围着]它如同一个城墙。[···]
时间,许多事物[被那些]在里面的事物分开。当那一位[···]被确立的时候,

---

① 参:《创世记》1,2。
② 参:《多马福音》2。

他看到[……]并且对他说：去吧，并且[……]从你自己，为的是[……]不要从世[世]代代受苦！[然后][他]从他自己抛出了奶的[源泉]，蜜和油的[源泉]，[葡萄酒]和[美好的]果实、甜食和好的根，[为的是]世世代代都没有欠缺。他在上面[……][……]站立着[……]他的美丽[……]是在外面[……]欢乐，充满能量 |131| [……]与他相像，因为它[……]统治着[上面]和下面的移涌[……]从火里面取出来[……]它被分散在那[……]里面上面和[下面。一切]工[……]依赖于他们。他们就是[……]在上界的天上面也在[下界的]大地上面。一切的[工]都依整于他们。

[而后]当[犹大]听了这些话，他就鞠躬，他[……]他献上了对主的赞美。

[马利亚]问他的兄弟：[……]你们问的子[……]它们，你们要把它们放在哪里呢？

[救主回答道]她道：妹妹，[……]在这样的境界中问这些问题[……]他已经有一个地方安置他们在他的[心……][到这里]来[……]并且进入[……][……]，这 |132| 样他们就不能够约束[……]这个变得贫穷的世界。

[马太]问道：主啊，我想[看到]那个生命之地[……]，在那里没有邪恶，[唯有]纯洁的[光明]。①

救主[回答道]：我的兄弟[马太]啊，你还没有达到那个可以看到他的境界，[只要你]还穿着这具肉身。

[马太]问道：主啊，即便[我]不能够看到它，请让我[知道它吧]。

救主[回答道]：[每一个人]，就是认识了他自己的人，就已经看见[它了……]，一切给他的东西，去做[……]去[……]它在他的[善]里面。

[犹大]回答说：告诉我，主，[那……怎么会这样的]……那摇动这个大地的？

救主拿起一块[石头]把它放在他的手里[……]在我的手里握着的[是什么] |133| 呢？

---

① 参：《腓力福音》127。

他回答说:[那是]一块石头。

他对他们[说道]:那支撑[大地者]也就是支撑天者。当一句话语从那伟大者那里来的时候,它就会到达那个支撑着天地者。地是不动的,如果它动起来的话,它就会下落,这样不动也不下落,为的是第一个话语不至于落空。正为正是这话语奠定了这个世界的根基,住在它里面,从它那里吹出香气。因为[…]它不动,我[…]你们,所有的[人子。因为]你们来自于[那个]地方。是你们在那一些人的心[里],他们的言说出于[快乐]和真理。当它来到了人们中间的父的[身体]里面,并且没有被接纳的话,再一次[…]它回到它自己的地方。[不]认识[…][…]完美者的人,[不认识]任何事。如果一个人不站在黑暗之中,他就看不到光明。若[有人]不[理解]火怎么来,他就会在火里面被烧,因为他不认识火的根源。若有人不先认识水,他就一无所知。他在里面受洗又有什么用呢?若有人不知道那吹着的风从哪里来,他就会跟它一起吹走。若有人不知道他背负着的身体从哪里来,他就会跟它一起[毁灭]。那[不]认识[父]的人如果能够……认识[父呢]?若有人不认识万物之[根],那它们就将一直隐藏。若有人不认识邪恶之根,那么他就不是它们的陌生人。① 凡是一直不懂得他如何来的人,就不懂得他将到哪里去,他就不是这个世界的[异乡人],这个将会[…]蒙羞的世界。

一个异象的残篇

然后他[…犹大]和马太和[马利亚][…][…]来到了天和地的边缘。当他把他的[手]按在他们的身上的时候,他们盼望,他们[…]它。犹大举目看到了一个极高的地方,也看到了下面的深渊。

犹大对马太说:兄弟,有谁能够攀上如此高的高处呢,或者下降到深渊的深处呢?在那个地方有骇人的火和十分可怕的东西。

就在这一刻,有一个话语从它那里来。在它立在那里的时候,他看到了它

---

① 陌生人或异乡人,指不属于这个邪恶世界的人。

是如何[下]来的。然后他对它说:你[为什么]下来呢?

然后人子欢迎他们,对他们说:来自于一个能量的一颗种子有缺陷,它降临到了大地的深渊之中。然后那位伟大者记起了[它],他派了这个[话语]到它那里去。它被带到了[他的眼前],为的是第一个话语不至于失败。 [136]

[他的门徒]对他对他们讲的[这一切事]感到很惊奇,他们在[信仰]中接受了它们。他们知道,看重邪恶是没有用的。

然后他对他的门徒说:我没有跟你们说过,如同一个可见的声音与光明的闪光,善者将会被接纳到光明之中去吗?

然后他的所有门徒都赞美他:主啊! 在你显现在这里之前,是谁献给你赞美呢? 因为一切的赞美都是因为你的存在。或者有谁将会赞美呢? 因为一切的赞美都来自于你。

就在他们站在那儿的时候,他看到,在一道极大的闪光中两个灵带领着一个灵魂。一句话语从人子那里传来,说:把他们的衣袍给他们吧![然后]那渺小者就像伟大者那样行事。他们是[…][…]那些接纳他们的他们[…]彼此。然后[…]众门徒,[那些门徒]他已经[…]。 [137]

对 话 继 续

马利亚[问道]:看[这恶…]它们从第一个[…]彼此。

救主回答道:[…]当他们看到它们的时候[…]变大,它们成为[…]当是当你们看到那永恒存在者时——那就是伟大的异象。

于是他们一起对他说:把那个讲给我们听吧。

他对他们说:你们想如何见到它呢? [通过一个]过去的异象呢还是一个永恒的异象?

他继续说道:[你们要努力]拯救那足够跟随[者][…]并且寻求他,从它里面向外说话,为的是当你们找到它的时候,[万有]得以与你们成为一体。所以我对你们[说],也许活生生的神[…]在你们里面[…]在他里面。 [138]

[犹大问道]:也许,我想[…]。

[救主]对他说道:[…]活生生的[…]住在[…]整个[欠缺…]。

[犹大问道]:谁[…]?

救主回答道:[…]一切的工,这些[…]余下来的,[你们…的]是它[…]

犹大问道:看吧! 那些阿其翁住在我们上面,正是他们将会统治我们。

救主回答道:是你们将会统治他们。① 当你们脱去了嫉妒的时候,你们将穿上光明,进入到婚房之中。②

犹大问道:我们如何才能取得[我们的]衣袍呢?

[139] 救主回答道:有一些人会给你们带来,又有另一些人会领受[…]。因为正是他们,会把你们的衣袍[送给你们]。[因为]谁[将]能够穿越这个地方呢? 但是生命的衣袍将会给予那个人,因为他认识那条离开的路。要穿越那个地方甚至对我来说也是难的。③

马利亚问道:④要警惕"每天的邪恶","劳作者配得其食","学生要像老师那样"。她作为一个拥有完全的悟性的女人说了这些话。⑤

门徒问道:什么是圆满,什么是欠缺?⑥

他对他们说道:你们来自于圆满,现在处在一个欠缺的地方。看吧! 他的光明已经灌注在我的身上。

[马太]问道:主啊,请你告诉我,死人是怎么死的,活人是怎么活着的?

[140] [救主]回答道:[你是在]问我一条谚语[…]是眼睛所未曾见,除了从你这里,我[也]未曾听到过的。⑦ 但是我对你们说,当给予人以力量的东西离开了之后,这个状态就是所谓的这个人死了。当活的把死的抛弃掉之后,这个状

---

① 基督徒高于天使,参《哥林多前书》6,3。

② 参:《多马福音》75。

③ 这里显然是指灵魂上升越过众阿其翁,而要成功穿越必须穿上相应的衣袍才有可能。参:《保罗启示录》"引言"。

④ 下面的对话暗示了耶稣的语录:《马太福音》6,34;《马太福音》10,10;《路加福音》10,7;《约翰福音》13,16。

⑤ 马利亚在诺斯替派中的重要地位,参:《腓力福音》55。

⑥ 圆满与欠缺也是《雅各密传》的核心主题。

⑦ 暗示了《马太福音》13,16f.;《歌林多前书》2,9;《多马福音》17。

态就是所谓的活着。

犹大问道:实在地说,为何他们死了并且活着?

救主回答道:凡是从真理而生的人是不会死的。凡是从女人而生的人是要死的。

马利亚问道:救主啊,请告诉我,我为何到这个地方来,是为了要获得呢,还是为了失去?

救主回答道:你清楚地显现了启示者的丰盛。

马利亚对他说:救主啊,有没有一个地方,那里是……或者它在真理上有欠缺?

救主回答道:就是那个我不在的地方。

马利亚问道:救主啊,你是可怕的,也是[奇妙的],并且[…]那些不认识[…]你的人。 |141|

马太问道:[为何]我们不[立刻]安息呢?

救主回答道:当你们放下这些负担的时候。

马太问道:小的与大的如何联合在一起呢?

救主回答道:当你们把你们的工作抛在身后,让它们不再追上你的时候,你们就将安息。

马利亚说道:我想明白所有这些事,[完全像他们那样]明白。

救主回答道:那追求生命的一位!因为[这]就是他们的财富。因为这个[…]这个世界是[…],他们的金银[引入谬误]。

他的[门徒]问道:我们应当怎么做,才可以确保我们的工成为完美?

救主对他们说道:你们要在万物面前做好[准备]。那已经找到的人[有福了][…]争竞他的眼睛。[…]他没有杀任何事物,也没有被杀,而是胜利地出现了。 |142|

[犹大]问道:救主啊,请告诉我,道路的开端在哪里?①

---

①　参:《约翰福音》14,5。

他回答道:爱与善。因为,只要这里面有一个在阿其翁那里,邪恶就不可能存在。

马太说道:救主啊,你已经从容地讲述了万物的终结。

救主说道:你们已经明白了我告诉你们的所有的事,你们也在信心中领受了。当你们认识它们的时候,它们就是[你们的了]。如果你们不认识它们,那么它们就不是你们的。

他们对他说道:我们要去的是一个什么地方?

[救主]说道:那个你们能够到达的地方[……],站立在这里!

马利亚问道:万有[……]以这样的方式稳立着,是显然的。

救主[说道]:我已经告诉你们,能够看见的那一位,就是[启示的]那一位。

[143] 他的[门徒],有十二位,问他道:老师[……][……安然无忧……]教导我们[……]。

救主回答道:[……]我已经[……]的一切[……]你们将……[……]你们[……]一切。

[马利亚]说道:关于真理的奥秘,我只有一句话想对救主[说]:在这个里面我们获得了我们的立足点,为了这个世界我们进入了显现。

犹大对马太说道:我们[想]领悟那个衣袍的样式,[当]我们离开[肉体]的腐朽的时候,我们将会[穿上]那个衣袍。

救主说道:阿其翁和掌权者拥有的衣袍,给予你们只是[一时的],并不是长久的。[但是]你们作为真理的孩子不应当穿上这种时间有限的衣袍,因为我对你们说,当你们把自己剥光的时候,你们将会得到祝福。① 因为在[……]外

[144] 面不存在伟大的事物[……]。

[……说道:……]说,我[……]

救主说道:[……]你们的父[……]

---

① 参:《多马福音》37。

[马利亚问道:那]芥籽是哪一类的?① 它是从天上来的还是从地上来的?

救主回答道:当父为他自己确立这个世界的时候,他从万有之母那里留下了许多东西,因此他能够言,也能够行。

犹大问道:你已经从真理的心灵中对我们说了这些事。当我们祈祷的时候,我们应当怎样祈祷呢?

救主回答道:你们要在没有女人的地方祈祷。

马太说道:在[没有女人]的地方祈祷,他这样对我们说,他的意思是:要摧阴性的工作——不是因为存在着另外的[生育方式],而是因为她们将要停止生育。②

马利亚说道:她们将永远也不会被消灭。

救主说道:[谁]知道她们[不]会被消灭并且[…][…][…]? |145|

犹大对[马太说]:[她们]将消灭[…]的[…工][…]阿其翁们[…]将[…]这样我们将会为她们做好准备。

救主[说道]:对。他们看见[你们吗? 他们看见]那些接纳你们的人吗?看吧,一个[真正的]话语从父那里来,进入到了[深渊],在寂静中与一道[闪光]在一起,其中有生育。他们看到了它还是[克服了]它? 但是你们更加知道[道路],这条道路,[在天使和能量都没有…]而是[它是属于父]和[子的,因为他们]是两个在一个里面[…]你们将会通过[那条道路],就是你们[已经认识的]那条道路。而[当]阿其翁们变大的时候,[他们将]不能够穿过这条道路。[但是你们要听]! 我对你们[说],即使是我,通过那条道路也是难的。

[马利亚]对[救主]说:当工[…][…这些]消灭一个[工]。 |146|

[救主回答说:对的。因为]你们知道[…]当我消灭了[…]将会到他的[地方]去。

---

① 参:《马可福音》4,30;《多马福音》20。
② 类似的思想也见《埃及人福音》。

犹大问道:[灵]是如何显现的?

救主说道:干戈是如何[显现]的?

[犹大]说道:光明是如何显现的?

救主说道:…[…]在他里面直到永远。

[犹大]说道:谁宽恕谁的[工]?[这工],这[…]这个世界[…][…他]宽恕这[工]。

救主[说道]:[谁…]? 这是那些人的任务,他们已经领悟了[这工]与父的[意志]有关。对[你们]而言,你们要[努力]解除[怒气]和[嫉妒],并且[剥去]你们的[…]不要[…](缺七行)[…][…][…][…][…][…]责备[…]。因为我说[…]你们接受[…]你们[…]已经寻求的那一位,在里面他已经[…]这些,将[…]他将活着[…]我对[你们]说,为的是你们不会让你们的灵和你们的魂进入到谬误之中。

唆斯特利阿努

　　《唆斯特利阿努》（*Zostrianos*，NHC Ⅷ.1）是托名唆斯特利阿努的一篇布道文，是关于升天旅程的启示录，属于塞特派文献。该文本是第八书册中的主要文章，也是《拿戈·玛第文集》中篇幅最长的文章之一。这位唆斯特利阿努与波斯著名的琐罗亚斯德教（也称拜火教，祆教）创始人琐罗亚斯德（Zoroaster）有传承关系，唆斯特利阿努可能琐罗亚斯德（Zoroaster）的祖父或者叔父。① 由于第八书册损坏程度严重，这本《唆斯特利阿努》几乎每一页都是不完整的，其中有几页只是碎片。波菲利在《普洛提诺生平》（*Vita Plotin* 16,3ff：）中提到过唆斯特利阿努和琐罗亚斯德，据说普洛提诺的学生阿米利奥斯（Amelios，Amelius）写过四十册反驳唆斯特利阿努的书，有学者认为这个文本就是波菲利提到的、在普洛提诺时期流传的伪启示录。由于普洛提诺熟悉这个文本，并且在九章集（*Enneads* 3.8）反驳诺斯替主义的讲演中思考过这个文本，因此该文本在哲学史上获得了异乎寻常的重要性。据此也可以推测该文本成文于三世纪初或者中。

　　该本文以自传的方式叙述了唆斯特利阿努受到召唤、离开这个世界、游历诸天追求得救的知识的历程。一开始他极度情绪低落，在沙漠中正准备自杀，一位天使突然向他显现，召唤他去寻求知识。于是他把肉身留在地上，与天使

---

　　① Zoroaster 是尼采的《查拉图斯特拉如是说》（*Also Sprach Zarathustra*）中的那个 Zarathustra，古波斯语 Zarathushtra 的希腊文"音译"Zoroaster，徐凡澄依据中国宋朝人发音，译为苏鲁支。按照来登：据四世纪教父 Arnobius 记载，琐罗亚斯德是唆斯特利阿努的孙子或者侄子（nepos）。

一起上升,穿过了属天领域的各个层次。在向上的旅行中,他相继遇见接引的天使,每经过一个属天的移涌,他都从那个层次的接引天使那里学会关于那个层次的移涌的知识。那些知识主要是天上的那些神灵的名字及其他们之间的关系。旅行结束之后,他重新回到物质世界,为那些蒙拣选者,也就是塞特的神圣的后裔,写下他获得的知识。文本的结尾是一个简短有力的布道文,劝勉读者抛弃这个压迫人的世界,依靠诺斯去寻求拯救。

《唆斯特利阿努》中的至高神叫作三重能量的不可见的灵,万物是从他流溢出来的。物质世界及其居民代表了最低级和最无知的层面。在灵与世界之间存在着一个被称为巴贝洛的广袤的移涌的体系,这个移涌的体系是灵的"意念"。巴贝洛由三个移涌组成:最高层的移涌,名叫卡力普都斯(Kalyptos)(隐藏的或蒙蔽的移涌),中间层的移涌是普鲁法尼斯(Protophanes)(最初可见的或最初显现的移涌),最低层的是自生者(Autogenes)(自生的移涌)。每一个移涌都拥有自己的一个体系,由光、荣耀、天使、水等组成。

这个文本的哲学色彩很浓,使用了我们所熟知的普洛提诺的新柏拉图主义学派的问题、范畴和术语,是诺斯替主义者在柏拉图思想的基础上把神话世界观与对这种世界观的哲学解释结合起来的典范。唆斯特利阿努不厌其烦向各层次的接引天使求教这一类问题:这个变化的世界是如何从一个不变的源泉中进入存在的?为什么存在着不同种类的灵魂、动物或人?所得到回答是,宇宙每一个中间层次都是以它上面的那个层次为模型创造出来的,每个层次都不如它的模型完美。灵魂向更高层次上升,从而获得神秘的知识,这是柏拉图《会饮篇》(Symposium)(210-212)的主题,也是二世纪柏拉图主义学说的一个基本内容。神秘的上升不是灵魂在死后最后的、一劳永逸的上升,它只是一个获得直接的神秘知识的手段。一旦它获得了知识,灵魂还必须历经它上升时所经过的层次,重新回到地上来。三个巴贝洛移涌与哲学上的存在、心灵和生命这个三元组合之间的对应特别值得注意。

《唆斯特利阿努》的哲学色彩以及其中的某些神话世界与《拿戈·玛第文集》中的另外三个文本《塞特的三根柱》(Ⅶ,5)、《马萨娜斯》(Ⅹ,1)和《阿罗基耐》(ⅩⅠ,3)相似。自生者体系中的一些名字跟《埃及人的福音》(Ⅲ,2 Ⅳ,2)、《约翰密传》(Ⅱ,1 等)、布鲁士抄本(*Bruce Codex*)中《无标题文本》(*The untitled Text*)等有着神话上的联系。《唆斯特利阿努》的作者似乎对基督徒并无特别兴趣,很少提及《新约圣经》和基督教。我们无法判定他在文中反对的对手究竟是基督徒、柏拉图主义者还是某些其他群体。从他所用的礼拜用语、洗礼以及连串的神秘元音来看,这个文本可能是某个诺斯替群体的敬拜或冥想用书。

正　文

引　言

这些话语来自[…]永远活着的,是我[…]唆斯特利阿努[…]和伊奥牢斯(Iolaos)①为了那些像我的人和[那些]追随我的人、那些活着的蒙拣选的人而活在这个世界里的时候。神是永生的![…]真理在真理、知识和永恒的光明之中。 ⟨1⟩

诺斯启示者的第一次显现

自从我离弃我里面的肉体性的黑暗,离弃心灵中的灵魂性的混沌,并离弃黑暗中的[…]欲望的阴性以后,我就不再使用它②了。自从我在我的物质(即灵魂)中找到了那无限的部分以后,我就训斥那在我里面的死的创造以及那可知(世界)的神圣的宇宙统治者,并且满怀激情地向那些带着异己成分的人们③传讲万有。

在出生的必然性把我带到了那个可见的世界之后,我有一阵子尝试过他

---

① 伊奥牢斯(Iolaos)似乎是唆斯特利阿努的父亲。参:4,10。
② 这里它也许指"阴性"。
③ 就是诺斯替主义者,异己的成分就是他们里面的光明,他们因这光明而与物质世界相异。

们的生活,尽管如此,我从未喜欢过他们,而是一直远离他们,因为我是从一个圣洁的[…]而生。我是一个混合物,① 当我摆正了我的无罪的灵魂的方向之后,我的悟性就增强了[…]而且我[…]在[…]我神的[…]里面[…]我已经做了[…]在一个比神更高的圣灵里面变得强大起来。

当我摆正自己的时候,[…]单独[降临]到我身上,[于是]我就见到了那完美的孩子[…]。跟他在一起,[…]他许多次以许多方式向我显现为一位慈爱的父,那时我正在寻找(那位)阳性的万有之父,(他在)意念、感觉、形式、种族、[区域…]之中,在一个束缚和被束缚的万有[之中],在一个没有身体的身体[之中],在本质、物质和[那些]属于这一切的东西[之中]。存在正是与它们、与那无生的卡力普都斯(Kalyptos)② 神、与那在他们[里面]的能量混合起来了。③

(关于)存在④:那些从存在者的移涌中产生出来的存在者究竟是怎样从一个不可见、不可分和自生的灵当中(产生出来的)?它们是作为三个无生的形象存在,拥有一个比存在更好的起源吗?它们先于这[一切]而存在,然而却在这一切中变成了这个[世界]?还有,那一些与他相对立者以及所有那一些[…]好的,他[…]和一个[原因]又怎么样呢?他的位置在哪里呢?他的源头是什么呢?还有,那来自于他的那一位是如何为他以及为这一切而存在的呢?还有,尽管他跟他自己区分出来,却又是如何作为单一者[出现]的呢?他是作为一个实体、一个形式和一个福祉而存在的吗?他赋予力量,那他本身是否活泼地有生命呢?一个本来并不存在的存在是如何从一个存在的力量中呈现出来的呢?⑤

---

① 参:《闪意解》。
② Kalyptos,隐藏的,蒙蔽的移涌。
③ 这一段描述拯救者的显现,一开始显现为完美的孩子,后来显现为仁爱的父。原文缺失严重,参《约翰密传》(2,22)基督的显现。
④ 指巴贝洛的三层次中的最高的隐蔽的一层,就是卡力普都斯。
⑤ 这一系列问题是针对拯救者的显现的,唆斯特利阿努不理解显现在他面前的景象。

诺斯启示者的第二次显现：永恒光明的天使

为了领悟这些问题，我苦思冥想，按照我的族类的习惯，每日把这些问题带到我的祖先的神那里去。我赞颂我的先祖和祖先，因为他们寻找，并且找到了。而我自己却不停地寻找一个可以让我的灵安息的地方，在那个地方，我可以不被束缚在这个可感知的世界之中。挫折感包围着我，我深深地苦恼和沮丧，我甚至想把自己交给那旷野的野兽，就这样横尸野外。

忽然，那个永恒光明的知识的天使站在我面前。他对我说："唆斯特利阿努啊，你为什么发疯，仿佛不认识上界那伟大的永恒者？［…］你［…］因为［…］你如今已经得救，［…］在永死里面［…］你所认识的那些人，为的是要［…］拯救其他人，［也就是那些］我父所拣选的高尚的人？［你是否］［以为］你自己是［你的族类］之父，或者依奥牢斯是你的父，一个［…］神的使者［…］你通过一个神圣的人？来吧，穿越这里的每一个。你将会再次回到他们这里来，向一个永生的［族类…］传讲，并拯救那些配得拯救的人，坚固那些蒙拣选者，因为移涌的斗争是伟大的，而这个世界的时间是短暂的。①"

4

唆斯特利阿努的升天旅程

他［对我］说了这些话之后，我就很快地、非常喜悦地跟随他登上了一朵美妙的光明的云。我把我的形体留在地上，由荣光护卫着它。［我们］从整个世界连同它里面的十三个移涌以及它们的天使般的存在物当中超拔出来。②他们看不见我们，不过［我们的］穿越惊扰了他们的阿其翁，③那是因为光明的云［…］它比［世上的］每一样事物都要好。它以不可言喻的美丽照耀着，它以灵的拯救者的身份以及理智的话语的身份［引导］那些纯洁的灵。它［并不］像那些世界上的事物，［…］带着多变的物质和颠倒的话语。

5

---

① 参：131,21ff.，宣教的使命最终促使他写成了这本书。
② 参：《埃及人福音》63,18。
③ 相似的灵魂上升的场景见：《保罗启示录》32,1ff.。

于是我就认识到,那在我里面的能量是高于黑暗的,因为它拥有整个光明。我在那里受了洗,然后我就得到了那儿的光明的形象。我变得像他们当中的一员。我穿越了虚空的[大地],穿越了那些移涌的摹本①,在所经历的每[一个]移涌[的]活[水]中依次受了七次洗礼。我没有停止前行,直到[我见到]一切水为止。我登上了那真实存在的流放(Exile)。我领受了洗礼和[……]世界。我登上了那真实存在的悔改(Repentance),[并且在那里人领受了]四次洗礼。我穿越了第六个移涌。我登上了[……]我站在那里,然后我看见了真理的光明——它是真实存在的,源自于它自生的根——,还有伟大的天使和荣耀,[……]数量。②

⑥

唆斯特利阿努的洗礼

我是奉神圣自生者(Autogenes)[之名],用活水[之上]的能量米卡(Michar)和米修斯(Micheus)受洗的。③ 我被[那]伟大的巴法朗格斯(Barpharanges)洁净了。随后,他们向我们[显现],并把我写在荣耀中。④ 那些处在这些能量之上者给了我印记,他们分别是:[米卡]、米[修]斯、塞尔道(Seldao)、爱利[诺斯](Ele[nos])和佐根尼特罗斯(Zogenethlos)。我成了一个看得见根本的天使,站在第一个移涌之上,也就是第四层之上。我与那些灵魂一起赞颂那神圣的自生者和祖先亚当玛斯⑤,[……]那一位自生者,第一个完全的[人],我们也赞颂亚当玛斯的儿子塞特[Emmacha……],他是那[永不摇动的族类……][之父],赞颂那[四个][光明体……][……]母亲美罗蒂娅(Mirothea)[……][……]和普鲁芬尼亚(Prophania)⑥[……]照耀者和[……][……]。

⑦

---

① α'ντινπος,摹本,相当于英文的 copy(摹本)与 Model 相对,相当于德文的 Typo 与 Antitypen 相对。

② 参:8,10—20.关于上天的层次参 Mars 2,11ff.关于洗礼参:《普鲁娜娅的三形态》43,13—20;48,13—35。

③ 这两位塞特派的施洗天使见:《埃及人福音》64,9ff.。

④ 可能是把唆斯特利阿努的名字写在一本光耀的书中。参:《真理的福音》19,28ff.。

⑤ 这里是 Geradamas,与 Adamas 同。

⑥ 意译为最初的显现。

奉神圣的自生者之名,我第二次得到这些能量的[洗礼]。我成了那阳性族类的一个天使。我跟塞特的子孙一起站在第二个移涌之上,也就是第三层。我赞颂他们中的每一位。

奉神圣自生者之名,我第三次得到这些能量给予我的洗礼。我成了一个圣洁天使。我站在第三个移涌之上,也就是第二层。我赞颂他们每一位。这些能量第四次[逐个]给予我洗礼。我成了[一个]完美的[天使]。[我站在]第四个移涌之上,也就是第一层。[我赞颂他们中的每一位。]①

奥图罗尼斯的启示:宇宙的起源和所费娅的堕落

接着我寻找[…][…]我说[…]我[…]的[…]我[…][…]为什么[…][…]带着能量[…]他们以另一种方式在人的记载中?② 这些就是他们的能量吗? 或者,这些就是同一些人,只是他们的名字彼此不同? 灵魂与灵魂之间是否不同? 为什么人与人彼此不同? 什么是人,在什么意义上他们是人?

上界的伟大的统治者奥图罗尼斯(Authrounios)对我说:"你问的是否关乎你刚才所穿越的那些(地方)? 或者说,你问的是这个虚幻的世界,它为什么会拥有一个宇宙的原型? 或者,你问的是移涌的摹本,它们到底有多少? 或者,为什么它们[不]在烦恼之中? 或者,你问的是流亡和悔改、以及[移涌]和世界的创造? […]③"当我[…]

上界的伟大统治者奥图罗尼斯对我说:"那虚空的大地是通过一句话语生成的,它是受生的、会死的,却显得不可毁灭。关于伟大审判者的到来,(他们来)不是要品尝知觉,不是要被包裹在创造之中,他们来到创造之中,其实是为了通过(到来)看穿世界的工,定这个世界的阿其翁死罪,因为他是世界的原型,一个[…]一个物质的源头,受生于腐朽的黑暗。"

所费娅凝望[他们],于是她造出了黑暗,她在他们里面[…]在[…]旁边

---

① 对照第五次洗礼:《唆斯特利阿努》53,15ff.。

② 前面似乎是唆斯特利阿努提出了关于人的可拯救性问题。

③ 省略处残缺不全,可能是依次问升天路上遇到的事物。

[…]是[一个原型][…]的本质[…]形式[…]类型[…]我[…]万有[…] […][…]黑暗[…]出来[…]说[…]能量[…移涌]的[创造…]去见任何一

|10| 个永恒者。他见到一个倒影,他根据他在其中见到的倒影创造世界。他借助于倒影的倒影努力地创造世界,接着,那个属于可见实在的倒影也从他那里被取走了。至于所费娅,由于她的悔改,换来了一个安息的地方。因此,在她里面并没有现在的倒影,在里面原先是纯净的。

在他里面原先是一无所有的,无物存在的,当那些事物通过他进入存在之后,他运用他的想象力造出了其余的东西,因为所费娅的形象总是残破的,因为她的面容总是迷幻的。但是那个阿其翁[…]并且造出了一个身体,那个[…]因为那个更伟大者[…]下来[…]我看见[…]直达内心[…][…]在里面他有[…][…][…][…][…]通过[…]达到完美,通过他[…][…]在里面

|11| 他通过他的[不变性][揭示了]这个世界的毁灭。

那些移涌的摹本是以下面的方式存在的。它们没有获得出自于一个单一能量的理念。它们拥有永恒的荣耀,它们住在每一个能量的审判席上。

但是,当他们(能量)里面的光明和那些经常没有痛苦地在他们里面形成的原型照亮了众灵魂的时候,她(也许是所费娅)不知道她乃是见到了[…]和那个永恒的[…]在那个蒙福的[…]每一个个体[…]每一道来自于[…]光明[…]以及那一个尽管[…]整个,和那一个[…]和一个[…],她就是那[…]

|12| […][…][…]那一位悔改者。[那些灵魂]的地位是依据他们自身里面的能量来确定的,那些依据摹本造出来的住得较低。他们还在这个世界上的时候就为自己的灵魂领受了原型。他们离开一个一个的移涌之后进入存在。他们成为一个个通常的不动者,

> (而且)尽管出自于流放的摹本,
> 却上升到了真正存在的流放;
> (而且)尽管出自于悔改的摹本,
> 却上升到了真正存在的悔改;

（而且）尽管出自于自生者的摹本，

却上升到了那真正存在的［自生者］。①

然后进一步［…］。灵魂尽管［…］存在于一个［…］所有［…］移涌的摹本［…］尽管［…］和［…］出自于［…］那个［…］［…］［…］从［…］这些［…］② ［13］ ［赞颂］伟大的移涌之上的神，连同［无生的］卡力普都斯、那伟大的阳性普鲁法尼斯（Protophanes）③以及那比神更高的完美的婴孩和他的眼睛庇格亚当玛斯（Pigeradamas）。

艾弗塞的启示

我呼唤那婴孩之婴孩艾弗塞（Ephsech）。他站在我面前说："啊，神的使者！啊，父之子，［……我是］完美的人。④ 为什么你呼唤我，询问这些你已经知道的事情，就好像你对它们全然无知似的呢？"

［我说］："我已经问过有关混合（的事）［…］它是完美的，并且给予了［…］在那里没有能量［…］，那些［有的］，我们在他里面领受洗礼［…］这些名字是［不同的…］，为什么［…］来自于另一个［…］那些人不同于［…］［…］［…］。"

他说："［唆斯特］利阿努，关于这些事，你听着［…］第一个［…］源头是三 ［14］ 个，因为它们已经从一个单一的源头中呈现出来［…］，那个巴贝洛的移涌，既不是那种多个源头和多个能量，也不像是来自于一个源头和一个能量。它们从每一个源头中显现出来，它们强化了每一个能量；它们也从远比它们自身远为精妙的东西中呈现出来，那就是存在、福祉、和生命⑤。［…］［…］彼此［…］

---

①　存在的这种转化让人想起瓦仑廷派的洗礼程序，见《瓦仑廷讲解》42,10。

②　世界的创造是一级比一级低，越后面形成的越低级。

③　Protophanes，最初可见的或最初显现的移涌。

④　关于拯救者的这种"我是……"的自我介绍，参见:《阿其翁的本质》93,18ff.。

⑤　这三个概念与施洗的三种水对应，也对应于隐藏的移涌（卡力普都斯）、最初显现的移涌（普鲁法尼斯）和自生者（自生的移涌）。参:15,1ff.。

出自于一个[…]因为那个[…]此后他们被给予了名字[…]多于[…]和[…]一个完美[…]出自一个[…][…][…][…][…][…][…]。"

关于不同种类的洗礼之水

15 而它们当中的每一个的一个水[…]；缘于[…]是众水和完美者。

你是在那属于生命力的生命之水中受洗，奉的是自生者之名。

你是在那属于知识的福祉之[水]中受洗，奉的是普鲁法尼斯的名。

你是在那属于神性的存在之[水]中受洗，奉的是卡力普都斯的名。

现在，存在着与每一种能量[相对应的]生命之水：属于福祉的相对应是本质；与[神性]相对应的乃是[存在]。

但是所有这一切[…]能量和[…]那些[…]那些水[成为纯净…][…]相应于[…当它们]离开[…]。

16 […]存在，[就好像他]在他里面一样。[他]不是单独地[居住]在一个意念之中，而是[…]他们，他是以下面的方式从一个[存在]里面出来的：为了使这个世界不至于无穷和无形，他就将一个[…]置于其上；但是为了使[他]成器，他把真正的新来者连同某种存在者置于他之上，[…]存在与[子]。他（在他的地方）跟他在一起，跟他一起寻求，跟他一起环绕[…]到处[…]出自于真理[…]带着他[…]存在于[…]作用[…]生命[…]他的另一句话[…]这些之后[…]他们成为[…][…][…][…][…][…]。

17 […]当水存在的时候，能量跟存在者（Being）的本质与存在一起存在。但是他们的洗礼所奉之名乃是水的一句话语。三重能量的自生者的第一道完美之水，[乃是]完美的灵魂的生命，因为它是完美的神的一句话语，为的是它源生于[…]因为那不可见的灵是[他们]所有人的泉源。因此，其余的都是作为他的肖像源自于[知识…]。[但是]那认识自己的那一位[…]哪一类或者什么[…]生活在[…]变得没有边界，他的[自己的……]名字[…][…][…]

[⋯][他真正地存在],那一位就是这样的,因为他限制了自己。他们依据相 ⑱
应的能量和秩序的形象从水里面显现出来。

　　普鲁法尼斯,那伟大的、阳性的、不可见的、完美的心灵,有着他自己的水,
诚如你到达他的地方时[将会见到]的那样。那无生的卡力普都斯也是如此。
与他们每一个相应,存在着一个部分的实体和最初的形态,以便他们以这种方
式成为完美;因为那些自生的移涌就是四个完美的实体。[那些]至为完美者
的个体[⋯]他们作为完美的个体。而那个[⋯]自生者的[⋯]移涌[⋯]是同
一个[⋯]阳性的[⋯]因为全体[⋯][完美的神灵⋯那三重]阳性的[⋯][完
美的]个体[⋯]在那[⋯][⋯][⋯][⋯]之中[⋯][⋯]完美的,以一种形态 ⑲
存在者,一个族类,一个万有,一个部分的差异。那比完美和卡力普都斯更高
的上升之路也同样如此。

　　神圣的自生者是他自己的移涌的首位阿其翁,众天使就好像是他的肢体;
那些,就是那四个个体,是属于他的;他们也一同属于第五个移涌,而那第五个
移涌存在于一之中;那四个[又是]第五个,是与部分相应的。但是[四个]各
自都是完整的个体,[因为他们]有一个[⋯]它也是[⋯]与[那三重阳性]个
体[⋯],因为他是一个[⋯]的[⋯]神性的[⋯],那不可见的[普鲁法尼斯]
[⋯阳性的]心灵[⋯]存在于[⋯][⋯][⋯][⋯][⋯][⋯]活泼的和完美的 ⑳
部分。

关于卡力普都斯移涌

　　(关于)那万有和完美的族类,以及那位比完美和福祉更高者:那自生的
卡力普都斯是自生者的最先存在的源头,是一个神灵,是一个祖先,是普鲁法
尼斯的起因,也是他自己的那些部分的父。① 作为一个神圣的父,他是最先被
认识的:但是人们却不认识他,因为他是一个能量,是一个出自于他自己的父。

---

　　① 隐藏的移涌是初现的移涌的源头,初现的移涌是自生的移涌的源头。所以卡力普都斯
是自生者的先存的源头。

所以,他是[无父亲的]。① 那不可见的三重能量,所有[这]一切[的]最初意念,那不可见的灵[…]是[…]和[…]本质,那一个[…]及存在[…]有[存在][生命…]蒙福的[…]那[…]这一切[…]那[…][…][…][…]存在于他们里面,[而]他们[…]在其他里面[…]通过他们全体在很多地方。他们会在他所喜爱和向往的每个地方,然而,他们又不在任何地方。他们可以包容灵,因为他们是非躯体性的,却比非躯体性更好。他们与活泼的意念和真理的能量相连不可分,与那些比这些更纯净者相连不可分,因为在他看来,他们更为纯净,也不像躯体,只能待在一个地方。尤其是,他们有一种必然性,这种必然性是与整体相应的,也是与部分相应的。因此上升之路[…]是纯净的[…]每一个[…]他们自己[…]向上或者向下[…]他们[…][…][…尤其是][…]部分的移涌。

关于拯救和不同的洗礼

然后,[我说]:"他又怎么能够领受一个永恒的原型呢?"②

(艾塞弗说:)当那自生的水变得完美时,包容一切的悟性就能够分有。如果有人认识他和所有这一切,那他就是普鲁法尼斯的水。如果有人将自己与所有这一切连在一起,那他就属于卡力普都斯的水——其形象还在移涌之中。③

要通过他们的部分理解每一个个体,他们是[…],那属于万有者,就是知识之所在。他们已与他们所认识的一位[分开],又彼此从共同体中[分开]。万有和所有这一切,当他们受了[自生者的洗礼]他[…]的[…][…][…][…][…][…]他就向[他]显现,也就是说,当一个人明白了他如何为他存在以及他如何与他的同伴共处的时候,他就已经在普鲁法尼斯的洗礼中受洗了。

---

① 否定神学,参:《三部训言》51,3ff.;《约翰密传》2,28ff.;《尤格诺斯托书》71,14ff.。

② 罗宾逊版猜测残缺部分的两个字为"他说"。德文版认为应当是"我说",是唆斯特利阿努的提问,随后是艾弗塞针对这个问题的启示。

③ 与此平行的段落,参见:23,2ff.与23,15ff.。

　　如果有人明白了这一切存在的起源,明白了他们如何从一个单一的源头显现,联合在一起的一切又如何分开,那些分开的又如何再次联合在一起,部分如何与所有其余的部分、种、[类]相连,[如果]有人明白了这些事情,那他就是已经在卡力普都斯的洗礼中受洗了。①

　　与每一个单[个]地方相应,人都拥有永恒者的一个部分,[然后]上升[…]他是多么[…]纯洁又单一,无论何时他[…]之一[…]他由于单一而纯洁。他被充满了[…][在…]存在和一个圣灵。他没有任何身外之物。他能以他那完全的灵魂[见到]那些属于自生者的人;他能以他的悟性见到那些属于三重阳性的人,又能以他的圣灵见到那些属于普鲁法尼斯的人。 |24|

　　通过圣灵的能量,他谛听到了卡力普都斯,(这些圣灵的能量)已经达到了对不可见之圣灵的更完美的启示。通过那处在静默之中的意念,通过那最初的意念,(他谛听到了)②三重能量的不可见之灵,(这个不可见之灵)乃是静默的倾听和能量,是在那赐予生命的灵里面得到洁净的。(他是)完美的,是完美的[…]和全然完美的。

关于不同的人和洗礼

　　荣耀置于这一切之上,它乃是那些已经在真理与知识中受洗的人的[生命赐予者]。那些配得的人得蒙庇护;那些不是来自于这个族类的人[…]他们去[…][…][…]在第五层之中,他在其中[…][…]摹本[…]移涌[…]也就是一个洗礼,但如果[那个人]脱离世界并积蓄[知识],[如果]他没有住所和能量,他追随的是不同者的道路,那么他也是一个异乡人;但是[如果]那个人没有犯过罪,并且知识足够,那么他悔改时就没有焦虑。在这些情况下,洗礼是额外确定的。 |25|

　　(关于)通往自生者的[道路]——就是你每一次在其中受洗的道路——是一条配得见到[完美的]个体的(道路):由于它是从那些自生者们的能量中

---

①　这两段:知识是对于一与多的关系的深层次领悟。
②　罗本是"懂得了",德文本为"听到了",意义更明了。

产生的，——（那些能量）是你在经过那全然完美的移涌时所获得的——，因此它是对于万有的知识。当你领受第三次洗礼时［…］，你将会在一个［…］地方听闻有关那真正的［…］。

关于那些名字，他们是这样叫的：

他是一个［…］就像是［…］就在他［…］存在并且［…］他们［…］一句话26 语。这是一个名字，真正地与在她里面的［这些］一起存在。这些存在着，在［拯救］中存在着［…］，在里面是相似的。他在族类上的相似性（是）跟属于他自己的东西的（相似性）。他能看见它、理解它、进入它、从它那里获得相似性。（他们）在一个声音里面，为的是要说话，为的是要在一个倾听里面倾听，但是他们处在这样的境地里，不会有什么结果，因为他们是可见的躯体性的。诚如他们在这样的境地里那样，以这样的方式，他们吸纳，就这样吸纳他们，因此他是一个形象，在其中他以这样的方式靠近，因为他是通过一句话在知觉中形成的，这话语虽然高于物质性的本质，但是却低于悟性的本质。

关于灵魂的三种类型

不要因为灵魂之间的不同而感到惊讶！当你以为，他们是不同的、［不相像的］时候［…］那些人［…］和那一个［…］他［…］出于［…］在一个声音里面［…］，在里面他被毁灭了［…］［…］身体，而那一个［…］时间，他在其中［…］27 一个愿望。他们的灵魂作为［…］他们的身体而存在。至于那些完全纯洁的人——他们拥有四个［形象］——但是那些在时间之中的人有九个形象。他们当中的每一个都有一个形象和他的习性。他们的外貌是不同的，他们就这样分开并且存在。

由于那向下凝视的所费娅的缘故，其他不朽的灵魂就与所有这些灵魂联合起来了。不朽的灵魂共有三个种类：

第一类是那些在流亡之中获得了根本的灵魂，因为他们处在这样的境地里，不会产生出（什么东西），［这种根本］是只有那追随不同者之作为的人才拥有的。但是那一个,他在其中是一个单一的形象,是[……]。

第二类是那些[持守]悔改的灵魂,[……]罪,(他们)在其中获得了足够的[……]知识,在其中他们是新的。[……]但是他拥有[……]不同的[……]他们与不同者一起犯罪[又]与不同者一起悔改[……]单单从他们而来。因为[……]是那一些类型,那些存在的[……]跟那些犯了一切罪的人在一起,然后他们悔改。他们或者是部分,或者是向往出自于他们自己的主动。因此,与她们各自所达到的地方相对应,她们的移涌是六个。 ⑱

第三类是自生者的灵魂,因为他们拥有一个不可言喻的真理的话语,在其中,他们存在于知识之中,存在于纯粹源于他们自身的[能量]之中,存在于永恒的[生命之中]。他们就像天使一样,有四个不同的种类:那些爱真理的;那些有盼望的;那些有信仰的[……]在其中他们拥有[……];那些[……]的。他们存在[……]他们存在[……]在其中他[……]自生者的众移涌。他属于[一个完美的生命]。第二类是[……]那个[……]知识[……]第四类是[属于]不朽[灵魂]的。

关于四个光明体

那四个光明体以这样的方式存在在[那里]:[阿摩泽尔]安置在第一个移涌之上的。(他是)神的一个愿望,真理[……]和灵魂的一个连合。奥列尔是真理的充满力量的先知,安置在第二个移涌之上。达维泰是知识的先知,安置在第三个移涌之上。伊利勒斯是对于真理的热切的向往和预备,安置于第四个移涌之上。这四个光明体存在是作为真理和知识的话语存在的。但是他们存在着——他们不属于普鲁法尼斯,而是属于那个母亲,她是光明的悟性一个完美的意念——为的是不朽的灵魂能为他们自己获得知识。[……]在这些地方,自生者[……]rse[……]oas,生命[……]所有[……]他是一句话语[……]不可言说的[……]真理。那个人说[……启示]关于那[……]它作为[……]存在,存在于[……]之上。[……]在束缚中把它联合在光明和他里面的意念[……]之中。 ㉚

由于那完全的人亚当玛斯是自生者的一只眼睛,从他可以知道那神圣的自生者乃是真理的完全心灵的一句话语。亚当的儿子塞特来到每一个灵魂那里。作为知识,他对于他们是足够了。所以[那]生命的[种子]就由他而生。美罗蒂娅是[…]那神圣的自生者,一个[…]来自于她和[…],由于她的存在,她是那完美心灵的一个意念。

她是什么? 或是,她存在吗? 她[以什么方式]存在?①

(他回答说):"因此之故,那神圣的自生者乃是一句话语,是一个知识,那知识[…话语],因此之故那[单一者]亚当玛[斯…],当她显现的时候[…]众灵魂的一个变化[…]她自己是[…][…]完全的。"

关于天使之属②

31 至于那[完全者…]天使之属[…][其后成了][灵魂][死了…][…那世界…][…]那摹本[…]真的[…][存在]的[…]悔改[…]到了这个地方[…]作为[…]移涌而存在,当[…]而且她爱[…]她站在[…]移涌之上,在那里他有光明体伊利勒斯[…]成了一个[…]神的先知。[但是]当她盼望的时候,

32 她就会看见。一个[…]族类[…]她站在[…]之上[…][…]她被挑选[…]她站在[…]之上[…]光明体阿[摩泽尔]。

[…]有人[…][赞颂]那在上的[能量…]你站在[…]那光[…]不可量度[…]那移涌是伟大的[…][…]唯有那些[…]完美者[…]那能量[…]在那个境地,或者[…]在那个境地[…]每一个[…]他们的灵魂是可知的,不带着[…][…但]你是[…]单个的[…]那里空无一物[…]他[…]他[…][…]

33 […][…][通过]和[…]在每一位之上[…]每一个[…][…]形体[…]和这位[…]和这[原型…][…]和一些[…]永恒的,不是[…]一个整体[…]由此而增加的[…]他是光芒四射的[…]在其中他缺少[…]那完全的心灵

① 这几个问题也许是唆斯特利阿努提出来的。

② 抄本的第31—42页残缺,几乎不可读,读者可以略过。但可以看出主要内容是论天使的本质。

[…]不可分的完全的光[…]而他是在[…]亚当玛斯和[…]自生者[…]而他去[…]心灵[…]那神圣的卡力普都斯[…]知识[…]但[…]灵魂[…][…][…][…][…][…]存在[…]在其中她有[…][…]某种第二位的能量和[…]和一些第三位的[…]显现[…]是[…][…]灵魂[…]。　|34|

但是那些移涌[…]住所[…]众灵魂和[…]众神灵[…]高于神[…]那自生者的[…]自生者[…]第一个[…]天使[…]不可见的[…]一些[…]灵魂和[…]移涌[…]但是那些灵魂[…]天使[…][…][…][…][…][…][…]她[…]永恒的[…]时刻。[…][…]当[…]也就是一个灵魂[…]变成一个[天使…]，但是[…]世界[…]天使们和[…]那圣者[…]但是移涌，也就是那个[…自生]者已经[…]他们，那[…][…]阿其翁[…]他们[…]有不同，那个[…]她不是，说[…][…]和[…]神圣的自生者[…]那存在的[…]听见[…]自生者[…]的[…][…][…][…][…]有[…]存在[…]生命[…]是由于[…]话语[…]；那为一个世代的男[…]孩[…][…]不可见的灵[…]在完全的[…][…]和一个源头[…]爱和[…]巴贝洛的[…]和一个[…]的心灵[…]心灵[…]。　|35|

这是两个[…]念头[…]其中[…]在巴贝洛里面[…]和那卡力普都斯[…]所有这些[…]那童贞女[…]她[出现]在一个[…]和[…][…][…][…]在那一个[…]能量[…][他不是]出于[他，相反…]（是）出于那位[…]真正…存在]者的能量，她[…]是他的[…]他们作为第一个[…]那位的[…]而他是那[…]他单独[…]赐予他足够[…]给他[…]所有，他付出[…]通过那一个[…]因为一些[…]为的是他能够[…]而那位[…]他[…]不可分的[…]巴贝洛[…]为的是他能够[…]福祉[…][…]所有[…]他来到[…][…][…][…]一个完全的[心灵…]的一个[…]和他[…]完全的灵[…]完全，他活在永恒中[…]他，[…]那存在者[…]的，他是出自[…]的[一句话语]，它是在他们所有人里面[…]的[…]永远的[…][…]在那三重能量的里面就是在那[…]里[…]那些是完全的[…]那普鲁法尼斯[…]心灵，但是[…]纯洁[…]和他[…]一个形象的[…]显现[…]和那[…][…]他[…]　|36|

　|37|

　|38|

　|39|

[…][…]也就是[…][…][…]因为他的原因,他们[…]我记下它[…]他是单纯的[…]因为他是[…]正如他存在[…]正如跟其他人[…]那就叫作[…]缺陷。

至于那[…]三重阳性[…]真正作为[…]知识[的心灵]而存在,那存在的一位[…]就是他曾[…]确实存在[…]和一个[…][…]她[…]第二个[…]完全就是那[…]显现[…]在他里面[…]卡力普都斯[…][…][…][…]

[40] 众族类…][…][…][…][…][…][…]第二个种类[…]一种知识[…][普鲁法尼斯…][阳性的…]他曾[…]存在[…]未出生,他们[…]第三个[…][…他]有[…]知识和[…]一起存在[…]全然完美的[…]蒙福是由于那里并不是[…][…][…]神[…]与他一起[…][…]完全[…]那[…]的卡力普都

[41] 斯[…][…]知道[…][普鲁法尼斯的][…]那心灵[…]那些能量[…]万有[…]他[存在][…]这知识。

[…]神圣的,那自生者。[那]神圣的[自生者][…]那孩子[…]三重阳性,这个阳性的[…]是[…]和一个族类[…]是完全的,因为它并没有[…]在一个知识中[…]像那一位[…]一个个体的存在[以及]那个个体的一个知识[…]与万有相对应[…]完全的。但那阳性的[…]心灵,那卡力普都斯,[但]那[…]神圣的卡力普都斯[…]和一个能量[…]所有这些的[…确实][…]

[42] […][…][普鲁法尼斯…][…][普鲁法尼斯…][…]心灵[…][…]那个属于万有的她[…]未出生的[…]人[…]他们[…]与那位[…]和他[…]他住在[…][…]那可知觉的[世界里]他与那已死者一同活着[…][…]一切[…]他们获得了拯救[…]那些已经死了的人。他们全都不需要拯救[…],一开始,他们是已经得到拯救的,非常谦卑地生存着。

关于不同类型的人

至于那些已经死了的人:他的灵魂,[他的心灵]和他的身体,全[都死

[43] 了]。诸般的苦难[…]之父[…]物质的[…]火[…][…][…][…][…]他在其中转化。

　　而第二种类型的人乃是那些已死之人中的不死的灵魂,她在当中为她自己忧虑;然后,[她追求]那些[对]他们当中每一位都有益的事物时,[她就会]体验到身体之苦。她[…]和她[…]有着一位永恒的神,她与邪神共事。①

　　至于那种流亡之中的人:当他在他自己里面发现真理的时候,他就远离[不幸]和[失足]之人的行径。

　　(至于)那些悔改的人:当他把死亡的事物抛弃在身后,追求那存在着的不朽的心灵和不死的灵魂的时候,[…]他催促自己,开始对它进行探究,不是关乎实践,而是关乎动作。因为他从他[…][…]和[…]得到[…]

　　至于那些将会得救的人,乃是这样的人,他寻求自己,并且找到了他的心 |44|灵和他们中的每一个人。啊,这个人有多么大的能量啊!

　　至于那已经得救的人,他是这样一个人,他不知道这一切如何[…]存在,但他自己凭借[那]存在的话语[…]在每一处接纳每一位[…]成为单纯和一,然后他能够拯救,因为他能穿越它们,能够成为[…]。只要他[愿意],他又会离开他们所有人,并会退隐[独处];因为他已经归隐于神而成为神圣。

那些将获得拯救的人

　　我听了这些话,就赞颂那在真理之中的真正活泼的和无生(unborn)②的神,并[赞颂]那无生的卡力普都斯和那普鲁法尼斯,那不可见的、阳性的、完美的心灵,以及那不可见的三重阳性的婴孩,[也赞颂]那神圣的自生者。 |45|

　　我对那位与我一起的婴孩之婴孩艾弗塞③说:"能否用你的智慧给我讲授有关那一位得救之人的分散,以及那些与他混合在一起的人,还有那些分有他的人?以便那些活着的蒙拣选之人可以认识。"

　　于是那婴孩中婴孩艾弗塞明白地告诉[我…]:"如果他退隐独处很多次,

---

　　① 灵魂的受苦是诺斯替主义的经典主题,参看《对灵魂的注释》与《权威的教导》。

　　② 英文为 unborn,也可译为 ingenerateness,不是别的存在物生出来的,自有永有的,中译为"无生"。

　　③ 婴孩之婴孩 Ephesek(艾弗塞)《埃及人福音》中的孩子的孩子依色弗(Esephech)可能是同一个。

并且接近于不同者的知识的周围,那么(他)不会用心去领会心灵和不死的[源头]。① 这样一来,它就有一个欠缺,[…]因为他变化,一无所有,并从他那里分离出来而站立[…],凭着一个外来的[冲动]而产生。他没有成为一,而是拥有很多形体。(有时候)他倾向于寻找那些并不存在的事物;(有

[46] 时候)他在观念中堕落到这些事物之中——除非接受了光明的照耀,否则他就没有能力以另一种方式理解它们——于是他就成了自然的一个产物。② 就这样,他由于这个缘故而降生于世,并且由于物质的诸多痛苦和无限性,他是无言的。尽管他拥有一个永恒和不死的能量,但是他却被限制在身体的[活动]之中。他[被造出来]是有生命的,但是[始终]被每一次邪恶的呼吸限制在残酷的、刺骨的束缚之中,直至他重新开始[活动],并且再次恢复知觉为止。"

关于人的帮手

因此,就有能量被委派出来拯救他们,每一个能量都在这个世界上。在与每一个移涌相应的那些自生者之中,存在着荣耀,以便那些在这个[世界上]的人可以在它们旁边得到安全。那些荣耀是呈现在能量之中的完全的意念。这些荣耀是不会消失的,因为它们[是]拯救的原型,每一个人都要靠它们得救。他从每一个(能量)身上得了一个原型(和)力量,并且靠着荣耀这位帮

[47] 手,他最终会走出这个世界[和众移涌…]。

这些就是不死的灵魂的守护者:高玛列尔(Gamaliel)和斯特兰苏霍斯(Strempsouchos),阿克拉玛斯(Akramas)和卢尔(Loel),和内西诺(Mnesinous)。

---

① 罗版为:"如果他退隐独处很多次,又如果他凭着对不同者的知识而产生,则心灵和那不死的[源头]就不会明白。"现据德文版。

② 罗版为:"他转身的时候,他通过追求那些并不存在的事物而进入存在。当他在意念上落到它们上面,并且以另一种方式认识它们的时候——因为他是无能的,除非已经得到了启发——他成了自然的产物。"

[这位是]不死的灵耶修斯·马札流斯·耶色德库斯(Jesseus-Mazareus-Jessedekeus)。他是那婴孩的[…][…]或是,那婴孩之婴孩,和[…]。但是奥母斯(Ormos)是[…]在生命的种子之上的,而[(高玛列尔)……]是灵的赐予者。

静立在[他们]面前的有下列几位:塞索尔(Seisauel)、奥达尔(Audael)和阿布拉卡斯(Abrasax);无穷者(myriads)法里列斯(Phaleris),法尔色斯(Phalses),[和]欧里奥斯(Eurios);荣耀的守卫者史特提奥(Stetheus)、蒂奥本普托斯(Theopemptos)、欧路门纽士(Eurumeneus)和奥深(Olsen);他们在每一件事上的助手Ba[…]mos,[…]son,Eir[…]n,拉喇缪斯(Lalameus),爱多门纽士(Eidomeneus)和奥特罗尼斯(Authrounios);审判者苏佛泰(Sumphthar),欧克里布斯(Eukrebos)和凯拉尔(Keilar);继承者桑布罗(Samblo);看守彩云的天使是撒弗欧(Sappho)和托罗(Thouro)这两片云。①

关于自生者移涌

说完这些事情之后,他向我讲叙所有在自生者移涌中的人们。他们都是 |48|永恒的光明,都是完全的,因为他们都是个别达到完美的。我见到,每一个移涌都相应地有一个生命的大地、一道生命的水、[空气造成]的光明以及烧不尽的火,因为[他们…]全都是单纯和不变的,单纯和永恒的[生命的存在物],[…]有很多种类,有很多种不会朽坏的树木,[而且]这一类的稗子以及以下所有这一切:不会朽坏的果实、活泼的人和每一个种类、不死的灵魂、每一种形式和种类的心灵、真正的神,存于伟大荣耀中的天使,一个不会消解的身体,一个无生的出生,以及一个稳定不动的知觉等。那里还有那一位承受苦难者,不过他并没有受苦,因为他是能量的能量。②

① 这一系列帮手的名字类似于《埃及人福音》64,9ff.许多名字相同。
② 让人联想起幻影论的基督。

49 **塞特派赞美诗残篇①**

[…][…]变化[…]不可消解的[…]这些[…]所有[…]他们全都是
50 […]他们[…][…][…][…]产生[…][…]的[…]简单的[…]完全的[…]
永恒的[…]移涌[…]和[…]领受能量[…]他们的[…]在一个[…]因为
51 […][…]不是[…]（第十二行以后的经文遗失）[…]在[…]thorso[…]s 里
[…]静默[…]他是[…][…]他是神[…]那时，我们正赞颂[…]亚当玛斯
[…]的[…母亲][…]她是那荣耀[…]我们的[…]母亲[…]和普莱斯蒂亚
（Pleistha），她是那与亚当的[儿子][塞特]一起的天使们的[母亲]。[以玛]
查·塞特（Emmacha Seth），[那]不动摇[族类…]的父亲和[…][那]四个光
明体——阿摩泽尔、[奥列尔]、达未泰和伊利勒斯。[他们每一位]我们都逐
一赞颂他们。[我们]见到那自我克制的[荣耀]，那三重[…]三重阳性[…]
52 的尊贵者。我们就说："你是一，你是[一]，你是一，是婴孩中之[婴孩]雅图
（Yato）[…]存在[…][…][…你是]一，你[…]塞梅列尔（Semelel）[…]泰尔
麦沙（Telmachae）[…]（omothem）[…]阳性的[…]他生出[…那]自我克制的
[荣耀…]能够渴望追求那位[…]全然完全的[…]一切。阿克龙（Akron）那
三重阳性一个 aa[…]ooooobtireise[…]你是来自于灵的灵；你是来自于光的
光；你是来自于静默的[静默…]；[你是]来自于意念的意念，神的儿子啊！
53 […]让我们说话[…][…][…]话语[…]那[…][…]和那[…]不是一次
[…]不可见的巴贝洛[…]那[…]那三重阳性普洛尼斯（Prones）和那属于一
切荣耀的尤尔（Youel）。"

第五次洗礼和唆斯特利阿努见到的异象

[当我]第五[次]奉自生者的名领受这些能量逐个施予的洗礼时，我就成

---

① 下面这一段应当是赞美诗的残篇，这里不仅有"我们是"，"我们求你"，"我们赞美"等句
子，也有"你是"的称呼。类似的段落见《塞特的三块碑》和《阿罗基耐》54,11；也参：《唆斯特利
阿努》86,13ff.；118,9ff.。由于该段落过于残缺，下面不作分段。

为神圣。[我]站在第五个移涌之上,这第五个移涌乃是所有[这]一切的一个入门阶梯,于是我看见所有那些属于那真实存在的自生者的人们。我受了五次洗①[…]连同那[…]的[…]zareu[s]来自[…]那一个[…]完全[…]和那伟大的[…]荣耀,她属于[…][…]神,那[…]显出[…]双倍的完全[…]她属于一切的种类[…]阳性,那自我克制的荣耀,母亲[…][那]荣耀,尤尔,和[那][伟大]普鲁法尼斯的心灵的[四个]光明体,塞尔门(Selmen),[及其他]与他一起的,他们是那[启示]的神札赫[多斯](Zach[thos])和雅赫多斯(Yachthos),塞[修斯](Sethe[us])和安提法[特]斯(Antiphan[te]s),[塞尔]道([Sel-]dao)和爱利[挪斯(Ele[n]nos)[…][…]去[…]那[…]他们的[…]肖像[…]作为[…][…]的,因为[…]看见[…][…]移涌[…]更多[…]光明体[…]更多荣耀[…]以下是与[每一个]移涌相对应的:一个有生命的[地]和一个[有生命的]水,以及由光明造成的空气和一片不会[烧尽的]耀眼的火,并有生命的存在物和树木及灵魂[和]心灵及人们[和]一切[与他们一起]的人,但(却)没有众神灵[或]能量或天使,因为这一切都是[…]和[…]和[…]存在[…]一切[…]一切[…][…]一切[…][…]他们在[…]和他们在[…]。

[…]和[…][和]那些[…]他,那自生者。[我]从[所有]这[一切]领受了一个形象。自生者[的]众移涌[开启了],有一道[大光明]从[三重]阳性的移涌那里出来[…],并且他们[赞美]他们。那四个移涌向往在一个[…]移涌之内,那[…]形象[…]唯一地存在[…]。其后那婴孩之婴孩艾[弗塞][…][…][…][…][…]5[…Yesseus] Maza[reus Yessede]keus[…][…加印…]于他之上[…]和加伯利(Gabriel)[…][…]加印于[…]四个族类。

尤尔带领唆斯特利阿努进入普鲁法尼斯移涌

那属于[荣耀]的她来到我跟前,她就是那阳性的、[童贞的…]尤尔。

---

① 回顾6,7。

[我]深思那些冠冕,(于是)她对我说:"为什么你的灵对那些冠冕和上面的印感到惊异?[…]这些冠冕能够使每一个[灵…]和魂更加坚强。在三个族类
58 [之上]的[那些]印,以及[…]那看不见的灵,都是[…][…]和[…][童贞的…][…]和[…][…]寻找[…][…]在[…]在他们[里面][…][…]和[…][…]他[更坚强]和那些印[…]那些属于自生者、普鲁法尼斯和卡力普都斯的种族。

"那[不可见的]灵[是]一个属魂的、有悟性的能量,是一个知道者和先知。因此,他是与那灵的赐予者[加伯列]一起的,[因此]当他赐下一个圣洁
59 的灵时,他可以以冠冕印证他,并给他戴上冠冕,[有]众神[…][…][…]那[…][…][…]那[…][…][…]灵[…](阴性)[…][…]他们存在[…]并且他们并不是他们[里面]的,为的是他们可以[成为]单一,也[可能]不会[依据]哪一个模型而重复。[这些]人都是单纯、完全的个体。[…]而这一切移涌的[…]都[…]他,这一切[…]存于一个地方的[…]全然完全的,他们
60 属于一个伟大者[…]为了看见他们,因为[…][…][…][…]完全[…][…][…][…]每一个[…]存在[…]他是[…][听]他[…][…]和[…]在意念中[…]第一个念头[…]为的是能量[…]她是完全的[…]它是适合你去[…]在每一个机会,而且[…]你会通过一个比完全更高的意念,去聆听他们,你将会在那完全者[的]灵魂里面认识他们。"

施行仪式,进一步上升

61 说完这些话,她就[给我施洗][…][…][…][…][…][…][…]那第一位[…]我领受了能量[…][…我]领受了形体[…]领受了[…][…]他存于我的[…]之上,领受了一个圣灵。[我]显现了,[真正]存在于其中。此后,
62 她把我带入那完美的三重阳性[所在]的伟大的[移涌]之中。我见到那不可见的婴孩在一道不可见的光明之中。① 此后,[她]又奉[…][…]再次为我施

----

① 参:2,8ff.

洗[…]她[…][…]我[又][…]我能够[…][…]那伟大的一位[…]和完美[…]。

那属于一切[荣耀]的尤尔对我说:"你已[接受]了所有你适宜接受的[洗礼],而且你已经成为[完美][…]听到[…]一切。现在再次[呼唤]撒拉米克(Salamex)和[…]和那全然完美的阿(Ar)①[…]那巴贝洛移涌的光明和那无法量度的知识。他们会启示[…][…]不可见的[…][…][…][…]就 [63] 是[…][…童贞的]巴贝洛[和]那不可见的[三重]能量的灵。"

[当]那属于一切荣耀的尤尔对我[说了这些话]之后,她[就将我放下],走了,立在普鲁法尼斯面前。然后,[当]我在意念中热切地向那些伟大的光明体祷告时,我就[…]站立在我的灵上面。

撒拉麦克的启示:关于那些真正存在者②

我开始去请求撒拉麦克和Se-[…]en和那全然完美的[…]e。我见到那些比能量更伟大的荣耀,[于是]他们就膏抹我。那时我可以[…]在我的 [64] […]里面和[…][…]。

[…]她覆盖[…]一切[…]撒拉麦克[和]那些[向我]启示一切者说③:唉斯特利阿努,[了解]所有这些你所询问的事吧。[…][他是]一,是独一的,他先于那[一切]从灵而真实存在者,是无法量度的,跟[存在于]他里面的、从他[产生的]以及在他之后的[其他]一切不可分,在其中唯独他是可以在[他自己里面]达到的,不[可分的]。

[没有形状] [65]

没有[受造性]

---

① 参:《阿罗基耐》56,24ff.

② 这一段极其重要,论无在无不在的状态。

③ 下面这一段讨论第一本原,在内容和形式上让人想起对至善的、未知的父的描写。可参见:《三部训言》51,3ff.;《尤格诺斯托书》71,14ff.;《约翰密传》2,28ff.

没有[颜色]

[没有形象]

没有[形体]。

所有这一切[的最初的原因]是[每一个原因的]最初的[原因];第一个意念的[最初的]意念;[是]每一种能量[的能量];

他比一切[运动者]更快;

他比一切站立者更为稳固;

他是强有力的,是无所不在的,没有边界的。

他比一切可企及者都要高;

他是[没有界限的],比任何有躯体者都要大;

(也)比任何无躯体者都要纯洁;

他比每一个意念和每一个躯体都更能渗透,

[因为他]比万物、比每一个族类、比他们全部都更有能力。

66　[万有真实]存在[以及那些真实存在者],他就是这一切[有躯体的和无躯体的]。[所有部分中的]部分[⋯][他存在]于一个[不可理解的能量]里面,认识她[⋯][⋯他是]从他而来[⋯]那真正存在的,也(是)从那[真正]存在的灵而来的,那单独的一位[⋯]因为他们是[⋯]的能量。存在[⋯]和生命和福祉。①

在存在中,他[是以]一个单纯的开头、他的一句[话语]和一个意念②而存在的。愿那将要找到他的人进行辨别,因为他在生命之中,他是活泼的

67　[⋯][因为他是得蒙祝福的][他知道][他是有知识的][能够]知道万物。[他是]他自己的[父]和[母],[他是一个神],除了[在他自己之上外][不在

① 这一段描写以及下面的一段都依据德文版,罗版不全。
② 罗版为种类,据德文版。

任何人之上],因为他自己[是他自己生出来的]。他就存在于从他自己出来
的他自己里面。[是]那单一的[没有本质的]。也就是说他存在于他自己的
[里面],作为观念的观念而存在,作为单一体的[单一体]而存在。他作为[一
句话语]存在,在其中他处于心灵之中。他在它里面,他不会去任何地方,因
为他是单一的、完美的、单纯的灵。[由于]它是他的地方和[…],他正是在它
和万有里面产生的。那存在的正是他,他是[作为一句话,他的地点而存在 68
的][是作为力量和生命]而存在,[是作为]他里面的[一个源头而存在的]。

生命[是]没有实体[的单一体]的活动,那些存在于[生命]里面的,[他
们习惯于生存在]生命里面,[与那些]由于福祉和完美而存在者一起。他是
[能量]存在于一切真实存在者里面。福祉就是那真实存在者的活动的观念。
通过接受存在,他接受了能量,就是[生命],就是完美,[是]永远不可分的。
正因为如此,他是作为完美者而存在的。他之所以作为一个完美者而存在,正
是因为他在他自己里面是不可分的,因为除了那[完美]的单一体之外,在他
面前无物存在。(抄本第69—72页没有文字,但是可能有编号)

存在[…][…]她是拯救[…][…所有人]和那一位[…][…]能够,他也 73
不[…][…]他,如果他[…]他与他,所有这一切[…][…]因他是那个[…]
在存在中[…]这一个,他完全作为生命而[存在],在福祉中他拥有知识。如
果他领悟了那些[荣耀],那他就是完美的;但如果他明白两样或一样,那他就
醉了,因为他得到了他的款待。

> 正是因为他,才有那些有灵魂者和无灵魂者存在;
> 正是因为他,才有那些将获得拯救的人[存在];
> 正是因为他,才有那些因没有从他受他款待而[灭亡]之人[存在];
> 正是因为他,物质和躯体才(存在);
> 正是因为他,没有[…](存在); 74
> 正是[因为]他[…]每一个[…];
> 因为[…][…]这一个[…]就是那[先]存的和他[…][…]一个单

一的源头，[一个]单一的灵[…]他是[…]，和[…]存在，形体，[…][…]是他的。①

　　与他的存在、生命、道相应；

　　与生命的作用相应，这生命就是运动；

　　与完美相应，这完美就是恒久的力量，她就是这力量里面的光明。

　　他是三位一体的，他在同一个时间是静止的，同时也是运动的，他在所有的地方又不在任何地方，②那不可言喻、无法命名的那一位[…]并且造出了他们全部。[…]从他而生出[…]在他里面安息[…]在她的完美里，他并没有从[每一个]形态中领受因为他[…][…][…]任何东西[…][…][…][…]在存在之中[…]住在生命的[…]之中。但在那完美和知识之中的[乃是]福祉。

[75]

　　所有[这]一切都是住在[那]不可分割的灵[里]。由于知识[的缘故][神性]和[不实在性]和福祉和生命和知识和美善以及合一和单一[才得以存在]。简言之，所有这一切[都是]无生的纯净[…]先于他而存在[…]这一切和那[…]他的[…][…]在[…][…][…]里面[…][…]移涌，在一个[…]无生里面的[…]，他[…]当他见到他[…]，他经常[…]他。正因为他[是]一，所以他是单纯的。因为他是完美里的福祉[…]完美的和[蒙福的]。

[76]

关于巴贝洛移涌

　　正因为她③需要他的[…]因此她需要从他得到这些，因为他跟[她]一起追求知识。他的知识存在于他以外；它与那反省自己的一位在一起，是一个幽灵和一个[…][…]需要有一个[…][…][…]单纯的[…]他在其中[…]

[77]

---

① 自第75页第24行起据 Marius Victorinus。见本文"引言"。

② 关于神的无在无不在，参见《秀华努的教导》99,29ff.。

③ 这个阴性的她应当是巴贝洛，论巴贝洛的内容起码应当到抄本第104页第一行为止。可惜其中有些段落过于残缺，不能推断出任何意思。

[…]和[…]他[…]这个,她[…][…]那普累罗麻[…]那她不[为她自己]欲求的。

她曾[…]他在[完美]之外,她曾分开,因为她是[那]完美的完美,作为意念而存在。对他来说,[她]是紧随他以后而生的,作为出自他那无法用言语形容的能量的一位,她拥有他之后最初的能量和最初的无生,因为从整个残余中一个最初的移涌[…][…][…][…][…]来自于[…]和他[…]认识他, 78

他真正作为一个移涌而存在[…]但是在活动中[…]能量以及一个[…]她并没有开始[…]时间,但她从永恒中[呈现],在永恒中站在他①面前。在他[…]的宏伟庄严面前,她就显得暗了。她站立,望着他并欢喜快乐,因为她已被他的仁慈所充满,[…]但此后她[…][…][…][…][…][…][…]她 79

[…][…]最初的存在[…]没有实体,此后那一个[…]。[它]正是[来自于]那不可分的一位,它走向活动中的存在、[悟性]的完美和悟性的生命,也就是福祉和神圣。

[整个]灵是完美、单纯和不可见的,它成了存在和活动之中的一,一个单纯的三重能量,一个不可见的灵,一个真正存在者的形象,那[…][…][…] 80

[…][…]那真实[存在的]一位[…][他]存在于一个[…]她是一个形象[…]在一个旋转中[…]与他的[…]能量连在一起,然后她见到那[…]存在的[…]全然完美的[…]一位,因为他[…]最先存在并且[…]在这一切之上安息,他[…]最先存在,在其中她认识他是三重能量的。

那不可见的灵从未处于无知之中。他总是知道的,而且总是一个完美[和]福祉[…]她成了无知[…]然后她[…]身体和[…]应许[…]光[…] 81

[…]她存在[…][…]为的是她不会离开完美而显现或进入存在。她认识自己也认识他。她使自己站立,又由于他而得到安息,因为她是[从]那真实存在的他而来的。(就这样),她认识自己,也认识最先存在的那一位。 82

通过追随他,他们进入存在,并通过那些[先存者]显现出来。并且[…]

---

① 这个"他"可能指不可见的灵。

通过那[…]他们显现出来[…]两个[…]他们显现出来[…那位]预先认识他
的,作为一个永恒的空间,因为他已经变成了他的第二知识,也就是他的知识
的知识,那无生的卡力普都斯。[他们]站在那真实存在者之上,因她认识他,
以便那些跟随她的人在进入存在时可拥有地方,并且那些(从她那里出来)的
人不会在她前面,而是可成为圣洁(和)单纯。她是那先存的神灵的领悟。
[83] [她]安息在[…]那单纯的[…]拯救[…]拯救[…]他[…][…]那预先[认识
到]的光明。她被称为巴贝洛,是因为(她是)意念;那三个[种族](也就是)
阳性的、童贞的(和)完全的;以及那个她从它而出生的知识,为的是他们不会
[…]她下面,也为的是她无须通过那些在她里面或那些跟随她的人而出现。
相反地,她是单纯的,为的是她能认识那位先存的神,因为她是从他而出的一
[84] 个好的(产物)。她原本是[…][…]一无所有[…]第三[…]两个[…]像这
样的[…][…]和阳性的[…][…][…]并那[…]无生[…][…]她是第二
[…]她站立[…]第一个真实存在[…]的实在,那不可见的灵[…]的福祉
[…],那知识[…]那不可见之灵在合一的单纯之中的最初存在。正是在那纯
粹的单一之中,他是类似的[…]没有形体。并且他是存在的[…]那一位,他
[85] […][…][…][…][…][…][…][…]知道[…]那个[…]和那[完美]但
是[…]作用于他[…]那最初的卡力普都斯[…]他们全部,存在和活动、神
圣、族类和种类。

"但是这些能量是一个能量吗? 以什么方式他是一,不是部分,而是万有
的一? 什么是合一的合一? 他是否来自[…]活动[…]生命和[…]的[…]。
[86] 并且[…][…][…][…][…]什么类型的[…]能量?"①

赞美诗残篇

[…]可知的[…][…]全然完美的[…][…]她曾说,[…]"阿芙[蕾苳]
(Aphr[edon]),②你是伟大的! 内芙[蕾苳](Neph[redon]),你是完全的!"谈

---

① 这个问题可能是唆斯特利阿努提的。
② 下面提到的名字可以跟抄本第 119 页的名字基本对应起来。

到他的存在,她说:忒法(Deipha)[…],你是伟大的! 她[是]他的活动、生命和神性。哈密芩(Harmedon)[…],你是伟大的! 你属于一切的荣耀,艾庇法(Epiph[a-]和他的福祉以及那单一[的]完全[…]整个[…])[…][…][…] 87 永远[…]悟性的[…完全的][那童贞的巴贝]洛通过那三重大能和不可见的灵的福祉的单纯。

　　认识他的那一位也认识她自己。而他在每一个地方都是一,他是不可分的,他已经[…]已经[…]她已经知道[她自己就是]他的活动[…]他已经知道[…]知识[…]在[…]之中[…][…]赞美[…][…]贝[利提奥斯(Be 88 [ritheus],爱里格纳(Erigenaor),奥里[门]尼奥斯(Or[imeni]os),阿[拉门](Ar[amen]),阿芙[利格]斯(Alphl[ege]s),爱利流[奥芙斯](Elilio [upheus]),拉喇曼努[斯](Lalamanu[s]),诺伊提奥斯(Noetheus)[…]你的名是伟大的[…]是强大的。凡认识他的人就认识一切。你是一,你是一,Siou,E[…],阿芙蕾芩,你是那伟大完全者的众移涌之中的[移涌],是那[…]第一位活动的卡力普都斯,而且[…]他是[…]他的形象,来自于他[…]他[…]

　　[…][…][…][…][…][…][…][…][存在][…]和他[…][…] 89 […]在[…那荣耀]里[…]众荣耀[…]一个[…]在[…]移涌[…][…]里 […][…][…][…][…]存在[…][…][…]以及[…][…][…][祝 90 福…][…]完全的[…][…][…][…][…][…][…]神圣的[…]来自于 91 […][…][…]第一个[…]和能量,他们是[全然完美的][…]他们是这一切的[…]和[他们]一切的起源,一个[…]巴贝洛[…][…]他和[…]这一切 […]他没有[…]和他的[…]成为[…]但是[…][…][…][…][…][…] 92 […][…][…]的[…][以及…][…]和一个[…]在一个[…]里,是与那真正[存在]的[意念]相对应的,它以[…]的名存在[…]卡力普都斯[…]那[…]三重[…][…]而是[…]命名他。 93

进一步的启示

　　就这样,这一切都是来自那纯洁的一位。如果你因为他的缘故而献上赞美,又如果你[…]存在[…]他的[…]一个[…]单纯的[…][…][…]他将[…][…]那一位[…认识]他[…]完美,他是[…完美的]和[…][…]完美

[94] […][…]他的[…][…]他[…]给那[…]他不能够见到她。因此,她不可能如此庄严纯正地领受他,以他为[那位]在[…]里的完美的[…]是那个[…认识]有关他[…]说[…][…][…]那个[…][…][…]那个[…]他[…]一起

[95] [存在][…]但是[…][…][…][…][…][…][…]也不是[…]这些与天使的不同,这些与人的不同,以及这些与存在的不同。并且[…][…][…]和[知觉][…][…][…]真正地[…]因为[…]那[可知觉的]世界[…]就如

[96] […]存在[…]因为[…]和[…][…](第20行之后的这一页经文已遗失)会在知识中靠近他。他领受能量,但那些远离他的人是卑微的。

但是我说:"审判者为什么产生?什么疾苦?[…]因为[…]和[…][…]而是[…][…]通过[…]那位[…]疾苦[…]通过[…]那[…][…]存在[…]

[97] 她住在[…][…](第22行之后大约有4行经文已遗失)。"阳性的,因为她是那三重大能的不可见的伟大的灵[的]知识,是[那第一个]卡力普都斯的形象,是那[不可见之]灵之中的[福祉],[…]那[…][…]因为[…]他知道[…][…][…][…]充满[…]她出现[…]知识[…]她站立[…][…][…]

[98] (第21行之后大约6行经文已遗失)[…]一个完整的合一之中的一个完美的合一,又当她将万有[…]从那万有[…]中分出来时,存在和[…][…]那些意

[99] 念[…][…][…][感觉][…](第22行之后大约5行的经文已遗失)[…][存在…][…]在那个[…]里[…]知识[…]她赞美[…][…][…][…]和[…](第21行之后大约6行经文已遗失)

[100] […][…][…][…][…]阿摩泽尔[…][…]是那[…]通过…能量[…][…][…][…]那一位[…][…][…][…][…][…][…][…](第22行之

[101] 后大约4行经文已遗失)[…]不可见的[…][…]那位[…][…这]是那[…][…]一个[…][…][…]形态[…]的[…][…][…]卡力普都斯[…]不

[102] 可分的[…][…][…][…][意念][…](第20行之后大约4行经文已遗失)[…]那一位存在[…][…]那[…][…]和[…][…][…][…]他[…][…][…][…]

[…]和[…]那一个[…]一个[…][…][…][…]几个[…][…]（第 22 行之后大约 4 行经文已遗失）[…]起源[…][就是那]真正存在[…][…]存在 [103]
[…本质][…]在[…这]是[…]那[…][…][…][…][…][…]他们[…] 不[…][…]这[…][…][…][…]（第 20 行之后大约 6 行经文已遗失）

　　[…]她出现[…]那些[…]的人[…]的[…]和[…]这一个[…]那[…] [104]
[…]看见[…][…][…][…][…][…]他[…]真正[…][…]那一位[…] 但是[…][…][…][…][…][…]（第 24 行之后大约 4 行经文已遗失）他们 [105]
是那些[站立…][…]的移涌,达到[…][…]就是那存在于[…]之内,他一方 面[…][…]他[…]一[…]一个起源[…][…]和[…]这个[…]物质[…]单 一[…][…存在][…][…][…]就是那[…]和[…]（第 22 行之后大约 4 行 经文已遗失）[…]并且他存在[…]他是[…]和[…]一个[…]的记号[…]一 [106]
个[…]也不是[…]的[数字]他[…][生命][相应于][…]（第 23 行之后大 约 4 行经文已遗失）他们[…][…]和[…][…]存在[…][…]和那[…]作为 [107]
[幽灵]存在,[…]第一个[…]第一个[…]这一个[…][…][…]（第 22 行之 后大约 6 行经文已遗失）不要[…],他们献上[…][…]他存在于[…][…]一 [108]
切和他[…]大量[…]创造物[…]和[…]来自于[…]秩序[…]那[…][…] 在[…]里,这些[…]这个[…][…]的,活的[…][…][…][…][…]在[…] 里[…]（第 109—112 页的经文已遗失）

天上的秩序:卡力普都斯移涌

　　天使、魔鬼、心灵、灵魂、生命存在物、树木、身体和那些在他们之前的:那 [113]
些来自于单纯源头具有单纯元素的,和那些在[…]之中的和那些在一个尚未 混合的圣灵降临之中的:空气[和]水和地和数目和约束和运动和[…]秩序和 气息和其余的一切。他们是第四个移涌[中]的四种能量,是[那些]在[…] 里面和[…]完全的[…]能量[…]能量[…][…]的[…]的[…]是天使[的] 天使,灵魂[的]灵魂,生命存在物[的]生命存在物,[那树木…]的树木,[…] 和[…]他自己的。 [114]

有一些是受生的人,有一些是在无生中受生的人,还有一些是圣洁和永恒的人,还有一些是在变化之中不变的人,以及在朽坏中不朽坏者。还有一些作为万有存在的人,有一些存在于性别之中的人,还有一些跟一个秩序存在于世界[中]的人,还有一些存在于不可朽坏之[中]的人,也有一些最先[站立]的,还存在着在他们所有人[之中]的第二者,他们[全都]是出自于他们的,还有[那些]在这一切[之中]的人。以及从这些[跟随]他们的人[⋯]这些[⋯]和[那]四个移涌站立[⋯][⋯]他们存在于其中[⋯][⋯][⋯]他在他们之中散布得极广。他们没有互相挤压,相反他们在他们之中是活泼的,他们在其间自得地存在,并且彼此和谐,因为他们都是从一个单一源头而来的。他们和谐并存,因为他们全部都是在一个卡力普都斯的移涌里面,[⋯]他们在能量中分开。因为他们的存在是与每一个移涌相对应的,处在与他们达到的那一位的联系之中。

但卡力普都斯是[一个]单一的移涌;[他]又有四个不同的移涌。他们拥有与每一个移涌相应的能量,这些能量并不像第一个和第二个(能量),因为所有这一切[都是]永恒的,[而且]他们是不同的[⋯]秩序和荣耀[⋯]存在于[⋯]四个移涌和[⋯]那先存的[⋯]神灵[⋯]他们是[⋯][⋯]。

他们全部存在于一,他们在一里面共同存在,在共同体中各自得以完全,并且被那真正存在的移涌所充满。在他们这些人中间,有些人(站立)在本质之中,有些人作为本质(站立)在行为或[苦难]之中,因为他们在第二之中,因为那真正存在的非受生者的不生育性在他们中间。当那非受生者产生之时,她的能量是持续不变的,那里有一个不朽的[身体]和一个非躯体性的本质。那个[不可变者]就在[那里],他真正地存在于其中。因为那一位是[通过]变化改变自己的,因此那火[跟他们所有人]站在一起[不可毁灭⋯][⋯]一个[⋯]他站立着。

正是在那里,所有的生命存在物都存在着,他们单个地存在于其中,但是彼此又是联系在一起的。

那知识中的知识就在那里,跟无知的建立在一起。

混沌就在那里,还有一个为了他们所有人的完美地方,他们都是新的。

真正的光明就在(那里),它照亮了黑暗,也照亮了那些没有真正存在的人。

[…]那些不存在者,那些绝不可能不存在者。①

美好的、令人愉悦的事和神圣的东西正是从他,从"善"而来的;神也是从[他]而来的,还有他,那位[…]他,那位伟大者。因为[…]一部分[…]形状和神[…]那位[…][…]一个神[…][…]这一切[…][…]黑暗[…]和族类。 |118|

他并没有和任何东西混合,他独自保持孤独,独自安息在他的无边的边界上。他就是神,是那些真正存在者们的神,是一个先知和一个众神的启示者。

赞美诗残篇

她给予那一位以力量,就是[认识她]的那一位,也就是巴贝洛移涌,就是那不可见的三重大能完美的灵的知识,为了[…]她,说:"他[…]一个生命。我生活在[…]里面,你,也就是一,活着。他,就是三,活着。你就是[那]三,那个[…]三[重…]eee。七位[…]中的第一位,第三位[…]第二位[…]eeee aaaaaaa[…]两个,但是这一位[…四][…]知识[…]那个[…][…]"

移 涌 学 说

[我说:][…]一部分? 是怎样的一个心灵? 是怎样的一个智慧? 是怎样的一种悟性? 是怎样的一种学说?② |119|

他的光明体的名字如下:

---

① 这种悖论性的表达,参:《雷:完美的心灵》。
② 这应当是唆斯特利阿努提的问题。

第一个[是哈密]荽(Armedon)以及与他在一起的她,是[…];

第二个是狄法尼(Diphane)[…以及]那与他一起的她,忒[法…](Dei-ph[a]);

第三个是[玛色荽](Malsedon)以及与他一起的她,是[…];

第四个是[…]s以及与他在一起的她,也就是奥尔米斯(Olmis)。

卡力普都斯存在着,在其中他拥有[…]和他的理念。他对于所有这一切来说都是不可见的,为的是他们可以通过他得到加强。[…][…]他在[…]之中存在,他是全然完美的,因为[他有]四个,他们存在于其中[…]还有第一个,那一个[…]又对应于一个[…]独自[…]巴贝洛[…][…][…]认识他,也认识那位被置于第二之上者。众移涌中的第 位是哈密荽(Harmedon),父的荣耀。第二个光明体(是)[他]不[认识]的一位,所有的[个体]、智慧[…]都存在于那曾显示[他自己]和所有荣耀的第四个移涌里。[第三个]光明体(是)那一位[…]不是他,因为所有[形体]和其他[荣耀],人所能理解的话语,[都是]在第三个[移涌]里。在他里面有四:玛色荽(Malsedon)和[…](-nios)。第四个光明体是那位[…]他看见[…]所有的形态[…]在其中他们一起存在[…]一个学说和一个荣耀[…]以及那[四个移涌]的真理,奥尔米斯,[…]和那[…][…][…]第五个。

[120]

[121]

第一位(就是)第二位,也就是说,他就是全然完美的卡力普都斯。那里有四个光明体存在着。但是卡力普都斯又再次分开。他们一起存在,他们认识的一切,那些作为荣耀存在者,所有这一切都是完美的。这一位[…]知道他们所有人之上的一切,因为他是全然完美的。每一个能量、每个(光明体)和他们的整个移涌都是从他而来的,因为他们全部回归到他那里去,他们都出自于他,是他们每一个的能量,(也是)他们每一个的源头。① 当他得知了[他们]以后,他就变成一个[…]移涌和一个非受生者(ingernerateness)。[…]其

————————

① "他"是源泉和归宿,让人想起《道德经》中的这几句话:"夫物芸芸,各复归其根。"

他移涌[在…]一个[…]里[…][…]成为一个巴贝洛,由于那不可见之灵的 122
永恒,那第二个无生者的缘故,他成了第一个移涌。

以下是所有这些荣耀:没有边界的阿芙蕾苳,[…]那不可言喻者,那些启示
者,所有[…]不变者,荣耀的启示者,那两次受启示的玛色苳斯(Marsedons),那
没有边界的苏尔密色斯(Solmises),那[充满]荣耀的自我显现者,那些[等候]
荣耀者,那些赞美者,那玛[色-]苳斯(M[arse-]dons),那些卡力普都斯[…]
那些界限[…]在界限之上[…]那些存在于[…][…](第24行之后有1行或
2行的经文已遗失)千万个荣耀在他们里面。 123

因此,他是一个完美的荣耀,如此,无论何时他联合起来时,他就盛行,他
就成为完美。因此,当他进入一个躯体和一个[来自于]物质的变易性之中的
时候,这些无边的移涌们也不会得到更大的荣耀,因为他们已经是全然完美,
所有这一切都是来自于全然完美,在其中他们与那些与他在一起的一同成为
完美。由于移涌中的每一个移涌都有一万个移涌在他自己里面,为的是当他
一同存在的时候,他会成为一个完美的移涌。

他(普鲁法尼斯)存在于那三重[大能]的不可见的完美之[灵]的[福祉]
之内[…]静默[…]他成了第一[…]和知识[…][…][…]整个,第二知识的 124
一个静默,那三重大能者意志中的第一个意念。他给他们命令,让他们认识
他,以便他能成为全然完美,并且在自身之中成为完美。人们是通过单纯和福
祉认识他的。我是从那一位获得善的,那一位追随巴贝洛移涌,并且给予他存
在。[…]她不是能量,她是属于他的。

那些真正存在的移涌就这样存在于静默之中。存在是不动的,而那自我
确立的卡力普都斯的知识也是不可言喻的。在他[从]第四中到来之后,那一
个[…]意念,就是普鲁法尼斯,作为[那]完全的阳性的[心灵][…][…]普鲁 125
法尼斯是他的形象,他在能量和荣耀上都是与他同等的,但在等级上却高于
他,而且不是在一个移涌之中的。像他一样,他的所有这些(部分)一起生活
并居住在一里面。连同那移涌中的移涌,他与所有其余存在在那里的移涌有
四重差异。

但是卡力普都斯是真正存在的,与他一起的有那属于众荣耀的她,尤儿,那童贞的阳性的荣耀,通过她可见到那些全然完美者。但是那站立在他面前的乃是三个[…]婴孩,那三个[…]自生者的[…]他有[…]在一里面[…那位]盛行于那[…]存在于一万重的[…]。

126

他里面的第一个移涌,(就是)苏密斯和神的启示者,第一个光明体就是出自于他的,是没有边界的,相应于在卡力普都斯移涌和多克索米敦(Doxomedon)中那个样式。

第二个移涌[是]不可言喻的阿克雷芒(Akremon),第二个光明体扎基多斯(Zachthos)和雅赫多斯(Yachtos)是跟他在一起的。

第三个移涌是那童贞的安布罗西斯(Ambrosios),第三个光明体塞提欧斯(Setheus)和安提法蒂斯(Antiphantes)是跟他在一起的。

第四个移涌是那赞颂者[…]的族类,[那]第四个光明体[塞尔道]和爱利诺斯是跟他在一起的①。

127 他们[…]尽管他[…][…]哈密芟[…]phoe zoe zeoe ze[…]zosi zosi zao zeooo zesen zesen-那些个体和四,他们是八重的,活着。eooooeaeo-你是在他们以前的,你也是在他们全体里面的。他们都是在那完美的普鲁法尼斯里面的,在那个阳性的哈密芟里面,在所有一起存在者的活动之中。由于所有个体都是完美地存在的,所以所有个体的活动再次显现。

那个神圣的自生者站立在一个移涌之内,在他里面还有四个不同的自生的移涌。第一个在他里面的移涌,也是第一个光明体[阿摩泽尔]的移涌是Orneos-Euthrou-nios。[…][那]第二个[移涌,也是][第二个光明体]奥列尔[……udas]os,Ap[…]Arros[…]。第三个移涌,也是第三个光明体达维泰的

128 移涌是Laraneus.Epiphanios.Eideos。第四个(移涌),也就是第四个光明体伊

---

① 这些移涌名对照本文抄本第7页。

利勒斯的移涌是 Kodere.Allogenios。所有其余的一切,他们存在于物质之中,他们全都留在了(那里)。正是因为一个对伟大者的知识、一个勇敢和一个能量,他们进入存在,并给自己带来安逸。由于他们并不认识神,所以他们都会逝去。看啊! 唆斯特利阿努,这一切连神灵也不知、连天使也觉得无限的事,你都已经听到了。

我鼓起勇气说:"我[还对]那三重大能的不可见的完美的灵感到惊奇:① 他自己是怎样存在的?[他怎样造出]万物[…]那真正存在的[…][…]是什么?[…]或者[…][…]。"来自于[…]非常[…]他们将[我]放下[就]离开了。

129

唆斯特利阿努成为完美并上升

阿普法蒂斯(Apophantes)跟童贞的光明阿芙洛派斯(Aphropais)一起来到我这里,把我带到了(那)伟大的阳性的完全的心灵普鲁法尼斯的里面去。② 在那里我看到了他们所有人,他们如何存在于一里面。我跟他们所有人联合在一起。我赞颂那卡力普都斯移涌,那童贞的巴贝洛和那不可见的灵。我成为全然完美并领受了能量。他们把我写入到了荣耀之中,③并给我加了印。我在那里获得了一个完美的冠冕。我来到那个完美的个体那里,他们每一个人都在问我,聆听我的高超的知识。他们高兴欢喜并领受到能量。当我再次下降到自生者的移涌那里去时,我获得了一个真的形象,是纯洁的,适合于那可感知的(世界)。

130

我下降到那些移涌的摹本那里去,然后降临到了这个虚空的大地上。我

---

① 在上升经过了巴贝洛的三个组成移涌之后,唆斯特利阿努开始询问不可言说的伟大的不可见的灵。

② 唆斯特利阿努现在已经通过普鲁法尼斯下降到了自生者移涌,然后历经自生者与可感知世界之间的六个区域。在进入普鲁法尼斯移涌之前,他必定已经先在卡力普都斯移涌里面待过一段时间,可惜原文过于残缺,无法反映出他在那里面的情形。

③ 参本文献抄本第六页十三行。

写下三块碑,(并)把它们作为知识留给那些在我以后蒙拣选的人。① 此后我下降到那可见的世界并穿上了我的地上的躯体,尽管这躯体是无知的,我还是赋予它能量,并且到处行走,把真理传给每一个人。无论是世上那些天使的存在物,还是阿其翁们,都看不见我。事实上,我逃脱了许多把我带进死地的[审判]。

唆斯特利阿努的布道文

我唤醒了许多进入谬误的人,我对他们说:

"你们这些活着的、塞特的神圣的子孙啊,你们要醒悟! 不要对我满不在乎! [唤醒]你们的神性的部分,(使之)归向神。赋予你们的无罪的、蒙拣选的灵魂以力量。看清这个世界的转瞬即逝,去追求那不变的无生。所有这一切灵性存在之父正在召唤你们。当你们受

|131|

到责难和恶待的时候,他也不会抛弃你们。

不要在死亡中受洗,也不要屈从于那些比你低微却显得优越的人。你们逃脱疯狂和阴性的束缚,为自己拣选那阳性的拯救。你们来不是为了受苦,而是要打破你们的锁链。

解放你们自己吧,那捆绑着你们的将会迎刃而解。拯救你们自己吧,以便你们的灵魂可以获得拯救。慈爱的父已经给你们派来了救主,并赐予了你们力量。为什么你们还在犹豫呢? 当你们被寻找时,你们也要寻找;当你们被召唤时,你们就要倾听,因为时间是短暂的。

|132|

不要被引入歧途! 那生命的移涌是伟大的,对那些不信的人的[惩罚]也是沉重的。有许多的捆绑和惩罚围绕在你们的周围。在

---

① 参:《塞特的三块碑》118,10ff.有时候启示也是写成书藏之于深山的,参:《阿罗基耐》68,25ff.;《埃及人福音》68,10ff.。

死亡追上你们之前,你们要快快地逃离,逃离黑暗,奔向光明。不要误入歧途,走向你们的灭亡。"

唛斯特利阿努

唛斯特利阿努的真理的神谕

真理之神

锁罗亚斯德的教训

阿 罗 基 耐

　　《阿罗基耐》(*Allogenes*, NHC XI.3)是塞特派的启示录。阿罗基耐(Allo-genes)的字意就是"异乡人"，"来自于异族的人"，是塞特派的常用的自称，阿罗基耐经过上百年的冥想，获得了灵视灵听，把神秘体验中的所见所闻记下来给他的儿子米苏斯(Messos)，让他学会如何冥想启示的知识，克服恐惧和无知，达到灵性自我在神里面的完全实现。该文本中描写神秘冥想的技巧的文字特别值得注意，阿罗基耐的神秘体验不是通过觉悟的各个阶梯向上升，而是向内的不断加深的体察，在向内的旅行中，在寂静之中，看到自身中的神圣因素。

　　该文本可分为两部分。第一部分是女神尤儿给阿罗基耐的五个启示。第二部分描述了灵魂达到对不可言说的第一本原的认识的内在的神秘旅程。第二部分跟《唆斯特利阿努》非常相似，但是关于实在结构的描述有所不同。隐藏的实在卡力普都斯在两个文本中都是实在(reality)，但是最初显现的移涌普鲁法尼斯在《阿罗基耐》中是生命(vitality)，在《唆斯特利阿努》中是福祉；自生者移涌在《阿罗基耐》中是福祉，在《唆斯特利阿努》中是生命。两个文本之间还有一个重要的区别在于阿篇中的上升是抽象的，没有比喻性的洗礼和为他讲解的天使，上升是自我内部的上升，也没有提到向下的返回的旅程，他的神秘体验不是来自于宗教仪式，而是几百年深思冥想之苦功的结果。在获得到对于第一本原的灵视之后，阿罗基耐进一步寻求这种无法认识的本质的理性的知识，但是来自于巴贝洛的能量告诉他第一本原的不可言说性，于是他放弃了这个愿望。在《阿罗基耐》中，宇宙论的神话结构被抽象地转化成了诺斯替主义者个人的内在心理学,宏观宇宙转变成了微观宇宙,神话转变成了哲学神秘主义。

跟《唆斯特利阿努》一样,这个文本在哲学史具有特别重要的意义,新柏拉图主义的大哲普洛提诺熟悉这个文本的内容,在他的反诺斯替派的演说中也思考了这个文本(《九章集》3.8;5.8;5.5;2.9)。《阿罗基耐》所代表的一元论诺斯替主义者构成了新柏拉图主义的最大挑战,他们把来自于柏拉图的真理归功于启示,相信通过自我认识可以变得优越于天上的天体。有学者推测,诺斯替文本中的实在的三元结构也可能是新柏拉图主义的存在—生命—意念三元结构的来源,因为在五世纪的普罗克鲁斯(Proclus)以前,新柏拉图主义中似乎没有这种三元结构。

《阿罗基耐》的希腊文原著出自亚历山大利亚,成书于公元三世纪初。经过若干时间的流传,又被翻译为科普特文,在第四世纪初被纳入《拿戈·玛第文集》之中。

正　文

对阿罗基耐的第一个启示

1. 关于巴贝洛移涌

[…]他们是[完美的个体,大家]协同[一起]存在。那个[心灵],就是那个我给予你们的看守者,① 已经教导过你们了,那个在你们里面的能量,也已经延伸开来。因为你们已经多次为那个三重能量者欢喜,他是适合于一切[真正]存在者的,是不可测度的,是被启示出来的知识的永恒的光明。

　　阳性的童贞的[荣耀]!

---

① 参:本文68,22.。

源于一个独一的三重[能量的移涌]的[第一个]移涌！

[真正存在]的三重能量者！①

因为，当[他凝聚起来的时候，〈他〉就弥散开来]，[伸展]自己，然后它就变得圆满了。他从[万有]那里获得能量，他认识[自己，也认识那完全的]不可见之[灵]，并且他[构成了一个]移涌。她②认识自己，也认识那一位，[然后]成为卡力普都斯(Kalyptos)：活动在她所认识的人当中。他(她的移涌)是一个圆满的普鲁法尼斯(Protophanes)，不可见的心灵，哈密顿(Harmedon)。

46 她是三重阳性的，她赐予每一个独立存在者以能量；而作为一个个体[…一方面是个体的]，但在另一方面[他们也是一起的]，[因为她]就是[他们的]存在，而在她[看来]他们全部[都是]真实〈存在〉的。[她]包含了那神圣的自生者。当她[领悟]她自己的[存在]之后，当她把自己的立足点跟这个自生者联系起来的时候，她就看到了每一个独立存在者，如他们所是的那样。[当他们]完全成为他的时候，[他们就会]见到那三重阳性的神，就是那[高于]神的能量。[他是]所有共同[存在]者的[意念]。当他[冥想他们的时候，他]冥想那伟大的阳性的[…]普鲁法尼斯的心灵。[他是]这一切存在者的[行进]。当他看见它们的时候，[他也就是看见了那些真实存在者]，因为他们就是[那些]共同存在者的行进。

当他看见这些存在者的时候，他也就看见了[卡力普都斯]移涌。当他[看见]隐藏者的一的时候，[他]就看见了巴贝洛移涌，因此(也见到了)[那47 一位]的[那个]非受生的产物。如果有人[明白]他以何种方式是[活的…一至四行遗失]你就可靠地[拥有了]属于他们的每一位的优秀。

2. 关于不可见的灵和三重阳性

现在倾听关于三重能量的不可见的灵的事！[他]作为一而存在，是不可见的，万有不理解他，万有包含在他里面，因为[万有是为了他]而存在的。他

---

① 这是心灵的颂歌，心灵作为人的一部分，是神圣的。
② 这个可能是巴贝洛移涌。

是圆满的,而且不仅仅是圆满的。他是蒙福的,他始终是[一],而[他]的确存在于万有之中,不可言说、不可命名的。[他]是一,确实关乎[万有]而存在。关于他,[如果有人]冥想[他],他就再也不会在拥有[存在]者之中渴求先他而存在的东西。因为

[他]是[源泉],

万物都是从他产生的。

他先于圆满的[…],

他先于[每一个]神,

他[也]先于一切福祉,

关照一切能量。

他〈也是〉一个没有本质的本质,

他是没有显出神性的神,

他的伟大和〈美〉是超凡的

[…(1—5行遗失)能量]。要是他们聚集在一起的话,[他们不是没有可能]领受有关这些事的[启示]。因为单个的[个体]根本不可能领悟那位[处于]比完美更高的地位的普遍者。他们是通过一个第一[意念]去领悟的:他不只是存在,而是跟存在的潜能一起创造出存在。他为[他自己][掌管]一切,因为当他[明白自己]的时候,他就会进入存在。 48

他是[真正的]的原因和源泉,

是非物质的物质,

不可数的数,

无形体的形体,

无形状的形状,

无能的能量,

> 无本质的本质，
>
> 不运动的运动，
>
> 不作为的作为。①

[他是][救助者]的救助者，[是]神[的]神。当人们分有他的时候，就分有了第一生命力和不可分的作为，也就是真正存在的一的第一生命力的存在
49 方式。第二个作为[…此处多行毁损…][…他]拥有福祉和善。因为当他越过那在他里面的不可见之灵的无限时，那无限就把他变成[那无限的灵]，从而能够知道在他里面有什么，也知道他是怎样存在的。他成了真实存在者的源泉，从而成了所有人的拯救，因为通过他，他的知识得以永存，因为他是知道自己是什么的那一位。但是这一位并没有在他以外产生什么，没有能量、没有等级、没有荣耀、也没有移涌，因它们都是永恒的。

他是生命、悟性和存在者（That-Which-Is, das Seiend）。因为存在者总是拥有它的生命和觉悟，而生命拥有存在者和悟性，悟性拥有生命和存在者。他们三个是一，但分开说就是三。②

3. 阿罗基耐的反应

50 我听了这些话之后，我儿[米苏斯]啊！[我]害怕了，[我转向了那些]众人[…]想着[…赐]能力给[那些]能够[凭借]一个更[大]的启示领悟这些事的人。虽然[我]背负着肉身，[但我]还是有能力明白这些事。[我]从你那里听闻这些事，也听闻这些事里面的教义。因为那在我里面的意念能够辨别[那些]不可量度和不可知的事情。因此，我怕我的教义会成为不合时宜的事。

第二个启示

接着，我儿米苏斯啊，那个全然荣耀的尤儿再次对我说话。她启示我说：

----

① 参：《道德经》第十四章"无状之状，无物之象"的描述。

② 关于《阿罗基耐》49, 28-39，参：柏拉图主义者普罗克鲁斯："因为存在是生命和心智。在生命里面是存在和心智。在心智里面是存在和生命。"（Theol.103）

"阿罗基耐啊,除了那些伟大的能量之外,没有人能够听闻[这些事]。一个伟大的能量已经披在你身上,那是万有之父、那永恒者在你来到这个地方之前给你披上的,为的是让你能够分辨那些难于分辨的事,让你能够知道那些大众不知的事,让你能够(安全地)逃到你的那个一那里,那个一就是那一位最早的施救者,也是无需被拯救者。[…缺五行]那不可见的、灵性的三重能量者的[一个] [51]形体和启示临到你,在它的外面居住着一个不可分、无形体的[永恒的]知识。"

"跟所有的移涌一样,巴贝洛移涌也是这样被创造出来的:他拥有真正存在者的样式和形体,也就是卡力普都斯的形象。他拥有(这些真正的存在者的)悟性的话语,带着悟性的、阳性的普鲁法尼斯的形象,通过技巧、知识或者特别的禀赋在个人里面活动。他拥有神圣的自生者的形象,他认识他们每一个。他分别地、单个地行事,持续地改正自然的缺陷。他拥有三重阳性的神,作为万有的拯救,也拥有不可见之灵。他是一个来自于逻各斯的决定,是完美的孩童。而这个本质是一个[…1—5行遗失]。" [52]

阿罗基耐的反应

[…听了这些话语,我的灵魂变得]虚弱无力。我逃跑,我[感到]非常迷惘。于是[我]转向我自己,[然后]看见了那[环绕]着我的光明和那在我里面的美善,我就成了神。①

第 三 个 启 示

那位完全荣耀的尤儿再次靠近我,把能量赐给我。她说:

对你的教导已经完成,你已经知道那在你里面的善,听着,那些关乎那三重能量者的事,对于那些事,你要极其沉默、极其秘密地保守,因为除了那些配得的,那些有能力听的人之外,你切不可讲给别人听;对一个未经教导的世代,谈论

——————————

① 参:《唆斯特利阿努》44,17ff.;普洛提诺《九章集》(4.8.1.1ff):"我常常把自己的身体放在一边,并且在我的里面走,一切其他事都放置之度外。我看到了无与伦比的美丽,而且我确信,我是属于一个更好的部分。我爱上了这个更好的生活,成为一个有神性的人。"

那位高于圆满的普遍的一乃是不合适的。你现在已经拥有相应的能力,那就听吧:

三重能量者存在于福祉和美善之中,它是万物最初的源泉,包含着一个极
[53] 大的广度,它是一个一,在[⋯]最初的意念,(这最初的意念)不会背离[那]
些]居住在理解[、知识]和[悟性]之中的人。[而]那一位在主宰者的不动之
中运动着,免得他会通过精神的另一种活动沉入到无限里面。他进入到他自
己里面,并进入显现,在其中主宰一切、包涵一切、并且高于完美。确实,他不
是通过我才如此地成为知识的先导。虽然他不可以被完全地理解,不过他
(还是)可知的。而这全是由于精神的第三个静默和第二个不可分的活动,它
们显现在第一意念之中,那第一意念也就是巴贝洛的移涌,连同那可分的肖像
的那位不可分者,以及那三重能量者和那无本质的存在——它是通过一个声
音和一个沉默的活动显现出来的,它只发出了这样的声音:zza zza zza。但是
[54] 当她听到那个能量时,她就充满了[⋯]①

你是[⋯伟大的]苏密斯(Solmis)!

[⋯]相应于你拥有的[生命的力量],

那来自于神性的第一个活动:

你是伟大的,阿米顿(Armedon)!

爱庇法纽斯(Epiphaneus),你是完美的!

相应于你拥有的活动,

那第二个能量和悟性,

福祉是那里来的:

奥托尔(Autoer),

贝利提奥斯(Beritheus),

艾力根纳(Erigenaor),

奥里门纽斯(Orimenios),

---

① 下面这段赞美诗的吟唱者身份难以确定,可能是尤儿。

阿拉曼（Aramen），

阿非利格斯（Alphleges），

爱利流弗斯（Elelioupheus），

拉喇缪斯（Lalameus），

耶提奥斯（Yetheus），

诺修斯（Noetheus）！

你是伟大的！

谁认识了[你]，谁就认识了万有！

你是一！你是一！你是美好的阿腓利顿（Aphredon）！

你是移涌中之移涌，是永存者！

接着她用这些话赞美那个万有之一：

拉喇缪斯！诺修斯！塞那翁（Senaon）！

阿西[纽斯（Asineus）！…]欧利法尼奥斯（Oriphanios）！麦利法尼奥斯（Mellephaneus）！

艾利玛尼（Elemaoni）！斯曼（Smoun）！奥塔安（Optaon）啊！

存在者，你就是存在者，移涌的移涌！

你是非受生者，高于一切非受生者。

雅托曼诺斯（Yatomenos），一切非受生者都是你生出来的！

你是不可名状的一位！[…]知识。①

55

阿罗基耐的反应

[在我]听了这些事以后，我[就赞美]那个单一的[圆满]和全然圆满，它

---

① 类似的赞美诗参：《塞特的三块碑》（特别是 125,23ff.）和《唆斯特利阿努》88,9ff.。这些名字也见：《普鲁娜娅的三形态》38,33ff.。

们是共同存在的,存在于圆满之前。

第四个启示

在一片[伟大]的光辉中,尤儿再次对我说:"[阿罗基耐啊]！你要确信,那三重能量者先存于:

> 不存在者,
>
> 不真的存在者,
>
> 存在者,
>
> 以及真正的存在者。
>
> [因此]它是[神圣]、[福祉和]存在,[存在于]无本质和不存在的存在之中。"

阿罗基耐的反应

[于是,我就]祷告,希望得到[那个启示]。

第五个启示

[光辉]的尤儿对我说:"[阿罗基耐]啊,[那三重]阳性是自生的,[是超越于]本质的。[他是无本质的…]那些与那[真正]存在的[世代]联合在一起的人。[那自生者]与那三重阳性一起存在。

如果你[以一颗完全寻求]的心去寻求,[那么]你就会认识[那]在你里面的善,从而认识你自己,如同一个来自于[真正先存]的神的人。[一百]年之后,你将会获得[那位先存的神]的启示,是通过[撒拉米克]①和塞尔门(Selmen)[以及…那]巴贝洛[移涌的]光明体[带给你的]。但是[那是超越

① 　这个人物也见《唉斯特利阿努》:Salamex-Selmen-Ar[…]e。

于]你所能明白的,你一开始并不会知道,这样就免得你[失去你的]同类。
[但是一旦][你获得]了[那一位]的概念,[你]就会[被]那话语充满,[以至
于达到成全]。随后[你就会变为神],并且[达到圆满。你会领受]它们[…] 57
[…]寻求[…]存在[…]。如果它能[包容]任何事物,则它乃是被那一位所
包容,也正是被那被包容者所包容。于是他,就是那包容者与认识者,就变得
比那被包容者、被认识者更伟大。但如果他回复到他的本性,则他是微少的,
因为无形体的本性与任何量都没关系;有了这种能量,它们就是无处在,但也
是无处不在的,因为它们比每一个量都大,也比任何量都小。"①

阿罗基耐的反应:第一个异象

光辉的尤儿说了这些话之后,就与我分别,离我而去了。但是我没有逃离
我听到的这些话语。我用这些话语装备自己,独自冥想了一百年之久。我为
自己处在如此大的觉悟之中、行走上如此幸运的道路上而感到极度地喜悦。
因为我现在可以看见、可以听到的事情,乃是唯有那些伟大的能量才能看得
见,听得到的。[神]的[…]。② 58

阿罗基耐的灵视

[在那]一百年[的时间将满的]时候,我获得了永恒盼望的福祉,满是吉
祥。我看见了:

> 美好神圣的自生者和救主,
>
> 就是那最年轻、圆满的三重阳性的孩童;
>
> 还有他的美好,
>
> 就是那悟性完美的普鲁法尼斯·哈密顿;
>
> 还有卡力普都斯的福祉;

---

① 类似于道家对道的描写,"其大无外","其小无内","无在无不在"。

② 这是得到启示之后的漫长的修炼过程。

> 还有福祉的最初的开端，
>
> 那充满神性的巴贝洛移涌；
>
> 还有无开端者的最初开端，
>
> 那不可见的三重能量的灵，
>
> 那比完全者更高的普遍的一。

在永恒的光明的帮助下，在我穿上的那件衣袍的帮助下，我离开了我的身体，被安置在一个神圣的地方，其形象是世上未曾有过的。然后我通过一个伟**59**大的福祉看见了一切我曾听过的事情。我赞颂他们每一位，然后［稳固地确立了］我的知识。

关于隐修方法的启示

我［亲近］那普遍者巴贝洛移涌的知识。① 我看见有神圣的能量通过那童贞的阳性的巴贝洛的［光明体］［告诉我说，］我有能力检验发生在世上的事：

"伟大的能量啊！

源于这个世界的名字，阿罗基耐啊！

看那福祉，你是如何在宁静中拥有它，又凭借它认识了你里面真正的自己。

寻找你自己，上升到你将会见到的那运动着的生命里面！ 如果你不能够站立，你也不要害怕！

如果你要努力站立起来，那就上升到存在那里！ 那么你将会发现它不动地处于寂静之中，就像那真正安息、寂静无为地包容万有的那一位。

如果你要获得提到过的这一位的启示——凭借不可认识者的最初的启示——你就要知道这一点：当你领悟他的时候，你应当什么也没有领悟！ 当你在那个地方感到有些害怕的时候，你就要因为那（可能的）活动从那地方

① 在天上站立并赞美，也见《唆斯特利阿努》6,7ff.。

退回。

　　如果你想在那地方成为圆满,那你就要宁静！根据那在你里面的样式,你同样也会知道[所有这类事物]都是以这种方式遵循这个样式的。[不要]再分散了,[为的是]你能够站立！也不要企求[有所作为],免得你[完全地]失去那未知者放在你里面的静止。不要[试图抓住]他,因为这是不可能的。要是你凭借觉悟的意念去领悟他,那么你一定要(保持)对他一无所知！" |60|

阿罗基耐退隐

　　我聆听着那一位神圣者向我讲述这些事情。在我里面,是一片无声的寂静,然后我听到了那福祉,通过它,我认识了〈我〉里面真正的自我。

　　我就退隐到那生命里面,在那里面寻找〈自我〉。我融入到它里面,我站立着,不是牢牢的,乃是静静的。我看见一个永恒的、悟性的、不可分的运动,它属于一切不受界限所限制的无形的能量。

　　当我力图站稳时,我就达到了存在,我发现它站立着并安息着,那是我穿上身上的形象和肖像。通过那不可分者和自我宁静者的一个启示,我被启示充满了。通过不可知者的一个最初的启示,我认识了他,[仿佛]根本没有认识他。但是我[知道]他,[从]他那里领受了能量。我获得了内在的永恒的能量。我认识了那存在于我里面的那一位,以及那三重能量者和跟他相应的不可企及的启示。通过一切不可知者中的第一位——他是超越于完美的神的——最初的启示,我看见了他和存在于万有之中的三重能量者。我正在寻求那不可名状和不可知的神——对于他,假如有人认识他的话,那就是对他完全无知——;(我也在寻求)那三重能量者的中介者(Mediator)——他也住在无声的寂静中,是不可知的。 |61|

关于未知者的启示

　　当我在这些事情上得到印证之后,那光明体的能量对我说:

　　通过对那些无法把握的事物的寻求,你已经拥有了存在于你里面的无为

(inactivity, Umwirksamkeit)；尽你所能地去谛听他,通过那最初的启示和一个
启示去谛听他。

［62］   尽管他没有心灵,没有生命,也没有存在,不可思议地活着,但是,他是有,
因为他存在于存在和将要存在之中,或者存在于行动和认识之中。他是具有
真正存在的有。从某方面来说,他没有剩余,他好像产生出一些东西,那些东
西是被分析或净化的［又或是］接受或给予。他无论如何也不会减少,［不管
是］由于他自己的意欲,还是由于通过他者付出或接受。［他］根本没有任何
自己的欲望,也没有来自他人的欲望;欲望不会影响他。他自己没有付出什
么,以免在另一方面有所减少。因为这个原因,他既不需要悟性,也不需要生
命,也根本不需要任何事物。在无求和不可知性方面,他都是超越于普遍者
的,这就叫作不存在的存在。由于他拥有无声和寂静,因此他是不会被不受限
制者限制的。

    他不是神圣,也不是福祉,也不是圆满,

    而是某位不可知者。

    他不是他所拥有的东西,

    而是一种另外的东西,

    比福祉、神圣和圆满更好。

    他也不是圆满,

［63］   而是一种另外的东西,比圆满更好。

    他不是没有界限的,

    也不受他者的限制,而是另一种［更超越］的事物。

    他既不是有形体的,也不是无形体的,

    不是大,［也不是］小,

    没有量,也没有〈质〉。

    他也不是现有的可以抓住的［某种东西］,

    而是某种不同的更好的东西,是超然的,是人所不能把握的。

要是存在着关于他的原初的启示和知识的话，

那也只不过是他自己对自己的认识。

因为他不是存在者之一，

而是作为一种不同的东西存在的，比(一切)至高无上都超然，

他自己跟属于他的东西联系在一起，

也跟不属于他的东西联系在一起。

他既不是永恒的，

也不是暂时的，

也不会从一个他者那里领受什么事物，他是自足的。

他是不会被限制的，

也不会限制任何事物，

也不是不受限制的。

他是自我包容的，

他是如此地不可知，甚至他也超过一切最不为人所知者。

他拥有福祉、圆满和寂静，但他不是〈福祉〉，也不是圆满或者寂静，而是某种更好的、不可能被人理解的、寂静的东西。这是不可知的事物。他远远比美好者更美好，以至于在每一种形态中都不能为万有所认识。他通过万有在万有之中。它不只是跟他相应的不可知的知识，他还跟注视着他的不可知性结合在一起。 |64|

〈一个人〉看到了他无论在何种程度上是不可知的，或者在每一种形态上看到了他的真实面目，或者说他是类似于知识之类的东西，那么此人乃是对他犯了罪，被判定为不认识神。他不是受既不关心任何事，也没有任何欲望的那一位的审判，而是由于没有发现真正存在的第一本原而受到自己的审判。他是瞎眼的，因为他在安息着的启示之眼的外面，(那启示之眼)是受到激发的，源自于不可见之灵的第一个意念的三重能量。因此这位是从[…]出来的，一些东西[…稳固地坐落在…一个]美丽和寂静和[最初的呈现之中]，他将在无 |65|

声、宁静和不可测度的伟大中启示出来。

他不需要时间，也不是源于永恒，而是源于他自己。他自己以深不可测的方式深不可测，对自己没有作为，因此他能够保持寂静。他也不是存在，所以他不会有缺乏。从空间的角度来看，他确实是有形体的，但从实际上来说他是无形体的。他属于万有，〈万有是〉以他〈为方向的〉，以免他会有何种欲望。

66 他是伟大的顶点。他甚至超越于他的寂静，以至于［…1—14 行遗失］［不可见的灵］给予［他们全体以能量］，尽管那一位没有任何忧虑。当有人从他那里领受能量的时候，他其实并未得到能量。与那处于静止之中的合一相一致，没有什么事物可以激动他。因为他是不可知的，是深不可测的没有气息的所在。由于他是深不可测的、无能量的、也是不存在的，因此他也没有给出存在。相反，他把万有都包含在他自己里面，安息、站立在他自己里面。

从永恒站立着的那一位里面显现了永恒的生命，（也就是说，出自于）不可见的、三重能量的灵，那个一，那个在万有中的存在者，那个包容万有者，那

67 个超越于万有者。一个影子［…1—14 行遗失］他［被充满了能量，并且］站在［这些实体之前］。当他赋予万有以能量的时候，他充满了他们全部。

关于所有这些事情，你已经确切地听明白了。不必追求理解更多了，走吧。我们并不知道那位不可知者是否拥有天使或神灵，也不知道在那静止者里面，除了寂静——也就是他自己——之外还有没有包含着其他的东西。因为他〈…〉，这样他也就不会被限制。进一步地传播是不合适的，你常常是这样追求的。唯一合适的是，你们领悟了，不要去跟他人谈论（你所领悟的东西），而应当去引导他们。

阿罗基耐的使命：启示的保存

68 ［…1—14 行遗失］［…］他对我说：写下我对你说的话，作为对你以后配得的人的一个提醒。把此书藏在一座山上，①吩咐这座山的看守者说：来吧，

① 启示之书藏之于深山，也见：《埃及人福音》68,1ff.；《唆斯特利阿努》130,2ff.。

令人畏怖者!

他跟我讲了这些话以后,就离开了我。

我心中充满了喜乐,写下了这本书。我儿米苏斯啊,我一定要把当面 […]宣告给我的事,揭示给你看。我一开始在极度的寂静中领受了它,然后自己暗暗维持,修炼我自己。

这就是已经启示给我的事情。我儿[米苏斯啊]! 你要传扬它们。 69

阿罗基耐所有书籍的封印。

闪 意 解

《闪意解》(*The Paraphrase of Shem*, NHC Ⅶ.1)是一篇难以解释的、令人着迷的诺斯替派的启示录,叙述了闪(Shem,挪亚的大儿子,希伯来人最重要的分支闪米特人的鼻祖)在出神状态中登上受造界之巅峰然后又返回地上的经历。启示的内容包括宇宙起源论、人类学以及包括末世论在内的拯救史。该文本的塞特派特征不明显,启示的接受者不是塞特,而是闪,文本受新柏拉图主义的影响不明显,也没有典型的塞特派的神名,其中光明与黑暗之间的交织争战的意象跟摩尼教文献比较接近。但是该文本中的光明—圣灵—黑暗三本原是跟塞特派文献一致的,有学者认为闪与塞特的联系紧密,有可能是同一人。

《闪意解》虽然保存完好,但是极难理解。一方面是由于术语的使用不统一,有意识地使用了隐晦写作手法,另一方面是由于叙述路线不是线性的,它的宇宙起源论是不完整的,由一系列不完整的图像通过相间的启示知识连接起来。另外,作为该文本背景的神话体系庞大漫无边际,由于不具备相应的神话知识也使得文本的解释变得格外困难。

该文本中末世论的分量很重,提到了世界的结局和闪的族类的命运,是诺斯替派极其壮观的末世论的典型。该文本中有强烈的反对用水施洗的论证,用性的隐喻描述世界之创造也给人以深刻印象,至于这种性意象究竟只是表达了对于创世过程以及背后的生存体验的厌恶,还是隐藏着什么尚未解开的神话密码,这仍然是一个谜团。该文本对《旧约圣经》的反叛性解释非常明显。

正　文

引　言

这是关乎非受生的灵的意解；

是德尔得基亚斯（Derdekeas）①遵照至尊者的旨意启示给我——闪——的。

闪 出 神

幽禁在我身体里头的意念把我从我的族类中一小子提了出去，②一直把我带到了创造界的顶峰，③靠近那普照彼岸全境的光明。④ 在那里，我看不到任何属世的形象，唯有光明。于是我的意念就离开了黑暗的身体，⑤我好像睡着了，我听到好像有一个声音对我说：闪啊，因为你来源于一个不混合的能量，是最先存在于世上的，所以你应当倾听并领悟我将要对你说的话。

德尔得基亚斯关于三个本原的启示

首先是关于那些大能量，他们在起初、在我把自己显现出来之前就存在了：有光明和黑暗，在它们之间的是灵。⑥ 由于你的根已经堕入遗忘之中——你的根就是那非受生的灵——所以我把那些能量的真相一个一个地启示给你。⑦ 那光明乃是凝神专注的意念，充满了听和说。它们被结合成一个单一

---

① 这个启示者名字源于阿拉姆语，它的意思是"男孩"，或者男性的"婴儿"。诺斯替启示论文献中的启示者常常以男孩形象出现，参：《保罗启示录》18,7；《约翰密传》2,3ff.。

② 类似的出神描写，参看《波依曼德拉》的开头。

③ 启示通常发生在一个非常高的所在，参：《彼得致腓力书信》133,12；《约翰密传》1,19。

④ 光作为伴随着启示的现象，参：《约翰密传》1,13f；《彼得致腓力书信》134,11ff.。

⑤ 身体作为意念的障碍，参本文：34,29-34；41,6-7；45,33-34；47,8-13。

⑥ 闪和他的后裔是源于介乎光明与黑暗之间的圣灵。这三个原始的能量被称作根，类似的术语也出现在摩尼教的文献中。

⑦ 由于遗忘原先的真理使得再次启示成为必要，参：《彼得致腓力书信》135,7ff.。

2 的形体。那黑暗乃是诸水里面的风。他拥有包裹在一团混沌的火里面的心灵。处于黑暗与光明之间的灵乃是温柔、谦卑的光明。这就是三个根基，它们各自是各自里面的主宰。它们彼此以各自的能量相互覆盖。由于光明拥有一种特别伟大的能力，他认识到黑暗的卑下以及无序，也就是说，黑暗之根是不正直的。黑暗的弯曲不正乃是由于缺乏知觉，因为他有一个幻觉，以为没有谁在他之上。

当黑暗能够限制自己的邪恶的时候，他是隐藏在水的覆盖之下的——这就让水翻滚起来了。这个声音让灵感到害怕。① 他上升到了一个合适的位置。于是他看到了狂暴的黑暗的水。他为之作呕。灵的意念向下凝望，他看到了（倒映在水中的）无边的光明。但是腐烂的根没有注意到这光明。按照伟大的光明的意愿，黑水分开了，黑暗裹着可耻的无知升出了水面。而（这）为的是让心灵从他那里分离出来，因为他为自己的心灵感到自豪。②

黑暗看见了灵

3 当诸水沸腾翻滚起来的时候，灵的光明向黑暗显现。他看见那光明，吃了一惊。他不知道还有另一个能量在他之上。当他看见自己的形象比灵形象更暗的时候，他感到了痛苦。他在痛苦中把自己的心灵——也就是罪恶的悲苦的眼睛——提升到了黑暗肢体的顶点。他让自己的心灵呈现为灵的众境域之中的一个成员，因为他以为，靠着凝视自己的罪恶，他将会变得跟灵一样。但是他做不到这一点。因为他想做的乃是一件不可能的事，这件事也就没有实现。

但是为了黑暗的心灵，也就是邪恶的悲苦的眼睛，不至于被毁灭，〈…〉。因为他已经变得部分地相似，他就上升，并用炽烈的强光照耀整个下界，以便他与那无瑕的光明之间的等同能够变得明显起来。因为灵利用了黑暗的每一个形态，因为他在他的伟大中显现。

---

① 当黑暗运动起来时，灵注意到了，然后打破了寂静。
② 在该文本中，拯救要求把心灵从黑暗的限制中解放出来。

然后那崇高的、无边的光明显现在那里。因为他处在极大的喜乐之中。他想显现在灵的面前。于是崇高的光明的形象就向非受生的灵显现了。

我把自己显现出来了。① 我乃是那无瑕的、无边的光明的儿子。我把自己显现在灵的形象之中。因为我就是普照的光明的光辉。他的启示将会到来，为的是黑暗的心灵可以不至于留在下界。因为黑暗把他的心灵变得好像是自己的肢体的一个部分了。 ④

闪啊，当我显现在那形象之中的时候——我的显现是为了遵照那位至尊者的旨意，让黑暗自己变暗，使黑暗所拥有的能量的一切方面都失去效力——心灵从黑暗和水之间引来包裹在诸能量之中的烈火。

黑暗把心灵射入到了自然的子宫之中

水从黑暗中出来变成了一片云。在云里面形成了子宫。② 那作为迷路而存在的烈火前往那个地方。当黑暗看见子宫的时候，他就堕落到了不洁的欲望中去了。当黑暗让水翻滚沸腾起来的时候，他摩擦子宫。③ 他的心灵消融到〈…〉自然的诸深渊里。它跟黑暗的悲苦能量相冥合。然后子宫的眼睛在邪恶中破裂，这样她就再也不能生出心灵来。（因为）他是从黑暗之根发出来的自然的嫩芽。当自然通过黑暗的能量把心灵吸引到她自己里面的时候，各种形象就在她里面成形了。 ⑤

当黑暗获得了心灵的形象时，他就跟灵相像了。（因为）自然举起自己，要把它排出来。但是她对此无能为力，因为她未尝拥有从黑暗而来的形体。

她在云中把它生了出来。那片云发出光辉。有一个心灵显现在她里面，像惊人的、害人的火。心灵与非受生的灵相碰撞，因为他拥有了一个来自于他的形象，为的是让自然可以清空那混沌之火。

---

① "我是"的宣称在本文中经常出现。这个我是指德尔得基亚斯，上界的光明的孩童，是上界向下照耀的一束光明。

② 子宫是阴性的，可以视为阳性的黑暗的阴性配偶，因此黑暗就拥有了积极的性活动。

③ 摩擦是性交的一个生动的意象。

随即,自然自我分裂成了四个部分。它们变成了外表各不相同的云。它们被叫作处女膜、胎盘、能量和水。那处女膜、胎盘和能量就是烈火,是它们把心灵从黑暗和水中间吸出来的——因为心灵处在自然与水中间的位置——这样那些有害的水就不会黏附在他身上。

6　为了这个目的,自然照着我的意思被分开了,为的是心灵可以就此恢复它的能量,就是那与心灵相混合的黑暗之根从它那里取走的那种能量。

然后黑暗之根显现在子宫之中。通过自然的分裂,黑暗之根和黑暗的能量分开了,因为他从心灵那里拥有了一些黑暗能量。心灵游荡在能量之中,他(自己)就是作为自然的中间境域而存在的。

灵的光明被局限在黑暗之中

当心灵使那光明的灵背负重担的时候,光明的灵就惊愕。然而他的惊愕的力量把负担抛开了。于是心灵弃绝了它的负担,穿上了灵的光明。当光明的灵的能量使自然翻腾起来的时候,那负担就回来了。但是光明的惊愕把负担抛开了。它黏附在处女膜的云上。① 所有属于黑暗的云都因为这个外来的能量的缘故从下界分离出来了,它们尖叫起来。进入到它们中间的正是光明的灵。按照至尊者的旨意,灵注视着无边的光明,为的是让自己的光明蒙垂怜,让那形象被从下界带上来。

7　当灵注视的时候,我流了出来——我,就是伟大者的儿子——就好像光明的一个波浪,又好像一阵灵气的、不朽的旋风。我从处女膜的云中被吹到非受生的灵的惊愕之上。那片云分开了,把她的光明照耀在(另外的)众云上,这些云也分开了,乃是为了让灵可以回归。因为这个原因,心灵形成了。它的安息被停止了。

因为自然的处女膜乃是一片不能被抓住的云;它乃是大火。同样,自然的胎盘是寂静的云,它是一团威严的火。而那与心灵结合在一起的能量也是那

---

① 通过黑暗与自然的性交,心灵进入到了自然之中,在来自于灵的光明中造出了惊愕。

个自然的一片云,它被混入到了黑暗之中,那黑暗曾经激起自然的不洁的情欲。那黑水乃是一片令人恐惧的云。那处在下面的自然之根被扭曲了,因为它是沉重的、有害的。那根看不见束缚着它的不可测度的、多形态的光明。

德尔得基亚斯代灵恳求

我同情那个灵的光明,就是那被心灵领受的光。我回到了自己的位置,向那崇高的、无边的光明祈求,让灵的能量在那地上增长并且充满,不受黑暗的污染。我虔敬地说道: |8|

> 你是光明之根。
> 啊! 崇高的、无限的圣者啊!
> 你隐藏的形体已经显现。
> 啊,崇高的、无边的光明啊,愿灵的整个能量伸展,
> 愿你让它被它的光明所充满。
> 这样无边的光明就不能与非受生的灵相联合,
> 而惊愕的能量也不能与自然相混合。

按照至尊者的旨意,我的祷告得蒙悦纳。① 我们听见道的声音,它通过至尊者对非受生的灵这样说:

看吧,那能量已经成全。那通过我启示出来的一位已经显现在灵之中了。

我,德尔得基亚斯,不朽的、无边的光明的儿子,也将再一次显现。

那无边的灵的光明短暂地降临在一个虚弱的自然中,直至自然的一切不洁都被清空。为了让自然的黑暗毁灭,我穿上我的外袍,就是至尊者——也就是我自己——的光明外袍。② 我达到了灵的视野之中,为的是要关怀那些陷在黑暗的诸深渊中的所有光明,按照至尊者的旨意,为的是要在没有无边的光 |9|

---

① 德尔得基亚斯向上界的光明祈求灵的拯救,他的祈祷得到了应许。
② 德尔得基亚斯穿上神圣的光明,为的是要拯救灵,让灵觉悟。

明的能量的直接的作用的情况下,让灵借着道充满他的光明。同样,按照我的
愿望,灵在他自己的能量中升起来了。他被赋予了他的伟大,为的是让他被他
自己的整个光明所充满,并避开黑暗的整个负担。因为在后面躺着的乃是一
个黑暗的、发着呼呼声的火,它压迫着灵。灵充满喜悦,因为他得到了保护,免
遭可怖的水的侵害。但是他的光明却不跟至尊者相等。那无边的光明所赐给
他的一切都是为了让他能够以单一的光明形象显现在他自己所有的肢体之
中。然后,当灵升上水面的时候,他黑暗的形象就变得明显了。于是灵就赞美
那崇高的光明:

> 确确实实只有你才是无限者,
>
> 因为你在各种非受生的事物之上,
>
> (我感谢你),因为你保护我远离黑暗。
>
> 按照你的愿望我升到了黑暗的能量之上。

闪啊,为了不让任何事物可以向你隐藏,(我要补充说:)那个沉思着灵的
意念,按照那个伟大者的旨意,将会成为现实。

[10]　因为黑暗无法约束自己的邪恶〈…〉。但是当那意念显现的时候,那三个
根基从起初以来的本来面目就被人认识了。要是当初黑暗能够承担自己的邪
恶,那么心灵就不会离开他,而另外的能量也就不会显现了。

德尔得基亚斯照亮灵的光明

自从心灵显现的时候起,我,伟大者的儿子,就被看见,为的是灵的光明不
至于变得晦暗,为的是不至于让自然来主宰它。由于黑暗注视着我,按照伟大
者之意愿,我的正真显明出来,为的是正真与能量之间的关系能够为人所知。
(因为我这样说过:)

> 你是那进入存在的伟大能量。而我则是那圆满的光明,是超乎众灵

和黑暗的,是因为黑暗行不洁净的性交而把黑暗毁灭的那一位。

因为通过自然的分裂,如同伟大者所意愿的那样,它们覆盖着光荣,直达灵的意念的顶峰。然后灵在他的能量中找到了安息。因为光明的形象是与非受生的灵不可分的。律法的颁布者没有按照属乎自然的云来给他命名,给他命名也是不可能的。因为自然分裂而成的每一种形象,都是一种混沌之火的能量,这种混沌之火乃是物质的种子。那把黑暗的能量吸收到自己里面的那一位乃是把这些能量囚禁在它自己的肢体之中,按照伟大者的旨意,为的是让意念与灵的整个光明可以免去一切负担与自然的劳苦。 ⑪

有一个声音从灵那里传出来,直达处女膜的云。于是那惊愕的光明开始用赐给他的声音欢呼。那光明的伟大的灵在处女膜的云中,他赞美那无边的光明和普世的形象,那形象就是我本人,伟大者的儿子。他赞美说:

> 阿那色斯·度瑟司(Anasses Duses),①
> 你是那无边的光明。
> 你是按照伟大者的旨意被赏赐的,
> 为的是要让灵的每一个光明都在各自的地方树立起来,
> 并把心灵从黑暗中分离出来。
> 因为灵的光留在下界乃是不合适的。
> 因为你只要愿意,你的灵就已经上升,
> 看到你的伟大。

德尔得基亚斯使自然的诸能量不安

闪啊! 我把这些事情告诉你,是为了让你知道,我的形象,也就是伟大者

---

① Anasses Duses,音译为阿那色斯·度瑟司,在《闪意解》指德尔得基亚斯(Derdekeas),也许来源于希腊文的"升起"(或"东方")与"下落"(或"西方"),指光明的升起和下落。

[12] 之子,乃是源自于我的无边的意念的,因为对于他来说我是作为普世的、真实不虚的形象而存在的。我高于一切真理,是道的源头。他的显现是随着我的光明的外袍的,那外袍就是不可测度的意念的声音。我们是一,是同一个自我生成的光明。

他在另一个根基中显现,为的是可以把灵的能量从软弱的自然中唤醒。因为,按照伟大的光明的意愿,我没有穿着那件广及寰宇的外袍,就从崇高的灵那里降临到处女膜的云中。然后道携带着我,通过灵把我吸引到第一片云,也就是自然的处女膜之中。于是我就穿上它,也就是那件(衣袍),就是伟大者和非受生的灵使我与之相配的那件(衣袍)。于是我的衣袍的第三部分就按照伟大者的旨意以同一个形象显现在那片云中。于是我的形象就被我的衣袍的光辉覆盖了。于是那云惊扰不安,它无法承受我的形象。① 于是,在我在话语中灵显现之前,它就让第一种能量流出来了,就是它从灵那里取走,它从

[13] 起初就照耀着的那种能量。那云本来就不能同时承受它们两个。那从云中发出的光穿过寂静,直达居中的境域。按照伟大者的旨意,那光明把存在于寂静之中的灵,也就是那从光明的灵那里分离出来的灵,与自己结合在一起。

那云陷入到了不平静之中。正是他保卫了烈焰的宁静。他羞辱了黑暗的子宫,因为他不会再让另外的种子从黑暗中进入显现。他把它们全部扣留在自然的中间境域里,就是将它们留在云中的原位。他们陷入到不安之中,因为他们不知道自己在哪里。因为他们仍然没有拥有[…]灵的普世的装束。

我,伟大者的儿子,向无边的光明祈祷,要让灵的不平静的能量来回运动,让黑暗的子宫不能孕育,让我的形象显现在处女膜的云中,仿佛我被穿上了灵的光明——就是那行在我前面的灵。当我这样祷告的时候,按照伟大者的旨意,伴随着我的祷告,我进入到云里面,为的是要通过我的外袍〈…得到解

[14] 救〉,他来自于圆满的道的能量,从把他因禁在黑暗之中的肢体中解救出来。因为我是为了他们的缘故显现在这个卑微的地方的。因为我是一切有名号的

---

① 关于没有能力注视启示者的形象,参:《耶稣基督的智慧》79,1ff;《阿其翁的本质》92,15。

人的救助者。因为当我在云中显现的时候,灵的光明就开始把自己从令人畏怖的水里面、从火云里面拯救出来——那些火云是从黑暗的自然中分离出来的。接着我给了他们永远的荣耀,为的是让他们不再在结合中做肮脏的事。但是处女膜里面的光明因为我的能量的缘故陷入了不平静之中,它穿越了我的居中境域。它被那普世的意念充满了。通过灵的光明的话语,它向上恢复到了它的宁静。他在自己的根里面(重新)接受了塑造。它发出了光辉,因为它毫无亏缺。那与它一同从寂静中出来的光明漫步在居中的境域。它回到了他自己的地方。于是那云发出了光辉。从它那里出来了不熄的火。那个从惊愕中分离出来的部分穿上了遗忘。① 它受到了黑暗之火的欺骗。然后那个不平静〈…〉它的不平静把云的负担抛开了。那负担是恶的,因为它是不洁净的。 [15]

火与水结合起来了,于是诸水就变得有害。被打倒的自然匆忙从没有生气的水中起来。因为她的上升乃是耻辱。自然吸收了火的能量。她因为在自然之中的灵的光明的缘故变得强大了。她的形象以有许多面孔的狰狞可怕的野兽的形象显现在水中。② 有一道光明照进了充满雾气与灰尘的混沌之中,为的是要把损害施加在自然身上。那在居中境域中的惊愕的光明在抛掉了黑暗的负担以后也到了它那里。③ 当灵升起的时候,他就欢喜。因为他从众云中向下朝黑暗的水里看,注视着那处在自然的深渊里头的亮光。

我是为了这个目的显现的,也就是为了要找到机会降临到下界的世界中去,到受到重压的灵的亮光那里去,保护他不受那负担的邪恶所害。

伴随着他对黑暗境域的凝视,光明再次上升了,为的是让水里面的子宫立刻浮上来〈…〉。子宫(真的)按照我的意愿浮上来了。她狡诈地睁开了眼睛。那曾在居中的境域中出现的光明,就是那个与惊愕分开的光明,宁静下来,在 [16]

---

① 一部分光明陷落在黑暗之中,来自于灵的惊愕的这个部分需要被拯救。

② 野兽的面貌,参:《阿其翁的本质》87,29。

③ 这个光明陷落在居中的境域,也就是自然的性能量的境域。中间的领域的概念常见于诺斯替文献。

子宫的上方照耀。于是那子宫就看见了她从未见到过的事物。她为那光明大大地喜乐,尽管在居中境域显现在她的邪恶里面的光明并不是属于她的。当光明照耀在她身上的时候,子宫看到了她从未见到过的事物。然后他再次被沉入到水里面去了。他以为自己已经获得了光明的能量。她并不知道,面对光明的形象,面对他奔向能量,她的根乃是无用的。

光明祈求怜悯

那个居中境域的光明,就是那一位,他既是开端又是终点,他陷入到了惊讶之中。因此他的意念急切地直接仰望注视着那崇高的光明。他大声呼喊道:

> 主啊,怜悯我!
> 因为我的光明和我的努力走上了歧路。
> 因为如果我不能获得你的美好,
> 我就会迷失自己。
> 因为我不知道我在哪里。

伟大者听见他的声音,就怜悯他。① 然后我在寂静中显现在处女膜的云中,没有穿那件圣洁的衣袍。按照我的意愿,我赞美我的那件来自于处女膜的云的有三种形象的衣袍。那在寂静中的光明,就是源自于喜乐的能量那个光明,容纳了我。我穿上了它。② 它的两个部分以一个单一的形体显现。它的其他部分因为火的原因没有显现。我在处女膜的云中不能说话。因为它的火焰是令人畏怖的,它一点没有减弱,熊熊地燃烧着。为了让我的伟大与话语可以显现,我以同样的方式把我的另外一件衣袍抛弃在寂静的云中。然后我进入了居中的境域,穿上那在它里面的亮光,就是那沉入到遗忘之中,与惊愕的

[17]

---

① 光明陷落在自然的性能量之中,他向神诉求救助。
② 德尔得基亚斯再次穿上衣袍准备去解救光明。

灵分开的亮光。因为它已经把负担抛开了。按照我的意愿，没有任何有朽的事物向他显现，凡向他显现的都是灵赐予他的纯洁的不朽的事物。然后他在光明的心灵中这样说：

　　ai eis ai ou phar dou ia ei ou。①

　　（这句话的意思是说）：我已经达到了大安宁。〈现在那个…应当…〉，为的是把我的光明带入到他的根里面的安宁之中，并且把它从有害的自然中解放出来。

德尔得基亚斯穿上火袍并与自然交合

　　接着，按照伟大者的旨意，我脱去了那件光明的外袍，穿上了另外一件衣袍，就是无形的火焰的衣袍，那衣袍来自能量的心灵，是为我分开的，是按照我的意愿在那居中的境域里为我预备的。② 那居中的境域用一种黑暗的能量覆盖它，为的是我可以来穿上它。我降临到下界的混沌之中，要把整个光明从它里面解救出来。因为没有黑暗的能量，我就不能对抗自然。当我来到了自然之中的时候，自然没有能力承受我的能量，我就栖息在她那定睛观看的眼睛上，那眼睛是从灵而来的光。因为它是灵为我预备的外袍和安息之地。他睁开眼睛，通过我，往下凝望下界。在一段很短的时间里面，他把他的声音让给了自然。按照至尊者的旨意，我那件火焰的衣袍降临在坚强者身上，降临到自然的不洁净的那个部分，那个被黑暗的能量所覆盖的部分。我的衣袍折磨那被覆盖的自然。她的不洁的阴性变得强壮起来，那个忧郁的子宫高起来了。他让心灵干枯，就好像一条鱼，有一个火滴与一个火焰的能量。但是当自然扔

|18|

|19|

---

　　① 这是恍惚的出神状态下语意不清的上界语言。
　　② 现在德尔得基亚斯穿上了另一件衣袍，这是性欲之火的衣袍，目的是与阴性的自然交合，从而解放光明。

掉心灵的时候,她陷入到不安之中,并且开始哀哭起来。① 就在她伤痛流泪的时候,她把灵的能量扔掉了。那能量跟我一样停留着,我给她穿上了灵的光明。然后我就跟我的衣袍一起安息在鱼的眼界上。

自然是瞎眼的,为了让她的行为被定罪,有多种多样的野兽从她里面出来,它们的数目对应于向那边疾吹的风。它们都是在下界生成的,寻找着那成形的心灵之亮光。它们不能靠着它站立起来。我因它们的无知而喜悦。

德尔得基亚斯愚弄自然以及天地生成

我,伟大者的儿子,就在那有许多形体的子宫前面。我穿上了野兽,向她提出了大请求,要让天和地生成,为的是让整个光明都向上升。② 如果我不以动物的形体向她显现,灵的能量就没有办法脱离捆邦获得拯救。因此子宫就[20]善待我,就好像我是她的儿子。因为我的请求,自然就向上升,因为她拥有灵、黑暗和火焰的能量。她脱去了她的形体,她扔掉了形体之后,在水上吹拂。就这样,天被造出来了。然后从天(海)的泡沫中生成了地。按照我的意愿,大地生出了各种各样的食物,跟野兽的数目相应。③ 为了你们的缘故,也为了那些要第二次在地上出生的人的缘故,它从风里面造出了甘露。因为大地拥有烈火的能量,因此它生出了所有的种子。

天地被造出来之后,我的火袍就在自然的云中间上升了。它开始在整个受造界的上方照耀,直至把自然烤得枯干。黑暗是用来做大地的衣袍的,它被扔进了有害的水里。居中的境域的黑暗就被清除了。因为所发生的事,子宫感到悲伤。她注视着自己的那个作为水而存在的部分,就如同在看一面镜子。当她看见这水的时候,她就感到困惑,它是如何生成的。因此她仍然是一个寡[21]妇。水也感到困惑,它自己怎么不在子宫里面了。因为那些形体仍然拥有火与光的能量。这个能量必须忍受,让自己留在自然之中,直到所有的能力都从

---

① 自然达到了高潮,把心灵射出来了。
② 德尔得基亚斯穿上了野兽的形体,让自然误以为他是她的儿子。
③ 参:《创世记》1,30。

她那里被取走为止。因为,正如灵的光明是在三朵云中得到成全那样,下界的能量也必然要在注定的时间得到成全。

德尔得基亚斯要求自然生殖

因此,因为伟大者的恩典的缘故,第二次从水里面照耀自然。因为我的面貌是让她喜欢的。她的面貌也是喜悦的。然后我对她说:

愿种子和能量从你那里出现在大地上。

她遵从了灵的旨意,这样她将归于乌有。

但是当她的诸形体翻身的时候,它们彼此摩擦舌头,交合在一起,然后就生出了风、魔鬼连同能量,就是源自于火、黑暗和灵的能量。但是那个保持独处的形体把野兽从自己那里扔出来了。她没有参与性交,而是自己摩擦自己。她生出了一种风,拥有来自于火、黑暗和灵的能量。为了让众魔鬼通过不洁的 [22] 性交所得的能量失去效力,一个子宫通过风在水一样形体中产生出来。照着黑暗的样子,魔鬼们身上生出了一个不洁的阳器。他们照着黑暗起初摩擦子宫样子(彼此干同样的事)。

当自然的众形体彼此结合以后,又彼此分开。他们扔掉了能量,对彼此施之于对方的诡计感到十分惊愕。他们开始在将会永远持续的悲痛中哭泣。他们用自己的能量把自己覆盖起来。

当我毁灭他们之后,我就穿着我的衣袍在能量中上升了——我的能量超过野兽,是发光的——为的是要让自然变得荒凉。

那显现在黑暗自然中的心灵,也就是黑暗之心的眼睛,按照我的意思统治诸风和众魔鬼。① 我给予他一个明亮的火的形象,以及听的能力和无邪的话语。他从伟大者那里获得了赏赐,其目的是要在他自己的能量中变得坚强,不依赖能量、不依赖灵的光明,也不依赖黑暗的交合,为的是在最后的时间,当自 [23] 然被毁灭的时候,他可以在荣耀之地找到安息。因为他将被发现是忠实的,因

_____

① 心灵最终从黑暗的能量中解放出来了,并统治风和魔鬼。

为他曾经厌恶自然与黑暗的不洁。心灵的强大力量是从心灵与非受生之灵进入存在的。

但是那些风，就是从水、火、黑暗与光而来的魔鬼，彼此进行了将会导致死亡的性交。通过这样的交合，那些风在他们的子宫中领受了从魔鬼的阳器而来的泡沫。伴随着呼吸，他们也在他们的嘴巴里孕育了一种能量。风的子宫互相打击，直到生育的时候到来。他们降临到水中。至于提到过的那个能量，她伴随着呼吸，在导致生育的摩擦中生出来了。每一种生育的形体都从它里面获得形状。当生育的时间接近的时候，靠近水面的所有的风都聚集起来了。它们生出各种各样的不贞洁。单个的风吹去的地方到处弥漫着不洁。不能生育的妻子和丈夫是从那里来的。因为他们是怎样生出来的，那么他们也将怎样生育。①

魔鬼带来了洪水和巴别塔

为了你们②，灵的形象普现在地上和水中。因为你们是跟光明相像的。你们拥有一部分风与魔鬼，以及来自于惊愕之能量的光明的一个意念。他从地上的子宫中产生出来的每一件事都是由于那个从灵显现在你们里面的形象的缘故，对子宫而言都是不好的，乃是她的呻吟与她的痛苦。你们的内心是崇高的。闪啊，如果有人得到了一个部分，如果他离开自己的灵魂到光明的意念那里去，那就是福气了。灵魂乃是黑暗的一个负担，那些知道灵魂的根从何而来的人也将能够探索自然了。灵魂乃是不贞洁的结果，是光明的意念的一个嘲笑的对象。

因为我就是那一位，要把非受生者的整个范围都揭示出来。为了让自然的恶圆满，我让被打倒的子宫变得美丽——瞎眼的智慧啊！——这样我就能够使罪恶归于乌有。

---

① 诸风与魔鬼性交，于是诸风就生出了各种各样不洁的事物。有一个风手淫，生出了不会生育的男女。

② 指闪的族类。

按照我的意愿,罪恶跟黑暗的水和黑暗合谋,为的是能够伤害你们的每一 25
种罪。然后,按照灵的光明的旨意,他们围绕着你们,用一种信仰来束缚你们。
他们的计谋应当被粉碎! 他们派来了一个魔鬼,为的是要宣告他们的邪恶的
计划。他带来了一场洪水,①要把你们的族类毁灭,为的是要攫取光明,坚守
信仰。

但是我匆忙借着魔鬼的口宣告为光明的分子建立一座塔②——那些光明
分子是留在魔鬼与他们的族类之中的,也就是留在水里面的——为的是让魔
鬼可以得到保护,得以脱离动荡的混沌。那子宫按照我的旨意安排了这一切
的事,为的是让她完全地喷涌出来。一座塔通过那些魔鬼形成了。黑暗由于
她的欠缺而陷入到了激动之中,放松了对子宫的念想。确实,那个进入到塔里
去的魔鬼就得到了保护,为的是众族类得以延续,这个血统也可以通过他得以
重生。因为他拥有来自于每一种形体的能量。

闪啊,现在回去吧! 为你自己的族类和你的信仰而大大地喜乐吧! 因为 26
你的族类既没有身体,也不会有负担,得以脱离黑暗的各种身体,见证了按照
我的意愿启示在他们的意念之中的伟大的神圣事物。他们要安息在非受生的
灵中,没有忧伤。但是你,闪啊,因为这个缘故你要留在光明之云外面的身体
之中,为的是你可以一直跟信心一同紧守。③ 信仰将会来到你这里。她的意
念要被拿来交给你——在一个被照亮的知觉里面。我把这些事传授给你,是
为了有益于你们这些从光明的云中出来的族类。

我会以同样的方式把关乎万有的事传授给你,我将完全地把它们启示出
来,为的是你也可以把它们启示给那些将要第二次活在地上的人。

一场动乱消去了自然的能量

闪啊,按照我的意愿所发生的运动是为了让自然变为空虚。因为黑暗的

① 参:《创世记》1,30。
② 参:《创世记》11,4-6。
③ 闪和他的族类仍然留在身体里面,为的是要传播启示和知识。

怒气平息了。闪啊,黑暗的嘴合上了。按照我的意愿,受造界再也看不见那曾经照耀受造界的光明了。当自然在傲慢无知中说自己所愿意的事已经成全了的时候,每一种形体都被淹没在诸水之中。

[27] 自然翻转她的黑暗的阴道,把火的能量从自己这里扔了出去,那火的能量就是通过黑暗摩擦从一开始就在她里面的。那火高高地升起,在整个受造界上方而不是正义者上方照耀。自然的所有形体发出像火焰一样的能量,直达天上,以作为那个自我膨胀的、被玷污了的光明的帮助。因为它们乃是烈火的肢体。那自然不知道她伤害了她自己。当她抛出她所拥有的能量的时候,她乃是把它们撒播在花园之中。那个魔鬼,也就是一个诱惑者,以各种形式唤起子宫的情欲。在无知之中,子宫赐给众魔鬼和风每个一颗星,就好像自己在做一件大事。因为如果没有风和星,地上什么事也不会发生。因为,大地刚刚从黑暗、火焰、能力和亮光中被释放出来之后,就被所有能量充满了。因为,在黑[28] 暗与火焰彼此混合的那些地方,野兽被生出来了。而在黑暗、火、心灵的能量以及光明的地方,人从灵里面生出来。光明的意念,也就是我的眼睛,是来自于灵的,并不是每个人现成就有的。因为在洪水通过风与魔鬼进入存在之前,先有雨来到人这里[……]为的是让塔里面的能量能够产生出来,并且栖息在大地上。

然后那个被打倒的自然就想加害于那些将在洪水之后出现在地上的种子。魔鬼带着风的迷惑被派到他们那里去了,还有天使的负担、可怕的预言以及通过话语的审判。闪啊!(我说这些话)是要教导你,让你知道你的族类将得以避免怎样的盲目啊!

当我把所说的一切都启示给你的时候,义人将会穿着我的衣袍在整个世界上方照耀。昼与夜将被分开。① 因为我要降临到受造之中,要到那个地方去取走信仰所拥有的光明。我会向那些将会获得灵的光明意念的人显现。因为我的伟大者的显现正是为了他们的缘故。

---

① 参:《创世记》1,16—18。

所多玛城被焚毁

闪啊！当我的伟大显现在大地上时,也就是那个将被叫作所多玛(Sodomiten)的地方之后,你要谨守我将给予你的知识。因为你将要启示的话语的缘故,那些心灵纯洁的人将会向你聚集。因为当你显现在受造界之中的时候,黑暗的自然将会跟诸风与魔鬼一起在运动中反对你,为的是要熄灭你的知识。但是你很快向所多玛人宣告了你的普世的教训。因为他们乃是你的肢体。那人形的魔鬼将会按照我的意愿离开那个地方,因为他是无知的。他将会保守这些谣言。但是按照伟大者的意愿,所多玛人将会抛弃这个普世的见证。他们将会怀着纯洁的良心安息在他们的安息之地——那安息的地方就是非受生的灵。当这一切事发生的时候,所多玛城将会以不正义的方式被邪恶的自然焚毁。因为罪恶不会止息,为的是让你们的伟大彰显在那个地方。

然后魔鬼将与信仰一同出发。他将会显现在自然的四个境域之中。当信仰在最后的形象之中显现的时候,她的容貌会变得清晰。

那个魔鬼就是"首生者",他以许多面貌显现在自然的和谐之中,为的是让信仰在他里面显现出来。① 因为当他显现在受造界之中的时候,罪恶的情欲将会发作,还有地震、战争、饥荒和亵渎。因为,由于他的原因,整个大地将会被毁。

因为他将寻求信仰和光明的能量,但是他却找不到。

因为那时候,另一个魔鬼将会显现在河上,用不圆满的洗礼给人施洗,用水的束缚把世界置于不安之中。② 对于我来说,这是必要的,我要在信仰的意念的肢体中显现,把我的伟大的能量启示出来。我要把这个意念通过一个叫作所尔达斯(Soldas)的魔鬼散布开来。那个光明,就是他从灵那里拥有的光

---

① 这个魔鬼的身份不明,在这里的上下文中,地震、战争、饥荒和亵渎都是通过他出来的。整个世界都因为他的原因而震动。有学者认为这个魔鬼也许是耶稣。

② 这个魔鬼的身份也不明,可能是施洗约翰。

[29] [30]

明,我将会把它跟我的不可战胜的衣袍结合起来。

[31]　　我将在黑暗中启示出来的东西,是为了你的缘故,也是为了你的族类的缘故,可以在保护罪恶的黑暗前面保护你们。

见证的咒语

闪啊,你要知道,

如果没有埃罗凯欧(Elorchaois)、阿莫亚斯(Amoias),

施特罗法阿(Strophaias)、切尔克亚克(Chelkeak),

切尔克亚(Chelkea)和爱力欧(Aileou),

就没有人能够通过这些罪恶的境域。

因为这就是我的见证的咒语,

我是凭着它战胜那些罪恶境域,

并且从可怕的水中取走了灵的亮光。

因为当魔鬼所定的日子到来的时候,

那魔鬼将会施行引人入歧途的洗礼,

而我将会显现在那魔鬼的洗礼中,

为的是要借信仰之口把一个见证启示给那些属于信仰的人。

(这个见证如下):

我是为你作见证,

你这不熄灭的光、欧赛(Osei)、光明的精华、天空的眼睛,

信仰者、最初者与最末者,

索非娅、萨法亚(Saphaia)、萨法伊娜(Saphaina),

你,正义的火花、被玷污的亮光。

还有你,上方和下方,东西南北、以太和空气、一切统治者和能量,

你们乃是在自然中,

[32]　　还有你,摩路克塔(Moluchtha)和所克(Soch),

你们乃是源自于自然的工作和各种肮脏的苦难！①

然后我将通过魔鬼降临到水中去。诸水的旋涡和火焰将会升腾起来抵抗我。而我将从水上重新升起，穿上灵的亮光和不熄灭的火，为的是借着我的推动，可以让灵的能量，也就是通过风、魔鬼和星宿播种在受造界之中的能量，越过。在他们里面，每一种不洁净都将充满。

此外，闪啊！你要自我判断，在光明的意念中成长。不要让你的意念与火和黑暗的身体有任何瓜葛，它们都是不洁净的结果。我教给你的这些事都是正确的。

咒 语 意 解

这就是（上面的见证咒语的）意解：

你没有记得，你的族类得蒙保护脱离苍穹。

埃罗凯欧就是那伟大的光明的名字，就是那个我所从来的地方，是至高无上的真道。

那形象就是我光辉的衣袍。

德尔得基亚斯是那光明的声音中的道。

施特罗法阿是那被赞美的闪光，他就是灵。

切尔克亚克是我的衣袍，它来自于惊愕，

那惊愕曾在处女膜的云中，显现为三重形象云。

切尔克亚是我那件有两种形体的衣袍，他曾在那寂静的云里面。

切尔克（Chelke）是我那件衣袍，是从各种境域中赐给他的；

它乃是以单一的形体从伟大那里赐予他的，他在居中境域的云里面。

所提到的光明的星宿乃是我那件不可战胜的衣袍，是我在下界的时

---

① 参：《多马福音》50;《雅各启示录一》33,21。

候穿的。

光明的星宿乃是慈悲，是超乎意念、超乎那些作见证的人之见证的。

那些被提及的见证：

最初的和最终的、信仰、黑暗之风的心灵。

萨法亚与萨法伊娜处在那些从烈火中分离出来那些人的云中。

正义的火花乃是在你们中间照耀的光明之云。

在光明的云里面我的衣袍将会降临到混沌中去。

[34] 但是那被玷污的光明，作为一个能量而存在，显现在黑暗中，属于黑暗的自然。

以太和空气、众能量与统治者、众魔鬼与众星宿，

它们都拥有火花和灵光。

摩路克塔是一个风，没有它，大地上不会生出任何东西。

他有蛇和独角兽的形象。从他那里生出来的是多重形象的翅膀。

那剩下来的就是被打倒的子宫。

闪和属灵族类的祝福

闪啊！你是蒙福的，因为你的族类已经在有许多面孔的黑暗之风面前得到了保护——他们将抛弃普世的见证——远离自然的不洁净的摩擦。他们将通过回忆光明变得心灵高贵。

闪啊！凡是穿着身体的没有谁能够成就这些事。但是凭借回忆，他可以把握他们，从而当他的心灵与身体分离的时候，那个为了你的族类的好处而启示出来的盼望，将会真切地向他证明是真的。

闪啊！那些承负着肉身的人要成就我对你说的这些事是困难的。只[35] 有一小部分人能够成就这些事，就是那些拥有心灵的火花和灵的光明

的人。① 他们的心灵将远离肮脏地行为。

因为许多人在自然的族类中，他们将寻求能量的安全，他们找不到，也不能实行信仰的旨意。因为他们乃是普世之黑暗的种子。

那些在许多病痛之中的人，风和魔鬼将会把他们的憎恨针对他们。身体的束缚是牢固的。因为它就是那个地方，风、星宿和魔鬼在其中播种。出自于圣灵的能量的出来的悔改和见证将会向他们显现出来。慈悲也将给他们指出走向非受生之灵的道路。

但是那些拥有悔改和信仰的人将会在时间圆满的时候安息在处女膜的地方。这就是信仰，将会充满那个已经空虚的地方。

但是那些不拥有光明的灵与信仰的人将会在黑暗中，在悔改不会降临的 [36] 地方消亡。

我永远地打开了那扇从一开始就关闭着的门，把它指示给那些渴望生命的顶峰的人和那些配得安息的人。我把悟性赐给了那些充满悟性的人。我给他们开启了一切洞见和正义者的学说。我从任何方面都没有成为他们的敌人。但是当我承受了世界的愤怒之后，我就战胜了世界。他们当中没有人认识我。火焰与无尽浓烟的门向我开启。所有的风都升腾起来对付我。

惊雷和闪电也将在短时间内升腾起来对付我，把他们的愤怒倾泻在我身上。〈…〉因为我的缘故，对应于肉体，一类一类地受到统治。

不纯洁的洗礼将导致束缚

许多承负着有罪的肉体的人将在风与魔鬼的推动下降临到有害的水中，从而走向谬误，受到水的束缚。② 水的医治乃是无效的，它将会引诱和束缚世 [37] 界。那些按照自然的旨意行事的人，他们的命运将［…］每天两次在水和自然

---

① 这一节描写属灵的人、属信仰的人和属肉体的人的不同命运。
② 这个文本严厉批判水洗，可能针对是正在形成之中的正统教会对洗礼的依赖。在诺斯替派的文本中，洗礼或多或少地得到了灵性化的理解。可参《埃及人福音》、《腓力福音》和瓦伦廷派关于洗礼仪式的描写。

形体之中,〈…〉将不会被赐予给他们。

当信仰摧毁他们,把公义者收归自己的时候,闪啊!他们一定要通过道呼唤那个意念,为的是灵的能量的束缚可以从恐怖的水中拯救出来。

如果有人得蒙允许,可以去沉思那崇高者,去领悟那崇高者的时间和束缚的话,就是有福了。因为水乃是无足轻重的身体。人没有得到解放,因为他们被束缚在水中,正如一开始灵的光明被水所束缚那样。闪啊!他们受到各种形体的魔鬼的欺骗,以为用不洁净的水,也即那黑暗、软弱、无用、导致毁灭的水,所施的洗礼就可以除去诸罪;他们不知道,从水里出来的和进入到水里面去的,只是束缚、谬误、不洁、嫉妒、凶杀、淫乱、假见证、异端、劫掠、色欲、诳言、忿怒、悲苦、[争端…]。因此有许多死亡的威胁压迫他们的意念。

|38|

我把这事预先告诉了那些有悟性的人。他们将远离不洁净的洗礼。那些从灵的亮光得到悟性的人就不会跟不洁的行为有任何瓜葛。他们的心就不会昏暗,也不会诅咒,也不会赞美水。哪里有诅咒,那里就有欠缺。哪里有对水的崇拜,哪里就有盲目。因为,如果他们与恶者相混合,他们就会在黑暗的水中成为空虚。哪里提到水,哪里就有自然、赌咒、谎言和失落。因为只有在那非受生的灵里面,就是那崇高的光明栖息的地方,才不会提到水,也不能提到水。

这就是我的显现:当我穷尽了那些分派给我在地上度过的时间以后,我就把我的火袍抛弃了[…]然后我的无与伦比的衣袍将在我的身上发光,还有我的其他的衣袍,是我在所有的云中穿上的,源自于灵的惊愕的衣袍。空气将会为我的衣袍裂开。因为我的衣袍将发光照耀,所有的云将会裂开,直达光明的根。心灵就是我的安息和衣袍。我的其余的衣袍,那些在左边的和那些在右边的衣袍,〈…〉它们将向下照耀,为的是让光明的形象显现出来。我在三朵云中穿上的、源自于非受生的灵的那些衣袍,将在最后的日子里,通过分开的云,在他们的根里面找到安息。因此我完美无瑕地显现了,为了众云的缘故,因为它们是无与伦比的,为的是要终结自然的邪恶。

|39|

到了那个时候,自然想要捕获我。她想要束缚黑暗的火焰所尔达斯,所尔

达斯被高高挂起,挂在谬误的树上,为的是要网罗我。她虚荣地小心谨守她的　40
信心。①

雷伯埃尔被斩首

就在光明将从黑暗中分开的时候,一个声音传到受造界,那声音说:

那看见你的眼睛有福了,那按着我的心愿支持伟大者的心灵有
福了。②

上界传来这样的声音说:

祝福在每一个族类中的雷伯埃尔(Rebouel),因为唯有你看见了。

她会倾听。而那个拥有知识的妇人,就是你将把她启示在地上的那一个,
将会被斩首。按照我的意愿,她将抛弃见证,在自然与混沌的各种无用的努力
中找到安息。因为那个时候将要被斩首的这个妇人乃是魔鬼能量的聚集,她
将在酷烈中给黑暗的种子施洗,为的是让种子与不洁相混合。她生出了一个
妇人,她被叫作雷伯埃尔。

看吧,闪啊! 我所告诉你的一切事如何已经成就。[并且……那些]你所　41
缺的事物,将会按照我的旨意在地上显现,为的是你能够把它们如实地启示出
来。不要让你的意念与身体有任何瓜葛!

我已经通过火的声音把这些事情告诉你了,因为我是从众云的中间穿过
的。我按照每一个人的语言说话。这就是我用来对你讲话的语言。③ 它将被

---

① 这里的树也可以理解为十字架。树或者十字架可以进行网罗,这是自然攻击救主的未
成功的尝试,结果把苏尔达斯钉在树上。

② 参:《路加福音》10,23。

③ 这种语言一定是光明的、天上的语言,不是地上的语言。

从你那里取走。你将用地上的凡世的声音说话。这个声音将会通过那个拥有这个声音的人向你显现。至于我跟你说过的一切，从现在起你也应当宣讲，你也应当与信仰一起前行，照耀这个世界的深处。

闪从神游中回来

然后，我，也就是闪，好像从深深的睡眠中醒来了。我感到奇妙，自己已经领受光明的能量和他的全部意念。我与信仰同行，一起照耀。那个义人穿着我那件不可战胜的衣袍跟随着我们。

凡他告诉我将在地上发生的事都发生了。自然被交托给了信仰，这样信仰就可以颠覆他，他将会站立在黑暗之中得到确立。他通过灵魂生出了一个运动，昼夜不息地往复运行。这些灵魂成就了信仰的工。接着，我在光明的意念中喜悦。我离开了我曾在信仰中游荡的黑暗——自然的种种形态都在那里面——升到了大地的顶点，到为我预备好了的那些事物那里去。

你的信仰整日整夜都在地上。因为他整日整夜翻转着自然，为的是要接收其中的义人。——因为自然在沉重的负担之下感到不安。——因为没有人能够打开入口的诸形体，唯有心灵能够，唯有他被托付了它们的外形是怎么样的。因为自然的两个形体的瞎眼的外貌是令人畏怖的。但是那些拥有自由的良心的人远离了自然的咿哑声。因为他们将抛弃普世的见证。他们将脱去黑暗的重负，穿上光明的真道。他们将不再继续留在那个没有意义的地方。他们将会把自己从心灵的能量那里拥有的一切交给信仰。他们将会无忧无虑地被接纳。他们将会把他们所拥有的烈火抛弃在自然的居中境域里面。他们将会被我的在云中的衣袍接纳。正是他们在引导着他们的肢体。他们将会没有痛苦地安息在灵里面。正是因为这个原因，那预定的信仰将会短暂地出现在地上，直到黑暗从他那里被取走，直到由我启示出来的他的见证被启示出来。那些确实来自于他的根的人将会剥去黑暗和烈火。他们将穿上心灵的光明。他们将抛弃见证。因为我所讲的一切必定要发生。

最后的荒芜

当我在地上的暂住结束,隐退到我的安息里去之后,将会有一个极大的、邪恶的谬误降临到世界上,还有许多罪恶,其数量跟自然的诸形体的数目相应。罪恶的时代将会到来。① 当自然的岁月接近终结的时候,黑暗将会统治大地。数目将会越来越小。② 〔44〕

一个拥有火的形象的魔鬼将会从(…)降临到一个能量中。他将分开天,躺在东方的深渊里。整个受造界将会被震动。被迷惑的世界将会陷入到混乱之中。③ 许多地方将由于那些风和魔鬼的嫉妒的缘故被洪水淹没。

这一些拥有无意义的名号者:佛比亚(Phorbea),格罗伊高(Chloerga),以他们的教训管理着世界。由于他们的混乱与不洁,他们把许多人心引上了歧途。许多地方将会被洒满鲜血。他们的五个族类将会吃他们自己的儿子。

南方的境域将会领受光明的真道。但是那些来自于世界的谬误的人和出自东方的人〔则不会〕。

一个魔鬼将会从龙的身体里面出来,他将会隐藏在一个荒芜之地。④ 他将会施行许多奇迹。⑤ 许多人会厌恶他。有一股热风——有着阴性的形象,⑥被会被叫作阿巴尔费(Abalphe)——将会从他的喉咙里吹出来。他将主宰从东到西的整个世界。 〔45〕

然后自然的最后时间到来了。星宿将会停止在天穹中闪耀。谬误之口将会被打开⟨…⟩,于是罪恶的黑暗破灭,他的嘴被封闭。

在最后的那一天,自然的诸形态连同诸风和他们的魔鬼都将被消灭。它

① 这个部分闪用启示论的术语解释了世界的终结,类似于约翰启示录和其他的启示论文献。

② 可能指日子。

③ 参:《启示录》20,7-8。

④ 参:《启示录》12,6。

⑤ 参:《启示录》13,13。

⑥ 参:《启示录》17,3。

们将变成黑暗的血块,跟它们一开始的时候那样。那些受魔鬼压迫的甘泉也将干涸。因为,凡是灵的能量所到之处都有我的甘泉。自然的其他果实也将不再显现。它们将会跟黑暗的无边的水混合在一起。她的所有形态都将在居中的境域中消失。

闪在冥想中升天并口诵祷文

　　我,闪,已经成就了这些事。我的心灵开始从黑暗的身体中分离出来。①
我的时间已经满足了。我的心灵穿上了不朽的见证。我念诵道:

　　　　我宣布你的见证,
　　　　那是你启示给我的:
　　　　埃罗凯欧,
　　　　还有你,阿莫亚斯,
　　　　还有你,赛德基亚(Sederkeas),
　　　　以及真实无伪的斯特罗发艾斯(Strophaias),
　　　　还有你,切尔克亚克,
　　　　还有你,切尔克亚,
　　　　和切尔克和爱莱(Elaie)②,
　　　　你们乃是不朽的见证。
　　　　我见证你,
　　　　不熄的火花,
　　　　你是天的眼睛,是光明的声音,
　　　　是苏法伊亚(Sophaia),萨法亚,和萨法伊娜,
　　　　那正义的火花,

---

　　①　这个表述可以推断闪的去世,灵魂在死后上升,不同于《阿罗基耐》和《唆斯特利阿努》的出神状态。
　　②　可能与前面提及的咒语中的爱力欧(Aileou)是同一个。

和那最初的和最终的信仰，

以太和空气，

世上的所有的能量和统治者。

你，被玷污的光明，

还有你们，东、西、南、北，

你们是那有人居住的世界的境域。

还有你，摩路克塔和埃所克（Essoch），

你们是罪恶的根，

是自然的每种肮脏的作为和苦难。

这些话就是我在作见证的时候完成的。

我是闪，在我从身体中分离出来的那一天——当时我的意念还在身体里头——我醒来了，就如同从深深的睡眠中醒来一样。当我从身体的负担中起来的时候，我说：

正如自然变得老迈那样，人类的日子也是如此。那些在睡眠中仍然知道自己的意念安息于何种能量之中的人有福了。

当普莱阿德（Pleiades）离开的时候，我看见了我将要穿越的那些云。

灵的云就像一块纯洁的蓝宝石。

处女膜的云就像一块发光的翡翠。

寂静的云就像一棵旺盛的（紫红色的）苋菜①。

居中的境域的云就像是一块纯洁的（橘红色的）红风信子石（jacinth）。

---

① amaranth，传说中的不凋花。

德尔得基亚斯启示世界的终结

当义人显现在自然中的时候，①〈他跨越了天穹〉。当自然发怒的时候，她感受到了伤痛，并且允许摩法伊亚（Morphaia），让他跨越天穹——义人在十二个时代的历程中跨越，而他在一个时代就跨越了十二个时代——为的是他的时代快些圆满，使自然毁灭。

那些提防死亡的抵押品的人有福了，那死亡的抵押品乃是沉重的黑暗之水。要在短时间里征服它们仍是不可能的，因为它们匆忙地逃离世界的谬误。如果它们被征服了，它们将会受阻，在黑暗中受折磨，直到时间的圆满。当圆满到来，自然毁灭的时候，他们的在自然中经受了短暂的压迫的意念就会从黑暗中分离出来，然后无形体地居住在那非受生的灵的不可言喻的光明之中。心灵就是这样行为的，如同我起初所说的那样。

闪啊！从今以后，你要行走在恩典中，在地上持守信仰。因为一切光明与火的能量都是为了你的缘故通过我得到成全的。要不是你，它们就不会被启示出来，（而是一直隐藏着），直到你公开地谈论它们为止。当你不再在大地上的时候，它们将会被启示给那些够格的人。除了这个启示之外，也要让他们在地上谈论你，然后他们将获得这个轻松和惬意之地。

---

① 德尔得基亚斯似乎又开始讲话。

普鲁娜娅的三形态

　　《普鲁娜娅的三形态》(*Trimorphic Protennoia*, NHC Ⅷ.1), 也可以译为"最初意念的三种形态", 是一篇诗歌体裁的启示录, 是一篇经过基督教徒修改的塞特派的文献。普鲁娜娅(Protennoia)的意思是不可见之灵的"最初的意念"、"前念", 与爱萍娜娅(epinoia), 即"最后的意念"、"后念"相对应。普鲁娜娅是父、母、子的三元组合, 她的三种形态对应于第二本原巴贝洛移涌、生命和道(逻各斯), 以声音(voice)、言说(speech)和道(word)的形象降临在地上。

　　该文本三大部分的框架结构是与普鲁娜娅的三元组合相对应的。第一部分, 普鲁娜娅作为声音以光的形象进入黑暗, 赋予她那些堕落的肢体以形体; 第二部分, 普鲁娜娅作为言说显现, 赋予她的肢体以圣灵和广度; 第三部分, 普鲁娜娅是作为"道"以能量的形象施行五个封印的洗礼仪式, 让她的肢体开悟, 把他们带回到光明之中。这三个部分构成了完整的宇宙论、末世论和拯救论。其中所费娅与爱萍娜娅(后念)之间的等同, 以及诺斯替洗礼的细节描写特别值得关注。

　　该文本大致与《约翰密传》处于同一个历史时期(二世纪中叶), 也与《约翰福音》的绪言关系密切, 它们对宇宙的形成与历史有类似的哲学冥想。图尔纳(John Turner)推测, 《普鲁娜娅的三形态》的形成可能经历了三个阶段: 第一阶段是源自犹太智慧传统的普鲁娜娅的声音、言说和道的原初三元组合; 第二个阶段是在这个三元组合的基础上补充了以传统巴贝洛派神谱为基础的多个叙述教义的段落; 第三个阶段是在三个部分的神迹记载中有意地融入了基督教的资料, 尤其是约翰派基督教的资料。第三个阶段可能处于《约翰书信》所见证的那个时期，那个阶段对于如何解释第四福音书中的基督论存在着激烈的争论。

正　文

第一篇　普鲁娜娅的言说①

35　[我]是[普鲁娜娅]，

那[居住]在[光明]之中的意念。

我是那存在于[万有]中的运动，

万有都静立在她里面，②

我是那些产生出来的存在中那[最初]生出的一位，

在万有之前就已经存在了，

以三个名字被呼唤，因为唯独我是完美的。

我是那不可见者的意念中的不可见者，

我显现在那不可量度、不可言说的(事物)之中。

我是不可思议的，居住在不可思议之中。我运动在每一个受造物之中。

我是我的爱萍娜娅(Epinoia)的生命能量，③

寓住在每一个能量和每一个永恒的活动之中，

也寓住在不可见的光明之中，寓住在阿其翁、天使、魔鬼

---

① 这个标题原本在该章的末尾42,3。

② "静立"用于表达永恒、不变和真实存在的状态，与不稳定、变化以及生成相对。运动中的静立构成了身份之谜，这种修辞方式在《雷：完美的心灵》得到特别的运用。

③ 生命，或者爱萍娜娅的生命是一个灵性本原，存在于一切光明的后裔之中，它是所费娅派来的，是所费娅的一个方面，她是普鲁娜娅或者巴贝洛的使者。因此生命乃是一切能得救者里面的给予生气的本原。

以及一切冥府之中的灵魂之中,也寓住在一切物质的灵魂(之中)。

我寓住于那些产生出来的存在物之中。

我活动在一切人之中,我也深入到了他们所有人之中。

我正直地行走,[唤醒]那些睡着的人。

我就是那些寓住在睡眠之中的人们的视觉。

我是万有中那不可见的一位。

我就是冥想隐藏者的那一位,我认识存在于他里面的万有。

我是一切存在物中最不可数的。

我是不可量度的,不可名状的(伟大),

但是每当我[愿意]的时候,我就会主动地显现。

我是万有的[头]。

我存在于[万有]之先,

我自己就是万有,

我[存在于]万事万物之中。

我是一个[柔和的]声音。

我[从起初]就安息在寂静之中。

我就是那个空间,每一个声音都在里面回响,

是的,那[隐藏的声音],那[安息在我里面]的声音,

[安息在]不可思议、无法量度的[意念]之中,

安息在那不能量度的静默之中。

我[降临到]下界的迷蒙之中,

我向下照耀那黑暗。

我就是把水喷涌出来的那一位,

我就是那隐藏在[发光]的诸水之内的那一位,①

我就是那位以我的意念一部分一部分地照耀万有的那一位。

我就是那位装满了声音的那一位。

通过我,诺斯启程了。

[我]就住在那不可言说和那些不可知者中间。

我就是知觉和知识,用意念发出了一个声音。

[我]就是那真的声音,

我在每一个人(的心中)呼喊,

他们认出了(这声音),因为有一颗种子在[他们]里面。

我就是那父的意念,

声音是通过我传出来的,

那声音就是永恒事物的知识。

我作为[万有]的意念而存在,

是与那不可知和不能思议的意念连在一起的。

是的,我把自己显现在一切认识我的人中间。

因为正是我,借着隐藏的意念及崇高的声音与所有人连在一起。

(会众回应、赞美)

是的,他是一个声音,来自那不可见的意念,

他是不可度量的,他存在于那不可度量者之中。

他是不可思议的奥秘,来自于[那不可思议者]。

虽然他显现在万有之中,但是万有却看不见他。

---

① 诸水,waters,是巴贝洛移涌中的知识层次的隐喻。

[它是寓住在光明]之中的光明。

（信仰表白）

唯有我们已经从那可见的[世界]中[分离]出来了，

通过不可名状、不可测度的[意念]，

借着我们心中那位隐藏的人，

我们已经得到拯救了。

是的，隐藏在我们里面的那一位，

他用他的果子付清了生命之水的税。

由于那在所有方面都完全的圣子——也就是那从那声音产出来的"道"，

那在高处闪耀、带着名字的那一位——显现在永恒者之中，于是

一切未知者就变成了可知。

他揭示了那些难以解释的、隐秘的事，

他也向那些与那最初意念一起住在静默之中的人宣讲。

他把自己显现给那些坐在黑暗中的人，

他把自己显现给那些坐在深渊中的人，

他也对那些居住在隐秘宝藏中的人言说难以言传的奥秘，

又把独一无二的教义传授给一切成为光明之子的人。

然而，那从我的意念中产生出来的声音

居住在三个永恒空间之中，

形状像三个正方形：父、母和子。

（他有一个）可知觉的声音，

他带着一个言说（speech），

他带着一个满是［光明］的道，①

它有三种阳性、三种能量和三个名字。

他们以三个□□□——四边形——的形状

隐藏在不可名状者的静默之中。

［他］是独自到来的，他就［是基督］。

我用不可见之［灵］和善的光明膏抹他。

我［独自］把第三位安置在永恒的活泼的光明体的移涌之上，

38 他是［在那安置万有的神之上的］

他就是那第一位来到那些崇高移涌的光明之中的，

他也持久地停留在耀眼的光明之中，

［他］也驻留在那环绕着他的他自己的光明之中，

他就是灿烂地照耀着我的"光明之眼"。

他为众移涌之父创造了永恒，

那移涌之父也就是我，

父的意念，普鲁娜娅，

我，也就是巴贝洛，［完美的］荣耀，

是隐藏的、［不可量度的］不可见者。

我就是那不可见之灵的形象，

万有都通过我得以成形。

（注释）

那光明，就是母亲指定为童贞女的，叫作美罗蒂娅（Meirothea），②她是不可思议的子宫，是不可思议的、不可测度的声音。

完美的子把自己显示给那些通过他生出来的移涌。他让他们显现出来，

---

① 声音、言说、道（话语）三者之间的关系：在希腊哲学中，内在的理性和外在地表达出来的理性是不同的，这三者是内在的理性外在地表达出来的过程。

② 美罗蒂娅（Meirothea），一个希腊语新词，可能是"神明的部分"（moiros theios）的意思。

荣耀他们、并赐他们宝座。他自己站在光辉之中,那光辉是他照耀自己的光辉。

(天上的移涌的赞美)

他们颂扬那完美的子,基督,那自生的神。他们荣耀他说:

真是他! 真是他!

神的儿子! 神的儿子!

真的就是他!

他就是移涌的移涌,注视着他生出来的移涌!

也许你是按照你自己的意愿把我们生出来的,

因此[我们]要赞美你:

玛莫(ma mo)

你是 omega,omega,omega! 你是 alpha(最初的一位)! 你是存在!①

啊,永恒的移涌的永恒移涌! 啊,你自生的永恒移涌!

接着,那[自生的神]赐给众移涌们[生命的]能量,那是无人可以战胜的。然后[他]安置[他们]。他安置在第一个移涌之上的是:

第一个光明体,阿米同-拿沙尼奥-阿摩泽尔(Armedon-、Nousa[nios]-Armozel);

第二个光明体,法艾尼奥-艾尼奥-奥列尔(Phaionios-Ainios-Oroiael);

第三个光明体,麦尔法纽-卢伊奥-达维泰(Mellphaneus-Loioa-Daveithai);

第四个光明体,蒙珊尼奥-阿米提斯-伊利勒斯(Mousanios-Amethes-Eleleth)。②

———————————

① 希腊字母表的最后一个字母和第一个字母,omega 最后一位;alpha 最初的一位。

② 阿摩泽尔(Armozel),奥列尔(Oroiael),达维泰(Daveithai),伊利勒斯(Eleleth),这四个是《约翰密传》中提到的四个光明体。

这些被自生的神,也就是基督,生出来的移涌,被赐予了光辉,他们也发出光辉。他们显现出来,他们的意念是崇高的,然后每一个移涌都在极大的不可测度的光明中发出了无数的光辉,他们一起赞颂那完美的圣子,那自生的神。

然后,有一个话语从那伟大的光明体伊利勒斯那里到来,说:

"我是万有之王!

谁是混沌之王?

谁是下界之王?"

就在那一刹那,他的光照耀出来,生出了爱萍娜娅,这是在没有诸能量的能量恳求他的情况下发生的。就在同一时刻,一个统治下界和混沌最深处的大魔鬼出现了,他既没有形体也不完美,毋宁说,他拥有的是在黑暗中出生者的光辉。他被称为"萨卡拉斯",就是"撒姆尔"、"亚大巴多",他夺取了能量,是从那位纯洁者那里抢夺过来的,他征服了她,她就是降临世上的"光明的爱萍娜娅",他本来也是从她那里生出来的。

然后,[光明]的爱萍娜娅意识到,[她]已经向他(亚大巴多)恳求过另一个创造物,[虽然他比她低],但是她恳求说:

"来帮助我,把我[树立起来]

[因为我在][糟糕的]混沌之中。"

[40] [然后]光明的整个族类都[同意了]她的话。他们带给她祝福,分给她一个更高的级别。① 于是大魔鬼开始根据真移涌的样子创造移涌,这些移涌与真正的移涌非常相像,唯一的分别只是在于这些移涌是完全靠他自己的力量造出来的。

(普鲁娜娅对阿其翁的世界说话)

接着我也隐秘地显示了我的声音,说:

"停止吧! 停止吧!

---

① 这一段含糊,跟来登翻译的不同。来登认为这是高度浓缩的叙述,预设了听众是熟悉故事的细节的。

你们这些居住在物质里面的人！

看吧，我将降临到凡人的世界，

为了我遗失的那些部分的缘故，①

自从降临下界的纯洁的所费娅被征服的时候起，

它们已经在那里了。

我来是为了挫败阿其翁们的目标，

就是为了她的原因而出现的那一个②所定的目标。"

立时，凡是（没有）居住在不可知的光明之中的都发抖，深渊也开始震动。那个为首的无知的生产者（Archigenetor），就是统治着混沌和下界的那个王，按照我的形象创造了一个人，他不知道那人对于他来说会成为一个毁灭的审判，也不知道那个人里面的能量。

如今我已经下来了，

深入到了混沌之中。

我在那里跟我自己的（部分）在［一起］。

［我隐藏］在他们里面，

赋予［他们］能量，赋予他们形象。

是的，［从第一天］起一直到最后一天，

［我都坚固］那些属我之人，

［我都会跟那些］聆听我奥秘的人联合起来，　　　　　　41

与那些光明的［众子］联合起来，

我是他们的父亲。

（普鲁娜娅对那些拥有知识的人说话）

我要告诉你们一个奥秘，是一个嘴说不出来的、无法宣讲的奥秘：

我已经为你们松开了一切束缚，

---

① 被偷的能量。
② 就是萨卡拉，亚大巴多。

折断了一切幽暗世界魔鬼的锁链，

一切拦阻捆绑我的那些肢体的事物。

我推翻了黑暗的高墙，

打碎了那些无情者的大门，

粉碎了他们的牢笼。

我已经消灭了邪恶的能量，

那些打败你们的人，

那些逼迫你们的人，

那些暴君，

那些真正的仇敌。

所有这一切我都让那些属我的人知道，

那些人是光明的孩子，

为让他们消灭所有这一切能量，

从一切束缚中解脱出来，

进入到他们从前所在的那个地方。

我是第一个降临者，

为了我的那些遗失的部分的缘故，

它们就是住在灵魂里面的灵，

是源于生命之水的，

是源于奥秘的洗礼的。

我用阿其翁与众能量的语言跟他们说话，

因为我向下潜入到了他们的境域的深处，

而我的奥秘只是告诉给那些属于我自己的人，

因为这是隐藏的奥秘。

于是一切束缚和永恒的遗忘都解体了。

我把果实带到他们中间，

那就是不可动摇的移涌的回忆，

对我的故园和他们的[父]的回忆。

我降临到[那些从起初就属于我的人]那里，

我[把他们起初就有的]耻辱重新成为美好，

于是每一个在我里面的人都发光，

然后我赋予那些在我里面的光明[一个形体]。 42

阿门。

第二篇　海玛门尼的言说

我是通过我的意念发出的声音，

我是"阴阳合体"的，

因为我被叫作"不可见者的意念"。

因为我被叫作"不可动摇的声音"，

我的名字就叫那位"阴阳合体者"。

我是独一无二的，是纯洁的。

我是那声音[之]母，

我以许多方式说话，成就万有。

是的，知识唯独存在于我里面，

就是那永恒者的知识。

我就是[在]每一个创造物里面讲话的那一位，

我也在万有之中被认识。

我把声音传到那些认识我的光明之子的耳中。

我第二次到来了，

以阴性的形象，跟他们说话。

是的，我会告诉他们这个移涌的末日就要到来，

我会让他们知道，

未来的不变的移涌将要来临。

（回应）
是的，我们的容貌在那个移涌中变化，我们在其中得到净化。
在那个移涌的运行中，我要以阳性的形象
通过意念显现出来，
让自己住在那些凭借对于不变的移涌的回忆而配得的人里面。

（普鲁娜娅对那些拥有知识的人说话）
我要把关乎这个移涌［的］奥秘告诉你们，
告诉你们在其中起作用的那些能量。①
生育发出了声音，
［小时］生出小时，
［日生日］，
月生［月］。
时间［接着时间循环不息］，
43 这个移涌就［这样］圆满了，
是的，它已经被计算过了，
它［是］短暂的，
因为一节接着一节被松开了，
一环接着一环被解开了。

那伟大的能量认识到，圆满的时候显现了，正如临产的阵痛，灭亡也已经临近，到那时，一切元素都要受到打击，下界的根基和混沌的屋顶都会动摇，一场大火在他们中间燃烧，山石和泥土就像芦苇被风吹一般摇摆。命运的分配

---

① 这个部分从塞特派的角度讲述了末日的启示论异象。

者和那些跨越天界者在凌厉的雷声中剧烈地震颤。① 众能量的宝座在摇晃中倾覆,众君王陷入在恐惧之中。海玛门尼的星宿②也离开了他们循环了无数次的道路,他们对众能量说:

"这种颤抖与震动究竟是什么呢? 它从一个更高的声音那里传来,使我们的整个屋子都摇晃了,我们上升的整个道路都毁坏了,就连那条把我们带到生我们的主要的生产者(Archigenetor)那里去的路也行不通了,我们感到害怕。"

从能量回答说:

"我们也不清楚,我们弄不清楚这声音来自何处。起来吧,让我们一起到为首的生育者那里去,我们去问问他吧!"

众能量聚集起来,上升到为首的生育者那里。[他们]对他说:

"你不是这样夸口的吗?

我们曾听你说,'我就是神,[我是]你们的父,

我是生你们的那一位,在我以外并无别神',不是吗?"

但是看吧,有[一个]来自于不可见的声音的呼声传来,我们不认识它,不知道它属于谁,——我们也从未知道,我们自己属于谁!

是的,我们听到的那个声音是陌生的,

我们听不懂它,也弄不清它来自何处。它来了,把恐怖带到了我们中间,使我们手脚动弹不得。

(由于为首的生育者无法给他们任何消息,海玛门尼的星宿彼此说:)

我们哭吧,无尽地悲叹吧!

让我们全都飞逃,

不要被强行捆绑,

送到下界的子宫中去。

----

① 跨越天界者就是行星。按照古代占星学,每一个行星都在各自的天界中运行,在各自的天界中有巨大的影响力。

② 就是行星。

因为我们的束缚被松开的日子近了，

是的，时间被缩短了，

留下的日子不多了，

我们的时候已经满足，

我们的末日的哭泣就在眼前，

我们将会被带到我们（不）认识的地方。

因为我们从中生长出来的那棵树，

它所结出的乃是无知的果实，

在它的叶子中间居住着死亡，

它的树枝底下的荫凉乃是黑暗。

是的，我们在欺骗和欲望中采摘了这棵树，

于是无知的混沌成了我们的家。

看吧！甚至那生我们的为首的生育者，我们借以夸口的那一位，甚至他自己都不认识这个声音。

（普鲁娜娅对拥有知识的人说：）

你们这些知识之子啊，你们听我说！倾听你们的仁慈的母亲的声音，——你们已经配得知道那从移涌（之初）就隐藏的奥秘——以便［你们可以接受］它。

是的，［这个］移涌及其邪恶的生活已经到了尽头，

45 ［未来的移涌］的开端就要来临，

它是不变的，直到永远。

我是阴阳合体的。

［我是母，我（也）是］父，

我是独居的，

我与自己结合，

我爱慕我自己。

[唯]有通过我万有才得以[存在]，

我是万有内部的子宫，

生出了在光辉中[照耀]的光明。

我是[未来的]移涌。

[我是]万有的圆满，

我是美罗蒂娅，母亲的光辉，

我把一个声音传到了那些认识我的人的耳中。

是的，我邀请你们进入到那崇高、完美的光明之中。

当你们进入这（光明）之中的时候，

你们将会从光辉赐予者那里获得光辉，

你们将会从宝座的赐予者那里获得宝座，

你们将会从衣袍的赐予者那里获得衣袍，

施洗者将会给你们施洗，

然后你们将会变得完全荣耀，

正如当初你是〈光明〉的时候那样。

我让自己隐藏在每一个人里面，

又在他们里面显现我自己，

一切寻找我的心灵都渴慕我，

因为正是我，在（太初）一切无形之时使万有成形。

我改造它们的形体，使之成为其他形体，

直到每一个都分到了形体的时候为止。

那声音是从我这里发出的，

生命的气息也是我吹进了属于我的人里面。

我在他们里面注入了永恒的圣灵，

于是我向上回升，进入到我的光明之中。

[我飞升到]我的分枝之中，

躺在那些属于[圣洁]之光的众子[当中]。

46 ［我退回］到了他们的居所，

在那里［…］成了［荣耀的…］

阿门。

第三篇 显现的道

我是道（逻各斯）

住在不可言说的［光明］之中，

我安息在纯洁的［寂静］之中，

一个意念通过母亲的一个［很响的］声音［使我］变得可知觉了，

一个阳性创造物［着意］让我（作为一个根基）安放在那里，

因为母亲自己从一开始就存在于万有的根基之中。

（释义）

有一个光明，隐藏在静默之中，它显现出来，而母亲自己则还停留在寂静之中。

唯有我是道，不可名状、纯洁无瑕、不可量度、不可思议。

（回应）

这是隐藏的光明，是结着生命的果实，是从那不可见、纯洁无瑕、不可量度的泉源中涌出来的活水：

我就是那呼声，

来自母亲的模糊不清的光辉，

来自神的后裔的光辉，

是阴阳合一的，

来自于一个隐藏的心灵。

我就是那寂静，

隐藏在万有之中,是模糊不清的,

是一个不可度量的光,

是万有之源头,

是整个移涌的根。

支持着移涌的每一个行动的根基,

它属于强大的光明,

是一切根基的根基,

是众能量的气息,

是那三个空间的眼睛,

是从意念发出来的呼声,

是通过一个声音感觉出来的道,

它被派来照耀那些住在[黑暗]之中的人。

看吧![我]要把[每一个奥秘][启示]给你们,

因为你们是我的弟兄,是必须体验一切的

[为的是…]。[缺两行…] 47

(我第一次到来…)

我[要把奥秘]传授给你们,

这奥秘存在于[不可思议]、无以言表的[移涌]之中。

我要通过那个呼声把奥秘传授给你们,

那声音产生于一个完美的心灵。

[是的,我]成为了万有的根基,并赋予他们能量。

我第二次到来,在我的呼声的声音之中。

我把形体赐给那些接受形体的人,

这形体一直活动直到他们的成全。

我第三次向他们显现,

作为道（逻各斯）在他们的帐篷中。

（在我上升的时候）

我以他们的形象向那些能量显现，

是的，我穿上了他们每一个的衣袍，

隐藏在他们里面，

［他们］并不认识赐能量给他们的那一位。

我确实存在于一切当权者、众能量并天使里面，

也在居住在整个物质的每一个运动之中。

是的，我隐藏在他们里面，

直到我把自己显现给向我的［弟兄］。

他们当中没有人认识我，

［尽管］是我在他们里面活动。

［他们反而以为］万有都是［他们］造的，

因为他们是无知的，

未曾认识他们的根，

就是他们自己所从生出来的那个根。

［我］是照亮万有的光明，

我是在［我的］弟兄当中欢喜的光明。

是的，我降临到这个凡人的世界，

是为了那个从纯真无邪的智慧（所费娅）那里来的灵，

他还留在这个会死的世界之中。

［我到来］，待在我的生命的衣袍之下，

48 ［躺在我的神圣的光辉之上，

我穿上了黑暗的混沌和无常的身体，

解放那些坐在黑暗之中的人］，

通过意念的确立，就是他从［起初］就拥有的意念，

让他够到生命的水，

让他摆脱混沌,[就是]那存在于整个[深渊][里面]的最黑的黑暗,

也就是[肉体]和魂的意念。

我穿上所有这一切,

我帮他脱去他的一切,

给他穿上闪耀的光明,①

也就是父的意念的知识。

我把他送到衣袍的赐予者那里,

他们是雅蒙(Yammon),艾拉索(Elasso),阿门奈(Amenai),

他们从光明的衣袍中取了一件衣袍穿在他身上;

我又把他送到施洗者那里,

他们是米修斯(Micheus),米卡(Michar)、内西诺(Mn[e]sinous),

他们就为他施洗,把他沉浸在生命之[水]的泉源中。

我把他送到加冕者那里,

他们是巴列尔(Bariel),诺坦(Nouthan),萨比奈(Sabenai),

他们把他安置在荣耀的宝座上。

我又送他到赞美者那里,

他们是阿利翁(Ariom),艾连(Elien)和法利尔(Phariel),

他们以来自于父的荣耀赞美他。

那些接引者——卡玛列尔(Kamaliel),阿能(anen),桑布罗(Samblo),

那伟大神圣的光明体的仆从,

把他引进了他的父的光明之[所]。

[他又接受]了来自母亲普鲁娜娅的[光明]的五个印,

这[使他]可以享有知识的[奥秘],

于是他[成了光明]之中的光明。

---

① 衣袍的隐喻,在洗礼中把以前的生存状态剥去,穿上新的生存状态。

49　现在,［…遗失五行…］

［我以］［每一个人各自的形态］居住在他们里面。

［阿其翁］以为［我就是］他们的基督。

其实我［是住在］每一个人里面的。

事实上我住在那些我在他们里面［彰显自己］为光的人里面,

(在他们里面)躲避阿其翁。

我就是他们所爱的,

［因为］在那地方,我让自己穿得像为首的生育者的儿子的样子,

我一直是像他的样子的,

一直到他的法令,也就混沌的无知终结。

而在天使们中间,我是以天使的形象向他们显现的;

在众能量中间,我就好像是众能量当中的一位。

但在人子中间,则我好像就是人的孩子,

尽管我乃是众人之父。

我把自己隐藏在所有这一切之中,

直到在我的人当中显明我自己。

我把那些不可言喻的法令和弟兄的事传讲给他们。

但除了光明之子以外,

一切当权者和一切统治的能量都难以明白这些法令。

因为这些是高于一切光辉的光辉,

是通过心灵认识的完美的［五］印。

凡是拥有这些名字的五印的人,

都脱去了无知的衣袍,穿上了闪耀的光明。

凡属于阿其翁的,都无法看见他们。

在这一类人里面,黑暗将会消散,

无知也会死亡。

而那些[分散在]受造物之中的意念,

将会重新集合为一,

[黑暗的混沌]将会消解,

[…]以及那[…]没有人会认识我,

直到我[显现在我的光辉的能量之中],

直到我把我的所有同胞兄弟[聚集]到我的[永恒王国]之中。

是的,我向他们宣讲那不可言喻的[五印],

为的是我可以住在他们里面,

他们也可以住在我里面。

我穿上耶稣,①

我帮他从那该受咒诅的木头上解脱出来,

把他安置在他的父的居所。

那些看守他们住处的人都不认得我,

因为我和我的种子是不受束缚的,

是的,我将会把我的种子[托付给]耀眼的光明,

进入到不可思议的静默之中。

阿门!

50

---

① 耶稣这个人的身体在这里被比喻为衣袍,普鲁娜娅在最后一次来临时穿上它。这个道成肉身类似于《埃及人福音》(75,15)中伟大的塞特的最后来临。

伟大的塞特第二篇

《伟大的塞特第二篇》(*The Second Treaties of the Great Seth*, NHC Ⅶ.2)是一篇冥想启示录,记录了关于耶稣的生与死的意义以及诺斯替派与正统教会的关系的启示。除了一个简短的绪言和文后的标题之外,这个文本可以分成两大部分:第一部分是救主关于拯救计划的启示,讲述耶稣从神界下凡,化身为人,对付这个世界的能量,最后上十字架,回到普累罗麻;第二部分是说教性质的论辩,着重讲述了拯救的内容和效果。这个文本的题目很特别,它称为第二篇,但是我们没有听说过有第一篇,它托名于塞特,但是塞特这个名字在这个文本中并未出现过。如果可以把耶稣视为塞特的化身,那么这个题目也许可以理解。

该文本有强烈的论辩色彩。它针对正统教会的观点特别强调了基督幻影论,认为在十字架上死去的不是耶稣,而是西门,基督就站在十字架旁边笑;它批驳了正统教会对自己的真教会性质的宣称,认为正统教会是无知者和冒充者为基督的名而殷勤的人组成的,是诺斯替派信徒的迫害者;它认为,正统教会由于持错误的基督论,因而他们宣扬的乃是"死人的教义",崇拜、追随的是一个被钉死的基督,他们不拥有来自于上界的真理的源泉的伟大知识。

这个文本很难归入已知的诺斯替体系,也没有构成自身的体系,混合主义色彩明显,大量引用了犹太教、基督教和诺斯替派的文本,并适时表明自己的立场,为自己的观点辩护。

文本保存状态良好,从论辩风格看估计成文于三世纪的亚历山大利亚。教父们未曾提及或引用该文本。

正 文

我在你们里面,你们在我里面

完美的伟大者安息在不可言说的光明之中,在真理之中,这真理是万有之 [49]
母,是你们所有人的母亲。因为唯有我是完美的,所以那些因为道的缘故获得
了我的人也是完美的。我是跟灵的全然伟大者在一起的,他是我们的伴侣,也
是与他同类之人的伴侣。

为了荣耀我们的父,我从他的善和不朽的意念中,生出了一个道,也就是
在他里面的道。我们由衷地说:"我们将(怀着)不朽的、无瑕的意念与基督同
死。"这本关于不可言说之水的笔记乃是一个不可测度的奇迹,上面写着:"我
在你们里面,你们也在我里面,就如同父纯洁地在我里面也在你们里面 [50]
那样。"

我来自上界并道成肉身

"让我们在一个地方聚集成一个教会!让我们来探究他的创造!让我们
派出一位他的(使者),就好像他也(派了)意念去探究下界那样。"①

这些话语是我在愉快的伟大者的无数教会的所有人面前说的。真理之父
的全家充满了喜乐。因为我是属于他们的,因此我就来自于无瑕的灵的意念
发表了讲解,也就水上的这个下界的来源发表了讲解。他们都获得了同一个
意念,因为他们都源自于一个一。他们肯定了我,而这也正是我的所愿。我出
发了,为的是要把荣耀显示给跟我同类的和志趣相投的道侣们。

那些在世上的人已经按照我们的姐妹所费娅的意愿预备好了。所费娅曾
经因为纯洁无邪的缘故成了一个妓女。她此前到来,为光明的儿子准备住处 [51]
和地方的时候,既没有受万有、教会的伟大者和普累罗麻的派遣,也没有征求

① ennoia,意念,可拟人化地音译为依娜娅。

他们的意见。她从下界的诸元素里取出材料,以此建造身体的居所。由于他们是在一个空虚的荣耀中进入存在的,因此他们最终将在他们获得的这些房子中毁灭,因为它们是所费娅为他们预备的。他们已经准备好领受给人以生命的话语,这些话语是关于不可言说的一①的,是关于教会中的伟大者的。教会是所有在盼望之中的人们的,也是那些已经在我里面的人们的。

我走进了一个身体的居所。② 我把以前住在里面的那一位扔了出去,我自己进到里面去了。所有的阿其翁都陷入了不安。阿其翁的全部物质和所有在地上出生的能量在看见那个混合起来的形象的样子的时候都震动了。我就是在他里面的那一位,不同于此前住在他里面的那一位。因为那一位是一个地上的人,而我是一个来自于天上的存在。尽管我并不否认他们,但是我也并不否认我成了基督,我没有在应当出自我的爱里面向他们显现。这一点是很显然的,即,对于下界而言,我乃是一个异乡人。

阿其翁们感到不安了

整个地上的世界都大大地不安起来,伴随着迷乱和逃亡。众阿其翁聚集起来了。

有些人见到我行的奇迹就深信不疑。跟那个族类一起降临的所有人都逃离了从宝座逃离的那一位,奔向了盼望的所费娅。因为所费娅此前曾经给他们一个关于我们和跟我在一起的人的记号:这些人源于阿多奈(Adonaios)的族类。③

还有一些人逃走了,(他们)相应于通过宇宙统治者和属于他的人施加在我身上的每一种惩罚。他们的心灵中也有对于我的逃避,因为他们以为这是整个的伟大了,也因为他们宣讲有关人和教会的假见证。他们不可能认识真

---

① Monad.

② 天上的基督进入了一个身体,拥有了肉体的形态。

③ 这里对三类人的划分中,阿多奈的族类属于中间层次。亚大巴多的族类是跟救主相对抗的,阿多奈的族类则是因看见了救主的奇迹而信服的。这个族类虽然不完美,但是他们不会持反对救主的假见证,阿多奈是跟盼望的所费娅相联系的。

理之父和伟大的人。他们就是那些人,他们被夺去了那个名字(也就是人),成为缺陷和无知,连同他们用来毁灭亚当的诡计一起毁灭。亚当是他们为了掩盖那些属于他们的人而创造出来的。

但是属于亚大巴多(Yaldabaoth)的地界的阿其翁们显现出了天使的环行①——那是人类一直在寻求的——为的是他们不至于认识真理之人。真理之人把他们自己造出来的亚当显现给他们。一场可怕的运动激荡着阿其翁们的整个屋子——为的是那些围绕着阿其翁环行的天使不会完全脱离轨道。因为我是为了那些赞美我的人而死的,但是不是真的死去,为的是让他们的天使长不再自负。然后有一个声音,就是宇宙统治者的声音,传到了天使那里:"我就是神,除了我以外没有别的神。"我觉察到了他的虚荣,就愉快地笑了。但是他继续说道:"那人是谁?"于是他的那些见过亚当及其居所的所有天使 [54] 都嘲笑他的渺小。于是他的意念就从天的伟大者那里避开了——也就是避开了真理之人,他们看到过他的名字的——,因为他居住的是一个小地方。因为他们在他们的空虚的意念里面是愚蠢的、卑微的,因此他们的嘲笑乃是对他们的侮辱。

世界的统治者试图杀死我

灵的父的整个伟大都安息在他自己的地方。我是以前与他同在的那一位。因为我拥有一个意念,那是出自于永恒者的、出自纯洁无瑕、深不可测的不可知者的独一的流溢,因此我把那个小小的意念放在世界中间,惊动他们,把全部的天使和他们的阿其翁都置于恐惧之中。为了我的意念的缘故,我带着火和火焰穿越他们所有人。他们所做的每一件事,都是为了我的缘故才做的。接着,在塞拉弗(Seraphim)与基路伯(Cherubim)周围也发生了动乱和战斗,因为他们的荣光和混合开始消退了,在阿多奈的两边和他们的居所的周 [55] 围也发生了混乱,一直到宇宙的统治者那里,然后有一位说:"让我们拿掉

————————

① 指行星的循环。

他!"还有人说:"这个计划当然是无法实现的。"因为盼望的缘故阿多奈认识了我。

幻 影 颂 歌

我住在狮子们的口中。

他们针对我制定了一个阴谋,

旨在解脱他们的谬误和他们的无知,

但是这阴谋落空了,——我没有像他们所谋划的那样屈服于他们。

相反,我一点也没有受苦。

那些在那里的人惩罚了我,

但是我没有真的死去,

只是看起来似乎死去了,为的是不让自己受他们的羞辱,

因为这些人乃是我的亲属。

我除去了羞辱,

我没有为面对那些通过他们的手发生在我身上的事而丧胆。

我似乎是屈服于恐惧了,

并且按照他们的目光和想法,是受了苦,

这是为了让他们以后永远也不能为自己找到借口。

他们以为死亡降临到我的身上了,

但其实在他们的谬误和瞎眼中,

那死亡降临到了他们自己身上,

因为他们把那属于他们自己的人钉死了。

56 他们的意念没有看见我,

因为他们乃是耳聋的,瞎眼的。

但是他们做了这些事,也就定了自己的罪。

是的,他们看见我,他们也惩罚了我。

那喝胆汁与醋的乃是另一个人，

就是他们自己的父亲，而不是我。

他们用芦苇抽打我，那背负十字架的乃是另一个人，就是西门。

我是被他们戴上荆棘冠冕的那个人之外的一个人。

而我自己则喜悦地待在高处，

那地方高于一切阿其翁以及他们的谬误与虚荣的后裔，

我在那里为他们的无知而发笑。

我使他们所有的能量都屈服。

当我降临的时候，没有人看见我。

因为我变幻着形态，从一种形体变成另一种形体。

所以当我在他们的门口时，我就以他们的形象出现。

我悄无声息地走过他们，我视察那些地方，

既不害怕，也不羞愧，因为我乃是纯洁，不受玷污的。

我与他们交谈着，通过那些属于我的人与他们融合起来，

践踏那些炽烈地恶待他们的人，踩灭火焰。

57

我做所有这些事，乃是因为我想要完成上界的父想让我成就的事。

灵魂的将来

我们把隐藏在下界的伟大者的儿子带到上界，就是我一直到永恒都在的那个地方，那是一个没有人见过、没有人知道的地方——那是婚礼，也就是穿上结婚的礼袍，不会变旧、不会消逝的新衣。因为一个新的婚房是天上来的，是完美的，他曾经启示过我，它是由三个空间组成的。这个无尽的移涌是一个在灵里面的无瑕的奥秘：它既不是碎片也不可描述，而是不可分的、整体的和永恒存在着的。

那些来自上界的灵魂不会在主宰着此地的谬误的（影响下）言说，她们也不能够避开这个世代。当她们在这个世界上变得自由的时候，当她们的高贵

的出身在这个世界上得到施展的时候,她们将会被送出这个世界。她们将毫不费力地走到父的面前。当她们作为原型的能量,始终跟心灵结合在一起的时候,她们将会被交出。她们将毫无恨意地从一切地方注视我。

因为她们看见我,所以她们也会被看见,[…]被跟他们捆绑在一起。因为她们没有羞辱我,因此她们也没有被羞辱。因为[…]在我面前,她们也没有惧怕。

她们将毫无惧怕地通过各道门,并且将在第三个荣耀里面得到成全。

救主带来的解放

我是那一位,他的情况是这样的:这个世界无法承受他的给人以启示的向上界上升,无法承受他在展露无遗的形象中的第三次洗礼①,因此七个当权者的火焰追踪他。太阳为阿其翁的能量落山了,黑暗笼罩着他们,于是世界就变得贫乏了。许多束缚都被取消了效力,他被钉在木头上了,用四颗铜钉固定起来。他用自己的手撕开了他的圣殿的幔子。大地的混沌震动了,下界熟睡的灵魂被释放出来。他们被唤醒了:他们公开地四处行走,他们把无明的激动和无知脱下来放在死亡的坟边,穿上了新衣,认识了受永生的、深不可测的圣父和无限的光明的祝福的那一位,也就是我。

我来到了我自己的人那里,把他们与我自己联合起来,许多的话语是不需要的。因为我们的意念是跟他们的意念同在的。他们明白我所说的一切话语:我们正在就毁灭阿其翁筹划一个决策。就这样我遵行了父的旨意,也就是我的旨意。

救主和诺斯替派的命运

自从我们离开我们的家乡降临到这个世界,以肉身进入到这个世界的存在,我们就一直遭到憎恨和迫害,不仅受到那些无知者的憎恨和迫害,还受到

---

① 耶稣的三次洗礼是出生、水洗和上十字架,上十字架是血洗。

那些自以为是在宣扬基督的名的人们的迫害。他们无知空虚,不知道自己是谁,就如同麻木不仁的野兽。他们满怀憎恨地迫害那些已经被我解放出来的人。当门被关上的时候,这些人将徒劳无益地叹息哭泣,因为他们没有完全地认识我。相反,他们侍奉两个主人,甚至众多主人。但是你们将在战争与战斗中、在嫉妒与怒火引起的分裂中始终获得胜利。 |60|

阿其翁的模仿

在我们的真诚的爱里面,我们是纯洁、清白、美好的,因为我们在不可言说的奥秘中拥有了父的心灵。

是啊,多么荒唐可笑!我见证了这么多的荒唐可笑!阿其翁们不知道,诺斯(知识)乃是与无瑕的真理的不可言说的联合,它只存在于光明的儿子们中间的,他们却想要模仿,宣扬死人的教训和谎言,模仿这个完美的教会的自由与纯洁,他们的教义使他们走向死亡,导致恐惧与奴役、俗世的忧虑、荒废的祭礼,他们是渺小无知的。因为他们没有领受来自于真理的高贵出身,他们憎恨他们处在其中的那一位,而热爱他们不在其中的那一位。

因为他们没有获得伟大者的知识,不知道他们乃是来自上界、来自真理的泉源,跟奴役、嫉妒、恐惧以及对俗世事物的爱毫不相干。无论是属于他们的还是不属于他们的东西,他们都毫无畏惧地随意享用。他们从不压制他们的欲望,因为他们拥有权力,他们拥有一套自己制定的律法,以取得他们想要的一切。那些没有的人是可怜的,就是那些一无所有却又渴求拥有的人。他们把那些跟他们在一起的人引上了歧途,让那些人表现出拥有真理之人的自由的神情,显得我们的遵守律法和敬畏神乃是受了奴役和束缚。这种人是在奴役之中的。另一种人通过坚决的强制和威胁进入到拯救之中,他们将会受到神的守护。但是父的整个高贵的族类是不需要守护的,因为他是自我守护的本来的状态,无须话语和强制,也因为他是与他的意念合一的,也就是与父的独一的意念合一的,可以通过生命的水成为完美和不可言喻。 |62| |61|

劝诫:友谊

你们要彼此相知,不仅在说给人听的言语上,也在行动以及言语的实行上。只有这样做,那些完全者才配得建立自己并且跟我联合起来,从而不会分有任何敌意。在美好的友谊里面,我也会在善里面成就万事。因为这是跟真理一致的,他们不会遇到任何障碍。凡是带来分裂的人——这种人根本不想学习智慧,因为他带来的是分裂,他不是朋友——对他们都怀有敌意。在同心合意与友谊中达到兄弟之爱的境界——自然地而不是做作地,完全地而不是零碎地——这乃是父的真正的意愿。这就是普遍的、完美的爱。

对旧约人物的嘲笑

亚当是一个笑料!他是七的①在错误中伪造出来作为人的原型的,他似乎已经胜过了我和我的兄弟。然而相对于他,我们乃是无罪的,我们未曾犯罪。

亚伯拉罕连同以撒和雅各也是笑料!他们是七在错误中伪称为"列祖"的,他们似乎已经胜过我和我的兄弟。然而相对于他,我们乃是无罪的,因为我们未曾犯罪。

大卫也是一个笑料!他的儿子在七的影响下被叫作"人子",他似乎胜过了我和我的同类。然而相对于他,我们乃是无罪的,因为我们未曾犯罪。

所罗门也是一个笑料!他以为自己是基督,在七的诱使下变得傲慢,他似乎胜过了我和我的众弟兄。然而相对于他,我们乃是无罪的,因为我没有犯罪。

十二先知也是一个笑料!他们在七的诱惑下假冒真先知,他们似乎胜过了我和我的兄弟们。然而相对于他,我们乃是无罪的,因为我们没有犯罪。

摩西也是一个笑料!根据一个忠诚的仆人的邪恶的见证,他被称为"神

① Hebdomad,七,指星宿的领域。

的朋友"。无论是他,还是他之前的人都不曾认识我。

从亚当到摩西以至施洗约翰,他们当中没有人认识我,也没有人认识我的兄弟。他们有一套天使的教义,要遵守忌食的律法和痛苦的劳役。他们从未 |64| 认识真理,以后也不会认识。因为有一个极大的幻觉蒙在他们的灵魂上面,这使得他们不可能找到自由的意念去认识他,直到他们认识人子为止。谈到我的父,我就是这个世界不认识的那一位,正因为如此,这个世界起来反对我和我的兄弟们。但是,关于这一点,我们乃是无罪的,因为我们没有犯罪。

这个阿其翁自己也是一个笑料!因为他曾说:"我是神,没有谁比我更伟大。唯有我才是父,是主,除了我之外没有别的人。我是一个嫉妒的神,要把父辈的罪延及到三代、四代之后的子孙。"①他似乎胜过了我和我的兄弟们,然而相对于他,我们乃是无罪的,我们没有犯他的那种罪。我们克服了他的教训,因为他陷在虚假的名声里,与我们的父不一致。就这样,通过我们的友谊,我们克服了他的教义,因为他在虚假的名声中膨胀,跟我们的父不一致。

是的,自我审判和虚假的预言乃是笑料。 |65|

论瞎眼的人

你们这些看不见的人啊!你们看不见你们自己的瞎眼!因为我就是那一位,是不可认识的,无论何时都不可认识也不可领悟的一位,关于他听不见任何可靠的消息。因为这个原因,人们孜孜于欺骗性的审判,举起污秽的、谋害的手对付他,却好像是在击打空气。确实,那些没有悟性的瞎眼的人始终是麻木不仁的,始终是受制于律法和俗世的恐惧的奴仆。

我是基督,人子

我是基督,是人子,出自于你们,也在你们中间。我为了你们的缘故而被藐视,为的是让你们忘记那些会变化的事物。不要成为妇人,以免生出罪恶及

---

① 参《以赛亚书》45:5-6;《出埃及记》20:5。

其兄弟:嫉妒和分裂、愤怒和仇恨、恐惧和怀疑以及空虚不实的欲望。但是对于你们而言,我乃是一个不可言喻的奥秘。

66　　在世界的根基定下来之前,八上面的所有教众聚集起来一起谋划。他们庆祝一场存在于一个联合之中的属灵的婚姻。于是那婚姻就在一个不可言说的地方,通过有生命的道得以成全。纯洁无瑕的婚姻是通过耶稣的媒介得以成就的,他居住在所有人里面,也拥有所有人,他居住在不可分的爱的能量之中。而那笼罩着他的那一位向他显现为所有这一切之中的一个一:一个意念,一个父。

　　他就是那个走向万有的一,独自发出完全的光辉,他是生命,来自于不可言说的完美的真理的父——那位父乃是所有在那里的人的父——,他是和平的一,是一切美好事物的朋友,是永生的无瑕的喜乐,通过父母、姐妹和理性的智慧,处在生命与信仰的伟大的和谐之中。

67　　他们获得了一个心灵,这心灵在喜乐的联合中舒展,是已经得到检验的,在信仰中倾听着。这是在父、母、理性的兄弟以及智慧之中的那一位。这是真理的婚姻,是在真理的灵中、在每一个心灵之中的不朽的安息。这是在难以形容的奥秘之中的完美的光明。

　　在和平被破坏的分裂的地方,这是不可能的,也不会发生在我们中间——也不可能部分地或者局部地发生——它只会发生在联合和爱的进驻之中,让所有人都在福祉中达到圆满。它也会发生在诸天之下已经达成了和解的地方。

基督继续启示

　　那些在凝聚和全神状态中认识我的人,那些为了父和真理的荣耀而活着的人,那些通过生命的道从世界上分离出来的人,已经融合到一里面去了。

　　我存在于灵和真理之母里面,因为我在那个地方,我住在那些人中间,他们始终在友谊中通过友情联合在一起,全然不知道敌意和恶意,而是通过我的
68　知识联合在道与和平之中,道与和平完完全全地存在于他们每一个人里面,也

存在于他们全体之中。那些愿意按照我的形象来塑造他们自己的人,也会按照我的道来塑造他们自己。事实上,他们将在永恒的光明中、彼此在灵里面的友谊中放射光芒,因为他们已经全面地、极细微地认识到:只有一,只有一存在着,万有是一。由此他们将会认识一,也会认识教会以及那些生活在教会里面的人。

因为万有之父是不可测度的、永恒不变的,他是心灵和道,没有分裂、没有嫉妒和火焰。他乃是完整的一,他在一个单一的教义中完全地与他们所有人在一起,因为他们全都通过一个单一的灵而存在。

你们这些什么也看不见的人啊!你们为什么没有在真理中明白这个奥秘呢?

但是围绕着亚大巴多的众阿其翁们不肯服从,这是因为从她的姐姐所费娅降临到他那里去的那个意念的缘故。他们自己创造了一个合一,跟那些在火云中,也就是嫉妒中的人,以及那些按照他们的形象造出来的人联合起来, 69 仿佛他们已经借此消除了教会的空虚的欲望。因此之故,他们出于无知和歪曲让一个火、土以及谋杀的混合物进入显现,因为他们是渺小的,没有洞察力的,是没有知识的。他们之所以贸然行这样的事,乃是因为他们不知道,光明只能与光明联合,黑暗只能与黑暗联合,腐败者只能与会朽坏的事物联合,不朽者只能与不会腐败者联合。

永远与我一起安息

我,耶稣基督,高座于诸天之上,已经把不朽的、完美的、无瑕的奥秘告诉你们这些完美的、不朽的人们了!

但是,你们要记得,我们已经在世界的根基奠定之先就选定你们了,为的是当我们走出这个世界的各个地方的时候,能够把来自于灵性的合一的不朽 70 的标志显现出来。

你们不认识他(父),因为肉体的云笼罩着你们。唯有我是智慧的朋友。我从一开始就在我父亲的怀抱里,在真理和伟大者的孩子的地方。我的灵性的朋友和永恒的朋友们啊,跟我一起进入到安息之中吧!

麦 基 洗 德

　　《麦基洗德》(*Melchizedek*, NHC IX.1)是塞特派的启示录,可以叫作"麦基洗德启示录"。跟《唆斯特利阿努》和《马萨娜斯》一样,该文本也是匿名撰写的,托名于古人麦基洗德。麦基洗德是"撒冷王"、"至高的祭司",这个人物曾出现于《创世记》十四章18—20节,《诗篇》110篇4节,以及《希伯来书》,在犹太教文献中也占据重要地位,是末日时代的先知与审判者。教父爱庇芳纽提到过有一个群体崇拜麦基洗德甚于基督。① 在这个文本中,麦基洗德是至高的神的祭司,是启示的接受者与传授者,也是天上的神圣的战士。

　　本文可以分为五个部分:(1)引言;(2)高玛列尔(Gamaliel)的启示;(3)麦基洗德回应启示,其间举行了一些仪式,由两个洗礼祷文组成,这些仪式反映了当时一些群体宗教生活的情形;(4)第二个启示将麦基洗德带到未来,详说了基督的上十字架,把麦基洗德与耶稣相提并论;(5)结尾。(这个文本中有许多祷文和赞美诗,该文本手册本第5页的基督颂歌、第14页的洗礼祷文、第16页的第二次祷文都可能是原本独立的诗歌。)

　　这个文本残缺程度严重,全文约475行中只有19行是完整的,文本的大部分无法弥补,即使我们给予推测性地复原,也只能复原不到百分之五十的内容。由于这篇文章没有其他留存的版本,我们只能得到对它的内容的一幅极不完整的图画,并且被保存下来的部分也容许不止一种的解释。该文献具有塞特派文献的特征,使用了塞特派的神名,关于洗礼的见解也是一致的。但是

_____

① 爱庇芳纽《反异端》55.1。

与其他塞特派文献不同的是:麦基洗德非常详尽地回答了基督论的问题,把麦基洗德与基督相提并论,麦基洗德就是基督的写照。麦基洗德是"神的儿子"这个观念(即等同于耶稣基督)在早期的基督教某些圈子内也是颇为流行的,特别是在埃及的基督徒中间更甚。

《麦基洗德》原文是用希腊文写成的,可能是写于埃及。写作时期似乎是3世纪。

正　文

标　题

　　[麦基洗德] 　　　　　　　　　　　　　　　　　　　　　　　　1

引　言

　　耶稣基督,[神的…]儿子,从那[…]移涌而来,因此我[能讲述]所有的移涌,并且对于每一个移涌,[我都能说出]他的本性,它是什么,这样我就能像穿上衣袍那样穿上友谊和美好。兄弟啊[…]

麦基洗德的第一个启示

　　和[…]他们的结局[…]。而且他将会[启示给他们]真理[…遗失1行]在[…遗失2行]箴言[…一开始]在寓言[和谜语…]之中宣告它们。死亡将会[颤抖]发怒,不仅他自己如此,而且那些跟他[一起]统治世界的阿其翁[和]执行者以及众能量、众阴性神和阳性神以及天使[长],也都如此。而且,[…遗失3行]他们全部[…那]世界的统治者[…]他们全部,以及所有的[…]和所有的[…]。他们会说[…关于]他,也关于[…]和[…遗失2行]他们将会[…]隐藏的[奥秘][…遗失约2行]出自于[…]万有。　　　　　3

　　他们将会[…]这一个,那些[律法师]将会很快[埋葬]他。[他们将会]

称他为"不虔诚的、不守法的[（和）不洁净的]人。"然后[在]第[三天]，他会[从死里复活]。①

4　　[…遗失约16行][神圣的门徒。还有]那救主会把那为[所有人]带来生命的[话语][启示给]他们。[但是]那些在天上的，连同那些在地上的和[那5些]在地底下的，讲了[很多]话语。[…]那些奉他的名下将会发生的事。②[而且]，他们还会这样说他：③

他不是受生的，尽管他是受生的；

他是不吃的，尽管实际上他是吃的；

他是不饮水的，尽管实际上他是饮水的；

他是未受割礼的，尽管实际上他已受割礼；

他是没有肉身的，尽管他已经到了肉身里面；

他没有受苦，尽管他被投入到了苦难之中；

他没有从死里复活，尽管他确实是从死里复活了。

[但是]各[族和]各[民]都会讲出[真理]，这真理他们都是从你本人那里领受的。[麦基洗德]啊！你是神圣者、[大祭司]、完美的盼望[和]生命的[恩赐]！

[我是高玛列尔（Gamaliel）]，我曾被派到[…]塞特[的子孙]的教会那里，我是在[千]千[万]万的移涌之上[…][移涌]的本质是 ba[…]aiai ababa。啊！神圣[…]的[…本性…啊！移涌的母亲]，[巴贝洛！啊！首]生6的移涌！辉煌的多克索米敦（Doxomedon）！Dom[…]啊！荣耀者，耶稣基督！啊！众光明体的为首的司令者！众能量阿摩泽尔（Armozel）、奥列尔（Oroiael）、达维泰（Daveithe），伊利勒斯（Eleleth）和你这光明之子，不朽的移涌亚当玛斯

---

① 这里暗示的是耶稣的死与复活。
② 参:《腓力比书》2,10。
③ 以下可能是反对幻影论的论辩，但也可能是对于不可言说的救主的悖论性陈述。

(Pigeradamas)和你这仁慈世界中美好的神米罗克路提(Mirocheirothetou),通过耶稣基督,神的儿子。这就是我要宣扬的那一位,因为他曾见过那位在[众存在者]及[…并]不[存在]中真正存在的,亚伯·巴录(Abel Baruch)——你曾经把[真理的…]知识[赐给他],他是[出自]那在[千千][万]万移涌之上的大祭司的族类。

那怀有敌意的[灵]并不认识他,也不知道(他们自己)的灭亡。① 不但如此,我来是要把[那][弟兄]之内的真理启示给你们。他把自己与你们的[后裔]一起献为活[祭]。他把他们[献上],作为献给[万有的祭]。因为,为你们的不信之罪、无知之罪以及他们[将会做…]的一切恶[行]赎罪的祭品[不能是牛]。因为这种献祭并[不能]达到[那]万有之父那里[…]。② |7|

信仰[…遗失约14行]去接受[洗礼…]水[…]。因为那上界的[水][…]接受洗礼[…]。但是接受[那个洗礼],那是在水里面的,他到来[…] |8| […]伟大的[洗礼],在其中他们[…遗失约14行][通过]他们[…]为阿其翁 |9| 的子孙和[众]天使祷告,连同从万有[之父]而来的后裔[…那]全部[…]从[大自然]的后裔[…]产生了[神灵、天使]和人类[…],那些在[天上的和]地上的以及[那些]在[地底下的…遗失约14行]阴性的自然[…]在那些在[…]之中的人,他们被[…]束缚住了。

[但这]并[不是]真正的亚当,[也不是]真正的夏娃。[因为当他们吃了]那[知识]树的果实时,他们就[以那发出火焰的剑]践踏了[基路伯]和塞 |10| 拉弗。他们[…]是亚当的[…那]世界的统治者和[…]他们出去[…]在他们生了[…]阿其翁的后裔和[他们属世的事物]之后,这些都属于[……遗失10行]光明[…]。

那些阴性的和[阳性的],那些跟[…]一起存在的[…]向每一种自然隐藏起来,[他们将会弃绝]那些阿其翁[…就是那些]从他领受了那[…]的人。 |11| 因为[他们]是有资格[…不死的],和[伟大的…]以及[伟大的][…和]伟大

① 关于阿其翁的无知,参:《彼得启示录》81,25。
② 这里似乎在反对用动物献祭。

[12] 的[…][人子…使徒…形象]和[…]从神圣的[光明…]而来。因为[…]从一[开始…]一个种子[……遗失约 16 行]。但是我会静默[…]因我们是从[那]有生命的[…]下来的弟兄。他们将会[…]亚当[…][…亚伯],以诺,[诺亚…你],麦基洗德,[至高…]神的[祭司],[至高的…]那些[…]女人[…]。

[13] 　　[…遗失约 15 行]这两者得蒙拣选,[在]任何时间[在]任何地方都不会被定罪,无论何时,他们已经受生,或是[凭借]他们的仇敌,或是任何他们的朋友,[或者凭借陌生人或是他们[自己的]家属,或是凭借[不虔诚的人]或虔诚的人。[所有]这些相逆的性情都将[…]他们,不论是[那些]明显的,还是那些[不]明显的,以及那些[住在]诸天的和那些在地[上]的以及那些在地底下的。他们会发动[战争…]每个人。因为[…],不论在[…]很多[…]。而这些在[…]里面的,每[一个]都会[…]。这些都会[…]随着每一阵气息[14] […]软弱。这些都会被束缚在另外的形体之中,[并且会]受到惩罚。救主将会解放这一切,[而且]他们将会高于所有人,[不是通过]他们的口和说话,而是通过[…]将会为[他们]准备。[他将]取消死亡。

　　我奉命把[这些事]启示出来,这些事由于[我(所做的)]已经启示出来了。但那些隐藏的事,你不要[启示给]任何人,除非[你得到启示](要这样做)。

麦基洗德对启示的回应:洗礼祷文

　　于是[我立即]站起来,[我,麦基洗德],我就开始[…]神[…为的是]我会[欢喜…]正当他[着手…]活的[…我说道]:

　　　　我[…和我]不会停止,从[今直到永远],
　　　　万有之父啊,[因为]你怜悯我,
[15]　　　[你就派遣]那光明的使者[…]
　　　　从你的[移涌而来…为的是]启示[…]

当他到来时,他[使]我从无知中[醒来],又(从)死亡的果实转向生命。

因为我有一个名字,

我是麦基洗德,至高[神]的祭司;

我[知道]唯有我才是那真正至高神的大祭司[的形像],

以及[……这个]世界。

因为这并不是[一件]小[事],[…]神以[…][…],

而[…那些住在地上]的天使们是[…]的牺牲品,

死亡把他们引上了歧途。

当他[死]的时候,他又把他们[引入歧途]自然把他们捆绑起来。

此后,他献上祭品[…]牲畜,

我把它们献给[死亡和天使们]和那[…]魔鬼[…]有生命的祭品[…]

16

我已经把我自己连同我所有的,献给你,

作为奉献,单单献给你,万有之父,

以及那些你爱的人,

他们都是出于你的,是圣洁的和[有生命]的。

根据[完全]的律法,我在宣告我的名,

在其中接受洗礼,从现在直到永远,

虽然是在水下面,却如同在有生命的、神圣的名下面的一个名,

阿门。

麦基洗德继续祷告

[你是圣洁的],[你]是圣洁的,你是圣洁的,

[万有之父]啊,那真正存在的[…]并不存在,[亚伯·巴录…]直到

永永远远,[阿门]!

[你]是圣洁的,[你是圣洁的],[你…]是圣洁的,之前[…直到永永远远],[阿门]。

[你]是圣洁的,[你是圣洁的,你是圣洁的,移涌的母亲],巴贝洛,直到永永远远,[阿门]。

[你是圣洁的],你是圣洁的,你是圣洁的,移涌中[首]生者,多克索米敦。[…直到永永]远远,阿门。

[你是圣洁的,你是圣洁的],你是圣洁的。[…直到永永远远],阿门。

[你是圣洁的,你是圣洁的],你是圣洁的。[…][首生]的移涌,[阿摩泽尔,直到]永永远远,[阿门]。

[你是圣洁的],你是圣洁的,[你是圣洁的],司令者,[众移涌]的光辉,奥列尔,直到[永永远远],阿门。

你是圣洁的,[你是圣洁的,你是圣洁的],[移涌]的司令者,光明的人,[达维泰],直到永永[远远,阿门]。

你是圣洁的,[你是圣洁的,你是圣洁的,主要的司令者伊利勒斯,…那]移涌[…直到永永远远],阿门。

[你是圣洁的],[你]是圣洁的,你是圣洁的,有益的世界的美好的[神][…]米罗克路提,[直到]永永远远,[阿门]。

[你是圣洁的],[你是圣洁的,你是圣洁的],万有[的]主要的司令者,耶稣基督,[直到永永远远],阿门。

[…]福祉[…]忏悔。[然后…]承认他[…]如今[…]然后变得[…]恐惧[和…]恐惧和[…]不安[…]笼罩着[他们…]在那个地方[有]一个大黑暗[在其中统治,还有]很多[…]出现在[…]那里[…出现在…遗失 6 行]。然后[…]他们身上穿着[…]都在一起[…]不安宁。

对麦基洗德的第二个启示

他们赐予［…］他们的话语［…］，他们对我说：［…麦基洗德，至高］神的［祭司…他们］说话时好像［…他们的］口［…］在万有里［…］引入［歧途…］以 [21]
他的［…］敬拜［和…］信心［和…］他的祷告，而［…］那些［是他的…］第一个
［…］。他们并不关心你所担任的［祭司职分］，它是来自［…在］［…］的阴谋。
撒旦［…］祭品［…］他的教义［…］是属于这移涌［…它是］存在于［…中］引人
入［歧途…］而一些［…］他给他们去［…和］十三［…］扔［他…为的是］你能够 [22]
［…］立刻［…凭借…下界］。那［…（第 13 页几乎全部遗失了）］因为那高处 [24]
的是［…遗失约 26 行］［…］我。［…］你们打击我，［…］你们抛弃我，［…］尸 [25]
体。从［安息日前夕］三点直至［九点］，①［你们把我钉在十字架上］。在这件
事之后，我从［死里…］［复活］过来，［…］出来［…］进入我里面。［…］我的眼
睛［看见…他们没有］找到任何人［…遗失约 14 行］。

问候［我…］。他们对我说：麦基洗德，伟大［至高］神的［大祭司］啊，你 [26]
要刚强！因为你的［仇敌］［阿其翁］发动了战争。你已经［战胜了他们］，他
们没有战胜你，［你］已经支撑过来了，［你］消灭了你的敌人［…］他们的［…］
将会安息，在一些［…］有生命的（和）圣洁的［…那些］在肉体之中抬高自己
来对抗他的人［…遗失约 13 行］。［…献祭］，努力行善，斋戒禁食。 [27]

不要把这些启示传授给任何肉体之中的人，因为这些启示是无形的，除非
有启示传给你，（要你这样做）。

结　语

当那些兄弟，就是属于生命的世代的兄弟，说了这些话之后，就被提升到
高于诸天的地方去了。阿门。

---

① 参：《马可福音》15,25-33。

依西弗洛妮

　　《依西弗洛妮》(*Hypsiphrone*，NHC Ⅺ.4) 是塞特派的启示录，描写了女救主依西弗洛妮降临到这个世界上来，与她的兄弟法诺普斯(Phainops)对话，最后又回升到童贞状态的过程。"Hypsiphrone"的字面意思是"高尚者"，或者"意念高尚的人"，用于指称抄本中的某个神话人物。用这一类的名字来指称神话人物，在诺斯替文献中并不少见。①依西弗洛妮让人想起那个从童贞状态堕落，然后又回归的所费娅。法诺普斯这个人物在其他抄本中没有出现过。②《依西弗洛妮》可以分为三个部分：(1) 以一个引言简要地描述了文本的内容。③ (2) 依西弗洛妮两次从童贞状态堕落。(3) 依西弗洛妮与法诺普斯之间的对话，其高潮是依西弗洛妮的回归。

　　《依西弗洛妮》是那戈·玛第抄本中最短的一篇文章，残缺严重，保存状态极差。它是那戈·玛第抄本第 11 书册的最后，它与同一书册中的一篇更长的和保存得更好的文章《阿罗基耐》是出自同一手笔，但并没有明显的材料可以证明这两篇文章之间的关系。

　　学者们普遍认为，尽管该文献没有明显地使用塞特派的术语，但是它应当归于塞特派。Hypsiphrone 这个名字让人想起 Phronesis，而后者让人想起塞特

---

　　①　如:《普鲁娜娅的三形态》;西门·马古(Simon Magus)把他的同伴海伦娜叫作"第一个意念"。这个名字在其他的文本中没有出现。"Hypsistos"(=der Höchste 至高的)也是对神的一个常见的称谓。

　　②　法诺普斯这个名字在希腊神话中作为赫克托的朋友出现过:见《伊利亚特》5,152;17,583;2,862;17,312。

　　③　这样的引言在那戈·玛第抄本中是常见的。如:《塞特的三块碑》118,10ff.。

派文献《阿其翁的本质》中的光明体伊利勒斯(Eleleth)。在某些塞特派文本中,①伊里勒斯的角色可以与所费娅相比。另外,法诺普斯也可以远远地跟《论世界的起源》中那个天上的亚当玛斯等同起来,或者跟《阿其翁的本质》中把邪恶的亚大巴多捆绑起来的喷火天使联系起来。

正　文

标　题

依西弗[洛妮]

69

引　言

这本书[关乎那件事],就是被依西弗洛妮看到的(那件事),是在[她的]那个童贞之地被[启示]出来的。[她听]她的兄弟[…]法诺普斯跟[…]一起。他们在一个[奥秘]中[彼此]讲话。

依西弗洛妮的堕落

一开始我[是依据一个单一的]数[…][…][…]我。我从我的[童贞之地出来],堕落到这个[世界之中。然后]我得到了住在我的童贞之地的那一位的教导(他教给了我关于他们的事)。我来到了[这个世界之中],他们对[我说]:"依西弗洛妮[又一次从]她的童贞之地[退出来了]。"

70(1—13
行缺)

法诺普斯与依西弗洛妮的对话

然后,那位听见的,也就是法诺普斯,也就是那位往[她的血泉]中吹气的那一位,就为她做好了准备。

---

① 参:《埃及人福音》与《普鲁娜娅的三形态》。

71（1—16
行缺）

　　[然后]他说:"我是法诺普斯…][…][…][…][…][…][…]犯错[…][…]欲望[…这个数]正好是这个[阳性的]残余,或者我会看到一个[人,血的形象],或者[…]出来[…]。从一个[…火]和一个[…在]他的手[里]。"

（约缺3
行）72(1—
16行缺)

　　然后[我就对他说]:"[法诺普斯]没有[来到]我这里。他[没有]走进谬误。[…看见]一个人[…]他[…][…]跟[…]一起[…][…][…]。因为[…]他说过的[…]法诺普斯这个[…]。"

　　我看见他,[他]对我[说]:"依西弗洛妮,[你为什么住在]我的外面?[跟我来],我会[把这些事]讲给[你听]。"我跟着[他],因为[我]在[极大的]恐惧之中。于是他[给我讲述]一个[血的]泉源,它[已经被开启,在里面]他们燃起了火[…]他说:"[…]。[…][…][…][…]。"

（约缺
4行）

波依曼德拉

　　在朴素的埃及宗教中，文学和学问的保护神是多德（Thoth），它是月亮和历法之神，是诸神的文士。在希腊，多德就是赫耳墨斯（Hermes）。Hermes trismegistos 是希腊化和罗马时代的埃及祭司，是西方最早的著名炼金术士，一直被视为异教的伟大先知。Trismegistas 的意思是"第三次伟大"，意指他是古埃及月神特和古希腊神赫耳墨斯所拥有的技艺的传人。

　　围绕着赫耳墨斯这个人物有大量写于埃及的希腊文伪书，或托名于赫耳墨斯，或托名于赫耳墨斯的门徒。最早的赫耳墨斯文献关心天文学和宝石与植物的能量，关于这些技艺的文献可以追溯到公元前 2 世纪，他们关于宇宙论和伦理学的著作则出现于较晚的时期，也即大约公元 1 世纪末，留存下来的文献大多写于二三世纪。这些文献不是以观察和理性为基础的，而是以启示为基础的，它们特别强调亲身认识神（gnosis）的重要性。这些文献的哲学内容显示出与当时的折中主义的中期柏拉图主义有联系，而与传统的埃及宗教或基督教无关，赫耳墨斯文献的作者有可能阅读过亚历山大利亚的斐洛（Philo of Alexandria）的著作。赫耳墨斯文献中的思想与经典诺斯替派的经书或者瓦仑廷派的文献有相似之处。

　　赫耳墨斯派的哲学性文献收集和发表于古代晚期和拜占庭时期的晚期。其中的一个文献留存到今天，就是《赫耳墨斯文集》（Corpus Hermeticum），或者简称为《第三次伟大的赫耳墨斯》（Hermes Trismegistus）。其中的单篇文章大致写于公元 100—300 年间，但是文集本身则可能直到公元 11 世纪才收集形成。

赫耳墨斯文献的作者和原始的读者不详,该文集没有一个统一的象征体系,只是在风格、语气、措辞上有一些相近,其中也没有表现出特定群体内使用的行话和教派特性。因此该文献原始的社会背景仍然是一个谜。

自意大利文艺复兴以来,《波依曼德拉》(Poimandres)就一直是《赫耳墨斯文集》中最著名的篇章。其中的大部分篇幅讲述了世界的创造和人类的起源。出于年代学上极其严重的误解,15世纪文艺复兴的人文主义者认为柏拉图是把他自己对于创世的神话描述(《蒂迈欧篇》)建立在这篇文章的基础之上。事实上,反过来说可能是成立的,《波依曼德拉》的宇宙论受《蒂迈欧篇》和《创世记》的影响。

波依曼德拉(Poimandres)这个名字仅见于这个文本,它的词源不清楚,古代的读者可能会和现代的读者一样对这个名字感到费解。从表面上看,这个词好像是由三个词构成的:希腊文的 poimen(牧羊人),希腊文的词干 andr—(人),以及科普特文的 p-eime nte-(…的知识)。《波依曼德拉》的作者不详,有人认为这一篇与第七篇是同一个作者所写,因为这两篇之间在风格和内容上都有相似性。① 类似于《唆斯特利阿努》和《阿罗基耐》,这篇灵修自传也叙述了赫耳墨斯在接受启示对话之后投身于哲学宣教生涯的经过,其中的启示涉及宇宙起源论、宇宙论、人的灵魂的起源、人的灵魂的最终归宿等问题。

正　文

波依曼德拉显现

(1)从前,当我冥思存在的事物,我的心灵被有力地提升,肉体感官得到了抑制,如同那些在过度饮食或过度劳累之后被瞌睡压倒的人。我想,我看到了一个无法测度的伟大的临在,呼唤着我的名字,对我说:"你想要看到与听

---

① Jens Holzhausen, *Das Corpus Hermeticum Deutsch*, Friedrich Frommann Verlag, Stuttgart-Bad Cannstatt, 1997.

到什么,在意念上要知道与领悟什么?"

(2)我说:"你是谁?"他说:"我是波依曼德拉,绝对能量的挪斯(Nous)。我知道你想要什么,我与你处处在一起。"

(3)我说:"我想要明白存在的事物,理解它们的性质,并且认识神。啊,我是多么想听啊!"他回答说:"在你心里牢记你想要知道的,我将会教导你。"

宇宙的创造

(4)说了这些话之后,他就改变了形象,忽然万物在瞬间展现在我面前,我看到了无限的景观,万物变得光明、宁静与喜悦。我被这景象迷住了。过了一会儿,有黑暗向下移动,它先在一个地方形成,①阴沉可怖,层层地盘绕着,像蛇。接着我看到这黑暗变成了某种湿气,无法描述的激荡,就像从火里面发出烟雾,发出了一种无以言表的哀伤的声音。接着从它那里发出一种含糊的吼声[或:哭喊],就像火的声音。

(5)从光明之中出来一个神圣的话语(a holy Word,圣道),降临在自然秩序之上,纯粹的火焰从湿气中向高处跃起;它光明而耀眼,同时也是活跃的;空气被照亮了,随着火气上升,就像火离开土与水那样高,似乎从中被提了出来;但是土与水还在原地,相互冥合,以至于土已经不能从水里面分辨出来了;话语展布在它们之上,它们通过道的气息有声息地运动着。

(6)然后波依曼德拉对我说:"你想过没有这个景象意味着什么?"我说:"我想认识它。"他对我说:"那光明就是我自己,挪斯,你的神,存在于湿气出现于黑暗之前。从挪斯出来的光辉的话语是神的儿子。"我说:"那是什么意思呢?""你要这样来理解:在你里面能看能听的是理性(reason)②,它属于主,你里面的挪斯(nous)③是它的父:他们不是彼此分离的,它们的联合构成了生命。"我说:"谢谢你!""现在,把你的心灵专注于光明,并学会认识它。"

---

① "在一部分之中产生出来"或"……一部分一部分地",即逐步地(?)。
② Logos,逻各斯,约纳斯译为 word,"道"或者"话语"。
③ 即我自己的心灵,与绝对的挪斯对应。

(7)说了这些话,他就专注地凝视我良久,使得我在他的显现面前颤抖;当他向上看的时候,我用我的挪斯沉思那光明:它由无数的能量构成,并成为一个无限的宇宙,火被一个强大的能量包围着,变得静止、凝固。感谢属于波依曼德拉的理性,让我自己的心灵看到了这些事物。

(8)当我还处于惊恐状态之中的时候,他又对我说:"你已经在你的挪斯里面看到了原型的形式,在无限开端之前的本原。"①这就是波依曼德拉对我说的。我问道:"那么这些自然元素又是从何升起的呢?"他回答说:"来自于神的意志②,她获得了理性,看到了美丽的原型宇宙,于是就模仿它,用她自己的元素与她的后代,也就是灵魂,创造了一个世界。③"

(9)但是神圣的挪斯,是阴阳合一的,他作为生命与光明而存在,用一句话语生出了另一个挪斯,就是德穆革,这位德穆革是火与灵之神,他创造了七个统治者,他们用他们的圆圈围住了可感觉的世界,他们的统治就叫作海玛门尼(Heimarmene)[命运]。

(10)神的理性(逻各斯,道)即刻就跃出了向下压的元素,向上进入物质创造[德穆革层面]的纯洁的部分,并与那个作为德穆革的挪斯④结合起来,因为他也是具有相同的本质的。因此自然的低级元素就留在这里,没有了逻各斯(理性),⑤它们现在纯粹只是物质。

(11)作为德穆革的挪斯与逻各斯一起,包围着这些圆圈,以闪电般的速度让它们旋转起来,让他的创造物在无尽的旋转中转圈——因为它们在结尾处开端。正如作为德穆革的挪斯所愿,圆圈的这种旋转在低级元素中制造出了非理性的动物,因为那些元素没有留住逻各斯。从空气中生出了会飞翔的动物,在水里面生出了会游的动物。土和水彼此分开,如挪斯所愿。然后从土里面生出了四足的活的动物和爬行的动物,野的动物和驯服的动物。

---

① 或者也可能是"在开端之前的无限本原"?
② 意志是一个阴性词语。也就是前念(Forethought),这里是作为一个人格来对待的。
③ 约纳斯译为"把她自己塑造成为一个宇宙[或排列她自己]"。
④ 也就是第二个挪斯,是第一个挪斯生出来的。
⑤ 因为逻各斯已经离它们而去了。

人 的 创 造

（12）"接着，挪斯，万物之父，他是生命与光明，他生出了一个跟他自己一样的人（Man），作为他自己的孩子，他被他迷住了，因为他非常美丽，有着他的父的形象；因为确实，甚至于父也会被他自己的形象迷住，他把他自己的所有作品都交给了他。

（13）人看到了德穆革在火中所造的创造物，希望自己也会创造，并且得到了父的许可。当他进入到德穆革的层面时，他在那里面获得了充分的权威，他看到了他的兄弟的作品，他们［七个统治者］也被他迷住了，每一个都把他们自己的王国分给他一份①。在知道了他们的本质并且接受了他们的本质的一份之后，他就想要穿越这些圆圈的一层层的界限，看到那个掌管着火存在。

（14）他［人］对世界上会腐朽的万物以及非理性的动物有着充分的权力，他从哈摩尼（Harmony）②上俯下了身子，冲破了天穹③把神的美丽形象展现给低级的自然（Nature）。她看到了他在他自己里面有无尽的美丽，还有统治者的力量以及神的形象，她（低级的自然）就在燃烧的情欲中微笑；因为她曾经看到过人最美丽的形象在水里面的倒映以及它留在地上的影子。他也一样，看到了他自己的形象呈现在她里面、倒映在水中，就爱它，想住在它里面。一

---

① 或者："把他们自己的天赋分一份给他"。

② 我坚持这个术语的占星学与动态的含义。最近的解释者把这儿的 harmonia 理解成木匠话语中的具体含义："连接"，"合在一起"；因此 Nock 建议把它译成"组合框架"（composite framework），Festugiere 把它译成"armature des spheres"。这两位杰出的学者虽然不能确定最恰当的翻译，但是他们都确信，这个词在整篇文章中都表示一种具体的物质性结构，而不是能量体系的普遍本质，即以七颗行星为代表的宏观世界相互联系运动的规律（然而，七颗行星主要是从"心理"的方面来理解的，随后的灵魂上升的描写很清楚地表明了这一点）。我之所以反对这两种新译法有诸多理由，这里仅举出其中之二："他在自己里面有七的哈摩尼的性质"（16）这句话只有与毕达哥拉斯最初赋予 harmonia 的抽象意思联系起来时才可以理解；它的一个额外证据是，这篇文章老是把"哈摩尼"（harmony）与"海玛门尼"（heimarmene）紧密地联系起来。简言之，harmonia 代表一个力量的总体（统治者），以它的统一的特征为标志的（他们的集体统治的形式），而不仅仅是代表一堵隔离的墙或者这一类的更复杂的实体，如一个脚手架。再说，这个层面的体系是从火中塑造出来的，这很难与一个框架的意象协调起来。

③ 天穹是各天层的容器，这是 2 世纪希腊占星学中的观念。

旦有了这愿望,愿望就成了现实,他就居住在没有理性的形体之中了。而自然,得到了自己的心爱者,就把他整个地拥抱,于是他们就结合在一起:因为他们彼此燃烧着爱情。

（15）这就是何以地上的所有动物中唯有人有两重性的原因了:一方面他由于有身体,因而会死亡;另一方面,由于他拥有真正的人（人的原型）,因而是不朽的。尽管他是不朽的,拥有统治万物的权力,但是他也遭受死亡的命运,臣服于海玛门尼;尽管他在哈摩尼之上,却成了哈摩尼里面的奴隶;尽管他是阴阳合一的,出生于阴阳合一的父,是出生于不睡觉者的不睡觉者,却也被爱征服并且睡觉。"

（16）以后,〈我说:"…〉啊,我的心灵! 我对这个问题怀着热烈的愿望。"于是波依曼德拉就对我说:"这正是隐藏到如今的一个奥秘。一旦人与自然在交合中结合在一起,就造出了一个非常惊异的奇迹。由于人在自己里面拥有了我告诉过你的由火与灵组成的七的哈摩尼的性质,低级自然也毫不迟疑,立即生出了与七个统治者的性质相对应的七个人,他们是阴阳合一的,是直立的。"

然后,我说:"啊,波依曼德拉,我是真正充满了欲望,想到听到这一切。请你不要离开这个问题!"波依曼德拉说:"请你安静,我还没有展开我的第一个问题。"我说:"好,我安静。"

（17）"跟我说过的相一致,这七个存在的起源如下所述。土是阴性的,水是使它怀孕的那一位。自然从上层空气（以太）获得了灵。它按照人的理想形式①产生出了身体。成熟来自于火。人从生命与光明转变为灵魂（soul）与心灵（mind）,灵魂来自于生命,心灵来自于光明。这个可感知世界的万物保持着这种状态,一直到一个轮回的结束和物类的开端。"

（18）"最后,你倾听你想要听的这个问题。当这个轮回完成的时候,出于神的意愿,一切创造物的束缚都去掉了。一切活的动物,曾经是阴阳合一的,

---

① 就是七个统治者。

都与人同时一分为二了,一部分变成了阳性,另一部分变成了阴性。神随即在一句神圣的话语中说:你们这些创造物和被造物,你们都要滋生繁多!让那些拥有心灵的创造物认识到他们自己是不死的,认识到导致死亡的原因是欲爱,让他们认识一切存在者。"

(19)"神说了这句话以后,那个通过整个哈摩尼和海玛门尼活动的前念创造了性交,确立了生育,于是万物都各从其类地繁衍起来了。

"那些认识了他们自己的人进入了至高的善;而那些在谬误中炽烈地欲爱着肉体的人,将会留在黑暗中茫无目的地流浪,在感觉体验着死亡的王国。"

(20)我问:"那么那些无知的人有何大罪,以至于要被夺去不朽呢?"

"你啊,你似乎没有思考过你听到的这些事。我不是让你去思考了吗?"

"我是在思考,也在回忆,当然也是怀着感激之情的。"

"如果你已经想过,那么请你告诉我,为什么这些在死亡之中的人是该死的。"

"因为每一个个人的身体的最初原因是阴沉的黑暗,从这种黑暗中产生出湿气,从湿气中构造出了感觉世界中的身体,死亡就是从中滋生出来的。"

(21)"你想得对。但是为什么如神所说的那样,那些思想他们自己的人是进入到他们自己里面呢?"

我说:"因为万有之父是由光明和生命组成的,而人是从父那里来的。"

"你说得好!你是从父神那里来的,父神是光明和生命。如果你知道了神是生命和光明,你们自己也是生命和光明,那么你们就将再次进入到光明之中。"这就是波依曼德拉所说的话。

我说:"但是请你告诉我,啊我的心灵!我当如何进入到生命之中。因为神说,'让那些拥有心灵的人认识他们自己',(22)难道不是所有的人都有心灵的吗?"

"安静!保持安静!我自己,也就是心灵(挪斯),与那些虔诚、善良、纯洁、仁慈的人同在,与那些虔敬的人同在。我的来临成为一个帮助,使他们立即明白了万事万物,他们爱恋地安抚着父神,他们感谢、祝福、热切地赞美父神。在他们把身体交付给它自己的死亡之前,他们憎恨感觉,知道感觉的活动。但是,不仅如此,我,心灵(挪斯),亲自阻止身体的令人不快的活动的得以实施。如同一个门卫,我将阻止邪恶和可耻活动的进入,切断任何跟这些活动有关的念头。"

(23)"但是我远离那些愚蠢、罪恶、邪恶、嫉妒、贪婪的人、杀人者和不虔诚的人。我把他们交付给复仇的魔鬼,这些魔鬼会用火攻击他们、刺戳他们:这使得他们更乐意于做那些不法的行径,这样他们就会遭受更为严酷的惩罚。他们永远不会停止把欲望聚焦在无限的向往之中,贪得无厌地在黑暗中斗争,不断地添加着那燃烧他们的火焰。"

灵魂的上升

(24)"啊,挪斯,你已经清楚地教给了我曾经想知道的一切。但是还要请你告诉我上升的过程。"

波依曼德拉回答说:"首先,就在物质的肉体解体之后,你就抛弃了你的会变化的身体,你所拥有的可辨识的形体消失了,你也把自此不再起作用的生活的习惯交给了你的魔鬼①。身体的感觉都回归到了它们各自的源头,成为独立的成分,一起回升到能量②之中去了,强烈的情感和欲望也回到了非理性的本质之中。"

(25)然后,人终于开始向上冲出哈摩尼,

冲出第一层的时候,他降服了那个成长与消减的能量,

冲出第二层的时候,邪恶行为的手段从此毫无力量了,

冲出第三层的时候,欲望的骗局失效了,

冲出第四层的时候,统治者的傲慢失去了他的雄心,

冲出第五层的时候,不虔敬的大胆放肆与冲动鲁莽的行为被克服了,

---

① 指个人的护卫天使。
② 指天体施加于这个世界的力量。

冲出第六层的时候,对于财富的邪恶欲望失去了力量,

冲出第七层的时候,各天层的圈套失灵。

(26)"在剥除了哈摩尼的影响、只剩下本有的能量之后,他就进入了八(Ogdoas)[即第八天层],与那些存在者一起把赞美献给父神。而那些存在者也因他的到来与他同乐。在融入到了那些已经在那里的人们之中后,他也听到某种能量在第八层之上以甜美的歌声颂扬父。然后他们列队升到父那里,让他们自己消失在能量之中,从而自己变成那能量,进入到神里面。这就是那些获得了诺斯的人的美好结局:成为神。"

使徒的使命

"还要等什么呢?你已经获得了所有这些教训,你难道不想成为那些够资格的人的向导,好让人类通过你被神拯救吗?"

(27)波依曼德拉说完,就冥合到我眼前的能量中去了。我在赞美和祝福了万有之父之后,波依曼德拉就让我走了,我被赋予了能量,明了万有和至高景象的本质。我开始向人们宣讲奉献与知识(诺斯)的美好。

"住在大地上的人们啊!你们这些陷入到沉醉和睡眠之中去、不认识神的人!你们醒来吧!停止狂欢作乐吧!不要被非理性的睡眠迷惑。"

(28)他们听到了我的声音,就一齐向我走来。我说道:"啊,大地上的居住者啊!你们有能力不朽,却为何要屈服于死亡呢?啊,你们这些行走在谬误之中、缺乏知识的人,你们悔改吧!离开阴暗的光,抛弃腐朽,获得不朽!"

(29)其中有些人还在私语,对我的话漠不关心,因为他们已经把自己交给了死亡之道。但是另外一些人急切地请求我的教导,拜倒在我的脚下。我让他们站起来,我成了人们的向导,告诉他们如何,以及从什么道路得到拯救。我在他们里面播种了智慧的话语,让它们得到不朽之水的滋养。在夜晚来临,阳光就要完全隐去的时候,我嘱咐人们感谢神。他们感谢了神之后,就一个一个都回去睡觉了。

(30)我把波依曼德拉的祝福刻在我的记忆里,由于装满了我想要的,我

变得非常快乐。事实上,身体的睡眠成就了灵魂的清醒,眼睛的闭合成就了真正的视觉,我的沉默孕育着善,我的话语产生出的果实是善良的人民。这些事发生在我身上,是因为我从我的挪斯那里,也就是从波依曼德拉那里,获得了关于绝对能量王国的话语。受到了真理的神圣的启发,我开始了我的使命。我们全心全意地向父神献上了我的赞美。

(31)神,万有之父,是神圣的。

神圣的神,你凭借自己的能量实现了你自己的意愿。

神圣的神,你想要被自己认识,然后被自己认识。

你是神圣的,你是理性地由存在者组成的。

你是神圣的,自然界只是你的一个自然的形象。

你是神圣的,自然界不能够再现你的形象。

你是神圣的,你比一切能量都要强大。

你是神圣的,你比一切杰出者都要伟大。

你是神圣的,你比一切的赞美都要美好。

请你接受一颗向往着你的灵魂和心灵献给你的神圣的、理性的奉献。

啊,你是超越一切言辞的,你是不可言喻的,我们在寂静中祈求你。

(32)我请求你,让我不要缺少对我们自己的本质的知识。

请求你给我许可,请你给我力量。

我要依靠这恩典启迪那些缺少知识的人,

也就是我的同胞,你的孩子们。

这就是我相信的,我就这样做见证。

我要进入到生命和光明之中。

我感谢你,啊,我的父神。

你的人想要在你的面前吟咏神圣的诗,

你已经把完全的权威交给了他。

关于第八与第九的谈话

　　《关于第八与第九的谈话》(*The Discourse on the Eight and Ninth*, NHC Ⅵ. 6)是启示者与启示的接受者之间的一篇对话,它与《阿斯克勒庇俄斯》和《感恩祷告》同属于赫耳墨斯派的抄本。对话是在三重伟大的赫耳墨斯与他的一个学生之间展开的,虽然没有指明这个学生是谁,但可以肯定是赫耳墨斯派神秘主义的修行者。该文本的标题已经遗失,这个标题由那戈·玛第抄本的整理者取自于抄本第 61 页与第 53 页。"第八"与"第九"与晚古时代天层的图景有关。按照传统的说法,"第八"天层是神的层面的开始,是人去世要到那里去找安息的地方,而"第九"则是神自己居住的天层。这篇作品所设想的是灵性造诣的初级阶段,认为人如果想获得第八与第九天层的体验,必须具备两件事:一是按照神圣的律法的标准达到生命的纯洁,二是要掌握一些老师所传授的知识以驱除无知。跟那戈·玛第抄本中的其他启示对话一样,这篇对话也强调了知识的传授与入门仪式的重要性。

　　这个文献受中期柏拉图主义的影响很深,受埃及影响的痕迹清晰可辨,如里面提到了狄奥波里(Diopolis)神庙,象形文字和兽脸神。特别引人注目的是其祷文和仪式。跟《阿斯克勒庇俄斯》和《感恩祷告》一起,该文献更清晰地呈现赫耳墨斯教的宗教仪式实践。值得注意的还有它大量使用了神秘教中的常用术语(净化、景象、寂静等),由此也可以推断该文本受神秘教的影响也很明显。

　　该文本在内容与形式上很接近于《赫耳墨斯文集》的第 13 章:两者都是赫耳墨斯与修行者之间的对话,都以教导开始,行进在戏剧性的仪式性的对话过程中。该文与中期柏拉图主义哲学家阿尔比努(Albinus)的思想密切相关,可能成书于 2 世纪。

正　文

赫耳墨斯与修行者之间的对话

52 　"[…][我的父啊],昨天你应许过[我],你会把我的意念带入到八里面,然后又带入到九里面去的。你说过:这是传统的(修行)次第。"

　　"我的儿子啊,虽然是这样一个次第,但是这个应许是根据人的本性发生的。在我要着手实行我的应许的时候,我已经跟你说过这一点的。我说:'你要先把每一步记在心里。'在我通过能量接受了灵之后,我就在你里面生出效验。尽管悟性在你里面,但是在我里面是这样的,就好像怀孕了能量。因为当我通过那流入我里面的泉源怀孕之后,我就生育了。"

　　"我的父啊,你对我说的每一句话语都很美妙,但是我对你刚才说的这句话感到惊异。你刚才说:'那在我里面的能量——。'"

　　他说:"我生出能量,就如同人生出孩子那样。"

　　"我的父啊,这样说来,如果我被列入到那个族类的话,我就有许多的兄弟了。"

53(第1
行缺) 　"我的儿啊,是这样的。这些善被列入[…][…][…]并且[…]在一切时候。所以,我们的儿啊,你有必要认识你的兄弟,要敬重他们,如所应当的那样,他们跟你是来自于同一个父亲的。我召唤了每一个世代,我给他们起了名字,因为他们就像这些儿子一样,也是(我)生出来的。"

　　"我的父啊,那他们是否也有一个日子的呢?"①

　　"我的儿子啊,他们是精神性的。他们是作为能量而存在的,是让别的灵魂成长的。因此我对你说:他们是不死的。"

　　"你的话是真的,从现在起,它们不会受到质疑。我的父啊,现在就开始讲论第八与第九,把我也列入到我的兄弟们的行列之中去吧!"

---

　　① 出生的日子或者死亡的日子。

"我的儿啊,让我们与你的兄弟们,也就是我的孩子,一起向万有之父祷告吧,让他赐给我言说之才的灵!"

"我的父啊,当他们与诸世代合在一起的时候,他们是如何祈祷的? 我的父啊,我愿意听从。"

"［…］它既不是［…］也不是一个［…］。但是他［跟］他们一起安息在［…］他里面。这对［你］来说也是合适的,就是你要记住进步的过程,那进步是借着书中的智慧而来的。我的儿啊,你要让自己与过去的岁月比较。你如何像小孩子那样,曾提出过无知的、不智的问题。" 54（1—2 行缺）

"我的父啊,我已经有进步,也有了与书里面相应的、先在的、超越了欠缺的知识,这一些已经先在我里面了。"

"我的儿啊,如果你认识了你说的话里面的真理,你就将找到你的兄弟,就是我的孩子们,让他们与你一起祷告。"

"我的父啊,除了我凭借书认识到的美之外,我不认识任何别的东西。"

"这就是你所谓的灵魂的美,它是你一步一步地拥有的修养。如果你拥有了这样的悟性,你就将能够传授了。"

"我的父啊,我已经理解了每一本书。尤其是那本［…］就是那个在［…］ 55 ［…］"

"我的儿啊［…］在对那一位的赞美之中,就是［那］生养他的那一位。"

"我的父啊,我将从你那里领受话语的［能量］,就是［你将说的话语］。我的父啊,如对我们两人说过的那样,让我们祷告吧!"

"我的儿啊,这是合适的,以我们的整个意念、整个心思、整个灵魂向神祷告,向他求恳,让我们能够获得八的礼物,让每一个人都获得属于他的东西。你的任务是要领悟,我的任务则是能够把发源于那在我里面涌动的源泉的话语宣讲出来。"①

---

① 关于启示者与启示的接受者的不同任务,参:《多马书》142,7ff.。

赫耳墨斯派祷文

"我的父啊！我们祷告吧：

我向你祈祷,你统治于能量的王国之上,

你的话语作为光明的生育来到我们这里,

他的话语是不朽的,它们是永恒的和不变的。

他就是那一位,他的意志为每一个地方的形式生出了生命。

他的本性给予了他们他的形式。

从他那里出来了[八和]天使的灵魂。[…][…],那存在着的。

他的天意延及到每一位,[…]生育了每一位。

他就是那一位,他[…]众灵之间的众移涌。

他造就了一切。

那在自身里面拥有自己的那一位,关怀着万有。

他是完美的,是不可见的灵,人在寂静中呼唤的那一位,

当他的形象被引导的时候,它将会运动,并且统治——,

他的能量是强大的,

他是高于伟大者的,

他比一切治权者都要优越,

Zoxathazo

aoo ee ooo eee oooo ee

ooo ooo ooooo ooo ooo uuuuuu

ooo ooo ooo ooo o o

Zozazoth！

主啊,请你从你的能量中赐予我们智慧,

你的能量是延及到我们的,让我们能够把八与九的景象描绘下来。

我已经达到了七,因为我们是敬畏神的,是遵行他的律法的,

并且每时每刻都在实现你的意愿。

我们就行走在[你的路上,并且已经]把[…]抛到了身后,为的是你 57
的景象出现。

主啊,请你在形象中赐予我们真理。

请让我们通过灵看到形象中那没有欠缺的形式,

通过我们赞美,从我们这里接受普累罗麻的返照,

并且认识那在我们里面的灵。

因为通过你,万有获得了灵魂。①

因为出于无生的你,受生者才得以存在。

自生者的出生是通过你发生的,

一切受生事物的出生,那些存在着的(也是如此)。

请接受我们的灵性的奉献吧,②

这是从我们的整个心灵、整个灵魂以及整个能量中献出来给你的。

拯救在我里面的(事物),赐给我们不朽的智慧。”

赫耳墨斯与修行者的对话

“我的儿啊,让我们在爱里面彼此亲吻吧!为此欢喜吧。因为能量已经
从他们③那来到,那能量是光,来到了我们这里。因为我看到了!我看到了那
不可言喻的深渊。”

“我的儿啊,我该怎么对你说呢?[…]自从那个[…]那些地方。我 58
[该]如何[描写]这一切呢?我[是一个心灵,而]我看到了另一个心灵,那
[推动]灵魂的心灵!我看到了那一个,是他把我从纯粹的遗忘中推出来
了。你给了我力量。我自己看自己。我想讲话。恐惧阻止了我。我已经找
到了能量的开端,它在一切能量之上,它是没有开端的。我看到了一个源
泉,它在生命的能量中涌动。我的儿啊,我说,我就是那个心灵。我已经看

---

① 这个观念也见柏拉图的《蒂迈欧篇》,后来在新柏拉图主义哲学中也很流行。

② 灵性的奉献,参:《罗马书》12,1;《以弗所书》5,19;《歌罗西书》3,16。

③ 可能是指第八与第九。

到了！那是语言所无法启示的。我的儿啊，那整个的八，还有那些灵魂，就是在你们里面的灵魂，还有在寂静中吟颂赞美着的天使。但是我，就是那个心灵，领悟了。"

"人们可以用什么方式在寂静中赞美呢？"

"你已经变成这样，以至于无法跟你讲话了吗？"

"我寂静，啊，我的父，我想在寂静中吟颂赞美你。"

"那就吟颂赞美吧，因为我是那个心灵。"

"赫耳墨斯啊，我认识那心灵，就是人所无法解释的那个心灵，因为他安静自守。但是，我的父啊，我感到高兴，因为我看到了你的微笑。万有［也欢欣］，从此再也不会有受造物缺乏你的生命了。你是每一个地方的居民的主。你的天意保护着（一切）。我称你为'父'，'移涌的移涌'，'伟大的神圣的灵'。通过灵，他让雨露降临在每个人身上。我的父赫耳墨斯啊，你对我说什么呢？"

"我的儿啊，关于这些事，我什么也不说。因为在神的面前我对隐藏之事保持沉默是合适的。"

"三重伟大者啊，请不要让我的灵魂失去这神圣的景象！因为对于你，万有之主来说，什么都是能做到的。"

"我的儿啊，继续祈祷吧，在你的寂静中祈祷！在寂静中求你的所愿！"

赞美完了之后，他大声呼喊："三重伟大的父啊！我该说什么呢？我已经领受了光明。我自己在你里面看到了那一个景象。我看到了八，连同它们里面的灵魂和天使，他们在那里赞美第九和它的能量。我看到了那一位，他拥有他们全部的能量，在那能量里面，他生成了那些在灵里面者。"

"从现在起，我们在敬畏中保持寂静是合适的。从现在起，不要再讲论那景象！赞美父，直到把身体抛弃在身后的那一天，这是合适的。"

"我的父啊，你说什么，我就说什么。"

"我在我的心中赞颂。当你在你自己里面安息的时候，你就赞颂吧！你已经找到了你所寻找的。"①

"我的父啊,我因为我的心灵充满了而赞美,这是合适的吗?"

"合适的是你的赞美,就是你愿意献给神的赞美,为的是人们可以把它记在这本不朽的书中。"

赫耳墨斯派祷文

"我要用我的心献上这样的赞美:

我呼唤万有的尽头,开端的开端,

那人们寻求的东西,

那不朽的发现,

那光明和真理的创造者,

那话语的播种者,②

那不朽生命的爱。

主啊,隐藏的话语是无法言说你的,

因此我的意念将每天向你唱颂一首赞歌。

我是你的灵的乐器。

我的心灵是你的琴拨。

你的谋略抚弄着我。

我看见了我自己。

我已经从你那里领受了能量。

你的爱已经让我们遇见。"

"我的儿啊,美妙极了!"

"啊!恩典!在此之后我要只唱一首颂歌感谢你。因为我是从你那里领受了生命,是你让我变得智慧。我赞美你,我呼唤你的名字,你的名字是向我

---

① 参:《多马福音》2;《权威的教导》。

② 参:《马可福音》4,14。

隐藏的:a o ee oeee ooo iii oooo ooooo ooo oo uuuuuu oo ooooooooooo oo。你就是与灵同在的那一位。我虔诚地赞美你。"

关于写书并予以保存的指示

"我的儿啊,你要为狄奥波里的神庙用象形文字写下这本书,起名为'启示第九的第八'!"

"我会这样做的,啊,我的父,如你所吩咐的。"

"我的儿啊,把这些话写在青绿色的石碑上!我的儿啊,把这本书用象形 [62] 文字写在青绿色的石碑上是合适的。心灵自己将成为这本书的看守者。因此我吩咐,把这些话刻在石碑上,把它树立在我的圣所。八个看守者用太阳的[…]看守着它。右边的阳性者是青蛙脸的,左边的阴性者是猫脸的。立一块四方的乳白色石头作为那块青绿色石碑的基座,把名字用象形文字刻写在蓝宝石上!我的儿,你要做这些事,在我在童贞女①里面的时候,在太阳在前半天的时候,此后十五个刻度经过了我。"

"我的父啊,你说的这一切,我会勉力地去实行。"

"你要写一个誓言在这本书上,以免有人读了这本书,把这些话语用于欺骗,而不把它用于抵挡命运的作为。愿他们遵行神的律法,绝不要践踏律法, [63] 愿他们在纯净中向神求智慧和知识。而那人,那本来不是从神而生的人,让他置身于一般性的、日常的话语之中。他将读不懂写在这本书里面的话语,尽管他里面有纯净良知,尽管他既没有行可耻的事,也没有同意这样的事。他将一步一步地前进,就这样走上不朽的道路。就这样,他将达到第八的知识,就是那启示第九者。"

"我会这样做的,我的父。"

"誓言如下:我要让那读这本圣书的人凭天、地、火、水、七个存在的统治者以及他们里面的创造的灵、无生之神、自生者以及受生者的名义发誓,保守

---

① 指黄道十二宫里面的处女座。

赫耳墨斯说的话。凡是谨遵照这个誓言的人,神将与他和好,连同我们提名的
这些存在。每一个违反这个誓言的人,怒火将会降临到他身上。我的儿啊,这
就是那位完美者、那位存在者。"

阿斯克勒庇俄斯

《阿斯克勒庇俄斯》(*Asclepius*, NHC Ⅵ.8)是赫耳墨斯派宗教仪式背景下的一篇传授性对话,传授者是第三次伟大的赫耳墨斯,受教者是阿斯克勒庇俄斯,在文中也被叫作修行者。在古希腊神话中,阿斯克勒庇俄斯是医疗之神,太阳神—阿波罗(Apollo)的儿子,他手持蛇杖,其木棒代表人体的脊椎骨,也是人体中代表现在、进化和灵性升进的"中脉",缠绕着木棒的蛇则象征恢复和更新的过程。古希腊人相信,在阿斯克勒庇俄斯的神殿内休息、睡觉,他会在睡梦中将治疗的秘方传给病人,使之立刻痊愈。该文献属于赫耳墨斯派,二元论与泛神论的特性很明显,受埃及因素的影响也很强。

该文本可以分为五个部分:(1)神秘体验与性交的比较;(2)关于正义的人与不正义的人之分的讲话;(3)三重伟大者解释说,人是神按照自己的形象创造的;(4)一个启示,其中把埃及看作世界的中心;(5)最后一段探讨个人的末日。

该文献是那戈·玛第抄本卷六的最后一篇,开头与结尾处都没有标题。可以肯定,这是赫耳墨斯派的启示录《阿斯克勒庇俄斯》的中间部分,原文是以希腊文撰写的,原来的题目是《完美的教导》(*The Perfect Teaching*)。现在留存下来的完整版本只有拉丁文版的译文,中间部分现今尚存希腊文原文。这个科普特文版与拉丁文版之间有显著的差异,比拉丁文版更接近于希腊文原文。《阿斯克勒庇俄斯》与《关于第八与第九的谈话》文体相近。根据《抄写记录》的暗示,《感恩祷告》是抄录者插入到抄本中去的,因此《阿斯克勒庇俄斯》可能是《关于第八与第九的谈话》的继续,这样该文没有标题也就说得通了。

正　文

关 于 奥 秘

"如果你想明白这个奥秘如何发生的话,你应当观察性交的美妙景象,看 [65] 看那景象是如何在男和女之间发生的。当男人达到高潮的时候,精子就喷射出来,就在这一瞬间,女人领受到了男人的能量,男人也从女人处获得了能量,这是精子的作用。因此,性交的奥秘是在隐秘中发生的,为的是不让这两种本性不合适地当着那些不追求此事的多人的面前发生。因为两性当中的每一方都在生育中有其份。然而当此事当着那些并不理解此事的多人面前发生的时候,他们会嘲笑或者不信。话语与修行者的神圣奥秘更是如此,因为它们是不曾听说过,也不曾看到过的。"

关于正义的人与不正义的人,关于智慧与无知

"因此这些不信的人乃是亵渎者。他们是不敬神的,不虔诚的。但是信 [66] 的人是不多的,虔诚的人是少的。因此许多人会遇到邪恶,他们没有获得关于那些稳固的事物的领悟。因为对于稳固事物的知识乃是对于物质激情的真正的医治。因此领悟来源于知识。

"当无知存在着的时候,当人的灵魂中没有领悟的时候,激情就存在着,因为在灵魂中没有医治。

"而且,邪恶也与疾患一起在创伤的形式之中到来,因为不存在对此的医治。那创伤撕咬着灵魂,并且给灵魂带来邪恶的蠕虫和恶臭。但是这些事不是神的过错,因为他已经给人带来了领悟和知识。"

"三重伟大者啊! 他只是把它们送给人的吗?"

"是的,阿斯克勒庇俄斯,他只是把领悟和知识送给了人。我们是可以告诉你的,为什么他只赐给人以知识和领悟,也就是他的善的份额。听吧! 神和父,以及主,按照神的样子造了人。他把他从物质的领域中拿出来。[因为] [67]

物质在[……]的人的创造之中,让激情从它们当中产生出来。所以它们在他的身体里面流淌,因为本来是不会这样的,如果这些生物没有吃这个食物的话——因此它就会死。这是被迫的,还有其他的一些不合适的欲望住在他里面,给他召来伤害。

"诸神是不需要领悟和知识的,因为他们源自于纯净的质料。诸神的不朽就是领悟和知识,因为他们是从纯净的质料中生出来的。不朽让他们置身于知识与领悟之中。

"出于一种必要性,神给人设置了一个边界,把他置身于领悟和知识之中。

"就领悟和知识而言,就是我们一开始提及的这两种东西,他完善了它们,为的是他能够要求他按照他的意志,凭借领悟和知识克服激情。神把人的有死性带入到不朽之中:人将会成为善与不朽,诚如我说过的那样。神给他造了双重本性:不朽与有死。正是以这样的方式,由于[神的]意志,人将会[超越]于诸神,因为[诸神]尽管是不朽的,但是唯有人才是同时既不朽,又有死的。因此人成为了诸神的亲属。他们彼此之间确切地了解对方的作为。诸神认识人的作为,人认识诸神的作为。

"不过,阿斯克勒庇俄斯啊,我谈论的只是那些已经获得了领悟和知识的人。但是对于那些比这些人不重要的人,我们不适于去说他们的坏话,因为我们是神圣的,沉浸在神圣的话语之中。"

关于诸神和人

"正是因为我们进入到了神人交融的神圣的话语之中,阿斯克勒庇俄斯啊,你要知道,人才是强大的!"

"因为正如父,万有之主创造诸神那样,人,这种有死的生物,这种与神不同的存在,也以这样的方式自己创造了神。他不只是给予能量,他也被给予能量。他不只是神,他也创造神。阿斯克勒庇俄斯啊,你不感到惊讶吗?你自己是否也如许多人那样是一个不信的人吗?"

"三重伟大者啊,[我同意]你对我说的这些话。[也就是说]因为你是 ⌐69⌐
[说]的,所以我相信。但是即便如此,我也还是对这些话感到惊讶。而我认
为,人由于获得了这样的能量,他是幸福的。"

"阿斯克勒庇俄斯啊,比这一切事更伟大的事物是值得崇敬的。就诸神
的族类而言,这一点是显然的,我们承认:诸神的族类是来源于一种神圣的质
料的。他们的身体只有头。但是人所创造的是诸神的肖像。诸神来源于质料
的最遥远部分,而人所创造的则源自于存在的最遥远部分。人所创造的不只
是有头,而且也有身体的所有其他部分,是与人的外貌相应的。正如神在造内
在的人的时候希望这个内在的人与神自己的相貌相应那样,人在造地上的诸
神的时候,也是依据人的外貌的。"

"三重伟大者啊,你是不是在说有关塑像的事啊? 是吗?"

"阿斯克勒庇俄斯啊,是你自己,是你,在讲塑像的事。你又一次看到了,
是你自己,阿斯克勒庇俄斯啊,也是一个不信这些话语的人。你说这些有灵
魂、有气息的,把他们说成是塑像,(但是正是他们)成就了大事。你说这些能
说预言的,把他们说成是塑像,(但是正是他们)给予了[人们以疾病]与医治, ⌐70⌐
就是[⋯]他们。"

关于埃及与世界

"阿斯克勒庇俄斯啊,要么你是不知道,埃及就是天的肖像? 或者毋宁
说,它就是天和天里面的一切能量的居所。如果我们合适在这里说出真理的
话,(那我们就说):我们的国家就是这个世界的神庙。对我来说更为合适的
是,不要不知道,一个时候就要来到我们这个国家。那时将会显现,埃及人是
如何徒劳地服侍神。他们的一切虔诚的努力都将遭到轻视。因为一切的神明
都将离开埃及,逃到天上去。埃及将会变得荒凉,它将被诸神所抛弃。异乡人
将会到埃及来,他们将统治埃及。埃及啊! 更有甚者,人们将阻止埃及人敬拜
神。更有甚者,埃及人将陷入最深重的惩罚,尤其是那服侍和敬畏神的人。到
了那一天,这个比一切其他国家更敬畏神的国度,将会不敬神。它将不再到处

是神庙,而将到处是坟墓。它将不再到处是神灵,而将到处是死尸。埃及啊!

71 埃及将会成为如同一个神话。他的神圣的本质将会是[…]美妙的事物以及[…]当你的话语是石头,并且是美妙的。埃及啊!野蛮人将会比你们更虔诚,无论是一个塞西亚人(Scythian)也好,还是一个印度人也好,还是别的哪里的人。关于埃及人我所说的这些是什么呢?因为埃及人不会离弃埃及。因为就在诸神离开埃及人的国土、逃升到天上去的时候,所有埃及人都将死去。埃及将被神灵和埃及人所遗弃。而你,(尼罗)河啊!那一天将要来临,你流淌的血将比水还要多。死尸将会堆得比堤坝还要高。那些死去的人也不会有人为他们哭泣,就如同活下来的那一个。事实上,到了第二个时期,人们会因着他的语言才想起他是一个埃及人。阿斯克勒庇俄斯啊,你为何哭泣呢?他将会因着他的举止像一个异乡人那样出现(在埃及)。神圣的埃及将会遭受比这更大的罪恶。这个热爱神的埃及、神灵的居所、宗教的学府将会变成渎神

72 的榜样。到了那一天,整个世界将不再奇妙,[…]也[不再不朽]也不再受到敬畏[…],因为我们说,它不是美好的[…]。它将既不是独一无二的,也不是一个(壮观的)景象。它在危险中运行,成为所有人的负担。因此它将受到轻视——这(本是一个)神的美丽的世界、无与伦比的杰作、拥有美德的能量、形式丰富的景象、不怀嫉妒的丰盛,充满了每一种异象。人们将喜爱黑暗胜过喜爱光明,喜爱死胜过喜爱生。没有人会朝天看一眼。他们会把虔诚的人视为呆子,而把不敬神的人当作智者予以尊敬。怀着恐惧的人将被看作强大的人,而善人将被当作罪犯受到惩罚。

　　"至于谈到灵魂、与灵魂有关的事、与不朽有关的事以及其他的我对你说过的事,修行者啊,阿斯克勒庇俄斯啊,阿蒙啊(Ammon)①,它们不仅会被看作是可笑的,而且也会被看作是虚荣。但是请相信我的话,以这样的方式陷在危

73(1行缺失) 险中的人,他们的灵魂将会处在极度的危险之中。一个新的律法将被确立[…][…]他们将[…]善者。[那]邪恶的天使将留在人这里,跟他们在一起,

————————————
　　①　Ammon 原意为埃及的太阳神。

把他们漫不经心地拉入到罪恶、不虔诚、争战和抢劫之中,教给他们与本性相违的事情。到了那一天,大地不再稳固,人们也将不在大海上航行,也将不认识天上的星星。神的话语的神圣的声音将从此沉寂,空气也将患病。

"这就是世界的衰老:失去虔诚、失去敬畏以及轻视善道。当这些事情发生的时候,阿斯克勒庇俄斯啊,主,父,来自于第一位神的神灵、第一位神自己、创造主神,在看到所发生的这一切之后,将会对付这种混乱,做出他的善的决断。他将扫除谬误、剪除罪恶。有时候他会把它们沉没到大洪水之中,或者把它们投入到熊熊烈火之中,或者把它们放在战争与瘟疫中碾磨,直到他带来［…］［…］［…］［…］这件事。" 74(1 行缺失)

关于拯救与灵魂的命运

"这就是世界的诞生:良善的虔诚者之本性将要在一个时期着手重建。那个时期是从未有开端的,因为神的意志是没有开端的,他的本性,也就是他的意志,是没有开端的。神的本性就是意志,他的意志就是善。"

"三重伟大者啊,意图是不是就是意志?"

"是的,阿斯克勒庇俄斯,因为意志是在决断之中的。因为他不想让他所拥有的出自于欠缺。因为他在每一个地方都是完美的,因此他所意愿的乃是他已经成就的。每一种善他都有了。他所意愿的是他所意愿的东西。他拥有他所意愿的善。所以他拥有一切。神意愿的,就是他所意愿的。那个善的世界就是善的一个肖像。"

"三重伟大者啊,这个世界是善①的吗?"

"阿斯克勒庇俄斯啊,她是善的,就如同我将会传授给你的那样。因为正如［…那灵魂和那］生命［…］那［世界］源［自于］质料。［这一些都是善的］,气候的变化、成熟的果实的美丽以及与此相似的一切事物。因此神拥有高于天顶处的权力。他在每一个地方,他注视着每一个地方。② 在他那个地方没 75(2 行缺失)

---

① 这里的善都可以译为"美好"。
② 参:《秀华努的教导》99,29ff.;《唉斯特利阿努》74,15ff.。

有天也没有星宿。他也是自由于身体的。然后德穆革拥有了那个地方之上的权力,就是在天与地之间的那个地方。他被叫作宙斯(Zeus),这个名字的意思是:生命。这个太阳神(Plutonius Zeus)就是大地与海洋之主。他不拥有所有会死的生物所需的食物,因为结出果实的是月亮神(Kore)。这些能量在大地上一直很强大,但是别的能量总是来自于存在着的那一位。大地之主将一直向后退隐,他们将把自己安置在一个城里面,那个城在埃及的一个角落里,它将被建在那个角落的日落的那一边。每一个人都要进入那个城,从海里来的,从海边来的人,也都如此。"

"三重伟大者啊,这一切现在将安置在哪里呢?"

"阿斯克勒庇俄斯啊,在一个大城里面,这城在[利比亚(Libyens)]的山上[…][…害怕][…如同一个]大的[罪恶][在]事情的无知之中。因为死亡来了,它是身体之病痛的消解,是身体之数的(消解),死亡完成了身体的数。因为这个数乃是身体的联合。当身体不再能够支持这个人的时候,身体就死去了。这就是死亡:身体的消解和身体知觉的消失。恐惧死亡是不合适的,因为死亡而感到恐惧也是不合适的,人应当为人所不认识、不相信的东西而感到害怕。"

"那么什么是人所不认识的和不相信的呢?"

"阿斯克勒庇俄斯啊,听吧。有一个伟大的魔鬼。伟大的神委任他为人的灵魂的监督者或者审判者。神把他安置在天与地之间的空气之中。当灵魂从身体中出来的时候,必然会遇见这个伟大的魔鬼。这个大魔鬼会立刻围着这个人,检验他在一生中是如何行事的。如果他发现,这个人到世上来做的一切事都在虔诚中做完了,那他就会放过这个人。[…][…]转身(离开)他[…]。但是[如果他看到…]在这个人[里面][…]他把他的一生带入到[恶]行里面,那么他就会在他[匆忙]向上的时候抓住他,把他扔到冥界之中,就这样他从天上悬挂下来,并且有人给他施以极重的刑罚。他的盼望将被剥夺,陷在极大的苦恼之中。那个灵魂既不能到地上去,也不能到天上去。它被陷在这个世界的气海之中,那里有大火、结晶水、火沟以及极大的迷惑。身体将被以各种各样的方式撕裂。有时候它被投入到咆哮的水里,有时候又被投入到火焰之中,为的是要让它毁灭。不过我不想说这是灵魂的死亡:因为它已经从邪恶中解脱出来了,但是这确实是一个死刑。①

"阿斯克勒庇俄斯啊,相信这些事,害怕这些事,这是合适的,为的是我们不会遇见这些事。因为不信的人是不虔诚的,是有罪的。到了后来,他们将被迫相信,他们将不只是听到嘴里说出来的话语,而且也将亲历这些事,因为他们不相信,他们会遭受这些事。不仅[…][…]首先,[阿斯克勒庇俄斯啊,] [78]一切[地上的都要死,那些在]身体里面的都要[消逝…]邪恶的[…]连同那些这一类的人。[因为那些在这里的人不同于那些在那里的人。]它与这个魔鬼一起行动,那个[…]那些人,他们轻视[…]在那里。这是不同的,毋宁说,那些在这个地方的诸神将会真正地[每天]惩罚那些隐藏在这个地方的人。"

"三重伟大者啊,在那里的不虔敬的形式是怎样的呢?"

"阿斯克勒庇俄斯啊,你要相信,当有人从神庙拿走什么的话,他就是不虔敬的。因为这种类型的人是一个强盗、一个贼。这样的事牵涉到诸神和人。但是不要把这个地方的人与那个地方的人彼此相提并论。

"我想在秘密中把这些话说给你听。人将无论如何不相信。因为那些充满了邪恶的灵魂将进入到空气之中,而是将进入到那个魔鬼的驻地,那里满是病痛,时刻都有血腥和谋杀,他们的食物乃是哭泣、哀伤和呻吟。"

"三重伟大者啊,这些魔鬼是谁呢?"

"阿斯克勒庇俄斯啊,他们就是所谓的'扼杀者',他们把灵魂碾压到污秽之中,他们鞭笞灵魂,把灵魂投入到水里面,投入到火里面,把苦恼和不幸粘在灵魂的身上。因为一切既不是来自于一个神圣的灵魂,也不是来自于人的理智的灵魂。他们来自于可怕的罪恶。"

---

① 或者译成"对死人的审判"。

第 三 部 分

祷文、布道文、仪式与法术

使徒保罗的祈祷

《使徒保罗的祈祷》(*The Prayer of the Apostle Paul*, NHC Ⅰ.1) 是抄写在第一抄本,也就是荣格抄本扉页上的,很明显是在抄写者抄完了该书册最后一篇《三部训言》之后加上去的。该文本的出处不详,其中提到的"属魂的神"显示了与瓦仑廷派有渊源关系。

该文本形式和内容跟许多其他的文本相呼应,它不仅与赫耳墨斯文集 (*Corpus Hermeticum* 1.31-32;5.10-11;13.16-20) 中的祷文非常相似,而且也类似于巫术文本中的咒语。它的开头与《塞特的三块碑》第一部分中的赞美诗相像。与《腓力福音》中的有些内容也是相似的。从总体上看,该文本受到诗篇和保罗书信的深刻影响。其中最明显的是回应保罗的,同时也显示出诺斯替色彩的是恳求赐予"天使的眼睛所未曾看见的、阿其翁的耳朵所未曾听到的,以及未曾进入人心"的奥秘。

文本呼唤耶稣基督的名字,援引了"福音的传讲者"保罗的权威。因此本文的标题并不意味着保罗是该文本的作者,这是瓦仑廷的传统,他们的领袖常常借助于罗列追溯到遥远过去的学术先驱传承,来增加自己的威信。

该文本是一个简单的三元结构。第一部分讲述了祈祷者从普累罗麻中流溢出来的历史以及向往最终的回归。第二部分祈祷神学的权威,身体的医治,灵魂和灵的拯救以及智性的启迪。第三部分祈求高贵和奥秘,并以一首赞美诗作结尾。

正　文

A.（约两行遗失）

你的光明,赐给我仁慈!

我的拯救者,拯救我,因为我是你的,是从你那里来的。

你是我的心灵,是你生了我!

你是我的宝库,为我打开这宝库之门吧!

你是我的圆满,求你接纳我的吧!

你是我的安息,求你赐给我不可理解的完美的事!

我乞求你,啊,你是存在的,

你先存于高于一切名的名之中,

通过耶稣,

万主之主,

移涌的君王。

赐给我你的不后悔的礼物吧,

通过人子,灵,真理的圣灵。①

赐给我权威吧,当我请求的时候;

治好我的身体吧,当我通过福音传讲者请求的时候;②

拯救我的光明的灵魂和我的灵。

求你让恩典的普累罗麻的首生者③显现在我的心灵里。

赐给我那天使的眼睛所未曾见过的,

---

① 参:《约翰福音》14,26;15,26。中文串珠本圣经译为保惠师。

② 这里可能暗示的是《歌林多后书》11,这个福音传讲者可能是指保罗。

③ 首生者暗示的是《罗马书》8,29;《歌罗西书》1,18。

阿其翁的耳朵所未曾听见过的，

以及未曾进入过人心的事，①

那些人是天使，

是从一开始就按照属魂的神的形象塑造出来的，

而我是有信心和盼望的。

求你赐给我你所爱、你所拣选、你所赐福的伟大，

那位最初的生育者，

那位首先被生出来者，

还有你的居所的奇妙的奥秘，

因为能量、荣耀、赞美、伟大，

永永远远都属于你！

阿门。

---

① 参:《歌林多前书》2,9f.。

感 恩 祷 告

《感恩祷告》(*The Prayer of Thanksgiving*, Ⅵ.7)是一篇赫耳墨斯祷文,是神圣知识的领受者在仪式上献上的感恩祷告。这个文本提供了赫耳墨斯派宗教仪式实践的资料,祷文本身也是在仪式上颂读的,结尾处提到祷告之后有拥抱和圣餐的仪式。

这个文本不只出现在那戈·玛第抄本中,它还有一个希腊文的版本(Papyrus Mimaut col.Ⅻ,591—611)和一个拉丁文的版本(CH Asklepius 41b),在希腊文版中,这个祷文是一篇更长的巫术文本中的一部分,而在拉丁文版中,它是一篇文献的结尾,在那戈·玛第抄本中,这个祷文是整个第 6 书册的结语。

正　文

63　这是他们所献上的祷告:

64　我们感谢你! 每一个灵魂,每一颗心灵都被提升到了你那里,你是平静的、不受干扰的名,以"神"这个名字受到崇敬,以"父"这个名字受到赞美,因为你对每一个人、每一个事物,都有父亲般的仁慈、关心和爱护,你的所有教训都是甜美、明白的,你给了我们心灵、语言和知识;你给了我们心灵,让我们可以领悟你;你给了我们语言,让我们可以阐述你;你给了我们知识,让我们可以认识你。我们欢喜快乐,因为我们已经被你的知识照亮;我们欢喜快乐,因为你已经把你自己显现给我们;我们欢喜快乐,因为在我们还在肉体之中的时候,你就已经通过你的知识使我们成为神圣。

我们这些已经获得了的你的人所献上的感谢就是:我们认识了你。我们认识了你,理智的光明!生命的生命啊,我们认识了你!每一个创造物的子宫啊,我们认识了你!孕育着父的本质的子宫啊,我们认识了你!历久永存的生育之父啊,我们这样崇拜你的善!我们所求的恳求有一个:让我们留在知识之中吧!我们向往的保护有一个:不要让我们在这样的生命中跌跤! ⌞65⌟

他们在祈祷中说完这些话之后,就彼此拥抱,然后去吃他们的神圣的食物,就是里面没有血的食物。

塞特的三块碑

　　《塞特的三块碑》(*Three Steles of Seth*, NHC Ⅶ.5)据称是由天上的塞特和他的父亲原创的颂歌式祷文,阅读这个文本可以想象出塞特派诺斯替团体的唱诗崇拜的场景,为了解塞特派诺斯替主义群体的敬拜习俗提供了一个罕见的视角。这三块碑中的颂诗体祷文以依次上升的秩序赞颂神的三重本性:自生的子、童贞的巴贝洛(母)、不可见的父。文本最后是关于使用这些诗歌的教导:它们是在出神升天的仪式中使用的。文本中多次使用了第一人称复数,这暗示了这些祷文是在群体性的崇拜中使用的,希恩克(Hans Martin Schenke)据此认定塞特派存在着一种升天的秘仪。文本中的三个部分依次对应于敬拜者上升到神的三重性质中去的那三个阶段或三个层次,而在文本的结尾之处又提到从第三层次下降到第二层次,最后降到第一层次的过程。

　　在出神状态中穿越诸天是塞特派诺斯替主义的一个传统。《唆斯特利阿努》和《阿罗基耐》也记载了先知的这种出神体验,不过,这两篇主要是记载灵魂上升时得到的启示的,目的是教化,对神圣三位的祷告只是在行文中顺便提及,而《塞特的三块碑》则完整地记录了这些祷文,目的是塞特派群体可以以此为原型在仪式中重演他的升天。

　　犹太历史学家约瑟夫记述了塞特的后裔如何把亚当、夏娃和塞特的智慧保存在砖和石头的碑上以躲避苦难和洪水的故事。在《创世记》中,塞特标志着该隐与亚伯之间悲剧性冲突之后的一个新的开端。神立塞特以代替亚伯,他是亚当的儿子,与他的父亲亚当相像,正如亚当与神相像那样。正是在他的那个时代,"人们才开始求告耶和华"。按照约瑟夫的记载,塞特的后人跟随他的榜样,继续敬畏神有七代之久,但后来他们也陷入邪恶腐败的生活中。在这个敬畏神的时期,他们保存并增添了亚当传给塞特的知识,并且在预知水和火的神判已经迫在眉睫的时候,把知识刻在两块碑上,以便留传给后代,一块是石碑,可以避开水灾,另一块是砖碑,可以避开火灾。这个传说被用于解释这个文本的起源场景。《关于第八与第九的谈话》中也有一个类似的传说暗示赫耳墨斯教的文本也是保存在碑上流传后世的。犹太传说中的碑原本只有两块,现在却成了三块,这显示了新柏拉图思想中神圣三元结构观念的影响。

在这个文本中有大量的新柏拉图主义的哲学术语,尤其是神性中的存在—生命—心灵这个三元结构。这些术语也可在《唆斯特利阿努》、《阿罗基耐》和《马萨娜斯》等类似的文本中找到,这些文本集合起来就成为一批与新柏拉图主义有着紧密联系的塞特派诺斯替主义的文献。文本的来源尚无法确定,但是从文本中的哲学风格来看,它极有可能是出自于埃及的亚历山大利亚。

正 文

引 言

这是陀西修(Dositheos)关于永生的、不可动摇的族类①的始祖塞特所立 [118] 的三块碑的启示,陀西修见到这三块碑并且领悟了。在他读过以后,他就记住了。然后他按照上面所刻写的原原本本地传授给那些蒙拣选的人。

很多次,我跟众能量相遇在丰沛的荣耀中,并且变得配受不可测度的至尊者。

---

① 永生的族类见《尤格诺斯托书》72,19;《唆斯特利阿努》《唆斯特利阿努》4,15;不可动摇的族类见《约翰密传》25,23;《耶稣基督的智慧》97,9;《埃及人福音》63,3;《唆斯特利阿努》6,27。族类则在诺斯替经书的许多地方出现,可能是一个特定的诺斯替派的自称。参:《埃及人福音》IV63,2-3;65,27-28);也参:《唆斯特利阿努》6,26-27;51,15。

三块碑上写着如下的文字：

塞特的第一块碑

亚当玛斯[Geradama(s)]①啊，我赞美你！

我，你的儿子，Emmacha 塞特②，

就是你未经生育生出来的，

为了赞美神的那一个。

我是你的儿子，

我的父啊，你也是我的心灵。

我播种并且生育了，

[而]你已经[看到了]那些至尊者，

并有不朽地长存着。

父啊，我赞美你！

祝福我吧，我的父！

我是因你而存在；

你是因神而存在，

正是因为你，我才与那一位同在。

你是光明，你看见了光明。

你启示了光明。

你是美罗蒂娅（Mirotheos）③，

你是我的美罗蒂娅。

---

① Geradama 就是亚当玛斯，有时候写成 Pigeradama《约翰密传》8，34；《唆斯特利阿努》6，23 和《麦基洗德》6，6。这个前缀可能是"神圣的"，"老的"或者"异乡的"的意思，这里简单译成亚当玛斯。

② 塞特前面的这个称号也见《埃及人福音》62，2-4；《唆斯特利阿努》6，25。在希腊文的魔法书中，塞特这个名字有另外的称号（PGM IV 280.2224；Iobolchoseth）。

③ Mirotheas 或 Mirotheos，希腊语的生造词，可能是"神的部分"的意思。这个人物也见：《埃及人福音》49，4；《唆斯特利阿努》6，30；《普鲁娜娅的三形态》38，15。

我把你当作神来赞美，

我赞美你的神性。

多么伟大啊！那长存的美好的自生者，

那历久长存的神。

你从美好中来，

你已经显现，

你已经显出了美好。

我要赞美你的名，

你是一个最初的名。

你是无生①的，

你的出现是为了彰显永恒。

你就是那永存者，

所以你已彰显出那些真正的永存者。

你是被一个声音讲出来的，

但是你是被心灵赞美的！

你在每一个地方都是强有力的，

因此感觉的世界，

也因为你和你的种子认识你。

你是仁慈，

120

你来自于另一个族类，

置于另一个族类之上。

你来自于另一个族类，

你是不同的。

你是仁慈的，

你是永恒的。

---

① unbegotten，相当于 selfbegotten，不是别的存在物生出来的，是自己生出来的。

你置于一个族类之上，

你让所有这一切繁衍，

因为我的种子的缘故，

你在知道它在世代中的位置。

但是他们来自于不同的族类，

他们是不同的。

他们置于另外的族类之上，

他们置于生命之中。

你是美罗蒂娅。

我赞美他赐给我的能量。

是你造就了那真正的三重阳性，

就是被分为五元的那一位，①

是以三元能量赐给我们的那一位，

是未通过生育而出生的那一位，

来自于上界，

却为了那些下界者的缘故，来到了这个中间的层次。

你是来自于父的父，

来自于命令的道（话语）。②

三重阳性，我们赞美你！

你让万有归为一体，

赐给我们能量。

你来自于一，来自于你离开的一。

你已经达到一。

---

① 尽管大部分地方讲到巴贝洛移涌是三重结构的，但在这里也接受了《约翰密传》中的五重结构，说明这两种结构并不是相互排斥的。

② 参：《阿罗基耐》51,36-37。

你是被戴上了冠冕的，

也是赐予冠冕者，

你已经施行了拯救，

你已经施行了拯救，

你已经拯救了我们。 |121|

我们永远赞美你，

我们赞美你，

我们这些已经得蒙拯救的人，

乃是完美的存在，

因你而成为完美，

与你一同成为完美。

你是圆满的，

你是使人圆满的，

你是通过所有这一切成为圆满的，

你是处处相同的。

三重阳性，

你已经站立，

你是最早站立的。

你已经被分到万方，

但是你始终是一。

那些你想要拯救的人，

你都已拯救。

你想让所有配得拯救的人得到拯救。

你是完美的！

你是完美的！

你是完美的！

塞特的第二块碑

多么伟大啊,第一个永恒的王国!

阳性的童贞的巴贝洛,①

那不可见之父的最初的光辉!

你被称为完美者,

你第一个看见,

那真正的先存者乃是一个无。②

从那一位,通过那一位,

你最早并且永远地进入存在了,

你来自那个不可分的、三重[能量]的非存在。

你是那个不可见的三重能量,③

[你是一个]来自于纯粹的一的伟大的一④,

122

你是一个高超的一,

圣父的第一个[影子],

来自于光明的光明。

[我们]赞美你,

至善的创造者(阴性),

永恒王国的赐予者(阴性)。

你[见过]那些永恒者是来自于一个影子的。

你已经散为众多,

你看起来是一,你仍然保持为一,

———————————

① 巴贝洛是神圣的母亲,不可见之父的第一个流溢。

② 非存在(non-being),神是超越于存在的。

③ 关于三重能量者,参:《玛萨娜斯》6,19;《阿罗基耐》45,13。

④ monad,单子(或太一)。

然而通过分化散为无数。①

你是三重复制，

你实在是被复制了三次。

你是一，属于一，

你来自于它的影子。

你是隐藏的，

你是一个悟性的世界，

你认识那些属于一、来自于阴影的人。

他们是你们的，在你们的心里。

为了他们的缘故，你赋予那些永恒者以存在，

赋予神性以活泼，

赋予知识以美好，

在福祉中，你赋予那些从一涌出的影子以力量。

你造就了悟性中的那一位，

你造就了创造中的另一位。

你造就了平等与不平等，

你造就了相同与不同。

你以能量造就万物，又使那在［其中］的成形。

你赋予这一切以力量，

123

隐藏［在］心中，

［你］来到了他们中间，也是［从］他们而来的。

你［被分散］在［他们中间］，

成为一个伟大的阳性的最早出现的心灵。②

父神，

---

① 这里描述了一如何同时是三、单数同时是复数的奥秘。在这里这个问题主要是新柏拉图主义的哲学问题，在另外的地方可以演化为基督教的三位一体的问题。

② 关于普鲁法尼斯移涌，参《唆斯特利阿努》13,4；《阿罗基耐》43,36。

神圣的孩子①，

众生的创造者，

在划分那些真正存在者的时候，

你把一个话语启示给他们所有人。

你拥有他们全部，由于你的缘故，

他们无生无灭。

因为你的缘故拯救已经来到我们这里，

拯救是从你而来的。

你是智慧，

你是知识，

你是真理。

生命是因为你，

也是来自于你。

心灵是因为你，

也是来自于你。

你是心灵，

你是一个真理的世界，

你是一个三重能量，

你是三重的复制，

你实在是被三重地复制了，

是众移涌的移涌。

唯有你纯粹地见到了那最初的永恒者和无生者。

你划分我们，犹如你以前被划分，

你联合我们，犹如你以前被联合。

把你所见的教给我们，

---

① 参:《约翰密传》1,30ff.;《唆斯特利阿努》2,7ff.。

求你赐给我们力量,让我们得救进入永生。 [124]

[我们][每个]都是你的一个影子,

正如你是[那……]最初的先存者的一个影子那样。

求你首先垂听我们。

我们是永恒者。

垂听我们,就当我们是至善的个体。

你是众移涌的移涌,

是那被确立的至为完美者。

你已听到!

你已听到!

你已施行拯救!

你已施行拯救!

我们要感恩!

我们要永远赞美你!

我们要歌颂你!

第 三 块 碑

我们喜乐!

我们喜乐!

我们喜乐!

我们看见了!

我们看见了!

我们已经看见了那位真正先存者,

那真正存在的一位,

那位第一位永恒者。

你是无生的,

永恒者从你而来,众移涌从你而来,

那被确立的全然完美者从你而来，

那至善的存在物从你而来。

我们赞美你，非存在者，

众实在之前的实在，

从存在物之前的第一个存在物，

神性和生命之父，

心灵的创造者，

美善和福祉的赐予者。

我们都赞美你，

你这位知道者，

125 我们用［赞美］的声音赞美（你），

因为你的缘故［这一切都得以存在，…真正地，…］

你是［单单］通过你自己认识你自己的。

在你以前没有人活动。

你是独一的、生命的［灵］。

［你］认识一，

我们无法讲说这个一，

无论在何处，它都是你的。

你的光明照亮了我们。

命令我们看见你吧，

这样我们就能够得救。

对你的知识就是我们的拯救。

命令吧！

如果你命令，

我们就已经得拯救！

是的，我们真正地得救了！

我们已经用心灵看见了你!

你就是所有这一切,

因为你拯救了这一切,

你就是那不被拯救的一位,

然而却通过他们得到了拯救。

因为你,你已经命令我们。

你是一,

你是一,

正如有人会对你说①:

你是一。

你是唯一的,生命的灵。

我们如何给你起名?

我们不能够。

你就是他们的存在,

你就是他们的生命,

你就是他们的心灵。②

他们在你里面欢喜。

你命令他们

通过道[得救][…]

唯一的荣耀,在他前面,

隐藏者啊! 蒙福的塞那翁(Senaon),自我含孕者,

[阿西]纽(斯)([Asi]neu(s))

[…]以弗纽(斯)[Ephneu(s)]

奥塔安(Optaon)

伟大的能量艾利玛尼(Elemaon)

126

---

① 参:《阿罗基耐》54,26。

② 存在、生命、心灵,新柏拉图主义的三元组合。

艾曼尼阿（Emouniar）

尼巴留斯［Nibareu（s）］

康狄弗斯［Kandephor（os）］

阿腓利顿（Aphredon）

狄法尼奥斯（Deiphaneus）

你是我的阿米顿（Armedon）①

你是众能量的生育者，

塔兰拿提奥斯［Thalanatheu（s）］

安提修斯（Antitheus）

你在你里面，

你在你之前，

在你以后再也没有人行动。②

我们应如何赞美你？

我们不能够，

但是我们能够感谢你，

我们这些低级的人。

因为你命令我们，

你是我们的上级，

要我们尽我们所能颂扬你。

我们赞美你，因为我们已蒙拯救，

并且永远颂扬你。

我们要颂扬你，

为的是我们被拯救到永恒的拯救之中。

我们已经赞美你，

因为我们能够。

---

① 有时也作哈密顿 Harmedon。

② 这一段祷文也参：《阿罗基耐》54,11ff.和《唉斯特利阿努》86,13ff.。

我们已得蒙拯救。

你总是愿我们这样做,

我们也已经这样做了。[…]

127

无论谁,只要记住这些碑文,时常念颂,就会成为超乎万物流变的至善者之中的至善者。他们不论独处还是在一起,都这样赞美,以后,他们就会进入寂静之中。

正如命定的那样,他们升天了。在寂静之后,他们就下来了,从三赞美二,从二赞美一。上升之路就是下降之路。

你们作为活着的人已经知道,你们已经熟知无限之事。你们要赞美在你们里面找到的真理和启示。

＊　＊　＊

这本书是属于父的。出自儿子的手笔。

啊,父,祝福我。啊,父,我在平安中赞美你。

阿门。

秀华努的教导

  《秀华努的教导》(*The Teaching of Silvanus*, NHC.Ⅶ,4)是诺斯替派导师对弟子的训诫文,目的是传授基督的智慧,带给人自制的、"宁静"的生活,使人能够取悦于神,并最终帮助人"变得与神相像"。这是希腊化基督教智慧文学的一个罕见文本,受犬儒派、斯多亚派和希腊化颂诗的影响,非同寻常地把《圣经》和后期犹太教思想、中期柏拉图主义、斯多亚学派的人类学、伦理学和神学观念综合起来了,结合了埃及、希腊和希伯来的因素,是二世纪、三世纪混合主义精神的典范。

  该文本有很强的禁欲主义修行色彩,劝勉人克制低级激情、欲望和不干净的意念,从迷惑人的、痛苦的世界中解脱出来。文本的开头部分着重描写了灵魂的状态。它把激情和冲动说成是"强暴的野兽",为了防止低级的激情与非理性的冲动占据和征服灵魂,秀华努训诫弟子们要让"心灵"成为他们的"指导原则",让"逻各斯"成为人的"导师"。文本第二部分着重讨论了灵魂得救的问题。拯救者—启示者,即基督,这位全能神之子,使拯救成为可能。其中关于基督和神如何跟心灵那样不局限于身体的某个部位,而是遍布整个身心的讨论是跟柏拉图主义"一与多"的关系的讨论相对应的,既不是严格的二元论,也不是泛神论。结论部分,秀华努劝勉弟子们摆脱罪恶势力的控制,净化生活,寻求基督的智慧和神的道路的永远的恩赐,在觉悟中寻求基督的内在帮助。该文本可能跟《塞克吐斯语录》和《战争者多马书》一样在修道院中使用。

  有些学者认为,秀华努就是《哥林多后书》一章19节中的那个西拉(Silas),他是耶路撒冷教会的一个显赫人物,他曾经与保罗一起旅行,并且可能是《彼得前书》五章 12 节所提及的彼得的秘书。从本文跟斐洛、亚历山大的克莱门、奥利金、阿他那修的著作的明显的相似性来看，这个文本可能于二世纪末发源于埃及的亚历山大利亚。结尾的注文可能是抄书者加上去的，它的四周围绕着一些与基督被标记为鱼有关的神秘记号，这些标记的意思是"耶稣基督，神的儿子，救主"。

正　文

劝诫：要听从心灵

除掉你们的幼稚，为自己获取心灵和灵魂的力量，竭力与愚蠢的爱欲和卑下的邪念斗争，与爱慕虚荣斗争，与争强好胜的心理斗争，与令人疲倦的嫉妒和怨恨斗争，与愤怒和贪欲斗争。坚守你们的营盘、兵器和战矛。把你们自己武装起来，以话语为战士，以谋略为将军，以心灵为统帅。 85

我的儿子啊，把所有的强盗都赶出你的大门。举着火炬——也就是话语（道）——把守所有的大门，这样，你就会跟他们所有人一起获得宁静的生活。那些没有守住大门的人，将会变成像一座被攻克的荒废的城。各种野兽会在里面践踏，因为不好的意念就是凶恶的野兽。你的城将会充满强盗，你将得不到安宁，你所能得到的只是那些狂暴的野兽。那恶者，他是暴君，他就是这一切野兽的君主。当他指挥这些事情的时候，他乃是处在大泥沼底下（下界）。整个城池，也就是你的灵魂，将会毁灭。

可怜的灵魂啊，你要逃避所有这类事。把你的导师和老师带到你的里面，心灵就是你的导师，逻各斯就是你的老师。它们会带领你脱离危险和毁灭。

我的儿子啊，你要听我的教导。不要背向着你的仇敌逃跑，而要做一个强者去追赶他们。不要做野兽，让人来追赶你，而要作为一个人去追赶那些凶恶的野兽，不让他们找到机会战胜你、像践踏死人一般地践踏你，也使自己不致于因为他们的罪恶而灭亡。 86

可怜的人啊,要是你落在他们的手里,你可怎么办啊?你要保护自己,以免落在仇敌手中。你要把自己托付给你的两个朋友,也就是心灵与逻各斯,这样就没有任何人能够战胜你了。愿神住在你的营中,愿他的灵保守你的大门,愿神性的心灵保护你的城墙。让神圣的逻各斯做你心灵中的火炬,让它焚烧整个罪恶的森林。

我的儿子啊,你如果这样做了,你就能战胜一切仇敌,他们就不会发动战争进攻你,他们也没有能力抵挡你、阻挡你的道路。当你遇见这一切的时候,你就会藐视他们,把他们视为蚊子。他们与你说话,[用甜言蜜语欺哄]你、引87 诱你,这不是因为他们害怕你,而是因为他们害怕住在你里面的那些神性的守卫者和教训。

劝诫:要接受教导

我的儿子啊,你要接受教育和教导。不要逃避训诲和教训,当你受教的时候,你要欢喜领受。你想在任何事情上受教,都当唯善是从。然后你将会为引导你的灵魂的心灵编织教育的花环。

你要穿上神圣的教训,就如同穿上衣袍一样。你要通过好的人生经历让自己变得高贵,你应当得到严格的纪律,你应当如同一个智慧的判官那样审判自己。你不要疏远我的教导,不要不学无术,免得你把自己的民族引至歧路。不要逃避那些在你里面的神明和教训,因为,教训你的那一位爱你极深。他将会把一种合适的苦行传授给你。

扔掉你里面的兽性吧,不让邪念进入你里面。因为[……]你合当明白我指引给你的道路。如果说能够掌管[少数人]就已经是件好事了,那么要是你们能够掌管所有的人岂不是更好了?你能够掌管每一个人,因为你比一切教会、88 一切民族都要崇高,无论在哪一个方面都很崇高,你拥有了神圣的逻各斯,将主宰毒害灵魂的每一个能量。

我的儿子啊,难道会有人想让自己做奴隶吗?为何要有害地让自己陷入到迷狂之中呢?我的儿子啊,除了神,这位至高者之外,你不要畏惧任何其他人。抛开魔鬼施于你的诡计,抛开黑暗,让你的眼睛接受光明。活在基督里面,你将会获得天国的宝藏。不要成为无数无用之物做成的混合物,不要成为你的瞎眼的无知的开路人。

我的儿子啊,你应当听从我的教训,那是好的、有用的。你应当止息那沉重地压在你身上的睡眠。从遗忘中走出来吧,它用黑暗把你充满了! 要是不能有所作为的话,我本不会对你讲这些事了。基督已经来了,为你带来了这些礼物。你已经拥有了光明,却为何还要追求黑暗呢? 你已经能够啜饮甘泉,却为何还要喝那腐臭的水呢?

关于智慧和愚蠢

智慧召唤你,而你却追求愚妄。不是你自己愿意做这些事,是住在你里面 [89] 的兽性在做这些事。智慧在美好地召唤你们,她说:"来吧,到我这里来! 你们所有人,你们这些愚昧的人,到我这里来领受一个恩赐,一个美好而精妙的悟性。我要赐给你们一件大祭司的衣袍,是用一切智慧织成的。"

罪恶的死亡若不就是无知还能是别的什么呢? 罪恶的黑暗若不就是亲近遗忘还能是别的什么呢? 把你们的焦虑全部扔给神吧。不要贪爱无用的金银,而要穿上智慧,就如同穿上衣袍,你们要戴上知识,就如同戴上冠冕,你们要坐在觉悟的宝座上。因为这些都是你们的,你们将在另一个时候在更高的层面上再次得到它们。

愚昧的人往往会如同穿上衣服那样地穿上愚昧,如同穿上一件丧衣那样地穿上羞辱,为自己戴上无知的冠冕,就坐在[无知]的宝座上。由于他[没有道]他就把自己引到了谬误之中,因为他是受无知的引导。他所走的道路乃 [90] 是欲望的道路,会走向一切炽烈的情感。他浮游在此生的欲望之中,沉没于其中。诚然,他在做这一切无益之事的时候必然认为自己是能够得到益处的。这个可怜的人在经历了所有这些事之后将会死亡,因为他没有心灵这位舵手,他就像一艘在风浪中颠簸的船,又像一匹没有骑手脱了缰的马,因为他需要一位骑手,那就是逻各斯。这个可怜的人之所以陷入谬误,乃是因为他不听忠告。他在三种灾祸中挣扎：以死亡为父、以无知为母、以恶谋为朋友和兄弟。因此，愚昧的人啊，你要为自己哭泣！

回到神那里去

从此以后，我的儿子啊！你要恢复你神圣的本性，抛弃这些罪恶的、迷惑人的朋友。［接受］基督，［这位真正的朋友］，让他做你的导师。抛弃你已经认它为父的死亡。死亡本来不存在，最终也将不存在，只是因为你抛弃了神，这位神圣的父、真正的生命、生命的泉源，所以你才以认死亡为父，认无知为母。他们从你那里夺走了真正的知识。但是，我的儿子啊，回来吧，回到你最初的父亲，神，和你的母亲，智慧，这里来，你从开始就是他们生出来的，为的就是要跟你的一切敌人，也就是一切敌对的能量战斗。

我的儿子啊，你听我的忠告。不要心存高傲，听不进各种好的意见，你应当站在逻各斯的神性这一边，谨遵耶稣基督的神圣诫命，这样你就能管理地上的万方，得到天使和天使长的敬重，让他们做你的朋友和共同侍奉者，在上天获得一席之地。

不要把忧伤和烦恼带给那位住在你里头的神明。如果你悉心静养，追求洁净，并且在身体和灵魂上都保持纯洁的话，你就会成为智慧的宝座和神的家人。他将会通过智慧赐给你大光明。

关于人的本质

至关重要的是，你要认识自己的出生。你要认识自己，知道自己出于什么本质，或出于什么样的根，是从哪里来的。你应当明白自己出于三个根：出于地、出于形式、出于创造。身体是出于地的，也就是出于属世的质料；形式的目的是灵魂，是从对神的回忆中来的；创造则跟心灵有关，来自于神的形象。神圣的心灵的本质是来自于神的，灵魂则是神为了他们的心塑造出来。因为我想，灵魂是作为那一个具有神的形象的心灵的妻子而存在的，而物质身体的本质，是出自于泥土的。

当你融合的时候，你就会通过从美德堕入卑贱而获得三个部分。你的生 ⑨3

活要跟心灵相一致，不要追求属于肉体的事。你要获得力量，因为心灵乃是有

力量的。

如果你从这里堕落到那里，你就成了阴阳合体。如果你抛弃心灵的本质，

也就是觉悟，那么你就切除了阳性的部分，你就转向了完全的阴性。由于你领

受了形式的本质，所以你就成了属魂的人。如果你继续抛弃余下的阳性部分，

以至于完全丧失阳性的部分，那么由于你接受了动物的意念和形象，你就呈现

出动物性，成为属肉体的人了。如果说，要找到一个属魂的人就已经很困难

了，那么，要找到主岂不是难上加难了吗！我说过，神是属灵的。

人的形象来自于神的本质。神圣的灵魂部分地参与在神里面，部分地参

与在肉体里面。卑贱的灵魂是在这两端之间来回摇摆的。人啊，你如果转向 ⑨4

人性而非兽性，也即肉体性，这乃是好的。你转向哪一部分就会呈现出哪一部

分的形象。

我还要告诉你更多的事。你要朝什么方向努力呢？你以这样的方式来自

于自然，难道你就想成为一个动物么？你还是去努力拥有真正的生命本性吧。

兽性会把你引入属世的族类，悟性会把你领上悟性的道路。你要转向悟性的

禀性，摒弃你身上的属世的本性。

执着的灵魂啊！清醒过来，抖去你的沉醉吧！那沉醉乃是无知所作的业。

如果你一意孤行，生活在肉体之中，那么你就是住在愚昧无知之中了。当你进

入到肉体性的出生时候，你就被生下来了。〈要是你想重生的话〉，你就应当

在婚房的里面出生，让你的心灵得到光明的照耀。

劝勉正确的生活，警惕敌人

我的儿子啊，不要在任何水里面游泳，不要让陌生的知识玷污你。你不是

知道的吗，仇敌乃是诡计多端的，他要各种花招？他们特别抢走了悟性之人的 ⑨5

蛇的智慧。因为你们应当领受这两种智慧：蛇的智慧和鸽子的驯良，以免仇敌

以献媚的人的形象，冒充真正的朋友到你这里来，对你说："我要教你做好

事"。当你接受他为真朋友的时候,你就不能识破他的欺骗。

然后他会把罪恶的意念充作好的意念放在你们心里,把伪善装扮成真智慧,把贪婪装扮成节俭,把对虚荣的爱慕装扮成可敬,把喜好夸口和傲慢装扮成严谨苦行,把不敬畏神装扮成虔诚。因为,凡是说"我有许多的神"的人乃是不敬畏任何神的。他把不可靠的知识装扮成奥秘的话语放在你们心里。有谁能明白他的意念和他那些多变的诡计呢? 对于那些想要接受他做王的人来说,他就是一个伟大的心灵。

我的儿子啊,你如何才能识破仇敌的念头,或他那谋害灵魂的决心呢? 他的诡计和他的罪恶的花招层出不穷,你要知道他是怎样进来的,想想他是如何侵入你的灵魂的,是以什么样的伪装进入到你里面来的。接受基督吧,他能够让你得到解放,他把恶者束缚揽到了自己的身上,为的是借此使恶者受骗,进而消灭他。这就是你们拥有的王,是永远不可战胜的,没有人可以与他相争,没有人可以用话语攻击他。这一位就是你们的王,你们的父,没有哪一位可以跟他相提并论。这位神圣的导师一直与你们同在。他是一位救助者,为了你们里面的美好,他会与你们相遇。

关于智慧的人

不要在你们的判断的话语中怀有恶意,因为怀着恶意的人所害的乃是他自己的心。只有愚昧的人会走向自己的灭亡,智慧的人认识他自己的道路。

愚昧的人往往不知道保守奥秘,但是智慧的人每句话都不会随口说出,他会分辨听话的人。不要在不认识的人面前把所有的话都说出来。

你要交许多朋友,但不要交许多谋士。你首先要考验你的谋士,不要尊敬那些谄媚者。他们的言语固然甜得像蜜一般,但他们的心里却装满了苦汁。什么时候他们自以为成了你的可靠的朋友,什么时候他们就会把奸计施加在你的身上,把你投入到污秽之中。

不要相信任何朋友,因为整个世界已经成了一个诡计,每一个人都在虚无中迷惘,不知所措。这世界的所有事物都是于人无益的,它们都发生在虚无之中。没有朋友,也没有兄弟,因为每个人都在追求自己的利益。

我的儿子啊,不要把哪个人当作自己的朋友。如果你确实交了一个朋友的话,你也不能把自己托付给他。你要把自己单单托付给神,你的父,你的朋友,因为每个人都行走在诡计之中。

整个世界充满了苦难与痛楚——其中的一切事物都是无益的。

如果你想平安地度过此生的话,就不要与任何人为伍。如果你真的要与他人为伍的话,也应当表现得若有若无,就好像你跟他们没有关系那样。你要讨神的喜悦,这样你就不再需要任何人了。

关于基督和神

跟基督同活,他将会拯救你。

因为他是真正的光明,是生命的太阳。正如太阳赋予肉体的眼睛以光明那样,基督也照亮了每一颗心灵。如果说,一个在身体里头活着的罪恶之人必将恶死的话,那么,瞎了心灵的眼睛的人不知会遇见什么样更恶的死亡呢?因为盲人[长期没有能够]看见太阳,同样,一个心灵不健康的人不会欢喜看见 [99] 基督的光明,也就是逻各斯。

因为一切可见的事物都是隐藏的事物的印痕。正如在一个地方燃烧的火并不局限在那个地方那样,那天上的太阳也是如此,它在天上,但它的所有的光线铺展在大地之上,同样,基督乃是独一的存在,但他赐予每个地方以光明。

同样,他说,我们的心灵如同一盏明亮的灯,它只在灵魂的一个部分里头,却照亮灵魂的所有的部分。

我还要讲说比这件事更高妙的事:心灵,就其本质而言,是处在一个地方的,也就是说它是处在肉体之中的;但是就它的意念而言,它不是被限制在一个地方的,因为,当它在冥想所有地方的时候,如何能只待在一个地方呢?

但是我们还能讲说比这更为高妙的事:你们不要私下以为神乃是在某一个空间里面的。如果你们把万有之主定位在某一个空间的话,那么你们得承 [100] 认,那个空间要比住在空间里面的那一位更为崇高,因为包容者比被包容者更加崇高。没有任何空间是可以称之为非躯体性的，而如果我们说神是一个躯体，那是不合适的，因为那样一来，我们不得不承认身体是有损益的，而受制于身体的那一位也就无法保持不朽了。

要想认识到有一位创造万物的创造主，这并不难，但是如果要冥想出这位创造主的形象却是不可能的。冥想出神的形象是难的，不仅对于人是如此，而且对于每个神圣存在，包括天使和天使长，也都如此。

我们必须认识神的真正面目。如果不是通过那位有着父形象的基督，我们不可能通过任何别的人认识神，因为基督的形象把那个与启示出来的形象相符的真实形象启示出来了。通常来说，要是没有肖像，国王就不能广为人们所认识。

101   你要思虑关乎神的这些事实：神无在而无不在。就他的能量而言，他当然是无所不在的，但就他的神性而言，他的确不在任何地方。以这样的方式，我们可以稍稍对神有所认识。就他的能量而言，他充斥万方；就他的高妙的神性而言，没有任何事物能容得下他。万物都在神里面，但神却不在万物里面。

什么是认识神呢？分有真理的万有就是神。

但是就像不能直视太阳那样，人们也不能直视基督。

神看见每一个人，但没有人可以注视他。

基督没有私心地领受并赐予。他是父的光，他没有私心地布施着光明。就这样，他把光明播施于万方。

基督就是万有，他从存在者那里继承了万有。万有就是基督，他是不朽的念头。

当你认识了罪，它就没有实在性了。

认识不朽就是认识基督。他就是无瑕地照耀着的光明。

因为太阳照耀着每个不洁净的地方，但是它自己却不受玷污。基督也是
102 如此：他就处在缺陷之中，但是他本身却无缺陷；他［已经受生］，但他是非受生的。这就是基督：他在某种程度上是可知的，但是就他的实际存在而言，乃是不可思议的。

基督就是万有,谁不拥有万有,谁就不能认识基督。

我的儿子啊,不要冒昧言说这一位,也不要把万有的神局限在精神性的意象之中。定罪审判者岂不是被定罪审判者定罪和审判吗?诚然,追问并认识神究竟是谁,这乃是好事。逻各斯和心灵乃是阳性的名字。诚然,那想要认识神的人应当在寂静和敬畏中追问。因为讲论这些事的危险实在不小,你们知道,你们将会按照你们自己所说的话受审判。

你要记得,站在黑暗之中的人什么都不能看见,除非他获得光明,并由于光明而恢复了自己的视力。你应当省察自己,看看你是否全然拥有光明,这样,当你追问这些事的时候,就能够觉悟自己可以如何逃脱。有许多人是在黑暗里寻求,他们四处摸索,想要觉悟,那是由于他们没有光明。我儿子啊,不要让你的心灵盯着下界!要让它在光明中仰望上界!因为光明总是从上面来的。即便人在地上,也得努力追求那些上界的事物。用天上的光明照亮你的心灵,这样你就会面向天上的光明。 [103]

你们应当不倦地扣逻各斯之门、永不停息地行走在基督的道路上!行走在这条道路上,你们就可以在劳作中得到安息。如果你们行走在其他的道路上,你们就不能从中得益。那些行走在宽路上的人最终也将陷入到泥泞的死亡中去,因为地狱之门为那些灵魂大开着,死地是广阔的。你们要走上基督这条窄路!因为他为了你们的罪而陷入困境、承受苦难。

你这个执迷不悟的灵魂啊!你是何等无知啊!是谁一再地把你领到了黑暗之中呢?为了你的缘故,基督已经以多少形象呈现过!

> 尽管他是神,但是他却作为一个凡人处在众人之中。 [104]
> 他降临到下界,
> 他释放了那些死亡之子。
> 他们在剧痛之中,正如神的经上所说的那样。
> 他封住了下界的心。
> 他彻底地打碎了下界的强弓。

所有的能量看到他就都逃逸,这样他可以把你们这些可怜的人从深渊里提出来,作为你们的罪的赎价为你们而死。

他拯救你们脱离了下界的强手。

你应当费神给他一个暗示,表示你们内心根本的赞同,以便他欢喜地领你上升!那根本的赞同,就是为基督献身,也就是心灵的谦卑。神所悦纳的祭品乃是一颗忧伤痛悔的心。

当你贬低自己的时候,你将被高高地抬举;

当你自高自大的时候,你将被深深地羞辱。

警惕恶与淫乱

我的儿子啊,你应当提防邪恶,不要被恶灵扔到深渊里去!因为他是疯狂的,是恶毒的。他是恐怖的,他把每个人都扔到泥泞的深渊里面。

[105]　不要贪爱淫乱,那可悲的事连想也不要去想,想一想就是死亡。这是一件大事,做到这一点乃是予人有益的。任何人堕入死亡都是不好的,因为在死亡中的灵魂没有逻各斯的,如果过的是野兽的生活,那还不如不要活着。

你要小心,不要落在淫欲的火焰里面焚烧。那灭淫在火焰中的人就是淫欲的奴仆,你不知道他们乃是你的敌人。

我的儿子啊!你应当脱去淫乱的旧衣,穿上清洁的、发光的新袍。你穿上那新袍就显得美好。你有了这件新袍,就要好好地呵护!解开一切束缚,去获得自由。当你扔掉那诡计多端的欲望的时候,你就能拯救自己脱离情欲之罪。

灵魂啊,你要听我的教诲!不要成为狐狸和蛇的巢穴,不要成为毒蛇的洞窟,不要成为狮子的窝,不要成为蜥蛇的藏身处。如果这些事降临到你身上,

[106]　灵魂啊,你可怎么办?这一切乃是仇敌的能量,所有死物都会通过它们进入到你里面。因为它们的食物就是各种死物、各种不洁之物。要是有这些东西在你里面,还有什么活物能进入到你里面来呢?有生命的众天使就会厌恶你。你本来是一座宫殿,你却把自己变成了一座坟墓。不要再做坟墓了,重新变成

一座宫殿吧,让正直和神性住在你里面! 点亮你心里的那盏灯,不要再把它熄灭! 因为没有人会为野兽或它们的幼崽点灯的。

我的儿子啊! 你要让那些死去的人起来,因为他们曾经活过,是为你死去的! 给他们生命! 他们将会复活。

关 于 基 督

> 那生命之树就是基督。
>
> 他就是智慧。
>
> 他真正地就是智慧,
>
> 他也是道。
>
> 他就是生命,是能量,是门。
>
> 他就是光明,是天使,是好牧人。

把自己托付给为了你的缘故而成为万有的那一位! 敲打自己就如同敲打门,行走在自己上面就如同行走在大道上! 如果行走在大道上,你就不会迷路。敲打智慧,就是敲打隐藏的宝库之门。因为基督就是真理,他让愚拙的人成为有智慧。因为智慧是神圣的王国,光辉的衣袍。这是一件辉煌的衣袍,赋予你光辉。

107

> 神的智慧为着你的缘故显出愚拙,
>
> 为的是要提升你,你这愚拙的人啊,为的是要让你成为智慧之人。
>
> 当基督失去能量的时候,生命就为你而死了,
>
> 为的是要通过他的死亡把生命赐给你这已死之人。

把自己托付给逻各斯,远离兽性! 谁是野兽,这是明摆着的:就是没有逻各斯的人。许多人自以为拥有逻各斯,但是你如果仔细体察,就会发现他们的

话语是兽性的。

从基督的真葡萄藤上给自己欢乐,用真葡萄酒使自己得到满足!在那真葡萄酒中,没有沉醉,没有谬误。真葡萄酒就是饮酒的结束,它能够通过神的圣灵给予灵魂和心灵以欢乐。但是在啜饮这真酒之前,你要管束你的意念。

[108]

关于与神相像的人和基督

不要让罪恶之剑刺穿自己!可怜的人啊,不要让情欲之火焚烧自己!不要让自己成为野蛮人和野兽的暴力的囚徒!因为它们想要踩躏你。因为他们乃像大声吼叫的狮子。不要死去,免得他们践踏你。你应当是一个人!你要凭借理智战胜它们。

那无所事事的人不配称为理智的人。理智的人乃是敬畏神的人。敬畏神的人不做侮慢的事。那告诫自己不做侮慢之事的人就是持守他的指导原则的人。尽管他是一个人,生活在地上,但是他使自己有神的样子。让自己与神相像的人,就是那不做神所不齿的事情的人。那位已经跟基督相像的保罗就是这样说的。① 有哪一位敬畏神的人会不想做神所喜悦的事呢?

[109]

虔敬乃是发自于内心的,发自内心的虔敬乃是每一个亲近神的灵魂的特征。那属于神之家的灵魂乃是一个保持清洁的灵魂,那穿上了基督的灵魂乃是一颗清洁的灵魂。他是不可能犯罪的。凡基督所在的地方,罪就失去了效力。

唯独让基督进入你的世界吧,让他使一切降临到你身上的能量都成为乌有吧!让他进入你里面的殿吧,让他把所有做买卖的都驱赶出去。让他住在你里面的殿中,愿你成为他的祭司,他的利未人,洁净地走进来。灵魂啊,如果你在自己的殿中找到这一位,那你就是有福的了。你若侍奉他,就更加有福了。

神将会消灭玷污神殿的人。当你把基督赶出自己的殿时,你就把自己敞

---

① 《哥林多前书》十一章 1 节。

开了。仇敌若看见基督不在你里面,就会带着武备,进入你里面,把你征服。

　　我的儿子啊,关于这一切的事我已经多次吩咐你,让你始终保守自己的灵魂。不是让你把基督赶出去,而是让他把你赶出去。你如果逃避他,就陷入大罪了。你如果逃避他,你就会成为仇敌的食物。凡是无能的奴隶都会逃避他们的主人,同样,那些在德行和智慧上卑下的人也都逃避基督。凡是远离基督的人,都会落入野兽的魔爪中。 |110|

基 督 颂

　　你要认识基督是谁,让他做你的朋友,因为他是值得信赖的朋友。

　　他也是神和导师。

　　这位基督是神,但是为着你的缘故他成了人。

　　他打碎了下界的铁栏铜栓。

　　他打击颠覆一切傲慢的暴君。

　　他松开了捆绑着他的铁链。

　　他从深渊中拉出贫贱者,从下界拉出哀恸的人。

　　正是他,羞辱了那傲慢的能量;

　　正是他,用谦卑使傲慢者蒙羞,用柔弱摔倒了刚强者和夸口者;

　　他蔑视凡人所看重的荣誉, |111|

　　为的是高高地抬举在神面前的谦卑。

　　他已经穿上了人性,

　　但是他依然是神,是神圣的逻各斯。

　　他一直存着耐心宽容人。

　　他希望在那被提升者中间产生出谦卑。

　　那位提升人的基督已经与神相像,

　　不是为了把神降格为人,而是为了让人变得像神。

　　啊,神的大善!

> 啊,基督啊,你是王!
> 你把伟大的神启示给人,
> 你是万德之王、生命之王、诸世代之王、诸天的至尊者。
> 求你倾听我的言语,并宽恕我!

警惕人的小聪明

而且,我对你说:他(保罗)拥有对神的热烈的虔诚。"智者在哪里呢? 既聪明又有能力的人在哪里呢? 精明而又智慧的人在哪里呢? 让他把智慧拿出来吧! 让他口吐狂言吧! 因为人人都成了傻子。"保罗出于他的知识这样说道。"基督使精明之人的谋划落空,他打击了那些靠着自己的悟性自以为有智慧的人。谁能发现全能者的谋划,言说神性,并且准确地把它讲出来呢?"我们同伴的谋划我们尚且不能明白,有谁能明白神,或是明白天上的诸神呢?我们连地上的事物也找不到,又岂能探究天上的事物呢?

112

关 于 基 督

伟大的能量和伟大的荣耀让世界显现出来,天上的生命意欲更新万有,为的是扔掉软弱、抛弃黑暗的形体,让每个人都在属天的衣袍里发出耀眼的光,为的是要把父的命令彰显出来,为的是让基督为那些为善而战斗的人戴上冠冕。基督是战斗的裁判,是他给每个人戴上了冠冕,他教导每个人去战斗。他是最先战斗者,他已经得了冠冕,他取得了胜利,由此进入显现,放出光明。万有都通过圣灵与心灵得到了更新。

祷 文

> 全能的主啊,
> 我该带给你多少赞美呢?

没有人能够恰如其分地赞美你。

慈悲的主啊，

你赐予每个人以逻各斯，为的是要拯救万人。

正是他，出自于你的口，正是他，从你的心头升起，

他是那头生子、是智慧、是原型、是最初的光明。

他乃是从神的能量中出来的光明，是全能者的纯洁荣耀的流溢。 113

他是神的活动的一尘不染的镜子，

是他的美好的形象。

他是永恒光明的光。

他是注视着不可见的父的眼睛，

一直遵照父的旨意侍奉着、创造着。

唯有他是通过父的喜悦受生的。

他是不可思议的逻各斯，是智慧和生命。

他赋予各样活物和能量以生命，并滋养他们。

正如灵魂赋予所有的肢体以生命那样，他也以全能统治着万有，赐给他们生命。

他乃是万物的开端和归宿，

他看顾万有，笼罩万有。

他为众人担心，又喜又忧。

他为那些注定进入受罚之地的人而忧愁，为他费心开导的众人挂心，也为每一个洁净的人而欢喜。

真正强大的基督

要当心，不要落入强盗之手！不要让自己的眼睛睡觉，不要让你的眼皮发困，这样你就能得救，就像瞪羚脱离网罗，鸟儿逃出樊笼！只要战斗还在继续， 114 你就当战斗到底，此时，所有的能量都定睛看着你——不仅那些神圣的能量，

还有一切仇敌的能量。要是你在这些目光的注视中失败了，那你就有祸了。要是你奋力战斗，战胜那些抵挡你的能量，那就能获得一切伟大的神圣的喜乐，给予你的敌人以巨大的悲伤。你的审判者完全是帮你的，他盼着你得胜。

我的儿子啊，你要谨听，不要让你的耳朵迟钝。既然你已经把你的旧人抛在后面，就当如鹰一般奋飞。在一切的行为上敬畏神，用善行荣耀他！你知道凡不讨神喜欢的人就是死亡之子。他将下到下界的深渊里去。

关 于 神

> 宽容忍耐的神啊，
> 你宽容每一个人！
> 你愿每一个陷在罪里面的人，
> 都得到拯救！

没有人能阻止神做他想做的事。谁能比他强，不让他做自己的事呢？正是他，触摸大地，使之震动，让群山冒烟！正是他，聚焦浩瀚的海洋，就如同把它装在水袋里那样，整个水在他的长手里得到度量！

万事万物都只是靠着主的手创造出来的。父的手就是基督，他造出了万有。万有借着他进入存在，他是万有之母，因为他自始至终都是父的儿子。

你应当思想关乎神的所有这些事：他是万能的，是永存的，他并不是始终统治的，以免显得他是不需要圣子的。万有都住在父里面，万事万物都是通过作为父的形象的儿子，也就是逻各斯，进入存在的。神就在我们身边，他离我们不远。谁是他的边界呢？所有神圣本质都属于神的家，所以只要神的本质在什么事上部分地认同你的话，你就知道神的整个家族都认同你。但是这位神绝不悦纳任何罪恶的事。正是这一点教导了所有的人什么是善。这就是神赐给人类的东西，是为了按照他的旨意使得变得跟所有天使和天使长一样美妙庄严。

神不需要试探任何人。他在万事发生之先就已知晓一切。他也洞悉隐藏 |116|
在人心里的意念。在他面前,这些意念都是暴露无遗的,是不完全的。

没有人可以断言神是无知的! 把创造万物的主放在无知之中是不合适
的。哪怕黑暗中的事物,对于他而言也如同在光明中那样分明!

除了神自己之外,没有任何事物是隐藏的。他向每一个人显现,但是同时
又是非常隐秘的。他是显现的,因为神认识万有。要是有人不敢确认这一点
的话,他可以用心来证实。他是隐藏的,因为没有人能参透神的事。要知道神
的谋划乃是不可思议、不可测度的。

并且,要探索他,要找到基督是困难的。他在任何地方,同时又不在任何
地方。没有谁能够认识神的本来面目,基督不能,(圣)灵不能,众天使不能,
甚至于天使长、连同灵的宝座、高贵的君王、伟大的心灵都不能。如果你不认 |117|
识[自己],你无法明白这一切。

最后的劝诫

为你自己打开门,这样你就可以认识那永存者! 敲打你自己,这样逻各斯
就会为你开门! 因为他乃是信仰者的门,是锋利的剑,为了众人的缘故成了万
有,因为他想把仁慈布施给每一个人。

我的儿子啊,随时准备离开黑暗世界的统治者、离开充满了各种能量的空
气。如果你拥有基督,你就能战胜整个世界。你想要为自己打开的门,你将会
打开。你想为自己敲开的门,你将会为了你自己的利益去敲开。我的儿子啊,
不要再忙着做那些无益之事,这就是帮助你自己了。我的儿子啊,你首先要洁
净自己,洁净你的外在生命,以便能够洁净你的内在生命。不要做神之道的买
卖人。① 所有的话语,在你把它们说出来之前都要事先检验一遍。不要贪图不
可靠的虚荣,也不要贪图那让你跌倒的虚夸。你要接收基督的智慧,基督乃是 |118|
温柔、忍耐的;你要保守它,我的儿子啊,你要知道,神的道路始终是于人有益的。

---

① 参:《哥林多后书》二章 17 节。

结　　语：

耶稣基督，

神的儿子，

不可思议的奇迹。

最大的罪是不认识神

《最大的罪是不认识神》(*That the Greatest Human Evil is Unacquaintance with God*)是《赫耳墨斯文集》中的第七篇,是一篇哲学布道文,认为人的身体是获得神的知识的障碍。既然缺乏知识是人的最大的罪,那么无知的直接原因,身体,就应当被视为世界最为邪恶的事物了。与《致吕吉纽书》(或译《论复活》)一样,本文开篇指斥了普通的学问,也就是那些没有与诺斯相伴的理性。有人认为这个文本的作者与波依曼德拉的作者是同一人,因为两篇文章在内容和风格上是相似的。原文以希腊文撰写。

正　文

1. 人们啊,你们要奔向哪里呢? 你们如此地陶醉于缺乏诺斯的理性的烈酒之中? 你们不能够坚执这种理性,你们就快要抛弃它了。停下来,清醒过来吧! 你们要用心灵的眼睛看——如果你们并非人人都能这样做,那么就请那些能这样做的人这样做吧! 因为来自于无知的缺陷正在整个大地上泛滥,腐蚀着灵魂,也腐蚀着包裹着灵魂的肉体——这肉体阻碍着灵魂进入到拯救的港湾。

2. 你们要不被汹涌的潮流冲走! 你们要尽力投入逆流,停靠在拯救的港湾,在那里等待领路人给你们指出走向诺斯之门的道路:在那里有纯净的光明,没有黑暗,那里没有人沉醉,所有的人都很清醒,他们都用心灵的眼睛注视着那个愿意被看到的存在——那个存在不能被听见、不能被言说、也不能被肉眼看见，只能被心灵看见。

但是你们首先要剥去披在你们身上的斗篷，它是无知之网、恶的根基、腐朽的锁链、黑暗的壳、活着的死亡、有感觉的尸体、可携带的坟墓、住在家里的强盗，它通过它所爱的事物憎恨你，通过它所憎恨的事物加给你恶毒。

3. 这就是你们穿在身上的恶毒的斗篷——它扼杀你们，让你们伏在它的脚下，为的是不让你们向上凝望，看到真理之美丽以及寓于其中的善，为的是不让你们讨厌它的恶。在清空了人们以为感觉到的、似乎存在的事物的那些感觉之后，你们就会明白身体设计出来对付你们的诡计。你们会看到，身体用大量的事物阻挡你们，用讨厌的欲望把你们塞满，为的是你们不会听见你们应当听的、不会看见你们应当看见的那些事。

马 萨 娜 斯

　　《马萨娜斯》(*Marsanes*,NHC X.1)是塞特派的启示录,提供了极为详细的诺斯替派法术的资料,可以视为法术文本。马萨娜斯是一位诺斯替派先知的名字,在布鲁斯抄本(Bruce Codex)中有一个无标题文本提到马萨娜斯是完美的人,曾经出现在神圣的三重能量的异象之中,可能是波斐利看到过的文本,术语和思想跟《阿罗基耐》和《唆斯特利阿努》十分接近,可以看出受新柏拉图主义影响很深。

　　该文本记载的法术可以与滋养了法术传统的晚期柏拉图主义相媲美。法术(theourgia)是"神灵的作为",是一种宗教仪式,其主要目的是帮助人的灵魂重新上升,包含了祷文、咒语、神秘的字母、数字、几何图形、占星术、奇石、异草等引导灵魂上升的技术和手段。二世纪的启示诗歌集《星占神谕》(*Chaldaean Oracles*)可以视为古代法术的权威经典,而杨布利科(Iamblichus)可能是哲学家当中最伟大的法术解释者及法术理论家,研究他的《论奥秘》(*De mysteriis*)有助于我们理解《马萨娜斯》中所提到的那些神秘仪式。

　　这个文本的残缺程度严重,许多段落根本无法翻译,因此不可能提供对其内容和结构轮廓的完整描述。就相对比较完整的前十页和中间的第24—42页而言,大致可以分为三部分:(1)描写灵魂在开悟和异象中向最高天层上升,其间历经了实在的各个层面;(2)关于字母和天使的名字的法术含义的启示;(3)对马萨娜斯受洗仪式的描写。该文中的字母神秘主义跟诺斯替教师马库斯(Marcus)的字母和数字神秘主义相当接近。

　　由于这个文本可能是波斐利看到过的,也许可以判断它的写作时间是在二世纪末、三世纪初。

正 文

安 慰

[…物质]和一个[能量]。他们[开始明白];他们以一颗纯洁的心找到他,也没有受到邪恶的折磨。那些接受你们的人将会因为忍耐而得到赏赐,他也会使邪恶远离他们。

我们中间的人不必忧虑,在心[里]以为不能分有伟大的父[…]。因为他漫步在万有之上,关心着万有。[他]已经向他们宣布了他的[命令]。那些人 2 起初[…][…]。

关于十三封印

[…那些]我在前面提到过的。那十三个封印,我已经安置在[那]知识的界限和牢固的安息之中了。

第一个[和]第二个和第[三]个封印是属于宇宙和属物质的。我已经把跟它们有关的[传授给]你们了,为的是你们把你们的身体[提升到八里面]。确实,[一个]由感官可知觉到的[能量]将会把那些想要走向安息的人隐藏起来,人们会保守他们远[离]情欲和联合体的分裂。

第四个[和]第[五个]封印是在更上面的,你知道的,它们是[神圣的]。 3 [第四个封印][是在身体之后]以及身体性的自然之后存在的,也就是说,是一分为三的。关于[…]我已告诉过你们[…]通过这[两个]在三个[…]之中。关于这件事,我已经传授过你们,[它]是无形体的[…]在[…]之后,在[他们]里面。

与此相对,第[五个封印]关乎那些住在他里面的人的皈依的,是关乎那些住在那地方的人的。

第六个封印是关乎自生者的,关于无形体的存在的,他们单个地存在着,存在于万有的真理之中[…]有明白和确信。

[第七个]封印关乎自生者的能量,也就是[那]第三个[完全的意念],第二个[…直到第四个]关乎通过智慧获得拯救。 4

第八个封印关乎从[起初]就显现的[阳性]的心灵,也(关乎)[非身体性]的存在和[可理知]的世界。

第九个封印关乎[从起初]就显现的能量[…]。

[第]十个封印关乎那童贞的巴贝洛[…]移涌的。

[第十一]和[十二]封印关乎不可见者、三重能量者、灵,它们是无形体的,是最初的无生者。

[第十三个]封印关乎[那]不可知的寂静,关乎那些不可分者的根基。

自 传

我就是[那一个位],已经[透彻地思考过]那些真正存在者,[不论]是部分地还是[整体地]。通过区分我已经领悟到,它们是[从一开始]就存在于永恒的万有之中的,一切存在着的事物,无论是无形体的,还是有形体的:那些无生者、那些神圣的移涌、天使、那些单一的灵魂、灵魂的[衣袍]、[那些]单纯者的肖像。[他们后来]与[从他们那里分离出去的存在]结合起来。尽管[感官可知觉]实在是跟[理性的实在]和[无形的]实在是相似的,但是我还是整个地认识了最初的有死和最终的不朽。我决心仔细辨别,到达了感官可知觉的世界的尽头。 5

> 我一部分一部分地〈探究〉无形体实在的整个领域,
>
> 认识了那个可理知的世界。
>
> 当我仔细思量的时候,
>
> 我明白了那感官可知觉的世界是否[值得]整个地得蒙拯救。

关于拯救者

[6] ［…］我不停地述说［那］自生者，为的是［不会再有人无知地］独自停留在［万有］之上。

他降临了！——他再次降临了！［从］那无生的无形体者，也就是从圣灵那里降临了。这位存在于万有之先者达到了［那位神圣的］自生者。那拥有［形体者］眺望万有［…］然后他作为［万有］存在，他像［…］，来自于［…］，他们在其中分开［…］。然后我成了［…］是为了众人，显然，他拯救了大量的人。

在这一切事之后，我开始探寻三重能量者的王国。这个王国是无始的。我想要明白：

它是从何处进入显现，用自己的能量充满了万有？

那些自生者不是受生的，那么他们究竟以何种方式形成的？

［众移涌］之间有什么分别吗？

[7] 无生者究竟有多少？他们彼此间的［不同］在什么方面？

我探究了这些问题之后就明白，他是在寂静中行事的。他存在于那些真正存在、属于存在者的事物的开端。还存在着另外一位，他从起初就存在，属于把寂静激动起来的那一位。而这位追随他的寂静是活动的。只要这一位是活动的，那么那一位也会活动起来。这个避于无生者的寂静存在于［众移涌］之中，它［从起初］就是没有［形体］的。那活动〈就是〉三重能量者，在众移涌［之先］，不拥有［形体］。然而，看见那寂静者的极深的寂静是有可能的，它就是三重能量者的至高的活动。

那位寂静的存在者，也就是［彼岸］的无形体者，把［三重能量者］，也就是[8] 原初的完美者，彰显出来了。［当他把那些］能量变得可见的时候，他们就欢喜。那些在我里面的，以及另外的人都成为完美，他们都各自赞颂那位三重能量者，也就是［那位］最初的完美者，他们［赞颂］他的纯净，——就这样，［万有]赞美那位存在于万有以先的主,[…那]三重能量者。[…]敬拜[…]我也[…]。

[在此之后我继续探究]它们为何静默。我寻思着要冥想一个我尊敬的能量:三重能量者的第三个能量。由于她已经冥想过他,在她冥想他之后,就对我说:"你要静静地沉默,当你有所领悟的时候,不要松开,直到来到我的面前! 你要知道,这一位是[寂静的],然后你要获得领悟。"

然后[那个能量]留在我这里,[指引]我进入那个[移涌]的道路,就是那个阳性的[童贞者]巴贝洛移涌。因此之故那个童贞者是阳性的,因为她是从阳性里分离出来的。知识就停留在他的旁边,尽管她是属于他的。那位寻求者,也就是存在着的那一位,拥有它,正如三重能量者拥有它那样。她从他们那里退出来,离开[这]两种[能量],因为她存在于伟大者之外,在其中她[…]那在上面的一位[…]他是静默的,[他是][受命]要保持沉默。他的知识、他的本质,以及他的活动,就是三重能量者讲到过的,他说:"我们都已经退隐自守;我们已经[变得]寂静,[而]当我们认识了[他之后,也就是]三重能量者,[我们向他]躬躬;[我们]赞颂他[…]就临到我们身上。"[…]。

[…那]不可见的[灵]上升到他自己那里。万有都展现出来,万有都伸展开来,〈直达〉上界。然后他又消失了,他是万有都被照亮的原因,于是万有都被照亮了。[你们]将会获得那位[拥有]三重[能量]者的能量之[灵]的第三部分。[…那个移涌]是有福的。

他说:"[你们这些]住在这个世界中的人啊! [你必须认识]比这个世界更高的世界,并分有这些能量。因为[在末后]的日子,那看不见的灵会[升到]上面,你们将会与那些被拣选者一起得蒙拣选。你们[自己]要跟他一起[上升],因为你们已拥有[那][…]伟大的冠冕。"

残　片

但是到了那一日[…]将被招领[…]向上走[…]那感官可知觉的[…]显现出来[…]他们[…](第11—12页遗失)[…]知觉。他是永恒的,他在其中没有形体,他在寂静者之内,在从起初就存在的那一位之内,在没有形体的那一位之内[…]是[…]的一部分,是不可分的。那一位[…]思虑着一个[…第九…][…遗失 1—14 行]

14

马萨娜斯升天记叙残片

我[存在于]那些受生的移涌中间。按照所允许的,[我]住在非[受生]者中间。而尽管我[住]在伟大的移涌中间,但是我是跟他分开的。我看到了

15 […那]三重能量者[…]拥有的[三种]能量。第一个能量[…]静默者和那三重能量者[…以及]那位没有气息的。

16 我们伫立在[…],我们进入[…]可理知的世界[那位]没有气息的圣灵,因为[他][完全地]存在于[不可知]之内。我通过他看见了那个[不可]认识

17 的、没有边界的伟大的能量。我看见了[那个独自存在者][…]是活动的[…]。为什么无知的人[没有]知识呢?而且[…]他斟酌[…]他成为[…由于…]。那些[…]。但一个没有形体的[…]有必要[…]这位[…]在[…]以

18 先存在的意念[…从]起初[就存在的]那位[…]。这些就是[…我在]第九个宇宙的周期[…]在[…]一个唯一的永恒的一天。[…]三十[…]。

[…在]很多[年之后…]当我见到[父时,我就]认识他。而且[我…]许

19 多[…]部分[…]永远[…]物质的[…]世界的[…]之上[…]另外[…][…]他[…]离开[…]进入到那些[…]。他们进入[…]为[他们]命名,为的是人们[可以认识他们]。[你们是]低于[他们的…]以及他们的[本质]。[在此

20 之外,为了][…]那隐藏的[…]第三种[能量]。

那蒙福的阿其翁对我说:"在这些中间难道不应当被照耀吗?那一些不拥有光辉。[…]因为不存在光辉[…]也没有那一位[…]。因为[没有拥有光辉的那一位]是[…]"

21 […]和那[黄道十二宫的标记(signs of Zodiac)…]和那[…]和[…]那没有[…]受生[…][…旋转…]。[那些]灵魂[到那里去][…]这个[守规矩]

22 的躯体所拥有的[…],天上的灵魂[…]围绕着[宇宙]形状[…]就是[…]

［…］那些［…拥有…］。那些［…形体…］所有肖像,关于［他们我已经］谈过的。［…］一切形体［…］形状,以便［这些无素自己］参与［一个形体］,连同［…］那些［没有气息的］和那些［有气息的］,［…］那些动物［…］和那些［…］（第 23—24 页遗失）。 [25]

神 秘 字 母

但是他们的能量,也就是那些天使们,拥有各种野兽和生物的形体。他们中间有些是［多形体的］,是违反［自然］的。他们按照他们的名字有确定的［声音］,也就是说,他们在外在的显现上是［分裂］和［区分的］,［他们拥有］两个［形体］。但这些都是声音的一方面,是依照形体的第三个起源而来的。而关乎这些,所有这一切（评论）就已经足够了。这些区分也适用于眼前的情况,正如我们在一开始说过的那样。

以不同的方式,灵魂［拥有］不同的形状。灵魂的形状是源自于自身的,它存在于［这个］形体之中。形状是［第二个］球形部分,是围绕着第一部分 [26] 的:第一个是 eeiou,为了那自生的灵魂的是 aeeiouo。［第］二个形状,eeiou,是通过双元音显现的;第一个,围绕着他们的,是［…］on［…］你们［…］在光明的［…］中。你们要准备接受,领受［那］不朽的种子,结出果子来! 不要执着于你所拥有的! 要知道尾重音词乃是存在于元音和那些靠近于它们的复合元音之中的。但那［短音］是虚弱的,那些［此外的］声音,来自于他们的声音,也是如此。那些［…］是过渡的［…］。

［半元音］的音要优于无声的（辅音）。而双元音又优于那些不变的半元 [27] 音。送气音又优于无声的不送气的（辅音）。那些过渡的音从它们所在的组合来看是多形态的。它们对那些美好的事是无知的,与虚弱的［过渡音］联合起来。［一个形式］接着［一个形式］,〈他们逐一〉构成了［众神明］以及天使们的名号,它们不是按照任意的方式彼此混合,它们的结合只是（为了）达到一个合适的功能。

目的不是为了显露出它们的意图。从此不要再［犯罪］,也不要斗胆利用罪恶!

[我]要跟你们讲灵魂的形体的[三种形状]。[灵魂]的[第]三种[形状]

[28] 是[……]是一个球状的[……]它围绕着一个球形。跟随在单元音 eee,iii,ooo, uuu,ooo 后面的是双元音:ai,au,ei,eu,eu,ou,ou,oi,ei,ui,oi,auei,eueu,oiou, ggg,ggg,ggg,aiau,[eieu],eu,oiou,ou,ggg,[ggg],aueieu,oiou,eu。在遇到阳性灵魂的情况下要说三遍。第三个形状是球形的,她围绕着的第二形状有两个音。阳性灵魂的第三个形状是来自于单元音的:aaa,eee,eee,iii,ooo,uuu, oooo,ooo,ooo。[尽管]这些形状[不同于]第一个形状,但是[他们]彼此[相

[29] 似],并且一般以这样的方式构造发音:[aee]oo。通过双元音同样造出了第四和第五个形状。关于它们,我没有被允许把一切都揭示出来,我只能提示出那些明显的事情。

为了让你们能够领悟它们,你们已经得到我的传授了,只要去寻找并且发现:它们都是谁? 它们是独自,还是通过彼此,呈现出从起初就已设定了的[边界]? 它们是独自,[还是]通过彼此,正如[他们]彼此并存于一个声音之中? 是个别的还是想象的? 是前缀还是后缀? 是单个地生成的,另一方面又是按照一个理想的原型的? 它们是通过长元音的,还是通过双重长元音的?

[30] 还是通过被缩短的短元音? 是长元音、过渡音还是短元音?

〈那些〉辅音是只跟元音一起存在的,尽管它们是个体,它们在元音的前面,也置于元音的后面。它们构成了天使们[的]名号。[那些]辅音是个体地、分开地存在着的,它们通过节拍、旋律、休止和插入被安置在隐藏的神的前面和后面。[它们]会呼唤那些半元音,这些半元音都会把一个音排列在下面。因为只有那些[不变的]双(辅音)才与那些半元音共存。送气音[和非送

[31] 气音]和[过渡音]构成了[无声]。以违反自然的方式,它们彼此结合,彼此分离,被前置和后置,构成了无意义的名号。它们要表现一个单元音的时候,就产生了一、或二、或三、或[四]、或五、或六、直至七。双元音〈……〉在十七个辅音的位置上。在前面命名的名号之中,有几个比较弱,就好像它们没有实体似的,或者好像跟实体有相似性,或者好像它们从[阳性的][处于中间的]心灵

的本性中分离出来了。

你应当把那些彼此具有相似性的聚集在一起:那些元音和那些辅音。一方面是这样的:

　　　　bagadazatha

　　　　begedezethe

　　　　[begede]zethe

　　　　[bigidizithi

　　　　bogo]dozotho

　　　　[buguduzuthu]

　　　　bogo-dozotho。

另一面是这样的:

[…]ba[bebebibobubo]

这样就跟另外的区分开来了。(我说):abebebibob,为的是让你把它们集　[32] 合起来,把它们跟天使区分开来,这样就会产生确定的效果。

神秘数字和标记

那最好的起点在三里面。它[…]要求[…]拥有[…]一个形体。〈那〉二和一是无与伦比的,是原始的。由于二被描述为是一的[一个分裂],因此她属于存在。与之不同,四显现出[元素],五显现出和谐。[六]是通过自己得到完全的。[七]拥有美。[而][八][把][她的]同伴[连同]已经准备好的东西[带入到一个合唱之中]。九得到了极[高的敬意]。[十]把一切事物都　[33][显露]出来了。十一和[十二]已经达到了通往无限的道路,后者提升到了显现边界的七之上。[缺多个句子…]天使[…]名字[…]预兆,因为[区别的标志]开始了,用一个记号[和]一个点,用直线的和曲线的标记,把它们分开。以这样的方式那个实体的[…],它们源自于元素的[…]。出于一个[…]但

34 是[…那是]纯净的,或者按照一个联合体,为自己存在,并且彼此并存,或者
[通过…]按照[她的]生育。[…]他们没有[…遗失多个句子…]在其中他宣
讲了这个谜语。正如在[那]可感知的世界里存在着一座宫殿,高七百[尺],
35 一条河流[…],同样,在永恒里面[…]三[…]四[…]封印[…]众云[以及]
诸水以及蜡像[和]绿宝石的雕像。

名字和话语

关于另外的事我也会传授给你们。

名字的产生如下:那些无生的实体是从起初[…]关于[…]三次,仿佛被
限制,仿佛被伸展,仿佛被[缩减]。存在着一个温和的[道],也存在着一个另
外的道,接近于[自由的]实体,如此地讲述着[…]他[显示了][…]和[…]之
36 间的不同。万有的[…]和一个[未分]实体。[那个]能量显露出是跟喜乐
同在的,是分开的而且[…],它是[…]可能的[…]到处存在[…]时时存在
[…],[…]与有形体者和无形体者同在。

如下是关于实体所说的话语——为的是人们可以这样[理解]:当[人]不
[彼此]说话的时候,那么该[如何]去帮助这些对此不安的人呢?[…]是显
37 然[…]的。如果人们认识他的话,就会呼唤他(的名字)。有一些话语是成双
地出现的,而另一些则与之不同,是[独自]存在的。有几个是[属于]实体的
[…],有几个是[…]依据[那些持续者]或者依据显示出延续的[那几个语
音]。尽管[这些]要么与[他们]分开,要么彼此或者跟自己联合在一起,是双
元音还是单[元音],是每隔[…]还是[…]还是[…]存在着如同[…它们是
38 源]自于[…]。那些辅音一直是个别地存在着,直到它们被分开并且又重新
被结合起来。有几个拥有能力按照辅音的元素[生育]。[…]区别[…]它们
存在着,独自的、成双的、或者成三的。与元音对应是成三的,与辅音对应是成
双的,与万有对应是独一的,与服从于变化的事物对应的是无知。[那几个]
39 源自于它们的和最后的[…]。它们全都[…]。尽管它们是以隐藏的方式存
在的,但还是被公开地说出来了。人们既不会停止把它们揭示出来,也不会停

止给天使命名。

元音现在已经跟辅音结合起来了,[要么]是外在的,要么是[内在的]。[…]他们说[…]教导你[…]。再次以[这个]方式:它们被数了四次,被[生育]了三次,因此它们是十二重的。关于这些事,我们至此已经作了充分的探讨。

劝　　勉

每个人都有必要养成一种结出果实的能力,从而绝不会以轻蔑来对待奥秘。[…]是[…]它就是[…]灵魂。[…那]黄道十二宫的刻度[…]一个新的存在。为这样的人准备的报酬就是拯救,而归于罪人的则与此相反。[唯有罪人][…]将会[落入一个…进到一个…],为的是在你检查一个人传递给另一个人的东西之前,能够让你[拥有]高超的能力、神圣的知识、以神一种权力,那是人们无法抗拒的。但是你得察验,哪一些人是值得你启示他们的,为此你就会知道,人们[…]将会[堕]落直至罪人的族类之下。[…]那是合适的。

不要试图把能量赐给那感官可知觉的世界。你们不是景仰我吗？我从可理智的世界那边领受了拯救。但是你们要小心地把这些话语[传授给][每一个]人[…]领悟它们,这样他就会[从那里把他们]取走。

至于其他的事情,要在我的讲话结束的时候才谈到它们,为的是罪[人]不会把它们[传授给]其他的人。你们还没有理解它们,既没有理解那些在地上的躯体之中的灵魂,也没有理解那些在天上的、不在躯体之中的灵魂,它们的数目比天使还多。

占星学讲解

我们在[每一次]讲话中都[提到]的那些事,那些事物[…]星宿[…]说[…]应当是这样的,已经[…]那几个,它们是[…],应当是这样的,他观察两个星宿,应当是这样的,他观察七个行星,或是还有黄道十二宫的十二个刻度,或者一年四季的三十[六]个刻度[…]那是天空的十二个区域,总共得出[三百六十个]星座[…]直至[…]的地方,而[这些]数目,不论是[天上的],还是地上的,还是[地]底下的,都是与从中出来的星宿与定数相对应的,与所有其余的相对应的。[三百六十]度对应于每一个种类和形式,[…它们]让自己从

43 属于[…因为]它们拥有能量[…]在[…]之上[…]单单为他自己而[存在]。时间[…]

洗礼仪式残片

44 […那些没有]身体的[…]一起[…]。神圣的巴贝洛[…]可领悟的[…]启示他们。[…]这样的方式[…]可领悟的天使。这是[…]可领悟的[…]拯

45 救[…]他们[…],在[…]期间[…]世界。而[…]世界[…][…]在其中他

46 […]如同[…]声音[…]名字,[…在]永恒之中[…]名字[…]。

55 […遗失8页…]在我寂寞了一段时间之后,[我说]:教给我吧,这是什么

56 能量[…]将会洗净[…这]整个族类。[…]独自。那个[…],在其中他不是

57 第一个[…]。那整个[…]的[…],而是[…]知识[…]保持[…]那个伟大的

58 […],因为我想[…]骨头[…]。确实[…]在宇宙中[…]。

61 […]为了你们的女儿,她们[…]同样如[…三重能量者的]王国。这一个[…]是这样的,这一位[…]你们认识的。我说:我的[…]部分的[…]。

63 […]那些其余的[直至]地上。然后他们像天使那样谈话,而其中有一个看起来像野[兽]。他说:[…]在永恒中[…]动物[…]动物[…]我的灵魂[…]。我看见[一个…],他[…]站立着,他的[外貌]是可怕的,他的面目

64 […]是[…][…]我感到恐惧[…],因为我[看到],围绕着我的所有光明体都熊熊地燃烧着。[我看到]自己处在他们中间[…]天使们站在我身边。

65 [然后…]一个[…]高玛列尔,那一位,列于[…]幽灵之上。[…伟大的]天使,[他叫作那一位],把所有的灵魂都接纳[…]那一些[…]。他引领我[…]他[…]我[…]她的肢体[…]不可见的[…]审判[…]一切[…]安置在

66 那儿[…]永不枯竭的活[水…]。两个[…]神圣的[…]她被[…]洗净了。凡

是[受了他的封印的人],都将被天上的封印标志出来。[…]更大的[…]

　　然后我看到了[…]未混合的[…],那几个,[他们的…]不[…]直到[…] 67
他们成为[…]神[…]一个女人[…]处在悲伤中的时候,[…]在出生的时候
[…]所有[…]事物[…]人。然后[…]这一类的女人和男人[…]还有其他
的人。

　　你们要知道,那些在地上的人,[…]每一个[…]这一些以及那些在家里
出生的人,因为这些人将会[有能力]认识神。[…]移涌。[…]和那一些人, 68
他们的[…]神[…]从起初[…]在我的[…]可怕的[…]秘密[…]呼唤[…]
被启示出来[…]那几位将会获得知识的人。

瓦仑廷讲解：论膏抹礼、洗礼和圣餐

《瓦仑廷讲解》(*A Valentinian Exposition*, NHC XI.2)是为新入门的诺斯替门徒提供的秘密的教理手册以及对圣膏、洗礼和圣餐等仪式的说明。正文部分是讲解奥秘的教理问答，附录部分是仪式说明，在讲解完基本要义之后，新入门者就按照对仪式的正确理解参与圣礼。

该文本正文部分系统地讲解了瓦仑廷派思想的整个体系，包括宇宙论、人类学、拯救论和末世论，其思想非常接近于瓦仑廷西方学派，这个学派由于非常接近于三世纪的正统基督教学说，从而不同于瓦仑廷本人和东方学派的思想。该文本正文部分的核心是所费娅神话，这与其他的瓦仑廷派文献以逻各斯为主角的神话体系是不同的(如《三部训言》)，这是已知的瓦仑廷派文献中仅有的一个描写所费娅神话的原始文本。

该文本正文部分的主旨在于释疑解惑。在诺斯替派内部，关于第一因是一元的还是二元的、限制(赫洛斯)有何功能、所费娅是受了何种东西的触动而产生情感等问题，有各种不同的见解，本文的作者逐一地探讨了这些问题，讲解了各种观点的偏颇之处并树立正确的观念。例如，在谈到万物的本原的时候，瓦仑廷派的有些人认为最初的本原是由万有之父和他的阴性的伴侣"静默"共同构成的，这个静默就是万物之母，但是本文作者则认为父是一，是一个单子，"静默"只是父安息在原始孤独之中的一种宁静状态。又如，在谈到赫洛斯的功能的时候，作者认为它不只是具有瓦仑廷派通常以为的两种功能，而是有四种功能：把所费娅的情感从普累罗麻中分离出来；保护和巩固普累罗麻中的移涌，使之免受她的罪业的纷扰；阻止所费娅被吸收到父里面；把所费娅的情感从她那里分离出来，并巩固她。又如在谈到所费娅的情绪的起因的时候，作者不认为所费娅在普累罗麻中的越位只是表达了所有移涌都具有的想跟父有更密切的联系的不自觉的愿望，而是出于任性的大胆妄为，超越她与其他移涌的相互依赖状态。

这个文本的保存状态极差，所幸保存下来的部分还是可读的。这个文本的重要意义在于提供了二、三世纪瓦仑廷派和诺斯替派祈祷仪式的珍贵资料。

正　文

万 有 之 根

[……]进入[……]丰盛[……]那些[……我会讲解]我的奥秘，说[给那些属于] [22] 我，以及[那些将会属于我]的人听。正是这些人[已经认识了这位存在者]。

这位父乃是[万有之根]，是[不可名状的]，住在一个单子之中。[他独自存在于]静默中，[而静默是]静止的。由于[他现在是]作为一存在的，没有谁[在]他以前，因此他确实也[存在于二]之中，存在于配对之中。他的配偶就是"静默"。他拥有万物，万有也在他里面。此外还有意志和存在、爱与持久，（也在他里面），这一切都是非受生的。

圣子从神那里显现出来，他就是万有的心灵，也就是说，甚至他的意念也是源自于万有之根的。这一位在心灵里面拥有他（圣子）。因为，为了万有的缘故，他产生了一个陌生的意念——因为在他以前是一无所有的——从那儿出来，就是那一位运动着的[……一个]涌溢的[泉源]。 [23]

这[就是][万有]之根，她就是一，没有哪[一位]先于她而存在。但是二[……]他存在于静默之中，自言自语。与此相应，四是把自己限制四之内的那一位。存在于三百六十之中，他把自己生[出来了]。在二里面[他]把自己的意愿显现出来了，[而]在四里面，他把自己伸展[开来了]。

关于万有之根，就谈到这里了。

关于子的功能：心灵和限制

现在我们接着谈他的启示、他的善、他的降世以及其余的事，也就是谈一
谈子，那一位万有之父，圣灵的心灵。因为他在［…］之前就已经拥有这位。
他［是］一个［源泉］。他是那［在静默］中显现的［一位］，［他又是］万有的心
灵，存在于二和［生命］之中。因为他是万有的生育者，也是父的［意念的］实
体，也就是［意念］以及［从那儿］向下界的降临。

出于那位原初的父的意愿，他就在他里面把自己启示出来了，因为是出于
他的意愿万有获得了启示——我称呼万有为"万有的意愿"——然后他获得
了这样一个关于万有的意念——我称那意念为"单一根源"（Monogenes）。因
为敬仰真理之神就是赞美万有之根。因此，那在单一根源中显现自己的就是
他，而他在他里面显现了那不可名状者［…］［…真理］之父。他将会被看到
［安坐在］一里面，也［在］二里面，［以及］在四里面，［并且］生出了［单一根源
和限制①］。

而限制［就是分开和巩固万有］的那一位，②因为他们是［…］一百［…］。
他就是那［心灵…］圣子。对万有来说，［他是］完全［不可名状的］，他是万有
的巩固，也是［那］万有的本质，是［静默的面纱］，是［真正的］大祭司，［有］权
进入最神圣的地方。③

一方面他启示了移涌的荣耀，另一方面他把丰盛引入到了一个美好的
［…］。东方［…］在［他］里面。他就是那一位，把自己显示为最初的［圣所］
和［那］［万有］的宝库。他高［于］万有，强化万有。

他们［派遣］基督［前去确立她］，如同［他们］在［她］下降之前被确立那
样。［他们这样谈论他，说：］［…］［他不是显然的］，对于［那些在限制的势力

---

① Horos，英译为限制（limit），德译为界限（die Grenze），在瓦仑廷派那里是一个神话人物
（赫洛斯），可以当作一个拯救者理解。

② 参：Irenaeus, *Against Heresies*, 1.2.5.

③ 《腓力福音》76。

范围之内]的人来说,他是[不可见的]。他拥有四个能量:一个分离的能量[和一个]巩固的能量,一个提供形体的能量[和一个生成质料的能量]。① 确实,[只有我们]才能理解他们的面貌、时间和地点,这一切确定其肖像的因素,因为他们拥有[……]

他们是从这些[地方……]爱[……]流溢出[……那]整个普累罗麻[……]。那长存者在每一个时间都[存在着],而且[……]因为[……]时间[……]更多[……也就是:]他[伟大的爱]的展现。

但是为什么要如其他人所[说]的那样,称之为:[分离者]和巩固者,质料的生成者和形体的提供者呢?因为[他们]谈到[限制]的时候说,他拥有两种能量:[一个]〈分离的〉能量,一个〈巩固的〉能量,因为它把[深渊]从移涌中分开,为的是[……]。这些[……][深渊的……],因为[这就是]形体[……]那[真理]之父[……说:]基督[……]圣灵[……]单一根源[……]拥有[……]。

移涌世界的繁殖

我们必须更勤奋和[细心]地[探究]经书,并且把想法表达出来。② 出于这个原因,古人说:它们是来自于神的。[让我们]来领悟他那不可测度的丰富吧!他想[……奴役……]他[没有]引领他们的生命[……][……他们用心]凝视[他们那本]知识之书,③又[注视着彼此的神情]。

[那个]四[流溢出]另一个四,也就是话语(道)和[生命,以及人和]教会。[那位非受造者]流溢出话语和生命。

> 话语是[为了]荣耀那不可名状者,
>
> 而生命是为了荣耀[静默者],

① 参:Irenaeus, *Against Heresies*, 1.2.4.“赫洛斯又称为十字架、拯救者、解放者、划界者和引导者。”

② 参:《多马福音》2。

③ 参:《真理的福音》19,6。

　　　　人是为了荣耀他自己，

　　　　而教会是为了荣耀真理。

　　这一个四乃是按照那非受造的四的[形象]造出来的。[这个]四是受造的[…十]是从[话语和生命]而来的,而[十二]是从人和教会而来的,[它们成了一个]三十。[还有],它来自于[移涌]的[三十],是从[三十][结出来的果实]。[他们]一起[逃进去,但他们却][一个一个地]出来,[要穿过]移涌[以及那些不可思议者]逃走。当他们看见那不可思议者的时候,就在心灵里面赞美,因为[他是存在于][普累罗麻]之中的不可思议者。

　　[但是那个]从话语和生命而来的十产生出了十个十,这样一来,普累罗麻就成了一百。而那个来自于人和教会的十二也产生并且拥有了三十,这样就产生了[三]百六十,也就是一年之数。而主的那一年[…][…完全…]完全[…]是按照[…限制]和[…]限制。[…那]限制[…]伟大者,他[这样的善]生命[…]受苦[…]通过那个[…]。在[普累罗麻]面前[……正如]他想要[…][…然后]他想[从]三十里面出来,因为他是人和教会的[使者],也就是所费娅的使者,要越过[三十]到普累罗麻那里去[…]他们[…]。因为万有的[…]限制[…]她造了[…]他们自己[…]万有[…]他通过话语造了[…]那些意念和[…那]普累罗麻,[…]他的肉身。这些[就是]移涌,跟他们一样的。

所费娅的拯救

　　就在[话语]来到他们那里的时候——如[我]在前面已经说过的那样,也如[那个…]对那个不思议者那样——在那里[他生出了][…]在他们[…]之前他隐藏在配偶的[…],然后[…]运动和[…]。流溢出了基督[…]和精子。耶稣[…]十字架,因为[…那钉痕]伤处[…]完美[…]完美的形体。

　　因为他是完美的形体,[对于他来说]上升到[普累罗麻]里面去应当的,他[是根本]不愿意受苦的。[但是]他被羁留,被[…],通过限制[…]也就是通过他的配偶。因为改正不可能通过别人,而只能通过她自己的儿子才能进行,因为只有她的儿子才完全地完满地拥有神性。他(父)乐意把整个普累罗麻的能量都化身在他里面。带着这样的装备,他(子)降临到世上。

在她的儿子离开她匆匆向上走之后,这些事情就降临在所费娅身上。因为她知道,她[…]在[…在合一]和[复原中]。

[34]

[所费娅说:]通过合一[…]。而且[…]已经停止。他们的[…持续存在]。精子的[…]我在他们的[外面]。我就成了[…]。他们也[…][我的思虑]也停止了,确实他的[…]持续地存在着。

然后[他们流泪]说:[这些]看见我。这些人[…],就是我思虑着的[…],他们都已经停止了,然而她的[…]持续地存在着。

她悔改,用这样的话语恳求真理之父:我承认,我已经抛弃了我的配偶,因此之帮[我现在]也在巩固的外面。我所受的苦难,是我应得的。我曾经住在普累罗麻之中,在那里生育移涌,并与我的配偶一起结出果子。

然后她就明白了她从前是怎样的,现在变成了什么。

于是他们一同受苦。她说:她笑了,因为她保持孤独,并且模仿那不可思议者。而他则说:她笑了,因为她跟她的配偶分开了。[…]

[35]

天上世界的进一步创造

[耶稣和]所费娅现在显露出了[受造物]。由于现在所费娅的精子是不完全的,[也是]没有形体的,因此耶稣[设想]出了这[类]受造物,并且在精子中把它创造出来,在这件事上所费娅是跟他一起做工的。[由于]关涉的是精子,他们又是[没有形状的],因此他就降临,[并且]把普累罗麻启示给他们。[他]在尘世间把有关[非受造者]的事传授给他们。所有的事物他都是按照[普累罗麻]和[那不可思议]父的样式造出来的。非受造者[…]非受造者的样式[…]。因为父从非受造者进行创造的,(并且把受造者)带入到了形体之中;而受造物就是那先存者的影像。

这一位,也就是耶稣,创造了受造物。然后他把他的作品置于那些环绕着

精子的情绪的摆弄之下。他把它们彼此分开:他把较好的情绪引导到灵里面,

[36] 而把较差的情绪引导到肉体里面。但是首先[…]来自于每一个情绪[…]

自此以后,普鲁娜娅(Pronoia)就对那些流溢的影子和形象,就是[那些]从一开始就存在的人,和[那些]现在存在的人,[以及]那些将来会存在的人的影子和形象,进行修正。这[就是]托付给耶稣的事业,为了这项事业,[他]给万物都印上了[肖像]、图画[和影子]。此后耶稣[继续创造],他为万有创造了普累罗麻的亲属和配偶,也就是天使。

就在普累罗麻[同意]的同时,她的配偶就流溢出了众天使,因为这也是跟父的旨意相应的。因为这就是父的旨意:在普累罗麻之中,没有谁可以一直没有配偶。父的旨意也在于:要一直生育并结果。她现在忍受着受难,但是这却不是父的旨意,因为她是为自己独自存在的,没有配偶。

下界的创造

[37] 让我们[现在讨论…][…]一个另外的[…]二[…]他人的儿子[…]是宇宙的四。[而]那个四又生出了一个[三],这样一来[宇宙的普累罗麻]就构成了七。

现在[它]进入了[形象]和[肖像和众天使]和[天使长,神明]和[仆从]。当这[一切事情都按照]天意发生的时候,[因为…]耶稣[…]他在其中[…]精子[…]单一根源者[…]。

他们分为[属灵的]和属肉体的,在天上的和在地上的。他为他们造了这样的地方,和这样的学校,以教导和塑造他们。

然后这位德穆革开始造人,一方面是按照自己的形象,另一方面又按照那

[38] 先存者的形象。这是这样的一个居所,它的[这位…]照料精子[…分开…]神。当他们[…]为了人的缘故。[尽管][这位魔鬼]本是神圣存在物之一,但是他叛教了。是的,他确实绑架了整帮[天使],[并且]把他自己的根从那个地方[拔出来了],进入到[躯体]和[肉体的尸体]里面。因为他迷惑了那个属于神的人(即亚当),并且[用伤害使他堕落]。因此之故[亚当]生出了

儿子,是彼此[有仇的]。该隐[杀了]他的兄弟亚伯,因为[那魔鬼]把他的灵呼到他里面去了。

接着在天使与人类中间发生了纷争和背叛:右边的对左边的,天上的对地上的,属灵的对属肉体的,以及魔鬼对神。然后天使迷恋人的女子,然后下凡成了肉身,致使神(最终)发起洪水淹没世界,几乎后悔自己创造了这个世界[…] 39

[…那配偶]和[所费娅和她的儿子]以及天使[和精子]。所费娅的配偶连同所费娅和耶稣,[天使]和精子,这些就是普累罗麻的[形象]。而德穆革则是配偶和普累罗麻的影子,是耶稣和[所费娅的]影子,是[天使]和精子的影子。而所费娅的[配偶]是真理[之父]的肖像。

末 世 论

[最后]所费娅和耶稣向上奔向单一根源者,阳性的天使和阴性的[精子]以及普累罗麻中的一切都向上奔向单一根源者。

而当所费娅[重新]获得她的配偶的时候,当耶稣接受了基督,精子接受了天使的时候,[那]普累罗麻就会欢欢喜喜地接受所费娅,万有将会存在于合一和复原之中。

因为这样一来,众移涌就重新获得了丰盛。他们将会知道,无论他们怎么变,都是没有变。

附 录:

(一)膏抹礼

[…]对应于[…]样式[…]看见他。 40

此时派你的儿子耶稣基督来,让他膏抹我们,乃是至关重要的,为的是让我们就能够在耶稣基督的牧养下,践踏[蛇]和蝎子的头,消灭魔鬼的[一切]能量!① 通过他,我们[认识]了你。

---

① 《路加福音》10,19;《马可福音》16,18;《使徒行传》28,3-6。

我们这样[赞美]你：

我们赞美你，

在[移涌]里面的父，

在子里面的[父]，

在圣[教会]中的父，

连同那些神圣的天使！

从起初到永远，

你都在移涌的和谐之中，

从永远直到无边无际的永远。

阿门。

（二）第一次洗礼

[这]是对知识的主要部分的充实，是我们的主耶稣基督，单一根源者，启示给我们的。这些都是确定可靠的和必要的，我们当漫步于其中。

41　这是第一次洗礼的要点：[…第一次]洗礼。[这是]诸罪的[赦免]。

[…]那一位，他曾说过：[我为你们施洗]，为要免去你们的罪。这一位[…]是基督的[工作…]的样式。[他是]与[…同等的…]通过他[…]。因为耶稣[做工…]。

因此第一次[洗礼]是[罪]得[赦免]。通过这一次洗礼，[我们]将从[左边的人那里]出来到右边的人那里去，从死人那里出来，到不朽者那里去——[那地方]就是约旦河。但是[…]这个地方是[属于]这个世界的。因此我们[要]从[世界]出来，进入到移涌中去。约翰的意思是移涌，约旦河的意思是下降，也就是上升，这就叫作：脱离这个世界到移涌那里去。

（三）第二次洗礼

[…走出]这个世界[进入到约旦河里面]，走出这个世界的[活动]进入到真理之神[里面去]，

走出[肉体性]进入到灵性里面去,

走出物质性进入到天使性里面去,

走出[受造物]进入到普累罗麻里面去,

走出这个世界进入到移涌里面去,

走出[奴性]成为儿子,

走出迷惑进入到[清醒]之中,

走出异乡回到家乡,

走出寒冷进入到温暖,

走出[⋯]进入到[⋯]。

让我们[⋯]进入到[⋯]。以这样的方式,我们[将从]精子的[形体]进入到一个完全的形体之中。这样的沐浴乃是[⋯的]样式,基督通过它解放了我们,也就是通过他的灵的[恩赐],解放了我们。[他把我们]从[⋯]领出来,带我们进入到[⋯]。[他生育]了我们,我们在他里面,从此以后我们的灵魂变成为完美的灵。

[这些东西]是[通过第一次]洗礼赐给我们的,[⋯不可见的⋯那是]他所拥有的,因为[我们已经成为永恒][⋯],我们已经[获得了基督的拯救]。 43

(四)第一次圣餐

父啊![我们]感谢你,我们行圣餐礼来表达我们的感恩!因为[我们是借着]你的儿子[耶稣基督才得以想起]你是完美的[⋯]不可见的[⋯][⋯][⋯]你的[儿子⋯]他的[爱⋯]他们[⋯]获得[知识⋯]他们[奉]耶稣基督的名遵行你的旨意,从[现在直到]永远都遵行你的旨意,在每一样灵性的恩赐和[每一样]洁净中达到完美。愿荣耀通过你的首生子耶稣基督归于你,从现在直到永远。阿门。

(五)第二次圣餐

[⋯]我们获得了[⋯]逻各斯,在神圣的[⋯下面][⋯]食物和[水⋯你们的儿]子,在其中你[⋯][⋯完美]的食物[⋯]我们[⋯]在生命中[⋯]他[不

自夸…]这就叫作[…]教会[…]你为自己洁净。

主啊！[当]你死在洁净之中的时候，[你]将带来洁净，让每一个[从他那里领受]饮食的人都将获得生命。

愿荣耀归于你，直到永远。阿门。

第四部分
诗歌与语录

夏天的收获

《夏天的收获》(*Summer Harvest*)是一篇宇宙论诗歌,是瓦仑廷的作品,保存在 3 世纪教父希波利特的引文中(Hippolytus of Rome, *Against Heresies* 6.37. 7),来登译自 W. Völker, ed., *Quellen zur Geschichte der christilichen Gnosis*, Tübingen, Mohr, 1932, 59。

正　文

我在灵里面看到一切都被悬在那里
我在灵里面知道一切都被支撑在那里
肉体挂在灵魂下面
灵魂依附着空气
空气挂在上层的空气下面

从深处涌出了庄稼
从子宫涌现出了婴儿。

附录:对《夏天的收获》的寓义解释

在希波利特完整地引用瓦仑廷的这个原始文本之后,紧接着的就是对《夏天的收获》寓义解释。没有特别的理由可以相信这个寓义解释是符合瓦仑廷自己的本意的。

来登译自 W.Völker, ed., *Quellen zur Geschichte der christilichen Gnosis*, Tübingen, Mohr, 1932, 60。

他的意思是：按照他们的说法"肉体"是物质，"挂在"工匠的"灵魂"下面的。"灵魂依附着空气"：也就是工匠依附于外层的普累罗麻。而"空气挂在上层的空气下面"，也就是外层的智慧要依靠内层的和整个的普累罗麻。"从深处涌出了庄稼"就是从父那里流溢出全体的移涌。

珍 珠 之 歌

在《多马行传》(*Acts of Thomas*)中包含了一个描写灵魂流放和拯救的经典诺斯替神话,这个神话文本以《珍珠之歌》(*Hymn of the Pearl*)、《灵魂之歌》(*The Hymn of the Soul*)、《拯救之歌》(*Das Lied von der Erlösung*)为人所知,米德(G.R.S.Mead)把它称为《光辉的衣袍之歌》(*Hymn of the Robe of Glory*)。中译文依据米德的英译文翻译,对照了来登、约纳斯和来特(William Wright)的英译。①

诗歌的原文是以古代叙利亚文写成的韵文,最早出现在《多马行传》(大约写于公元200—225年)中,这个伪行传是诺斯替派的作品,在正统改写中得以保存下来,但改写的程度相当轻微,《珍珠之歌》的正文本身则完全没有改动。从它的文风和内容来看,《珍珠之歌》是一个独立的文本,《多马行传》的作者并不是这个诗篇的原创者。它在《多马行传》中的标题是"使徒犹大多马在印度国之歌"(*Song of the Apostle Judas Thomas in the land of the Indians*)。②这个诗篇流畅柔和,内容生动,透露着纯朴的气息,其中的诺斯替思想与情绪能直接地抓住人心。

---

① William Wright, *Apocryphal Acts of the Apostles*, London, 1871, pp.238-245.
② 猜想是他被因于印度的时候所作。

正 文

一

当我是个小孩子、居住在我父之屋的王国中，

享乐那些养育我者的财富与荣华的时候，

我的父母就让我从东方，我的家乡出发，肩负着使命上路了。

从我家的宝库中他们取了许多财宝装入我的行囊，

财富虽然巨大，但很轻巧，以便我可以独自携带。①

二

里面有来自高处王国的金子，有来自大宝库的银盘，

来自印度的玉髓的宝石，和来自卡桑②的玛瑙，

他们让我带上锋利能削铁的武器。

他们脱去了我身上荣耀的衣袍，

那是他们因爱我而为我织就的，

也脱下了紫色的披风，那是专门按我的身材定做的。

三

他们还与我立了约，

把它写在我的心里，为了使我不至于忘记它：

"当你下去到了埃及，带回那一颗珍珠，

它躺在海中央，被一条鼻孔里喷着气的蛇围着，

到那时你将重新穿上荣耀的紫袍，再加上披风，

与你的兄弟，我们的第二位，一起作我们王国的继承者。"

---

① 下面几行文字中描述的这个行囊中有五种珍贵的东西。

② Kashan，可能是波斯的一个地名。

四

我离开了东方向下方行走,有两位忠实的信使陪伴着我,

因为这道路是危险而艰难,

走这样的旅途我太年轻;

我越过了梅山(Maishan)的边界,那是东方商人聚集的地方,

来到了包贝尔(Babel)的土地,进入了萨布革(Sarbug)的城墙。

我下去进入了埃及,我的同伴们就离开了我。

五

我径直向蛇走去,并在接近他的住棚的地方安顿下来,

等待他麻木、睡着的时候我可以从他那里取走那颗珍珠。

由于我孤身一人,又安静自守,

相对于那些客栈中的同住者,我乃是一个陌生人。

然而我在那里看到了一位我的同类,

是一位英俊的、很受人喜爱的青年,诸王之子。①

六

他过来接近我,我也当他是我可靠的熟人,我把我的使命告诉他。

我告诫他不要接触埃及人与那些不洁净的人。

然而我穿上了他们的衣服,以免他们怀疑我是一个从外面来取珍珠的人,

免得他们会唤醒蛇来对付我。

七

但是由于一些原因,他们认出了我不是他们的同乡,

---

① 字面意思是"蒙拣选者"(anointed ones)。

他们设法博取我的欢心，在我的酒中混入他们的狡诈，

让我品尝他们的肉，

于是我就忘记我是一个王子，却去服侍他们的王。

我忘记了我的父母派我来取的那颗珍珠。

由于他们的盛宴，我沉入到了深深的麻木之中。

八

所有这一切发生在我身上，我的父母知道了，

他们为我悲伤。

我们的王国中宣布，所有人都到王国的门口。

所有帕提亚（Parthia）的王与大臣以及东方所有的贵人编织了一个计划，

一定不能让我留在埃及。

于是他们给我写了一封信，所有大人物都在上面签了他们的名字。

九

来自你的父，诸王之王，也来自你的母亲，东方的女主人，

来自于你的兄弟，我们的第二位，向你，我们在埃及的儿子致以的问候。

从你的沉睡中苏醒过来，起来，

看我们信中的话。

记住你是一个王子：

小心你在束缚中服侍的那一位。

留意那颗珍珠，为了它的缘故你才离家到了埃及。

回忆你的荣耀的衣袍，回想光辉的披风，

你可以穿上它们，用它们装饰自己，

你的名字将在生命的书中读到，

你将会与你的兄弟一起成为我们的代理、我们王国的继承者。

十

这封信就像一个信使，王用他的右手封好以对付邪恶者，

即包贝尔的子孙与萨布革反叛的邪灵。

它以鹰的形象升起，就是一切有翅膀的禽类之王，

一直飞到我的身旁才落下，于是完全变成了话语。

听到了它的声音我就醒来了，

从沉睡中起来，抓住它，亲吻它，

揭开它的封印，开始阅读。

信中的话读起来就像是写在自己的心上。

十 一

我记起了我是诸王的一个儿子，

我的生而自由的灵魂向往它自己的同类。

我记起了我为了它而来到埃及的那颗珍珠，

我开始向这条可怕的呼着气的蛇施魔法，

我向它呼唤我父的名字、我们接班人的名字、

我母亲的东方皇后的名字，哄它入睡。

十 二

然后我就抓住那颗珍珠，转身回家到我的父亲那里去。

他们的污秽的不洁净的衣服，我都脱去了，

把它们留在他们的土地上，我迈上了前往东方光明的家乡的路。

那封把我唤醒的信，我看到他就在我的路前方，

就像它用它的声音把我唤醒那样，

现在它的光明在我前面照耀，给我引路，

它用它的声音鼓励我不要畏惧,它用爱拉着我前行。①

十　三

我穿越了萨布革,把巴贝尔土地抛在左后方,

我来到了梅山,就是商人聚集之所,它就在大海边。

我的荣耀的衣袍,我曾经脱去的那一件,

还有加在它外面的那件披风,我的父母

派他们的司库带着它们来迎接我。

我已经忘记了它的光辉灿烂,

我在小孩的时候就把它们留在我父亲的屋子里。

现在我再次看到这衣袍,它在我看来突然变成了我自己的镜中之形象:

我看到我整个地在它里面,我也看到它整个地在我里面,

我们曾经是分离的两个,然而现在我们的形体再次同一。

还有那还带来衣袍的司库,我看到他们是两位,

但是他们俩都存在于一个形式之中,

因为国王的一个印记标在两个的身上。

他们手持我的金钱和财富,把我的报酬交付给我:

明亮的云彩制成的精美的衣袍,

上面镶着黄金和珍贵的宝石和珍珠,

色彩斑斓的红玉缝合了它的接缝。

上面绘满了众王之王的形象,

蓝宝石在领子上闪着温和的光。

十　四

我还看到上面整个地晃动着诺斯的运动,

---

① 回归的行程中所经阶段与下降的阶段是相对应的。

我看到它就要说话了,听到了它在降临的路上低吟的歌声：

"我就是那在他的作为中被作为的,为了他,

我在我父的屋子中被养大,

我在我自己里面看到了我的地位如何地随着他的劳作而上升。"

十　　五

随着它高贵的运动,它从持着它的人的手里整个地向我扑来,

让我早些拿到它,而我的爱也促使我向它奔去,去接住它。

我伸向它、穿上它、为自己披上了它的美丽色彩。

然后我用披风把自己整个地裹了起来。

穿着它们,我升到了敬拜与致意的门。

我低头敬拜我父的光辉,是父派它到我这里来,

我已经完成了我父的命令,而父也实现了他的诺言,

我融入到了王宫之门,他愉快地接受了我,

我与他一起在他的王国里,

他的所有仆人用乐声赞美他,

因他允诺我走向众王之王的宫殿,

带回了珍珠我就应该与他一起出现。

耶 稣 之 歌

　　《耶稣之歌》(*The Hymn of Jesus*)是《约翰行传》中的著名颂歌,附有配合这首歌的仪式性舞蹈的解说。这首歌构成了诺斯替派的宗教歌舞仪式,耶稣的领唱包括一些神秘的自我宣称,歌队以"阿门"唱和,绕着他转成一圈跳舞。耶稣自称拯救者与被拯救者是跟诺斯替文本中的神和启示者既是拯救的施予者又是拯救的获得者的身份是相类似的。米德(G.R.S.Mead)对"耶稣之歌"的细致研究为约翰行传提供了视野极广的注释。

　　这首歌长期以来吸引了许多人的兴趣。尤瑟娜(Marguerite Yourcenar)的小说《苦炼》(*L'oeuvre au noir*,英译本题为 *The Abyss*)专门讲到了这首歌,作曲家霍斯特(Gustav Holst)把它谱成了乐曲,取名《耶稣之歌》(*The Hymn of Jesus*),导演路易斯·布纽尔(*Luis Buñuel*)在电影《银河》(La_Voie lactée)中插入了这个首歌的一个版本。Willis Barnstone 和 Marvin Meyer 编的《诺斯替圣经》中收录了这首歌,取名《十字架圆舞》(The Round Dance of the Cross)

　　谢扶雅编译的《基督教早期文献选集》第十部诺斯替派文献残篇收录了这首耶稣之歌。中译文主要依据 M.R.James 翻译和注释的《新约次经》(*The Apocryphal New Testament*, Oxford: Clarendon Press, 1924)英译文,网络版见: http://www.gnosis.org/library/actjohn.html.

正 文

94. 在他被不守律法的犹太人逮捕之前,——那些犹太人是受不守律法的蛇的统治的——,他把我们聚集在一起,说:在我被交给他们之前,让我们给父唱一首颂歌吧,然后去面对在前面等着我们的事。他让我们围成一个圈,手拉着手,他自己站在中间,说:唱阿门回应我。然后他开始唱一首颂歌:

父啊,荣耀归于你!

我们转成一个圈走,回应他:阿门!

荣耀归于道,荣耀归于恩典! 阿门!

荣耀归于圣灵,荣耀归于你,神圣者!

荣耀归于你的荣耀! 阿门!

父啊,我们赞美你! 光明啊,我们感谢你!

你里面没有居住着黑暗! 阿门!

95. 现在我们来感谢,我说:

我愿被拯救,我也愿施行拯救! 阿门!

我愿被解脱,我也愿施行解脱! 阿门!

我愿受伤害,我也愿施行伤害! 阿门!

我愿被生育,我也愿生育! 阿门!

我愿吃,我也愿被吃! 阿门!

我愿听,我也愿被听! 阿门!

我愿被关怀,我也是全然的关怀! 阿门!

我愿被施洗,我也愿施行洗礼! 阿门!

恩典在舞蹈! 我来吹笛,你们一起跳舞! 阿门!

我要哀伤,你们一起叹息! 阿门!

八(ogdoad)与我们一起唱颂歌! 阿门!

十二在上界舞蹈！阿门！

整个上界都参与在我们的舞蹈之中！阿门！

凡是不跳舞的人，都不知道将要发生的事！阿门！

我愿逃离，我愿留下！阿门！

我愿打扮，我愿被打扮！阿门！

我愿被结合，我也愿结合！阿门！

我没有一个家，我有一些家！阿门！

我没有一个地方，我有一些地方！阿门！

我没有一个殿，我有一些殿！阿门！

我是你们这些看见我的人的一盏灯！阿门！

我是你们这些注视着我的人的一面镜子！阿门！

我是你们这些敲门的人的一扇门！阿门！

我是你们这些旅行者的道路！阿门！

96. 如果你们回应我的舞蹈，就会在我讲话的时候，在我里面看到你们自己，如果你们看到了我所做的，你们要对我的奥秘保持沉默。

你们这些舞蹈的人，你们要明白我所做的，因为我将要承受人类的苦难乃是为了你们。要是我没有作为父的话语被派到你们这里来，你们就绝不可能明白你们所受的苦。你们这些看到我所受的苦的人，看到我是在受苦，看到我的受苦，你们不再坚守，而将完全地动摇，动摇以至于成为聪明，然后你们得到了我的依靠。我是你们的床，在我身上休息吧！我是谁，当我离开的时候，你们将会知道。现在看起来的我，其实不是我，你们到来的时候将会明白。要是你们已经知道了如何受苦，你们就有能力不受苦。你们学会了受苦，你们就有能力不受苦。凡是你们不明白的，我自己会教导你们。我是你们的神，我不是那些背叛者的神。我愿与圣洁的灵魂保持一致的曲调。在我里面你们知道了智慧的话语。你们再次跟我一起说：父啊，荣耀归于你！道啊，荣耀归于你！圣灵啊，荣耀归于你！之于我，如果你们想知道我曾是谁，你们就要知道我用

一句话语骗过了万物,而我根本没有受辱。我跳跃了。你们要明白这一切,当你们明白了,就说:

父啊,荣耀归于你! 阿门!

97. 我的亲爱的人啊,就这样,主跟我们一起舞蹈,然后离开了。

巴 录 书

　　《巴录书》(*The Book of Baruch*)是一篇基督教化和希腊化了的犹太教诺斯替文献,它是一部遗失的经书的残篇,仅以诗译的形式比较完整地保存在希波利特的《反对一切异端》(*Refutation of All Heresies* 5.24.1,5.37.1-3;5.26.1-37,5.27.4)中。希波利特声称这是他读到过的最令人憎恶的文章,其作者是一个名叫查士丁(Justin)的诺斯替派人物。鲁道夫认为该文也许是现存最早的犹太教诺斯文献之一,构成了从犹太教一神论发展到成熟的诺斯思想之间的一个本已遗失了的环节。

　　该文中的诺斯体系有三个本原,两个阳性的,一个阴性的。最高级的神是善,他也叫作普里阿波斯(Priapos,原为希腊罗马的淫荡的丰产之神)。另两个能量取名于犹太教传统,阳性的艾洛英(Elohim)就是希伯来文的"神",阴性的伊甸(Edem)是希伯来文的"大地"。阴性的伊甸对应于所赘娅,在本文中扮演了许多角色,包括大地、乐园、以色列、人类的创造者、野兽、灵魂等。该文讲述了艾洛英和伊甸、天与地之间的爱情故事,借用《创世记》的主题阐述了诺斯替派对人类命运和恶在这个世界上的起源等问题的看法。

　　天父艾洛英是地母伊甸的情人,他们在充满激情的结合中产生出24个天使,然后这些天使又创造出了人类和天堂。这24个天使可以对应于后来塞特派和瓦仑廷派体系中的普累罗麻。艾洛英把灵吹到亚当里面,而伊甸则把魂吹入到亚当里面。艾洛英上升到天上至高处的善那里去,看到了眼睛未曾看见过、耳朵未曾听到过的、心里从未想到过的景象。认识到神的庄严伟大,他就想毁掉他自己创造的世界,把囚禁世人中间的灵收回来,但是善不允许他这样做。艾洛英留在上界,伊甸被遗弃在下界,给留在世人中间的艾洛英的灵以各种各样的罪恶。艾洛英和伊甸这两个情人之间的争吵在人类历史中延续。艾洛英派天使巴录去安慰生活在人们中间的灵,他求助于希伯来先知摩西,甚至先知海格力斯(Herakles),结果都是徒劳。最后艾洛英派巴录到拿撒勒去,找到了约瑟和马利亚的儿子耶稣,他当时 12 岁,正在牧养,他把从一开始发生的事,从伊甸到艾洛英一直到将来会发生的事,都告诉了他,要求他不要像以往的所有先知那样诱惑,把道传给人们。本文的最后是一个对神话的寓意解释。

巴录(Baruch)在希伯来文中是"蒙福"的意思,是美好的生命树,他是为首的父系的天使,纳斯(Naas)是希伯来文的"蛇"字,是邪恶的知识树,是为首的母系天使。该文本广泛借用了当时各个流派的宗教、哲学和神话资源以说服犹太人、基督徒和希腊人去接受包罗万象、不断发展的混合主义的诺斯替思辨。在《圣经后典》中有个同名文献,那是先知耶利米的秘书巴录所作的四篇演说词,跟这个文本没有关系。

正 文

保 密 誓 言

如果你想认识你的眼睛所未曾见到过耳朵未曾听见过的
以及人心从未想到过的景象,
以及那一位站在至高处的善,
那么你就要发誓保守传授给你的奥秘。
他发了誓言并将永不动摇。
这就是誓言:
我奉至高者善的名义,
保守这些奥秘,不透露给任何人,

并且永不从善返回受造界。

当你接受了这个誓约,你就进入到了善,

看见了眼睛未曾见到过,耳朵未曾听到过的

以及人心从未想到过的景象。

你在活水中啜饮,

那生命之水的泉源涌动奔流。

然后水从水那里分开了,

天穹下面的水归于邪恶的受造界。

在那里面受洗的是那些地上的属魂的人。

天穹之上的水归于善,

它是活的,属灵的有生命的人在里面受洗,

艾洛英在里面受洗之后,他未曾动摇。

创造主的神话

过去有三个非受生的本源

统治着这个宇宙:两个阳性的,一个阴性的。

一个阳性的本源叫作善,

也唯有他才当得起这个名字,

他知道时间之前的所有事。

另一个阳性的本源被叫作万物之父,

他被生在这个世界上,他没有前念,

他是不可知的和不可见的。

阴性的本源是愤怒。

她对时间之前的事一无所知,

她有两个心灵和两个身体,如希罗多德的神话中那样,她的上身是贞洁的,下身是毒蛇。①

她被叫作伊甸和以色列。

这些就是宇宙的本源,

是万物化育的根本和源泉,

在它们之前在这个世界上没有别的事物。

当父在预先一无所知的情况下

看见了半处女的伊甸,他的情欲因为她而燃烧,

他,这位父,就叫作艾洛英,

伊甸的情欲也因为艾洛英而燃烧。

他们的欲望吸引他们在爱的结合中成为一体。

在这一次结合中父种下了十二个天使,

通过伊甸为他自己。

父系的天使是米迦勒,阿门(Amen)、巴录、加百利、以沙戴欧斯(Esaddaeus)…

母系的天使是包贝尔、阿卡麻多、纳斯、贝尔、贝里阿斯、撒旦

撒尔、阿多奈、卡以坦、法老多、卡卡米诺和拉深。②

在这二十四个中父系的天使

与父亲在一起并在一切事上都遵从他的旨意,

母系的天使听从母亲伊甸的话。

他们的共同的领域是天堂,

摩西告诉我们说,

神在伊甸的东方立了一个天堂,

在伊甸的面前,因此她

---

① Herodotos, *Histories* 4.8-10.女妖塞壬的神话中,女人由两个部分组成,腰以上是处女的胸脯,以下是动物的诱惑。

② 这些名字有些在其他文本中出现过,未出现过的名字附英文如下:贝尔(Bel)、撒尔(Sael)、卡以坦(Kauithan)、法老多(Pharaoth)、卡卡米诺(Karkamenos)和拉深(Lathen)。

可以一直看着天堂她的天使们。

天堂的天使们被寓意地称为树，

生命树是父系的第三个天使，

他的名字就叫巴录，

善恶知识的树

是母系的第三个天使，他就是纳斯。

摩西遮遮掩掩地说这些事，

因为没有人能够把握真理。

亚当和夏娃的创造

在天堂通过艾洛英和伊甸的爱进入存在之后，

艾洛英的天使们取了一些最好的泥土，

不是从伊甸的野性的、裸体的部分，

而是从她上面的、高尚的部分，

从那个好的泥土里他们造出了一个人，

而从野性的土地里出来了野兽和创造物。

他们把人造成一个他们的结合和爱的象征

在他里面种入了他们的一些能量。

伊甸给了他魂，艾洛英给了他灵。

亚当这个人是他们的爱的印记和回忆，

是伊甸和艾洛英之间的婚姻的永恒的象征。

如摩西所记，夏娃是形象和象征，

而伊甸的印记永远地保存着。

伊甸把魂放到夏娃里面，艾洛英把灵入到夏娃里面。

他们颁布了一条诫命：

要结果、繁殖,征服大地。

伊甸把所有的能量都给了艾洛英,

就像结婚的嫁妆,直到今天,

模仿那最早的婚姻,

一个女人带着嫁妆到她的丈夫那里去,

遵守神圣的祖传的律法,

伊甸投奔艾洛英而来。

天使们被分裂了

按照摩西的记载,当一切都被创造出来的时候,

包括天和地以及其中的万物,

母亲的十二个天使被分裂成了

四个本原,每一组都各自被称为一条河：

比逊(Pishon)、基训(Gihon)、底格里斯(Tigris)和幼发拉底(Euphrates)。

聚集在这四个地方,十二个天使

环绕统治着这个宇宙。

他们统治世界的权力来自于伊甸。

他们并不是永远在同一个区域的,

而是如同一个巡回的乐队,

按照他们的任务,

按照一定的间隙和时期从一个地方运行到另一个地方。

当比逊的天使们统治一个区域的时候,

饥荒、痛苦、磨难充塞了地上的那个地方,

因为他们的统治准则就是贪婪。

依据每一个能量和本性,

在所有的区域都会有不好的时候和疾病到来。

会有邪恶的洪流奔涌出来，

如同河流，一直流淌在这个世上，

伊甸的意志控制着所有四个地方。

艾洛英上升

黑恶的必然性有这样一个环境：

在艾洛英和伊甸相互的爱之中创造了这个宇宙之后，

艾洛英选择上升到天的至高处

去看看他们的创造是否还缺少什么元素。

他带着他的天使上升了，那是他的本性使然，

他把伊甸留在了下界，

因为她是泥土，拒绝跟他丈夫上升。

当艾洛英达到天的上面的边界，

他看到了一个比他创造的太阳还要强烈的光明，

他说：开门放我进去认一认主吧，

我一直以为我就是主。

他听到一个声音从光明中传出来，说：

这就是主的门。正义的人通过它。

那门立刻开启了，

父进入到了善里面，没有带着天使，

他看到了眼睛未曾看见过，耳朵未曾听到过的，

心里从未想到过的景象。

善对他说：坐在我的右手边。

父对善说：

让我毁灭我造的宇宙吧。

我的灵被囚禁在人们中间。

我想把它取回来。

善对他说：凡是源自于我的都可能是罪恶的，

在你们的相爱中，你和伊甸造了世界。

让伊甸维持那个世界吧，她想维持多久就多久，

但是你必须留下来跟我在一起。

伊 甸 的 回 应

伊甸知道自己被艾洛英抛弃了，

她伤心地开始把天使们聚集在她周围，

把自己装扮得光彩照人，想唤他回来。

但是在善的控制下艾洛英再也没有向伊甸降临。

伊甸命令包贝尔，在这里的意思就是女神阿佛洛狄忒①，

去激起人们之间的乱伦和离婚，

为的是如同她被迫与艾洛英分开那样，

让艾洛英在人们中间的灵感到痛苦，

像她，被他抛弃的妻子，那样受折磨和忍受痛苦。

伊甸又给了纳斯极大的权力，

那是她的第三个天使，让他用尽一切可能的酷刑，

去折磨艾洛英在人们中间的灵，

为的是通过那个灵，艾洛英本人也会受到折磨，

因为他冷酷地毁了她们之间的约，把她抛弃。

艾洛英派他的天使巴录下凡

父艾洛英看到了这些事，

---

① Aphrodite，爱与神之神，俄林波斯山的十二主神之一，罗马神话中的维纳斯，诞生于大海浪花之中。

他派了他的第三个天使巴录下凡,

去安慰生活在所有人中间的灵。

巴录来了,他站在伊甸的天使们中间,在天堂之中。

天堂就是他站立于其中的那些天使,

他命令人们吃天堂中的每一棵树,

只是不要吃善恶知识的树,那树就是纳斯。

他们可以服从伊甸其他的十一个天使,

因为虽然他们有激情,但是他们没有不服从命令。

但是纳斯是不服从的,

他接近夏娃,引诱她,勾引她,那是犯罪。

他又接近亚当,把他当作男童玩耍,那是犯罪。

于是通奸和鸡奸就出现了。

自从那时候起,善与恶就统治着人们。

它来自于唯一的源头。

当父升到善那里去的时候,他为那些想要上升的人指明了道路,

但是由于他离开了伊甸,

他给他在人们中间的灵带来了罪恶。

巴录寻求救主

巴录到摩西那里去,通过他对以色列的孩子们说话,

让他们回到善那里去,

但是伊甸的第三个天使纳斯挡住了他的道路。

通过伊甸给他和摩西以及所有人的灵魂,

纳斯抹去了巴录的命令,

人们只听到了纳斯的诫命,

于是魂反对灵、灵反对魂。

魂是伊甸,灵是艾洛英,

每一个都同时在男人和女人里面。

巴录被派到了先知们那里，

为的是让生活中人们中间的灵能够听到，

逃离伊甸和她的腐败的创造物，

正如父艾洛英曾经逃离那样。

但是纳斯用了他的老策略，

把父的灵拖到了他引诱的人们的魂里面，

他们鄙视巴录的话语传达的艾洛英的诫命。

然后巴录在那些未曾行割礼的人们中间选择了一个先知，

就是海格力斯，派他去征服伊甸的十二个天使，①

把父从受造世界的十二个罪恶天使那里解放出来。

这就是海格力斯的十二件苦差事，

跟狮子、九头蛇、野猪等相斗。

它们是母系天使的能量给它们命名的民族。

正当他要取胜的时候，翁法勒②，她就是包贝尔或阿佛洛狄忒，

攻击他，引诱他，夺去了他的力量，

以及艾洛英传给巴录的诫命，

她用自己的衣袍，也就是伊甸的能量，下界的能量，

把他包裹起来。

海格力斯的预言和作为被化为乌有。

---

　　① 对应于海格力斯为了达到不朽而必须完成的十二件苦差事。Herakles，也音为赫拉克勒斯，希腊神话中的大力神，以十二项功绩著称。
　　② Omphale，翁法勒，吕狄亚女王，海格力斯给她当了三年奴隶，她穿上海格力斯的狮皮，拿着他的狼牙棒，而给海格力斯穿上女人的长裙，让他在女王的脚上纺线。

巴录找到耶稣

最后，在希律王的时期，

巴录再次被艾洛英派来，

他来到了拿撒勒找到了耶稣，

约瑟和马利亚的儿子，十二岁的男孩，正在牧羊，

他告诉了他从起初开始发生的一切，

从伊甸和艾洛英一直到将来会发生的事。

他说，你以前的所有先知都被诱惑了，

但是耶稣，大地的儿子，

你一定不要被诱惑，把道传给人们，

把父和善的事讲给他们听，

然后升到善那里去，

跟我们所有人的父艾洛英坐在一起。

耶稣上十字架和上升

耶稣听从了这位天使，他说：

主啊，我会做好一切。他确实做到了。

纳斯也曾引诱他，但是没有成。

耶稣保持了他对巴录的信仰。

纳斯为自己未能引诱他而发怒，就把他钉上了十字架。

耶稣把他的身体留在了伊甸的树上，

他上升到善那里去了。他对她说：

女人，这是你的儿子。

他留下了他的魂和他的属地的身体，

但是他把他的灵安放在父的手里，①

然后升到善那里去了。

寓 意 解 释

善就是普里阿波斯，他在有物存在之前创造。

他被叫作普里阿波斯，因为他创造了万物。

因此在每个地方的神殿里他都受到万有的崇拜。

在他走过的路上都结出果实，

创造的果实是他造成的，

因为他在有物存在之前进行了创造。

你们听到天鹅躺在勒达身上②，

从她生出了一个孩子，

那天鹅就是艾洛英而勒达就是伊甸。

他们看见鹰追上盖尼米德，

那鹰就是纳斯，盖尼米德就是亚当。③

你们听说金子降临到达娜身上，

从她生出了一个孩子，

那金子就艾洛英，达娜就是伊甸。④

以这样的方式，这些神话故事被解释，

---

① 参:《路加福音》23 章 46 节。

② Leda，勒达，埃托利亚国王的女儿，斯巴达国王廷在瑞俄斯的王后，宙斯化作天鹅跟他结合，生下了海伦和波吕丢克斯。

③ Ganymede，盖尼米德是希腊美少年，鹰绑架他，使其成为宙斯的斟酒者。

④ Danae，达娜，被父亲关在铜塔的顶层，宙斯化作金雨跟她相会，生了佩耳修斯。

把它们跟类似的神话相比。

先知说,听吧,天,听吧,地,主讲话了。

在人们里面的艾洛英的灵就是天,

跟灵一起活在人们里面的魂就是地。

主就是巴录,以色列就是伊甸。

以色列不认识我。要是她知道我是跟善在一起的,

她就不会因为不认识父而折磨生活在人们中间的灵了。

有人说先知夺取了一个女人去通奸,

因为大地在主下面被通奸,正如伊甸在艾洛英的下面,

在这些话语里面,先知清楚地讲出了整个奥秘,

但是由于纳斯的邪恶,他的声音没有被听到。

所罗门颂歌

　　《所罗门颂歌》(*Odes of Solomon*, 或 *The Songs of Solomen*)是古代最美丽的诗集之一,在古代宗教中极少有比这个诗集更富有诗意和想象力的诗作了。其中有丰富的异乡人的异象、极具想象力的象征、灵魂与神的对话、爱的热烈的拥抱以及与神的分开、寻求与相遇,所有这些方面都使之成为一部宗教诗集,成为光明、知识以及开悟之音的著作。有学者们推测这是瓦仑廷派诺斯替主义的文本。

　　一直到 1909 年,只有其中的五首诗为人所知,它们出现在《庇斯梯斯·所费娅》(*Pistis Sophia*)中。同年,考古学家和古叙利亚语学者 J.Rendel Harris 发现了该诗集的叙利亚文版本。早期教父拉克唐修(Lactantius)等人的著作对该诗集引用较多。这个诗集对《约翰福音》有极深的依托,文中也以基督的口吻讲话,这是典型的诺斯替文献特征。每首诗的结尾都有 hallelujah 这个词,这个尾巴可能是文士附加上去的,中译本中一律略去。

　　《所罗门颂歌》写成于二世纪,原文可能是希腊文或阿拉姆语(Aramaic)。中译文依据诺斯协会提供的电子版(http://www.gnosis.org/library/odes.html)和 Willis Barnstone & Marvin Meyerr 英译(*The Gnostic Bible*, Boston&London: Shambhala, 2003)。

正　文

第 一 篇

主,你就像冠冕一样融在我的头发里,

我将永远不会没有你。

这个真理的冠冕是为我织就的,

让你的枝条在我里面招展。

这冠冕并不是干枯不结果实的,

你在我的头上茂盛地生长。

你的果实圆满、完美,洋溢着拯救。

第 三 篇①

我穿上了他的肢体,他自己的肢体,

我依赖它们。他爱我。

我如何知道如何去爱主呢,

要是他不爱我的话?

谁能给我们讲述爱呢?

只有那被爱的人才知道。

我爱那一位被爱者,我的灵魂爱着他,

而我就在他休息的地方,

我并不陌生,因为他不小气。

他是我的至高的仁慈的主,

我已经去融合在他里面。

爱人找到了他所爱的人,

---

① 第二篇缺失。

爱圣子,我就成了圣子。

谁与永恒者在一起呢? 永恒者,

那在永生者里面喜乐的那一位活着。

这就是主的灵。

它不会说谎,它教给我们道路。

你要智慧、觉悟、清醒。

第 四 篇

啊,我的神,没有谁能够抓住你的圣所,

也没有谁能够改变它,因为没有谁有这样的能量。

在你拉动这个世界之前,你设计了你的圣坛。

老的不会被新的取消。

啊主! 你把你的心给予了那些信你的人,

也不会绊倒,也不会不结果。

信你的一小时要比一切的时日都珍贵。

穿上了你的恩典,有谁能够感觉到痛呢?

你的印是已知的,创造物们都认识它。

天使长们穿着它。

你把你的友情给予我们,不是你,而是我们,需要它。

你的甘露滴在我们身上。

打开你的不竭的泉源,让奶和蜜涌出。

你从不收回你的应许,

你豪爽地给予,你的收回是为再次给予。

你明了一切,万物在一开始就在你的面前定下秩序,

是你,我们的主,创造了万物。

第 五 篇

感谢你,啊主! 因为我爱你。

啊,至高者,不要抛弃我,

因为你是我的盼望。

你的恩典我白白地领受,并以此为生。

我的迫害者将要到来,但是让他们不要看见我。

让黑暗之云蒙在他们的眼睛上,

让厚重的阴暗把他们陷在黑暗中。

让光明隐退,让我变得不可见,

这样他们就不会来抓我了。

愿他们的谋划是厚重的黑暗,

让他们的诡计落在他们自己的头上,

因为他们的谋划是虚伪。

主是我的盼望,我将不会害怕。

他是我头上的花环。我永不会陷入悲伤。

哪怕万物都发抖,我却将稳稳地站立。

哪怕一切可见事物都消灭,我却不会死去,

因为主与我在一起,我与主在一起。

第 六 篇

当手拨琴弦的时候,竖琴就响,

主的灵也这样在我的肢体里面讲话,

而我也通过他的爱讲话,

因为他摧毁了陌生和痛苦的东西。

他是从太初而来的,他也将存在到末日。

没有谁可以违逆或者反对他。

主的知识大大地增加,

他热切地教给我们,他通过恩典把知识赐给我们。

通过他的名,我们懂得了赞美,

我们的灵赞美他的圣灵。

小溪奔腾,流入了宽广无尽的江河

那洪水咆哮,摧毁冲走了庙宇。

普通的人,哪怕是有技艺阻挡急流的人,

也无法把它拉回,

那河覆盖了整个大地。

那河流注满了万物,

大地在饥渴中畅饮,解除了饥渴。

那水来自于至高者。

祝福那些水的使子,

他们护卫着水,让它滋润干渴的唇,让昏晕的人苏醒。

灵魂就要离开,他的水把它从死亡中救回,

伸直了那蜷曲的肢体。

他们让软弱的我们得到力量,他们给了我们的眼睛以光明。

那些知道主的河流的人将会借着它得到永生。

第 七 篇

邪恶的上面蒙着怒气,而被爱者上面洋溢着喜悦,

用她的果实浇灌着我们。

我的快乐是主,我向他走去。

那道路是高妙的,我的帮助者是主,

他坦然地让我亲密地认识他。

他的仁爱使他的伟大俯身屈就,

他变得像我一样,让我可以接受他,

他像我一样思想,让我可以成为他,

而我在望着他的时候也不至于颤抖,

因为他对我是和蔼的。

他呈现了我的本性,为的是我可以向他学习,

他呈现了我的形式,为的是我不会转身走开。

知识之父是学问之道,

智慧的创造者比他的作品更智慧,

创造了我的那一位知道如何在我进入存在的时候照料我。

从他的丰盛的恩典中他找到了对我的仁慈,

让我请求并领受他的供奉。

他是不朽的,是诸世界的成就,是我们的父。

他让他自己在他的作品中显现,

让人认出他就是他们的创造者,

没有人会想,他的作品是自己造就的。

在他所做的上面的,从起初直至终结,

乃是他的光明的凝视。

他休息在他的儿子里面,在他的儿子里面找到了快乐,

通过他的拯救,主拥有了万物。

那至高者将在他的圣徒里面被人认识,

在正在到来的主的颂歌得到吟唱,

而那些吟唱者可以去与他相会,

看到他愉悦地在那里,还有一把曲调优美的竖琴。

先知将会走到他的前面,他们将被看到,

他们将赞美主的爱。他就是在近旁观看。

憎恨将会离开大地,嫉妒将会沉没,

无知将会销蚀,

因为主的知识已经到来。

让歌唱者歌唱至高主的恩典,

让他们歌唱,让他们的心灵如同白日,

他们的和谐就如同主的美丽奇妙,

让世界上到处都有他的生命、他的知识和他的话语。

主赐予了他的创造物以喉舌,

他开启了我们的嘴唇,让我们赞美他,

承认他的大能,释放他的恩典。

第 八 篇

让你的心灵向主的欢欣开启,

在圣洁的生活中让你的爱从心灵洋溢到你的嘴唇。

把果实带给主,

在他的光明中讲话观看。

你们这些陷得很深的人,站起来,挺直你们的肩膀,

你们这些沉默的人,开口讲话,

你们的嘴已经开启,

你们这些曾被鄙视的人,如今感到被提升了,

你们的善是高超的,

主的右手与你们同在,

在战争在大地上爆发之前,

他会帮助你们,

他为你们预备了和平。

回　应　一:

倾听真理之道,畅饮我给你们的知识。

你的肉体不明白我讲给你们听的话,

也不认识我展示给你们的衣袍。

要保守我的奥秘,它让你们停靠;

保守我的信仰,它让你们停靠;

你们这些在真理中认识我的人,你们要知道我的知识。

你们这些爱的人,温柔地爱我,

我不会转脸不认我自己的人。

我认识他们,就在他们存在之前,我就认识他们,

已经把印记印在他们的脸上。

他造了他们的肢体,为他们准备了我的乳房,

让他们吮吸我的圣洁的奶为生,

我从他们那里获得欢乐,看到在他们里面没有耻辱。

他们通过我的手艺而存在,他们通过我的手艺感知到

我的意念的宏大。

谁能抵挡我的手艺呢?

谁不是他的臣民呢?

我决定和塑造了我的心灵和心脏,

它们是我的,是我亲手造出了它们。

我的善行在它们前面,它们将不会缺少我的名,

我与它们同在。

回　应　二：

祈祷并成长,在主的爱里面存活,

你们在那被爱的那一位里面被爱,

你们在那永活的那一位里面存活,

你们在那被拯救的那一位里面被拯救,

在一切的世代,你们都将通过你们的父的名

获得不朽。

第　九　篇

睁开你们的眼睛,我要对你们说话,

给我你们的灵魂,这样我也会把我的灵魂给你们。

这是主的道,是他的愿望,

是他对弥赛亚的神圣的意念,

你们的生命在主的意志里面。

他的意图是你们的永生,

你们的完美是不朽的。

在父的神里面丰盛,

领受至高者的意图。

在他的恩典里面坚强并且得救。

我告诉你们,那些神圣者将会懂得和平,

如果你们听了,你们就不会落入到战争之中。

凡是认识他的,将不会灭亡,

凡是领受他的,将不会困惑。

他的永恒的冠冕是真理,

那些把它戴在头上的人是有福的。

它由宝石制成，

战争为了它而展开，

善抓住了，把它给了你们，

在与神的约中戴上这顶冠冕吧。

一切获胜者都将刻写在他的书里面，

他们的书是一个胜利，是你们的，

胜利最先看到你们，愿意你们被拯救。

第 十 篇

主用他的话语改变了我的嘴，

用他的光明打开了我的心灵。

他让永生居住在我里面，

让我讲说他的和平的果实，

他皈依那些愿意到他那里去的灵魂，

他引领俘虏走向自由。

回 应：

我获得了勇气，坚强地站立起来，抓住了世界，

然而我的俘虏躺在至高者的光辉里，

躺在我父的神里面。

那些四散和异邦人被再次聚集在一起，

而我没有被我对他们的爱所污染。

他们在至高的所在赞美我，

光明的海洋进入到了他们的心灵里面，

因为他们已经成为我的永远的子民。

第 十 一 篇

我的心裂开了,那里出现了一朵花,

恩典在萌芽,

从主那里结出了果实,

因为至高者用他的圣灵把我裂开,

露出了我对他的爱,

又用他的爱把我灌注。

他裂开我的心,这就是我的拯救,

我就跟随着他的和平的道路,

真理的道路。

自始至终,我领受他的知识,

坐在他为我设的真理的岩石上。

从主的广大的泉源

言说之水涌上了我的唇,

我啜饮,我为生命之水而陶醉,

那水是永远不死的,

而我的陶醉给予我知识。

我抛开了虚荣,转向了我的神,

他的慷慨使我丰富。

我抛开了地上的疯狂,

我把那疯狂从我身上剥去,并且把它丢弃,

主在他的衣袍中更新了我,

把我置于他的光明之中。

他从上界赐予了我不朽的安宁，

我就像深厚的大地，幸福地住在其中的果园里，

而主就像太阳，照耀着这片土地。

我的眼睛是清澈的，

露珠在我的脸上，

我的鼻子享受着主的芳香。

他把我带到了乐园，

在那里我懂得了快乐，

敬拜他的荣耀。

那些种植在天堂里，你的地上的有福了，

他们在你的树的成长中成长，

从阴暗变成光明。

你的仆人是可爱的，

他们行的是善事，

他们避开了罪恶，转向了你的愉悦。

他们免去了他们的古老大地上的树的苦味，

你无处不在，总是你的仆人面前。

在天堂里有许多地方，

但是没有荒地，到处结了果实。

荣耀主，天堂里的永恒的快乐。

第 十 二 篇

他用真理的道灌注我，这样我就会讲真理的道，

如同喷涌的水，真理也从我的口中喷涌而出，

我的嘴唇展示了它的丰收。

它给了我知识的金子，

从主的嘴里出来的是真言，是他的光明之门。

至高者把他的道赐予了他的诸世界，

诸世界解释了他的大美，

吟颂着他的赞美，承认他的意念

是他的心灵的使者，是他的行为的教导者。

他的话语的微妙无法言说的，

他的论说也是尖锐的，

他的言说没有终结，没有穷尽的，

它流畅持久，它的降临和道路都是不可思议的。

如同他的作品永存，他的期望也永存，

因为它是思想的光明和黎明。

通过它，诸世界彼此对话，沉默也学会了语言，

爱、和谐和坦率都从它而来，

话语渗透到他们里面，他们认识那造就他们的那一位，

他们进入到和谐之中。

至高者的嘴开口对他们说话，

那话语让他清晰地显现，

道的居所就是你们，

它的真理就是爱。

你们这些有福了，

你们通过它而认识了万物，

也在他的真理中认识了主。

第 十 三 篇

看吧,主是我们的镜子,

睁开你们的眼睛,看在他里面的你们的眼睛,

看到你们自己的面容,赞美他的圣灵,

擦掉你们脸上的化妆,

爱他的圣洁,穿上他的圣洁,

在一切时候,都穿上他,

你们就将纯洁无瑕。

第 十 四 篇

就像儿子的眼睛看着他的父亲,

啊我的主!我的眼睛也总是看着你。

你是我的安慰和幸福,

啊我的主!不要让你的仁慈离开我,

也不要收回你的和蔼,

你要伸出你的右手,

引导我直到时间的结终。

关心我,拯救我脱离罪恶,

让你的温柔和爱常与我同在。

教给我歌唱真理,让我在你里面结出果实,

开启你的圣灵的竖琴,

让我用所有的音调赞美你。

在你的慈爱的海洋里,我需要的时候随时得到救助。

第 十 五 篇

正如太阳是那些追求天亮的人的快乐那样，

主啊，你是我的快乐。

他是我的太阳，他的光线把我提升，

从我的脸上抹去了一切的黑暗。

我已经获得了眼睛，倾听他的真理，

我已经获得了知识，他已经让我幸福，

我离开了谬误的道路，到他那里去，他拯救了我，

按照他的慷慨，他赐予我，

按照他的美丽，他造就我。

我通过他的名字找到了纯洁，

我通过他的恩典脱逃了腐朽，

死亡已经在我的面前死去，

地狱也已经被我的话语消灭，

一个不死的生命显现在主的大地上，

向那些信他的人宣扬，

无限地延续永存。

第 十 六 篇

农夫的工作是耕田，

舵手的工作是指引航船，

我的工作是歌唱主，

我的手艺和职业在于歌唱他的善名。

他的善喂饱了我的心灵，

他的甜美的食物送到了我的嘴唇，

他的灵在我的口里述说他的荣耀和美丽，

他的双手的劳作,还有他的手指的技艺,

望不到边的仁慈,他的话语的力量。

主的话语可以看透不可见者,显露出他暗藏的意念。

我们的眼睛看到了他的劳作,我们的耳朵听到了他的心灵,

他铺展了大地,把水安置在海洋。

他度量了天穹,安定了星宿,

他创造好了,他安息了。

然后伟大的事物都沿着一个轨迹运行,永不停息,

一群一群的人民也跟随着他的话语。

光明的金币是太阳,

黑暗的金币是夜晚。

他造了太阳是要照亮白天,

他造了夜晚是要模糊大地的容颜。

它们的交替言说着神的大美,

没有我们的主,无物能够存在,

他存在于万物存在之前,

他的话语,他的意念、他的心灵造就了我们的诸世界,

让我赞美、荣耀他的名。

第 十 七 篇

神给我戴上了冠冕,一项有生命的冠冕。

我的主宣告了我的无罪,他是我的可靠的拯救。

他把我从我自己和我的罪里面解放出来了,

锁链已经从我的腕上脱落,

我显出了新人的容貌和风范,

在他里面行走，得到拯救。

真理的意念驱策着我，

我向他走去，不会误入歧途，

那些看到我的人感到惊讶，

以为我是一个异乡人。

那认识我、养育我的是完美的山峰，

他用仁慈荣耀，

把我的意念提升到真理，指给我他的道路。

我开启了闭着的门，粉碎了铁栏，

我的枷锁已经融化，不再有事物关闭，

因为我已经把门向万物开启。

我解放了奴隶，没有人留在束缚中，

我展开了我的知识和爱，

把我的果实种在人们的心灵里，转化他们，

我祝福他们，他们就活了，

我聚集了他们，拯救了他们，

他们成了我的身体和我的心灵的肢体，

赞美心灵，你，我的主，我的弥赛亚。

第 十 八 篇

我的心在至高者的爱里面提升、扩大，

我想赞美他的名，

我的手和脚变得强壮有力，

这样它们就不会失去他的力量。

他医治了我身体的疾病，

他的意志如同他的王国那样坚固。

主啊，让我帮助软弱的人，

让我遵守你的道。

为了他们的缘故，不要不给我你的完美，

让光明不要被黑暗征服，

让真理不害怕谬误之手。

让我们获胜吧，你的右手就是拯救，

接纳、保护我们这些受了诱惑的人吧，

在你的嘴里没有谬误，没有死亡，

阿，我的神，你的意志是完美。

你不知道虚荣，虚荣也不认识你，

你不知道谬误，谬误也不认识你。

无知就像灰尘，也像大海里的泡沫，

虚荣的人以为谬误很伟大，孕育着婴儿，

智慧的领悟、沉思，他们冥思不受这些意念的污染，

他们分有神的心灵，

他们嘲笑那些陷在谬误中的人，

他们讲述至高者吹入他们里面的真理，

他的名字是伟大而且美丽的。

第 十 九 篇

奉上了一杯奶，

我品尝它的甜美如同主的欢乐，

圣子就那杯，

那奶就是圣父。

他的奶一滴也不能浪费，

圣灵掀开了父的衣袍，

融合了父的双乳的奶，

然后把融合的奶赐给了这个尚未有知识的世界，

那些喝了的人就在他的右手旁。

童贞女的子宫接受了它，她就领受了知识，

怀孕成为一个大有慈爱的母亲，

她辛苦劳作，但是没有痛苦，

她生出了一个儿子，

没有接产婆到来，

她生他就如同她就是一个男人，

开放，有尊严，有仁爱，

她爱他，包裹他，

显示出他的庄严。

第 二 十 篇

我是主的祭司，我像祭司一样侍奉他，

我供奉给他他的意念，

他的意念与这个世界不同，

不是肉体的，

也不是那些服务于肉体的。

主奉献了他的善，他的无瑕的心和唇，

他的内在的世界是没有瑕疵的，

让心灵不要压迫心灵，让灵魂不要伤害灵魂，

不要贿赂乡人，因为异乡人就是你，

不要欺骗你的邻居，

不要把他遮身子的衣服拿来，

而要穿上主的慷慨的恩典，

行走在天堂，

从他的树上为你的头做一个花环，

把它环在你的头发上。

在他的安息中幸福安息，

他的荣耀将行走在你的前面，

你将居住在他的仁爱和恩典之中，

在真理中得到膏抹，

赞美并崇敬他的名。

第二十一篇

我高高地举起我的双手，伸向主的恩典，

因为他除去了我的束缚，

我的助手已经把我举到了他的恩典和拯救之中，

我抛弃了黑暗，

穿上了光明的衣裳，

我的灵魂获得了一个

没有忧伤、没有折磨、没有毁伤的身体。

主的意念恢复了我，

我啜饮他的不朽的友情，

在光明中，他提升了我，

我到他那里去，靠近他，

赞美、呼喊他的名字，

他让我的心满出我的嘴，

他让它在我的唇上闪耀，

主的欢欣在我的脸上生长，

激发了我对主的赞美之情。

第二十二篇

你把我从上界带到了下面，

又把我从下界带到了上界，

你把中间的事物聚集起来投给我，

你驱散了我的敌人，

你让我掌握了捆绑的绳索，

让我解开它们，

用我的双手推翻了七头龙，

把我自己插入他的根源，去摧毁他的种子。

你在这里帮助我，

无论在哪里，你的名包围着我。

你的右手摧毁了他的邪恶的毒药，

你的手抹平了那些信仰你的人的道路，

从他们的坟墓拣选他们，

把我们从死人那里区分出来，

你取出死人的骨头，给他们覆上了身体，

他们一动不动，

你就给了他们生命的能量。

你的道路和生命是无瑕的，

你把你的世界从腐朽中得到了洁净和更新，

那根基是你的岩石，你在上面建造了你的王国，

让圣洁者生活在那里。

第二十三篇

圣洁者是幸福的,除了他们还有谁是快乐的呢?

那蒙拣选者在沐浴着恩典,

除了那些在一开始就信的人,有谁会在恩典之中呢?

那蒙拣选者穿着爱,

除了那些从一开始就信的人,有谁会在爱之中呢?

行走在主的知识里面,

你们将会知道慷慨的主的恩典,

他的欢欣,他和知识的完美。

他的意念是一个字母,

他的意念从天上降临,

如同一支箭猛烈地从弓上射出,

许多手奔涌向那个字母,

捕捉它、抓住它、阅读它,

然而它从他们的指间溜走了,

他们对它和它的印感到惧怕。

他们无法解开那印,

因为那印的能量比他们更强,

另外的人看到这字母,追逐它,

看它会在哪里着陆,谁会去读它,谁会听到它。

但是一个轮子赶上了它,

辗在它上面,于是它就粘到轮子上,

它是国度和王国的印记,

任何事物靠近那轮子,

那轮子就砍掉它，

它摧毁了众多的敌人，

渡过了河流，穿越、拔掉了森林，

留下了巨大的鸿沟。

就如同一个身体在轮子上，

一个头弯向了脚，

那轮子转向脚，也转向一切粘在它上面的东西。

那轮子命令一切地方，

在那里出现了一个头，

它变成了来自于上界之父的真理之子，

他拥有万物，

许多的意念都变成虚无，

顽固的反叛者和引诱者都逃跑，

折磨者都被抹去。

这个字母变成了一本大书，

成为神的手指书写的书册。

在上面是父、子和灵的名号，

以及他们的永远主宰的话语。

第二十四篇

鸽子绕着弥赛亚的头顶飞翔，

他是她的头，她在他的头上歌唱，

她的声音远扬。

居民被吓坏了，

旅行者吓得发抖，

鸟儿们飞逃，

一切爬行者都死在它们的洞穴之中。

众深渊开了又闭了，

如同劳动中的妇女，它们在追求神，

它们没有食物，

没有谁属于它们。

众深渊下沉了，被神封了印，

于是人民消灭在他们自己的古老的和新鲜的意念里面

每一个都不完美，都死去了，

他们一言也不能发，

主摧毁了一切不拥有他的真理的人的想象，

他们在智慧里面是软弱的，

他们被拒绝，他们缺乏他的真理。

主开启了他的道路，

让他的恩典涌动在异乡的土地上，

那些领悟的人认识他的圣洁。

第二十五篇

我从我的锁链中被解救出来了，

逃向你，我的神。

你是拯救我的右手，

是我的救助者。

你拉住了那些起来反对我的人，

让他们消失不见。

你在神色之中赞赏我，

用你的恩典拯救了我，

但是在许多的人眼里，我是可怖的，他们拒绝我，

在他们的眼里，我是石墨，

但是我从你那里获取了力量，

我畅饮你的帮助，

你把一盏灯放在我的右手和左手边，

在我里面没有什么不明亮，

你的灵覆盖着我，

我脱去了我的皮肤的衣袍，

你的右手提升我，

抹去了我的疾病，

我在你的真理里面变得强大，

在你的善里面变得圣洁，

我的敌人害怕我，

我以主的名义成为主，

得到了他的温柔的辩护，

他的安息延续到永远。

第二十六篇

我倾注对主的赞美，

我是他的，

我吟咏他的圣诗，

我的心与他在一起，

他的竖琴在我的手上，

他的安息的诗歌将永不沉寂，

我从我的整个心灵向他呼喊，

用我的肢体赞美、崇拜他，

从东方一直到遥远的西方，

都是对他的赞美，

从南方一直到遥远的北方，

都是对他的认信，

从山峰到绝顶，

都是他的完美。

谁能写下主的诗篇？

有谁能读这些诗篇？

谁能为了生命训练灵魂，去拯救灵魂？

谁能休息在苍穹的至高处开口说话？

谁能解释主的奇妙？

解释者消灭了，解释者止步了，

知道，休息，休息，这就够了。

宁静歌唱者站在泉水奔涌的大河边，

那水向着那些寻求主的诗篇的人们流淌。

第二十七篇

我伸出了我的双手，崇拜我的主，

我双手的展开是他的印记，

我的展开是那根树立的十字架。

第二十八篇

就像鸽子的翅膀覆盖着幼鸟，

它们的嘴伸向母鸽的嘴，

灵的翅膀也覆盖着我的心灵，

我的心灵快乐、跳跃，

如同婴儿快乐地在母腹中运动。

我信了，我平静了，

我的信仰在我信靠的他里面，

他大大地祝福我，

我的心灵与他在一起，

没有剑也没有弯刀可以分开我们。

我在毁灭到来之前预备，

我在他的臂膀里，不知有死亡，

无死的生命拥抱着我，亲吻着我，

那灵在我里面，它不会死，它永远地活着。

回　　应：

他们看到我感到惊讶，因为我已经被迫害了，

他们以为我已经被掩埋，

在他们看来，我已经消失。

我的受迫害乃是我的拯救，

他们嘲笑我，因为在我里面没有愤怒，

因为我的行善，我遭到了憎恨，

他们围着我，如同一群疯狗，

愚蠢地攻击他们的主人，

他们的意念是腐败的，他们的心灵是扭曲的，

我右手带着水，

怀着甜蜜我忍受着苦楚，

我没有消灭，

我不是他们的兄弟，

我的出生也与他们不同，

他们想要我死，可是他们没有成，

那些在我后来到来的，

徒劳地想要摧毁在他们之前就已经存在的他的记忆，

没有人能够预见那位至高者的意念，

他的心灵超越了一切智慧。

第二十九篇

　　主是我的盼望,跟他在一起我永远不会迷失,

　　借着他的赞美,他造就了我,

　　借着他的善,他赐予了我,

　　借着他的美,他把我安置在上界。

　　他把我领出了地狱的深渊,

　　把我从死亡的嘴里拯救出来,

　　我把敌人放在地上,

　　他借着他的恩典为我辩护。

　　我相信他,我相信弥赛亚,

　　他到我这里来,把他的印记显示给我看,

　　引我走上了他的光明道路。

　　他也给了我他的大能的棒,

　　征服他者的梦想,压垮强权者,借着他的话语开战,

　　借着他的能量获胜。

　　用他的话语,主颠覆了我的敌人,

　　让他像灰尘一样被风吹走,

　　我赞美从上界提升我的那一位,我是他的仆人,

　　他提升了他的仆人之子。

第三十篇

　　从主的生命之泉中深深地啜饮,

　　它是你们的。

　　来吧,一切口渴的人,畅饮吧,

休息在主的泉边。

多么美，多么纯洁，

它安抚着灵魂，

那水比蜂蜜还甜，

蜂蜜无法与它相比，

它从主的唇流出，

它的名字来自于主的心，

它是不可见的，是没有边际的，

它是未知的，直到它来到了我们中间，

那些畅饮的人有福了，他们将得到安息。

第 三 十 一 篇

深渊在主的面前消失，

黑暗随着他的显现而隐退，

谬误也因为他而迷路而不见，

轻蔑找不到道路，淹没在主的真理之中，

他张开了他的嘴，讲述恩典和幸福，

他奉他的名唱了一首新歌，

提高声音直达天穹，

把孩子奉献在他的手上，

就如同他的父给予他那样，

他的容颜已经称义。

回　　应：

来吧，你们这些受苦的人，快乐吧！

通过恩典拥有你们的灵魂吧，

接受无死的生命。

他们定我的罪，在我直立的时候，

我是无罪的。

他们划分土地，虽然没有什么东西是属于他们的。

我忍受，保持着和平、沉默，这样他们就不能打扰我，

我是一块坚固的岩石，经受着巨浪的击打，

我谦卑地承受着他们的刻毒，

去拯救和教导我的人们，

我不能忘记我对那些族长们的话语，

我允诺过他们的子孙的拯救。

第三十二篇

那蒙福的人，他的快乐发自于他们的心里，

他的光明来自于那居住在他们里面的那一位，

也来自于自生的真理之道。

因为他得到了至高者的神圣能量的支持，

他永远不可动摇。

第三十三篇

恩典迅速地消解了腐败者，

他降临到他的身上拒斥他，

他在他的面前留下了极端的毁灭，

破坏了他的一切工。

他站在高山之巅呼喊，

从地的一极到另一极，

把那些服从的人拉到身旁，

他不是恶者，

他是一个完美的贞洁者，站在近旁呼喊：

儿子和女儿们啊,回来吧!

离开腐败者,

到我这里来。我将进入到你们里面,

引领你们走出毁灭。

我将让你们在真理之道中变得智慧,

不要毁灭你们自己,

不要死去,听从我,让你们得拯救,

我告诉你们神的恩典,

借着我,你们将被拯救和得蒙祝福,

我是你们的审判者,

你们这些帮助我的人将不会受到伤害,

你们将在肉体的世界里拥有纯洁。

我拣选的人在我里面漫步,

我将告诉你们这些寻求我的人,

我将让你们信靠我的名。

第三十四篇

纯朴的心灵不会走上艰难的道路,

正直的意念不会遇到障碍,

在觉悟心灵的深处没有风暴,

四周都是美丽宽阔的田野,

有谁还会心存怀疑?

下界如同上界,万物都在上界,

下界空虚无一物,

但是无知者却以为他们看见了,

现在你们明白了恩典与拯救,

信仰、生活,并且得救。

第三十五篇

主的甘露在寂静中沐浴我，

平安的云在我的头顶升起，

护卫着我，

它变成了我的拯救。

每一个人都在恐惧中颤抖，

他们发出了烟和审判，

但是我沉默，靠近我的主，

对我来说，他不只是阴影，不只是根基。

他带着我，就像母亲带着小孩，

他给我奶，还有他的甘露，

我在他的慷慨中成长，

休息在他的完美之中。

我伸出我的双手，

我的灵魂贯注于天穹，

我溜向那位拯救我的他。

第三十六篇

我在主的灵里面找到了安息，

他提升我，让我站在主的至高的地方，

在他的完美面前，在他的荣耀面前，

用我的诗歌赞美他。

回　　应：

灵引导我来到主的面前，

通过地上的儿子，

我被命名为光明，神的儿子，

我是荣耀者当中最荣耀的，

我是伟大者当中最伟大的，

按照至高者的伟大，他造就了我，

按照至高者的新颖，他更新了我，

从他的完美之中，他膏抹了我，

使我成为靠近他的那些人之中的一个，

我的口张开，如同含雨的云，

我的心灵涌动着善，

我的走向他的道路是平安，

我与他的天意的灵相会合。

第三十七篇

我的双手伸向主，

我的声音直达他的天际，

我用我的心灵之唇讲话，

他听到了我传到他那里的声音，

他的话语临到我，带来了我的劳动的果实，

我在主的恩典中找到了安息。

第三十八篇

我走向真理的光明，

如同上了一辆战车，

真理带着我跨越了峡谷和沟壑，

保护我躲过了劈开悬崖的巨浪，

她是我的港湾和拯救，

让我留在不朽生命的臂膀里，

她跟我同行，安慰我，让我远离谬误，

她曾经是，现在就是真理的光明。

因为谬误逃离他，从不与他相遇，

真理在正道上前行，凡我不明白的，他都展示给我看，

谬误的一切毒药和死亡的痛苦，都被看作是甜美，

败坏着的败坏，我看到了，一个败坏着的新娘被梳妆一新，

而那行败坏之事的新郎败坏着，他也被梳妆一新，

我问真理，这些人是谁？

他对我说：这就是欺骗者和谬误，

他们模仿情人和新娘，他们造成了这个世界的谬误，

他们败坏了这个世界。

他们邀请许多人参加婚宴，让他们饮他们陶醉的酒，

这样就让他们吐出了他们的智慧和知识，

让他们处于麻木无知的状态。

然后他们就抛弃他们，

这样他们就如同疯人和败坏者一样跌跌撞撞，

因为在他们里面已经没有了悟性，他们也不再追求悟性，

但是我已经被变得智慧，不会再落入欺骗者的手中，

我自己也因为与真理同行而喜悦，

我已被确立，得到了生命，并且得救，

我的根基树立在主的大地上，因为是他栽种了我，

是他埋下了根，浇灌它，供给它，祝福它，

它的果实将是永远的。

它深深地扎根、萌芽并开花，

它是饱满的，茂盛的，

唯有主值得赞美，

要赞美他的种植,他的培育,

在他的照料中,在他的唇的祝福中,在他的右手的美好的种植中,

在他的种植的收获中,在他的心灵的悟性中。

第三十九篇

汹涌的河流是主的力量,

它们冲走了那些轻视他的人,

它们卷走了他们的道路,摧毁了他们的津梁,

它们冲走了他们的身体,

烧毁了他们的灵魂,

它们迅速,比闪电还快。

然而那些无瑕的人行走在河流上,

将不会受伤,

那些无罪的人行走在河流上,

不需要畏缩,

他们的印记是主,

这印记是那些奉主的名跨越的人们的道路。

穿上至高者的名字,认识他,无所畏惧地跨越,

这些河流都服从你,

在他用脚行走渡河的时候,主用他的话语在水上架起了桥梁,

他的脚在水上是坚定地行走,不会下沉,

它们是用真理造成的坚固的横梁,

浪头在两边涨,

主弥赛亚站立着,

他的脚步不会被冲走,

它们不会消失，

在他的身后留下了一条给那些渡河者的道路，

为那些走在信仰的道路上的人，为那些爱他的名的人。

第 四 十 篇

如同蜜从蜂房上流下来，

如同奶从爱着她的孩子的妇女的乳房里流出来，

我盼望到你那里去，我的神。

一口泉源奔涌着泉水，

我的心通过我的唇，

爆发出对主的赞美。

我的舌由于他的对话而甜蜜，

我的心由于他的诗篇的甜蜜而满足，

我的面容在他的欢欣中快乐。

我的灵在他的爱里面欢跃，

我的魂在他里面照耀，

害怕的人在他里面得到安全，

拯救和获得永生在他里面得到确保，

那些在他里面的人是无法被玷污的。

第 四十一 篇

凡是见到我的人都会惊讶，

因为我是你们之中的异乡人。

真理之父记得我,

他从起初就拥有我。

通过他的富有,通过他的心灵,

他生下了我。

他的话语是我的道,

救主让我们活着,不会忘记我们的灵魂。

那谦卑的人

在他里面得到提升。

那至高者的儿子

显现在父的完美里面。

在时间开始之前就在他的道里面的光明

带来了光明的黎明。

弥赛亚是一

他在世界的典立之前就已经存在了。

他在他的真理和名里面拯救灵魂

让我们赞美主,我们爱他。

第四十二篇

我伸出我的双手,走近我的主,

这是我的印记,伸出我的手,如同展开一个十字架,

那是我走向善者的道路，

我对于那些没有抓住我的人变得无用，

我向那些不爱我的人隐藏，

但是我与那些爱我的人同在，

迫害我的人死了。

他们寻找我，因为我活着，

我站起来，与他们在一起，

通过他们的嘴说话，

他们蔑视他们的迫害者，

我把他们锁在爱的轭里面。

如同新娘身上的新郎，

我的爱在那些信我的人身上。

他们以为我被拒绝了，被毁灭了，

但是我没有，

地狱因为看到我而发抖，

死亡把我连同其他人一起吐了出来，

我对于死亡来说乃是苦汁，

我带着苦汁下到极深之处，

它释放了我的脚和我的头，

因为它无法忍受我的容颜。

我在它的死人里面成立了一个活人的聚会，

用生命的唇对他们讲话，

我的话语不是空虚的，

死人向我跑来，呼叫着：

神的儿子,怜悯我们吧!

请求你的慈悲,

把我们从黑暗的束缚中救出来,

开启到你的存在里面去的门,

我们看到,我们的死亡并没有触及你,

拯救我们吧,救主。

我听到他们的声音,就把他们的信仰贮藏在我的心里,

我把我的名字安在他们的头上,

他们就成为了属于我的自由人。

雷:完美的心灵

《雷:完美的心灵》(*The Thunder*,*Perfect Mind*,NHC Ⅵ.2)是一篇诗歌体裁的启示讲话,讲话的人是一个女性,除了头衔之外,身份难以确定。该文本没有明显的分段,从头到尾都是以第一人称撰写,交织了三种类型的陈述:自我宣称式,如"我是……";劝勉听众倾听她的讲话;指责那些不专注或者不爱的人。最明显的特征是,她的自我宣称常常是反题性的或者甚至是悖论性的。

本文中的女性人物可能是诺斯替文献中高级所费娅和低级所费娅的结合,也有学者认为这个女性人物就是夏娃。从文本的题目来看,这个从头至尾讲话的人名字叫雷(在希腊文中是阴性的),她是完美的心灵。雷,在古代神话中是从至高神那里来的,是神显现在地上的一个途径。在该文本中,雷被寓意化地解释为完美的心灵。完美的心灵这个概念似乎是从斯多亚学派的宇宙的灵的概念中来的,宇宙的灵是万物中的积极的、智性的因素,由气和火构成。它是跨越一切此世的区分,在某种程度上是万物发生的原因。就它作为理性显现而言,它也能够教导那些愿意听的人们正确的生活道路。

尽管这是一篇独白,完全是自我描写和对听众的劝勉,但是有三个段落指向了神话的背景:(1)她是能量或者巴贝洛派来的,如今在整个人类中间;(2)她继续着召唤诺斯替族类的使命;(3)那些回应的灵魂将会从物质世界中解放出来,不会再陷入轮回。这一切都暗示着讲话的人是普鲁娜娅,类似于《夏娃福音》。

与这个启示录相平行的版本有不少。在《论世界的起源》(NHC Ⅱ.5:114)中,夏娃的诗体自我宣称跟《雷》很相似;类似的,但不是以自我宣称的形式出现的材料，也在《阿其翁的本质》（NHC Ⅱ.4：89）中有出现。在《普鲁娜娅的三形态》（NHC ⅩⅢ.1）和长版本的《约翰密传》（NHC Ⅱ.1：30）中也有启示者的"我是"的宣称，但是没有这样的反题的形式。在内容和形式上与《雷》相似的《那戈·玛第文集》之外的还有三个文本。第一个就是《约翰行传》中的"基督之歌"，其中基督用一系列的对题和对照唱颂自己，只不过没有"我是"的表达方式。第二个文本是在曼达派的《右藏》卷六中，有类似的反题，但不完全相同："我是死亡，我是生命；我是黑暗，我是光明；我是谬误，我是真理……"。第三个例子就是古代印度文献《薄伽梵歌》（Bhagavad-Gita）卷六中，以"我是"的形式所作的对照或者矛盾的宣称。《雷》中的这些反题的宣称也许是用以断言启示者的非此世的超越性。

正　文

我是从能量那里派来的，

我来到了那些沉思我的人那里，

那些寻找我的人，也已经找到了我，

你们听的人，听我讲的话。

你们这些等待我的人，要把我带到你们那里。

不要把我驱逐在你们的视野之外。

不要让你们的声音憎恨我，你们的倾听也不要憎恨我。

无论何时何地，都不要不认识我。

你们一定要谨记！

不要不认识我。

我是最初的一位，也是最后的一位。

我是受尊敬的一位，也是受蔑视的一位。

我是娼妓,也是神圣者。

我是妻子,也是处女。

我是母亲,也是女儿。

我是我的母亲的女儿。

我是不生育的,却有许多的子孙。

我的婚礼是宏大的,

但是我却没有丈夫。

我是那接生婆,她是不生育的。

我是我自己的劳苦的安慰。

我是新娘,也是新郎,

是我的丈夫生了我。

我是我父亲的母亲

我丈夫的姐姐,

而他是我的孩子。

我是他的奴隶,是他预备了我。

|14|　我是我的孩子的统治者。

但是他是那个在生日之前的时间[生我的]那一个。

他[在预定的时间]是我的孩子,

我的能量是从他那里来的。

我是他年轻时的能量的拐杖,

他是我年老时的拐棍。

凡是他意愿的,都发生在我身上。

我是不可思议的沉默,

是经常记忆起的观念。

我是声音,响声有许多重,

我是话语,它的显现也有许多重。

我是我的名字的发声。

为什么,你们这些恨我的人,你们爱我

却恨那些爱我的人?

你们这些否认我的人,承认我,

你们这些承认我的人,否认我。

你们这些讲关于我的真话的人,讲的是关于我的谎言,

你们这些讲关于我的谎言的人,讲的是关于我的真话。

你们这些认识我的人,不要认识我,

那些不认识我的人,要让他们认识我。

因为我是知识,也是无知。

我是羞耻,也是胆大妄为。

我是无耻,也是感到羞耻。

我是力量,也是害怕。

我是战争,也是和平。

你们要留心听我。

我是那蒙羞辱的人,也是那个伟大者。

你们要留心我的贫穷和我的财富。 |15|

不要对我傲慢无礼,当我被扔到大地上的时候,

你们将会在[那]将要来的人那里找到我。

不要看[高]我,在粪堆里,

也不要离开,任我被遗弃在那里,

你们将会在王国中找到我。

不要看高我,当我被扔在那些蒙耻辱者中间和在最低的地方,

也不要嘲笑我。

不要把我扔到那些在暴力中遭杀戮的人中间。

但是我,我是同情的,我也是残酷的。

你们要小心了！

不要恨我的服从，

也不要爱我的自制。

在我的软弱中，不要抛弃我，

也不要害怕我的能量。

为什么要鄙视我的害怕

诅咒我的骄傲呢?

但是我就是那个生存于一切恐惧中的她

是战栗中的力量。

我是那个软弱的她，

我也好好地待在一个快乐的地方。

我是没有感觉的，我也是有智慧的。

为什么你们要在你们的谋划中恨我呢?

因为我将在那些沉默的人中间沉默，

我也将出现并说话。

为什么你们要恨我呢，你们这些希腊人?

因为我是野蛮人中的野蛮人?

因为我是希腊人[的]智慧

和野蛮人的知识。

我是希腊人和野蛮人的裁判。

[我]就是那一位，他的形象在埃及是伟大的

也是那一位，在野蛮人中间并没有形象。

我是到处遭人憎恨的那一个，

也是到处得到爱的那一个。

我就是他们称为生命的那一个，

也是你们称为死亡的那一个。

我是他们称为律法的那一个,

也是你们称为不遵律法的那一个。

我是你们追求的那一个,

也是被你们抓住的那一个。

我是你们散开的那一个,

而你们又把我聚集起来了。

我就是你们在他面前感到羞耻的那一个,

而你们对于我又是无耻的。

我就是那个不遵守节日的她,

我也是那个有许多节日的她。

我,我是不信神的,

而我又是那一个,他的神是伟大的。

我是那一个,你们曾经沉思过的,

而你们也曾经蔑视我。

我是没有学问的,

而他们却从我这里学。

我就是受鄙视的那一个,

而你们却思想我。

我是你们要向他隐藏起来的那一个,

而你们却向我显现。

但是无论何时你们自己隐藏起来

我都将自己显现。

因为[无论何时]你们[显现],

我自己[将要]向你们隐藏起来。

那些已经[…]向它[…]没有感觉[…]。

从悲伤中[…领悟]接受我，

从悲伤和领悟中接受我。

从那丑恶和毁灭的地方接受我，

抢劫那些虽在丑恶中却仍然是善的人。

从耻辱中，不知羞耻地接受我，

从不知羞耻和耻辱中，在你们自己里面羞辱我的人。

到我这里来，你们这些认识我的人，

还有你们这些认识我的人的人，

把伟大者建立在渺小的最初的创造物里面。

走到童年那里去，

不要因为它是微的和小的而轻视它。

不要拒绝小的某些部分中的大，

因为小是从大得以认识的。

你们为何要诅咒我，又尊敬我？

你们受到了伤害，你们已经有了怜悯。

18 不要把我与最初的那一位，你们已经认识的那一位分开。

[也]不要把任何一个人扔[开，也不要]拒绝任何一个人

[…]拒绝你并且[…]不认识他。

[…]

什么是我的[…]。

我知道[最初的那一位]以及在他们之后[认识]我的人。

但是我是[…]的心灵和[…]的休息。

我是我的探究的知识，

是那些寻找我的人的发现，

是那些请求我的人的命令，

是在能量中的能量,那能量就我的知识

就是对那些天使的知识,他们已经按照我的话语派出,

就是对那些诸神的知识,他们通过我的提议正当其时,

就是对每一个人的灵的知识,他们跟我住在一起,

就是对女人的知识,她们住在我里面。

我就是那一位,受到尊敬,受到赞美,

也受到轻蔑的鄙视。

我是和平,

战争也因我而到来。

我是异乡人,也是一个居民。

我是本质,也是没有本质的那一位。

那些跟我没有结交的人是不认识我的,

那些在我的本质之中的人就是认识我的人。

那些接近我的人是不认识我的,

那些远离我的人是那些已经认识了我的人。

在那一天,当我接近[你们],

[你们]是远离[我的],

在那一天,当我[远离]你们,

[我是接近]你们。

[我是…]里面。

[我是…]的本质。

我是[灵]的创造的[…]。

[…]灵的要求。

[我是]限制和不可限制者。

我是合一和消解。

我是持久,我是削弱。

我是降临的那一位,

而他们上升到我这里来。

我是定罪,我是宽恕。

我,我是无罪的,

罪的根从我这里衍生。

我是对(外在)显像有欲望的那一位,

而内在的自我约束也存在于我里面。

我是听,是每个人都可得到的,

我也是说,是无法把握的。

我是哑的,不说话的,

而我的众多话语是伟大的。

轻柔地听我,苛刻地学我。

我是那个呼喊的她,

我被扔到了大地的脸上。

我在里面准备面包和我的心灵。

我是我的名字的知识。

我是呼喊的那一位,

20 我也倾听。

我显现并且[…]行走在[…]我的印[…]

我是[…]保卫[…]。

我就是被称为真理的那一位,

并且不公正[…]

你们尊敬我[…],你们也私下说我[…]。

你们被征服者

审判那征服你们的人,在他们审判你们之前,

因为审判和公正存在于你们里面。

如果你们被这一位定罪,谁能为你们开脱?

如果你们被这一位宣告无罪,谁还能够拘留你们?

因为在你们里面的,就是在你们外面的,

那一位在外面塑造你的,

就是在你的里面塑造的。

你在你的外面看到的,

你在你的里面看到;

它是可见的,它是你的衣袍。

听我说,你们这些听众,

学习我的话语,你们这些认识我的人。

我是倾听,万物都可以获得;

我是言语,是无法把握的。

我是声音的名字

和名字的声音。

我是字母的标记

也是划分的指称。

我[…]。

[…]光明[…]

[…]听着[…]你们

[…]伟大的能量。

[…]将不会撼动这名字。

[…]对创造我的那一位。

我将讲说他的名字。

21

留意他的话语

以及一切已经写好的文字。

留意了，你们这些听的人

还有你们，天使和那些被派来的，还有从死亡中站起来的灵。

因为我是独立自存的那一位，

我是没有谁可以审判我的那一位。

那些人众多而且愉快，他们生存在

无数的罪当中，

无节制当中，

可耻的情感中，

转瞬即逝的快感中，

人们拥抱这种快感，直到他们变得清醒

并上升到他们休息的地方。

他们将在那里找到我，

他们将会活着，

他们将不会再次死亡。

诺利娅之意念

《诺利娅之意念》(*The Thought of Norea*,NHC Ⅸ.2)是塞特派诗歌,也称为《诺利娅之歌》(*Ode on Norea*),以扼要的语言、严谨的结构叙述了诺利娅回归普累罗麻的典型的诺斯替拯救史。从行文的简洁和暗示手法来看,可以确定该文本不是面向初入门者的。

诺利娅(Norea)这个人物在塞特派和非塞特派的诺斯替文献中都广泛出现。她的名字有多种不同的拼写,如:Norea、Orea、Noraia、Oraia、Horaia、Nora、Noria、Nuraita、Nhuraita 等。在有些文本中她是亚当和夏娃的女儿、塞特的妻子或姊妹或者是诺亚或闪的妻子,在有些文本中她是受邪恶的阿其翁强奸的受害者。诺利娅这个人物有可能源自犹太传统中的一个名叫拿玛(Naamah)的迦南女人①,因为诺利娅在希腊文原文中的拼写法是 Horaia,相应于闪族希伯来文的 Na'amah,是"可喜、可爱"的意思。不过,犹太传统中的拿玛是一个与堕落的"神的儿子们"狂欢跳舞的顽皮女孩,而在诺斯替经书中的诺利娅则是纯洁的童贞女,是"被拯救的拯救者"。

该文本中父、母、子的三元组合体现了塞特派的典型特征,四个神圣的助手则极有可能对应于塞特派神话中的四个光明体。该文本可以分为四个部分:(1)对神圣的三元组合的呼唤;(2)诺利娅通过祷告重回神性世界;(3)被拯救的诺利娅成为拯救者,宣告"生命的话语";(4)诺利娅让四位神圣的助手在父的面前为她代言。诺利娅的"意念"就是诺斯,它导致了她所有属灵的后

---

① 参:《创世记》4,22;6,2。

裔再次融入到神明之中。

　　该文本可能是《那戈·玛第文集》中出自诺斯替派妇女手笔的文本之一，与《阿其翁的本质》一文关系密切。关于本文的出处和作者都没有详细的资料，大概写成于三世纪后半叶。

正　文

诺利娅的祈祷

[27]　　万有之父啊！

　　光明的［意念］啊！

　　住在下界之上高天之上的心灵啊！

　　住在崇高者之中的光明啊！

　　真理的声音啊！

　　正直的心灵啊！

　　不可触摸的道

　　和［不可言喻的］声音啊！

　　［不可思议的］父啊！

　　是我，诺利娅，这样向他们［呼救］。

诺利娅的祈祷得到倾听

　　他们［听见了］，

　　并且永远地把她接到了她本来的位置。

　　他们是心灵之父、亚当玛斯，

　　还有神圣者的声音，

　　让她找到了安息，

[28]　　在那不可言喻的爱萍娜娅（Epinoia）之中，

让她享有她领受的最初的心灵，

让她在神圣的自生者里面得到安息，

让她生出她自己，

正如她曾享有［生命］的道那样，

让她能够跟一切不朽者联合在一起，

让她跟生命的道［说话］，

让她留在那些崇高者那里，

让她在那里领悟到

在这个世界之先她所领受的。

诺利娅的拯救

她拥有了那些不可见者的心灵，

她赞美〈她〉的父。

她居住在那些［…］之中，他们在普累罗麻中［…］，

［直到］她望见那普累罗麻——

终有一天，她将凝望那普累罗麻，

不再处于缺陷之中。

四位神圣的救助者

她有四个神圣的助手，

他们在那万有之父面前为她代言。 29

正是亚当玛斯

所有亚当之中的一位，

他拥有诺利娅的意念，

讲述了那两个名，

拥有一个独一的名。

塞克吐斯语录

《塞克吐斯语录》是一本智慧语录集,提倡领悟真理、虔诚信仰、适度苦行,以及爱护邻居等美德。该文本的基本倾向是温和的禁欲主义,劝勉听者不要过度饮食、纵情声色,但是从字里行间可以看出其讲话对象是已经结了婚的、拥有财产的人,其中没有提出隐居到沙漠里去过修士的生活的要求。有些事情是不可改变的,因此人需要坚定与忍耐,做一个自制、自觉和警醒的有智慧的人。凡是过度的都是危险的,包括大笑。灵魂与身体之间有一种积极的正面的关系,身体是灵魂的印象。

奥利金曾提到过这个语录集,估计二世纪编成于埃及,作者和编者无法确定。鲁菲努(Rufinus of Aquileiar)在拉丁版前言中说,作者是一位罗马主教殉道者塞克吐斯(Xystus),但是这可能只是出于护教立场的臆测;有人认为其作者是毕达哥拉斯派哲学家塞克吐斯(Sextus)。该文本是一个基督化了的异教文献,在鲁菲努于四世纪把它译成了拉丁文之后,在基督徒圈子中得到广泛传播。该文本另有叙利亚文、亚美尼亚文译文,以及两篇希腊文手稿,教父作品中也有若干引文。那戈·玛第抄本中的科普特文版(*The Sentences of Sextus*, NHC Ⅻ.1)是迄今为止最古老的版本,是对于希腊文原文的忠实和连贯的翻译,对这个版本及其特征的研究具有相当大的价值。

该文本一直没有引起学者的重视,直到那戈·玛第抄本中也发现了这个文本时才引起学界的兴趣。已知的最早的英译本是 Conybeare, F.C. 的译本(*The Ring of Pope Xystus*, London, 1910),其最大的问题是翻译中使用了钦定版圣经的英语;A. Elter 的版本(*Gnomica I*: *Sexti Pythagorici*, *Clitarcihi*, *Evagrii*

Pontici sententiae, Leipzig, 1892）和 Henry Chadwick 的校订版（*The Sentences of Sextus：A Contribution to the History of Early Christian Ethics*, Texts and Studies 5, Cambridge：The University Press, 1959）是以鲁菲努的拉丁版为基础的, 其编排次序跟那戈·玛第抄本中的现存部分是一致的。Richard A.Edwards 和 Robert A.Wild, S.J.的英译本（*The Sentences of Sextus*, Scholar Press, 1981）综合了上述两个版本, 并跟那戈·玛第中的抄本进行了互补和互校。中译主要依据 Edwards 和 Robert A.Wild, S.J.的英译本, 并参照了那戈·玛第抄本的各个现代文译本。

正　文

1. 一个有信仰的人就是一个蒙拣选的人。

2. 一个蒙拣选的人是一个属于神的人。

3. 一个属于神的人就是与神相配的人。

4. 一个与神配的人绝不会做任何不能与神相配的事。

5. 因此如果你想要成为一个有信仰的人, 就要不做任何与神不相配的事。

6. 关于信仰, 一个小信的人就是一个没有信仰的人。

7a. 一个有信仰的人就是一个住在活着的身体里面的一个神。

7b. 一个有没有信仰的人就是一个住在活着的身体里面的一个死人。

8. 一个没有罪的人就是一个真正有信仰的人。

9. 哪怕最细小的事, 也要小心翼翼。

10. 在人生中哪怕最小的事也不是微不足道的。

11. 要把任何罪都视为亵渎神圣。

12. 犯罪的不是眼睛或手或者任何器官, 而是误用了眼睛和手的人。

13. 舍弃身体上任何把你引向放纵的部分, 因为哪怕只是短暂地活也要比整个地灭亡要好。

14. 你要想到，无论是对你的奖赏还是惩罚，都将持续到永恒。

15. 哪怕有人夺走了你在世上的财物，你也不必恼怒。

16. 不要给这个世界以批评你的机会。

17. 让你的邻居拿走你的除了自由之外的一切。

18. 一个没有财产的贤人就如同一个神明。

19. 只有在必要的时候才动用世间的事物。

20. 小心地把世间的事物供奉给这个世界，把神的事物供奉给神。

21. 要把你的灵魂视为来自于神的托管物。

22. 当你谈论神的时候，你正在受神的审判。

23. 要知道最好的净化就是不伤害任何人。

24. 灵魂是通过来自于圣人的神言得到净化的。

25. 不要相信神的存在是永远不可感觉的。

26. 神是自我运动的，因为他是心灵；正因为如此，他也是真正地存在着的。

27. 哪怕你长着翅膀飞翔也发现不了神的伟大。

28. 不要追求神的名，因为你找不到它的。每一样有名字的事物都是由一位更强大者为他起名字的，为的是让起名者呼，而让被命名者应。那么谁给神起名字呢？"神"不是神的名字，而只是关于神的一个概念。

29. 因此不要追求在神里面的任何不可能之事。

30. 神是智慧的光明，没有给其对立面留下任何空间。

31. 无论神做了什么，他都是为了人类。

32. 天使是神用来服侍人的，因为此外他没有谁可以服侍。因此在神的眼里，一个人要比一个天使更有价值。

33. 首先有施惠者神，然后才有受惠者人。

34. 因此要在紧挨着神的位级上生活。

35. 你是蒙拣选的，因此在你的里面拥有某种神明般的事物。你为此要待自己如同神的庙。

36. 神赐给有信仰的人以神圣的能量,那是一种纯洁的、无罪的能量。

37. 让这个世界敬重你的生活方式。

38. 不要给任何人以批评你的理由。

39. 当一个罪人离开身体的时候,恶魔会找他算账,直到他付清最后一分钱。

40. 一个在走向神的旅途中不受任何人攻击的人有福了。

41. 你至为尊崇的将会统治你。

42. 尊崇最好的,这样最好的就会统治你。

43. 只要最好的统治你,你自己就可以统治你选择的任何东西。

44. 对神的认识和效仿乃是尊崇神的最好方式。

45. 没有什么事物是跟神一样的,但凡尽可能地仿效他的事物,都是最让他喜悦的。

46a. 虔敬之人的心灵乃是神的圣殿。

46b. 一颗纯洁无罪的心乃是供奉神的最精致的祭坛。

47. 供奉给神的最合适的祭品就是为了神的缘故对人行善。

48. 一个尽可能按照神的旨意生活的人让神喜悦。

49. 神不需要任何人,一个有信仰的人只需要神。

50. 一个所求甚少的人跟不需要任何东西的那一位相像。

51. 要努力在神的眼里为大而不受人的指责。

52. 如果你施惠于穷困之人,你将在神的眼里为大。

53. 一个智慧的人活着的时候在人们中间没有什么名声,但是在他死了以后人们会歌颂他。

54. 不把时间用于思想神就是虚度光阴。

55. 只让你的身体在这个世界上安家,你的灵魂却始终要跟神在一起。

56. 心里想着美好的事,这样你就会做美好的事。

57a. 人的念头逃不出神的眼睛。

57b. 要让你的心灵免于一切罪恶。

58. 要配得上把你视为儿子的那一位，总是要如同神的儿子那样行事。

59. 你称呼神为"父"：在你的行为中要记得这一点。

60. 一个贞洁无罪的人在神的眼里拥有神子的能量。

61. 一颗美好的心灵就是神的居所。

62. 一颗邪恶的心灵就是罪恶事物的居所。

63. 如果你解救一个不正义的人脱离不义之事，那你就如同神那样惩罚他了。

64. 要正义，而不要显得正义，因为追求正义的外表往往妨碍在实际上成为正义。

65. 要尊崇的是正义本身。

66. 向神掩盖不正义的行为要比在他面前掩盖你的意念还要难。

67. 一个温和的人在神的眼里是纯洁的。

68. 要远离放纵。

69. 要小心谨慎。

70. 要控制肉体的享乐。

71a. 在各方面都要管好自己的肉体。

71b. 如果你贪图享乐，你就难免会放纵。

72. 神不会倾听贪图享乐的人。

73. 奢侈的生活使人堕落。

74. 让理智引导你的行为。

75a. 成为情绪的奴隶是可怕的。

75b. 一个灵魂有多少强烈的感情就有多少个主人。

76. 爱金钱就是爱肉体的表现。

77. 去获取灵魂的事物，因为它们是可靠的。

78. 尽你所能地把肉体的事放在一边。

79. 只把善看成是你自己拥有的。

80. 你在祷告的时候希望自己是什么样的人，就一直做这样的人。

81. 当你有意地把你的最好的财物丢入泥淖的时候,你就可以求取来自于神的东西。

82a. 你希望自己在神的眼里是一个什么样的人,那么现在就做这样的人。

82b. 看轻世上的财物,把它们分掉。

82c. 记住你在位次上是紧挨着神的。

82d. 虔诚的人的灵魂是身体里面的神。

82e. 无论谁认为神是恶的,他都是亵渎了神。

83. 亵渎的喉舌是心灵邪恶的证据。

84. 让你的喉舌谈论善,尤其要谈论神。

85. 没有人能够把恶施之于神;但是出言亵渎神乃是至为不虔诚的,因为只要他能够,他就会伤害神。

86a. 自我克制乃是虔诚的根本。

86b. 虔诚的目标乃是与神为友。

87. 如同对待你自己那样对待虔诚的人。

88. 不要祈求你想要的东西,而要祈求必需的、对你有益的东西。

89. 你想要邻居怎样对待你,你就怎样对待他们。

90. 不要做你批评的任何事。

91a. 不要让人说服你去做不是最好的事。

91b. 哪怕有人夺走了已经给你的东西,你也不要恼怒。

92. 没有人能够夺走神赐予的东西。

93. 在做任何事之前都要仔细想想,以免重复错误。

94. 不要做任何你不想让神知道的事。

95a. 在做任何事之前,都要想一想神。

95b. 让你的光明指引你的行为。

96. 对神最大的不虔诚就是恶待人。

97. 灵魂是在对神的反思中被照亮的。

98. 要自足。

99. 不要渴求不自然的东西。

100. 要找出美好事物的原因。

101. 不要爱属于肉体的东西。

102. 可耻的行为使人不纯洁。

103. 对愚蠢的意见的驳斥可以洁净灵魂。

104. 神引导人的善行。

105. 不要把任何人看成是敌人。

106a. 要爱任何跟你同源的事物。

107b. 要爱神甚于爱你的灵魂。

108a. 过多的食物妨碍洁净。

108b. 过度的饮食导致不洁净。

109. 吃动物的肉是跟道德无关的行为,但是戒荤是符合理性的。

110. 污染人的不是他所吃的饮食,而是源于恶德的恶行。

111. 在快感的影响下所吃的任何食物都会污染你。

112. 不要试图取悦众人。

113. 无论你做好了什么事,都要归因于神。

114. 神不是恶的根源。

115. 获取不要多于肉体之所需。

116. 金子不能解救灵魂脱离罪恶。

117. 你并不是生来就是为了在神的供养中过奢侈的生活的。

118. 要获得那些没有人可以从你那里夺走的东西。

119. 要把必定发生的事当作必定发生的事来承受。

120. 要宽宏大量。

121a. 不要让你所轻视的事情包围着你,你对那些事情的轻视会给你带来赞扬。

121b. 要拥有你真正为之感到骄傲的那些事物。

122. 向神祈求与神相配的事物。

123. 让你的理智来引导你的人生。

124. 向神祈求不能得之于人的东西。

125. 为你的艰苦努力求得只有通过艰苦努力才能得到的东西作为报酬。

126. 懒汉的祷告是空话。

127. 要看轻那些在你离开身体之后不再需要的东西。

128. 不要向神祈求你不能保守的财产。

129. 训练你的灵魂看重自己为接近于神。

130. 不要看重恶人能够从你这里夺走的任何东西。

131. 只有与神相配的事物才能被认为是好的。

132. 任何与神相配的事物都是与好人相配的。

133. 凡是不能给神幸福的事也不能给人幸福。

134. 要盼望神所盼望的东西。

135. 神的儿子就是那个只看重神所看重的东西的人。

136. 只要身体充满了欲望,灵魂就不认识神。

137. 贪婪的开始是对财产的渴望。

138. 不正义源于自恋。

139a. 身体在本性上对灵魂造成的干扰极小。

139b. 对快乐的贪爱使身体无法承受。

140. 任何过度都是人的敌人。

141. 如果你爱上你不应该爱的,你就不会爱上你应当爱的。

142. 如果你追求低贱的事物,你就会错过高贵的事物。

143. 圣人的心灵始终与神同在。

144. 神居住在圣人的心灵中。

145. 圣人只有极少的人能认识。

146. 每一种欲望都是贪得无厌的,因而总是不可控制的。

147. 凡是智慧的都是类似于自己的。

148. 完美的快乐就是认识和效仿神。

149. 谄媚使恶人更坏。

150. 对邪恶的赞许使得邪恶变得难以忍受。

151. 让你的喉舌听从你的心灵。

152. 漫无目的地扔石头比漫无目的地说话要好。

153. 说话之前要小心思考,以免说出不该说的话。

154. 不经思考的话语是应受责备的。

155. 说话过多则无法避免过失。

156. 智慧伴随着言语的简要。

157. 说话冗长是无知的表现。

158. 要热爱真理。

159. 对待说谎如同对待毒药。

160. 让适当的时机来引导你的话语。

161. 在不该保持沉默的时候说话。

162a. 对你不知道的事保持沉默。

162b. 在你应当说话的时候,说一说你知道的事。

163a. 不合时宜的话是心灵邪恶的外在表现。

163b. 需要行动的时候不要说话。

164a. 在聚会中不要争着第一个发言。

164b. 说话和沉默需要同等程度的悟性。

165a. 宁可因讲真话而失败,也不愿因说谎而取胜。

165b. 以欺骗获胜者失去了他的操守。

165c. [谎言]是邪恶的证据。

165d. 只有在极端迫切的情况下说谎才是适当的。

165e. 当你会因为讲真话而犯罪的时候,你当然不会因为不讲真话而犯罪。①

---

　　① 那戈·玛第抄本中的文本有残缺,无法理解:你讲[真话]时若有人在旁,则即使[你说谎,也是无罪的]。拉丁文版也可以译为:如果你说真话会死,那么说谎无罪。

165f. 不要欺骗任何人,特别是寻求忠告的人。

165g. 通过跟多人商议,你将会更好地知道什么是有益的。

166. 有信仰的人乃是每一样善行的指引者。①

167. 智慧把灵魂带领到神那里去。

168. 没有任何事物比真理更接近于智慧。②

169. 一个有信仰的人不可能会喜爱说谎。

170. 信仰不可能与怯懦和奴性共存。

171a. 你是一个有信仰的人,你不要喜欢说那些你应当听的话。

171b. 当你与有信仰的人在一起的时候,不要想着说话,要想着倾听。

172. 一个贪图享乐的人是毫无用处的。

173. 只有当你毫无过失的时候才可以谈论神。

174. 无知者的罪乃是那些有责任教导他们的人的耻辱。

175. 那些让神的名受到辱骂的人在神的眼里乃是死的。

176. 智慧的人是仅次于神的施惠者。

177. 愿你用你的生活方式来印证你在众人面前所说的话语。

178. 那些不应当作的事,连做的念头也不要有。

179. 那些你不想[发生在你自己身上的事,你自己也不要去做]。

180. 要求别人去做可耻的事也是可耻的。

181. 你甚至要在意念里面净化罪恶。

182. 在统治人的时候,你要记得你是受神的统治的。

183. 凡是审判人的人,自己也受神的审判。

184. 审判比被审判更危险。

185. 你可以用任何手段伤害人,但是千万不要用话语伤害人。

186. 你可以用话语欺骗人,但是你不能用话语欺骗神。

---

① 那戈·玛第抄本中译为:那领先[行善]的人是[可靠]的。拉丁文版可译为:信仰是善行的先导。

② 那戈·玛第抄本中译为:[除了]智慧以外,[真理并无]密友。

187. 得到知识而失去一件衣服不能算是不幸。

188. 在信仰的问题上,对声望的贪慕往往会失去声望。

189. 崇尚信仰就是要做一个有信仰的人。

190. 尊有智慧的人为神的活的形象。

191. 应当认为智慧的人哪怕赤身裸体也是智慧的。

192. 不要因为一个人拥有许多财产而尊敬他。

193. 富人得救是很难的。

194. 挑剔智慧的人如同挑剔神那样是有罪的。

195. 当你开始谈论神的时候,你要想一想听众的灵魂是否已经托付给你了。

196. 如果不是真的有信仰就不可能活得好。

197. 要认为只有高贵的才是好的,而只有与神相合的才是高贵的。

198. 不要许诺做大事,而要把事情做出来。

199. 如果在真的成为有智慧的人之前就以为自己是有智慧的,那么你就永远不可能成为一个有智慧的人。

200. 危难时刻方能显示出一个人的信仰。

201. 把按照神的旨意生活视为人生的目的。

202. 凡是不可耻的事都不能视为罪恶。

203. 罪恶的后果是傲慢,傲慢的后果是毁灭。

204. 激情不可能在一个有信仰的人的心里升起。

205. 灵魂的每一种激情都是理智的敌人。

206. 凡是出于激情所做的事,你都会为之后悔。

207. 最主要的疾病就是激情。

208a. 邪恶是灵魂的疾病。

208b. 不正义是灵魂的死亡。

209. 只有当你把灵魂的激情放在一边的时候,你才可以自视为有信仰的人。

210a. 善待所有的人，就好像你是人类的公共的施惠者。

210b. 你想你的邻居怎样待你，你就怎样待你的邻居。

211. 恶待人就是恶待自己。

212. 有信仰的人不会对任何人做坏事。

213. 要祈祷自己能够善待你的敌人。

214. 一个智慧的人显得对于众人没有什么用处。

215. 没有神你不可能活得好。

216. 为了按照神的旨意生活，你要忍受一切。

217. 神不会倾听那种不关心穷人的人的祷告。

218. 哲学家对于哲学而言乃是来自于神的礼物。

219. 如果你尊敬哲学家，你就会尊敬你自己。

220. 作为一个有信仰的人活着。

221. 当有人称呼你为"儿子"的时候，你要记得他称呼你为谁的儿子。

222. 你称呼神为"父"，你要在行动中记住这一点。

223. 让你的信仰的话语充满极大的虔诚。

224. 无论你做什么，都要想着神就在你的眼前。

225. 承认神为父，却做着可耻的事，这是可怕的。

226. 谁不爱圣人，谁就甚至于不爱自己。

227. 哲学家不会把什么东西看成是他自己的财产。

228. 共享神为父，却不共享财物，这是不虔诚的。

229. 谁不敬重哲学家，谁就对神忘恩负义。

230a. 弃绝婚姻做神的伴侣，你们是可以这样做的。

230b. 在知道结婚和生育是困难的情况下结婚和生育。如果你们知道结婚和生育是困难的，就如同知道打仗是艰苦的、需要勇气那样，那么你们就可以结婚和生育。

231. 每一个不受约束的丈夫都跟他的妻子通奸。

232. 不要做任何单纯为了感官快乐的事。

233. 你要知道，哪怕你只有通奸的念头，你就已经是一个奸夫了。你要以同样的态度对待每一种罪。

234. 当你称呼自己为信徒的时候，你就已经保证了你不会对神犯罪。

235. 愿有信仰的妻子以节制为日常的衣裳。

236. 一个跟妻子离婚的男人乃是承认了他没有能力统治一个女人。

237. 一个端庄谦虚的妻子乃是她的丈夫的荣耀。

238. 如果你敬重你的妻子，你就能让她保持恭敬。

239. 愿信徒的婚姻是为了达到自制的奋斗。

240. 你控制了你的肚子，你就能控制你的性欲。

241. 要警惕非信徒的赞赏。

242. 你免费从神那里获取的，也要免费施舍。

243. 你不可能找到许多信徒，因为善是稀少的。

244. 敬重神，然后敬重圣人。

245. 当人们的指责使你智慧的时候，你应当对他们怀有感恩之情。

246. 一个不会容忍圣人的人也不会容忍善。

247. 如果你想成为一个有信仰的人，最要紧的就是不要犯罪。不过，如果你犯了罪，那么同样的罪不能犯第二次。

248. 不要研究与神不相配的学说。

249. 要知道，过多的学问对于灵魂来说是多余的。

250. 以可敬的方式了解神的知识的人是有智慧的人。

251. 没有学问就不可能成为一个爱神的人，学问是必需的。

252. 智慧的人节约时间。

253a. 自由讲话要谨慎。

254b. 对于圣人来说，睡觉也是自我控制的事。

255. 我们无法控制生命的长度，但是可以控制是否好好地活。

256. 如果孩子们不相信，那他们就不是孩子。

257. 有信仰的人能够以感恩之情承受丧子之痛。

258. 不要接受某人为哲学家,除非你完全地信赖他。

259. 不允许哲学家受诽谤。

260. 努力做一个有恩于人类的人。

261. 要认为哪怕是对人的公正的惩罚也是令人厌恶的。

262. 如果你想幸福地生活,就不要做太多的事情。如果你做了比你应做的更多的事,那么你肯定做得不好。

263. 不要存比你的余钱更多的钱,不然你就不可能按照自足的原则生活。

264a. 放下财产,追随正确的学说。

264b. 如果你服侍神,你就可以免去一切事。

265. 在你还想继续吃的时候就要停下来不吃。

266. 跟每一个人分享你的食物。

267. 为了给穷人提供食物,哪怕斋戒也是好的。

268. 每一次饮酒都要令你愉悦。

269. 不过,小心喝醉了,以免发狂。

270. 一个受肚子统治的人无异于动物。

271. 肉食没有任何好处。

272. 可耻的快感带来的甜蜜是很快就会消逝的,但是其耻辱永存。

273. 你看到过,有些人为了保命可以切去手脚。为了自制而这样做岂不更好吗?

274a. 对身体的控制是一项重大的成就。

274b. 对财物的拥有不会停止对财物的渴求。

275. 没有什么事能够夺去哲学家的自由。

276. 把不可避免的快乐看成是必需的。

277. 所有的人都祈求拥有美好的事物,但是只有那些真正拥有神圣的理性的人才能获得。

278. 如果你是一个哲学家,那就做一个严肃的人,不要做一个轻浮的人。

279. 愿你难得地、适时地放松一下。

280a. 放肆的笑是精神不专注的表现。

280b. 愿你的轻松莫过于微笑。

281. 愿你多一点严肃,少一点轻松。

282. 愿你一生都为严肃而努力。

283. 最好不要犯罪,但是如果你犯了罪,那么最好承认,不要抹杀。

284. 哲学家不是自我吹嘘的人。

285. 智慧是伟大的,凭借智慧你才能够容忍无知者的无知。

286. 一个理智的人会认为公开受表扬是可耻的。

287. 圣人的灵魂有着为神服务的无法满足的欲望。

288. 无论你做什么事都要在神的控制下。

289. 比呼吸还要多地想着神。

290. 凡是需要在指导下做的事,不要试图在没有指导的情况下去做。

291. 不要爱肉体。

292. 首先要爱神,其次要爱高贵的灵魂。

293. 为朋友承担危险的能力是符合哲学的。

294. 自制是哲学家的财富。

295. 不要以为不能跟别人分享的、你自己拥有的东西是好的。

296. 没有什么不分享的东西是好的。

297a. 不要以为某种罪比另一种罪轻。

297b. 要认为每一种罪都是亵渎。

298. 如同你期望你的正直的事受到表扬那样,你也要期望你的罪受到指责。

299. 对于那些你轻视他们的赞扬的人,你也不必在乎他们的指责。

300. 囤积财富是不人道的,接受财富也是违背哲学的。

301. 如果你能够为你的灵魂而忍受,如同为了你的身体而忍受那样,那么你将会是智慧的。

302. 没有什么东西能够伤害圣人。

303. 无论你做什么，都要让神做你的见证。

304. 神支持人的善行。

305. 邪恶的魔鬼引导邪恶的行为。

306. 你不能强迫圣人做他不想做的事，正如你不能强迫神那样。

307. 智慧的人把神呈现给人。①

308. 神在他自己的所有创造物中最感到得意的是圣人。

309. 除了神之外，没有人像智者那样自由。

310. 凡是神拥有的东西，智慧的人也拥有。

311. 一个智慧的人拥有神的国度。

312. 邪恶的否认神的天意。

313. 恶的灵魂逃离神。

314. 一切低贱的事都是与神为敌。

315. 你心里想什么，就用心说出来，这样的人是真人。②

316. 你的意念在哪里，你的善也就在哪里。③

317. 不要在肉体中寻找善。

318. 凡是不会伤害灵魂的，也不会伤害人。

319. 除了神之外，你也要尊敬神的仆人——哲学家。

320. 能够把身体看成是灵魂的负担，这是值得骄傲的；但是如果能够在必要的时候温柔地把它放在一边，那你就是有福的了。

321. 不要造成自己的死亡，但是也不要对那个想要剥夺你的身体的人发怒。

322. 如果有人出于邪恶剥夺了圣人的身体，那是他对圣人做了好事，因为他把圣人从锁链中解脱出来了。

———————————

① 那戈·玛第抄本中译为：智慧的人带领人走近神。

② 拉丁文版译为：要把理性看成是人的本质。

③ 拉丁文版译为：你的理性在哪里，你的善就在哪里。

323. 由于灵魂的无知,死亡的恐惧让人悲伤。

324. 假如杀人的剑不存在的话,那是最好的,但是既然它存在了,那么你就要在心里说,它并不是为你而存在的。

325. 在信仰的事上,任何伪装都是无法长期隐藏的。①

326a. 有什么样的品格,就有什么样的生活。②

326b. 圣洁的品格造就蒙福的生活。

327. 为他人招来罪恶的人,他自己首先遭受罪恶。③

328. 不要因为一个不懂得感恩的人而停止行善。

329. 如果有人求你,你要爽快地给予,不要以为你给的东西比那个接受它的人更宝贵。

330. 跟有需要的人分享你的财富乃是使用财富的最好的方式。④

331. 要劝说无知的兄弟不要无知地行事,如果他发疯的话,就要保护他的安全。

332. 在审慎上力求胜过每一个人。

333. 在你知道你没有深觉悟之前,你不可能觉悟。这句话在其他的教育方面也适用。

334. 要自足。

335. 身体的肢体对于那些不运用它们的人来说乃是负担。

336. 服务他人比让他人服务于你更好。

337. 神没有把他从身体中解放出来的人不必烦恼。

338. 不要持标新立异的学说,持这样的学说,或者甚至听一听,也都是危险的。⑤

---

① 那戈·玛第抄本译为:那说"我信"的人,即使他长时间伪装,也无法持久,终将败露。

② 那戈·玛第抄本译为:有怎样的心灵,就有怎样的生活。

③ 那戈·玛第抄本译为:谁恶待他人,谁就第一个为恶付出代价。

④ 拉丁文版译为:如果你给予穷人他们所需要的东西,那么你是以最好的方式使用了你的财富。

⑤ 拉丁文版译为:那些对穷人无益的意见,不要持守,[也不要]听从。

339. 不怀敬意的施舍乃是侮辱。

340. 谁关怀孤儿就会成为许多孩子的父亲,并得到神的爱。

341. 如果你是为了受人敬重而服务于人,那么你就是为了报酬而服务于人。

342. 如果你的布施是为了引人注意,那么你的布施不是出于慈悲,而是为了自己的享受。

343. 不要激起众怒。

344. 要知道,要想幸福该怎么做。

345. 饿死比因贪吃而损害灵魂要好。

346. 要知道身体上留有灵魂的印记。因此你要保持它的纯洁。

347. 无论灵魂在身体之内的时候追求什么,这些东西在它接受审判的时候都将成为证据。

348. 不洁净的魔鬼会索取污秽的灵魂。

349. 邪恶的魔鬼不能阻挡有信仰的、善良的灵魂走在神的道路上。

350. 不要将神的道赐给每一个人。

351. 不要让那些被荣誉败坏的人听到神的事,这是不安全的。

352. 我们宣讲关乎神的真理会面临不小的危险。

353. 在你没有从神那里得到教导之前,不要宣讲任何关于神的事。

354. 不要对不信神的人讲关于神的事。

355. 如同尊崇神本身那样尊崇关于神的真理。在宣讲关乎神的话语时,你要如同站在神的面前。

356. 如果你没有洗去不洁的业,那你就不要谈论神。

357. 关于神的真道就是神自己的道。

358. 首先你要在心里深信自己是爱神的,然后,你就可以向任何你想与他说话的人讲关乎神的事。

359. 愿你的虔诚的行为先于每一句关于神的话。

360. 不要在众人面前谈论神。

361. 要少说关乎神的话，多说关乎灵魂的话。

362. 宁可失去灵魂也不能放弃神的话语。

363a. 你可以控制那个热爱神的人的身体，但是你无法主宰他的理智。

363b. 正如狮子能够胜过圣人的身体那样，暴君也只能主宰圣人的身体。

364. 当一个暴君威胁你的时候，你就要特别记得你是属于谁的。

365. 把神的话语讲给那些无权听的人乃是对神的出卖。

366. 在谈到神的时候，与其轻率地讲，还不如保持沉默。

367. 那讲说关于神的谎言的，乃是诽谤神。

368. 一个人如果不说关于神的真话，那他就会被神抛弃。

369. 一个不敬拜神的人不可能认识神。

370. 恶待人的人不可能敬拜神。

371. 爱人是敬神的基石。

372. 关怀全人类，为全人类祈祷的人，应当被认为是真正属于神的。

373. 神拯救那些他自己挑选出来的人，这乃是神自己的事。

374. 但是，恳求神去拯救所有人，这就是虔诚者的事了。

375. 无论何时你的祈祷得到神的应许，你就知道，你拥有了来自于神的能量。

376a. 一个在神面前称义的人就是人类中间的神，是神的儿子。

376b. 如果神是至善，那么神子就是接近于至善。

377. 人如果拥有很多东西却不愿施舍，那他还不如一无所有。

378. 如果在你有能力施舍的时候不施舍穷困者，那么当你穷困的时候，你也不会得到神的施舍。

379. 如果一个人全心全意地把食物分给饥饿的人，那么即使所布施的很少，但在神的眼中，他的心愿是大的。

380. 一个信神的人如果什么事都不在乎，那么他跟不信的人一样不虔诚。

381. 让自己的心灵尽可能地遵从神，这就是最好的敬拜。

382. 神不缺乏任何东西,但是他喜欢那些布施穷人的人。

383. 愿有信仰的人少说话,多做事。

384. 一个喜爱学习的有信仰的人是真理的实践者。

385. 为了快乐,要适应环境。

386. 如果你没有伤害任何人,那你就不用惧怕任何人。

387. 暴君夺不走幸福。

388. 应该做的事情要心甘情愿地去做。

389a. 不应该做的事情绝不做。

389b. 宁愿答应做任何事,也不要说我是智慧的。

390. 你做得好的事都要归因于神。

391. 盯着地面的人,或者盯着桌子的人,都不可能是智慧的。

392. 哲学家不只在名义上是自由的,而是在实际上也是自由的。①

393. 不要说谎,因为骗人就是受骗。

394. 要认识神是谁,也要认识在你里面思想的那一位是谁。

395. 一个善人乃是神的高贵的杰作。

396. 给神的道带来坏的名声的人是不幸的。

397. 毁灭灵魂的不是死亡,而是罪恶的生活。

398. 当你知道你存在的原因的时候,你就会认识自己。

399. 如果不能节制、优雅和正义地行事,就不可能按照神的旨意生活。

400. 那些没有信仰的人的生活是不光彩的。

401. 绝不要哪怕是无意地跟那些本性卑鄙的人分享神的话语。

402. 信仰引导灵魂从地上走向神。

403. 就好像你无法想象神有多么伟大那样,你也无法想象圣人的灵魂有多么伟大。

404. 神赐给你的别人无法夺走。

---

① 那戈·玛第抄本译为:我们要敬重的,不是那哲学家外在的那个身体,而是内在的那个人。

405. 这个世界给你的不一定能够保守。

406. 神的知识就是神圣的智慧。

407. 不要敢于对不纯洁的灵魂谈论神。

408. 用一个人的行为去验证他的话语。

409. 不要相信你听到的一切。

410. 提供一些关于神的假想是容易的,但是要讲真理,只有义人才有可能。

411. 不要用你的灵魂折磨你的身体,也不要用身体的享乐折磨你的灵魂。

412. 要让自己习惯于以节制来供养身体,以虔诚来供养你的灵魂。

413. 用神的话语滋养你的灵魂,用朴素的饮食滋养你的身体。

414. 让你的灵魂习惯于为应当高兴的事而高兴。

415a. 一颗为琐碎事物而高兴的灵魂会在神的面前蒙羞。

415b. 圣人的灵魂倾听神。

416. 圣人的灵魂通过神跟神谐调。

417. 圣人的灵魂始终觉察到神。

418. 圣人的灵魂始终与神联合。

419. 一个爱神的人的心在神的手里得到保护。

420. 灵魂通过神的话语升向神。

421. 圣人陪伴着神,神陪伴着圣人的灵魂。

422. 统治者总是以他所统治者为乐,神就这样以圣人为乐。

423. 统治者总是与所统治者不可分,神就这样注视着、关照着圣人。

424. 智慧的人受神的统治,并因此蒙福。

425. 圣人的灵魂通过身体受到神的检验。

426. 神看重的不是圣人的话语,而是他的审慎。

427. 智慧的人甚至在寂静中赞美神。

428. 凡是不控制自己的肚子和低级器官的人都不可能是有信仰的人。

429. 缺乏自制的人亵渎了神。

430. 神的知识造就了沉默少语的人。

431. 缺乏体验会导致喋喋不休地谈论神。

432. 一个认识神的人不会吹很多牛。

433. 一个蒙拣选的人会做一切符合神的旨意的事,但是他不会声称自己是蒙拣选的。

434. 一个有信仰的人是始终热切渴望的,直至达到神那里为止。

435. 一个吃双份食物并且从不在晚上独自睡觉的人不可避免地要变得跟他的激情相像。

436a. 命运不会造就一个有信仰的人。

437b. 命运不会控制神的恩典,否则的话它也会控制神。

438. 一个有信仰的人是在自制中得到滋养的。

439. 要认识神的话语和神的作为,并因此赞美他。

440. 不要以为有什么罪恶的事物属于神。

441. 有信仰的灵魂是纯洁和智慧的,是神的真理的先知。

442. 如果你不拥有你自己里面属于神的那个东西,你就不会爱神。

443. 要知道,相似者是相互爱惜的。

444. 如果你不爱神,你就不可能在神的面前。

445. 让你自己习惯于只关注神。

446. 如果你认识了神,你就会认识自己。

447. 如果你认识了神,你就会让你的心灵服从神。

448. 敬畏在你里面的那个,不要用身体的欲望去侮辱它。

449. 保持你的身体的纯洁,那是你的灵魂的衣裳,出于神的所赐,正如你保持你的外衣干净那样,那是你的身体的衣裳。

450. 圣人的心灵是神的镜子。

451. 不要敢于对一颗没有修养的灵魂谈论神。

第五部分
书　信

致吕吉诺书:论复活

　　《致吕吉诺书:论复活》(*The Treaties on the Resurrection*,NHC Ⅰ.4)是一封说教书信,是对基督教关于死后复活学说明显非正统的解释。在撰写该文本的二世纪晚期,基督教徒,无论是诺斯替派的还是正统派的,都在这个问题上面临挑战。这样的复活在哲学上是可以证明的吗? 如同苏格拉底在《斐多篇》中所论辩的那样? 复活是采取什么样的形式? ——灵魂的不朽,身体的复活,还是轮回? 复活将会在什么时候发生? ——在死后,基督最后一次来临时,还是在去世之前? 新约的教训在这几点上没有作出清晰的回答,尽管在大教会里面似乎在至少两点上有一致的看法:复活盼望的原型和基础是耶稣基督的复活,个体复活之后将会继续保持个人身份。

　　《论复活》的匿名作者则宣称拥有基督直接授予的知识,从而可以直接地、毫不含糊地回答这类问题。首先,复活是对耶稣基督之死及其复活的实在性的信仰,不是哲学论证的结果,此世的大多数哲学家事实上对此持怀疑态度。其次,死后的复活不是在基督来临之时重造一个灵性的身体,而是在肉体死亡的那一刻,蒙拣选的信徒体验到一种分离,内在的心灵、意念之类的智性的本质净化掉了外在肉体的、会腐朽的、可见的因素。即便如此,这个复活了的身体还是覆盖了一个新的肉体,或者光明的衣袍,保持了个人的可辨别的身份特征,比如耶稣变了形象时,以利亚(Elijah)和摩西(Moses)向他显现。这就是灵性的复活,既不是光溜溜的灵魂的复活,也不是粗糙的字面意义上的复活。其中隐含了一个超越保罗人学的外在/内在二元论的教义。再次,个体基督徒参与复活的全部好处不需要等到基督的最后来临才能得到,对于那些蒙拣选的信徒来说，他们已经预期性地参与了基督教的受难、复活和升天，新的实在是清楚的：这个人已经在现在复活了。本文的作者如《提摩太后书》二章18节中所谴责的许米乃（Hymenaeus）和腓理徒（Philetus）那样，认为复活的事已经发生了！他用一种生存性的证据强调了这个观点：那些知道死亡之不可避免性的信徒应当把自己看成是已经死了的人，从而已经参与到了复活的状态之中。因此，信徒拥有对于基督教战胜了死亡的这一实在及其担保的"信仰"，从而避开一切"怀疑"，"认识"人子以及关于他的复活所宣称的真理，"实行"自身从邪恶的宇宙力量中解放出来，通过正确的意念，实现救主的体验与信徒的体验之间神秘的合一。

该文本的作者应当是明显受到瓦仑廷派诺斯替主义影响的基督教诺斯替主义的教师，其中有"已经实现的末世"的观念，也有关于原初普累罗麻分裂，导致一个有缺陷的世界，从而需要救主的恢复的观念等。该文本受中期柏拉图主义的影响也很明显。比如存在的世界与生成变异的世界之间的区分，可理知世界与感性世界之分，以及先存的灵魂、学习死亡等观念。与柏拉图主义不同的是，这里没有对于出神的异象、与终极的合一的追求，而且复活之后保持了个人的可辨别的特征。

由于耶稣基督在该文本中占核心地位，而且新约也是被作者当作最高的权威，因此我们判定作者是基督教的诺斯替主义者。有些人认为该文本是瓦仑廷本人所写。本文的希腊文原文已经失传，仅有《那戈·玛第文集》中的科普特文译文。

正　文

引　言

我的儿子吕吉诺啊，有一些人想要成为有学问的人：当他们开始去解决未被解决的问题时，他们的目标就是要成为一个有学问的人，而如果他们成功了，就把他们自己看得很高。① 但是我并不认为他们是站立在真理的道之中。② 他们追求的其实是他们自己的安息，而我们的安息是通过我们的救主，我们的主基督获得的。当我们认识真理，并且让我们安息在真理之上的时候，[44] 我们就领受了安息。但是既然你令人喜悦地问我们，什么是真正的复活，那么我就写信告诉你，这个问题是必要的。诚然，许多人还对复活缺乏信仰，但是也有一小部分人已经找到了。接下来就让我们来讨论这个问题吧。

对复活问题的讲解

在以肉身存在的时候以及在显示自己为神子之后，主是如何宣讲这些事的呢？他活在这个地方，就是你所待的这个地方，宣讲的是自然的律法——但是我称之为"死亡"。③ 吕吉诺啊，那时候的神子乃是人子，他既有人性，也有神性，④一方面他作为神子可以克服死亡，⑤另一方面他作为人子可能回归到普累罗麻之中；因为他本来就是从上界来的，在这个宇宙的结构形成之前，是真理的一颗种子。很多的魔鬼和神灵在这个结构中进入存在。⑥

我知道我是在用艰难的术语作讲解，但是在真理的话语中并没有真正艰[45] 难的东西。解答的出现是为了不让任何事物有所隐藏，而是要公开地揭示关于存在的一切事——邪恶的毁灭以及蒙拣选者的启示。这个解答是真理和灵的流溢；然而恩典属于真理。

救主吞没了死亡——（关于这一点）你不是不知道的——因为他离开了正在朽坏的世界。他把自己变成了一个不朽的移涌，用不可见吞没了可见，让自己死而复活，并给予我们不死之道。⑦ 接着，诚如使徒所说的，"我们跟他一

---

① 参：《真理的福音》19,21。
② 参：《真理的福音》24,16-20;42,11-25。
③ 指物质世界的不可避免的规律：万物最终死亡。
④ 参：《西奥多图摘要》61,4;Irenaeus, *Against Heresies*, 1.12.4;15.3。
⑤ 参：《西奥多图摘要》61,7;Irenaeus, *Against Heresies*, 1.15;2.3。
⑥ 参：《西奥多图摘要》43,3。
⑦ 来登译法略不同：他推开了这个会朽坏的世界，代之以一个不朽的永恒王国。

起受难,我们与他一起复活,我们跟他一起上天。"①如果我们穿上他彰显在这个世界上,②那我们就是他的光,我们被他拥抱,直到我们的日落,也就是我们这一生的死亡。到那时,我们就被他吸引到天上,如同光被太阳收回一样,不会受到任何的阻拦。③ 这就是灵性的复活,它吞没了属魂的和属肉体的复活。④

但是假如有一个人不信,那么这个人就没有办法被说服。我的儿子啊,因为,死人会复活,这乃是属于信仰的领域,而不是属于说服的领域。此世的哲学家中有一位是相信的。至少,他是会复活的。不要让这个在此世的哲学家以为他是通过他自己回归到自己的——而是由于我们的信仰! 我们已经认识了人子,我们已经相信他从死人中复活。他就是我们所说的那一位:"他毁灭了死亡,他就是他们信仰的那一位伟大者。"那些相信的人是伟大的。

那些被拯救者的意念是不灭的。那些已经认识他的人的心灵是不灭的。因此,我们蒙拣选得到了拯救和救赎是因为我们从一开始就注定不会落入到那些没有知识的人的愚昧之中,⑤而是将进入到那些已经认识真理的人的智慧之中。事实上,那得到了维持的真理是不能够被放弃的,而且也没有被放弃。"普累罗麻的体系是强大的,那挣脱出来并成为这个世界的乃是渺小的。但是万有就是那被包拢在其中的,它未曾进入存在,而是一直存在着。"⑥因此,我的儿子吕吉诺啊,关于复活绝不要怀疑! 因为你以前并不存在于肉体之中,而是在你进入世界的时候你才获得肉体。为什么你在升入移涌的时候将不领受肉体呢? 那比肉体更好的乃是生命之因。那为了你而进入存在者岂不是属于你的吗? 那属于你的岂不是与你同在的吗? 然而,当你在这个世界里面的时候,你所欠缺的是什么呢? 这就是你尽一切努力想要明白的事情。

---

① 参:《罗马书》8,17;《以弗所书》2,5-6;《歌罗西书》3,3f;《提摩太后书》2,11f.。
② 参:《罗马书》13,14;《以弗所书》4,23f.。
③ 参:《对灵魂的注释》134,13ff.;Irenaeus, *Against Heresies*,1.7.1.复活就是升天。
④ 参:《腓力福音》23;90。
⑤ 参:《罗马书》8,29。
⑥ 参:《腓力福音》57。

身体的衣袍是老年,你存在于朽坏之中。你的离开是有好处的。因为当你离开的时候,你不会放弃那些更好的东西。那些低级的东西就会减少,正因为如此你就会变得优美。

被救离这个世界的没有别的,只有万有,我们就是万有,被救离的是我们。我们自始至终已经得到了拯救。让我们这样去想! 让我们这样去领悟!

但是有些人在探究他们所观察的那些事情时,想要弄明白,那得救的人是否只要离开身体就会立即得救。希望不要有人怀疑这一点。……事实上,那些死的、可见的身体①是不会得到拯救的,只有那些存在于这些死的身体之中的活的身体才会复活。

那么,什么是复活呢? 那些已经复活的人经常会显现。当你记得福音书上说,以利亚和摩西一起显现时,②你就不会以为复活是一个幻觉了。它不是一个幻觉,而是真的! 或者更确切地说,这个世界才是一个幻觉,通过我们的救主耶稣基督进入存在的复活并不是幻觉。

对吕吉诺的教导

我在告诉你什么呢? 那些活着的人突然间会死去。他们是如何地生活在一个幻觉之中呢? 富人变贫穷,国王被推翻,万事易变。世界真是一个幻觉! 但是让我不要过多地苛责这个世界的境况,我们只要记得:复活不是这样的,它是真实的,是亘古长存的。③ 它是永存者的显现,它是万物的变化和更新。因为不朽降临到了有朽之上,光明照耀在黑暗之上,吞没了黑暗,圆满充满了欠缺。这些就是复活的象征和意象。正是他,成就了这一切美好。吕吉诺啊,因此你不要只着眼于部分,也不要为了那些没有生命的人迁就肉体生活,而要逃离分裂和锁链,④这样你就已经拥有复活了。因为,如果那将要死的人知道

---

① 死的身体指的是肉体和魂的身体。
② 参:《马可福音》9,4。
③ 参:《真理的福音》17,25f.。
④ 参:《真理的福音》25,10-19。

他自己将要死——尽管他已经在这一生中过了许多年，但是毕竟还是走到了这一步——那么何不把你自己看成是一个复活之人已经走到了这一步呢？如果你已经复活，并且好像自己马上就要死去那样行事——那人知道他已经死了——那么我为何宽容你的缺乏操练呢？每个人都应当以各种方式操练，这样他就能从这个身体中解脱出来，不会堕落到谬误之中，而将会再次获得他自己本来的面目。①

这些事情我得自于我主耶稣基督的慷慨。关于这些事，我已经传授给你和你的兄弟，我的儿子们了，凡有益于使你们坚强的事，我都没有任何的保留。但是如果我对道的讲解有写得不明白的地方，只要你们问我，我就会为你们解释。但是如果你们当中有人能够帮助你们，你们也不可以心存嫉妒。②

有许多人在细究我写给你们的事情。③ 对于这些人，我说：平安和恩典在他们里面。我问候你们以及那些如同兄弟般爱你们的人。

---

① 参:《真理的福音》25,12;《对灵魂的注释》131,34ff.。
② 来登版为:这些事你们不要吝于跟你们圈子中的其他人分享,因为我所教导的事是有益处的。德文版为:不要嫉妒那加入到你们这个圈子里面来的人,他也将从这些教训中受益。
③ 来登版译为:有许多人在等待我写给你们的这些事情,我也向他们宣讲这些教训。

托勒密致弗洛拉书：
论律法及其设立者

犹太圣经，就是基督徒称为的旧约，其意义和价值何在，乃是二世纪基督教面临的急迫问题之一。在这个时期，越来越多的基督徒来自于非犹太的背景，基督教神学家们开始抵制世俗的希腊哲学的学说。基督教的许多派别都不得不面对这个问题，诺斯替派也不例外。经典的诺斯替派和瓦仑廷的后继者显然大量地改写了摩西五经中的宇宙论和历史。其他资料也显示，诺斯替派和瓦仑廷派也探讨过旧约的预言和他们的权威性。

旧约问题的一切方面都是与瓦仑廷派有关的，因为瓦仑廷派的起源神话为解释一切宗教经书、表达、实践和信念提供了钥匙。因此，对瓦仑廷基督教的描写可以从这个体系中的任何一个点着手。在《托勒密致弗洛拉书》中，伟大的瓦仑廷派的教师托勒密选择了从宗教律法及其奉行着手体系性的教导。他讲话的对象是一个名叫弗洛拉的普通基督教女信徒。他的讲话是很初步的教训，用的术语都是关于伦理的，而不是形而上学的，并且几乎完全在传统基督教的语言之中。① 托勒密一开始清楚、细致地分析了旧约律法的多重作者，通过与耶稣教导的比照，刻画了律法的性质，并从它们的性质中得出有关颁布律法的神的结论。

托勒密的结论已经十分靠近形而上学和神话的边缘，他答应在下一课中讲解形而上学和神话（托勒密的形而上学见伊里奈乌的总结），但是后面的信

---

① 《致吕吉诺书》也是这样一个基本道理的文献。

件似乎没有保留下来。托勒密总结说,人们可以区分一种善的完美的神,一个正义的、以色列的、旧约的神,以及一个邪恶的魔鬼。他细致地把这个观点与那种断定只有善与恶两个本原的立场作了对照。与《约翰密传》和《亚当启示录》对比,托勒密的三元结构显示出对世界的创造者、以色列神的一种更为肯定的态度;另有一些经典的诺斯替派的文献也是遵循这种三元结构的。①

书信的开头,托勒密驳斥了两种关于旧约律法之来源的观点。一种观点把立法者与至高神等同起来,这是普通基督教和大部分犹太教学说的观点。另一种观点把立法者与魔鬼等同起来,学者们不知道这种观点的来源,但可能是指那些信奉《约翰密传》和《亚当启示录》中的神话的诺斯替派,他们是把世界的创造者亚大巴多等同于以色列的神。

托勒密活跃于罗马帝国的西部,因此有学者推断,这个文本的写作地点应当在罗马,写作时间应当是托勒密的鼎盛时期即公元136—180年间,原文是以希腊文撰写而成的。从标题上看,这个文本是一个哲学书信,也即是一篇以书信的格式写成的简短的哲学论文。哲学书信这种体裁在那个时期的学者当中比较流行。

该文本见于爱庇芳纽《反异端》(33.3.1—33.7.10)的逐字引用。爱庇芳妞的希腊文原文可以在许多中世纪的手稿中找到。来登的英译基于奎斯培(Quispel)编的希腊文精校版。

正　文

引言:在律法问题上的错误观点

33.3.1　　我亲爱的姐妹弗洛拉,律法是由摩西确立的,在过去遭到了许多人的误解,因为他们没有确切地知道那个确立它的人,或者不知道它的诫命。我想,

---

① 如:《阿其翁的本质》95,13。

如果你研究一下他们在这个问题上的不一致的观点,就会马上明白这一点的。 `33.3.2`
有些人说,律法是由父神颁布的,而另一些人则背道而驰,坚决地认为律法是
父神的对头,邪恶的魔鬼确立的,后来的学院就认为世界的创造者是魔鬼,说
他是"宇宙的父亲和创造者。"但是他们是极端错误的,他们彼此之间互不信 `33.3.3`
服,这两个学派在这件事上都根本没有把握真理。

其实律法似乎不可能是由完美的父神设立的:因为如果它是由完美的父 `33.3.4`
神设立的话,必然具备跟它的设立者相同的性质,然而它是不完美的,需要得
到另一位的成全,并且包含了与这样一位完美的神的本性和意愿不相一致的
诫命。另一方面,把这样一种消灭不正义的律法归因于不正义的对立面,这乃 `33.3.5`
是那些未能领会救主所说的原则的人们的错误逻辑。而且,使徒(约翰)说 `33.3.6`
过,世界是他创造的,"万物都是通过他造成的,没有他,任何事物都不能造
成。"这几句话就预料到了这些说谎者的浅薄的智慧。世界是这样一位神创
造的,他是正义的,并且憎恨邪恶,他不是一个邪恶者,如那些缺乏思考的人们
所相信的那样,这些人没有考虑到创造者的深谋远虑,因而他们不仅是灵魂的
眼睛瞎了,而且身体的眼睛也瞎了。

从我们刚才所说的,你可能已经明白,这些思想派别各自都以其独特的方 `33.3.7`
式从根本上错失了真理:一个派别是由于没有认识到正义的神,①另一个派别
则是由于不认识万有的父——这位父是唯独通过他彰显出来的,他从他而来,
并且唯有他认识他。因此,有待于我们这些被认为有资格知道这两个方面的 `33.3.8`
人,向你清楚地说明律法究竟是何种律法,是哪一位立法者设立了它。我们将
引用我们的救主的话,为我们所说的提供证据,唯有通过救主的话语才有可能
无障碍地达到对这个问题之实情的某种程度的理解。

律法的三分

首先你必须知道,作为一个整体,包含在摩西五经之中的律法并不是一个

---

① 参:33.7.5。 `33.4.1`

单一的作者所设立的,我的意思是说,它不是由神单独设立的:其中的某些诫
命也是由人设立的。事实上,我们的救主告诉我们,摩西五经分为三个部分。

33.4.2 一个部分属于神自己;另外一个部分属于摩西——摩西确实颁布了某些诫命,
不是神自己通过摩西颁布的,而是基于他自己对事情的思考;第三个部分属于

33.4.3 人民的长老的,他们也同样在一开始插入了某些他们自己的诫命。你现在将
会明白,所有这一切如何能够用救主自己的话语来证明。

33.4.4 当救主跟一些人讨论离婚的事情时——按律法的规定离婚是允许的——
他对他们说:"由于你们的心坚硬,摩西才允许休妻。然而在一开始的时候并
不是如此的。"①他说,因为是神促成的结合,而"神所结合的,人不能把它分

33.4.5 开。"②在这里,他指出,神的律法是一件事,是禁止女人与她的丈夫分开的;而

33.4.6 摩西律法是另一件事,允许人由于心硬让夫妻分开。③ 这样看来,摩西颁布了
与神所颁布的相反的律法,因为分开与不分开是相反的。

然而,如果我们也仔细地体察摩西颁布这条诫命的意图,那么就会发现,
他设立这条诫命不是出于他自己的本意,而是出于不得已,是由于诫命所面对

33.4.7 的那些人的软弱。因为在禁止他们休妻的事上,这些人没有能力把神的旨意
付之于实行。其中有些人跟他们的妻子关系状态极差,面临着进一步地陷入

33.4.8 到不正义,并由不正义陷入到毁灭的危险。摩西看到实施神的令人不悦的律
法会使他们冒毁灭的危险,就按照他自己的意思颁布了第二位的律法,设立这

33.4.9 条离婚的律法为的乃是在两种恶中选择较轻的恶,以便万一他们没有能力守
第一位的律法(神的律法),至少还可以守第二位的律法,从而不至于偏离到

33.4.10 会带来彻底毁灭之后果的不正义和邪恶之中。这就是摩西的意图,我们发现
他正是出于这样的意图颁布了与神相反的律法。总之,即便我们在此只用了
一个例子做我们的证据,也可以毫无疑问地证明,这条律法是摩西自己的律
法,是与神的律法不相同的。

---

① 参:《马太福音》19,8。
② 参:《马太福音》19,6。
③ 参:《申命记》24,1。

救主还指出,有一些长老的传统也交织在这部律法之中。他说:"神说 `33.4.11`
了,'要尊敬你们的父亲和你们的母亲,让他们与你们好好相处。'①但是你们 `33.4.12`
却宣称"——救主针对长老们说——"'你们本可以从我获得的已经献给了
神',你们这些古人啊,为了你们的传统,你们已经虚化了神的律法。"②以赛亚 `33.4.13`
这样宣称:"这些人民用他们的嘴唇尊敬我,但是他们的心却远离我;他们把
人的箴言当作教义来传授,他们这样崇拜我乃是枉然。"

这些段落已经清楚地表明,作为一个整体,律法分为三个部分。我们从中 `33.4.14`
找到了属于摩西本人的立法,长老的立法,以及神自己的立法。而且,通过我
们在这里所作的区分,对律法整体的分析已经判明了哪一个部分是正宗的。

神自己的律法又可以分为三个部分

而且,神自己的那部分律法又可以分为三个部分。 `33.5.1`

第一部分是纯粹的立法,没有交织邪恶,唯有这个部分才是真正的律法,
救主的到来不是要取消它,而是为了要成全它。③ 因为他所成全的并不是与
他相异的,而是有待于成全的:因为它还没有达到完美。

第二部分是与低级者和不正义者交织在一起的,由于它与救主的性质不
同,救主要予以废除。

最后,第三部分是象征性的和寓意的部分,它模仿的是高级的、灵性王国 `33.5.2`
的形象:救主来是要改造这个部分,使它从知觉的、可见的层次变成灵性的、不
可见的层次。

---

① 参:《马太福音》15,4。

② 这段话记载于《马太福音》15 章 3 至 6 节。耶稣与来自耶路撒冷的法利赛人和文士辩
论:他(耶稣)回答他们说,"你们为何为了你们的传统而违背了神的诫命? 因为神命令你们,'尊
敬你们的父亲和你们的母亲,凡说父亲或母亲坏话的,让他必死。'但是你们却说,'如果有人告
诉他的父亲或他的母亲说:"你本可以从我这里获得的已经给了神",那么他就无需尊敬他的父
亲了。'这样,为了你们的传统,你们已经虚化了神的律法。"《马太福音》接着引用了《以赛亚书》
29 章 13 节。

③ 参:《马太福音》5,17 登山宝训之一:"不要以为我来是要废除律法和先知,我来不是要
废除他们,而是要成全他们。"

33.5.3 第一部分,神的律法,是纯粹的,没有交织低级事物,是刻写在两块石碑上的十诫,它们分为对必须避免的事情的禁止和对必须做的事情的命令。① 尽管它们包含了纯粹的立法,但是它们没有完美,有待救主的成全。

33.5.4 第二部分,交织了不正义的律法,是应用于那些已经犯了错的人的报复和偿还的,命令我们摘下眼睛以偿还眼睛,以牙齿偿还牙齿,以谋杀报复谋杀。② 这一个部分是交织了不正义的,因为一个在行不正义的事的人还是行不了不

33.5.5 正义,只是行为的相对顺序不同,做的其实是同样的行为。但是在另外方面,这条诫命无论过去和现在都是正义的,是由于律法所面对的那些人的软弱,作为纯粹律法的偏离设立起来的;然而它与万有之父的本性和善是不一致的。

33.5.6 也许它是恰当的,但是它更是不得已的结果。因为当一个人说,"你们不应当杀人"时,他是希望连一件杀人的事也不要发生,而当我说,他颁布了第二位的律法,下命令治死谋杀者,作为两个杀人者之间的审判者行事的时候,禁止谋杀的那一位由于不得已,没有实现禁止谋杀的意愿。

33.5.7 由于这个原因,他派遣子来废除这一部分的律法,尽管他承认说,这部分律法也是属于神的:这一部分被认为是属于长老的思想学派的,在他说"因为神说过,'凡说父亲或者母亲坏话的人,让他必死'"③以及其他的一些地方,他都是这样认为的。

33.5.8 神的律法的第三部分是象征性的部分,依据的是高级的、灵性王国的形象:我指的是关于献祭、割礼、安息日、禁食、逾越节、无酵饼的节日等所颁布的律法。④

33.5.9
33.5.10 而一旦真理显现出来以后,一切这些诫命的所指就改变了,因为它们只是意象和隐喻。它们在可见王国中的意义以及它们的身体上的实行被废除了,但是它们的灵性的意义则得到了提升,语言保持不变,但是主题发生了变化。

---

① 参:《埃及记》20,3;34,1。
② 参:《利未记》24,20;24,17;《马太福音》5,38。
③ 参:《马太福音》15,4。
④ 这些仪式性的律法特别是用于印证以色列子孙的身份。

比如,救主要求我们献上祭品,但是祭品不是不会说话的牲畜或者香火,而是 `33.5.11`
灵性的颂扬和赞美、感恩的祷告、分享和好的行为。而且他希望我们行割礼,
但这割礼不是指割掉身体上的包皮,而是灵性的心灵的割礼;守安息日也不是 `33.5.12`
希望我们待在恶行中不动;禁食也不是希望我们实行身体上的禁食,而是精神 `33.5.13`
上的禁食,包括节制一切坏的行为。①

不过,在可见王国中的禁食也得到了我们的追随者的遵守,因为禁食如果
理性地实行的话,也能够对灵魂有所助益,只要不是出于对他人的模仿或者是
出于习惯或者是由于特定的日子被规定要禁食的话。同样,禁食的遵守也是 `33.5.14`
为了记住真正的禁食,可以让那些尚不能够遵守真正的禁食的人通过可见的
禁食记住真正的禁食。同样,使徒保罗也明白地说过,逾越节和无酵节是象 `33.5.15`
征,因为他说,"基督,我们的逾越节的羔羊,已经作了牺牲",他又说,不要有
酵,不要参与到酵里面去——这里所说的"酵"指的是恶——而要成为"新鲜
的面团"。

因此可以确定,神的真正的律法是分为三个部分的。第一个部分是得到 `33.6.1`
了救主的成全的:因为"你们不要杀人","你们不要犯奸淫","你们不要起假
的誓言"已经被包含在不要发怒、不要看到人动淫念以及根本不要起誓里面
了。②

第二个部分是完全被废除的部分。因为"以眼睛还眼睛,以牙还牙"的诫 `33.6.2`
命是交织了不正义的,它本身也牵涉到不正义的行为,它被救主用相反的命令
废除了,在两个相反的命令中,一个必定"取消"另一个:"因为我对你们说,无 `33.6.3`
论如何都不要抵抗恶人。如果有人打你,你就把另一边脸也转向他。"③

第三个部分是所指得到改变的部分,从身体的层面转变成了心灵的层面。 `33.6.4`
这是寓意的部分,是按照上界王国的意象颁布的。意象和寓意暗示的是其他 `33.6.5`
的事情,而在真理还没有到来的时候,它们也是好的、善的。但是既然现在真

---

① 参:《多马福音》6,14—27。
② 参:《马太福音》5,21—27—33。
③ 参:《马太福音》5,39。

理已经呈现,人们就必须做真理的事情,而不是做属于真理的意象的事情了。①

33.6.6　他的使徒宣讲了这些教训,使徒保罗也这样做了:他通过我们刚才提到过的那个关于逾越节的羔羊和无酵饼的那个段落,让我们明白了那个由意象构成的部分。他讲到"废除了诫命的律法",让我们明白了那个交织了不正义的部分;②他讲到"律法是神圣的,诫命是神圣的、正义的和善的"时,让我们明白了那个不交织低级事物的部分。③

33.7.1　到此为止,我想我已经尽可能简单地为你指出了,既有溜入到律法之中的人的立法,也有神自己的可以分为三个部分的律法。

设立律法之神的本性

33.7.2　接下来有待我们说明的是,这位设立了律法的神究竟是一位什么样的神。但是我相信,关于这一点,在我前面所说的话语当中也已经向你指明了,假如你一直仔细地跟着我的思路的话。

33.7.3　由于律法的划分不是由一个完美的神设定的,如我们已经说明的,也确定不是由魔鬼设立的——如果这样说的话肯定是不对的——那么律法之划分的
33.7.4　设立者一定是有别于这两者的。他是宇宙或世界及其中之事物的创造者和工匠。由于他不同于另外两者的本质,而是处于这两者之间的一种状态,因此我们也许可以用中介性(intermediateness)这个术语予以确切地描述。

33.7.5　如果说完美的神在本质上是善的——如同他确乎所是的那样,因为我们的救主指出,"只有一位是善的",④也即他所彰显的他的父——而且如果属于对立面之本质的律法是邪恶的,是印上了不正义的模型的,那么一个处于这两者之间的中间状态的,既不善,也不恶的存在,也许才真正可以称为是正义的,

---

① 参:《多马福音》104。
② 参:《以弗所书》2,15。
③ 参:《罗马书》7,12。
④ 参:《马太福音》19,17。

是他的正义的裁判者。

一方面,这个神必定比完美的神低级,在正义方面也不如他,因为他是被 [33.7.6]
生出来的,而不是无生的——"因为有一个无生的父,万物都是从他而来的",
或者更确切地说,万物都是有赖于它的;另一方面,他进入存在必定比那个完
美的父的对立面更好、更有权威;他与生俱来的本性和本质也是一定不同于完
美的神及其对立面的。因为那个对立面的本质是腐败和黑暗,因为对立面是 [33.7.7]
物质的,而且分成许多的部分;而万有的无生的父的本质是不朽和自存的光
明,是简单的和独一的。这个中间者的本质造就了两方面的能力,因为他是那
个更好的神的形象。

结语:正义者和邪恶者是如何从善里面产生出来的?

如果说本性善者产生出来的事物是类似于它自身的,并且是具有相同的 [33.7.8]
本性的,那么请你不要感到困惑,这些本性——本质上不同的腐朽的本性和中
间的本性——如何会从一个最初的单一本原中产生出来。——这个最初的本
原是那存在的、为我们所承认和信仰的,是无生的、不朽的和善的。

因为,蒙神的应许,接下来你就会学习得知第一本原以及另外两个神的起 [33.7.9]
源,假如你被认为是配得使徒的传承的话——这个传统我们也是通过继承得
到的,同时你也将学习得知如何用我们的救主的话语去检验一切假设。

我的姐妹弗洛拉啊,我已经简洁地向你说明了这些事。我刚才所写的是 [37.7.10]
一个简短的叙述,尽管我对这个问题作了充分的讨论。在未来,这些学说将会
成为你的极大的助益——至少,如果像获得了丰产的种子的沃土那样,你要结
出果实的话。①

---

① 参:《马可福音》4,20。

尤格诺斯托书

　　《尤格诺斯托书》(*Eugnostos the Blessed*, *Der Eugnostosbrief* NHC Ⅲ.3;Ⅴ.1)
是一位老师写给门徒的一封传道书信,内文有启示对话的性质,风格类似于
《托勒密致弗洛拉书》和《致吕吉诺书》,但作者尤格诺斯托在历史上不一定实
有其人。这篇文章的对象是对某些宗教哲学问题感兴趣的读者,其主旨在于
断言并描写一个可见世界之外的不可见的、高于天界的领域,是斯多亚、伊壁
鸠鲁和巴比伦占星术等派别的思辨哲学家们所未曾思考过的一个领域,最后
的附录探讨的是不朽的人的王国。全文指出了超验王国对这个世界的影响。
书信可以分为两个部分:第一部分描写神性世界;第二部分是一个独立的亚当
思辨,是以《创世记》1 至 5 章为基础的。

　　这个文献没有明显的基督教因素,但它可能是一位基督教诺斯替主义的
作者用以编写《耶稣基督的智慧》(*The Sophia of Jesus Christ*)的原始文献,如
果把这两篇文献放在一起的话,可以很明显地看出这篇非基督教文献如何被
修改成一篇基督教诺斯替主义文献的过程。《尤格诺斯托书》有两个版本,一
个保存情况较好的在那戈·玛第抄本卷三第 70—90 页,但其中缺了第 79 页,
这一页刚好在抄本卷五保存较差的那个版本中。该文献可能写成于公元一世
纪,地点可能是埃及。

正　文

引　言

蒙福的尤格诺斯托致属于他的人！你们要为你们明白下面的道理而 `70` 高兴。

驳斥各种哲学观点

迄今为止所有从这个世界的地基上生出来的人都是尘土。纵然他们致力于研究神,研究神是谁,他有什么本性,却并没有找到他。他们当中最智慧的人对于真理的探究是基于对这个世界的秩序的推测。但是他们的推测与真理并不相合。因为,关于这个秩序,所有的哲学家们谈了三种不同的看法,这些看法并不统一。

其中有几个人在谈到这个世界的时候说,它是由它自己引导的。另有人说,它是由天意(Vorhersehung)引导的,还有人说,它是由命运主导的。然而它不是这里面的任何一种情况。我列举的这三种声音没有一个可以视为 `71` 真理。

凡是从自身而存在的事物,它所拥有的是一个空的生命。它是由自己造成的。而天意是沉默的,命运则是某种人们无法判定的东西。

凡是能够从我刚才提及的三种声音中解脱出来,通过一个另外的声音启示真理之神,并且在任何事情上都与真理之神一致的人,乃是不死的人,尽管他也生活在会死的人们中间。

关于善的、未知的神

那位存在者是不可言传的。

能量不认识他,无论是当权者还是下级,还是自这个世界存在以来的任何一个创造物,都不认识他。唯有他一个认识他。

那一位是不死的、永恒的，他不是生出来的，

因为每一个生出来的人都是要死的。

他不是被造出来的，他没有开端。

因为每一个有开端的人，都有结束。

₇₂ 没有谁统治在上面统治着他；他没有名字。

因为每一个有名字的人都是由另一个事物创造出来的。他是不可命

名的。

他没有人的形象。

因为每一个具有人的形象的人，都是由另一个人创造出来的。

他有一个独特的外貌，不是我们已经拥有的、已经看到过的这种外貌，而

是一种陌生的外貌，它胜过任何事物，比万有更加美好。他朝一切的方向看，

唯独通过他自己看到了他自己。

他是无尽的。

他是不可捉摸的。

他是永恒存在的。

他是没有同类的。

他是永恒不变的善。

他是没有缺乏的。

他是永久的。

他是蒙福的。

他是不可认识的，而他认识他自己。

他是不可度量的。

他是没有踪迹可寻的。

他是完美的，因为他没有欠缺。

₇₃ 他是不朽的福祉。

人们称他为万有之父。①

在某些事物显现在已经显现的事物之前,伟大和能量就已经在他里面了。他包容了万有的万有,但是没有事物可以包容他。因为他是完全的心灵、意念、思想、聪明、理智和能量。他们都是同等的能量。他们是万有的源泉。他们的整个族类自始至终都在这个无生者的先在的知识之中,因为他们都还没有显现出来。

在这些不朽的移涌中间存在着一个区别。让我们这样想:任何来自于有朽者的事物都会消逝,因为它来自于有朽者。凡是来自于不朽者的事物,将不 |74| 会消逝,而将永存,因为它来自于不朽者。因此有许多人走进了谬误,因为他们不认识这种区别,因此他们将会死亡。

讲这么多就已经够了,因为没有人能够反驳我刚才就蒙福的、不朽的、真实的神所讲的这些话。若有人想要相信这些话语的话,他就应当从隐藏者开始探究,直到显现者的尽头。而这个意念也将教导他,如何从显现的事物中找到对不可见事物的信仰。这是知识的原则。

出自于父的创造

万有之主实际上并不是叫作父,而是叫作先父。父是可见者的开端。因 |75| 为那一位(主)是没有开端的先父。他在他自己里面看他自己,就好像在一面镜子里面一样,他在显现中作为自己的父进入到了他的肖像之中:这个自己的父就是自生者,是一个对立者,与那个无生的最初存在相对立,他尽管与那比他先存在者的年纪相等,但是并没拥有与他相等的能量。然后,他显现了许多对立的、自生的、同龄的、能力相等的能量,由于这些能量极其宏伟,不可胜数,人们称之为没有王国立于其上的"族类"。而那没有王国立于其上的所有众多的地方,人们称之为"无生之父的儿子"。

---

① 对未知的父的类似颂词见《约翰密传》2,28;也见二世纪初雅典的亚里士多德(Aristides von Athen)的《护教篇》(*Apologie*)以及《三部训言》。

76 　然而,那位不可知的他[完全地]在一切时候都怀着不朽的与不可言喻的愉悦。他们全都安息在他里面,由于他们经久地处在无法言喻的愉悦之中,他们享受着不朽的荣耀与不可测度的喜乐,是一切时代和一切世界中都未曾有人听闻或知觉过的。

　还有一条知识的原则是,这一切都从"自我"生出来。第一个在无限之中显现在万有之前的是一个自我成长的、自我创造的父,他充满了光芒和不可言喻的光明。一开始他就认识到,他的肖像成为一个伟大的能量。随即那个光

77 明的开端就显现为一个不朽的、阴阳同体的人。他的阳性的名字叫[受生的]完美的心灵,他的阴性的名字却叫作受生的所费娅。据说,她和她的兄弟与配偶是相同的。她是一个没有对立面的真理,因为下界的真理是有谬误与之对抗的,这谬误是与真理在一起的。①

　通过这个不朽的人,第一个称号就出现了,叫作神圣与王国。因为那个通常被叫作"自我的父—人"(Selbstvater-Mensch)的父把它们显示出来了。他为了他的伟大,创造出来一个伟大的移涌。他赋予他伟大的权力,他统治着一切受造物。他创造了神、天使长与天使——多得不可胜数——让他们做他的随

78 从。就这样,通过那个人,神圣[与王国就开始了]。因此人们称他为众神之神,众王之王。这第一个人对于那些将从他之后的来者而言,是"信仰"。他有一个独特的心灵与意念——诚如他自己就是意念那样——思虑和聪明,理智与能量。所有存在着的肢体都是完美的与不朽的。就不朽而言,它们都是相同的;就能量而言,它们之间存在着差异,可以和父与子之间的区别、子与意念之间的区别以及意念与别的事物之间的区别相比。

　正如我前面说过的那样,就这些被创造出来的事物而言,一(Einheit, Monad)是第一个。跟着他的是二,然后是三,一直到十。②

　　而十统治着百,

──────────

① 这里可能运用了瓦仑廷派的上界与下界所费娅的观念。
② 参《道德经》四十二章:道生一,一生二,二生三,三生万物。

百统治着千，

千统治着万。

这就是不朽者中间的模式。

第一个人就是如此表现的：他的一……在不朽者中间也存在着这个模式：一和意念是属于不朽的人的。（79，80 页缺，用 NHC V 7 补）

十是意念，

百是教训，

千是思虑，

万是能量。

［现在］从［…］出来的是与［…］在一起的，在每一个移涌之中［…］（NHC V8）

一开始是意念和念头从心灵中出现，

然后教训从意念中出现，思虑从教训中出现，

能量从思虑中出现。

在所有这些肢体之后，一切被显现者都从他的能量中显现出来。

从被创造者那里出现了被建造者，

从被建造者那里出现了被构造者，

从被构造者那里出现了被命名者，

从被命名者那里出现了受生事物之间的不同，自始至终，依凭一个一切移涌中的能量。

现在这个不朽的人充满了一切不朽的荣耀与无法言说的愉悦。他的整个王国沉浸在持久的喜乐之中，那种喜乐是一切后来的时代与世界中的人所未曾听闻与知晓的。最后从这个不朽的人、这个被命名者、这个自我完善的生育

者那里出现了[一个另外的本原]。在他获得了他的配偶,也就是大所费娅的

NHC V9

同意之后,他就显现了那个首生的阴阳同体,[被叫作][神的]首生子。他的

阴性的名字叫首生的所费娅,万有之母,有些人称其为"爱"。

NHC Ⅲ81

[但是]这个首生者由于拥有来自于[他的]父亲的权力,为了他自己的尊

严创造了一个伟大的移涌。他创造了天使,不可胜数,让他们做他的随从。所

有那些数量的天使,人们称之为"圣者的教会,无阴影的光明"。当那些天使

彼此拥抱的时候,他们的拥抱也变成了跟他们一样的天使。人们称这第一个

生育者父为"光明的亚当"。这个人子的王国充满了不可言喻的愉悦和不朽

的喜乐。他们在不可言喻的愉悦中、在不朽的荣耀中一直喜悦着,这种愉悦和

喜乐乃是在一切形成的时代和世界中都未曾听闻和显现过的。

然后人子与他的配偶所费娅同心一意了。他显现了一个伟大的、阳性的

82

光明。[他的]阳性的名字叫作"救主,万物的创造者"。他的阴性的名字叫作

"所费娅,万有之母"。有人称之为"信仰"(Pistis,庇思梯斯)。

出自于救主和庇思梯斯·所费娅的创造

救主与他的配偶庇思梯斯·所费娅同心一意,一起显示了六个阴阳同体

的精神实体,是那些在他们之前者的模型。他们的阳性的名字如下:①

第一位是无生者,

第二位是自生者,

第三位是生育者,

第四位是第一个生育者,

第五位是万有的生育者,

第六位是为首的生育者。

---

① 类似的阳性阴性名字的罗列见《论世界的起源》106,30ff.。

阴性的名字如下：

第一位是全知的所费娅，

第二位是万有之母所费娅，

第三位是万有生育者所费娅，

第四位是第一位生育者所费娅，

第五位是爱的所费娅，

[第六位]是信仰的所费娅(庇思梯斯·所费娅)。　83

出自于父的创造

[出于]我已经提到过的这种同心一意,意念显现在存在着的移涌之中。

从意念出来了思虑，

从思虑出来了聪明，

从聪明出来了理智的意念，

从理智的意念出来了意志活动，

从意志活动出来了话语。

我刚才说到的这 12 个能量两两同心一意。于是又有 36 个阳性的与 36 个阴性的精神实体显现,总共生出了 72 个精神实体。这 72 个精神实体每一个都显示了 5 个精神能量,总共生出了 360 个能量。它们全部统一起来就是意志。

我们的时代是这个不朽的人的模型。

时间是第一个生育者他的儿子的模型，　84

年是救主的模型，

12 个月是 12 个能量的模型，

一年 360 日是从救主显现出来的那 360 个能量的模型,

从这些 360 个能量中出来的无数的天使是他们的小时与瞬间的
模型。

当我提到的这些显现出来的时候,那个万有的生育者,也就是他们的父
亲,首先创造出了 12 个移涌作为那 12 个天使的随从。每一个移涌中都有 6
重天,这样从他那里显现出来的 72 个能量就生出了 72 重天。而每一重天中
[85] 都有 5 个天穹,因此总计有 360 个[天穹],是由他们那个显现出来的 360 个能
量生出来的。当天穹就这样完成的时候,它们就被叫作"360 重天",这是根据
在它们之前存在的天的名字命名的。所有这一切都是完美的和好的。以这样
的方式,阴性的缺陷出现了。

第一个移涌是属于不朽的人的。第二个移涌是属于人子的,这个人子被
叫作"第一个生育者",也被叫作"救主"。那一个笼罩于这些之上者是一个移
涌,这个移涌之上没有王国存在,这个移涌是一个永恒的、神性的、无尽的移
涌,是一个在他里面的不朽者的移涌的移涌,是一个处在从混沌中显现出来的
八之上的移涌。

[86] 然后不朽的人显现了众移涌、众能量和众王国。他给予了一切从他那里
显现出来者以权力,让他们去造他们想造的事物,直至那些在混沌之上的天数
为止。由于这一切都彼此同心一意,于是他们就显现出了一切的壮丽,并且从
灵那里显现出了大量的光明,明亮而且不可胜数。这些在一开始就获得了名
字,叫作开头、中间和结束。这就是第一个移涌①、第二个移涌和第三个移涌。
第一个移涌被称为"一与宁静"。由于每一个都有他自己的名字,第三个移涌
就被称为"在伟大中显现出来的众多者构成的教会"。因此,当众多者聚集起
[87] 来成为一个一的时候,他们就被叫作"来自于超越于天的教会的教会"。因此
八的教会被显示了阴阳同体者,部分被命名为阳性的,部分被命名为阴性的。

---

① 这里的移涌几乎可以从时间的维度来理解,可以近似地译为时代。

阳性者被命名为"教会"，而阴性者被命名为"爱"，以便显明，一切移涌中的生命源自于一个女性。每一个名字都是在一开始获得的。

　　出于他与他的意念的同心合意，能量显现出来了，这些能量被叫作"诸神"。

　　这些诸神又从他们的聪明中显现出了诸神的诸神。

　　而这些诸神又从他们的聪明中显现出了君主。

　　君主的君主又从他们的话语中显现出了君主。

　　这些君主又从他们的能量中显现出了天使长。

　　天使长显现出了天使。

　　从这一切显现了观念形象与[形式]，以命名所有的移涌和他们的世界。　[88]

　　所有我已经描写过的这一切不朽者都拥有权力，这权力来自于不朽的人和他的配偶所费娅——这个所费娅被人称为"寂静"。她之所以被称为"寂静"，是因为她在无言的思虑中成就了她的伟大。

　　由于这些不朽者拥有权力，他们每一个都为自己准备了伟大的王国，在所有不朽的天及其天穹之中，为了他们自己的庄严，设置了王座和殿堂。有几个在居所和战车之中，在人无法描写的不可言喻的荣耀之中，为自己准备了大群天使，多得不可胜数，作为随从和荣耀，甚至于还有童贞的灵，不可言喻的众光明。他们没有负担，也不会虚弱，而是全然的意志；他可以在瞬间出现。这些　[89] 移涌以他们的天与天穹成就了不朽的人与所费娅的荣耀，成就了那个地方，那里面有每一个移涌及其世界的形象，成就了那些在他们之后的来者，以便他们准备那个地方的模型，也就是他们在混沌的天以及他们的世界之中的肖像。一切来自于不朽者的实体，从无生者一直到混沌的显现，都在没有阴影地照耀着的光明之中，都在不可言喻的愉悦和无法描写的喜乐之中。他们一直自足地处在他们的不变的荣耀和不可测度的宁静之中，是人所无法描述的，在一切　[90] 未来的移涌和它们的能量中都无法领悟的。

结　语

　　但是这已经够了。所有这一切,我已经对你说过的这一切,我都已经以一种你们能够接受的方式说过了,直到那一个,那一个无需教导者,出现在你们中间。他将在愉悦中以纯净的知识把这一切事讲给你听。

彼得致腓力书信

　　《彼得致腓力书信》(*The Letter of Peter to Philip*,NHC Ⅷ.2)是一篇书信体裁的短文,是诺斯替主义的基督教伪经。该文本记述了基督使徒的故事,并融合了一些启示素材,以传达诺斯智慧的信息。文中提到彼得是众使徒的领导者,拥有他自己的门徒,而文中的腓力则可能就是新约福音书中的门徒腓力和《使徒行传》中传福音的腓力,他非常顺服彼得的权威,他在文中的地位也突显了彼得的权威。

　　以彼得为首的使徒们聚集在橄榄山,他们领受了复活主的教导之后,就回到耶路撒冷,在殿里传道、治病,最后被圣灵充满,各自出去传道。本文的诺斯替主义色彩主要体现在救主回答门徒的问题时所作的启示性对话之中。当他们聚在一起的时候,耶稣以光和声音的形象显现,以觉悟的知识回答了他们的问题。前四个启示性回答提供了对于世界的缺陷、达到完全之途径、诺斯替派在世上的困厄及挣扎等问题的看法,并在此基础上探讨了门徒的人生使命。这个对话实际上是基督回答门徒的问题时所作的开示,其中包含了非基督教的或者只是与基督教有些沾边的诺斯替主义资料。

　　该文本背后的神话框架跟《约翰密传》和伊里奈乌的描写相一致,据此可以推测写作时间在二世纪末或三世纪初。

正　文

彼 得 的 书 信

耶稣基督的使徒彼得,向我们亲爱的兄弟、与我们一同作使徒的腓力,以及跟你在一起的弟兄姊妹问安!

我们的兄弟,我想让你明白,我们已经从我们的主,也就是全世界的救主133 那里得到了命令,[我们]要[一起]传授和宣扬我们主耶稣基督应许的救恩。但是你跟我们分开了,也没有想过我们要聚在一起,学习如何确定我们的方向去传扬好消息。要是你愿意的话,我们的兄弟,你就遵从我们主耶稣的命令到我们这里来吧!

腓力对信的反应

腓力收到并读了这封信就欢喜快乐地到彼得那里去了。

然后彼得又召集了其他人。他们一起来到了一座叫作橄榄山的山上,这是基督在世时经常跟蒙福的受膏抹者聚会的地方。

使徒们聚集在一起,他们跪下做了这样的祷告:

> 父啊! 父啊! 光明之父,
> 你拥有不朽! 求你倾听我们,
> 正如你[昔日][喜悦]你的圣子受膏抹的耶稣那样。
134
> 他为了我们而来,就如同黑暗中的灯光。
> 求你倾听我们吧。

然后他们继续祷告说:

> 生命之子,不朽之子啊!

你在光明之中，

你是圣子，不死的受膏抹者，我们的拯救者，

请你赐给我们力量，

因为他们正在寻找我们，想要杀死我们。

基 督 显 现

随之有一道光明显现，整座山都被这个异象照耀得通明。有一个声音向他们呼喊：听我要对你们说的话。你们为什么要寻找我呢？我是受膏抹的耶稣，不是永远跟你们在一起的吗？

使 徒 的 问 题

使徒们回答说：主啊，我们想要明白移涌世界的缺陷和圆满。我们因何羁留在这个居所之中？我们是怎么来到这地方的？我们怎么才能离开？我们怎样才能拥有勇敢的权威？为什么那些能量跟我们作对？ |135|

基督的第一个开示

然后有一个声音从光明里面向他们呼喊：你们可以见证，我已经把所有这些事情告诉过你们。但是由于你们的不信，我就再讲一次吧。

我先来讲一讲移涌的缺陷。这就是缺陷——未经至尊的父的命令，那位不顺从的、愚昧的母亲显现，她想要建立一个永恒的王国。当她讲话的时候，那个傲慢自大者跟随在后面。当她把一个部分留在身后的时候，那个傲慢自大者就霸占它，然后它就成了一个缺陷。这就是移涌的缺陷。

那个傲慢自大者拿了这个部分，把它播种了。他又在上面覆盖了能量和威武，把它禁锢在会死的王国之中。然后这个世界众能量为他们自己的出生而欢喜快乐。但是他们不认识那位先存的[父]，因为他们对他而言是陌生 |136| 的。他们认为，是这一位给了他们能量，于是他们赞美他、侍奉他。

但是那位高傲自大者由于众能量的赞美而变得骄傲起来。他是妒忌的，他想造出一个[形象]以取代那个形象，造出一个形体以取代那个形体。他委派在他的权限之内的能量去铸造会死的躯体。于是他们只按照那个外在的形象以赝品的形式产生出来了。

基督的第二个开示

关于那个圆满，它就是我。我是为了那些失落了的种子的缘故被派到身体中来的。我按照他们的会死的模样降临到了他们的中间。他们没有认出我，以为我只是一个会死的人。我跟那个属于我的人说话，他听我说话，就如同今天你们听我说话一样。然后我赐给他权力进入到父的传承之中。我带着他［…］他们通过他的救恩被充满了［…］。他从前是缺陷，现在成了圆满。

137

基督的第三个开示

谈到你们被羁留在这里的这件事，那是因为你们是属于我的。当你们剥去你们的那些腐败的性情时，你们就会在凡人中间发光。

基督的第四个开示

谈到你们将跟众能量战斗的事，那是因为他们没有像你们那样的安息，他们也不想让你们得救。

使徒与基督的对话

使徒们再次敬拜，说：主啊，请告诉我们，我们该怎样跟那些阿其翁作战呢？他们可是高于我们的统治者啊？

有一个声音从那个景象那里出来向他们呼喊：你们要这样跟他们作战，因为那些阿其翁攻击的是内在的人（inner man）。你们要这样跟他们作战：聚在一起，带着应许到世界上去传授救恩。你们要用父的能量把自己武装起来，向他祈祷，父一定会帮助你们的，正如他派我来帮助你们那样。不要害怕。[我

138

永远跟你们在一起]正如我还在肉身之中的时候就已经告诉你们的那样。

然后从天上传来闪电和雷鸣，那个向他们显现的景象被收回到天上去了。

使徒们一路上的谈话

使徒们对主千恩万谢，回到耶路撒冷去。

一路上走的时候，他们彼此谈论向他们显现的光。讲着讲着就谈到了他们的主，有人这样说：如果说我们的主尚且要受苦，那么我们岂不是更要受苦？

彼得回答说：他是为［我们］受苦的，而我们也必须为我们的渺小①而受苦。

有一个声音向他们呼喊：我常常告诉你们，你们必定受苦。他们必定将被交给会堂和官府，在他们手里受苦。但是那个不会受苦的将不会［…］［…我的]父。

使徒们［大大地］欢喜，然后他们来到了耶路撒冷。他们进入圣殿，奉受膏抹的主耶稣的名传授救恩。他们治好了一大群人。

彼 得 布 道

彼得开口对他的门徒说：当我们的主耶稣还在肉身中的时候，他就已经把所有事都启示给我们了。因为那是他的亲自降临。我的兄弟们啊，你们要倾听我的声音！

然后他被圣灵充满，这样说道：

> 我们的光明，耶稣，他降临到世上，
> 被钉上了十字架。
> 他戴了荆棘的冠冕，
> 穿上了紫袍。

---

① 这里渺小可以是缺陷的意思，来源于母亲的僭越。

> 他被[挂]在木头上，
>
> 又被埋葬在坟墓里。
>
> 然后他又从死里复活了。

> 我的兄弟们啊！耶稣本是苦难的局外人！
>
> 我们才是由于母亲的罪业而受苦的人。
>
> 因为这个缘故，他跟我们一样做一切的事。
>
> 主耶稣，父的不可测度的荣耀之子，
>
> 他是我们生命的创造者。

> 我的兄弟们啊！
>
> 愿我们不要再听从这些不法者，愿我们行走在[…]

140

使 徒 行 医

彼得[聚集了其他人]说：我们的受膏抹的主耶稣，[我们的]安息缔造者啊！请你赐予我们悟性的灵，让我们也能行奇迹。

彼得和其他使徒们就看见，并且被圣灵充满。他们每一个人都能治病。然后他们就出去传扬主耶稣。他们聚集在一起，彼此问安说：阿门。

基 督 显 现

然后耶稣向他们显现，对他们说：愿你们[所有人]以及信奉我的名的人都平安。你们出去的时候，你们将会有喜乐、恩典与能力。不要害怕！看吧，我永远跟你们在一起。

结　语

使徒们分成四道出去传道。他们行走在耶稣的能量和平安之中。

第六部分
注释与论文

赫拉克利昂:《约翰福音》注释残篇

赫拉克利昂的《约翰福音》注释残篇(*Heracleon:Fragments from his Commentary on the Gospel of John*)是已知最早的福音注释本,写于公元 170 年左右。赫拉克利昂是杰出的诺斯替派基督教徒,瓦仑廷的门徒,他是当时最重要的圣经注释家之一。正统派神学家奥利金和亚历山大利亚的克来门细心地阅读过他的作品。如果说《约翰启示录》(*Secret Revelation of John*)和赞美诗《约翰行传》(*Acts of John*)反映的是约翰传统密传的、不可捉摸的一面的话,那么赫拉克利昂的注释则阐明了诺斯替派对约翰的公开诠释。赫拉克利昂的完整的注释文本已经失传了,但其中有相当大的篇幅被引用和保存在奥利金(Origen)大约写于公元 230 年的约翰注释之中。

残篇 1—48 是奥利金的约翰注释中赫拉克利昂的引文,最后两个残篇保存在亚历山大利亚的克来门对《马太福音》和《路加福音》的注释中。为了阅读的方便,我们在残篇每一条的开头提供了残篇中省略了的被注释的《约翰福音》经书原文。

对赫拉克利昂注释的深度分析,见 Elaine H.Pagels, *The Johannine Gospel in Gnostic Exegesis:Heracleon's Commentary on John* (Nashville and New York: Abingdon Press,1973)。这是潘格尔的第一部著作,也是她的博士论文的修订版。

正　文

残　篇　一：

约翰福音一章 3 节：万物都是通过他造就的。"万物都是通过他造就的"这句话指的是这个世界和世界中的事物。它不包括比这个世界更好的事物。移涌(也就是圆满)以及其中的事物不是通过道造就的：他们是在道之前进入存在的。……"若没有他，任何事物都无法造就。"这是说在这个世界和创造之中的事物。……"若没有他，任何事物都无法造就"的意思是，道促使德穆革(工匠)去创造这个世界的，不是"被道""由道"造就的，而是"通过他"万物被造就。……不是道造就了万物，就好像他的能量是从另一位那里来的，"通过他"意味着是另外一位造就了他们，而道为他提供了能量。

残　篇　二：

约翰福音一章 4 节：在他里面造就的是生命。"在他里面造就的是生命"这句话里面，"在他里面"指的是那些"属灵的人"。因为他(道)在他们出生时提供给他们最初的形式，在其中，他使另一位播种在里面的种子成形、显现、形成它自己的轮廓，并且推动它的行动。

残　篇　三：

约翰福音一章 18 节：没有人曾经见到过神：独生子，就是在父怀里的那一位，是他使神为人所知。"没有人曾经见到过神：独生子，就是在父怀里的那一位，是他使神为人所知。"这句话不是施洗约翰说的，而是门徒说的。

残　篇　四：

约翰福音一章 21 节：他们问他，"什么，你是以利亚吗(Elijah)？"他说："我不是。""你是先知吗？"他说："不是。"约翰承认他不是基督，不是先知，也不是以利亚。

残 篇 五:

约翰福音一章 23 节:他说:"我就是在旷野里呼喊者的声音:修直主的道路。如先知以赛亚所说的。"道就是救主,旷野中的声音就是约翰所象征的,回声就是整个先知的序列。……与道很好地相适应的声音转变成为道,正如一个女人变成为一个男人。……回声也能以相似的方式转变成为声音,把一个门徒的位置给予变成了道的声音,而把一个奴隶的位置给予已经变成了声音的回声。……当救主讲到先知和以利亚的时候,①他说的不是约翰自己,而是说他的品质。但是当他说他比先知和一切妇人所生者都要伟大时,②他是在描写约翰自己的性格。当约翰被问及他自己时,他的回答涉及的是他自己,而不是他的品质。如果问的是他的衣服,"你是他的衣服吗?"他就不会回答"是"。犹太人派祭司和利未人去询问约翰,这些人关心、调查这些事是适合的,因为他们是坚定地献身于神的,也因为他(约翰)是利未族的。他们问他,他是否是一位先知,想要知道这个更为一般的事实③……先知在预言中说过,以赛亚会称他(约翰)"更伟大",因为没有别的哪一位被预言者被神视为配享这项荣誉。

残 篇 六:

约翰福音一章 25 节:他们问他:"那你为什么施洗呢,如果你既不是基督,也不是以利亚,也不是先知?"法利赛人的问话暗示着洗礼的职责是属于基督、以利亚和每一位先知的。只有在他们身上才负有施洗的职责。……法利赛人的问话是出于恶意,不是出于了解真相的欲望。

---

① 参:《马太福音》11,9;11。
② 参:《马太福音》11,9-11。
③ 参:《约翰福音》1,21。

残 篇 七:

约翰福音一章26节:约翰回答他们说,我是用水施洗,但有一位站在你们中间,是你们不认识的。约翰对那些法利赛人派来的人的回答不是指向他们所问的问题,而是指向他的愿望。

残 篇 八:

约翰福音一章26节:约翰回答他们说:"我是用水施洗,但有一位站在你们中间,是你们不认识的。他是在我之后来的,我给他解鞋带,也不配。""站在你们中间"这几个字等于是说"他已经在这儿了,他在这个世界中,在人们中间,已经向你们所有人显现了。"……"他是在我之后来的"这句话指出约翰是基督的先驱,他事实上是奔走在主人前面的仆人。在"我给他解鞋带,也不配"这句话中,施洗者承认他连为基督做最低级的服侍都不配。……(他的意思是)"我不配为了我的缘故让他从伟大降临,采用肉身为他的鞋带,对此我没有能力解释也没有能力描述,也没有能力解开它的安排。"……鞋带意指这个世界……每一样事物都必须跟那个人联系起来理解,就是那个通过约翰显示出来的人,也就是这个世界的工匠,他通过这些话语承认他在基督之下。

残 篇 九:

约翰福音一章28节:这是在约旦河外,伯大尼,约翰施洗的地方作的见证。赫拉克利昂的经文中是"伯大尼"(Bethany)这个地方[不同于奥利金所熟悉的经书中"伯大巴喇"(Bethabara)]。

残 篇 十:

约翰福音一章29节:第二天他看到耶稣向他走来,他就说:"看,神的羔羊,取走世上的罪恶的那一位!"约翰说的"神的羔羊"是指一位先知,而"取走世上的罪恶的那一位"指的不只是先知。第一句话指的是他的身体,而第二句话指的是在那个身体里面的那一位。羔羊是羊群中的不完美者,身体与住在身体里面的那一位相比也是如此。要是他认为身体是完美的,他就会说一头就要用于献祭的公羊。

残 篇 十 一:

约翰福音二章 12 节:在此之后他与他的母亲、兄弟和门徒下到迦百农(Capernaum),他们在那里待了几天。"在此之后他下到迦百农"这句话暗示一个新的天意的开始,"下到"这个词不是没有用的。迦百农指的是这个世界也就是这个物质王国的最遥远的角落,他下到了其中。由于这个地方对他来说是陌生的,他没有被记载在里面做过什么事,说过什么话。

残 篇 十 二:

约翰福音二章 13 节:犹太人的逾越节近了,耶稣上到耶路撒冷。这是一个大的节日。这是救主受难的类型,因为羔羊不仅被杀,而且在被享用时也被提供了安息。当被祭献的时候,它标志着救主在这个世界的受难;当被享用之时,它标志着在婚姻之中的安息。

残 篇 十 三:

上到耶路撒冷指的是主从物质世界上升到属魂的世界,那个世界的形象就是耶路撒冷。

约翰福音二章 13—16 节:他看见殿里卖牛羊鸽子和兑换银钱的人正在做生意。说"他在殿里看见"而不是说"在庙里"看见,以为只是召唤(魂),而不是灵,不是从主那里求得帮助的灵。殿是神圣中的神圣,只有高级祭司,只有属灵的人才可以进入的。庙的院子是利未人也可以进去的,它是属魂者的象征,那些属魂者是在普累罗麻之处获得拯救的。他看见的那些卖牛羊鸽子的人,坐在那里兑换银钱的人,代表的是那些绝不出于仁慈之心行施舍的人,他们把进入庙里来的陌生人看成是贸易和营利的机会,他们为敬拜神所做的献祭乃是出于他们自己的利益和对金钱的爱。

约翰福音二章 15—16 节:他用绳子做成一条鞭子,把他们全都从庙里赶出去,连同那些羊和牛,他倒掉了兑换银钱之人的金币,推翻了他们的桌子。他告诉那些卖鸽子的人,"把这些东西拿走,你们不要把我父的屋子变成一个买卖的地方。"

耶稣用小绳子做成的鞭子,不是从别人那里拿来的,它是打击邪恶的圣灵的能量和力量的形象。鞭子、亚麻布、餐巾以及所有这一类事物形成了圣灵之能量和能力的形象。……鞭子是跟一根木头连在一起的,而这根木头是十字架的模型。在这根木头上,那些旨在营利的商人和一切邪恶的人都被钉、被驱赶。……鞭子是用这两种材料做成的,因为他没有用死的皮革做鞭子,而是为了他可以让教会不再成为一个强盗的窝,而是成为父的屋子。

残 篇 十 四:

约翰福音二章 17 节:对你的屋子的热心会毁了我。这句话是那些被主驱逐、消灭掉的那些能量的人所说的。

残 篇 十 五:

约翰福音二章 19 节:耶稣回答他们说:"毁掉这座庙,在三天里面我将把它建立起来。""在三天里面"而不是"在第三天"。第三天是属灵的日子,在那一天教会的复活得到了彰显。

残 篇 十 六:

约翰福音二章 20 节:犹太人就说:"建这座庙用了四十六年,你能在三天内把它建起来?"所罗门用四十六年时间完成了这座庙,这个事实是救主的意象。六这个数字指的是物质,也就是他的身体的构造,四十这个数字,就是没有结合的四(Tetrad,四个一组),指的是吸气以及在吸气之中的种子。

残 篇 十 七:

约翰福音四章 12—15 节:耶稣回答她说:"凡喝这水的还要再渴,但是喝我所赐的水的将永远不渴。"那生命和荣耀是无味的、暂时的、不让人满足的,因为它是世间的。它是世间的,证据就在于雅各的牛也从它(即那口井)饮水这个事实。……但是救主赐予的水来自于他的灵和他的能量。……"将永远不渴"的意思是他的生命是永恒的,永远不会像那口井提供的第一种(生命)那样枯竭,而是永远延续的。因为我们的救主的恩典和礼物是无法从拥有者那里夺走、消灭或者摧毁的。第一种生命是会腐朽的。……

约翰福音四章 14 节:我所赐的水将成为内在的源泉,涌动到永远的生命。"涌动"指的是那些人,他们从上界获得了充沛的生命,又为了别人的永生让自己获得的生命流淌。……

约翰福音四章 15 节:那妇人对他说:"先生,你就赐给我这水吧,叫我不渴,也不用到这儿来汲水。"这位撒玛利亚的妇人显示了那一种信仰,与她的本性不可分,也与她的本性相应,在这种信仰中,她对他告诉她的毫不迟疑。……一旦受到话语的触动,她就从此以后甚至憎恨那个所谓的活水的地方。……通过她的话语,这个妇人揭示了那水是辛苦的、难以取得的、并且是不健康的。

残 篇 十 八:

约翰福音四章 16—18 节:他对她说:"去,把你的丈夫叫到这里来。"显然他好像是在说:"如果你想获得这种水,就去把你的丈夫叫到这里来。"耶稣提到的撒玛利亚妇人的丈夫就是她的圆满,因此如果她与他一起来到救主这里,她就会从他这里获得能量,与她的圆满合一、冥合起来。因为他讲的不是她的地上的丈夫,叫她把他叫来,因为他其实相当清楚,这个妇人没有合法丈夫。……救主对她说:"叫你的丈夫到这儿来"指的是她的来自于圆满的配偶……在灵性的意义上,她不认识她的丈夫,而在简单的含义上,她耻于说出她有一个奸夫,而没有丈夫。"你说你没有丈夫,你说得对"①,这句话的意思是这个撒玛利亚的妇人没有丈夫,因为她的丈夫在移涌(圆满)里面。

约翰福音四章18节:你曾经有五个丈夫,你现在的这个丈夫不是你的丈夫。这六个男人指的是,当她不理智地生活在放荡之中,被他们(男人)侮辱、拒绝和抛弃的时候,她卷入其中、与之相伴的全部的物质的罪恶。

残 篇 十 九:

约翰福音四章19节:那妇人对他说:"先生,我看出你是一位先知。"这位撒玛利亚的妇人承认了他对她说的话。因为先知的特点就是无所不知。……她的举止是与她的本性相符的,因为她既不否认,也没有明白地承认她的耻辱。她相信他是一位先知,而且通过她的问题,她同时也显明了她行不道德之事的原因。由于不认识神,也由于不认识蒙神悦纳的崇拜,她已经忽略了对她的生命至关重要的一切事,否则的话,生命所必需的东西她都是可以获得的。因为否则的话,她就不会到城外的这口井这里来……她想要知道怎样敬拜神,蒙神悦纳,以便让自己从必死中解脱出来,于是她说:"我们的父辈是在这座山上敬拜,而你却说耶路撒冷才是人们应当到那里去敬拜的地方。"②

残 篇 二 十:

约翰福音四章21节:耶稣对她说:"妇人,相信我,时候就要到来,那时你既不在这座山上,也不在耶路撒冷敬拜父。"这座山代表魔鬼或者他的世界,因为魔鬼是整个物质的一个部分,但是这个世界是罪恶的整座山,一个荒凉的野兽的居所,是一切生在律法之前的人和一切非犹太人做敬拜的地方。但是耶路撒冷代表的是犹太人所敬拜的受造物和创造主……这座山是非犹太人敬拜的受造物,而耶路撒冷是犹太人所服侍的创造主。因此,你们这些属灵的人既不敬拜创造物,也不敬拜造物主,而要敬拜真理之父。他(耶稣)接受她(这

---

① 参:《约翰福音》4,17。
② 参:《约翰福音》4,20。

个撒玛利亚的妇人)为已经信了的人之一,把她列入了那些敬拜真理的人的行列之中。

残篇二十一:

约翰福音四章 22 节:你们敬拜的你们不认识,我们敬拜的我们认识,因为拯救是犹太人的。"你们"代表的是犹太人和非犹太人……我们不能像希腊人那样敬拜,他们信仰的是物质的事物,所服侍的是木头和石块,我们也不能像犹太人那样敬拜神,他们以为只有他们认识神,他们其实是不认识他的,他们敬拜的是天使、月份和月亮。

残篇二十二:

约翰福音四章 22—23 节:"我们敬拜"中的我们是指那些在移涌(即耶稣)里面的人,以及那些跟他一起来的人。因为他们认识他们所敬拜的那一位,因为他们是在真理中敬拜。"拯救是犹太人的",这样说是因为他出生于 Judea,但是在他们中间,也因为拯救和道是从那个族类进入到了这个世界的。在灵性的意义上,拯救来自于犹太人,因为犹太人是那些在圆满之中的人的形象。……

约翰福音四章 23 节:但是时候就要来到,如今就是时候了,真正的敬拜者在灵和真理里面敬拜父,因为父要求用灵和真理敬拜他。

从前的敬拜者在肉体和谬误中敬拜的不是父……他们敬拜的是受造物,不是真正的创造者,[①]也就是基督,因为"万物都是通过他进入存在的,离开了他没有事物能够进入存在。"[②]

残篇二十三:

约翰福音四章 23 节(续):迷失在谬误的物质之深处的是类似于父的一

① 参:《罗马书》1,25。
② 参:《约翰福音》1,3。

位,他之所以被追求,为的是父可以受到那些与他类似的人的敬拜。

残篇二十四:

约翰福音四章 24 节 a:"神是灵。"他的神性是无污染的、纯洁的、不可见的。约翰福音四章 24 节 b:"那些敬拜他的人必须在灵和真理里面敬拜他。"那一位应当在灵性的方式中,而不是在肉体的方式中被敬拜。因为那些与父具有相同本性的人,他们自己就是灵,他们是在真理中,而不是在谬误中敬拜神,正如使徒所教导的,他称这种类型的虔敬为"理性的侍奉。"①

残篇二十五:

约翰福音四章 25 节:那妇人对他说:"我知道弥赛亚就要到来,就是被叫作基督的那一位:在他到来之时,他将把一切事都指示给我们。"教会领受了基督,深信唯有他知道一切事。

残篇二十六:

约翰福音四章 26—27 节:耶稣对她说:"正在跟你说话的我就是他(基督)。"由于这位撒玛利亚的妇人深信,当基督到来之时,会向她宣告一切事,因此他说:"正在跟你说话的我就是你所期待的那一位。"而当他承认期待中的那一位,也就是他,已经到来时,"他的门徒们来了。"②

残篇二十七:

约翰福音四章 28—30 节:于是妇人就留下了她的水罐,回到城里去,她对众人说:"来吧,去看一个人,他把我曾经做过的一切事都告诉我了。这个人莫非就是基督吧?"那个能够装入生命的水罐是来自于救主的能量的性情和意念。她把它留给他,也就是说,她把用来取生命之水的器皿留给了救主。她

---

① 参:《罗马书》12,2。
② 参:《约翰福音》4,27。

回到世界中去,向那些"召唤"(属魂的人)宣告基督到来的好消息。因为通过灵、凭借灵,灵魂已经被引向救主。

约翰福音四章 30 节:他们走出城来,到他那里去。"他们走出城来"的意思是他们走出了他们以前的生活道路,就是世俗的生活道路。他们通过信仰到救主那里去。

残 篇 二 十 八：

约翰福音四章 31 节:这期间,门徒们恳求他说:"拉比,请吧。"他们想跟他分享一些他们在撒玛利亚买来的食物。

残 篇 二 十 九：

约翰福音四章 32 节:他对他们说:"我有食物,是你们所不认识的。"赫拉克利昂对这句话没有任何解释。

残 篇 三 十：

约翰福音四章 33 节:于是门徒们就彼此说:"有人拿食物给他了吗?"他们的理解相当低级,有点类似于那个撒玛利亚的妇人的疑问:"你没有打水的器具,这井很深。"

残 篇 三 十 一：

约翰福音四章 34 节:耶稣对他们说:"我的食物就是实行派我来的那一位的意志,完成他的工作。""我的食物就是实行派我来的那一位的意志",救主用这句话向门徒解释,这就是他已经跟那个妇人谈论过的事,他把父的意志称为他的"食物"。因为这就是他的食物、休息和能量。父的意志就是人类应当认识父并且得救。这就是救主的工作,为了这项工作,他被派到撒玛利亚来,也就是这个世界中来。

残篇三十二:

约翰福音四章 35 节:你们不是说,"还要四个月才到收割的季节"吗? 我告诉你们,你们举目观望,看看田野是否已经发白可以收割了。他说,庄稼的收割还要四个月的定期,而他所说的事情的收割已经准备好了。他所说的事情就是收割信仰者的灵魂。他们已经成熟了,已经可以收割了,已经适宜于收集到粮仓中去了,也就是说,凡是已经准备好的人,都可以通过信仰进入到安息之中。因为他们并没有全部准备好。有些人已经准备好了,有些人正在准备之中,有些人已经接近于准备好,有些人正在被播种。

残篇三十三:

约翰福音四章 35 节(续):"收成是大的,而工人是少的。"①这句话所暗示的意思与其他话语中所说的意思相同。它指的是已经准备好收割,适于收集到谷仓之中,通过信仰进入到安息之中,适于被拯救和接受话语(道)。

残篇三十四:

约翰福音四章 36 节 a:收割的人获得工钱,为永生积聚果实。说"收割的人获得工钱"是因为救主称他自己为"那个收割的人。"我们的主的工钱就是拯救和恢复那些被收割的人,这是通过他安息在他们身上实现的。说"为永生积聚果实",这或者是因为被聚集的是永生的生命的果实,或者是因为它本身就是永恒的生命。

残篇三十五:

约翰福音四章 36—37 节:为的是播种者和收割者可以一同高兴。播种者高兴是因为他播种,也因为他的一些种子已经收集起来了,他对其他的种子有

① 参:《马太福音》9,37。

盼望。收割者也高兴,因为他收割了。但是前者以播种开始,后者以收割开始。他们不能在同一时间开始,因为播种必须在先,收割必须在后。当播种者停止播种时,收割者还在收割。而现在,两者都完成了他们各自的任务,两者都高兴,因为他们视种子的完善为共同的快乐。

约翰福音四章 37 节:在这里,这句俗话是对的,"一个人播种,另一个人收割。"高于那(中间的)地方的人子播种:救主,他自己也是人子,收割,并且派出作为收割者的天使,也就是他的门徒;每一位都是为了他自己的灵魂。

残篇三十六:

约翰福音四章 38 节:我派你们去收割你们不曾劳动的庄稼,其他人已经劳动过了,你们已经进入了他们的劳动。这些种子既不是通过他们,也不是被他们播种的,这里说的是那些使徒。那些劳动的是主管分配的天使,通过他们的中介,种子被播种和培养。"你们已经进入了他们的劳动"指的是那些播种的人和那些收割的人的工作是不同的。前者冒着寒冷和风雨,付出许多辛劳,挖开泥土播种。历经整个冬天,他们松土除草照料它。但是后者是在夏天快乐地收割那已经准备好的果实。

残篇三十七:

约翰福音四章 39 节:很多来自那个城市的撒玛利亚人由于那妇人的见证信了他,她说:"那个人把我曾经做过的事都告诉我了。""来自那个城市"这几个字的意思是"来自这个世界。""由于那个妇人的见证"的意思是"由于属灵的教会。"这里用"很多"这个词是指许多属魂的人,而"那个人"则是不朽的,是蒙拣选的、始终如一的、独一无二的。

残篇三十八:

约翰福音四章 40 节:当撒玛利亚人来到他这里的时候,他们请求他留下来跟他们在一起,他就留在他们那里两天。"他留在他们那里",不是"在他们中间"，"两天"这句话或者意味着当前的时代和即将到来的时代之间的联姻，或者意味着受难前的时间以及此后他跟他们待在一起，用他自己的话语让更多的人皈依信仰，然后离开他们。

残篇三十九：

约翰福音四章 42 节：现在我们信，不再是因为你的话。一开始，人们相信救主是因为他们被别人领到了那里，但是当他们与他的话语相遇时，他们就不再是单单由于人的见证才相信了，而是因为真理本身而相信。

残篇四十：

约翰福音四章 46—53 节：于是他又去了加利利的迦拿，就是他以前变水为酒的地方。在迦百农，有一个官员的孩子病了。官员是一个工匠，因为他自己就像一个王那样统治着他手下的人。因为他所主宰的领域是小而且短暂的，因此他被称为一位"官员"，如同大君主封的一个小国的小君主。"迦百农"的"小孩"是在中间的较低部分的（即属魂的质料的），在临海的地方，也就是与物质连在一起的。小孩自己的人格病了，也就是说，他处在一种与小孩自己的本性不相符的状态，处在无知和罪里面。

约翰福音四章 47 节：他听说耶稣从犹太到了加利利，就来求他下去医治他的孩子，因为他已经临近死亡了。"从犹太到加利利"的意思是"从在上面的犹太"……"他已经临近死亡了"这句话驳斥了那些声称灵魂不死的人的学说。与这句话的意思一致的经文是"身体和灵魂在地狱里被毁灭。"①灵魂是冻不死的，它只是拥有一种走向拯救的倾向，当"它的死亡被淹没在胜利之中的时候"，死弃腐朽的穿上了不朽，会死的也穿上了不朽。②

约翰福音四章 48 节：除非你们看见神迹和奇事，否则你们不会相信。这句话很适用于那一类人，他们的本性是通过他们的工作决定的，他们相信感官

---

① 参：《马太福音》10,28。
② 参：《哥林多前书》15,54。

知觉,不相信话语。说"在我孩子没有死之前来吧"①这句话是因为,死亡是律法的目标和终点,那律法是通过罪杀人的。在孩子最终在罪里面被处死之前,他的父亲请求唯一的救主去帮助他的孩子,恢复他的本性。

约翰福音四章 50 节:耶稣对他说:"去吧,你的儿子会活的。"这个人相信了耶稣对他说的话,走了。"你的儿子会活的"这句话是救主谦逊地说的,因为他没有说"让他活",也没有明说是他亲自给予了他生命。他下到病人那里去,医治了疾病,通过宽恕让那个人复活了,他说:"你的孩子会活的。""那个人相信了"这句话的意思是说,即便那位工匠也已经很愿意相信,救主哪怕不在场也能够施行医治。

约翰福音四章 51 节:当他正下去的时候,他的仆人遇见他,告诉他,"你的孩子活了!""他的仆人"这几个字指的是那个工匠的天使,他们在"你的孩子活了"这句话中带来了这个消息,即:他的孩子现在行事合适而且正确,不再做那些不堪入目的事了。仆人们带消息给那位官员,说他的孩子得救了,这是因为天使最先看到人类在这个世界上的行为,在救主逗留世间时,他们的行为是否适当而且真诚。

约翰福音四章 52 节:他问他们什么时刻他开始好转的,他们告诉他说,"昨天七点钟的时候,热离开了他。"那个人的本性(作为魂)被治愈是用时刻来界定的。

约翰福音四章 53 节:这位父亲知道,那个时刻就是耶稣对他说:"你的孩子会活的"那个时刻,于是他自己信了,他的全家人都信了。"他自己信了"之外,"他的全家人都信了",指的是与他(工匠)同族的天使和人。有一个问题是,有些天使会不会得救,就是那些下到人的女儿那里去的天使。② 属于工匠的人类的毁灭在这句话里面很清楚:"这个王国的孩子们将会被扔入到外面的黑暗之中。"③关于他们,以赛亚预言说:"那些孩子确实是我栽培和养育的,

---

① 参:《约翰福音》4,49。

② 参:《创世记》6,2。

③ 参:《马太福音》8,12。

但是他们已经弃绝了我。"①他称他们为异己的孩子,是邪恶的、不遵守律法的种子,是生长荆棘的葡萄园。②

残篇四十一:

约翰福音八章21节:他又对他们说:"我要离开了,你们会找我,并且死在罪里面。我去的地方,你们来不了。"当他们还在无知、不信和罪里面的时候,他们如何能够进入到不朽的状态之中呢?

残篇四十二:

约翰福音八章22节:然后犹太人说:"他说:'我去的地方,你们来不了',难道他要自杀吗?"犹太人这样说是因为他们怀着邪恶的意念,并且认为他们自己比救主还要伟大。他们以为他们自己会走向神,达到永恒的安息,而救主走自己的路,将会走向腐败和死亡,不是他们认为他们自己不会去的那地方。犹太人相信,救主其实是说:"我就要自尽并且走向腐败了,那地方你们不会来。"

残篇四十三:

约翰福音八章37节:我知道你是亚伯拉罕的后裔,但是你们想要杀我,因为我的话语在你们里面找不到位置。"因为我的话语在你们里面找不到位置"的意思是,之所以找不到位置,是因为他们的本质或者性情与主的话语不相配。

残篇四十四:

约翰福音八章43—44节a:为什么你们不理解我说的话呢? 这是因为你

---

① 参:《以赛亚书》1,2。
② 参:《以赛亚书》5,6。

们不能够听我的话。你们是属于你们的父魔鬼的,你们想要按照你们的父的欲望行事。

他们为何不能够听耶稣的话,理解他所说的话,其中的原因在这句话里面:"你们是属于你们的父魔鬼的"。他说:"为什么你们不理解我说的话呢?因为你们是属于你们的父魔鬼的。"这句话的意思是,你们具有魔鬼的本性。他预先让他们相信,他们既不是亚伯拉罕的子孙——不然的话他们不会恨他——,也不是神的孩子——因为他们不爱他——,然后清楚地说出了他们的本性。

残篇四十五:

约翰福音八章 44 节 a:这些话语所针对的是那些具有魔鬼之本质的人。

残篇四十六:

约翰福音八章 44 节 a:"你们是属于你们的父魔鬼的"意思可以理解为"你们是与魔鬼的本性相同的。""你们想按照你们的父的欲望行事"这句话的解释:魔鬼是没有意志的,只有欲望……这些话不是对那些本性上就是魔鬼的孩子的人说的,而是对那些属魂的人说的,他们认为是有意地成为魔鬼的孩子的。有一些具有这种性质的人也可以有意地被称为神的孩子。由于他们爱上了魔鬼的欲望,按照这些欲望行事,他们就成为魔鬼的孩子了,尽管在本性上他们并非如此。"孩子"这个词可以有三种理解方式:第一是本性,第二是性情,第三是事迹。从本性上理解的孩子是某人生出来的,那人自己也是被生出来,这是真正意义上的"孩子"。性情上的孩子指的是,当一个人以自己的性情按照另一个人的意志行事时,他就是那个他按照其意志行事的那个人的孩子。事迹上的孩子的意思是一个人被看作是地狱之子、黑暗之子、违法之子时,或者是毒蛇之子。这些人不是出于他们的本性做事,他们是破坏性的,毁灭那些扔到他们里面的人;但是,由于他们做了他们的事,他们就被称为他们的孩子。……他现在称他们为魔鬼的孩子,不是因为魔鬼生出了他们,而是由于他们做了魔鬼的事才变得与魔鬼相像的。

残篇四十七：

约翰福音八章 44 节 b：他一开始就是一个谋杀者，与真理毫无干系，因为在他里面没有真理。当他说谎的时候，他是按照他自己的本性说话的，因为他是一个说谎者，是谎言之父。他的本性不是真理，而是与真理相反的谬误和无知。因此他既不在真理里面，真理也不在他里面。出于这种本性，他本身就是谎言，从本性上他永远不会说真理。他不仅本身是一个说谎者，而且他还是谎言之父。这个"父"指的就是他的本性，因为它是由谬误和谎言组成的。

残篇四十八：

约翰福音八章 50 节：我不追求我自己的荣耀，有一位会追求它，而且他将是审判者。

"有一位会追求它，而且他将是审判者"这句话所指的那一位不是父。追求和审判的那一位就是为我复仇的那一位，是为了这个目的被委派的仆人，他佩戴着剑不是徒然无益的，他是王的复仇者。这就是摩西，如他以前在话语中对他们说过的那样，"你们的盼望所依赖的那一位。"①那一位进行审判和惩罚的是摩西，也就是律法的给予者自己。他不是说一切审判的事都已经交给他了吗？② 他巧妙地确认了这一点：因为审判者在审判的时候是作为仆人执行这个意志的，正如人间清楚地发生着的那样。

保存在亚历山大利亚的克来门的著作中的残篇

残篇四十九：

马太福音三章 11 节：我用水给你们施洗，但是在我之后有一位要用灵和

---

① 参：《约翰福音》5，45。
② 参：《约翰福音》5，22。

火洗礼。他没有用火为哪一个人施洗。但是有些人已经用火标志出那些被印之人的耳朵,并且因此理解了使徒的话语［赫拉克利昂在这里指的是玛卡林(Marcellina)①领导的诺斯替群体］。

残 篇 五 十:

路加福音十二章 8 节:我明确地向你们说,凡是公开地在我里面承认的人,人子也将在神的天使在他里面做同样的事。承认一方面是在信仰和行为中表达的,另一方面是用口表达的。用口承认也发生在当权者面前,有许多人错误地认为这是表达承认的唯一方式,其实哪怕是伪善的人也会表达这样的承认。可以发现,这句话并不是针对所有人说的。因为并不是所有被救的人都用口承认的,其中有马太、腓力、多马、利未,还有许多其他人。用口承认并不是普遍的,只是适用于一部分人。普遍的承认是工作和行动中的承认,是与对他的信仰相应的。如果有必要的话,或者形势要求的话,当权者前面的部分人也是遵循这种承认的。那个用口承认的人以前是恰当地在性情中承认的。对于那些承认的人,他恰当地加了"在我里面",但是那些否认他的人,他只加了"我",尽管他们用口承认他,他们也是否认了他,因为他们不是在行动中承认他。只有那些生活在与他相符的承认和行动之中的人才是"在他里面"承认。在这些人那里,他是承认他自己的,因为他已经把握了他们,他也被他们把握住了,以至于他们永远也不能否认他。那些没有在他里面的人否认他。因为他没有说"凡是**在我里面**否认我的人",而只是说否认"我"。因为在他里面的人绝不会否认他。以相似的方式,承认是"公开地"以相信的方式表达在那些被救的人和那些非犹太人面前,在被拯救者面前也用行动承认,而在非犹太人面前是用口承认的。

---

① 玛卡林是卡普克拉底的女弟子,大致于 160 年把卡普克拉底的学说传到了罗马。

西奥多图摘要

瓦仑廷派教师西奥多图的残篇(*Excerpts of Theodotus*, *Excerpta Ex Theodoto*),见亚历山大利亚的克来门的《杂记》(*Stromaties*)。最好的英译和注释见:W.Foerster, *Gnosis*: *A Selection of Gnostic Texts*(Oxford: Clarendon Press, 1972), pp.222-233.

正　文

一、那些围观在火炉之中的沙得拉(Sedrach)、米沙克(Misak)和亚伯尼歌(Abednago)的人赞美神:"赞美诸天、赞美主,永远地赞颂和崇拜他";"赞美众天使,赞美主";"赞美主,赞美高天之上的一切水"。这样看来,经书把天和水都归结为纯粹的能量了,正如《创世记》所表明的那样。鉴于能量这个词的多种含义,但以理恰当地接着说道:"让每一个能量都赞美主";"赞美主、太阳和月亮";"赞美主,天上的星辰。赞美主,一切敬拜他的人;赞美和认信诸神之神,因为他的仁慈是永远的。"《但以理书》上是这样记着的,就是那三个孩子在火炉中赞美的那个场景。

二、"你是蒙福的,你坐在基路伯(cherubim)看守着深渊",但以理这样说,这跟以诺(Enoch)说的是同一个意思,以诺说:"我注视着一切物质。"因为深渊在其本质上是无边的,它是被神的能量包围着的。物质的本质被称为深渊,不同的种和类都从中造出来的;因为你不能只是把水称为深渊,物质也可以隐喻地被称为水,也就是深渊。

三、"起初神造了天和地",一切地上的和天上的事物。这是真的,主对何西阿(Osee)说:"去吧,去娶一个淫妇为妻,生下淫乱的子女:因为大地正在行淫乱,将要犯淫乱之事,离弃耶和华。"①他讲的不是大地的元素,而是那些居住在这些元素之中的人,就是那些具有尘世之性情的人。

四、子是开始或者头,何西阿清楚地教导说:"从前在那个地方对他们说,你们不是我的子民,将来也在那个地方,他们将被称为永生神的孩子。犹大的子孙和以色列的子孙将会聚集在同一个地方,他们将为自己树立一个头,他们将会从那个土地上来,因为耶斯列(Jezreel)的日子是伟大的。"②人们信谁,神就选他。但是人们信子,就是那个头;在那个地方,他补充说:"我要怜悯犹大的子孙,让他们的神的主拯救他们。"③因此,那位施行拯救的救主就是神子。他就是那个头。

五、何西阿的灵说:"我是你们的教导者"④;"在主的山上吹响号角,在高处回响。"⑤作为重生之象征的洗礼就是救主的教导,它就像那伟大的奔腾的流水,永远地冲刷着、挟裹着我们向前,这洗礼本身不就是从物质逃离吗?主就这样领着我们走出了混乱,把我们带到了光明之中把我们照亮,那光明是没有阴影的,不再是物质。

六、物质的河与海,两位先知把它切开了,并且被主的能量划分开来。通过水的这两种划分,物质被限制住了。两位有名的领袖,他们都相信征兆,他们遵照神的旨意,以便义人可以在物质之中游历之后又从物质中出来。这些指挥者之中有一位被冠上了我们的救主之名。

七、重生是通过水和灵的,一切创造物都是如此:"神的灵行在深渊上。"⑥

---

① 参:《何西阿书》1,1-2。
② 参:《何西阿书》1,10-11。
③ 参:《何西阿书》1,7。
④ 参:《何西阿书》5,2。在和合本中不见。
⑤ 参:《何西阿书》5,8。
⑥ 参:《创世记》1,2。

由于这个原因,救主受洗了,不是他自己需要受洗,而是为了他可以把整个的水奉献给那些被重生的人。因此我们洁净的不只是身体,而且还有灵魂。因此,洗礼是一个标志,标志着我们的不可见部分圣洁化了,标志着我们已经洗去了那些混入到了我们灵魂之中的不洁的灵所施行的新的和灵性的创造。

八、"天之上的水"。洗礼用的是水和灵,是用于抵抗两重火的,——一重火控制着可见事物,一重火控制着不可见事物——,水有物质的因素和非物质的因素,是用于抵抗两重火的。地上的水洁净了身体,天上的水由于是非物质的和不可见的,因此是圣灵的一个象征,是不见事物的清洗者,是灵之水,是身体的对立面(the other)。

九、神,出于仁慈,在仁慈之中融入了敬畏。对每一个人有益的事物,他都提供,就像医生对待病人,就像父亲对待不听话的孩子:"不用鞭子打儿子的人,乃是憎恶他的儿子。"①主和他的使徒行走在敬畏和劳作之中。磨难临到义人身上,这或者是由于主指责他以前所犯的罪,或者是保护他的将来不受磨难,或者是由于没有用他的能量防止来自于外界的攻击——这是为了他好,也是为了他身边的人好,让他们做榜样。

十、那些寓居在腐败的身体之中的人,就如同航行在破船之中,他们不能依靠自己,而要永远地祈祷,向着神展开双臂。

十一、古人是极度忧虑的,除非他们总是在身体里面有一些痛楚。因为他们害怕,他们要是不在此世为罪受罚——这些罪通过无知陪伴着那些肉体之中的人——他们就会在另一个世界受永罚。因此他们宁愿在此世接受治疗。可怕的不是外在的疾病,可怕的是罪,是灵魂的病,身体的病是从灵魂的病那里来的。"一切肉体尽都如草。"②身体的和外在的美好是短暂的,"但是不可见的事物是永恒的。"③

十二、至于知识,其中有些因素我们已经拥有了,凭借这些已经有的知识

---

① 参:《箴言》13,24。
② 参:《以赛亚书》40,6。
③ 参:《哥林多后书》4,18。

因素,我们迫切地盼望获得另外的那些因素。我们没有获得一切,也不是一无所有。但是我们已经获得了对于永恒福祉的热心,对于祖先财富的热心。主的道提供的乃是主的福祉,他说"寻求",热切地寻求"神的国,所有这些事物都将加给你:因为父知道你需要什么事物"。因此他不仅限制我们的占有,也限制我们的忧虑。他说:"你们不能运用思虑提供你们的地位。"因为神很清楚我们拥有什么、想要什么才是对我们好的。因此他希望我们清空我们的世俗的忧虑,装满对神的向往。"我们呻吟,想要在脱离腐败之前穿上不朽的衣袍。"因为,当信仰广传的时候,不信就不会增加。知识与义也是如此。因此我们不仅要清空我们的灵魂,还要在里面装满神。里面已经不再有罪,因为罪已经被终止了,里面也没有善,因为它还没有获得善。但是既不善也不恶的东西乃是空。"在清扫过的空屋子里,如果还没有装进拯救的祝福,那些从前居住在里面的那个不洁的灵就会回到里面去,还带进去七个另外的不洁的灵。"①因此,在清空了灵魂中的邪恶之后,我们必须注满善神,灵魂是善神所选的居所。当空屋被装满之后,就要加上封印,以便守护好神的这个圣殿。

十三、"每一句话语都要用二个和三个见证来确立。"②通过父、子、圣灵,凭借它们的见证和帮助,那些既定的诫命应当得到遵守。

十四、禁食(Fasting),根据字面意思,就是节制饮食。食物不会让我们更正义,也不会让我们更不正义。但是在神秘的意义上,由于个体的人的生命是依靠食物来维持的,缺乏食物意味着死亡,因此禁食象征着我们应当节制这个世界的事物,以便我们可以向这个世界而死,然后享用神圣的食物,向神而生。禁食尤其清空了灵魂中的物质,为了神圣的话语,使灵魂与身体都纯洁而光明。世界的食物就是以前的生命和罪,但是神圣的食物是信仰、盼望、爱心、忍耐、知识、和平、禁欲。因为,"那些饥渴地追求神义的人有福了,因为他们将

---

① 参:《马太福音》12,44。
② 参:《申命记》17,16。

会得到满足。"①容纳这种渴望的是灵魂,而不是身体。

十五、救主告诉相信他的使徒,在面对他们无法洁净的鬼时,祷告的力量比信仰要强大,他说,这些事是通过祷告实现的。凡是已经信了的人,已经从主那里获得了罪的宽恕;但是已经获得了知识的人,由于他不再有罪,就可以从自己获得其余的宽恕。

十六、治疗、预言和神迹是通过人实现的,神在人里面起作用,诺斯替学说也是这样。因为神是通过人显示他的能量的。先知说:"我要派一个人到他们那里去,他将拯救他们。"②他有时候派来先知,有时候派来使徒,作为人类的拯救者。就这样,神是通过人行善的。神不是能做一些事,不能做另一些事:任何事他都有能量去做成。也不是有些事是按照他的意愿做成的,另一些事不是违背他的意愿的,有些事是他做的,有些事是别人做的。但是他甚至是通过人把我们带入存在的,也是通过人来训练我们的。

十七、神创造我们,在此之前我们是不存在的。因为,如果我们有先前的存在,那我们必定知道我们以前在哪里,如何、为何来到这里。如果我们没有先前的存在,那么神就是创造我们的唯一的作者。他创造了我们这些没有存在的人,既然我们是被造的,如果我们自己配得并接受,那他就会用他的恩典拯救我们,如果我们不配得并且不接受,那他就会让我们通向合适的终点。因为他是生者的主也是死者的主。

十八、神的能量不仅在于把人从不存在带入到存在,在把他们带入存在之后,让他们按照生命的时间成长,神的能量还在于适合于各个人的方式拯救那些相信的人。他改变了时间、时节、果实和元素。因为这是那位唯一的神,是他度量了与每一个人相应的事件的开端和终结。

十九、从信仰和敬畏上升到知识之后,人懂得了如何称呼主为主,不是作为主的仆人,他学会了说,我的父。在摆脱了那造成畏惧的灵的束缚之后,在

---

① 参:《马太福音》5,6。
② 参:《以赛亚书》19,20。

通过爱上升到收养之后，他出于对他从前所畏惧的哪一位的爱而敬仰他。因为他不再是出于畏惧而弃绝那些他应当弃绝的东西，而是出于爱而坚守诫命。"当我们喊，阿爸，父的时候，灵本身作了见证。"

二十、主用他的珍贵的宝血拯救了我们，让我们解脱了我们从前的残酷的主人，也就是我们的罪，由于罪的缘故，恶灵的能量统治着我们。他引我们进入到父子的自由之中——父子是共同的继承者和朋友。主说，"那些按照父的旨意行事的人是我的兄弟和共同继承人。"①"因此不要称呼地上的什么人为你的父。"②因为他是地上的主人。父在天上，他是整个家庭的父，是天上的和地上的家庭的父。③ 统治着温顺的心灵的是爱，统治者不温顺的心灵的是畏惧。有一种畏惧是低贱的，另一种畏惧就像一位教师，引导我们向善，把我们带到基督那里去，是拯救人的。

二十一、如果一个人拥有一个神的观念，那么这个观念绝不可能与真正的神相配。有什么观念能与真正的神相配呢？他还不如尽可能地想象一道伟大的、不可思议的、至为美丽的光，它不可接近、包含一切善的能量和令人喜悦的德行，它关怀一切，富于同情，超然，善，它证明了一切事物，预先知道一切事物，纯洁、甜美、灿烂、无瑕。

二十二、由于灵魂的运动是自发的，神的恩典向它要求灵魂所拥有的，就是它的为拯救做奉献的意愿。因为灵魂想要成就它自己的善，而主把这些善给予它。灵魂不缺乏感觉，它带着感觉，就如同带着一个身体。拥有是获取的结果，是获取意愿和渴望的结果，是持守已经获得的事物的结果，是照料的结果，是能力的结果。神赋予灵魂自由的选择，这样他就可以指出它的职责，这样它就会选择，会接受并且保持。

二十三、正如主通过身体讲话和医治那样，主以前是通过先知、现在是通过使徒和教师讲话和医治的。教会是主的能量的服侍者。从此，他就接纳人

---

① 参:《马太福音》12,50。

② 参:《马太福音》23,9。

③ 参:《以弗所书》3,15。

类,以此服侍于神的意志。在一切时候,热爱着人类的神为了众人的拯救让他自己附体于一个人——以前的时代是附体于先知,现在是附体于教会。因为,为了同类的拯救,让同类服侍于同类乃是合适的。

二十四、我们是属于地上的。……恺撒是君王,这是暂时的,他的地上的形象是一个老人,他已经回到了这个形象。我们在地上的形象中所携带的那些地上的事物要给予他,我们要把神的事物给予神。因为每一种情感在我们身上如同一个字母、一个印、一个标记。现在主已经用不同的印、不同的名和字母标记我们,用信仰代替了不信,如此等等。这样,我们就从物质的事物转变成了灵性的事物,"带着天上的形象。"①

二十五、约翰说:"我实在是用水洗你们,但是在我之后来到的他是用灵和火给你们施洗。"②他没有用火洗任何人。但是有些人,如赫拉克利流斯(Heraclius)③所说,用火标记那些被加印之人的耳朵,理解一下使徒说的话吧:"他的扇子在他的手上,他要洁净他的场地:他要把麦子聚集在仓库里,但是他也要用不灭的火把那些壳焚尽。"④"用火"和"用灵"是联系在一起的,因为他是用灵把麦粒从壳里面,也就是从物质的外壳中,分出来,那些被分出来的壳是被风吹走的:这样看来灵拥有分离物质力量的能量。由于有些事物是从非受造的和不可毁灭的事物中造出来的——那就是生命的萌芽——麦子被收藏起来,物质的部分只要与高级的部分连在一起,就能存留,当它从中分开的时候,它就被摧毁了,因为它的存在曾经是在另一个事物之中。这个区分的因素就是灵,那个毁灭的因素就是火:物质的火就是这样理解的。由于那被拯救的就像麦子,那生长在灵魂中的就像壳,前者是非躯体的,那被分出来的是物质的,对于非躯体的,他让灵与之相对——灵是纯净的、纯粹的,甚至比心灵还要纯净和纯粹——,对于物质的,他让火与之相对,火不是恶的或者坏的,而

———————

① 参:《哥林多前书》15,49。
② 参:《马太福音》3,11。
③ 无法确定是否赫拉克利特(Heraclitus)之误写。
④ 参:《马太福音》3,12。

是强大的、能够清除邪恶。因为火被设想为一种善的力量，是强有力的，可以毁灭劣等事物，保留高级事物。先知们称这样的火为智慧。

二十六、因此，当神被称为"吞噬之火"时，选用这个称谓不是邪恶的名字和象征，而是能量的名字和称谓。正如火是诸元素之中最强有力的，是万物的主宰那样，神也是全能的，无所不能的，他能够维持、创造、制造、滋养、培育、拯救，具有身体的和灵魂的能量。正如火高于诸元素那样，这位全能的统治者也高于诸神、诸神量和君王。火有双重能量：一重能量导致果实和动物的生长和成熟，太阳是它的形象；另一重能量导致消化和毁灭，如同地上的火。当神被称为吞噬之火时，他是被称为强大的、无法抵抗的能量，对于他来说，没有什么事是不可能的，他是一种能够毁灭一切的能量。对于这样一种能量，救主说："我来是要把火带到地上来。"①暗示这是一种净化神圣事物的能量，也是摧毁属物质之事物的能量，而且也是一种惩戒性的能量。畏惧从属于火，传播从属于光明。

二十七、更古的人们不著述，他们专注于讲授他们要传授的东西，不想分心在写作上面，也不想花时间思考在书里面要说什么。也许写作活动与讲授适应于不同的心灵类型，是为特定的天赋的人准备的道路。在讲授者那里，语言之流畅通无阻地奔涌，你可以快速地把握住它。但是读者一再阅读的书籍则会遇到最为严格的检验，应当付出极度的劳苦，它是口头教诲的书面印证，是通过写作一直飘送到子孙后代的声音。在那些记载长辈言行的书籍中，长辈是在书中说话，在写作者的帮助下，传授那些读书的人。磁铁不接受别的事物，只吸引性质相同的铁，书籍也是如此，尽管许多人阅读它，但它只吸引那些能够理解它的人。真理的话语对于有些人来说"愚昧"，对于有些人来说是"绊脚石"，只有对于少数人来说是"智慧"。② 神的能量也是如此。诺斯替主义者并不嫉妒。因为正是出于这个原因，他们会问，把真理传授给不配得的人是否比不把真理传授给配得的人更不好，出于对传播真理的热爱不仅把真理

---

① 参:《路加福音》12,49。
② 参:《哥林多前书》1,18。

传授给有资格的每一个人,也传授给不配得的人是否冒险。那些不配得的人喋喋不休地询问,不是出于他的诚恳,因为他不爱荣耀,而是出于祈求者的固执,他以无限的诚恳让自己的心灵屈从于信仰。

二十八、有一些人称自己为诺斯替主义者,他们嫉妒他们自己屋里的人甚于嫉妒陌生人。大海是向所有人开放的,但是有人游泳,有人航行,有人捕鱼;大地是共有的,但是有人行走,有人耕耘,有人捕猎——有人寻找矿藏,有人建造房屋;同样,在读《圣经》的时候,有人进入信仰,有人进入道德,有人依靠事物的知识摆脱了迷信。懂得奥林匹克运动的运动员为了训练的缘故推掉了竞赛,成为了胜利者,他绊倒了那些与他的科学方法作对的对手,赢得了竞赛。因为科学的知识对于灵魂的训练和行为的庄重都是必要的,它可以让信仰者成为事物的更积极、更敏锐的观察者。任何信仰都包含了基本的教训,任何理解也都包含了科学。

二十九、有益于拯救的事物,比如关于父、子、圣灵的知识,以及关于我们自己的灵魂的知识,是完全必要的,获得关于它们的科学描述既是有益的,也是必要的。对于那些行善的领路人而言,丰富的经验是有益的,凡是别人一定知道的、有很广博的研究的事物,都不会脱离他们的眼睛。对异端学说的解释也给探索的灵魂提供了另一种实践,使门徒不至于被引诱而离开真理,因为他已经事先到处探测过好战的乐器。

三十、诺斯替主义者统治的生活——如他们所说的克利特没有致命的野兽那样——没有任何邪恶的行为、意念和话语,不仅没有对别人的恨,也超越了嫉妒和被恨,以及一切的恶言和诽谤。

三十一、在有生之日,一个人不是由于长寿才被认为是幸福的,他的运气是偶然的,(人的幸福在于)通过已经活过的日子而配得永活。除了用话语教导那些心灵受伤的人之外,他未曾让任何人痛苦,如同用于医治的蜂蜜,是甜的,同时也是辣的。因此诺斯替主义者同时维持着礼貌与理性,情感已经从整个灵魂切除和剥离了,他陪伴着那些最高贵的人,与那些已经变得纯洁、解放、得到神的收养的人生活在一起。

三十二、毕达哥拉斯(Pythagoras)认为那些给事物起名的人不仅应当被认为是最智慧的人,而且还应当被看作是最古老的智者。因此我们必须精确地搜索经文,因为他们被认为是表达在寓言之中的,我们也要从名字中捕捉圣灵关于不同事物的意念,他是通过印在他的心灵之中,也就是印在表达之中,来传授这些意念的,这样我们就能够使那些有着不同含义的名字成为精确研究的对象,使它们得到解释,使那些隐藏在重重覆盖之下的东西得到处理、学习,使它们重见天日,发出光彩。当你摩擦黑铅时,它会变白,白铅是从黑铅造出来的。科学的知识(诺斯)也是如此,它的光明照耀在事物上,显明自己确乎是神圣的智慧,是纯洁的光明,让那些明眼人看到真正的异象,使他们领悟真理。

三十三、因此,让我们就着那一道光明之源点燃我们的火炬,怀着对光明之源的热切的渴望,竭尽所能地融入到光明之中去,使我们自己成为充满光明的人。凡是以神为渴望和追求目标的人,他都称他们为朋友和兄弟。

三十四、纯净的地方和牧场会获得神圣幻影的声音和异象。每一个已经完全净化的人也会被认为配得神圣的教训和能量。

三十五、我知道,科学的奥秘(诺斯)对于许多人来说是笑料,当它没有得到雄辩言辞的修饰的时候尤其如此。当光明突然照耀黑暗之中的欢宴时,少数人会在一开始对它们感到震惊。在慢慢地习惯和适应之后,在理性上得到训练之后,他们欢欣鼓舞,赞美神。……正如快乐的本质是从痛苦中解脱出来那样,知识的本质是无知的消除。那些处于极度深沉的睡眠之中的人认为他们是极度清醒的,这是由于他们受到生动、顽固的梦境力量的主宰;同样,那些最无知的人认为他们是最知道。那些把自己从这样的睡眠和扰乱之中唤醒,举目瞭望光明和真理的人有福了。

三十六、如果一个人想要有一个既有信仰又有抱负的听话的学生,那么他自己也必须实践,不断地亲自研究,探索他的思辨之中的真理;当他认为自己正确的时候,就要转而质询相近事物的问题。因为幼鸟在巢中试飞,锻炼它们的翅膀。

三十七、诺斯替主义者的美德到处使人良善、温顺、无恶、无苦,随时准备着以最好状态融入到神圣的事物中去,随时准备着以最好的状态与人相处,使人同时在冥想和行动中成为神的形象,使人凭借着爱心成为美好事物的情人。凭借智慧冥想和领悟到的善是通过信仰在自制和正义中付诸实践的:在肉体中履行天使的职务,在身体中让灵魂成为神圣,使之如同置身于一个干净清爽的地方。

三十八、我们不同意泰逊(Tatian)的说法,他说:"要有光"①是一句祈祷的话。如果他是在祈祷至高神,那么他怎么还会说:"我是神,在我之外没有别的神"呢?② 我们已经说过,亵渎、胡说、无耻的话语都是要受到惩罚的,是要受到理性的惩罚和批评的。

三十九、他说,由于她们的头发和打扮的缘故,女人们受到了主宰这些事物的那个能量的惩罚;那个能量也在头发里面赋予了参孙(Samson)③以力量;那个能量也惩罚了那些装饰头发引诱人通奸的女人。

四十、由于良善的影响,人们才变得良善,同样,他们也是由于坏的影响才变坏的。善是神的判断,是把信的人与不信的人区分开来,是预先的判断,是一种纠正,为的是避免更大的审判。

四十一、经上说,暴露在风雨之中的婴儿被交付给护卫天使,得到他的训练和抚育。"他们作为有信仰的人将在这个世界上活一百多岁。"对此彼得也在《启示灵》中说,"一个火光,从那些婴儿身上跃起,点燃了女人们的眼睛。"正义的人就像芦苇中的火星闪耀,他将审判各个民族。

四十二、"跟神圣者在一起,你将变得神圣。""由于你的赞美,你的名字得到了赞美。"神是通过我们的知识,通过遗传,得到赞美的。因此经上说,"主活着","主已经复活了。"④

---

① 参:《创世记》1,3。
② 参:《以赛亚书》44,6。
③ 参:《士师记》16,1–22。
④ 参:《路加福音》24,34。

四十三、"一个我不认识的民族服侍了我。"——凭借圣约,我不认识他们,那些陌生的子孙,他们想要属于别的民族的东西。

四十四、"弘扬他的王的拯救。"一切信仰的人都被称为王,通过继承走上了王位。

四十五、长期的受苦比蜜还要甜,这不是因为受苦本身,而是因为长期受苦结出的果实。一个自我控制的人没有情感,是因为他抑制了情感,是费了不少力气的;但是一旦习惯养成,他就不是一个自我控制的人了,这个人已经处在习惯和圣灵的影响之中。

四十六、在灵魂之中的那些情感被称为灵——不是能量的灵,因为在那种情况下,处在情感影响之中的人会成为魔鬼的军团——,它们被这样称呼是由于他们所感应到的冲动的缘故。灵魂本身通过修改(modification)呈现出这种或者那种邪恶的品质,被称为是接受了灵。

四十七、道没有吩咐我们弃绝财产,只是要我们管理财产,不要对财产怀着过分的爱。在任何事情发生的时候,也不要焦急和悲伤,不要渴望占有。神圣的天意吩咐我们要避免怀着情感的拥有,避免一切过分的爱,避免回到还留在肉身之中的那些人那里去。

四十八、彼得在启示录中说,夭折的婴儿将会享有更好的命运,这些婴儿被交付给了护卫天使,在获得知识之后,他们会获得更好的居所,会拥有他们在肉身中本来会经历到的那些体验。另外的婴儿将只是获得拯救,由于被伤害并得到怜悯,不受惩罚地存留在那里,得到这样的回报。

四十九、彼得说,妇人的浓厚的奶从乳房里流出来,将会生出捕食肉体的微小的野兽,跑回到它们里面将会消灭它们。他教导我们,惩罚是从罪里面产生出来的。他说,它们是从罪里面造出来的,人们是由于他们的罪被出卖的。使徒说,由于他们缺乏对基督的信仰,他们被蛇咬伤。

五十、古人说,胚胎是有生命的,因为在子宫洁净可以怀孕之时,在主宰生殖的天使的引导下,灵魂进入了子宫,那个天使知道怀孕的时间,感动妇人去性交,种子在里面安顿下来之后,种子里面的灵就被吸收,融入到了成形的过程之中。他引用了一个证据，当天使们给予不孕者以快感的时候，他们是在怀孕之前引进了灵魂。在福音书中，"胎儿跳动"①如同一个有生命的事物。不孕者之所以不孕是这样的原因，与种子结合的那个灵魂没有被引入子宫以确保怀孕和生殖。

五十一、"诸天宣扬神的荣耀。"诸天有不同的含义，既可以指那些在空间中旋转的天体，也指最初被创造出来的那些天使，凭借圣约直接活动。圣约促成了天使的更为特殊的显现，——如亚当、诺亚、亚伯拉罕、摩西等人的情形。最初被创造出来的天使对依附在先知身上的天使施加影响，把圣约视为神的荣耀。而且，天使们在地上所做的事是最初创造的天使为了神的荣耀而施行的。

五十二、诸天首先指的是主，然后是最早创造的那些天使，然后是那些律法之前的圣人，如先祖、摩西、先知还有使徒。"苍穹传扬他的手段。"他用"苍穹"这个词语指没有情感的、不动的神，大卫在另一个地方也说："我要爱你，啊，主，我的力量和我的避难所。"据此，苍穹本身显示了他的手段——也就是彰显了他的天使的工作。他彰显了他已经造就的那些事物。

五十三、"从这日到那日发出言语。"正如诸天有各种含义那样，日子也是如此。这里，言语指的是主，他也常被称为日子。"从这夜到那夜传出知识。"魔鬼知道主要到来，但是他不相信他就是神，为此他引诱他，为的是知道他是否有能量。经上说，"他离开了他，有一个季节。"这是他延迟了他的发现，直到主的复活。因为他知道，那一位复活的就是主。魔鬼们也是如此，他们也怀疑所罗门是主，他们知道他不是，因为他犯罪。"从这夜到那夜。"所有的魔鬼都知道，在受难之后复活的那一位是主。以诺（Enoch）就已经说过，是那些犯罪的天使教给人们占星术、预言术和基督教的技艺。

五十四、无论白天还是黑夜，"没有言辞和话语的声音是听不到的。""它们的声音传到了地极。"他把话语唯独传给了圣人，他称呼他们为诸天和日子。

---

① 参:《路加福音》1,43。

五十五、星宿，这些灵性的天体，已经与置于它们之上的天使交流，并受他们统治，它们不是事物产生的原因，而是自然正在发生之事、将要发生之事和已经发生之事的征兆，是人间丰收和饥荒的征兆，是瘟疫和热病的征兆。星宿在最微少的程度上也不起作用，它们只是暗示存在的、将要存在的以及已经存在的现象。

五十六、"他在太阳里面设置了帐篷。"这里有一个句序的变换。因为这句话讲的是第二次来临。因此我们必须把被变换的句子放在它本来的位置来读："他就像一个新郎从洞房中出发，他像一个巨人欢快地奔跑在他的道路上。他走到了天的尽头，没有人会隐藏自己不接受他的热，"接下来的句子就是，"他在太阳里面设置了帐篷。"

有些人说，他把主的身体安置在太阳里，如赫墨吉尼（Hermogenes）那样。有人说，"他的帐篷"就是他的身体，另外的人说，是有信仰的人的教会。

我们的庞德诺（Pantænus）①常常说，预言大部分是表述不清晰的，用现在时表示将来时，又用现在时表示过去时。在这个句子中也可见到这种情形。"他设置"说的既是过去也是未来。它说的是未来，那是因为在这个时期完成的时候，——按照现在的情况那个时候将会到来——，主将会把他所依赖的那些义人、有信仰的人，如同置于同一个帐篷中，恢复成一个联合体，因为他们全都是同一个身体，同一个族类，都已经选择了同一种信仰和正义。但是有些人作为头，有些人作为眼，有些人作为耳，有些人作为手，有些人作为胸，有些人作为足，将会安置在太阳里面，在太阳里面发光。"像太阳一样发出光来，"②或者在太阳里面；因为一个有很高权力的天使在太阳里。他被委派掌管白天，月亮掌管夜晚。③ 这里，诸天使被称为白天。经上说，连同那些在太阳里面的天使，他们将会分配给他们一个住所，在一段时间里以及在某些方面就是太阳，正如身体的头是一个那样。此外，他们也是白天的统治者，如同太阳中的

---

① 庞德诺（Pantænus），公元180年任亚历山大利亚学派领袖。
② 参:《马太福音》13,43。
③ 参:《创世记》1,18。

那个天使,为的是他先于他们移居到那个地方的那个更大的目的。按照过去时的"他已经设置",他们注定是日益上升的,他们抵达了第一个居所:最初被创造的天使们按照神意将不再履行明确的职责,而是处在宁静之中,唯独致力于对神的冥想;而那些接近在他们之后的天使,将被提升到他们刚刚离开的那个位置,在他们下面的那些天使也类似地上升。

五十七、按照使徒的说法,有一些天使是在最高处的,就是那些最初被创造者。他们是君王,是能量,是最初被创造的,因为神安息在他们里面,如同安息在那些信人的里面。每一个人,根据他自己的进步程度拥有他自己特定的对神的知识,而神就安息在这种知识之中,那些拥有知识的人凭借知识成为不朽。"他在太阳里面设置了帐篷"不是应当这样来理解吗?神"安置在太阳里面",也就是安置在他旁边的神里面,如在福音中,Eli,Eli 代替了我的神,我的神。那"高于一切统治、权威、能量以及被命名的名字的"是那些被变得像天使和天使长那样完美的人里面来的,他们上升到了最初被创造的天使的本质。那些从人变为天使的人在成为完美之后得到了天使们上千年的教导。然后那些已经受到教导的人就转变成了天使长的权威,然后那些已经学会的人教导那些从人变成天使的人。后来,在规定的时期,他们就被带入到了真正的天使的身体状态。

五十八、"神的律法是完美的,转化灵魂的。"救主自己被称为律法和道,如彼得在布道中所说,以及先知所说的:"律法将从锡安(Zion)到来,主的道将从耶路撒冷到来。"①

五十九、"主的见证是可靠的,它使孩子们变得智慧。"主的圣约是可靠的,它使智慧者变成孩子,就是那些脱离了罪的人,包括使徒,也包括我们。另外,主的见证,也就是他在受难后复活,已经得到了事实的检验,引导教会坚定信仰。

六十、"对主的敬畏是纯洁的,持续到永远。"他说,那些已经从敬畏转变

---

① 参:《以赛亚书》2,3。

成信仰和正义的人永远长存。

"主的审判是可靠的，"——是可靠的，无法被推翻的，给予正义的人报答，把义人带到信仰的联合体。这是彰显在话语中的，"为了这一切而称义。""这样的愿望高于金子和宝石。"

六十一、"你的仆人维持着它们。"不只是只有大卫才被称为仆人，凡是得救的人全都被称为神的仆人，这是由于服从诫命。

六十二、"洗净我的隐藏的过失，"——就是那些与正确的理性相反的意念——因为他称这些意念是与义人不相符的。

六十三、"如果它们没有主宰我，那么我就是清白的。"如果那些像迫害主那样迫害我的人没有主宰我，那么我就是清白的。如果不受迫害，没有人会成为殉道者；若不是在面对不公正的对待时并不报复，没有人能显出自己的正义，也不能显示出忍耐……

知识的解释

《知识的解释》(*The Interpretation of Knowledge*, NHC XI.1) 是瓦仑廷教派在崇拜时所用的讲章。该文本使用了我们所熟悉的早期基督教正统信仰的经文及词汇，但以瓦仑廷派的神学向听众做了解释。文本作者认为他所面对的这个教会包括了属灵和属魂两种基督徒，这篇布道文可能是同时面向这两种基督徒的。该文本有助于我们了解瓦仑廷派基督徒是如何按照耶稣的教训和保罗的书信来理解教会的。

属灵恩赐问题上引起的嫉妒和憎恨困扰著作者所关注这个群体。这个群体中有些人拒绝与他人分享他们的属灵恩赐；有些人则妒忌那些领受了诸如说预言、讲道等属灵恩赐，并在群众中地位显要的人；有些人轻视那些他们认为是无知的人（也就是那些没有诺斯的人）；而其余的人则自觉卑微和充满怨恨。该文本关注的正是这个分裂的状况。

在《那戈·玛第文集》发现之前，《知识的解释》一直不为人所知。教父文献中从未提及这个标题或者引用过其中的内容。它的原文是希腊文，写作地点大概是小亚细亚，成文于约公元二世纪中叶。该文保存状态极差，缺损严重，估计有一半的页数遗失了。中译文以最新的希恩克的德译为基础，对照罗宾逊的英译和 Lüdemann 的德译做了互校。

正　文

关 于 信 仰

　　[…1—12 行遗失…]他不是基于过去发生的[任何印记]、臆想出来的奇事[或者做事的大能力]而相信的。他[不是]基于那些东西才[跟随]他的，而是基于嘲笑和轻视才跟随他的。在[他们得到异象的领悟]之前，在他们听说[基督]之前，[…]他就已经为了这个族类的缘故被钉了十字架。在他们[…]他之前，他就已经上路了。因为基督的到来是为了使我们的信仰[能够]变得神圣和纯正。[不要][…]他，让他发挥作用，而是要[…]他，让他被种植在我们里面。[不要]说："衡量信仰的耐心从何而来呢？"①因为每一个人都把他的信赖寄托在他所信仰的[东西]上面的。当一个人不信仰任何东西的时候，他也就不能够拥有信赖。对于一个人来说，拥有信仰是一件大事。他不在不信之中，也就是不在这个世界之中。这个世界[是]不信者[的地方]，是[死人的地方]。死亡就是[…]。

　　[…1—14 行遗失…]形象，而且他们[不会相信]。[…对那个形象的]信仰乃是件神圣的事。对那个形象的不信仰则与此相反。那些他赐予了信仰的人，他也会支持他们。否则的话，[他们]是不可能[获得]不朽的。[…]会[变得……]松散[……他将会]启示[…]。[…]那些人，他们在[…]里面被播种了[…]。　　②

　　因为[人们会重新信仰]那位被压迫者。他有能力创建一个[大的]教会，那是从微小聚集而成的。他成了先[驱…]。因为有人还说："人们[是通过他的痕迹]领悟他的。"这个存在[不能够认识]他的形象，但是神始终认识他的肢体。他在他们出生以前[就已经认识他们]，而他们也会认识他。那从一开始就认识每一位的那一位，将会留在他们里面。他会[…直到永远]。[每一

---

　　①　这句话采用 Lüdemann 的德译。希恩克版译为：由于亵渎，耐心被挂在十字架上。

个人…]乃是必要的。

救主和他的配偶

3　　[…1—25 行遗失…]救主离开了那个地方。在那里,他们变得明亮起来,而他也认识他们,只不过[不是]以肉体的[方式]。[他们接纳]为丈夫的那一位,就是道。他就是[如此]存在的那一位,[他]还[…]。那(阳性)的一位,以及那(阴性)一位都存在,是他们把我们产生出来的。[…她]让他知道:她[就是]子宫。这是她的神奇之处之一:[她]能够让我们超越忍耐。但是更为神奇的是:[…]。他爱她。他允许之前[爱一位]童贞女。在此之前领悟她的美是必要的。他[弃绝自己]直到死,[是的,直到在十字架上受死。这样努力]是必要的。

4　　[…1—25 行遗失…]他已经在此之前蒙上了我们的童真的眼睛,[就如同在这里的那些不信的人那样。不过现在]我们认出来了。[当]她死的时候,[她缺少]一个[体验…]。[那正是她的水],是拥有记号的人的。那个死者[…]这位伟大的[能量]会给予的[…]在[…]下面。为了他的缘故,这个小孩[…]。她拥有[…]他成了[…]在[…]道里面,把[移涌]显示出来…]。他不让[…失足…]。

5　　[…1—15 行遗失…]产生出来。[有些人]在路上倒下了。还有些人[在石头上绊倒了]。不过还有一些人是被他播种在[荆棘中]的。还有一些人[结出了谷子…缺 1 行…]以及那个影子。看吧[…缺 3 行…]这个[…这个][永恒的实在]。这些灵魂来自于那些被杀死者。但是就在他在那个地方受迫害期间,他留在了那个遗迹之中,那遗迹是通过救主留下的。他被钉在十字架上,死了——这不是他自己的死,[因为]他不该死——[为的是]那个会死的教会。[他被钉十字架]——是为了把握住他教导过的教会——,他受人嘲笑,为的是以这样的方式来承受他所受的苦难。因为他,耶稣,对我们而言是一个榜样,因为[…]。

仁慈的撒玛利亚人喻言的含义①

[…1—15 行遗失…那]整个[构造]和[…那个]世界的[极大的]痛苦 6
[…跟]我们相称[…]通过强盗。[当他从耶路撒冷出来][…前往]耶利哥
(Jericho)[…他们[领受了…]。因为在其中他们[…]下降到[躯体里面]。
正如整个缺陷抓住他,作为不可夺取的最后的赌注那样,(他们)守候着他。
此后,他把我们带到下界,把我们束缚在肉体的捆绑之中。[…]躯体是一个
旅舍,是统治者和有权力者拥有的居所。当内在的[人]被囚禁在这个构造之
中的时候,他就陷在每一种[苦难]之中了,因为[他][被迫]去侍奉[他们],
受暴力压迫去服务于那些能量。他们分裂了教会,一部分一部分地去占有
[…]7、8 页毁损状况严重,略去

* * *

不朽的老师及其学说

[…1—9 行遗失…]进入[…他]拥有他们。[…]他[…每一个人都会]配 9
得[…]领受他并且[…被强迫…]孩子们[…一个]老师。当他隐藏起来的时
候——因为他是一个神——他会把[他的]创造物包裹起来销毁。因为[他]
在其中与教会交谈,因此他[成为了]她的不朽的老师。[他消灭了]那个[傲
慢自大的]老师,就是教她去死的那一位。[然后这位老师创立了一套]生命
的学说,不同于那位老师拥有的学说。[他]一方面传授给我们[诸天的]字
母,另一方面又促使我们远离这个世界的字母,借此教导有关我们死亡的事。
他的学说是这样的:"不要认地上的任何人为父亲! 天上的那一位才是你们
的父亲。你们是这个世界的光明。我兄弟和同伴是那些遵行父旨意的人。如
果你赚得全世界,却伤害了你的灵魂,那又有什么益处呢?"我们从前在黑暗
中的时候,我们认了许多"父亲",却不认识那一位真正的父亲。而这正是[一

---

① 《路加福音》10 章 30—36 节。仁慈的撒玛利亚人在这里被诠释为一个负面人物。

切罪]里面最大的罪。

10 […1—8行遗失…]欲望,在其中我们给予[…]灵魂[…]想念[…]你[…]天上的地方。[…但是]什么是永生的老师赐给我们的[信仰呢]?他(把我们)无明的眼睛的无知和黑暗中释放出来。他促使我们回忆起[父]和那个族类的美好。因为他说:"弃绝这个世界!它不是属于你的。[不要视]其中的繁华为真正有益,而要视其为无益和惩罚。"要领受被轻视的那位老师的教训。灵魂啊!这才是有[益]的,有好处的。要领受被轻视的那一位的形象,那就是永生的父的形象!在你误入歧途,作为永灭的肉体存在之前,你是认识逻各斯和至高者的。是这样的:

我变得极其渺小,

为的是通过我的谦卑把你带到至高处,

到那个你所从堕落、坠入到这个陷阱中的地方。

要是你现在信仰我,

我就能通过你见到的这个形象把你带到上界。

我会把你背在肩上,

通过肋骨进到你所从出来的那个地方,

庇护你脱离野兽!

你从前背负的重担现在起不再属于你。

当你走向[…]

妇人和父——父与子①

11 […1—14行毁损…]出自于他的荣耀[…]从开端以来。因为他是[属于]那个妇人的,因此睡眠[带来了工作]和[安息日]——也就是这个世界。

---

① 妇人在这里代表德穆革,父代表至高神,子代表救主。

因为他是属于父的,因此睡眠[带来了…]以及[从这个野兽的世界的]逃脱。从欲望里面出来的东西也就是这个[世界],它们是兽性的事物。因此那一位被引上歧途者[不是]欺骗性的。他从野兽那里出来,被披上了一件灭亡的衣裳。事实上,除了她自己在安息日穿的那件衣袍之外,这个妇人[没有]别的衣袍可以安放她的种子。因为在移涌中没有野兽。因为父实际上不会保持安息日,而是通过子为子做工。除此之外,他把移涌交给了他。父拥有活生生的灵性的元素,他用它们做衣裳披在他的身上。那个人[…]。

救主的拯救行动

[…1—12 行遗失…]就是那个名字[…他]放弃了他[自己,也]放弃了他 |12| 的[名声]——他接受了嘲笑而不是名声。为了我们的缘故,他以这样的方式受到了嘲笑。他[把自己]显现在肉身中,而且[…]他[不]需要那[不属于他的][荣耀]。他拥有他自己的来自于父的荣耀,那就是他的圣子的身份。

> 他到来了,为的是让我们成为[每一种]荣耀的持有者。
> 他在受轻视的地方受到轻视。
> 然而通过接受嘲笑的这一位,我们获得了罪的赦免。
> 通过被嘲笑、被拯救的他,我们领受了恩典。

然而,是哪一位拯救了那位被嘲笑者呢?它是那名字的流溢。因为,正如肉体需要一个名字那样,那位派遣智慧的移涌也需要一个名字。他领受了降临下来的伟大者,为的是那个移涌能够进入到那位受嘲笑者里面,为的是我们能够逃脱尸体的耻辱,并且在肉和血里面重生。

[…1—8 行毁损…]命运。他[…]和那些移涌[…他们]接受了圣子,尽 |13| 管他是一个完全的奥秘。[…]他的每一个[肢体…]恩典。[当他呼喊的时候,那一位]就与教会分开,就如同[起初]黑暗从母亲那里分离出来那样。但是他的双脚为他留下了踪迹,照亮了[那]上升到圣父那里去的道路。这是一

条什么样的道路呢？以这样的方式和方法，她把他们［…］：她使那个［地方…，并为住在］他里面的那些人带来光明，为的是让他们看见教会［是如何］上升的。她把头从洞穴中抬起来，往上靠着十字架。然后它往下凝望冥府，为的是那些在下面的人能够向上望。因为，就好比一个人向一口井里面张望的时候，那个向下张望的脸会向上张望那样，当头从［高处］凝望它的肢体的时候，肢体也会向头所在之处的上面凝望。而从十字架的方面来说，它的功能在于钉住肢体，而且单单为此发生的，为的是我们能够［…］。

14　　［…1—7 行毁损…］有［…］因为他们需要［…］奴仆。圆满［…］被她命名的那一位将会通过给他命名的那一位得到成全。那些［剩下来的］种子［将会忍耐坚守］直到万有被分类并且获得形体为止。就这样，那个宣告将会得到成全。因为正如［…］那妇人，她至死都受尊敬，［拥有］时间之利，［她也将］［自己］分娩。这个后代在领受了为他准备的［形体］之后，［将会变得完美］。他有宽大的［性情，因为］神的儿子住在［他］里面。无论何时他创生出万有，他所拥有的都将在火焰里毁灭，因为这对于父的〈安排〉而言是极度的轻视和自大。当最大的儿子被派到他的小兄弟那里去的时候，他把父的旨意传播开来，到处宣讲，以此抵抗万有。他去掉了给他定罪的旧债的锁链。这就是神已经存在的旨意：那些被买为奴隶的人，那些在亚当那里诅咒的人，他们将被从死亡中引领出来，获得罪的赦免，并且通过［…］得到拯救。

关于对待特殊能力和特殊能力的获得者

15　　［…1—9 行毁损…］在其中我们［是配得的…］而且［…］但是我说［…缺1 行…］和这些［…那一位］与［…］神和父［…］相配的。［…］基督。他让自己离开了这一切，因为他的整个心爱着［他的肢体］。那个［有嫉妒心的人］会使他的肢体［彼此相争。如果］他［没有］嫉妒心的话，［他就不会］离开其他的肢体。我们要接受我们看到的美好的事物。［我们有一个］兄弟，他尊敬我们，就好像他自己就是荣耀我们、［赐给我们］恩典的那一位。这对于我们每一个人来说都是有益的，要让他运用他从神那里获得的恩赐，我们不能嫉妒他人,要知道,嫉妒是放在[自己]的[道路]上的绊脚石,只会毁了自己的天赋,使自己不认识神。我们要欢喜、快乐地分享恩典和天赋。要是有人拥有说预言的恩赐,那么就毫不迟疑地分享吧! 不要出于嫉妒跟你的兄弟过不去,也不要[…]。

[…1—8 行毁损…拣选],在其中他们[…]空虚,因为他们[逃离]了他们的[…]不知道[…]。因此[…]他们在[…里面],为的是他们[…]他们变得渺小。你想要别人在想到你的时候怎样想,你就要那样想别人。你兄弟——[如果]他获得[…]恩赐,你不要贬低,反而要为他获得的灵性恩赐[感到喜悦]。你要为那个人祷告,[为的是]你能够分享在他里面的恩赐。不要把那种恩赐看成是外在于你的,而应把它看成是属于你的。你的每一位同伴都领受的东西,你也将[领受]。因为那个人拥有的源头,你也拥有,流溢到你的兄弟身上的恩赐就是发端于那个源头的。如果有人在讲道上取得了进步,不要对此反感! 不要说:"为什么这个人能讲道,而我却不能?"那个人所讲的正是你所听的。领悟道和讲说道乃是完全相同的一种能力。道[…]。 |16|

[…1—12 行毁损…][因为眼睛]和[手不是单独存在的,而是]作为[同一个]身体整体存在的,它们共同服务于一个头脑。各个肢体只能作为一个肢体,它们不可能全部成为脚,也不可能全部成为眼睛[或者全部成为手]。这些肢体[不能单独生存],如果独立出来就是死的。我们[知道,独立出来就是]自杀。你们为什么爱死的肢体,而不爱活的肢体呢? 你怎么知道呢,也许那个对兄弟无知的人正是你呢? 如果你憎恨他们,如果你嫉妒他们,那么你就是无知的。只要你不愿意把他们看成是与恩赐的源头相一致的,你就不可能从他们那里获得恩赐。对于你来说,你应当感谢那些肢体,并且[祈求]那些赐予给他们的恩典也赐予给你。道是丰富、宽大和仁慈的。他毫无嫉妒地在这里把恩赐分配给属于他的人[…]。 |17|

关 于 教 会

[…1—11 行毁损…]显示[…每一个]肢体[…]他自己[…]绝不会因为 |18|

[他们之间的]不同而彼此争吵,[反而彼此]一起努力,一起做工。[如果]他们中间有一人生病,[他们就会]跟他一起生病。如果[其中有一个]康复,他们就会[一起]康复。[如果说连]不和谐的、不同意见的人都有能力达成一致,那些来源于同一个统一体的人岂不更应当彼此达成一致? 不要因为头没有分配你为眼而分配你为手指而埋怨他! 分配为眼、为手、为足的人不要彼此嫉妒! 你们要为自己没有存在于躯体之外而感恩! 眼、手、足和其他的部分都是为了同一个头而存在的。你为何轻视那被分派为[…]头想要[…]你诽谤[…你]不接受[他…完美]无缺的[身体…]蒙拣选[…7—12 行毁损…]。

[19]

[…]移涌的[…]下降[…]但是把我们从每一个移涌里面移出来,[把我们栽种在]那个地方,[因此有许多植物]在[教会]里面,[在那里生长]。[有些人]存在于[可见的教会里面],也就是那些存在于人的教会中的人们,他们[公开地]彼此宣扬他们的移涌的圆满。还有一些人是[为了头]而在教会中的,因此他们为教会奔走。还有一些人是为了生命而进入教会的,因此他们是旺盛的生命的热爱者。另外的每一个都通过他们自己的根去领受。他结出了跟他一样的果实。由于根是彼此相连的,因此他们的果实也是彼此不可分的,是每一个所结出的最好的果实。他们拥有它们,彼此属于它们。让我们变得跟那些根相像,我们是跟它们一样的。[…]在我们里面作为[…]每一个移涌[…]那些不是属于我们的[…]关于[…]抓住了他[…7—12 行毁损…]。

[20]

因为[…]你的灵魂。他将会[…要是你]把自己交给他[当作…]。如果你洁净[自己],[你的内心就会变得强大]。如果你不这样[做,你就属于]魔鬼。如果你[不杀死]他的力量,也就是[…],那么他就会寄住在你里面。[如果魔鬼的力量依然活跃],那么灵魂还是死的,会继续受到阿其翁和[当权者]的摆布。你现在是怎么想的呢? 他们是作为灵而存在的吗? 不然为什么他们要以这样的方式迫害[这些]人致死呢? 难道他们不满足于跟灵魂在一起吗? 他们寻找灵魂吗? 只要他们还在肉体之内,所有的地方都被[那些]属于神的人封锁了,神人漫步在灵里面,他们没有能力看到他们,因此他们彼此撕扯那些可见的事物,以为可以找到他们。但是这样做又有什么用呢? 他们在无明中疯狂了！他们毁掉了他们周围的一切,他们挖穿了大地[…]。

[…1—17行毁损…]追求神[…]抓住了我们[…]我们漫步在[…]。如 21 果罪[是那么多的话,那么]如今在救主的教会中嫉妒也是如此多? 因为[每 一个人]都可能犯上[两种类型]的罪业,一种是专业人士的罪,一种是未经训 练的人的罪,他们所拥有的[乃是]同一种[能力]。我们是道的专业人士,如 果我们对他犯了罪,那么我们所犯的罪就比外邦人更多。但是如果我们克服 每一种罪,那么我们的头上将戴上胜利的冠冕,得到父的赞扬。

阿其翁的本质

《阿其翁的本质》(*The Hypostasis of the Archons* NHG Ⅱ.4)是无名氏对《创世记》一至六章的解释，以启示问答的形式在一个天使和一个提问者之间展开。虽然这个文本显示出希腊化的混合主义色彩，也有比较明显的基督教的特征，可以视为基督教的作品，但是其最主要的成分是犹太教的。它的神学视野具有强烈的塞特派诺斯替主义的色彩。

《阿其翁的本质》可以确定是一位诺斯替教师对听众的教导，他的写作是站在权威的立场上，听众应当是基督教的诺斯替群体，熟悉新约的材料，并接受保罗的权威。他们也熟悉旧约的文学传统，包括启示论。

《阿其翁的本质》与《论世界的起源》有相似之处，两者似乎有共同的来源。后者提到了爱庇芳纽提到过的《诺利娅书》(*Books of Norea*)，有人认为这本书就是《阿其翁的本质》，但并没有令人信服的证据。

该文本极有可能是从希腊文翻译成科普特文的，有些术语，如"在我之外"、"瞎眼的"等，以及对动物脑袋阿其翁的描写，显示出该文的出处可能在埃及。它的写作时间大约在公元 3 世纪，不会迟于 4 世纪，它对于材料的完美的诺斯替式处理以及对旧约资料的《米德拉西》(*Midrash*)①式处理，都显示了该文本不可能写于更早的年代。而且它的哲学倾向是典型的 3 世纪的新柏拉图主义。但是也有可能，这个文本是一位基督教的编者把对创世记的解释和关于拯救论和末世论的对话一起包含在一个基督教的框架之中，如果是这样

---

① 《米德拉西》:犹太人对希伯来《圣经》的讲解布道书，编纂于公元 400 年到 1200 年之间，根据对《圣经》词句的评注、寓言以及犹太教法典中的传说而写成。

的话,年代和出处就很难确定了。

正　文

引　言

伟大的使徒受到了真理之父的灵的启示,在讲到关于阿其翁的本质,或者 [86] 黑暗的阿其翁时,(这样)说:"我们要与之斗争的不是[血]和肉,而是这个世界的阿其翁以及邪恶的灵的主人。"[我把]这个寄给你,因为你想查究阿其翁的本质。

阿　其　翁

为首的阿其翁是瞎眼的,因为,出于他的能量、他的无知以及他的傲慢,他说:"神就是我;[除了我之外]没有别的神。"

当他这样说的时候,他就对[万有]犯了罪。这句话传到了不朽者那里, 然后就有一个声音从不朽者那里传来,说:"你错了,撒姆尔①。"——撒姆尔的 [87] 意思是"瞎眼的神"。

他的意念变瞎了。在驱逐出他的能量——也就是他刚才说出来的亵渎的话语——之后,他追赶它,在智慧的信仰(Pistis Sophia,庇思梯斯·所费娅)的鼓动下,一直下到了混沌和深渊,他的母亲。她任命了他的后裔,按照他们各自的能量,按照上界的永恒王国的模样,因为可见的王国是从不可见的王国中发明出来的。

亚　当

当不朽者凝视下界的水域的时候,他的形象显现在水中,黑暗的阿其翁被

---

① 撒姆尔就是亚大巴多,见《约翰密传》。

它迷住了。但是他们并不能抓住那个形象,那个在水中向他们显示的形象,因为他们是软弱的——仅仅有魂的存在物并不能抓住灵的存在物,因为生命的存在物是来自于下界的,而灵的存在是来自于上界的。

这就是为何"不朽者凝视下界"的原因了:为的是,按照父的意愿,她可以加入万有的光明。阿其翁们作了谋划,说:"来吧,让我们创造一个人,用大地上的泥土。"于是他们造了一个受造物,全是用泥做的。接着,阿其翁[⋯身体⋯女人⋯脸⋯野兽⋯①]。他们从地上取了[一些泥土],按照他们的身体的(模样)塑造[他们的人],也按照神在水里面向他们显示的[形象]。

他们说:"来吧,让我们抓住它,用我们塑造的形式②,这样它就会看到它的阳性的配偶[⋯],我们就可以用我们塑造的形式抓住它。"——由于他们的无能,他们并不理解神的能量。他吹(气)在他的脸上,于是这个人就有了魂,躺在地上许多天。但是他们没有办法让他站起来,这是由于他们的无能。像狂风,他们不停地(吹),为的是他们可以捕获那个形象,就是那个在水中向他们显现的形象。③ 他们并不认识它的能量的身份。

所有的这些事都是按照万有的父的意愿发生的。后来,灵看到了那个有魂的人躺在地上,于是灵从亚当玛斯的王国中来,它降临并寓居在他里面,于是这个人就成了一个活的灵魂了。它称他的名字为亚当,因为他在大地上行走。④

一个声音从不朽者那里传来,要支持亚当,于是阿其翁们就聚集起大地上的所有动物,天上的所有飞鸟,把它们带到亚当面前,看他会怎么叫它们,这样他就可以给每一种鸟和兽一个名字。

他们带了亚当,把他放到园子里,让他耕作并照料这园子。阿其翁们给他

---

① 该处抄本破损,描写的应当是阿其翁的身体,是作为亚当身体的原型。

② 就是身体。

③ 如果这个塑造的形式能够立起来,阿其翁们就希望可以用他来诱惑水中的那个形象,并抓住它。接下来的情节都预设了阿其翁对不朽者和一切灵性事物的色情的诱惑。

④ 按照传统的语源学,亚当是大地的意思,即希伯来文的 adamah。

立了一条诫命,说:"园子里每一棵树上的(果实)你都可以吃,而知善恶树上的果实,你不可以吃,也不能[碰]它;因为你们吃它的果实的日子,你们就会死去。"

他们[…]这些。他们并不明白他们对他说的话,反而是,出于父的意愿,他们这样对他说话,他就会去吃,这样亚当就不会像纯物质性的人那样尊敬他们了。 89

夏　　娃

阿其翁们彼此商议,说:"来吧,让我们把深深的睡眠降临到亚当身上。"于是他就睡着了。——这深深的睡眠,他们"降临在他身上,让他睡着",就是无知。——他们打开了他的肋,取出了一个有生命的女人。他们又用一些肉补好他的肋,于是亚当就只有魂了。①

然后这个被赋予了灵的女人走到亚当的跟前,跟他讲话,说:"起来吧,亚当。"他看到她,他说:"是你给了我生命,你要被叫作'生命的母亲'。因为我的母亲就是生命的母亲,她就是医生,是那个女人,是她把我生下来的。"

然后那些阿其翁就来到了他们亚当的跟前。当他们看到他的女配偶正在对他讲话时,他们就激起了极度的兴奋,他们被她迷住了。他们彼此说:"来吧,让我们把我们的种子种在她里面。"然后他们就追逐她。她嘲笑他们的无知和他们的瞎眼,当他们抓住她的时候,她就变成了一棵树,在他们的面前留下了跟她相像的影子,他们卑鄙地玷污了[它]。他们还玷污了她的声音的印,[…]这样,用他们塑造的形式,连同他们自己的形象,他们使得他们自己易受谴责。

知　识　树

接着阴性的灵的本原到了蛇里面,就是那个教导者,它教导[他们]说:

---

① 因为灵性的元素已经以有生命的女人的形式被取出来了。

"他对你们说了什么？是不是说'园子里的每一棵树的果实你都可以吃,而来

[90] 自于[…]知善恶的树的(果实)不能吃'？"

　　那个肉体的女人①说:"他不只是说'不要吃',甚至说'不要碰它,因为你们吃它的果实的日子,你们就会死去。'"

　　然后,蛇,那个教导者说:"你们不会死,他这样说是出于对你们的嫉妒。相反,你们的眼睛会睁开,你们就会变得像神一样,认识善与恶。"然后那个阴性的教导的本原就从蛇身上隐去了,她把它留在身后,只是一个大地上的事物。

　　于是那个肉体的女人就从那棵树上采果子,并且吃了,她也采给她的丈夫吃,然后这些只有魂的存在物就吃了。于是他们的不完美在他们的缺乏知识中变得明显起来;他们认识到了他们没有灵性的元素,是裸体的,就采了无花果树的叶子,围在他们的腰上。

诅　　咒

　　为首的阿其翁来了,他说:"亚当,你在哪里?"——他不理解发生了什么事。

　　亚当说:"我听到了你的声音,感到害怕,因为我是裸体的,所以我躲起来了。"

　　阿其翁说:"你为什么要躲起来呢?莫非你是吃了那唯一的一棵我叫你不要吃的树的果子?而你竟然吃了!"

　　亚当说:"你给我的那个女人给我吃的,[她给了]我,我就吃了。"然后傲慢的阿其翁就诅咒女人。

　　那女人说:"是那条蛇引我走上歧路,我才吃的。"[他们转向]那个蛇,诅

[91] 咒它的阴凉的影子。[…]无能的,不知道它是他们自己塑造的一个形式。从那一天起,蛇就遭到了阿其翁的诅咒,那诅咒落在蛇的身上,一直到那一位全

---

　　①　就是夏娃的有魂的,但是没阴性的灵的本原的身体。

能者的到来。

他们转向亚当,抓住他,把他和他的妻子逐出了园子;他们没有祝福,因为他们也遭诅咒。

而且,他们把人类扔到了极度的分心和劳苦的生活之中,这样他们的人类就会忙于世俗的事,再也不会有机会专注于圣灵。

夏娃的孩子

后来,她生了该隐,他们的儿子,该隐耕种土地。随后,他认识他的妻子,她就再次怀孕,生下了亚伯,亚伯是一个牧羊人。该隐奉献了他的田野里的一些庄稼,而亚伯则奉献了他的羊群中的一只小羊。神看中了亚伯的供奉,却没有接受该隐的供奉。于是那个肉体的该隐就追杀了他的兄弟亚伯。

神对该隐说:"你的兄弟亚伯在哪里?"

他回答说:"我岂是我兄弟的看守者?"

神对该隐说:"听着!你的兄弟的血正用声音在向我哭诉!你已经用你的嘴犯了罪。它会报应到你自己:无论谁杀该隐,都将放过七次复仇,你也将呻吟并颤抖地生存在大地上。"

亚当[认识]他的女配偶夏娃,于是她怀孕,为亚当生了[塞特]。她说:"我通过神生了[另一个]男人,代替[亚伯]。"

夏娃又怀孕了,她生了[诺利娅(Norea)]。她说:"他让我生了一个处女,作为人类许多世代的助手。"她是处女,众能量不会玷污她。

然后人类就开始繁衍和进化。

洪　　水

阿其翁们彼此商议,说:"来吧,让我们用我们的手引来一场洪水,消灭一切有肉体的(东西),从人至野兽。"

但是当阿其翁的统治者知道了他们的决定之后,他就对诺亚说:"你要用不会腐烂的木头造一只方舟,躲在里面——你和你的孩子们还有野兽和天上的飞鸟,从小到大——并把它放置在西勒山上(Mount Sir)①。"

奥利娅(Orea)②来到他这里,想登上方舟。他不肯让她进去,于是她就吹这方舟,让它在火中烧毁了。他又再一次造了方舟。

诺利娅受阿其翁的压迫

阿其翁们来跟她相会,想要引她上歧路。为首的阿其翁对她说:"你的母亲夏娃到我们这里来了。"

但是诺利娅转向他们,对他们说:"你就是黑暗的阿其翁,你是受诅咒的。你并不认识我的母亲;你认识的是你的女配偶。我不是你的后裔,我是从上面的世界来的。"

傲慢的阿其翁转过身,用他的全部力气,他的脸色变得像一个黑色的[…];他专横地对她说:"你必须服侍我们,[而且]你的母亲夏娃也必须这样做;因为我已经给予了(?)[…]。"

但是诺利娅拒绝了,用[…]力量;她大声地向神圣者,那万有的神呼喊:"把我救离不义的阿其翁,救我逃离他们的魔爪——快点!"

伟大的天使从天而降,对她说:"你为什么呼喊神? 为什么你对神灵如此大胆?"

诺利娅说:"你是谁?"

不义的阿其翁们从她身边退去。

伊利勒斯显现

他说:"我就是伊利勒斯(Eleleth),睿智,站在圣灵面前的伟大的天使。我被派来跟你讲话,并把你从非法的控制中解救出来。我会告诉你,(什么

---

① 在古代地中海世界的传说中,西勒山(Seiris,可能是中国?)是一个遥远的理想的地方,那里居民拥有特殊的获得原初智慧的途径。犹太传统认为在那个国土上,塞特的后裔记载了关于诸天的信息,把它们刻在碑石上。

② Orea,希腊文的 Horaia,美丽的意思,是 Norea 的变化形态。

是)你的根。"

对于那个天使,我无法讲述他的能量:他的面貌就像精致的黄金,他的服饰就像雪。不,事实上,我的嘴无法讲述他的能量和他的面容!

伊利勒斯,伟大的天使,对我说:"是我,就是那悟性。我就是那四个光明体之一,站在伟大的不可见的灵的面前。你以为这些阿其翁有什么能量可以施加在你身上吗? 他们中没有哪一个能够胜过真理的根;为了它,他将显现在最后一个时代,那些阿其翁将受到约束。那些阿其翁没有能力玷污你和那个世代;因为你们的住所是不朽的,是童贞的灵居住的地方,(这位童贞的灵)高于混沌的阿其翁和他们的宇宙。"

诺利娅的第一个问题:宇宙的起源

但是我说:"先生,你告诉我这些阿其翁的[本质]——他们是如何产生的,他们是怎样被创造的,用的是什么材料,是谁创造了他们和他们的能量?" |94|

伟大的天使伊利勒斯,也就是悟性,对我说:"在无限的王国中居住着不朽。所费娅,被称为庇思梯斯(Pistis,信仰)的那一位,想要创造一些东西,单独地、没有她的配偶的情况下,她的产物就是一个天上的事物。

"在上界的天上和下界的王国之间有一张幕,在幕的下面产生了影子,那影子成了物质,那影子被投了出来。她创造的东西成为物质中的一个产物,就像一个流产的婴儿。它获得了从影子中塑造出来的可塑的形式,成为一个傲慢的、像狮子的野兽。它是阴阳同体的,如我已经说过的那样,因为它是从物质中产生出来的。

"睁开他的眼睛,他看到了广大数量的无边的物质;于是他就变得傲慢,说:'我就是神,在我之外没有别的神。'

"当他这样说的时候,他就对万有犯了罪。一个声音从上界绝对能量的王国中传来,说:'你错了,撒姆尔。'——撒姆尔就是'瞎眼的神'的意思。

"然后他说:'如果有什么事物在我之前存在,就让它显现在我面前!'于是所费娅当即就伸出她的手指,把光明引入了物质之中;她追着它,下到了混沌的地域。然后她又回到了她的光明;再一次黑暗[…]物质。

95 "这个阿其翁,由于是阴阳同体的,就给自己创造了一个广大的王国,一个没有边际的广阔领域。他沉思着,为他自己创造了后裔,为他自己创造了七个后裔,也是阴阳同体的,正如他们的父亲。

"他对他的后裔说:'我就是万有的神。'

"于是生命(Zoe),庇思梯斯·所费娅的女儿,呼喊着对他说:'你错了,萨卡拉斯(Saklas)!'——他的另外一个名字叫亚大巴多。她吹气在他的脸上,她的气息变成了她的火焰天使,那个天使把亚大巴多捆起来,扔进了深渊下面的冥府。

"他的儿子萨巴多看到了那个天使的力量,他忏悔,谴责他的父亲和他的母亲物质。

"他讨厌她(他的母亲物质),而歌唱所费娅和她的女儿生命。于是所费娅和生命就抓住他,给他掌管七重天,在分隔上界与下界的幕的下面。他被称为'能量的神,萨巴多',因为他居于混沌的能量之上,因为所费娅确立了他。

"当这些(事)发生以后,他为自己造了一个巨大的四面的智天使战车(chariot of cherubim),有无限多的天使来充当他的侍从,还(带着)竖琴和七弦琴。

"所费娅带着她的女儿生命,让她坐在他的右边,教他那存在于第八重天
96 的事;她又把愤怒天使安排在他的左边。[自从]那天起,[他的右边]被称为生命;左边代表上界绝对能量王国的不义。这些在你的时代以前就已经存在了。

"当亚大巴多看到他在如此的辉煌和高度时,就嫉妒他;这嫉妒变成了一个阴阳同体的产物,这就是嫉妒的来源。嫉妒又产生了死亡,死亡又生了他的后代,让它们每一个各自掌管它的天层,于是混沌的一切天层都布满了它们的这类事物。

"但是,它们按照上界的一切事物的模式全部得以生成,乃是出于万有的父(father of entirety)的意愿,是为了混沌的数目可以达到圆满。

"到此为止,我已经告诉你这些阿其翁的模式,以及他在其中得以表现的物质,以及他们的父母,还有他们的宇宙。"

诺利娅的第二个问题:关于诺利娅的族类

但是我说:"先生,我也是从他们的物质中来的吗?"

"你,连同你的后裔,是来自于原始的父的;他们的灵魂出自于上界的不朽的光明。这些阿其翁不能靠近他们,那是因为真理的灵在他们里面;一切认识了这种道的人,将不死地生活在会死的人类的中间。不过,那颗种子现在还不会显现出来。

"相反,要到三个世代之后,它将会为人所认识,并把他们从阿其翁的谬误的束缚中解救出来。"

诺利娅的第三个问题:关于真人的到来

然后我说:"先生,要多久?"

他对我说:"直到那一刻,当真人,在一个塑造的形式中,显示出[…]的生存[…][灵的]真理,那是父派来的。

"那时,他将会教他们一切:他将会膏抹他们,用永生的油膏,就是那不受主宰的世代给予他的。

"那时,他们将会从盲目的意念中解脱:他们会把死亡——也就是那些阿其翁——踩在脚下。他们会升入到无边的光明,就是这个种子所属的地方。

"那时,阿其翁将会离弃他们的时代,他们的天使将为它们的毁灭而哭泣,他们的魔鬼也将为他们的死亡而哀恸。

"那时,所有光明的孩子们都将真正认识真理和他们的根——万有的父和圣灵。他们将一起用一个声音说:'真理的父是正义的,子主持着万有'。然后世世代代的每一个都说:'圣哉——圣哉——圣哉!阿门!'"

论世界的起源

《论世界的起源》(*On the Origin of the World*, NHC V.2) 是一篇诺斯派的护教性论文,以一种学术的风格表述了诺斯替主义宇宙起源论、人类学和末世论等核心思想。该文本吸收了摩尼教、基督教、希腊哲学、希腊神话、神迹巫术和占星学的思想来表达诺斯替主义的世界观和生存态度,是诺斯替派自由运用非诺斯替主义资料的典范。该文本与《阿其翁的本质》一文有较多对应,应当是塞特派的文献。

正　文

引　言

这个世界上的神灵和人都说在混沌之前空无一物。我的观点跟他们不同,我要证明他们都错了,因为他们不了解混沌的起源,也不知道它的根基。以下是我的论证。

混沌的起源

在关于混沌这个论题上,说它源自某种黑暗,这在所有人看来是何其恰当! 其实混沌是源于一个阴影,人们称之为"黑暗"。而这个阴影又源自于从起初就存在的产物。而且,很显然,这个产物在混沌存在之前就已经存在,混沌是后于第一个产物的。

因此,我们要先关心物质的事实,然而进一步关心这第一个产物,也就是混沌从中流溢出来的那个产物。以这样的方式,真理就能得到清楚的指明。

所费娅的出现

在不朽存在物的自然结构完全地从无限中发展出来之后,一个形象就从庇思梯斯(*Pistis*,信仰)中流溢出来,它就叫作所费娅(智慧)。它的意志经过锻炼,变成了类似于原初光明的产物。随即,她将显示出天界的景象,拥有不可思议的广度,它位于不朽的存在物和那些在它们之后进入存在的事物之间,如同[…]:她(所费娅)就像一块幕,把人类与上界分隔开来了。

阴　　影

在真理的永恒王国没有阴影,在它里面到处都充满了无限的光明。它的外面是阴影,被称为"黑暗"。从里面出现了一种力量,主宰着黑暗。这种在它们之后进入存在的力量就被叫作阴影,或者"无限的混沌"。从它,每一[种]神圣的存在都萌发出来了[…]连同整个地方,[这样看来],阴影也是后于第一个产物出现的。阴影中在深渊之中出现的,是从前面提到的庇思梯斯中衍生出来的。

99

阴影的嫉妒和物质的产生

阴影觉察到有些事物比它更强大,它感觉到了嫉妒;它按照自己的意愿怀了孕,就突然地生出了嫉妒。从那一天起,嫉妒的本原就在一切永恒的王国和他们的世界中显明了。嫉妒是夭折的产物,里面没有任何的灵。如同一个阴影,它存在于一个广袤的水一样的质料之中。然后从阴影中进入存在的胆汁被投入到了一部分的混沌之中。从那一天起,一种水样的质料就显明了。然后沉在里面的东西就把它漂走,在混沌中变得可见:就如同一个妇人生出了一个孩子——她的所有多余的东西都流了出来;就这样,物质从阴影中进入存在,并且被流溢出来了。物质没有与混沌分开,相反,物质在混沌之中,是混沌的一部分。

亚大巴多出现

当这些事发生以后，庇思梯斯来了，显现在混沌的物质上面——那物质如同被抛弃的流产的婴儿，因为里面没有灵。混沌的全体是无限的黑暗，是无底的水域。当庇思梯斯看到了她的缺陷导致了什么时，她感到了不安。这种不安显现，如同一个可怕的产物，它在混沌中向她奔去。她转向它，在深渊里吹它的脸，那深渊在一切的天层之下。

[100]

当庇思梯斯所费娅想要把那个没有灵的事物塑造成一个形象，去统治物质，统治她的一切力量的时候，第一次出现了一个阿其翁，他从水里面出来，其形象如同狮子，是阴阳同体的，在他的里面拥有极大的权力，对于他从何进入存在是无知的。当庇思梯斯所费娅看到他在水的深处四处行动的时候，她对他说："孩子，过来，到这里来。"这就是"yalda baoth（亚大巴多）"。

从那一天起，就出现了一个话语表达的本原，它直达神灵、天使和人类。作为语言表达的结果进入存在的事物，神灵、天使和人类就得到了存在。

亚大巴多的无知

至于那个亚大巴多，他对于庇思梯斯的力量是无知的：他没有看到她的脸，他只是在水里面看到了那个对他讲话的形象。由于那个声音，他就叫他自己为亚大巴多。但是称他为奥列尔（Ariael）是最恰当的，因为他像一头狮子。当他拥有了对物质的权力之后，庇思梯斯所费娅就退到她的光明之中去了。

世界的产生

这个阿其翁看到了他的广度——他看到的只是他自己：他没有看到任何别的东西，只看到了水和黑暗。然后他想，唯有他是存在的。他的［…］通过一个语言的表达得到了成就：它显现为一个灵，在水面上来回行走。而当那个灵显现的时候，阿其翁分开了水的质料，干燥的地方被划分到了另一个地方。

[101]

从物质中他为自己造出了一个居所,他称之为天。从物质中他为自己造了一个脚凳,他称之为地。

众阿其翁的出现

接着,这个阿其翁有了一个意念,这个意念是与他的本性相符的,他用话语造出了一个阴阳同体的存在物。他开了他的口,跟他嘤嘤低语。当他的眼睛被开出来之后,他看到了他的父亲,就对他说:"Eee!"于是他的父亲就叫他"Eee-a-o(Yao)"。接着,他造了第二个儿子,他对他嘤嘤低语,于是他睁开了眼睛,对他的父亲说:"Eh!"他的父亲称他为 Eloai。接着他又造了第三个儿子,他对他嘤嘤低语,于是他睁开眼睛对他的父亲说:"Asss!"他的父亲叫他 Astaphaios。这就是他们的父亲的三个儿子。

七出现在混沌之中,他们是阴阳同体的存在物。他们有一个阳性的名字和一个阴性的名字。

> 亚大巴多的阴性名字叫普鲁娜娅·Sambathas。Sambathas 就是七。
>
> 他的儿子叫作 Yao(亚欧),他的阴性的名字叫主。
>
> 萨巴多(Sabaoth),他的阴性的名字叫神。
>
> 阿多奈(Adonaios),他的阴性的名字叫王。
>
> 伊洛埃欧(Eloaios),他的阴性的名字叫嫉妒。
>
> 奥来欧斯(Oraios),他的阴性的名字叫财富。
>
> 阿斯塔法欧(Astaphaios),他的阴性的名字叫智慧。

[102]

这就是混沌的七个天层中的七个能量。他们生来就是阴阳同体的,是与存在于他们之前的不朽的范式相一致的,这是根据庇思梯斯的意愿,为的是从起初就存在的形象能够统治到最后。你将会在《先知摩西天使长之书》(*Archangelic Book of the Prophet Moses*)看到这些阳性实在的名字和能量的效果,可以在第一本《诺利亚之书》(*Book of Noraia*)中找到阴性存在的名字的效果。

为众阿其翁创造天层

这个最初的父母亚大巴多拥有极大的权力,他用语言为他的每一个后代创造了天层,这些天层都是非常美丽的居所,在每一层天里面他创造了伟大的荣耀,七倍地奇妙。里面有王位、宫观、庙宇,还有战车,童贞的灵,直至一位不见者和他们的荣耀。每一个都在他的天层里拥有这一切,里面有神灵、主、天使和天使长的强大的军队,数量不可胜数,为的是让他们去服侍。对这些事物你可以在第一本《诺利亚之书》中找到精确的描写。

这一层天直到第六层天,也就是所费娅的那一层天,都造成了。这个天和地被他们下面的一个捣乱者摧毁了。第六层天急剧地摇晃。混沌的这些能量知道在他们下面的这个摧毁了天层的捣乱者是谁。当庇思梯斯知道了这场动乱所造成的破坏之后,她就派出了她的气息,把他束缚起来,扔到了幽冥之中。从那一天起,天,连同它的地,就通过亚大巴多的女儿所费娅得到了巩固,这个所费娅在他们所有能量的下面。

[103]

亚大巴多的傲慢

当诸天层连同它们的能量和一切的管辖都得到了巩固之后,那个最初的父母就变得傲慢起来了。他受到了一切天使军的尊敬。所有的神灵和天使都祝福、赞美他。于是他就高兴起来,不断地自夸起来,对他们说:"我不需要任何别的人。"他说:"我就是神,除了我之外,没有别的神存在。"当他说了这些话之后,他就对所有给出回答的不朽的存在物犯了罪。他们就把这罪加在他身上。

庇思梯斯看到了这个为首的阿其翁的不虔敬,她充满了愤怒。她是不可见的。她说:"你错了,撒姆尔(Samael)。"撒姆尔的意思是"瞎眼的神"。"有一个不朽的光明的人,他在你之前就存在了,他将出现在你们这些被塑造的形式之中,他将会轻蔑地践踏你们,就如同一个陶工的罐子被敲烂。你也将下降到你的母亲那里去,也就是深渊中去,连同那些属于你的东西一起。因为在你们的作品完成的时候,那些在真理中变得可见的一切缺陷都要抹去,它将停止存在,就像从来没有存在过那样。"说了这些话,庞思梯斯就把她的伟大的形象显现在水中。这样做了之后,她就退回到了她的光明之中。

萨巴多及其随从的回转

亚大巴多的儿子萨巴多听到了庞思梯斯的声音,他唱颂她,他谴责了他的父亲。[……]对庞思梯斯的话语。他赞美她,因为她教给了他不朽的人和他的光明。于是庞思梯斯所费娅伸出她的手,把她的一些光明灌注给了他,作为对他的父亲的谴责。当萨巴多被照亮之后,他获得了极大的权力,可以对付混沌的一切能量。从那一天起,他被称为"众能量之主"。 [104]

他憎恨他的父亲,黑暗,憎恨他的母亲,深渊,他也怨恨他的妹妹,就是最初之父亲的意念,就是在水面上来回行动的那个意念。由于他有了光明,混沌之中的一切当权者都嫉妒他。而当他们变得极度不安之后,就在七层天中展开了大战。当庞思梯斯所费娅看到了这场战争之后,就从她的光明中派遣了七个天使长到萨巴多那里去。他们把他提到了第七层天。他们作为随从站在他面前。随后,她又派遣了三个天使长,并且为他确立了一个在众人之上的国度,这样他就可以居住在混沌的十二个神灵之上了。

萨巴多的居所和王位

萨巴多占据了那个作为对他的忏悔的回报而给予他的那个安息之所,庞思梯斯又把她的女儿生命(Zoe)连同极大的权力给了他,为让她教给他存在于第八层天中的一切。由于他有了权力,他首先为自己造了一座宫殿,十分巨大、宏伟华丽,比七重天中的那些宫殿大七倍。

他在宫殿前面创造了一个王位,十分巨大,安置在一辆叫"基路伯"(Cherubin)四个面的战车上。这个基路伯的四个角——狮形、牛形、人形、鹰形——每一个都有八种形状,总共构成了六十四个形式。他还创造了七个天使长站在他面前,他是第八个,是拥有权力的。这样,所有的形式加起来有七 [105]

十二个。进而,从这辆战车中形成了七十二个神灵,他们的成形是为了统治人类的七十二种语言。他还在王位旁边造了一个像蛇一样的天使,叫作"撒拉弗(Seraphin)",一直在那里赞美他。

然后他又创造了一个天使的教会,数以万计,不可胜数,他们在第八层天聚成了一个教会。第一个生出来的叫作以色列(Israel),就是"一个看见神的人";另一个存在叫作耶稣基督,他跟第八重天的救主相似,坐在尊贵宝座的右边,他的左边坐着童贞的圣灵,在高贵的宝座上赞美他。七位童贞女站在他的面前,[…]弹奏三十个竖琴、弦琴和喇叭赞美他。

106

对萨巴多的教导

他坐在那个光明的王位上,这王位置于覆盖着他的一大片云里面。在云里面,只有所费娅,也就是庞思梯斯的女儿跟他在一起,教导他关于存在于第八层天里面的一切,为的是让他创造出事物的形象,为的是他的统治可以持久,直至沌混之诸天层以及它们的能量圆满地成就为止。

左和右的分开

庞思梯斯所费娅把他从黑暗中分出来,召唤他到她的右边,她又把原初的父母放在她的左边。从那一天开始,右边被称为正义,而左边被称为邪恶。由于这个原因,他们都领受了一个王国,在正义和邪恶的教会中,[…]站着[…]在一个创造物上面[…]一切。

亚大巴多对萨巴多的嫉妒以及死亡的产生

原初的混沌之父母(亚大巴多)看到了他的儿子萨巴多,看到了笼罩着他的荣耀,觉察到他是混沌的一切势力中最伟大的,于是就嫉妒他。他在愤怒之中从他死亡中生出了死亡:死亡被置于第六重天,因为萨巴多就是从那一层天被提上去的。这样,混沌的势力就达到了六个之数。

死 亡 之 子

死亡是阴阳同体的,他与他自己的本性相冥合,生出了七个阴阳同体的后代。阳性的名字如下:

嫉妒,

愤怒,

眼泪,

叹息,

受苦,

哀伤,

痛哭。

而阴性的名字如下:

愤怒,

痛苦,

欲望,

叹息,

诅咒,

怨恨,

争吵。

他们彼此性交,每一个又各自生下了七个,这样他们就总共有四十九个阴 [107] 阳同体的魔鬼。他们的名字和他们的功能你可以在《所罗门之书》(*Book of Solomon*)中找到。

生命的力量

在这些魔鬼在场的情况下,跟萨巴多在一起的生命创造了七个阴阳同体的能量。他们的阳性的名字是:

不嫉妒,

蒙福,

快乐,

真,

不吝啬,

蒙爱,

可靠。

阴性的名字如下:

和平,

高兴,

愉悦,

祝福,

真理,

爱,

信仰。

从这一切里面产生出了许多善的、清洁的灵。这些名字的影响和功能你可以在《十二之下的天命的构成》(*Configuratons of the Fate of Heaven That Is Beneath the Twelve*)中找到。

亚大巴多的忧郁

在看到了庇思梯斯在水中的形象之后，这个原初的父母（亚大巴多）非常悲伤，特别是当他听到了她的声音，像第一次在水外面向他召唤的那个声音。当他知道她就是给他起名的那一位之后，他叹息了。他为自己的过错感到羞耻。当他在真理中知道了一位不朽的光明的人早在他之先就已经存在了的时候，他大大地感到了不安，因为他以前曾经对所有的神灵和他们的天使说过："我就是神，除了我之外没有别的神存在。"他害怕他们会知道，有另一位早在他之前就存在，这样他们就会谴责他。

光明之人的显现

但是他由于完全缺乏悟性，就嘲笑那结谴责，草率地行事。他说："如果有任何事物在我之前存在的话，就让它显现出来吧，这样我们就可以看到它的 |108| 光。"看吧！瞬间，光明就从上面的第八层天照耀下来，穿越了地上的一切天层。当原初父母看到了这光明是何等美丽地照耀，他惊呆了。他感到极度的羞耻。在那道光显现的时候，一个人的形象显现在里面，非常奇妙。除了原初父母和与他在一起的普鲁娜娅之外，没有谁能够看到他。但是他的光明则显现给了诸天层的一切能量。由于这个原因，他们都感到了不安。

普鲁娜娅的欲望及其后果

普鲁娜娅看到这位使者，就被他迷住了。但是他恨她，因为她是在黑暗那一边。但是她想拥抱他，却不能够。由于她无法平息她的爱，就把她的光明倾注在大地上。从那一天起，那个使者就被叫作"光明的亚当"，可以翻译为"光辉的血人"，而那展布在他上面的大地被称为"神圣的亚当曼"（holy Adaman），可以翻译为"亚当的神圣的土地"。

从那一天起，所有的当权者都尊敬童贞女的血。地由于童贞女的血而得到了洁净。但是最为重要的是，那水通过庇思梯斯所费娅的形象而得到了洁

净,就是那个在水里面向原初父母显现的形象。这样看来,这一句话说的恰

[109] 当:"通过诸水。"赋予万物以生气的圣水洁净了它。

厄洛斯显现

厄洛斯(Eros)从第一滴血里面显现出来,是阴阳同体的。他的阳性的一面是 Himireris(也就是 Himeros,希姆厄洛斯),是从光明中出来的火。他的阴性,就是跟他在一起的,一个血的灵魂,是从普鲁娜娅的精华中出来的。他的美丽极其令人爱慕,他的魅力超过了混沌中的一切造物。然后所有的神灵和他们的天使在看到了厄洛斯之后,就被他迷住了。他在他们所有人里面显现,把他们点燃了:正如一盏灯点亮了许多灯那样,它自己还是自己,原先的光并没有减少。就这样,厄洛斯散布在混沌的一切创造物之中,自己并未因此而减少。正如厄洛斯显现在光明和黑暗的中间那样,厄洛斯的性交也在天使和人类的中间达到高潮,就这样,原初的快乐在大地中绽放。女人跟随着大地,婚姻跟随着女人,生育跟随着婚姻,毁灭跟随着生育。

然后,从那洒在大地上的血里面萌发出了葡萄树。由于这个原因,那些喝了葡萄酒的人就怀上了性交的欲望。在葡萄树之后,又从那地上萌生了无花果树和石榴树,以及其他的各种各样的树,里面有来自于当权者和他们的天使

[110] 的种子的种子。

创造天堂

然后正义创造出了天堂,极其美丽,它在月亮的轨道之外,也在太阳的轨道之外,在闲荡之地,在众石之中的东方。欲望蕴藏在那些美丽、可人的树中。永生之树按照神的意愿显现在天堂的北面,为的是它可以让那些纯洁者的灵魂变得永恒,那些灵魂是从生命圆满之时的贫穷的模范生活中出来的。生命树的色彩如同太阳,它的枝条是美丽的,它的叶子像柏叶,它的果实像一串白色的葡萄,它高耸直达天顶。它的旁边是知识树,它拥有神的力量,它的荣耀有如满月,它的枝条是美丽的,它的叶子像无花果树的叶子,它的果实如同可

口的椰枣。这棵树在天堂的北面，为的是把灵魂从魔鬼的麻痹中唤醒，为的是他们可以走到生命树那里，吃它的果实，给当权者和他们的天使定罪。这棵树的效用描写在《圣书》(*Sacred Book*)里面：

> 你就是那一棵知识树，
>
> 你在天堂里，
>
> 第一个人吃了你的果实，
>
> 他就睁开了他的心灵的眼睛，
>
> 他爱他的女伴，
>
> 审判另外的人，那些相异的形象，
>
> 并且憎恨他们。

|111|

然后，橄榄树长出来了，为的是净化君王和正义的高级祭司，这些人要在最后的日子里显现，因为橄榄树是从第一亚当的光明中显现出来的，为的是他们将要领取的膏油。

植物动物的创造

第一个魂爱上了与她在一起的厄洛斯，把她的血倾注在他上面，也倾注在大地上。从那滴血上面首先萌生出了玫瑰，它伸出地面，从带刺的灌木丛中伸展出来，成为显现在灌木丛中的光明的欢乐泉源。此后，美丽的、芬芳的花在地里面发芽，各种各样，来自于普鲁娜娅的女儿中每一个单个的童贞女。当她们迷上了厄洛斯之后，就把她们的血倾注在他上面和大地上面。此后，每一种植物都从地上萌发出来，各种各样，包含了当权者和他们的天使的种子在里面。此后，当权者在水里面创造出了所有种类的野兽，爬虫和飞禽，各种各样，包含了当权者和他们的天使的种子在里面。

光明的亚当的回转

在所有这一切事之前，当他在第一天显现以后，他在地上留了两天的样

[112] 子,就把低级的普鲁娜娅留在天上,就上升到他自己的光明那里去了。立时,黑暗覆盖了整个宇宙。当她有了这样愿望的时候,在底层天中的所费娅从庞思梯斯那里获得了权力,创造了极大的发光体和众星宿。她把它们设置在天空中光照大地,给予时间的记号、季节、年、月、日、夜、时刻等等。就这样,天上的整个地域得到了装饰。

光明的亚当的世界

当光明的亚当怀着进入到他的光明之中去的愿望时——也就是进入第八天层——他却由于那与他的光明冥合在一起的贫穷做不到。接着他就为他自己创造了一个广袤的、永恒的王国。在那个王国里面,他创造了六个王国及其装饰,数目是六个,比混沌中的诸天及其装饰要美妙七倍。所有这些永恒王国及其装饰存在于界于第八层天和下界混沌之间的无限之中,被算入到属于贫穷的宇宙之中。

如果你想知道这一切的安排,你可以在《先知希拉利阿的第七层天》(*Seventh Universe of the Prophet Hieralias*)中找到。

亚大巴多和阿其翁的计谋:人的创造

在光明的亚当从混沌中隐退之前,当权者们已经看到了他,他们嘲笑那个原初父母,因为他曾经骗他们说:"我就是神,在我之前没有谁存在。"他们来到他跟前,他们说:"这不就是那个要毁灭我们的工作的神吗?"他回答说:"是[113] 的。如果你们不想让他能够毁灭我们的工作的话,就让我们从地里创造一个人出来,按照我们的身体的形象,也按照这个存在物(即光明的亚当)的形象,让他服务于我们。这样,当光明的亚当看到他的时候就会被他迷住。这样他就再也不会想毁灭我们的工作,相反,我们将可以让那些出生于光明的人成为我们的仆人,与这个永恒的王国一样长远。"

所有这一切都按照庞思梯斯的前念发生了,为的是人按照他的形象显现,并且为了他们塑造的形体而谴责他们。他们塑造的形体成了光明的壳。然后当权者们获得了创造一个人所需要的知识。

所费娅生命的反应：所费娅生命创造的人

与萨巴多在一起的所费娅生命抢先做到这一切。她嘲笑他们的决定。因为他们都是瞎眼的：没有意识到对他们自己不利，他们无知地创造了人。他们没有意识他们将要着手做的是什么。她之所以比他们抢先一步造出她自己的人，乃是为了让他可以教导他们塑造的形体如何去鄙视他们，从而逃脱他们。

这个教导者的制造是按照如下所述的进行的。所费娅落下了一小滴光明，流到了水里面，随即，一个人出现了，是阴阳同体的。她先把那一小滴光明塑造成了一个阴性的身体。然后，她按照已经出现过的那个母亲的形象塑造那个身体。她用了十二个月完成了。一个阴阳同体的存在物被造出来了，希腊人称之为 Hermaphrodites（赫耳玛佛洛狄托斯），①她的母亲就是希伯来人称之为生命的夏娃（Eve of Zoe），也就是生命的女性教导者。她的孩子是一个创造物，叫作主，后来当权者们称之为"兽"（Beast），因为它会把他们塑造的受造物引上歧路。"兽"可以翻译为"教导者"，因为它是一切存在中最智慧的。 |114|

夏娃是第一个童贞女，她没有丈夫却生下了第一个后代。她做了她自己的接生婆。由于这个原因，人们认为她说过这样的话：

> 我是我母亲的一部分，
>
> 我就是母亲，
>
> 我就是妻子，
>
> 我就是童贞女，
>
> 我就是孕妇，
>
> 我就是接生婆，

———————————

① 赫耳玛佛洛狄托斯（Hermaphrodites），希腊神话中的人物，是赫耳墨斯和阿佛洛狄忒的儿子，他的名字是他父母名字的合称。他是一个美少年，在跳入湖中的时候被爱上了他的水仙萨尔玛克斯紧紧抱住，众神使他们成为一个阴阳合体的新人。

> 我就是减缓生育之痛苦的安慰者，
>
> 生我的是我的丈夫，
>
> 我是他的母亲，
>
> 他是我的父亲和我的主，
>
> 他是我的力量，
>
> 凡是他想要的，他都用理性说出来，
>
> 我处在生成的过程之中，
>
> 然而我生出了一个人，他是主。

关 于 灵 魂

然后这些就通过[…]意愿[…]。这些正在进入到当权者塑造的形体之中去的灵魂向萨巴多和他的基督显现。关于这些事，那个神圣的声音说话了："繁衍并且进化！成为一切创造物的主！"正是它们，按照它们的命运，被原初父母亚大巴多俘获了。就这样，他们被关进了被塑造形体的监牢之中。或者在岁月圆满的时候。

尘世的人的出现

就在那个时候，那个原初父母向那些跟他在一起的存在物提出了一个关于人的意见。于是他们每一个都把自己的精子投入到了大地之脐的中央。从那一天起，七个阿其翁就用跟他们相像的身体塑造那个人的身体，但是他的形象则是与那个向他们显现的人相似。他的塑造是一部分一部分地进行的，一次一部分。他们的头领塑造了脑子和神经系统。然后他就显现为在他之前的那一位。他变成了一个有灵魂的人。按照在他之前存在的那一位的名字，他被叫作"亚当"（Adam），就是"父亲"的意思。

当他们造好了亚当之后，他就把他扔掉了，就如同扔掉一个没有生气的器皿那样，因为他的形体如同一个流产儿，里面没有灵。关于这件事，为首的阿其翁回忆起了庇思梯斯说过的话，他害怕真人进入他塑造的形体之中，成为他的主。由于这个原因,他把他塑造的没有灵魂的形体弃置在那里四十天,然后他收回,抛弃了它。在第四十天,所费娅生命把她的气息吹入到了那个没有灵魂的亚当的身体里面。他开始在地上移动,但是他站不起来。

阿其翁和安息日

七个阿其翁来了,他们看到他,感到极度不安。他们上去抓住了他。为首的阿其翁对他里面的气息说:"你是谁?你从哪里来到这里?"它回答说:"我从那个人的能量那里来,他要摧毁你们的工作。"〈…〉他们听了,就赞美他,因为他给了他们一个喘息的机会,让他们暂时缓和了恐惧和焦虑。他们就叫那一天为"安息",因为他们从辛劳中得到了休息。他们看到亚当不能站起来,就高兴,取了他,放在天堂里。然后他们就退回到各自的天层中去了。

亚 当 醒 来

在安息日之后,所费娅派她的女儿生命为教导者,就是被叫作夏娃的那一个,让她把没有灵魂的亚当扶起来,为的是他应该生出来的那些会成为光明的容器。夏娃看到她的男性的伴侣卧在那里,就怜悯他,她说:"亚当,活过来!从地上起来!"她的话语立即就成为已经实现的事实。亚当站了起来,突然睁开了他的眼睛。他看到了她,就说:"你将被叫作'生命之母'。因为是你给了我生命。"

阿其翁对付夏娃的计策

当权者们听说了他们塑造的形体活了,起来了,他们感到极度不安。他们派来了七个天使长去看看发生了什么。他们来到了亚当那里。他们看到夏娃对亚当说话,就彼此说:"这个光辉的女人是什么东西?她就像在光明中向我们显现的那个形象。来吧,让我们抓住她,把我们的种子放到她里面,她被弄脏之后就升不到她的光明之中去了,她生下来的那些将会处在我们的控制之下。让我们不要告诉亚当,因为他不是我们中的一员。让我们把极深的睡眠

116

降临在他身上。让我们在他睡眠的时候教导他,这样他就会以为她是从他的肋骨中出来的,为的是他的妻子会服从他,而他也可以成为她的主人。"

夏娃,作为一个能量,嘲笑他们的决定。她把薄雾放在他们的眼睛里面,秘密地把她的形象留在亚当这里。她进入了知识树,待在那里。他们追逐她,她向他们显明,她已经进入到了树里面,已经成为一棵树了。然后,进来了一种极度恐惧的状态,那些瞎眼的受造物们逃走了。

污辱女教导者夏娃的失败的企图

[117] 后来,当他们从昏晕中醒来之后,他们来到亚当这里,看到那个女人的形象跟他在一起,他们感到极大的不安,以为她就是那个真的夏娃。他们轻率地行动,他们上去抓住了她,把他们的种子放在她里面。他们邪恶地做了此事,不仅以自然的方式,而且也以污秽的方式玷污,首先玷污了她的声音的印记——那个声音曾经对他们说,"存在于你们之前的是什么?"——他们想玷污那些人,就是在日子圆满的时候可以说,他们是真人通过话语生出来的那些人。他们弄错了,他们不知道他们所玷污的其实是他们自己的身体:这些当权者及其天使以各种方式玷污的只是那个形象。

夏 娃 的 后 代

通过为首的阿其翁,她先怀上了亚伯(Abel)。然后通过七位当权者和他们天使怀上了其他的后代。所有这一切都是按照原初父母的前念发生的,为的是这第一个母亲会怀上每一颗种子,这些种子彼此混杂,合乎宇宙的命运和构造,也合乎正义。针对夏娃的一个预先安排好的计划发生了效果,当权者塑造的这些形体成了光明的外壳,其中的光明将会通过他们塑造的形体谴责他们。

第一个亚当,也就是光明的亚当,是属灵的,是在第一天显现的。第二个亚当是属魂的,是在第六天出现的,被叫作 Aphrodite(阿佛洛狄忒)。第三个
[118] 亚当是地上的受造物,也就是律法的人,他出现在第八天[…]贫穷的宁静,被

叫作星期日。地上的亚当的后裔为数众多,都得到成就,并且在他自身里面造出了属魂亚当的各种科学信息。但是他们都在无知之中。

接下来,我们说,那些阿其翁们看到他和跟他在一起的那个女性在像野兽那样无知地犯错,就非常高兴。

知 识 树

〈…〉当他们得知,那个不朽的人不会忽视他们,相反,他们将不得不害怕那个变成了一棵树的女性创造物的时候,他们感到极度不安,他们说:"也许这个就是真人——就是他把薄雾撒在我们身上,并且告诉我们,那个被玷污的她是跟他相像的——看来我们要被征服了!"

他们七个在一起谋划。他们怯怯地来到亚当与夏娃跟前,他们对他说:"天堂里所有为你们种的树,果实都可以吃,但是知识树的果实你们要熬住不吃。因为你们吃了,你们就会死。"在给了他们极大的恐惧之后,他们就退回到了他们的当权者那里。

然后,受造物中最聪明的一个来了,它叫作兽。他看见他们的母亲夏娃的形象,就对她说:"神对你们说了什么呢? 是不是说不要吃知识树上的果实?"她说:"你不仅不可以吃那棵树上的果实,而且连碰也不能碰,否则就会死。"他对女人说:"不要怕,你们不会死在死亡里面,因为他知道你吃了那树上的果实时,你就会拥有知识,变得像神一样,能够分辨善恶。他这样对你们说其实是出于嫉妒,这样你们就不会吃那树上的果实了。"

夏娃相信了教导者的话。她盯着那棵树看,看见它美丽可人,就很喜欢。她从树上摘了些果实来吃,也给她的丈夫一些果实,他也吃了。他们的智慧就开通了,因为当他们吃这些果实的时候,知识之光照耀了他们。他们用羞耻包裹自己,因为他们知道他们是没有知识的。他们清醒过来,看到他们是赤裸的,并且彼此被对方迷住了。当他们看到那些塑了他们的阿其翁拥有野兽的躯体,就讨厌他们:他们非常清醒。

阿其翁们知道人破坏了他们的诫命,就来到了天堂,来到了人这里。他们来的时候伴随着地震和大威胁,去看看人得到帮助的效果如何。这时,亚当和夏娃极度害怕,他们躲在园中的树底下,阿其翁们不知道他们究竟在哪里。他们说:"亚当,你在哪里?"他说:"我在这里,我感到害羞,我害怕你,所以躲起来了。"他们无知地对他说:"是谁告诉你们这种把自己包裹起来的害羞的?莫非你们吃了那棵树上的果实?"他说:"你赐给我的那个女人把果实给我吃,我就吃了。"他们就对女人说:"你做了什么呢?"她回答说:"是教导者敦促我吃的,我就吃了。"

那些阿其翁就来到了教导者那里。由于他的缘故,他们眼睛雾蒙蒙的,他们不能对他怎么样。他们诅咒他,因为他们是无能的。然后他们来到女人面前,诅咒她的后代,他们又诅咒亚当,并为亚当的缘故诅咒大地与大地的庄稼,凡是他们创造的事物,他们都诅咒了。他们没有祝福,因为善不可能从恶产生出来。

从那一天起,阿其翁们知道确实有一些存在比他们更强大。他们只是认识到,他们的诫命没有得到遵守。仅仅因为那个不朽的人,极大的嫉妒就被带到了这个世界里面来。

试 验 亚 当

阿其翁们看到他们的亚当已经进入了一种不同的知识状态之中,就想试验他。他们把所有的家畜、地上的野兽、空中的鸟都聚集起来,带到亚当面前,看看他会怎么称呼他们。当他看到众阿其翁的时候,就给他们的创造物命名。

逐 出 乐 园

亚当通过了一切试验,众阿其翁感到极度不安。他们聚在一起谋划。他们说:"看吧,亚当已经变得像我们一样。他能够分辨光明和黑暗。如今他还有可能被引诱去吃生命树的果实,就如同他被引诱去吃知识树的果实那样。他如果吃了生命树的果实,就会变得不朽,成为主宰,厌恶我们,并且轻视我们的一切荣耀。这样他就会谴责我们连同我们的宇宙。来吧,让我们把他逐出乐园,让他回到我们以前把他带来的那个地方去吧,这样一来,他就不能够认 [121] 识到比我们所能认识的更好的事物了。"他们把亚当和夏娃赶出了乐园。他 们这样做了还不够,他们还是害怕。他们来到了生命树那里,用极其恐怖的事 物围绕它——一种被叫作"基路伯"的喷火的活物,还在它们中间安置了发烈 焰的剑,那剑整天旋转,极恐怖,再也没有地上的存在物可以进入到的地方。

众阿其翁嫉妒亚当,他们想减少亚当和夏娃的寿命。但是他们没有能力 这样做,这是由于命运的缘故,命运是从起初就定下来的。按照光明体的行 程,每个人都分配到一千年的寿命。尽管阿其翁们的计划不能得逞,但是每个 作恶者还是取走了十年。因此剩下来的寿数总共是九百三十岁:而这些时间 是在痛苦、软弱和罪恶的心神烦乱中度过的。从那一天起,直到日子的圆满, 生活就是那个样子的。

所费娅的反应:阿其翁被逐出天层

所费娅生命看到黑暗的阿其翁把诅咒降临在她的同伴身上,她愤怒了。 她携带着全部的能量从第一层站出来,把那些阿其翁从他们的天层中驱逐出 去,把他们扔入到了有罪的世界之中,让他们以邪灵的形式居住在地上。

关于不死鸟

[…]这样在他们的世界里,在天堂里经历一千年——一种有灵魂的活 [122] 物,叫作不死鸟(phoenix)。它杀死自己,又复活,以此作为对他们的审判的见 证,因为他们错待了亚当和他的世代,直到日子的圆满。〈…〉有〈…〉三个人, 还有他的后代,直到这个世界的圆满:永生的属灵的人,属魂的人,以及属地的 人。同样,在天堂里也有三种不死鸟,第一种是不朽的,第二种活一千年,第三 种,据《圣书》中说,它被消灭了。同样也有三种洗礼,第一种灵性的,第二种 是火的洗礼,第三种是水洗。正如不死鸟的显现是关于天使的见证那样,埃及 的水蛇泉(Water Hydri)也是下到真人的洗礼之中去的那些人的见证。埃及 的两头公牛拥有一个奥秘,是太阳和月亮,是萨巴多的见证:也就是说,所费娅

在它们上面获得了宇宙,在她造了太阳和月亮的那一天起,她把一颗印在了她的天层上,直到永远。

从不死鸟生出来的蠕虫也是一个人。经上说:"义人将如同不死鸟那样开花。"①不死鸟首先以活的状态显现,然后死去,然后又复活,这是那已经在日期圆满时显明的那些事的一个印记。这些伟大的印记只有在埃及——不可能在任何别的地方——才会显现,这表明,埃及就如同神的天堂。

魔鬼的诱惑

让我们回头看前面提到过的那些阿其翁,这样我们可以提出一些对他们的解释。当七个阿其翁从他们的天层被扔到地上之后,他们就为自己创造了无数的天使和魔鬼去服侍他们。后者教导给人类许多种谬误、巫术、毒药、偶像崇拜、流血、祭坛、庙宇、牺牲、奠酒,把这一切献给地上的灵,他们有一个合作者,那就是命运,它是在正义之神与不正义之神之间的合约中进入存在的。

当这个世界就这样进入存在之后,它一直在心烦意乱地犯错。地上的所有人从创世一直到日子的圆满都在崇拜邪灵,包括那些正义的天使和不正义的人。就这样,这个世界在神思散乱、无知和昏迷中进入存在。他们都在犯错,直到真人的显现。

灵 的 到 来

对这个问题的探讨到此为止就够了。我们现在要进一步来思考我们的这个世界,这样我们就可以精确地结束对它的结构和管辖的描述。这样我们就可以弄清楚,对于不可见王国的信仰,就是从创世到日子的圆满都一直彰显的那种信仰,是如何发现出来的。

于是,我们就谈到了关于不朽之人的主要问题:我要谈一谈属于他的一切

---

① 参:《诗篇》92,13。

存在物,解释它们是如何发生在这里的。

通过这个从物质中被创造出来的亚当,大量的人类生出来,挤满了这个世界,阿其翁们统治着它,用无知束缚着它。这是什么原因呢？这是出于以下的原因：由于不朽的父知道了真理的一个缺陷在永恒王国和他们的宇宙中进入了存在,他就想通过阿其翁们塑造的那些受造物消灭那些永灭的阿其翁,于是他就派遣你们的形象——也就是小小的、蒙福的清白的灵——下到了这个永灭的世界之中。他们对知识并不陌生,因为一切知识都被赋予了一个天使,而这个天使一直显现在他们的面前,这个天使并不缺少来自于父的能量。他也给予他们知识。

各种各样的福祉

无论何时他们出现在这个永灭的世界上,他们就立即显现出不朽的样式,作为对于阿其翁和他们的能量的谴责。因此当这些蒙福的存在物以阿其翁塑造的形体显现的时候,他们就会被嫉妒。出于嫉妒,这些当权者把他们的种子与他们混合起来,以期玷污他们。但是他们做不到。当蒙福的存在物显现在光明的形式之中的时候,他们是以许多方式显现的。他们中的每一个,都从他自己的土地出发,把他的那种知识启示给由永灭的被塑造的躯体所构成的可见的教会。教会中就包含了一切种类的种子,这是由于混合在其中的当权者的种子的缘故。

然后救主创造了他们所有人的[…]——这些人的灵显然更加高级,是蒙福的,蒙拣选也是各不相同的——他还创造了许多别的存在物,他们是没有王的,高于在他们之前的每一个。结果,有四个族类存在。其中三个族类属于八个天层的诸王的,但是第四个族类是没有王的,是完美的,是万有中最高的。这个族类将会进入到他们的父的圣所。他们将会在宁静和永恒中获得安息,享有不可言说的荣耀和无尽的喜乐。而且,他们也是凡间的王,他们在凡间是不死的。他们将给混沌之神及其能量定罪。

道

然后,高于一切存在物的道为了这个目的独自被派遣到这里来了,为的是要把未知者宣讲出来。他说:"凡是隐藏的没有不显明的,凡是未被认识的都将被认识。"①这些被派来,是为了要把隐藏的事物显明出来,把混沌的当权者和他们的不虔敬显明出来,把它们定为死罪。

这样,当一切完美显现在阿其翁所塑造的形体之中的时候,当他们显示了无与伦比的真理的时候,他们就把神灵的一切智慧都置于羞辱之中了。他们的命运就是被定罪,他们的能量枯竭了,他们的主权瓦解了,他们的前念连同他们的荣耀变成了虚无。

新时代的来临

在日子圆满之前,地上将有巨雷震动。阿其翁们将会悲哀,[…]他们的死亡。天使们将会为他们的人类而哀痛,魔鬼们将会为他们的季节而痛哭,他们的人类也将为他们的死而号哭惊叫。那日子就要开始,他们将会惊恐不安。他们的王将会陶醉于烈焰的剑,他们将彼此开战,于是大地将沉浸在血腥之中。大海将被这些战争搅乱,太阳要变黑,月亮的光芒将要消失,天上的星宿将不再周转,一声极大的霹雳将从高于混沌的一切能量之上的大能量中出来,就是从那个女人所在的天穹中出来。在创造了她的第一个产物之后,她将脱去理智的智慧之火,穿上了不理智的愤怒。然后她将追逐混沌的神灵,就是她与那个原初父母一起创造的那些神灵。她将把他们扔入到深渊之中去。他们将由于他们的邪恶而被消灭。他们将会像火山那样,彼此焚烧,直到他们毁灭于原初父母之手。当他毁灭了他们之后,他就会对付他自己,毁灭他自己,直到他不再存在。

他们的天将会一层一层地塌下来,众阿其翁的能量将被火烧尽。他们的

---

① 参:《马可福音》4,22。

永恒的王国也颠倒过来。原初父母的天也将落下来，碎成两半。他的[…]将落在[…]上面，支持着他们，他们将落入到深渊里去，深渊也将颠倒过来。

光明将[…]黑暗，并且消灭它，它将会像某种从未见过的东西。黑暗之前的那个创造物也将消解。缺陷将被连根拔起，扔入到黑暗之中。光明将会退回到它的根本，非受生者的荣耀将会显现。它将充满一切永恒的王国。预言和君王的记述将为人所明白，那些被称为完全者的人将会实现它们——与此相对，那些尚未在非受生的父里面变得完全的人，将会在人们的王国之中和不朽者的王国之中获得荣耀：但是他们永远也进入不了无王的王国之中。

每一个人都必须到他所从来的那个地方去。确实，通过他的行动和他的知识，每一个人都将显明他的本性。

对灵魂的注释

　　《对灵魂的注释》(*The Exegesis on the Soul*，NHC Ⅱ.6) 是瓦仑廷派的智慧神话，拟人化地解释了最后一个移涌，也就是灵魂，离开普累罗麻去寻找新境界的经历。灵魂被比喻为一个女性，离开原来的情人，流落到下界，沦为娼妓，最后流泪悔改，回到天国。

　　这个文本中的灵魂与伊里奈乌所描写的西门·马古的女伴海伦娜 (Helena) 非常相似。海伦娜是一直陪伴着西门·马古的女人，是他从前从一个妓院里赎出来的。据说她就是他生出来的"'第一个意念'伊娜依娅(ennoia)"，①是万物之母，她降临在下界，创造了众天使与众能量，接着，这些天使与能量又创造了世界，出于嫉妒又把海伦娜囚禁起来，想尽各种办法凌辱她，使她不能再回去。她被困在人的身体里面，只能浪迹在诸世纪里，从一个肉体转入到另一个肉体，推罗的海伦娜(Helena in Tyre) 只是她的众多身体之一，一直到拯救主西门降临，把她从妓院中拯救出来为止。

　　这个文本的重点在于谈论灵魂的玷污，跟奥利金的思想有许多平行之处，其中也有许多对荷马史诗的注释，受中期柏拉图主义观念的影响也很明显。可以说，本文是希腊化思想背景下的产物，试图以柏拉图主义的思想理解基督教信仰：灵魂是不死的，不只是因为在人死后她继续存在，更因为她在陷入到地上的生活之前是跟父在一起的。在堕落到此生中之后，她就受制于物质的奴役，失去了对神性世界的知识。因此灵魂在此生的任务是回忆起天上的实

---

　　① Justin, *Apologies*, 1.26.1–3.

在,洗净外在的污秽,从而上升到神那里去。该文本中犹太基督教的思想背景
也非常明显,这些因素决不只是后来添加上去的:灵魂并不能自我拯救,她的
拯救要依赖天上的父。当她真正悔改以后,神会大发慈悲,把自己启示在神圣
的经书中,会派遣灵魂的真正的配偶,也就是救主来拯救她。因此可以说该文
本是柏拉图主义和犹太基督教思想的一个综合。

该文本的二元论倾向不强:神不是完全地在遥远的彼岸,他是与灵魂共命
运的;世界也不是由另一个神,即德穆革创造的。在那戈·玛第抄本中,该文
与《权威的教导》思想最接近,跟《腓力福音》的关系也很密切。该文作者不
详,估计写于大约二世纪末至三世纪初的亚历山大利亚。

正　文

引　言

古时候的智者给灵魂取了一个阴性的名字。确实,她在本性上也是阴性 [127]
的,她甚至有一个子宫。

灵魂在世上的命运

在她与父同在的时候,她是童贞的,是阴阳同体的。但是当她堕入到身体
里面,进入到这个世界上来的时候,她就落在许多的强盗手中。那些淫荡的造
物把她彼此转送,并且[…]她。有些用[强力]迫使她,有些则用礼物引诱她。
简言之,他们玷污了她,她[…她的]贞洁。 [128]

她在肉体中做妓女,把她自己给予一个人或者所有人,并且把每一个她要
拥抱的人都看作是她的丈夫。一旦她把自己献给了一个浪子,一个不忠的奸
徒,受到他的利用,她就深深地叹息和后悔。但是她一转身离开那些奸徒,就
又奔向了另外的奸徒,他们强迫她与他们住在一起,在他们的床上服侍他们,
他们欺骗她好长的时间,假装是忠诚的、真正的丈夫,就好像他们极其敬重她。

但是在此之后,他们又会抛弃她,离她而去。

就这样,她成了一个可怜的、孤苦的寡妇,没有人帮她,她甚至没有在受折磨的时候留下一点点食物。因为她从他们那里没有得到任何东西,只留下了她跟他们性交时留给她的污秽。她的奸夫跟她生下来的后代都是哑的、瞎的或者是病的。他们神智是不清的。

父 的 怜 悯

但是上界的父拜访她,看顾她,看到了她为苦难和羞耻叹息,为娼妓生涯而后悔,并且开始呼唤他的名,求他的帮助,[…]全心全意地说:"拯救我吧,我的父,求你看顾,我要向你述说。我抛弃了我的家,从我的闺房里逃出来。让我回到你那里去吧。"他看到她在这样的境况当中,认为她配得他对她的怜悯,因为自从她抛弃她的家之后,已经遭受了许多折磨。

关于淫乱的预言

关于灵魂做娼妓的事,圣灵在许多地方有预言。他借先知耶利米说:

如果丈夫休了他的妻子,她走了,嫁给了别的男人,那么她还能回到原来的丈夫那里去吗?那个妇人不是极大地玷污了她自己吗?主说:"你让自己做了许多牧羊人的娼妓,居然还回到我这里来?""老实地看一看你是在何处做娼妓。你不是坐在街上,用你的淫行和罪恶玷污了整个大地吗?你取了许多牧羊人做了自己的绊脚石。你已经变得在任何人面前都没有羞耻之心。你不再呼唤我这个亲人、父亲或者你的童贞之主。"①

先知《何西阿书》中也写着这样的话:

---

① 参:《耶利米书》3,1-4。

来吧，跟你们的母亲一起到律法那里去，因为她不是我的妻子，我也不是她的丈夫。我要把她的淫行从我的面前消去，我要把她的奸淫从她的双乳间消去。我要让她赤裸，就如同她出生的那天，我要让她凄凉，如同没有水的荒地，我要让她没有孩子。我将不怜悯她的孩子，因为他们都是娼妓的孩子，因为他们的母亲让她自己做娼妓，[把她的孩子们置于羞辱之中]。因为她说："我要跟我的情人行淫。是他们给了我面包、水、衣服、袍子、酒、油和一切我需要的东西。"因此，看吧，我将要把他们关在外面，这样她就不能去追随她的那些奸夫了。当她去找他们却找不到的时候，她就会说："我要回到我以前的丈夫那里去，因为那时候的日子比现在更好。"①

在《以西结书》中他也说：

主说，在经过许许多多的堕落之后，你为你自己建了一个妓院，在街上建了漂亮的所在。你在每一条小巷中建了妓院，你浪费你的美貌，你在每一条巷中都分开你的双腿，你增加了你的淫行。你让自己做那些埃及的子孙的娼妓，他们是你的邻居，是极大肉欲的人。②

但是"埃及的子孙，极大肉欲的人"是什么意思呢？不外是肉体的领域、可知觉的王国，以及地上的事务。因为灵魂就是在通过它们受到玷污的，灵魂在它们那里获取面包、酒、油、衣服以及围绕身体的另外诸多无意义的事物，那些她认为她需要的事物。

关于这样的卖淫，救主的使徒劝诫说：

---

① 参：《何西阿书》2,2-7。
② 参：《以西结书》16,23-26。

> 保守你们自己远离卖淫,你们要清洗掉卖淫的事。①

　　这句话说的不只是身体的淫行,特别指的是灵魂的淫行。由于这个原因,使徒写信写神的教会,为的是这样的淫行不要发生在我们中间。

[131] 　　我们要与灵魂的淫行作最大的斗争。肉体的淫行就是从中产生出来的。因此保罗写信给哥林多人说:

> 我在信中对你们说,"不要与妓女交往",我说的妓女不是这个世界上的妓女,或者贪婪的人、贼、偶像崇拜者,因为那样的话,你们就非得离开这个世界不可了。

这句话的意思是精神性的:

> 因为我们的斗争不是针对肉和血的,而是针对这个黑暗世界的统治者以及邪恶的灵的。②

灵魂的回转

　　只要灵魂一直到处跑,与她所遇见的随便哪个人交配并且玷污自己,那么她就在承受她应得的苦难。但是当她觉察到自己的困境,在父面前痛哭和忏悔的时候,父就会怜悯她,他将会把她的子宫从外面的领域翻过来,让它再次朝向里面,这样灵魂就会获得她原本的性格。女人的子宫不是这样的。因为身体的子宫跟其他的内脏一样是在身体里面的,但是灵魂的子宫是包围在外面的,如同男性的性器官,是在外面的。

　　当灵魂的子宫按照父的旨意转向内的时候,它就受了洗,立即洗净了那些

---

　　① 参:《使徒行传》15,20,29;21,25 节;《帖撒罗尼迦前书》4,3;《哥林多前书》6,18;《哥林多后书》7,11。

　　② 参:《以弗所书》6,12。

附在她上面的外在的污秽,正如一件脏了的衣服被扔到水里去转,直到脏东西去掉,变得干净为止。因此灵魂的清洗是要重新变成新的,恢复他以前的性质,让她再次回转。这就是她的洗礼。 |132|

接着,她会开始情绪激动,如同生产的妇人那样,在生出孩子的那一刻翻转激动。

新　　郎

但是由于她是阴性的,她自己没有能量生出一个孩子。从天上,父把她的男人派来了,他是她的兄弟,是首生者。接着新郎就来到了新娘这里。她放弃了以前的淫行,洗净了奸夫们的污秽,她更新自己,成为一个新娘。她在婚房里洁净自己,她让婚房充满了香气,她坐在那里等待真正的新郎。她再也不在市场里到处跑,与她想要的随便哪个人交配,而是一直在等待他:"他什么时候来?"她对他怀着畏惧,因为她不知道他长得什么模样,自从她从父的屋子逃出,她已经记不起了。但是按照父的意志〈…〉。她梦见了他,如同一个女人恋上了一个男人那样。

然后,新郎遵照父的旨意降临到了已经预备好的婚房之中。他装饰了新娘的闺房。

灵魂与新郎结婚

另一方面新郎又依照父亲的意愿,进入她预备好的新娘房间。这种婚姻不同于肉体的婚姻。那些彼此性交的人满足于性交。就好像它是一种负担,他们把肉体欲望的烦恼抛在了身后,然后他们就彼此转过脸去。但是这种婚姻则[…]。一旦他们彼此结合,他们就成了同一个生命。如同先知谈到第一 |133| 个男人和第一个女人时说:

　　他们将成为一体。①

---

①　参:《创世记》2,24。

因为在父那里的时候,在女人把男人,也就是她的兄弟,引上歧路之前,他们本来就是彼此相合的。这场婚姻再一次把他们一起带回了,灵魂与她的真爱,她的真正的主人结合了,如经上所说:

> 女人的主人是她的丈夫。①

然后,她逐渐地认识他,她再次快乐起来,她回想起以前做寡妇的时候的耻辱,就在他面前哭泣起来。她更美丽地打扮自己,让他愿意跟她待在一起。先知在诗篇中说:

> 看吧,我的女儿,听吧,侧着你的耳朵倾听,忘记你的人们,也忘记父的屋子,因为国王已经倾慕你的美丽,因为他就是你的主。②

因为他要求她转脸,背对她曾经失身于其中的人民和她的众多的奸夫,一心专注于她的王,她的真正的主,忘记地上的父的屋,跟他在一起,她的景况曾经过得很糟,而要记住天上的父。经上对亚伯拉罕说:

> 从你的国、你的人民、你的父亲的屋里面出来。③

就这样,当灵魂再次把自己打扮得美丽[…]喜欢她的爱人,而他也爱她。当她与他性交之后,她就从他那里得到了种子,那就是给人以生命的灵,这样,通过他,她生下了好的孩子,并抚养他们。这就是伟大的、完美的出生的奇迹。就这样,这场婚姻按照父的意愿成为完美。

灵魂重生自己,再次成为她从前的样子,这是适当的。这样一来,灵魂就

---

① 参:《创世记》3,16 节;《歌罗西书》11,1 节;《以弗所书》5,23。
② 参:《诗篇》45,10-11。
③ 参:《创世记》12,1。

主动地行动。她从父那里领受了神圣的本质,从而返老还童,可以回到她本来所在的那个地方。这就是从死里复活。这就是从因禁中被救赎。这就是上升到天上去的旅行。这就是上升到父那里去的道路。因此先知说:

> 赞美主,啊,我的灵魂,以及在我里面的一切,赞美他的圣名;我的灵魂赞美神,他赦免了你们的罪,他医治了你们的一切疾病,他把你们的生命从死亡中拯救出来了,他用他的仁慈作你们的冠冕,他满足了你们对美好事物的向往。你们的青春将如同鹰那样得到更新。①

当她再次变得年轻以后,她就将上升了,赞美那拯救了她的父和她的兄弟。因此,灵魂是通过重生而得救的。得救不是由于生搬硬套的句子,也不是靠专业的技术,也不是靠书上的学问。相反,这是[…的]恩典,这是[…]的礼物。这件天上的事就是这样的。因此救主呼喊道:

135

> 没有人能够到我这里来,除非我的父拉他,把他带到我这里来,我自己也将在末日把他提起来。②

忏 悔 祷 告

因此应当向父祷告,用我们的整个灵魂呼唤他,不是用我们外在的唇,而是用我们内在的灵,这是发自我们深处的:

> 我们叹息,
> 我们为我们生活过的生活而忏悔,
> 我们承认我们的罪,
> 我们觉察到了我们曾经在里面的空虚的欺骗和空虚的热心,

---

① 参:《诗篇》103,1-5。
② 参:《约翰福音》6,44。

> 为我们曾经落入其中的黑暗和波浪而哭泣，
>
> 我们为我们哀哭，为的是他会怜悯我们，
>
> 我们憎恨自己如何到了现在的处境。

关于真正的忏悔

救主又说："哀恸的人有福了，因为他们必蒙怜悯；饥饿的人有福了，因为他们要得饱足。"①他又说："人若不恨恶自己的灵魂，就不能跟从我。因为救恩的起头乃是悔改，所以在基督出来以前，先有约翰来传悔改的洗礼。"②悔改发生于困苦悲痛之中。但神是善的，他爱人，他听到了灵魂对他的呼唤，就把拯救的光派到他那里来。因此他通过灵对先知说：

> 对我的人民的孩子们说："纵然你们的罪从地上伸展到天上，纵然这些罪红得像猩红，比粗麻布还黑，但是只要你们用你们的整个灵魂回归于我，并且对我说，'我的父'，那么我还是要把你们当作圣民来看顾。"③

在另一个地方也说：

> 因此主，以色列的圣者，说："如果你回归并且叹息，那么就将得救，也将知道，当你以前相信那些空虚事物的时候，你是在哪里。"④

在另一个地方他再次说：

> 耶路撒冷痛哭，说："怜悯我吧！"他听到你的哭声就会怜悯你。当他

---

① 参:《马太福音》5,4。
② 参:《路加福音》14,26。
③ I Clement 8.3.
④ 参:《以赛亚书》30,15。

看的时候,他就会留心你。主将会给你磨难当面包,给你压迫当水。从现在起,那些骗人的将不再会靠近你。你的眼睛将会看到是谁在欺骗你。①

因此应当日夜向神祈祷,我们要向他展开双手,就如同航行在海中的人们:他们全心地向主祈祷,没有一点虚伪。那些虚伪地祈祷的人欺骗的只是他们自己。确实,为了知道谁配得拯救,神检验人的内心,探究到心灵的深处。凡是依然爱着欺诈之地的人都不配得到拯救。因此在史诗中写道:

奥德赛坐在岛上悲伤哭泣,把他的脸从卡吕普索的话语和诡计中转过来,向往看到他的村庄和看到村里升起的炊烟。要不是他从天上得到了救助,他就无法回到他的家乡。②

[海伦(Helen)]⟨…⟩也说:

[我的心]背离了我。我想回的不是我的家。③

因为她叹息说:

阿佛洛狄忒(Aphrodite)欺骗了我,把我带离了我的村庄。我丢下了我唯一的女儿,还有善良、体贴和英俊的丈夫。④

因为,当灵魂由于阿佛洛狄忒——她存在于这里的生育行为之中——的诡计而离开了她的完美的丈夫的时候,她就会受到伤害。但是,如果她叹息、

① 参:《以赛亚书》30,19-20。
② Homer, *Odyssey* 1.48-59.
③ Homer, *Odyssey* 4.260-261.
④ Homer, *Odyssey* 4.261-264.

悔改,他就会回到她的屋里。

当然,要是以色列没有向神叹息,为它所受的劳苦的压迫而哭泣的话,就不可能回到最初的地方,离开埃及地,逃离束缚的屋。《诗篇》中写道:

> 我呻吟,极度苦恼。我每夜以泪水洗我的床和被。我在我的一切敌人中间变老。离开我吧,你们所有这些不法的人。看吧,主已经听到了我的哭声,主也已经听到了我的祷告。①

结　语

如果我们忏悔,神真的会照顾我们。他有浩大的宽容和丰盛的慈爱,荣耀归于他,直到永永远远。阿门。

---

① 《诗篇》6,6-9。

意想我们的伟大的能量

《意想我们的伟大的能量》(*The Conception of Our Great Power*, NHC VI, 4) 是启示录类型的文献, 其核心是对世界末日的戏剧性描写。它开篇表达了这样的观点: 我们的得救是靠着认识我们的伟大的能量。"我们的伟大的能量"就是至高神。该文献把历史分为三个不同的移涌: 1) 属肉体的移涌, 在大洪水的时候终结; 2) 属魂的移涌, 救主在世界大火中显现的时候终结; 3) 永不毁灭的属灵的移涌。

是那戈·玛第抄本中保存状态较好的文本之一, 但也是最难理解的文本之一。这也许是由于科普特文的译者没有完全理解原文的原因——这在该抄本中是常见的现象, 我们只要看一下柏拉图对话的科普特译文就清楚了。其次是因为文本中的主语常常是不清楚的。其三是由于文本没有一个逻辑结构, 各个段落之间没有联系。可以设想该文献不是一个整体。

各段落的主题可以理解为是对圣经论题的诺斯替解释, 如大洪水、犹大的出卖、世界大火以及万物的更新等。其中有典型的诺斯替派对旧约神的贬低, 也有典型的诺斯替神话, 如灵魂的起源、对阿其翁和属肉体者的批判。它也批判了被爱庇芳组视为诺斯替异端的纵欲主义的相异派(Anhomoean)①。把这些单个的片段组合在一起的外在框架是一个人物的启示讲话, 这个人物可以认为就是天上的真理, 或者"伟大的能量"。讲话者是第一人称单数或复数, 听者是第二人称复数。

---

① 相异派是阿里乌派(Arianism)分裂后形成的极端派别, 坚持圣父和圣子根本不同。

该文本的写作时间难以确定,从它提到相异派来看,大概是 4 世纪的作品。

正 文

标　题

[36]　心灵的知觉,对伟大的能量的意想。

应　许

有谁认识了我们的伟大的能量,他就将会不可见。火也将无法将他焚烧。他将会变得纯净,将会消灭一切凌驾于你们之上的权力。因为每一个人,只要我的形象在他里面得到彰显,他就将得到拯救,(年纪)从七天到一百二十岁(都是如此)。① (这一些人),我强迫他们去把整个毁灭收集起来,还有我们的伟大的能量的字母,为的是他们把你的名字写在我们伟大的光明里面,(为的是他们)把他们的意念和工作带向完美,为的是他们得到净化,被分散、被毁灭、被聚集在那个地方,② 在那个地方没有人看得见我。但是你们将看到我,你们也将在我们的伟大的能量里面准备好你们的居所。

对知识的号召

认识那已经消逝者是如何产生的,这样你们也将认识那活着的是如何产[37]生的,他如何才能被认识,这个移涌属于哪种现象,或者他是属于哪一类的,或者他是如何产生的。[为什么]你们不问,你们将成为哪一类呢,或者你们是如何进入存在的呢?

---

① 参:《创世记》6,3。
② 这里的意思可能是:被分散的将被统一,被毁灭的将被聚合。也许是特普特文译者未能准确地表达原意。

关于生命之水和崇高者

你们要认识,水有多大,它如何地深不可测、不可度量,从开端直到终结,它承负着大地,它在空中吹拂,就是诸神和天使所在的地方,在那位高于所有这一切的那一位那里,在那一位里面有恐惧和光明!我的书就是通过他启示出来的。我已经让它们服务于属肉体的事物的创造了,因为没有人能够不依赖于那一位而存在,这个移涌也不可能没有他就能活着,因为他拥有那些在他里面者,在纯净中看着它。

关 于 灵

然后你们要看那个灵,知道他在什么地方。他把自己给了人,为的是他们每天都通过他获得生命。他有生命在自己里面,他可以赐给他们所有人。

世界与灵魂的产生

然后黑暗与幽冥接受了火。然后幽冥将会释放出属于我的东西。她的眼睛不能够忍受我的光。在灵和水运动的时候,其余的事物进入了存在:整个受造的移涌及其能量。火从他们那里出来,能量进入到能量之中。于是众能量有了向往,想要看到我的形象。于是这些灵魂成为我的形象的影像。 `38`

属肉体的移涌及其审判

这是已经进入存在的工作。看吧,它是属于哪一类的:在它形成之前,它是不会看的,因为属肉体的移涌是在极大的身体中进入存在的。它们在受造物中被分配到了很长的日子。当它们被玷污并进入到这个肉体之中的时候,属肉体的父,就是那水,自己进行了审判。当他发现了虔诚而高贵的诺亚的时候,这个属肉体的父,这个天使的掌管者,判给这个虔诚的人120年的时间。没有人听从他的。他用木头造了一个方舟,那些他发现的,都进入了这个方舟。然后大洪水发生了。就这样,诺亚和他的孩子们得救了。因为假如方舟 `39`

没有造成,那些人没有进入的话,洪水可能就不会来了。就这样,他考虑要拯救诸神、天使和能量,所有这一切的伟大,以及营养和生活方式,他把他们都从移涌转移出来,在一个稳固的地方喂养他们。于是属肉体的审判就瓦解了。只有能量的工作留存下来。

关于属魂的移涌

接着就是属魂的移涌。它是一个小的,与身体混在一起的,在身体里面它生出了灵魂,并且被玷污了。受造物的第一个玷污是能量。它生出了每一种后果:愤怒、恼火、嫉妒、恶意、憎恨、诽谤、鄙视、战争、谎言、恶谋、担忧、快感、下流、污秽、谬误、疾病等随他们的意愿的不公正的审判。①

苏 醒 的 召 唤

40 你们还在睡觉,梦着你们的梦。醒来吧! 回来吧! 品尝、食用这些真正的食物! 交出话语和生命之水! 放弃这些恶的欲念和相异派(Anomoean)的学说②,他们是没有根据的邪恶的异端。③

关于世界大火

火的母亲是虚弱的。她把火带到灵魂与大地上面,她点燃了在她里面的一切居所。然后她的牧草(食物)死了。而且,当她找不到别的东西可以燃烧的时候,她将会把她自己烧毁。于是这个世界将会没有身体,在没有身体的情况下,她将焚烧物质,直到一切都烧净,把一切恶都烧净。因为当她找不到可以烧的事物的时候,她将焚烧她自己,直至她自己被烧尽。

---

① 这些坏的后果参看:《罗马书》1,29-31;《加拉太书》5,19-21;《权威的教导》31,1ff.。
② 德文版同时提供了另一种可能的译法:"相异派"译为"与我们的本质相异的事物"。
③ 与此相似的诺斯替派的召唤,参:《约翰密传》31,14ff.;《雅各启示录(二)》59,13ff.;《秀华努的教导》88,24ff.;《普鲁娜娅的三形态》36,9ff.。

关于耶稣的工作和命运

在这个属魂的移涌里面,那个认识伟大的能量的人将会进入存在。① 他将接纳我,他将认识我。他将啜饮工作之母的奶。他将用隐喻说话,他将宣告即将到来的移涌,正如他在第一个属肉体的移涌里面对诺亚说话那样。就他 |41|的话语而言,他讲出来的话都是用 72 种语言宣讲的。他用他的话语打开了诸天之门。他把羞耻带给了幽冥世界的统治者,他唤醒了死去的人,他摧毁了幽冥的统治。

然后有一个极大的动乱产生出来。阿其翁们针对他升起了怒火。他们想把他交给幽冥的统治者。然后他们认识了他的一个门徒。② 一个火抓住了犹大的灵魂。他就把耶稣交出来了,因为没有人认识耶稣。他们行动,并且抓住了他。他们给他们自己带来了审判。然后他们把他交给了幽冥的统治者,为了 9 个铜币把他交给了撒撒贝克(Sasabek)。耶稣准备好要下去,要羞辱他们。然后幽冥的统治者就抓住了他。但是他发现他的肉身的本质是无法找到 |42|的,因此他没有办法抓住他,让他显现在阿其翁们面前。于是他说:这一个是谁? 他是什么?③

耶稣的话语取消了移涌们的律法,他来自于生命的能量的逻各斯。他胜利地克服了阿其翁们的命令,他们再也不能通过他们的影响力去统治他了。阿其翁们寻找已经发生的事。他们不知道这是他们的末日的征兆,他们不知道这是移涌的交替。太阳在白天下山了,白天变黑了。魔鬼们陷入极大的不安。他将把自己显现出来,向天空上升。未来的移涌的征兆也将显现,而这个移涌即将消熔。

---

① 也许是指耶稣。
② 指犹大。后面有关于犹大之背叛的诺斯替解释。
③ 阿其翁不认识耶稣的本质,这在诺斯替经书中是很典型的解释。参:《彼得启示录》81,25ff. 。

祝　福

那些认识跟他们讨论过的这些事的人，他们将是有福的。他们将被显现，他们将会蒙福，因为他们将会认识真理。因为你们已经在诸天之中找到了安息。①

关于耶稣的门徒

43　　然后将会有许多人跟随他，他们将在他们的出生之地做工。他们将行走，他们将按照他的意志去传扬他的话语。

未来的移涌与现在这个移涌的比较

看吧，这个移涌已经过去了。那个过去的移涌的水有多大？移涌有多大？人们应当如何做好准备？他们将如何被确立？他们将如何成为不朽的移涌？

关 于 审 判

首先，按照他的宣告，他宣告了第一个移涌和第二个移涌。第一个移涌在时间中毁灭了。他终结了第一个移涌，他在它里面行走，直到它的毁灭，在里面传道了一百二十年。这是一个完美的数，是最崇高的数。他废掉了西方的边界，然后毁灭了东方。就这样他毁灭了你们的种子和那些愿意追随我们的伟大的逻各斯和他的宣告的人。

阿其翁和敌基督者的作为，关于救主

然后阿其翁们的怒火燃烧起来了。她们由于他们的毁灭而蒙羞。她们因
44　愤怒而燃烧起来，把怒火对准了生命。城邑倾覆，山峦消失。那个阿其翁来了，连同西方的阿其翁们，到东方去，也就是到那个地方去，就是逻各斯最初显

---

① 安息作为死后的福祉，参:《马太福音》11,29;《真理的福音》40,24.ff;《闪意解》29,23ff.。

现的地方。然后大地移动了，城邑被震动。然后鸟们攫食并吃了它们的死者。大地与有人居住的世界一起哀叹，它们被毁灭了。当时间圆满的时候，邪恶很高地升起，直到逻各斯的最尽头。那个西方境域的阿其翁就站在那儿，他将在东方做一件事，他将教导人们进入到他的邪恶之中。他要消灭一切教训，就是来自于真理的所费娅之话语，却爱上了那个说谎的所费娅。他要攻击年长者，因为他想引来邪恶，却穿上高贵的外衣。但是他做不到，因为他的衣服的污点不可胜数。于是他盛怒起来。他进入显现，想要向上穿越那个地方。

然后那个预定的时间点来到，靠近了。他改变了他的命令。然后那个时间到了，直到孩子已经长大。当到了成年的时候阿其翁们派来了假冒者（敌基督者）到那个人那里，然后他们认识了我们的伟大的能量。然后他们期待他行一个奇迹。他行了极大的奇迹。他统治了整个大地和天下的万有。他坐在大地尽头他的宝座上面，因为：我要让你成为世界的王。他将行神迹与奇事。然后他们将离我而去，走到谬误里面去。那些追随他（假冒者）的人要行割礼，他也将审判那些不行割礼的真正的人。因为他预先派来了许多的使者，到处以他的名义传道。当他满足了地上王国的既定的时间以后，对灵魂的净化就将到来，因为邪恶对你们行了恶事。大海的一切能量都将发抖并且干枯，天穹也不再降下甘露。泉源枯竭了。河水不再流向它们的源泉。大地的泉源之水不再流淌。于是深渊将会拱起敞开。星星将会变大，太阳将会变小。

⁴⁵

⁴⁶

关于世界的终结

我将会把那些认识我的人收回。他们将进入到这不可测度的光明之中，在那里没有属肉体的人或者火的狂喜能够抓住他们。他们将会变得轻松、纯净，因为没有什么东西能够拖累他们。我亲自保护他们，让他们穿上清洁的衣袍，那衣袍是火、黑暗、风都无法触及它的，（穿上了这件衣袍面对这一切）可以眼睛都不眨一下。

然后他将到来，毁灭一切。他们将会被惩罚，直到变得纯洁为止。分配给他们的时间，让他们掌权的时间，共 1468 年。当火把他们都焚烧干净之后，找

[47] 不到其他可以焚烧的东西的时候,它将自我毁灭。然后[…]将满足[…][…]那[第二个]能量[…]仁慈将会来到[…]通过所费娅[…]。然后天穹[将][落到]深渊里面去。然后属物质的儿子们将会被毁灭,从这一刻之后,他们将不复存在。

关于灵魂的拯救

然后那些灵魂将会进入显现,他们通过那能量的光明变得神圣,那能量是高于一切能量的,是不可测度的,包容一切的,(包容)我和一切将会认识我的人。他们将在美的移涌之中,将在审判的移涌之中,因为他们已经在智慧之中。此后他们将会赞颂那一位,在不可思议的一里面的那一位,由于在他们里面的他的爱,他们看到了他。他们都在他的光明里面成了映像。他们都发出光明,他们都在他的安息里面找到的安息。

他将释放那些受罚的灵魂,他们将会处在纯洁之中。他们将会看到圣徒,
[48] 向他们呼喊:怜悯我们吧!高于众能量的伟大的能量!因为[…]在不正义之树里面,那在[…]对他[…]他们的眼睛。[他们]没有追求他,因为他们既不寻找我们也不相信我们,而是按照阿其翁和他的另外的统治者的受造物行事。我们虽然出生在有律法的阿其翁的创造之中,但是我们的行事却是与我们的肉体的出生相反的。我们自己是来自于不变的移涌的。

权威的教导

　　《权威的教导》(*Authoritative Teaching*, NHC V.3) 用许多隐喻描绘了灵魂的起源、状态及其终极归宿，与《对灵魂的注释》相似，是一份公开的文献，可以视为一份关于忏悔的冥想文章，有教理问答文献的性质。有几个隐喻是希腊化时期常见的(如斗争的图境、新郎新娘等)，另外的如渔夫或者身体交易者的隐喻则是从未为人所知的。

　　该文献中可以看出柏拉图主义的影响，如心灵的灵魂、精神的灵魂与物质的灵魂，灵魂在地上的斗争以及上升等；也可以看出它所受的基督教的影响，如其中有引用圣经或者暗示圣经的地方。该文本的诺斯替特征是明显的，其中婚房、寻找并且找到、对自我的根源的知识等，都是诺斯替文献所特有的内容，但是其中没有一个清晰的诺斯替神话，从这点上看，它与《对灵魂的注释》和《秀华努的教导》很相像。另外，在把旧约神与至高神等同起来这一点上，它与上述两篇文献也是相似的，这是诺斯替文献中不太常见的看法。跟《秀华努的教导》一样，该文献也提出了不要"堕落到兽性之中去"的警告，其灵魂的神话(婚房的比喻)与《对灵魂的注释》相似，跟《腓力福音》也有紧密的亲缘关系。

正　文

灵魂在天上的起源

　　[…][…][…][…]在天上[…]在他里面[…]任何人显现[…]那个隐

22(1—4
行缺失)

藏的天［…］显现并且在不可见的、不可言说的世界［前面］显现出来。从这里面，不可见的正义的灵魂出来了，她既是肢体的伴侣，也是身体的伴侣，也是灵的伴侣。无论她在下降的时候，还是在普累罗麻之中，她都没有与它们——肢体、身体与灵——相分离，而是它们看着她，她也在不可见的逻各斯①里面注视着它们。

道是灵魂的饮食和药物

她的新郎把它（逻各斯）拿来给她，他把它放在她的嘴里，让她把它像食物那样吃掉。他又把逻各斯像药物那样放在她的眼睛里，为的是她能够用她的心灵看，认识她的亲人，获得对于她的根源的知识，为的是她跟她的肢体联合起来，她一开始就是从那条肢体出来的，为的是让她接纳属于她的，把［物质］抛在身后。

真假遗产的比喻

23（1—3
行遗失）

就好像［一个男人和一个女人］已经各自有了孩子，他们［结婚了］，那个男人自己的儿子们，也就是他亲生的儿子们，那个女人的儿子们把他们称为"我们的兄弟"。属灵的灵魂也是如此：当他们被扔入到了身体之中去的时候，他们就成为了欲望、憎恨与嫉妒的兄弟了，并且成了一个属物质的灵魂。因此身体来自于欲望，欲望来自于物质性的存在，就这样灵魂成为了它们的兄弟。

它们确实是非婚生子：对它们来说，继承阳性是不可能的，它们只能继承母亲的东西。② 因此每当灵魂想与这些非婚生子一起继承的时候——这些非

24（1—3
行缺失）

婚生子的财产无非就是激情、骄傲、生命的欲望、嫉妒、憎恨、虚荣、无益的流言、指控——［…］［…］［…］她［…淫乱］。他把她关在门外，［把她扔］到了妓院里面。［…］因为她［放荡…］。她把规矩［抛到了一边］。生与死摆在每一个

---

① 英文版译为"不可见的世界"，这里依据德文版。
② 参：《对灵魂的注释》128,23ff.。

人的面前。要这两者里面的哪一个,每人得自己选择。

那一个(灵魂)将会在放纵之中纵情地醉酒,因为酒就是纵情之物。因此她将不会再想起她的兄弟和她的父亲,因为欲望和甜头迷住了她。

随后她抛弃了知识,堕落到一种兽性之中去了。因为一个失去理性的人是生活在兽性之中的:他不知道说什么话是得体的,说什么话是不得体的。那谨慎的儿子则不同,他快乐地继承了他的父亲,他的父亲也为他感到喜悦,因为由于他的缘故,父亲获得了每一个人的尊敬。而且这个儿子还会以一种方式和方法,把他所领受的翻倍。

那非婚生的孩子[…][…]与[…]相混合,因为只要一个欲望的念头进入到一个童贞的男子的心里,他就已经被玷污了。这些被欲望支配的人,他们的贪婪是无法与节制相混合的。 25(1—3 行缺失)

麦子和谷壳的比喻

因为当谷壳与麦子混在一起的时候,被玷污的不是谷壳,而是麦子。由于它们混在一起了,没有人会买他的麦子,因为麦子已经被玷污了。他们会哄他(卖麦子的人)说:"给我们谷壳吧!"如果他们看到麦子被混在谷壳里的话;直到他们最后把麦子取出来,把壳与其他的壳一起扔掉,那谷壳就与一切其他的物质混合起来了。人们把纯净的种子储藏在可靠的地方。这一些我们都是已经说过的。

父发动战争

在有事物存在之前,唯有父独自存在着,他先于显现在天上的诸世界,先于地上的世界,也先于一切统治者、上级和能量。显现[…]并且[…并且]没有什么事物不是按照他的意愿进入存在的。然后他,父,想要让他的[财富]和荣耀显现出来,于是就在这个世界里面带来了一场大的战争;因为他想把战斗者显现出来,希望所有的战斗者都把那些进入存在的事物抛在身后,凭着一种崇高的、不可思议的知识唾弃它们,并奔向存在的那一位。 26(1—3 行缺失)

至于那些跟我们作对的人,也就是我们的那些对手,我们将用我们的知识战胜他们的无知,因为我们已经认识到那位不可测度者,我们就是从他那里来的。我们在这个世界上一无所有,那已经进入存在的这个世界的掌权者们并不能把我们羁留在诸天的诸世界里面,在那些世界里面有着无所不在的死亡,被一个一个的[⋯]围绕着[⋯][⋯][⋯]世界的[⋯]。

27(1—3
行缺失)

弃绝这个世界

[我们]在[诸世界中]被羞辱。我们不在乎这些[恶意诽谤羞辱]我们的人。他们伤害我们的时候,我们也置之不理。他们当面辱骂我们的时候,我们只是看着他们,一言不发。

因为那些人是在干他们的事,而我们则是要如饥似渴地去到那个地方去,去那个我们一生的行为和良心所向往的居所。我们不执着于这些已经进入存在的事物,相反,我们要离弃它们,把我们的心安放在那存在者上面。当我们生病、虚弱和悲伤的时候,还有一个极大的力量隐藏在我们里面。

道医治了灵魂的睁眼

我们的灵魂的确是病了,因为她住在一个贫穷的房子之中,物质击打着她的眼睛,想把她弄瞎。由于这个原因,她追求逻各斯,把它如同药物那样放在自己的眼睛上面。在逻各斯里面她睁开她的眼睛,扔掉了[⋯]想着[⋯]瞎眼[⋯]。此后,当那一个再次处于无知之中的时候,他就完全地变黑了,成为了物质。灵魂也是这样,她每时每刻[⋯]一个逻各斯,就像药物那样放在眼睛上面,为的是能够看见,为的是她的光能够隐去那些与她冲突的力量,为的是她的光明可以把它们照瞎,为的是她可以用自己的临在笼罩它们,为的是让它们在昏睡中倒下,为的是她可以无畏地运用她的力量和权杖。

28(1—3
行缺失)

警惕仇敌的圈套

当她的仇敌羞耻地看着她的时候,她就急忙向上到她的宝库中去了——

她的心灵就在那个宝库里面。那库房是安全的,因为凡是已经进入存在的事物,没有谁能够获准进入的,而她也从未接纳陌生人进入其中。有无数在她的房子里面生出来的,日夜与她斗争,日日夜夜没有安宁,因为它们的欲望逼迫着它们。 [29]

因此我们不睡眠,也没有忽视在暗处铺展开来、准备要捕获我们的罗网。因为,只要我们被一张网捕捉了,它就会用口子吞没我们,用洪水淹没我们,并击打人们的脸。我们将被拖网往下面拉,我们将无法从那里向上走,因为那里的水比我们高,从天上向下面浇灌,把我们的心沉浸在污水之中。我们将无法从那里逃出来。食人者将会抓住我们,吞食我们,如同一个往水里抛下了鱼钩的渔夫那样欢喜。因为他往这水里面投入许多种的诱饵,每一种鱼都有相应的诱饵。他闻到它,就会追逐它的香气。当他把它吃掉的时候,那个隐在鱼饵里的鱼钩就把他捉住了,并且粗暴地把他从深水里面拎出来。没有人能够把那个在深水里面的鱼抓住的,除非用那个渔夫的办法:用一个诱饵,他让鱼上 [30] 了钩。

我们就像鱼一样生活在这个世界里面。我们的敌人警醒地注视着我们,就像渔夫那样守候着我们,想要把我们抓住,美美地把我们吃掉。他在我们的眼前[扔]了许多诱饵,都是一些属于这个世界的东西,他希望我们会对它们有欲望,稍稍地去吃一点,这样他就可以用隐藏在里面的毒药抓住我们,把我们从自由之中拎出来,投入到奴役之中。因为哪怕他只是用一种诱饵抓住我们,我们也将被迫欲求其余的诱饵。最后,这些给我们的事物就成了死亡的诱饵。

恶魔用以守候我们的就是这些诱饵:他先把一种悲伤投放到你的心里,让你会为生活中的一点小事而伤心,然后他就用一种毒药抓住你;然后他又用一种对衣袍的欲望抓住你,让你在其中感到骄傲;然后他又用贪财、傲慢、虚荣、 [31] 嫉妒等其他的激情、身体之美以及欺诈掠夺等。其中最坏的就是无知和安逸。

敌人把所有这一切都布置得非常巧妙,把它们散布在身体的前面,因为他想,灵魂的一种感官会受其中某一种的吸引,这样他就可以把她抓住了,就如同鱼钩那样粗暴地把她扔入到无知之中,欺骗她,直至她怀上了罪恶,生育出物质的果子,在污秽中游荡,追求许多欲望和贪婪,让肉体的享受把它拉入到无知之中。

知识就是灵魂的拯救

然而那已经品尝过这些事物的灵魂认识到,甜蜜的情欲是短暂的。她已经获得了关于邪恶的知识。她已经把甜蜜的情欲剥掉了,进入到了一种新的生活行为之中。然后她看清了这个人生,看到了这个人生的短暂,开始追求那些能够把她带到真正的生命之中去的食物,把那些骗人的诱饵抛在身后,获得关于她的光明的知识。她在漫步中剥去了这个世界,从里面穿上了真正的衣袍,不是在肉体的骄傲之中,而是在心灵的美丽之中,穿上了新娘的衣服,领受了关于她的深的知识,奔入到她的园子之中,而她的牧人就站在那门边。作为她在这个世界所受的一切羞辱和嘲笑的报答,她将在那个世界获得一万倍的恩典与荣耀。

她把身体交还给了把它给她的人,于是那些买卖身体的交易者就受到了羞辱,他们坐在那里哭泣,因为他们再不能用那个身体做买卖了,他们也不能找到别的交易者跟他们交易。他们曾经付出了极大的努力为这个灵魂造了这个身体,为的就是要打倒这个不可见的灵魂。现在他们却因他们的工作而蒙羞了,因为他们失去了为了捕获她而费尽了心机的灵魂。他们不知道,她拥有一个不可见的灵性的身体,他们想:"我们是牧养她的牧人。"他们不知道,她已经认识了另一条道路,那条道路对于他们是隐藏的,是真正的牧人通过知识传授给她的。

没有开悟的人比异教徒更坏

但是那些无知的人既不寻求神,也不探问他们自己的在寂静之中的居所,而是在兽性中游荡。那些人比异教徒还要差:因为首先他们并不探究神,他们的坚硬的心使他们行事残酷。而且,如果他们遇到另外的询问拯救之事的人,就会用他们的坚硬的心对付他。如果他不停地问,他们就会残酷地杀死他,以为这是为他们自己做了一件好事。

事实上,他们是魔鬼的孩子! 即便是异教徒也知道要仁慈,知道天上的神是存在的,是万有之父,是高于他们所崇拜的偶像的。他们只是没有听到话语召唤他们说,他们应该去探究他的道路。而那些没有悟性的人则是这样的:他们尽管已经听到了召唤,但是他们却不认识那个他被召唤的地方。在布道的时候,他们也不会问:我应该去的那个殿在哪里呢? 我应该在里面祈祷我的盼望的殿在哪里呢? 由于他们缺乏悟性,他们比异教徒还要差,因为异教徒也知道那条通向他们的会朽坏的石头殿的道路,敬拜那个偶像,把他们的心安放在它上面,因为它就是他们的盼望。但是话语已经向这些没有悟性的人宣讲过了:"你们要寻找、探求你们应当走的道路,因为再也没有别的事能比这一件事更好的了。"结果是他们的坚硬的心的本质连同无知的力量和谬误的魔鬼一起打击他的心灵,它们不允许心灵上升,不允许心灵努力地去寻求并且认识他的盼望。

开悟的灵魂上升到安息之地

但是有悟性的灵魂则在竭力地寻求,获得了神的知识。她艰苦地求索,在身体中忍受逆境,不知疲倦地奔跑在传道者后面,获得了关于不可思议者的知识。她找到了她的上升,她安息在安息者之中。她安居在婚房之中,享用她所渴求的盛宴,她得到了不朽的食物。她找到了她所寻求者。她在劳苦中获得了安息,永远不落的光明照耀在她的身上。属于她的还有荣耀、能量和启示,直到永永远远。阿门!

真理的见证

《真理的见证》(*The Testimony of Truth*, NHC IX.3) 是诺斯替派旨在破除"异端"、确立"真"信仰和"真"修行的一篇神学论证文章。这个文本由两个主要部分组成。第一部分是一篇结构严谨的布道文,作者层次分明地论说了真理与假道理之分别,旨在巩固本派信仰,防止正统基督教会的谬误。第二部分是一个附篇,重申在布道文中已经阐明的观点,并且辩驳其他诺斯替派的观点。

一、布道文批判了律法、相信"肉身复活"的殉道主义者、婚姻和性,认为真正的诺斯替主义修行是要弃绝世界,重新融入不朽的国度,真正的见证是"认识自己就是认识神"。

二、附篇是对《创世记》第三章中的寓意解经,把蛇解释成是生命和知识的彰显者,而把神描写为一个恶毒和无知的魔鬼。还有一个很有趣的部分批评了其他的诺斯替派,包括瓦仑廷派、巴西利德派以及西门派的教义。《真理的见证》的作者把这些教师和群体视为异端,这很有可能是基于伦理和宗教修行。

本文的基督教诺斯替主义受亚历山大利亚其他诺斯替主义传统,特别是瓦仑廷派的深刻影响。不过,他拒斥了瓦仑廷派教义和修行中的某些特征。亚历山大利亚的克来门提到的卡西安努斯(Julius Cassianus)可能是本文的作者。卡西安努斯从"瓦仑廷派"中分裂出来,①奉行严格的禁欲主义,谴责婚姻

---

① Clement of Alexandria, *Stromata* 3.93.

和性交。这个文本的保存状况非常差,原稿只剩下一些残片,差不多有一半的内容已经遗失。

正 文

灵性真理与律法

我要对那些人说话,他们听闻领悟,不是用肉身的耳朵,而是用心灵的耳朵。有很多人寻找真理,但是却没有能找到,因为法利赛人的旧酵和律法家主宰了他们。那旧酵就是天使、魔鬼以及星宿[的]引人走上歧途的欲望。而法利赛人和律法家则是属于阿其翁的,就此而言他们是强大的。

律法之下的人没有谁能够仰望真理,因为他们不能够侍奉两个主人。因为律法的污点是显然的,而纯洁乃是属于光明的。律法一方面要求人要嫁娶和生育,繁殖众多如同海中的沙,另一方面又用甜蜜的激情束缚那些出生在这里的灵魂,那些污染别人的人和被别人污染的人的灵魂,为的是律法能够通过他们得到实行。很显然,他们是帮助这个世界的。他们[背离]光明——对于他们来说,在付清最后[一分钱]之前,[要越过]黑暗的阿其翁乃是不可能的。 [30]

人子的显现与作为

人子来自于不朽,他是与污秽相异的。他通过约旦河来到这个世界,于是约旦河立刻就向回流。施洗约翰见证了耶稣的[降临]。因为唯有他见到了降临到河上的[能量],因为他知道,肉体繁殖的统治已经走到尽头。约旦河就是身体的能量、欲望的激动,约旦河水就是性交的欲望。而约翰则是子宫的 [31] 阿其翁。

这就是人子向我们启示的:如果你们能够完完全全地接受,你们就应当接受真理的道。对于那些处于无明之中的人来说,要他们减少他所做的[黑暗]的事情是困难的。[然而]对于那些[已经认识了]不朽的人来说,他们有能力抗拒[激感…]。

我曾对你们说过："不要在盗贼闯入的[地方]为自己建造或积存什么,而要把果实带到天父那里去!"

真假基督徒

那些没有开悟的人在心里想,只要他们承认"我们是基督徒"——只是在口头上,而不是在实际的能力上——他们就能够自动脱离无知,他们乃是典型的死人,因为他们并不知道自己要走向何方,也不知道基督是谁。他们以为自己将获得生命,其实是由此走上了错误的道路,只追求权力和暴力,结果却由于他们里面的无知反而落在了权力和暴力的手里。要是单单依靠语言的见证就能带来拯救的话,那么全世界都会承受这件事,并且世界上的人都能最终得到拯救了。但是他们却把自己拉入到了这种类型的谬误之中[…]。

[…他们]不[知道],他们会自我[毁灭]。要是[天父]想要[人]的牺牲的话,那他岂不就是完全虚荣了吗?

> 因为人子穿上了他们的初生的果实,
> 降临到了下界。
> 他施行了许多神奇的作为,
> 唤醒了他们当中的死人。
> 黑暗世界的统治者嫉妒他,
> 因为他们在他身上不仅找不到任何的罪,
> 而且他还取消了他们在人类身上的施为,
> 治好了诸如瘸腿、瞎眼、瘫痪、哑巴和魔鬼附体。
> 他漫步走海水上,
> 因此他[毁灭]了他的肉身,通过[…]。
> 他[成了…]拯救。

他们的人数何其多?! 他们是像门徒那样的瞎眼的领路人。他们上了[船，在航行了约三十]斯塔德①远的时候，[看见耶稣在大海上漫步]。这些是[无足轻重的]见证，因为他们是为他们自己做见证——他们确乎是病了，并且他们没有能力自己站立起来。当他们渴望通过殉道得到"圆满"的时候，他们心里怀着 [34] 这样的念头："如果我们为了名的缘故把自己交托给死亡的话，我们就将获得拯救。"其实这样做是无效的，他们只是在游荡星宿的影响下说，他们已经走完了[毫无意义]的旅途。而且[他们]已经[…，如果他们]说：[…10行毁损…]。但是他们把[…]等同起来[…并且他们]并不拥有给人以生命的道。

反对肉身复活

[然而]有人说："到了最后的日子，[我们将]配得在复活中起来。"他们 [35] 不[知道]他们在说什么! 因为最后的日子到来的时候，属于基督的人[…]大地，也就是[…]。到了[时候]满足，他消灭[他们的][黑暗]的[阿其翁的]灵魂[…12行毁损…]。

他们仔细地研究，他们自己是被什么东西束缚住了，又该[如何]才能真正从中[解脱]出来? 于是他们就认识了自己，知道了自己是谁，[现在]处在何方，将来获得知识、脱离无知的时候将安息在什么地方。[这一些人]基督 [36] 会把他们带到[高处]，因为他们已经把无知抛弃在身后，走上了追求知识的道路。那些[拥有知识的人…11行毁损…]伟大的[…复活…他]认识了[人子]——这就是已经认识了自己的人。人通过万有认识了自己，这就是完全的生命。因此，[不要]期待肉身[复活]，那其实[是]毁灭。[那些走上了歧 [37] 途的人]期待毫无意义的[复活]，他们不可能从肉体中解脱出来，因为[他们]不[认识][神的]能力，他们模棱两可地理解经书的[注释]。[人子宣讲]的[奥秘…]为的是[…]毁灭[…2行毁损…]人，那个[…写成的]书[…]因为[他们]已经[…2行毁损…]在他们里面。[他们]在轻松的负担下活在[神的

---

① stade，古希腊长度单位，约为607至738英尺。

面前。那些在心里面没有怀着][生命之道的]人将[会死去]。在他们的意念

38 中[他们行事方式]和他们的[谬误]显然是按照人子的样式的。就这样[⋯]
他分开了[⋯]。当他们一直到达[⋯]的时候,[⋯牺牲并且]以典型的人的
方式死亡,从[⋯]中解脱出来。[⋯7行遗失⋯]他们人数众多,[⋯]每[一
个⋯]好处[⋯他们的]心思。[那些]在能量和知识中[毫不迟疑地]接受他
的人,他将会把他们带到至高的永生里面去。[但是]有些人是在[无知中]接

39 受[他]的,他们是这样的一些人,他们受不干净的欲望的主宰,他们会这样
说:"神创造[肢体]是给我们享用的,为的是让我们在污秽中[繁殖],为的是
让[我们][自己]享乐。"他们在这些事上让神做他们的同谋。他们[既不能]
在地上站稳,[也将不能到达]天堂,而将[⋯9行毁损⋯]。

对耶稣受洗和以赛亚殉道的解释

就在那个时刻他来到[约翰那里],他在那里受了洗,[神圣]的灵[如同]
鸽子一样[降临]到他身上。[⋯]我们接受他,因为[他是]童贞女所生,[并

40 且]接受了肉身,领受了能量。我们也是从童贞的状况而生的吗?还是由道
所孕育的?[毋宁说,我们乃是凭借]道得到重生的。让我们在童贞的[⋯]里
面、在阳性的[⋯]里面坚强我们自己。他们住在[⋯]那童贞女[⋯]通过
[⋯]在道里面[⋯]。但是道[⋯]和灵[⋯4行毁损⋯]。父是[⋯]因为人
[⋯1行遗失⋯]就好像以赛亚那样,他被锯子锯开,被分成两部分。[人子
也]用十字架的道把我们分开,如同把[日和]夜分开、把[光明和]黑暗分开、

41 把有朽和不朽分开、把男和女[分开]那样。而[以赛亚]就是身体的模型,锯
子就是人子的道,它把我们从天使的迷途中分开了。

真 正 的 信 徒

除了那些决心弃绝世上的作为、抛弃万有、抓住了他的衣边①的人,没有

---

① 神的衣边指的是至少达到了神的知识的最外围的边界。随后的诗篇描写诺斯替派的生
活态度,可能本来是一个独立的残篇。

人能够认识真理之神。

他已经把自己确立在能量之中了，

他已经全方位地止息了自己的欲念，

他已经使自己成为阳性,他已经专心致志于[…],

也已经自我检验[…],

在[…]的心灵的存在中[他已经从]他的灵魂中[…]。

如同[…]肉身[…],

如同出于他们的[…],

[他拥有多少能量]?

是谁束缚了他? 或者谁将会释放他?

谁是光明? 谁是黑暗?

是谁创造了[大地]? 谁是神? 谁是天使? 42

魂是什么? 灵又是什么?

声音从哪里传来? 说话的是谁? 聆听者是谁?

是谁带来了痛苦? 是谁承受了痛苦?

是谁创造了有朽的肉体? 是谁宣造了拯救的计划?

为什么有些人会瘸腿,有些人会[瞎眼],有些人会[…],有些人会
[…],有些人富裕,有些人贫穷?

为什么[有些人遭遇不幸,有些人]成为盗贼?

[…]当他继续前行的时候[…],

当他跟阿其翁、众能量和魔鬼的意念作斗争的时候,

他没有给它们任何休息的余地,他跟他们的激情作战,

[…]他判决了它们的谬误。 43

他为自己的灵魂洗净了由不听话的手所犯下的罪业。

他正直地站立起来,因为他存于一切里面,

生和死都在他里面,他存在于两者之间。

当他领受了能量之后，就转向右边，跑到真理里面去了，

把一切属于左边的事物都抛在身后，

然后他充满了智慧、谋略、悟性、洞察力以及一个永恒的能量，

然后他打碎了锁链，

[他]宣判了[那些]创造了整个地方者的罪。

[但是他们没有找]隐藏在他里面的[…]。

他[开始]认识[自己]，

他心灵言说真理之父，言说无生的移涌，言说生出了光明的童贞女。

44　他想到了倾泻在[整个]地方之上的、统治着他的能量。

他是那阳性的心灵的门徒。

他保持沉默，直到配得被提升到上界的那一天。

他拒绝闲言和争吵，

他忍受着整个地方；他忍耐它们；他容忍着一切不好的事。

他耐心对待每一个人；他平等对待每一个人，然而又把自己跟他们区分开。①

有人向他求什么，他就会给他，[为的是]他会成为完全[(和)神圣]。

此后[…1行毁损…]他抓住了[他]，然后把他捆绑在[…]之上。

他充满了智慧，为真理作见证。

他将接受他的能量，进[入]到不朽之中，也就是他所从来的那个地方，

他把这个世界留在了身后，离开了这个有着黑夜的形体、星宿运行于其中的世界。

---

① 对照《歌林多前书》9章22节。

结　语

这就是真正的见证：当一个人认识自己以及真理之上的神的时候，他就会 [45]
得救，他将戴上永世常青的冠冕。

附录一：施洗约翰和耶稣的出生

约翰是从道通过以利沙伯（Elizabeth）这个女人生出来的，耶稣是从道通
过童贞女马利亚生出来的。约翰是通过一个老的、已经用过的子宫生出来的，
而基督是通过一个童贞女的子宫，这里面有何奥秘呢？她怀孕生了救主之后，
又恢复了童贞。你们为何走上歧路，不去研究这个为了你们的缘故预先准备
的奥秘？

附录二：关于蛇

关于这件事，律法书上是这样写的：神当时给亚当一个诫命："每一种树
的果实你都可以吃。但是伊甸园中间那棵树的果实不要吃！因为你吃它的那
一天必定会死。"在伊甸园中，蛇比其他生物都聪明。他劝说夏娃说："在你吃 [46]
伊甸园中间那棵树上的果实的那一天，你的心灵的眼睛将会睁开。"夏娃被说
动了，她伸手摘那树上的果实吃，还给跟她在一起的丈夫吃。立刻，他们知道
了自己是赤身裸体的，于是取了无花果的叶子当作裙子穿起来。

［神］在［夜里］来到伊甸园中漫步。亚当看见他就躲了起来。然后他说：
"亚当，你在哪里？"他就回答说："［我］在无花果树下。"此刻神［就知道］他吃
了那棵他吩咐他"不可吃"的树上的果实。他对他说："是谁启发你的？"亚当 [47]
回答说："是你给我的那个女人。"那女人说："是蛇启发我的。"于是他咒诅那
条蛇，称他为诽谤者。他说："看吧，亚当已经变得像我们一样有能力知道恶
与善了。"然后他又说："让我们把他扔出伊甸园，免得他摘吃生命树的果实永
远活着。"

这是怎样的一个神？首先［他］嫉恨亚当吃了知识树的果实，其次，他又

说:"亚当,你在哪里?"这说明神没有先见之明,也就是说,他一开始是不知道的。后来他说:"让我们把他扔出伊甸园,免得他摘吃生命树的果实永远活着。"这样就显明了他乃是一个存心不良的嫉妒者。

48 这是怎样的一个神呢?那些阅读了,却并不认识他的人乃是大大地瞎眼了。他说:"我是嫉妒的神,我要把父的罪追究到儿子身上,直至三代、四代。"他又说:"我要让他们的心变硬,让他们的心灵变瞎,让他们不能明白、不能领悟我所说的话。"而这些话是他对那些信他(和)崇拜他的人说的!

摩西在[某处]写道:"[他]把诽谤者创造成蛇,为的是他在他的族类里面拥有的那些人。"在另一本叫作《出埃及记》的书上这样写道:"他跟术士斗法。那个地方由于邪恶到处都是蛇,摩西手中的[杖]也变成了一条蛇,吞吃了那

49 些术士的蛇。"①还有一处写道:"他造了一条铜蛇,挂在棍子上,[…2行毁损…]因为凡是逃到这条铜蛇那里去的人,没有人可以消灭他。凡是[相信]这条铜蛇的人,都将[得救]。"②因为这就是基督,[凡是]相信他的人[都已经领受了生命]。凡是不相信的人[都将死亡]。

附录三:基督里面的生命和亚当之死

这是怎样的一种[信仰?他们]不[侍奉…18行毁损…]

50 当你们说"我们相信基督"的时候,你们[其实没有以灵性的方式认识基督]。因为摩西的一本本书里面都这样写。亚当的族类的书[是为了那些]属于[律法的族类]的人写的。他们遵循律法,奉行律法。[…51—54页严重毁损…]

附录四:对不同派别的辩驳

56 […此后]瓦仑廷走完了他的生命历程。他自己[也]谈到过"八"(Ogdoas),他的门徒是跟瓦仑廷[的]门徒一样的。他们自己则反其道而行之

---

① 参:《出埃及记》7章8—12节。
② 参:《民数记》21章9节。

［…］抛弃了善,［…拥有］一个［偶像的崇拜…约有 7 行毁损…］。

他说过［很多话也］写过很多［书…］道［…约有 11 行毁损…］

［他们］的启示来自于他们身处其中的困惑,也就是这个世界的幻觉。57
［他们］带着［那］毫无用处的知识到了那个地方。［他的儿子］伊西多罗(Isidorus)也跟［巴西里德］一样①。他也［…］很多［…约 2 行毁损…］另外的学派
［…约 18 行毁损…］。

他们彼此不能达成一致的见解。［西门派］是可以娶［妻］生子的。那个 58
［…］则保持了他们的本性［…］达到一种［激情…］(用精子的)液滴涂抹［他
们…1 行毁损…］不过在这个问题上是彼此达成一致意见的。［…约 18 行毁
损…］

［…审判…］这些,因为［…］他们［…］那些异端［…］分裂［…］男人［…］59
他们是人。［…］他们将会成为黑暗的［阿其翁］［…3 行毁损…］他们有［…］
审判［他们…］。但是［…］派说［…约 11 行毁损…］。

当他们成为［…］当他们作为［…］存在于一个［…］的火之中受惩罚。60
［但是那些］来自［人］子的族类的人,［…］在万有［…］之中［…］这是很难找
到的,［在一千人里面］找到一个,在一万人里面找到两个［…2 行毁损…］因
为［救主曾对他的］门徒说:［…约 13 行毁损…］。

他拥有极大的智慧、谋略、悟性、洞见、知识、能量和真理。［他也拥有］一 61
些［…］来自上界的［…］。［…］所在的地方,能量［…］护卫着［…约 7 行毁
损…］

他知道［…］领悟［…］达到［万有…］他的尊严［…］真正的［…］陌生的 62
［…］。但［…彼得］没有［…］邪恶［…约 2 行毁损…］他受了［洗…］而那些人
［…(第 63—64 页已遗失)］

---

① 巴西里德(Basilides)是基督教诺斯替主义的第一位最重要代表,他自己也自视为基督
教的诺斯替主义者,有志于成为一个基督教的神学家。黑格尔在《哲学史讲演录》中把他描写为
最杰出的诺斯替主义者。巴西里德创立的学派在他去世以后由他的门徒伊西多罗(Isidorus)主
持,据说伊西多罗是巴西里德的"真正的儿子"(当然,这不一定是指血缘关系上的儿子)。

65 　　[在]一个梦中[…]银子[…]但是[…]在[众能量中…]成了[富足的…]。[第]六十个[…]如此[…]世界[…]他们[…]金子[…约 17 行毁

66 损…]我们的[…他们]以为[…]我们已经从肉体中解脱出来。[…]没有转向[…]耶稣[…]治权[…]一个孩子[…]那个类型[…光明…约 16 行毁

67 损…]源自于[…]受到污染[…为的是]他们不会亵渎[…]他们。没有任何[享乐]或者欲望能够统治他们。他们不应当受到污染,为的是他们可以向所有[人][显示出]他们来自于人子的[族类]。关于他们,救主已经作了见证。那些来自于亚当的族类的人是通过他们的[作为],也就是他们所作的[业]显示出来的,他们没有抛弃[邪恶的欲望]。但[…]狗[…]天使[…]因为[…]被生出来[…]他们[…约 9 行毁损…]运动,在生育的那一天[…]。不仅如

68 此,他们在安静的时候也性交。有些人在[…]中被死亡抓住了,他们到处被[引诱],他们享用不义的钱财,他们借钱给人收取利息,他们虚度光阴,不事劳作。钱财之父也就是性交之父。那些能够弃绝他们的人显然是来自于[人子]的族类的,因为他们有能力谴责他们。他约束[…]不参与恶事,[他是][内]外如一的,跟天使一样,因为他[…7 行毁损…]。

附录五:真信徒

69 　　在他退隐到那个地方之后[…]他保持静默,不再空谈和争吵。谁找到了[生命之道]、认识了[真理之父],谁就能获得安息,随遇而安,因为他已经[找到了]他所寻找的。他找到了,他就安静下来。他对[…]在悟性中说的话是很少的。

　　有些人进入信仰,领受了被称之为"封印"的洗礼,几乎把它当成了拯救的盼望,因为他们不[知道],在洗礼中显现的乃是这个世界的祖先。不过他自[以为]自己是受了封印了。[人子]从未给他的任何一个门徒施洗。[…要是]受洗的人都能获得生命的话,这个世界不就很快变得空无一人了吗?而且洗礼的祖先也会受到污染。

　　真理的洗礼乃是另一回事!只有通过弃绝这个世界才能找到它。只是口

头说弃绝世界,那是说谎,会置身于可怕的境地。这样的人会为此受到羞辱。他们一定会受到审判,得到的是不同的东西。他们会通过他们的行为变得邪恶。

附录六:圣殿的故事及其诠释

他们当中有些人堕落到偶像[崇拜]上去了。[还有些人]则像大卫王那样让魔鬼跟他们住在一起。他是奠定了耶路撒冷基石的那一位,而他乱伦生下的[儿子]所罗门役使魔鬼建造了耶路撒冷,因为他拥有(主宰魔鬼的)[权力]。在[建造完工之后],他把魔鬼锁在宫殿里,并且把他们[关在]七个[水瓶]里。在漫长的时间里他们一直被封闭在[水瓶里]。当罗马人[攻入][耶路撒冷]后,他们打开了这些水瓶。就在那一刻,[魔鬼们]从水瓶里逃了出来,如同逃离牢狱。从此以后,那些水瓶重新[变]洁净了。从那一天起,[魔鬼们]就跟那些无知的人住在一起,就这样一直留在地上了。 [70]

谁是大卫,谁是所罗门呢? 那块基石是什么? 围绕耶路撒冷的城墙是什么? 魔鬼是谁? 水瓶是什么? 罗马人是谁? 这一切[都是奥秘]。[…约11行毁损…]战胜人[子…6行毁损…]因为[…]是伟大的[…1行毁损…]这个自然[…2行毁损…]整个[…]极乐,他们[…]就像一条火龙。[他]进入烈火里面,在[火炉中冲撞…13行毁损…]。火炉[…]边界[…]他们将看到[…]力量。[…]祭品。那祭物是大的[…5行毁损…]。 [71] [72]

附录七:人子

[…]人[子]。[他]通过不朽的泡沫腾涌的喷泉彰显出来。[…1行毁损…]是纯洁的。[…]是[…]一个自由者,[但是]不嫉妒,并且跟所有人分开,跟一切无耻和嫉妒分开,因为他们的能量是[极大的]。[…]是门徒[…]律法的形式[…4行毁损…]他们把他安置在一个[…]一个学说[…]他的学说,他说:"[哪怕]天使从天上降临,如果他宣讲的跟我们对你们宣讲的不一样,那他也是该死的。"如果他们不安置[…]灵魂[…]自由[…]他们是渺小 [73]

的[…]没有能力[持守]通过异端发挥作用的律法。发挥作用的不是他们,而

74 是萨巴多的能量。通过[他们…]教义[…]他们开始嫉妒[…]基督里面的律法。他们将有能力得到[所有]身体以及[…]那个[…]水[…][不朽的源泉…]为的是[…3行毁损…]好[…]那整个地方。[…]仇敌。他给他施洗。然后那个[…]他成了神,飞举[升天],不会被抓住。[…]仇敌不可能[…]再次[把他拉下]来了。要是有人[…][想在]无知中领悟他,去跟随那些躲在角落里用偏执和骗人的花招教人的人,那么他们就不能够[…]。

三 部 训 言

《三部训言》(*The Tripartite Tractate* NHC Ⅰ.5)是一篇精致的瓦仑廷派的神学论文,描写了原初神性的分裂和复归的整个过程。由于抄写者按照剧本的主要情节把本文分成三节,因此现代学者冠以三部训言的标题。该文本可能是瓦仑廷派神学针对伊里奈乌或者希波利特等正统神学家的批判而作出的修正,因此本文可能撰写于3世纪中叶。文本与奥利金的学说有相似之处,这也许是由于两者有共同的神学和哲学资源。文本的作者不详,但是有学者认为其作者可能是赫拉克利昂(Heracleon)。尽管本文与赫拉克利昂和西部的或者意大利的瓦仑廷派有相似性,但是它比其他已知瓦仑廷派作品更偏离这个传统。

该文本的神学视野开阔。第一部分描写了普累罗麻的形成和结构,一切超自然实体从最初本原的流溢。最初是父,是一个极其超越的、只能以否定的方式予以描写的实体,唯一肯定的是,它是一个独一的单子。对父的单一性的强调有别于许多强调神的阴阳两重性的瓦仑廷派文本。第二部分比较简短,论人的创造,是对《创世记》一至三章的解释,第一个人是由德穆革和逻各斯创造出来的,前者赋予亚当以魂和物质的身体,逻各斯赋予亚当以灵性。第三部分集中论述拯救论的问题。救主的出现把人类分成三等,灵性的人,物质的人,处于这两者之间的属魂的人,分别对应于社会上的三种人:瓦仑廷派、非基督徒、普通基督徒。文本对属魂的人的大量描写反映出本文的护教性质和意在和解的倾向。

本文在几个关键点上修改了传统瓦仑廷主义:对第一本原之单一性的强

调；用三位一体代替了更为复杂的神性世界；对属魂的德穆革的温和的评介；对人性之三部分的细致分析；面向普通基督徒的最后拯救的盼望。这些大胆的修改意在使瓦仑廷派思辨不仅只适用于少数的精英，而且也能适用于整个教会。

本文原文是希腊文，有许多难解和模糊之处，也许是由于原文的风格造成的。本文在那戈·玛第考古发现未被人所知，教父文献中未曾提及该文献。本文写作时间估计在三世纪前半叶，科普特文翻译在四世纪，写作地点不详。

正　文

第一部训言

未 知 的 父

对于那些极高的事，①我们所能说得最好从父开始说，他是万有之根，正是从他那里，我们领受到了恩典，从而可以言说他。

在除了他自身之外的一切事物进入存在之前，他就已经存在着。父是单一的一个，就像一个数，因为他是第一位，是唯有他自己的一位。然而他并不像一个孤独的个体。不然的话，他怎么能够是一个父呢？无论何时只要有"父"存在，"子"的名字就随之而来。但是这个单一者，这个唯一的父，就像是一个带着树干、树枝和果实的根。有人说，他是真正意义上的父，因为他是无与伦比的、永远不变的。正因为如此，他是真正意义上单一的，是一个神，因为没有谁是他的神，没有谁是他的父。因为他不是受生的，没有谁生下了他，也没有谁创造了他。无论有谁是某人的父或者创造者，那他自己也有一个父或

---

① "极高的事"，指的是超越的事，上界的事，对应于希腊文的 ta ano，参：《歌罗西书》3，1—2。

者创造者。他当然可以是那些从他所生者的父,可以是那些他所创造者的神,但是他并非真正意义上的父,也非真正意义上的神,因为有人生下了他并且创造了他。只有真正意义上的父和神,才不是受生的。对于万有来说,是他(真正意义上的父和神)生出了和创造了他们。他是没有开始也没有终点的。 52

他不仅仅是没有终点的——由于他不是受生的因而他是不朽的——而且也是稳定不变地在他的永恒存在之中、在他的自我存在之中、在他确立于其中的地方、在他因之而伟大的地方。他也不会把自己从他因之而存在的地方退出来,也没有谁迫使他作出一个他从不想要的终点。他自己的存在不是由谁开启其开端的。因此他自己是不变的,也没有谁能够取消他的存在、他的自我存在和他的伟大;他是无法把握的,谁也不可能改变他的形式、缩减他、改变他或者减少他——真理在完全的意义上就是这样的——他是不改的、不变的,永恒性像衣服一样包裹着他。

他是非受生的和不朽的,因而被称为是"无始"也"无终"的一位,但是不仅如此,正如他是无始也无终的那样,他的伟大也是不可企及的,他的智慧是不可测度的,他的能量是不可思议的,他的甜蜜是深不见底的。

在真正的意义上,唯有他,这位善的、非受生的父和全然完美者,才是那充满了他的一切后裔、每一种美德和一切有价值之事物的那一位。不仅如此,他也没有任何恶意,以至于可以发现,无论是谁拥有[什么],都是来自于他,是他给予的,他自己是不可企及的,不会由于给予而匮乏,因为他赋予的礼物是丰富的,他安息在他所赋予的恩惠之中。

他是这样的类和形,有如此广大的尺度,以至于没有谁从一开始就与他同在;也没有一个地方,他处于其中、或者从那里出来、或者将要进入其中;也不存在一个原初的形式,他在做工时以之为模型;也没有任何困难伴随着他所做的事情;也没有任何物质在他的手上,从中他创造出他所创造的;也没有任何质料在他的里面,从中生出他所生出的;也没有同伴跟他在一起,跟他一起做那些他做的事情。说任何诸如此类的事都是无知。(人们只能说他)是善的、无瑕的、完美的、完全的、他自身就是全体。 54

凡是人想出来、说出来、看到或者领会的名字，没有一个是适用于他的，哪怕这些名字是极度的光荣、庄严和尊敬。不过，对于那些赞美他的人而言，他们尽他们所能，口诵这些名字以尊敬和赞美他，这是可能的。然而对于他，在他自己的存在之中，就他的存在和形式而言，心灵不能想象他，言辞不能表达他，眼睛也不能看到他，也没有人可以把握他，这乃是由于他的不可测度的伟大、他的不可思议的深度、他的不可量度的高度以及他的无限的意志。这就是非受生者的本质，他与任何别的事物都没有接触，也不以受限制的事物的方式与（任何别的事物）相联合。相反，他拥有这样一个构造，没有可以通过知觉得到理解的一个面貌或者一个形式，这就是"不可思议者"这个称号的由来。如果他是不可思议的，那么就意味着他是不可知的，他是任何意念都无法想象的，任何事物都不能见到他，任何言辞都不能言说他，没有手可以触及他。唯有他自己能够如实地认识他自己，认识他的形式、他的伟大以及他的广袤；由于他有能力想象他自己、看到他自己、命名他自己、思议他自己，因此唯有他是他自己的心灵、他的眼睛、他的口、他的形式，他就是他的所想者、他的所见者、他的所说者、他的所把握者；他自己，这位不可想象、不可言说、不可思议、不可改变，而又持久存在、幸福、真实、愉悦、宁静者，就是他所想象者，就是他所见到者、他所言说者、他所拥有的意念。他超越一切智慧，他高于一切心灵，他高于一切荣耀，他高于一切美、一切甜蜜、一切伟大以及一切的高和深。

如果在本性上不可知的这一位，拥有我所提到过的一切伟大性的这一位，如果出于他的丰盛的甜美，他想赋予知识，从而使得他可以被认识，那么他也是有能力这样做的。他拥有他的能力，那就是他的意志。然而现在，在沉默中，他没有这样做，他是伟大者，是导致万有进入永恒存在的原因。

在真正的意义上，他生出了不可言说的他自己，因为唯有他是自生者，因为他想象他自己，因为他如实地认识他自己。凡是配得上他的崇敬、荣耀、尊敬和赞美的，都是他造出来的，都是由于他的无限的伟大、他的不可探究的智慧、他的不可测度的能量以及他的不可品尝的甜蜜。

子 的 出 生

他是这样显现他自己的,如同一个世代,有荣耀和尊敬,奇妙而优美;他荣耀他自己,他赞叹,尊敬,他也爱着;他有一个儿子,这个儿子存在于他里面,是对于他默默无言的,是不可见者,是不可思议者,是在不可想象者里面的不可想象者。就这样,他永远地存在于他里面。父,就如同我们前面提到过的那样,处于非受生的状态,他在他自己里面认识他自己,他生出了他(子),他有一个意念,那就是关于他的意念,就是对他的知觉,就是[⋯]他的永远的构造。那就是在真正意义上的沉默、智慧和恩典,如果真正以这样来指称的话。

正如父在真正的意义上存在那样——在他前面没有另外的谁存在,除了他之外没有别的非受生者——子也是这样在真正的意义上存在,在他前面没有别的谁存在,在他之后也没有另外的子存在。因此,他是一个首生者,是唯一的子,他是"首生者",因为没有谁存在于他前面,他是"唯一的子",因为没有谁在他之后。

教　　会

而且,他有他的果实,这果实由于无与伦比的伟大,因而是不可知的;然而由于他的丰盛的甜美,他又想让他的这个果实被认识。于是他启示了这个不可解释的能量,并把它与伟大的丰盛的慷慨结合起来。①

不仅子从一开始就存在,教会也从一开始就存在。有些人认为,子是唯一的子这个发现是与(关于教会)的论断相矛盾的,(这些人想错了):由于这件事的神秘性,实情并非如此。因为正如父是一个一(unity),只是为了他向他自己显示为父那样,子也显示为只是他自己的兄弟,②这是由于他是非受生的,是没有开端的。他敬畏他自己(连同)父,他给予(自己)荣耀、尊敬和

57

---

　① 关于神的慷慨的属性,参:《真理的福音》18,39f.;关于基督,参:《致吕吉诺书》49,37ff.;《秀华努的教导》101,17ff.。

　② 参:《腓力福音》29。

[爱]。而且,他也是他想象为子的那一位,也处于"没有开端"和"没有终点"的状态。这是定然如此的事。

由于不可数和无限,他的后裔是不可见的。那些存在者是从父和子那里出来的,如同吻那样,彼此怀着善的、永不餍足的意念的人彼此接吻,那吻是一,尽管有许多的吻。① 也就是说,教会由许多人组成,这些人先于移涌而存在,就是那些在真正的意义上所谓的"移涌的移涌"。这就是神圣的不朽的灵的本质,子休息在它的上面,因为它是他的本质,正如父休息在子的上面那样。

[58]

移涌的产生和普累罗麻的巩固

[…]教会存在于父和子所存在的那些状态和属性之中,正如我在一开始说过的那样。因此,它存在于无数移涌的繁殖之中。就这样,以一种无法解释的方式,[它们]也凭借[教会]存在于其中的那种状态和属性进行着生育。[因为]这些[移涌包含着它们]彼此之间的联系,以及它们与它们所从来者之间的联系,以及它们与子的联系,它们是为了子的荣耀而存在的。因此,心灵是无法想象他的——他是那个地方的成全——语言也不能表达它们,因为它们是不可言喻的、不可名状的和不可想象的。唯有它们才有能力命名它们自己、想象它们自己。因为它们没有被扎根在这些地方。

在那地方的那一些是不可言喻的和不可数的,(它们)在那个体系之中,那体系就是那位非受生的、无名的、不可命名的、不可想象的、不可见的、不可思议者的方式和大小、愉悦和快乐。它是父的圆满,他的丰盛就是生育[…]移涌。

[59]

它们永远在意念之中,父就像是一个意念、它们的一个地方。当它们的世代已经确立以后,那位完全的控制者就想要控制和带来那不完善者[…,带来]那些[…]他。但是由于他存在着,如同他本来的存在,[他是]一个源泉,不会由于充沛的水从他流出而有所减少。由于它们在父的意念里,也就是在

---

① 关于天上的教会内部的接吻和拥抱,参:《尤格诺斯托书》81,3ff.。

一个隐秘的深渊里,①那深渊认识它们,但它们却不能认识它们处于其中的那个深渊,②它们也不可能认识它们自己,它们也不可能认识任何别的事物。也就是说,它们跟父在一起,它们不是为了它们自己而存在的。相反,它们只是以种子的方式存在的,因此已经发现,它们就像一个婴儿那样存在着。像话语那样,他生出了它们,它们像精子那样存在着,他要生的那些还没有通过他进入存在。 |60|

父一开始念想到它们,为了它们可以为他而存在,也为了它们可以为它们自己而存在,它们可以作为精神质料存在于他的意念之中,也可以为它们而存在,于是播种了一个精子似的意念。为了让它们知道什么为它们存在,他仁慈地[赐予了]最初的形式,为了它们能够[认识到]那位为它们而存在的父是哪一位。他给予它们"父"这个名字,用一个声音向它们宣称:"那存在的是通过那个名字而存在的"。由于它们进入了存在,它们有了这个名字,由于这个名字里面的高超,它们无法认识。③

在它看到那位播种者之前,那个婴儿在胎儿的形态中是自足的。因此,它们的唯一使命就是寻找他,认识到他的存在,想要找到那存在者。然而,完美的父是善的:他根本没有听它们,以便它们(只)存在于他的意念之中;而且他允许它们也可以进入存在,因此他也给予它们恩典,以便它们知道存在者,就是永远认识他自己的那一位,[…给予它们]形式,以便知道那位存在者,正如 |61| 人们被生在这个地方:当他们被生出来的时候,他们是在光明之中,因此他们看到了那些生了他们的人。

父生产出万物,如同一个小孩,如同泉水中的一滴,如同藤上的一簇花,如同一朵花,如同一棵〈植物〉[…]需要获得[营养]、成长和完美无缺。他在一段时间里退出了。那从一开始就念想它的人,从一开始就拥有它,并且看到

---

① 父作为深渊,参:《真理的福音》20,18-19。

② 参:《真理的福音》27,20ff.。

③ 关于父不可认识,唯有通过形象和名字才可以认识,参:《腓力福音》11,12;《真理的福音》38,7ff.。

它,但是他把它与那些最初从他那里出来的人隔离开来了。(他这样做)不是出于嫉妒,①而是为了那些移涌不会在一开始就获得完美无瑕,不会提升自己到荣耀、到父的地位,不会以为它们拥有这个完全是出于它们自己。但是正如他想要它们进入存在那样,他也想让它们作为完美无瑕者进入存在,他在这样想的时候,他就赋予了它们完美的仁慈的观念。

那一位是子,他提升他作为那些从他自己而来者的光明,他们也是从他获得名字的,他是圆满的、完全的和无瑕的。他生出他,与从他那里出来的相冥合[…]参与[…]万有,依照[…]借此每一个都可以为了他自己接受[他],在 |62| 他(父)通过他(子)被接受之前,他没有显出这样的伟大。② 相反,他自己存在着。

他以他自己的方式、形式和伟大存在于那些部分之中,对于它们(那些部分)来说,看到他并且言说它们对他的认识乃是可能的,因为它们穿戴着他,他也穿戴着它们,它们是有可能领悟他的。然而,他如他所是的那样,是无与伦比的。为了让父从它们每一个那里得到尊敬并且启示他自己,即便他不可言说、隐蔽和不可见,它们还是在内心感到他的奇妙。因此,他的崇高和伟大在于这个事实:它们言说他,注视他。他变得可见,以便他会由于其丰盛的甜蜜受到歌颂,以〈…〉的恩典。正如对沉默的敬仰乃是起源于内心的永恒的世代那样,这个世界的构成也是灵性的流溢。对沉默的敬仰和世界的构成这两 |63| 者,由于它们都属于一句话语,因此它们都是他的后裔的[种子]和意念,是永生的根,似乎都是从它们自己出来的后裔,是父的荣耀的心灵和灵性的后裔。

声音与灵以及心灵与话语是不需要的,因为它们想[要做的]不需要[费力],只要按照他存在的样式,那些从他而来者生出了它们想要的一切。它们想象的那一位,它们言说的那一位,它们向着他运动的那一位,它们处于他之中的那一位,它们歌颂赞美的那一位,他拥有儿子们。这是它们繁殖的能量,就如同它们所从来的那一些,相应于它们的相互支持,因为它们如那些非受生

---

① 关于父不是出于嫉妒,参 Plato, *Timaeus* 29e。
② 译本间有不同,但总的意思是:父要通过子才能被认识。

者那样是彼此支持的。

父居于万有之上的极高的位置,是不可知和不可思议的,他是如此伟大、如此崇高,以至于如果他突然地、迅速地把自己显现在所有那些来自于他的移涌中的高尚者的话,它们就会毁灭。因此,他把他的能量和他的不可穷尽性保留在了他所在的地方。①

[他是]不可言喻、不可命名、高于一切心灵和一切话语的。然而,这一位伸展了自己,正是他所伸展出来的,给予了宇宙一个基础、一个空间和一个居所,②宇宙这个名字指的是"神贯乎其中"的意思,因为神是万有之父,他通过他为那些存在者的劳作,在它们的意念之中播种了对他的追求。它们的丰盛[…]在于它们理解他的存在,也在于它们询问,那存在者是什么。这一位被赐给它们了,为的是它们的愉悦、滋养、快乐和丰盛的启示,而这一切存在于他与它们的一起劳作、他的知识和他与它们的冥合,这一位就是那被称为子的那一位,而且真的就是子,因为他是万有,它们知道他是谁,也知道正是他包裹着它们。这一位被称为"子",它们知道他的存在,它们也正在追求着他。这一位就是作为父存在的,是不可言说的,是它们所无法想象的。这一位就是那最先进入存在者。

无论是谁都不可能想象他或者思想他。有谁能够真正地走近那地方、走近那位崇高者、走近那先存者呢?然而,那些用于想象和言说他的名字,都被当作他的踪迹,被那些尽他们所能赞美他的人在尊敬中得到了表达。当他(神)为了生育和万有的知识而伸展自己的时候,他(子)从中出现了,他[…]一切的名字,没有虚假,他是真正意义上唯一的第一位,是父的人,也就是我所说的:

> 无形式的形式,
>
> 无身体的身体,

---

① 神的完全的、直接的能量是无法承受的,参:《阿其翁的本质》92,15ff.。

② Irenaeus, *Against Heresies*, 1.2.2/ 1.4.1.

不可见的面容，

不可说的话语，

不可想象的心灵，

从他流出的泉源，

那被种植者的根，

那些存在者的神，

他所照亮的那些人的光明，

他所爱的那些人的爱，

他所眷顾的那些人的眷顾，

他使他们变得智慧的那些人的智慧，

他给予他们能量的那些人的能量，

他所聚集的那些人的聚集，

那被追求的事物的启示，

那些看的人的眼睛，

那些呼吸的人的呼吸，

那些活着的人的生命，

那些与万有冥合者的合一。①

它们全体存在于一个单一的一之中，这是由于他把自己完全地包裹起来了，他从未被称呼为他的单一的名字。以一种独特的方式，它们同时是单一的一和万有。他既没有作为一个身体被分开，也没有分裂成他所[领受]的名字，[从而]他在一个方面是一件事，[而在另一个方面]则是另一件事。因此，他既没有变化[……]，也没有转变成他[想到的]名字，一会儿变成这个，一会儿又变成别的，这个时候是这件事，另一个时候是另一件事。② 相反，他是完全

[66]

---

①　这首赞美诗的主旨德文版译者认为是不可思议的神只有通过子才能被认识。中译者认为除此之外，该赞美诗还强调了圣子的出处和圣子是万物的精华。

②　参：Plato, *Republic* 380d；关于拯救者的多种形象，参：《腓力福音》26。

地、彻底地就是他自己。[他]永远在同时就是万有中的一个和每一个。他就是它们的全体。他把父带给了万有。他就是这个全体，因为他就是那一位，他是他自己的知识，他是诸属性的每一种属性。他拥有能量，[他]超越他所知道的一切，同时在他自己里面完全地看到他自己，他还拥有一个子和形式。因此，他的能量和属性是不可数的和听不见的，这是由于他的生育，通过生育他生出了它们。他的话语、他的命令和他的万有的生育是不可数也不可分的。他认识它们，它们就是他自己，因为它们在一个单一的名字里面，都在他对面讲说。他生出了它们，为的是可以发现，它们依据它们各自的属性以一种统一的方式存在。他没有一次性地把多样性显示给万有，也没有把他与从他而生者之间的平等显示出来。

移涌—生命

所有从他而来的，也就是移涌的移涌，乃是他的生殖本性的流溢和后裔，|67| 它们也在它们的生殖本性中把赞美归给父，因为他乃是它们确立的原因。这就是我们以前说过的，他创造了诸移涌，让它们作根、源泉和父，他就是它们把赞美归给他的那一位。它们也生育了，因为他拥有知识和智慧，万有也知道，它们是从知识和智慧那里出来的。要是诸移涌已经单个地上去献上赞美的话，它们本已经带来了一种类似的赞美："父就是那一位，他是万有。"因此，在赞美诗里面，在它们所从来的合一的能量中，它们被拉入到彼此的一种冥合、结合、和合一之中了。它们从普累罗麻的集合中献出了配得上父的赞美，这个集合尽管是多，却是他的单一的形象，因为它们走向了他自己就是万有的那一位。

这就是一个赞美[…]那带来了万有的那一位，是不朽者的第一个果实和|68| 一个永恒者，因为它是从生命的移涌中出来的，由于那完美和圆满的那一位，它也是完美和圆满的。它离开了那些圆满和完美的（移涌），就是那些凭借共同体以完美的方式献上赞美的那些移涌。因为，如同那位无瑕的父那样，当他受到赞美的时候，他也听到了那些赞美他的赞美，从而让它们显现，如他本来

的面目那样。

归给它们的第二个赞美,是父回报给它们的,因为他们知道了那个恩典,借着父的恩典,它们彼此结出了果实。结果是,正如它们是为了父而带来赞美那样,为了显得完美,它们也在赞美的给予中显示出自己的行动。

依据它们与生俱来的独立和能量,它们是第三个赞美的父亲,因为它们每一个都不是个别地存在的,从而是统一地把赞美归给他所爱的他。

它们是第一和第二,第一和第二都是完美和圆满的,因为它们是完美和圆满的父的彰显,是那些由于赞美那完美者而成为完美的人的彰显。第三的果实构成了每一个移涌和每一个属性的意志的赞美。——父拥有能量。——它 [69] 充满、完美地存在于[意念]之中,这意念是同意的产物,因为它是诸移涌的个体性的产物。这正是他所爱的,也是他有能力掌握的,因为它依靠它把赞美献给父。

由于这个原因,它们是心灵的心灵,也表现为话语的话语,长者的长者,等级的等级,它们被依序提升。那给出赞美的每一位都有他的位置、他的崇高、他的居所和他的休息,这一切构成了他所带来的赞美。

凡赞美父的都拥有他们的永恒的生育,——他们在彼此支持的行动中生育——因为流溢是无限的和不可度量的,也因为父对于那些从他来而来者没有嫉妒,(不会因为)他们生出一些等同于他或者类似于他的东西而嫉妒他们,因为他是那存在于万有之中、生育着并彰显着自己的那一位。凡是他愿意的,他都可以让他成为一个父亲——事实上他是他的父亲,让他成为一个神——事实上他是他的神,并且他让他们成为万有——(事实上)他就是万有 [70] 的全部。在真正的意义上,所有伟大的名字都在那儿,那些跟阿其翁们一起在宇宙中出现的天使们也用了这些名字,尽管他们与这些永恒的存在丝毫没有相似之处。

整个移涌的体系有一种爱和向往,要完美地、完全地发现父,这是它们之间毫无异议的一致的倾向。尽管父永恒地启示着他自己,但是他并不想它们认识他,因为他许可他自己被想象成追求的对象,但同时又保持他自己的无法寻求的原初存在。

正是他,这位父,给予了诸移涌根本的冲动,因为它们就处在通向他的那条幽静的小道上,正如通向一个生活的学校。他使它们信仰并且祈祷它们看不到的他,他让它们对于它们所无法想象的他有一种坚定的盼望,他让它们对于它们所见不到的他有一种丰富的爱,他给予它们对永恒心灵的一种可以接受的领悟,他给予它们富裕和自由的福祉,他给予它们那在意念中赞美父的那一位的智慧。

正是凭借着他的意志,这位崇高者才得以被认识,也就是说,凭借着那吹入到万有之中的灵,而且他给给了它们追求不可知者的理想,正如一个人受怡人芳香的吸引去寻找那发出芳香的事物那样,因为父的芳香萦绕着那些普通者。他的甜蜜把移涌们留在了不可言喻的快乐之中,他赋予它们与他相冥合的理想,他想要它们以合一的方式认识他,并且在那种入到它们里面的灵里面彼此支持。尽管存在于一种极大的重量之下,它们以一种不可表达的方式得到了更新,因为它们不可能从它们以一种不可思议的方式置身于其中的东西中分离出来,因为它们将不言说,对于父的荣耀保持沉默,对于那有能量言说者保持沉默,然而它们将从他那里取得形式。他启示了[他自己,尽管]言说他是不可能的。它们拥有他,隐藏在一个意念之中,因为从这一位[…]。它们对于父存在于他的形式中的方式、他的本性和他的伟大保持沉默,同时诸移涌也通过灵得以明白他是不可命名和不可思议的。正是通过灵,也就是他的踪迹,他赋予它们想象他、言说他的能力。 |72|

每一个移涌都是一个名字,也就是说,每一个都是父的属性和能量,因为父存在于许多名字之中,它们彼此和谐地冥合在一起。由于语言的丰富,言说他是可能的,正如父由于是一个单一体,因而有一个单一的名字,但是他的属性和名字却是不可胜数的那样。 |73|

万有的流溢从存在者那里存在,并不是在相互的分离中发生,如同有东西从那生它们的一位遗弃掉那样。相反,它们的生育就如同一个伸展的过程,正如父伸展自身到他所爱者那里,以便那些从他而来者也会变成他那样。

正如眼前的移涌,尽管是一个单一体,但是却被分为时间的单元,而时间的单元又被分成年,年又被分为季节,季节分为月份,月份分为天,天分为小时,小时分为瞬间,真理的移涌也是如此,①由于它是一个单一体,也是一个多样体,它获得了大大小小的名字尽各自的理解能力的赞美,用类比来说,就像一道泉水,它就是它自己,然而流出来成为小溪、湖泊、渠道和河流,或者像一棵树根,它伸展成为一棵树和带着果实的枝,或者像一个人体,以一种不可分的方式分成肢体的肢体,主要的肢体和第二位的肢体,以及大大小小的肢体。

逻各斯的不完美的生育

诸移涌依据第三个果实,凭借自由意志和他为了它们的意念而赋予它们的智慧,把[它们自己]生育出来了。它们不想用那出自于一致意见的话语来赞美,尽管那话语是为赞美普累罗麻中的每一位而造出来的。它们不想用万有来赞美。它们也不想任何本来就高于那一位的渊深、高于他的地方的任何其他事物来赞美。它们只赞美那存在于崇高的名和崇高的地方的那一位,而且唯有当他接受那来自于那些想要赞美他的移涌的赞美,并且为了那高于他的那一位而接受它之时,也唯有当他生出他自己,也就是说,连同那一位,通过那一位生出他自己,从而他自己也连同临到他的那一位,也就是他的兄弟,得到了更新之时。他见到他的兄弟,也就是,想要上升到他那里去的那一位,并就那件事恳求他。②

因此,也许正是这样,那想要献上赞美的那一位关于此事没有对他说什么。在普累罗麻之中设置着一个言说的限制,因此它们对于父的不可思议性保持沉默,但是它们(可以)言说那想要领悟他的那一位。诸移涌之中有一个移涌试着要领悟那不可思议性,把赞美献给这种不可思议性,尤其是献给父的不可言说性。[由于]他是单一体的逻各斯,他是一,尽管他不是出自于万有的一致意见,也不是出于那生出了万有的父。

---

① 在瓦仑廷那里,真理的移涌是与世界和生命的移涌相对的。
② 这一个段落在各版本中都不清晰,无法理解。

这个移涌就是被赋予了智慧的移涌之一,因此他变得可以先存于每一个人的意念之中。正是他所想要的造出了它们。因此他获得了一种智慧的性质,可以探测隐藏的根基,因为它是一个智慧的果实;那连同万有一起被生出来的自由意志乃是这一位的起因,这样一来就使得他可以做他想要做的,没有人可以限制他。 [76]

因此,这一位,也就是逻各斯,他的意图是善的。当他出现的时候,他就赞美父,甚至于导致一些超乎可能性的事,因为他曾经想从一种他不曾处于其中的一致意见之中,在没有令的情况下,生出一个完美者。

这样一个移涌最后通过相互的支持被生出来的最后一个,他的身材是小的。并且就在他为了赞美意志,在万有的一致意见中生出别的事物之前,他从丰盛的爱当中开始大胆的行动了,并且开始启程走向围绕着的完美的荣耀,因为逻各斯的出生并非没有父的意愿,也就是说,没有父的意愿,他是不会生出来的。但是,他,父,生出他乃是为了那些他知道它们理应进入存在者。

父和万有从他那里退出来了,以便父设立的限制能够得以确立——限制的确立不是在于对不可思议性的领悟,而是在于父的意志——,而且(他们的退出)也是为了那已经进入存在的事物可以成为一个将会变成存在的组织。 [77]
如果它进入存在的话,它不是通过普累罗麻的彰显进入存在。因此,批评逻各斯的运动是不合适的,但是如果我们说,逻各斯的运动是一个注定要出现的组织的原因,这样说是合适的。

逻各斯的内部分裂

逻各斯自己导致了它的产生,是完整的和单一的,为的是他所渴望的父的荣耀,他这样做了,也对此满意;但是他想要紧紧抓住的那些则是他在阴影、副本和肖像中生出来的。因为,他没有能够注视光明,而是窥视到了那深处,于是他陷入了怀疑。由此出现了分裂——他深深地困惑了——,由于他的自我怀疑和分裂、对他自己和那存在者的遗忘和无知,出现了回转。

他的自我提升以及他的领悟不可思议者的期望变得坚固,存在于他里面。但是当他超越他自己的时候,疾病跟随着他,在自我怀疑中形成,也是在这个事实中形成:他不能够〈达到〉那一位其崇高地位在无限的事物之中的父的荣耀。这一个(逻各斯)不能够达到他(父),因为他(父)没有接受他(逻各斯)。

更高部分的上升

他自己作为单一体移涌生出来的那一位奔向属于他的事物。他的在普累罗麻中的亲属抛弃了处于缺陷之中的事物以及那些以幻想的方式从他那里产生出来的事物,因为它们不是属于他的。

当那把自己作为完美者生出来的一位真的把他自己生出来的时候,他变得像那抛弃了其阳性配偶的阴性那样虚弱了。

从本身有缺陷者那里出现了那些从他的意念、他的傲慢自大中进入存在的事物,他离开了那些存在于他里面的完美的事物,他把自己提升到了那些属于他的事物。他作为他的回忆存在于普累罗麻之中,以便他会从他的傲慢自大中被拯救。

那奔向高处的那一位,那把他拉向他自己的那一位,不是不孕的,而是在普累罗麻中生出了一个果实,他们让那些处在缺陷之中者感到不安。

逻各斯较底部分的性质

从傲慢自大中进入存在的事物与普累罗麻相像,它们是普累罗麻的肖像、摹本、影子、幻影,缺乏理性和光明,它们属于空虚的意念,因为它们不是任何事物的产物。因此,它们的终点将如同它们的开端:它们从那不曾存在者再次回到那将不存在者。① 正是它们,它们本身,才是比那些赋予它们的名字更伟大、更强大、更受尊敬,那些名字只不过是它们的影子而已。它们在映像之中是美丽的。因为摹本的[容貌]其美丽通常是来自于母本。

---

① 参:Irenaeus,*Against Heresies*,1.7.1。

它们认为它们自己是靠自己存在的,是没有源头的,因为它们没有看到任何别的存在于它们之前的事物。① 因此,它们生活在一种不服从、一种反叛之中,不在它们因之而进入存在的那一位之前谦抑自己。

它们在空虚的野心中想彼此命令、彼此征服,而它们所拥有的荣耀中包含着一个将要进入存在的体系的成因。

它们模仿那些崇高的事物。它们每一个都是那个伟大的名字的阴影,它们每一个都按照那个名字的伟大,在心中产生了一种权力欲,每一个都想象它自己要比它的同伴更高级。

这一些事物的意念并不是没有结果的,正如它们作为阴影所从来的那些事物,凡是它们所想到的,都成为它们的潜在的儿子;凡它们所关心的都成为它们的后裔。因此,许多的后裔从它们那里产生出来,成为战士、斗士、制造混乱者以及叛乱者。它们是不服从的存在物,是权力的热爱者。一切这一类的其他存在物都是从这一些当中产生出来的。 |80|

逻各斯的回转

逻各斯是那些进入存在者的原因,他继续着进一步的丧失之中,他感到惊讶。他没有看到完美,而是看到了一个缺陷;没有看到合一,反而看到了分裂;没有看到稳定,反而看到了扰乱;没有看到安息,反而看到了动乱。他也不可能让它们不爱扰乱,他不可能摧毁它。一旦他的整体和他的崇高抛弃了他,他就完全地没有能量。

那些进入存在者不认识它们自己,也不认识它们所从来的普累罗麻,也不认识作为它们的存在之因的那一位。

逻各斯在这样一种不稳定的处境之中,没有继续产生任何类似于流溢物的东西,也就是那些在普累罗麻之中,为了父的光荣而存在的荣耀。相反,他 |81| 生出了小小的虚弱的东西,这些东西也受到了他同样受的那些疾病的困扰。

---

① 这是德穆革亚大巴多的典型错误,在许多文本中都有表现,参:《阿其翁的本质》86,27-87,4;《伟大的塞特第二篇》53,28-31;Irenaeus, *Against Heresies*,1.5.4。

它是那个单一体的属性的模仿,那个单一体是那些不能一开始自存的事物的原因。

直到那一个把这些有欠缺的事物生育在缺陷之中,直到他审判那些由于他的原因违反理性进入存在者——正是这种审判变成了定罪——,他与它们斗争直到灭亡,也就是那些抵抗定罪者、愤怒所追击者的灭亡,而那(愤怒)却在它们的错误意见和背叛中接受它们、拯救它们,因为随之而来的是被称为"metanoia"(心灵的转向)的回转。逻各斯转向了另一个意见和另一个意念。背离了恶之后,他转向了美好的事物。伴随着回转的是他对于存在的事物的念想,以及向使他向善的那一位祈祷。

他最先祈祷和回想的是在普累罗麻之中的那一位,随后(想起的)是他的兄弟们,先是一个一个的,然后是他们的彼此,然后是他们全体。但是在想到 [82] 他们全体之前,首先想到的是父。合一的祈祷对于他和万有的回转是一个助益,正因为他被回想,他才回想起那些一开始就存在者。这是在遥远的地方呼唤的一个意念,让他返回。①

他的一切祈祷和回想乃是与那个限制相应的无数的能量。因为他的意念中没有哪个事物是不结果的。

这些能量是好的,比那些相似物的能量更大。因为那些属于相似物的能量也属于一种[谬误]的性质。它们是从一种相似性的幻觉和一种傲慢的意念中形成的。它们源自于一个最早认识它们的意念。

更前面的存在物从属于什么呢?它们就像遗忘和沉沉的睡眠,就像那些做着乱梦的人,当他们受到压迫的时候,梦就降临到他们身上。② 另一些对于他来说像光明体,它们向往着太阳的升起,因为它们在他里面看到了真正甜蜜 [83] 的梦。他当即就停止了意念的流溢。它们不再有它们的本质,它们也不再有荣耀。

尽管他并不等同于那些先存者,如果它们比那些相似物更高的话,那也只

---

① 召唤,参:《真理的福音》22,2-8。
② 对照:《真理的福音》29,10-11。

是通过他,它们才能比那一些相似物更高的,因为它们并不是来自于一个好的念头。

它们不是从那进入存在的疾病中被造出来的,不是从好的念头中(被造出来的),而是从追求先在者的那一位那里被造出来的。一旦他作了祈祷,他就既把自己提升到了善那里,同时也在它们里面播种了追求并祈求那光辉的先存者的先在的倾向,他也在它们里面种了一个关于他的意念和观念,以便它们会想到在它们之先存在着某种比它们自己更伟大的事物,尽管它们并不明白那事物是什么。通过那个意念生出了和谐和互爱,由此它们在合一和一致意见中行动,因为它们已经从合一和一致意见中获得了它们的存在。

它们对于权力的欲望比它们(相似物)更强,因为它们比那些已经升到它 |84| 们之上者更受尊敬。它们没有谦抑自己,它们认为它们完全是从自己生出来的,没有别的源头。当它们起初按照各自的出生出现的时候,这两个群体就彼此攻击,由于它们的存在方式为控制权而战斗。结果,它们就沉浸到了与相互攻击相应的力量和本性之中,具有权力欲以及一切诸如此类的别的东西。正是出自于这一些,对于荣誉的空虚的爱就把它们统统拉入到了对权力的欲望之中,它们中谁也没有高尚的意念,谁也不承认这一点。

这个意念的能量在先存者的工作中得到了准备,它们是那些先存者的映像。那些这种类型的群体具有彼此的和谐,但是它与那些相似物的群体相斗争,而那些相似物的群体则与映像开战,并且由于它的怒气跟它自己过不去。 |85| 由此它们彼此[…会盛行][…受必然性的驱使][…不是多数],[…]它们的嫉妒和它们的[…]以及它们的愤怒、暴力、欲望和流行的无知制造出了空虚的事物和各种各样的能量,彼此大量地混合;与此同时,逻各斯的心灵——它们之所以得以生成的原因——向着来自上方的启示的盼望开启。

拯救者的派遣

那运动着的逻各斯对于那一位崇高者怀着盼望和期待。他从各方面与那些属于阴影者分开,因为它们与他对抗,根本没有在他的面前表现出谦卑。同时,他安息在那些意念的存在物之中。至于以这样的方式确立、处在崇高的边界之中回忆那有缺陷者的那一位,逻各斯以一种不可见的方式生出了他,与那些从意念进入存在者在一起,与那些从那一位进入存在者在一起,那一位与它们同在,直到光明从上面作为生命的赐予者照耀他为止,他是由先存的普累罗麻的兄弟之爱的意念生出来的。

[86] 羁绊发生在万有之父的移涌身上,万有之父是不受羁绊的,这羁绊降临到它们,细致地、没有恶意地、极其甜美地,仿佛这羁绊是它们自己的。[它降临到]万有身上,以便它们受教于那唯一者,从而明了自己的缺陷,从那唯一者那里获得力量以消灭这些缺陷。

他的那个群体从在高处行走的他那里产生出来,从他和整个完美那里产生出来。那个在高处行走者对于那个有缺陷者而言成了在移涌之流溢之中的一个代言者,那移涌之流溢乃是依据存在的事物进入存在的。当他向它们祈祷的时候,它们就愉快地、欣然地同意了,因为它们在一致意见之中,和谐一致地去帮助那个有缺陷者。它们聚集在一起,请求父为了他的荣耀,仁慈地从上界、从父那里出现一个协助,因为那有缺陷者不可能以别的方式变得完美,除非是出于父的普累罗麻的意志,就是他已经拉向他自己、启示出来、并且给予了那个缺陷者的意志。于是,从和谐那里,在已经进入存在的愉快的同意之中,它们生出了一个果实,(这个果实)是从和谐中生出来的,是一个单一体,是一个对万有的拥有,它显示出了父的容貌,移涌们就在献上赞美、为它们的兄弟祈求帮助的时候念想着它,它们的祈求是出于与父相同的愿望。就这样,它们是欣然地、愉快地生出这个果实。而且他同意显示出他与它们的结合,也[87]就是他所爱的子。① 但是,这个子,这个万有在他里面得到满足的子,把万有作为衣袍穿在身上,通过这个把完美给予了那个有缺陷者,并且以此印证那些完美

---

① 参:《马可福音》1,1。

者。依据他所从生出来的那一些(移涌),他就是真正被称为"救赎主"、①"拯救者"、②"令人喜悦者"、③"得蒙爱护者"、"祈祷的对象"、"基督"以及"那些被委派者的光明"的那一位,因为它已经成了那些被赋予他的地位的名字了。然而,除了"子"之外,还有什么别的名字可以适用于他呢? 如我们前面说过的,他是父的知识,④就是他想让它们认识的那个父的知识。

这些移涌不仅生出了它们所赞美的那位父的容貌,如我们前面所写的那样,它们还生出了它们自己的容貌;因为那些献上赞美的移涌生出了它们的容貌和面目。它们是作为他的军队被造出来的,就像为了国王那样,因为意念的存在物拥有一个强大的团体和一个相互交融的和谐。它们以一种多重面目的形式出现,为的是那个受助者可以看到他向他们祈求帮助的那一些。他就可以看到施予他帮助的那一位。

我们前面说到过的那个一致意见的果实是臣服于万有的能量的。因为父已经把万有安置在他里面,不仅是那些先存者,而且还有那些现在存在者以及将来存在者。⑤ 他有能力这样做。他启示了他安置在他里面的那一些。当他把它们托付给他的时候,他并没有把它们给予他。依据从一开始就给予他的权威,根据这项任务的能量,他指挥着宇宙的组织。就这样,他已经开始并且实施了启示。

父在他里面的那一位,万有在他里面的那一位,先于那一位缺乏视力者造出来了。用那种完美的光明的照耀,他教给他有关那些寻求视力者的事。他一开始在不可言喻的喜悦中完善他。他为了他自己完善他,使他成为一个完美者,他还给予他适合于每一个个体的事物。因为这是最初的快乐的决定。他还不可见地在他里面播种了一个话语,就是那个最终成为知识的话语。他

---

① 参:《真理的福音》16,38。
② 参:《腓拉比书》3,20。
③ 参:《马太福音》12,18;《马可福音》1,11;9,7;12,6。
④ 参:《西奥多图摘要》7,1;31,3。
⑤ 参:《以弗所书》1,21。

给予他能量,使他有能力从他自己身上分开并扔掉那些不服从他的东西。就这样,他让他自己向他显现。但是对于那些由于他而进入存在者,他显示了一个超越于它们的形象。它们彼此敌对地行事。他突然地让自己向它们显现,以闪电的形象逼近它们。以一个突如其来的启示,一个它们未曾听说、未曾期待、一无所知的启示,他终结了它们彼此之间的纠缠。它们因此感到害怕并且跌倒了,因为它们没有能力承受击打它们的光明的显现。那显现者对于那两个群体而言都是一种袭击。正如意念的存在物已经被赋予了"渺小者"这个名字那样,它们也有一个模糊的观念——它们拥有一个"崇高者"。他存在于它们之前,它们已经在它们里面播种了对那位将要显现的崇高者的惊异态度。因此它们欢迎他的显现,它们敬拜他。它们成了〈他的〉深信无疑的见证者。它们承认那进入存在的光明比那些与它们作战者更强。然而,那些相似物感到极度的害怕,因为它们一开始没有听说过他,会有这样的一种景象。因此它们跌入到了无知的深渊之中,也就是所谓的"外层的黑暗"、"混沌"、"幽冥"和"深渊"之中。他确立了意念存在物秩序之下的事物,因为它比它们更强。它们有资格统治无法言说的黑暗,因为它是它们的,也是分配给它们的宿命。他允许它们,它们也可以对那将要到来的、他分配给它们的组织有用处。

对于有缺陷者的启示与对于由于他而将进入者的启示是大不相同的。因为他把自己启示给在他里面的他,因为他与他在一起,与他一起受苦,是一点一点地让他休息,使他成长,把他提升,为了来自于异象的喜悦把自己完全地给他。但是对于那些落在外面的,他只是极其迅速地把自己显示给它们,又突然地回到他自己,根本没有让它们见到他。

逻各斯的普累罗麻

当有缺陷的逻各斯被照亮的时候,他的普累罗麻开始了。他逃脱那些起初扰乱他的那一些,他开始与它们分开。他剥除了傲慢的意念。当那些起初的不服从者向他弯腰,在他面前谦抑自己的时候,他就获得了与安息的冥合。他的兄弟曾经来探访他,他为他们的探望而高兴。他赞美颂扬那些显现为对

他的帮助的人,他献上感谢,因为他已经逃脱了那些反叛他的人,他敬仰和赞美伟大者和那些以一定的方式向他显现者。他生出了活生生的面容的明显的形象,在美好的事物中愉悦,在存在的事物中存在,尽管它们与它们在美丽上是相似的,但是它们在真理上并不相等,因为它们不是出于联合,也不是那位把它们生出来者与那位把他自己显现给他者之间的联合。但是他在智慧和知 |91|识中行动,把逻各斯与他自己完全地冥合起来。因此,那些从他而出现者乃是伟大的,正如那些真正伟大者那样。①

在他对于那位在他面前显现者的美丽感到惊讶之后,他表达了对这次探访的感恩之情。逻各斯是通过那些他所曾获得帮助者做这件事的,为的是那些由于他而进入存在者的稳定,为的是它们可以获得某些好的事物,因为他想为一切从他进入存在者的组织祈祷,这组织是稳定的,它可以使它们稳定。因此,他有意地造出来的那些是在战车之中的,正如那些进入存在者,那些已经显现者,以便它们可以穿越下界事物的每一个地方,以便每一个都可以获得相应的位置。对于相似物来说,这是毁灭,而对于意念的存在物来说,这是仁慈的行动,对于那些出自于法令者乃是启示,(这些出自于法令者)乃是苦难中的合一,是种子,它们还没有依靠自己进入存在。

那位显现者是父的容貌,是和谐的容貌。他是逻各斯祈祷、赞美、颂扬的时候生出来那些存在物的食物和由每一种恩典织成的衣袍。他在关照他为它 |92|们祈祷的那些存在物的时候,他所赞美和颂扬的就是这一位,为的是他可以通过他所生的形象使它们成为完美。

逻各斯更增加了它们的相互支持以及对前景的盼望,因为它们享有愉悦、丰盛的安息和无瑕的快乐。他生出了他最先记得的那一些,在它们不跟他在一起的时候,使它们获得完美。那属于这个异象者与他在一起,与万有一样,他存在于对完美的父的盼望和信仰之中。他在他与他冥合之前显现,为的是那些进入存在者不至于由于看到光明而毁灭,因为它们不能够接受伟大和崇

---

① 参:《致吕吉诺书》46,19ff.。

高的境界。

逻各斯的意念已经回到他的稳定,并且统治了那些因为他而进入存在者,它被称为他按照法令生出来的那些存在物的"移涌"和"位置",也被称为"拯救的会堂",①因为他治好了他自己的分散,使各式各样的意念回归到了单一的意念。相似地,它也被称为"仓库",那是因为他所获得的归给他自己的安息。它也被称为"新娘",那是因为那一位的喜乐,那一位在对来自于合一的果实的盼望中把他自己给予他,并且向他显现。它也被称为"王国",那是因为他在宰制那些与他作战者时所获得的稳定。它也被称为"主的喜悦",②那是因为他穿在自己身上的快乐。跟他在一起的是光明,那光明为了在他里面的美好事物而给予他报偿,跟他在一起的还有自由的意念。

我们前面讲到过的那个移涌是高于彼此斗争的那两个群体的。它不是那些主宰者的伴侣,不会牵涉到属于意念和相似物的那些疾病和虚弱之类的事物之中。

那逻各斯把自己立于其中的、具有完美的喜乐的,乃是一个移涌,它具有物质的形态,但是也有原因的构造,也就是自我显示的那一位。(这个移涌是)那些在普累罗麻之中的事物的一个形象,那些事物是从愉悦地存在着的那一位的丰盛的愉悦中进入存在的。它,那自我显现者的容貌,在真诚中、在专注中、在他所求之事的允诺中。它有子的称号、他的本质、他的能量和他的形态,就是他所爱者和他在里面得到满足的那位,就是那一个以爱的方式被恳求者。它是光明,是一个被确立的欲望,是对教导的开放,是看异象的眼睛,是它从崇高者那里获得的品质。它是他的思想的智慧,是与那些处于物质之下者相对的。它也是一句言说的话语,是这一类事物的完美。这些就是与他一起成形的,但是依据的是普累罗麻的形象,拥有给予它们生命的父,每一个都是每一个面孔的模本,那面孔是阳性的形式,因为它们不是从阴性的疾病那里来的,而是从已经把疾病留在身后的那一位那里来的。它有一个名字叫"教

---

① 参:Irenaeus,*Against Heresies*,1.5.3。
② 参:《马太福音》25,21-23。

会",因为它们的和谐类似于那些已经自我显现者的和谐相聚。

那在光明的形象中进入存在者也是完美的,因为它是那存在着的光明的形象,也就是万有的形象。即便它低于形象所从来的那个母本,它还是具有不可分性,因为它是那个不可分的光明的容貌。那些在每一个移涌的形象中进入存在者在本质上是在我们前面提到过的那一位之中,但是在能量上它们并不相等,因为它(能量)在它们每一个之中。在这种彼此的冥合之中,它们具有平等性,但是每一个都没有抛弃掉它本身所特有的东西。因此,它们是情感,因为情感是疾病,因为它们不是普累罗麻的一致意见的产物,而是这一位在他接受父之前的不成熟的产物。因此,与他的万有和意志的一致乃是对于将要到来的组织有益的东西。它被给予它们是为了穿越下界的地方,因为那些地方不能够容纳它们的突然的、匆匆的到来,除非它们单个地、一个一个地到来。它们的到来是必要的,因为万有将通过它们得到完善。

简言之,逻各斯可以看到一切事物,①看到那先存者和那些现在存在者以及那些将来存在者,因为他已经被托付了所有存在者的组织工作。有些事物已经在那些适于进入存在的事物之中了,但是那些将要进入存在的种子是在他自己里面,这是因为应许的缘故,这应许属于他所构想者,属于那些将要进入存在的种子。他制造出了他的后裔,也就是他所构想者的启示。然而,这些应许的种子暂时被看守起来,为的是那些已经被委任以使命者可以得到委任,就是得到救主和那些与救主在一起者的委任,那些与救主在一起者就是那些最早在父的知识和荣耀之中者。

组　织

从他所做的祈祷和由此发生的回转中,有一些应当毁灭,有一些应当受益,而还有另一些应当分开,这是合适的。他首先为那些不服从者准备了惩罚,运用那位显现者的能量,就是他从他获得高于万物的权威的那一位,从而

---

① 参:《以弗所书》1,21。

把它们从自己这里去掉。他是在下界的那一位,他让自己远离那些崇高者,直到他为所有外在的事物准备好组织,并且给予每个地方指派给它的东西为止。

当逻各斯美化了万有的时候,他就在一开始就把自己确立为像父那样的基本的原则、原因和进入存在的事物的统治者,成为确立的原因,也是在他之后最早的存在者。他创造了先存的形象,就是他在感恩和赞美中生出来的形象。然后他美化了那些他在赞美中生出来的存在物的地方,那地方被称为先存的"天堂"和"享乐"与"充满营养的快乐"和"快乐"。存在于普累罗麻之中的每一种善,它都保存了它的形象。然后,他美化了王国,就像一个城邦,充满了每一种令人快乐的事物,如兄弟般的爱和慷慨大度,充满了圣灵和统治它们的强大的能量,就是逻各斯在能量中制造和确立的能量。然后,他美化了那个教会的地方,那个地方类似于这个地方,具有存在于移涌之中的、赞美父的那个教会的形式。在此之后,他美化了信仰和服从的地方,那地方来自于盼望,就是逻各斯在光明显现的时候获得的事物。然后他美化了处置的地方,处置就是祈祷和恳求,是随着宽恕和关于那将要显现者的话语而来的。

所有灵性的地方都在灵性的能量之中。它们从意念的存在物那里被分出来,因为能量是被确立在一个形象之中的,就是把普累罗麻从逻各斯那里分出来的那个形象,而那个积极预言着将要存在之事物的那个能量指引着那些向着先存者进入存在的事物,它不允许它们与那些事物混合起来,就是那些由于看到那些与他在一起的事物而进入存在的事物。

那些在外面的意念的存在物是谦卑的,它们维持着普累罗麻的映象,尤其是因为它们拥有那些它们因之而美丽的名字。

回转是谦卑地面对意念的存在物的,而律法也是谦卑地面对意念的存在物的,那是审判的(律法),是定罪和愤怒。同样谦卑地面对它们的还有能量,那能量把那些堕落在它们下面的存在物分开,把它们远远地送走,不让它们散布在意念的存在物和回转之上,那能量存在于恐惧、困惑、遗忘、惊讶、无知以及那些通过幻想以相似物的方式进入存在的事物之中。而这些事实上是低级的事物也被赋予了崇高的名字。那些带着傲慢、权力欲、不服从和谬误从它们出来的存在物是没有知识的。

他给每一个都取了名字，因为两个群体在一个名字之中。那些属于意念的以及那些属映像的，被叫作"右边者"、"属魂者"、"火焰者"以及"中间者"。那些属于傲慢的意念的以及那些属于相似物的，被叫作"左边者"、"属物质者"、"黑暗者"以及"最后者"。①

在逻各斯把每一位，包括形象、映象和相似物，都安置在他的秩序之中后，他清净了形象的移涌，使之没有任何与之对抗者，因为它是一个快乐的地方。然而，对于那些意念的存在物，他启示了那些已经从他那里被剥除的意念，想把它们拉入到物质的合一之中，为的是它们的体系和居所，为的是它们可以产生出一种冲动，要减少罪恶对它们的吸引，以便它们不再在它们的环境的荣耀中欢喜并消亡，而是会看到它们所受的苦难，从而产生出爱，产生出对治愈它们的卑贱的那一位的坚持不懈的寻求。对于属于相似物的那些存在物，他设立了美丽的话语，以便他可以把它们带入到一个形式之中。他还在它们之上设立了审判的律法。

更进一步，他在它们之上设置了能量，那是诸根源在它们的权力欲中产生出来的。他任命这些能量为它们之上的阿其翁（统治者），这样一来，或者依靠美丽的话语的支持，或者凭借律法的威慑，或者利用权力欲的能量，这个秩序就可以得到那些把这个秩序缩减为罪恶的存在物的维持，而逻各斯对它们是满意的，因为它们是对组织工作有用的。

阿其翁和上级阿其翁

逻各斯知道这两个群体在权力欲上是一致的。对于这些以及一切其他的存在物，他都慷慨地满足了它们的欲望。他给予每一个以适当的等级，并且命令每一个成为某一个位置和某个活动的统治者。他服从比他自己更高的那一位的位置，为的是在一个活动中命令另外的位置，那个活动是在分配给他的活

---

① 瓦仑廷派对人的划分，参：Irenaeus, *Against Heresies*, 1.5.1-2；6, 1；11, 1-2；《腓力福音》10；40；67。

动之中的，是由于他的存在模式的缘故发生在他身上，让他去统治的。于是在

[100] 天使和天使长的统治与服从的位置中出现了命令者和服从者，而且活动是有各种不同的形式的。就在它们出现的时候，每一个阿其翁都有它自己的命定的族类和特权，它们都是谨慎的，因为它们已经被托付了那个组织活动，它们谁都不缺乏命令，谁都有王权，从天的末端到地的末端，甚至于到地的根基，到地底下的地方。有许多的王，许多的主以及那些发号施令者，有一些掌管惩罚，另一些主持正义，还有一些施予安息和治疗，还有一些管教育，还有一些做守卫。

在所有的阿其翁之上，他任命了一个上级的阿其翁，①是没有谁能够命令他的。他是所有阿其翁的主人，是逻各斯在他的意念中生出来的面貌，是作为万有的映象的。因此，他（为首的阿其翁）被作为他（逻各斯）的映象的每一个名字装饰起来，因为他具有每一种属性和荣耀的品质。因为他也被称为"父"、"神"、"德穆革"、"王"、"审判者"、"位置"、"居所"和"律法"。

逻各斯用他为手，去美化和影响下界的事物；他用他为口，去言说那些将被预言的事情。

他已经说过的那些话语他去完成。当他看到它们是伟大的、美好的、奇妙

[101] 的，他就会感到愉悦和高兴，在他的意念中，就好像他自己是那个说这些话、做这些事的那位，并不知道他里面的运动其实是源自于那个灵，是那个灵以确定的方式推动着他走向他想要的那些事物。

就那些从他进入存在的事物而言，他讲到它们，它们作为灵性的地方的映象进入存在，我们在前面关于形象的讨论中提到过的灵性的地方。

他不仅做工，而且由于被任命为他的组织的父，他也依靠他自己、依靠种子、也[依靠灵]进行生育，那灵是受拣选的，将要通过他降临到下界的地方。他不仅讲他自己的灵性的话语，而且以一种不可见的方式，通过灵言说，那灵呼唤和生育出比他自己的本质更伟大的事物。

---

① 这个上级阿其翁在瓦仑廷派的体系中常被叫作"德穆革"。

由于在他的本质上他是一个"神"和"父"以及一切其他尊贵的头衔,他认为它们是他自己的本质之中的因素。他为那些服从他者确立了安息,但是对于那些不服从他者,他为他们设置了惩罚。跟他一起的,还有一个天堂、一个王国以及存在于先他而存在的移涌之中的一切其他事物。它们比印记更有价值,这是由于与它们相连的意念,(这些意念)像阴影和衣袍,这样说是因为, [102] 他没有看到那些存在的事物以什么方式真正地存在。

他设立了工人和奴仆,让他们协助他想做的事和他想说的话,在他工作的每一个地方,他都把他的面貌留在他的美丽的名字之中,实行和言说那些他所想的事。

他在他的地方设立了显现的光明的形象和那些灵性[事物的形象],尽管它们具有他自己的本质。就这样,它们在每一个地方都得到了他的尊敬,它们是纯洁的,来自于任命它们的那一位的面貌,这一切被设立起来了:天堂、王国、安息、应许、他的意志的众多的奴仆。尽管它们是主宰的主,但是它们被设置在那个主的下面,就是它们的任命者的下面。

在他以这样适当的方式倾听他关于这些光明的事之后,——这些光明就是源泉和体系——,他把它们置于那些下界事物的美丽之上。那不可见的灵以这样的方式推动着他,以至于他会想通过他自己的奴仆进行管理,他也用那 [103] 些奴仆,作为自己的手和口,就好像他是他的脸孔,他的奴仆是他带来的那些事物,就是秩序、威胁和恐惧,为的是他与之一起做无知之事的那些存在物会轻视交给他们保守的那个秩序,因为他们被锁在牢牢地套在他们身上的束缚之中。

整个物质的设立被分为三个部分。那些强的能量,就是灵性逻各斯从幻想和傲慢中生出来的,他把它们设立在第一个灵性的等级之中。那些能量,就是这些能量在权力欲中制造出来的,他把它们设立在中间的区域,因为它们是野心的能量,因此它们会对那些处于它们之下者用强迫和武力实施统治。那些通过羡慕和嫉妒进入存在者,以及一切出自于这类性情的其他后裔,他都把它们设立在奴隶的等级之中,让它们控制极端者,让它们统治一切存在者和一切世代的王国,正是从它们那里出来了迅速毁灭的疾病,它们急切想要生育,它们是那个它们所从来又要回到那里去的那个地方的某些事物。因此,他在 [104] 它们之上任命了权威的能量,[持续]地在物质上起作用,为的是那些存在者的后裔也可以持续地存在。因为这是它们的荣耀。

第二部训言

物质的人类的创造

从其形式中流出来的物质是一个原因,通过能量进入存在的不可见性就是通过它[……]。为它们全部,因为[……],它们在它们前面生育并且[毁灭]。

那设立在左边者和右边者之间的意念乃是一个生育的能量。[最初者]想要制造的那一些,也就是他们的全部投射,就像是来自于一个身体的、由身体投下的阴影,那些事物是可见创造物的根,也就是装饰形象、映象和相似物的整个预备,它们已经进入了存在,这是为了那些需要教育、学说和塑造者的缘故,以便小的会成长,一步一步地,就好像是通过镜子中的形象。正是由于这个原因,他最后创造了人类,一开始为他准备和提供了他为他创造的那些事物。

人类的创造也跟所有其他的事物的创造一样。灵性的逻各斯不可见地推 [105] 动着他,他通过德穆革和他的天使般的奴仆完善他,就是在他与他的阿其翁们谋划时参与了众多创造活动的那些存在物。地上的人就像一个影子,因此他可以像那些从万有中被切除出来的存在物。他是左边者和右边者一起准备起来的事物,这两个群体中的每一位都给了一个形式给[……],它存在于其中。

那一个[……]是有缺陷的逻各斯生出来的,他在疾病之中,与他不相像,因为他是在[遗忘]、无知、缺陷以及一切其他虚弱方式中把它生出来的,不过逻各斯出于无知通过德穆革给予了第一个形式,以便他能够得知那个崇高者存在,而且也知道他需要[他]。这就是预言中所说的"活灵"、"崇高的移涌的气息"和"不可见者",这就是那活的灵魂,它赋予那一开始是死的那个能量以生命。因为那死的事物是无知的。

我们来解释一下第一个人的灵魂,这是合适的,它来自于灵性的逻各斯,而那个德穆革则以为它是他的,因为它是来自于他的,就好像来自于一张赖以呼吸的口。创造主还从他的质料中派下了灵魂,因为他也有一种生殖的能量,因为他是从父的映象中进入存在的事物。那些左边者也生出了他们自己的后裔,因为他们拥有存在的肖像。 [106]

灵性的质料是一个[单一的事物]和一个单一的映象,它的弱点是许多形式的决断。至于属魂的质料,它的决断是双重的,因为它拥有对于崇高者的知识和认信,由于意念的倾向,它不会倾向于罪恶。至于物质的质料,它的道路是不同的,有许多形式的,它是存在于许多类型的倾向之中的软弱。

第一个人是一个混合的构造,一个混合的创造,一个左边者和右边者的积淀,一个灵性的话语,其注意力被分散在他得以成形的两种质料之中。因此说,一个天堂为他设立起来了,以便他可以吃三种树上的果实,因为它是一个三重秩序的园子,因为它是给人以享受的。

他里面的高贵的蒙拣选的质料是更为崇高的。它创造,它不伤害他们。因此他们发布了一个命令,造成一个威胁,带给他一个大的危险,那就是死亡。 [107]
只有那些罪恶事物的享乐,他才允许他去品尝,而来自于其他树的双重果实他不允许他去吃,更不让他去吃生命树的果实,以便[他们不会]获得尊敬[…]他们,以便[他们不会]被那个邪恶的能量,也就是那条所谓的"蛇"[所诱骗]。他比所有邪恶的能量都要狡猾。通过那些属于意念和欲望的事物的决断,他把人引入歧路。〈他〉让他违反命令,为的是让他死。然后他被剥夺了那地方的一切享受。

当他被剥夺属于相似物和映象的那些事物的享受的时候,这是对他的驱逐。这是出于天意,过不了多久,他就将获得那些永远美好的事物的享受,在其中是安息的地方。这是灵在一开始计划的时候就已经注定的,人应当经历大恶,也就是死亡,也就是对万有的完全的无知,人应当经历一切由此而来的恶,并且在经历了这里面的剥夺和关怀之后,将会获得最大的善,也就是永恒 [108]

的生命,也就是对于万有的可靠的知识以及获得一切美好的事物。由于第一个人的违反,死亡占了统治地位。在被作为一个王国赋予它的治权的彰显中,杀掉每一个人已经成为习惯,这是由于父的意志的安排,这一点我们前面讲到过的。

第三部训言

多 种 神 学

如果两个群体,也就是左边的群体和右边的群体,都被彼此带到一起,就是被设置于它们之间的、给予它们彼此之间的组织的那个意念带到一起,那么它们就会一样地彼此仿效它们的行为,左边的仿效右边的,右边的仿效左边的。如果在恶的群体开始愚蠢地做恶事的时候,那个〈智慧〉的群体也会仿效,以一个行暴力的人的样子,也做那些恶事,就好像它是一个行暴力的人的一个能量。在另一些时候,那个愚蠢的群体企图行善,使它自己与善相似,因为那个隐藏的群体也是热心行善的。正如在那些已经被设立的事物当中那样,在那些将要出现的事物当中也是如此。由于它们生出彼此不同的事物,那些未受教导者就不能够知道那些存在的事物的原因。因此,他们引用了其他类型的(解释),有些(人)说,那些存在的事物的存在乃是出于天意。这一些人观察到了创造运动之稳定性和一致性。另一些人说,这些乃是异类的事物。这一些人乃是观察到了能量的多样性、无规则性和恶。另一些人说,那些存在的事物是注定要发生的。这些人乃是专注于物质的人。另一些人说,这些存在的事物是与自然一致的。另一些人说,它是自存的。然而,大部分人,所有已经达到可见因素的人们,并不比他们知道得更多。

希腊人和野蛮人中间的那些有智慧的人已经走向了那些通过想象和空虚的意念进入存在的能量。那些从这些里面出来的人,与活跃在他们里面的相互冲突和背叛相应,以一种似是而非的、傲慢的、想象的方式述说那些他们以为是智慧的事情,然而那相似性欺骗了他们,因为他们以为他们已经获得真

理,其实所达到的只是谬误。(他们不只是)在小小的名称上这样做,而且那 |110|
些能量本身也似乎阻碍了他们,就好像他们是万有。因此,那个秩序在单单与
它本身的战斗中被追上了,这是由于阿其翁的高级的、存在于他之前的后裔之
一的傲慢的敌意。因此,没有什么事是与它的伙伴一致的,没有任何事,哲学、
各种医学、各种修辞学、各种音乐、各种逻辑学,都不是,它们是意见和理论。
不可言说性主宰着混乱,这是由于那些主宰者、那些给予他们意念者的不可描
述性。

那些从希伯来人的族类中出来的事情,就是那些属物质的、说希腊人的时
髦话语的人所说的那些事情,那些思考所有这一切者,就是那些"右边者"的
能量,那些推动它们都去思考话语和映像的能量,他们〈带来〉它们,他们把握
它们以便达到真理,并且运用活动在他们里面的混乱的能量。后来,他们达到
了非混合者的等级,就是一个被确立的等级,一个作为父的映像的映像而存在
的合一体。它在本性上不是不可见的,但是一个智慧包裹着它,这样它就保持 |111|
着真正不可见者的形式。因此,许多天使不能够看到它。同样,希伯来族类中
的另外的人,我们以前已经讲到过的,就是那些义人和先知,不会想也不会说
任何出自于想象、相似物或者秘传思维的事情,(他们所想所说都是)凭借与
他们一起做工的能量,倾听他所看到和所听到的,在[…]里面言说它们。他
们彼此之间有一个统一的和谐,这是与那些与他们一起做工者的和谐相一致
的,因为他们主要是依靠对那位比他们更崇高者的认信保持了联系和相互的
和谐。有一位比他们更伟大,他之所以被委派是因为他们需要他,他是灵性的
逻各斯把他们一起生下来的,他是需要崇高者的,处在盼望和期待之中,这种
盼望和拯救是与作为拯救之种子的意念相一致的。他是一个令人沉悟的话
语,由意念、后裔和流溢组成。由于我们前面提到过的义人和先知维持了有关
那位伟大者的认信和见证,他们被他们的期待着盼望和倾听的父造就,在他们
里面播种了祈祷和寻求的种子,这种子也播种在许多寻求力量的人里面。它
显现并且吸引他们去爱那位崇高者,去宣讲那些属于一的事情。在他们言说
的时候,正是这个合一在他们里面活动。他们的所见和所言不会因为那些给

予他们异象和话语者的众多而有差异。因此,那些听到了他们关于此事所说的话语的人不会拒绝任何话语,而是以一种不同的方式接受经文。通过对经文的解释,他们确立了许多至今还存在于犹太人之中的异端。有些人说,神是一,他在古代经书中作了一个宣告。另一些人说,他是多。有些人说,神是单一的,他在本性上是单一的心灵。另一些人,他的活动是与善恶的确立有关联的。还有一些人说,他是已经进入存在者的创造主。还有一些人说,他是通过天使进行创造的。

众多这一类的观念有众多的形式,体现在众多类型的经文之中,从而造就出了他们的律法教师。然而,先知不是任他们自己说话的,每一个先知讲的都是他们通过救主的宣告看到和听到的事,他们的宣告的主题都是关于救主的来临。有时候先知们讲到这件事,就好像它将要发生。有时候救主似乎是从他们的嘴里讲话,说救主将要到来,并表现出对那些尚未认识他的人的关怀。他们没有彼此联合起来承认任何事,而是每一个,在他获得能量去言说他的那件事的基础上,在他看到的那个地方的基础上,认为他将从它生出来,他将从那个地方出来。他们谁都不知道他会在什么时候来以及他会被谁生出来,他们只知道他是唯一值得言说的那一位,是将会被生出来并且受难的那一位。但是他是以前就永恒地存在的、非受生的、从逻各斯而来、进入肉身不会受难的,这他们是没有想到过的。这就是他们获得一个冲动去给予关于他的将要显现的肉身的原因了。他们说这是一个来自于他们全部的产物,但是在所有事物之前它是从灵性的逻各斯而来的,灵性的逻各斯是进入存在的事物的原因,救主正是从他获得了肉身。他是在光明的启示中获得它的,根据应许的话语,在他的种子状态中获得启示中获得它的。因为存在的那一位不是存在的事物的种子,因为他是最后被生出来的。但是父授命他彰显拯救的那一位,他是应许的实现,进入生命的一切手段都属于他,他就是通过这些手段降临的。他的父是一位,唯有他才是他的真正的父,在本性上不可见、不可知、不可思议,唯有他是他的意志和形式中的神,是他同意他被看到、被认识和被理解。

成为肉身的救主和他的伙伴

他就是我们的救主,他心甘情愿地同情他们。正是为了他们的缘故,他在一场非出于本意的受难中显现。他们成为肉体和灵魂,——那是永远的——那些事物抓住他们,他们与会腐朽的事物一起死亡。至于那些[进入存在者] 115 那位不可见者不可见地教导他们关于他自己的奥秘。

他不仅把那些他想拯救者的死亡背负在他自己身上,他还接受了他们的渺小,就是当他们被生在肉体和灵魂之中的时候降临于其中的渺小。他这样做,因为他已经让他自己被怀孕并出生为一个在身体和灵魂之中的婴儿。

在一切其他享有它们的人当中和那些堕落后又获得光明的人当中,他是被高举的,因为他是在无罪、无瑕和无污中让你自己被怀孕的。他被诞生在生命之中,生在生命之中是因为前者和后者是在情感之中,跟那个推动者、那位把它们确立在身体和灵魂之中的逻各斯交换意见。是他把那个从我们前面提及过的那些人那里出来的那一位收回自己。

他是从逻各斯运动之后的回归的荣耀的异象和不变的意念中进入存在的,是从组织中进入存在的,正如那些跟他一起来者带着身体、灵魂、印证、稳定和对事物的判断那样。他们也想来。

当他们想到救主的时候,他们也来了,当他知道的时候,他们来了;他们也依据肉体崇高地在流溢中到来,比那些从缺陷中生出来者更有崇高,因为以这 116 样的方式,他们也通过启示和与救主的冥合获得了它们的身体的流溢和救主的身体。这些另外的人是具有一种质料的人,事实上这种质料是灵性的质料。组织是不同的。这是一个组织,而那是另一个组织。有些来自于情感和分裂,是需要治疗的。另一些是从祈祷中来的,当他们被委派去照顾那些堕落者的时候,他们可以治疗疾病。这些就是使徒和传福音者。他们是救主的门徒,是需要受到教导的教师。但是,要是他们真的是与没有情感的组织和救主相一致的身体的造物,那为什么他们也会跟那些从情感中出生的人那样有情感呢?

救主是那个单一者的形象,那个单一者是身体形式之中的万有。因此他保持着不可分的形式,无情感性就是从那个不可分的形式中来的。然而他们是每一个变得显现的事物的形象。因此,他们从模型中接受了分裂,为存在于诸天之下的种植采取了形式。这就是参与在罪之中的东西,这罪存在于那些他们所到的那些地方。因为意志把万有扣压在罪的下面,以便通过那个意志,他会怜悯万有,他们就会得救,而唯有单一的一个被委派去赋予生命,所有其他的都需要拯救。因此,正是出于这一类的原因,他开始接受恩典,去给予耶稣所宣称的荣誉,就是他适于向其他人宣布的,因为一颗耶稣之应许的种子被设立起来了,我们在启示和合一中所服侍的就是他。这个应许拥有教导和向他们最初所从来的回归,他们从那里拥有那一滴,从而回到他,那就是所谓的"拯救"。这就是从囚禁中解脱出来和获得自由。取而代之的是对那些无知之奴隶的囚禁占据统治地位。自由是真理的知识,它存在于无知统治之前,永远没有开始和结束,是好的事物,是事物的拯救,是从他们所遭受的奴性中解脱出来。

[118] 那些在低级的空虚的意念中生出来的人,就是那个把他们拉入到权力欲之中去,从而使他们进入到罪恶事物中去的那个意念,他们已经从关照着孩子们的丰盛的恩典中获得了自由的财富。然而,这是情感的动乱和那些事物的毁灭,那些事物是他一开始从自身抛弃出去的,当逻各斯把它们自己与他自己分开的时候,逻各斯是它们注定要毁灭的原因,尽管他维持它们直到组织的终结,并允许它们存在,因为即便它们也是对于那些命定的事物有用的。

人 的 三 分

人有三种根本类型,灵性的、属魂的和物质的;物质的人、属魂的人、属灵的人是从逻各斯的三重性情中产生出来的。① 这三种类型都是通过其果实辨认出来的。他们不是在一开始就可以为人所知的,而是只有到了救主来临的

---

① 人可以分为三类人,参:Irenaeus, *Against Heresies*, 1.7.5。在《三部训言》中,这种三分不只是局于不同类型人的划分,而且也适用于每一个人,每一个人都由这三种元素组成,而且一个人属于哪个类不是注定的,而是取决于其对救主的反应。

时候才显明出来,救主会照耀那些圣人,并且会揭露出每一个人是属于哪个类。

灵性族类就像来自于光的光,来自于灵的灵,当它的头出现的时候,①它就立即奔向他。它立即成为它的头的一个身体。它立即在启示中获得知识。属魂的族类就像来自火的光,因为它犹犹豫豫地接受那个向它显现的他的知识。它更加犹豫地在信仰中奔向他。相反,它是通过一个声音受到教导,而这已经够了,因为它离应许的盼望不是很远,因为它作为誓约接受了那将要存在之事的担保。属物质的族类则在各方面都是不同的,因为它是黑的,它避开了光明的照耀,因为光明的出现会毁灭它。② 由于它没有接受它的合一,它是某种过量的东西,是憎恨主对它的启示的。③

灵性的族类将在各方面都获得完全的拯救。属物质的人作为他的抵制者将在各方面都接受其毁灭。属魂的族类在其出生和受造的时候是处于中间地位的,它具有善和恶的双重的命运。它选择注定的突然的离开,完全地逃向那些善者。逻各斯在回忆崇高者和祈祷救赎的时候,依据他的意念中的第一个元素生出来的那些人,拥有[突然的]拯救。由于拯救的意念,他们将完全地被拯救。正如他是被生出来的那样,那一些也是从他生出来的,无论是天使还是人。④ 凭借对于那一位比他们更崇高者的认信,凭着对他的祈祷和寻求,他们将会获得那些已经被生出来的人的拯救,因为他们从是好的性情中出来的。他们被委派去服务于救主之到来的宣讲,救主将要到来,他的启示已经到来。无论天使还是人,当他被派来服务于他们的时候,他们在事实上获得了他们的存在的本质。然而,那些从权力欲的意念中出来的人,那些从对抗他的那些人的打击中产生出来的人,那些由这个意念从这当中产生出来的人,由于他们是混合的,他们将突然地领受其毁灭。那些将从给定时间和期限的权力欲中产

119

120

---

① 参:《以弗所书》1,22-23;4,15-16;5,23;《歌罗西书》1,18;2,10.19;《西奥多图摘要》42,2;43,2。
② 参:《约翰福音》1,5。
③ 参:《真理的福音》19,25-27。
④ “天使或者人”这个表达式参:《腓力福音》20。

生出来的人,那些将要赞美荣耀的主的人,那些将抑制他们的怒气的人,他们将由于他们的谦卑得到回报,那回报是历久永存的。① 然而那些由于野心的欲望而骄傲的人,那些热爱短暂的荣耀,忘记了权力只是暂时托付给他们的人,那些不承认神子是万有之主和救主人,他们没有走出愤怒及其与恶者的相似之处,他们将由于他们的无知和麻木而受到审判,那审判就是受苦,跟他们一起受苦的还有那些走上歧路、偏离正道的人;他们受审判还由于更大的恶,就是对主做不合适的事,就是那些事左边的能量对他做的事,甚至包括杀死主。他们总是说:"我们将成为宇宙的统治者,只要我们把那已经被宣布为宇宙之主的那一位杀掉。"②他们一边这样说,一边就努力地这样做,他们就是那些不是出于右边者的好的性情,而是出于混合的人和天使。他们一开始为自己选择了荣誉,尽管它只是一个暂时的意愿和欲望,而通向永恒安息的道路乃是谦卑,是为了那些将要得救之人、那些义人的拯救而预备的。他们认信了主,认信了教会所喜悦的意念,认信了那些人的歌——那些人跟教会一起做到了最完全程度的谦卑,他们理解对于教会来说什么是好的,他们做令教会高兴的事,分担她的苦难和痛苦——在此之后他们将要分享她的盼望。我们也要说一下左边群体中的人和天使走向谬误的道路这个问题:他们不仅否认主,策划针对他的邪恶,而且还把他们的憎恨、嫉妒和怨毒指向教会;③这就是那些推动并唤起自己使教会受考验的人之所以被定罪的原因。

拯救:蒙拣选者的回复

蒙拣选者享有救主的身体和本质,由于它与救主的合一与一致,它就像一个婚房。因为,在每一个地方之前,基督教为了她而到来。召唤拥有那些人的一个地方,也就是那些为婚房而喜悦的人,那些为新郎和新娘的结合而高兴、

---

① 参:《哥林多前书》2,8。
② 参:《马可福音》12,7。
③ 这里指的是对诺斯替教会的迫害,参:《伟大的塞特第二篇》和《彼得启示录》。

快乐的人。① 召唤将拥有的那个地方乃是形象的移涌,在那里逻各斯还没有与普累罗麻结合。由于教会的人为结合而高兴、快乐,并且盼望着结合,他分开了那个以为自己是单一体的人的组织中的灵、魂和体,尽管在他里面是那个万有的人——尽管他是它们全部。尽管他逃脱了[…]那些地方将会获得的[…],他还是拥有我们更早的时候讲到过的那些肢体(member)。② 当拯救被 `123` 宣告的时候,完美的人将会立即获得知识,从而急速地回到他的合一状态,回到他所从来的那个地方,喜悦地回到那个他所从来的地方,回到那个他所从流溢出来的地方。然而,他的肢体需要一个受教育的地方,那是一些装饰过的地方,以便他们可以从那里获得与形象和原型的相似,就像一面镜子,直到当他们作为一个完整的身体显现的时候,教会身体的肢体都在同一个地方、在同一时间获得恢复,也就是回复到普累罗麻之中。它拥有一个相互承认的初步的和谐,那是属于父的和谐,直到万有获得一个与他一致的面貌为止。恢复在最后实现,在万有显了它是什么之后:它是子,也就是拯救,也就是通向不可思议的父的道路,也就是回到先存者;也在万有真正地在那一位里面显现他们自己,——那一位是无法想象者、不可言说者、不可见者、和不可思议者——从而 `124` 获得拯救之后。拯救不只是从左边者的宰制中解脱出来,也不只是逃脱那些右边者的能量——我们每个人都认为自己是他们的奴隶和儿子,任何逃离他们的人,没有不很快又成为他们的奴隶和儿子的——,不仅如此,拯救也是上升到那些普累罗麻之中的层面,上升到那些自我命者那里,上升到按照每一个移涌的能量设想他们自己的那些存在物那里,拯救也是进入到寂静之中,在那里不需要声音,也不需要知道,也不需要形成概念或者觉悟,在那里,一切事物都是光明,无需被照亮。

不仅人需要拯救,天使也需要拯救以及形象、移涌之普累罗麻的安息和觉悟的奇妙能量。因此我们不必怀疑,其他的存在物,甚至于处在万有之拯救者

---

① 参:《约翰福音》3,29。

② Member 是一个比喻词,原意是构成身体的各个部分,译成肢体,当教会比喻成身体的时候,肢体指的是教会的成员。

125 的位置的圣子自己，也需要拯救——圣子成为了人，他为了满足我们这些在身体里面的人而献出了他自己，我们的身体也是他的教会。当他最早从降临到他的话语获得拯救的时候，一切其他的存在物，也就是那些接受他的人，就从他那里获得了拯救。① 因为，凡是接受了那一位已经获得拯救者的人，他也就接受了那位已获拯救者所获得的拯救。

在所有在肉体之中的人们中间，拯救先给予他的首生者、他的爱、那一位成为肉身的子，同时，那些在天上的天使也请求联合，以便他们可以在地上形成一个与他的联合。因此，他被称为"父的天使们的拯救"，他安慰那结在万有之下为了他的知识而努力的人，因为他在所有其他人之先获得了恩典。

父预先就认识他，因为在任何事物进入存在之前他就已经在他的意念之中了，也因为他拥有那些他要把他启示给他们的那些人。他把缺陷设置在那个在一定时间存在的人身上，以此为他的普累罗麻的荣耀，因为他的未知性这

126 一事实乃是他从他的同意［…］中把他造出来的原因。正如对他的知识的接受乃是他没有嫉妒的表现并且显示了他的丰盛的甜蜜——那是第二位的荣耀——，同样，他也是无知的原因，尽管他同时也是知识的生育者。

在一种隐蔽的、不可思议的智慧中，他保持着那种知识直到终点，直到万有在寻求父神的过程中精疲力竭为止，——没有人可以凭借他自己的智慧或者能量找到他。他把他自己献出来，这样他们就可以获得知识，知道关于他的伟大的荣耀的丰盛的意念，——那意念是他给予的——，也知道他给予的原因，也就是那永不止息的感恩。他在不动摇的谋划中把自己永恒地启示给那些配接受那些本性上不可知的父的人，使他们通过他的愿望，也即他们应该体验无知及其痛苦，从而获得关于他的知识。

那些人，也就是他一开始想到他们应当获得知识及其中的美好事物的人，他们在谋划——那是父的智慧——，他们要体验邪恶的事，在邪恶的事里面受到训练，在一段时间里作为［…］，［以便他们会］获得对于美好事物的永恒的

---

① 参:《约翰福音》1,12。

享受。他们把变化、永恒的弃绝以及那些对抗他们的人的原因看成是那些崇 [127]
高者的装饰和奇妙的品质,为的是要表明,那些将会不认识父的人,他们的无
知乃是他们自己的。那一位,就是给予他们关于他的知识的那一位,乃是他的
能量之一,他使他们懂得,知识在真正的意义上被称为:"一切被念想之事物
的知识"、"宝藏"、①"知识之增长的增加"、"最早被认识的那些事物的启示"
以及"走向和谐、走向先存者的道路",它是那些放弃了在意志之体系中的高
位的人的伟大,以便终未变成如同开端那样。

　　至于那完全意义上的洗礼,万有将下降于其中,将置身于其中,②除此之
外没有别的真正的洗礼。真正的洗礼就是,当他们通过那些名而认信——那
些名是福音的单一的名——,当他们已经相信那对他们所说的话,也就是他们 [128]
存在,之后,他们被拯救到神、父、圣灵那里去。③ 那些已经相信他们存在的人
由此获得了他们的拯救。这是在一种无可怀疑的信仰中以一种不可见的方式
达到父、子和圣灵。当他们为他们作见证的时候,他们也是带着坚定的盼望获
得他们的,为的是向他们的回归会成为那些已经相信他们的那些人完善,为的
是父可以与他们合一,就是他们在信仰中认信的那一位父、神,就是给予他们
在知识中与他合一的那一位父、神。

　　我们前面提到的洗礼被称为"那些不脱掉它的那些人的外袍",因为那些
想要穿上它的人和那些已经获得拯救的人穿着它。它也被叫作"绝不会堕落
的真理的印证"。它不可动摇地、永恒不变地抓住了那些在抓住它的时候获
得了恢复的人。洗礼被称为"沉默",那是由于其平静和安宁。洗礼也被称为
"婚房",那是因为那些知道他们已经认识他的人的一致和不可分的状态。它
也被称为"没有火焰的、不沉没的光明",因为它没有给予光明,只是那些穿上 [129]
了它的人被变成了光明。是他穿戴了他们。洗礼也被称为"永恒的生命",
是不朽的,它被称为"完全的、单一的,对于那些为已经获得开端者而存在

---

① 参:《马太福音》19,21。
② 参:《腓力福音》101。
③ 参:《马太福音》28,19。

的人来说,它是真正令人愉悦的、不可分的、不可动摇的、无瑕的、泰然不动的"。除了"神"之外还有什么别的名字可以命名它吗?由于它是万有,即便有无数的名字来命名它,它们所指向的也只是它。正如他超越任何语言、超越任何声音、超越任何心灵、超越万物、超越沉默那样,那些是他所是的人也是如此。这就是他们所发现的,它的面貌不可言喻、无法想象,它是通过这些人进入存在的,这些人通过他们所领悟的他,知道了他们所赞美的那一位是谁。

拯救:受召唤者的回复

130 关于蒙拣选者的问题我们也还有更多的事要说,但是我们还是说一说召唤的事,也就是所谓的义人的事,我们有必要再次回到他们上面来,忘记他们是没有好处的。我们已经讲到过他们。我们前面有比较长的篇幅讲到他们,我们是怎么说的呢?我们是部分地谈到了他们,我谈到过所有那些从逻各斯而来的人,或者是来自于对恶者的审判,或者是来自于对反对他们的人的愤怒,与他们背道而驰,也就是回到崇高者那里去,或者是来自于对那些先存者的祈祷和回忆,或者是来自于对他们将会因善功而获得拯救的盼望和信仰,由于他们是来自于好性情的存在物,因此他们已经被认为是配得拯救,他们的出生是有原因的,那就是来自于那位存在者的意思。我还说了,在逻各斯心甘情愿地以可见的方式关照他们之前,那位崇高者增加了这个意念,因为他们需要

131 他,就是那一位他们之所以存在的原因。在他们得救的时候,他们没有抬高他们自己,就好像在他们之前无物存在那样,相反,他们承认他们的存在是有一个开端的,他们的欲望是要认识那一位在他们之先的存在者。我所说的最重要的是,他们崇拜在闪电的形式之中的光明的启示,他们见证它是作为他们的拯救而出现的。

我们不只是说,那些从逻各斯而来的人将会完成善功,我们也讲到了,由这些人依据好性情生出来的人也将由于丰盛的恩典享有安宁。那些从权力欲中生出来的人在他们里面有权力欲的种子,他们也将为他们的善行而获得回

报,我们所说的是那些行善的人和那些具有向善之倾向的人,如果他们有意识地渴望抛弃空虚的、短暂的野心,持守荣耀之主的诫命,就能避开转瞬即逝的虚荣,继承永恒的王国。 132

现在我们有必要把原因、恩典对他们的影响以及冲动结合起来,因为我们再说一说前面提到过的一切义人、一切非混合者和一切混合者的拯救,把他们彼此结合起来,这是合适的。至于那安息,也就是我们所相信的形式的启示,我们有必要予以恰如其分的讨论。因为,当我们认信在基督里面的王国的时候,我们就逃脱了全部的形式的多样性,逃脱了不平等和变化。在结束的时候将要获得一个单一的存在,正如开端是单一那样,没有阳性或阴性,没有奴隶或自由人,没有受割礼者或未受割礼者,没有天使或人,唯有基督是一切中的一切。① 那一开始不存在的那一位,他的形式是什么呢? 可以发现他将会存在。那曾经是奴隶的那一位,他的本性是什么呢? 他将会取得自由人的位置。 133 因为他们越来越通过本性,而不只是通过渺小的话语接受到异象,从而只是通过一个声音就相信,那就是真正的道路:向从前的回归就是合一。即便有人由于组织的原因被抬举,或是因为他们被任命为进入存在之事物的原因,或是因为他们比自然力量更积极,或是因为他们由于这些事而被羡慕,天使和人将获得王国、印证和拯救。这一些就是原因。

对于在肉身中显现的那一位,他们毫不怀疑他就是那位前面说到过的、不可见的未知神的儿子。他们抛弃了他们从前崇拜的神灵以及天上和地上的那些主。在他接受他们以前,在他还是一个小孩子的时候,他们证明说,他已经开始讲道了;当他人为一个死人躺在坟墓中的时候,天使们认为他是活着的,并从那个已经死去的人那里获得生命。他们一开始就渴望他们的庙里面的无 134 数的仪式和敬畏被作为认信持续地举行。也就是说,他们可以通过他们向他的靠近为自己完成这些事。

那种预备,就是他们没有接受的那种预备,他们拒绝了,这是由于那未曾

---

① 参:《加拉太书》3,28;《歌罗西书》3,11。

从那个地方派来的那一位,[他们把它送给了]基督,他们认为基督存在于那个地方,就是那个他们与他一起从中出来的那个地方,那个属于他们以借用的名服侍、崇拜和辅助的那些神灵和主的地方。——他们被给予他们适当地指定的那一位。——然而,在他升天之后,他们终于有了体验,知道他就是他们的主,在他之上没有别的主。他们把他们的王国给了他,他们从他们的王位上站起来,他们脱去了他们的王冠。他把自己显示给他们,为了我们已经说过的那些原因,也就是他们的拯救以及向善的意念的回归,直到[…][…]伙伴和天使[…]以及[他们所行的]丰盛的善。就这样,他们被托付了这些服侍,这些服侍有益于蒙拣选者,把他们的不平等带到天上去。他们永远地试验他们,因为他们由于无错误的创造缺乏谦卑,这种试验为了他们的缘故一直继续,直到所有人都进入生命又离开生命,而他们的身体[留]在地上,服侍于他们的一切[…],[跟他们一起]承受每一个地方的圣人所受的那些苦难、迫害和折磨。

至于恶者的那些仆人,虽然其罪够得上灭亡,但是他们在[…]中。但是由于高于一切世间的[…],也就是他们的善的意念和友谊,一旦教会从那位给予报应者那里获得拯救,她将会记住他们这些好的朋友和忠实的仆人。然后,婚房中的恩典和她房子里的[…]①在这个给予的意念中和那个一[…]基督是与她在一起的那一位,是万有之父的期盼,因为她将为他们制造天使作为指引者和仆人。

他们将会思想那些令人愉悦的意念。它们是对她的侍奉。她将会为给予他们回报,为的是诸移涌将会想到的一切。他是从他们而来的一个流溢,因此,正如基督完成他所带来的他的意志、赞美教会的伟大、并且把他们给予她那样,她也将成为[这一切的]一个意念。他给予人们永恒的居所,他们将居住在其中,把缺陷的吸引抛在身后,同时,普累罗麻的能量把他们提升到了慷慨的伟大和先存的移涌的甜蜜之中。

---

① 参:《真理的福音》25,23f.。

时间的结束

这就是那些人的整个生育的本质,那些人是他拥有的,他在一个光明中照耀着他们,他显示了[…]。正如他的将会成为[…],他的主也是如此,唯有那变化在那些已经变化的人之中。那就是被他[…][…]说,属物质的人将会留在那里,直到毁灭的终点,因为他们不会为了他们的[名]而献身,如果他们再次回到[将会不存在]的事物之中。由于他们是[…]他们不是[…]但是他们在他们在他们中间的那个时代是有用的,尽管他们一开始不是[…]。如果[…]做一些别的关于他们对预备的控制的事,[…]在他们之前。虽然我一直使用这些话语,我还没有懂得他的意思。有一些[长者…他][伟大]。所有的[…]天使[…]话语和[鼓声],他将宣告伟大的完全的赦免,那赦免来自于美丽的东方,在父神之爱的婚房中[…]根据那种能量,[…]他的伟大[…]甜蜜,因为他把自己显现在伟大[…]他的善[…]赞美、统治、和荣耀通过[…]救主,他是一切属于那位充满爱的圣者的众生的拯救者,通过他的圣灵,从现在起历经一切的世代直到永远。阿门。

137

138

第七部分

残　篇

瓦仑廷残篇

瓦仑廷出生于埃及尼罗河三角洲的弗雷伯尼斯（Phrebonis）。他有幸在附近的国际大都市亚历山大利亚这个当时的希腊文化大本营享受了很好的希腊教育。在亚历山大利亚，他可能遇到过在那里任教的基督教哲学家巴西里德，并受到了他的影响。瓦仑廷熟悉柏拉图主义，似乎了解犹太寓意解经者和哲学家斐洛（Philo Judaeus）的著作。大约于公元117和118年，瓦仑廷在亚历山大利亚开始了他的杰出的教师生涯。他的许多残篇是由2世纪亚历山大利亚的基督教知识分子保存下来，由此可以推断他在任教于亚历山大利亚的时期有著作出版。

正　文

残篇一：显现在婴儿身上的神的道

《显现在婴孩身上的神的道》（*The Divine Word Present in the Infant*）VFrA. 原文为希腊文，源自于希波利特的《反异端》（Hippolytus, *Against Heresies* 6.42. 2），译自 W. Völker, ed., *Quellen zur Geschichte der christilichen Gnosis*, Tübingen, Mohr, 1932, 59.

瓦仑廷说，他看见了一个新生的婴儿，他询问它，想知道它是谁。这个婴儿回答他说，它就是道（话语，逻各斯）。于是，他就把这件事写进了一个离奇的故事①，想由此衍生出一个教派。

---

① 可能指的是诺斯替神话。

残篇二:论三种本质

《论三种本质》(*On the Three Natures*, VFrB):见 4 世纪神学家 Marcellus of Ancyra, *On the Holy Church*, 9. 译自 W. Völker, ed., *Quellen zur Geschichte der christilichen Gnosis*, Tübingen, Mohr, 1932, 60.

瓦仑廷,这个派别的领导者,最早构想了三种存在的本质这样一种观念,在他的题为《论三种本质》的著作中。因为他构想了三种存在的本质的观念,以及三个人格的观念——父,子,圣灵。①

残篇三:亚当的言说的才能

《亚当的言说的才能》(*Adam's Faculty of Speech*)是逐字引文,瓦仑廷讲述了亚当传下来的神圣的或者优美的、从而更高超的启示,从更高的王国传授给了亚当以一种言说的才能。这个残篇来自于瓦仑廷的某篇书信。该残篇保存在 2 世纪晚期基督教思想家克来门的著作中。Clement of Alexandria, *Miscellanies*(*Stromateis*) 2.36.2–4.译自 W. Völker, ed., *Quellen zur Geschichte der christilichen Gnosis*, Tübingen, Mohr, 1932, 57–58.

而甚至天使们也面对那个塑造的形体②感到深深的恐惧,因为它发出了声音,这声音是高于它作为被塑造者所应有的,这声音是从不可见地把具有更高本质的种子置于其中并自如地言说着的那一位发出来的。同样,在俗世的人的族类中,人造物也会成为它们的创造者们敬畏的对象——例如,塑像和画像以及一切人手造出来用以代表神的东西。亚当是他们③造出来代表人的,

---

① 参:《真理的福音》26,35。
② 指亚当的身体,犹太教和基督教在提到人体时的行话,因为创造主神是从泥土中把亚当塑造出来的。
③ 指天使们。

他使那些把他造出来的天使们对先在的那个人感到畏惧：因为在这个亚当里面的正是那个先在的人。他们惊恐之极，赶快把他们的杰作掩盖起来。

残篇四：亚当的名字

《亚当的名字》(*Adam's Name*)残篇的来源是 Clement of Alexandria, *Miscellanies* (*Stromateis*) 4.89.6–4.90.1 译自 W. Völker, ed., *Quellen zur Geschichte der christilichen Gnosis*, Tübingen, Mohr, 1932, 59.

正如一幅肖像要劣于真实的脸相那样，俗世也劣于生命的王国。那么那肖像的效果是什么造成的呢？那脸相的尊严给予画师一个原型，于是那肖像就奉他的名受到崇敬。尽管那形式并不是完全忠实地被重造的，然而那名字补足了塑造时留下的欠缺。神与那被塑造者的不可见的合作，也赋予了这个被塑造者以真实性。

残篇五：耶稣的饮食

《耶稣的饮食》(*Jesus's Digestive System*)讨论的是耶稣的禁欲作为基督徒的行为模范。这个残篇出自于他给一个名叫阿戛索普斯(Agathopous)的人的信(*Epistle to Agathopous*)。残篇的来源是 Clement of Alexandria, *Miscellanies* (*Stromateis*) 3.59.3 译自 W. Völker, ed., *Quellen zur Geschichte der christilichen Gnosis*, Tübingen, Mohr, 1932, 60.

他是禁欲的，承受一切事。耶稣饮用神明：他以一种特别的方式吃和喝，不排泄他的固体物。他有如此之大的一种禁欲的能力，以至于他身体里面的营养是不会腐败的，①因为他并不经历腐败。

---

① 指不会变成排泄物。

残篇六:死亡王国的消灭

《死亡王国的消灭》(*Annihilation of the Realm of Death*)这个残篇出自于一篇布道文。残篇的来源是 Clement of Alexandria, *Miscellanies*(*Stromateis*) 4.89. 1-3 译自 W.Völker, ed., *Quellen zur Geschichte der christilichen Gnosis*, Tübingen, Mohr, 1932, 58. 第二段见:O.Stählin, ed., *Clements Alexandrinus*: *Stromnata Buch I-VI*, 4.89.4-5, Leipzig:Hinrichs, 1906, 15-20.

从一开始你们就已经是不朽的了,你们也是永恒生命的孩子。你们希望把死亡分配给你们自己,以便可以化掉它,用掉它,这样死亡就会在你们里面、通过你们而死去。因为当你们取消世界,而不是你们自己被消灭的话,你们就可以主宰产生和一切消灭。

而且,像巴西里德那样,他认为有一种人从本性就是已经得救的;这个族类来到我们这里是为了要摧毁死亡;死亡来源于世界的创造者所做的工。相应地,"没有人会看到神并且活着"这句经文,①就被他理解成了好像死亡是由神造成似的。

残篇七:共同智慧的源泉

2 世纪中期,无论是非瓦仑廷派的基督徒还是瓦仑廷派的基督徒,都对何以异教文献中尤其是柏拉图的或者悲剧家的古典希腊文化之中也有一些道德的真理感到困惑。这个残篇可能也是关于这个问题。这个残篇来自于瓦仑廷的题为《论朋友》(*On Friends*)的布道文。残篇的来源是 Clement of Alexandria, *Miscellanies*(*Stromateis*) 6.52.3-4 译自 W.Völker, ed., *Quellen zur Geschichte der christilichen Gnosis*, Tübingen, Mohr, 1932, 59.

---

① 中文和合本圣经译作:"你不能看见我的面,因为人见我的面不能存活。"这是与瓦仑廷的意思一样的。七十子希腊文本圣经中译作:"没有人会活着见到我。"

有许多写在大众可以看到的书里面的东西,也可以在神的教会的文献中找到。这些共同的东西是来自于心灵的表达,是写在心灵里面的律法。这是被爱人的,是被爱的,也爱他的。

残篇八:神的异象

《神的异象》(*The Vision of God*)谈的是诺斯或者见到神的先决的心灵条件,因此是灵修或者神秘主义的理论。该残篇取自于《论累赘》(*Epistle on Attachments*)残篇的来源是 Clement of Alexandria,*Miscellanies*(*Stromateis*)2.114. 3-6 译自 W.Völker,ed.,*Quellen zur Geschichte der christilichen Gnosis*,Tübingen, Mohr,1932,58.

有一位是善的![1] 他的自由的言说行为就是子的彰显。唯有通过他,心灵才会变得纯净,在把所有恶灵都赶出心灵之后。有许多的灵居住在心灵里面,他们不让心灵变得纯净:相反,他们每一个都做他们各自的事,以各种方式用不适当的欲望破坏它。在我看来,心灵经历了某种类似于发生在旅舍中的事。旅舍到处都是孔,被挖开,常常还有牲畜的粪便,那是因为人们在那里的时候,是以极其粗俗的方式居住在里面的,根本不爱护里面的财物,因为它们是属于别人的。同样的道理,心灵也被许多住在里面的魔鬼弄得不干净了,一直到它体验到了最初的意念。当是当那唯一善的父来访问心灵的时候,他会让它成为圣洁,让它的里面充满光明。有着这样的一颗心灵的一个人就叫作是有福的,因为那个人将会看到神。[2]

---

[1] 参:《马太福音》19,17。
[2] 这一段是对《马太福音》5,8 的解释。

巴西里德残篇

　　巴西里德(Basilides)是基督教诺斯替主义的第一位最重要代表,他自己也自视为基督教的诺斯替主义者,有志于成为一个基督教的神学家。黑格尔在《哲学史讲演录》中把他描写为最杰出的诺斯替主义者。① 他活动在皇帝哈德良与安东纽·庇伍斯(Antoninus Pius,117—161 年在位)的时期,但不清楚是来自埃及还是东方的叙利亚。教会的教父们认为他是安提阿的米南达的门徒,但是这一点也不能确定。可以推断,他是一位有说服力的教师和成功的组织者,因为他创立的基督教运动直到公元 4 世纪还活跃在埃及。他在亚历山大利亚的追随者们宣称他的学说是得到使徒的认可的,他们说他曾经从圣彼得的秘书格劳西亚(Glaucias)那里学习过基督教教义。巴西里德残篇似乎是对《彼得前书》(4:12-19)一部分的注释。

　　由于瓦仑廷是于公元 117—138 年间在亚历山大利亚的基督教界开始他的教师生涯的,因此几乎可以肯定他曾经学习过巴西里德的学说。巴西里德的神秘哲学与经典诺斯替派和瓦仑廷派的思想十分相近,因此巴西里德对瓦仑廷体系的发展可能起到了十分重要的作用。

　　巴西里德的学说极难把握,伊里奈乌把他的学说勾勒为一个二元论的体系②,而希波利特则把他的学说描述为一元论的体系③,对这两种完全不同的

---

　　① [德]黑格尔著:《哲学史讲演录》第三卷,贺麟、王太庆译,商务印书馆 1983 年版,第171 页。

　　② Irenaeus, *Against Heresies*,1.24.3-7.

　　③ Hippolytus, *The Refutation of All Heresies*,7.20-27.

记载至今未产生出令人满意的解答。在他的伦理学体系中,巴西里德似乎让基督教的问题、术语和经书适应于斯多亚派伦理学的范畴。斯多亚对命运或者天意持一种非常强烈的决定论的观点:神圣的理性的活动精密地控制着宇宙中的一切事件。理性的活动就是"神的意志",它始终是善的。任何在这个宇宙中看起来是恶的东西,如人类的苦难,必定在事实上有一个理性的原因,从而最终是善的。美德的生活就是与理性相一致的生活,是与"本性"相一致的生活,无论是人自身的理性本性还是整个宇宙作为一体系的理性本性。美德并不在于某种行为,而在于某种理性灵魂的状态,就是人的灵魂与本性之间的完美的契合和不受干扰的状态。一旦达到这样的美德状态,这个人就可以行美德的事,做美德的选择,并且感到幸福。这样的一个人是不受情感、欲望、怨恨的影响,他不需要外在律法或者诫命就能选择正确的行动路线。

巴西里德自己的文献只留下了零散的残篇或者记载,并不能形成一幅连贯完整的画面。他是两位最早注释基督教圣经的思想家之一,他还写过诗歌,编辑过一个他自己的福音的版本,所有这些都没有保存下来。关于巴西里德的最可靠的记载在亚历山大利亚的克来门(Clement of Alexandria)的著作中。克来门保存了巴西里德的七个残篇,第八个残篇是亚历山大利亚的奥利金(Origen of Alexandria,ca.185–254)记载下来的。另外,很早的时候,殉道者查士丁(Justin Martyr)也有对巴西里德的记载,伊里奈乌把它改编后放在他的《反异端》里面,其原文已经丧失,这份材料与前述克来门或奥利金留下来的残篇大致吻合。这里不译。

正　文

残篇一:本体的八元组合①

巴西里德相信,"正义"及其后裔"和平"实实在在地存在着,被安置在八

---

① Clement of Alexandria,*Stromata* 4.162.1.

元组合①里面，它们一直在那里。

残篇二：这个世界的独一性②

摩西不允许把祭坛和圣所建立在许多地方，并因此只建了一座神殿，他宣称：③

这个世界是独生的。

巴西里德也是此说，至于神也是独一的，这一点巴西里德不同意。④

残篇三：蒙拣选者自然有信仰与美德⑤

5.3.2　巴西里德认为，一个人领悟神是出于本性，他解释说，最好的理智是信仰与"王国"，是美好事物的获得，这是比得上财富的，是接近于创造主的。他说，如果这样的话，信仰是财富，但不是权威；它是本性和源泉；它是一个无与伦比的创造的无限的美；但是它不是一个拥有自由意志的灵魂的理性的认同。

5.3.3　因此，对于瓦仑廷所说的那种在"本性上获救"的人来，或者对于巴西里德所认为的那种"在本性上是有信仰的和蒙拣选"的人而言，旧约与新约中的诫命都是肤浅的。

---

① 八元组合中的另外六元是：父母、理智、话语、谨慎、智慧、能量。参：Irenaeus, *Against Heresies*, 1.24.3.

② Clement of Alandria, *Stromata* 5.74.3.

③ 黑体字是巴西里德说的话。

④ 尽管巴西里德的宇宙模型中有 365 个天层，但是世界只有一个，所有的天层都是以地球为共同核心一层层排列的。克来门说他不承认神是独一的，这可以从巴西里德关于最初的八元组合的学说中看到。

⑤ Clement of Alandria, *Stromata* 5.3.2-3.在斯多亚派的伦理学看来，灵魂的美德——它的拯救——就是它的本性或者理性状态。命运是由天意(神)决定的，美德不是源自于自由意志的功修，因为灵魂并不拥有自由意志这个东西。巴西里德用基督教的术语"信仰"来描述灵魂的认同，用"王国"来描述灵魂的理性状态。灵魂凭借它的理性本性"领悟神"。出于完全理性的状态，智慧的灵魂是毫不犹豫地走向正确的、美好的行为，无需外在的诫命。

残篇四:美德的境界①

巴西里德自己说,我们认为,所谓的神的"意志",其一就是要爱一切——他们用"一切"这个词表示"万有";其二就是没有要欲望的事;其三就是没有要憎恨的事。②

残篇五:蒙拣选者超越这个世界③

经上说,"我是这块大地上的异乡人,暂时居住在你们中间"。④

巴西里德是如此理解这句经文的,他说,那些蒙拣选者是相异于这个世界的,就好像他们从本性上就是超越的。

残篇六:轮回⑤

经上说,"我死了"。⑥ 保罗的意思是,从现在起罪开始被归咎于我了。但是巴西里德不明白这个段落指的是自然律法,因此把使徒的这句话与一个毫不相关的、渎神的故事联系起来;以使徒的这句话为根据,他努力为轮回的教义辩护,也就是为灵魂从一个身体转向另一个身体的观念辩护。他说:

PG1015A

---

① Clement of Alexandria, *Stromata* 4.86.1."神的意志"就是天意或者命运,按照斯多亚派的伦理学,它控制着宇宙间的万事万物。一个有美德的人认同存在的与消逝的万物。这样的一个人不受"欲望"或者其对立面的驱动,只有与理性或者本性的一致以及对神的意志的认同推动着他。

② 万有指的整体宇宙。爱一切指的是完全和谐地生活在宇宙秩序之中,完全没有怨恨和抵制地接受自己的命运,因此也就没有欲望和厌恶,因为一切都由天意决定。

③ Clement of Alandria, *Stromata* 4.165.3.巴西里德接受了柏拉图主义和毕达哥拉斯主义的灵魂轮回说,相信每一个灵魂在从一个轮回进入另一个轮回时都保持了它的同一性,至少在下一个轮回中要为上一个轮回中所犯的罪付出代价。灵魂可以历经它们所居住的一系列身体,超越它们,从而永远存在,与会朽坏的身体和物质的王国相异。

④ 参:《创世记》23,4;《诗篇》39,12。

⑤ 这个残篇源于奥利金的《罗马书评注》(*Commentary on the Epistle of the Romans*),但是这个片段只有4世纪的拉丁文译文留存下来。中译文依据来登的英译,来登的英译依据 J. P. Migne, genl. Ed., *Patrologiae Cursus Completus*: *Patrologia Graeca*, vol. 14 (Origenes, Opera Omnia, vol. 4), col. 1015。

⑥ 参:《罗马书》7,7-10。

1015B 　　确实,使徒说过,在某个时候,"我曾经离开律法而活着"。保罗的意思是,在我进入这个身体之前,我活在一个不受律法统治的身体之中,在家畜或者禽鸟的身体之中。

残篇七:人类的苦难与天意之善①

4.81.1 　　[巴西里德在《评注》第 23 卷中讲到了那些作为殉道者受到惩罚的人,他说:]

4.81.2 　　我相信,所有的经历所谓的磨难②的人,必定在他们自己认识到的罪之外还犯过其他的罪,因此才被带到了这个美好的结局之中。通过引导着他们每一个人的善,③他们事实上受到的是一些无关紧要的指控,因此他们不需要像那些被判有罪的罪人那样受到惩罚,也不会像那些通奸犯或者杀人犯那样受到谴责,他们之所以受苦是因为他们在天性上是一个基督徒。这个事实促使他们认为,他们其实并不是在受苦。

4.81.3 　　但是即便一个人根本没有犯过任何罪而不巧受了苦难——这种情况是很少见的——那么这个人所受的苦难也不是由于某种能量的策划所引起的。相毋宁说,这种苦难有点类似于似乎从未犯过罪的新生婴儿所受的苦难。

　　[接着,他更进一步补充说:]一个新生的婴儿以前从未犯过罪,或者更确切地说,它未曾在事实上犯过任何罪,但是在它里面有犯罪的活动。无论何时他经历了苦难,它都能获得好处,在许多不愉快的经历中受益。同样的道理,

4.82.1 如果一个从未在行为中犯罪的成人碰巧遭受了苦难,那么他遭受苦难的原因是与新生婴儿一样的:在他的里面有罪,他之所以没有在行为中犯罪,那只是因为他不曾有在行为中犯罪的机缘。因此他的没有犯罪并不能归功于他自己。

---

① 　这个残篇就是简介中提到过的对《彼得前书》之一部分(4,12-19)的评注。见 Clement of Alandria,*Miscellanies* 4.81.2-4.83.2。

② 　这里磨难特指受到了非基督教的政治权力的迫害。

③ 　也就是天意。

事实上,一个有强奸意图的人哪怕没有在事实上成功地实施这种行为也 4.82.2
仍然是一个强奸犯,一个有谋杀意图的人哪怕没有成功地实施这种行为也仍
然是一个杀人犯。① 同样的道理,如果我看到前面所述的那种无罪的人尽管
没有做错事却遭受了苦难,那么我必定会基于他有犯罪的意图而认为他是一
个恶人。因为无论什么我都可以说,但是我绝不能说天意是恶的。

[接着,他进一步直率地讲到了主,如同讲一个人一样]: 4.83.1

不过,让我们来设想一下,如果你把所有这些情况都搁在一边,通过提到
某些人物来刁难我,比如,你也许会说:"按你的说法,某某人也一定犯了罪,
因为他遭受了苦难!"②如果你允许的话,我会说,他没有犯罪,只是像一个新
生的婴儿那样受苦。但是假如你坚持这样说,我就会说,任何一个你叫得出名
字的人都是人,神是正义的,如某人曾经说过的,"没有一个人能免于不
洁净。"③

[事实上,巴西里德的预设是,灵魂以前在另一生中犯了罪,而在今生受 4.83.1
罚。那些杰出的灵魂是光荣地受罚的,如通过殉道,另一些灵魂则通过适当的
惩罚得到净化。]

残篇八:可以宽恕的罪④

巴西里德说,并非所有的罪都被宽恕,只有那些并非自愿的罪以及那些在
无知中犯下的罪才是可以被宽恕的。

---

① 参:《马太福音》5,27。
② 根据克来门的评论,巴西里德在这里谈的那个某某人指的是耶稣。耶稣灵魂的受苦也
是为了偿还他的罪,这罪不是行为上的罪,而只是他的完全的人性。由于巴西里德认为耶稣
从未被钉十字架,这里提到的受苦不是指他的受难,而是指不太重的苦难。
③ 参:《约伯记》14,4。
④ Clement of Alandria, *Stromata* 4.153.3.

智 慧 残 篇

《智慧残篇》(*Wisdom Fragments*, NHC XII.3) 是那戈·玛第抄本第 12 书册的两个残篇,其中一篇来自于《真理的福音》,另一篇不知道可以归于哪一个已知文献。这两个残篇跟《塞克吐斯语录》同在第 12 书册。残篇的内容与文体都由于残缺程度严重无法判定。可以看到作者对善与恶、正义与不正义、无知与尊严作了对照,作者将自己的群体和另一个群体做了比照:另一个群体的人讲坏话,生活在恶里面,做罪恶的、自私的事,处于谬误和无知之中,因为他们不认神为自己的父,自己的群体则与他们完全不同。从频繁使用第一人称来看,该文具有说教性质,可能是布道文或者书信的片段。其中说到"我父",可能指的是耶稣,但也不能确定。

正 文

残篇 1A①[…][…][…][…][…]我们,如[所应当的那样]彼此,但是[…]许多人接受[…]他们说坏话[…]生活在恶里面[…]从[…]出来[…]对[…]做恶事[…]好的人或事,并且他们[…]做他们自己的事[…]陌生人。他们是[…]做他们自己的事[…]工作,那些[…][…我们]这些人做[…][…工作]那[…]坏的工作[…][…]这些,我们将[…][…][…这些]工作,

---

① 1A 表示残篇 1 的正面,1B 表示残篇 1 的反面。下同。

这些[…][…]这,是[…][…]每一个[…][…]。

残篇 1B[…][…][…]因为我说那个[…]认识[神…]给了他们的[…]谬误。但是[…]。他们配得上那[…]进入神[…]。并且他们已经[…]那无知[…]那正义[…]这些是配得上[…]。他[…]我的父,他是[…]对他们来说不是父[…]我想,那个[…]这些人,他们[…][…]。我又给予那个[…][…]他们宽恕[…][…]在他里面说,就是[…][…]这[…][…][…]。

残篇 2A[…][…][…]哲学家[…][…]他们不能够[…][…]哲学家[…][…]世界[…]。

残篇 2B[…][…][…][…]他们[…][…]给他带来了[…][…]认为,[…][…]。

夏娃福音残篇

《夏娃福音》几乎全部遗失，教父爱庇芳纽（Epiphanius of Salamis）的《反对异端》（Panarion Haereses）中引用了其中的几句话，批评一个纵欲主义的诺斯替宗派如何用《夏娃福音》来为他们的性爱辩护。他说这个派别的人实践一种中断性交、吃精液的修行方法。诺斯替派的经文往往有多重含义，其中蕴含非常复杂的神秘的奥义，不能做这种浅薄的解释。爱庇芳纽极有可能不明白这一点，只是对文字做了简单的字面的解释，非常牵强。从诺斯替派的精义来看，这个残篇更有可能指的是一个把涣散的心神聚集起来的聚精会神的过程。

正　文

我站在一座高山上，看见一个巨人，还有一个矮子。我听见一个像打雷的声音。我贴近前倾听。他对我说：我就是你，你就是我。你无论在哪里，我也就在哪里。我被消散在万物之中。你什么时候愿意，就把我聚集起来，而当你把我聚集起来的时候，你也就把你自己聚集起来了。①

注：爱庇芳纽认为"我被消散在万物之中"这句话指的是道就像男人的精液一

① Epiphanius, Panarion, 26.3.1.

样种在万物之中。爱庇芳纽在随后的两个段落中描写了这个诺斯替派男女性
交,把精液当作基督的身体吃掉,赤身裸体地向神祷告的仪式。他说如果他们
没有能够及时中止性交而导致怀孕,就会堕胎,把胎儿磨碎,跟蜂蜜混合起来
吃掉。[Epiphanius, *Panarion*, 26.4-5]

附　录

柏拉图《理想国》片段：灵魂的隐喻

　　这是对柏拉图《理想国》第9卷片段（*Republic* 588a—589b，NHC Ⅵ.5）的科普特译文，包含了苏格拉底的一个隐喻。苏格拉底把人的灵魂喻为三种不同力量的混合：象征低级情感的多头兽、象征高级的勇敢激情的狮子以及象征最高尚的理性因素的人。这个隐喻是柏拉图哲学的一个核心要素，以比喻的方式把柏拉图的人的学说表达出来了。不仅仅那戈·玛第抄本借用了这个片段来表达自己的思想，教会史家欧西庇伍和新柏拉图主义者普洛提诺和普罗克鲁斯（Proclus）也曾借用这个段落，据说这个段落在新柏拉图主义中很流行。

　　柏拉图在这个片段中展开的人类学与诺斯替学说是能够很好地相容的。把人的兽性的部分比作狮子是与诺斯替派把德穆革看作狮子，或者认为来源于德穆革的、按照德穆革的样子造出来的人的身体也具有狮子的性质的观点对应的。把这个片段收录在诺斯替抄本之中是一点也不奇怪的，尤其是柏拉图是诺斯替派非常尊重的人物。①

　　这个柏拉图的片段如何收录在诺斯替经书抄本之中也有另一种可能。这个片段是放在被收录在诺斯替经书之中的一系列的赫耳墨斯文献前面的，因此也许它和其中的《抄写记录》一样，本来就是跟赫耳墨斯文献的希腊文版放在一起的，是与这些文献一起被翻译收录进来的。也就是说，这个片段早就被收录在赫耳墨斯文献之中了，然后随赫耳墨斯文献一起被收录在那戈·玛第

---

　　① 诺斯替文献对柏拉图传统的吸收，参：《塞特的三块碑》、《唉斯特利阿努》、《马萨娜斯》和《阿罗基耐》。

抄本之中。

学者们一开始差点没有认出这个科普特文献就是柏拉图的这个受人喜爱的片段,说明这个科普特文的译文偏离柏拉图原文较远。这也许是由于翻译的拙劣造成的,也许是由于译者对原文加以修订,使之更具有诺斯替主义的色彩的缘故。中译文依据科普特文翻译,反映科普特文抄本的原貌,文后附依据希腊文版翻译的中译文供参照。

正　文

[48]　(……)由于我们在探究中走到了这个地方,就让我们再次回到一开始对我们说过的那些话。我们会发现,他说过:"善那就是那个遭受了完全不正义的对待的人。他可以被称颂为正义。"他不正是以这样的方式受到非难的吗?

——"这确实是恰当的方式。"

不过我说过:"我们这样说是因为他已经说过,那行不正义的人和那行正义的人,各自都有一种自己的能力。"

——他问:"怎样呢?"

(我说:)"'一个形象(image),它没有肖像(likeness),它是灵魂的逻各[49]斯'。那个说过[这句话的人]将会获得知识。他[……][……]就是那一位,他[……]或者不[……]。我们[……]是为了我。但是一切[……],他们已经讲述过的这些[……]阿其翁。这一些就是那些事物,它们已经变成了物质的创造物,以及被命名的吐火怪(Chimaera)和冥府守门狗(Cerberus)以及一切其余的东西。它们都下来了,它们创造了一切形式与形象。然后它们形成了一个单一的形象。有个声音说:'现在开始工作吧!'它确实是一个形象,变成了一个具有多种形式的、大头的动物的形象。在几天里,它确实像一头野兽的形象。然后,它就把第一个形象扔掉了。于是所有这些坚硬的、艰难的形式都通过一个工作从他里面生长起来了,因为这一些是在傲慢之中被造成的。

"同样,所有其他的事物,跟它们相同的事物,现在都通过那个话语被塑造出来了。因为它是一个单一的形象。

"一个形式是狮子的形式,一个形式是人的形式。[…]一个[…]是那个 50 […]的[…]结合起来。并且这个[…]多形式的[作为第一个]。而第二个是[小的。]"

——"它被塑造出来了。"

——"现在,它们彼此结合起来了,它们是三个,成为了一个单一体。它们就这样一起生长,全部在一个单一的形象之中,就是人的外在的形象,就像一个人看不见他自己里面的东西一样。在外面的是那个单一的形象,是他看到的那个形象。他的形象是哪一种生物,这是显然的,他是以人的形象被塑造出来的。

"我把这话说给那个人听,那个人说过,行不正义之事是对人有益的。那个行了真正的不正义之事的人,是既没有用处,也没有益处的。真正对他有用的乃是行如下的事:他把那恶兽的形象,连同那狮子的形象,一起扔在地上予以践踏。但是人在这方面是软弱的。他所做的一切事也是虚弱的。他就这样被拉到了那个地方,在那个地方,他与他们一起消磨日子。[…]而且他[…] 51 对他在[…之中]。但是他行了[…][…]敌意[…]。他们自己彼此之间在争斗中相食。他把所有这些话都讲给那些赞美这种不正义之事的人听了。"

"那么,这对于那以正义的方式说话的人不是有利了吗?"

"当他行了这件事,并且在他们中间说了之后,这些人在内心将牢牢地坚持。因此在那以后,他更加努力地去关照他们,抚养他们,正如一个农夫每天照料他的庄稼那样。而对那些野兽,要阻止它们生长。"

依据《理想国》希腊文版的中译文[据郭斌和、张竹明翻译]

苏:很好。现在我们的论证已经进行到这里了。让我们再一次回到引起我们讨论并使我们一直讨论到这里的那个说法上去吧。这个说法是:"不正义对于一个行为完全不正义却有正义之名的人是有利的。"是这么说的吗?

格:是这么说的。

苏:既然我们已经就行为正义和行为不正义各自的效果取得了一致的看法,那么,现在让我们来跟这一说法的提出者讨论讨论吧。

格:怎么讨论呢?

苏:让我们在讨论中塑造一个人心灵的塑像,让这一说法的提出者可以清楚地从中看到这一说法的含义。

格:什么样的塑像?

苏:一种如古代传说中所说的生来具有多种天性的塑像,像克迈拉(喷火怪,狮头羊身蛇尾)或斯库拉(海怪)或克尔贝洛斯(冥府守门狗,蛇尾,有三头)或其他被说成有多种形体长在一起的怪物那样的。

格:是有这种传说的。

苏:请设想一只很复杂的多头的兽类。它长有狂野之兽的头,也有温驯之兽的头。头还可以随意变换、随意长出来。

格:造这么一个塑像是一件只有能工巧匠才能办得到的事情呀。不过,既然言语是一种比蜡还更容易随意塑造的材料,我们就假定怪兽的像已经塑成这样了吧。

苏:然后再塑造一个狮形的像和一个人形的像,并且将第一个像塑造得最大,狮像作为第二个造得第二大。

格:这更容易,说一句话就成了。

苏:然后再将三像合而为一,就如在某种怪物身上长在一起那样。

格:造好了。

苏:然后再给这一联合体造一人形的外壳,让别人的眼睛看不到里面的任何东西,似乎这纯粹是一个人的像。

格:也造好了。

苏:于是,让我们对提出"行事不正义对行事者有利,行事正义对行事者不利"这一主张的人说:他这等于在主张:放纵和加强多头怪兽和狮精以及一切狮性,却让人忍饥受渴,直到人变得十分虚弱,以致那两个可以对人为所欲为而无须顾忌，这样对人是有利的。或者说，他这等于在主张：人不应该企图调解两个精怪之间的纠纷使它们和睦相处，而应当任其相互吞并残杀而同归于尽。

格：赞成不正义正是这个意思。

苏：反之，主张正义有利说的人主张：我们的一切行动言论应当是为了让我们内部的人性能够完全主宰整个的人，管好那个多头的怪兽，像一个农夫栽培浇灌驯化的禾苗而铲锄野草一样。他还要把狮性变成自己的盟友，一视同仁地照顾好大家的利益，使各个成分之间和睦相处，从而促进它们生长。是这样吗？

普洛提诺：驳诺斯替派

　　这是波菲利按照主题编纂的普洛提诺著作集《九章集》第二卷的第九篇（最后一篇），波菲利给这个文本起草了两个标题，《驳诺斯替派》（*Against the Gnostics*）和《反驳那些认为宇宙的创造者是恶的，宇宙是恶的人》（*Agaist those who say that the maker of the universe is evil and the universe is evil*）。这个文本是站在希腊哲学的立场上反对非希腊的诺斯替主义异端的最有力量的驳论。普洛提诺自己有一些朋友是属于诺斯替派的，他未能说服他们，他和他的学生也花了相当多的时间和精力跟诺斯替派进行辩论。

　　为什么普洛提诺这么不喜欢诺斯替派，认为他们的影响如此有害呢？在他看来，诺斯替派的学说是非传统的、非理性的和不道德的。他们轻视古代柏拉图主义的学说，宣称自己拥有更新、更高级的智慧，但是在事实上，他们的学说来自于柏拉图，他们所做的只不过是毫无意义地使之复杂化，并且把传统的正确的学说扭曲成了情节剧本的迷信幻想。他们放弃了通过智慧和美德获得拯救的唯一正确的道路，拒绝了对真理的缓慢而耐心的研究。他们宣称自己是一个蒙神关照的特别的群体，他们的得救不只是通过他们自己的努力，而且也是由神任意地决定的，这就会导致非道德。最糟糕的是，他们轻视并憎恨物质性的宇宙，否认宇宙的善，否认它的创造者的善。这在柏拉图主义者看来乃是最大的亵渎。在这一点上，普洛提诺对诺斯替派的批判类似于正统基督教对诺斯替派的批判，正统基督教也认为世界是神的美好的作品。但是就拯救而言，普洛提诺的观点与正统基督教的观点也是尖锐对立的：他不仅坚持物质世界的善，而且也坚持其永恒性和神圣性。宇宙有开端和终结的观点在他看来是与神任意地、非理性地创造世界的观点紧密地联系在一起的。否认世界灵魂与那些高贵的天体在他看来也是渎神的和不理智的。

正 文

太一、心灵和魂:本原不可能多于这三者,批判两个心灵的观念

1. 至善(Good)之单一本性在我们看来是原始的——因为非原始的就是非单一的——,是其中空无一物的事物,但是它确实是某一个物;太一(One)的本性也是如此——因为并非先有另外的某物,然后才是一,也不是至善在先的某物,然后才是善——;因此无论何时我们谈到"太一"和"至善",我们都必然认为我们在谈论的本性乃是同一个本性,称它为"一"并不断言它的任何东西,只是尽可能使它在我们前面清晰起来。我们称它为太初(First),这是就它是最单一的意义上来说的,我们称之为自足者(Self-sufficient),这是因为它不是由部分组成的;假如它是由部分组成的话,它就要依赖于组成它的那些部分了;并且我们认为它不在任何事物之中,因为任何在他物之中的事物都是产生于某物的。这样,既然它不来自他物,不在他物之中,也不是由他物构成的,那么必然没有任何事物在它之上。因此我们不必去追寻另外的第一本原,而应把它视为第一本原,然后是心灵(nous,Mind,Intellect),也就是最初进行思想的那一个;心灵之后就是魂(psyche,Soul)——这是与事物之本性相应的顺序——;除此之外,在可理知的世界我们不应安排其他本原了,既不能多于这三者,也不能少于这三者。如果人们安排的本原少于这三者,那么他们或者认为魂和心灵同一,或者认为心灵与太一同一;但我们在许多地方都已表明它们是彼此不同的。而如果我们主张本原多于这三者,那么不管这三者之外的其他本性是什么,都已被包括在我们为目前的讨论所作的考察中了。没有人能找到比我们上面论述的万物之本原更单一的本原,或超越于它的本原了。因为人们不会认为有一个本原潜在地存在,而另一本原现实地存在;区分现实的

存在物与潜在的存在物这将是荒谬的,在现实地存在却毫无质料的事物中划分多个本性也是荒谬的。甚至不可能在源自这三者的万物中这样做。你不能设想一个心灵处在某种静止(repose)之中,而另一个心灵则处在某种运动(motion)之中。① 心灵的静止会是什么,它的运动和"前进"又会是什么,或者说它的不活动(inactivity)是什么,另一心灵的活动又是什么?事实上,心灵如其所是,始终如一,休息在静止的活动之中。面向心灵、围绕心灵进行运动,这已经是魂的活动了,一种理性的原则从心灵走向魂,并使魂理智化,这并没有在心灵与魂之间造成另一个本原。同样,设想一个思想着的心灵,又设想另一个思想着那个思想的心灵,这肯定不能成为证明有多个心灵存在的理由。因为即使在我们的层次上,尽管一个心灵思想着是一回事,而另一心灵思想着其所思想是另一回事,心灵之思想仍然是思维的单向运动;当然,它并非没有意识到自己的活动,但是假如以此认为这种双重性也存在于真正的心灵之中,那么这也是荒谬的。事实上,思想其所思想的那个心灵与思想着的那个心灵完全是同一个。否则,如果一个心灵只是思想,而另一个心灵思想其所思想,那么思想的对象就会是他者,而不是它自己了。但是假如他们断定这种区分只存在于我们的思维之中,那么他们必然首先就得抛弃本质多样性这个观念。这样,我们必须思考我们是否可以在思维中作出这种区分,从而为一个心灵只是思想而不同时意识到它自己的思想活动的论点留出空间。如果心灵只思想而没有意识到自己的思想的这样一种情况发生在我们身上——我们是一直观察着自己的冲动和思想过程的——如果我们还算是比较严肃的人的话,那么

---

① 在这里以及随后的几章里,普洛提诺似乎不只是甚至不主要是讨论公开的诺斯替学说。他所批判的是柏拉图学派内部的某些观点,有时候他跟它们做一些让步的观点。关于存在两个或者更多心灵的观点似乎是在谈论柏拉图《蒂迈欧篇》(Timaeus, 39E)的含义以及德穆革的心灵与宇宙的可理知的模型之间的关系时引起的。亚米流(Amelius)就认为有三个心灵,存在着的心灵、拥有着的心灵和看着的心灵,这种观点在新柏拉图主义学说后来的发展中很有影响。这里提到的静止的心灵与运动的心灵之分可以追溯到努梅尼乌斯(Numenius),他的思想与诺斯替主义有亲缘关系。有学者认为努梅尼乌斯可能是这里所批评的那个把思想的心灵与另一个思想其思想的心灵区分开来的思想家。虽然这些观点流行于公开的诺斯替派,但是我们要记得,它们也是从普洛提诺自己的圈子中严肃地提出来的。

我们理应被谴责为是无知的。而当真正的心灵在它自己的意念中思想它自身,并且它的思想对象不是在外面,它本身就是它的思想对象的时候,它必然在自己的思想中拥有它自身,并且看见它自身:并且当它看见自身时,是作为思想看见自身的,这种看见不是没有理智的。因此在其原初的思想中,它也拥有它所思想的那种思想,如同一个既存的统一体;心灵不是双重性的,即使在思想中也不是如此,更不用说在可理智世界中了。更进一步说,既然心灵总是思想其所是,那么在思想中区分思想与那个思想其所思想者又怎么可能呢?如果有人提出第三个心灵,让它与第二个心灵相区分,说它思想的是那个思想的思想,那么其中的荒谬性就更加显然了。为什么人们不能这样无限地区分下去呢? 当有人设定一个源自于心灵的理性本原,又设定另一个源自于第一理性本原自身的、存在于魂里面的本原,从而把这第一个本原设定为魂和心灵之间的中介的时候,他就会剥夺掉魂的思想。如果魂不是从心灵,而是从一个另外的本原,从这个中介,获得思想的本原的话,魂将拥有的只是一个理性本原的意象,而不是一个真正的本原,它将根本不认识心灵,或者根本不思想。

正确的灵魂学说

2. 所以你不能设定比这三者更多的存在者,也不能在可理知世界的实在中制造这些与实在的本性不相符的虚幻的区分:我们必须指出,只有一个心灵,它始终不变,没有任何偏向,它尽其可能地模仿父(Father);而我们的魂的一部分也总是指向可理知的实在,一部分指向这个世界的万物,一部分在两者之间;因为魂是许多能量之中的一种本质,有时它整个地与它自身最好的部分以及真实存在的部分在一起,有时较坏的部分被拖下去,并且把中间的部分也一起拖下去;因为对它来说,整个地被拖下去是不合乎规律的(not lawful)。这种不幸降临于它是由于它没有保持最高贵的状态,在那种状态里面,魂保持其不分裂——在那种境界里,我们也不是它的一个部分——并且允许整个身体抓住它,抓住它所能抓住的任何东西,却保持自身不受干扰,不把身体当作散乱思想的结果来管辖,也不纠正任何东西,而是通过对先于他者的沉思,以一种奇妙的能量支配着身体。魂越是指向那种沉思,它就越美好、越强大。它从沉思中领受,又给予在它之后者,它总是在照耀的时候被照亮。

必然规律与宇宙的永恒性

3. 因此,魂总是被照亮,并持续地保持着光明,它给予在它之后出现者以光明。这个在它之后出现者被这个光凝聚起来,并且得到了这个光的滋养,尽其所能地享有生命。就如同一团火放在某个地方的中央,那些能靠近它的人就得到了温暖。当然,火的范围是有限的,而能量的范围是没有确切限制的,当它们没有与真实存在相分离的时候,其存在如何可能没有任何事物参与其中呢?每一个能量也都必然会把它自己的给予别的事物,除非有某种后来的生命随原初者之存在而存在,否则至善就不成其为至善,心灵将不成其为心灵,或者魂也不再是魂了。因此,出于必然性,万物都必定永远有秩序地彼此依赖地存在。在它们从另外的、更高级的本原中衍生出来的意义上,那些除了太初之外的另外的事物已经进入了存在。说那些事物已经进入存在并不是说它们在某个特定时刻变成了存在者,而是说它们一直并永远地处在生成的过程之中,除非某物可以分解成一些事物,否则它就不能分解;或者说,凡是不能分解成某些事物的事物乃是不会消灭的。如果有人说它将被分解为质料,那么他为什么不能说质料也将被分解?如果他继续说,那里面是有必然性的,那么我们可以回答,这种必然性是使它进入存在的必然性吗?如果他们进而断定,它是作为更高本原之存在的结果进入存在的,那么这种必然性**现在**也存在在那儿。但是如果质料一直保持独立存在,那么神圣的本原就不会无处不在了,而是存在于特定的局部的地方了,这样说吧,它们将被阻隔在质料之外;但是假如这是不可能的,那么质料必将被这些本原照亮。

批判诺斯替派关于堕落灵魂创造世界的学说

4. 如果他们进而断定魂是在"脱落翅膀"①时创造了世界,那么万有之魂则并不会如此;如果他们进而认为魂由于一次道德沦落而创造了世界,那么请他们告诉我们是什么导致了它的沦落。它是在什么时候沦落的? 如果它是来自于永恒的,那么,根据他们的解释,它一直处在一种沦落的状态中。如果它开始沦落,那为什么不在沦落前开始? 我们认为魂的创造行为不是一种堕落,而是一种非堕落。如果它是堕落的,那显然是因为它遗忘了可理知的实在,但如果它忘了它们,那么它又如何能成为世界的工匠呢? 因为如果不是它在可理智世界看到的,它的创造还有什么源泉呢? 如果它根据对可理智实在的回忆而创造,那么它就根本没有堕落,哪怕它只是把这些可理智实在隐约地呈现在它的创造之中,它也没有堕落。为了看得清楚一点,它难道不会倾向于更靠近可理智世界吗? 要是它有什么记忆的话,它怎么会不渴望攀升到那儿? 难道它认为创造宇宙对它有什么好处吗? 如果以为它这样做是为了荣誉,那是可笑的;这样认为的人是在把下界的工匠们所追求的东西转嫁给它了。还有,如果它是凭散漫的心思创造世界,它的创造不是根据它的本性,它的能量也不是一个生产性的能量,那么它如何能创造出这个特定的宇宙呢? 它将于何时将其毁灭呢? 因为如果它对它创造了这个宇宙感到遗憾,那么它还等待什么呢? 但它并没有感到遗憾,它不可能感到遗憾,因为它已经习惯了这个宇宙,并且随着时间的变迁,变得更加友善地对待这个宇宙。如果它在等待个体的魂,那么它们现在应该已经停止再次出生,因为它们在以前生产这个世界的恶时已经作了努力;因此它们现在应该已经不再来到这个宇宙。我们不能因为这个宇宙包含了许多令人讨厌的事物就认为它的起源是恶的:这只是那些过高地评价它的人作出的判断,他们声称它应该与可理知世界一模一样,而不只是后者的一个形象。除了这个世界,还可能有什么其他更适当的可理知世界

---

① 这个措辞取自柏拉图《斐多篇》(Phaedrus,246C.)。在柏拉图原文中只是指人的灵魂的堕落,这里指出了诺斯替派如何故意曲解这一点以迎合他们的学说。

的形象呢？比如，还有比这里的火更好的作为可理知世界之火的形象的其他的火吗？或者说，还有什么其他的大地比这个大地更适合作为可理知之大地的形象呢？还有什么比这个宇宙的天层更精确、更荣耀或更规则的运行来模仿可理知世界的自我封闭的运转呢？在可理知世界的太阳之后与这个可见的太阳之前还会有别的太阳吗？

5. 但是居然如此！那些人跟所有人一样有躯体、有欲望、有悲喜，但他们却居然绝不鄙视自己的能量，反而说他们自己的能量能够领悟可理知之物，太阳反而没有这样的能量！太阳比我们的能量更免受各种情感的影响，更有秩序，更亘古不变，但是他们却说太阳并没有比我们这些刚刚出生、在走向真理的途中受如此众多事物欺骗的人类更有悟性！尽管天穹及其星宿是由更精致、更纯粹的物质构成的，也尽管这些人们明明看到了那儿的秩序，那儿的形式及其排列的美妙，并且特别地热衷于抱怨这里地上的无序，但是他们却说，他们的魂，哪怕是最卑微之人的魂，也是不朽和神圣的，而整个天穹及其星宿却不享有永恒之魂。似乎不朽之魂是故意选择了更坏的地方，为了不朽之魂而选择了远离更美好的事物。同样不合理的是他们塞进来的这个他们用诸元素构成的不一样的魂。诸元素的合成如何可能有任何生命呢？诸元素的混合产生热或冷或冷热的混合，产生干或湿或两者的混合。这个魂是在诸元素之后进入存在的，它如何能够成为把诸元素结合起来的本原呢？当他们把知觉、思考以及其他无数事物归于这个由诸元素组成的魂时，我们还能说什么呢？他们不尊敬这个创造物或这个地球，却说有一个新的地球已经为他们而存在了，他们说，他们要离开这个地球到那个新的地球上去——他们说，这就是宇宙的理性形式。然而他们为什么会觉得有必要到他们所憎恨的这个宇宙的原型之中去呢？这个原型又是来自何处呢？按照他们的说法，这个原型是在它的创造主已经倾向于这个世界的时候进入存在的。好的，那么，如果说创造主自身有极大的兴趣按照他已经拥有的可理知世界来创造一个宇宙，那么他这样做的必要性何在呢？——如果它存在于我们这个宇宙之前，那么他创造它是为了什么呢？是为了让魂警觉吗？那怎么可能呢？它们并没有警觉，因此它的存在是无意义的。但如果他是在这个宇宙之后创造的,采取了宇宙之形式而剔除了其质料,那么他们在这个世界中考验就足以使已经被考验过的魂警觉了。而如果他们声称他们已经在他们的魂里面获得了宇宙的形式,那么这种新的说法又有什么意义呢?

诺斯派的无意义的术语、对柏拉图的歪曲以及他们的傲慢

6. 对于他们提出来的其他的存在物,如"流放"(exiles)、"印象"(impressions)及"忏悔"(repentings)等,我们应当说些什么呢? 如果他们说,这些存在物是魂改变其目的时的情感,是魂以某种方式沉思实在的意象而非实在本身之时的"印象",那么这些术语就是他们在推广自己的学派时发明出来的新的行话——他们生造出这些浮华的语言,显得他们与古代希腊的学派没有关联似的,尽管希腊人早就知道这一切,而且知道得很清楚,他们只是用质朴无华的语言说,从洞穴上升,逐渐地、越来越靠近真正的视觉。① 一般来说,这些人的有些学说是来自于柏拉图的,而其他的学说,也就是为了建立自己的哲学而引进的一切新观点,都是他们在真理之外找到的。审判、冥府之河以及复活都源自柏拉图。② 可理知世界里多样性创造、存在者、心灵、区别于心灵的创造主(Maker)、魂,这些概念都取自《蒂迈欧篇》中的词语——柏拉图说:"这个宇宙的创造主认为,这个宇宙应该包含一切形式,把凡是理智洞见到是包含在真正存在的生命存在者(Living Being)之中的形式都包含在内。"③但他们并没有理解柏拉图的话,他们以为,有一个心灵在其宁静中包含了一切实在,另有一个不同于这个心灵的心灵在沉思着这些实在,还有一个心灵在安排着实在——但是他们往往以一个作为创造主的魂来代替一个安排实在的心灵——他们以为这个就是柏拉图所说的创造主,创造主是谁,他们远远没

---

① 这里明显引用了柏拉图的洞喻。*Republic* Ⅶ.514A ff.。

② *Phaedo* 111D ff.这里提到"冥府之河"暗示了这是普洛提诺在此特别在意的柏拉图关于死后的神话之一。

③ *Timaeus* 39E 7–9.

有认识清楚。① 总的来说,他们篡改了柏拉图关于创造以及许多其他主题的论述,他们大大地贬低了这位伟人的学说,就好像他们自己已经领悟了可理知的本原,而柏拉图及其他蒙福的哲学家们却都尚未领悟。② 通过给大量的理智实在命名,他们以为他们就可以显得已经找到了真理本身,尽管正是由于这样的繁复,他们把可理知的本原(the intelligible nature)带入了类似感觉世界的低级世界之中了。在可理知世界里面,人们原本应当关注的是尽可能小的数,把万物都归因于随太初而来的那个实在,从而摆脱那种繁复,因为随着第一本原(the first nature)而来的是万物、第一心灵、质料(substance)以及一切其他的美德(excellence)。魂的形体应当是第三(阶段)到来的;他们应当追溯诸魂在情感与本性上的差异,绝对不要蔑视那些像神一样的人,而应怀着感恩之心接受他们的学说,因为这些是更古老的权威的学说,而且他们自己也已经在他们自己所说的话语里面从那些权威那里接受了好的东西:魂的不朽、可理知的宇宙、太初之神(the first god)、避免魂与身体相伴的必要性、从身体中分离出来、不要成为一个存在物,等等。这些教义在柏拉图那儿都有,他们只要能这样清晰地陈述就行了。但是如果他们想要不同意这些教义,那么在谈到(这些古人)的时候也不应当有偏激的敌意,不应当通过嘲讽侮辱古希腊人来推出自己的见解,而应该根据他们自己的是非曲直把他们所独有的、不同于希腊人的教义的全部正确性呈现出来,就如同哲学家应该做的那样,谦恭地阐述他们的真实意见,公正地对待他们所反对的观点,要追求真理,不要为了沽名钓誉而责难那些自古以来就被高贵的人们判定为善人的那些人们,说自己比这些古希腊人还要优秀。因为古希腊人对可理知世界的论述是相当精辟的,其表达方式也适合于受过教育的人,并且容易得到人们的承认,只要人们没有完全被那种汹涌而来的谎话所蒙蔽:说什么这些教义是诺斯替派后来从古人那里继承下来的,但是已经获得了一些根本不适当的补充。总之,在他们想要

---

① 在这个地方,普洛提诺好像说的又是"诺斯替化的"柏拉图主义者,他们的思想在某种程度上来自于努梅尼乌斯。

② 参:波菲利对诺斯替派的评论。《普洛提诺生科》16.8-9。

反对古人的学说的时候,他们就引入了各种各样的生成和消逝,他们指责这个宇宙,责怪灵魂与肉体的联系,谴责这个宇宙的引导者,把宇宙的创造主与魂等同起来,并且把那些其魂居于宇宙之部分之中的人们所具有的情感也归之于宇宙之魂。

关于宇宙之魂的正确学说以及宇宙之善

7. 我们已经说过这个宇宙不曾有过开端,也不会走到终点,只要可理知的实在存在,它就始终存在。在诺斯替派之前,就已经有人说过,我们的魂与体的联合是对魂不利的。但是把这个从我们的个体的魂得出来的结论推之于万有之魂的话,那就好比是从一个秩序良好的城市中拎出一批陶工、铁匠,以他们为借口来指责整个城市。我们必须考虑到宇宙之魂与我们的魂对体的操纵是不同的,它是以一种不同的方式引导体的,是不受体的束缚的。如同所有另外的差别那样(我们在别的地方已经提到很多),我们也必须考虑到这个区别,即,我们是受一个已经成为束缚的体的束缚的。因为体的本性已经被束缚在宇宙之魂中,并且束缚了它所把握的一切;而万有之魂是不会受那些它束缚住的事物的束缚的:因为它就是那个统治者。因此它是不受它们的影响的,而我们则不是它们的主宰;但是宇宙当中的那个部分,就是被引向在体之上的神明的那个部分,是保持着纯粹的,是不受阻碍的,而给予体以生命的那个部分也没有从体那里获得任何添加物。因为,一般来说,任何在他物之中的事物都会受到发生于他物的事件的影响,但是它自己并不会把属于自己的东西给予那个具有其自己的生命的他物。举个例子来说,一条嫩枝被嫁接到另一棵树上,树干发生什么事情的时候都会影响到那条嫩枝,而当那条嫩枝枯萎的时候,它却让那个树干活出自己的生命。同样的道理,如果说你里面的火熄灭了,宇宙之火并不会同样熄灭:因为哪怕宇宙之火被摧毁了,宇宙之中的魂也绝不会受到什么影响,只会影响到它的体的结构,并且,假如另一些元素使得某种宇宙得以存在,那么这也绝不会涉及那儿的魂。因为万有(the All)里面的结构与每一个有生命的造物里面的结构是不同的;这样来说吧,在万有里面,魂是运行在表层之上的,让各种事物各就各位,而在个体里面,各个部分都是被一种第二位的束缚固定在各自的位置上的,似乎它们要试图逃逸似的;但是在宇宙里面它们就无处可逃了,因此魂不必将它们一起束缚在里面,也不必从外面按压它们,把它们往里面推,它们的本性从一开始就让它们停留在它们想要停留的地方了。如果宇宙的哪个部分根据其本性被推动了,那么那些其本性与该运动不协调的部分就会受到损害,而那些运动起来的部分能够作为全体的部分良好地运行,而另外的部分则由于不能够承受全体的秩序而被摧毁;就如同一大群跳舞的人正在有秩序地运动着,一只龟在爬行的时候就会被撞上、被践踏,这是由于它没有能够走出舞者有秩序运动的道路:然而如果这只龟能够随着那运动环行,那么甚至它也不会受到那些舞者的伤害。

8. 问魂为何创造宇宙,这就如同问,魂为何存在,创造主为何进行创造一样。首先,这是那些人提出的问题,他们假定了始终存在者是有一个开端的,这样一来他们就以为,创造的原因是一个存在物,他把一个事物转变成另一个事物,加以改造。因此他们必须得到关于这些存在物之性质的教导,只要他们能够怀着善意接受教导的话,以免他们侮辱配享一切敬意的事物——他们正是这样愚昧地侮辱着一切可敬的事物,没有表现出对它们的恰当的怀着敬意的关怀。指责万有的主宰是不对的,首先是因为万有彰显出了可理知自然的宏伟。如果说万有是以这样的方式获得了生命,以至于它的生命绝非是分散的生命——如同那些在它里面的、在它的丰盛的生命中日夜不停地产生出来的那些更小的事物那样——而是连贯、清晰、宏大、无所不在的生命,彰显着无限的智慧,那么人们怎么能不称它为可理知之神的一个清晰而高贵的意象呢?[①] 如果说,它作为一个意象并非就是那个可理知的世界本身,那么这正好就是对它来说很自然的;如果说,它就是那个可理知的世界本身,那么它就不会是可理知世界的一个意象了。说这个意象与它的原型不相像,这是不对的,

---

① 柏拉图《蒂迈欧篇》(*Timaeus* 37C6-7)。

因为作为一个好的自然的意象所可能拥有的东西,它一点也没有缺少。这个意象必然不能够作为意念和设计的结果而存在;①可理知者不可能是最后者,因为它不得不具有双重活动,一是在自身中的活动,一是指向他物的活动。因此,在它之后一定有某物,因为只有一切事物中那最无能的事物才会无物在其后。由于那儿有一个强大的能量在运行着,因此除了其内在的活动之外,它还生产着。如果有另一个宇宙比这个更好,那么这个宇宙是什么呢?如果说必须有一个宇宙维持着可理知世界的意象,而另外的宇宙又并不存在,那么这个宇宙就是那个维持着可理知世界之意象的宇宙。既然整个大地都布满了有生命的创造物和不朽的存在物,直到天上为止的一切事物中都充满了它们:那么我们为何不能说,那些星辰,无论是低层的还是最高层的,就是井然有序地运行、优美地环行着的诸神呢?我们为何不能说它们拥有美德呢?能有什么障碍会阻止它们获得美德呢?那些使下界的人们变坏的原因在那儿并不存在,身体的那些坏处,比如受干扰或者干扰人,在那里也不存在,②那么它们怎么可能没有领悟力,不会在其永恒的宁静之中,在它们的心灵中,领会神和可理知的诸神呢?难道我们的智慧会比天上的神灵的智慧还要伟大吗?要不是神经错乱的话,有谁会容忍这样的观念?再说了,下界的魂都是在万有之魂的压迫下出现的,压迫之下的魂怎么可能是更好的呢?在诸魂当中,主导地位的魂是更好的。但是如果说诸魂是自愿出现的,那你们为何还要指责这个宇宙呢?——你们是按照你们自己的自由意志进入到这个宇宙的,如果你们不喜欢它的话,它也会让你们离开它的呀。如果说这个万有是这样的一个万有,它有可能在其中拥有智慧,在我们生活在下界的时候它却能够按照那个更高级的世界生活的话,它怎么会不见证它依赖于彼岸的实在的呢?

---

① 关于这个必然过程的规律也见本文第三节。普洛提诺始终强调,宇宙的永恒的生产是一个一元的自发行为,没有任何在先的筹划。

② 普洛提诺认为,星神的天上的身体(可见的天体)虽然也是由物质构成的,但是从总体上比我们的地上身体要高级,它们是永存的、不受感情困扰的、也不是构成我们的魂的活动的障碍。

反驳基于人生中的不平等和不正义的那些反对意见

9. 有人反对富裕和贫穷以及人们贫富不均的事实，那么我们说，他首先并不明白，善的、智慧的人并不在这些事情中寻求平等，他也不会认为获得钱财多的人有何好处，或者拥有权力的人相对于私人有任何优势，他让别的人来关心这类事情。他已经明白，下界的生活有两种，一种是善和智慧的人的生活，一种是大众的生活。善和智慧者的生活指向最高点、指向上界；而那种更人性的生活又可以分为两类：一类留心于美德，并且享有某种类型的善，而另外的就是普通大众了，这样说吧，他们从事手工劳作，为更优秀者提供必需品。如果说有的人会犯谋杀罪，有的人会由于能力不足而被他的激情击败，那么对于罪在魂里面——这些魂就如同尚未长大的孩子——而不是在心灵的里面的存在，又有什么好感到奇怪呢？如果说这个世界像一个运动场，有些人会赢，有些人会输，那又有什么不对劲的呢？即便你受了亏待，但是这对于一个不朽者来说又有什么可怕的呢？哪怕你被谋杀了，你还是拥有你想拥有的。如果说你现在开始不喜欢这个世界了，那你也并没有被强迫继续做它的公民。在这个地方有审判和惩罚，这是大家都同意的，那么指责这样一个给予各人应得的奖惩的城市怎么可能是合适的呢？在(世界)这个城市里，美德是受人尊重的，而罪恶也会获得其相应的耻辱；不仅仅诸神的意象，而且连诸神自己也在高处往下注视着我们，[①]正如俗话所说，诸神将轻而易举地免去人对他们的指责，他们自始至终有秩序地引导着万物，按照每个人前生的行为，在他的生命变迁中给予恰如其分的回报。如果有人忽视了这一点，那他就是那种粗鲁地对待神圣事物的草率的人。

诺斯替派拒绝承认神灵的等级，认为唯有他们才是神的儿子，高于诸天

每一个人自己都应当努力变得尽可能地善，但是不应该认为只有自己才能成为完全的善——如果他这样想，那就说明他还不是完全的善。人应当这

---

① 普洛提诺认为，天体要么就是诸神自己，要么就是诸神自己所造的意象。

样想,在自己之外还有别的完全善的人、善的灵,而且还有存在于这个世界而注视着彼岸世界的诸神,特别是还有这个宇宙的统治者,也即最神圣的魂。在此之后,人应当进一步赞美可理知的诸神,然后最主要是赞美彼岸世界的伟大的王,尤其应当赞美他,因为他在众多的神灵中展示了他的伟大。这不是把神圣压缩为一,而是把它显现在多里面——神就是把神圣显示在这个多里面的——,这对于那些认识神的能量的人来说是恰当的,由于他永远是他所是,他创造了众多的神,所有这些神都依赖于他、通过他而存在、来自于他。这个宇宙是通过他而存在的,这个宇宙朝向他,整个宇宙,连同宇宙里面的一切神灵,都是因他而存在、朝向他的,而且这个宇宙向人显示了属于他的东西,这个宇宙以及里面的神灵在他们的神谕中宣布了什么是令那些可理知的神灵喜悦的。如果说那些可理知的诸神并非就是那个至高神,这本身也是附和事物之本性的。但是如果你想要蔑视它们而抬高自己,声称你自己人并不比它们差,那么,你首先要知道,一个人越优秀,则越是谦和地对待万物,也越是谦和地对待众人。一个真正高贵的人必然是以一适当的尺度上升的,不会有任何肤浅的傲慢,只求到达按照我们的本性能够达到的地方,他必然会认为,在神的旁边也有其他人的位置,而不是唯有他自己在神的身后(如果以为唯有自己在神的身后的话),那么哪怕我们的魂真的能成为神,那也如同我们在梦中飞翔那样,丧失成为神的可能性。如果有心灵的引导,魂能够成为神,但是如果把自己置于心灵之上,那么就会立即跌出心灵之外。愚昧的人一听到"你比所有人都优秀,不但比人类优秀,而且也比诸神优秀"的话就信以为真——因为在人性当中确实存在着许多的傲慢——如果一个向来温和谦逊的人,一个普通的个人,如果有人对他说"你是神的儿子,而那些你素常所敬仰的人却不是,他们根据祖辈传下来的传统所尊崇的存在者也不是,只有你可以毫不困难地成为比天还要优越的人"(那么他也会信以为真),然后其他的人也会真的就这样加入到这个大合唱之中。① 就好像在一大群不会数数的人当中,其中

---

① 伊里奈乌对于诺斯替声称自己比创造主及其创造物更优越也很愤怒。(*Adversus Haereses* 2.30)

有一个当然也不会数数的人听说他有一千腕尺①高一样,如果他以为他自己有一千腕尺高,而听说其他的人有五腕尺高,那样的话会怎么样呢? 那他也不过是把"千"想象成一个大数罢了。② 此外,神在他的天意之中关怀着你们,他又怎么会忽视你们自己居于其中的那个宇宙呢? 如果说那是因为他没有时间照看它,那么对他来说去关心在他之下的事物就是不合乎规律了:在他看顾诺斯替主义者的时候,他怎么会不向外看,不看顾他们住在其中的那个宇宙呢? 如果说他没有向外看,为的是他不用去监管这个宇宙,那么他肯定也不会看顾这些诺斯替主义者。他们不需要他,但宇宙却实实在在地需要他,宇宙知道自己的位置,在宇宙中的存在物也都知道他们是如何置身于宇宙之中,又如何置身于那个更高级的世界之中,人们当中那些亲近神的人也知道这些,他们会悦愉地接受由于万物的运动不可避免地降临到他们身上的任何必然性。因为一个人不能只看重让令个体快乐的东西,而应当重视顺应万有。一个这样做的人看重个体的具体的价值,也是同时始终地向着万有都在尽力向着它前进的目标奋力前进——他知道有许多人都在向着那个更高的世界奋力前进,那些到达那个更高的世界的人是有福的,其他人也按照他们的所能尽可能地获得了与他们相应的命运——他不会将这种能力仅仅归于自己。如果有人说他拥有什么的话,那他也并不是通过声称自己拥有才拥有的;而诺斯替主义者却认为他们拥有许多东西,尽管他们知道他们还没有获得这些东西,他们在还没有拥有的情况下以为自己拥有了,认为唯有他们才拥有他们其实尚未拥有的东西。

诺斯替派关于所费娅和德穆革的荒谬学说

10. 他们的许多其他的观点,或者说他们的教义中的所有观点,如果加以认真研究的话,可以发现足够的机会揭示出其每一个论证都是真实状态都是

---

① 腕尺(cubits),古代长度单位,约等于 45.7 厘米。
② 参:柏拉图《理想国》(*Republic* Ⅳ, 426D8–E1)。

如此。[但是我们不再继续这样做详细的反驳了],因为我们还是要尊重我们的一些朋友,他们在成为我们的朋友之前偶然地走了这样的思路,而且我也不知道他们是怎么搞的,还在继续这样的思考方式。然而他们自己在讲他们所讲的这些东西的时候并不畏缩,这或许是因为他们想要让他们的观点显示出似是而非的真理的假象,或者是因为他们真的认为他们是正确的。但是我们到目前为止所讲的东西都是对我们自己人的亲密弟子讲的,不是对诺斯替派讲的——在说服他们的工作上我们将不会取得丝毫的进展——为的是我们的弟子不会受诺斯替派的困扰。诺斯替派从不提供证据——他们怎么可能提供得出证据呢?——他们总是作出一些武断而且傲慢的论断。对于这些人,这些傲慢地撕碎神圣的古人们高贵的、符合真理的理论的人,我们采取另外风格的写作方式也许更合适。因此我们不妨放下这种细致审查的方法,因为那些已经准确地理解了我们到目前为止一直在谈论的观点的人一定也能够知道他们的所有其他教义的真实状态。但是在放下我们的论证之前,我们必须提一下他们的一个观点,这个观点的荒谬程度——如果我们可以称之为荒谬的话——超过了他们的所有其他的观点。① 他们说,魂下降到她之下的事物之中,跟她一起下降的还有某种"智慧"(所费娅)——这个下降或者是由魂肇始的,或者是智慧让魂处于这种状态的,或者他们认为这两者是同一个东西——,接着他们告诉我们,其他的魂也下来了,并且作为智慧的成员穿上了身体,比如穿上了人的身体。但是他们又说,那个存在,就是这些魂为了它的缘故而下降的那个存在,它自己并没有下降,这样说吧,它只是照亮了黑暗,于是一个从它而来的意象就在物质中形成了。然后他们在这个之下的某个地方又造出了这个意象的一个意象,是通过质料、物质或者他们用来称呼它的任何东西造出来的——他们这会儿用这个名字,过一会儿又用别的名字,说出许许多多多的名字,只不过是把他们的意思弄得模糊不清——然后他们造出了他们所谓的创造主,让他反叛他自己的母亲,并且把从他产生的宇宙拖到诸意象的

---

① 从这里起到第 12 节结尾,普洛提诺批判的是一个诺斯替派的神话,这个神话最典型地表达在瓦仑廷派的思想体系之中。

最外缘。这样写的人其实是有意要渎神！

11. 首先,既然那个存在没有下降,它只是照亮了黑暗,那怎么能说它下降了呢? 如果说是有一种像光一样的东西从它那里涌流出来,那么在这种情况下说它下降了,这是不恰当的;除非黑暗处在它之下的某个地方,而它从空间上向黑暗移动,从而在靠近黑暗时照亮了黑暗。但是如果说魂保持自身未变,照亮质料的时候也没有为了这个目的采取任何动作,那么为什么说它只照亮了质料而没有照亮存在领域中比质料更伟大的诸能量呢? 如果说它是由于形成了关于宇宙的一个理性观念,作为它的理性观念的结果,它才能够照耀的,那么为什么它不在照耀的同时,而不是等到意象的创造之后,就创造出宇宙呢? 如果这样的话,这个理性的宇宙的观念,这个由更高级能量带入存在的他们称之为"陌生的国土"的,就不会让它的创造者下降了。还有,质料如何会在被照亮的时候创出魂一类的意象,而不是身体性质的意象呢? 一个魂的意象对于黑暗或质料来说是没有任何用处的,但是假如它进入了存在,真的进入了存在,那么它也一定与它的创造者相通,并且与其创造者保持紧密的联系。那么,这个意象就是一个实体,或者如他们所说的,是一个意念吗? 如果它是一实体,那么它与它的源头有什么不同呢? 但是如果说它是另一种类的魂,那么如果说那个更高级的魂是理性的魂的话,那么大概可以说它就是生长的魂,是生殖的本原了。如果说这就是它的实际情况的话,那他们还是认为它是为了受到尊敬才进行创造的? 它又怎么会出于傲慢、草率的自作主张进行创造呢?① 事实上,一个这样的魂通过想象,甚至是通过理性活动进行创造的一切可能性,都被抹杀了。那么在他们的体系中引入源于质料或者意象的宇宙创造主还会有什么样的必要性呢? 但是如果说那个意象是一个意念,那么他们首先必须解释他们是从哪里给它找到这样一个名字的;然后他们必须解释它是如何存在的,除非魂赋予了意念进行创造的能量。且不说这是一个纯粹的虚构,创造工作是如何进行的呢? 他们说这个在先,那个在后,但是他

---

① 这个观念为大多数诺斯替派所共有。

们这样说的时候相当武断。那么为什么火最先出现呢?

12. 当这个意念刚刚进入存在的时候,它是如何着手它的创造任务的呢?(他们说)是依靠它对以前所见的回忆。但是以前根本就不存在,更谈不上看了,无论是它还是他们给予它的那个母亲,都是如此。那么下面这些说法不就奇怪了吗? ——他们自己不是作为诸魂的意象,而是作为真正的魂来到这个世界的,但是他们当中只有一两个能够艰难地摆脱这个世界,并且在他们获得回忆的时候,能够艰难地重演他们以前看到的景象;而且哪怕如他们所说,这个意象是朦胧的,它自己(意念)或者甚至于它的母亲,质料中的一个意象,也还是能够在刚刚进入存在的时候就设法形成对于可理知实在的观念,不仅构想出这些观念,形成一个世界的理论和那个世界的理论,而且还认识那些它从中进入存在的那些元素。究竟出于什么原因它先造出了火? 是因为它认为火必然首先出现吗? 为什么不是别的什么东西首先出现呢? 如果说它构想了火,就能够创造出火的话,那么为什么它在构想世界的时候——它一开始想到的一定是整体——怎么不直接创造出这个世界呢? 因为这些元素也是被包含在它的观念之中的。无论从哪方面说,它创造世界都是按照自然的方式的,而不是按照技艺的方式的,因为技艺后于自然和世界。即便到了现在,作为世界之部分的事物在通过自然本原进入存在的时候,也不是这样进入存在的——先是火,然后是每一个个体的组成部分,最后是这些部分的混合——,而是先有整个生命体的一个轮廓和草图把形式印在持续的流动之中。那么为什么在创造世界的时候不也是如此呢——质料被带有宇宙之形式的轮廓所标记,地、火以及其他的元素被包含在这个形式之中? 也许他们是可以这样子创造世界——因为他们拥有一个更为正宗的魂——,而他们的创造主却不懂得如何这样子创造。然而,在进入存在之前就看到天穹的浩大——或者天穹的确切的大小——,黄道十二宫的角度、其下的星宿和地球的环行,看得如此清楚以至于有可能解释所有这些事物何以是这个样子,这样的能力肯定不是一个意象所能够拥有的,而只能属于一个来自于最好的本原的能量。而对于这一点,连他们自己也是不情愿地予以承认的。因为,如果加以研究的话,他们所说的

"照亮黑暗"的说法将会迫使他们承认宇宙的真正起源。为何魂照亮黑暗是必然的呢,要不是这种必然性是普遍的话? 这种必然性要么是符合魂的本性的,要么是违背魂的本性的。如果它是符合魂的本性的,那么它将始终如此。反之,如果它是违背魂的本性的,那么在那个更高级的世界里必定有一个地方有这种违背魂的本性的东西,也就是说,恶将先于这个宇宙而存在,这个宇宙不必为恶的存在负责,那个更高级的世界将是这个世界之中的恶的来源,而恶也将不是从这个世界进入到魂里面,而是从魂进入到这个世界中来,这样的论证路线将会导致把宇宙的责任归于最初的本原,如果宇宙的责任归于最初的本原,那么质料的责任也将归于最初的本原,因为按照这个假说,宇宙是从质料中呈现出来的。他们说,下降的魂看见并且照亮了已经存在的黑暗。那么这个黑暗又是从哪里来的呢? 如果他们说,是魂在下降的时候创造的,那么很显然,魂其实无处可以下降,而黑暗自身也无须为这种下降负责,要为这种下降负责的是魂的本性。这就等于是把责任归于先存的必然,于是责任就回到最初的本原那里去了。

诺斯替派关于宇宙天层及其影响力的荒谬学说

13. 那种指责宇宙之本性的人并不知道他自己在做什么,不知道他的轻率批评有多么的离谱。之所以会这样做,是因为诺斯替派不知道有一个从第一、第二、第三、再到最末这样一个有规则的连续的秩序,不知道比第一逊色的事物也不应该受到责骂,而应当平静地、温和地接受万事万物的本性,催促自己朝着第一前进,不要去关心他们以为上演在宇宙天层中的那些恐怖剧情,——实际上,那些剧情对他们来说是"使万事万物变得甜美而可爱"了①。宇宙天层有什么可以恐怖的呢? 他们(所说的那些事)只能吓唬那些没有练习过推理的人,以及那些从未听过有修养的、和谐的"诺斯"的人罢了。哪怕天层中的这些天体是燃烧的,那也不必害怕它们,因为它们是按照恰到好

---

① Pindar, *Olympians* 1.48.

处的比例分配给万有和大地的,我们倒是应该关注这些天体的魂——诺斯替派也正是基于他们自己的魂才宣称自己的高贵的。而且这些天体的体也是极其宏大而且优美的,是按照自然发生的,只要第一本原存在就一定不会不发生的一切事物的伙伴和合作者;它们对于万有的完满是至关重要的,也是万有的重要组成部分。如果说相对于其他生命体而言,人类拥有一定程度的荣耀的话,那么应当说这些天体更有荣耀,因为它们在万有之中不是施行专制统治的,而是美与秩序的施予者。至于人们所说的那些作为天体之影响的结果而发生的事,我们应当这样来看待,它们确实显示出了未来将要发生之事的征兆,但是多种多样的事物的发生是由于偶然——每一个个体的命运都相同乃是不可能的——也是由于彼此大不相同的出生、地方以及魂的性情。① 再说吧,人们也不应该要求每一个人都是善的,因为这是不可能的,也不应当动不动就要指责,要求这个世界与那个更高的世界毫无差别,也绝对不可以认为,恶不只是智慧的缺乏和善的不足,而且正在减少之中——就如同有人说,生长的本原是恶的,因为它不是知觉,知觉的本原是恶的,因为它不是理智。否则的话,他们就不得不认为在更高的那个世界中也存在着恶了:因为在那儿魂不如心灵,而心灵又不如另外的某物。②

诺斯替派关于以巫术驾驭高级能量以及通过驱魔治病的学说

14. 正是他们自己又以另一种方式最为严重地损害了这些高级能量的不可侵犯的纯洁性。在他们写作巫术咒语,旨在对着那些能量唱颂的时候——不仅对那个魂,而且也对那些在魂之上的能量的时候——他们正在做的不就是想让这些能量服从这些话语,并且让它们听从这些念咒语、施符咒、颂咒文的人,听从我们当中随便哪一个能够相当熟练地、正确地说出他们认为具有上

---

① 普洛提诺关于星宿的征兆及其影响力的完整解释见 *Ennead* 3.3.7–8, 10–15。

② 普洛提诺自己确实有时候也认为一切流溢,由于其从最高处向下堕落的必然性,都是恶的。参:《九章集》3.8.8.35–36(讲到心灵从太一流溢出来);《九章集》3.7.11.15(关于魂从心灵流溢出来)。但是这种宇宙悲观主义并非他的一贯思想。

界魔力的恰当的咒语、颂词、喝声以及呼与嘘的声音的人吗？但是即便他们不想这样说，那么难道非躯体性的存在物会受到声音的影响？就这样，用这些赋予他们的讲话以威严的表象的语句，他们在无意识中剥夺了那些高级能量的威严。他们说，他们自己可以免于疾病，如果他们的意思是说他们能够通过节制和有规律的生活而得以免除疾病，那么他们说得很好，跟哲学家所说的一样；但是，在事实上他们认为疾病是恶灵，并且声称自己可以用咒语把它们驱逐出去；他们的这种声称可以让他们自己在那些惊叹魔术师的本事的大众眼里留下更为深刻的印象，但是却不能说服那些明智的人，他们并不能让他们相信，疾病不是来自于紧张、过度、亏缺或者衰退，或者更一般地说源自于内在或外在的变化。疾病的治愈也很明显地说明了这一点。强有力地运动肠胃，或者服上一帖药，疾病就会通过向下的通路出去，它也会随着放血出去，禁食也能治病。那么难道说恶灵挨饿了？难道药物使它消瘦了？那么有时候它一下子全部出去呢还是待在里面呢？如果说它一直待在里面，那么病人为什么在它还待在里面的时候不一直病着呢？如果说它走了，那它为什么走呢？它遇到了什么情况呢？大概是因为它是以疾病为食的。这样看来疾病不同于恶灵。那么，如果恶灵是在没有任何病因的情况下进入人里面的，那他为什么不一直病着呢？如果是有病因的，那么又何需由恶灵来造成疾病呢？因为病因本身就足以造成发烧了。以为病因一发生，那个随时准备好、等待着的恶灵就立即进入、支持那个病因，这样的假设是荒唐可笑的。但是他们是怎样说的以及他们为什么要这样说，是显然的；也正是出于这个原因，我们提到了这些恶灵。他们的其他的学说我留给你们自己去审查，读一读他们写的书，同时透彻地观察我们所追求的这种哲学。我们的哲学除了所有其他优点外，还显示出简单、直接的特点，它思路清晰、志向高贵，没有肤浅的傲慢，把自信的大胆与理性、可靠的证据、谨慎以及极度的细致周密地结合起来：你们要以这样的哲学为标准去对照其他哲学。诺斯替派的思想体系的每一个部分都是建立在完全对立的原则之上的——我不想多说了，这是我们谈论他们的合适的方式。

诺斯替派对于彼岸的强调导致非道德

15. 但是有一点我们必须特别小心,不能让它逃出我们的眼睛,那就是他们的这些观点对于那些听了他们的言论并且为他们的言论所折服,因而藐视宇宙以及其中的存在物的那些人的魂所造成的影响。关于目的的达到存在着两个思想派别:一个派别提出身体的快乐是目的,另一个派别则选择高贵和美德为目的,因为他们的成员想要依靠神、回归于神(这一派别我们必须在另外的地方予以研究)。伊壁鸠鲁取消天道(provindence),劝人追求左边的快乐和享受,但是(诺斯替派的)学说则粗野地谴责天道之主以及天道本身,鄙视这个世界上的一切律法以及在一切时代都深入人心的美德,把自制看成是某种可以嘲笑的东西,认为在下界不可能看到任何高贵之物的存在,他们取消了与生俱来的、经过理性和训练得以完善的自制和正义以及一切使人成为高贵、善良之人的东西。这样一来,留给他们的就只有快乐了,快乐也就是他们唯一关心的东西了,而且是别人无法分享的,这种快乐不是别的,只不过是他们需要的事物而已——除非他们中有人在本性上要比这些学说优秀:因为在这个世界上没有他们看重的东西,对他们来说有价值的事物是某种别的东西,是他们将来要追求的。但是那些已经获得诺斯的人应当在此时此地追求它,而且在追求过程中应当首先端正他们在这里下界的行为,既然他们来自于一个神圣的本质的话,因为那个本质是在意人的高贵而轻视肉体的快乐的。凡是与美德无缘的人是根本不可能走向那个更高级的世界的。这一点也是他们漠视道德的证据:他们从未写过讨论美德的任何文章,完全地忽略了对这些主题的研究,他们没有告诉我们美德是哪一类的事物,也没有告诉我们它包括多少部分,也没有谈到古人的文献中对这个问题的许多精深研究,没有讲美德从何而来以及如何获得,没有讲如何照料和净化灵魂。仅仅说"朝神看",而不告诉人如何去看,那是毫无用处的。因为有人可以说,"有谁能够阻止我朝神看,同时又并不节制快乐,不控制情绪呢?有谁能够阻止我回忆起'神'的名,同时又受一切情感的支配,压根不想摆脱任何情感呢?"事实上,在走向目标的过程中,正是美德走在我们的前面,当美德与智慧在我们的灵魂中同在的时候,神就显现了。如果我们只是空谈而没有真正的美德,那么神就只不过是一个名字而已。

柏拉图主义的真正的彼岸学说热爱并尊敬物质宇宙的美和善

16. 再说了,藐视宇宙以及其中的诸神以及其他高贵的事物当然也不会变善。每一恶人都能够鄙视诸神,这在以前的时代也是这样的,即便他在以前并非完全的邪恶,但是一旦他鄙视他们时,他就由于这一点而彻底变成恶人了,尽管这并非说他在每一个别的方面都是恶的。而且这些人所说的他们给予可理知的诸神的敬意也可能是一种非常无情的敬意。因为任何人如果对某物怀有感情的话,他总是会友好地对待与他的爱的对象有亲缘关系的一切事物,如果爱一位父亲的话也会爱他的孩子们的。由于每一个魂都是那一位父亲的孩子,而且在这些天体里面也有魂、有理智、有善者,它们比我们的魂更加紧密地与更高级的世界的存在物保持着接触。要是这个宇宙切断了与那个世界的联系,它怎么可能存在呢?在它里面的诸神怎么可能存在呢?我们以前也这样说过:我们现在的观点是,由于他们鄙视那些与更高级实在有亲缘关系的事物,因此他们也就不认识那些更高级的存在物,他们只是似乎认识它们似的谈论着。还有一点,如果否认天意弥漫于这个世界以及万事万物的话,还有什么虔敬可言?他们如果这样否认的话,他们怎么还能自圆其说呢?因为他们说,神确实用天意护佑着他们,并且只是护佑他们。那么,是不是只有当他们在更高级的世界中的时候他才佑护他们呢,还是当他们还在这个世界之中的时候他也护佑他们呢?如果当他们在那个世界的时候他护佑他们的话,那么他们怎么会来到这个世界呢?如果说他们在这个世界的时候神也护佑他们的话,那他们怎么会还在这个世界中呢?而且神怎么可能不在这个世界中呢?他从何而知他们在这个世界中呢?他怎么知道他们来到这个世界之后仍然没有忘记他、没有变得邪恶呢?如果说他认识那些已经没有变得邪恶的人的话,那他一定也认识那些已经变得邪恶的人,这样他才能够把善的从恶的当中区分出来。因此,他将向万事万物呈现,他将在这个宇宙之中,不管他以什么方式在场,而这个宇宙也必参与在他里面。如果他不在这个宇宙之中的话,那他也将离你们而去,这样一来你们就根本无法言说他以及随他而来的那些存在物了。但是不管你是否获得来自更高级世界的神意的护佑,不管你喜欢与否,这个宇宙都获得了那个更高级世界的天意的护佑,它从未被抛弃过,也永远不会被抛弃。因为天意的护佑关乎整体甚于关乎部分,而且宇宙之魂对神的参与也更为宏大。宇宙的存在、它的理智的存在清楚地说明了这一点。那些如此没有头脑、高傲地藐视宇宙的人,有谁能够如此井然有序、能够像万有这样拥有一颗理智的心灵? 这样一种对比是荒谬的、非常不恰当的,任何作出这种比较的人,除非是为了讨论之便,不然就难免有不虔敬之嫌。一个理智的人甚至不可能这样问,只有那种瞎眼的、极端没有知觉或者智力的、根本看不见那个可理知世界的人才会这样问,因为他甚至连这一个宇宙也看不到。一个能够看到可理知世界的旋律的音乐家怎么可能在听到可感觉的声音之中的旋律的时候无动于衷呢? 或者一个精于几何和数学的人怎么可能在亲眼看到恰到好处的关系、比例和秩序的时候不感到愉悦呢? 事实上,甚至画像也是如此,那些用眼睛观赏同一件艺术品的人并不以同样的方式看待同样的事物,但是当他们识别出某个在他们的思想上有地位的人在感觉层面上给他们的暗示的时候,他们就会感到一种不安,然后回忆起真相,这就是热烈的爱得以从中产生的体验。如果说一个看到了完美地表现在一张脸上的美丽的人会被带入到那个更高级的世界的话,①那么那看到了感觉世界的一切美丽、遥远地彰显在众星宿之中的和谐的比例、极其美妙的秩序以及壮丽的形式的人怎么可能麻木不仁、无动于衷呢? 他怎么会不肃然起敬地想:“多么美妙啊! 它来自于怎样的一个源泉呢?”如果他没有这样的感觉的话,那就说明他既不能理解这个世界,也将看不到那个更高级的世界。

17. 然而,即便他们是由于听到柏拉图常常埋怨身体给魂的道路所设置

---

① 参:Plato,*Phaedrus* 251A2-3.

的障碍才憎恨身体的本性的①——他说过，一切身体的本性都是低级的——那他们也应当在思想中剥除这种身体的本性，从而看到留下的是一个可理知的领域，包含着施加在宇宙身上的形式，还有无躯体的诸魂井然有序地彰显出宏大，并按照可理知的范式的维度前进，这样，进入存在的事物就可以凭借其广袤在能量上等同于那个完整不可分的原型：因为在可理知世界中，宏伟与否在于能量，而在这个世界之中，宏伟与否在于躯体。无论他们想要把这个宇宙想象成是运动的、由神的能量推动着的——这个神掌握着其整个能量的开端、中间和结尾——，还是把它想象成是静止不动的、尚未指向他物的，设想出一个指导着整个宇宙的魂的观念对于他们来说都是非常恰当的。如果说他们已经在这个宇宙之中设想了躯体，那么他们应该这样来设想这个宇宙，即魂不会受躯体影响，而是让别的某个事物拥有每一个和任何一个事物所能够取得的东西——因为在诸神之间存在嫉妒是不合乎规律的②——；他们应该给予宇宙之魂那个数量的能量，让它以此使得本身并不美丽的躯体的本性去分有美丽，让它尽可能地被美化——推动神灵似的魂的正是这种美丽。但是他们也许会说魂并没有被推动，它们对于丑的和美的躯体是无所谓的，如果真是这样的话，那么它们也就会对丑陋的和美好的生活方式无所谓了，对于美好的研究主题也无所谓了；③它们没有沉思，因此也没有神。因为这个世界的美是由于最初的美的存在而存在的，因此，如果这里的美不存在，那么那里的美也就不存在了，这里的美是在秩序上对那里的美的模仿。但是，当他们说，他们鄙视这儿的美的时候，如果他们出于摈弃邪恶的目的，为了避免受诱惑而看轻男女的美貌，那么他们做得很对。但我们应该注意到，如果他们鄙视的是丑陋的事物的话，那他们就没有什么值得炫耀了，他们之所以这样张扬是因为他们鄙视的是他们起初称之为美丽的事物：这是怎样的一种手法呢？我们也应当注意到，部分中的美与整体中的美并不是同一个，一切个体事物中的美与万有的美

---

① 参：*Phaedo* 66B.

② Plato, *Phaedrus* 247A7, *Timaeus* 29E1-2.

③ Plato, *Symposium* 211C4-8.

也不是同一个:然后要注意到,在感官感觉到的事物之中以及在部分事物之中的美——比如诸灵的美——能够使人敬仰它们的创造者,并且相信它们来自于一个高更级的世界,从而断定说,那个世界的美一定是无法抗拒的;①我们不是要执着于这里的美,而是要从它们走向更高级世界中的美,但我们并不辱没这个世界中的美;如果它们的内在的部分是美丽的,那我们也承认内在与外在之间的和谐;如果说它们的内在部分是坏的,那么它们一定是缺乏更好的部分。也许对于任何事物来说,内在丑陋而外在美丽都是不可能的,如果说某个事物外在全然的美丽的话,那么它之所以这样美丽一定是由其内在决定的。那些外在美丽而内在丑陋的事物也可以具有外在的美,但是那个美并不是真的。如果有人说,他看到过真正外在非常美丽但内在丑陋的人,那么我想,他并没有真正看到过这样的人,只是以为美丽的人并非就是他们的真实面目。如果说他真正看到过这样的人,那么这种人的丑陋是某种添加上去的东西,不可能属于本性美丽的人——因为在这儿,下界要达到完美还是存在着许多障碍的。但是在那儿,有什么东西能够阻止美丽的万有内在也同样美丽呢? 对于那些自然没有在一开始就赋予它完美的存在物而言,达不到完美甚至于变坏都是可能的;但是对于万有而言,像孩子那样不完善是不可能的,不可能有任何添加物去添加它,也不可能有任何东西添加到它的身上。因为这些东西从何而来呢? 这个宇宙已经包括万物了。同样也无法想象万有之魂有何附加物。但是即便我们承认它可以有添加物,那它也不会有一丝一毫的变坏。

18. 但是他们也许会说,他们的观点能够使人们飞离身体,因为他们从远处憎恨身体,而我们的这些观点则会把灵魂向下拉到身体上去。这就好像两个人住在同一个精致的屋子里,一个人指责这个屋子的结构和它的建造者,但是还是住在那里面,而另一个人呢,并不指责这个屋子,而是说,这个屋子的建造者已经极尽其技艺造了这个屋子,他等待着他可以不再需要屋子、可以离开这个屋子的那个时候的到来。第一个人可能自以为更智慧,更愿意离开这个

---

① 普洛提诺想到的可能是柏拉图《理想国》(*Republic* VI.509A6)而不是《会饮篇》(*Symposium* 218E2)。

屋子,因为他懂得如何说这个墙壁是由没有灵魂的石块和木头建成的,远远地比真正的居所低劣,但是实际上他并不知道,他与第二个人的区别只是在于他不愿意忍受他必须忍受的东西——除非他承认他尽管对这个屋子不满意,但还是对这些石头的美怀有一种秘密的感情。在我们有躯体的时候,我们必须待在我们的屋子里,我们的屋子是由那一个姐妹般的善的灵魂为我们建造的,她具有伟大的能量,可以不费力地、没有困难地工作。或者,诺斯替派难道认为这样做是对的吗——称呼最卑微的人为兄弟,却拒绝用他们的"胡话"称呼太阳和天上的诸神为兄弟,称呼宇宙之魂为姐妹?把恶人接纳在亲缘关系中是不合法的,我们只能把那样一些人接纳在亲缘关系之中——他们已经变善,他们不只是躯体,而是居住在躯体之中的魂,他们以这样的方式居住在躯体之中,以至于非常靠近万有之魂在宇宙之体中的居所。这意味着与从外界扔向我们的那些快乐或者视觉没有冲突,①也不屈服于它们,也不会受到任何苦难的困扰。宇宙之魂是不受困扰的,它不会受任何事物的困扰。我们现在还在下界,但是我们也已经能够用美德抵御命运的打击,凭借心灵的伟大使得某些打击变得无足轻重,使得另外的打击在我们的力量面前消解。当我们接近于完全不受困扰的状态时,我们就能模仿宇宙之魂和众星宿之魂,几乎跟它们完全相像,奔向相同的目标,具有相同的沉思对象,也作为我们自己,通过本性和训练为沉思作准备——宇宙之魂和众星宿之魂是无须训练从一开始就有沉思的。诺斯替派说唯有他们才能沉思,但是这样说并不能使他们真的能沉思,同样,他们宣称自己能够走出宇宙,但是他们也并不能因这样的宣称而真的能够走出宇宙,当他们死亡的时候,星宿不会死亡,它们永远地装点着天空。他们这样说是由于对"彼岸"的真正含义完全缺乏领悟,对于"宇宙之魂如何关怀一切无魂之物"完全缺乏领悟。② 我们能够对躯体不怀感情、保持纯粹、看轻死亡、知道什么是更好的并且去追求;我们不会对其他能够这样做并且始终不渝地追求的人怀有恶意的情感,就好像他们并没有这样做;我们不会像那

---

① Plato, *Timaeus* 43B7–C1.

② Plato, *Phaedrus* 246B6.

些人一样产生这样的幻觉,由于感觉告诉他们星宿是静止不动的就真的以为它们是不动的——由于同样的原因,诺斯替派根本没有想到星宿之本性能够领悟物质世界之外的事物,因为他们根本没有明白星宿之魂乃是来自于彼岸的。

荣格:对死者的七篇布道文

荣格的《对死者的七篇布道文》(*Seven Sermons to the Dead*) 是托名 2 世纪亚历山大利亚诺斯替主义者巴西里德写成的一篇伪经。其内容是与腓利门 (Philemon) 的长篇对话,这个腓利门乃是荣格的无意识的最重要的一个人格化身,这篇布道文表达了腓利门可能会说的东西。事实上,腓利门是一个想象中的亚历山大利亚诺斯替派:"腓利门是一个异教徒,带着具有诺斯替色彩的埃及希腊化的气息。"

这篇诺斯替神话《对死者的七篇布道文》(*Seven Sermons to the Dead*) 是荣格对诺斯替主义的兴趣最引人注目的表现。荣格在自传中说,这是他在 1916 年为回应他的许多神秘的心理体验中最戏剧性的一个体验,用三个晚上的时间写成的。七篇布道文的写作是荣格与集体无意识相遇的一个回应。这次相遇发生在他与弗洛伊德分道扬镳之后的 1912 年,这种相遇呈现为梦、异象和幻觉以及超感觉。荣格回顾说,"我的所有著作,我的所有创造性活动,都来自于五十多年前的那些最初的幻觉和梦,我在后来的人生中所成就的任何东西都已经包含在里面,尽管在一开始只是在情绪和意象的形式之中。"① 然而,荣格为这个布道文难堪,他称它为"年轻时代的一项罪过"。② 至少他是由于这个神话的发表而难堪,它一开始只是私下印制分送给友人们的。不过他可能也会为这个神话本身感到不安。无论如何,他只是为了"诚实"的缘故才愿意把它包括在他的回忆录之中。他禁止把它收入到他的文集之中。

---

① C.G.Jung, *Memories, Dreams, Reflections*, pp.190–192.

② C.G.Jung, *Psychology and Religion*, p.663.

在巴西里德的时代，那些被别人错过或忽视的问题都是由诺斯替主义者来回答的。荣格把自己视为当代世界的巴西里德：是他和他的病人们在面对着被他人错过或忽视的当前问题。在其他的诺斯替神话中，无意识的力求让自身向自我意识显现，而在这个布道文中，无意识的寻求来自于自我意识的启示。死人象征着无意识："无意识对应于死人的神秘领地，祖先的神秘领地。"①活人象征着自我意识。荣格认为，与通常的观点相反，死人不是"伟大知识的拥有者"，而是：

> 只"知道"他们在死亡的那一刻所知道的东西，并不知道此外的东西。因此他们努力渗透到人生之中去分享人的知识……在我看来，他们似乎要依赖活人来获得他们的疑问的答案，也就是依赖那些在他们死后还活着的、生活在变化世界中的人。②

荣格的巴西里德不是向活着的诺斯替主义者布道，而是向死去的非诺斯替主义者布道。死人不是在等待着启示的拥有身体的灵魂，而是生前从未获得过启示的失去了身体的灵魂。他们不是像传统的诺斯替意象中那样相对于一个高级的存在而言已经死了，而是真的死了。他们远非对于一个更深的实在死了，而是大声喧闹，他们没有安宁，他们处于不安宁之中。从心理学上说，他们不像诺斯替神话中的主体那样，象征着自我意识从无意识中分离出来的状态，而是象征着无分化的无意识状态本身。目标仍然是把无意识提升为意识，现在是无意识在恳请自我意识来提升它。

这些死人在耶路撒冷这个主流基督教诞生的地方生活了一辈子，却发现"他们所找到的不是他们所寻找的东西"。但是异教的巴西里德正在亚历山大利亚向他们召唤，这个著名的诺斯替中心是东西方接触的地方。东西方的会合是无意识与自我意识的会合，这正是荣格的理想。巴西里德是这两个领

① C.G.Jung, *Memories, Dreams, Reflections*, p.191.
② C.G.Jung, *Memories, Dreams, Reflections*, p.308.

域的联合,他象征着个体化的自性。

死人纠缠巴西里德不只是因为正统从未回答过他们的问题,而且也因为他与其他的诺斯替教师是最早能够回答这些问题的人。从心理学上来说,集体无意识追逐荣格不只是因为它向往滋养,而且也是因为荣格是第一位能够滋养它的人。他所持有的智慧不是形而上学的,而是心理学的。确实,他所拥有的智慧是:诺斯替的形而上学其实是心理学的探索。通过把诺斯替主义心理学化,荣格不是要消解它,像弗洛伊德和其他现代人会做的那样。诺斯替主义仍然是智慧的,但是现在是有关人的智慧,而不是有关神的智慧。

荣格所传授的这种智慧以一种典型的诺斯替方式采取了创世神话的形式,或至少是创世神话的一个轮廓。起初是一个神性,或普累罗麻,代表了最初的无意识。普累罗麻是未分化的,因此任何通常的区别都未形成。它同时是"虚无和完满"(第一篇布道文)。

从普累罗麻之中出现了"生育者"(creature),又从生育中出现了个体的"受造存在"(created beings)。生育者是第一位神,对应于德穆革。正如普累罗麻对应于起初的无意识那样,生育者与受造存在代表了自我。受造存在通过生育者从生育者那里发展出来,这代表了自我的逐步发展。受造存在与普累罗麻之间的矛盾关系象征着自我与无意识之间的矛盾关系。一方面,我们这些受造的存在"是普累罗麻本身",因为我们从未完全地与我们的根断开。另一方面,我们"是无限离开了普累罗麻",因为我们确实获得了自主。心理上的成长要求从无意识中独立出来——这乃是前半生的目标——而重新与无意识的联合乃是后半生的目标。

七篇布道文罗列了许多在普累罗麻中尚未分化的对立面,把它们明确起来乃是生育者的职能。荣格所演绎的诺斯替主义有一个特征,那就是,普累罗麻包含了所有对立面的双方,"力量与物质","善与恶",只是未分化而已,他本来也可以加上"阳性与阴性"。生育者初起的任务是把对立面双方彼此分开,而最后的目标是把所有对立面的双方都重新整合起来。整合既不是取消双方的差别,也不是只滋养其中的一方。整合意味着平衡,而不是一致或片面。这位生育者神有着他自身的对立面,那就是恶魔。两种能量都是普累罗麻的彰显,普累罗麻是善与恶的结合。像所有其他的对立面那样,神与恶魔也是携手并进的:"恶魔总是属于神。"不过,它们不是像在普累罗麻之中那样,彼此取消,而是彼此平衡:"就神与恶魔同是生育者而言,它们并不彼此消灭,而是作为有效的对立面彼此对抗。"(第二篇)由于认为有不止两个神灵,而是有许多的神灵,因此文本清醒地预言:"你们有祸了,用单一的神灵——主流基督教的单一的、全善的神——来取代这些不互相包容的许多神灵"(第四篇)。

神灵阿布拉卡斯(Abraxas)包含了神灵与恶魔。对于荣格而言,阿布拉卡斯不只是德穆革,而是至高的神灵,是神灵之上的神灵。(第二篇)同样,对于荣格而言,这位至高的神不是全善的,而是既恶又善的。普累罗麻构成了未分化的全体,而阿布拉卡斯则构成了已分化的全体。普累罗麻显示了起初的心理状态,阿布拉卡斯则显示了最后的心理状态。阿布拉卡斯代表自性。

从字面上看,七篇布道文假定了神灵独立于人类的存在。他们不是人的属性的投射,而是神灵以人的属性显现——主要以灵性和性欲显现:

> 神灵的世界在灵性与性欲之中彰显出来。天上的神灵显示在灵性之中,而地上的神灵显示在性欲之中。灵性是含孕和包容的。它像女人,因此我们称之为天母。性欲是生育和创造的。它像男人,因此我们称之为地父。男人的性欲更多地具有地的属性,而女人的性欲都有灵性的属性。(第五篇布道文)

最后的布道文描述了灵魂的生活。灵魂一开始是独自存在的,接着寓在一个肉体之中,最后在死亡的时候离开肉体——也许会再次寓于肉体。"人是一扇门,通过它,你从神灵、魔鬼和灵魂的外部世界进入到内部世界"(第七篇),这是指从肉体生命向离开肉体的灵魂的生命过渡。在死亡的时候,"你再次发现你自己在无边的空间之中,在更小的或最里面的无限之中"(第七篇），因为在死亡的时候，灵魂回到了它最初的、没有身体的状态，从心理学上就是无意识状态。

灵魂死亡之时的状态取决于它在一生之中的成就。死人向巴西里德哭诉，他们在一生中从未发现他们的"星座"或神灵，现在要开始延迟了的寻求。由于在一生中没有巴西里德帮他们寻求，他们甚至至今也没有开始寻求。因此他们在面对死亡的时候状态不是成就感，而是惶惑："死人们愤怒、嚎哭，因为他们没有被完善"。（第三篇）从心理的角度来说，就是无意识在生前没有得到自我的滋养。一个在生前受到良好滋养的无意识将会变得像阿布拉卡斯；没有得到充分照料的无意识则仍然停留在普累罗麻时的样子。

七篇布道文没有交代这些死人的命运。他们领会了巴西里德的信息吗？他们能够践行吗？我们只知道现在已经变得安静了的死人上升了，升到哪里没有明说。荣格从未透露过最后那句话的含义。

中译文译自荣格自传《回忆、梦与反思》（*Memories*，*Dreams*，*Reflections*，H. G. Baynes，tr. Viking Books edition，1963）附录五。

正　文

引　言

1916 年，我感觉到了要给某种东西赋予具体表现的冲动。这一内心冲动逼着我去详细阐述并表达，比如说，腓利门所可能要说的话。这就产生出了"对死者的七篇布道文"及其中所使用的怪癖的语言。

这一布道词的开头处就显出一种惶恐不安，不过我却不知道它要说的是什么意思或"它们"要我表达些什么。在我身旁的上下四方包围着我的是一种不祥之兆的气氛。我古怪地觉得，空气里到处是鬼的实体。然后我的屋子仿佛开始闹鬼了。我的大女儿看见一个穿白衣的人穿过了房间。我的二女儿跟她姐姐不一样，她说，夜里睡觉时她的被子两次无缘无故地给扯掉了。而那同一天晚上，我那九岁的儿子做了一个焦虑不安的梦。第二天早上，他就吵着要他妈妈给他蜡笔，蜡笔到手之后，平常从来不画画的他，这时却画了一幅有关他梦境的画。他把此画叫作"渔夫之画"。一条河流从这幅画的中央处流过，河边上站着个拿着钓竿的渔夫。他钓到了一条鱼。在渔夫头顶的上方是个烟囱，熊熊的烈火和浓烟喷突而出。河的另一边，魔鬼正从天空中飞来。他为他的鱼被人偷走而咒骂着。但是渔夫的上空盘旋着一个天使，天使说："不准你动他一根毫毛，他只钓你那些作恶的鱼就是了！"我儿子是在星期六画出这幅画的。在星期天下午五点钟左右，前门的铃开始发疯似的响起来。这是一个明亮的夏天的傍晚，两个女仆正在厨房里，从那里可以看到前门外的广场。每个人都马上朝前门望去，看看是谁在那儿，但是并没有看到人。我坐在离门铃很近的地方，不仅听到它的响声，而且还看到它的颤动。我们都彼此凝视。空气很浓重，真的！我明白必定有什么事发生了。整个屋子都满了，就好像挤满了人那样挤满了精灵。他们挤满了屋子，空气是如此凝重，几乎连呼吸都停滞了。至于我自己，是周身抖个不停，心里道，"看在上帝分上，这到底是怎么回事啊？"接着他们一齐合唱："我们从耶路撒冷回来，我们在那儿找到的不是我们所寻求的。"这就是我写作《七篇布道文》的开始。

然后，其余的话便从我笔下喷涌而出，经过了三个晚上，这篇东西便写成了。我一拿起笔来，这一群鬼便立刻烟消云散了。房间变安静了，空气也清新了。闹鬼的事便至此结束。

第一篇：死人从耶路撒冷回来，在那里他们没有找到他们所寻求的

死人从耶路撒冷归来，他们在那里没有找到他们所追求的东西。他们祈求我让他们进来，倾听我的训示。于是，我开始向他们布道。

各位听着：我从虚无开始讲起。虚无就是充满。在无限里面，满并没有比空更好。而虚无既是空又是满。你们也可以说虚无还有任何别的属性，比如，它是白的，或者它是黑的，或者说，它是无，或者它是有。一个无限和永恒的事物是没有属性的，因为它拥有一切属性。

这样的一种虚无或者充满,我们称之为**普累罗麻**。在那里面,思维和存在都已经停止,因为永恒与无限是不拥有属性的。在它里面没有存在物存在着,因为如果有存在物的话,这个存在物将不同于普累罗麻,并且拥有使其成为与普累罗麻区分开来的事物的属性。

在普累罗麻中,空无一物又万物皆有。对普累罗麻的思索是毫无结果的,因为这意味着自我消解。

受造物(*Creatura*)不在普累罗麻之内,而是在它自身之中。普累罗麻既是受造世界的开始也是其终结。它遍布于受造物之中,如同阳光弥漫遍布于整个空间那样。尽管普累罗麻弥漫遍布在万有之中,受造物却并不能分有它,就如同一个完全透明的身体不会因为弥漫遍布于它的光线的明暗而变明或变暗那样。然而,我们却是普累罗麻自身,因为我们是永恒和无限的一部分。但是,我们与普累罗麻无分了,因为我们无限地远离普累罗麻;这种脱离不是精神上的和物质上的,而是本质上的。我们作为被限制在时间和空间之中的受造物,从本质上从普累罗麻那里区分出来了。

然而,由于我们是普累罗麻的部分,普累罗麻也在我们里面。哪怕是在最微小的一点上,普累罗麻也是无尽的、永恒的和完整的,因为小和大都是包含在它里面的属性。它就是那个虚无,到处都是完整的、连续的。因此,我说受造的存在物是普累罗麻的部分,这只是一种比喻的说法而已。因为,事实上,普累罗麻是根本不可分的,因为它是虚无。我们也是完整的普累罗麻,因为象征地说,普累罗麻是我们之内最微小的点,假设地说,它甚至是小到不存在,但同时它也是我们周围的无边的苍穹。

普累罗麻既是万有又是虚无,既然如此,那为何我们还要言说它呢?

我谈到普累罗麻是为了在某个地方开个头,让你们从这样的幻觉中摆脱出来——以为某个地方,或者里面或者外面,存在某种从一开始就固定的或者确定的东西。任何所谓固定的或者确定的东西都是相对的。唯有服从于变化的才是显得固定的和确实的。然而,变化的是受造物。因此受造物就是那个固定的和确定的事物,因为它拥有属性,或者甚至可以说,它本身就是一个属性。

这个问题就出来了:受造物是如何起源的呢?

被创造出来的存在物是发生的,受造物则不是:因为被创造出来的存在物就是普累罗麻的属性,跟非创造物差不多,是永恒的死亡。被创造出来的事物在一切的时间和空间之中,死亡也在一切的时间和空间之中。

普累罗麻拥有一切,区别性与非区别性。区别性就是受造物。受造物是有区别的、独特的。区别性乃是它的本质,因此它能够区别。也因此他区别了非存在的普累罗麻的属性。他把这些属性从他自己的本性中区别出来了。因此他必须言说非存在的普累罗麻的属性。

那么你说,言说非存在的普累罗麻的属性有什么用处呢? 不是你自己说的吗? 思索普累罗麻是没有好处的。

我那样对你们说,是为了让你们免于陷入一种幻觉,以为我们能够思索普累罗麻。当我们区分普累罗麻的属性的时候,我们是从我们自己的区分性的基础上言说的,而且是关于我们自己的区分性的。但是关于普累罗麻,我们却什么也没有说。然而,关于我们自己的区分性,是有必要言说的,这样我们就可以足够地区分我们自己。我们的本性就是区分性。如果我们不真正地实现这种本性,那我们对自己的区分就不够。因此我们必须对属性进行区分。

你们问,不区分自己的害处是什么呢? 如果我们不区分,我们就超越了我们的本性,离开了受造物。我们落入到了非区别性之中,也就是普累罗麻的另一个属性之中。我们落入到了普累罗麻本身当中,停止其为受造物。我们被抛弃到虚无当中的消解之中去了。这是受造物的死亡。因此,我们在多大程度上不区分,我们就在多大程度上死亡。因此,受造物天性就会奋力地奔向区分性,与原始的、危险的同一性作斗争。这就是所谓的"个体性的本原"(*PRINCIPIUM INDIVIDUATIONIS*)。这个本原就是受造物的本质。由此你们就可以明白,何以非区分性或非区分是受造物的极大危险的原因了。因此,我们必须区分普累罗麻的属性。这些属性就是些对立的对子,诸如:

有效与无效；

满和空；

生和死；

异与同；

光明与黑暗；

热与冷；

力量和物量；

时间与空间；

善与恶；

美与丑；

一与多。

这些对立的对子就是非存在的普累罗麻的属性，因为都是两两平衡的。由于我们就是普累罗麻本身，因此我们也在我们里面拥有这些属性。由于我们的本性的真正的基础就是区分性，这种区分性就意味着：

一、这些属性在我们里面是彼此区分和分开的，因此它们没有被平衡，不是空的，而是起作用的。这些对立的对子的牺牲品就是如此。在我们里面普累罗麻被分裂了。

二、这些属性属于普累罗麻，只有在区分性的名字和象征之中，我们才能够而且必定拥有并体验它们。我们必须把我们自己从这些属性中区分出来。在普累罗麻中，这些属性是被平衡的，是空的；在我们里面则不然。我们是从它们那里区分出来的，这种区分解放了我们。

当我们争取善或者美的时候，我们因此忘记了我们的本性，也就是区别性，于是我们被移交给了普累罗麻的属性，也就是那些对立的对子。我们努力获得善与美，但我们也同时抓住了恶与丑，因为在普累罗麻之中，恶与丑和善与美是同一的。然而，当我们忠实于自己的本性，也就是区分性的时候，我们就把我们自己从善与美那里区分出来了，与此同时也从恶与丑那里区分出来了。我们就这样没有落入到普累罗麻——也就是虚无和消解——之中。

你们反对我说:你说,异与同也是普累罗麻的属性。那么,如果我们追求异的话,会怎么样呢?这样做的话,我们是否不忠实于我们自己的本性了呢?尽管我们追求异,我们是否还是必然最终会处于同的境地呢?

你们一定不要忘记,普累罗麻是没有属性的。我们是通过思维把这些属性创造出来的。因此,如果你们追求异或同,或者任何别的属性的时候,你们追求的是从普累罗麻流向你们的意念:也就是那些关于普累罗麻的非存在的属性的意念。由于你们追逐这些意念,你们就再次落入到了普累罗麻之中,并在同一个时刻达到了异与同。区别性不是你们的思维,而是你们的存在。

因此你们要这样想,你们所必须追求的不是差异,而是**你们自己的存在**。因此,在根蒂之处,只存在一种追求,那就是追求你们自己的存在。如果你们有了这样的追求,你们就不需要知道有关普累罗麻的任何东西,也无须知道它的属性,却能够凭借你们自己的存在达到真正的目标。然而,由于意念从存在中分离出来,我必须要把那个知识传授给你们,以便你们能够借此约束你们的意念。

第二篇:那天晚上,死人站在墙边哭喊:我们想要认识神!

晚上,那些死人站在墙边哭喊:我们想要拥有关于神的知识。神在哪里?神死了吗?

神没有死。现在,任何时候,他都活着。上帝是受造物,因为他是某种有限的事物,因此是从普累罗麻中区分出来的。神是普累罗麻的属性,我说过的关于受造物的所有话语对于他而言也是同样正确的。

不过,神也与被创造出来的存在物区分开来了,他跟它们相比更加无限、更加难以确定。他比被创造出来的存在物更缺少独立性,因为他的存在的基础是有效的充满。只有就他是明确的和独特的而言,他才是受造物,并在同样的程度上,他是普累罗麻之有效的充满的彰显。

我们不加以区分的任何事物都落入到普累罗麻之中,并且被它的对立面平衡为空。因此，如果我们不区分神，那么有效的充满对我们来说也熄灭了。而且，神就是普累罗麻本身，正如被创造的事物以为被创造的事物中的每一个最小的点都是普累罗麻本身那样。有效的空是魔鬼的本质。神与魔鬼皆是我们称之为普累罗麻的那个虚无的最初的彰显。普累罗麻存在还是不存在是无关紧要的，因为它在任何事物之中都是被平衡的，是空的。受造物却并非如此。就神和魔鬼皆为受造物而言，他们并不彼此消灭，而是作为有效的对立面彼此对立。我们不需要证明他们的存在。我们不得不经常地谈到他们，这一点就足够说明问题了。即使他们两者都具有其自身的本质性的区别性，受造物也将再次永远地把他们从普累罗麻中区分出来。

通过区分从普累罗麻中取出来的任何事物都是一个对立面对子。因此，神总是让魔鬼跟他在一起的。

这种不可分离性如同你们的生活已经让你们明白的那样紧密，也如同普累罗麻自身那样不可消解。就这样，两者都离普累罗麻很近——在普累罗麻中所有对立面都是被消灭并且联合在一起的。

神与魔鬼是通过满与空、产生与毁灭的属性区分开来的。有效性是两者所共同的。有效性把两者联合在一起了。因此有效性在它们两者之上；有效性是神上之神，因为在它的效力之中，它把满与空结合起来了。

这是你们根本不认识的神，因为人类忘记了它。我们用他的名字ABRAXAS（阿布拉卡斯）来称呼它。他比神与魔鬼更加无限地寂静。那个与它不同的神，我们名之为 HELLIOS，或者太阳。

阿布拉卡斯是有效。除了无效之外没有什么可以跟它相对，因此它的有效性就自由地展开了。无效是不存在的，因此它是不抵抗的。阿布拉卡斯在太阳之上，也在魔鬼之上。它是不可能的可能性，是不真实的实在。要是普累罗麻是一个存在物的话，阿布拉卡斯便是它的彰显。

> 它就是有效本身，不是任何具体的有效，而是普遍的有效。
> 它是不真实的实在，因为它没有明确的有效。

它也是受造物,因为它区别于普累罗麻。

太阳有一个明确的效果,魔鬼也有一个明确的效果。因此他们在我们看来显得比无限的阿布拉卡斯更有效。

它是力量、持续和变化。

死人们随即骚动起来、喧闹起来,因为他们都是基督徒。

第三篇:死人像沼地的雾气一样靠近,他们喊:请给我们进一步讲解至高神!

仿佛雾气在沼泽地上升起,死者们渐渐地移近。他们高声呼喊:给我们进一步讲解至高神。

阿布拉卡斯的神性是最难认识的。它的能量是最大的,因为人们觉察不到它。他从太阳提取了 *summum bonum*(至善),从魔鬼提取了 *infimum malum*(极恶),但是他从阿布拉卡斯那里提取的是 *Life*(生命)——那是完全无限的,是善恶之母。

生命似乎比至善更小、更弱;因此人们也许难以想象阿布拉卡斯在能量上甚至超过其本身就是一切生命力量之光源的太阳。

阿布拉卡斯就是太阳,同时他也是永远吸吮着的空的腹囊,是藐视一切、肢解一切的魔鬼。

阿布拉卡斯的能量是双重的;但你们看不到它,因为在你们的眼睛看来,这个能量的战斗着的对立面被消灭了。

太阳神讲的是生命。

魔鬼讲的是死亡。

但是阿布拉卡斯讲的是神圣的和可恶的话语,这些话语同时生存和死亡。

阿布拉卡斯在同一句话语和同一个行动中生出了真理和谎言，善与恶，光明与黑暗。因此阿布拉卡斯是可怖的。

他就像一只狮子在瞬间击杀它的猎物，那是多么辉煌的瞬间！他的美丽就好像一个美丽的春日。

他就是伟大的游牧之神潘（Pan）自己，也是渺小的生殖之神普里阿波斯（Priapos）。

它是地下世界的怪物，是千手的水螅，是盘曲打结的有翅膀的发怒的群蛇。

它是最早开端的阴阳同体。

它是那些生活于水中又登上陆地、在午时和子夜高声合唱的蟾蜍和青蛙的主人。

它是追求与空虚结合的丰盛。

它是神圣的生育。

它是爱与爱的谋杀者。

它是圣人和他的背叛者。

它是最明亮的白天的光和疯狂的最黑的夜。

注视它就是瞎眼。

认识它就是疾病。

崇拜它就是死亡。

害怕它就是智慧。

不抵抗它就是拯救。

神居住在太阳的后面，魔鬼居住在黑夜的后面。神从光明中生出来的东西魔鬼都把它们吮吸到黑暗之中。但是阿布拉卡斯就是世界，是它的生成和消逝。凡是来自于太阳神的每一样恩赐，魔鬼都予以诅咒。

凡是你向太阳神乞求每一样东西，都会生出魔鬼的一个行径。凡是你们跟太阳神创造的每一样东西,都赋予魔鬼以有效的能量。

这就是可怖的阿布拉卡斯:

> 它是最强有力的受造物,在它里面受造物被它自己吓坏了。
>
> 它是对普累罗麻及其虚无的显然的反对。
>
> 它是儿子对母亲的恐惧。
>
> 它是母亲对儿子的爱。
>
> 它是大地的欢乐和诸天的残忍。
>
> 在它面前,人变得像石头一样。
>
> 在它面前,没有问题也没有回应。
>
> 它是受造物的生命。
>
> 它是区分性的作用。
>
> 它是人的爱。
>
> 它是人的话语。
>
> 它是人的显现和阴影。
>
> 它是幻觉的实在。

于是死人们狂怒嚎叫起来,因为他们没有得到完善。

第四篇:死人挤满了屋子,喃喃地说:你这个该死的,给我们讲一讲神灵和魔鬼!

死人挤满了这个地方,他们喃喃地说:你这个该受诅咒的人,给我们讲一讲诸神和诸魔鬼!

太阳神是至高的善,魔鬼是它的对立面。因此神有两个。但是还有许多高的和善的事物以及许多大恶。其中有两个神魔,一个是燃烧者,另一个是成长者。

燃烧者是厄洛斯(EROS),有着火焰的外形。那火焰由于毁灭而发出光明。成长者是生命树。它发芽,它在成长的时候积聚着生命的养料。厄洛斯燃烧着死去。但是生命树在无限的时间里缓慢而持续地生长着。

> 善与恶在火焰中结合在一起了。
> 善与恶在树的生长中结合在一起了。
> 生命与爱对立在它们的神性之中。

诸神与诸魔的数量如同天上的群星一样数不清。不可胜数的神与魔鬼的数目大到数也数不清,就像满天的星辰。每一颗星都是一个神,而每一颗星所在地方都有一个魔鬼。但是全体的空与满就是普累罗麻。全体的作用就是阿布拉卡斯,跟他对立的唯有无效。主要的神灵的数目是四,因为四是那个度量世界的数。第一个是开端,就是太阳神。第二个是厄洛斯,因为他把两个合在一起了,并且把自己伸展在明亮之中。第三个是生命树,因为它充满了有躯体的空间。第四个是魔鬼,因为他把一切关闭的都打开了。凡是有身体性的形式的事物他都予以瓦解;他就是毁灭者,他把万物化为虚无。

我是有福的,我已经被赐予了关于神灵之多样性和差异性的知识;但是你们却有祸了,你们用单一的一个神来代替这些众多的不能相容的神。因为你们这样做会招致一种折磨,那是从不理解中滋生出来的,而且你们残害了其本性与目标为区分性的受造物。当你们努力把多变成一的时候,你们怎么可能忠实于你们自己的本性呢? 你们如何对待诸神,那你们也就是如何对待自己。你们都将变得相同,于是你们的本性就被残害了。

相同不是为了神而盛行的,只是为了人。因为神灵是多,而人则是少。诸神是强大的,他们能够承受他们的多。正如众星宿那样,它们居留在孤寂之中,相互之间隔着广远的距离。但是人是软弱的,并不能够承受他们的多的本性。因此他们居住在一起,需要交流,以便他们能够承受相互之间的分离。为了拯救的缘故,我传授给了你们这个被弃绝的真理,而为了这个被弃绝的真理,我也被弃绝了。

诸神的多与人的多是对应的。有无数的神等待着人的地位。还有无数的神曾经是人。人享有诸神的本性。他来自于诸神,也将到神那里去。

正如反思普累罗麻是无用的那样,崇拜诸神的多也是无益的。崇拜第一位神,也就是那有效的丰盛与至善,是最无益的。我们的祈祷并不能给它增添什么,也不会给它减少任何东西;因为这个有效的空吞没了一切。光明的诸神构成天上的世界。它是多重的,无限地展开着与增长着的。太阳神是这个世界的至高的主。

黑暗的诸神构成了地上的世界。他们是单一的,无限地减少着和衰弱着的。魔鬼是地上世界的最低的主,月亮的精灵,地球的卫星,比地球更小、更冷、更死气沉沉。

天上的诸神与地上的诸神在能力上没有差别。天上的诸神扩大,而地上的诸神缩小,但是两者的运动都是不可测度的。

第五篇:死人满脸嘲笑的神情,叫道:你这个笨蛋,教给我们关于教会和神圣的团契的事!

死人们带着嘲弄的口吻大叫:你这个笨蛋,教我们关于教会和团契的事。

诸神的世界体现在灵性(spirituality)与性欲(sexuality)之中。天上的诸神显现在灵性之中,而地上的诸神则表现在性欲之中。灵性是含蕴的和包容的。它就像女人,因此我们称之为 *Mater Coelestis*,天上的母亲。性欲是生成与创造的。它就像男人,因此我们称之为 *Phallos*,地上的父亲。男人的性欲更具大地的性质,而女人的性欲更具有灵性的性质。男人的灵性更具有天的性质,它走向更伟大者。女人的灵性更具有大地的性质,它走向更渺小者。

如果男人的灵性走向渺小,那么他的灵性是虚假的和邪恶的。如果女人的灵性走向伟大,那么她的灵性也是虚假的和邪恶的。两都都必须回归其本位。

如果男人和女人在灵性上没有区分的话,男女彼此就成为对方的魔鬼了,因为受造物的本性就是区分性。

男人的性欲具有一种世俗化的方向,而女人的性欲则具有一种灵性的方向。如果男人和女人在性欲上没有区分的话,男女彼此就成为对方的魔鬼了。

男人将认识更渺小者,女人将认识更伟大者。男人将把自己从灵性与性欲中区分出来。他将称灵性为母亲,把她安置在天与地之间。他将称性欲为父亲,把他安置于他自己与大地之间。因为父亲与母亲是超乎人类的精灵,揭示了神灵的世界。对我们来说,这些精灵比诸神更有效,因为他们非常接近于我们的本性。要是你们不把你们自己从性欲与灵性中区分出来,不认为他们具有一种高于你们、超越于你们的本性,那么你们就要被当作普累罗麻的属性交给他们了。灵性与性欲不是你们的属性,不是你们所拥有或者包含的东西。相反,是它们拥有并且内含你们,因为它们是强有力的精灵,是诸神的彰显,也因此是超越于你们的、存在于它们自身之中的。没有一个人自己拥有灵性,或者自己拥有性欲。相反,他处在灵性与性欲的律法的支配之下。

因此,没有人能逃脱这些精灵。你们将把它们视为精灵,视为一个共同的任务和危险,视为生命加在你们身上的一个共同的负担。这样,生命对你们来说也是一个共同的任务和危险,就如同诸神,尤其是那位可怖的阿布拉卡斯那样。

人是软弱的,因此团契是不可缺少的。如果你们的团契不是在母亲的记号下面,那么就是在父亲的记号下面。没有团契是痛苦的和病态的。万物中的团契是分割与消解。

区分性引向单一性。单一性是与团契相对立的。但是由于人相对于诸神、精灵以及他们的不可征服的律法的软弱,团契是必要的,不是为了人的缘故,而是为了神的缘故。诸神迫使你们形成团契。他们在什么程度上逼迫你们,团契也在什么程度上必要,也在什么程度上是罪恶的。

在团契中,愿每一个人都顺从他人,以便团契得以维持,因为你们需要它。在单一性中,一个人将会不屈服于他人,这样每一个人都将回归自己,避免奴役。在团契中应当有节制。

在单一性中应当有慷慨。

团契是深,单一性是高。

适度的团契能够使我们净化并且维持。

适度的单一性能够使我们净化并且增长。

团契给予我们温暖;单一性给予我们光明。

第六篇:性的精灵像蛇一样逼近我的灵魂

性欲的精灵像蛇一样逼近我们的灵魂。它是半人半蛇,作为意念—欲望显现。

灵性的精灵像白鸟一样降临到我们的灵魂之中。它半人半鸟,作为欲望—意念显现。

蛇是一个属于地的灵魂,是半个精灵,是一个灵,与那些死人的灵同类。因此,就如同那些死人的灵那样,她们蜂拥在地上的事物之中,使我们或者害怕她们,或者用放纵的欲望刺我们。蛇拥有跟女人相似的本性。她追求与那些死人相伴,那些死人被大地的魔力拘束住了,找不到超越那魔力、走向单一性的道路。蛇是一个娼妓。她与魔鬼淫乱,也与恶灵淫乱;她是一个恶毒的暴君,是一个施虐者,不断地引诱人进入到最邪恶的群体之中。那白鸟是人的半个属于天上的灵魂。他与母亲住在一起,时不时地降临。这鸟具有跟男人相似的本性,他是一个有效的意念。他是贞洁而孤寂的,是母亲的一个信使。他远远地高于大地飞翔。他要求单一性。他从那些以前去的、得到了完善的人——遥远者那里带来知识。他把我们的话语带给母亲。她调解,她告诫,但是对于那些诸神,她没有能量。她是太阳的航船。蛇在底下爬行,用她的狡诈使父性的精灵变得残废,或者用其他的手段驱策他前行。她产生出那些属地者的过于狡诈的意念,那些意念蔓延,穿过每一个孔隙,用欲念黏附在一切事物上面。蛇无疑是不愿意的,然而她必须为我们所用。她逃脱我们的掌握,从而给我们指出那条路,那条凭我们人的聪明无法找到的路。

死人们带着轻蔑的眼光说道:停止关于诸神、精灵与灵魂的讲话。这些事我们在底下老早就已经知道了。

第七篇:夜里死人又回来了,带着哀伤的声色说:还有一事我们忘记提及了。给我们讲一讲关于人的事吧。

当夜晚到来的时候,死人们又回来了。他们带着哀伤的神色说:还有一事我们忘记提及了。给我们讲一讲关于人的事吧。

人是一扇门,通过这门你们从诸神、精灵和灵魂的那个外面的世界进入到了里面的世界;从那个大的世界进入到了这个更小的世界。人是渺小而且短暂的。他已经在你们的后面,你们再次发现你们置身于无尽的空间,在一个更小的或者最里面的无限之中。

在遥不可测的远方,一颗孤独的星悬挂于绝顶。这就是这一个人的一个神。这就是他的世界,他的普累罗麻,他的神性。

在这个世界中,人就是阿布拉卡斯,是这一个世界的创造者与毁灭者。

那颗星便是神,是人的目标。

这就是他的一个引路神。在他里面,人找到了他的安息。

死后灵魂的漫长旅途就是走向他的。

人从那个更大的世界带回来的一切都在他里面像光一样照耀。

人应该祈祷的就是这一个神。

祈祷增添了这一颗星的光明。

祈祷铸造了一座跨越死亡的桥。

它为这个更小的世界准备了生命,平息了那个更大的世界的没有希望的欲望。

当那个更大的世界的寒冷增加的时候,这颗星就燃烧。

只要人能够转脸不看阿布拉卡斯的燃烧的景象,在人与他的这一个神之间便无物存在。

人在这儿,神在那儿。

软弱和虚无在这儿,永恒创造的能量在那儿。

这儿空无一物,唯有黑暗与寒冷的湿气。

那儿却是朗照万物的太阳。

于是,死人们沉默了,就像夜间看护羊群的牧人的篝火上的烟雾,袅袅上升。

回文:

NAHTRIHECCUNDE

GAHINNEVERAHTUNIN

ZEHGESSURKLACH

ZUNNUS

抄 写 记 录

《抄写记录》(*Scribal Note*, NHC Ⅵ,7b)究竟是从属于《阿斯克勒庇俄斯》还是《关于第八与第九的谈话》，这个不太清楚。这则笔记反映了编者的工作：或许这个笔记是为了把《阿斯克勒庇俄斯》和《关于第八与第九的谈话》这两篇文章联系起来。它证实了以前的猜想，就是那戈·玛第抄本第6册的第5篇至第8篇是相互隶属的，是作为柏拉图主义—赫耳墨斯主义的一个抄本整体地收录到那戈·玛第抄本之中去的。

65　　我把这一篇来自于他的文章抄写了一份。事实上我得到了许多这样的文章。我没有把它们全部抄录下来，因为我想，你们可能也已经有了。我也犹豫是否要把这一篇抄录给你们，因为也许这一篇你们也已经有了，这样做会增加你们的负担。我获得的这种类型的文献是众多的……

汉英术语对照和释义

A

阿布拉卡斯（Abraxas），在许多传统中是一个能量的名字，有时候指召唤师里的鸡头蛇尾邪神。在希腊传统中，这个名字的数值是365，是天阳历的一年。这个名字可能来源于希伯来文的 Arba（"四"，指不可言说的四个字母组成的神 YHWH 的名字）和 sabaoth（缩写的"军队"），合起来就是"神的军队"。

阿多奈（Adon，Adonai），希伯来文的"主"。诺斯替文献中，该词根常用于构成此世的能量和阿其翁的名字，如 Adonaiou、Adonin、Adonein、Adone、Adonaios，本书中统一译为阿多奈。在曼达派文献中，这个词用于表示犹太教的神。

阿佛洛狄忒（Aphrodite），希腊神话人物，是阴阳同体的。

阿卡麻多（Achamoth），也写作 Echamoth，希伯来语中的 hokhmoth，智慧的意思，在瓦仑廷派的神话体系中，阿卡麻多是低级所费娅的名字。

阿克麻多（Echmoth），希伯来语中的 ekhmoth，是"像死的一样"的意思。

阿摩泽尔（Harmozel），有时候写作 armozel，光明体之一。

阿那色斯·度瑟司（Anasses Duses），在《闪意解》中指德尔得基亚斯（Derdekeas），也许来源于希腊文的"升起"（或"东方"）与"下落"（或"西方"），指光明的升起和下落。

阿其翁（Archon），可意译为统治者，特别是指这个世界里面的天使性质的统治者，是为首的阿其翁德穆革（Demiurge）的随从。

艾洛英（Elohim），希伯来词语"神"。在有些塞特派的文献中他是夏娃和德穆革的儿子。

爱萍娜娅（epinoia），后念，英译为 afterthought，她也被叫作生命（Zoe），爱萍娜娅的生命是一个灵性本原，存在于一切光明的后裔之中，它是所费娅派来的，是所费娅的一个方面，她是普鲁娜娅或者巴贝洛的使者。因此生命乃是一切能得救者里面的给予生气的本原。

奥列尔（Ariel），就是亚大巴多，《论世界的起源》中的世界的创造者，这个词接近于 Ariel，希伯来文的意思是"狮子之神"，也见《多马福音》8。

B

八（Ogdoad），第八层天。可以指高于七个行星层的恒星层，德穆革或者所费娅的领域，有时候第八层天用于表示宇宙阿其翁的居所，有时候则用于表示灵性成就的更高境界。

巴贝洛（Barbelo），一个阴阳合体的移涌，塞特派经书中的神圣的母亲，万有之父的第一个流溢。她也被描写为不可见之灵的前念（forethought），普鲁娜娅（pronoia），她的别名是"人"。这个名字源于希伯来文，可以译为"四里面的神"，指的是四个字母组成的词，神的由四个字母组成的不可言说的名字。

庇思梯斯·所费娅(Pistis Sophia),由希腊文的"信仰"和"智慧"两个词组成,是一个拟人化的神圣存在。

不可见的灵(Invisible spirit),神明的无限的彰显,神圣的普累罗麻就是从中流溢出来的。

不死鸟(Phoenix),埃及传统中的鸟,可以活好几百年,在火中灭亡,在灰烬中再生。

D

德尔得基亚斯(Derdekeas),诺斯替派的启示者,源于阿拉姆语的"男孩"。

德穆革(Demiurge),希腊文原意为"工匠",物质世界的创造者。

第一念(Protennoia),是神的第一个阴性的流溢物。与普鲁娜娅近似。

杜卡里恩(Deucalion),普罗米修斯的一个儿子,他与妻子芭拉制造了方舟,并乘着它在宙斯引发的大洪水中逃生。这对夫妇成为现在(更新后的)人类的祖先。诺斯替经书中用于称呼诺亚(Noah)。

G

高玛列尔(Gamaliel),塞特派经书中光明体阿摩泽尔的助手。

光明体(Luminaries),在塞特派的经书中有四个光明体,在普累罗麻中发光,他们分别是:阿摩泽尔(Armozel,也作 Harmozel)、奥列尔(Oriel,也作 Oroiael)、达维泰(Daveithai,也作 Davithe)、伊利勒斯(Eleleth,睿智,悟性)。

H

海玛门尼(Heimarmene),希腊文的"命运",在希腊罗马世界是决定天上地下一切事物之命运的压倒一切的力量。用于表达天体的不可逆转的运行,其力量超越于神灵。

赫耳玛佛洛狄托斯(Hermaphrodites),希腊神话中的人物,是赫耳墨斯和阿佛洛狄忒的儿子,他的名字是他父母名字的合称。他是一个美少年,在跳入湖中的时候被爱上了他的水仙萨尔玛克斯紧紧抱住,众神使他们成为一个阴阳合体的新人。见 Aphrodite。

赫耳墨斯(Hermes),在朴素的埃及宗教中,文学和学问的保护神是多德(Thoth),它是月亮和历法之神,是诸神的文士。赫耳墨斯是希腊的多德,在希腊化和罗马时代的埃及,他被称呼为第三次伟大的赫耳墨斯(Hermes trismegistos),意指他拥有多德和赫耳墨斯的技艺,是西方最早的著名炼金术士,一直被视为异教的伟大先知。

赫洛斯(Horos),希腊文的"限制,边界",英译为 limit。在瓦仑廷派的思想体系中把普累罗麻之外的世界与普累罗麻分开,从而保证了神圣的普累罗麻的完整性。

幻影论者(Docetists),源于希腊词 dokeo,"显得,好像是"。这些人认为基督只是显得或者似乎是在肉体之中受罪并被钉十字架。

黄道十二宫(Zodiac),源于埃及占星学,其中有十二个标志,相当于巴比伦占星学中的七个行星构成的宇宙规则,在诺斯替文献中是宇宙腐败力量的象征。

婚房(Bridal chamber),在《腓力福音》中指五种圣礼之一,强调在天上的灵性意义上的结合。

魂(Psyche),是赋予气息和肉体生命的魂,有时候拟人化为年轻女子。

J

加百利(Gabriel),犹太教、基督教和伊斯兰教传统中的天使和天使长,在诺斯替经书中是光明体奥列尔的助手,在伊斯兰教传统中是一个重要的角色。

九(Nine),指高于七个行星层和第八层恒星层的领域,是神明的王国。

卡力普都斯(Kalyptos),一个隐藏的或蒙蔽的移涌。

L

灵(Pneuma)，音译为"普纽玛"，存在于世界和人里面的神圣的火花。

流溢(Emanation)，相当于希腊文的 probole，有些学者译为 projection，是神圣世界内部的一种创造性活动。

M

美罗蒂娅(Mirothea, Mirotheos)，希腊语的生造词，可能是"神的部分"的意思，也可能是"神圣的受膏抹者"，"神圣的命运"，有时候可以用于指称巴贝洛和亚当玛斯的母亲。

N

挪斯(Nous)，原意为心灵，相当于英文的 mind，有的学者译为 intellect，是神的最初的显现。这个希腊词也可以用于构成移涌的名字，如在《普鲁娜娅的三形态》中有 Nousanios。

诺利娅(Norea)，也许源于希伯来文的 Naarah(女孩)。这个人物广泛地出现在诺斯替主义文献之中，她的名字有相当多不同的拼写法，如：Norea、Orea、Noraia、Oraia、Horaia、Nora、Noria、Nuraita、Nhuraita 等，她在有些文献中是亚当和夏娃的女儿，塞特的妻子或姊妹，又或是诺亚或闪的妻子。有时候她被刻意描写为受邪恶的阿其翁强奸的受害者。诺利娅这个诺斯替主义的人物可能就是源自于犹太教传统文献中名叫拿玛(Naamah)的迦南女人。诺利娅在希腊文原文中的拼写法是 Horaia，相应于闪族希伯来文的 Naʼamah，是"可喜、可爱"的意思。

诺斯(Gnosis)，希腊文的"知识"，是一种神秘知识或者洞见。在诺斯替经书中这种关于神或者自我的知识乃是拯救的道路。刘小枫译为"灵知"。

P

普累罗麻(Pleroma)，完满，fullness，即围绕在神周围的移涌们的灵性世界，通过人格化的人物表达了神的内在丰富性。有英译者译为 Totality，万有，全体。

普鲁法尼斯(Protophanes)，一个最初可见的或最初显现的移涌。

普鲁娜娅(Pronoia)，前念，英译为 forethought。

七(Hebdomad)，是古代一个圆满的数字，常用于表示充满和完成。在古代占星术中，七用于表示一星期里面的七天，星宿的七个层面(太阳、月亮、水星、金星、火星、木星、土星)，在诺斯替文献中七或者八表示德穆革居于其中的星宿的领域。

R

入门(Initiation)，一种神秘的入门仪式，或者开始进入到神秘体验之中。

S

撒姆尔(Samael)，物质世界的创造者，阿拉姆语的"瞎眼的神"，也叫萨卡拉斯和亚大巴多。

撒姆尔(Samael)，在塞特派的经书中指这个世界的德穆革或者创造者。这个名字的意义可能是"混沌之子"。在《犹大福音》中也被称为尼布路(Nebro)，就是反叛者的意思。

萨巴多(Sabaoth)，亚大巴多的儿子，这个世界的一个地位显赫的能量。源于希伯来文的"军队"，指"神的军队"。

萨卡拉斯(Saklas)，物质世界的创造者，源于阿拉姆语的"愚人"，也叫撒姆尔和亚大巴多。

深渊(Bythos, bathos)，神圣的普累罗麻是从中流溢出来的，在瓦仑廷派的体系中，它与意念共同构成了第一对存在物。

生命(Zoe)，在有些传统里是夏娃的名字，在

《约翰密传》中是隐藏在亚当里面的觉悟了的后念（afterthought），在《阿其翁的本质》中是庞思梯斯·所费娅的女儿，是瓦仑廷派的普累罗麻中的一个移涌。

所费娅（Sophia），智慧的拟人化。

夏娃（Eve），人类的第一个母亲，希伯来文的"生命"，相当于希腊文的 Zoe。

属魂的人（Psychic），瓦仑廷派对人的三分法中的第二等人。参：Hylic，Pneumatic。

属灵的人（Pneumatic），比属魂的人、属物质的人高级。参：Hylic，Psychic。

属物质的人（Hylic），希腊文的 hyle。瓦仑廷派对人的三分中的最低等的人，有时候被利称为肉欲的人，或者土人。

W

万有（All，或者 the all），指宇宙，有些上下文中也指整个神圣王国，等同于普累罗麻。

无生的（Unbegotten），不是生出来的，自有的。比 autogenes（自生的，selfbegotten）还要早。

五（Five），塞特派经书中指神圣的父的王国，由巴贝洛和四个拟人化的属性组成（先在的知识、不朽、永恒的生命和真理）。由于这个五是阴阳同体的，因此也被叫作十，在流溢中构成了神圣的父。

X

希姆厄洛斯（Himeros），欲望之神，与希腊神话中的厄洛斯有关，也可以写作 Himireris。

Y

亚大巴多（Yaldabaoth），也可以拼写成 Ialdabaoth、Ialtabaoth、Altabaoth，第一个，也是最主要的一个阿其翁，其他阿其翁的第一个生产者，所费娅的儿子。也叫萨卡拉斯（Saklas）或撒姆尔（Samael）。在塞特派的经书中指这个世界的德穆革或者创造者。这个名字

的意义可能是"混沌之子"。在《犹大福音》中也被称为尼布路（Nebro），就是反叛者的意思。

亚当（Adam），在《创世记》和许多诺斯替经书中指人类的第一个父亲，希伯来文的意思是"人"，在《创世记》中与 adamah（地）有关，是大地的意思。

亚当玛斯（Adamas），也叫 Geradamas，有时候写成 Pigeradama，第一个完美的人，地上的亚当的原型。《约翰密传》8，34；《唆斯特利阿努》6，23；《犹大福音》49。另两个写法中的前缀可能是"神圣的"，"老的"，或者"异乡的"意思，本书中一律简单地译成亚当玛斯。

阳性（Male），象征性地指属灵或者属天的属性。参：female。

一，太一，单子（Monad），常用于指称神。

衣袍（Garment），肉体的象征，是在出生时穿上，死亡时脱掉的。

依娜娅（Ennoia），相当于英文的 thought，idea，诺斯替神话中拟人化了的"意念"。

移涌（Aeon），相当于英文的 ever-existing。在诺斯替主义思辨体系中，这个词的含义是指从至高神那里流溢出来的东西，它们与神同始同终，是围绕着最高神的拟人化的能量。有时候也用于表示上界的永恒王国，有空间的含义，同进也有永存的时间的含义。下界德穆革的各个层次的王国有时候也称为众移涌，但是它们只是上界移涌的拙劣的模仿。

阴性（Female），象征性地指物质的或者大地的属性。

阴阳同体（Androgyny），阴阳两性结合的状态。诺斯替经书中的许多能量都是阴阳同体的。

右（Right），在瓦仑廷派的体系中，右边的人是属魂的人，左边的人是属物质的人。在古代思想中，一般认为右是幸运的，而左则是不幸的。

Z

中间（Middle），是阿卡麻多的王国，处于神圣

的上界与受造的下界之间,是普累罗麻和此世之间的领域,在《腓力福音》中指死亡之地。

自生者(Autogenes),非受生者,相当于英文的Self-generated,self-begotten,self-created。

自我与自性(Ego and self),ego 中译为"自我",self 中译为"自性"或"自己"。自我是自性中有自我意识的那个部分,而自性则包括了自我意识和无意识。

汉英人名术语对照

A

阿巴尔费（Abalphe）

阿巴尼（Abbanes）

阿奔伦那凯（Abenlenarchei）

阿比特里翁（Abitrion）

阿布拉纳（Abrana）

阿布拉萨斯（Abrasax）

阿布里色尼（Abrisene）

阿答班（Adaban）

阿戴（Addai）

阿多奈（Adonaios，Adonaios，Adonaiou，Adone，Adonein，Adonin）

阿尔宝（Arbao）

阿尔比努（Albinus）

阿非利格斯（Alphleges）

阿腓利顿（Aphredon）

阿佛洛狄忒（Aphrodite）

阿芙洛派斯（Aphropais）

阿格罗马纳（Agromauna）

阿戛索普斯（Agathopous）

阿卡麻多（Echamoth）

阿克查（Achcha）

阿克拉玛斯（Akramas）

阿克雷芒（Akremon）

阿克麻多（Echmoth）

阿克欧来（Akioreim）

阿克瑞西纳（Akiressina）

阿克西翁（Axionicus）

阿肯得克塔（Archendekta）

阿肯特希塔（Archentechtha）

阿拉林（Ararim）

阿拉曼（Aramen）

阿拉齐多皮（Arachethopi）

阿里麻尼欧（Arimanios）

阿利翁（Ariom）

阿罗基耐（Allogenes）

阿门（Amen）

阿门奈（Amenai）

阿米顿（Armedon）

阿米利奥斯（Amelius）

阿米欧普（Amiorps）

阿摩泽尔（Armozel）

阿莫里安（Aarmouriam）

阿莫亚斯（Amoias）

阿穆比亚（Armoupieel，Harmupiael）

阿拿托利安派（Anatolian）

阿那色斯·度瑟司（Anasses Duses）

阿纳罗（Anaro）

阿能（anen）

阿尼斯马拉（Anesimalar）

阿培勒（Apelles）

阿普法蒂斯（Apophantes）

阿其尔（Achiel）

阿其翁（Archon）

阿奇阿兰（Aachiaram）

阿瑞西（Areche）

阿若尔（Aroer）

阿若夫（Arouph）

阿萨克拉(Asaklas)

阿束斯(Athoth,Zathoth)

阿思特罗普(Astrops)

阿斯匪克司(Asphixix)

阿斯门尼达(Asmenedas)

阿斯塔法欧(Astaphaios)

阿斯特里西米(Asterechme)

阿苏罗(Athuro)

阿替斯教(Attis)

阿托伊门思飞(Atoimenpsephei)

阿西阿(Osee)

阿西纽斯(Asineus)

埃罗凯欧(Elorchaois)

埃所克(Essoch)

埃伊洛(Eilo)

艾弗塞(Ephsech)

艾拉索(Elasso)

艾力根纳(Erigenaor)

艾利玛尼(Elemaoni)

艾连(Elien)

艾曼尼阿(Emouniar)

艾农(Ainon)

爱(love)

爱庇法纽斯(Epiphaneus)

爱庇芳纽(Epiphanius of Salamis)

爱多门纽士(Eidomeneus)

爱菲门非(Ephememphi)

爱弗来姆(Ephrem)

爱弗伦(Ephraem of Edessa)

爱莱(Elaie)

爱里格纳(Erignaor)

爱力欧(Aileou)

爱利流弗斯(Elelioupheus)

爱利诺斯(Elenos)

爱洛英(Eloim)

爱萍娜娅,后念(Epinoia)

爱色尼派(Essenes)

安布罗西斯(Ambrosios)

安德城(Andrapolis)

安德烈(Andrew)

安东纽・庇伍斯(Antoninus Pius)

安提法蒂斯(Antiphantes)

安提修斯(Antitheus)

傲慢(arrogance)

奥达尔(Audael)

奥德欧(Odeor)

奥尔(Aol)

奥尔米斯(Olmis)

奥尔色斯(Olses)

奥甫塔图斯(Optatus of Milevis)

奥古斯丁(Augustine)

奥来欧斯(Oraios)

奥里门纽斯(Orimenios)

奥利金(Origen)

奥利娅(Orea)

奥列尔(Ariael,Oriel)

奥罗尔罗苏斯(Oroorrothos)

奥玛多(Ormaoth)

奥母斯(Ormos)

奥诺苏克劳撒(Onorthochrasaei)

奥深(Olsen)

奥塔安(Optaon)

奥特罗尼斯(Authrounios)

奥托尔(Autoer)

B

八(ogdoads)

巴贝洛(Barbelo)

巴贝洛诺斯替派(Barbelo gnostics)

巴蒂若斯(Bathinoth)

巴尔巴(Barbar)

巴尔贝尔(Balbel)

巴法朗格斯(Barpharanges)

巴兰(Balaam)

巴里阿斯(Barias)

巴列尔(Bariel)

巴录(Baruch)

巴罗夫(Barroph)

巴嫩-伊弗罗(Banen-Ephroum)

巴诺(Bano)

巴斯坦(Bastan)

巴翁(Baoum)

巴西里德(Basilides)

巴西利亚德姆(Basiliademe)

拜星教(Sabaism)

鲍格米勒派(Bogomil)

贝多克(Bedouk)

贝里阿斯(Belias)

贝利提奥斯(Beritheus)

贝鲁埃(Beluai)

比尼波林(Bineborin)

比松(Bissoum)

彼留特(Pilliot)

庇格亚当玛斯(Pigeradamas)

庇思安德利亚普特(Pisandriaptes)

波阿贝尔(Boabel)

波斐利(Porphyry)

波麦(Jokob Bohme)

波斯特拉的提多(Titus of Bostra)

波依曼尔(Poimael)

伯大巴喇(Bethabara)

伯大尼(Bethany)

不处在激动状态的七种知觉功能(ouch-Epi-
Ptoe)

不朽(indestructibility)

不在激动的状态中的知觉(aesthesis-Ouch-Epi-
Ptoe)

布劳门(Blaomen)

布洛赫(Ernst Bloch)

C

参孙(Samson)

查查布(Charbcharb)

查尔查(Charcha)

查利修斯(Charisius)

查士丁(Justin Martyr)

D

达维泰(Daveithai)

杳夫里欧(Taphreo)

当权者(authorities)

德尔得基亚斯(Derdekeas)

德尔图良(Tertullian)

狄奥波里(Diopolis)

狄奥里摩德拉札(Diolimodraza)

狄法尼奥斯(Deiphaneus)

狄沙巴沙(Deitharbathas)

蒂阿柯(Dearcho)

蒂奥本普托斯(Theopemptos)

蒂奥膨托(Theopemtos)

第三次伟大的赫耳墨斯(hermes trismegistos)

杜卡里恩(Deucalion)

多德(Thoth)

多克索米敦(Doxomedon)

多马(St.Didymus Jude Thomas)

多马(St.Thmoas,Didymus Jude Thomas)

多米敦·多克索米敦(Domedon Doxomedon)

E

鹅费派(Ophians)

蛾摩拉(Gomorrah)

厄洛斯(Eros)

厄洛西(Aerosiel)

恩托来阿(Entholleia)

F

法尔色斯(Phalses)

法里列斯(Phaleris)

法利尔(Phariel)

法利赛人(Pharisee)

法诺普斯(Phainops)

法术(theourgia)

非存在(non—being)

非受生(ingernerateness)

腓尔色龙(Phiouthrom)

腓克娜(Phikna)

腓理徒(Philetus)

腓利门(Philemon)

斐洛(Philo of Alexandria)

斐洛(Philo)

佛比亚(Phorbea)

夫尼尼(Phnene)

夫挪斯(Phnouth)

夫塔浮(Phthave)

弗尔扫罗(Phersalo)

弗雷伯尼斯(Phrebonis)

弗洛拉(Flora)

G

该隐(Cain)

概念(conception)

高得(Gad)

高里拉(Galila)

高利喇(Galila)

高卢(Gaul)

高马利尔(Gamaliel)

膏抹礼(chrism)

格劳西亚(Glaucias)

格罗伊高(Chloerga)

格索勒(Gesole)

功达佛鲁斯王(Gundaphorus)

贡戈索(Gongessos)

谷马-凯尔克拉巴(Gorma-Kaiochlabar)

光明的火花(spark of light)

光明体(luminaries)

H

哈马司(Armas, Harmas)

哈马司(Harmathoth)

哈密岑(Harmedon)

哈摩尼(Harmony)

海吉西普(Hegesippus)

海伦娜(Helena)

含(Ham)

和平(peace)

赫耳玛佛洛狄托斯(Hermaphrodites)

赫耳墨斯(Hermes)

赫格谟尼(Hegemonius)

赫拉克利昂(Heracleon)

赫墨吉尼(Hermogenes)

恒久(Permanence)

后念(Epinoia, afterthought)

话语(word)

悔改(Repentance)

魂(psyche, Soul)

混沌(Chaos)

霍墨斯(Hormos)

J

基督(Christ)

基路伯(cherubim)

记忆(memory)

加百利(Gabriel)

迦百农(Capernaum)

坚忍(persistence)

教父学(patristics)

杰夫(Jave)

禁食(fasting)

精明(prudence)

居所(Habitation)

K

卡拉克修(Charaxio)

卡里阿-翁布里(Kalia-Oumbri)

卡里拉(Kalila)

卡力普都斯(Kalyptos)

卡玛列尔(Kamaliel)

卡特里派(Catharists,或称"洁净派")

凯拉尔(Keilar)

康狄弗斯(Kandephoros)

柯阿德(Koade)

科普特文诺斯替文库(Coptic Gnostic Library)

科普特语(Coptic)

内嫩托夫尼（Nenentophni）

内西诺（Mnesinous）

内在的人（inner man）

那戈·玛第书册（The Nag Hammadi Codices）

那戈·玛第镇（Nag Hammadi）

能量（power）

尼阿康（Mniarcon）

尼巴留斯（Nibareus）

尼布里斯（Nebrith）

尼布路（Nebro）

尼布路尔（Nebruel）

尼克斯（Knyx）

努梅尼乌斯（Numenius）

挪斯（Nous，心灵）

诺利娅（Norea）

诺斯（gnosis）

诺斯替派（gnostic）

诺斯替主义（Gnosticism）

诺坦（Nouthan）

诺修斯（Noetheus）

诺亚（Noah）

诺伊提奥斯（Noetheus）

O

欧第第（Oudidi）

欧克里布斯（Eukrebos）

欧里奥斯（Eurios）

欧利法尼奥斯（Oriphanios）

欧列尔（Ouriel）

欧路门纽士（Eurumeneus）

欧玛（Oummaa）

欧赛（Osei）

欧西庇伍（Eusebius）

欧赞尼斯（Ouazanes）

P

帕提亚（Parthia）

皮波罗（Biblo）

普莱阿德（Pleiades）

普莱斯蒂亚（Pleistha，Plesithea）

普鲁法尼斯（Protophanes）

普鲁法尼斯·哈密顿（Protophanes-Harmedon）

普鲁芬尼亚（Prophania）

普鲁娜娅（Pronoia，forethought 前念）

普洛尼斯（Prones）

普洛提诺（Plotinus）

普色伦（Pserem）

Q

七（hebdomad）

奇克科（Sergius Gychikos）

乞塔翁（Chthaon）

前念（forethought，Pronoia，普鲁娜娅）

欠缺（deficiency）

切尔克（Chelke）

切尔克亚（Chelkea）

切尔克亚克（Chelkeak）

S

撒巴罗（Sabalo）

撒弗欧（Sappho）

撒拉弗（Seraphin）

撒拉米克（Salamex）

撒姆尔（Samael）

萨巴多（Sabaoth）

萨巴洛（Sablo）

萨比德（Sabbede，Sabbateon）

萨比奈（Sabenai）

萨布革（Sarbug）

萨法沙托（Saphasatoel）

萨法亚（Saphaia）

萨法伊娜（Saphaina）

萨卡拉斯（Saklas）

萨斯坡马沙（Thaspomocha）

塞尔道（Seldao）

塞尔门（Selmen）

西奥多图(Theodotus)

西拉(Silas)

西勒山上(Mount Sir)

西门·马古(Simon Magus)

希波利特(Hippolytus)

希恩克(Hans Martin Schenke)

希尔路迈欧(Herrumaious)

希姆厄洛斯(Himeros)

希普诺(Hypneus)

悉发(Siphor)

锡安(Zion)

洗礼(baptism)

夏娃(Eve)

先在的知识(foreknowledge)

限制(limit,Horos)

相异派(Anomoean)

心灵(Nous,Mind,Intellect)

许米乃(Hymenaeus)

Y

雅弗(Japheth)

雅各(James)

雅赫多斯(Yachthos,Yachtos)

雅蒙(Yammon)

雅托曼诺斯(Yatomenos)

亚贝尔(Yabel)

亚伯(Abel)

亚伯尼歌(Abednago)

亚大巴多(Yaldabaoth)

亚当(Adam)

亚当玛斯(Adamas)

亚可比(Yakouib)

亚历山大的克来门(Clement of Alexandria)

亚米阿克斯(Yammeax)

亚米流(Amelius)

亚欧(Yao)

亚提曼都(Adimantus)

杨布利科(Iamblichus)

耶里哥(Jericho)

耶路努摩(Yeronumos)

耶斯列(Jezreel)

耶稣(Jesus)

耶提奥斯(Yetheus)

耶修斯·马札流斯·耶色德库斯(Yesseus-Mazareus-Yessedekeus)

一(monad,太一)

伊奥牢斯(Iolaos)

伊比康(Ibikan)

伊多克拉(Edokla)

伊凡仙(Evanthen)

伊里奈乌(Irenaeus)

伊利勒斯(Eleleth)

伊洛埃欧(Eloaiou)

伊玛(Imae)

伊门纽(Emenun)

伊仆斯仆波巴(Ipouspoboba)

伊斯玛仪派(Ismailism)

伊特拉法坡-阿布隆(Eteraphaope-Abron)

伊西多罗(Isidorus)

伊西斯(Isis)

依莱纳(Elainos)

依色弗(Esephech)

依西弗洛妮(Hypsiphrone)

移涌(aeon)

遗忘(forgetfulness)

以利沙伯(Elizabeth)

以利亚(Elijah)

以诺(Enoch)

以扫欧(Isaouel)

以色列(Israel)

意念(thought,Ennoia)

意图(intention)

意愿(will)

阴阳同体(androgynous)

永恒的生命(eternal life)

悠柯(Yoko)

尤贝尔(Yobel)

尤儿(Youel)

尤尔(Youel)

尤格诺思托(Eugnostos)

犹太(Judea)

郁贝尔(Yubell)

圆满(completion)

约瑟夫(Josephus)

Z

扎基多斯(Zachthos)

札比多(Zabedo)

召唤(call)

真理(truth)

知觉(perception)

知识(knowledge, gnosis)

至善(Good)

智慧(wisdom, sophia)

昼克司(Choux)

自然(nature)

自生者(autogenes)

自足者(self-sufficient)

佐根尼特罗斯(Zogenethlos)

汉英篇目对照

《阿克来行传》(*Acta Archelai*)

《保罗升天记》(*Ascension of Paul*)

《波依曼德拉》(*Poimandres*)

《薄伽梵歌》(*Bhagavad—Gita*)

《蒂迈欧篇》(*Timaeus*)

《反摩尼教》(*Adversus Manichaeos*)

《反题》(*Antitheses*)

《各国律法书》(*Book of the Laws of Countries*)

《赫耳墨斯文集》(*Corpus Hermeticum*)

《会饮篇》(*Symposium*)

《九章集》(*Enneads*)

《论奥秘》(*De mysteriis*)

《论累赘》(*Epistle on Attachments*)

《论朋友》(*On Friends*)

《曼达派礼拜文》(*Mandean Liturgies*)

《米德拉西》(*Midrash*)

《秘藏》(*Ginza*)

《诺利娅书》(*Books of Norea*)

《所罗门颂歌》(*Odes of Solomon*)

《琐罗亚斯德之书》(*Book of Zoroaster*)

《星占神谕》(*Chaldaean Oracles*)

《一千零一十二个问题》(*1012 Questions*)

《右藏》(*Right Ginza*)

《珍珠之歌》(*Hymn of the Pear*)

《真理的锁钥》(*Key of Truth*)

《诸章》(*Kephalaia*)

《左藏》(*Left Ginza*)

按教派编目索引

附　　录

参 考 文 献

以下参考文献仅提供初步阅读的少量精选书目和网上资料库,分为书目丛书类、经书类、研究性专著和网址。供深入研究之用的详尽书目见本参考文献第一条所列的那戈·玛第书目以及《新约研究》每年增补的书目。本参考书目不包括编译本书所参考的全部书目。

(一)书目和丛书类

1. Scholer, D. *Nag Hammadi Bibliography*, 1948-69, Leiden: E.J.Brill, 1971.《新约杂志》(*Novum Testmentum*) 自 1971 年第 13 期开始,每年增补有关诺斯替主义研究的书目,内容涵盖:"诺斯替主义"、"诺斯替文本、学派、领袖"和"科普特诺斯替文库"。

2. Stephen Emmel & Johannes van Oort, ed., Nag Hammadi and Manichaean Studies, Leiden:Brill.这是一套那戈·玛第和摩尼教研究的大规模丛书,持续出版诺斯替研究成果。

(二)经书类

3. Bentley Layton, *The Gnostic Scriptures*, Garden City, NY: Doubleday & Co., 1987.

4. Carl Schmidt, ed., *Pistis Sophia*, Leiden: E.J.Brill, 1978.

5. Carl Schmidt, ed., *The Books of Jeu and the Untitled Text in the Bruce Codex*, Leiden: E.J. Brill, 1978.

6. Institute for Antiquity and Christianity, *The Facsimile Edition of the Nag Hammadi Library*, in 13 volumes, E.J.Brill, Leiden, 1972-8.那戈·玛第抄本摹制版共十三册,大开本印封面,保存了抄本每一页的完整大幅照片。

7. James M.Robinson, ed, *The Nag Hammadi Library in English*, New York: Harper & Row, 1977; revised edition, San Francisco: Harper, 1988.

8. Robert J.Miller, ed, *The Complete Gospels*, San Francisco: Harper, 1994.

9. Willis Barnstone & Marvin Meyer, ed. *The Gnostic Bible*, Boston & London: Shambhala, 2003.

10. Gerd Lüdemann & Martina Janβen, *Bible der Häretiker Die Gnostischen Schriften aus Nag*

Hammadi, Radius—Verkag GmbH Stuttgart, 1997.

11. Hans-Martin Schenke, Hans-Gebhard Bethge, und Ursula Ulrike Kaiser, *Nag Hammadi Deutsch*, Studienausgabe, 2., Überarbeitet Auflage, De Gruyter, 2010.

12. J. K. Elliott, *The Apocryphal New Testament: A Collection of Apocryphal Christian Literature in an English Translation Based on M.R.James*, Oxford University Press, 1993.

13. 杨克勤译,《灵知派经书》上中下三卷,香港道风社,2000—2004。华东师范大学出版社以《灵知派经典》为题于 2008 年 6 月在刘小枫主编的经典与解释丛书中再版(原著为 James M. Robinson, ed, *The Nag Hammadi Library in English*)。

14. 娄世钟译,《耶稣灵道论语:多玛斯福音》,台北:文史哲出版社,2005。[该书即《多马福音》(*The Gosple of Thomas*)的中译本]

15. 哈纳克著,朱雁冰译,《论马克安:陌生上帝的福音》,三联书店,2007。原著为: Adolf von Harnack, *Marcion: Das Evangelium vom fremden Gott, Eine Monographie zur Geschichte der Grundlegung der katholischen Kirche*, 1924.其中有马克安《圣经》和《反题》两本书的最详细资料。

(三)专著类

16. Arthur Guirdham, *The Great Heresy*, Jersey, England: Nevill Spearman, 1977.

17. Birger Pearson, *Gnosticism, Judaism, and Egyptian Christianity*. Minneapolis: Fortress, 1990.

18. Charles W.Hedrick, Jr.Robert Hodgson, eds. *Nag Hammadi, Gnosticism and Early Christianity*. Peabody, MA: Hendrickson, 1986.

19. Dan Merkur, *Gnosis: An Esoteric Tradition of Mystical Visions and Unions*, Albany, NY: SUNY Press, 1993.

20. E.C.Blackman, *Marcion and His Influence*, London: APGK, 1948; reprinted New York: Ames Press, 1978.

21. Elaine H.Pagels, *The Gnostic Paul: Gnostic Exegesis of the Pauline Letters*, Philadelphia: Trinity Press International, 1975.

22. Elaine H.Pagels, *The Johannine Gospel in Gnostic Exegesis: Heracleon's Commentary on John*, Nashville and New York: Abingdon Press, 1973.

23. Elaine Pagels, *The Gnostic Gospels*, New York: Random House, 1978.

24. Ferdinand Christian Baur, *Die christliche Gnosis, oder die christliche Religions-Philosophic in ihrer geschichtlichen Entwiklung*, Tübingen, 1835.Repr.Darmstadt, 1967.

25. Gilles Quispel, *Gnostic Studies*, Istanbul, 1975.

26. Hans Jonas, *Gnosis und spatantiker Geist*, vol. I, Gottingen, 1934. vol. II, Gottingen, 1954.

27. Hans Jonas, *The Gnostic Religion*, Boston: Beacon, 1963 and republished.

28. Jean Doresse, *The Secret Books of the Egyptian Gnostic: An Introduction to the Gnostic*

Coptic Manuscripts Discovered at Chenoboskion, New York: Viking Press, 1960.

29. John Dart, *The Laughing Saviour: The Discovery and Significance of the Nag Hammadi Gnostic Library*, New York: Harper & Row, 1976.

30. June Singer, *A Gnostic Book of Hours: Keys to Inner Wisdom*, San Francisco: Harper, 1992.

31. Kurt Rudolph, *Gnosis: The Nature and History of Gnosticism*, San Francisco, Harper & Row, 1983.

32. M.A.Williams, *Rethinking " Gnosticism"-an Argument for Dismantling a dubious Category*, Princeton University Press, 1996.

33. Martin Seymor-Smith, *Gnosticism: The Path of Inner Knowledge*, Harper San Francisco, 1996.

34. Pheme Perkins, *The Gnostic Dialogue: The Early Church and the Crisis of Gnosticism*, New York: Paulist Press, 1980.

35. Richard T. Wallis and Jay Bergman, ed., *Neoplatonism and Gnosticism*, Albany, NY: SUNY Press, 1992.

36. Robert M.Grant, *Gnosticism and Early Christianity*, New York: Harper Torchbooks, 1966.

37. Robert McL Wilson, *Gnosis and the New Testament*. Oxford: Oxford University Press, 1968.

38. Simone Petrement, *A Separate God: The Christian Origins of Gnosticism*, San Francisco: Harper, 1990.

39. Stephan A. Hoeller, *Gnosticism: New Light on the Ancient Tradition of Inner Knowing*, Quest Books, 2002.

40. Stephan A.Hoeller, *Jung and the Lost Gospels: Insights into the Dead Sea Scrolls and the Nag Hammadi Library*, Wheaton, IL: Quest Books, 1989.

41. Stephan Hoeller, *The Gnostic Jung and the Seven Sermans to the Dead*, Wheaton, Ill.: Theosophical Publishing House, 1982.

42. Stuart Holroyd, *The Elements of Gnosticism*, Shaftesbury, Dorset, England and Rockport, MA: Element Books, 1994.

43. W.Bousset, *Hauptprobleme der Gnosis*, Gottingen, 1907.

44. W.Wink, *Cracking the Gnostic Code. The Powers in Gnosticism*, Atlanta: Scholars, 1993.

45. Yuri Stoyanov, *The Other God: Dualist Religions from Antiquity to the Cathar Heresy*, New Haven: Yale University Press, 2000.

(四)重要网址

46. http://www.gnosis.org,诺斯替协会图书馆,古今诺斯替主义大部分英译文献。

47. http://www.sacred-texts.com/gno/index.html,那戈·玛第抄本发现前的诺斯替派资料,也包括《尼西亚会议前教父著作集》和《尼西亚会议后教父著作集》。

后　记

　　我国目前处在社会急剧变化的社会转型期,经济体制、社会结构、利益格局和思想观念的深刻变化,带来了人们精神世界孤独、异化、人际关系缺少信任等社会心理健康方面的危机,与人生意义、归宿、价值理想和信仰相关的精神问题已经成为潜伏于许多社会问题和突发事件背后的诱发和触发因素。从公元前334年亚历山大大帝东征开始到公元300年之间也是社会急剧变化动荡、人们面临严重的精神危机和心理痛苦的时期,这个时期的古地中海文化特别关注心身疾患的治疗,精神问题是当时宗教、哲学、医学等不同学科以不同的方式共同关注的基本问题,在这个方面积累了极为丰富的学理资源。这些资源主要蕴含在四个方面:一是追求宗教中的共同智慧的那些诺斯替主义者对世俗的不健康的精神状态以及各种狭隘的宗教迷信和极端化信仰的批判;二是提供心灵安宁的大众哲学;三是亲自从医的哲学家的思想;四是跟教育、政治理想和社会实践有关的政治哲学的著述。

　　在古代地中海世界,宗教与治疗一直是紧密相关的,Soteria(拯救)意味着身体和灵魂的健康、痛苦的减轻。"恶就是病",身体病痛和心灵痛苦都是疾病,而神秘宗教中的神秘主义修行在当时是解脱心身疾患的重要途径之一。神秘宗教是古代地中海世界的极其重要的文化现象之一,它们改变了西方世界的宗教景观,并且至今仍然活跃在欧洲文化和基督教会之中。该地域神秘宗教范围极广,表现形式和种类繁多,如俄耳甫斯教(Orphism)、卡皮里(Cabiri)的狂欢祭仪以及赫耳墨斯教的冥想等。希腊的艾琉西尼亚(Eleusinia)延续了有十一个世纪之久,俄耳甫斯教至少延续了十二个世纪,埃及的伊西斯(Isis)女神和塞剌庇斯神（Serapis）在希腊世界吸引了无数的信徒，并在罗马存在了约五个世纪。所有这些神秘教的高级原则在亚历山大东征所肇始的东西文化的融汇中都从本土的土壤中分离出来，跟犹太教的一神论、巴比伦的占星术、伊朗的二元论宗教的精神原则以及斯多亚主义、新毕达哥拉斯主义和新柏拉图主义的超越哲学的原则等融合在一起，纳入到了诺斯替主义的混合主义的宗教运动之中。归属于诺斯替主义名下的各种教派在近五百年的时间里成为知识阶层进修宗教的主要途径。从心身疾患治疗学的角度对诺斯替主义文献进行整理和研究，不仅有助于研究巫术和魔术及其变化形态、神智学（theosophy，或译通神学）、法术（theurgy）和秘仪、鬼魔学、占星学等古代宗教现象，有助于加深对与其有亲缘关系的斯多亚主义、新毕达哥拉斯学派、新柏拉图主义等希腊化时期哲学派别的理解，其更大的意义在于为我们这个时代应对精神问题、调整不正常的社会意识状态提供有益的思想资源。

我个人对神秘主义和精神疾患治疗学有浓厚的兴趣，这也是从硕士阶段起就一直在王晓朝老师和刘小枫老师的指导下研究诺斯替主义的心理上的原因。我感觉到诺斯替主义的最深切的关怀在于医治人的各种心身疾患，诺斯替经书最大限度地打破门户之见，有意识地收集并综合了古代地中海世界宗教哲学流派中的治疗型智慧，非常明显地表现出了两个方面的旨趣：一是对当时人们的心理疾患的分析和治疗，对人的意念状态进行细致入微的心理学分析，二是针对当时流行的宗教病的治疗，对当时流行的各种宗教观念、教条和迷信进行学理上的诊治。我们看到的诺斯替经书大都有非常复杂的神话体系，如果细心阅读就可以发现，那些繁复的拟人化的神话人物其实是对人的复杂的心理状态的描述，而它们以反叛性的寓意解经法所运用的传统宗教的人物和教义其实是旨在打破对传统宗教的僵化信仰，还原其转变人的生命状态的功能。古代诺斯替主义关注人生心灵疾患的有实效的医治，已经形成了一套具有独特征的治疗学：

天堂里面的人剩下来的寿数总共是九百三十岁；而这些时间是在痛

苦、软弱和罪恶的心神烦乱中度过的。从那一天起,直到日子的圆满,生活就是那个样子的。①

　　我知道这个世界的医生医治的是属于这个世界的东西,而灵魂的医师医治的是心灵。你们首先要医治身体……这样,你们的医治的大能力就能够让他们相信,你们也有能力去医治心灵的疾病。②

　　人的一生充满了各种各样的痛苦,有身体的痛苦和心灵的痛苦,诺斯替主义者主张心身兼治,终极目的是医治心灵,而医治的根本途径是"灵魂的重生"——"得救不是由于生搬硬套的句子,也不是靠专业的技术,也不是靠书上的学问,灵魂是通过重生得救的。"③用现代的语言来说其实就是心灵意念状态的调整。诺斯替经典中对心灵意念状态的描写是非常丰富多彩的:有至高神的心态,有真理追求者的心态,有天神的心态,有魔王的心态,有小鬼的心态,有盲信的心态,有各种不信的凡人的心态。而凡人的心态中又有权势者的心态、自义者的心态、自卑者的心态、平实之人的心态、枕戈待旦的心态、卧薪尝胆的心态、色迷心窍的心态、趾高气扬的心态、忧郁无聊的心态,如此等等——简直可以说构成了一门心态学或者心术学。诺斯替经典往往把凡人的没有知识的心灵状态总结为"昏睡"、"噩梦"或者"幻觉"状态:

　　　　(由于没有知识,他们)恐惧、惊扰、动荡、怀疑和分裂,因此就有许多的幻觉来萦绕他们,还会有空虚的幻想,就好像他们沉入梦乡,又似乎他们发现自己是噩梦的猎物。他们或似乎奔逃在某个地方,或似乎在徒然地追逐他人,或似乎发现自己卷入到斗殴之中,在挥拳或者挨打,或似乎落入到了万丈深渊。有时候似乎在空中飞,尽管没有翅膀;有时候,又似乎有人在谋杀他们,尽管并没有人要迫害他们;或者他们自己好像正在谋

---

①　参见《论世界的起源》121。
②　参见《彼得与十二使徒行传》11。
③　参见《灵魂的注释》134。

杀邻人,因为他们沾上了他们的鲜血。当那些人经历了所有这一切,醒来之后,他们看到的乃是虚无。同样,那些抛弃了无知的人就如同从睡梦中醒来一样,不会把无知看作是某种实有的东西,也不会认为它能发挥任何实际的作用,而是把它当作一场梦,弃置于黑夜之中。而对真理的知识,在他们看来就如同黎明。每一个人的行为都是这样,当他们处于无知状态的时候,就如同在睡眠之中;而当他获得知识的时候,就如同从睡眠中醒来了。那些将会回转和醒来的人是幸运的!那些睁开了瞎了的眼睛的人是有福的![①]

心灵的幻觉状态就是也就是杂念状态,就是念想着现实生活中各种想要的东西,诺斯替经典中一般把它分为肉体的欲望、眼睛的欲望、生命的骄傲三类,其细分相应于中国道家所反对的酒色财气之类。"气"很有意思,其实是说人在社会人际关系网络中的地位,人在自己和他人眼中的地位,空虚、烦闷、嫉妒、怨恨、愤怒和纷争都是从这里来的。还有就是饥饿、大便或者小便非常及时的心理状态,醉酒的心理状态,或者见到美色勾魂时的心理状态,失眠或严重缺乏睡眠的状态等,所有这些状态在一定程度上都有类同于物理化学反应的决定性,是不由自主的状态。各种意念状态之间是极难转换的,不同意念状态之间的人就如同生活在不同世界中的人,是极难沟通的,卑微的心态难以转变成志得意满的心态,抑郁的心态难以转变成专心修炼的心态,庸俗的人难以理解高尚的人,温和的人难以理解激烈的人,如此等等。心态有很强的惯性,人会在特定时期处于某一种特定的心态,这也就决定了这个人在那个时期整个身心状态的健康程度;某种心态的持续也就是我们平常所说的"执着"的本质。我们可以看到,每人都有执着的地方,只是执着的东西不同而已,对于"是非利害"的判断相互之间觉得不可理喻,但是执着的情绪是类似的,梦魂牵绕,难以忘怀,愚不可及,似乎是命根子,终极价值之所在,但其实根本不是。

---

① 参见《真理的福音》29-30。

人的执着之所以难以改变就是因为执着的背后是特定的心态,而特定的心态其实是一个有着自身逻辑的、包括自己的身体状况在内的完整的世界。诺斯替主义修行的本质就是心灵意念状态的调整,通过"召唤"让人从昏睡、麻木的幻觉中的各种心灵意识状态中苏醒过来,使其对原有心态所造就的那个世界产生陌生感,从中解脱出来,达到不执着于任何心态的心灵自由状态。

诺斯替主义对于心灵意念状态的调整非常微妙,它不是通过批判和定罪来实现的,而是通过唤醒来实现的,呼唤的声音不是来自于外面,而是由进入到被呼唤者所在的世界之中的一位来自于外面的异乡人发出的,唤醒的是那个跟异乡人本质相同的心灵,从这个意义上说,呼唤者和被唤醒者实际是同一个人:快乐属于那些重新发现自己、苏醒了的人。在这个行动里面当然没有对被医治之人的怨恨和定罪,只有焦急、怜惜和对大梦初醒、浪子回头的由衷的喜悦之情。这是一个对人对己彻底同情然后转化的过程。只有彻底的同情,才有可能达到真正的转化,这是真正的无怨和宽容!不由得想到列子有个修炼的四阶段论,也许可以跟诺斯替经典相印证。《列子·黄帝篇》中,列子对他的学生尹生讲了自己跟从老师老商氏和朋友伯高子学道的四个阶段:

> 自吾之事夫子友若人也,三年之后,心不敢念是非,口不敢言利害,始得夫子一眄而已。五年之后,心庚念是非,口庚言利害,夫子始一解颜而笑。七年之后,从心之所念,庚无是非;从口之所言,庚无利害,夫子始一引吾并席而坐。九年之后,横心之所念,横口之所言,亦不知我之是非利害欤,亦不知彼之是非利害欤;亦不知夫子之为我师,若人之为我友:内外进矣。而后眼如耳,耳如鼻,鼻如口,无不同也。心凝形释,骨肉都融;不觉形之所倚,足之所履,随风东西,犹木叶干壳。竟不知风乘我邪?我乘风乎?

我们可以用诺斯替主义的义理来理解这四个阶段:

第一阶段:"不敢念是非、不敢言利害"。这是从自己原有心态中超越出来,不再自义,不再自是,不再从原有心态的立场论断人,从而具有了反思的能力。

第二阶段:"心庚念是非,口庚言利害"。这是从超越状态进入到自己和他人的心态之中,正视自己从自己的心态出发论断人的事实,也正视他人从他人的心态论断人的事实,从而完全同情自己和他人的那种心灵意念状态。

第三阶段:"从心之所念,庚无是非;从口之所言,庚无利害"。由于前一阶段的完全的同情,因此弄清了自己和他人心态的内在逻辑,内在的必然性,因此认识到没有是非利害,没有罪,只有因果,没有审判,只有诊断。

第四阶段:"横心之所念,横口之所言,亦不知我之是非利害欤,亦不知彼之是非利害欤;亦不知夫子之为我师,若人之为我友"。由于前一阶段认清了心态的内在逻辑,就可以深切体会到,人与人之间没有根本的分别,如果完全地置于对方的必然性逻辑之中,则我也可能作出自以为不屑于做、不愿意做的事情,因此并没有人我是非之分。到了这个阶段,人我一体,因此真正有可能在无怨和寂静中找到转化心态的契机。

宗教修行者都讲待人处世要宽容与忍耐,不要轻易论断人,勿道他人之长短,但是只有经历艰苦卓绝的用功上升到第四阶段,才能达到真正的"无狭"——"有浩大的宽容和丰盛的慈爱"。

心灵意念状态的这种调整与超脱,其实质是把分散的精神重新聚集起来。幻想、执着的低级的心灵意念状态其实是精神的涣散状态,直达心灵深处的呼唤则是要让精神苏醒过来,重新聚集起来,这就构成了诺斯替经典中精神的消散与聚合这一重要主题。精神原来是一个整体,由于混入到了黑暗之中,原来的整体就分裂成了多:这些碎片就是消散在整个创造物之中的灵性的火花,拯救是一个聚集的过程,把消散了的精神重新聚集起来,把"多"重新变为"一",达到原初整体的恢复,这就是诺斯替主义实践性、体验性的"知识":

　　　　我就是你,你就是我。你无论在哪里,我也就在哪里。我被消散在万物之中。你什么时候愿意,就把我聚集起来,而当你把我聚集起来的时候,你也就把你自己聚集起来了。①

可以确信,从此以后形式将不再显现,而是将消失在合一的融化之中。因为他们的工是四处分散的,在适当的时候,合一将会使空间变得完美。正是在合一中,每一个人都获得了他自己;正是在知识中,他将会把自己的多样性净化为合一,就像火一样焚烧自己里面的物质、用光明焚烧黑暗、用生命焚烧死亡。②

一旦分散的心神凝聚起来,心灵从有限的心态中解脱出来,原有心态中原本起作用的律法、行为准则和规律就对心灵失去了影响力:

有谁认识了我们的伟大的能量,他就将会不可见。火也将无法将他焚烧。他将会变得纯净,将会消灭一切凌驾于你们之上的权力。③

这在《列子》中也可以找到可以相互印证的资料:

乡誉不以为荣,国毁不以为辱;得而不喜,失而弗忧;视生如死,视富如贫,视人如豕,视吾如人。处吾之家,如逆旅之舍;观吾之乡,如戎蛮之国。凡此众疾,爵赏不能劝,刑罚不能威,盛衰利害不能易,哀乐不能移。固不可事国君,交亲友,御妻子,制仆隶。④

不知乐生,不知恶死,故无夭殇;不知亲己,不知疏物,故无爱憎;不知背逆,不知向顺,故无利害;都无所爱惜,都无所畏忌。⑤

原本沉重的肉身现在已经变得轻盈,诚如列子所言:"心凝形释,骨肉都

---

① Epiphanius, *Panarion*, 26.3.1.
② 《真理的福音》25。
③ 《意想我们伟大的能量》36。
④ 《列子·仲尼篇》。
⑤ 《列子·黄帝篇》。

融;不觉形之所倚,足之所履,随风东西,犹木叶干壳。竟不知风乘我邪?我乘风乎?","云雾不硋其视,雷霆不乱其听,美恶不滑其心,山谷不踬其步,神行而已"。因为"心凝",因而可以"神行"。在诺斯替经典中,"凝神"就是回到至高神的心灵意念状态:

> [没有形状][没有受造性][没有颜色][没有图像][没有形象]。…他比一切[他所推动者]更快;他比一切站立者更为稳固;他是强有力的,是无所不在的,没有边界的。他比一切可企及者都要高;他是[没有界限的],比任何有躯体者都要大;(也)比任何无躯体者都要纯洁;他进入到每一个意念和每一个躯体,[因为他]比万物、比每一个族类、比他们全部都更有能力。①

> 神无在而无不在。就他的能量而言,他当然是无所不在的;但就他的神性而言,他的确不在任何地方。因此我们可以稍稍地认识神。就他的能量而言,他充满充斥万方;就他的高妙的神性而言,没有任何事物能容得下他。万物都在神里面,但神却不在万物里面。②

对至高神的描写跟道家对道的描写也是可以相互印证的:

> 视之不见名曰夷,听之不闻名曰希;搏之不得名曰微,此三者不可致诘,故混而为一。其上不皦,其下不昧。绳绳兮不可名,复归于无物。是谓无状之状,无物之象,是谓恍惚。迎之不见其首,随之不见其后,执古之道,以御今之有,能知古始,是谓道纪。③

> 故有生者,有生生者;有形者,有形形者;有声者,有声声者;有色者,有色色者;有味者,有味味者。生之所生者死矣,而生生者未尝终;形之所

---

① 参见《唆斯特利阿努》65。
② 参见《秀华努的教导》101。
③ 《道德经》第十四章。

形者实矣,而形形者未尝有;声之所声者闻矣,而声声者未尝发;色之所色者彰矣,而色色者未尝显;味之所味者尝矣,而味味者未尝呈:皆无为之识也。能阴能阳,能柔能刚,能短能长,能圆能方,能生能死,有暑能凉,能浮能沉,能官能商,能出能没,能玄能黄,能甘能苦,能膻能香。无知也,无能也,而无不知也,而无不能也。①

诺斯替主义的至高神就是虚无,我们也许由此可以推测,诺斯替主义对虚无的体验也是可以跟道家对虚无的体验相印证的。这种虚无是能动的虚无,是能够生出有的虚无,是能够统驭有的虚无,是有无限可能性的虚无,是跟有辩证统一的虚无,是形神合一的虚无。其实哪怕在道家的传统中,这个虚无也仍然是一种玄虚的难以体会的体验,产生了跟其精神实质相距十分遥远的末学糟粕,要想从蒲草纸残文中理解文化上离我们更远的诺斯替主义就更难了。道家形神合一的虚无体验所幸还能从流传后世的太极拳中得到体会,由于后记是一个可以自由记录编译者不成熟想法的地方,我想借太极拳以静制动、以无力胜有力的原理来说明这种形神合一的虚无,或许有助于臆想诺斯替主义的虚无体验。

太极拳的宗旨是通过消除思想上的杂念来消除身体上的拙力,从而达到气聚神凝,形神合一。一个人不小心会打翻一只酒杯,为什么呢?因为他没有看见它,但是假如看见这只酒杯呢?如果手的速度太快,可能等意识到,就已经来不及了。这两种打翻酒杯的情况就是人的意识与自己身体的动作没有结合的状态,动作不是在意识的指挥下进行的,也就是形神没有合一。如果一个人看到了这只杯子,动作缓慢,那么就能在碰到这个杯子的时候拿起这只杯子,这是轻而易举的事。哪怕没有看到这个杯子,如果心情安静,动作缓慢,那么哪怕这个杯子再轻,当肘部碰到它的一刹那,就能感觉到这个杯子的力量,手臂的运动随之停止,杯子也不会被弄翻。太极拳练习的就是这种安静的心

---

① 《列子·天瑞篇》。

态和缓慢的动作,让安静的心来指挥缓慢的动作,把精神用在慢动作上,动作越来越慢,精神越来越集中,最后达到身体的微妙运动就是心灵的微妙运动的状态,就是"全凭心意用功夫",在刹那间、在极其微小的动作中避开来力,让来力落空,或者借用来力,于是达到一羽不能加的"知人"的地步。

《道德经》中跟太极练习直接相关的有第六、第十六两章中的两句口诀。

第六章:"玄牝之门,是谓天地根,绵绵若存,用之不勤。"

第十六章:"至虚极,守静笃,万物并作吾以观其复。"

我认为这两句口诀的结合就是凝神的过程,是太极行功的奥义。前者注意的是动作和呼吸,后者注意的是精神和意念。在行功过程中,注意到动作的缓慢、均匀、呼吸的绵绵不断、深细匀长,就能在精神上达到虚和静,反过来,精神上的虚极静笃能够让人的动作和呼吸变慢,这两者是依次、彼此加强的,在演练的过程中,呼吸越来越细,精神越来越静。两者结合达到"微妙玄通"的境界。这两层含义不可以分开来,一旦两者分开,那么单单追求精神的静就会产生幻觉,单单追求呼吸和动作的慢就会产生拙力,导致经络骨骼和呼吸系统的损坏。如果两者结合起来,形神就能合一,就能舍己从人,可以静制动,以无力胜有力,身体变得轻盈,达到"浩浩乎如冯虚御风而不知其所止,飘飘乎如遗世独立,羽化而登仙"(《前赤壁赋》)的意境。

太极拳只是"术",但也是入道的门径,借以可以想象诺斯替主义所追求的虚无如何是精神与物质合一的虚无,使原来消散于、受制于"存在"和"有"的"非存在的精神"或"无"能够在凝聚状态中反过来役使"存在"或"有"。由此可以理解,我们何以不能简单地用此岸与彼岸、神与这个世界、身体与灵魂、精神与物质之间的"二元论"来定义诺斯替主义的精神本质了。天国不在这个世界之外,精神也不在物质之外,灵魂也不在身体之外:

> 耶稣说:"如果你们的头领对你们说:看,天国在空中。那么空中的鸟就会比你们先到。如果他们对你们说,天国在海里,那么海里的鱼就会比你们先到。其实,父的国在你们的里面,也在你们的外面。当你们认识

你们自己,你们就会被认识,而且你们将会明白,你们就是永生之父的孩子。然而如果你们不认识你们自己,你们就处在贫困里,而且你们就是贫困。"①

耶稣说:"我就是万有之上的光。我就是一切:一切从我而来,一切回归于我。劈开一块木头,我就在那里。举起一块石头,你发现我在那里。"②

此岸与彼岸、神与这个世界、灵魂与身体、精神与物质始终是不可分的,换句话说,形神从来就是不可分的,神离开形而独立,这是神的死亡,形离开神而独立,这是形的死亡,形神之间存在着张力,关键在于追求让无形的精神主宰有形的身体,达到形神合一。诺斯替主义二元论体验的实质是对形神分离的体验,其根源在于神受制于形的心灵意念状态,而诺斯替主义追求的超越的知识不在于神的离形去世,而是形神合一。

基于形神分离的二元论体验如果不走向形神合一的真知,就一定会朝两个方向发展。一是在上界与下界之间、此岸与彼岸之间作垂直方向的截然的二分,从而走上枯寂的离尘出世的修行;二是在黑暗的现在与光明的未来之间作水平方向的截然的二分,从而走上摧毁旧世界、创造新世界的积极入世的造反。前者是禁欲主义的,后者是纵欲主义的,前者被学术界当作古代诺斯替主义的思想范式,后者被学术界认作现代诺斯替主义的思想范式,以为古代的诺斯是要逃出现世超升到天上,现代的诺斯要结束现在,进入未来。实际上,这两种形态都不是真正的诺斯替主义,而是诺斯替主义的变异形态——启示论。启示论源起于一种强烈的现世之恶的体验,在特定宗教传统的影响下,把这个世界看成是离善和光明的神的一端极端遥远的恶和黑暗的物质的一端,并且把光明与黑暗世界的垂直划分落实在现世的善恶之间的极端划分以及现在与未来之间的极端划分上面。善恶之分具体化在人我群体之分上面,而现在与

① 《多马福音》3。
② 《多马福音》77。

未来之分具体化在极端的暴力行动之中。当某人某群肩负起执行暴力的使命的时候，他就会拥有一种崇高的"替天行道"的道德使命感，而其所施行的暴力行动也具有不同于一般暴力的极端性，这也是具有启示论特征的争端比一般的利益之争要残酷得多的原因所在，也是具有启示论特征的农民起义比只具有一般性利益诉求的农民运动更有破坏力的原因所在了。

离开这个世界、离开现在都不是真正的虚无，其实质是躲避到对彼岸和未来的幻想之中，因此启示论的这两种形态都不是对二元论体验的克服，它们只是在幻想中克服了二元论，结果是强化了二元论体验。人在面对生死存亡的事件或者特别困难的政治或生存问题时，总是不只是付诸行动，而且也通过象征的语言让这些事件变得可以理解，解释它们的含义，以此提供方向感和情绪上的安全感。相对于真正的诺斯而言，对这整套象征的依赖也是一种特定的意念状态，是沉重的肉身，是一种执着。

正如修炼太极的"不用力"需要艰苦卓绝的用功那样，诺斯替主义的精神修炼更需在世间用功才能有成，要把一切障碍和执着都当作修炼之对象，如同把它们放在火里面焚烧，在这个过程中达到心境之清凉，所谓"火中栽莲"。虚己有真假，要经得起现实生活的检验，经得起火的焚烧；论断人不是虚己，离尘出世不是真的虚己，入某一种教不是真的虚己，要真有危局转安、随遇而安、火海转清凉的转化功能，才算真正的虚己，否则最多只是初级阶段。

当然某些诺斯替经典会倾向于被理解为启示论，或者有些读者会倾向于从启示论的角度来解读诺斯替经典。从这个意义上来说，诺斯替经典本身也有一个形神关系，需要从它们的形里面找到真正的精神，只有这样才有可能避免把诺斯替主义视为巫术和迷信，把诺斯替主义跟巫术和迷信区别开来。"辩生于末学"，因此我们要持王阳明"须从根本求生死，莫向支流辨浊清"的态度。

事实上，不仅古代正统基督教的教父们把诺斯替派当作异端来对付，就是许多当代著名学者在研究诺斯替主义的时候也是把它当作一种病症来看待的。汉斯·约纳斯写过一篇文章《诺斯替综合症：它的思想、想象、情绪的类型学》①就是把诺斯替主义当作一种症状来分析的。他认为诺斯替主义是历史舞台上出现过的二元论的最极端的化身,对于诺斯替主义的探究是对于隐含于其中的这一切的案例研究:自我与世界之间的分裂、人与自然的异化、自然的形而上学贬值、灵在宇宙中的孤独感以及随之而来的世俗规范的虚无主义、极端主义。约纳斯认为,诺斯替主义作为一种病症与现代西方社会所患的病症是相似的,因此诺斯替主义作为大历史尺度上的人类危机的典型例子,对它的思考也是对于理解现代西方人的危机有教益的。约纳斯在其人生的最后四十年倾其心力进行的研究任务就是要反驳二元论反宇宙的虚无主义,并为此发展出了一种生物体生命哲学与技术时代的责任伦理学。笔者个人认为,约纳斯之所以把诺斯替主义当作一种病症来看待,关键在于他把二元论看作诺斯替主义的最主要特征,而没有看到诺斯替主义的诺斯正是对二元处境的艰苦卓绝的克服,对二元处境的体验以及用以克服这种处境的诺斯,这两者缺一不可地构成了诺斯替主义的特征。

著名政治哲学家沃格林(Eric Voegelin)也把诺斯替主义当作西方现代各种病状的病根,希望用源于古典哲学与基督教哲学的新政治科学来诊治当代政治中的这种诺斯替主义疾病。在确认诺斯替主义的主要特征时,沃格林强调,“对于改造存在的方法的知识——诺斯——是诺斯替主义者的最大关怀”。② 因此,沃格林所描绘的政治的诺斯替主义是一种解决现世之疾病与罪恶的努力,想要凭借知识进行人类的自我拯救,但是这是行不通的:

> 凭借知识进行自我拯救,这有它自身的魔力,但是这种魔力是不无害处的。存在之秩序的结构不会因为人们发现了它的缺陷并逃离它而改变。摧毁这个世界的企图不会真的摧毁这个世界,而只会增加社会的混

---

① Hans Jonas, The Gnostic Syndrome: Typology of its Thought, Imagination, and Mood, *Philosophical Essays from Ancient Creed to Technological Man*, Prentice-Hall, 1974.

② Eric Voegelin, *Science, Politics and Gnosticism*, p.60.

乱无序。①

末世论诺斯替主义的目标是要摧毁有缺陷的、不公正的存在之秩序，依靠人的创造性力量建立一个完美公正的秩序。然而，无论我们如何来体验存在之秩序……它始终都是某种既定的东西，是不受人控制的。因此，为了使创造新秩序的努力看起来有合理性，就不得不忘却存在秩序之既定性；存在之秩序必须解释为是完全在人控制之下的东西。而控制存在则进一步要求忘却存在的超验的起源；它要求破砍去存在之头——就是谋杀上帝。②

沃格林认为，诺斯替主义的这种胆大妄为源于人们从不确定的真理落到确定的非真理上去的诱惑。对于大多数人来说，人生中的最重要问题的不确定性，特别是已经确定的确定性受到挑战，乃是焦虑和不幸福的来源。人们在充满危险的世界中寻求确定性，但是不管我们怎样透彻地进行判断、计划和选择，也不管我们怎样谨慎地采取行动，都不能完全地决定任何事情的结果。外来的无声无嗅的自然力量、不能预见的种种条件都对结果起着决定性的作用，某种结果越重要，那么这种自然力量和不可预见的条件所起的作用就越大。所以人们就希望有这样一个境界，达到一个没有危险的安全的境界。确定性可以通过不同的途径达到：一是在虚幻的神话体系中达到虚假的确定性，在幻想中达到对自身命运的把握；二是通过意念状态的调整，达到精神在不确定世界中的安定状态；三是学会对付危险的根源，甚至于主动去寻找这些危险的根源，在实践中获得一种能力，感到在相当大的程度上把握了控制了命运的主要条件。笔者认为沃格林批评的对象是寻找确定性的第一种途径，而不是真宗的诺斯替主义所追求的第二和第三条途径，其实第一条途径正好是真正的诺斯替主义者批判的对象。人们迫切需要承认，而且是深层次的承认，除了自我

---

① Eric Voegelin, *Science, Politics and Gnosticism*, p.9.
② Eric Voegelin, *Science, Politics and Gnosticism*, pp.35-36.

的承认之外,还需要社会的承认,还需要哲学层次的承认,而一旦某一种理论体系可以起到这个功能,那么这种理论就被接受,被宣扬,成为一种正统。但是诺斯替主义是一种否认,是不依赖于确定性,凡是平常执之以为真的,都是需要超越的,因此诺斯替主义是一种打破,让人在精神上颠沛流离,走上一个旅程,而不是安居在一个家园。从这个意义上来说,沃格林所谓的哲学与诺斯替主义之间的对立,不如说是真假诺斯替主义之间的对立,而真假之分的关键在于所追求的是何种诺斯,确定性的诺斯就是假的诺斯,不断超越的、不依赖于确定性的诺斯,才有可能是真的诺斯,真正的诺斯是对于寂寞和虚无的享受。

　　这个文集的主体框架是我在德国齐根熔炼街二十四号的书房里完成的。我是一个极端喜欢安静的人,但是在这个地方居然感觉到人要能耐受和享受寂寞其实需要很强的精神力量。这里的生活是绝对的寂静,路上没有行人,商店里少有顾客,小学里没有学生,只有那种类似于童话中的尖顶房静立在那里,里面听不到一点点人的声音,连狗的声音都没有。偶尔从远处传来的乌鸦的声音更加令人感到其境过清。邻居是不出门的,见不到的,相互之间极少有照面的机会。人与人之间是什么感觉呢? 如同古人描写的理想境界,"相与交食于地,而交乐于天,不以人物利害相撄,不相与为怪,不相与为谋,不相与为事。"①一方面社会关系高度复杂,另一方面人与人之间高度独立,"君子之交淡如水"。他人是环境,如同花草树木,无论贫富,不是爱的对象,也不是恨的对象,不是羡慕的对象,也不是轻视的对象,根本就是漠然的自然界。在这种环境下,人如果想要生存,必须有家庭,生下许多的孩子,才不会寂寞。或者孩子长大后应当学会清修,整天待在屋子里学老僧入定,几天不出定。当然活动也是有的,那是因为实在空气都里弥漫着虚无,人必然要找地方躲避,于是有了许多貌似繁荣的文化活动,究其实质,里面渗透着冰冷,就像穿上刚从冰窟窿里拉出来的棉衣。我想这应当就是我们古人所梦想的理想社会吧。刚到

---

① 《庄子·庚桑楚》。

齐根的时候就在树林里遇到流浪者，他们是绝对没有家的人，带一件棉衣，晚上躲在树丛中睡，据说是正宗的德国人，这些人可能就是那些会设法用化学物品解决虚无问题的一类人。当然，在这个地方也会做梦，但与国内的梦大不相同。国内的梦与人有关，国外的梦自己知道这梦是空的，立不住的。中国人哪怕小小的知识分子，都会抱接济天下的雄心，如三国诸葛的那些隐士朋友们那样，虽然眼前寂寞，但是以后是要"出山"的，这个天下是他们的。这种救世情怀的梦好像在这里是做不成的，德国可能做得成的大梦大概是像西门·马古那样的梦，救世是要从这个世界中整个地救出去，而不是在这个世界里面打天下。

　　齐根是一个景色秀丽的小城，齐根大学在一座山上，遥看四周峰峦起伏，一处处村庄、教堂掩映在山坳里、山坡上，到处都是森林和牧场，风景优美。傍晚从图书馆出来，可以看到西边的晚霞，像这样站在山顶上看晚霞，有一种特别的感受。晚上出门散步，可以看到月亮很亮，星星很耀眼、深邃，小时候山村里看到的那种。冬天的时候经常可以看到太阳雪的奇观，太阳从云层里透过来，照到房间里，把雪白的墙壁照得极亮，而这时的窗外大雪纷飞。在这样的环境里斟酌经文，感觉奥妙无穷，心灵有一种特别的宁静，感觉几年来心浮气躁的状态是一种需要医治的病症。由于经书哲理深奥，又由于我的希腊语基础不够，翻译中许多译名无法像我国古文中的那些名词般体味到其中奥义，因此我的译文只能当作是一个梯子，但愿不要使人因为我的译文而对经书本身感到失望，要是有人能够通过我的译文，感觉到有进一步翻译和研究的必要性，则我的目的就算达到了。文本中有些地方比较繁复，但是耐心看，其中有不可言说的奥妙。在翻译过程中凡遇到自己有疑问的译文，都作了标记和说明，以待今后继续修订和改正，也望识者不吝指正（我的电邮：rangfay2003@hotmail.com）。校对工作完成于 2008 年 4 月 4 日，正好是清明节，以此在这个时节也阴雨朦胧的异国他乡纪念我的母亲。

张新樟记于齐根熔炼街 24 号

2008 年 4 月 4 日

修订版补记

　　这本诺斯替经典文集的编译工作,始于 1997 年师从王晓朝先生攻读外国哲学硕士和博士学位之时,初稿完成于 2008 年,经过增补资料和修订,2017年由东方出版社出版。借这次修订的机会,补记本人近年来关于"诺斯"(灵知)定义问题的思考。

　　"诺斯"是类似于"信仰"、"道"、"太极"之类的似乎明白却又极其深奥的概念,不同的学者在使用诺斯替主义这个术语的时候,基于对诺斯替主义思想类型学的不同构建,相互之间存在着不同的、甚至似乎完全相反的理解,如约纳斯认为诺斯替主义最主要特征在于其极端虚无主义,而沃格林则认为诺斯替主义的关键特征在于其绝对确定性的拯救知识。笔者在细读黄元吉的《乐育堂语录》时,发现他有关于"灵知"论述:"学者下手兴工,万缘放下,纤尘不染,虚极静笃之时,恍惚杳冥,而有灵光昭著,普照大千世界,此即灵台湛寂,佛所谓大觉如来,道所谓灵知真知是"(引文见黄元吉:《乐育堂语录》卷一第二十四、二十五节,宗教文化出版社 2012 年版,第 42 页)。可见,中国文化中本来也有与诺斯相对应的灵知这个术语,刘小枫先生把诺斯替主义译为灵知主义是非常妙的,至少这种译法有助于中西方"灵知"的相互印证,从而进一步深化诺斯的内涵。鉴于上面两种情况,"诺斯"这个学术概念会不会变得过于泛化或者无法统一而失去学术意义呢? 而如果反其道而行之,把诺斯替主义限定为早期基督教教父所批判的狭义的异端,则也有可能导致过分专业化,使诺斯替主义研究陷入众多科普特文的故纸堆中,变成一门古典文献学。因此,诺斯替主义的界定是学术界探讨已久的难题。笔者尝试简述在前人基础上提出的试图容纳不同的定义和判定标准的、既具有普遍性又有明确内涵的诺斯替主义的思想类型学。

"诺斯"是"人在神面前的临在",是一种"对于超验维度的体验",是向神圣根基的"开放"。这是在俗世之中向超验开放,而不是"抵达"或"获得",从神圣的视野观照这个世界并不意味着超脱这个世界的离尘出世,这是一种"之间性"的体验。因此可以说"灵知"是对一个复杂的多阶张力场的综合体验,是由三重张力场相互作用产生的各种各类相反相成的极端体验形成的一个"体验复合体",是一种动态的、充满不确定性的边界体验:

第一阶张力场体验:人生存于此岸与彼岸的交叉点,人在此岸,却不属于此岸,属于彼岸,却不在彼岸,于是产生此岸与彼岸之间的张力体验,并相应地体验到灵与魂、心与身、人与世界、世界与神之间的系统化二元张力。"彼岸"遥不可及,它比这个宇宙中的任何事物,包括天与星宿都要遥远,由于有了"彼岸",作为此岸的宇宙就成了一个封闭的、有边界的体系了,虽然对于那些迷失在其中的人来说它是广袤无垠的,然而放在整个存在的视野中来看,它是有限的、有边界的,于是这个宇宙成了一个更大整体中的一个封闭的部分。所以,人虽然一方面通过肉体和"魂"被牢牢地束缚在此岸的,但是另一方面,哪怕是在深度地被卷入到此岸的事务中去的时候,也会从遥远的彼岸注视自己。与此岸与彼岸的张力密切相关的还有肉体与灵魂、精神与物质、有朽与不朽、生与死、短暂与永恒两极之间的张力,它们同属于第一级张力场的体验。

第二阶张力场体验:拯救就是要借助"灵知"(关于神的知识)实现从此岸向彼岸的超越,但是由于彼岸本质上绝对遥远,以及神的绝对"陌生"而"隐秘",导致人始终处在对"灵知"的热切追求与"灵知"本身的极端超越不可企及这两者之间的张力之中,使人永远处于"无知"和"智慧"之间的张力之中。"灵知"是关于神的知识,由于神的极端超越性,灵知本质上是对于不可知事物的知识,因而它本身就是一个悖论,是一个无法穷究的奥秘,它超越哲学理性,与体验直接相关,是一个无止境的内在觉悟和自身精神状态调整的过程,因此人的精神状态始终处在亏缺与圆满之间。

第三阶张力场体验:第二阶张力(即无知与智慧之间的张力)的永恒性导致第一阶张力场(即此岸与彼岸之间的张力)无法解决,也即,由于智慧无法企及,因此彼岸无法企及;第一阶张力(即此岸与彼岸之间的张力)的永恒性导致第二阶张力(即无知与智慧之间的张力)无法解决,也即,由于彼岸无法企及,因此智慧无法企及;于是第一阶张力场与第二阶张力场之间也构成了张力场,它们同时并存、互为因果,互相强化:对智慧的追求并不能最终使人登上彼岸,我们向彼岸和真理开放,但是真理和彼岸的追求永远在过程之中,到不了终点。

在特定的历史人生处境中,这些内在张力会大到难以承受的地步,从而导致这个"之间性"的多种张力断裂并解体。张力断裂和解体有三种基本情况:

第一种情况:此岸与彼岸之间二元对立体验过于强烈导致第一阶张力解体,彼岸视野消失,人绝望地陷落在此岸的牢笼之中,由此引发第二阶张力中无知与智慧、亏缺与圆满之间的张力解体,人取消了对智慧和圆满的追求,永远生活在无明和至恶之中。于是第二阶张力与第一阶张力之间的第三阶张力也随之解体,人生活在无明中不追求智慧,因此也永远生活在此岸的死亡之中而不再追求彼岸。简言之,这种情况是此岸体验过于强烈,熄灭了对于智慧的追求,本质上是对神的绝望,在此体验基础上产生的是放弃拯救的极端虚无主义类型的诺斯替主义。

第二种情况:无知与智慧、亏缺与圆满之间的对立体验过于强烈导致第二阶张力解体,人在幻想中获得了终极真理、达到了绝对圆满,智慧消灭了无知、圆满消灭了亏缺,由此引发第一阶张力中的此岸与彼岸之间的张力的解体,使人在幻想中抵达彼岸,战胜死亡实现永生,人成为了神。于是第一阶张力与第二阶力之间的第三阶张力也随之解体,人获得绝对智慧,立登彼岸,人成为神,神也成为了人。简言之,这种情况是智慧体验过强,看不见此岸恶的力量的强大,本质上是对神的超验性的否定和对恶的力量的漠视,在此体验基础上产生的是超验内在化类型的诺斯替主义。

第三种情况:第二阶张力与第一阶张力是互为因果同时存在的,两者之间构成的第三阶张力过于强烈导致解体,追求智慧的第二阶张力试图彻底消灭第一阶张力中此岸的力量,由此同时导致第一阶张力与第二阶张力的解体,使第二阶张力中的智慧与圆满极化,使第一阶张力中的此岸之恶极化,从而同时导致人的神化和此岸的妖魔化。简言之,这种情况是前两种情况的重合,是极端智慧的体验与此岸极端恶的体验并存,在此体验基础上产生的是试图通过极端之善消灭极端之恶的启示论类型的诺斯替主义。

不同的哲学家在研究和批判诺斯替主义的时候,如果不强调其"之间性"体验及其解体的共同根源,而把上述某一类具体现象当作诺斯替主义来研究,就会得出貌似截然不同的诺斯替主义的界定。事实上,约纳斯的研究焦点是第一种情况,他把存在主义当作极端虚无主义的诺斯替主义来诊治,沃格林的研究焦点是第二种情况,他把现代政治的诺斯替主义当作超验内在化的诺斯替主义来诊治,而沃格林的弟子丰通的研究焦点是第三种情况,他专门把启示论从政治的诺斯替主义当中区分出来,作为独立的类型进行研究。

边界体验的断裂和解体过程在逻辑上表现为反叛的序列:第一种诺斯替主义,即放弃拯救的极端虚无主义类型的诺斯替主义,是对于彼岸体验的反叛,其体验特征是绝对的虚无感;第二种诺斯替主义,即超验内在化类型的诺斯替主义,是对于第一种诺斯替主义的绝对虚无的反叛,其体验特征是绝对确定的知识;第三种诺斯替主义,即试图通过极端之善消灭极端之恶的启示论类型的诺斯替主义,是对于极端虚无与绝对确定感之间的张力的反叛,其体验特征是旧世界即将灭亡新世界就要来临的末日感。对所有这三种类型的反叛的反叛,是对于"之间性"张力场体验的回归,是回归真正的诺斯替主义。

这个反判的序列也表现为一个从体验到象征再到教条、从神话到巫术到神秘主义到禁欲修行再到革命行动的异化序列,这个从极端虚无主义到超验内在化再到启示论的诺斯替主义类型演变是一个从具象化、教条化、巫术化、行动化和极端化的过程,是一个每况愈下、离真正的真理体验越来越远的过程。

如上所述"诺斯"的"真假"之别以及"本源与末流"的序列,可以用于判定侧重不同体验的各种不同的诺斯替主义派别的境界之"高低"乃至于"正邪"之别,从而为区分各种"伪诺斯"、"低级诺斯"乃至"邪门诺斯"提出一套判准体系,可以应用于对极端思想的发生、分类、判定和诊治的研究。

由于真假高低诺斯之间的迥异或天壤之别,真诺斯也许可以称为"出世间法"的"上上智",一种完全不同于世间智慧的真知;由于其一无所着、不落窠臼的"之间性"体验,也许可以称之为无状之状、无物之象、视之不可见、听之不可闻、抟之不可得的"无极";由于其"灵台湛寂、纤尘不染"、"历劫明心"、"为万变主宰",也许可以称之为"天地之根、造化之本也"。当然,真诺斯更可能并不存在于这些文字的描述之中,而是存在于对不同文化传统的"灵知"的不断深化的相互印证之中,在"漫天白雪、遍地黄芽"的消除拙力的磨砺和净化杂质的熔炼过程之中。

张新樟补记于启真名苑

2024 年 1 月 8 日

责任编辑：洪　琼　张伟珍

图书在版编目(CIP)数据

古代诺斯替主义经典文集/张新樟 编译. —北京：人民出版社，2024.5

("古希腊罗马哲学原典集成"译丛/王晓朝主编)

ISBN 978－7－01－026091－4

Ⅰ.①古… Ⅱ.①张… Ⅲ.①诺斯替派-文集 Ⅳ.①B976-53

中国国家版本馆 CIP 数据核字(2023)第 218093 号

古代诺斯替主义经典文集

GUDAI NUOSITI ZHUYI JINGDIAN WENJI

(修订版)

张新樟　编译

人民出版社 出版发行

(100706　北京市东城区隆福寺街 99 号)

北京新华印刷有限公司印刷　新华书店经销

2024 年 5 月第 1 版　2024 年 5 月北京第 1 次印刷

开本：710 毫米×1000 毫米 1/16　印张：68.75

字数：1100 千字

ISBN 978－7－01－026091－4　定价：348.00 元

邮购地址 100706　北京市东城区隆福寺街 99 号

人民东方图书销售中心　电话 (010)65250042　65289539